江西省志

1991—2010

江西省地方志编纂委员会　编

江西人民出版社
Jiangxi People's Publishing House
全国百佳出版社

（2016 年 9 月）

主　任	刘　奇				
副主任	毛伟明	张　勇	梅　宏	刘晓艺	
委　员	方晓春	张国轩	张　锋	欧阳苏勤	吴晓军
	胡世忠	虞国庆	洪三国	章凯旋	徐　毅
	刘三秋	刘定明	朱　希	孙晓山	胡汉平
	李　利	陈永华	王建农	邝小平	刘　平
	汪晓勇	梁　勇	周　慧	杨志华	张贻奏
	魏　平	熊茂平	蒋　斌	潘东军	张和平

（2017 年 9 月）

主　任	刘　奇				
副主任	毛伟明	李　利	张　勇	梅　宏	刘晓艺
委　员	郭　兵	李　智	王　俊	郭建晖	李庆红
	钱　昀	叶仁荪	洪三国	王国强	刘金接
	刘三秋	邓兴明	王爱和	罗小云	胡汉平
	池　红	丁晓群	张和平	万庆胜	吴治云
	杨六华	方维华	梁　勇	周　慧	杨志华
	胡立文	周恩海	林彬杨	梅　亦	李江河
	董晓健	于秀明	曾文明	张小平	王少玄
	张鸿星				

主　修　吴新雄（2012 年 1 月—2013 年 3 月）

鹿心社（2013 年 3 月—2016 年 9 月）

刘　奇（2016 年 9 月—2018 年 9 月）

易炼红（2018 年 9 月—　）

副主修　朱　虹（2012 年 1 月—2016 年 9 月）

李　利（2017 年 9 月—2018 年 9 月）

孙菊生（2018 年 9 月—　）

总　纂　刘　斌（2012 年 1 月—2012 年 7 月）

梅　宏（2012 年 7 月—2019 年 3 月）

甘根华（2019 年 7 月—　）

副总纂　吴小瑜（2012 年 1 月—2014 年 7 月）

周　慧（2012 年 1 月—　）

杨志华（2014 年 7 月—　）

张棉标（2020 年 1 月—　）

凡　例

一、本志以马克思列宁主义、毛泽东思想、邓小平理论、“三个代表”重要思想、科学发展观、习近平新时代中国特色社会主义思想为指导，坚持党的路线、方针、政策，坚持辩证唯物主义和历史唯物主义，全面系统记述江西省自然、政治、经济、文化、社会等各方面的情况。

二、本志总名《江西省志》，系首轮《江西省志》续志，由独立出版的各分志构成。各分志名称为《江西省志·××志（1991—2010）》。分志为通志的不标注断限年份。

三、本志断限。上限原则上为1991年，与首轮《江西省志》下限相衔接，纵贯详记。首轮未修志书的分志上限不限，从事物发端写起；为全面、完整、系统地记述改革开放历史进程，部分分志上限上溯至1978年，下限为2010年底。为了反映机构撤并、领导班子换届、重大工程竣工等内容的完整性，部分分志下限适当下延。各分志断限，参见各分志《编纂说明》。

四、本志基本依照行业、部门设置分志，为反映江西地方特色，将《鄱阳湖志》《景德镇陶瓷文化志》《江河志》《名山志》《山江湖工程志》《茶志》《客家志》从相关行业、部门中分离出来，成为独立设置的7部分志。

五、各分志篇目根据科学分类和社会分工相结合的原则拟定，采用章节体，运用述、记、志、传、图、表、录等7种体裁，以志为主。

六、各分志根据需要设“人物”部分，收录本行业、本部门具有重要影响和作出重大贡献的人物。人物籍贯一律标注省县（市、区）名，城区名前标注设区市名。

七、本志除设《市县概况》分志外，各分志根据需要设“设区市概况”，记述设区市范围内本行业、本部门相关内容。

八、本志一律使用规范的语体文，以第三人称记述，述而不论，寓褒贬于记述之中。

九、本志纪年，一般采用公元纪年。1912年1月1日以前的，采用历史纪年括注公元纪年；1912年1月1日至1949年9月30日根据需要括注民国纪年。

十、行文中人物的职务、职称、军衔等冠于人名之前。

十一、本志语言文字、标点符号、计量单位、数字等表述执行国家标准和相关规定。

十二、志书编纂运用的数据以政府统计部门公布的法定数据为主，专业部门数据、调查数据为辅。

十三、本志采用统计部门、档案部门及相关单位提供的资料一般不注明出处。专用名词、特定事物、外文缩写等，随文括注。

十四、本《凡例》为《江西省志》全志通用体例，各分志的特殊问题，在各分志《编纂说明》中加以说明。

江西省志

工会志

1994—2010

江西省地方志编纂委员会　编

江西人民出版社
Jiangxi People's Publishing House
全国百佳出版社

《江西省志·工会志（1994—2010）》编纂委员会及编纂办公室人员名单

（2013年1月24日）

常务副主任　郭学勤

副　主　任　李　骥　　柯进水　　王运快　　陈文明　　吴海平

　　　　　　万学华　　张　源

委　　　员　吴建国　　汤御奎　　任春山　　龚荣才　　汪鈢风

　　　　　　张才福　　彭清诚　　刘玉霞　　吴继群　　吴丽云

　　　　　　甘　颀　　郝希升　　许根生　　陈渊平　　吴艳玲

　　　　　　范春松　　欧阳华　　颜　琴

主　　　编　郭学勤

副　主　编　吴海平　　万学华　　范春松

编纂办公室

主　　　任　吴建国　　范春松

副　主　任　欧阳华　　颜　琴　　欧阳滋生

（2014年2月19日）

编委会主任　蔡晓明

常务副主任　傅卓成

副　主　任　柯进水　　林玉华　　王运快　　陈文明　　吴海平

编纂办公室

主　　任	万学华
副 主 任	应朝晖　贾鲁营　欧阳华

（2019年12月5日）

常务副主任	饶剑明
副 主 任	林玉华　陈文明　吴海平　饶冬梅　吴福才　吴　峰　吴丽云　揭安全　樊　胜　刘克琦　向　东　刘伟平
委　　员	应朝晖　张建平　万年辉　聂九华　易　青　任春山　宋懿非　陈伟芳　余　萍　甘　颀　黄伟勇　俞　瑛　曹树枚　黄　虹　范春松
主　　编	饶剑明
副 主 编	应朝晖

编纂办公室

主　　任	应朝晖
副 主 任	聂党生　金　宏　欧阳滋生　周红兵

（2020年7月）

常务副主任	饶剑明
副 主 任	吴海平　饶冬梅　吴福才　吴　峰　吴丽云　任春山　樊　胜　刘克琦　向　东　刘伟平

委　　员　万年辉　张建平　陈丽娟　聂九华　易　青
宋懿非　陈伟芳　余　萍　周　丹　丁琦玲
俞　瑛　应朝晖　黄　虹　范春松　程英勤

主　　编　饶剑明

副 主 编　万年辉

编纂办公室

主　　任　万年辉

副 主 任　聂党生　金　宏　欧阳滋生　周红兵

《江西省志·工会志（1994—2010）》编纂指导

胡瑞云　毛珏珺　符思念

《江西省志·工会志（1994—2010）》审稿人员

初　　审　陈文明　应朝晖　刘晓敏　程英勤　丁琦玲
郭　漩　胡靓怡　梅　宏　周　慧　熊　军
毛珏珺　符思念

复　　审	饶剑明	应朝晖	刘华东	程英勤	郭　漩
	金　宏	聂党生	欧阳滋生	周红兵	甘根华
	胡瑞云	毛珏珺	赵　岩	符思念	
验　　收	孙菊生	樊雅强	甘根华	饶冬梅	刘建伟
	黄世贤	金　宏	聂党生		

1995年，中华全国总工会副主席、女职工委员会主任倪豪梅(左三)考察南昌下岗职工龚君红创办的编织店

2002年10月17日，中华全国总工会副主席、书记处第一书记张俊九(前排左六)考察江西，与省总工会干部合影

2003年9月27日,中华全国总工会原副主席、党组副书记、中共中央统战部副部长万绍芬(二排左六)看望中国工会十四大江西代表团成员

2007年4月29日,省总工会举行"五一"表彰大会,省委副书记王宪魁在会上讲话

2008年1月17—20日，中华全国总工会书记处书记、纪检组长陈荣书（左二）率全总慰问团到江西九江港口集团公司送温暖

2008年4月，省总工会主席张海如（左二）在上高县考察外资企业

2009年8月16日，省人大常委会副主任、省总工会主席姚亚平（前排中）在西藏慰问省地矿局赴藏地质队员

2009年9月30日，省委副书记王宪魁（前排右二），省人大常委会副主任、省总工会主席姚亚平（前排右一）在九江调研国企改革

2010年4月28日，省长吴新雄（左一）在省委、省政府举行全省2010年全国劳动模范和先进工作者进京受奖欢送会上与劳模亲切握手

2010年5月22日，中华全国总工会副主席、书记处书记倪健民（右二）在婺源国税局考察职工书屋

2010年12月23日，中华全国总工会副主席、书记处第一书记王玉普（前排中）在江西南昌困难职工帮扶中心调研，省人大常委会副主任、省总工会主席姚亚平（前排左一）陪同

2003年8月14日，江西省总工会第十一次代表大会选举产生的江西省总工会第十一届委员会全体委员合影

2007年4月29日，省总工会举行“五一”表彰大会，向获奖集体颁奖

2007年10月29日，召开省总工会学习贯彻党的十七大会议精神会议

2008年5月28—29日，江西省总工会第十二次代表大会在南昌召开

2010年12月29日，省政府与省总工会第10次联席座谈会在南昌召开

2000年4月26日，省委书记舒惠国（右二）、省长舒圣佑（右一）等向全国劳模和先进工作者颁奖

2009年4月30日，南昌市总工会召开“五一”表彰大会

2010年4月28日，全省在南昌举行新中国60年来江西60位最具影响力的劳动模范表彰大会

2010年12月24日，省委在南昌召开全省工会工作会议暨省劳模表彰大会

1998年12月31日，省人大常委会在南昌举行《江西省实施〈中华人民共和国工会法〉办法》新闻发布会

1999年12月7日，省总工会在南昌召开推进工会工作法制化经验交流暨工会法律工作表彰会

2007年10月30日,全省工会工作"三创"现场会与会代表在南昌合影

2008年7月,省总工会在南昌召开全省工会新闻宣传工作座谈会

2009年4月30日，省总工会在南昌举行江西省庆"五一"企业家座谈会

2009年4月20日，抚州市总工会在抚州召开全市"三方共同约定行动"暨"千万农民工援助行动"推进大会

2009年9月25日，省总工会在南昌召开江西省国企改革中的工会工作座谈会

2010年9月，省总工会在南昌召开全省工会宣传工作座谈会

1996年10月12日，省总工会在省总干校举办工会领导干部培训班

1997年开始，九江市总工会职工学校在全市免费对下岗职工进行再就业技能培训

1998年11月30日，省总工会在省总干校举办工会干部岗位资格培训班

2001年12月7—16日，省总工会在南昌举办修改后的《工会法》培训班学员合影

2002年5月，省总工会在南昌举办工会经审干部培训班学员合影

2003年11月4日，省总工会举办第一期中国工会十四大精神辅导班

2004年4月6日，省总工会举办借鉴ISO9000标准、建立厂务公开民主管理质量体系培训班学员合影

2007年9月5日，新余市总工会、江南理工学院全日制中等幼儿教育、电子应用专业励志班开学典礼

2008年12月，省总工会干部参观“江西改革开放30年成就展”

2009年7月25日，省总十二届三次常委扩大会议代表瞻仰井冈山革命烈士陵园

2010年5月24日，中华全国总工会苏区中央执行局旧址修复暨全国工会系统革命传统教育基地揭牌仪式在瑞金市举行

2004年4月30日，省纪委监察厅机关召开警示教育大会

2007年5月31日，新余市总工会举行困难职工帮扶中心办事大厅启用仪式

2008年12月30日，省总工会副主席李骥(右一)看望省教育系统困难职工

2009年8月21日，省总工会在南昌举行江西省2009年工会金秋助学资金发放仪式

2010年8月20日，江西省工会2010年金秋助学资金发放仪式主会场在抚州市举行

2010年11月26日，省总工会领导慰问对口支援的新疆阿克陶县原粮食局下岗困难职工艾合买提·依明（前排右二）

2007年11月，省总工会在赣州举办“红色家园杯”全省职工“科学发展、创新创业、共建和谐”演讲大赛

2009年8月，省总工会在井冈山举行“坚定信心保增长，同舟共济克时艰”全省职工演讲比赛

2009年9月，省总工会、省人力资源和社会保障厅、省国有资产监督管理委员会联合举办第三届全省职工技能大赛

2009年9月20日，第三届全省职工技能大赛组委会举行颁奖仪式，省委副书记王宪魁（左一）为获奖选手颁奖

2006年9月，东方航空公司江西分公司客舱部示范组获全国职工职业道德建设先进班组称号

2009年11月，省总工会举办现代女性职业形象与健康知识讲座

2010年3月，省总工会在南昌举行“三八”表彰大会

1997年9月25—29日，省委宣传部、省总工会等6家联合在南昌举办江西省“江铃杯”企业职工文艺调演

2007年4月25日，江西代表队获得“全民健身与奥运同行——‘联通杯’全国职工乒乓球大赛”女子亚军

2007年5月，江西昌泰高速公路有限责任公司养护中心开展“好书伴我行”读书月活动

2007年9月22日，省总工会、省体育局举办，省教育工会、江西蓝天学院承办的“江西省百万职工迎‘奥运’健步走”活动在蓝天学院举行启动仪式

2007年，省总工会在江西高速公路管理局浮梁管理处举行“全国职工书屋”揭牌授牌仪式

2009年3月，全省职工首期全健排舞（师资）培训班在南昌举行汇报演出

2009年12月22日，省总工会、省体育局联合举办江西省职工首届排舞大赛

2010年6月，省总工会参加省直机关运动会的运动员合影

1999年7月2日，赣州撤地设市，“赣州市总工会”正式挂牌，省总工会主席程受锭（右一）为其揭牌

2007年7月，省总机关干部无偿献血

2009年11月，省总工会在南昌举行工会网站建设签约仪式

2010年6月，省总工会举行省总直属事业单位副职竞争上岗面试

2010年6月29日，省总工会在南昌召开省总工会机关和在昌直属单位深入开展创先争优活动动员部署大会

2010年7月，省总工会机关党委举行入党宣誓仪式

2007年7月18日，景德镇市总工会召开在景德镇农民工维权服务站揭牌仪式暨经验交流会

2007年，东航江西分公司被中国民航总局授予“先进劳动关系和谐企业”

2008年12月，宜春市人大常委会副主任、市总工会主席易鲁宜在宁波与农民工座谈

2009年4月30日，在省总工会举行的庆祝“五一”国际劳动节大会上，企业领导与职工代表、工会主席签订“共同行动计划”承诺书

2009年9月，上港集团九江港务公司工会干部收看中央电视台焦点访谈栏目组采访该公司在改制中坚持民主程序维护职工权益情况播出的《依法依规阳光操作》节目

2009年，省总工会法律工作部干部接待职工上访

2010年，宜春市维护职工合法权益合议庭在宜春市中级人民法院挂牌

2010年，江西铜业集团公司工会召开江铜"两会"代表巡视会议

2010年12月2日，台湾烟酒公司产业工会联合会赵铭圆理事长一行来赣访问

序

《江西省志·工会志(1994—2010)》即将正式出版,本志作为首轮《江西省志·工会志》的续志,忠实、全面、系统地记述了1994年至2010年期间江西工运事业及工会工作的发展历程和主要成绩。这部志书的编纂出版,是江西工人阶级和全省各级工会组织的一件大事,是江西工会理论建设的重要基础资料,对江西工运事业的研究和发展具有积极的意义,为丰富我省方志文化宝库作出了积极的贡献,值得庆贺!

1994年—2010年这17年间是我国逐步建立和不断完善社会主义市场经济体制的重要时期,职工队伍结构、劳动方式、分配方式等发生了深刻变化,工会工作面临许多新情况新问题。在这样的时代背景下,江西各级工会组织始终坚持党的领导,以职工为本,理清工作思路,创新工作方法,健全工作制度,履行工作职能,全省工运事业和工会工作实现了平稳较快的发展。《江西省志·工会志(1994—2010)》记述了这段时期江西职工队伍规模、结构的变化,记述了劳动群体生活工作状况的变迁,记述了工会组织的发展和干部队伍的建设,记述了包括职工代表大会制度、政府与工会联席会议制度等在内的重要规章制度的建立和实施,记述了该时期内工会工作中的重要活动以及相关的党组织活动,同时还记述了工会劳动保障、宣传教育、女职工、法律、财务、经审、资产监管、外交、信息统计、工运研究等各个方面的具体工作。这部志书是江西工运史和工会发展史的珍贵资料,反映了江西工人阶级发展的状况,凝聚了江西工运事业和工会工作的宝贵经验,为做好新时代工会工作提供了有益的借鉴。

志书的撰写源远流长,内容包罗万象,以史为鉴,承上启下,继往开来,服务当代。《江西省志·工会志(1994—2010)》的出版发行,是在江西省委、省政府的重视支持下,在社会各界的帮助下,在工会志编纂委员会的组织下,在全省各级工会组织和工会会员的参与下完成的。这部志书凝聚了编纂人员的智慧和汗水,在此,谨向所有参与和支持该志书编纂工作的单位、个人表示诚挚的感谢!

修志问道,以启将来。全省各级工会要紧密团结在以习近平同志为核心的党中央周围,高举习近平新时代中国特色社会主义思想伟大旗帜,在省委和全总的坚强领导下,勇担历史使命,奋力改革创新,团结动员全省广大职工为推进江西改革发展做出新的历史贡献,为江西工运事业谱写新的历史篇章!

《江西省志·工会志(1994—2010)》编纂委员会

2020年7月9日

编纂说明

一、本志是第二轮《江西省志·工会志(1994—2010)》,五年一届,由于第一部江西省工会志的下限已记述到1993年底。第二轮《江西省志·工会志(1994—2010)》断限为1994年至2010年。

二、本志采用述、记、志、传、图(含照片)、表、录等体裁,以志为主。篇、章、节、目的层次结构,照片、图、表穿插其中。

三、本志设人物传、人物简介和人物名录。按照生人不立传原则,对在江西从事工运事业的具有较大贡献的人士、全国劳模和先进工作者分别以人物传记述;人物简介是选取在工会工作中贡献较大的全国劳模和先进工作者主要事迹进行介绍;荣誉名录是全国、全省劳模、先进工作者和全国、全省五一奖获得者名单。

四、本志行文按照《〈江西省志(1991—2010)〉编纂行文规范》,一律用公元纪年。凡地理名称,地区、机构、职务等名称,都按当时实际称谓记述。必要时,旧地名后括注今名。各种专用名称在各章首次出现时使用全称,在该章中再次出现时则用简称。如"中国共产党江西省委员会"简称"中共江西省委""江西省人民政府"简称"省政府""中华全国总工会"简称"全国总工会","江西省总工会"简称"省总工会",依此类推。紧接着记述简称为"省委""省政府""全总""省总",依此类推。文中出现的"党委""党组织"都是指中国共产党的委员会和组织。

五、本志用现代语体文。"概述"有叙有议,叙议结合;其余都用记叙文体,只记事实,不作评述,寓观点于记述之中。"大事记",以编年体为主,辅以纪事本末体。

六、本志统计数据,一般采用本省统计局和省总工会统计报表确认的数字以及有关单位、部门提供的数字。

七、本志资料主要来自江西省档案馆、江西省总工会档案室、江西省总工会的各部门、各直属单位、各设区市、县(市)总工会、省产业(局、系统)工会、省总工会直属基层工会提供的资料,以及图书报刊资料。一般不注明出处。凡未注明货币名称,只记有金额的均为人民币。

目　录

概 述

1994—2010年,全省进入社会主义市场经济逐步建立、不断完善时期。其间,社会经济成分、组织形式、就业方式、利益关系和分配方式发生重大变化,各种利益矛盾相互交织,经济关系、劳动关系多样复杂。江西省总工会始终坚持和自觉接受党的领导,在中共江西省委员会、中华全国总工会领导下,在江西省人民政府及部门的支持下,乃至社会各界的帮助下,适时调整自己的工作领域、工作对象、组织形式、工作方法,依靠职工、依靠会员,围绕党和国家的工作中心和大局,全面履行各项社会职能,突出维护职能,独立自主地依照工会章程创造性地开展了各项活动。

1994—2010年,省总工会涵盖第九届(1993年8月—1998年7月)、第十届(1998年8月—2003年7月)、第十一届(2003年8月—2008年4月)、第十二届(2008年5月—2013年5月)工会委员会届期。17年间,江西工会在职工队伍上出现了曲折变化又壮大的局面;在各级党政对工会工作的重视和支持上呈现了手段不断更新、资源不断赋予、支持力度不断增强的局面;在依照工会章程独立自主开展工作上,展现了履职不断精细、内容不断创新、深度不断拓展的局面。

一

1993年8月,江西省工会第九次代表大会召开,向全省工会组织和全省职工提出希望和要求:适应经济体制转型的形势,省总工会贯彻落实省委、省政府部署要求,坚持全心全意依靠工人阶级的方针,充分发挥工人阶级主力军作用;用建设有中国特色社会主义理论武装广大职工的头脑,培养“四有”职工队伍;要发挥工会在建立社会主义主市场经济体制中的作用。要求工会组织要紧紧围绕改革开放与经济建设的目标、任务,动员和组织全省职工集中精力搞好经济建设,推进改革开放。要把工作重点放在参与企业改革,特别是国有大中型企事业经营机制的转换上,推动国务院《全民所有制工业企业转换经营机制条例》和《江西省〈全民所有制工业企业转换经营机制条例〉实施办法》的贯彻落实。要推进社会保障制度改革的深化,同时在政策允许的范围内发展工会企事业。要加强工会的自身建设和改革,拓展工作领域,充实工作内容,调整工作思路,探索社会主义市场经济条件下工会工作的新路子,提高工会工作的整体水平。并强调要进一步加强和改善党对工会工作的领导。省总于大会提出与省委、省政府希望和要求相应的重点工作,探索并逐步建立适应市场经济体制的工会工作运行机制。

1993—1998年,省总第九届委员会紧紧围绕全党全国工作大局,推动党的全心全意依靠工人阶级方针的贯彻落实,认真贯彻工会工作总体思路,以贯彻实施《劳动法》为契机和突破口,运用《中华人民共和国劳动法》赋予工会的权利和手段,抓住平等协商和签订集体合同这个关键环节,突出维护职能,全面履行各项社会职能,实现工会工作的重点突破。

全省工会组织牵住“牛鼻子”工程,大力推行平等协商和签订集体合同制度。省总提出“收拢五指,形成拳头”,集中力量抓好贯彻《劳动法》。1994 年 9 月,中航工业昌河飞机制造公司召开全员劳动合同签约大会,揭开了全省告别固定用工制度的序幕。1995 年 7 月 5 日,中外合资南昌奥达电子电脑有限公司签订全省外资企业第 1 份集体合同。12 月 18 日,南昌江南美术工艺社签订全省私营企业第 1 份集体合同。至是年底,全省有 6411 家企业签订了集体合同,占全省工会工作目标管理任务的 85%,维护了职工群众的劳动权利和经济利益。省总制定下发《江西省工会劳动法律监督暂行规则》,推进《劳动法》的贯彻实施。全省建立劳动争议调解组织 8967 个,占应建数的 88.5%;1996 年 10 月,宜春、赣州地区乃至全省地市总工会法律监督委员会相继成立,全省建立劳动法律监督委员会(小组)2904 个,占应建数的 29%;各级工会培训劳动争议调解员 6413 名、劳动法律监督员 5396 名。全省工会接待和处理职工来信来访 9186 件,参与查办典型案件 71 起,维护了职工队伍稳定和社会稳定。1997 年 12 月,省委办公厅、省政府办公厅转发省总《关于全心全意依靠职工群众搞好企业的若干意见》,124 个地(市)、县、企业制定全心全意依靠职工办好企业的“实施细则”,全省各地市贯彻“依靠”方针成为企事业单位工作的主基调。全省形成了职代会民主评议企业领导干部、企业改制方案经职代会审议、企业业务招待费向职代会报告、公司制企业建立健全职工董事和监事制度、股份合作制企业实行职工股东大会制度等职工民主管理模式。全省 30 多家建立现代企业制度的省级试点企业坚持职代会制度,并制定工会工作条例。29 家国有独资公司中有 31 名职工代表进入董事会,其中有 23 名工会主席,凡成立了监事会的都有职工代表参加。绝大多数国有企业建立了职代会民主评议企业领导干部制度。全省评议企业领导干部 28464 人,根据职代会建议有 1760 名企业领导干部受到表彰、奖励或晋升职务,有 472 名企业领导干部被降职、免职。

省总主动参与、配合全省加快转换企业经营机制,建立现代企业制度,适应深化改革的需要,充分发挥企业民主管理在转换经营机制中的重要作用。省总主动参与研究和制订《江西省〈国营企业职工待业保险规定〉实施细则》《江西省国有企业富余职工安置实施办法》《江西省职工工伤保险暂行规定》《江西省全民所有制工业企业转换经营机制实施办法》《关于进一步做好贯彻〈全民所有制工业企业转换经营机制条例〉中思想政治工作的意见》,认真修改建立现代企业制度的工作意见、试点实施意见,坦诚职工愿望和工会主张,从源头上维护职工的合法权益。大力支持 100 家企业进行现代企业制度试点,推动试点企业率先落实“六个必须”,全程参与建立现代企业制度的试点工作。注重对调整经济结构、企业“三改一加强”和“抓好大的、放开搞活小的”等各项改革中出现的新情况新问题的调查研究。省总组织了“停亏企业情况和职工生活困难状况”“退休职工生活情况”“大中型企业用工制度改革中下岗的女职工安置情况”“垦殖场实行全场职工退休费用统筹情况”“国合商业‘四放开’改革中职工思想和生活情况”等专题调查研究。1993 年,省总向省委、省政府递交《关于做好生活困难职工工作的报告》,省委、省政府转发到各级党委、政府及有关部门贯彻执行。

1994 年,根据国有企业改革以来出现的大量职工下岗,相当部分职工群众生活发生困难的情况以及职工群众的意愿，根据全总部署，全省各级工会组织将起初仅在元旦、春节期间开展的“进万家门、知万家情、解万家难、暖万家心”活动拓展为送温暖工程，并趋向经常化、制度化、社会化。1995年，新余市“送温暖工程”基金会理事会成立。1998年9月，南昌市总工会领导干部联系困难职工制度建立。5年间，全省各级工会组织累计筹集送温暖资金1亿多元，参加元旦春节期间送温暖活动的各级领导干部12万多人次，走访企业9000多户次，慰问职工困难户561717户次。各地（市）、县和6100个基层单位建立了困难职工档案。全省10000多名各级领导联系困难企业1313个、联系困难职工户12000多户。建立送温暖基金组织1360个，筹集送温暖基金帮扶困难职工166469户次，投入帮困资金1400万元。1994年9月，九江市总率先在全省成立职业介绍所。全省创办职业介绍机构58所，介绍就业20000人次。1998年6月，南昌市总、市工人文化宫下岗职工培训基地举办首期下岗职工免费培训班。全省建立职业培训机构85个，举办各类职业培训班510期，培训职工41808人次。1996年1月，中国职工保险互助会南昌办事处正式成立。1996年9月，中航工业昌河飞机制造公司成立公司职工互助互济储金会。全省建立互助补充保险组织1254个，参加职工近40万人，结存保险金3790万元。全省实施送温暖工程受到全总表彰。

全省工会组织参与国家和社会事务及企事业的管理；参与有关职工、工会权益的法律法规和政策措施的修改制定；参与涉及职工利益的改革领导机构工作，反映职工的意见和要求，提出工会的主张和建议。5年来，省总先后促成《江西省实施〈中华人民共和国工会法〉办法》《江西省最低工资规定》《江西省劳动保护条例》《江西省城镇企业职工养老保险制度改革实施方案细则》《关于加快外商投资企业组建工会步伐和加强工会工作的意见》《关于全心全意依靠职工群众搞好企业的若干意见》《关于职工代表大会民主评议企业领导干部的意见》《在全省建立城市居民最低生活保障制度的通知》《关于工会协管下一级工会领导干部有关问题的通知》等20多个地方性法规、政策文件的出台，为维护职工和工会的合法权益提供了法律保障和政策依据。各级工会协助配合人大、政协和政府有关部门，在全省开展了《工会法》《劳动法》《劳动保护条例》《妇女权益保障法》《教师法》等法律法规的大检查。

全省深入开展以双增双节、扭亏增盈为主要内容的“九五”双争立功竞赛。5年中，有79名和813名职工分别获得全国、全省劳动模范和先进工作者称号；有79名和440名职工分别获得全国、全省“五一劳动奖章”；有25个和42个单位（班组）分别获得全国、全省“五一劳动奖状”；一大批职工获得全国部委级先进模范和各种荣誉称号。全国“五一劳动奖章”获得者邱娥国、“全国十大杰出工人”曹罗生成为全省、全国职工学习的榜样。1994年5月，吉安市政府颁发《吉安市劳动模范管理工作暂行办法》，对劳模的工资晋升、住房、医疗、子女就业等待遇和劳模的培养、推选、管理等工作做了明确规定，在劳模管理上开了全省之先河。是年8月，景德镇市总开展陶瓷行业中青工技术操作比武活动，10名技术状元和21名技术能手受到市政府表彰。1995年4月，江西省建筑工程总公司举办首届职工技能运动会。1995年12月，江西铜业公司工会组织开展首届奥林匹克技能比赛。1996年，新余钢铁总公司吴太白获“中国技能大奖”，景德镇宇宙瓷厂黄镇宗和抚州地区玉茗宾馆黄政辉获“全国技术能手奖”。1997年，省总与省劳动厅、南昌铁路局联合举办江西铁路行车主要工种技能比赛，5万多名职工参加全员练兵、比武活动。这5年中，全省参赛职工达700多万人次;参加合理化建议活动的职工158.2万人次,实施44万条,创经济效益20多亿元;实现技术攻关13723项,推广新技术4930项。

全省各级工会组织坚持对广大职工进行爱国主义、社会主义、集体主义和工人阶级优良传统教育,开展富有职工特色和时代气息的"三爱三学""讲文明树新风"、评选职工职业道德建设"双十佳"、女职工双十佳标兵、十佳青年教师、商业系统窗口行业服务明星和市场经济知识竞赛、喜迎香港回归等活动。涌现出一大批职工读书自学活动先进集体和分子,12名和87名职工分别被评为全国和全省职工自学成才者。全省工会各类职工学校累计培养大中专毕业生6202名。1994年12月,九江市工人文化宫被全总授予"全国工会职工文化先进单位"。1998年5月,南昌铁路局举办首届文化艺术节。在第三届全国工人运动会上江西取得奖牌总数第十、团体总分第十一的成绩。

1994—1997年,全省建立工会组织的基层单位的职工人数分别为312.54万人、306.17万人、318.51万人、243万人,全省职工队伍在数量上出现萎缩。1994年,全省国有经济单位职工占全省职工总数的79.46%、集体经济单位职工占19.15%、其他经济单位职工占1.37%。全省工会组织适应市场经济体制的工会工作运行机制的需要,确保工会会员不流失,基层工会不弱化、组织体制不断层。狠抓工会组建,以外商投资企业和乡镇企业建会为重点,加快新经济组织组建工会工作步伐,累计建立外商投资企业工会531家,乡镇企业工会1374家以及私营企业工会390家。1995年6月,南昌市总探索新的组织架构,成立南昌高新技术产业开发区工会工作委员会。全省产业工会组织健全领导机构,开展了适合本产业特点的工作。全省16个基层工会和24个工会小组被评为全国模范职工之家、模范职工小家。全省20.7万人次进行了适应性岗位培训,6180人进行了岗位资格培训。全省24名工会干部和47人分别被全总授予全国优秀工会工作者和优秀工会分子称号。

这期间,省总对地、市和部分产业工会实行目标责任制考核,促进了全省各级工会组织工作协调发展。1997年10月,省总与省委组织部联合制发《关于工会协管下一级工会领导干部有关问题的通知》。1999年2月,省财政厅、省总下发《关于加强工会经费拨交与管理的通知》,规定财政核定的单位列入收支预算足额向工会拨交经费。全省工会经费收入持续稳步增长。各级工会经费审查委员会健全审计制度,强化实务审计,发挥了监督和保证作用。全省工会组织响应中央关于兴办第三产业的号召,兴办工会企事业782家,安置从业人员8415人。1997年11月,南昌市总兴办全省首家职工消费合作社。全省建立职工消费合作社46个,配售中心5个,连锁店120个,以低于市场10%~20%的价格向近50万职工家属供应日用生活品。各地市和一些县级工会及大中型企业成立职工互助保险办事机构,拥有会员16万余人。

二

1998—2003年,省总应按照省委、省政府的要求,把推进国有企业改革作为重要任务,进一步教育和引导广大职工正确认识改革,支持改革,主动参与改革,自觉地站改革前列;要教育和引导广大职工保持和发扬工人阶级艰苦创业的优良传统,以高度的历史使命感和主人翁责任感,投身经济建设主战场;要把维护稳定作为自己的基本职责,要维护职工利益,对职工的合理要求,要向党和政府及有关方面反映，并帮助解决；要协助各级党委、政府和企业党政领导，把党的全心全意依靠工人阶级根本指导方针落实到基层；加强工会自身建设，抓好工会组织建设、健全工会基层组织、加强工会领导班子和干部队伍建设。大会根据党的十五大精神，提出建立健全与多种所有制经济共同发展相适应的工会组织体系；建立健全以平等协商和集体合同为主要内容的劳动关系协调机制；坚持和完善以职工代表大会为基本形式的企事业民主管理制度；建立健全以实施送温暖工程、促进下岗职工再就业、职工互助合作事业为主要内容，对社会保障体系有补充作用和互助互济性质的职工补充保障体系等方面确定为今后5年全省工会工作的主要目标。1999年10月起，省总贯彻落实全总十三届二次执委会议提出的工会工作“五突破一加强”，即协助党政做好减员增效、下岗职工基本生活保障和再就业，深入实施送温暖工程，对特困职工承担“第一责任人”职责的工作有新的突破；坚决维护职工的经济利益，进一步理顺劳动关系，推动平等协商和集体合同制度的工作有新的突破；切实保障职工的民主权利，坚持和完善以职工代表大会为基本形式的企业民主管理制度，实行厂务公开和民主评议企业领导人的工作有新的突破；推动国有独资和国有控股公司不断完善法人治理结构，建设全心全意依靠职工办好企业的领导班子，董事会、监事会都要有职工代表参加的工作有新的突破；加快新建企业工会组建步伐，最大限度地把职工组织到工会中来的工作有新的突破以及以改革的精神加强工会自身建设，认真解决工会领导机关的机构、机制、干部素质等方面不适应形势任务要求的突出问题。之后，省总又贯彻落实全总提出的“最大限度地把广大职工组织到工会中来，最大限度地维护广大职工的合法权益，最大限度地保护、调动和发挥广大职工的积极性、创造性”的“三个最大限度”的要求，以及一手抓调整劳动关系机制的建设，一手抓为职工群众办实事的工作策略。

1998—2003年，省总第十届委员会根据“抓大事、突重点、打基础、上水平”的工作思路，团结动员全省职工，围绕大局，突出维护，推进“五突破一加强”“三个最大限度”和“两个一手抓”，为推进改革、促进发展、维护稳定，重点工作有特色，难点工作有突破，基础工作有加强，全面工作有提升，与时俱进，开拓创新，探索和大胆实践有江西特色工会工作新路子。

全省各级工会健全“五个机制”（基金筹措、帮困救助、职工培训、促进再就业和互助保险机制），做到“四个相结合”（救济式输血与开发式造血、两节帮扶与经常性帮扶、工会帮扶与社会帮扶、送温暖与促进再就业相结合）。2002年10月，南昌市总困难职工帮扶中心成立。全省市、县总相继成立困难职工帮扶中心，开展了形式多样、各具特色的帮扶救助困难职工活动，建立了领导干部联系帮扶特困职工家庭制度。全省工会为26.4万户特困职工建立档案，累计培训下岗失业人员16万多人（次），介绍下岗职工再就业6.5万人（次），工会通过兴办解困贸易市场、生产自救基地和劳动福利事业等吸纳2万多人就业，选树了一批自主创业的典型。全省职工保险互助会、各类职工互助补充保险和职工互助储金会，成为江西社会保障体系的有益补充。大力配合政府（行政）做好基本养老保险和“低保”制度的扩大覆盖面工作，推动和监督“两个确保”“三条保障线”和下岗失业人员再就业等各项政策的落实。全省工会累计筹集送温暖资金2.46亿元，各级领导和工会干部20.2万人（次），走访慰问了2.26万户（次）困难企业和101.6万户（次）困难职工家庭，为困难职工办实事7.24万件。劳模政策和实际困难得到很好落实和解决。送温暖工程基本实现经常化、制度化、社会化。

依法推进平等协商和集体合同制度,推行区域性、行业性集体合同,全省实现了数量增长,质量不断提高的局面。2002 年 8 月,省人大常委会颁布《江西省集体合同条例》。至 2002 年底,全省有 13556 家企业签订集体合同,比 1998 年增长 89%,共覆盖 171.6 万职工。国有、集体及其控股企业建制率为 99.2%,新建企业建制率 25.3%。全省企业 846 家开展工资集体协商。

坚持完善以职代会为基本形式的企事业民主管理制度,把厂务公开的要求融入依靠职工办企业的机制之中,并把职代会制度与职工董事职工监事、民主评议企业领导人等制度有机结合起来。大胆探索和推行职工代表大会和其他与非公有制企事业相适应的民主管理形式。至 2002 年底,全省 90% 以上的国有、集体及其控股企业和事业单位坚持了职代会制度;国有、集体及其控股企业厂务公开率为 99%;2947 名职工代表(其中工会主席 989 名)进入董事会和监事会;12.2% 的新建企业建立职代会(职工大会)制度。

这期间,全省国企改革主要是 2001 年省属农垦企业深化体制改革和 2002 年省属国有企业改革。2000 年 3 月,省总对省属农垦企业深化体制改革情况进行专题调查,发现省属农垦企业干部职工存在着担忧和不满情况,为此,省总向省委、省政府呈文反映,引起省委、省政府高度重视。2001 年 7 月,省总转发《中华全国总工会关于进一步加强国有企业改制和关闭破产中加强工会工作的意见》,强调:工会要参加同级政府成立的企业关闭破产和职工再就业工作领导小组,并设立相应的工作机构具体负责这方面的工作。要密切关注关闭破产企业的情况,加强对这项工作的指导。省总作为江西省省属国有企业改革领导小组成员,推动各级工会参与,以参政议政为重点,推动职工关注的重要问题的解决。

1998—2002 年,全省职工队伍在数量上出现萎缩、徘徊,人数分别是:1998 年 251.32 万、1999 年 242 万、2000 年 267.12 万、2001 年 288.89 万、2002 年 513.82 万。1998 年,国有经济单位职工占 79.03%、集体经济单位职工占 12.68%、其他经济单位职工占 8.24%。至 2003 年,国有经济单位职工占 76.41%、集体经济单位职工占 7.77%、其他经济单位职工占 15.81%。1998 年 8 月,本着"哪里有职工,哪里就应建立工会组织"的原则,最大限度地把职工吸引到工会组织中来。2000 年 9 月,根据全总下发《关于加强工会会员会籍管理有关问题的暂行规定》,职工入会由本人口头或书面提出申请,填写《中国全国总工会入会申请书》和《工会会员登记表》,经基层工会审核批准,即为全国总工会会员,发给《中华全国总工会会员证》,享有会员权利,履行会员义务。2000 年,省政府办公厅、省总联合下发《关于加强工会组织建设的通知》,强调各级工会组织要在党委的领导下,进一步加强与政府有关部门的合作,切实搞好工会组织建设。对一些地方和企业发生的擅自撤并工会组织等错误做法必须立即予以纠正。各级地方党政重视支持工会组建工作,建立党政挂帅、部门参加的新建企业工会组建工作领导小组,制定成员单位工作职责和考评办法,形成了"党委领导、政府支持、工会运作、各方配合"的领导体制和工作格局。各级工会建立健全了目标责任制。针对本省新建企业规模小、人数少、较分散的特点,把建会的重点放在乡镇、街道、社区、开发区、工业区。2001 年 4 月,全省规模最大、员工人数最多的南昌市洪城大市场工会联合会成立。2002 年 6 月,南昌市东湖区墩子塘街道办事处党家巷社区工会委员会成立。是年 7 月,萍乡市湘东区下埠镇虎山村成立企业联合工会。区域性工会、社区和村工会的组建得到推进。至2002年底，全省新建企业建会30208家，比1998年增长10.4倍；发展会员97648人，比1998年增长5.5倍，提前完成全总下达给江西的三年建会目标任务。

2002年8月，省劳动和社会保障厅、省总、省企业联合会/企业家协会三方组成的江西省协调劳动关系三方会议制度正式建立，其主要职责是对劳动关系方面带有全局性、倾向性的重大问题进行协商，形成共识；对市、县劳动关系协调工作进行指导、协调。至2003年，全省建立省、市两级协调劳动关系三方会议制度。首次在全国将评选表彰“全心全意依靠职工办企业的优秀厂长、优秀经理”活动扩大到非公有制企业。标志着全省劳动关系协调和预警机制初步形成。劳动争议仲裁工作形成省、市、县(区)三级网络，全省建立企业劳动争议调解委员会9645个、劳动法律监督委员会6635个。2000年5月，赣州市工会法律援助中心成立。省、市总工会建立了法律援助机构，坚持开展法律服务和职工来信来访工作，办理法律援助案件93起。

持续开展双争立功竞赛和合理化建议、技术创新、技术协作、发明创造等群众性经济技术创新活动，至“十五”期间参赛职工达1015万人(次)，表彰全省合理化建议重大成果438项，选树了一批经济技术创新能手和创新示范岗。1998—2002年，642名职工获得全国、省劳动模范和先进工作者称号；509名职工获得全国、省“五一劳动奖章”；110个单位(班组)获得全国、省“五一劳动奖状”。其中，1999年，涌现了薛国华、袁政海、刘菊根、刘火生、廖万里、李海源、任光荣、陈家达、谢秀忠、胡国生“江西省十大能工巧匠”。2001年5月，吉安市在1994年《吉安市劳动模范管理工作暂行办法》基础上完善出台了《劳动模范和先进工作者评选表彰管理办法》，对评选、命名、表彰、奖励劳动模范和先进工作者的程序和标准作出规定，对劳模的优待政策和管理有了新的突破。2003年6月，南昌市总举办全市十万职工技能竞赛活动，并将各工种第一名符合条件的选手颁发市“五一劳动奖章”。2003年，江西铜业集团公司奥林匹克技能比赛被国家劳动和社会保障部列入“中国职业技能竞赛”活动系列。2000—2001年，全省举办了3届全省职工计算机大奖赛，全省中青年在岗职工计算机知识普及率达50%。组织全省300多个企业、100多万名(次)职工参加“安康杯”竞赛，促进了企业安全生产。同时，建立健全工会劳动保护监督检查机制，协助政府(行政)依法查处重大伤亡事故220起。

全省工会协助党政做好职工思想政治工作，开展主题宣传教育和全省职工职业道德“双十佳”“职工读书自学成才”等群众性精神文明创建活动，开展全省五一好新闻评选，加大了对先进模范人物和工会工作的宣传力度，塑造江西职工新形象。萍乡市邮电局邮递员曹罗生评为’98全国十大杰出工人。在声讨以美国为首的北约袭击中国驻南使馆、反对李登辉散布“两国论”分裂行径的斗争中，各级工会坚定不移地同党中央保持高度一致。在1998年抗洪抢险战斗和2003年抗击非典型肺炎斗争中，全省职工发扬万众一心、众志成城、不怕困难、顽强拼搏、坚忍不拔、敢于胜利的精神，以实际行动战胜艰难险阻。

学习宣传贯彻2001年10月修改的《工会法》，推动各地贯彻实施《工会法》的具体意见和制度相继出台。在省总争取配合下，1998年12月，省人大常委会修订了《江西省实施〈中华人民共和国工会法〉办法》，在全国较早以地方性法规作出收缴工会筹备金、行政事业单位工会经费财政直接划拨等规定。随着2001年10月《工会法》修订,2002年7月,省人大常委会再次修订《江西省实施〈工会法〉办法》。省总和各级地方工会推进和参与了354件(次)涉及职工切身利益的地方性法规、政策的起草与修订工作。商请并配合人大、政府、政协开展了《工会法》《劳动法》执法检查和视察,使一些随意撤并工会组织、侵犯职工合法权益的现象得到纠正。1999年12月,召开首次省政府与省总联席座谈会议,并于2000年2月、2003年7月,省政府办公厅、省总联合下发《关于实行政府与工会联席座谈会议制度的通知》《关于进一步建立健全政府与工会联席座谈会议制度的通知》,将政府与工会联席座谈会议制度向全省市、县(区)铺开,至2003年,此项工作处于全国先进行列。

1999年,根据省委安排,省总开展了"讲学习、讲政治、讲正气"为主要内容的党性党风教育活动,工作作风明显转变。省总坚持深入基层、深入职工,加大调查研究力度,及时反映职工的呼声和要求,一批重点调研成果和重要信息被中央、省委和全总采用。1998—2002年,省总创建"一横三纵"工作新机制:省总工会加强源头参与、调查研究、宏观指导、政策服务,设区市总工会实行重点工作目标管理,县级工会开展达标和创十佳竞赛,基层工会开展建设"职工之家"和"双爱双评"活动,用创建的办法把全总提出的"五突破一加强"要求落实到基层,形成"重点突出、层次分明、各有侧重、上下联动"的工作格局,得到全总的肯定。2000年9月,上饶地区财政局、地区工会办事处和地直机关工委联合下发通知,从2000年1月1日起凡成立工会组织的由财政金额拨款的地直党政机关及部分事业单位的工会经费,由地区财政局统一划拨。2001年4月、2002年3月,省财政厅、省总两次下文,明确全省财政统发工资单位工会经费由财政直接统一划拨从2002年1月1日起执行。由此,全省经费收入的稳步增长,2002年收缴率上升为42.6%,高出全国平均水平11.6个百分点。

三

2003—2008年,省总工会贯彻落实省委、省政府部署要求,率领全省广大职工全力投身改革开放的宏伟大业,在物质文明建设中充分发挥工人阶级的主力军作用;参与和扩大民主管理,在政治文明建设中充分体现工人阶级主人翁的崇高地位;大力弘扬光荣传统和时代精神,在精神文明建设中充分展示工人阶级的优秀品质;坚持与时俱进和勤奋学习,在时代发展中不断保持工人阶级的先进性。要求各级工会组织坚定不移地推动党的全心全意依靠工人阶级根本指导方针的贯彻落实,依法履行维护职工合法权益的基本职责,不断建立健全协调劳动关系和社会利益关系的机制,为职工群众特别是困难职工群体办好实事,保护调动发挥好广大职工的积极性创造性,团结和动员全省职工为实现江西在中部地区的崛起、全面建设小康社会而奋斗。并明确了"讲大局、创特色、进活力、争一流"的工作思路。

2005年8月,省委召开中华人民共和国成立以来的第一次全省工会工作会议。会议充分肯定全省工人阶级和职工群众在江西改革与发展中发挥的重要作用,高度评价全省工会组织和工会干部取得的成绩,全面部署工会工作,充分体现了党和政府对全省工人阶级和职工群众的关心关爱,对工会组织和工会工作的重视支持。同时,省委出台《关于进一步加强和改进新时期工会工作的意见》。中央政治局委员、全国人大常委会副委员长、全总主席王兆国对省委《意见》作出了"这个文件很好"的批示。

2003—2008年，省总第十一届委员会在省委和全总的领导下，落实"组织起来、切实维权"工会工作方针，探索和大胆实践全省"三个三"的工会工作新思路（树立核心、中心、民心三种意识；做好创新、创优、创特三篇文章；争取工会干部的素质和工作水平、工会地位、干部待遇三个提高），全省工运发展站在了一个新的历史起点上。

紧紧围绕省委、省政府制定的"十一五"规划和江西崛起新跨越的奋斗目标，在广大职工中开展以"当好主力军、建功'十一五'、和谐奔小康"为主题，以创建"工人先锋号"、创新创业、"我为节能减排做贡献"等为载体的职工经济技术创新活动。广大职工投身自主创新、合理化建议、技术创新、技术协作、发明创造等活动，为企业创造了良好的经济效益。省总与省有关部门联合举办两届全省职工职业技能大赛和全省重点建设项目职工技能大赛，参赛职工达57万人，涉及20多个行业。2005年起，萍乡、赣州、宜春、鹰潭市相继举行首届技术能手和行业技能大赛。是年，南昌铁路局获首届全国铁道行业职业技能竞赛获团体总分第一名。昌河飞机工业（集团）有限责任公司高级技师刘火生获"中华技能大奖"称号。2006年，南昌铁路局被劳动和社会保障部授予"国家技能人才培育突出奖"称号。坚持开展"安康杯"竞赛，有429家企业、近50万职工参加。5年中，768名职工获得全国、省劳动模范和先进工作者称号；492名职工获得全国、省"五一劳动奖章"；146个单位（班组）获得全国、省"五一劳动奖状"。省总共筹集2200多万元专项资金对劳模进行困难补助，全省职工全国劳模的贫困问题得到解决。2003年11月，省政府出台《江西省劳动模范管理办法》，从劳模评选、奖励和优待、日常管理等方面作出规定。

在省人大常委会支持下，2006年和2007年率先出台《江西省职工代表大会条例》《江西省厂务公开条例》。全省90%以上的国有、集体及其控股企事业单位坚持了职代会制度，4806家非公有制企业建立了职代会制度。省总会同有关部门制定了《江西省建立健全职工董事、职工监事制度若干规定》。全省7759家企业实行厂务公开制度，其中有3510家非公有制企业。

2003—2008年，江西国有企业改制工作主要是国有企业重组改制和关闭破产工作。全省有2000多家国有企业改制，涉及职工51.8万人，其中大多数是资源枯竭政策性破产的大中型老的国有企业。全省各级工会组织自始至终参与国企改革，发挥了工会组织应有的作用。省、市、县三级和省产业工会以及改制企业工会成立参与国有企业重组改制和关闭破产工作领导小组，建立专门办事机构。工会参与了一系列全省关于改制的法规和政策文件的起草和出台。出台了《江西省总工会关于在企业改制处置群体性突发事件的意见》等文件。省总坚持"四个必须"，即改制方案必须经职代会审议通过，否则不得送审报批；职工安置方案必须经职代会审议通过，否则不得实施。召开职代会必须要2/3以上职工（代表）到场，过半数职工代表通过，表决必须实行票决制，否则职代会决议视为无效。全省建立完善了改制企业工会主席为联络员、上级工会部门为指导员、上级工会领导为责任人的国企改制分工负责、上下联动制度。2005年10月，省总和省国防工会联合调研组递交的《在企业改制中实现职工利益的最大化——关于我省军工企业改制情况调查》，引起省委、省政府领导高度关注，省委书记孟建柱、省长黄智权等作出批示。省总有计划地组织市总、产业工会对全省国有企业重组改制和关闭破产情况进行调研,提出改制方案必须提交职工(代表)大会审议;职工安置方案和社会保障办法不明确、资金不到位的,不得进入关闭破产程序的主张,有效保障了改制企业职工的权益。同时做好下岗职工的安置和再就业工作。

至2007年,全省签订集体合同的企业23051家,其中进行工资集体协商的企业6701家。省总与相关部门出台了《关于推进我省签订女职工专项集体合同的通知》。女职工权益保护工作特别是专项集体合同签订工作取得了较大进展。推进"劳动合同制度实施三年行动计划",指导和帮助职工签订劳动合同。省、市、县(区)和260个乡镇(街道、工业园区)建立了协调劳动关系三方会议制度。开展了创建劳动关系和谐企业与工业园区活动,有8家企业和1家工业园区获得全国表彰。

参与了39个涉及职工切身利益的法律法规的制定和修改,配合人大开展了《工会法》等法律法规的执法检查。形成了省、市、县(区)劳动争议仲裁委员会三级网络。2006年8月,全省启动工会公职律师试点工作。建立了覆盖全省11个设区市的职工法律援助服务中心和"12351"职工维权热线,2007年,萍乡市总率先成立职工法律援助志愿团,此后,各设区市总工会相继成立法律援助志愿团。年底,江西省工会法律援助志愿团正式成立。省总连续两年被省委、省政府授予全省信访工作先进单位。

全省工会开展了以生活救助、就业扶助、医疗帮助、入学资助、心灵扶助、法律援助、结对互助为主要内容的帮扶困难职工"连心联动,温暖七助"活动。全省工会免费培训下岗失业人员5.97万人次、职业介绍5.28万人次、实现再就业5.16万人次,全面完成全总下达的工会促进再就业任务。全省工会建立帮扶中心148个,在全国率先实现县以上工会全部成立帮扶中心。省总投入近千万元向全省市、县两级帮扶中心配备帮扶用车110辆,为各设区市总帮扶中心配置了办公自动化设施。2006年1月,全省各级工会组织认真落实胡锦涛总书记关于维护农民工合法权益问题的重要批示。2007年7月,景德镇市总联合市司法局、市劳动和社会保障局、市中级法院成立了农民工维权联调委员会,将帮扶触角系统地延伸至农民工群体上。全省建立送温暖工程基金(资金)组织1289个,总额达到1.28亿元。省财政拨给省总困难职工帮扶专项资金、送温暖资金和劳模慰问补助金比2002年增长8倍。5年中,全省工会累计筹集送温暖资金4.26亿元,慰问补助困难职工、劳模、农民工以及受灾职工家庭139万户,资助困难职工和农民工子女25万人,为职工办实事5万余件。帮扶工作已经形成送温暖工程、困难职工帮扶中心和金秋助学"三大品牌"。

从2004年起,全省大量农民进城务工,成为职工队伍的重要补充,全省职工队伍得到壮大。2003—2007年,全省职工队伍288.55万人、373.3万人、391万人、459.93万人、517.68万,2003年8月,省总工会第十一次代表大会强调要制定在农民工、临时性就业人员中发展会员的办法。探索和创新工会组织形式和建会方式,扩大工会工作覆盖面。省总结合江西实际,提出工会组建新理论,得到全总领导的肯定。着力抓好外商投资企业、民营企业工会组建和发展农民工入会工作。建立健全目标责任制、分片定点联系、定期通报、奖惩激励制度。先后召开全省乡镇街道、全省工会组建工作和外商投资企业工会组建现场会,总结推广了一批工会组建典型经验。2004年9月,鹰潭市眼镜行业工会联合会成立。2006年8月,沃尔玛深国投百货有限公司南昌八一广场分店工会的成立,配合全国突破沃尔玛公司建会工作。2006年12月,景德镇市昌江区竟成镇总工会成立。至

2007年,全省共有基层工会45978家,比2002年增长2倍;基层工会涵盖独立法人单位61809个,比2002年增长2.4倍;工会会员495.92万人,比2002年增长1.9倍;全省乡镇全部建立工会组织。2004年全省工会组建工作首次进入全国前6名,获特等奖,此后连续三年获一等奖,并被评为全国工会组建工作先进单位。

全省工会组织职工深入开展弘扬井冈精神、兴我美好江西主题教育,深入开展"创建学习型组织、争做知识型职工、勇为创业型人才"、职工职业道德"双十佳"、职工读书自学成才和百万职工迎奥运等群众性精神文明创建活动,提高了职工队伍素质。工会系统加大了对劳模和工会重点工作的宣传力度,2004年,南昌市环卫处工人龚腊根被中央新闻媒体列为重点报道的全国10名劳模之一。是年,江西省六〇二所总设计师吴希明当选第15届"中国十大杰出青年"。2007年,首次推出全国先进典型——"袁政海班组",受到中央领导的接见和新闻媒体的重点宣传。举办全省"百名劳模话创业讲坛",用劳模和创业典型的先进事迹激励职工的创新创业激情。团结带领全省职工,投入抗击冰冻灾害和支援四川抗震救灾的战斗,以"万众一心、众志成城,不畏艰险、百折不挠,以人为本、尊重科学"的伟大抗震救灾精神,展现新时期工人阶级的时代风貌。

在上级领导的高度关注支持下,省总领导班子经过不懈和艰辛工作,在没有动用财政资金、没有向银行贷款的情况下,成功地化解了省职工互助保险资金风险,不仅填平6个多亿的资金缺口而且实现近2个亿的盈利,维护了职工队伍和社会政治稳定。全省工会经费财政划拨和地税代征工作成效明显,2007年,省总本级拨交经费收入比2002年增长105%;省总累计经费结余比2002年增长448%。省总兴建了新中国成立以来第1栋且体量最大的职工活动和办公场所,投资1000万元对所属疗养院、宾馆和直属事业单位进行设备设施改造,帮助直属事业单位全面偿还了历史债务,实现扭亏。

深入开展保持共产党员先进性教育活动。在省委和各级党委的重视下,工会领导班子和干部队伍建设得到加强,2003年起,省委配备同级副职领导担任省总主席。2007年6月,全省市、县(市、区)工会主席按同级副职级领导配备。全省产业(系统、局)和省总直属基层工会主席基本实现高配,跨入全国先进行列。2003—2007年,全省工会组织开展创新、创优、创特和看形势、看特色、看变化活动。举办培训班62期、培训专兼职工会干部3688人次,全面完成了全省工会干部"十五"培训计划。加大调查研究力度,重点开展了全省1000名下岗职工和1000名低保职工生活状况("双千")、农民工合法权益维护、外资企业工会组建、企业职工同工同酬情况等专题调研,及时反映职工的呼声和要求,一批重点调研成果和重要信息被中央、省委和全总采用,推动了涉及职工切身利益问题的解决。各级工会经审会组织加强基础建设和制度建设,较好地履行了经审监督职责。工会疗休养事业和省总直属事业单位改革步伐加快,管理不断加强。工会资产进行全面清查、登记、办证。工会外事和对外交流等工作有了新的进步,共接待22个国家和地区工会来赣访问,扩大了江西工会的影响。

四

2008—2010年,省总工会贯彻落实党的十七大和省第十二次党代会精神,牢牢把握实现江西崛起新跨越的新要求,以推进科学发展、促进社会和谐为第一要务,以发展和谐劳动关系、维护职工合法权益为主线,以扩大工会工作覆盖面、增强工会组织凝聚力为目标,以完善职工民主管理制度为载体,以理论、机制和工作创新为动力,充分发挥工人阶级主力军和工会组织的职能作用,团结动员全省职工为推动江西经济社会又好又快发展做出新的更大的贡献。并从组织职工投身经济建设的作用更加突出;基层工会工作更加活跃;职工队伍素质更加提高;维护职工合法权益的效果更加显著;工会组织的吸引力、凝聚力更加增强等方面提出主要目标。

2010年12月,省委召开全省工会工作会议暨省劳模表彰大会。2010年12月,省委出台《关于进一步加强和改进新时期工会工作的意见》,为全省工会工作提供了政治指向。2009—2010年,中央、全总、省委、省政府领导对江西工会工作先后作出47次批示,肯定和指导江西省工会工作。

2008—2010年,省总十二届委员会率领广大工会干部通过学习党中央关于工人阶级和工会工作的一系列新思想、新观点、新论断,进一步认清形势、统一思想、坚定信心,形成了服务“两广”(广大职工、广大会员)、做好“两维”(维护职工权益、维护社会稳定)、促进“两和”(和谐劳动关系、和谐社会)、做到“四个全面”(全面融入发展大局、全面发挥职工作用、全面履行工会职能、全面加强自身建设)的工作新理念。全省工会系统经受世界金融危机对江西带来的冲击与考验,接受全省国企改革的挑战与考验。全省各级工会始终围绕中心,服务大局,发挥优势,主动作为。

2008—2010年,主要是全省工业口国企改革和非工口七大系统国企改革,省总号召全省各级工会参与改革、配合改革、支持改革;引导职工,理解改革,支持改革。省总联合和独立下发《关于加强国有企业改制和关闭破产中厂务公开民主管理维护职工合法权益的意见》《关于开展职工代表大会规范化建设的意见》《职工代表大会运作程序》《关于维护职工队伍稳定、预防和参与处理职工群体性事件的若干意见》等文件,为维护职工的合法利益提供制度保证。省总召开全委会、常委(扩大)会议重点部署工作;不定期召开地市和产业工会主要负责人参加的国企改革情况汇报会、调度会,召开改制企业工会主席会议、改制企业指导员、联络员培训会、网络舆情监测会等会议,互通信息,协调进度、总体推进。按照省委意见,迅速建立信息员、舆情监测队伍,编办《江西工会信息·国企改革专号》56期、《江西工会信息·网络舆情》33期,及时将工会在国企改革中发现的问题,调查了解到的情况和应对措施,专报省委书记、省长、省委副书记以及省国有企业改革领导小组成员,为领导提供决策参考。中央、全总、省委、省政府领导先后作了诸多次批示。省总不间断组织调研组深入市县、企业,指导推进。各市、产业组建有工会干部参与的改制指导员队伍,配备了600名改制企业联络员,举行各种讨论会、征求意见会、家庭谈心会,做到“五个讲清楚”,教育职工正确对待,参与改制、支持改制。全省各级工会共发放改制企业帮扶资金1992万元。坚持主席信访接待日和工作部门日常信访接访制度,保持工会“12351”职工维权热线24小时畅通。问题不上交、不推诿,及时、妥善、智慧地处理。省、市、县总深入调查,全面了解企业工会及职代会建立情况,督促依法依规整改。深入重点企业现场指导职代会工作。尊重职工的参与权、知情权、监督权,改革、安置方案交给职工代表,力争形成最大共识,确保两个方案高票通过。全省工业口和非工口七个系统国企改革先后顺利完成,实现企业得发展、职工得实惠、社会得和谐的目的。省委高度评价全省工会组织:全省的国企改革力度这么大、速度这么快、效果这么好,工会发挥了不可替代的重要作用。2009年12

月，全国人大常委会副委员长、全国总工会主席王兆国到江西考察调研，充分肯定江西国企改革的成功经验，认为江西的“改革经验是完整的，成功成熟的”，江西工会工作“思路清晰、重点突出、措施得力、特色鲜明”。

全省工会组织以“当好主力军、建功‘十一五’、和谐奔小康”为主题，围绕鄱阳湖生态经济区建设，紧紧围绕经济建设重点工程、重点项目开展经济技术创新劳动竞赛。职工提合理化建议 9.4 万项，技术革新 1.6 万项，发明创造 1800 项，实施合理化建议 3.5 万条。省总与省人社厅联合开展“技能大培训、岗位大练兵、劳动大竞赛”活动。全省参赛企业 3.3 万家，参赛职工达 600 余万人次。2009 年，省总、省人社厅、省国资委联合举办第三届全省职工职业技能大赛，创下江西多项“第一”：第一次有农民工组队参赛，第一次为农民工单独设奖，第一次有农民工荣获省“五一劳动奖章”，第一次有农民工荣获“省技术能手”称号。万载县职工不断创新，实现产品由“万载制造”到“万载创造”的跨越。新余钢铁公司职工廖庆华获第六届“振兴杯”全国青年职业技能大赛机修钳工比赛第六名。以“同舟共济保增长、建功立业促发展”为主题，实现全省国有、集体及其控股企业“共同约定行动”全覆盖，其他类型企业达到 70% 以上，全省约定不裁员人数 145.8 万人，减少裁员人数 67.3 万人。组织 75 万职工参加全国企业“安康杯”安全生产竞赛。开展“职工节能减排月”“我为节能减排献一策”竞赛活动，服务于全省产业结构调整、绿色崛起。进一步加强了劳模管理，对 1700 名低收入省劳模生活状况和 7000 多名省级劳模基本情况摸底工作。组织劳模疗休养。为全国劳模发放“三金”和为省劳模发放春节慰问金。2008—2010 年，77 名和 876 名职工分别获得全国、全省劳动模范和先进工作者称号；83 名和 270 名职工分别获得全国、省“五一劳动奖章”；26 个和 72 个单位（班组）分别获得全国、省“五一劳动奖状”。

至 2010 年 6 月底，全省公有制企业建立厂务公开制度的有 3255 家，建制率为 99.75%；具有一定规模的非公有制企业建立厂务公开制度的有 28104 家，建制率为 86.34%；事业单位建立厂务公开制度的有 12203 家，建制率为 97.83%。省总被评为全国推动厂务公开民主管理先进单位。2010 年 6 月，出台《关于进一步加强建设职工之家工作发挥基层工会作用的意见》，强调加强企业特别是改制企业、非公企业职代会建设，全省建立职代会企业 44261 家，建制率达到 93.1%。

2009 年，全省劳动合同签订率达到 94% 以上，基本完成三年行动计划任务。开展了小企业劳动合同制度实施专项行动计划。开展了“工资集体协商五年覆盖计划”，全省实行工资集体协商企业 42027 个，建制率达到 88.4%；签订集体合同 44023 份，签订率达到 92.6%；签订女职工专项集体合同 38244 份，签订率达到 96.9%，提前超额完成全总下达的三年任务数。参加了《工伤保险条例》《就业促进条例》等 10 余部法律法规的修改制定。配合全国人大、省人大组织的《工会法》《劳动合同法》等执法检查。工会法律援助志愿团、劳动争议兼职仲裁员和劳动争议调解员、劳动法律监督员、集体协商指导员的队伍充实壮大。组织 46 名工会干部赴深圳富士康集团开展“乡情关爱行动”，得到国务院调查组、省委、省政府和深圳市党政的肯定与好评。受理职工信访件结案率达 92.5% 以上。全省工会组织受理职工维权案件 2240 起，结案率达 93%，参与劳动争议仲裁 343 件。核查、处理 100 余起舆情信息。成功处理了吉安市友利电子公司、沃尔玛、国美等企业因金融危机裁员的案件和江西水运集团等改制企业职工集体上访 19 次。

参与全省最低工资标准、企业工资增长指导线、因工致残人员伤残津贴待遇调整等政策制定。联合开展整治非法用工专项行动和农民工工资支付专项调查活动,追还农民工工资8885余万元。出台应对金融危机10大帮扶举措,开展百万农民工援助行动。健全省、市、县(市、区)、街道(乡镇)和社区五级帮扶工作网络。困难职工电子档案录入22万户,并实行动态管理。坚持开展"金秋助学"活动。2010年,各级工会筹资2078万元,资助20906名困难职工子女上大学。全省各级工会筹集帮扶资金9亿元,困难职工帮扶标准由人均400元提高到1000元,全省实现困难职工帮扶全覆盖。与省有关部门联合制定并实施3年内每年培训1.1万技术工人的目标任务。培训职工8.2万人,成功介绍11万多人次就业。与广东省、北京市举办跨省联合技能培训活动。与8个省市区工会签订省际间农民工维权合作协议,与江苏、四川省总跨省联动维权。开展互助互济活动,参保会员达141.9万人。为41万困难职工赠送团体意外保险。

2008年,全省职工队伍572.04万人,2009年600万人,2010年647万人。这期间,省总根据全总"组织起来,切实维权"工作方针,大力发展工会会员。2008年底全省94个工业园区已基本建会,园区内6106个企业中有4301家企业建立工会,占70%;园区内70万职工中有会员50万,其中有农民工44万。开展"广普查、深组建、全覆盖"集中行动,推进组建工作"集中行动攻坚月"活动。2010年,全省共组建基层工会5.9万家,涵盖法人单位8.1万个,工会会员611万人。涵盖3万多名劳务派遣工的省人力资源有限公司建立工会,劳务派遣工入会难的问题得到突破。改制企业工会组织得到了健全,实现改制国企"家属区"移交"社区"后工会组织的"无缝对接"。省总获得全总组建工会和发展会员综合考核一等奖,被评为全国推进"双措并举、二次覆盖"工作先进单位。

省总与省相关部门联合制定《全省职工素质建设工程五年规划(2010—2014年)》《关于推进职工文化建设的指导意见》。坚持开展"创建学习型组织、争做知识型职工、勇为创业型人才"以及职工自学成才奖评选表彰活动。各级工会共投入教育培训资金7749万元,培训职工53万人次。各地开展"五一"文艺晚会、排舞广场展演、"职工艺术节"、庆祝"三八"国际劳动妇女节100周年专题晚会。开辟江西工会网上职工书屋,提供电子书籍3000册,江西工会网累计点击率超过115万人次。

省总机关深入开展学习实践科学发展观活动试点工作,征求各类意见建议220条,经梳理归纳后解决突出问题11个,基本实现了"工会干部受教育,工运事业上水平,工会工作出成效"的目标要求。省总出台了《关于加强工会组织建设的指导意见》,全省建立32万人的"七大员"队伍(即工会工作协理员、工会法律援助志愿者、劳动争议调解仲裁员、工会劳动法律监督员、集体协商指导员、企业改制指导员和工会劳动保护监督检查员)。2009年,全省工会经费总收入突破6亿大关,比上年增长25%以上。2010年,全省各级工会经费比上年平均增长20%,比2008年增长49%。在全总2008年度经审规范化建设考评中获得特等奖。各地加大"三大场所"(活动、办事、办公)建设力度,宜丰县、瑞金市建设了1万平方米的活动中心。全省互助保险保费突破2000万元,达到2252万元,增长86%。省总本级企事业实现营业收入3061万元,比2008年增长54.21%,实现利润194万元,同比增长135.72%。2008年土地办证率达到73%,比2007年增长22%;房产证办证率达到53%,比2007年增长25%;办理工会资产产权登记证150家,办证率100%。2010年全省工会资产总额达 18.6 亿元。

1994—2010 年,全省职工队伍历经萎缩、徘徊、发展壮大的变化,职工队伍经受了社会转型的洗礼,职工队伍出现了新的特点:农民工大量出现。就业用工“双向选择”。劳资双方依法契约。职工队伍内部结构分化。劳动关系市场化、法制化、全球化。利益诉求多元化。职工经济生活状况发生较大的变化,多数职工家庭生活有所改善;生活质量有提高,住房面积和住房质量比以前有改善等。与此同时,不同地区、行业、所有制和不同经济效益的企事业单位之间及职工个人之间的收入差距逐渐拉大;部分职工家庭生活水平过低,处于贫困状态。17 年来,全省进行一系列的国企改革,改制国企职工经受了一次又一次的改革洗礼,减员增效、下岗分流、待业失业、买断工龄、身份置换、再就业创业,改制国企职工承担了经济转型的改革成本,为全省社会转型做出了巨大贡献。

1994—2010 年,全省工会信息工作即工作机制及运行、信息刊物及平台的设置、信息工作成果的评选及总结表彰,统计工作即工作机制的运行、活动的开展、数据的研究及利用,坚持客观真实,力求准确,服务指导,服务决策有序展开;工运理论研究适应工会改革与发展需要,坚持深入调研,理性应对,服务职工、服务工运继续开展;各项活动即达标考核、工会纪念活动、对口支援小金县、救灾帮村等活动,围绕党政中心工作,结合自身特点进行。17 年间江西工会信息工作、统计工作、工运理论研究等工作,为党政工作提供各类信息与数据,利于重大决策的参考。

1994—2010 年,江西工会对外交往,坚持学习与借鉴原则,加强与各国工会、国际工会组织的友好交流与合作;坚持联系与交流原则,做好与港澳台工会和劳工界的交往工作。

1994—2010 年,全省工会组织机构和全国一样因经济体制改革、强制“国退民进”即国有企业及集体企业改制实施私有化,私营企业、股份制企业、民营企业、外商投资(合作)企业以及混合经济(国有控股)企业成为了江西企业的主体,原先那种以公有制企业工会为主体的工会组织结构已经不复存在,经济成分的多样化、用工形式多样化、劳动关系多样化成为主流,工会组织随之发生的变化而不断调整工会组建工作重心(农民工会员遂成为工会组织的主要成分)。其中,2000 年前后吉安、赣州、宜春、上饶和抚州撤地设市,相应的其原省总派出机构均撤销,各设立市总工会;2003—2007 年,全省的省、市、县(市、区)配备同级副职领导担任总工会主席,企事业、机关及乡镇工会主席亦如此配备同级副职领导担任。

1994—2010 年,全省工会自身建设不断加强。全省各级工会自觉接受党对工会工作的领导,主动争取党政对工会工作的重视和支持。各级党政重视、关心和支持工会工作,建立健全常委会(党委会、党组会)工会工作汇报、通报制度,及时研究工会工作中遇到的新情况,解决工会组织需要解决的实际困难,赋予工会组织更多资源和手段,支持工会依照法律和章程独立自主、创造性地开展工作。各级党组织为本级工会换届从代表构成、领导干部配备以及会议筹备把关定向。坚持出席本级工会重要会议和重大活动,分管领导坚持出席本级工会常委会会议和全委会会议,及时传递党的声音,传递党对职工队伍的要求,明确党对工会工作的政治指向。将工会工作列入党委、政府(行政)工作的考核目标,党建带工建,工建促党建,推动了工会重点、难点工作的开展。全省各级工会深入推进党风廉政建设,加强党内监督和群众监督,营造工会系统风清气正的政治生态。全省各级工会组织和绝大多数企业工会主席均按要求实现工会主席的高配,切实改进工作作风,牢固树立纪律规矩意识,着力锻造高素质专业化工会干部队伍,把工会队伍建设成党委信任、职工信赖的坚强战斗队。同时扎实推进乡镇(街道)工会规范化建设,促进全省工会工作的创新与协调发展。规范化建设的经验做法得到全总肯定;积极推进建设“职工之家”活动,进一步增强了基层工会组织的活力和凝聚力;按照“抓收缴、强管理、重规范”的工作思路,建立和推行地税代收与财政划拨相结合的工会经费收缴机制,实现工会经费收入稳步增长;工会财务和资产管理更加严格规范。进一步规范了制度建设,加强对工会资产、工会经费和专项经费等重点领域、关键环节的审查审计和监督管理,为工会事业健康发展提供坚强的纪律保障。全省工会建立健全工会干部联系点制度,推动各级工会干部走出机关、深入基层、深入职工,开展调查研究,掌握基层情况,倾听职工呼声,帮助解决实际问题。切实做好教育工会、女职工委员会、信息统计、机关党建和驻点帮扶工作,全面提升工会工作整体水平。

17 年江西工人运动的体悟:只有坚持党的领导,全面融入发展大局,找准工会服务党政中心工作的切入点和着力点,才能发挥工会的政治优势;只有坚持职工的主体地位,最大限度地将职工组织起来,充分相信和依靠职工,才能发挥工会的群众优势;只有坚持桥梁纽带作用,使党和政府的意图成为广大职工的自觉行动,才能发挥工会的组织优势;只有坚持以职工为本,主动依法科学维权,才能体现工会的基本职责;只有全面加强自身建设,不断创新工作理念、创新工作方式、创新工作手段、创新组织架构,才能适应劳动关系、用工形式和工会工作的深刻变化,工会工作才能始终保持勃勃生机。

大事记

1994 年

1 月 19 日　中华全国总工会副主席、国家民族事务委员会副主任江家福率全总“送温暖”慰问团到江西慰问。中共江西省委副书记朱治宏，省委常委、省人民政府常务副省长舒圣佑会见慰问团成员。慰问团先后到南昌飞机制造公司、南方电动工具厂以及吉安、赣州地区进行慰问。

1 月　省总工会组成 4 个“送温暖”慰问团，分赴全省各地，走访慰问 70 家企业和 140 户特困职工家庭。

2 月 4 日　江西省劳动模范迎春座谈会在南昌召开。省党政军领导与 120 名劳动模范座谈，省委副书记卢秀珍主持座谈会，省总主席刘金标致词，5 名劳模代表发言，省长吴官正讲话。

2 月 19 日　省总女职工委员会二届一次（扩大）会议在南昌举行，卢秀珍出席并讲话。会议向“学先进、比贡献”活动中的先进女职工、先进女职工作者、先进女职工委员会颁发奖状和荣誉证书。会议选举产生省总二届女职委，省总副主席童水仙当选主任。

2 月 20—21 日　省总在洪都钢铁厂举办国有独资公司试点企业工会主席培训班。省总副主席戴子钧、省体制改革委员会副主任钟尧然作辅导报告。

2 月 25 日　省总与省委宣传部、省教育委员会、省军区政治部、共青团江西省委员会联合发出通知，在全省开展向徐洪刚学习活动。

2 月 27—28 日　省总经费审查委员会九届二次委员会议在南昌召开，会议审议 1993 年省总工会工会经费决算和 1994 年经费预算，修改通过《江西省总工会经费审查委员会议事规则》。

3 月 3 日　省政府批准成立江西省工会职工中等专业学校，与省总干部学校实行两块牌子、一套人马管理体制。

是日　省总与省供销合作社、团省委、省妇女联合会联合发出通知，在全省商业战线开展向范春生学习活动。

3 月 27 日　省职工技术协会和南昌市职工技协在人民广场联合开展科技服务日活动。

4 月 1 日　省总召开纪念《中华人民共和国工会法》颁布两周年座谈会。

4 月中旬　省总工会、《工人日报》江西记者站、江西工人报社共同组织开展“全国班组社会主义市场经济知识竞赛”和“评选行业职业道德十佳标兵”活动。

4 月 25 日—5 月 9 日　省总工会和江西电视台联合举办的《主人翁风采》节目播映。

4月28日　庆祝“五一”国际劳动节暨表彰大会在南昌举行。大会表彰1993年全省“三创”社会主义劳动竞赛最佳企业、合理化建议先进集体和个人,1994年江西省“五一劳动奖章”获得者。省领导吴官正、朱治宏、卢秀珍、马世昌、冯金茂、王国本、张云川、黄立圻等出席大会。卢秀珍讲话,省总副主席戴子钧致词。

5月16—20日　省总在庐山举办现代企业制度与工会工作基本知识培训班。130余人参加学习,全总基层工作部、省体改委、省总等领导授课。

5月18—20日　省总在南昌举办迎1995世界妇女大会研讨班。全总女职工部部长唐克碧、中国社会科学院教授陈筠授课。

5月22日　省政府决定,确认1959年全省政法先进单位、先进工作者代表会议和1964年全省财贸系统先进单位、先进工作者代表会议为省级劳模会议。两次会议授予的754名先进工作者、“六好职工”为省级劳模。

6月17—18日　省职工技协三届一次会议在南昌召开。童水仙当选会长。

6月18日　省总下发《关于贯彻全总“送温暖工程”的实施意见》。指出:实施“送温暖”工程,是在党的领导和政府支持下,动员企业职工和社会各界的力量,群策群力,互助互济,为困难职工和困难企业排忧解难的实际举措。各级工会要坚持“送温暖”走访慰问活动,形式灵活多样。所需经费,除争取政府拨款外,工会应列入年度预算。并强调了实施送温暖工程的主要内容、要求和主要措施。

8月15日　省人大常委会八届十次会议审议通过并实施《江西省实施〈工会法〉办法》。

9月1日　全省劳动竞赛、劳动保护论文征集评选活动结束。评出优秀论文28篇,其中两篇被全国第11届劳动竞赛理论研讨会评为优秀论文。

9月1—4日　全总副主席方嘉德到南昌、九江检查外商投资企业工会工作。就外资企业组建工会问题与省委、省政府领导交换意见。刘金标汇报工作。

9月4—10日　省职工体育协会(简称省职工体协)在南昌举行全省职工足球赛。南昌飞机制造公司队获第一名。

9月8日　省总会同省物价局、省商业局等12单位在全省开展第四届执行物价计量政策法规最佳单位评选活动。

9月10日　省总作出决定,表彰20名全省工会职工教育先进工作者和15个工会先进办学单位。

9月15日　省总会同省保险公司举办全省职工劳动保护、企财保险知识竞赛。省建筑总公司代表队获第一名。

是日　省政府办公厅和省总联合向地、市、县政府和工会下发通知,要求做好职工困难补助工作。

9月27日　省总召开全省地、市和省产业工会主席会议。会议传达中共中央和省委领导关于外商投资企业工会工作的重要指示,并部署工作。卢秀珍出席并讲话。

9月28日　全国劳模熊林根、薛妮珍、胡金福赴京参加庆祝中华人民共和国成立45周年活动。

是日　昌河飞机工业公司召开全员劳动合同签约大会，从此告别固定用工制度。

9月　九江市总工会职业介绍所在九江成立。

10月9日　省总、省劳动厅、南昌市总、南昌市劳动局在南昌举行《劳动法》咨询服务日活动。

10月10日　省总会同省人大内务司法委员会（省人大内司委）、省司法厅、省普法领导小组办公室联合下发关于学习、宣传和贯彻《江西省实施〈工会法〉办法》的通知。

10月25日　省教育工会召开表彰大会。表彰模范工会、先进工会、优秀教育工会干部、支持教育工会工作的党政领导。省政协副主席罗明，全国教育工会原主席方明，省人大教科文委副主任吴吉祥，省教委副主任王文才，刘金标和省总党组成员文之周出席大会。

10月27日　省总制定并下发《关于开展爱国主义教育实施意见》。

10月28日　江西工会审计事务所在南昌成立。

11月8—9日　省总在新余市召开全省各地、市总工会生产部长及节能降耗百厂竞赛片组长会议。会议总结交流竞赛和帮扶亏损企业转亏增盈的经验，布置全省劳模评选工作。

11月20—23日　省总与省劳动厅联合举办《劳动法》电视知识竞赛。刘金标任组委会主任。

11月29日　省总在南昌召开全省农林财贸工会工作会议，并就《劳动法》进行辅导。

11月30日　省政府第8次省长办公会议同意省总建立江西省送温暖基金委员会的提议，办公室设省总。

12月1—2日　全省第二次工会企事业工作会议在南昌召开。会议明确今后三年奋斗目标。

12月2—3日　全省工会干部教育工作会议在南昌召开。会议代全总向获得全国工会干部教育工作先进集体、先进个人的单位和个人颁奖。

12月3日　省总与省劳动厅、省财政厅联合下发《关于调整国有企业职工死亡待遇的通知》。

12月6日　省总下发通知，在全省工会会员中发行《温暖消费卡》。发行费全部注入省总“送温暖基金会”，用于救济特困职工。

12月18日　省政府、南昌市政府在南昌召开贯彻落实《劳动法》动员大会，副省长张云川出席并讲话。

12月27—29日　省总九届三次委员（扩大）会议在南昌召开。会议通过有关人事事项，文之周当选省总副主席。卢秀珍出席并讲话，张云川作经济形势报告。中国人民大学教授关怀作《劳动法》辅导报告。

12月30日　省领导卢秀珍、舒惠国走访江西八一麻纺厂和南昌阀门厂，看望生产一线工人，并慰问困难职工家庭和劳动模范家庭。

1995年

1月5—7日　以全总副主席滕一龙为团长的全总“送温暖”慰问团到江西，在卢秀珍和省总领导陪同下，走访慰问南昌、九江困难企业和困难职工家庭，在南昌市与部分困难企业职工代表座谈。

1月16—18日　省教育工会四届三次委员（扩大）会暨经验交流会在高安召开。文之周当选省教育工会主席。

1月23日　全省劳模迎春座谈会在南昌举行。省领导毛致用、吴官正、朱治宏、卢秀珍、王昭荣、舒圣佑、舒惠国、黄智权、冯金茂、张云川、江国镇出席。黄智权主持会议,刘金标致词,舒圣佑讲话。

1月28日　省总和南昌市工人文化宫共同举办江西省入选全国职工美术、书法、摄影展作品评审会。

1月　省总组成4个慰问团分赴11个地市对108个困难企业和225户特困职工家庭走访慰问。全省共筹集资金1165.93万元,慰问补助特困职工、劳模、离退休职工18.34万户,各级领导和工会干部3万多人参加走访慰问。

2月10日　省总成立贯彻实施《中华人民共和国劳动法》工作协调领导小组。童水仙任组长,日常工作由省总法律工作部承担。

2月15日　省总机关党委召开党员大会,选举产生了新一届机关党委,程受锭代表新一届机关党委讲话,刘金标就加强机关党的建设提出要求。

2月22—23日　省总在江西铜业公司召开地、市和省产业、省总直属基层工会生活保险部长会议。

2月24—25日　全总书记处书记李永安率工作组到江西检查全国劳模评选情况。常务副省长舒圣佑会见工作组一行。

2月27日—3月1日　全省企业民主管理工作座谈会在南昌召开。

3月4日　省总和中共江西省直属机关工作委员会(简称省直工委)、省妇联、省教委、省体育运动委员会(简称省体委)、南昌市总、南昌市妇联等联合举办万名妇女"庆三八、迎'四大',通向北京"长跑活动。

3月9日　省总与省委宣传部联合转发全总、中共中央宣传部《关于进一步加强对工人阶级新闻宣传的几点意见》。

3月19—21日　省总与省物价局联合召开全省价格监督检查工作会议。省长助理蒋仲平出席并讲话。会议表彰先进职工物价计量监督站和先进职工物价监督员。

3月20日　省劳动竞赛委员会下发通知,在全省职工中组织开展"学先进,比贡献,创一流,增效益"的社会主义劳动竞赛。

3月21日　省政府批准成立"江西省送温暖基金委员会",刘金标任主任。

3月　省总与江西日报、省电台、江西工人报、《工人天地》杂志等开始《劳模风采》专题系列采访报道活动,活动至5月中旬结束。

4月2—3日　全省劳模、先进工作者表彰大会在南昌举行。舒圣佑宣读省政府《关于表彰全省劳动模范、先进工作者决定》。劳模、先进工作者向全省发出《倡议书》。吴官正讲话。卢秀珍主持大会。

4月16日　省劳动竞赛委员会表彰1994年度全省"双增双节"劳动竞赛优胜企业、先进班组、先进个人和节能降耗、扭亏增盈竞赛先进集体。

4月26日　江西省78名全国劳模、先进工作者和2名特邀代表在副省长周懋平率领下,赴京参加全国劳模、先进工作者表彰大会。

4月29日　省总、南昌市总在南昌举行庆祝五一国际劳动节暨中国工会成立70周年纪念大会。基层工会和劳模代表在会上发言。省领导吴官正、舒圣佑、卢秀珍、舒惠国、黄智权、彭崑生、冯金茂、朱治宏等出席大会,省委副书记舒惠国讲话。

4月30日　全总表彰全国优秀工会干部和全国优秀工会积极分子。江西省梅瑞荣等13人和刘祖三等25人分别获"全国优秀工会干部"和"全国优秀工会积极分子"称号。

5月2日　省总、省农垦局、省林业厅联合下发《关于加快发展我省垦区林区职工自营经济的通知》。

5月初　省教育工会会同省委宣传部、省教委、团省委联合表彰1995年度全省"十佳"青年教师。

5月15日　全总副主席方嘉德率全国劳模报告团到江西举行报告会。舒惠国出席并讲话。省领导黄智权、王国本、黄立圻、卢匡衡出席。

5月15日—6月5日　省总女职委与省劳动厅对实行现代企业制度试点的20个国有独资企业实施《劳动法》过程中女职工劳动权利、劳动保护情况进行调查。

5月17—27日　全总生活保障部副部长陈志刚到江西对九江市职工医疗制度改革试点实施情况进行调研。

5月20日　省总女职委获全总"迪康杯"竞赛优秀组织奖,萍乡钢铁厂女职委获优胜奖。戴廷蓉获二等奖,敖华锋等6人获三等奖。

5月29日　省教育工会、省委宣传部、省教委等单位在南昌举行《教师法》知识竞赛决赛。抚州地区代表队获一等奖。

5月—7月初　省总举办贯彻实施《劳动法》研讨班。各地市总工会、省产业工会正副主席等共120余人先后参加学习研讨。

6月23日　南昌高新技术产业开发区工会工作委员会成立,履行市总工会派出机关职责。

6月25日—7月初　省总组织5个调查组,分赴各地市检查贯彻实施《中华人民共和国劳动法》情况。

7月5日　中外合资南昌奥达电子电脑有限公司100多名职工表决通过《集体合同》。这是全省第一份集体合同。

7月26—28日　省离退休职工管理办公室(简称省退管办)、萍乡市离退休职工管理协会(简称退管会)、南昌飞机制造公司退管会等退管组织和赵子经等在全国离退休职工管理服务工作表彰会上,分别获退管工作先进单位、先进集体和先进个人称号。

7月31日　省政府制定《江西省百家企业建立现代企业制度试点方案》,提出试点企业要实行平等协商、签订集体合同制度。

7月31日—8月2日　省教育工会与省委宣传部、省教委联合在九江举办全省高校党委书记、校长暑期研讨班。

8月8—10日　省总九届五次常委(扩大)会议在井冈山市召开。会议传达贯彻全总十二届六次主席团会议精神,总结交流1995年以来贯彻实施《劳动法》的情况和经验。10个地、市、县工会和企业代表在会上介绍经验。

8月25日　省总与省劳动厅联合下发《关于对当前试行集体协商和集体合同制度的意见》。

8月30日　省总女职委与南昌市工人文化宫联合举办庆“世妇四大”女职工风采展览。

9月4—8日　全省第二届焊工技能比赛在江西省火电工程建设公司举行。

9月20日　省总与省委宣传部等单位在南昌召开全省企业思想政治工作研究会会员代表大会暨省政工师协会成立大会。

是日　省经贸委、省委宣传部、省总联合在南昌召开全省企业职工思想政治工作研究会成立十周年报告会。

9月21—22日　省总与省委宣传部、省委组织部、省经贸委在南昌联合召开全省企业思想政治工作经验交流暨表彰大会。舒圣佑出席并讲话,省委副书记钟起煌作工作报告。九江石油化工总厂等38个单位和张文标等46人受到表彰。

9月23日　省总与省劳动厅、团省委、省电子工业局联合举办’95全省计算机文字录入处理员技能比赛。

9月26日　省总与省物价局、省消协等单位联合召开第四届全省执行物价计量政策法规最佳单位表彰大会。28家企业获全省执行物价计量政策法规最佳单位称号。

10月6日　全省科技月活动新闻发布会在省总召开,省总与有关方面领导就活动答记者问。

10月8日　全省“技能月”宣传咨询活动在南昌启动。

10月13日　省总与省劳动厅联合在南昌召开工人技师和劳模座谈会。

10月23日　省总、省退管会在南昌召开全省工会保障工作、退管工作先进表彰大会。3个地方工会、39个单位获全省工会保障工作先进集体;48人获全省工会保障工作先进工作者;2家退管会组织获退管服务工作先进单位;30个单位获退管工作先进集体;115人获退管工作先进工作者;15人获全省重视退管工作者。

10月23—24日　省总与省商业厅等部门举办全省第二届烹饪技术比赛暨’95中式烹调技能比赛。九江南湖宾馆选手余厚良获第一名。

10月24—27日　全总书记处书记肖振邦率领全总“送温暖”慰问团走访慰问新余、宜春两地部分停产、半停产企业和困难职工家庭。

10月27日　省总机关干部参加公务员过渡考试。

10月31日—11月1日　省总在新余召开全省地、市总工会和省产业工会、省总直属基层工会办公室主任会议。

11月1—3日　省总在景德镇召开全省农林水系统工会职工自营经济经验交流会。枫树山林场工会等10个单位在会上介绍经验。

11月6日　省合理化建议委员会在南昌举行1994年以来合理化建议、技术改进活动新闻发布会,发布282项重大成果。表彰98个合理化建议先进集体和94名先进个人。副省长、省合理化建议委员会主任朱英培出席并讲话。

11月9—10日　全省全心全意依靠工人阶级办好企业现场经验交流会在九江召开。全总基层工作部发来贺电。

11月11日　全总下发《关于表彰全国优秀民主管理工作者的决定》,江西金宏、喻光华等26人获优秀工会民主管理专职干部称号。

11月15日—12月15日　省总举办“在社会主义市场经济条件下如何做好工会工作”论文征文活动,21篇论文获优秀奖。

11月16日　省总、省劳动厅等5家单位联合在南昌召开江西省技能月活动总结表彰大会。会议宣读省劳动厅《关于表彰1995年度全省技术能手的决定》、省总《关于向薛国华等颁发江西省“五一劳动奖章”的决定》。省人大常委会副主任陈癸尊、省政协副主席吴永乐、省政府秘书长王飚等出席。

11月22—27日　全总书记处书记李永安率领国家安全生产检查组到江西检查,先后听取省政府和景德镇市、宜春地区、丰城市、江西省煤炭厅安全生产情况。

11月27日—12月2日　省总对九江市公费医疗制度改革运转情况进行调查。

11月28—30日　省总在南昌召开全省外商投资企业、私营企业工会工作会议。

12月5—12日　省总参加省政府组织关于贯彻执行《江西省城镇企业职工养老保险制度改革实施方案细则》情况检查。

12月7—8日　全省地市总工会和省总直属基层工会生产部长会议在江西铜业公司召开。

12月18日　南昌市江南美术工艺社(私营企业)集体合同签字生效。

12月18—30日　省总、江西省安全生产委员会(简称省安委会)等单位组成检查组分赴南昌、赣州、九江市对外商投资企业进行劳动安全卫生检查。

12月18—21日　全省职工互助保险事业、职工消费合作事业工会干部研讨班在星子温泉工人疗养院举办。全总中国职工保险互助会副主任做专题讲课。

12月25—28日　省总九届六次常委会和九届四次委员(扩大)会议在南昌召开,会议传达贯彻全总十二届三次执委会精神,总结、部署工会工作;通过有关人事事项。钟起煌出席并讲话。

12月　江西铜业公司工会组织开展首届奥林匹克技能比赛。有钳工、电工、电焊工三个比赛工种。

1996年

1月16日　省总工会在南昌召开全省送温暖工程新闻发布会。

1月22—24日　省总常委(扩大)会暨经验交流会在樟树召开。樟树市教育局介绍经验。

1月21日　省总和南昌市总在南昌联合召开省市送温暖慰问会,舒惠国出席并讲话,刘金标代表省、市总工会讲话。与会领导向出席的困难企业和困难职工发送慰问金。会后,分两路走访慰问南昌市部分困难企业和困难职工家庭。

1月22日　中国职工保险互助会南昌办事处成立。

1月31日　省总下发通知,部署评选表彰省“五一劳动奖章”和评选、申报1996年全国“五一劳动奖章”、全国“五一劳动奖状”工作。

是日　省总在南昌召开修改《工会法》座谈会。

2月14日　省总在南昌举行劳模迎春座谈会。舒惠国讲话,刘金标致词,朱英培主持。

2月　中航工业昌飞公司八届一次职代会审议通过《集体合同》,总经理、工会主席签字生效。

3月1—2日　省总女职委表彰全省先进女职工集体、先进女职工、先进女职工工作者、重视女职工工作的党政工领导。

3月5日　省总、省建设厅联合下发《关于评选“江西省城市美容师”“江西省先进环卫工作者”活动的通知》。

3月8日　省总制发《江西省工会干部1996—2000年培训规划》。

3月14日　第三届全国工人运动会组委会在南昌召开新闻发布会,介绍江西参加第三届全国工运会筹备工作情况。明确江西将组织12支代表队参加全运会11个竞赛项目的10个项目比赛。

3月15日　中国职工保险互助会江西省管理委员会在南昌成立。

3月15—21日　第三届全国工人运动会组委会主办、南昌市总承办的全省职工桥牌比赛在南昌市举行。江西省11支代表队、128名运动员参赛,省教育工会获第一名。

3月27日　省总、省供销社在南昌联合召开1995年度全省供销社系统先进单位和先进工作者表彰会。

4月1日　省总、省商业厅联合下发通知,决定在全省商业窗口企业开展服务明星评选活动。

是日　省总下发《生活困难职工档案管理暂行办法》。要求建立健全全省生活困难职工档案。

是日　南昌市第四届工人运动会在江西体育馆开幕。运动会历时一个月,共有田径、大众体育创编项目、太极柔力球、中国象棋、广播体操等五个项目。

4月16日　省总在九江召开全省工会财务工作先进集体和先进工作者表彰大会。全总财务部部长刘庚业出席大会并讲话。

4月16—21日　由江西省参加第三届全国工人运动会组委会主办、江西棉纺织印染厂(简称江纺)承办的全省职工太极柔力球比赛在江纺举行。8支代表队、58名运动员参赛,赣州代表队获女子团体第一名。

4月18日　省总下发《关于进一步加强工会职工技术协会工作的通知》。

4月20日　省“双增双节”劳动竞赛委员会、省总联合下发《关于在全省职工中开展“争创一流业绩、争当九五英模”立功竞赛活动的通知》。

是日　欢送参加第三届全国工人运动会江西代表团大会在江纺举行。江西代表团团长、副省长朱英培出席并讲话,向11支代表队授队旗。

4月25日　省总在南昌召开庆祝五一国际劳动节暨表彰大会。大会向全国、全省“五一劳动奖状”获得单位和全国、全省“五一劳动奖章”获得者颁奖。省双增双节劳动竞赛委员会表彰“学先进、比贡献、创一流、增效益”劳动竞赛优胜企业、“节能降耗”百厂竞赛优胜企业、先进班组和劳动竞赛先进个人。省领导吴官正、舒圣佑、黄智权、钟起煌、朱治宏、马世昌、张逢雨、朱英培等出席。黄智权致词,刘金标讲话。

4月26日 全总法律工作部部长贾志明到江西南昌、九江、景德镇检查《劳动法》贯彻实施情况。

4月28日 以文之周为团长的第三届全国工人运动会开幕式江西观礼团赴京观礼。

4月29日 省总与省人大环境资源保护工作委员会、省委宣传部等16个单位联合下发《关于开展“’96环保赣江行”活动的通知》。

4月30日 省、市庆祝第三届全国工人运动会开幕活动在南昌举行。600余名职工进行广播操、健美操、太极拳、木兰扇等项目的表演。省人大常委会副主任卢秀珍,省政协副主席吴永乐出席开幕式。刘金标讲话。

4月 省建筑工程总公司工会举办第一届职工技术运动会。历时一年,7个工种近千名职工参加技术比武。

5月6日 省总与省劳动厅、省经济贸易委员会联合转发劳动部等3家联合印发的《关于进一步完善劳动争议仲裁三方机制的通知》。

5月7—15日 全总女职工部原副部长王军在九江、景德镇、南昌调研女职工下岗安置问题和工会女职工工作。

5月9日 全总批准赣州市、九江市、新余市、樟树市、吉安市、萍乡市职工学校为全国工会系统示范性职工中等学校试点学校。

5月10日 省总下发《江西省总工会关于地市产业工会工作实行目标责任制的意见》。

5月13—15日 煤炭部、劳动部、全总联合在萍乡矿务局召开煤炭企业扶贫工作现场会。全总副主席滕一龙出席并讲话。萍乡矿务局工会介绍经验。

5月14日 省总与省委宣传部联合下发《关于继续开展“五一好新闻”评选活动的意见》。

5月15日 省总下发《关于颁布企业劳动争议调解员和工会法律监督员证书及其管理意见的通知》。

5月15—16日 江西工会信息工作会议在南昌向塘召开。省委办公厅信息处、省政府办公厅调研处负责人作信息业务辅导。

5月23日 省核工业地质局261大队残疾青年陈海青在全国第四届残疾人运动会上以157公斤的成绩分别获得60公斤卧举和60公斤力举2枚金牌。

5月25日 省总拨出专款,慰问宜春、上饶、鹰潭部分困难企业的幼儿园(所)。

6月12—13日 全省工会基层工作座谈会在宜丰县召开。会议听取各地、市、产业关于推行平等协商和签订集体合同制度、抓好现代企业制度试点、新经济组织组建工会等重点工作的情况汇报。

6月25—28日 省总在庐山举办地、市级工会领导干部关于工会自身改革和建设研讨班。

6月26日 省合理化建议委员会下发《关于“九五”期间全省合理化建议和技术改进成果评选表彰有关问题的通知》。

6月28日—7月26日　省总参与省政协组织的对江西外商投资企业贯彻《劳动法》情况的调查,并会同省政协向省政府报送调查专题报告。

7月1日　省送温暖基金委员会第一次会议在省总召开。会议就扩大省级基金规模,拓宽筹集基金渠道等问题达成共识。

7月8—20日　省总分7个组赴各地、市对贯彻落实工会工作总体思路,抓好推行平等协商和集体合同制度等重点工作进行调查研究和工作督查。

7月10—19日　省总女职委就下岗女职工再就业、《企业职工生育保险试行办法》试行情况进行调查。

7月23—30日　应中国职工对外交流中心邀请,香港新界社团联合代表团一行6人到江西参观访问。

7月26日　省养老保险监督委员会全体成员会议在南昌召开。会议审议监督委员会关于养老保险基金收支、营运和管理的监督检查办法,听取省社会保险事业局关于江西职工养老保险改革和实施情况的报告。

8月6日　省总与省劳动厅等4家联合转发国家劳动部、全总、国家经贸委、中国企业家协会《关于逐步实行集体协商和集体合同制度的通知》。

8月9日　中国职工保险互助会江西办事处成立。

8月12日　省总根据省长舒圣佑的指示对南昌、景德镇、九江等市的一些企业停发职工工资的情况进行调查,并将情况报告省政府。

8月20—22日　省总九届七次常委(扩大)会在上饶召开。会议传达省委常委(扩大)会议和全总"全心全意依靠职工办企业现场经验交流会"精神,总结交流贯彻工会工作总体思路的情况和经验,研究部署工作。南昌市总等10个单位在会上介绍经验。

8月24—25日　全总副主席滕一龙来江西检查指导工作,省总汇报全省推行平等协商和签订集体合同制度等工作情况。

9月3—7日　省总与省劳动厅联合举办工会法律专业人员培训班,培训劳动争议兼职仲裁员84人,工会劳动法律监督员、企业劳动争议调解员111人。

9月6日　省教育工会与省委宣传部、省教委在南昌联合召开1996年教师节座谈会。副省长黄懋衡出席并讲话。

9月13日　省政府召开全省企业扭亏增盈暨"九五"双争立功竞赛电话会。省委副书记、省政府副省长黄智权讲话。刘金标作动员讲话。

9月16—20日　省总与省旅游局、省劳动厅等单位联合举办'96江西省旅游行业员工服务技能竞赛。

9月17—23日　省总主办的全国16省、市职工民主管理经验交流会在井冈山召开。

9月20—22日　省总召开1996年女职工工作研讨会,研讨与交流下岗女职工安置工作。

9月27日　省总在南昌举行"爱心工程"捐助仪式。收到捐款8.8万元,扶助生活困难职工家庭的大学生、技校生66人。

9—10 月　省总组织全省 11 个地市、部分省产业和省总直属基层工会对 10666 户国有、城镇集体企业的生产经营情况和职工生活状况进行调查。同时,组成 6 个调查组赴各地市进行重点调查,并向省委、省政府报送《关于我省困难企业和职工生活困难情况的调查报告》。

9 月　中航工业昌河飞机制造公司成立公司职工互助互济储金会。

10 月 4 日　第三届全国工人运动会在北京闭幕,江西获优秀组织奖,并获金牌 4 枚、银牌 5 枚、铜牌 4 枚,共获奖牌 21 枚。

10 月 8—9 日　省总在南昌召开全省工会办公室主任会议,总结和交流工会办公室在贯彻工会工作总体思路中的工作经验。

10 月 10 日　省总工会劳动法律监督委员会成立。刘金标任主任。

10 月　上旬新余市职工学校获全总授予的“全国工会系统示范性中等学校”称号。

10 月 11—18 日　应全总邀请,澳门工会代表团一行 14 人到南昌市、井冈山、庐山等地参观访问。

10 月 21 日　第三届全国工人运动会组委会在南昌召开总结表彰会。授予南昌市总等 5 个单位优秀赛区奖、江西铜业公司等 11 个单位优秀组织奖,授予张林等 40 名运动员为优秀运动员。朱英培出席并讲话。

10 月 21—25 日　省总与省劳动厅、省电力局联合举办’96 江西省电工技能比赛。赣东北供电局白小根、萍乡供电局唐少波分获变电和配电两组比赛第一名。

10 月 22 日　省总与省建设厅联合表彰 50 名江西省先进环卫工作者,向受表彰的 12 名省城市美容师授予省“五一劳动奖章”称号。

10 月 22—24 日　应全总邀请,以主席德拉甘·拉杜洛维奇为团长的南斯拉夫自治工会联合会代表团一行 5 人到江西友好访问。

11 月 6 日　省总九届八次常委会会议在南昌召开。会议学习江泽民在党的十四届六中全会结束时的重要讲话、《中共中央关于加强社会主义精神文明建设若干重要问题的决议》,传达全总十二届十二次主席团(扩大)会议、省委十届四次全体会议精神;研究制定《江西省总工会关于学习贯彻党的十四届六中全会〈决议〉的实施意见》。

11 月 10 日　全总召开的工会劳动法律监督工作研讨会,江西省 33 篇论文入选,省总宜春地区办事处撰写的《突出维护职能新支点,强化工会劳动法律监督》在会上交流。

11 月 19 日　省民政厅批准成立省职工保险互助会。业务范围:组织职工互助和互助基金的管理。

11 月 20—22 日　省总在鹰潭召开全省工会领导班子建设座谈会。

12 月 2—10 日　省总组织人员深入宜春等地,调查贯彻落实中央办公厅、国务院办公厅 29 号和省委、省政府 24 号文件情况,总结实施送温暖工程典型经验。

12 月 9—12 日　省总与省妇联、省劳动厅、省粮食局联合举办’96 全省粮食部门女职工岗位技能决赛在南昌举行。

12 月 16—18 日　省总第二次经审工作经验交流暨表彰先进大会在宜春召开。会议表彰 21 个先进集体、27 名先进个人。全总经审会副主任蒋永清出席祝贺。

12 月 18 日　省总与省委组织部、团省委等 6 家联合开展“希望工程爱心储蓄”活动。

1997 年

1 月 3 日　省总与省“双增双节”劳动竞赛委员会联合下发《关于开展 1996 年“九五双争立功竞赛”总结评比和颁发 1997 年江西省“五一劳动奖状”、“五一劳动奖章”的通知》。

1 月 4—8 日　以全总副主席倪豪梅为团长的全总慰问检查团到江西开展送温暖活动，分别在舒惠国、朱英培陪同下，走访江西造船厂、南昌玻璃厂、省建工集团总公司、南昌飞机制造公司，慰问困难职工家庭。文之周向全总慰问检查团汇报江西工会实施送温暖工程的工作情况。

1 月 7—8 日　省总九届五次委员(扩大)会在南昌召开。会议深入学习贯彻党的十四届六中全会决议，传达贯彻全总十二届四次执委会和省经济工作会议精神，总结、部署工作。会议增选李骥为省总副主席。舒惠国出席并讲话。

1 月 9—10 日　省总与省商业厅在南昌联合召开“江西省商业系统服务明星”表彰大会。刘金标宣读《关于对 1996 年商业系统服务明星表彰的决定》。万建春等 12 名服务明星受到表彰。省人大常委会副主任华桐出席会议。省长助理蒋仲平讲话。

1 月 13—16 日　省委组织部、省经贸委、省总在南昌联合召开全省国有企业党的建设工作会议。会议传达全国国有企业党的建设工作会议精神，总结交流全省国有企业党建工作的经验，研究部署进一步加强国有企业党的建设工作。省委书记吴官正出席会议并讲话。刘金标讲话。九江石油化工总厂等企业在会上介绍经验。

1 月 14—17 日　省总在宜春召开全省工会法律工作会议。会议讨论修改《江西省基层工会社团法人资格登记管理试行办法》《江西省外商投资企业和私营企业工会条例》《江西省工会劳动法律监督暂行规则》。

1 月 15 日　吴官正在省委常委、南昌市委书记钟家明陪同下，走访江西矿山机械厂和江西橡胶厂，了解生产经营和职工生活情况，并看望困难职工家庭，发放慰问金。

是日　省总组成 9 个慰问检查组，开始到各地市开展送温暖活动，并对该年度地市总工会工作目标完成情况进行检查考核。

是日　省总在南昌举行全省劳模迎春座谈会。省领导吴官正、舒圣佑与劳模欢聚一堂，共迎新春。刘金标致词。钟起煌讲话。

1 月 29 日　省总调解、帮助七二〇厂解决一起拖四年之久的集体劳动争议案件。厂方补发 93 人“一刀切”下岗内退职工 1994 年以来的套改工资、80% 的岗位技能工资和诉讼费近 20 万元。

1 月 30 日　省总下发《关于认真学习江泽民指示关心职工生活的通知》。要求全省各级工会组织认真组织学习，推动“送温暖工程”深入开展，为实现送温暖工程经常化、制度化、社会化迈出新的步伐。

1 月　省总根据省安全生产委员会(简称省安委会)要求，派员参加安全生产大检查，对吉安、赣州地区进行检查。

2月20日　省总在南昌召开纪念江西省总工会成立70周年大会。钟起煌出席会议并讲话。刘金标讲话,老工会工作者代表李芹元、劳模和职工代表熊林根发言。省人大、省政府、省军区、省纪委的领导,省总历届老领导和老干部代表,省总领导等出席大会。全总、南昌市总、省总宜春地区办事处、省总原副主席胡瑞英等发来贺电、贺信。

2月26日　舒圣佑在南昌走访困难企业、看望困难职工,全省元旦春节期间送温暖活动开始。

2月27日　省总下发《关于开展对特困职工劳模基本情况的调查和建立特困职工劳模档案的通知》。要求全省各级工会组织对省级以上的特困职工劳模基本情况进行一次调查,并建立相应档案。

3月4日　江西省职工保险互助会议在南昌召开。选举产生第一届理事会和监事会。程受锭任理事长。

3月5日　省总召开"庆三八,迎香港回归"联欢会。100余名女职工代表和在港同胞家属代表出席联欢会。

是日　省总主办的"江西省首届女职工'三利杯'编织大赛"在省电视台演播厅举行决赛和颁奖仪式。省人大常委会副主任、省总女职委名誉主任卢秀珍和省总领导向获奖单位和个人颁奖。

3月11—12日　省总经审会九届七次委员会议在南昌召开。会议审议省总本级1996年度经费预算执行情况及1997年度经费预算方案。

3月21日—4月2日　省总在新余召开全省工会"三五"普法及法律工作实用教材编写会。

3月　全省全心全意依靠工人阶级办企业会召开。省委副书记舒惠国出席会议,并作重要讲话。

4月7日　省总下发《江西省基层工会社团法人资格登记管理试行办法》,部署在全省基层工会进行社团法人资格审核登记工作。

4月21日　省总与省煤炭厅、省劳动厅、省冶金厅等单位联合下发《关于开展矿山安全法规宣传月和知识竞赛活动的通知》。

4月23日　省总"三五"普法领导小组成立。李骥任组长。

4月24日　省总制定下发《关于1997年地、市、产业工会工作实行目标管理的意见》。

4月25日　省总在南昌召开庆祝五一国际劳动节暨表彰大会。会议向全国、全省"五一劳动奖状"获得单位和全国、全省"五一劳动奖章"获得者颁奖;表彰全省"九五双争立功竞赛"先进集体和先进个人。先进集体和先进个人代表杨金槐、曹罗生、刘三秋发言。省委书记舒惠国等省领导和省总领导出席大会并向获奖的单位和个人颁奖。省委副书记、省政府副省长黄智权,刘金标讲话。

5月8—14日　应全总邀请,澳门工会参观团一行16人到江西参观访问。

5月14—17日　省退管会与省老年体协在庐山联合举办全省老工会工作者迎接香港回归门球赛。

5月11—15日　以浙江省总副主席娄有生、全国煤矿地质工会主席张绍峰为组长的对口检查组,对江西省贯彻工会工作总体思路情况进行调查研究和工作检查。检查组听取省总工作汇报,检查南昌市和抚州地区的工会工作;先后召开县区工会、部分企业党政领导、部分基层工会主席座谈会。与此同时,江西检查组对口检查江苏省相关情况。

5月22日　省总下发《关于省直机关及其所属企事业单位工会组织隶属关系的意见》。

5月26日　省总下发《关于开展清产核资工作的通知》。成立领导小组,刘金标任组长。

6月11—12日　省总与省委党校、省社科院联合召开全心全意依靠工人阶级理论与实践研讨会。研讨会收到论文93篇,评出优秀论文21篇。20多名地方、企业党政工领导、理论界的专家和学者在会上作专题发言。

6月12日　省总下发《关于作好稳定工作的通知》。要求全省各级工会切实把维护稳定作为高于一切,压倒一切的工作来抓。

是日　省总与省委宣传部联合下发《关于江西省'96"五一好新闻"评选结果的通报》,评出好新闻21篇。同时,两家还联合下发《关于在1997年继续开展"五一好新闻"评选活动的通知》。

6月15日　省总与省广播电视厅等单位联合在南昌市举办千人少儿喜迎香港回归书画表演活动。

是日　江西省电力工业局和电力工会联合制订《江西省电力系统劳动模范管理暂行办法》。

6月16—17日　省总在南昌召开基层工会社团法人资格确认工作座谈会。

6月17日　省城镇企业职工养老保险监督委员会第二次会议在南昌召开。会议听取了省社会保险事业管理局关于贯彻实施养老保险制度情况的汇报,并研究部署1997年工作。

6月17—20日　应全总邀请,圭亚那农业和一般工人工会代表团来江西参观访问。

6月25日　省直机关工委举办的庆香港回归歌咏比赛活动汇报演出。舒惠国、钟起煌、毛致用、朱治宏等省领导出席观看。

6月28日　省总下发《关于开展评选全心全意依靠职工办好企业的十佳党政领导干部工作的通知》。

6月　省总开展三项重点调研,即困难企业和困难职工情况、下岗职工情况、企业实行股份合作制的情况调查。

是月　省总组织5个检查小组,分赴各地、市、县(市、区)工会进行工会经费收管用大检查。

7月2日　省总转发《全国总工会关于转发最高人民法院关于产业工会、基层工会社团法人资格和经费有关问题批复的通知》。

7月5日　省总与省委宣传部等4单位联合下发《关于举办全省职工文艺调演的通知》。

7月11日　省总向省政府提交《关于建立城市最低生活保障制度的建议》。舒圣佑作出批示。

7月22日　省总与省建设厅、公安厅、省劳动厅联合转发全总、建设部、公安部、劳动部《关于对〈关于严肃处理侮辱殴打环卫职工事件保障环卫职工权益的通知〉执行情况进行联合检查的通知》。要求各地、市有关单位组成联合检查组对此类问题进行自查自纠。

7月24日　省总与省民政厅、省工商局、省国家税务局、省地方税务局、省劳动厅、省商业厅联合下发《关于我省发展职工消费合作社事业的若干意见》。

7月29—31日　省总九届十次常委(扩大)会议在庐山召开。会议学习江泽民5月29日在中央党校省部级干部进修班毕业典礼上作的重要讲话；传达贯彻全国省级工会主要领导干部研讨班精神；交流各地贯彻落实工会工作总体思路和职代会民主评议企业领导干部的情况和经验；总结和部署工作。

7月　江西省职工保险互助会江西铜业公司分理处成立。

8月1日　省总经审会九届八次委员会议在庐山召开。会议审议1997年上半年的工会经费收支预算执行情况，对下半年工作提出意见和建议。同时套开华东六省一市经审工作片会。

8月7日　省总下发《在全省职工中开展“讲文明、树新风”活动的意见》。

8月12日　江西省工会会计学会第二届会员代表大会在南昌召开，选举产生了二届理事会。

8月13—17日　全总副主席、书记处第一书记张丁华到南昌、井冈山、景德镇等地考察和调查研究，听取省总、南昌市总的工作汇报，就当前的工会工作提出要求。舒惠国在南昌会见张丁华。

8月15日　省总与中国工运学院在北京联合举办劳动保护理论培训班。

8月22日　省总下发《关于建立健全省产业工会委员会的意见》，要求各产业工会按代表制、联合制的原则健全工会领导机构。

8月29日　省总九届十次常委（扩大）会议在庐山召开。会议学习江泽民5月29日在中央党校省部级干部进修班毕业典礼上的重要讲话。

9月7—9日　应中国职工对外交流中心邀请，以日本技能者交流中心专务理事中川丰为团长的日中企业管理研讨会代表团一行4人，到江西参加中日企业管理研讨会。

9月8日　省教育工会与省委宣传部、省教委在南昌联合召开全省地市教育工会、直属大中专工会主席会议。向全省“十大教师标兵”颁奖。黄懋衡出席。

9月17—20日　省总在玉山召开家庭文化建设工作现场经验交流会。

9月18日　省总在全省工会系统开展经济工作新思路征文评选活动，评出优秀论文23篇。

9月20—24日　应中国机械冶金工会的邀请，以委员长姬野庄三为团长的日本非铁联合代表团一行6人到江西友好访问。代表团与江西铜业公司领导座谈，并参观贵溪冶炼厂。

10月7日　省总就全省企业下岗、失业职工状况进行为期两个月的调查。

10月19日　省总举办首期工会法律工作者培训班。100名工会法律工作者参加培训。

10月22—23日　省总在宜春温汤疗养院召开全省推行平等协商、集体合同制度工作经验交流暨表彰会。会议表彰省总吉安地区办事处等19个推行集体合同先进单位；表彰九江港务局等19个履行集体合同先进单位；授予张良金等76人推行集体合同制度先进个人称号。南昌市总等9个单位在会上介绍推行集体合同制度的经验。

10月23日　省总与省委组织部联合制发《关于工会协管下一级工会领导干部有关问题的通知》。对工会协管干部的范围和任务、工会干部的任免程序、保持工会领导干部任期内相对稳定、积极作好工会干部的培养选拔工作等问题作出规定。

10月23—26日　应全总邀请，以美国国际友好理事会执行主任、商店谈判委员会主席卡夫曼为团长的美国工会代表团一行4人到江西参观访问。

11月16—29日　全总文工团受全总委托到江西慰问演出，先后在井冈山、吉安、南昌和昌河飞机工业公司、江西铜业公司等地和厂矿企业演出20场。

11月18—20日　省总与省经贸委联合在江西铜业公司召开全省合理化建议工作会议。地市总工会、省产业工会,地市经贸委的负责同志以及介绍经验的企业代表共60余人参加会议。

11月25—26日　省总在南昌召开全省工会组织部长会议。

11月26—30日　全总、建设部、公安部联合检查组到江西检查侮辱、殴打环卫工人事件的情况。省总等单位配合检查组对南昌、景德镇进行检查。

12月4日　省总与省农垦局、省林业厅联合召开全省农林系统职工自营经济"十大状元"表彰大会。授予徐军福等10人为省农林系统职工自营经济"十大状元"、肖辉元等6人为省农林系统职工自营经济先进个人。

12月12日　省总在庐山温泉疗养院召开全省工会实施送温暖工程经验交流暨表彰大会,表彰36个实施送温暖工程先进单位、9个先进工作部门、58名先进个人、10名重视送温暖工程党政领导。10个先进单位介绍经验。

12月15日　省总与省委组织部、省经贸委联合下发《关于职工代表大会民主评议企业领导干部的意见》。就民主评议的范围和对象、主要内容、方法和步骤、组织领导等问题进行规范。

12月16日　省"双增双节"劳动竞赛委员会与省总联合下发《关于开展一九九七年全省"九五双争立功竞赛"评比和评选一九九八年江西省"五一劳动奖章"、"五一劳动奖状"获得者的通知》。

12月10—11日　省总在南昌召开全省技协办公室主任工作会议,进行新技术、新产品推广交流。

12月22日　省委办公厅、省政府办公厅联合转发省总《关于全心全意依靠职工群众搞好企业的若干意见》。就企业必须坚持和完善以职代会为基本形式的职工民主管理和民主监督制度,坚持平等协商和集体合同制度,坚持职工董事和监事制度,加强和改善党对工会的领导等提出具体要求。

12月24日　省总经审会九届十次会议在南昌召开。会议审议经审会1997年度经审工作报告。

12月25—27日　省总在南昌召开省总九届十一次常委会和九届六次委员(扩大)会,会议深入学习贯彻党的十五大精神,传达贯彻全总十二届五次执委会和全省经济工作会议精神;总结和部署工作;通过《关于召开江西省工会第十次代表大会的决议》,替补省总九届委员会委员。表彰模范职工之家、先进职工之家、先进职工小家优秀工会工作者、优秀工会积极分子和模范职工之友。表彰全省创建职工之家活动中的先进集体和先进个人。宜丰、余干、江西水泥厂等7个县(市)和企业工会分别介绍了搞好县(市)工会工作和开展创建模范职工之家活动的经验。钟起煌、朱英培出席会议。

12月26日　舒圣佑在南昌走访困难企业,看望困难职工。

是年　省总与省劳动厅、南昌铁路局联合举办1997年江西铁路行车主要工种技能比赛。5万多职工参赛。共有21个个人项目和5个团体项目决赛。

1998 年

1 月 1 日　江西省职工消费配售中心在南昌营业，其隶属江西省职工消费合作社。

1 月 2—9 日　省总组成 8 个送温暖慰问团分赴 11 个地市走访慰问，走访困难企业 55 个，慰问特困职工家庭近 200 户。

1 月 4 日　省总下发《关于对 1997 年度地（市）、产业工会工作目标管理进行考评的通知》。

1 月 7—9 日　以全总书记处书记纪明波为团长的全总慰问检查团，到鹰潭市走访慰问，先后走访市橡胶厂、市肉联厂、海利贵溪化工有限公司和中国第四冶建公司、江西铜业公司等企业，并深入 9 户特困职工家庭进行慰问。其间，省领导钟起煌、周懋平、朱英培等会见慰问检查团。

1 月 12 日　省总下发《关于评选推荐一九九八年全国“五一劳动奖章”和“五一劳动奖状”的通知》。

1 月 23 日　省总在南昌举行劳模迎春座谈会。省领导舒惠国、黄智权、钟起煌等出席。朱英培主持会议，刘金标致辞，黄智权讲话。

2 月 20 日　省总下发《关于贯彻落实全国总工会“开展百县工会工作调查”的有关事项的通知》。确定宜丰、余干、进贤 3 个县工会为调查对象。

2 月 26—27 日　省总女职委表彰全省“双十”标兵（女职工标兵、文明家庭标兵）和“双十”先进（先进女职工、文明家庭）。

2 月 27 日　省教育工会与省委宣传部、省教委在南昌联合表彰 1997 年全省高校教书育人十佳先进集体和先进个人。

2 月　省总参与《江西省劳动保护条例》的修改工作，就工会加强群众监督方面提出修改意见。

3 月 5—7 日　省总疗休养院院长会议在宜春召开，制定《1998 年省总对各疗休养院实行目标管理的方案》。

3 月 10—11 日　省总经审会九届十一次委员会议在南昌召开。会议审议省总本级 1997 年度预算执行情况及 1998 年度预算安排。

3 月 20 日　省总机关工会召开会员大会，选举产生新一届机关工会委员会。

3 月　省总会同省人大内务司法委员会（简称内司委）就制定《江西省外商投资企业和私营企业工会条例》赴广东、福建进行立法调研。之后省人大内司委将《江西省外商投资企业和私营企业工会条例》更名为《企业工会条例》，并委托省总起草。

是月　省总下发《关于 1998 年度地（市）、产业工会工作实行目标管理的意见》。

是月　省职工职业道德建设指导协调小组召开评委会，评选出 1997 年度江西职工职业道德建设十佳标兵、十佳单位和 16 个先进集体、15 人先进个人。

是月　省总对小企业改革、部分股份合作制企业采用一股一票制情况进行调查。

4 月 6 日　省总转发《中华全国总工会贯彻实施〈劳动法〉协调领导小组〈关于集团公司建立平等协商和集体合同制度的意见〉〈关于建立区域性行业性平等协商和集体合同制度的意见〉》。

4月13日　省总下发《关于工会协助政府(行政)作好下岗职工再就业工作的意见》。

4月中旬　省总派员到九江、宜春、抚州对下岗女职工再就业政策和女职工组织建设情况进行调查。

4月22—24日　省总在江西铜业公司召开全省第四次工会企事业工作会议。

4月27日　江西省庆祝五一国际劳动节暨表彰大会在南昌召开。大会向全国、全省“五一劳动奖状”获得单位和全国、全省“五一劳动奖章”获得者颁奖;省“双增双节”劳动竞赛委员会、省总表彰“九五双争立功竞赛”先进集体、先进个人。表彰1997年度地市、产业工会工作实行目标管理优胜单位。省委常委、组织部部长刘德旺等省委、省人大、省政府、省政协、省军区、省纪委的领导出席大会。朱英培讲话。

5月4日　省总为参加中共中央、国务院召开的国有企业下岗职工基本生活保障和再就业会议,撰写《发挥工会组织作用、协助政府促进再就业》书面材料,上报省政府和全总。

5月5日　全省工会组织部长会在南昌召开,部署省总工会十大代表选举和委员候选人的推荐工作。

5月6—9日　省总与省劳动厅联合举办兼职劳动争议仲裁员培训班,培训兼职仲裁员55人。

5月7日　省总对全省退休职工管理服务工作进行调查,调查报告上报全总。

5月12日　省总与省邮电管理局联合下发《关于在全省职工中开展向全国“十大杰出工人”曹罗生学习的决定》。

5月19日　省总就南昌市湾里区委、区政府出售湾里区工会、区工人文化宫房地产权一事致函南昌市委、市政府,要求尽快制止并纠正湾里区委、区政府的违法行为,维护工会财产的合法权益。至此,出售行为得以制止。

5月中旬　省委组织部、省委宣传部开展的全省高校党建工作评估,把教代会工作作为评估重点之一。

5月25—27日　省总在南昌、九江、彭泽、星子等地,召开党政工负责人和下岗职工代表座谈会。会议听取各企业职工下岗分流和再就业工作情况介绍以及对作好此项工作的意见与建议。

5月　省总开展全省产业工会工作情况调查。

是月　省总开展“下岗职工基本生活保障和再就业工作”“下岗女职工再就业政策”“工会女职工组织和女职工工作情况”的调查。

6月1日　省总编发的信息《彭泽县对抵制募股认股职工实行处罚应予纠正》,被全国工会好信息评选委员会评为1997年度全国工会好信息作品一等奖。

是日　南昌市总、市工人文化宫下岗职工培训基地首期下岗职工免费培训班开学。491人下岗职工参加6个班次学习。

6月1—25日　省总在省总干部学校举办首期企业工会主席工商管理培训班。

6月25日　省总下发《关于全力以赴搞好抗洪救灾的紧急通知》,并从送温暖基金中拨专款给遭受特大洪水灾害的余干、余江、贵溪、弋阳、铅山等县(市)总工会,用于为受灾职工送温暖,帮助受灾职工渡过难关,重建家园。

6 月　省总对全省已实行股份合作制的部分企业劳动用工、工资分配及职工福利待遇情况进行调研。

7 月 1 日　省总下发《关于开展全省县以上工会财产清查登记工作的通知》。

7 月 2 日　省总与省委宣传部联合下发《关于 97 年江西省“五一好新闻”评选揭晓的通知》。7 个新闻单位 20 篇作品获奖。

是日　省总促进下岗职工基本生活保障和再就业工作领导小组成立。

是日　省总召开全省地、市、产业工会主席会议，研究部署作好国有企业下岗职工基本生活保障和再就业工作。

7 月 27 日　省总下发《关于下达我省工会培训和促进下岗职工再就业目标任务的通知》。

是日　省总下发《关于开展创建“女职工文明标兵岗”的通知》。

7 月 31 日　省总下发《关于进一步发扬拼搏精神，战胜特大洪水的紧急通知》，对全省各级工会提出具体要求。

7—8 月　省总共筹集资金 146 万元（含全总 75 万元）拨给受灾地区工会，帮助灾区生活困难职工。

8 月 11 日　省总经审会九届十二次委员会议在南昌召开。会议审议 1998 年上半年省总本级预算执行情况。

8 月 12—13 日　省总九届七次委员（扩大）会议在南昌召开。会议审议省总九届委员会工作报告、财务工作报告和九届经审会工作报告；通过江西省工会第十次代表大会代表资格审查委员会候选人名单，听取省工会十大筹备工作情况汇报和江西省工会第十次代表大会代表资格审查的报告，通过《关于将全委会工作报告、财务工作报告、经审会工作报告提交省工会第十次代表大会审议的决议》《关于〈江西省工会第十次代表大会代表资格的审查报告〉的决议》。

8 月 18—20 日　江西省工会第十次代表大会在南昌召开。舒圣佑讲话。刘金标代表省总九届委员会作工作报告。会议审议通过省总九届委员会工作报告、财务工作报告和省总九届经审会工作报告，选举产生第十届省总领导机构，程受锭为主席，童水仙、文之周、李骥、李慈葆为副主席；吴继恒为经审会主任。同时选举出江西省出席中国工会十三大代表 40 人、特邀代表 4 人。正式代表 580 人，特邀代表 34 人，列席代表 9 人出席大会。省领导刘德旺、卢秀珍、黄名鑫、朱英培、厉志成、卢匡衡等出席大会。

8 月 28 日　省总下发《关于帮助作好特困职工子女入学工作的通知》，并拨出 2 万元，直接资助 20 名考取大学的下岗、遭灾、特困职工子女升学。

8 月　全总对江西县级国有企业改制情况和工会状况进行专题调查。

是月　省总派员参加英岗岭矿务局桥头煤矿瓦斯爆炸重大事故的调查处理。

是月　省总通报 1997 年度“合理化建议、技术革新”的重大成果，一等奖 9 项、二等奖 29 项、三等奖 88 项。

9 月 3 日　省总与省劳动厅联合召开纪念国务院颁布《女职工劳动保护规定》实施十周年座谈会。

9月15—16日　省总组织医疗队到桑海企业集团、恒丰垦殖场,为受灾职工义诊、免费治疗,分发大米给受灾职工。

9月15—17日　广东省总医疗队到受灾严重的九江钢铁公司、九江国棉一厂、茅山头垦殖场送医送药,开展义诊,为480多名职工免费治疗,送去2万多元药品。

9月23日　南昌市总工会召开"南昌市实施'送温暖、再就业工程'暨领导干部联系困难职工工作会议"。

9月27日—10月3日　省总组织58名劳模进京观光。

9月　省总会同省劳动厅、省煤炭厅、省地矿厅对全省小煤矿整顿进行验收。

是月　省总编辑出版《江西省劳动保护工作手册》。

10月7日　省总选派11名干部组成工作组,由程受锭、李骥带队,赴都昌县帮助灾区恢复生产、重建家园、发展经济。

10月17日　省总在南昌召开江西省出席中国工会第十三次全国代表大会欢送大会。舒惠国、舒圣佑接见全体代表。

10月28日　省总通报对1998年受全总表彰的15个全国模范职工之家、24个全国模范职工小家、全国优秀工会工作者、15名全国优秀工会积极分子、5名全国荣誉工会积极分子和1个全国模范县(市、区)工会、3个全国先进县(市、区)工会,以及1983年以来江西省23个获"全国模范职工之家"称号复查验收情况,2个单位取消称号,其他合格保留称号。

10月　省总对民主选举经营者情况进行专题调查。

是月　省总对全省县级工会在深化改革特别是企业改制过程中面临的新情况、新问题及加强县级工会工作进行调研。

11月2日　省总与省劳动厅联合下发《关于评选"江西省十大杰出能工巧匠"的通知》。

11月　省总向省人大法制工作委员会提交《关于修改〈江西省实施《中华人民共和国工会法》办法〉的意见和建议》。

11月10—12日　省总召开全省全心全意依靠职工办好企业经验交流会。交流依靠职工办企业、职代会民主评议企业领导干部、民主选择经营者以及创建模范职工之家的经验。代全总向江西省获全国模范职工之家、模范县工会、先进县工会的单位颁奖。表彰全省全心全意依靠职工办好企业的十佳党政领导干部。钟起煌出席并讲话。省总、省体改委、省劳动厅、省经贸委领导出席会议。

11月11日　省总下发《关于表彰"AB杯"下岗女职工再就业明星的决定》,表彰18名下岗女职工再就业明星。

11月13日　省总制发《江西省总工会贯彻实施〈中国妇女发展纲要〉(1998—2000年)规划》。

11月16日　省总公布南昌市工人文化宫等17个单位为全省第一批示范工人文化宫俱乐部。

11月18日　省总转发全总资产管理局《关于固定资产核算起点和分类问题通知》和全总资产管理局转发财政部《关于作好日常清产核资工作有关问题的通知》。

11月　省总组织劳模报告团到吉安地区作事迹报告。

是月　省总撰写《股份合作制企业劳动、工资、社会保障情况的调查报告》《贯彻执行城镇居民最低生活保障制度情况的调查报告》《贯彻执行企业工伤保险情况的调查报告》,上报省政府。

是月　省总在省总干部学校举办两期全省县(市、区)工会主席研讨班。

12 月 1—3 日　省教育工会五届一次全委(扩大)会在南昌召开,文之周当选主席。

12 月 4 日　省总下发《关于授予南昌电信局 114 台等 16 个科室、班组“女职工文明标兵岗”的决定》。

12 月 8 日　省总下发《关于认真贯彻省委、省政府两办通知精神,切实作好当前职工队伍稳定工作的紧急通知》。

12 月 8—9 日　省总在宜春召开全省工会下岗职工培训再就业工作经验交流会。会议讨论《江西省总工会关于建立职工补充保障体系的意见》。

12 月 15 日　省总下发《关于开展 1998 年全省“九五双争立功竞赛”评比和评选 1999 年江西省“五一劳动奖状”、“五一劳动奖章”获得者的通知》。

12 月 18 日　省人大常委会九届六次会议审议通过《关于修改〈江西省实施《中华人民共和国工会法》办法〉的决定》。于 12 月 21 日公布施行。

12 月 21—25 日　省总派员到抚州、鹰潭、上饶 3 个地市、2 个县级市、8 个企业就下岗职工情况进行专题调查。

是日　省总与省商业厅联合授予杨清昌等 10 人为“江西省 1998 年商业系统服务明星”。

12 月 28 日　省总被省委定为全省“三讲”教育试点单位,省总成立“三讲”教育领导小组。

12 月 31 日　省人大常委会法制工作委员会、省总联合召开新修订的《江西省实施〈中华人民共和国工会法〉办法》新闻发布会。

12 月　省总对县级工会工作、下岗职工情况进行调研。

是年　吉安地区 978 家不同类型企业签订集体合同,国有企业基本建立这一制度。

1999 年

1 月 3 日　省委常委会会议听取省总关于中国工会十三大精神及贯彻意见的汇报,并对工会工作提出要求。朱英培列席会议。程受锭汇报。

1 月 6 日　江西铜业公司法定代表人与工会主席签订《江西铜业公司 1999 年—2001 年集体合同》。

1 月 12—13 日　省总十届二次委员(扩大)会在南昌召开。会议总结、部署工作。钟起煌出席并讲话。

1 月 14 日　省总女职委三届一次会议在南昌召开。卢秀珍、黄懋衡、全总女职工委员会副主任韩春梅出席会议。

1 月 16—17 日　全总女职工委员会副主任韩春梅到上饶地区慰问女职工。

1 月 20 日　省总下发《江西省各级工会主席、管钱管物负责人离任审计暂行办法》《江西省各级工会对直属企事业单位经营责任者实行任期和离任审计的暂行规定》《江西省各级工会各项基金审计暂行规定》《江西省各级工会社会捐赠资金审计暂行规定》《江西省各级工会财产审计实施办法(试行)》。

1月23日　全总副主席、书记处书记方嘉德率全总慰问检查团到江西,听取省总和部分地市、企业的工作汇报和实施送温暖工程情况,并到上饶地区、鹰潭市走访部分企业,慰问部分困难职工。

1月27日　钟起煌率送温暖慰问团到景德镇走访慰问。

1月　省总送温暖慰问检查团分成8个组赴南昌、吉安、抚州、赣州、景德镇、九江、萍乡、宜春和新余等地市走访慰问。

是月　中南地区第五届焊工技术比赛闭幕。湖南、湖北、河南、广东、江西等5省7支代表队45名焊接技术能手参赛,通过理论知识和实际操作比赛角逐,江西代表一、二队获团体一、二名。

2月14日　省财政厅、省总联合下发《关于加强工会经费拨交与管理的通知》。

2月　江西省第三届职工职业道德十佳标兵和职工职业道德建设十佳单位(简称“双十佳”)评选活动揭晓。

3月3日　省职工保险互助会一届三次理事会在南昌召开。李骥当选理事长。

3月8日　省总经审会十届三次委员会议在南昌召开。会议审议省总本级1998年度预算执行情况及1999年度预算安排,研究布置1999年经审任务。

3月10日　省总下发《关于建立我省职工补充保障体系的意见》。

3月11日　省总下发《关于开展1999年度全省县级工会工作达标和创“十佳”县(市、区)竞赛活动的通知》。

3月15日　省总下发《关于对1998年度地(市)、产业工会目标管理工作进行考评的通知》,并组织12个考评组赴各地市、产业工会检查考评。

是日　省总下发《江西省总工会贯彻实施〈中国妇女发展纲要〉1998—2000年规划目标职责分解书》《江西省总工会贯彻实施〈中国妇女发展纲要〉1998—2000年规划监测评估方案》。

3月17日　江西省厂务公开协调小组成立,协调小组办公室设省总。

是日　省厂务公开协调小组召开第一次会议,就贯彻落实中纪发〔1999〕3号文件精神和省委、省政府领导批示、推行厂务公开工作进行研究和部署。

3月18日　省纪委、省经贸委、省总、省劳动厅、省财政厅联合下发《关于推行厂务公开制度的通知》。

4月1日　省总推行厂务公开现场会在萍乡召开。会议总结萍乡钢铁厂等全省不同类型企业推行厂务公开的典型经验。

4月16—30日　省总组织新闻单位对全国、全省“五一劳动奖状”、奖章获得者进行重点宣传报道。

4月21日　省总召开“三讲”教育试点工作总结大会。省委“三讲”教育试点巡视组组长、省委常委、宣传部部长张克迅出席并讲话。

4月27日　全省庆祝五一国际劳动节暨表彰大会在南昌召开。大会向全国、全省“五一劳动奖状”获得单位和全国、全省“五一劳动奖章”获得者颁奖;表彰1998年全省“九五双争立功竞赛”

先进集体和先进个人；表彰江西省“十大能工巧匠”、全省地（市）、产业工会目标管理工作优胜单位和完成目标管理任务单位。钟起煌讲话。卢秀珍、朱英培、厉志成、周日扬等省领导和省直有关厅局负责人及省总领导出席会议。

4月28日　南昌市总、南昌市劳动局联合举办“南昌市能工巧匠报告会”。南昌通用机械厂工人李海源、江铃汽车集团公司工人袁政海、梁军在会上作报告。

4月29日　省总与省民间文艺家协会共同举办江西省第六届职工谜会。

是日　省总下发《关于进一步作好职工队伍稳定工作的通知》。

5月8—10日　省总召开机关和驻南昌直属单位干部群众座谈会和省、市劳模座谈会，强烈谴责以美国为首的北约袭击中国驻南斯拉夫大使馆的暴行。

5月10日　南昌市总组织全市工人、劳模、科教代表及企业负责人60余人在南昌市工人文化宫集会，强烈谴责美国为首的北约轰炸中国驻南使馆的野蛮暴行，坚决拥护中国政府发表的严正声明和国家副主席胡锦涛发表的重要讲话。

是日　省总下发《关于建立群众生产建功立业机制的通知》《关于开展推广应用有毒有害化学物质信息卡的通知》。

5月19日　省总与省劳动厅、省经贸委联合制发《关于建立国有企业下岗职工基本生活保障和企业离退休人员养老金发放情况通报和联合调查制度的通知》。

5月20日　省总下发《关于认真作好工会筹备金收缴工作的通知》《关于在评先中对不依法拨交工会经费单位实行一票否决的通知》。

6月1日　文之周代表省总在南昌探望并慰问了不幸患再生障碍性贫血的困难职工子女。

6月3—6日　华东六省一市总工会主席研讨会在南昌召开。会议就厂务公开工作交流经验。

6月9日　应全总邀请，巴西农村无地劳动者运动代表团到江西访问考察。

是日　省总选聘44名工会工作者为省总理论政策研究员。

6月22日　省总下发《关于组织“安康杯”竞赛单位参加“中国安全网”安全生产知识有奖竞赛活动的通知》。

7月2日　省总下发《关于建立省总女职工委员会姐妹爱心互助会的实施意见》。

7月5日　省总对九江市、新余市、鹰潭市、宜春地区企业职工医疗保障制度改革试点情况进行调研。

7月13日　省总下发《关于进一步理顺南昌市总工会、省直单位基层工会组织隶属关系的通知》。

8月5日　省总下发《关于开展全省工会组织建设、机构编制、人员情况调查的通知》。

8月7日　省总十届二次常委（扩大）会议在井冈山召开。会议交流推行厂务公开、县级工会达标和创十佳竞赛活动经验。全总副主席徐锡澄出席并讲话。

8月10日　全总副主席徐锡澄到江西进行国有企业下岗职工基本生活保障和再就业工作情况调查研究。省委常委、组织部部长傅克诚会见徐锡澄。

是日　由省总承办的全国女职工干部研讨会在井冈山召开。

是日　省总开展全省工会财务大检查,并对部分地市、产业工会进行清产核资。

8月15日　程受锭代表省厂务公开协调小组向省委常委汇报全省推行厂务公开的情况。

省委常委会决定:将省厂务公开协调小组改为省厂务公开领导小组,省委副书记钟起煌任组长,副省长朱英培等任副组长;同意召开全省厂务公开工作会议;《江西省实行厂务公开的指导意见》待全省厂务公开工作会议讨论后,按规定程序送审,以省委名义下发。

8月16日　省总党组召开机关及驻昌直属单位县处级领导班子和领导干部“三讲”教育动员大会。

8月23日　由省总承办的全国工会事业单位财会制度研讨会在井冈山召开。

8月31日　省总召开全省推行厂务公开办公室会议,研究贯彻省委常委关于推行厂务公开的新精神。

9月13日　省总下发《关于配合省人大开展〈工会法〉及其〈实施办法〉执法检查的通知》。

9月19日　省总和省企业文艺联合会、江铃汽车集团在南昌联合举办江西省庆祝建国50周年“江铃杯”职工歌舞大赛。

9月20日　起省总领导带队分赴全省各地开展“关于国有企业下岗职工基本生活保障和再就业情况”等6个重点课题的调研。

9月28日　省总举行仪式,欢送省劳模代表、萍乡邮政局乡邮员曹罗生、江西火电建设公司工人邵玉琴、昌河飞机工业公司总经理杨金槐赴京参加国庆观礼。钟起煌、副省长王君接见3名劳模。

9月29日　王君到省总检查指导工作。

是日　江西省厂务公开领导小组第一次会议召开,宣布成立江西省厂务公开领导小组,钟起煌任组长。省总汇报全省厂务公开工作进展情况。

10月20日　省总完成《关于我省地方工会组织建设、机构编制、人员情况》等5个课题的调查报告。

10月26日　省总评出全省窗口服务行业20个“女职工文明标兵岗”、9个全省“下岗女职工再就业明星”。

10月28日　全省厂务公开工作会议召开。会议传达全国厂务公开经验交流会议精神。要求全省所有国有、集体企业和国家、集体控股企业应在2000年6月底以前实行厂务公开。钟起煌、王君出席并讲话。

11月1日　省总配合省人大对赣州、南昌、萍乡贯彻执行《工会法》和《江西省实施〈工会法〉办法》进行检查。

11月5日　省总下发《江西省总工会关于职工疗休养事业深化改革的决定》。

11月16日　省总在南昌召开全省工会建立职工补充保障体系经验交流会。

11月19日　省总成立省总法律援助中心。

11月22日　省总召开全省工会职工学校、工人文化宫座谈会。

是日　省总召开全省地、市和部分产业、直属基层工会经济工作部部长会议。

11 月 30 日　省委制发《关于实行厂务公开的决定》。要求 2000 年 7 月 1 日前,全省所有国有、集体企业和国有、集体控股企业必须实行厂务公开。

12 月 6 日　省总召开全省县级工会工作达标和创十佳工作会议。

12 月 7 日　省总召开全省推进工会工作法制化经验交流会及工会法律工作表彰会,表彰 60 个先进单位和 95 名先进个人。

12 月 9 日　省总在江西铜业公司召开省职工技协四届一次会议,选举产生第四届省职工技协领导班子。

12 月 29 日　省政府与省总召开第 1 次联席座谈会。省长舒圣佑,常务副省长黄智权、副省长王君出席,舒圣佑,黄智权讲话,省总主席程受锭、副主席文之周、李骥、李慈葆、省总经审会主任吴继恒出席会议。省直有关部门领导列席会议。会议就省总提出关于积极协助党政作好国有企业减员增效、下岗职工基本生活保障和再就业工作,在机构改革和企业改制中加强工会组织建设,最大限度地把职工组织到工会中来等问题的意见和建议进行讨论研究,并作出相关决定。会议明确省政府和省总的联席座谈会议要形成制度,每年至少召开 1 次。

是日　省总完成对全省地(市)、县(市、区)工会清产核资、产权登记和省总直属单位资产年检工作。

是年　省总与省劳动厅、南昌铁路局联合举办第二届江西铁路行车主要工种职工技能比赛。个人项目第一名,分别被省总和省劳动厅授予省“五一劳动奖章”“江西省最佳技术能手”“江西省技术能手”称号。

2000 年

1 月 4 日　省总经审会十届五次委员会议在南昌召开。会议审议《关于省总 1999 年经费审查工作情况和 2000 年经费审查工作报告》,通过《江西省总工会经费审查委员会对省总年度经费预算执行情况审计监督的暂行办法》《江西省总工会经费审查委员会对下级工会经费审计监督的暂行办法》《江西省总工会机关及直属企事业单位基本建设维修装修工程竣工决算审计试行办法》。

1 月 5—6 日　省总十届三次委员(扩大)会议在南昌召开。会议学习贯彻党的十五届四中全会精神,听取省总和省总经审会工作报告。省委副书记步正发出席并讲话。

1 月 7 日　以全总副主席尤仁为团长的全总送温暖慰问检查团到江西。省总汇报江西送温暖情况。全总慰问检查团赴吉安等地走访慰问。步正发、王君会见全总慰问检查团全体成员。

1 月 10 日　省总下发《关于对 1999 年度地市、产业工会目标管理工作进行考评的通知》,并组织 12 个考评组赴各地市、产业工会进行检查考评。

是日　省政府办公厅、省总联合下发《关于加强工会组织建设的通知》。

1 月 24 日　省总在南昌召开江西省劳模迎春座谈会。省领导黄智权、黄名鑫、王君、厉志成、周日扬以及省总领导出席座谈会。劳模代表邵玉琴、徐桂芬、涂永辉、叶建群、魏火青在会上发言。王君主持座谈会。

1月28日　舒圣佑、王君走访慰问南昌床单厂、华安针织总厂等困难企业和困难职工家庭。

1月　省总组成10个慰问检查团,分赴全省各地走访慰问困难企业和困难职工。

2月1日　步正发慰问走访江西航港运输公司、江东机床厂及其困难职工家庭。

2月12日　省政府办公厅与省总联合下发《关于实行政府与工会联席座谈会议制度的通知》。要求全省县以上各级人民政府要进一步密切与工会的联系,尽快建立健全与工会的联席座谈会议制度。

2月20日　省厂务公开领导小组办公室召开会议,讨论修改《关于贯彻〈中共江西省委关于实行厂务公开的决定〉实施意见》。

2月22日　步正发出席全省工会工作会议,并作重要讲话。

2月23日　省总女职委表彰下岗女职工再就业明星、全省创建文明家庭活动先进集体、全省先进女职工、先进女职工干部、全省文明家庭。

3月1日　省总女职委在南昌举行"全省先进女职工事迹报告会"。

3月7日　省总经审会十届六次委员会议在南昌召开。会议审议省总本级1999年度经费预算执行情况及2000年度经费预算安排。

3月8日　省劳动模范和先进工作者评选表彰委员会(简称省评委会)召开第一次全体会议,审定江西省2000年全国劳动模范、先进工作者评选办法。会议由副省长、省评委会副主任王君主持,省委副书记、省评委会主任步正发出席并讲话。

3月14日　省总下发《关于2000年职工疗休养工作的通知》。

3月20日　省总下发《关于2000年度全省县级工会工作达标和创"十佳"活动的通知》。

是日　省委同意省总请示,成立"江西省新经济组织工会组建领导小组"。

3月26日　省教育工会举办"江西省百人优秀乡村女教师素质教育南昌行"活动。

3月27日　省评委会召开第二次全体会议,决定推荐78人为江西省2000年全国劳动模范、先进工作者。会议由王君主持,步正发出席并讲话。

3月　省总经审办对省总各管理经费的部门及其下属实体(含省总学会、协会)、省总直属企事业单位的财务情况和银行开户情况进行调查统计。

4月16日　日本国际劳动财团讲学团到江西就劳动关系问题进行讲学,程受锭与日方就共同关心的问题进行探讨和交流。

4月18日　省总下发《江西省总工会法律援助试行办法》。

4月21日　省总会同省劳动厅联合制发《关于对企业缴纳养老保险费情况实行民主监督的通知》。

4月26日　庆祝五一暨欢送全国劳模、先进工作者进京受奖大会在南昌召开。大会表彰1999年度全省"九五"双争立功竞赛先进集体、先进个人;地市、产业工会目标管理优胜单位和县级工会工作达标和创十佳活动十佳单位。步正发出席并讲话。省人大、省政府、省政协、省纪委、省军区领导以及省总领导出席会议。

是日　王君率全国劳模和先进工作者江西团赴京参加全国劳模和先进工作者表彰大会。舒惠国、舒圣佑、步正发、王君等接见进京受奖的78名全国劳模和先进工作者。步正发到南昌火车站送行。

是日　省总制发《江西省总工会关于以第一责任人的身份作好帮扶特困职工工作的实施意见》。

4月27日　省厂务公开领导小组下发《关于贯彻〈中共江西省委关于实行厂务公开的决定〉的实施意见》。

5月2日　江西省78名全国劳模、先进工作者进京参加全国劳模表彰大会后回到南昌，步正发到南昌火车站迎接。

5月15日　省厂务公开领导小组下发《关于开展全省推行厂务公开工作检查的通知》。

5月18日　省新建企业工会组建工作领导小组成立，步正发任组长，王君、程受锭任副组长，省委组织部、总省总等9个部门的领导任成员，领导小组办公室设在省总。

5月22日　省厂务公开领导小组在南昌举办厂务公开工作研讨班。

5月25日　省"双增双节"劳动竞赛委员会和省总下发《关于在全省职工中广泛开展群众性经济技术创新活动的通知》。

6月2日　省新建企业工会组建工作领导小组第一次会议在南昌召开。会议听取省总关于全省新建企业工会组建情况介绍，全省新建企业工会组建工作安排，讨论《进一步加强新建企业工会组织建设的意见》。步正发出席会议并讲话。

是日　省总对全省部分国有、集体、乡镇、外资企业女职工劳动保护情况进行调查。

6月6日　省总下发《关于在全省国有企业下岗职工中开展评选"下岗职工再就业明星"活动的通知》。

6月7日　省厂务公开领导小组分9个组开展全省推行厂务公开工作大检查。

6月16日　省劳动竞赛委员会和省总联合下发《关于开展全省职工计算机知识普及、应用大奖赛的通知》。

6月19日　省总下发《关于在省辖市总工会开设特困职工求助热线电话的通知》。

7月4日　全省新建企业工会组建工作现场会在吉安市召开。

7月17日　省总下发《关于明确我省金融系统工会组织领导关系若干问题的通知》。

7月18日　省总完成关于维护女职工特殊权益问题的专题调查。

是日　省总下发《关于贯彻落实江泽民同志对安全生产工作重要批示和全国、全省安全生产电视电话会议精神的意见》。

7月20日　省总下发《关于表彰全省工会职工劳福事业先进集体和先进个人的通知》。

是日　省总下发《关于调整2000年度地(市)工会组建乡镇、私营企业工会目标任务的通知》。

7月25日　省总下发《关于继续做好帮助特困职工子女入学升学工作的通知》。

7月31日　省总下发《关于开展全省省级职工劳动模范和先进工作者情况调查的通知》。

8月8日　省总经审会十届七次委员会议在南昌召开。会议审议省总本级及机关2000年上半年预算执行情况。

8月10日　省新建企业工会组建工作领导小组下发《关于进一步加强新建企业工会组织建设的意见》。

8月13—14日　省总下发《关于对部分考取大专以上院校的特困职工子女升学进行补助的通知》《关于开展“志高扶贫助学”活动的通知》。

8月15日　省总下发《关于进行全省企业建立职工董事、职工监事制度的调查的通知》。

8月20日　省总下发《关于进行国有企业离退休人员基本养老金发放情况的调查的通知》。

8月26日　步正发、王君走访慰问4户考取大学的特困职工子女。

9月7日　全省工会财会工作先进集体、先进工作者、荣誉积极分子表彰大会在新余市召开。

9月14日　省总与省地税局、省科委联合下发《关于职工技协开展技贸活动有关税收问题的补充通知》。

9月20日　全省劳动模范和先进工作者表彰大会在南昌市召开。黄智权宣读《江西省人民政府关于表彰劳动模范和先进工作者的决定》。劳模和先进工作者代表向全省人民发出《倡议书》。江铃公司袁政海、江西铜业公司谢明文等7名劳模和先进工作者在会上作经验交流发言。舒惠国、舒圣佑、黄智权、钟起煌、步正发、彭崑生、冯金茂、钟家明、彭宏松、张克迅、傅克诚、卢秀珍、孙用和、厉志成、朱光泉出席。舒惠国讲话,舒圣佑主持会议。

9月26日　全省女职工权益法律知识竞赛揭晓,省总对获奖单位和个人进行奖励。

9月29日　省自学成才评委会召开评审会,对24名2000年度全省自学成才者进行评选表彰。

9月　上饶地区财政局、地区工会办事处和地直机关工委联合下发通知,从2000年1月1日起凡成立工会组织的由财政金额拨款的地直党政机关及部分事业单位的工会经费,由地区财政局统一划拨。

10月8日　省总分4个组赴各市对做好国有企业退休人员养老金发放工作、加强职工劳模管理工作、加强安全生产的群众监督等3项重点调研和进一步建立健全政府与同级工会联席座谈会制度、加强工会组织建设、国有企业下岗职工基本生活保障、行政事业单位工会经费财政统一划拨等4项重点工作进行督查。

10月18日　省总下发《关于对开展姐妹献爱心捐款扶困情况的通报》。

11月4日　省双增双节劳动竞赛委员会、省总联合在南昌举办全省首届职工计算机知识大奖赛。

11月5日　省劳动竞赛委员会、省总主办,南昌大学协办的江西省首届职工计算机知识大奖赛在南昌结束,全省各地市及产业工会19个代表队70多名选手参加比赛。南昌铁路局队、省电力公司队、洪都航空工业集团公司队分别获团体一、二、三名,南昌铁路局的欧海波、省电力公司的马良、洪都航空工业集团公司的章鸿泉分别获个人前三名。

11月15日　省总与全总宣教部、省体育局、井冈山市政府在井冈山共同举办全省首届职工井冈山公路长跑大奖赛。

11月19日　省总下发《关于对2000年度全省县级工会工作达标和创十佳县(市、区)竞赛活动进行考评的通知》。

12月4日　省总下发《关于进一步加强工会劳动保护工作的意见》。

12月18日　省总组队参加2000年度全国职工计算机知识普及、应用大奖赛总决赛。

12月20日　省总对南昌市南光仪器厂25名被非法克扣工资的职工实行法律援助,帮助解决劳动争议。

12月23日　全省厂务公开座谈会在萍乡市召开。

12月25日　省总十届四次委员(扩大)会议在南昌召开。会议增选傅卓成为省总副主席。步正发出席并讲话。

12月27日　省政府与省总第二次联席座谈会在南昌召开。省长舒圣佑主持会议,常务副省长黄智权出席会议,省总主席程受锭,副主席文之周、傅卓成、李慈葆出席会议,省政府相关厅局负责人列席会议。会议就省总在积极协助各级政府作好国有企业离退休人员养老金发放工作,加强职工劳模管理工作,加强安全生产工作等问题的意见和建议进行深入研究,并作出相关决定。同时要求各地尽快建立政府与工会的联席座谈会议制度。

是日　省总表彰15名"全省国有企业下岗职工再就业明星"。

是日　省职工保险互助会第二次会员代表大会在南昌召开。会议选举第二届理事长、监事长、秘书长,李骥任理事长。

12月29日　省委常委会听取省总党组关于贯彻落实全国新建企业工会组建工作会议精神情况的汇报,原则同意省总党组提出的贯彻意见并作出对省新建企业工会组建工作领导小组成员单位实行目标管理责任制等5项决定。

2001年

1月中旬　以全总副主席李奇生为团长的全总慰问团到赣州、景德镇、南昌市走访慰问。由省总领导带队的8个送温暖小组分赴8个省辖市走访慰问并进行目标管理考评。

1月　江西省新经济组织工会组建工作领导小组第二次会议在南昌召开。步正发讲话,王君主持会议并传达省委常委会会议第39号纪要。

是月　步正发、王君走访慰问南昌柴油机厂和江西八一麻纺厂及部分困难职工家庭。

是月　南昌市总开通特困职工求助热线电话0791－8619604。热线电话主要受理和帮助特困职工解决在基本生活保障、医疗、再就业中遇到的难题。

2月8日　省总、省工商行政管理局联合下发《关于新经济组织工会组建工作的实施意见》。

2月13日　省新经济组织工会组建工作领导小组印发《江西省新经济组织工会组建工作领导小组成员单位工作职责和考评办法》。

2月22日　省总女职委表彰全省先进女职工集体、个人及全省先进女职工工作者、先进女职工之友和文明家庭。

4月11日　全省新建企业工会组建工作座谈会在南昌召开,步正发出席并讲话。王君主持会议。

4月26日　全省庆祝五一国际劳动节暨表彰大会在南昌召开,王君宣读省双增双节劳动竞赛委员会、省总工会表彰决定。会议向获得全国、全省“五一劳动奖状”和“五一劳动奖章”的单位和个人颁奖。向2000年度设区市、产业工会目标管理工作优胜单位,全省县级工会达标创十佳竞赛活动十佳单位颁奖。获奖单位、个人代表发言。步正发讲话。王君、黄铭鑫、黄懋衡出席。

是日　南昌市洪城大市场工会联合会成立暨首届会员代表大会召开。

4月28日　赣州市政府与市总第一次联席座谈会议召开。会议就建立健全政府与同级工会联席会议制度、确保国有企业下岗职工的基本生活费和离退休人员养老金按时足额发放、工会组织建设、机关和事业单位机构改革有关工会组织编制、行政单位工会经费由市财政直接拨入市总工会等问题进行研究,并作出相关决议。

5月3日　省委书记孟建柱在南昌看望全国劳模李洪应、龚腊根。

5月8日　吉安市出台《吉安市关于劳动模范和先进工作者评选表彰管理办法》。《办法》不仅对评选、命名、表彰、奖励劳动模范和先进工作者的程序和标准作出了统一规定,而且对劳模的优待政策和管理也有新的突破。

5月9日　华东地区工会女职工工作研讨会在井冈山召开。

5月10日　全省“五一好新闻”评审会在南昌召开,共评出一等奖5名、二等奖9名、三等奖15名。

5月13日　省总下发《关于开展解放思想学习教育活动的通知》。

5月15日　省总会同省经贸委和南昌市总举办职工“创造学”科普报告会和企业职工群众性技术革新、技术创新座谈会。

是日　省总、省妇联、省女性人才研究会在南昌举办女性人才开发报告会。

5月22日　省总与省经贸委、省委组织部联合下发《关于认真贯彻党的十五届四中全会精神,建立健全职工董事、职工监事制度的若干暂行规定》。

是日　省总与省乡镇企业局联合下发《关于进一步加强乡镇企业工会工作的意见》。

是日　省总修订下发《江西省总关于设区市、省产业工会上解省总经费按比例回拨补助办法》《增收留成基金管理办法》《财务专用基金管理办法》。

5月30日　省总下发《江西省总关于表彰全省工会系统“三五”普法先进集体、先进个人的决定》,表彰48个先进集体和92名先进个人。

5月底—6月中旬　省总领导带队赴各设区市就新建企业工会工作情况、企业职代会制度坚持及作用发挥情况、省属钨矿企业困难职工群体状况、“两个置换”状况等4项课题进行重点调研。

是日　省总在南昌召开第五届全省职工职业道德建设“十佳标兵、十佳单位”表彰大会。王君出席并讲话。

6月22日　省总下发《关于宜春温泉工人疗养院下放给宜春市总管理的决定》。7月1日起执行,疗养院享受全总、省总在疗养事业方面的现有政策,仍为县级单位,人事权归省总。

6月26日　省总在全省职工中开展庆祝建党80周年知识大赛。

6月29日　省总在南昌举行庆祝建党80周年“三个代表”之歌文艺演出活动。

7月9日　全省工会劳动保护对口交叉检查汇报研讨会在新余召开。

7月9—11日　省总会同省劳动和社会保障厅、省工商局、人行南昌中心支行赴宜春市、萍乡市对国有企业下岗职工再就业优惠政策落实情况进行检查。

7月10日　省总与赣州高级技工学校签订协议，将赣州天竺山工人疗养院无偿划转给赣州高级技工学校。

是日　省总下发《关于开展创评“创新女标兵”和“女职工创新标兵岗”的通知》。

7月11日　省总下发《关于江西省设区市总与上海市区县总工会缔结为友好工会的通知》。

是日　省总下发《关于深入开展以“五突破一加强”为主要内容的建设职工之家活动的意见》。

7月18日　省总在玉山召开全省职工董事、职工监事工作座谈会。

7月23日　省总下发《关于表彰开展“38111”活动先进集体和个人的通知》。

7月25—26日　省总十届六次常委（扩大）会议在景德镇召开。会议学习贯彻江泽民在“七一”“五一”劳模座谈会和视察江西时重要讲话精神，传达贯彻全总十三届七次主席团（扩大）会议精神，部署解放思想学习教育活动。

8月2日　省总、省卫生厅转发《卫生部全总关于开展工矿企业健康促进工作的通知》。

8月6日　省总下发《关于做好对特困职工子女帮扶助学工作的通知》。

8月9日　省总下发《关于评选申报全省模范职工之家、小家和“双爱双评”活动先进集体的通知》。

是日　省总下发《关于我省荣获全国模范职工之家、模范职工小家的情况通报》。

8月24日　孟建柱到省总视察工作。程受锭代表省总党组汇报全省工会工作的基本情况及工作思路。孟建柱对省总工作给予充分肯定。

8月27日—9月2日　省总与省劳动和社会保障厅、省妇联组成联合调查组，对《劳动法》执行情况开展联合检查。

8月29日　步正发、王君在南昌市走访慰问特困职工子女考上大学的家庭，并视察省总机关。

9月10—17日　省总组织省级以上劳动模范、先进工作者赴湖南学习、考察和休养。

9月12日　省总下发《关于开展重点调研的通知》。从9月15日起，组成4个调研组赴各设区市，就保持党同群众血肉联系，特困职工进入城市低保情况，职代会基本情况，县以上工会办公、活动场所与设施情况进行重点调研。10月，形成调研报告报省委和全总。

9月18日　省人大常委会法工委在省总召开《工会法修正案（草案）》征求意见座谈会。

10月9—13日　程受锭率团赴沪，与上海11个对口市县缔结友好工会。上海市人大常委会副主任、市总主席包信宝等会见并陪同代表团学习考察。12日，九江市总等与上海市嘉定区总工会等在上海举行缔结友好工会签约仪式。

10月25日　省合理化建议评审委员会评出106项2000年度省合理化建议及技术改进重大成果奖。

是日　省总下发《江西省总工会关于在工会干部和职工中开展工会法制宣传教育的第四个五年规划的通知》。

10月31日　省总下发《关于认真学习贯彻修改后的〈工会法〉的通知》。

11月6日　省总下发《关于对设区市总工会重点工作实行目标管理进行考评的通知》。

11月7日　省总对2001年全省县级工会创十佳县(市、区)竞赛活动进行考评。

11月13—14日　全省工会实施送温暖工程经验交流会在南昌召开。

11月15日　省总下发《关于组织职工参加〈工会法〉知识竞赛的通知》。

11月16日　省职工自学成才评审委评定和表彰21名职工自学成才者、8名职工自学活动积极分子。

11月24—26日　省第二届职工计算机知识大奖赛决赛在南昌举行。傅春平等19名选手获网络队一、二、三等奖,夏天等20名选手获基础队一、二、三等奖;南昌铁路局、江西冶金集团公司、九江市、省教育系统、省电力公司、南昌市代表队获团体优胜奖。步正发出席开幕式。

11月26日　省总下发《关于评选全国工会实施送温暖工程先进单位和先进个人的通知》。

12月4日　省总下发《关于在关闭整顿小煤矿和煤矿安全生产工作中加强工会工作的通知》。

12月7—16日　省总在南昌举办两期《工会法》培训班。全省设区市、省产业工会主席和省总机关干部参加培训。

12月20日　省总召开学习和贯彻实施《工会法》座谈会。

12月26日　省总向省人大递交关于将修订《江西省实施〈工会法〉办法》,列入2002年立法计划,并获准立项。

12月27日　省总下发《江西省"五一劳动奖状"、"五一劳动奖章"评选工作若干规定》。

12月28日　省劳动竞赛委员会与省总联合下发《关于开展2001年全省群众性经济创新活动评比和评选2002年江西省"五一劳动奖状"、"五一劳动奖章"获得者的通知》。

12月28—29日　省总十届五次委员(扩大)会议在南昌召开。会议以贯彻实施《工会法》为契机,总结、部署工作。会议表彰全省"模范职工之家"。通过有关人事事项,增选宗菊根为经审会主任。省委副书记王君出席并讲话。

12月29日　省人大内司委、省总、省司法厅学习宣传贯彻《工会法》座谈会在南昌召开。省人大常委会副主任黄名鑫出席会议。省委宣传部、省法制局、省高级人民法院、省检察院等21家单位派员参加。

2002年

1月1日　省劳动竞赛委员会、省总下发《关于评选推荐2002年全国"五一劳动奖状"和"五一劳动奖章"的通知》《关于印发〈江西省"五一劳动奖状"、"五一劳动奖章"评选工作若干规定〉的通知》《关于印发〈江西省建国以来劳动模范(先进工作者)基本状况调查实施方案〉的通知》。

1月8日　全省劳模基本状况调查工作会议在南昌召开。

1月17日　省政府与省总第3次联席座谈会议在南昌召开。省长黄智权、常务副省长彭宏松出席会议。省总主席程受锭,副主席文之周、傅卓成、李慈葆、助理巡视员宗菊根出席会议,省政府相关部门负责人列席会议。会议对省总提出的城市居民最低生活保障、企业改制、职工安置等热点、难点问题进行讨论和研究，并作出相关决定。

1月18日　省委批准下发《江西省总工会机关内设机构和人员编制规定》。

1月19—22日　以全总副主席刘珩为团长的全总送温暖慰问检查团到南昌市、九江市、景德镇市进行走访慰问送温暖。步正发等在南昌会见全总送温暖慰问检查团成员。

1月21—31日　省总组成11个组分赴各设区市进行走访慰问送温暖活动和重点工作目标管理考评。

2月4日　孟建柱视察省总庐山温泉工人疗养院。省委常委、省委秘书长陈达恒，副省长朱英培陪同。孟建柱要求把庐山温泉疗养院与庐山旅游结合起来，融为一体，发挥更大的优势。

3月1日　省直属机关、省产业女职工工作现场交流会在南昌召开。

3月5日　省总与省安监局联合下发《关于开展“安康杯”竞赛活动的通知》。

3月7日　省总经审会十届十一次委员会议在南昌召开。会议审议省总本级2001年度经费预算执行情况及2002年度经费预算安排。

3月18日　省总、省财政厅联合下发《关于财政统发工资单位工会经费由财政直接统一划拨的通知》。决定自2002年1月1日始执行。

3月27日　全省直属社会力量办学工会主席会议在南昌召开。

是日　省总与省科技厅、省委宣传部等13个单位联合下发《关于印发〈江西省科学技术普及工作“十五”规划〉的通知》。

3月28—29日　省总配合省人大召开省直各厅局和市县(区)有关部门负责人座谈会，征求《江西省实施〈工会法〉办法》修改意见。

4月26日　全省庆祝五一国际劳动节暨表彰大会在南昌召开，大会向全国、全省“五一劳动奖状”获得单位和全国、全省“五一劳动奖章”获得者、2001年度全省群众性经济技术创新活动先进、2001年度全国“安康杯”优胜企业、优秀组织奖获得单位、第六届江西省职工职业道德十佳标兵、十佳单位(集体)及先进个人和先进单位(集体)、2001年度设区市总工会目标管理竞赛先进和县级工会达标十佳单位颁奖。省领导傅克诚、卢秀珍、黄懋衡出席会议，省委、省政府部门负责人和省总领导出席会议。省委副书记傅克诚讲话。程受锭致词。会上还举行“江西风采——爱心献劳模”捐赠仪式。

4月28日　省委常委、省委组织部部长董君舒到省总视察。

4月　宜春市委把《工会法》辅导讲座列为市委党校县处级领导干部、乡镇党政主要领导干部进修班和非公有经济代表人士培训班的必修课。

5月1日　孟建柱在南昌先后到南昌火车站、洪都航空工业集团公司、胜利路派出所、江西化纤厂走访慰问部分劳模代表和企业职工代表，到青云谱区、郊区走访慰问部分下岗职工。陈达恒，省委常委、南昌市委书记吴新雄陪同。

5月20日　以雅库波夫·艾里耀尔为团长的乌兹别克斯坦工会联合会代表团一行到江西访问。

5月22—23日　省总、省民政厅组织开展“劳模看南昌”活动,全省各条战线上的劳模代表到南昌,看南昌,感受南昌的巨大变化。

6月6日　省总选送的《国有、集体企业“两个置换”状况的调查》获第十一届全国工会好信息一等奖。

6月9日　全省“安全生产月”宣传活动在南昌举行。省领导钟起煌、金异,省委、省政府和南昌市政府有关部门的负责人出席宣传咨询日活动仪式。

6月13—14日　省总经审会十届十二次委员会议召开。传达全总十二届经审会第八次会议精神,会议审议省总本级2002年工会经费收支预算调整方案。

6月14日　省总、南昌市总举行关爱特困单亲女职工送招工信息、送就业岗位、送幸福保险、送助学资金、送慰问物品的“五送”帮困活动。活动一次性给特困单亲女职工送就业岗位388个;给100名特困单亲女职工赠送幸福互助保险;结对帮扶送助学资金的“爱心桥”50座,帮助特困单亲女职工子女完成9年义务教育;筹措资金,给150名特困单亲女职工赠送慰问品。卢秀珍,省政协副主席黄懋衡和省总、南昌市委、市政府领导参加活动。

6月25日　全省工会干部教育培训工作会议在南昌召开。会议表彰全省工会干部教育培训工作先进集体和先进个人。

6月　南昌市东湖区墩子塘街道办事处党家巷社区工会委员会成立。

7月8日　宜春市财政局、市总下发《关于财政统发工资单位工会经费由财政直接统一划拨的通知》。

7月　萍乡市湘东区下埠镇虎山村成立企业联合工会。

8月1日　省总2002年全国职工队伍状况调查领导小组成立。

8月7日　省总下发《关于开展学习工会劳动保护“三个条例”竞赛活动的通知》。

8月8日　江西省职工第四届美术、书法、摄影作品大赛评选揭晓。

8月10日　省总十届八次常委(扩大)会议在庐山召开。

8月12日　由省劳动和社会保障厅省总、省企业联合会/企业家协会三方组成的协调劳动关系三方会议制度建立。

是日　省劳动和社会保障厅、省总、省经贸委共同组建成立省劳动争议仲裁委员会。

8月20日　省职工技协四届二次委员(扩大)会议在庐山召开。会议改选文之周为省职工技术协会会长。

8月29日　省人大内司委、省人大常委会法工委、省总在南昌联合召开《江西省实施〈工会法〉办法》新闻发布会。

9月6日　省委常委、秘书长陈达恒到省总视察工作。

9月9日　省总下发《关于开展实施送温暖工程先进单位和先进个人评选表彰活动的通知》。

9月18日　傅卓成代表省总赴萍乡出席安源路矿工人大罢工胜利80周年纪念大会。

9月19—28日　应台湾台南县产业总工会的邀请,以程受锭一行10人赴台湾进行工会工作和劳工事务考察。

9 月 24—25 日　省合理化建议委员会组织开展全省职工合理化建议与技术改进重大成果评选活动。评审产生 100 项全省重大合理化建议与技术改进重大成果。

9 月 27 日　省第九届人大常委会第三十二次会议审议并表决通过《江西省集体合同条例》。

9 月 29—30 日　王君走访慰问南方电动工具厂困难职工家庭。吴新雄走访慰问江东机床厂困难职工家庭,彭宏松走访慰问南昌电缆厂困难职工家庭。

10 月 1 日　孟建柱走访慰问省邮政局等单位下岗职工家庭。黄智权走访慰问省建工集团公司困难职工家庭。

10 月 17—19 日　全总副主席、书记处第一书记张俊九到南昌、新余市的再就业基地和企业进行考察。傅克诚等会见张俊九一行。

10 月 22 日起　省总赴有关设区市和企事业单位进行全省职工队伍状况调查。

11 月 2—5 日　闽、浙、皖、赣四省九市总工会联谊会在上饶举行。会议就工会维权、非公企业职代会建制、工会经费收缴等问题进行交流。

11 月 2—7 日　全总副主席、书记处书记李奇生到江西出席“红色之路”全国职工团队健身挑战赛开幕式,并赴井冈山、上饶、景德镇、鹰潭市进行促进再就业工作调研。

11 月 12—14 日　省总在南昌举办《中华人民共和国工会法》《江西省实施〈工会法〉办法》《江西省集体合同条例》培训班。

11 月 14 日　江西铜业公司工会委员会更名江西铜业集团公司工会委员会。

11 月 20 日　省总下发《关于认真学习贯彻党的十六大精神的通知》。

11 月 25 日　省总学习贯彻党的十六大精神座谈会在南昌召开。

11 月 25—26 日　全省第三届职工计算机知识普及应用大奖赛决赛在南昌举行。

12 月 9 日　全总书记处书记董力到江西宣讲党的十六大精神。

12 月 10—12 日　省总学习贯彻党的十六大精神研讨班在南昌举办。

12 月 15 日　孟建柱在南昌走访慰问困难企业和困难职工。

是日　省劳动竞赛委员会、省总联合下发《关于开展 2002 年全省群众性经济技术创新活动评比和评选 2003 年江西省“五一劳动奖状”、“五一劳动奖章”获得者的通知》。

12 月 19 日　省总下发《江西省总工会关于贯彻全国和全省再就业工作会议精神的意见》。

12 月 19—20 日　全省工会保障工作暨实施送温暖工程表彰会在南昌召开。12 月 23 日省委常委会会议听取省总党组关于元旦春节期间开展送温暖活动的汇报。

2003 年

1 月 3 日　省第七届职工职业道德建设“双十佳”评选会议在南昌召开。

1 月 6—8 日　省总十届六次委员(扩大)会议在南昌召开。傅克诚出席并讲话。会议通过《关于召开省总工会第十一次代表大会的决议》和有关人事事项。

1 月 10—20 日　省总组成 11 个组赴各设区市送温暖慰问和设区市总工会工作目标管理考评。

1月12—16日　以全总副主席、书记处书记周玉清为团长的全总送温暖慰问检查团到南昌、景德镇市走访慰问。傅克诚会见全总慰问检查团成员。

1月28日　省总下发《江西省总工会贯彻〈中华全国总工会关于加强工会经费审查监督工作的意见〉的实施办法》。

1月底　省总对342名全国劳动模范和先进工作者及享受全国劳模待遇的公安部一、二级英模每人发放500元春节专项慰问金。

3月4日　省总经审会十届十五次委员会议在南昌召开。会议审议省总2002年度经查决算和2003年度经费预算，对2002年度经审工作目标管理情况进行总结表彰，省总财务部、生活保障部负责人出席报告上年工作情况。

3月6日　省总女职委与省教育工会联合举办省直属机关、省产业工会女职工干部三八创新实例展示暨联谊会。

3月10日　省总下发《关于评选申报全国、全省模范职工之家、模范职工小家和优秀工会工作者、优秀工会积极分子、荣誉工会积极分子的通知》。

3月23—27日　江西省选派3名优秀选手参加全国职工计算机知识普及应用汇报演出。江西省职工计算机知识普及应用活动办公室受到全总表彰。

3月25日　省总与省劳动厅、省经贸委、省企业联合会/企业家协会联合下发《关于建立工资保障机制的通知》。

4月21日　省委召开常委会会议听取省总党组关于全省工会工作的汇报。会议同意省总党组提出的关于筹备和召开江西省工会第十一次代表大会有关问题的请示。明确7月中旬　在南昌召开江西省工会第十一次代表大会。

4月23日　省总下发《关于在全省职工中开展“我为崛起作贡献”岗位竞赛系列教育活动的通知》。

4月25日　庆祝五一国际劳动节暨表彰大会在南昌召开。大会向全国、全省“五一劳动奖状”获得单位和全国、全省“五一劳动奖章”获得者颁奖，向2002年度全省群众性经济技术创新活动先进集体和先进个人颁奖。王君、孙用和、金异等出席会议，王君讲话。

是日　省总、省经贸委、省科技厅、省劳动和社会保障厅联合下发《关于在全省开展职工职业技能竞赛活动的通知》。

4月28日　省总和江中制药集团在南昌市总困难职工帮扶中心向困难职工赠送预防“非典”药品。

4月底　省总发放全国“爱心献劳模”资助款19万元，对124名生活困难的全国劳模和全国“五一劳动奖章”获得者进行专项补助。

5月7日　省总下发《关于切实作好非典型肺炎防治工作的紧急通知》。

5月15日　省总十届十次常委（扩大）会议在南昌召开。会议研究讨论《江西省总工会第十届委员会工作报告（修改稿）》《江西省总工会第十届委员会财务工作报告（修改稿）》。

5月　省总经审会转发全总经审会《关于印发〈工会年度预算执行情况审计监督暂行办法〉〈工

会经费审查委员会对下一级工会经费审计监督暂行办法〉〈工会基本建设维修改造工程决算审计暂行办法〉的通知》。

6月12日　省政府与省总第4次联席座谈会议在南昌召开。省长黄智权,副省长孙刚等出席会议并讲话。省总主席程受锭,副主席文之周、傅卓成、李骥、李慈葆,助理巡视员宗菊根出席会议。省有关厅局负责人列席会议。会议对省总提出的下岗失业人员再就业、落实职代会制度和职权、加强乡镇(街道)工会组织建设等问题进行讨论和研究,并作出相关决定。

6月19日　省财政厅、省总联合下发《关于进一步作好工会经费财政统一划拨工作的通知》。

6月23日　宜春市政府与市总召开第一次联席座谈会。会议就建立健全政府与同级工会联席座谈会议制度、推进新建企业工会组建工作、劳模管理、建立困难职工帮扶机构等议题进行研究,并作出相关决定。

7月2日　省政府办公厅、省总联合下发《关于进一步建立健全政府与工会联席座谈会议制度的通知》。

7月4日　省总下发《认真贯彻中共中央通知进一步兴起学习贯彻"三个代表"重要思想新高潮的意见》。

7月17日　省总下发《关于做好对特困职工子女帮扶助学工作的通知》。

8月4日　省财政厅、省建设厅联合下发《关于进一步做好县以上各级工会住房公积金工作的通知》。

8月11日　省总十届七次全委会在南昌召开。会议听取省总工会十一大筹备工作汇报,选举产生省总工会十一大代表资格审查委员会,审议通过《关于将全会工作报告、财务工作报告、经审会工作报告提交省总工会十一大审议的决议》《关于省总工会十一大代表资格审查报告的决议》。

8月11日　省总经审会十届十六次委员会议在南昌召开。会议审议省总2003年上半年经费预算执行情况。

8月13—14日　省总工会第十一次代表大会在南昌召开。省委书记孟建柱,全总副主席、书记处书记周玉清讲话。省领导王君、傅克诚、吴新雄、彭宏松,钟起煌、董君舒、陈达恒、刘上洋、陈礼久、余欣荣、钟家明、雍忠诚等在南昌的省委常委,省人大、省政府、省政协、省纪委、省军区及有关厅局的负责人出席。省人大常委会副主任、省总党组书记张海如主持开幕式。程受锭代表省总十届委员会作工作报告。大会审议通过《省总工会十届委员会工作报告》《省总工会十届委员会财务工作报告》《省总工会十届经费审查委员会工作报告》;选举产生省总第十一届委员会、第十一届经费审查委员会和江西省出席中国工会十四大的代表。来自全省各条战线的592人正式代表、42人特邀代表、6人列席代表出席、列席大会。

8月14日　省总十一届一次全委会议召开,选举张海如为省总主席,文之周、李骥、李慈葆、郭学勤、吴铭为省总副主席。王君出席会议并讲话,张海如代表当选的省总领导讲话。省总十一届一次经审会议选举宗菊根为主任。

8月25日　省总下发《关于对部分设区市总困难职工帮扶中心进行验收的通知》。

9月1—5日　省总组成11个调研组,到各设区市总工会就学习贯彻"三个代表"重要思想和党的十六大精神以及省总工会十一大精神情况进行调研。

9月1—14日　由省总、省经贸委、省科技厅、省劳动和社会保障厅联合主办的2003年度江西省职工技能大赛。全省各设区市、部分省产业共18个代表队137名技能高手参加焊工、钳工、铣工、车工4个工种竞技。景德镇市、洪都航空工业集团公司、省电力公司代表队分别获车工、钳工、铣工、焊工团体第一名。

9月8—10日　省总在南昌举办学习胡锦涛在江西考察时重要讲话暨"三个代表"重要思想理论与实践研讨班。各设区市、省产业、省总直属基层、部分大中型企业工会主席,省总机关、直属单位副处以上干部参加研讨班。

9月18日　全省工会财务工作学习交流会在南昌召开。

9月19日　江西省出席中国工会十四大代表赴京欢送会在南昌召开。孟建柱接见江西省代表团38名正式代表、5名特邀代表,并与代表们进行座谈。王君作为全总邀请的省级分管书记、特邀代表先期抵京。江西代表团在团长张海如率领下赴京。

9月26日　以李昭平为团长、安扶仑为副团长台湾航空业工会联合会一行到江西参观访问。

10月13日　张海如到洪都航空工业集团公司、南昌市总再就业基地宣传中国工会十四大精神,走访慰问生产一线的劳动模范和困难职工家庭。

10月19日—11月4日　由16名优秀选手组成的江西省车、钳、焊、铣工4个代表队,分别参加在长春、沈阳、洛阳举行的"全国职工职业技能大赛"。

10月20日　省总、省经济贸易委员会、省科技厅、省劳动和社会保障厅联合下发《关于表彰2003年江西省职工职业技能大赛优胜集体和个人的决定》。

10月22日　省总下发《关于对2003年度全省县级工会工作达标和创十佳县(市、区)竞赛活动进行考评的通知》。

10月24日　省总下发《关于对2003年度设区市总工会重点工作实行目标管理进行考评的通知》。

是日　南昌市总工会进城务工人员维权服务站成立。

10月31日　全总宣教部副部长王成到江西调研职工教育情况。

11月12日　由省委组织部、省编委办、省总联合举办的全省乡镇、街道工会组织建设工作会议在莲花县召开。张海如出席,省委组织部、省编委办负责人出席并讲话。

11月18日　抚州市政府与市总召开第一次联席座谈会。会议就工会经费收缴、困难职工帮扶中心和帮扶资金等相关问题作出决定。

11月25日　省政府下发《关于印发〈江西省劳动模范管理办法〉的通知》。

11月26日　全省职工自学成才奖评选揭晓,共评出24名省职工自学成才奖标兵,17名省职工自学成才积极分子。

12月4—11日　李骥率全省乡镇企业、农村个体工商户职业病专项检查组,对新余、宜春、萍乡等地6个县(区)、10个企业的职业病危害专项整治工作进行督查和指导。

12月12日　省劳动竞赛委员会、省总下发《关于开展2003年全省群众性经济技术创新活动评比和评选2004年江西省“五一劳动奖状”、“五一劳动奖章”获得者的通知》。

12月16日　省教育工会六届一次会议在南昌召开。张海如出席并讲话。文之周当选主席。

12月20日　省总经审会在赣州召开经审工作会议,省总经审会委员和各设区市总工会,有关省产业工会、省总直属基层工会经审会主任参加会议。会议讨论通过全省2004年经审工作目标考核办法和《江西省总工会关于加强对基层工会经费计拨审计监督若干意见》,评审2003年优秀论文。

12月22日　省总下发《关于在元旦、春节期间加强工会对安全生产督查工作的通知》。

12月23日　省总下发《江西省全国劳模生活困难补助金、特殊困难帮扶金和春节慰问金发放方案》。发放“三金”共138万元。

12月24日　全省厂务公开工作汇报会在南昌召开。

12月　九江、南昌、萍乡、上饶、宜春、抚州、景德镇、吉安、新余9个设区市总建立困难职工帮扶中心,其中九江、南昌、萍乡、上饶、宜春5个困难职工帮扶中心通过省总验收。

12月30日　省总女职委四届一次会议在南昌召开。全总女职委主任倪豪梅,张海如出席并讲话。郭学勤当选省总女职委主任。

是年　江西铜业集团公司、省劳动厅联合举办2003年奥林匹克技能比赛。比赛甲级赛共有8个参赛工种。

2004年

1月3—7日　张海如到吉安、宜春走访慰问困难职工。

1月5日　省总下发《关于向全国“五一劳动奖章”获得者发放慰问金的通知》,代全总向全国“五一劳动奖章”获得者发放春节慰问金。

1月5—10日　省总组成11个考评组分赴各设区市进行送温暖慰问检查和工会重点工作目标管理考评。

1月13日　省职工保险互助会二届四次理事会议在南昌召开。张海如出席并讲话。郭学勤当选理事长。

1月15日　省总下发《关于向江西省劳动模范发放春节慰问金的通知》。

1月16日　张海如、文之周代表全总到丰城矿务局走访慰问“11・14”事故遇难者家属。

2月3日、3月4日　省总决定2003年度全省设区市重点工作目标管理优胜单位和2003年度全省“十佳”县级工会。其中8个县总工会连续五年获“十佳”县级工会、11个县总工会连续四年获“十佳”县级工会、10个县总工会连续三年获“十佳”县级工会。

2月29日—3月3日　国务院全国乡镇企业、农村个体工商户职业病伤害专项整治督查组到南昌、景德镇市督查。

3月5日　省总经审会十一届二次委员会议在南昌召开。会议审议通过2003年经费决算和2004年经费预算,对2003年经审工作目标管理情况进行总结表彰。

3 月 8 日　省总与省劳动和社会保障厅在南昌联合举办“江西三八女职工专场招聘会”。王君、张海如出席。

3 月 24 日　省总经审会在南昌召开 2004 年经审工作会议,各设区市总工会、有关省产业、省总直属基层工会经审会主任及各设区市总工会经审办同志参加会议。会议传达省总十一届一次常委(扩大)会议精神和张海如主席对经审工作的重要指示,部署 2004 年全省经审工作,2004 年度全省经审工作“三创”竞赛办法。

3 月 30 日　省总在南昌举办《中华人民共和国宪法》《工会法》《劳动法》《江西省实施〈工会法〉办法》辅导员培训班。张海如出席并讲话。

4 月 12 日　省总、省安全生产监管局联合下发《转发全国安康杯竞赛组委会关于 2004 年开展全国“安康杯”竞赛活动的通知》。

4 月 14 日　省总下发《关于印发〈关于评先评模活动中依法审查审计拨缴工会经费情况的若干规定〉的通知》。

4 月 14—18 日　张海如到抚州对贯彻中央 1 号文件情况进行调研。

4 月 14—16 日、4 月 19—21 日　省总先后举办机关干部学习《宪法》《工会法》《劳动法》《江西省实施〈工会法〉办法》培训班。全总法律工作部副部长郭军授课。张海如参加。

4 月　省人大常委会法工委召开《江西省职工代表大会条例》征求意见座谈会。

4 月 28 日　全省庆祝五一国际劳动节暨表彰大会在南昌召开。大会向全国、全省“五一劳动奖状”获得单位和全国、全省“五一劳动奖章”获得者颁奖;同时表彰全省群众性经济技术创新先进单位、全省群众性经济技术创新能手、合理化建议活动先进单位、安全生产先进单位、经济技术创新示范岗。傅克诚、张海如、黄懋衡出席,傅克诚、张海如讲话。省有关厅局及省总领导出席大会。

是日　省总下发《省总关于进一步加强女职工工作的意见》。

4 月 29 日　南昌市总创建宣传劳模一条街。

5 月 1 日　全省劳模座谈会在南昌召开。张海如讲话。晚上,中共中央政治局常委、国务院副总理黄菊,孟建柱,黄智权在南昌接见邱娥国等 10 位全国劳模、省劳模代表,并与劳模代表一道观看五一文艺演出。全总经审会主任董力,张海如参加接见。

5 月 10 日　省总下发《关于开展“建立和完善帮扶困难职工的手段、载体和机制,协助党政解决职工群众生产生活问题”的调研通知》。

5 月 16 日—6 月　省总“增强基层工会活力、切实发挥基层工会作用”调研组赴新余、赣州调研;“建立和完善帮扶困难职工的手段、载体和机制,协助党政解决职工群众生产生活问题”调研组赴萍乡、吉安调研。

6 月 15 日—7 月 15 日　张海如和省总领导带领慰问小组分赴各设区市走访慰问劳模,代全总向 2004 年全国“五一劳动奖章”获得者发放奖金,向部分困难全国劳模代表发放生活困难补助金和特殊困难帮扶金,并向部分省劳模送去慰问金。

7 月 12 日　省总下发《关于在全省工会开展“三创三看”活动的通知》。(“三创三看”即:“创新、创优、创特”和“看形势、看特色、看变化”)。

7月15日　省总下发《关于在全省工会开展帮扶困难职工“连心联动、温暖七助”活动的通知》。

7月26日　省总下发《关于建立全省工会职工热线电话的通知》。

7月27—29日　全省群众性经济技术创新成果评审会在南昌召开。

7月28—31日　全国经济特区、开发区工会工作研讨会在九江召开。张海如出席并讲话。

8月20日　全总书记处书记陈荣书到江西出席全总大调研研讨会。

8月25日　王君、余欣荣、张海如等在南昌走访慰问特困职工子女考上大学的家庭。

8月28日　全省贯彻实施《最低工资规定》宣传咨询活动在南昌举行。张海如出席。

8—9月　由省总组成11个组赴各设区市，选择一家国有企业、一个社区、一家非公有制企业，开展“1+3”挂点调研。

9月10日　鹰潭市眼镜行业工会联合会成立。

9月13—17日　省人大常委会副主任孙用和、张海如分别带队到萍乡市、南昌市进行《中华人民共和国工会法》执法检查。

9月　华东六省一市总工会经审工作研讨会在鹰潭召开。会议就贯彻落实《中华全国总工会关于加强工会经费审查监督工作的意见》和县级工会、基层工会经审工作进行研讨。

10月3日　省总召开赴京国庆观礼劳模欢送会。张海如出席并讲话。

10月8日　省总和各设区市总开通职工维权热线电话“12351”，接待受理职工反映、投诉、法律咨询事宜。

10月13日　以谢尔巴科夫总书记为团长的独联体总工联代表团到江西友好访问。

10月27日　全省职工工装表演大赛在南昌举行。

11月21日　第15届“中国十大杰出青年”评选揭晓，江西省六〇二所总设计师吴希明当选。

11月23日—12月7日　张海如作为全总访问团成员赴北非等国进行友好访问。

11月　省总经审会对各设区市总、省产业（局、系统）、省总直属基层工会贯彻落实《中华全国总工会关于加强工会经费审查监督工作的意见》贯彻情况进行督查。

是月　江西职工大厦更名江西省惠苑宾馆。

12月1日　省产业（局、系统）、省总直属基层工会联系会在江西铜业集团公司召开。

12月17日　省政府与省总第5次联席座谈会议在南昌举行。省长黄智权、常务副省长吴新雄出席。省人大常委会副主任、省总主席张海如和省总副主席文之周、李骥、李慈葆、郭学勤，助理巡视员宗菊根、王运昌出席。省政府相关厅局负责人列席会议。会议就加大对困难职工的帮扶力度、依法保护工会财产、进一步规范工会经费统一划拨工作、加大对送温暖资金和劳模慰问补助的支持力度等问题进行研究，并作出相关决定。

12月20日　全省厂务公开工作表彰大会在南昌召开。省委副书记王君出席会议并讲话，张海如主持会议。

12月27日　全省工会组建工作会议在南昌召开。王君、张海如出席并讲话。

是年　江西铜业集团公司奥林匹克技能比赛被国家劳动和社会保障部列入“中国职业技能竞

赛”活动系列。

2005 年

1 月 6 日　省总下发《关于在全省工会开展促进再就业“双培、双促、双评”活动的通知》。

1 月 12—15 日　张海如到宜春市走访慰问。15 日起,省总组成 6 个送温暖慰问检查组分赴全省各地开展送温暖慰问活动。

1 月 18 日　省总保持共产党员先进性教育活动领导小组成立。张海如任组长。

1 月 22—24 日　以全总副主席、书记处书记苏立清为团长的全总慰问检查团到萍乡、南昌慰问检查。张海如会见慰问检查团成员。

1 月 29 日　全省劳模迎春座谈会在南昌召开。向困难劳模发放慰问金。孟建柱讲话,黄智权、王君、吴新雄、彭宏松、钟起煌、陈达恒、钟家明出席,张海如出席并讲话。

2 月 1 日　赣州市政府第十次常务会议通过《赣州市劳动模范管理办法》。

2 月 7 日　宜春市总对全市新中国成立后省级以上劳模(先进工作者)基本情况进行第二次调查。

2 月 22 日　全国劳模李洪应事迹报告会在南昌举行。

3 月 1 日　省委常委会会议听取省总党组关于全总十四届二次执委会议精神及贯彻意见的汇报。张海如汇报。

3 月 14 日　以全总政研室主任李滨生为组长的全总组建工会发展会员检查考核工作组到江西,听取省总组建工会和发展会员工作情况的汇报,并到南昌、景德镇检查考核。张海如出席汇报会。

4 月 13 日　省总“建设和谐平安,共创富民兴赣大业——工会在行动”系列教育活动动员大会在南昌召开。

4 月 14 日　宜春市总开展经济技术创新百厂竞赛。

4 月 14—18 日　布隆迪工会联合会代表团到江西友好访问。张海如接见代表团成员。

4 月 18 日　江西省职工康惠楼工程开工典礼在南昌举行。张海如出席。

4 月 27 日　2005 年全国劳模和先进工作者赴京受奖欢送仪式在南昌举行,孟建柱、黄智权、王君、钟起煌、张海如等接见全省 77 名劳动模范和先进工作者。

是日　庆五一暨全总成立 80 周年文艺演出在南昌举行。王君、陈达恒、彭崑生、张海如等出席。

5 月 1 日　江西赴京受奖的全国劳模和先进工作者返昌。王君、张海如等迎接。

6 月 16—19 日　赞比亚工会大会代表团到江西友好访问。张海如接见代表团成员。

6 月 24 日　省总保持共产党员先进性教育活动总结大会在南昌召开。张海如作总结报告。徐朝亮讲话。省总机关及在南昌直属单位全体党员参加。

6 月 30 日　省总下发《关于实行拨缴工会经费审验证制度的通知》。

7月7日　以全总副主席、书记处书记周玉清为领队的全国劳模和先进工作者事迹报告团到江西演讲。省委常委、宣传部部长刘上洋主持报告会，张海如会见报告团成员。

7月8日　省总经审会十一届五次委员（扩大）会议及全省经审工作会议在南昌召开。张海如出席并讲话。会议审议通过省总本级上半年经费预算执行情况，学习讨论审验证制度、《江西省设区市总工会经审工作规范化建设标准》《省产业工会经审工作规范化建设标准（讨论稿）》《关于加强工会经费收缴计拨审计工作的几点意见》。

7月25日　鹰潭市首届职工运动会开幕。共有12支代表队参赛。

8月19日　省委下发《关于进一步加强和改进新时期工会工作的意见》。

8月20—24日　匈牙利工会联合会代表团到江西友好访问。张海如接见代表团成员。

8月23日　省委在南昌召开全省工会工作会议。孟建柱，全总副主席、书记处第一书记张俊九，王君、张海如讲话。黄智权等主持会议。陈达恒、金异出席。各市、县（区）党委分管副书记、工会主席，省产业（局、系统）、省总直属基层工会同级党委领导、工会主席，省委有关部门、省直有关单位领导，省总领导，省总机关和直属单位负责人出席。4个市委作典型发言，23个单位作书面交流。会议表彰全省工会系统先进集体和先进工作者、全省模范职工之家、模范职工小家和“双爱双评”先进集体。

9月7日　省劳动和社会保障厅、省总、江西省企业联合会/企业家协会联合发文《关于推进我省签订女职工权益保护专项集体合同工作的通知》。

9月中旬　全省“助学工程”资助仪式在南昌举行，启动对全省180名贫困家庭学生的资助项目。其中，80名学生成为江西省2005年“西部开发助学工程”受助大学生，100名学生成为江西省2005年高中“宏志班”受助学生。

9月24日　由萍乡市劳动和社会保障局、萍乡市总等单位举办的首届“萍矿杯”萍乡市职业技能竞赛开幕。20个代表队137名队员参加钳工、维修电工、计算机操作竞赛。

9月29日　宜春市总举办“特困职工就医优惠定点单位”授牌暨“特困职工医疗优惠证”发放仪式。

9月30日　省总下发《江西省设区市总工会经审工作规范化建设标准》《江西省产业及省总直属基层工会经审工作规范化建设标准》。

9月　中共中央政治局委员、全国人大常委会副委员长、全总主席王兆国对《中共江西省委关于进一步加强和改进新时期工会工作的意见》作出批示。

是月　由省总等9家联合举办的首届“创建学习型组织，争作知识型职工”活动评选揭晓。

是月　省总女职委在江西铜业集团公司召开女职工工作创新交流会。

10月13日　省总在南昌召开各设区市总、部分省产业工会主席会议，传达贯彻全国工会维权机制建设经验交流会议精神，听取各地贯彻落实全省工会工作会议精神的情况汇报。张海如主持会议。

11月7日　全省劳动模范和先进工作者表彰大会在南昌召开。全省721名劳模和先进工作者受到省委、省政府表彰。全省劳模和先进工作者向全省职工发出倡议。孟建柱出席并讲话。黄智权主持会议。省领导王君、傅克诚、彭宏松、钟起煌、董君舒、刘上洋、舒晓琴、余欣荣、郝敬民、孙用和、张海如、胡振鹏、危朝安、蔡安季和省长助理熊盛文出席。

是日 《劳模颂》文艺演出在南昌市红谷滩会展中心举行。王君、钟起煌、余欣荣、郝敬民、张海如等与省劳模和先进工作者一同观看演出。

11月27—29日 以印度尼西亚工会大会、尼泊尔民主工会总联合会、尼泊尔工会总联合会、菲律宾自由工人联合会、锡兰劳工联合会、斯里兰卡种植园工会、锡兰工会联合会等四国7家工会领导人组成的代表团到江西访问考察。张海如在南昌会见代表团全体成员。

11月30日 省总举行抗震救灾捐赠活动。张海如出席。当日,郭学勤代表省总送往九江灾区。

12月10日 赣州市举行第一届技术能手大赛。

12月27日 上饶市委召开全市工会工作会议,下发《中共上饶市委贯彻〈中共江西省委关于进一步加强和改进新时期工会工作的意见〉的实施意见》。大会表彰22个工会系统先进集体和30名先进工作者,明确全市工会系统先进工作者享受县(市、区)级劳动模范待遇。

12月 省总下发《关于2006年元旦春节期间开展送温暖活动的通知》,要求向困难职工"送政策,送岗位、送技能、送服务"。

是年 省总女职委印发《关于维护女农民工合法权益工作的意见》的通知。

2006年

1月8日 全国工会组织工作座谈会在庐山天沐温泉召开。全总副主席、书记处书记孙宝树,张海如讲话。

1月9日 宜春市总与市劳动局等部门举行首届专业技术能手大赛,设办公自动化、中式烹调、汽车维护、装配钳工、普通车工、数控车工等项目。

1月10—12日 以全总副主席陈秀榕为团长的全总慰问检查团到江西送温暖。张海如陪同走访慰问南昌困难职工和九江地震受灾职工、困难职工家庭。

1月11日 省总在南昌召开学习贯彻中央领导重要批示精神切实做好维护农民工合法权益工作动员大会。张海如讲话。

1月12日 省总经审会十一届六次委员会议在南昌召开。王运快当选第十一届经费审查委员会主任。

1月17日 省政府与省总第6次联席座谈会在南昌召开。省长黄智权出席会议,省人大常委会副主任、省总主席张海如,省总副主席文之周、李骥、李慈葆、郭学勤,助理巡视员宗菊根、王运昌出席。会议就省总在加大对困难职工帮扶力度、委托税务部门代收工会经费与工会筹备金等问题提出的意见和建议进行讨论和研究,并作出相关决定。

2月6日 省总设立省总产业工会办公室(内设机构),主要职责是研究和帮助理顺产业工会组织关系,指导产业工会工作。

2月26日　全国首家农民工定点医院授牌暨医疗证发放仪式在南昌广济医院举行。向农民工发放20000张蓝色医疗证。省委常委、南昌市委书记余欣荣出席揭牌仪式并讲话。

3月8日　省总“创建和谐平安江西建功立业”女先进女劳模座谈会在南昌召开。省政协副主席、省总女职委名誉主任黄懋衡等讲话。

3月20日　省总、省地税局联合下发《关于由地方税务机关代征工会经费和工会筹备金的通知》。

3月28日　省总、省地税局在南昌联合召开全省工会经费(工会筹备金)地税代征工作会议。

4月10日　全省民营企业招聘周活动在全省11个设区市同时举行。

4月10—15日　省总和省国防工会联合调查组,对江西省军工行业的江西专用设备厂、宜春第一机械厂、先锋机械厂、景航航空锻铸公司等8家改制企业进行维护职工合法权益和工会的职能作用、组织建设情况调研。孟建柱在调研报告作出批示。

4月28日—5月2日　澳门水电工会代表团到江西参观访问。

4月30日　全省庆祝五一国际劳动节暨表彰大会在南昌召开。王君讲话,张海如致词,副省长熊盛文主持。李骥宣读表彰决定。“五一劳动奖状”“五一劳动奖章”获得者代表毛日峰、易美华、姜桂平在表彰会上发言。

是日　南昌市委、市政府、市总举办“庆五一文艺晚会”,全总文工团到晚会慰问演出。

5月1日　孟建柱在南昌走访慰问劳模。张海如陪同。

是日　南昌市红谷滩新址上的南昌市工人文化宫举行开宫庆典仪式。全国劳模代表为工人文化宫剪彩。

5月16日　上海市总向省总捐赠别克公务车仪式在南昌举行。张海如出席。

5月18日　全国五一巾帼奖获得者先进事迹报告会暨首届五一巾帼奖表彰大会在南昌召开。黄彦蓉、张海如出席并讲话。

5月20—23日　全省“金圣杯”职工乒乓球赛在南昌举行。张海如出席开幕式和闭幕式,并为获奖者颁奖。

5月25—27日　全总经审会主任董力到鹰潭调研企业改制重组和关闭破产工作。

6月8日　庐山工人休养院“全国劳模休养基地”挂牌。

6月21—25日　全总副主席、党组书记、书记处第一书记孙春兰,副主席、书记处书记苏立清一行到江西考察调研。孟建柱、黄智权会见。张海如陪同考察调研。

7月11日　鹰潭市首届“同仁杯”眼镜行业技能大赛开幕。

7月18日　王君在南昌走访慰问部分子女考上大学的特困职工家庭。张海如陪同。

7月28日　《江西省职工代表大会条例》经省人大常委会十届二十二次会议审议通过,于2006年9月1日起实施。

8月1日　省总十一届四次常委(扩大)会议在南昌召开。会议传达贯彻全国工会领导干部高级研讨班和全总十四届九次主席团(扩大)会议精神,总结上半年工作,深入研究新形势下加强工会工作问题。张海如出席并讲话。

8月4日　省总经审会十一届九次委员会议在南昌召开。会议审议通过《江西省经费审查委员会议事规则》。

8月14日　沃尔玛深圳国投百货有限公司南昌八一广场分店工会成立暨第一次会员大会在南昌召开。

8月18日　2006年江西工会“金秋助学”启动仪式在省总和11个设区市同时举行。张海如出席省总启动仪式。

8月19—22日　省总下发《关于加强工会组织维护农民工合法权益机制建设的通知》。

9月7日　省总下发《关于加强工会理论研究工作的意见》。

9月8日　第二届江西省职工职业技能大赛在南昌闭幕。黄伟、龚仲斌、喻鹏、刘辉四人分别获车工组、铣工组、钳工组、焊工组第一名,授予江西省“五一劳动奖章”。张海如出席闭幕式并讲话。

9月12—16日　全国厂务公开民主管理工作调研检查组到江西检查指导工作。张海如会见调研检查组成员。

9月12日　省总下发《关于开展“双千”调研的通知》。要求对全省1000人下岗职工、1000人低保职工的生活和再就业状况进行随机抽样、上门入户调查。10月8—11日,省总领导带队组成专题调研组,赴各设区市开展“双千”调研。

9月15日　省新经济组织工会组建工作领导小组会议在南昌召开。王君、张海如出席并讲话。

9月18日　全省工会推进外资企业工会组建工作现场会暨工会新闻宣传工作会议在上饶召开。张海如出席并讲话。

9月29日　全省“百人劳模话创业”讲坛活动在南昌举行。孟建柱出席并讲话,王君、张海如等出席。

10月16—20日　省总与省财政厅、省审计厅组成联合检查组,对赣州市、抚州市及其所属部分县(市、区)财政划拨工会经费进行专项检查。

10月17—19日　以国家监察部副部长、全国厂务公开协调小组副组长陈昌智为组长的全国厂务公开协调检查组到江西检查工作。17日,省委召开推行厂务公开工作情况汇报会,王君主持,张海如等出席。随后,检查组在南昌、景德镇调研检查,张海如陪同。

10月18日　熊文清先进事迹报告暨表彰大会在南昌举行。

11月6日　省总疗休养、宾馆、旅游事业工作研讨会在南昌召开。

是日　省编委同意,省总工会经费审查委员会主任为省总工会副职级领导干部职务。

11月15日　全省工会经费(工会筹备金)代征工作会议在吉安召开。

是日　省总下发《关于表彰全省百名优秀企业工会主席的通知》。

12月1日　江西省盐业集团公司工会主席与公司法人代表签订《女职工权益保护专项集体合同》。

12月12—16日　全省设区市总工会帮扶工作会议在宜春召开。

12月18日　省总迁往江西省工人疗养院(南昌市湖滨南路)天惠楼办公。

12月28日　景德镇市昌江区竟成镇总工会成立。

12 月 29 日　“和谐之歌——省直机关迎新暨纪念省直机关工会建会 20 周年文艺晚会”在南昌举行。陈达恒、张海如，省政协副主席刘运来出席。省直机关部分省级以上劳模代表和省直机关干部职工共 1600 余人观看演出。

12 月　省总开展全省工会优秀论文、调研报告评选活动。张海如任评委会主任。

2007 年

1 月 5 日　上海市总向省总捐赠桑塔纳轿车仪式在南昌举行。

1 月 15 日　省总下发《关于表彰全省百名优秀企业工会主席的决定》。

1 月 17 日　省总十一届五次常委会会议在南昌召开。张海如出席并讲话。

是日　省总经审会十一届十次委员会议在南昌召开。会议审议通过《关于省总工会 2006 年经费审查工作情况和 2007 年经费审查工作意见》。

1 月 17—19 日　以全总副主席、书记处书记乔传秀为团长的全总慰问团到江西。孟建柱、王宪魁等看望并会见全总慰问团。张海如陪同全总慰问团在南昌、上饶走访慰问。

1 月 18 日　省总十一届三次委员（扩大）会议在南昌召开。会议学习贯彻党的十六届六中全会、省第十二次党代会、全省经济工作会议和全总十四届四次执委会议精神，总结和部署工作。王宪魁、张海如讲话。

1 月 24 日　省政府与省总第 7 次联席座谈会在南昌召开。省委副书记、代省长吴新雄出席会议；省人大常委会副主任、省总主席张海如，省总副主席文之周、李骥、李慈葆、郭学勤，省总纪检组长柯进水，助理巡视员宗菊根、王运昌出席。会议就省总在关心困难职工生活、加强各级工会困难职工帮扶中心建设等问题提出的意见和建议进行讨论和研究，并作出相关决定。

1 月 31 日—2 月 1 日　张海如到九江市送温暖。省总分 7 个组赴全省各地开展送温暖活动。

2 月 12 日　庆祝省总成立 80 周年座谈会在南昌举行。张海如出席并讲话。文之周、李慈葆、郭学勤、柯进水、宗菊根、王运昌出席。全省设区市、省产业工会、劳模、离退休干部、省总机关干部代表共 100 余人参加座谈会。

是日　省委宣传部、省总联合下发《关于开展向当代产业工人的优秀群体“袁政海班组”学习活动的决定》。

2 月 13 日　2006 年度全省工会优秀论文、调研报告评选活动，评出一等奖 5 篇，二等奖 10 篇，三等奖 15 篇，优秀奖 31 篇。

3 月 16—18 日　全国学习型标兵班组、知识型职工标兵事迹报告团到江西巡讲。张海如会见报告团成员。

3 月 26 日　省委宣传部、省总和团省委联合下发《关于开展向向东学习的决定》。

3 月 28 日　省总下发《关于〈印发机关干部下派基层锻炼学习工作方案〉的通知》。

3 月 30 日　省总和省司法厅联合下发《关于开展“维护职工合法权益，争当杰出律师”活动的通知》。

4月4日　全省工会领导班子建设和帮扶工作现场会在赣州召开,赣州市委主要领导,张海如出席会议。

4月12日　13家中央新闻媒体到江西采访江铃汽车制造集团公司“袁政海班组”先进事迹。

4月24日　王兆国在北京人民大会堂接见“袁政海班组”代表。张海如陪同。

是日　新余市总承办的中央电视台“激情广场·魅力新余”《劳动者之歌》大型文艺演出在新余举行。

4月25日　在全总、国家体育总局等单位共同举办的“全民健身与奥运同行——联通杯全国职工乒乓球大赛”上,江西省职工乒乓球队夺得女子团体亚军、男子团体第五名,女子单打第五名;并获“体育道德风尚奖”和“优秀组织奖”。

4月29日　全省庆祝五一国际劳动节暨表彰大会在南昌召开。会议向全国、全省“五一劳动奖状”获得单位和全国、全省“五一劳动奖章”获得者颁奖。省领导王宪魁、张海如、蒋如铭、胡振鹏、刘运来出席;王宪魁、张海如讲话,胡振鹏主持会议。

4月　省总、江西省司法厅联合下发《关于开展“维护职工合法权益,争当杰出律师”活动通知》。

4—6月　省总向11个设区市、99个县(区)总工会分别赠送“工会帮扶”商务车和桑塔纳轿车。

5月10日　以冯佩·赛格业宗多主席为团长的老挝工会联合会代表团一行到江西考察访问。张海如在南昌会见代表团成员。

5月13—14日　全总书记处书记、经审会主任张秋俭到赣州考察调研。参加会昌珠兰示范小学启用庆典,考察市总困难职工帮扶中心。

5月28日　省委宣传部、省总、南昌市委在南昌举行“袁政海班组”先进事迹表彰暨巡回报告会。余欣荣出席并讲话。全总宣教部副部长陈杰平宣读表彰决定。

6月30日　全省打击非法用工电视电话会在南昌召开。

6月　江西省职工乒乓球代表队女队获“联通杯”全国职工乒乓球大赛团体亚军。

7月4日　全国劳模包起帆科技创新先进事迹报告会在南昌举行。孟建柱会见报告团一行,张海如出席。

7月10日　省总举办全省市县工会主席培训班,全省11个设区市、99个县市区落实“同级副职”配备的新任工会主席参加培训。张海如出席开班仪式并讲话。省总领导分别授课。

7月18日　景德镇市总、市司法局、市劳动和社会保障局、市中级法院4家联合组成的农民工维权联调委员会成立。全市42个乡(镇)和12个街道建立农民工维权服务站。

7月23日　省总下发《关于江西省总工会2007年重点课题委托调研的通知》《关于开展2007年度全省工会优秀论文、调研报告评选活动的通知》。

7月27日　省人大常委会十届三十次会议审议通过《江西省厂务公开条例》,《条例》从2007年10月1日起施行。

7月28日　由省总、团省委、省工商联、江西日报社、省红十字会共同举办的首届江西十大和谐楷模颁奖典礼在滨江宾馆举行。

8月18—24日　南昌市东湖区的邓瑛、省电力公司的赵媛媛在第二届中国职工艺术节“中国三峡杯”全国职工声乐展演暨京剧演唱活动大赛分别夺得通俗唱法铜奖和民族唱法铜奖。

8月21日　省总、南昌市总共同举办的2007年工会“金秋助学”活动受助仪式省主会场活动在南昌举行，全省其他十个设区市总工会在各地分会场同时举行。张海如出席省主会场仪式并讲话。

8月27—28日　中央直属机关工会工作理论研讨会在南昌召开。会议由省直机关工委承办。陈达恒出席并致词。全总党组成员、书记处书记陈荣书，中央直属机关工委副书记、中央直属机关工会联合会主席赵凯出席会议并讲话。80余名代表参加会议。

8月　省总聘任67人为省总理论研究员。

9月3日　省总下发《关于组织开展全省职工“科学发展、创新创业、共建和谐”知识演讲大赛活动的通知》。

9月4日　省总下发《省总关于广泛开展创建“工人先锋号”活动的实施意见》。

9月5日　新余市总创办的全日制中专励志班在江南理工学院举行开学典礼，招收90人困难职工（农民工）家庭子女，对其免除三年学费、书费、住宿费。

9月6日　省总下发《关于评选2007年度江西省五一巾帼奖和女职工建功立业标兵岗标兵的通知》。

9月22日　由省总、省体育局举办，省教育工会、江西蓝天学院承办的“江西省百万职工迎‘奥运’健步走”活动在蓝天学院举行启动仪式。

10月26日　全省工会帮扶工作经验交流流动现场会先后在萍乡、宜春、新余召开。

10月29日　省总学习贯彻党的十七大精神，推进工会工作“三创”现场会在萍乡召开。张海如出席并讲话。

10月　省总出台《关于规范我省女职工组织与工会组织同步组建工作的方案》。

11月27—30日　省工、青、妇系统基层理论骨干宣讲宣讲党的十七大精神研讨班在南昌举办。

11月29日　省总学习贯彻十七大精神交流会在南昌召开。张海如出席。

12月4日　省总表彰全省维护职工合法权益杰出律师暨江西省工会法律援助志愿团成立大会在南昌举行。张海如出席并讲话。

12月19日　全总原副主席、书记处第一书记张俊九，原副主席苏立清和福建省人大常委会副主任、省总主席黄瑞霖一行在瑞金参观考察全总中央执行局旧址。

是年　赣州市章贡区女子中专被全总确定为全国再就业创业培训示范基地。

2008年

1月8—9日　省总十一届四次委员（扩大）会议在南昌召开。王宪魁、张海如出席并讲话。

1月8—11日　陈贤生、俞芳土、张六森、李雪英等4名南昌市外来务工人员作为特邀人员列席

2008年南昌市第十三届人民代表大会第三次会议。

1月17—20日　全总书记处书记、纪检组长陈荣书率全总慰问团到南昌、九江走访慰问。王宪魁、张海如、胡振鹏在南昌会见全总慰问团成员。

1月20日　省总下发《关于2008年度全省组建工会和发展会员工作目标管理的通知》。

1月　省总先后下发《关于推荐评选全国“五一劳动奖状”奖章的通知》《关于推荐评选江西省“五一劳动奖状”、“五一劳动奖章”和全省经济技术创新活动先进集体、先进个人的通知》《关于推荐评选全国、全省“工人先锋号”通知》。

2月21—27日　省总领导到抚州、赣州、萍乡、吉安等灾区慰问在抗冰救灾一线的电力职工和部分受灾职工群众。

3月4日、6日　省总在赣州和江西铜业集团公司分别召开设区市、部分县(市、区)总工会主席和部分产业(企业)工会主席座谈会。

3月15—25日　省总对11个设区市总工会组建和组织作用发挥情况进行专项检查调研。张海如带队检查。

4月11日　省总深入学习实践科学发展观活动试点工作动员大会在南昌召开。张海如作动员报告。试点工作从3月29日开始,7月15日基本结束。

4月30日　全省庆祝五一国际劳动节暨表彰大会在南昌召开。大会向全国、全省“五一劳动奖状”获得单位和全国、全省“五一劳动奖章”获得者颁奖,向全国、全省工人先锋号代表,全省职工道德建设十佳标兵及全省厂务公开先进单位和先进个人颁奖。王宪魁、张海如出席并讲话,省人大常委会副主任、省总党组书记姚亚平、省政协副主席郑小燕出席。

5月14日　省总下发《关于作好向灾区工会和职工捐款工作的紧急通知》。

5月28—29日　江西省工会第十二次代表大会在南昌召开。省委主要领导在开幕式上讲话,全总副主席、书记处书记徐德明代表全总致词,张海如作省总十一届委员会工作报告,大会以书面形式向代表提交《江西省总工会第十一届委员会财务工作报告》《江西省总工会第十一届委员会经费审查委员会工作报告》。姚亚平主持开幕式。省领导吴新雄、王宪魁、傅克诚、陈达恒、舒晓琴、余欣荣、弘强、王清葆、蒋如铭以及省委和省政府各部委厅局、各人民团体负责人、省总原领导出席开幕式。600名代表和55名特邀代表出席大会。

5月30日　省总十二届委员会第一次全委会召开。会议选举姚亚平为主席,郭学勤为常务副主席。姚亚平代表当选的省总领导班子讲话。王宪魁出席并讲话。

是日　省总十二届经审会第一次全委会召开。会议选举王运快为主任。

5月　南昌市委、市政府采纳市总的建议,决定从2008年起,用三年时间在全市企事业单位中组织开展建功立业大竞赛、和谐企业大创建、温暖万家大帮扶活动。

是月　抚州市总下发《关于对非公有制企业优秀工会主席实行津贴补助的通知》。

6月3日　2007年度江西省工会优秀论文、调研报告评选揭晓。萍乡市总《当前职工最关心、最直接、最现实的问题调研报告》获特等奖。

6月20日　省总下发《关于组织开展全省工会“五五”普法中期检查的通知》《关于对〈劳动合

同法〉贯彻实施情况进行调研的通知》。

6 月 22 日　省总党组向省委常委会汇报工会工作。要求工会组织在国有企业改制中作好工会工作。

6 月 30 日　南昌市总全国首设“义卖帮扶日”,“义卖帮扶日”暨困难职工帮扶超市开业仪式在市困难职工帮扶中心举行。募集的资金和物资全部捐赠给江西对口支援的四川灾区小金县。

7 月 10 日　全省工会领导干部会议在南昌召开。姚亚平出席并讲话。

7 月 15 日　省总学习贯彻《劳动合同法》专题报告会在南昌举行。全总法律工作部部长刘继臣主讲。姚亚平出席并讲话。

7 月 28 日　省总下发《关于进一步作好困难企业职工和农民工欠薪清理工作的通知》。

7 月 30 日　省厂务公开民主管理工作调研组深入南昌市对推行厂务公开、民主管理工作情况进行调研。

是日　省总、省劳动和社会保障厅、省教育厅、省国资委、团省委共同举办的江西省第二届“创业杯”职业技能大赛在江西现代职业技术学院举行。8 月 16 日,大赛颁奖大会在南昌举行。大赛 6 人获江西省“五一劳动奖章”,18 人获江西省技术能手,34 人获全省青年岗位能手,16 支代表队获优秀组织奖。省领导吴新雄、姚亚平、熊盛文、李华栋等出席会议并为获奖选手和单位颁奖。

8 月 21 日　省总和南昌市总共同举办的“江西省 2008 年工会‘金秋助学’活动受助仪式”省主会场活动在南昌举行。其他 10 个设区市总同时举行江西省 2008 年“金秋助学”活动。

8 月 27 日　省委召开常委会会议专题研究江西工会工作,会议强调:一是坚持党的领导;二是坚持工人阶级的领导地位;三是高度重视、充分发挥工会组织的作用;四是要关心劳模、关心困难职工的生活;五是对工会新的领导成员提出要求。

8 月 29 日　省总下发《省总关于印发〈江西省基层工会法人资格登记实施办法〉的通知》。

9 月 8 日　南昌市总组织沃尔玛深国投南昌八一广场分店、解放西路分店协商代表在解放西路分店举行集体合同签约仪式。两店工会主席代表 800 余名员工与行政签订集体合同。

9 月 25 日　省总和南昌华夏医院联合开展 2008 年全省女职工妇科病普查工程在南昌启动。

10 月 16 日　刘上洋、孙刚接见赴京出席中国工会十五大江西代表一行。姚亚平主持。17—21 日,代表团 42 名正式代表,7 名特邀代表出席中国工会十五大。19 日,姚亚平、郭学勤、万先勇、刘运富、车德云当选全总十五届执委,王运快当选全总十五届经审委员。21 日,胡锦涛总书记、习近平副主席等中央领导在人民大会堂接见全总十五届领导班子成员和部分工会十五大代表并座谈,江西省代表姚亚平、万先勇、熊文清出席。

10 月 22 日　全总召开十五届二次主席团(扩大)会议,姚亚平作典型发言。

10 月 23 日　省总下发《关于转发中华全总〈关于认真学习宣传贯彻胡锦涛总书记重要讲话精神的通知〉的通知》。

10 月 27 日　省总经审会下发《江西省县级总工会经审工作规范化建设标准》《江西省县级总工会经审工作规范化建设考核试行办法》。

11 月 3 日　省总党组理论学习中心组举行学习贯彻中国工会十五大精神专题研讨会。姚亚平主持会议。

11月11—13日　省总在宜春召开全省各设区市总工会主席座谈会。姚亚平出席并讲话。

11月15—18日　全总副主席王炯一行到江西进行当前经济形势影响和应对举措专题调研。省总召开当前经济形势影响和应对举措专题座谈会,王炯、姚亚平出席。

11月18日　省总下发《关于开展2008年“12·4”全省工会系统法制宣传日活动的通知》。

是日　省教育工会第七届委员会第一次全体会议召开。李骥当选省教育工会主席。姚亚平出席并讲话。

11月28日　省总下发《关于开展应对当前形势“心手相连、帮扶济困、共克时艰”活动的通知》。

是日　江西省第十一届人大常委会第六次会议批准,8月29日南昌市第十三届人大常委会第十四次会议通过的《南昌市工会劳动法律监督条例》自2009年1月1日起施行。这是南昌市总工会牵头起草、参与制定的第一个地方性法规。

12月1日　省总下发《关于开展〈劳动合同法〉实施情况专题调研的通知》。

12月2日　省委常委会听取省总关于胡锦涛总书记重要讲话、中国工会十五大主要精神和江西省工会工作及应对当前经济形势采取的措施的汇报。姚亚平汇报。

12月5日　全省工会系统学习贯彻中国工会十五大暨纪念改革开放30周年座谈会召开。劳模、工人、农民工和工会主席代表在会上发言。王宪魁讲话,姚亚平主持。

12月5—9日　全国厂务公开调研检查组到江西进行专题调研。姚亚平作汇报。

12月6日　省总女职委五届一次会议在南昌召开。副省长谢茹出席。郭学勤当选主任。聘请谢茹为省女职委名誉主任。

12月16日　省总印发《关于对全省工会2008年抗震救灾资金物资审计情况的通报》。

12月23日　省政府与省总举行第8次联席座谈会议。省长吴新雄,省人大常委会副主任、省总主席姚亚平,省总常务副主席郭学勤、省总巡视员李骥,省总副主席王运昌、柯进水、王运快、陈文明出席。会议听取近期工会工作进展情况;分析在当前形势下职工生活新情况;针对如何解决民生问题,帮助生活困难职工,推进工会工作,保持职工队伍稳定,进一步发挥工人阶级作用的问题进行讨论和研究,并作出相关决定。

是日　省总下发《关于县级总工会开好“两节”期间农民工座谈会的通知》,了解他们的生活思想情况,引导他们全面融入当地的经济建设之中。

12月24日　省总举行“雨露计划·中泰华威行动”资助医疗设备捐赠仪式。全国政协委员、全总书记处原书记、中国老区建设促进会副会长李永海,姚亚平出席并讲话。

12月29日　省总下发《关于作好当前化解企业群体性纠纷维护劳动关系稳定工作的紧急通知》。

2009年

1月7—8日　姚亚平到丰城、万载走访慰问全国劳模、困难职工和农民工,并就返乡农民工就业、基层工会工作等情况进行调研。

1月8日　省总下发《关于建立江西省工会网络新闻宣传员队伍和信息报送制度的通知》。

1月12—13日　省总十二届二次委员(扩大)会议在南昌召开。会议贯彻省委十二届八次全会和全总十五届二次执委会议精神,总结、部署工作。王宪魁、姚亚平出席并讲话。

1月23日　省总在新建县召开新建县返乡农民工座谈会。

2月23日　省总、省人力资源和社会保障厅(简称省人社厅)、省国有资产监督管理委员会(简称省国资委)、联合下发《关于在全省职工中开展技能大培训、岗位大练兵、劳动大竞赛活动的通知》。

3月5日　省总印发《关于在全省开展喜迎国庆职工文化年活动的意见》。

3月7日　省总女职委、南昌市总女职委在南昌联合举行"同舟共济,情暖姐妹——2009援助女职工、女农民工、应届女大学生行动"。姚亚平出席。

3月10—13日　省总在南昌举办中国工会十五大精神与江西工会工作研讨班。姚亚平讲话。

3月　省总下发《关于对县级以上工会2008年度地方财政配套帮扶资金落实情况进行考核评比的通知》。

是月　省总下发《关于深入基层企业走访调研的通知》,引导广大职工与企业同舟共济、共克时艰。

4月8日　省总下发《关于印发〈关于深入推进"共同约定行动"的实施意见〉的通知》。要求年底前全省国有、集体及其控股企业全部开展"共同约定行动",其他类型企业开展活动面达到70%以上。

4月13日　新余市成立工业行业、交通行业、现代服务行业、城市管理行业、文化行业、卫生行业、市直机关8个直属行业工会工作委员会。

4月20日　抚州市总举办企业、工会和职工三方共同约定行动暨千万农民工援助行动推进会。

4月29日　省总、省国资委、省人社厅联合下发《关于加强国有企业改制和关闭破产中厂务公开民主管理维护职工合法权益的意见》。

4月30日　全省庆祝五一国际劳动节大会在南昌召开。大会向获得全国、全省"五一劳动奖状""五一劳动奖章"、工人先锋号的代表颁奖。并向全省困难省劳模代表发放困难帮扶专项资金。10家企业与工会代表现场签订"共同约定行动协议"。王宪魁、姚亚平出席并讲话。全总集体合同部部长张建国出席。

是日　省总在南昌召开庆五一企业家座谈会。王宪魁、姚亚平出席。

4月　省总下发《江西省设区市总经审工作规范化建设标准》《江西省产业工会经审工作规范化建设标准》。

5月5日　省总经济全球化和中国工会学习座谈会在南昌举行。姚亚平出席并讲话。

6月12日　省总下发《省总关于贯彻落实全总"千万农民工援助行动"分解任务指标的通知》。

6月17日　省总首批农民工赴广州职业技能培训欢送仪式在南昌举行。

7月21日　省总下发《关于进一步规范建立困难职工电子档案和加强帮扶工作管理的通知》。

7月25日　省总十二届三次常委(扩大)会议在井冈山召开。会议主题是弘扬井冈山精神,保增长、保民生、保稳定,进一步发挥工会在推进全省国企改革与经济发展中的作用。姚亚平出席并讲话。

7月27日　姚亚平率省总慰问团赴四川省小金县对口支援。

8月4日　省总在南昌召开全省改制企业工会参与支持国企改革暨信息报送工作会议。

8月6日　南昌市总工会联合市劳动和社会保障局、市企业管理协会/企业家协会联合召开全市进一步推进“和谐企业大创建”活动暨开展“共同约定行动”再动员大会。

8月12日　全省工会基层组织建设工作会议在南昌召开。

8月20日　全省国有工业企业改革现场会在九江召开。姚亚平出席。

8月21日　江西省2009年工会金秋助学资金发放仪式在南昌举行。姚亚平出席并讲话。

9月20日　第三届全省职工职业技能大赛在南昌闭幕。大赛设数控车工、工具钳工、焊工、维修电工、砌筑工、钢筋工和缝纫工7个竞赛职业和13个组别。全省100万职工包括农民工参加竞赛,选拔出280名选手参加决赛。王宪魁、姚亚平出席闭幕式并讲话,副省长熊盛文和省人社厅、省国资委、省总领导出席闭幕式。

9月23日　省总下发《关于开好职代会确保国企改革顺利推进的紧急通知》,就改制企业选举、增补职工代表和召开职代会等有关问题提出意见。

9月25日　省总在南昌召开国企改革工会工作座谈会。姚亚平出席并讲话。

10月12日　全省国有企业改革工作座谈会在景德镇召开。吴新雄、王宪魁、姚亚平出席并讲话。省长助理胡幼桃出席。

10月19日　姚亚平在全国工会工作经验交流会议上作题为《江西工会在国企改革中是如何发挥作用的》的发言。

10月22日　韩国国际劳动协力院专家代表团一行到江西访问考察。

10月26日　省人社厅、江西省住房和城乡建设厅、江西省公安厅、省总联合下发《关于开展农民工工资支付情况专项检查的通知》,要求确保2010年元旦、春节期间农民工按时足额拿到工资。

11月13日　在中国联通客服代表技能大赛上,江西公司获团体一等奖;郭丽娜被评为最佳表现奖,国资委授予“中央企业技术能手”称号。

11月15日　国有工业企业改革分流人员再就业招聘、自主创业帮扶和生活困难救助活动周活动启动仪式在南昌召开。吴新雄宣布活动周开始。余欣荣讲话。姚亚平、熊盛文出席。

11月24日　省总在南昌召开国企改革座谈会。姚亚平出席并讲话。

12月5日　全省工会工作座谈会在南昌举行。姚亚平出席并讲话。

12月16—18日　王兆国到江西考察调研,全总党组副书记、副主席、书记处书记乔传秀陪同。王兆国一行先后到景德镇、九江、南昌等地,深入企业、工会帮扶中心和社区,走访慰问劳模、困难职工和农民工。并与江西省党政领导和工会干部座谈。省委主要领导、王宪魁、姚亚平陪同。

12月22日　“舞动健康共建和谐”全省职工首届全健排舞大赛在南昌举行。

12月29日　省政府与省总第9次联席座谈会在南昌召开。省长吴新雄出席并讲话,省人大常委会副主任、省总主席姚亚平,省长助理胡幼桃,省总常务副主席郭学勤,省总巡视员李骥,省总副主席柯进水、陈文明、王运快出席。会议研究全省国企改革后续工作中的职工生活、职工队伍稳定和工会工作等问题,重点就如何加大关心职工生活力度,尤其是加大对改制企业职工大病救助力度,维护职工队伍稳定和社会稳定等问题进行深入研究,并作出相关决定。

2010 年

1 月 19—20 日　以全总巡视员贾端阳为组长的中共中央办公厅、国务院办公厅联合督查组,就解决企业拖欠职工和农民工工资、解决困难群众生产生活问题等情况到赣州督查。

1 月 21 日　省总向省人大常委会汇报会在南昌举行。省人大常委会副主任蒋如铭、胡振鹏、姚亚平、魏小琴、朱秉发,秘书长程水凤以及省人大各专门工作委员会和省人大常委会工作委员会领导出席汇报会,会议由姚亚平主持,省总工会常务副主席郭学勤汇报。

1 月 22 日　江西省职工保障互助会第三次会员代表大会在南昌召开。选举郭学勤为理事长。

1 月　省总下拨 592.32 万元专项资金,用于对全省工业改制 507 户企业中的患有重大疾病的困难职工进行一次性大病救助。

2 月 2 日　省总下发《作好 2010 年困难省劳模情况调查摸底工作的通知》。

2 月 23 日　省总决定建设全省工会职工服务中心触摸查询系统。由省总出资,为各设区市、县(市、区)总工会配置一台触摸查询一体机。

3 月 23 日　省总下发《江西工会女职工委员会工作条例》。

4 月 15 日　省总下发《关于开展全省职工系列文化活动的通》。

4 月 24 日　江西省全国劳动模范和先进工作者赴京受奖欢送会在南昌举行。省长吴新雄等出席。省委副书记王宪魁出席并讲话。省人大常委会副主任蒋如铭,省政协副主席王林森等出席。27 日,江西省 77 名全国劳模和先进工作者赴京受奖返回南昌,副省长孙刚到机场迎接。

4 月 28 日　“新中国 60 年来江西 60 人最具影响力的劳动模范”表彰大会在南昌召开。蒋如铭、郑小燕出席。

5 月 22 日　全总贯彻《全国职工素质建设工程五年规划》座谈会在南昌举行。倪健民出席并讲话。全总宣教部部长李守镇主持会议。郭学勤致词。

5 月 22—23 日　省教育工会承办的中国高校工会第十四次宣传思想工作研讨会在南昌举行。

5 月 24 日　全总苏区中央执行局旧址修复暨全国工会系统革命传统教育基地揭牌仪式在瑞金市举行。王兆国发来贺信。倪健民出席并讲话。

5 月 31 日—6 月 4 日　全总女职工组织建设督导检查组到江西督导检查。

6 月 22 日　全省非工口 7 个系统国企改革工会工作会议在南昌召开,姚亚平出席并讲话。7 月 6 日—14 日,姚亚平先后到宜春、抚州调研非工业口七个系统国企改革情况,省总其他领导分别在九江、新余、鹰潭、萍乡、宜春、上饶、赣州、吉安及粮食、交通、水利、商贸、林业、农垦系统调研非工口七个系统国企改革情况。7 月 15 日,全省非工口 7 个系统国企改革工会工作调研汇报会在南昌召开。姚亚平主持会议并讲话。

6月24日　省总下发《关于进一步加强建设职工之家工作充分发挥基层工会作用的意见》。

6月29日　省总召开省总机关暨在南昌直属单位深入开展创先争优活动动员部署大会。

7月6日　省总下发《关于印发省总“技能培训促就业行动”目标任务的通知》。

7月7日　省总下发《关于进一步作好灾后困难职工帮扶工作的通知》。

7月16日　全省工会保障工作会议在南昌召开。姚亚平出席并讲话。

7月21日　省总下发《关于开展2010年“困难职工家庭高校毕业生阳光就业行动”的通知》。

8月3日　姚亚平代表省总向省委常委会汇报全总十五届四次执委会议有关情况和省总贯彻落实意见。

8月4日　省总下发《关于开展夏季高温工会劳动保护专项检查活动的通知》。

8月20日　江西省工会2010年金秋助学主会场资金发放仪式在抚州举行。

8月23日　省委宣传部、省总、省司法厅、省人社厅、省科学技术厅、省教育厅、省文化厅、省精神文明建设指导委员会办公室联合制发《全省职工素质建设工程五年规划(2010—2014年)》,要求培养造就高素质职工队伍,为实现江西科学发展、绿色崛起提供智力支持和人才保证。

是日　省委宣传部、省总、省文化厅、省体育局、省广播电影电视局联合制发《关于推进职工文化建设的指导意见》。

9月14日　全国工会系统“五五”普法检查组到江西检查指导工作。

9月15日　第六次全国厂务公开民主管理省际调研检查组到江西检查指导厂务公开民主管理工作。

9月20日　省总出台《关于女职工提升素质建功立业工程的实施意见》。

10月13日　省总经审会转发《江西省人民政府办公厅转发〈江西省审计厅关于加强审计整改工作意见的通知〉》。

10月13—19日　省总组织20名省劳模、省“五一劳动奖章”获得者参观上海世博会。

10月23—26日　全国“安康杯”竞赛活动天津、福建、江西省际互检组到江西考察。

10月26日　省委创先争优活动领导小组、省总联合制发《关于在全省各级工会组织中推进党建带工建创先争优活动的指导意见》。

11月9日　在中国电信2010年营业员“玩转3G”销售技能竞赛上,江西公司获团体第一名。

11月10日　省民政厅批准“江西省职工保险互助会”更名“江西省职工保障互助会”。

11月18日　全省工会开展创先争优、推进“广普查、深组建、全覆盖”集中行动汇报会在南昌举行。

11月30日—12月1日　姚亚平到新疆克孜勒苏柯尔克孜自治州和对口援疆阿克陶县考察调研。

12月2—9日　中国台湾烟酒公司产业工会联合会理事长赵铭圆一行到江西交流访问。

12月3—5日　姚亚平到赣州就非工口七个系统国企改革、做好新形势下工会工作进行考察调研。

12月13日　省总经审会在乐平召开全省经审工作规范化建设现场会。

12月14日　省委下发《中共江西省委关于进一步加强和改进新时期工会工作的意见》。《意见》根据2005年省委下发的相关文件落实情况以及全国兄弟省市创新的经验做法，深刻认识新时期工会工作的重要意义，进一步明确工会工作总体要求。

12月21日　省总、省财政厅、省地税局、中国人民银行南昌中心支行联合下发《关于印发〈江西省工会经费和工会筹备金实行国库汇缴清算管理办法（试行）〉通知》，《办法》从2011年3月1日起执行。

12月23日　全总副主席、书记处第一书记王玉普到江西考察工会工作。姚亚平，全总办公厅主任谷常生、全总保障工作部部长邹震陪同。王玉普一行到南昌考察市总困难职工帮扶中心并看望困难职工。到省总机关看望干部职工和各设区市总工会主席。

12月24日　省委在南昌市召开全省工会工作会议暨省劳模表彰大会。印发《中共江西省委关于进一步加强和改进新时期工会工作的意见》。省领导宣读省政府关于表彰江西省劳动模范和先进工作者的决定。吴新雄，全总副主席、书记处第一书记王玉普出席会议并讲话。省委副书记张裔炯主持会议并讲话。省领导尚勇、陈达恒、舒晓琴、余欣荣、蒋如铭、谢茹、胡幼桃、张忠厚、曾页九等出席会议。姚亚平出席并讲话，谷常生、邹震出席会议。来自全省各条战线的800名劳动模范、先进工作者；300余名省委部委办、省政府厅局委主要领导，市县以及省产业（局、系统）党政工领导干部参加会议。

12月29日　省政府与省总第10次联席座谈会在南昌召开。省长吴新雄出席并讲话。省人大常委会副主任、省总主席姚亚平，省政协副主席胡幼桃，省总巡视员李骥，省总副主席王运昌、柯进水、王运快、陈文明、吴海平出席。会议对贯彻落实省委《关于进一步加强和改进新时期工会工作的意见》进行研究部署，对全省职工生产生活和工会工作，尤其是对帮扶七个系统改制国有企业困难大病职工，推动劳模社保全覆盖和非公企业普遍建会，维护好职工队伍稳定和社会稳定等问题进行深入研究，并作出相关决定。

是年　省人社厅批复同意江西铜业集团公司每年开展奥林匹克技能比赛，纳入省级二类竞赛范畴。

第一章　职工队伍

20世纪90年代至21世纪初,中国经济体制经历了社会主义计划经济向市场经济的重大转变,江西职工队伍随着市场经济的建立、完善而不断变化、发展,职工队伍在人员、结构、分布上出现重大嬗变,职工在劳动生活、社会地位随着劳动关系的多样复杂、社会保障的构建覆盖皆发生变化。1994年,全省国有经济单位职工占全省职工总数的79.46%、集体经济单位职工占19.15%、其他经济单位职工占1.37%。2010年,国有经济单位职工占67.17%(趋降动态比例数,此时还包括刚组建工会的机关事业单位人员数)、集体经济单位职工占4.4%、其他经济单位职工占28.35%。2002年全省职工数513.82万,2003年288.55万,职工队伍数量上出现萎缩;其中,1994年全省工业企业职工184.43万人,最低年份减少到了77.75万人。2004年起,大量农民进城务工,使职工队伍壮大,至2010年职工人数647万。农民工2010年猛增至154.25万人(趋升动态数。还有到省外务工的农民工529万人中自愿组建工会并集体加入本省工会人数未计入),成为全省产业工人的主体和职工队伍的重要组成部分。至2010年,全省第一产业从业人员为35.6%,第二产业29.6%,第三产业从业人员已上升到34.8%,第三产业的从业人员与1994年相比翻了一番。

第一节　构成和分布

职工人数

职工总数　全省建立工会组织的基层单位的职工数,1994—1997年分别为312.54万、306.17万、318.51万、243万。党的十五大召开,1998年起,在深化经济体制改革,抓大放小、减员增效、下岗分流,建立现代企业制度,实行国有企业改制、破产、两个置换和产业结构调整过程中,职工队伍发生变化,一部分职工下岗分流,一部分职工办理内部退养手续,但都与单位保留劳动关系。1998—2003年全省职工队伍在数量上出现萎缩、徘徊,人数分别是:1998年251.32万、1999年242万、2000年267.12万、2001年288.89万、2002年513.82万、2003年288.55万。与原单位保留劳动关系和内部退养职工人数分别为:1998年81.3万、13.1万,2001年89.2万、16.6万,2002年83.5万、16.9万,2003年76.4万、17万,2004年66.5万、15.2万,2005年59万、14.3万,2006年53.9万、13.7万。三者相加,全省职工队伍还是处于增长态势。从2004年起,大量农民进城务工,并取得相对稳定的工作,成为了职工队伍的重要补充,全省职工队伍得到壮大,至2010年职工人数由2003年的288.55万发展到647万,其发展轨迹是:2004年373.3万,2005年391万,2006年459.93万,2007年517.68万,2008年572.04万,2009年600万。2004—2010年,职工人数比上年增长分别为84.41万、17.7万、68.93万、57,75万、54.36万、27.96万、47万,平均年增长率12.41%。

女职工数　1994年全省女职工116.58万,2000年82.61万人,2005年139.14万人,2010年242.81万。17年间,全省女职工净增126.23万人,翻了一番多。1994—2010年,全省女职工平均占全省职工总数的34.96%。

表1-1-1　1994—2010年江西省已建工会组织基层单位职工数、女职工数

单位:万人

年份	职工人数	女职工	年份	职工人数	女职工
1994	312.54	116.58	2003	288.55	100.68
1995	306.17	112.10	2004	373.30	116.26
1996	318.51	120.94	2005	391.00	139.14
1997	243.00	91.08	2006	459.93	157.68
1998	251.32	94.22	2007	517.68	158.07
1999	242.01	88.92	2008	572.04	203.97
2000	267.12	82.61	2009	600.01	218.20
2001	288.89		2010	647.36	242.81
2002	513.82	152.96			

说明:上表缺2001年女职工数。

工业企业在岗职工数　1994年全省工业企业职工184.43万人,2000年97.80万人,2005年80.15万人,2010年87.35万人。2001—2010年,全省工业企业职工人数骤减在86万人左右徘徊,最低年份破了80万,减少到了77.75万人。

表1-1-2　1994—2010年全省工业企业在岗职工数及分布

单位:万人

年份	工业企业在岗职工数	其中:工业企业各经济成份在岗职工数		
		国有经济单位	城镇集体单位	其他单位
1994	184.42	138.78	41.14	4.50
1995	182.15	141.99	34.14	6.02
1996	176.92	138.72	32.53	5.67
1997	171.27	134.08	31.17	6.02
1998	116.75	77.81	15.84	23.10

续表

年份	工业企业在岗职工数	其中:工业企业各经济成份在岗职工数		
		国有经济单位	城镇集体单位	其他单位
1999	107.16	69.90	13.50	23.76
2000	97.79	62.09	11.83	23.87
2001	88.88	53.40	9.52	25.96
2002	80.57	44.39	7.47	28.71
2003	77.75	38.06	5.77	33.92
2004	78.55	34.77	4.24	39.54
2005	80.14	32.20	3.40	44.54
2006	84.88	31.37	2.93	50.58
2007	86.85	30.00	2.38	54.47
2008	87.05	26.69	2.31	58.05
2009	84.04	25.76	1.49	56.79
2010	87.34	25.83	1.24	60.27

20世纪90年代后期,赣州地区国有企业和集体企业全面实行所谓改制、企业职工打破“铁饭碗”下岗分流。至2005年,除供电、自来水、广播电信企业外,国有工商企业基本转为非公企业,原国有商业、贸易企业全部退出市场,职工全员下岗。进入21世纪,民营企业迅猛发展,企业下岗职工和农村富余劳力进入私营企业务工。1994年国有企业职工38.89万人、集体企业职工7.54万人、其他经济单位职工0.39万人,占比分别为:83.06、16.1和0.8,至2010年国有企业职工25.04万人、集体企业职工1.29万人、其他经济单位职工发展到了14.88万人,其占比为:60.76、3.13和36.1。

职工队伍构成

1994—2010年,江西经济发展经历了四个阶段:1992—1996年,全省改革开放力度加大,逐步建立社会主义市场经济体制;1997—2001年,全省经济结构战略性调整、国有企业战略性改组加速进行;2002—2006年,全省进入全面建设小康社会、加快推进社会主义现代化新的发展;2007—2010年乃至2011年,全省经济体制深刻变革、社会结构深刻变动、利益格局深刻调整、思想观念深刻变化,职工队伍构成也正是随着这些变化而发生深刻变化的。主要表现在:

职工队伍经济类型

经济类型一般分为:国有经济、城镇集体经济和其他经济,其他经济包括股份合作、联营、有限责任公司、股份有限公司、港澳台投资、外商投资和其他经济等。1994年,全省国有经济单位职工占全省职工总数的79.46%、集体经济单位职工占19.15%、其他经济单位职工占1.37%。1998年这一构成出现变化，国有经济单位职工占79.03%、集体经济单位职工占12.68%、其他经济单位职工占8.24%，集体经济单位职工占比有所下降，其他经济单位职工占比开始上升。至2003年，国有经济单位职工占76.41%、集体经济单位职工占7.77%、其他经济单位职工占15.81%，集体经济单位职工占比进一步下降，其他经济单位职工占比进一步提升。2010年，国有经济单位职工占67.17%、集体经济单位职工占4.4%、其他经济单位职工占28.35%。17年间，由于经济结构战略性调整，分布在国有经济单位职工下降12—13个百分点，占比68%以下，而分布在其他经济单位职工由1.37%上升到近30%。

表1－1－3　1993—2010年江西省职工人数

单位：万人

年份	职工人数	国有经济单位	城镇集体经济单位	其他各种经济单位
1993	412.0	326.9	80.4	4.7
1994	413.5	328.6	79.2	5.7
1995	411.3	332.7	71.4	7.2
1996	412.0	336.0	68.8	7.2
1997	409.4	334.0	67.6	7.8
1998	322.5	254.9	41.0	26.6
1999	305.9	242.8	36.3	26.8
2000	291.6	231.8	33.0	26.8
2001	279.3	222.2	27.9	29.2
2002	261.9	206.8	22.8	32.3
2003	256.7	196.1	20.0	40.6
2004	258.4	192.4	17.5	48.5
2005	264.8	191.3	17.6	55.9
2006	271.9	191.9	16.0	64.0
2007	275.0	190.5	16.3	68.2
2008	275.2	186.6	13.9	74.7
2009	273.8	187.4	12.6	73.8
2010	279.6	187.8	12.5	79.3

说明：自1998年起，职工人数为在岗职工人数。

职工队伍在三次产业分布

江西省统计局对三次产业所属行业划分，即：第一产业主要是农、林、牧、渔业。第二产业主要是采矿业,制造业,电力、燃气及水的生产和供应业,建筑业。第三产业主要是交通运输、仓储和邮政业,信息传输、计算机服务和软件业,批发和零售业,住宿和餐饮业,金融业,房地产业,租赁和商务服务业,科学研究、技术服务和地质勘查业,水利、环境和公共设施管理业,居民服务和其他服务业,教育,卫生、社会保障和社会福利业,文化、体育和娱乐业,公共管理和社会组织,国际组织。全省三次产业社会就业人员情况,1994 年全省第一产业 1127.2 万人、第二产业 493.3 万人,第三产业 387.2 万人,三次产业从业人员分别所占比例为 56.1%、24.6%、19.3%。随着经济的发展和产业结构的调整,从业人员在不同产业的比重出现变化。(见表 1-1-4)至 1998 年,三次产业从业人员分别所占比例变化为:46.6∶26.2∶27.2,第一产业从业人员减少近 11 个百分点,离开农业的农民涌入城镇,在第二、第三产业从业人员增长 9 个百分点。至 2010 年,第一产业从业人员仅为 35.6%,第二产业 29.6%,第三产业从业人员已上升到 34.8%,第三产业的从业人员与 1994 年相比翻了一番,超过第二产业,基本接近农村从事农业劳动的劳动力。

表 1-1-4　1994—2010 年江西省三次产业社会就业人员数

单位:万人

年份	合计(万人)	其中:各产业数(万人)			构成(以合计数为 100)		
		第一产业	第二产业	第三产业	第一产业	第二产业	第三产业
1994	2007.7	1127.2	493.3	387.2	56.1	24.6	19.3
1995	2100.5	1071.7	525.1	503.7	51.0	25.0	24.0
1996	2107.2	1049.7	539.7	517.8	49.8	25.6	24.6
1997	2120.6	1000.9	549.8	569.9	47.2	25.9	26.9
1998	2094.3	975.5	548.8	570.0	46.6	26.2	27.2
1999	2089.0	969.3	530.7	589.0	46.4	25.4	28.2
2000	2060.9	960.9	502.8	597.2	46.6	24.4	29.0
2001	2054.8	949.6	482.6	622.6	46.2	23.5	30.3
2002	2130.6	964.5	483.8	682.3	45.3	22.7	32.0
2003	2168.2	910.7	568.0	689.5	42.0	26.2	31.8
2004	2214.0	907.7	598.4	707.9	41.0	27.0	32.0
2005	2276.7	907.5	619.5	749.7	39.9	27.2	32.9
2006	2321.1	907.4	639.5	774.2	39.1	27.5	33.4
2007	2369.6	900.8	663.3	805.5	38.0	28.0	34.0
2008	2404.5	900.1	675.0	829.4	37.4	28.1	34.5
2009	2445.2	892.6	710.1	842.5	36.5	29.0	34.5
2010	2498.8	888.6	741.1	869.1	35.6	29.6	34.8

随着改革开放和国民经济的持续发展，从业人员总量稳步增长。1995 年，九江市从业人员总量达到历史最高峰，第一、第二、第三产业从业人员总量分别达至 124.63 万人、43.09 万人和 54.89 万人。从业人员结构也发生较大变化，大量农村劳动力出现转移，由从事第一产业转向乡镇企业和私营企业，大部分转向省外或沿海经济发达地区，三次产业从业人员结构变化为 56.0∶19.3∶24.7。之后，经过体制改革，大量小型国有和集体企业改制，一部分人员下岗，一部分人员转入其他所有制单位实现再就业，职工人数出现持续下降走势。2008 年，三次产业从业人员总量分别为 123.62 万人、75.90 万人和 107.74 万人，从业人员结构变化为 40.23∶24.70∶35.07。新余市城镇从业人员三次产业人数分布从 1994 年的 3.51∶62.79∶33.68 至 2005 年变化为 1.06∶61.51∶37.42。九江和新余第三产业从业人员与全省一样均增长至 1/3 强。1994 年兴国县职工在第一产业从业人员 768 人，第二产业从业人员 13371 人，第三产业从业人员 13160 人，分别占职工总数 27299 人的 2.8%、48.9% 和 48.3%。2010 年底，全县第一产业从业人员 632 人，第二产业从业人员 16088 人，第三产业从业人员 40740 人，分别占职工总数 57460 人的 1.1%、28% 和 70.9%。

非公有制企业职工比重

上饶地区随着国有、集体企业改制工作的进行，公有制企业职工不断减少，由 1994 年国有、集体企业职工的 37.2 万人和 8.79 万下降至 2008 年的 23.37 万人和 1.62 万人。而非公企业职工人数由 1994 年的 0.24 万人增至 2008 年的 28.5 万人，非公企业职工数首次超过公有制企业职工，成为上饶地区职工队伍主体。1994—2010 年，抚州地区（市）国有经济单位和城镇集体所有制经济单位职工逐渐减少，其他类型的企事业单位的在岗职工和从业人员大幅度增加，尤其是民营企业及个体经济从业人员迅速增长，非公有制企业的职工已成为抚州职工队伍的重要组成部分。抚州国有企业在岗职工从 1994 年 14.22 万人减少至 2010 年 3.59 万人，减幅 75%；城镇集体所有制企业在岗职工从 4.57 万人，减少 1.33 万人，减幅 71%；其他所有制单位在岗职工从 0.18 万人，增至 4.46 万人，增长 24.7 倍。1994—2008 年，九江城镇集体以上单位从业人员的总量和结构发生变化，1995 年末全部职工为 49.56 万人，随着市场经济体制改革，九江国有经济单位产权制度改革全面实施，国有、集体经济开始萎缩，部分人员下岗或提前退休（即内部退养），从业人员开始连年大幅减少，至 2008 年末，国有、集体单位职工人数 20.68 万人，比最高的 1995 年减少 27.97 万人，下降 57.5%。而其他经济在此期间得到突飞猛进的发展，从改革开放之初的空白，发展至 2008 年末的 8.89 万人。经济体制改革使大批国有、集体单位通过改制，转换成其他经济类型；一大批港澳台及境外的合资、独资企业在九江落户，加速九江其他经济发展。至 2008 年末，职工人数中国有、集体单位所占比重已由改革开放之初的 100%，下降到 69.9%，而其他经济单位职工人数所占比重达到 30.1%。

职工队伍特点

1994—2010 年，由于社会主义市场经济的建立和完善，江西和全国一样，进入社会转型时期，职工队伍历经萎缩、徘徊、发展壮大的变化,职工队伍经受社会转型的洗礼,职工队伍在队伍构成、择业取向、契约认知、劳动关系、利益诉求等方面发生变化,构成职工队伍的新特点。

农民工出现 随着工业化、城镇化的推进,20 世纪 80 年代中期,农业劳动力涌入城镇务工。至 20 世纪 90 年代后期,农业劳动力转移速度加快,进城务工的农民形成一支迅速壮大的农民工队伍,已成为全省产业工人的主体和职工队伍的重要组成部分。

农民工务工的行业和产业相对集中,务工的企业和单位性质相对集中。大多从事苦、脏、累、险的岗位工作,经济收入低,就业不稳定、流动性大。2004 年,农民工就业行业分布:制造业占 30.3%、建造业占 22.9%、社会服务业占 10.4%、住宿餐饮业占 6.7%、批发零售业 4.6%、其他各业 25.1%。农民工的主体是青壮年,农民工普遍年龄轻,使职工队伍在总体上呈现出年轻化的特征。据省统计局统计,2005 年全省有农民工 22.1 万人,此后每年以 20 万或 40 万不等增长速度发展,2006 年 47.9 万人,2007 年 64.45 万人,2008 年超过 100 万,达 101.64 万人,2009 年 119.04 万人,2010 年猛增至 154.25 万人(外出务工的农民工 529 万人)。农民工是全省产业工人的主体和职工队伍的重要组成部分,是江西工业化、现代化建设的劳动者、创造者。

20 世纪 90 年代以来,萍乡市成千上万的农民走进国有企业,成为企业的“蓝领工人”,至 21 世纪初,全市国有企业中农业户人数大幅度增加,其中建筑煤冶业中所占的农业户比例达从业人数的 80% 以上。2005 年,九江市在省内外务工的农民工 65.42 万人,2010 年已达 81.3 万人。21 世纪初,南昌市有农村劳动力 134 万人,其中富余劳动力近 54 万人。至 2006 年,全市已有 22.84 万农民在当地企业务工,约占农村富余劳动力的 42.3%。2006 年,宜春市有农民工 3.76 万人(其中女性 1.44 万人),占职工总数 7.84%。至 2007 年,农民工增加至 10.8 万人(其中女性 5.48 万人),占职工总数 20.4%,主要分布在建筑业、制造业和第三产业,制造业最多,达 3 万余人。20 世纪 90 年代,随着沿海城市企业的发展,劳动力的缺乏,赣州地区许多农民奔赴这些城市工矿企业打工。21 世纪初,随着城市化的进展,大量农民工融入城市建设。1998 年赣县引进一家台商企业,就吸纳农民工 4000 余人,2004 年达到 5200 多人。2000 年赣县个体私营和引资企业从业人员 10650 人,其中农民工 9000 余人,占职工总数的 92%。2006 年,随着赣县“招商兴工、工业兴县”战略的全面实施,稀土、钨、甜菊加工生产企业入驻赣县县境,农民工总数达 6.14 万人。21 世纪以来,宁都县内农民工从事的工作主要集中于采矿、建筑、服装制造、餐饮服务、机械加工等行业。有些行业、企业,农民工人数已接近或超过该行业企业职工人数的一半,全县基础设施建设以及制造业、服务业的工作绝大多数由农民工承担。

2005 年,全省农村外出就业劳动力中 40 岁以下占 85.9%,其中 30 岁以下占 62.7%。2007 年,全国农民工平均年龄 32.15 岁,比城镇单位职工平均年龄小 7.99 岁,35 岁以下的民工占 64.8%,高于城镇职工 31.9% 的比例。2010 年,九江市农村外出就业劳动力中 40 岁以下占 81.1%,其中 30 岁以下占 51.0%。

择业取向 1991—1993 年,国有企业改革的基本思路是把企业推向市场,确立国有企业独立的法人地位。企业拥有招收工人,依法确立、变更、终止或解除与职工劳动关系的自主权。全省各地试行全员劳动合同制,范围涉及干部和工人,这标志着固定工制度的终结。1993—1995 年,劳动制度改革以培育和发展劳动力市场为中心，废除统包统配的就业政策，形成劳动者自主择业、企业自主用人的用工制度，逐步打破城乡之间、地区之间劳动力流动的限制。1994 年开始，全省除少数需要国家进行政策性安置的人员外，一律实行就业用工“双向选择”。在市场经济条件下，政府放下包揽就业的包袱，劳动者将自身的脑力、劳力和体力作为商品进入劳动力市场，按劳动力市场规律运作，单位机构选择劳动者，劳动者选择单位机构，实现双向选择。

1994 年《劳动法》的颁布和 2007 年《劳动合同法》的颁布及其他劳动法律法规的发布，促使社会就业形式多样化，主要有正式工、固定期限的合同工、劳务派遣工、临时工、“一年一签工”、季节工、计时工（钟点工）和短工等。此外，还有灵活就业，如承包工等。劳动者择业的类型、行业、工种和岗位不断增多；用工形式也随之多样，企业正式职工和长期工逐步向劳动合同制职工转变；劳动者可以到公有制或非公有制单位择业，也可以自愿组织起来就业和从事个体经营实现就业。

随着“双向选择”的深入，单位机构选择劳动者，劳动者选择单位机构的同时，岗位与报酬之间的矛盾、岗位与技能之间的矛盾、岗位与文化素质之间的矛盾以及性别歧视的矛盾逐渐显现。20 世纪与 21 世纪之交的前后，全省用工单位和劳动者经历一段“双向选择”时间的磨合。21 世纪初，开始进入理性的“双向选择”。用工形式发生变化，劳动者长期固定在一个单位的格局被打破，流动性日益增强，同一单位存在几种不同身份和不同待遇的职工群体开始出现。

2001—2005 年，全省就业形势呈现“五个基本”：（1）1998 年以来，全省国有企业共分流 140 万人，其中再就业 104 万人。这“十五”期间，全省国有企业共分流 81 万人，其中再就业 68 万人，还有 2 万多人通过退休、内退等形式得到安置。在做好再就业工作的同时，全省大力开展下岗职工基本生活保障工作，最高峰时期全省共保障 26 万人的基本生活，基本解决从计划经济向市场经济转轨过程中国有企业分流人员安置问题。（2）全省所有新增劳动力，包括转移就业的农民，全部通过市场就业，大中专毕业生也实现市场就业。退役士兵从政府岗位安置，2003 年开始采取自谋职业的形式安置，2005 年自谋职业率超过 70%，基本实现市场就业。再就业的国有企业下岗职工多数通过市场就业，基本实现由计划配置企业劳动力资源向市场配置企业劳动力资源的转变。（3）基本形成适应体制转轨需要和市场就业发展的就业再就业政策体系。其包括就业再就业工作的指导思想、就业优先的发展战略以及一系列全省促进就业和再就业的政策。（4）基本构建在市场经济条件下政府促进就业的工作制度和工作平台。（5）基本形成在经济快速增长的基础上稳定就业的格局。“十五”期间，为全省人民新增 446 万个就业机会。

在金融危机时期，面临用工单位裁员、减员关头，全省各级工会组织积极开展以“保企业、保岗位、保工资、保稳定”为重点的“共同约定行动”，实现全省国有、集体及其控股企业“共同约定行动”全覆盖，其他类型企业达到 70% 以上，全省约定不裁员人数 145.8 万人，减少裁员人数 67.3 万人。

2002—2006 年，25.6% 劳动者通过单位招工就业，25.1% 劳动者通过亲友帮忙就业，15.5% 劳动者通过应聘就业，12.9% 劳动者通过毕业分配就业，6.1% 劳动者通过劳务市场就业，仅有 5.2% 劳动者是通过政府安置就业的。从中可以看出，随着劳动力资源配置的基础性作用逐步增强，自主择业、双向选择日益成为劳动者就业的主要方式。同时“工资收入高”已经取代“职业稳定”，成为劳动者择业时最为关注的因素。表明劳动就业日趋市场化使劳动者择业观念更加务实，以适应市场竞争的要求,同时也表明劳动者对增加收入的愿望日益强烈,超过对稳定就业的追求。

“十一五”期间,全省城镇每年就业人员达100多万人,各级政府坚持“就业优先”的发展战略,切实落实各项积极的就业政策,综合运用税费减免、财政投入、小额贷款、就业培训、援助和服务等手段,千方百计扩大就业。全省工会系统每年帮助8000名下岗失业人员及零就业家庭职工实现再就业;办好各级工会的职业培训、职业介绍机构;保持和巩固工会再就业基地,吸纳更多的下岗失业和零就业家庭职工实现再就业。

就就业来说,1994年全省城镇新增就业19.09万人,2003年新增就业35万人,2010年新增就业50.56万人。

契约认知 市场经济中劳动关系的形成和调节方式,主要通过法律程序、运用契约来实现。具体表现形式是劳动合同和集体合同。劳动合同是建立和调节个别劳动关系。集体合同是工会与用人单位通过平等协商谈判签订的旨在确定和实施具体的劳动标准的合同,其目的以此调节集体劳动关系,使劳动关系能够依照法律规范正常运行。

以实行全员劳动合同制为标志,全省企业职工彻底改变原来职工那种国有、集体的身份,劳动力走向市场化、契约化、商品化。《劳动法》的实施,特别是《劳动合同法》的执行,企业中聘用员工在入职时与企业依据《劳动法》和《劳动合同法》签订劳动合同和集体合同,确立契约,明确劳资双方的权利和义务,企业与员工依法实现契约。

2004年,全省全员劳动合同化管理的覆盖面达50%。2005年全省全员劳动合同化管理的覆盖面达75%。2006年,为加强劳动合同管理,规范劳动合同签订行为,江西实施劳动合同制度3年行动计划(2006—2008年),推动各类企业与劳动者普遍依法签订劳动合同。2006年,全省各类企业劳动合同签订率达到80%以上,其中国有及国有控股企业劳动合同签订率达到98%以上,非国有企业劳动合同签订率达到70%以上;2007年各类企业劳动合同签订率达90%以上;2008年底,各类企业劳动合同签订率达95%以上。同时,全面强化劳动合同管理,建立完善劳动关系三方协商机制。各级工会组织以推行平等协商和签订集体合同制度为主要抓手,在劳动定额、工时、休假、劳动保护、女职工特殊权益保护等方面推动签订专项集体协议。2008年以来,省人大开展《劳动合同法》执法专项检查,重点对各类用人单位招聘人员不签订劳动合同、滥用试用期、随意压低和克扣工资、拒缴社会保险费等问题进行检查。针对农民工签约率偏低的问题,全省各地劳动保障部门与工会、企业联合会联合制定相对固定的农民工劳动合同范本,并在建筑业、住宿和餐饮业等农民工相对集中的行业进行宣传和推广,保障农民工的合法权益。2009年上半年,全省劳动合同签订率达94%,其中,民营企业劳动合同签订率大幅上升,农民工签订率达85%。至2010年底,全省劳动合同签订率达到95.3%,比2005年末提高20个百分点以上,农民工劳动合同签订率达到90.2%。

2005年6月,省人大内务司法委员会对《江西省集体合同条例》的贯彻实施情况开展执法检查,检查发现全省签订集体合同的企业总数为18341家,涉及职工184.2万人。2005年上半年,已签订集体合同的非公企业仅占企业总数的35.7%。到“十一五”末,全省共签订企业集体合同到人保部门备案的有8383份,覆盖企业9356户。

劳动关系 1994—2010年,正是全国由社会主义计划经济向社会主义市场经济过渡并逐步完善时期。全省经济成份,主要有国有经济、集体经济、个体经济、私营经济、外资经济、股份制经济、联营经济、港澳台经济、其他经济。劳动关系随之变化,职工与单位之间的关系也由过去的行政控制为手段的利益一体化关系,转变为以市场调节为手段的利益协调劳动关系。

用工形式的多样,催生了用工机制的灵活,以聘用制、合同制、人事代理制等用工机制,代替了改革开放前政府劳动人事部门行政任用制。原来的按人设岗变为按需设岗,按岗聘人,劳动报酬也随着岗位变化而变化,逐步实现了人事管理由身份管理向岗位管理转变,由行政管理向法制管理的转变,由行政任用关系向平等协商的聘用关系转变。

2008 年,全省工会遵照中国工会十五大要求,将建立和谐劳动关系作为工会促进社会和谐的主要着力点。经过一段时间探索和实践,全省构建和谐劳动关系工作已初步形成党委领导、政府负责、社会协同、企业和职工参与的工作格局。随着工业化、信息化、城镇化、市场化、国际化的深入发展,全省劳动关系领域出现一些新情况、新问题,主要是:(1)劳动者就业权益问题:有些企业用工不规范,不依法签订劳动合同。劳务派遣工问题。滥用劳务派遣工,造成同工不同酬、劳务派遣工各项权益严重受侵害,引起一系列社会问题。一些中小企业生产经营遇到很大困难进而倒闭,导致职工失去稳定的就业岗位和固定的收入来源,引发社会问题。(2)劳动者经济权益问题:有些企业普通职工特别是一线职工收入偏低、增长缓慢。有些企业经营困难,拖欠职工工资。(3)劳动者民主权益问题:集体协商工作中存在“企业不愿谈、职工不敢谈和不会谈”问题。有一些企业经营者思想政治素质和业务能力素质还存在差距。(4)劳动者文化权益问题:部分企业忽视职工需求,缺少人文关怀。农民工权益问题,特别是新生代农民工利益诉求更加多样,对自我发展和精神文化需求更加迫切。有些企业对职工群众缺乏了解和关心。(5)劳动者安全卫生权益问题:有些企业劳动条件差,劳动安全卫生保护不到位。违法安排职工超时加班。(6)劳动争议矛盾风险问题有的地方劳动争议案件居高不下,集体停工和群体性事件时有发生。一些地区因企业职工要求提高工资收入、改善劳动条件引发集体停工事件。国际金融危机以及其他外部风险给中国经济发展和社会稳定带来的影响与挑战也在增多。(7)劳动法律制度问题:劳动关系方面的法规、制度还不健全完善。劳动关系基层基础工作薄弱、能力不足问题。基层劳动关系协调、劳动监察执法和劳动争议调处力量不足的问题比较突出,亟待加强。全省劳动关系领域出现的新情况、新问题,但全省与全国一样,构建和谐劳动关系总体目标仍然是朝着规范有序、公正合理、互利共赢、和谐稳定的方向健康发展。

利益诉求　20 世纪 90 年代以前,职工的诉求形式比较单一,有所诉求主要是通过行政组织和工会来解决问题。20 世纪 90 年代,企业转制清产进入高峰期,职工诉求集中于买断工龄后或企业倒闭后的工资或养老金(退休工资)来源方面,1995—1997 年,国营企业职工多数发生就工资及养老金问题到政府群体上访请愿事件,零星分散上访人员不断,部分职工甚至向党政官员跪请企求保留原有工资,解决退休退职工资及养老保险等问题,且国有企业职工其诉求多反映于医疗保障、子女就业安排及离退职或死亡后直系亲属、配偶的困难补助,抚恤待遇问题。私营企业职工诉求集中反映于追求工资待遇优惠、薪酬稳定,按时发放,其次为医疗保障、工伤事故的公平处理。农民工的诉求主要集中在工资按时发放上。

进入 21 世纪,随着国家法制化进程加快,职工法律意识越来越凸显,受利益分配,资源分享,体制转换等多种因素影响,职工诉求内容呈现多元,诉求方式呈现多样和理性。

诉求内容呈现多元。非公有制企业员工在关注现实收入、社会保障、劳动条件等方面利益的同时,越来越重视文化建设、精神需求、个人发展等更高层次利益诉求的表达,主要涉及以下方面:收入状况方面,薪酬标准、工资发放、加班报酬等;社会保障方面,"五险一金"缴纳、工伤赔偿、休息休假等;劳动条件方面,生产环境、劳动保护、职业病防治等;精神文化方面,文体活动、体面劳动、人际交往等;个人发展方面,教育培训、个人提高、价值实现等。

诉求方式多样、理性。非公有制企业员工的利益诉求,一方面通过企业行政、工会等渠道表达诉求,也通过职工代表大会、谈心室、意见箱等渠道表达利益诉求。另一方面,员工通过上访、向职能部门申诉、电话投诉、互联网投诉、提起劳动仲裁、向法院起诉等渠道表达利益诉求。

困难职工群体 从20世纪90年代起,在国有企业抓大放小、减员增效以及随后的改制过程中,大量职工下岗分流。90年代初期,为了减员增效、下岗分流,有的企业实行"停薪留职",有的实行"厂内待业",有的实行"放长假""两不找"等等。90年代中后期,下岗职工问题作为一种社会经济现象开始突显,这是全省经济发展多年积累的深层次矛盾的综合反映。

1998年7月28日,省委、省政府就国有企业下岗职工基本生活和再就业工作下发《关于切实做好国有企业下岗职工基本生活保障和再就业工作的通知》,明确目标任务,要求建立再就业中心,通过"三三制"(财政、企业和社会各1/3)筹措用于国有企业下岗职工基本生活和缴纳社会保险费的资金,通过政策扶持拓宽再就业渠道,加强劳动力市场建设,强化再就业培训,加快社会保障制度改革。1999年,全省有下岗职工的国有企业达2456家,实有下岗职工333738人,其中女职工达133825人,进入再就业服务中心的104295人,能按时足额领取基本生活费的83107人,实现再就业的50871人,已与本单位解除劳动关系的4445人。全省特困职工111359人,其中:在职特困职工36264、下岗特困职工53068人、离退休特困职工19461人。

20世纪90年代,江西军工尤其是省属军工企业大多数处于停产半停产状态,军工成为特困行业。2004年底,江西军工企业累计涉及银行呆坏账23亿多元,拖欠职工养老保险费、失业保险费和职工工资、医药费等各类费用3亿多元。全省36家军工企业列入政策性关闭破产计划。大部分职工下岗,关闭破产企业年青职工买断工龄领取一次性补偿,符合退养条件的职工每月领取270元生活费。职工收入低直接成为职工生活困难的主要原因。其二,多数企业地处偏僻,当地经济不发达。下岗职工年龄偏大,技术单一,身体状况欠佳,外出打工更不易。多数"4050"人员夫妻同在一个单位,客观上也增加了他们的生活困难。其三,地方军工企业大部分地处山区,气候条件恶劣,经常遭遇天灾人祸、很多职工患有各种慢性病、癌症、神经病。原南方电动工具厂患神经病就达20个。

赣南钨业进入20世纪90年代,由于多种因素的影响,出现全面亏损,企业陷入困境。1993年底,九大钨矿离退休职工与享受死亡职工遗属补助费人员22752人,企业每月支付费用294.88万元,占全部发放职工收入费用总数的40%。画眉坳矿与盘古山矿的离退休职工与享受职工遗属补助费人员已超过在册职工人数。九大钨矿19805户职工家庭中,家庭人均月收入低于省贫困线78.36元的有5867户,占总户数的29.6%;其中低于45元以下的有3739户,占18.9%;低于30元以下的有 1138 户，占 5.7%。2002 年，中国第四冶金建设公司累计亏损 2.66 亿元，欠各种债务 3.16 亿元。待岗职工 5000 多人，下岗进中心职工 2305 人，剩余在岗职工 1000 多人工资不能按时发放。由于职工生活困难，已多次发生大规模上访、上路堵塞交通事件。2002 年，南昌市国有企业职工解除劳动合同按每人每年工龄 800 元，2 万元封顶的办法予以补偿。这些被解除劳动合同的职工如果买社保，拿到的钱所剩无几。景德镇是老工业基地，国有企业比例重，产业相对单一，随着国民经济结构调整和国有企业的改组、改制，一部分企业的生存和发展受到冲击，十大瓷厂相继倒闭，困难职工群体日益增多。至 2010 年底，全市各基层工会建档的困难职工有 23860 户，已纳入工会帮扶网络体系的建档职工 15679 户。

2002 年 10 月 28 日，江西省委、省政府下发《关于进一步做好下岗失业人员再就业工作通知》，指出，当前和今后一个时期，要在进一步巩固“两个确保”（即确保企业离退休人员基本养老金按时足额发放，确保国有企业下岗职工基本生活费按时足额发放）、逐步完善社会保障体系的基础上，重点做好有劳动能力和就业愿望的下岗失业人员再就业工作，尤其是抓好增加就业岗位和帮助“4050”人员再就业工作。至 2002 年，全省建立三条社会保障线（下岗职工基本生活保障、失业保险制度和城镇居民最低生活保障制度），基本实现“两个确保”。

第二节　劳动生活状况和社会地位

职工劳动生活

1994—2010 年，职工经济生活状况发生较大的变化，总体生活水平明显提高。提高的主要标志是职工货币收入大幅度增长；多数职工家庭生活有较大改善；生活质量提高，住房面积和住房质量比以前有较大改善；人们对经济生活的评价普遍趋于上扬等。与此同时，不同地区、行业、所有制和不同经济效益的企事业单位之间及职工个人之间的收入差距逐渐拉大；极少部分职工家庭生活水平过低，处于贫困状态；无论在整个社会还是在工人阶级内部，贫富差距已经产生。

职工工资　1995—2007 年，省政府和相关部门致力于社会主义市场经济条件下职工工资制度的建立和完善。1995 年 2 月，省劳动厅转发劳动部《工资支付暂行规定》，1995 年 4 月，省政府出台《江西省最低工资标准及其使用区域》，1997 年 12 月，省劳动厅、省财政厅联合下发《江西省企业人工成本预警预报管理办法》，1998 年 3 月，省劳动厅下发《关于改制企业工资总额管理的意见》，2001 年 4 月，省劳动和社会保障厅下发《关于实施劳动和社会保障部〈工资集体协商试行办法〉有关问题的通知》，2002 年 12 月，省劳动保障厅下发《关于企业工资指导线制度试行办法》，2003 年 3 月，省劳动和社会保障厅、省经济贸易委员会、省总、省企业联合会/企业家协会下发《关于建立工资保障机制的通知》，2007 年 5 月，省政府颁布《江西省工资支付规定》，这一系列文件，确保企业职工工资支付制度和工资保障机制。特别是《关于建立工资保障机制的通知》，就建立和完善工资支付制度、企业欠薪报告制度、企业代欠薪不良记录制度、企业欠薪责任追究制度和欠薪补救措施、推进工资集体协商、建立劳动关系三方协商机制等作出具体规定。

2007年5月,省政府正式颁布《江西省工资支付规定》,同时建立农民工工资保障金制度。要求凡在江西境内的建筑企业和建设单位都必须按照一定比例缴纳农民工工资保障金,对存在拖欠或克扣农民工工资的,将从工资保障金账户中先予划支,从源头上治理和预防建设领域拖欠和克扣农民工工资行为,有效遏制了工资拖欠行为的发生。至2010年底,全省建筑领域累计收取工资保障金7.08亿元,累计退付2.58亿元,累计动用工资保障金支付工资2813万元。

职工工资总额和平均工资:

1994年,全国职工全年发放工资总额为6650亿元,增长35.3%,职工年平均工资总额为4510元,增长33.8%。全省职工全年发放工资总额为140.7亿元,增长35.1%,职工年平均工资3450元,增长33.7%。两相比较,全省职工工资增长幅度基本接近全国平均水平,但职工年平均工资绝对值比全国职工年平均工资少1060元,低于全国平均水平的23.5%,处于1994年全国各地职工工资水平最末位。2000年,全国城镇单位在岗职工年平均工资9371元,全省城镇单位在岗职工年平均工资7798元。职工年平均工资绝对值比全国职工年平均工资少1573元,低于全国平均水平的20.1%。2005年,全国城镇单位在岗职工年平均工资16280元,全省城镇单位在岗职工年平均工资12122元。职工年平均工资绝对值比全国职工年平均工资少4158元,低于全国平均水平的34.3%。2010年,全国城镇非私营单位在岗职工年平均工资为37147元,全省城镇非私营单位在岗职工年平均工资29092元,职工年平均工资绝对值比全国职工年平均工资少8055元,低于全国平均水平的27.6%。

表1-2-1 1993—2010年江西省城镇非私营单位职工工资总额和平均工资

年份	工资总额(万元)	其中			平均工资(元)	其中		
		国有经济单位(万元)	城镇集体经济单位(万元)	其他各种经济单位(万元)		国有经济单位(元)	城镇集体经济单位(元)	其他各种经济单位(元)
1994	1407031.0	1207665.4	176282.0	23083.6	3450	3720	2268	4214
1995	1621603.0	1393677.2	189980.2	37945.6	4211	4427	2990	5623
1996	1858269.2	1588202.8	218857.2	51209.2	4852	5050	3562	7275
1997	1944010.9	1666515.8	219198.5	58296.6	5089	5303	3636	7843
1998	1739295.4	1400368.4	152032.3	186894.7	5384	5473	3720	7104
1999	2057810.9	1675968.7	170517.6	211324.6	6749	6930	4692	7913
2000	2047372.1	1681669.4	151719.5	213983.2	7014	7249	4676	7798
2001	2255433.2	1864518.9	144575.5	246338.8	8026	8346	5149	8349
2002	2437527.3	2001094.5	133577.4	302855.4	9262	9607	5859	9444

续表

年份	工资总额（万元）	其中			平均工资（元）	其中		
		国有经济单位（元）	城镇集体经济单位（元）	其他各种经济单位（元）		国有经济单位（万元）	城镇集体经济单位（万元）	其他各种经济单位（万元）
2003	2710865.2	2161535.7	137779.0	411550.5	10521	10918	6905	10359
2004	3054546.0	2367212.8	136642.4	550690.8	11860	12291	7873	11569
2005	3583090.6	2726458.7	157004.3	699627.6	13688	14276	8952	13140
2006	4170749.1	3136396.4	160448.7	873904.0	15590	16491	10102	14220
2007	4994197.2	3703411.7	203352.5	1087433.0	18400	19624	12574	16344
2008	5732519.0	4224570.0	192028.0	1335921.0	21000	22608	13934	18247
2009	6713864.0	4900030.0	205362.0	1608472.0	24696	26247	16624	22088
2010	8071398.0	5796975.0	223793.0	2050630.0	29092	30985	18194	26272

纵向看，1994—2010 年，全省职工平均工资处于逐渐上升的态势，其年平均增长率为 14.32%。增幅超过 20% 的有 1995 年和 1999 年。2007 年增幅达 18.7%。“十一五”期间，全省企业在岗职工工资水平稳步提高。2010 年，全省企业在岗职工平均工资由 2005 年的 13250 元增长至 29092 元，累计增长翻番，年均增速达 17%。1994—2010 年，全国由 4510 元增长到 37147 元，17 年间增长 7.23 倍。全省职工年平均工资从 3450 元增长至 29092 元，17 年间增长 7.43 倍，与全国水平相当。

分行业职工平均工资：

2010 年，全省城镇单位在岗职工年平均工资：农、林、牧、渔业 16403 元，采矿业 28530 元，制造业 25733 元，电力、燃气及水的生产和供应业 38274 元，建筑业 26128 元，交通运输、仓储和邮政业 40876 元，信息传输、计算机服务和软件业 34846 元，住宿和餐饮业 18594 元，金融业 43156 元，房地产业 26204 元，租赁和商务服务业 22711 元，科学研究、技术服务和地质勘查业 30997 元，水利、环境和公共设施管理业 21490 元，居民服务和其他服务业 22744 元，教育 30462 元，卫生、社会保障和社会福利业 32644 元，文化、体育和娱乐业 31192 元，公共管理和社会组织 30373 元。19 个行业内，9 个行业低于全省平均水平，集中在脏险苦累行业，农、林、牧、渔业，采矿业，制造业，建筑业，住宿和餐饮业，房地产业，租赁和商务服务业，水利、环境和公共设施管理业。最低的为农、林、牧、渔业 16403 元，其次住宿和餐饮业 18594 元，再次水利、环境和公共设施管理业 21490 元，最高是金融业 43156 元，其次是电力、燃气及水的生产和供应业 38274 元，再次是信息传输、计算机服务和软件业 34846 元。金融业为农、林、牧、渔业的 2.6 倍，制造业的 1.67 倍，住宿和餐饮业的 2.3 倍。

职工最低工资：

1993 年 11 月 24 日，全国由劳动部以行政规章的形式制定了《企业最低工资规定》，1994 年《劳动法》确立了全国的最低工资保障制度。省政府 1995 年出台《江西省最低工资标准及其使用区域》,至2010年,根据经济发展水平、消费者物价指数等因素的变化情况,全省先后7次调高月最低工资标准,2006年调幅高达40%。

全省月最低工资分四至五类区域,1995年,一类为190元,四类140元;1997年一类为220元,四类为160元;2000年一类为250元,四类为190元;2004年一类为360元,四类为270元,2006年一类为510元,五类为390元,最低工资增幅达39.1010,成为江西自1995年实施最低工资标准以来调整幅度最大的一次;2008年一类为580元,五类为420元;2010年一类为720元,五类为500元。2010年,江西最低工资标准在全国处于倒数第一。

1994—2010年,全省月最低工资标准由190元调高至720元,提高3.7倍。但是,按照《企业最低工资规定》,测算最低工资标准可使用三种方法,其中一种是平均工资法,即各省市的最低工资为当地社会平均工资的40%到60%。江西省2008年全省职工月平均工资1750元,全省企业职工月平均工资1650元,而最高的最低工资标准却是580元,是全省企业职工月平均工资的35.15%。对于最低工资制度,相当多的职工不知晓。企业对最低工资制度概念模糊,知晓的三资企业和私营企业、个体企业主观上不执行工资制度。这在建筑、餐饮行业普遍存在。对此,由于没有一套可操作的监督检查及惩处办法,监督力度不够。再之,江西劳动力供大于求,就业者为求得一份职业,委曲求全,忍气吞声,为侵犯劳动者合法权益的企业提供了有利条件。

企业工资指导线:

工资指导线是政府根据当年经济发展调控目标,向企业发布的年度工资增长水平的建议,是市场经济条件下政府宏观调控国民收入分配的一种基本方式。其作用是为企业与工会开展工资集体协商及确定工资增长水平提供重要依据,同时也是对国有企业实现工资总额管理的重要手段。2002年12月2日,省劳动保障厅出台《关于企业工资指导线制度试行办法》,对企业工资指导线制度作出了具体规定。

全省企业工资指导线整体平缓。2006年,全省年度货币平均工资增长基准线为12%。而国内生产总值计划增长预计11%,首次实现工资指导线基准线高于GDP增长计划,同时,还在上年基础上提高2个百分点。2010年,为提高劳动报酬在初次分配中的比重,确定年度货币平均工资增长基准线为12%,高于GDP增长计划10%的2个百分点,而且,规定下线为4个百分点的正增长,进一步加大工资指导线的刚性作用。

表1-2-2　2003—2010年若干年份江西省企业工资指导线

单位:%

年份	国内生产总值计划增长	财政总收入计划增长	城镇居民人均年可支配收入计划增长	居民消费价格指数预计	城镇登记失业率预计	年度货币平均工资增长基准线	年度货币平均工资增长上线	年度货币平均工资增长下线
2003	11	11	8	提高0.9个百分点	4.5	11	16	零增长或负增长

续表

年份	国内生产总值计划增长	财政总收入计划增长	城镇居民人均年可支配收入计划增长	居民消费价格指数预计	城镇登记失业率预计	年度货币平均工资增长基准线	年度货币平均工资增长上线	年度货币平均工资增长下线
2003	11	11	8	提高 0.9 个百分点	4.5	11	16	零增长或负增长
2004	11	13	7	提高 1.2 个百分点	4.5	10	15	零增长或负增长
2005	11	13	7	提高 0.5 个百分点	4.5	10	16	零增长或负增长
2006	11	13	9	提高 1.3 个百分点	4.5	12	17	零增长
2007						12	17	零增长
2010						12	17	4

最低生活保障线：

1997 年 9 月 2 日，为妥善解决城市贫困人口的生活困难问题，国务院决定在全国建立城市居民最低生活保障制度。江西城市低保体系建设先后经历了 4 个阶段。(1)试点:1996 年初至 1997 年 10 月在南昌、新余试点。(2)普及:1997 年 11 月至 1999 年底，1997 年 11 月颁布《关于在全省建立城市居民最低生活保障的通知》。要求县级市和县政府所在地的镇要建立起这项制度。(3)巩固:2000 年初至 2002 年，2001 年国务院要求将“符合条件的贫困职工家庭全部纳入保障范围”，全省开展扩面工作，做到应保尽保，2002 年 6 月，全省享受低保人数为 108 万，基本实现应保尽保。2002 年 8 月 27 日，省政府颁布《江西省城市居民最低生活保障办法》，全省城市低保工作进入法制化轨道。(4)完善:2002 年以后。2003 年底，全省共有低保户 38.5 万户，101.6 万人。其中：在职职工 35670 人，在“中心”下岗职工 142627 人，离岗人员 296059 人，离退休人员 33751 人，失业人员 136908 人，“三无对象”54133 人，其他人员 257023 人。2004 年底，全省 37.8 万户、100.5 万人，基本实现应保尽保。2004 年，将农垦森工企业 14 万多符合条件的困难纳入保障范围。

2001 年，南昌最低生活保障线标准 143 元(全国省会城市倒数第一);2003 年，南昌为 190 元，在全国排行倒数第二。

城镇住户平均每人每月现金收支及消费性支出和构成：

据省统计局统计江西省 1993—1998 年城镇住户平均每人每月现金收支情况反映，1993—1998 年城镇住户平均每人每月实际收入依次为 165.56 元、231.58 元、315.19 元、340.89 元、356.19 元。其收入渠道为：(1)工资性收入(奖金)其他劳动收入；(2)财产性收入、转移性收入(赡养收入)、离退休金、价格补贴、赠送收入、亲友搭伙费、记账补贴、出售财物收入、家庭副业生产收入。1993—

1998 年城镇住户平均每人每月实际支出依次为:160.59 元、216.14 元、279.59 元、318.67 元、338.42 元。另据省统计局统计江西省 2002—2010 年城镇住户平均每人每月现金收支情况反映,2002—2010 年城镇住户家庭总收入分别为:543.44 元、596.14 元、656.39 元、753.54 元、753.54 元、834.55 元、13463.58 元、15047.19 元、16558.01 元。家庭总支出分别为:485.64 元、532.29 元、570.78 元、656.66 元、656.66 元、726.60 元、11101.47 元、12836.76 元、13922.69 元。平均支出分别为消费性支出 77.2%、购房建房支出 4.1%、个人所得税 0.28%、捐赠支出 8.45%、赡养支出 4.1%。

进入 20 世纪 90 年代,全国为适应社会主义市场经济发展的要求,加大了价格改革的力度,价格的改革带动了全社会物价总水平的上涨,物价上涨对低收入家庭的不良影响较大,价格变动最突出、涨幅最大的是食品和农产品,而低收入家庭的大部分收入都花费在食品开支上,以满足基本生存需求。据省统计局 1994—2010 年江西省城市住户平均每人每月消费性支出和构成显示:消费性支出主要包括 8 大类,即食品;衣着;家庭设备(耐用消费品);医疗保健;交通和通讯;娱乐、教育、文化(文娱用耐用消费品);居住(房租、水电、燃料);杂项商品和服务。1994 年食品消费占 55.1%,2000 年开始下降至 44%,2006—2010 年下降至 40% 及以下。交通和通讯消费由 1994 年的 3.1% 发展到 2010 年的 11.9%。娱乐、教育、文化消费由 1994 年的 8.8% 发展到 2000 年的 11.3%,进入 2010 年占比达 11.11%,其中教育消费占一半及以上。全省恩格尔系数不断下降,城市住户消费已从温饱型向享受型、发展型转变。

表 1-2-3 1994—2010 年若干年份江西省城市住户平均每人每月消费性支出构成占比

年份	消费性支出(元)	食品(%)	衣着(%)	家庭设备(%)	医疗保健(%)	交通通讯(%)	娱乐、教育、文化(%)	其中教育(%)	居住(%)	杂项商品服务(%)
1994	189.46	55.10	11.50	8.10	1.80	3.10	8.80	5.10	8.00	3.60
1995	233.53	55.70	10.60	6.70	1.80	5.00	8.00	4.80	8.40	3.80
1996	254.48	55.20	10.60	6.60	2.50	4.10	8.00	4.70	8.40	4.60
1997	275.29	51.80	10.0	5.30	3.40	4.90	10.90	6.50	9.60	4.10
1998	281.43	50.50	9.20	7.30	2.60	5.70	10.00	6.00	10.90	4.30
2000	320.18	44.60	9.40	7.40	3.70	7.10	11.30	7.10	11.20	5.30
2001	350.60	41.90	9.30	7.10	3.40	8.40	12.30	8.30	12.60	5.10
2002	388.80	40.64	10.07	6.71	5.24	9.36	15.05	9.01	9.67	3.26
2003	423.90	40.16	9.92	6.94	5.45	9.31	13.88	7.52	11.38	2.95
2004	458.70	42.93	9.69	5.99	4.75	9.11	14.95	8.11	9.74	2.85
2005	509.10	40.84	10.60	6.99	5.34	9.29	13.18	6.43	10.58	3.18

续表

年份	消费性支出（元）	食品（%）	衣着（%）	家庭设备（%）	医疗保健（%）	交通通讯（%）	娱乐、教育、文化（%）	其中教育（%）	居住（%）	杂项商品服务（%）
2006	553.80	39.68	10.92	6.79	5.37	9.03	13.46	6.33	11.18	3.56
2007	650.83	40.90	11.70	7.50	4.90	9.40				3.80
2008	726.41	41.60	11.12	7.15	5.56	10.01				3.88
2009	811.65	39.80	10.80	7.82	5.60	11.70				3.56
2010	884.83	39.50	10.70	8.05	4.94	11.90				3.26

说明：2007—2010 年缺城市住户平均每人每月娱乐、教育、文化和居住消费性支出构成占比数。

职工福利

1994—1998 年，全省国有经济单位在职职工保险福利费用构成情况（见表 1－2－4）：主要为医疗卫生费、丧葬及抚恤救济费、生活困难补助、文体宣传费、集体福利设施及集体福利事业补贴、计划生育补贴、冬季取暖补贴。从构成比例看，医疗卫生费占比最大，基本维持在 43%～47% 区间；集体福利设施及集体福利事业补贴次之，占比在 20%～30% 区间，其中 1998 年较上年提高 8 个百分点。全省集体所有制经济单位职工基本享有以上职工保险福利。随着改革开放，国有和集体所有制改制，私营经济、股份制经济兴起，社会保障成为职工保险福利的重要内容。原来的医疗卫生费、计划生育补贴由医疗保险和生育保险所取代。丧葬、抚恤救济费由单位负担改为社会承担。

表 1－2－4　1994—1998 年江西省国有经济单位在职职工保险福利费用构成

项目	绝对数（万元）					构成（%）				
年份	1994 年	1995 年	1996 年	1997 年	1998 年	1994 年	1995 年	1996 年	1997 年	1998 年
保险福利费用总额	117438	133302	147447	157137	153975	100	100	100	100	100
医疗卫生费	55326	61769	65478	68600	66982	47.1	46.3	44.4	43.6	43.5
丧葬、抚恤救济费	2566	3245	4356			2.2	2.4	3.0		
生活困难补助	3602	4146	4800			3.1	3.1	3.3		
文体宣传费	3921	4722	47520	6546	6766	3.3	3.5	3.2	4.2	4.4
集体福利设施及集体福利事业补贴	24296	27483	29791	35487	46577	20.7	20.6	20.2	22.6	30.2

续表

项目	绝对数(万元)					构成(%)				
年份	1994年	1995年	1996年	1997年	1998年	1994年	1995年	1996年	1997年	1998年
计划生育补贴	3745	4290	4279			3.2	3.2	2.9		
冬季取暖补贴				14940					9.5	
其他	23979	27644	33989	31563	33648	20.4	20.7	23.1	20.1	21.9

社会保障

从20世纪90年代起,全省逐步实行职工养老保险、失业保险、医疗保险、工伤保险、生育保险。

职工养老保险 1990年6月23日,省政府同意省劳动厅、省体改委、省财政厅、省总《关于全民所有制企、事业单位职工退休费用实行全省统筹的请示》,在全省全民所有制企、事业单位职工退休费用中实行全省统筹。

1995年9月,省政府公布《江西省城镇企业职工养老保险制度改革实施方案》,这项改革,大幅度拓宽了企业职工基本养老保险的范围,把所有的城镇企业职工,包括中外合资企业的中方职工,私营企业的雇员,城镇个体工商户及其帮工都纳入方案的实施范围;实行统一的政策和制度,即实行统一的基金筹集模式,统一的基金征集基础和比例,统一的基本养老金计发办法以及统一的基金管理制度;合理确定职工基本养老金保障水平和筹集水平,基本养老保险费由国家、单位和个人共同负担,在制定一些具体政策界限时,向职工适度倾斜;坚持兼顾效益和公平的原则,实行社会统筹和个人账户相结合,为每个参保职工建立个人账户,新参加工作的职工和方案实施前已参加工作的职工均以个人账户储存额作为今后计发养老待遇的依据;坚持政事分开,执行机构与监督机构分设的原则,逐步理顺养老保险事业的管理体制。省总自始至终参与改革方案的制订,并对改革方案实施后的职工待遇和如何监督方案的实施以及确保职工按月领取退休金等问题提出决策性意见,省政府根据省总意见决定设立各级养老保险监督委员会,委员会由政府代表、企业代表、工会代表和离退休人员代表组成,负责监督养老保险法规、规章的实施,监督养老保险基金的收支、管理和营运,并定期向社会公布。

1999年4月6日,省政府颁布《江西省统一企业基本养老保险制度实施办法》,《实施办法》明确了基本养老保险的实施范围:本省境内的国有企业、城镇集体企业、外商投资企业、城镇私营企业和其他城镇企业及其在职职工、离退休人员;实行企业化管理的事业单位及其在职职工、离退休人员。并对基本养老保险费的筹集、基本养老保险个人账户的管理、基本养老金的计发办法、基本养老保险的管理及管理体制作出了规定。

全省统一企业基本养老保险全面铺开后,全省社会保障工作以“两个确保”为中心,逐步深入推进。2000年8月,省总深入县市和国有企业重点调查,掌握了国有企业离退休人员养老金发放情况、存在困难和问题。1999—2000年,全省有7306个参加养老保险社会统筹的单位,其中:6044个单位能足额交纳养老金,1999、2000 年,年末拖欠离退休人员养老金的单位分别为 785 个、612 个;拖欠养老金涉及离退休人员人数分别为 94787 人、44038 人;拖欠离退休人员养老金的金额分别为 11187 万元、9013 万元。

针对全省下岗职工基本生活保障费不足是省属企业社会筹资部分落实不好的,经省财政厅、省劳动和社会保障厅联合报请省政府同意,省财政厅下发文件改进省属企业基本生活保障资金社会筹集的方法,从省财政下拨的下岗职工基本生活保障补助资金中单列 7152 万元,专项用于补助这些地方社会筹集资金的不足。是年,全省养老金当期支付率为 99.8%,社会化发放率为 99.5%;国有企业下岗职工基本生活费足额发放率为 98.1%,社会保险费足额代缴率为 90.5%。新增参保人数 7.67 万人,收缴率为 91%。

2002 年,全省共为 82.65 万名企业离退休人员按时足额发放养老金,当期支付率 100%,社会化发放率达到 99.7%。下岗职工基本生活费足额发放率 99.5%,社会保险费足额代缴率 99.5%。

2003 年,全省参保人员 88.44 万人,支付率 100%,社会化发放率达 99.89%,全省只有 6 个县市社会化发放率不足 100%。全省下岗职工基本生活费足额发放率和社会保险费足额代缴率都达到 100%。

2004 年,全省为 99.92 万名离退休人员发放基本养老金,社会化发放率 99.9%,当期支付率 100%。

2005 年 5 月 23 日,省政府办公厅下发《关于进一步规范事业单位参加企业基本养老保险办法的通知》,对参保事业单位缴费比例和缴费基数、养老金计发办法、养老金待遇调整、离退休人员待遇支付、建立和补记个人账户以及建立企业年金制度等问题作出了明确规定。并明确事业单位参保后可按规定建立企业年金制度。2005 年 7 月 1 日,全省调整企业职工过渡性养老金本人缴费工资平均指数计算办法,参保职工通过多缴费提高养老待遇的愿望成为现实。2006 年 1 月 1 日起,全省企业职工基本养老保险个人账户规模统一由本人缴费工资的 11% 调整为 8%,全部由个人缴费,单位缴费不再划入个人账。是年,全省参加保职工 281.96 万人,全省为 105.47 万名离退休人员发放基本养老金。下岗职工基本生活保障向失业保险并轨 16.47 万人,全省并轨任务基本完成。

2006 年 4 月 24 日,省政府根据国务院《关于完善企业职工基本养老保险制度的决定》,结合全省实际,下发并实施《江西省完善企业职工基本养老保险制度实施意见》,明确建立起适合全省省情,实现可持续发展的基本养老保险制度。是年 8 月 9 日,省政府办公厅下发《关于改革城镇企业职工基本养老金计发办法的通知》,将企业职工基本养老保险制度扩展为全省城镇,涵盖已参加城镇企业职工基本养老保险的城镇各类企业、改制事业单位、自收自支事业单位和企业化管理事业单位及其职工,民办非企业单位及其就业人员,城镇个体工商户及其帮工,灵活就业人员。《通知》就基本养老金计发办法明确规定,为使按新办法计发的基本养老金与原办法计发的基本养老金平稳过渡,特设立新老基本养老金计发办法改革过渡期,即五年过渡期(2006 年 7 月 1 日至 2011 年 6 月 30 日)。是年,全省参保职工人数 303.34 万人,扩面 21.39 万人,增长 7.60%,是全省社会保险扩面征缴进展最快的一年,居全国第 7 位、中部地区第 1 位。参加 2006 年调整的企业退休人员为 103.6 万人,企业退休人员养老金人均月增加 162.8 元,为历年增幅最大。在中央财政专项补助的基础上,省财政按全省增资总量的10%给予养老保险基金补助。全省共为111.63万离退休人员发放养老金,补发12.34亿元。

2007年,全省参保人数475万人,增幅14.5%,其中参保职工356.5万人,增长17.5%,高出全国平均水平9.6个百分点,增幅居全国第一位。全省为118.5万人发放基本养老金,当期养老金支付率和社会化发放率实现两个100%。

2009年,全省参保人数为581.9万人,全省为135.9万人发放养老金156.3亿元,继续实现养老金支付率和社会化发放率两个100%。全省为2008年12月31日前已按规定办理退休手续的城镇企业和农垦企业退休人员增加基本养老金,其中,城镇企业退休人员调整标准为月人均增加140元,高出全国平均水平30元,是历年基本养老金调整增量最大的一次。是年,全省对未参保城镇大集体企业退休人员养老生活补助标准进行调整,由每人每月200元调整为220元,增幅为10%。

2010年,全省参保人数为607.6万人。全省为145.5万参保离退休人员月人均增加养老金148元,增幅14.5%,达1170元/月,较"十五"期末增长121%,与全国平均水平的差距由"十五"期末的31%缩小到14.6%。全省20多万城镇大集体、手工业联社企业未参保退休职工实行养老生活补助制度,补助标准为每人每月245元。实现养老、医疗保险关系跨省转移接续。企业年金制度迅速发展,年末达到23.3亿元,覆盖554户企业和16.5万职工。

职工失业保险 1995年1月1日起,全省开始实施《江西省国有企业职工失业保险条例》(1994年12月25日江西省第八届人民代表大会常务委员会第十三次会议通过)。1998年8月21日修改,2000年4月28日废止。《条例》规定:失业职工是指本省境内国有企业中非自愿性中断就业又要求就业的人员。失业职工享受的失业保险待遇主要包括:按月领取失业救济金、医疗补助费;女失业职工生育补助费;大病医疗补助费;家庭生活遇到特殊困难可申请困难补助等。除保障失业职工基本生活外,劳动就业服务机构还为失业职工提供置业训练、职业介绍,组织失业职工开展生产自救为促进失业职工再就业的各项服务工作。并明确:失业救济金的发放期限最长期限为24个月。其发放标准以当地民政部门规定的社会救济标准为基数,根据失业职工失业前在企业的连续工作时间计算,最多不超过基数的150%。失业救济期间的医疗费,按本人当月领取的救济金的10%标准发给。失业职工在失业救济期间患有重病医疗补助费用不超过本人10个月的救济金。女失业职工在失业救济期间符合计划生育法规规定生育的,一次性发给本人4个月救济金的生育补助费。失业职工在失业救济期间,家庭生活确有困难,无法维持基本生活的,或夫妻双方同时失业的,可申请及批准一次性发给本人2个月救济金的生活补助费。《条例》规定县级以上人民政府劳动行政部门是失业保险工作的主管部门。

2000年4月6日,省政府颁发执行《江西省实施〈失业保险条例〉办法》。至此,失业保险覆盖城镇所有企业、事业单位及其职工。所有企业、事业单位及其职工必须缴纳失业保险费。《办法》规定:按照规定参加失业保险,所在单位和本人按照规定履行缴费义务满1年的;非本人意愿中断就业的;已办理失业登记,并有求职要求的可以领取失业保险金。失业保险金的发放标准,按照当地最低工资标准的75%计发。缴费单位按其参加失业保险的全部职工工资总额的2%缴纳失业保险费,缴费个人按照本人工资总额的1%缴纳失业保险费。规定失业人员领取失业保险金的期限最长不超过24个月。强调为失业人员免费提供职业培训、职业介绍和就业指导等全方位的服务，为失业人员尽快实现再就业提供帮助。《办法》规定劳动保障行政部门主管全省的失业保险工作。

2005年8月24日，省劳动和社会保障厅下发《关于印发〈江西省失业调控工作实施方案〉通知》，对调控失业提出了具体措施，明确了当前和今后一段时间江西省失业调控的目标任务：有效控制失业人数过快增长，缩短失业周期，切实保障失业人员基本生活，保持就业局势稳定，并建立起失业预警机制。

省统计局数据表明：1993—2005年，全省城镇失业人数：1993年8.65万人、1994年8.85万人、1995年8.66万人、1996年10.1万人、1997年14.22万人、1997年14.22万人、1998年14.45万人、1999年15.5万人、2000年16.68万人、2001年17.28万人、2002年17.76万人、2003年21.62万人、2004年22.42万人、2005年22.84万人。失业率最高年份2003年3.8%。

据《江西年鉴(2022)》统计，2001年，全省参加失业保险人数达234.5万人，新增参保人数10.3万人，为2.52万名失业人员发放失业保险金。2002年，全省参保人数226.7万人，有5.16万人领取失业保险金。2003年，全省8.32万人领取失业保险金。2004年，参保人数271.8万人。2005年全省为10.61万失业人员发放失业保险金；下岗职工基本生活保障向失业保险并轨16.47万人，全省并轨任务已基本完成，并做好并轨人员再就业、社保关系接续和劳动关系处理。2007年，全省参保人数251.5万人。2009年，新增参保9.2万人。2010年，参保265万人。

职工医疗保障　全省医疗保险制度改革开始于20世纪80年代。1995年，国务院在九江和镇江进行了社会统筹和个人账户相结合的医疗保险制度改革试点，其核心内容为建立个人医疗账户。

1999年7月13日，省政府下发《关于印发江西省建立城镇职工基本医疗保险制度总体规划的通知》，规定：全省城镇所有用人单位及其职工都要参加基本医疗保险，实行属地管理；基本医疗保险费由用人单位和职工双方共同负担。基本医疗保险基金实行社会统筹和个人账户相结合。基本医疗保险费由用人单位和职工共同缴纳。用人单位缴费率应控制在职工工资总额的6%左右。职工个人缴费比例为本人工资收入的2%；退休人员个人不缴纳基本医疗保险费。基本医疗保险基金由统筹基金和个人账户构成。职工个人缴纳的基本医疗保险费，全部计入个人账户，用人单位缴纳的基本医疗保险费分为两部分。一部分用于建立统筹基金，一部分划入个人账户。划入个人账户的比例一般为用人单位缴费的30%左右。基本医疗保险基金原则上实行地市级统筹。要求九江市、新余市、鹰潭市、萍乡市、宜春地区、上饶地区9月出台实施方案，南昌市、景德镇市、赣州市、抚州地区，吉安地区年底前出台实施方案。

2001年底，全省10个设区市启动医疗保险；全省80个县、市有60个启动，比上年增加9个；全省参保人数174.9万人，占全省应参保人数的41.6%。

2002年底，11个设区市、92个县(市、区)启动，参保人数160.4万人。

2003年，全省所有市、县、区全部启动，参保人数达到193.7万人。

2004年，大力推动中小企业、私营企业、个体工商户等非公有制经济和灵活就业人员参加医疗保险，参保人数248.7万人。年底，全省11个设区市全部开展了大额医疗互助保险，10个设区市建立企业补充医疗保险，6个设区市医疗补助，7个设区市建立了单建统筹基金的住院医疗保险，6个设区市出台了灵活就业人员参保办法,多层次的医疗保险体系正在全省形成。全省普遍建立以市县为基础、省级调剂的企业离休干部医药费单独统筹机制,全省 2.25 万名离休干部中已有 1.77 万名纳入了单独统筹范围。

2005 年 6 月 17 日,省政府办公厅下发《关于印发国有困难企业和职工参加医疗保险有关问题指导意见的通知》,按照国有企业困难程度分类建立和完善不同的医疗保险办法。是年 7 月 21 日,省劳动保障厅、省财政厅联合下发《关于做好省属国有困难企业职工和退休人员参加医保险有关具体问题的通知》,要求全省各统筹地区按权利和义务对等的原则,设立适应国有困难企业缴费参保费率为 3% 的住院医疗保险。所需资金中 50% 部分由省财政予以解决,50% 由主管部门、单位及个人共同筹集解决。是年,参保人数 276.75 万人。

2006 年,参保人数 313.34 万人,比上年年底增加 36.6 万人,扩面增长居中部地区第 2 位。进一步完善了国有困难企业和改制企业职工参加医疗保险办法,全省国有困难企业和改制企业职工参加医疗保险人数达到 55 万多人。

2007 年,参保人数 403.4 万人,净增 90.1 万人,高出全国平均水平 14.4 个百分点,增幅居全国第 1 位。2009 年,新增参保人数 12 万人。

2010 年 7 月 8 日,省人力资源和社会保障厅(简称省人社厅)、省财政厅出台《关于国有困难农林水企事业单位、困难农垦企业和城镇困难大集体企业职工有关问题的通知》,对连续停产停业 1 年以上的国有农林水企业、农垦企业和城镇大集体企业和已关闭破产改制企业的退休人员和在职职工等参加城镇职工医疗保险进行补助。8 月 23 日,省人社厅、省财政厅下发《江西省基本医疗保险异地就医结算服务暂行办法》,搭建省内异地就医平台,实施全省基本实现省内异地就医实时结算,参保人员跨设区市异地就医只需支付个人负担的医疗费用,彻底改变过去江西省参保人员异地就医存在的“垫付资金压力大、报销周期长、往返费用负担重”的问题。是年,参保 1326.4 万人、比“十五”期末增长 379.3%,比全国平均增幅高出 174 个百分点。

职工工伤保险 1996 年 10 月 1 日,省劳动厅《关于印发〈贯彻劳动部〈企业职工工伤保险试行办法〉实施细则〉的通知》明确 1996 年 10 月 1 日试行。《实施细则》规定:工伤保险费由企业缴纳,职工个人不缴费。工伤保险缴费实行行业差别费率和企业浮动费率。根据不同行业的工伤事故风险和职业危害程度确定不同的行业费率;在行业费率的基础上,根据企业上一年实际的工伤事故风险和工伤保险基金支出情况确定每家企业当年的具体费率。工伤保险基金支付的待遇主要包括:工伤医疗期发生的医疗费用;工伤医疗期结束后根据劳动能力丧失程序确定的伤残补助金、抚恤金、伤残护理费等。2001 年底,全国平均工伤保险费率为 1% 左右。

2001 年底,全省实施工伤保险制度的市、县为 97 个,参保人数 137.8 万人,占应参保人数的 28.4%;抚州、鹰潭、吉安、赣州、景德镇、上饶等 6 个设区市实现市级统筹,南昌、宜春全部县(市)实现统筹。

2002 年底,全省实施工伤保险制度的市、县达到 100 个,占全省市、县总数的 91%,参保人数 129.25 万人。2003 年,参保人数为 132 万人。

2004 年 6 月 10 日,省政府公布执行《江西省实施〈工伤保险条例〉若干规定》,规定全省行政区域内的各类企业、有雇工的个体工商户(即用人单位)应当依照《条例》和本规定参加工伤保险,为本单位全部职工或者雇工(即职工)缴纳工伤保险费。全省行政区域内的所有职工均有依照《条例》和本规定享受工伤保险待遇的权利。个体工商户本人可不参加工伤保险。本人自愿和雇工一起参加工伤保障的,可以按当地上年度职工平均月工资的100% ~300%为缴费基数缴费。是年,参保人数134.6万人。

2005年,参保人数153.61万人。2006年,参保人数207.9万人;工伤保险基金征缴实现两位数增长,达到1.34亿元。2007年,参保人数251.3万人。

2009年4月7日,省人社厅、省财政厅对2008年12月31日前开始享受伤残津贴、供养亲属抚恤金、生活护理费的工伤人员或因工死亡职工供养亲属调整伤残津贴等定期待遇。是年,新增参加工伤保险26.6万人。

2010年4月30日,省人社厅、省财政厅从2010年1月1日起对2009年12月31日前开始享受伤残津贴、供养亲属抚恤金、生活护理费的工伤人员或因工死亡职工供养亲属调整因工致残人员伤残津贴等定期待遇。是年,参保人数371.7万人,比"十五"期末增长142%、增幅比全国平均增幅高出57个百分点。

职工生育保险　1994年,省劳动厅印发《江西省企业女职工生育费用社会统筹意见》。1997年12月25日,省劳动和社会保障厅印发《江西省企业职工生育费用社会统筹业务管理暂行办法》,明确在赣所有城镇企业(含中央部属企业)和实行企业化管理的事业单位以及与之建立劳动关系的劳动者均应参加生育保险。实行养老保险行业系统统筹的中央部属企业应按照属地管理的原则,一律参加当地生育保险。用人单位必须按其核定的缴费基数规定的缴费比例按时足额缴纳生育保险费。职工个人不缴纳生育保险费。实行生育保险费用社会统筹。生育保险包括:生育津贴、生育医疗费、流产医疗费、疾病医疗费、管理费等项目。

2001年底,全省实施生育保险的市、县为91个,参保人数120.2万人,占应参保人数的68.4%。2002年,全省实施生育保险的市县95个,参保人数为109.42万人。2003年底,参保人数112万人。2004年,参保人数107.6万人。2005年,参保人数117.84万人。2006年,生育保险基金征缴实现两位数增长,达到4777万元,同比增长16.6%。2007年,参保人数137.8万人。2010年,参保人数170万人,比"十五"期末增长44.2%;比"十五"期末增144.4%。

职工社会地位

1993—1997年,79名和813名职工分别获得全国、全省劳动模范和先进工作者称号;79名和440名职工分别获得全国、全省"五一劳动奖章";25个和42个单位(班组)分别获得全国、全省"五一劳动奖状"。1998—2002年,642名职工获得全国、省劳动模范和先进工作者称号;509名职工获得全国、省"五一劳动奖章";110个单位(班组)获得全国、省"五一劳动奖状"。2003—2007年,768名职工获得全国、省劳动模范和先进工作者称号;492名职工获得全国、省"五一劳动奖章";146个单位(班组)获得全国、省"五一劳动奖状"。2008—2010年,77名和876名职工分别获得全国、全省劳动模范和先进工作者称号;83 名和 270 名职工分别获得全国、省“五一劳动奖章”;26 个和 72 个单位(班组)分别获得全国、省“五一劳动奖状”。

1994 年 1 月,省总向省政府呈送《关于送审〈江西省职工劳动模范管理工作暂行办法〉的报告》,《办法》共分 16 条 30 款。主要内容有:制订《办法》的目的和依据,职工劳动模范的概念,荣誉称号种类,职工劳动模范的评选范围、条件、时间、比例、程序,表彰奖励和取消荣誉称号办法以及职工劳动模范管理工作组织机构、经费等。是年 5 月 13 日,吉安市政府颁发《吉安市劳动模范管理工作暂行办法》。2001 年 5 月 8 日,吉安市出台《吉安市关于劳动模范和先进工作者评选表彰管理办法》。《办法》对评选、命名、表彰、奖励劳动模范和先进工作者的程序和标准作出了统一规定。2003 且 11 月 25 日,省政府下发《关于印发〈江西省劳动模范管理办法〉的通知》,《办法》共 5 章 21 条,从劳模评选、奖励和优待、日常管理等方面作出了详细的规定。《办法》明确省劳动模范的评选管理由省委组织部、省总、省人事厅、省劳动和社会保障厅等部门组成,规定省劳动模范的评选及命名表彰大会每 5 年举行 1 次。对劳动模范退休金待遇、补充养老保险待遇、医疗优惠待遇、劳动就业和上岗优先待遇、疗(休)养待遇、接受培训教育和选拔任用待遇、在窗口行业享受优先服务待遇等方面都有详细的规定。

1994 年以后,全国、全省劳模的评选工作由省劳动模范评选表彰管理工作委员会组织,委员会主任由省政府副省长兼任,成员由组织、总工会、劳动人事、经济发展等部门组成。省总负责具体实施,各市设区市、省产业推荐名单后,省劳动模范评选表彰管理工作委员会会议确认,送省委、省政府征求意见,公示无重大问题,上报或表彰。省“五一劳动奖状”“五一劳动奖章”评选,由省总组织实施,推荐名单形成后,送省委、省政府征求意见,公示无重大问题,上报或表彰。

1994—1998 年,为提高劳模的政治理论水平,江西行政学院开设劳模大专班,40 名劳模参加了学习。1997 年起,中国工运学院开设劳模本科班。省总在全省劳模范围内推荐劳模参加学习。劳模学员毕业后,按接收单位性质确定其对应身份。

1994 年,九江市第十届人民代表大会代表构成中,工农代表占 35.2%,干部代表占 35.49%,知识分子代表占 30.69%。1999 年九江市第十一届人民代表大会代表构成中,工农代表占 25.73%,干部代表占 42.72%,知识分子代表占 16.75%。2004 年九江市第十二届人民代表大会代表构成中,工农代表占 27.11%,干部代表占 45.52%,知识分子代表 13.93%。2006 年九江市第十三届人民代表大会代表构成中,工农代表占 29.7%,干部代表占 42.3%,知识分子代表占 23.3%。

1995—2006 年,中共九江市第七、第八、第九次代表大会代表构成中,各条战线的先进模范人物代表在 13.82% ~16.52% 区间;各类专业技术人员代表在 11% ~15.87% 区间。赣州市第一次党代会职工代表占 12.39%;第二次党代会职工代表占 20.03%;第三次党代会职工代表占 22.9%;第四次党代会职工代表占 23.73%。各级领导干部代表占比逐届减少,先进模范人物和各类专业技术人员代表占比逐届增多。

1997 年,南昌、九江、吉安市政府采纳市总工会建议,实行劳模荣誉津贴和给劳模办理补充养老保险。九江市规定全国劳模每月享受 100 元津贴,省劳模 60 元,市劳模 20 元,劳模津贴所需资金由市级财政统一解决。之后,其他设区市政府相继实行劳模荣誉津贴。

2002—2010 年,全总每年向全国劳模发放生活困难补助金、特殊困难帮扶资金和春节慰问金。2004 年起,向省劳模发放春节慰问金,省财政承担。2008 年起,设立省劳模困难帮扶专项资金。省总每年组织省部级劳模和省“五一劳动奖章”获得者疗休养,选派全国劳模和全国“五一劳动奖章”获得者参加全总组织的劳模疗休养活动。全省各级工会会同企事业单位行政,组织劳模、先进生产(工作)者到省总(或兄弟省市总工会)的工人疗、休养院所进行休养。

2006 年,抚州市第一届人民代表大会代表构成中,职工代表 8. 38% ,知识分子代表 11. 73% ,干部代表 52. 79% ;抚州市第二届人民代表大会代表构成中,职工代表 8. 99% ,知识分子代表 12. 70% ,干部代表 52. 12% 。职工和知识分子代表比重逐届略有提高。另外,妇女、无党派和民主党派爱国人士之中还有职工。宜春市第二、第三届人民代表大会代表构成中,职工代表占 10. 3% 左右。全省各级政协委员中,设立工会界别,宜春市第一、二、三届政协分别为 7. 11% 、4. 11% 、2. 66% 。九江市在 3% 以内。抚州第一届政协为 3. 6% ,第二届为 2. 8% 。

第三节　职工队伍素质

学习劳模自强素质

1994—2010 年,受到社会大转型冲击的全省职工队伍总体上保持着信念坚定、立场鲜明,艰苦奋斗、勇于奉献,胸怀大局、纪律严明,开拓创新、自强不息的工人阶级优良传统和崇高品格,爱国主义、集体主义仍然是职工价值观念的主流,爱岗敬业、争创一流,艰苦奋斗、勇于创新,淡泊名利、甘于奉献的劳模精神对职工思想起着重要引领作用。

1994 年 3 月,省供销社、省总、团省委、省妇联决定在全省开展向范春生学习的活动。1998 年 6 月,省总、省邮电管理局决定在全省职工中开展向全国十大杰出工人曹罗生学习的活动。2003 年 6 月,省总转发《全总办公厅关于开展“中国劳模——时代领跑者”形象工程活动的通知》,要求各级工会充分展示江西人新形象,特定邱娥国、李洪应、龚腊根、李燕玲、颜龙安、熊林根、施华山、曹罗生、石屏男、江风益、李有奇 11 名全国劳模、先进工作者为采录宣传对象。2004 年,南昌市环卫处工人龚腊根被中央新闻媒体列为重点报道的全国 10 名劳模之一。是年,省六〇二所总设计师吴希明当选第 15 届“中国十大杰出青年”。2006 年“五一”期间,中宣部宣教局把“袁政海班组”作为重大典型在全国集中宣传。2006 年 10 月,省委宣传部、省总、团省委、省交通厅决定向熊文清学习。举办“百名劳模话创业讲坛”,用劳模和创业典型的先进事迹激励职工的创新创业激情。2007 年 3 月,省委宣传部、省总、团省委决定开展向向东学习活动。2008 年 4 月,省总决定在全省开展向周慧学习活动。

创建文明增强素质

根据不同时期党的中心工作,全省各级工会组织开展主题宣传教育和全省职工职业道德“双十佳”、职工读书自学成才等群众性精神文明创建活动,塑造江西职工新形象。广大职工积极参与“创建学习型组织、争做知识型职工、勇为创业型人才”、职工职业道德“双十佳”、职工读书自学成才等群众性精神文明创建活动,职工队伍素质不断提高。

1992—2010年,全省开展了多轮国企改革,广大职工理解改革、参与改革、支持改革。1994年,国有企业独资公司试点的江西新余钢铁总厂绝大多数职工对企业改制是理解与支持的。他们在企业实行公司制后,一盼发展更快、经济效益更好,个人得到实惠更多;二盼真正建立起竞争激励机制,奖勤罚懒,奖优罚劣;三盼获得真正的经营自主权,职工真正成为企业的主人;四盼有一个较为完善的职工转岗就业社会保障方面的规章,使离岗富余人员有重新就业和基本社会保障的渠道。是年,省总对上饶地区5家亏损企业职工思想状况进行了调研。从问卷得出:职工思想状况的主流是好的。对建立社会主义市场经济体制有信心、对企业的前途和命运关心。有50.6%的职工对企业扭亏有信心。有49.3%的职工认为企业三项制度改革调动了职工积极性,应当深入下去。自己解放自己的意识明显提高。问卷中,对解决企业面临问题的最好办法,54.7%的职工认为,应发动职工想办法、出主意,依靠职工群众来解决。在全省工业口国企改革和全省非工口七个系统国企改革中,广大改制企业职工理解改革,参与改革、支持改革,合理诉求,严格民主程序,严格改制方案和安置方案,全省507家工业企业496户改制两个方案一次性通过,平均得票率超过80%。非工口七个系统改制企业两个方案通过率达92%。全省没有发生一起因改制引起的大规模群体性事件,实现省委、省政府预定的职工得实惠、企业增活力、社会促和谐目标。总体上看,劳动关系是和谐稳定的,职工的经济权益和政治权益得到有效保障,职工的思想状况也比较平稳。省总和各级工会及时应对,所采取一系列举措也对稳定职工队伍起到良好的效果。

1994年,全省进行粮食价格改革,全省各地除极少数店家关门外,绝大多数粮店照常营业,没有发生哄抬粮价,抢购粮食现象,整个市场平静,职工思想稳定。调查反映多数职工经济上和心理上具备了对粮食调价的承受能力,认为调整粮价,有利于农民增加收入,提高农民种粮积极性,加强农业基础地位。但也担心“搭车涨价”。

切合时事提升素质

1997年,香港回归,全省各地市、产业工会、广大职工以多彩多姿的形式,满腔热情地迎接回归日子的到来。迎回归职工文艺汇演、“迎香港回归,当时代主人”的专题知识竞赛、“迎七一、话三爱”职业道德演讲比赛、迎回归座谈会等等,表达广大职工以喜迎香港回归的爱国激情。

1999年,全省广大职工对以美国为首的北约对中国驻南使馆进行导弹袭击,造成中国使馆严重毁坏,人员3人死亡,1人失踪,20多人受伤感到十分震惊,对这一野蛮暴行表示强烈的谴责和极大的愤慨,要求北约必须对此承担全部责任,并公开向中国政府和人民道歉,同时向在袭击中不幸牺牲的人员表示沉痛悼念。广大职工拥护中国政府的严正声明,坚决支持党和政府维护国家主权,主持正义,反对侵略的正义立场。纷纷表示在政治上、思想上、行动上同党中央保持高度一致,立足本职,坚守岗位,以实际行动为企业的稳定发展和祖国强盛做出积极贡献。一些企业单位、团体和个人还纷纷发出声明、抗议书等，以强烈的爱国热情和同仇敌忾的成城众志向世界宣布“中国人民不可欺，中华民族不可辱”的共同声音，表示随时听从祖国召唤，誓死捍卫中华民族的尊严。

抗击危难锤炼素质

1998 年，长江九江段发生有水文记录以来最大洪水并出现决口，九江市各级工会干部和职工群众奋不顾身、全力以赴投身抗洪抢险。7 月，市总工会召开市直各单位工会主席会，布置防汛任务。全市各单位工会都接受任务立下军令状。市总成立抗洪抢险突击队，取消双休日，实行 24 小时防汛人员值班。7 月 30 日，赛城湖堤抢险中，市总干部职工凌晨 2 点赴现场，在大雨中奋战 14 个小时，高质量地完成抢险任务。8 月 8 日—10 日，市总干部参加长江大量排险石料紧急抢运，顶着 40 度高温，25 个小时装运 1000 多吨石料上船。全市各级工会组织广大职工，与全市人民和子弟兵携手并肩战洪魔，确保长江大堤、九江城区、京九大动脉的安全。全省各级工会广泛开展慰问活动，协助安排受灾职工的生活。共拨出救灾款 916.1 万元、救灾物资 1837.8 万元，募集大量救灾款物，救助受灾职工 11.6 万人。2008 年 1—2 月期间，江西省遭遇极为严重的雨雪冰冻天气，灾害规模之大、损失之重为历史罕见。面对严重的自然灾害，南昌铁路局工会在广大职工中开展“迎战低温严寒、确保安全畅通”主题活动，进入应战状态。建立受火职工信息日报制度，划拨赈灾救助专项资金，至 2 月 3 日已实施跟进式救助 350 万元，为职工提供短缺物品 1769 件、救治灾病职工 3131 人。2008 年，在支援四川抗震救灾中，全省职工发扬万众一心、艰苦奋斗的拼搏精神和“一方有难、八方支援”的优良传统，积极投入，捐款 4143 万元。是年，全省各级工会在党政领导下，组织干部职工紧急投入抗洪救灾，抚州、鹰潭等市、县工会干部连续十多天奋战在第一线，全省工会派出干部职工上万人参加抗洪。2010 年，省总在第一时间向灾区发放救灾款 230 万元。全省工会共为灾区筹措救灾物资和资金 1500 余万元。在抗雨雪冰冻灾害中，南昌市公共交通总公司、省邮政公司、南昌铁路局调度所、省高等级公路管理局赣粤公司通远收费所、萍乡供电公司带电班 5 个先进集体获全国“五一劳动奖状”称号；万志群、黎军、徐朝晖、陈小杰、毛日峰、管运江、喻家凯、王奎、江玉新、朱平、黄快生、黄荣智等获全国“五一劳动奖章”获得者称号。在抗震救灾重建家园活动中南昌市公安局特警支队获全国“五一劳动奖状”，南昌大学第二、第一附属医院主任医生邓志锋、张剑获全国“五一劳动奖章”称号。

2003 年 4 月，在“非典”斗争中，江中制药集团在南昌市总工会帮扶中心举行免费向省直南昌市属困难职工发放预防非典药仪式，在原材料上涨的情况下，江中集团斥资 60 万元，紧急从全国各地调运药材，毅然停下一条草珊瑚含片的生产线，24 小时加班加点，为下岗困难职工生产防非典药品共计 1.5 万份。全省许多老英模、老先进、老党员因企业效益不好，每月只能享受很低的生活费，但是他们却毫不犹豫地将这维持生活的基本费用捐献出来。全国“五一劳动奖章”获得者、共产党员岳正梅生活极为困难，却将自己微薄的月生活费留下零头，步行十余华里把整钱送至南昌市总。省“五一劳动奖章”获得者、共产党员万兆新这位物质生活的贫困者，毅然拿出积蓄购买 3 箱口罩送到南昌市总。“非典”对企业生产经营活动无影响的企业占 26.53%，影响较大的企业也占

26.53%,影响不大的企业占46.94%,非典疫情暴发以来,全省大多数企业一手抓防治非典,一手抓生产经营,取得良好的经济效益和社会效益。

2009年,由于受金融危机的影响,全省部分企业处于停产或半停产状态,引起一些职工对企业发展、个人岗位、工资收入、社会保障等产生忧虑。但职工思想总体比较稳定,识大体、顾大局,理解和支持党和政府各项改革和决策部署,对贯彻党和政府决策部署的信念坚定和乐观。全省职工积极参与以“同舟共济保增长、建功立业促发展”为主题,实现全省国有、集体及其控股企业“共同约定行动”全覆盖,其他类型企业达到70%以上,不裁员、少裁员,不减薪、少减薪,全省约定不裁员人数145.8万人,减少裁员人数67.3万人。

开展竞赛提高素质

在社会主义经济建设中,全省广大职工继承和发扬工人阶级的优良传统,团结奋进,开拓进取,以主人翁姿态积极支持、参与改革,维护安定团结的政治局面,为顺利完成全省“八五”计划和全面实施“九五”计划,促进国民经济持续、快速、健康发展贡献力量。1993—1997年,全省各级工会广泛深入地开展以双增双节、扭亏增盈为主要内容的“九五”双争立功竞赛,参赛职工达700多万人次;参加提合理化建议活动的职工158.2万人次,实施44万条,创经济效益20多亿元;实现技术攻关13723项,推广新技术4930项。1996年,新余钢铁总公司吴太白获“中国技能大奖”,景德镇宇宙瓷厂黄镇宗和抚州地区玉茗宾馆黄政辉获“全国技术能手奖”。1998—2002年,全省“九五”双争立功竞赛和合理化建议、技术创新、技术协作、发明创造等群众性经济技术创新活动,参赛职工达1015万人(次),全省合理化建议重大成果438项,涌现一批经济技术创新能手和创新示范岗。1999年,涌现了薛国华、袁政海、刘菊根、刘火生、廖万里、李海源、任光荣、陈家达、谢秀忠、胡国生“江西省十大能工巧匠”。全省中青年在岗职工计算机知识普及率达50%。300多个企业、100多万名(次)职工参加“安康杯”竞赛,促进企业安全生产。2003—2007年,全省广大职工积极参与“当好主力军、建功‘十一五’、和谐奔小康”为主题,以创建“工人先锋号”、创新创业、“我为节能减排做贡献”等为载体的职工经济技术创新活动,积极投身自主创新、合理化建议、技术创新、技术协作、发明创造等活动,为企业创造了良好的经济效益。2005年,南昌铁路局获首届全国铁道行业职业技能竞赛获团体总分第一名。昌河飞机工业(集团)有限责任公司高级技师刘火生获“中华技能大奖”称号。两届全省职工职业技能大赛和全省重点建设项目职工技能大赛,参赛职工达57万人,涉及20多个行业。429家企业、近50万职工参加连续多年的“安康杯”竞赛。2008年以来,全省职工以“当好主力军、建功‘十一五’、和谐奔小康”为主题,紧紧围绕经济建设重点工程、重点项目开展经济技术创新劳动竞赛,在全省“技能大培训、岗位大练兵、劳动大竞赛”活动中,参赛职工达600余万人次。围绕重大项目建设开展群众性技术创新活动,职工提合理化建议9.4万项,技术革新1.6万项,发明创造1800项,实施合理化建议3.5万项。组队参加全国第四届职工职业技能大赛,获得全国计算机程序设计员工种团体总分第5名。75万职工参加全国企业“安康杯”安全生产竞赛。职工技能培训3年行动计划培训职工4.3万人,获得职业技能证书职工2.6万人。

第二章　工会组织

1994—2010 年,江西和全国一样,进入社会主义市场经济初建与逐步完善时期,全省的经济体制改革,使大一统的国有经济改变为随之而来的经济成份、组织形式、用工形式、劳动关系多样化。1993 年省总开始抓工会组建,至 1999 年,全省才有基层工会 1.5 万个,会员 220 万人。省总针对此情按照全总要求“哪里有职工,哪里有企业,哪里就要建立工会组织”,即确定江西的工会组建以非公企业为主,要求符合建会条件的非公企业全部建会,全力抓好工业园区建会,抓住这个重点,以园区为单位,广泛组建企业工会或工会联合会。至 2010 年,全省建立基层工会 5.9 万个,涵盖法人单位 8.1 万个,发展会员 611 万人,其中农民工会员 153 万人。

第一节　会　员

1994—2000 年,全省推进经济体制改革,企业改革力度不断增大,企业减员增效,转产、租赁、停产整顿,国有企业和集体企业职工处于待业、失业、下岗、分流状态,其工会组织随着企业改制被撤并被削弱,多是名存实亡,工会会员剧减。随着非公有企业、私营企业、外商投资企业逐步建立并形成规模,非公有企业职工队伍不断壮大。21 世纪后,大量农村劳动力涌入城市,逐步形成以工资收入为主要生活来源的农民工。与此同时,新的用工形式——劳务派遣工群体出现并逐步扩大。游离于工会组织之外的职工不断增多。1994—2010 年,省总工会根据全国总工会要求为适应社会主义市场经济条件下劳动关系变化的需要,加强工会组织建设,最大限度地把职工组织到工会中来,即大力发展工会会员。

1994—1996 年,省总及各级工会均按全总要求做工会会员和工会组织发展等工作,但处于国营企业改制即“国退民进”初期,诸多复杂原因影响,进展缓慢。

1997 年 1 月 28 日,省总九届五次委员(扩大)会议强调,1997 年职工入会率要达到 80%。实际上没有实现。

1998 年 8 月 18 日,省工会十次代表大会议指出:要建立健全基层工会组织,本着“哪里有职工,哪里就应建立工会组织”的原则,最大限度地把职工吸引到工会组织中来。

1999 年 1 月 19 日,省总十届二次委员(扩大)会议强调,各级工会要提高工会的组建率和职工入会率。

2000 年 9 月 11 日,全总下发《关于加强工会会员会籍管理有关问题的暂行规定》,规定:(1)凡是符合《中国工会章程》规定的入会条件,与用人单位建立劳动(工作)关系(含事实劳动或工作关系,下同)的职工,均可以申请加入工会,取得中华全国总工会会员会籍。(2)职工入会由本人口头或书面提出申请,填写《中华全国总工会入会申请书》和《工会会员登记表》,经基层工会审核批准,即为工会会员,发给《中华全国总工会会员证》,享有会员权利,履行会员义务。(3)会员组织关系的管理,坚持职工劳动(工作)关系在哪里,会员组织关系就在哪里,会员组织关系随劳动(工作)关系流动的原则。12月26日,省总十届四次委员(扩大)会议强调,2001年,全省新建企业工会组建率和职工入会率应分别达到85%以上,即新建企业建会累计达到2万家、会员达到65.5万人,为实现2002年底把绝大多数职工组织到工会中来的目标奠定基础。各级工会要采取切实措施,进一步抓好公有制改制企业工会组织的整顿、重建和巩固工作,最大限度地把公有制改制企业的广大职工组织到工会中来,防止会员流失。

2001年12月28日,省总十届五次委员(扩大)会议指出:把广大职工组织到工会中来,确保到2002年底全省新建工会达到2.36万家、发展会员77万人目标任务的完成。是年,上饶市委办公室、政府办公室下发《关于进一步加强新建企业工会组织建设的意见》,明确新建企业组建工会的指导思想和遵循的原则,要求做到“哪里有职工,哪里有企业,哪里就要建立工会组织”。

2002年,全总下达江西会员总数达到342.9万人的目标。7月5日,省总在《全省新建企业工会组建工作情况通报》中提出要求:各地工会要在当地党委领导和政府支持下,在有关部门协助下,统一思想,形成合力,集中力量,采取超常措施,完成省总下达的会员总数的发展工作。至年底,发展会员976487人,比1998年增长5.5倍;全省会员总数达到513.8万人。

2003年8月13日,省工会十一次代表大会要求:将非正规就业群体、零散的雇工都组织到工会中来,突破工会组建的盲区和空白点。坚决制止非法合并、撤销工会现象,防止会员流失。积极探索流动会员会籍管理的办法。制定在农民工、临时性就业人员中发展会员的办法。强化服务会员的措施。是年,抚州市总制发《组建工会的一般程序及参考资料》,简化以前职工入会要填申请书、登记表,还要填本人工作简历和家庭成员的做法,改为“集体登记、本人签名”形式入会,即职工入会只要审定企业工会或企业工会筹建领导小组打印的《工会会员登记表》(市总拟定一人一行表格)中本人姓名、性别、籍贯、出生年月、工作单位、参加工作年月、文化程度和入会时间栏目内容无误,再本人签名,经企业工会或工会筹建领导小组批准即可成为工会会员。街道、乡镇、村工会和市场、商业街、行业工会还可以直接吸收所属地小企业职工入会。吉安市总对县(市、区)实行发展会员目标管理,建立进度通报制度和实地检查制度。开展宣传咨询活动,与市劳动局联合上街下镇,摆摊设点为农民工入会开展宣传咨询工作,散发宣传单,动员农民工入会。突出重点,创新农民工入会模式。“三个重点区域”:农民工输入地,人员集中,在北京创建驻京农民工工会;农民工输出地,农民工“集聚源头”,方便快捷组建乡镇总工会、村级工会;全市各工业园区,符合建会条件的652家企业,有592家建工会,占90.8%,发展农民工入会34680人,入会率为71.1%。

2004年上半年,全省完成发展会员目标任务的设区市为:新余市、宜春市。年底,省人大常委会副主任、省总主席张海如撰文《强化“三个维护”宣传　形成工会组建共识》中指出:全省各种形式的非公有制经济比原来大为发展,职工的范围也扩大到包括乡镇企业职工、进城务工人员、非公有制企业职工和新型产业职工。不及时组织起来,工会组织和工会工作就会出现萎缩。在这么多的非公有制企业中，很多没有党组织，……如果没有工会组织，那党的声音、方针、政策就传达不到那里，就会形成“真空”，就会脱离党的领导。

2005 年上半年，全省完成发展会员目标任务的设区市为：九江市、新余市、鹰潭市、萍乡市、景德镇市、抚州市、吉安市。至年底，全省发展会员 3758872 人。

2006 年 1 月 12 日，省总十一届二次委员（扩大）会议强调：进一步完善企业、车间、班组工会网络体系，防止工会组织被撤并和会员流失。

2007 年 1 月 18 日，省总十一届三次委员（扩大）会议强调，继续做好非公有制企业特别是农民工比较集中的地区和企业的工会组建工作，确保是年工会组建和发展会员目标的实现。探索劳务派遣工和商业营销员入会及会员管理方式，创新建会模式和组建方式。8 月 21 日，景德镇市委转发市委组织部、市总《关于进一步加强“两新”组织“党建带工建，工建促党建”工作的意见》，要求通过组建市场工会、工业园区工会、楼宇工会、一条街工会、工程项目部工会等方式，把大量分散、流动的职工组织起来。是年，探索出组织农民工输出地入会、劳务市场入会、集体登记入会等灵活便捷的入会方式。至是年，全省工会会员 495.92 万人，比 2002 年增长 1.9 倍。在外商投资企业（含港澳台合资企业）中发展会员 11 万人，入会率为 57.47%。全省共有农民工会员为 361994 人，其中在本省工作的农民工会员为 179516 人。

2008 年 1 月 8 日，省总十一届四次委员（扩大）会议强调，要坚持党建带工建、工建服务党建，以外商投资企业、私营企业为重点领域，以农民工为主要对象，大力推进区域性、行业性基层工会联合会建设，实现外商投资企业、私营企业组建工会工作的新突破。是年全省外商投资企业和私营企业的工会组建率都要达到 80%、农民工入会率达到 75%、工会会员净增 41 万。5 月 28 日，省工会十二次代表大会强调，继续以外商投资企业、私营企业为重点领域，以农民工为主要对象，大力推进区域性、行业性基层工会联合会建设和工业园区工会组建工作，着力提高工会建会率尤其是职工入会率，扩大工会组织覆盖面。上半年，全省完成发展会员目标任务的设区市为：吉安市。至 10 月，全省建会企业的农民工 101.6 万，农民工会员 97.7 万，新增农民工会员 40 万，比 2007 年增长 69%。在全省 99 个工业园区 50 万工会会员中，农民工会员有 43.7 万，占 87.4%。

2009 年 1 月 12 日，省总十二届二次委员（扩大）会议强调：2009 年要完成全总下达的净增会员数 28.7 万、全省会员数达到 580 万的目标任务。切实提高农民工入会率和出租车司机入会率。7 月 2 日，江铜集团工会规定各单位要积极组织劳务派遣工加入到工会组织中来，已在劳务派遣单位加入了工会的劳务派遣工，应将工会会员关系接转至用工单位工会。规定各单位工会要加强劳务派遣工会籍的管理，劳务派遣工被退工后，用工单位工会应及时将其工会会员组织关系转至劳务派遣单位工会或新的用工单位工会。劳务派遣工工会经费，由用工单位按劳务派遣工工资总额的 2% 提取并拨付给所在用工单位工会使用，由用工单位工会按工会财务的有关规定比例上缴工会经费。7 月 21 日，省总下发《江西省总工会应对金融危机、服务职工十大措施实施意见》，要求：加大劳务派遣单位和行政村（社区）组建工会工作，省总实行考核奖励。坚持吸收会员上报制度。坚持和完善“一次入会、持证结转、全国通用、进出登记”的会员会籍管理制度。是年，全省基层工会达 5.54 万个，会员 582 万人，农民工会员 129 万人，分别比 2008 年增加 7%、6% 和 18%。改制企业工会组织得到了健全,景德镇市总工会创新工会组建发展模式,实现改制国企“家属区”移交“社区”后工会组织的“无缝对接”。

2010 年 2 月 1 日,省总十二届三次委员(扩大)会议强调,攻克劳务派遣工入会难题,做好劳务工入会工作。同时,做好改制后企业和纳入街道、社区管理的会员接续、接转工作。是年,全省共组建基层工会 5.9 万家,涵盖法人单位 8.1 万个,工会会员 611 万人,新建非公企业基层工会组织 3732 家,新增工会会员 30 万人。

表 2-1-1 1995—2010 年若干年江西省建有工会组织的基层单位职工及工会会员人数

单位:人

年份	职工总数	其中		会员	其中	
		女职工	进城务工人员或农民工		女职工	进城务工人员或农民工
1994	3125400	1165800				
1995	3061700	1121000		2817659	1001493	
1996	3185100	1209400		2861482	1077776	
1997	2430000	910800		2232026	817216	
1998	2513192	942173		2327733	863398	
1999	2420396	888887		2205544	807780	
2000	2671220	826047		2373043	747079	
2001	2888900			2737600		
2002	5138291	1529622		3630174	1166542	
2003	2885492	1006820		2603613	926816	
2004	3733012	1162613		3474125	1090624	
2005	3910049	1391410	221008	3758872	1314752	179516
2006	4599358	1576805	479132	4388141	1499727	415368
2007	5177597	1580665	644528	4959209	1518993	582648
2008	5720406	2039659	1016471	5515966	1991730	977560
2009	6000134	2181985	1190416	5810038	2128183	1145228
2010	6471644	2428064	1532580	6110442	2316923	1431125

说明:此表中职工和会员数据尾数有“00”皆是约数。

第二节 组织建设

20 世纪 90 年代至 2010 年,江西国有企业历经企业三项制度改革、建立现代企业制度、企业重组改制和关闭破产、工业口和非工业口企业改革。伴随着国企改革,私营企业、股份制企业、民营企业、外商投资(合作)企业以及混合经济(国有控股)企业成为了江西企业的主体,原先那种以国有企业工会为主体的工会组织结构已经不复存在,经济成份的多样化、用工形式多样化、劳动关系多样化成为主流,工会组织随之发生的变化而不断调整工会组建工作重心。

组建工会

1993 年,省总在宜丰县召开全省乡镇企业工会工作会议,要求加快乡镇企业组建工会的步伐,力争用三年左右的时间,在已经具备条件的乡镇企业普遍建立工会,开展工会工作。

1994 年 12 月 29 日,省总九届三次委员(扩大)会议要求:继续加快外商投资企业、私营企业和乡镇企业组建工会步伐。1995 年目标是:已开业的外商投资企业,工会组建率要达 80% 以上;乡镇企业凡具备组建工会条件的,均要组建工会;在有条件的私营企业开展组建工会的试点工作。在组建工会的同时要建立女职工委员会。省总将加强工作指导,并争取省委、省政府工作支持,创造条件制发《关于加强私营企业工会工作的意见》。各级工会要摸清底数,认真规划,层层落实,重视对干部的培训,提高工作水平,使组建工作上个新台阶。

1996 年 8 月 20 日,省总九届七次常委(扩大)会议强调:制定外商投资企业、乡镇(集体)企业、私营企业组建工会规划,建立各级目标责任制和情况通报制度。对一些问题较多、工作难度较大的地方、行业和单位,工会领导要亲自带队,深入下去,查明原因,采取有力措施加以突破。把这些企业推进平等协商和集体合同制度作为重点工作来抓。与此同时,注意维护尚未建立工会的外商投资企业职工的合法权益。凡是这些企业发生严重伤亡事故和肆意侵犯职工人身权利行为的,地方工会要及时了解情况,督促检查处理。

1997 年 1 月 28 日,省总九届五次委员(扩大)会议要求:各级工会要继续抓好新经济组织工会的组建工作。1997 年全省外商投资企业工会的组建率要稳定在 90% 以上,职工入会率达到 80%;私营企业组建工会达到 300 家;乡镇企业组建工会达到 1300 家。要加快外商投资企业和私营企业工会联合会的建立,在经济技术开发区和新经济组织比较集中的乡镇和街道,都应建立工会。企业实行改革、改组、改制后要保证工会组织健全。企业集团建立工会要按规定认真履行审批手续。产业工会要按照代表制、联合制的原则健全组织机构,充分发挥作用。任何单位和个人都不得借改革之机,将工会组织的机构撤销、合并或归属于其他部门。12 月 25 日,省总九届六次委员(扩大)会议强调:做到企业改制在哪里,工会组织就建到哪里。组建企业集团工会须经相应上级工会审核批准,明确其工作任务,理顺领导关系。继续抓好新经济组织工会的组建工作。1998 年外商投资企业的工会建立数要达到投产开业数的 80%;私营企业、乡镇企业的建会要有新的提高;各地市、县(市、区)工会都要建立新经济组织企业、工会和集体合同的档案,实行动态管理。积极探索新经济组织工会的领导体制,搞好开发区和乡镇、街道工会的组建。

1998 年 8 月,省工会十次代表大会指出,要积极建立企业集团工会,健全大中型企业工会,十分重视改制中的小型企业工会组织的巩固与重建工作。要进一步加快外商投资企业、台港澳投资企业、私营企业和乡镇企业等新经济组织的工会组建步伐,提高职工入会率。切实加强科教文卫等事业单位的工会组建工作。

1999年1月19日,省总十届二次委员(扩大)会议要求:1999年全省外商投资企业工会组建率要达到投产开业数的80%,乡镇企业、私营企业工会组建率分别比上年增长15%;继续抓好改制企业工会组织的巩固和重建工作。总结推广建立行业性、区域性工会联合会或联合基层工会的经验,提高工会的组建率和职工入会率。进一步加快新经济组织组建工会的步伐。对随意撤并或取消工会组织的现象,工会尤其是上一级工会组织要抓典型,理直气壮地采取坚决措施予以纠正。

2000年1月5日,省总十届三次委员(扩大)会议明确:2000年全省国有、集体企业和国有、集体控股的企业建制率和职工覆盖率要达到90%以上,外商投资企业、私营企业、乡镇企业建制率要达到建会企业的70%以上。3月12日,省政府办公厅、省总下发《关于加强工会组织建设的通知》强调:一是严格依法行政,积极支持和协助工会加强组织建设。各级工会组织要在党委的领导下,进一步加强与政府有关部门的合作,切实搞好工会组织建设。对一些地方和企业发生的擅自撤并工会组织等错误做法必须立即予以纠正。二是依法建立健全地方、产业(系统)工会组织。对已被擅自撤销或与非工会组织合并的地方产业(系统)工会组织,各级政府和有关部门要督促其主管部门尽快恢复。在机构改革中,机关进行重组、合并、精简人员编制,地方产业(系统)工会应该进行相应的重组和建立,有关部门下达机关、事业单位编制时,应注明包括工会组织的编制在内。要按照省委组织部下发的《江西省各级工会机关参照〈国家公务员暂行条例〉管理的实施办法》的规定,将地方产业(系统)工会列入本地、本单位的机构编制序列,工会专职干部的待遇要与本单位的人事管理制度相一致。三是改制企业必须建立健全工会组织。企业行政管理人员一般不宜兼任工会主席。四是加快外商投资企业、私营企业、乡镇企业依法建立工会组织的步伐。新建企业应在投产开业的同时组建工会,对在投产开业后一年之内仍未完成工会组建的企业,应按《江西省实施〈工会法〉办法》规定依法收缴工会筹备金。12月26日,省总十届四次委员(扩大)会议强调,2001年全省新建企业工会组建率和职工入会率应分别达到85%以上,即新建企业建会累计达到2万家、会员达到65.5万人,为实现2002年底把绝大多数职工组织到工会中来的目标奠定基础。为确保目标任务完成,提出了7项措施:(1)摸清底数。(2)实行"一把手"负责制,将目标任务分解到领导班子成员和有关部室,分片包干,对下进行直接联系和指导,一级抓一级,一级对一级负责,确保目标任务的完成。(3)拓展思路。针对全省新建企业规模小、人员少、变动大的特点,因地制宜、因企制宜,不固定模式,哪条路走得通就走哪条路,哪种方法行就采用哪种方法。在建会程序上,积极推行"先搭台、后充实、再完善、逐步规范"的做法。在建会方法上,采取单个企业建立工会,多个小企业建立联合基层工会,按区域、行业建立基层工会联合会等方式,"整体推进,不留死角"。(4)完善考核。继续将新建企业工会组建工作列入省辖市工会目标管理和县级工会达标、创十佳竞赛活动的重要内容,提高任务指标,加大考评分值。开展对口检查,互相促进。(5)严格督查。省总进行定期或不定期检查。排名通报,上报省委,省政府,抄送各市委、市政府。(6)争取重视。促请各级党委把工会组建工作作为党委工作的重要组成部分,把工会组建率、职工入会率纳入党的工作的考核目标,以党建带工建。推动新建企业工会组建工作领导小组成员单位实行目标责任制,明确规定有关部门在办理新建企业注册登记时,规定新建企业必须建立工会组织的时间,对到期不组建工会组织的不予年检。争取党政帮助解决乡镇、街道一级工会编制和干部配备。积极推动形成党委领导、政府支持、工会运作、各方配合的工作格局。(7)发挥作用。坚持边组建、边巩固、边规范、边发挥作用的工作要求,努力做到通过建立工会组织,形成调整劳动关系的有效机制。总结1~2个新建企业工会发挥作用的典型。同时,抓好公有制改制企业工会组织的整顿、重建和巩固工作,最大限度地把公有制企业的广大职工组织到工会中来,防止会员流失。是年,省委成立新经济组织工会组建工作领导小组,并制定和下发《关于进一步加强新建企业工会组织建设的意见》《江西省新经济组织工会组建工作领导小组成员单位工作职责和考评办法》等文件,提出全省新建企业工会组建工作总体目标,确定新建企业建会应遵循的原则、步骤和方法,明确有关单位的工作职责和检查考评办法。全省各地各单位按照省里的要求,也相应成立工会组建工作领导小组,进一步完善目标责任制和奖惩激励等制度。

2001年12月28日,省总十届五次委员(扩大)会议强调:确保到2002年底全省新建工会达到2.36万家、发展会员77万人目标任务完成。要求上级工会要派员深入新建企业,帮助和指导新建企业组建工会和开展工作。

2003年8月,省工会十一次代表大会强调,拓宽工会的组建领域和对象,切实把非公有制企事业作为今后一个时期工会组建工作的重点。适应经济结构和所有制结构的变化,坚持“哪里有职工,哪里就必须建立工会组织”的原则,建立建会工作的长效机制,创新组建方式,把职工组织到工会中来。继续推进联合工会和工会联合会建设,大胆探索和建立区域性行业性工会。搞好跨地区生产经营和跨部门管理的企事业的建会工作。继续建立向乡镇、街道、村和社区延伸的工会组织体制,将非正规就业群体、零散的雇工都组织到工会中来,突破工会组建的盲区和空白点。加强产业、国有和集体改制企业工会组织的整顿、重建和巩固工作,坚决制止非法合并、撤销工会现象,防止会员流失。积极探索流动会员会籍管理的办法。制定在农民工、临时性就业人员中发展会员的办法。

2004年3月29日,省总下发《关于进一步做好工会组建和发展会员工作情况通报的通知》。省总每季度对设区市总工会组建和发展会员情况进行一次排名通报,同时向市委分管书记抄报,以便取得党政领导对建会工作的了解和支持。12月27日,省总召开全省工会组建工作会议,湖口县、东乡县、安远县、萍乡市和吉安市总作典型发言。省委副书记、省新经济组织工会组建工作领导小组组长王君到会讲话强调:各级党委和组织部门要把工会组建工作纳入党的建设新的伟大工程之中统筹考虑。在制定、实施党建规划、方案时,要把工会组建工作列为党的建设工作的重要组成部分,一并部署、落实和考评,努力形成党建带工建、工建促党建的工作格局。4—7月,省总开展“1+3”挂点调研工作,11个挂点调研工作组在省总领导带队下,分赴11个设区市的一家困难国企、一个社区、一家未建工会的民营企业进行挂点调研。通过弄清一个社区工会的组织建设状况,分析影响并制约基层工会组织发挥作用的原因,回答社区工会工作干什么、怎样干的问题;通过宣传动员一家私营企业依法组建工会,指导帮助其建立制度、发展会员、开展工作、发挥作用,总结组建工会的难度、方法和经验。通过对重点、难点问题的调研指导,寻求破解难题的对策,向企业、社区和当地党政反映群众意见和建议,协调、推动党政和企业、社区加快落实解决有关问题。至7月底,全省基层工会组织累计数为3.5076万个,发展工会会员累计数为310.7920万人(不含省产业工会和省总直属基层工会)。

至2005年底,全省有基层工会组织37368家,发展会员3758872人。在全国工会组建工作考核中获一等奖,被评为全国工会组建工作先进单位。

2006年1月12日,省总十一届二次委员(扩大)会议强调:要狠抓企业工会组建工作,不断扩大工会工作覆盖面。全省深化国有企业改革,大力发展非公有制经济,允许非公有资本进入法律法规未禁止的所有行业和领域,鼓励和支持非公有资本参与国有企业改制、改组、改造。各级工会既要着力抓好国有、集体改制企业工会的整顿重建,坚持"企业改制到哪里,工会组织就重建、整顿和巩固到哪里",进一步完善企业、车间、班组工会网络体系,防止工会组织被撤并和会员流失。又要把非公有制企业建会、规范工作放在重要位置,正确处理好建会与发挥作用的关系,正确处理好扩大覆盖面与增强凝聚力的关系。特别是要抓紧做好非公有制企业特别是农民工比较集中的地区和企业的工会组建工作,确保今年工会组建和发展会员目标的实现。是年,全省发展会员62.9万人;基层工会涵盖独立法人单位53594家,会员人数438万人。

2007年1月18日,省总十一届三次委员(扩大)会议要求:进一步加大工会组建力度,继续做好非公有制企业特别是农民工比较集中的地区和企业的工会组建工作,确保是年工会组建和发展会员目标的实现。建立健全促进工会组建的有效机制,完善依法推动机制、党工共建联动机制、提取筹备金制约机制等有效机制,推进工会组织扩大覆盖面。推动人才市场、劳务市场的工会组织建设,探索劳务派遣工和商业营销员入会及会员管理方式,创新建会模式和组建方式。认真落实《企业工会工作条例》,坚持"促进企业发展、维护职工权益"的工作原则,加强企业工会的规范化建设,增强企业工会活力。搞好分类指导,选树一批不同规模、不同所有制企事业工会建设的典型。通过大力开展"职工之家""双爱双评""关爱员工、实现双赢"评比表彰活动,创新各类企业尤其是非公有制企业工会运行和作用发挥的有效方式,促进基层工会提升能力、增强活力。3月5日,省总下发《2007年度全省组建工会和发展会员工作目标管理的通知》。是年,全省工会组织发挥各级新建企业工会组建工作领导小组的作用,形成"党委领导、政府支持、工会运作、各方配合"的机制和工作格局。在工会组织体系、领导体制、工作机制、组建方式和会员管理上,陆续创造出工程项目工会、市场工会、楼宇工会、一条街工会、社区工会、区域性和行业性工会联合会等各具特色的组建形式。是年,全省基层工会45978个,职工517.7万人,会员达495.9万人,分别比去年增加15.3%、12.6%和13%,全面完成全总下达的目标任务。

2008年1月8日,省总十一届四次委员(扩大)会议强调要实现工会组建和作用发挥两个突破。要坚持党建带工建、工建服务党建,以外商投资企业、私营企业为重点领域,以农民工为主要对象,大力推进区域性、行业性基层工会联合会建设,实现外商投资企业、私营企业组建工会工作的新突破。当年全省外商投资企业和私营企业的工会组建率都要达到80%。大力推进《企业工会工作条例》的贯彻,着力破解新建工会作用发挥的难题,不断增强基层工会特别是企业工会的活力。省总将开展对工会组建和作用发挥、劳务派遣公司工会组建工作等有关问题的调研检查,通过抓典型,指导和规范新建企业工会工作。1月20日,省总下发《关于2008年度全省组建工会和发展会员工作目标管理的通知》。3 月 15 日—3 月 25 日,省总组成 11 个检查调研小组,对 11 个设区市开展工会组建和组织作用发挥情况的专项检查与调研。由此既促进 11 个设区市的工会组建和组织作用,又摸清其开展工会组建和组织作用发挥情况,5 月,省工会十二次代表大会强调,继续以外商投资企业、私营企业为重点领域,以农民工为主要对象,大力推进区域性、行业性基层工会联合会建设和工业园区工会组建工作,着力提高工会建会率尤其是职工入会率,进一步扩大工会组织覆盖面。至年底,全省共有基层工会 5.7 万个,会员 551.6 万人,其中农民工会员 97.7 万,分别比 2007 年增加 12%、11% 和 68%。赣州、新余、抚州 3 个设区市的工会组建率,赣州、抚州、上饶 3 个设区市的职工入会率居全省前列。

2009 年 1 月 12 日,省总十二届二次委员(扩大)会议要求:各级工会要按照"哪里有企业哪里就有工会,哪里有工会哪里就有会员"的要求,坚持不懈地抓好工会组建工作。推进区域性、行业性工会组建,提高工会建会率。突出以工业园区和非公有制经济组织特别是小企业为重点,加大对出租车行业组建工会的督促指导力度,力争是年工业园区内企业建会率达到 90%,切实提高农民工入会率和出租车司机入会率。加强县(市、区)、乡镇(街道、工业园区)及社区(村)工会建设。加强乡镇(街道)、村(社区)、基层工会"小三级"组织规范化建设。探索村级工会的体制机制,使村级工会切实成为为农民工说话办事的娘家。深入贯彻《企业工会工作条例》。8 月 12 日,省总召开全省工会基层组织建设工作会议。会议主要任务是贯彻落实全国工会基层组织建设暨县级工会工作会议、省总十二届三次常委(扩大)会议精神,总结交流经验,根据全总提出的"双措并举、二次覆盖"工作要求,进一步加强基层工会组织建设,推动全省工会工作者职业化、社会化工作进程。新余市总介绍招聘工会工作协理员的经验;丰城市总介绍推进村级工会组织建设、发展农民工入会的经验;信州区总介绍抓好市场工会组建的经验;东乡县总介绍实施优秀非公企业工会主席津补贴的经验;兴国县总介绍加强县级工会工作的经验;贵溪工业园区工会联合会介绍强化园区工会工作的经验等。郭学勤在会上指出,要认真学习阳泉等地"双措并举、二次覆盖"的经验。所谓"双措并举",就是工会组建中要采取两项措施,建立小型非公有制企业工会联合会,招聘职业化工会干部;所谓"二次覆盖",就是在小型非公有制企业已经建立基层工会组织的基础上,按照地域相近、行业相同的原则再建立工会联合会,进行第二次覆盖。省总决定,在全省建立一支包括工会工作协理员在内的 30 万人的工会"七大员"队伍,解决好有人办事的问题。并强调着力抓好小型非公企业和区域性、行业性工会联合会建设。着力抓好出租车企业建会。着力抓好改制企业的建会。做好劳务派遣工入会工作。做好农民工入会工作。加强职业化、社会化工会干部队伍建设。是年,全省共有基层工会 5.54 万个,会员 582 万人,农民工会员 129 万人,分别比 2008 年增加 7%、6% 和 18%。改制企业工会组织得到了健全,景德镇市总工会创新工会组建发展模式,实现改制国企"家属区"移交"社区"后工会组织的"无缝对接"。帮助重大项目工会组建,抓好江西援建四川省小金县指挥部的工会组建工作。

2010 年 2 月 1 日,省总十二届三次委员(扩大)会议指出:2010 年全省工会组建工作的重点:突出抓好以工业园区企业、"两新"组织、改制后的新企业以及街道、社区的工会组建工作。在组建工会时同步组建女职工组织。攻克劳务派遣工入会难题,做好劳务工入会工作。做好改制后企业和纳入街道、社区管理的会员接续、接转工作。做好基层工会“建家”工作,特别是改制后企业的建家工作,推进工会组织规范化建设。9月23日,省人大常委会副主任、省总主席姚亚平在全总第十五届执行委员会第四次全体会议上发言指出:江西工会认真分析江西实际,确立了工会组建的重点。大力推进非公企业建会,发展和谐劳动关系。随着市场经济的推进和对外开放的扩大,江西的民营经济已占全省国民经济的半壁江山,民营企业多、中小企业多,成了江西企业的一个特点,所以,江西的工会组建以非公企业为主,要求符合建会条件的非公企业全部建会,同时提出非公企业工会组织要开展活动。全力抓好工业园区建会,创建和谐工业园区。江西的工业企业主要分布在全省100来个工业园区、开发区中,但园区企业的建会率只有60%以上,江西的工会组建就抓住这个重点,以园区为单位,广泛组建企业工会或工会联合会。至9月,全省建立基层工会5.9万家,涵盖法人单位8.1万个,发展会员611万人,其中农民工会员143万人。是年新增基层工会组织3732家,涵盖法人单位新增5558个,新增工会会员30万人。超额完成组建工会和发展会员目标任务。其中基层工会组织超出432家、涵盖法人单位超出1058个、发展会员超出4万人。

这时期工会组建工作:2004年全国工会组建工作考核评比中,江西进入前六名,获特等奖,全总奖励30万元。2005—2009年,江西获全国工会组建工作考核一等奖,被评为全国工会组建工作先进单位。2010年,省总获全总组建工会和发展会员综合考核一等奖,被评为全国推进“双措并举、二次覆盖”工作先进单位。

表2-2-1　1996年江西省行政区划工会组织分布

单位:个

年份	地区工会办事处单位	市总工会单位	地级市总工会	县级市总工会	县总工会单位	市辖区总工会单位
1996	5	21	6	15	69	15

表2-2-2　1994—2010年江西省工会组织情况

年份	工会基层组织(万个)	职工	女职工	会员	女会员	专职工作人员(万人)
1994	2.14	312.54	116.58	289.86	102.84	1.61
1995	2.01	306.17	112.10	281.77	100.15	0.91
1996	2.14	318.51	120.94	286.57	107.94	1.37
1997	1.76	243.00	91.08	222.57	81.72	1.40
1998	1.70	251.32	94.22	232.77	86.34	1.18
1999	1.56	242.03	88.92	230.59	80.78	1.16
2000	1.82	267.12	82.61	237.31	74.71	1.79

续表

年份	工会基层组织(万个)	职工	女职工	会员	女会员	专职工作人员(万人)
2001	3.84	288.89		273.76		1.79
2002	2.21	513.82	152.96	363.01	116.65	1.44
2003	2.24	288.55	100.68	260.36	92.68	1.04
2004	3.08	373.30	116.26	347.41	109.06	0.97
2005	3.77	391.00	139.14	375.89	131.48	1.11
2006	4.11	459.93	157.68	438.81	149.97	1.32
2007	4.60	517.76	158.07	492.92	151.9	1.55
2008	5.17	572.04	203.97	551.60	199.17	1.80
2009	5.54	600.01	218.20	581.00	212.82	2.60
2010	5.92	647.36	242.81	611.04	231.69	3.80

表2-2-3　1999年、2001—2009年江西省基层工会组织数

单位:个

年份		1999	2001	2002	2003	2004	2005	2006	2007	2008	2009	2010
总计(个)		15562	38447	52124	22431	30827	37368	41130	45978	51666	55454	59186
内资企业	国有企业	4457	4281	4565	3865	5525	5834	3690	3395	3627	3624	4132
	集体企业	2010	1596	1697	2104	1262	1438	1774	1587	1454	2785	1481
	股份合作制企业	85	164	169	242	310	523	425	1012	746	1139	1057
	联营企业	12	26	38	77	82	118	206	185	402	337	326
	有限责任公司	117	296	332	179	1752	1771	1804	2979	1376	1783	2028
	股份有限公司	52	165	121	314	418	217	289	492	671	636	633
	私营企业	84	15205	32196	3993	8784	11193	13844	15864	22690	24205	24976
	其他单位	38	305	12	141	67	57	106	108	857	58	83
个体经营户							621	429	552	1006	1121	2392
港澳台商投资企业		22	144	51	47	67	68	161	122	159	183	258
外商投资企业		36	1315	87	222	180	226	837	981	879	1493	1498
乡镇企业		149	6040	2031								
事业单位		5613	5294	6847	6915	7624	9360	11029	11957	10940	11439	12809
机关单位		2887	3464	3838	4332	4756	5942	6536	6744	6859	6651	7155
其他			152	140								

外商企业建会

1994年上半年，九江、景德镇市人大组织《工会法》检查，把外商投资企业组建工会和开展工会工作列入检查内容。7月30日，省总下发《关于加快外商投资企业工会组建步伐和加强工会工作的意见》指出：全省已批准立项的外商投资企业达2354家，总资产达376亿元人民币，但工会组建率却很低，远落后于经济形势发展的需要。强调：在中国境内的企业、事业、机关单位的职工都有依法参加和组织工会的权利；新开办的外商投资企业组建工会，应写入外商投资企业章程，在筹建企业的同时筹建工会，在企业投产开业的同时成立工会；省总建立有各有关部门参加的外商投资企业工会工作联席会制度，加强外商投资企业工会工作领导。9月1日，全总副主席方嘉德来江西宣传中央领导重要指示精神，检查中央办公厅、国务院办公厅转发全总党组《关于外商投资企业劳动关系和组建工会情况的报告》通知及全总石家庄会议精神落实情况。方嘉德听取了省总主席刘金标关于全省外商投资企业工会工作有关情况的汇报，并参加了南昌地区部分外商投资企业的工会干部、党政领导和职工代表座谈会。方嘉德还与省委、省政府领导就外商投资企业组建工会的问题交换了意见。9月8日，省总下发《关于进行外商投资企业工会工作情况调查的通知》。9月26日，省总召开全省地、市和省产业工会主席会议，进一步贯彻中央领导的重要指示，研究部署当前工作，加快外商投资企业工会组建步伐。省委副书记卢秀珍到会提出要求：(1)加强外商投资企业工会工作，是建立稳定、协调的企业劳动关系。(2)省、地、市工会要抓住重点，加快外商投资企业工会组建步伐。对新开办的外商投资企业必须坚持“三同时”的要求，即建企业和建工会同时考虑，同时筹备，同时投入运行，使外商投资企业工会组建率在短期内有较大的突破。(3)主动参与，为外商投资企业组建工会和开展工会工作提供政策依据。省总应尽快拿出关于加快外商投资企业工会组建步伐和加强工会工作意见报省委、省政府。同时，应主动向省政府通报情况，加强与组织部、工商局、经贸委、对外贸易经济合作厅等有关部门联系、协作和配合，争取各方的理解、重视和支持。(4)抓好典型，带动全局。(5)省部和各地市总工会应对全省外商投资企业工会工作情况和劳动关系情况进行一次全面调查。9月29日，南昌市总与市工商局达成协议，明确今后凡新开办的外商投资企业，都要按照“三同时”的原则办事，即在洽谈项目的同时洽谈建立工会组织并写进协议或合同，在企业筹建的同时筹建工会组织，在企业开业的同时建立工会组织。10月28日，九江市总、市委组织部、市经委、外经局、劳动局、工商局联合下发《关于改善外商投资企业劳动关系，加快工会组建步伐和加强工会工作的意见》。至11月10日，全省外商投资企业中组建工会的有124家，会员数1.8万；筹建有204家。

省总在征求各地(市)、产业工会意见基础上修改《江西省总工会关于加快外商投资企业工会组建步伐和加强工会工作的意见》，1994年10月11日、12月16日两次呈文省委、省政府要求转发。1995年2月28日，省委、省政府办公厅下发《转发江西省总工会〈关于加快外商投资企业工会组建步伐和加强工会工作的意见〉的通知》，《意见》在上一稿的基础上强调：在外商投资企业组建工会要坚持“三同时”原则，即新开办的外商投资企业在谈判签约的同时提出建工会的问题，并写入企业章程,在企业筹建的同时筹建工会,在企业投资开业的同时成立工会。各级党委在布置、检查党建工作时,应同时布置、检查工会工作,外经贸、工商和劳动等有关部门在批准合同和章程、注册登记和执行劳动监察时,应严格把关,督促企业建立工会组织,对没有建立工会组织的企业,各级党政组织和企业要积极支持、配合工会组织,指导职工建立工会。对干扰和阻挠组建工会的违法行为,必须依法予以纠正,维护法律严肃性。

1995 年第一季度开始,省总对外商投资企业工会组建工作实行通报制度。3 月 21 日,通报了 1994 年第 4 季度外商投资企业工会组建情况。6 月 6 日,省总转发全总《关于贯彻〈劳动法〉为契机和突破口进一步加强外商投资企业工会工作的通知》,强调 1995 年全省外商投资企业组建工会的目标是:全省外商投资企业工会组建率达到开业的 55%,达到应建工会数的 80%。要求各地市、产业工会要建立目标责任制,采取一级抓一级,工会领导分片包干,主要领导负总责的方法,把任务落实到县(市、区),落实到部门,落实到人。至年底,已开业的 759 家外商投资企业,已建立工会组织 418 家,建会率分别达到投产开业数的 55.1% 和应建工会数的 81.5%,完成全总年初下达的年度组建目标。全省完成建会率占投产开业数 55% 以上的有景德镇、上饶、吉安、鹰潭、南昌、宜春等地市,完成建会率占应建工会数的 80% 以上的有景德镇、上饶、九江、抚州、吉安、新余、鹰潭、南昌等地市。完成省总下达二项指标任务的有景德镇、上饶、吉安、鹰潭、南昌等 5 个地市。

至 1996 年 3 月底,全省投产开业的外商投资企业 747 家,符合建会条件的有 506 家,其中已建立工会组织的企业有 405 家,占开业企业数的 54.2%,占应建工会数的 80%,已建工会职工为 40600 余人,会员数 38500 余人,入会率为 93.9%。年底,全省外商投资企业已建工会 451 家,占投产开业数的 59%,占应建数的 88%。

至 1997 年底,全省外商投资企业已建工会 451 家,占投产开业数的 59%,占应建数的 88%。

至 1998 年底,全省外商投资企业组建工会 523 家。

至 1999 年底,全省组建外商投资企业工会 857 家。

2000 年 7 月 20 日,省总下发《关于调整 2000 年度地(市)工会组建乡镇、私营企业工会目标任务的通知》,2000 年新建企业工会组建率和职工入会率必须分别达到 35%,即外商投资企业建会 861 家,私营企业建会 1476 家,乡镇企业建会 2809 家。

至 2006 年 4 月,全省累计外资企业为 1737 家,其中已组建工会的外资企业 661 家,组建率为 38%;外资企业职工 151388 人,其中已加入工会会员的职工 91329 人,职工入会率为 60.3%。组建率最高的设区市总工会组建率已达 87.5%,最低只有 17.8%。最高的职工入会率已达 91%,最低只有 33.4%。5 月 24 日,省总党组向省委呈文《关于建立江西省促进外资企业工会组建工作联席会议制度的请示》,《请示》报告全省外资企业工会组建率和职工入会率还偏低,汇报至 2006 年 4 月份的数据。参照兄弟省市做法,请求建立省促进外资企业工会组建工作联席会议制度。并就机构组成、实施方案提出了设想。6 月 22 日,省总下发《关于 2006 年全省外商(港澳台)投资企业工会组建工作目标的通知》,明确 2006 年全省外商投资企业建会单位累计 1071 家,建会单位净增 410 家,全省外商投资企业工会组建率要达到 60% 以上。7 月起,沃尔玛深国投百货有限公司南昌八一广场分店(简称沃尔玛南昌广场店)几位职工依据《工会法》和《中国工会章程》向工会组织申请要求加入工会并组建沃尔玛南昌广场店工会。这一要求和愿望得到全总、省、市总工会领导重视,全总、省总主要领导亲自过问沃尔玛南昌广场店的建会工作,提出建会的措施和具体要求。在全总和省总的指导下,南昌市总领导直接组织专门培训班,选派组织员深入一线,组织公司员工培训和学习《工会法》等法律和法规,做好各项建会工作和召开会员大会的准备工作。8月14日,沃尔玛南昌广场店工会正式成立。召开第一次会员大会。选举产生首届工会委员会和其经济审查委员会。9月18日,全省外资企业工会组建工作现场会暨工会新闻宣传工作会议在上饶市召开。省总领导张海如、文之周、柯进水出席会议。会议传达王君在全省新经济组织工会组建工作领导小组成员会议上的讲话精神。张海如就外资企业工会组建工作强调:一要充分认识外资企业工会组建工作的重要性和紧迫性。二要明确责任,落实措施,全面推进外资企业工会组建工作。三要加强领导,形成合力,全力推进外资企业工会组建工作。要争取各级新经济组织工会组建工作领导小组成员单位的支持和帮助;统筹兼顾,科学安排,出色完成工会的各项工作任务。省总副主席文之周就做好全省工会新闻宣传工作提出要求。上饶市委副书记刘卫华出席并致辞。上饶市总、南昌市总、三清山旅游集团公司工会在会上介绍外资企业组建工会工作情况。全省11个设区市总主席、副主席、组宣部长、省直机关工会领导等50多人参加会议。是年,全省共有外商投资企业(含港澳台合资企业)工会994家,发展会员62.9万人。

2007年6月15日,省总下发《关于调整2007年全省工会发展会员和外商(含港澳台)投资企业、私营企业工会组建工作目标的通知》。明确会员目标从年初下达的4726208人调整为4897165人;外商(含港澳台)投资企业和私营企业工会组建目标分别是1086家,23821家,组建率为70%以上。为落实好全总下达江西省的目标任务,省总决定:(1)各设区市总工会发展会员目标不作增幅调整,全总增加江西的目标任务由省产业工会落实。(2)外商(含港澳台)投资企业、私营企业工会组建目标作相应调整。2007年外商(含港澳台)投资企业、私营企业组建工会1103家,2008年外商(含港澳台)投资企业、私营企业组建工会1138家,2009年外商(含港澳台)投资企业、私营企业组建工会1676家,2010年外商(含港澳台)投资企业、私营企业组建工会1756家。

新建企业建会与新经济组织建会

至1996年底,全省私营企业已建工会209家,乡镇企业已建工会1203家。

至1998年底,全省私营企业组建工会453家,乡镇企业组建工会1623家。

至1999年底,全省私营企业组建工会695家,乡镇企业组建工会2086家。

2000年,省总决定将2000年作为“基层工会组织建设年”,力争用3~4年的时间,把大多数新经济组织的工会组建起来,把大多数职工组织到工会中来。5月,省委办公厅、省政府办公厅下发《关于成立江西省新经济组织工会组建工作领导小组的通知》。领导小组下设办公室(设在省总)。6月2日,省新经济组织工会组建工作领导小组在省委第一会议室召开第一次会议。省委副书记步正发,省政协副主席、省委统战部部长梅亦龙,各成员单位负责人出席会议。省委组织部副部长揭赣元主持会议。会上宣布省新经济组织工会组建工作领导小组正式成立。会议听取副组长程受锭

（省总主席）全省新经济组织工会组建情况介绍。会议决定：从2000年开始，争取用三年左右的时间，把新经济组织职工组织到工会中来。组长步正发在会上讲话强调：各地（市）、县（市、区）要成立新经济组织工会组建工作领导小组或工作协调机构，由各级党委、政府、工会领导担任组长和副组长，党政有关部门加强统筹协调，总工会具体负责。形成"党委领导、政府支持、工会运作、各方配合"的领导体制和工作格局。定期听取新经济组织工会组建工作的情况汇报，研究组建工作中的重大问题和存在的困难，及时采取相应措施加以解决。上半年，省总针对新经济组织规模小、职工流动性大等特点，进行了组建工会联合会、联合工会和乡镇工会的试点。全省建立私营企业工会联合会17个，外商投资企业工会联合会6个，乡镇工会（含街道）1608个。吉安市将一些小型、分散企业组成联合工会，建会率达90%以上；靖安县的新经济组织建会率为100%。南昌市高新开发区组建的工会联合会包括40多家企业。抚州、宜春两地区的乡镇已全部建立工会组织。7月4日，省总在吉安市召开全省新建企业工会工作现场会，会议传达省新经济组织工会组建工作领导小组第一次会议精神，推广吉安市委、市总工会抓新经济组织工会组建工作经验，地市总工会汇报新建企业工会组建工作情况，讨论《关于进一步加强新经济组织工会组织建设的意见》，研究部署进一步加快新建企业工会组建工作。吉安市委、吉安市总工会、靖安县总工会、吉安市私营企业天高实业公司工会、南昌市高新技术开发区联合工会5个单位在会上作经验介绍。程受锭在会上讲话。8月10日，省新经济组织工会组建工作领导小组下发《关于进一步加强新建企业工会组织建设的意见》。《意见》明确指导思想、遵循原则、建会目标、采取多种形式推进工会组建工作、维护职工的合法权益以及加强领导，形成合力等要求。9—11月，全省各设区市先后召开全市新建企业工会组建工作会议，并出台《关于进一步加强新建企业工会组织建设的实施意见》。12月29日，省委常委会听取了程受锭的情况汇报，专门研究了全省新建企业工会组建工作，并作出4项决定：（1）对省新建企业工会组建工作领导小组成员单位实行目标责任制，明确每个部门在新建企业工会组建工作中的职责。尤其是工商部门要明确规定新建企业成立后一年内必须建立工会组织，对到期不组建工会组织的不予年检。（2）新建企业组建工会实行向乡镇、街道一级延伸的组织领导体制，在设区市、县（市、区）机构改革中，政府和编委在审批乡镇、街道机构编制时，要明确工会的机构编制。（3）省委组织部在部署新建企业党建工作时，安排省总参加，一同部署工会的组建工作。确实做到党建、工建一起抓，以党建带工建，以工建为党建创造条件和打下坚实的群众基础。（4）明年一季度召开全省新建企业工会组建工作会议。请各设区市委：有关省产业（局、系统）党组分管工会工作的领导和工会主席参加，专题研究、交流如何加强统一领导，加快新建企业工会组建工作的步伐。

2001年1月19日，省新经济组织工会组建工作领导小组第二次会议在南昌召开，步正发、王君及领导小组成员和程受锭、李慈葆出席会议。会议按照全国新建企业工会组建工作会议精神，研究新建企业工会组建工作。王君主持会议，步正发讲话。程受锭在会上传达全国新经济组织工会组建工作会议精神。李慈葆宣读省新经济组织工会组建工作领导小组成员单位目标考核办法和意见。规定每年年底，省新经济组织工会组建工作领导小组负责对成员单位履行职责情况进行检查考评，考评结果予以通报。省委宣传部、省委组织部、省工商局、省乡镇企业局等单位在会上发言。2月8日，省总和省工商局下发《关于新经济组织工会组建工作的实施意见》，强调各级工商行政管理部门要严把企业注册登记准入关,在审核新建企业申请注册登记材料时,应要求企业将一年内建立工会组织的条款作为法定记载事项在企业章程中载明并配合企业所在地总工会督促企业依法履行。建立省、市、县(区)三级对乡镇企业、外商投资企业、私营企业、国有、集体改制企业联合年检制度,每年三级工会应派人与工商行政管理部门联合办公一并对上述企业共把建会关。工商行政管理部门要提供场地和窗口。对应建工会而未建工会的企业应督促其限期组建工会,对开办一年仍未组建工会的企业在法定年检期限内暂缓通过或不予通过年检和验照手续。企业在评先评优时应把建立工会组织作为重要条件之一。2月13日,省新经济组织工会组建工作领导小组印发《江西省新经济组织工会组建工作领导小组成员单作工作职责和考评办法》,《考评办法》规定主要考评内容。3月20日,省总下发《关于转发中华全国总工会〈关于加强新建企业工会组建工作的意见〉的通知》,明确全总下达江西新建企业建会目标,即到2002年底,全省新建企业建会2.36万家,发展会员77万人。4月11日,全省新建企业工会组建工作座谈会在南昌召开,步正发到会并作重要讲话。会议由王君主持。省新经济组织工会组建工作领导小组成员,各设区市委领导,省有关厅(局)党委(党组)分管工会工作的领导和工会主席、各设区市总工会新建企业工会组建工作办公室负责人等60多人出席会议。会议贯彻落实全国新建企业工会组建工作会议精神;研究、交流、部署加快新建企业工会组建工作步伐。程受锭传达全国新建企业工会组建工作会议精神,通报全省新建企业工会组建工作的基本情况和下一阶段新建企业工会组建工作的打算。九江市委、赣州市委、萍乡市总工会、吉州区委在会上介绍新建企业工会组建工作的经验。是年,全省11个设区市按照省总确定的目标任务,结合本地实际确立建会目标和规划,各设区市和大多数县(市、区领导小组也相应制定了工作职责和考评办法,赣州、吉安、上饶、萍乡等设区市采取党委与县(市、区)委、市总与县(市、区)总签订责任状的办法来推进新建企业工会组建。至年底,全省新建企业建工会21578家,发展会员77.66万人。

2002年7月5日,省总通报2002年一季度全省新建企业工会组建工作情况,至3月底,全省共累计完成组建工会的新建企业有23949家、发展工会会员787936人,完成全总下达的目标任务。是年,省总总结推广南昌汇仁集团等一批新建企业工会工作的经验。至年底,全省新建企业建会30208家,比1998年增长10.4倍;发展会员976487人,比1998年增长5.5倍;其中:外商投资企业建会1547家、发展会员8.12万人;乡镇企业建会6809家、发展会员24.4万人;私营企业建会2.18万家、发展会员65.2万人。提前完成全总下达给江西省的3年建会目标任务,基本形成向乡镇、街道一级延伸的工会组织网络。

2003年4月5日,省委办公厅省政府办公厅下发《关于调整省新经济组织工会组建工作领导小组成员的通知》:组长:王君(省委副书记),副组长:虞国庆(省委副秘书长)、程受锭(省总主席)等,成员:弘强(省委组织部副部长)、张剑(省委宣传部副部长)、黎细保(省委统战部副部长、省社会主义学院院长)、崔琳(省委台办主任)、张勇(省劳动和社会保障厅副厅长)、王中阳(省对外贸易经济合作厅副厅长)、刘柏林(省工商局副局长)、卢耀群(省中小企业局副局长)、李慈葆(省总副主席)。领导小组下设办公室(设在省总),李慈葆兼任办公室主任。是年,省总在继续大力抓好新建企业组建工会工作的同时,有重点地分期分批对新建企业建会工作进行"回头看",为巩固建会成果,发挥作用，开展督查活动，逐步使一些有规模，基础好，活动正常的新建企业工会达到“八有”：有牌子、有公章、有工作人员、有办公地点、有活动场所、有工会经费、有基本的工作制度、有档案资料。围绕建立建会的长效机制和创新建会工作方式，逐步由原来集中化建会向常规化、制度化建会转变，传统建会方式向灵活创新建会方式转变。省总有重点地对一些长期阻挠建会和发展会员非常困难的单位继续实行目标制、责任制、通报制、领导负责制，指导和协助所属地方工会开展建会工作。至年底，全省新建企业建会 34964 家，发展会员 116 万人，全省会员总数 338 万人。

2004 年 11 月 16 日，省委办公厅、省政府办公厅下发《关于调整省新经济组织工会组建工作领导小组成员的通知》：组长：王君，副组长：张海如、潘东军（省委副秘书长）等，成员：朱法元（省委组织部助理巡视员）、张剑、黎细保、崔琳、张勇、王中阳、刘柏林、卢耀群（省中小企业局副局长）、于也明（省工商联副会长）、文之周，领导小组办公室主任文之周兼任。12 月 27 日，全省工会组建工作会议在南昌召开。王君出席并讲话，张海如主持并讲话。出席会议的有省新经济组织工会组建工作领导小组成员单位的负责人以及省总领导。参加会议的还有各设区市委组织部分管党建工作的副部长，各设区市总主席、组织部部长，省产业（局、系统）工会、省总直属基层工会主席，省总机关各部门负责人。会上，文之周传达了全总十四届二次执委会议精神。湖口县、东乡县、安远县、萍乡市和吉安市总工会主席介绍工会组建的经验。

2006 年 1 月 12 日，在省总十一届二次委员（扩大）会议上，九江市总介绍工会组建工作：党政重视，化解难题。市委下发《关于进一步加强工会组织建设的意见》，要求全市各级党委、政府和工会组织，必须采取有效措施，本着“率先崛起，争创一流”的指导思想，实现全市工会组织建设达到 100% 的建会目标。新建工会工作做到有班子、有牌子、有制度、有场地、有经费、有活动的“六有”基础上，逐步走向规范。9 月 15 日，省新经济组织工会组建工作领导小组会议在南昌召开。王君、张海如出席并讲话。张海如报告了全省工会组建工作。会上，新经济组织工会组建工作领导小组成员单位就本单位履行工作情况进行汇报。

私营企业建会

1995 年 10 月 7 日，省总下发《关于转发〈中华全国总工会关于加强私营企业工会工作的意见〉的通知》要求：全省私营企业发展很快，但私营企业工会组建工作尚处在试点阶段，与形势的发展不相适应。按照全总要加大私营企业组建工会工作力度的要求，全省私营企业组建工会的工作要在试点的基础上逐步推开。望各地市总工会务必高度重视这项工作，要像抓外商投资企业和乡镇企业组建工会工作那样，建立目标责任制和情况通报制度深入调查研究，不断总结私营企业组建工会和工会开展工的经验，积极争取党政领导的重视，主动与工商等部门取得联系，争取支持，使全省私营企业较大地发展。10 月 19 日，省总、省委统战部、省劳动厅联合转发全总、中共中央统战部、劳动部、工商总局《关于在私营企业组建工会和开展工会工作的通知》，要求各级党政有关部门和工会组织应当高度重视这项工作，要积极取得当地党委、政府领导的关心与支持，加强对此项工作的领导；要适时组建私营企业工会联合会健全工会组织领导体制；要主动做好私营企业法人代表的思想工作,使全省私营企业组建工会和开展工会工作有一较大的进步。

1996年5月13日,省总下发《关于下达一九九六年私营企业乡镇企业组建工会指标的通知》。

1997年,省总先后召开全省乡镇企业工会工作会议、外商投资企业和私营企业工会工作会议,总结推广一批典型经验。在全省外商投资企业、私营企业开展以"双爱双评"为主要内容的建设职工之家活动,加强对新经济组织工会工作的指导和服务,使新经济组织工会工作逐步规范化、制度化。

1999年,吉安市委把私营企业联合工会组建工作列入年度党建目标考核内容。并制定"六个共同"的原则:即共同发文、共同宣传、共同部署、共同指导、共同培训、共同建会。针对全市已有数千名下岗职工成为个体私营业主或在私营企业就业,占全市下岗职工总数的70%以上的现状,市总提出在全市私营企业中组建私营企业工会和私营企业联合工会的方案,得到市委、市政府的大力支持。规定,凡会员人数在25人以上的私营企业都应单独成立基层工会组织,隶属于市总领导;凡会员人数不足25人的个体、私营企业成立全市统一的私营企业联合工会,联合工会设在市个体劳动者协会内,私营企业联合工会接受市总领导。市委组织部、市工商局、市总联合制发了《关于成立私营企业工会和私营企业联合工会的通知》。市总与市工商联、市个协等有关部门先后召开了近100户个体私营工商户、行业小组、分会理事会议,组织大家学习《工会法》《工会章程》《江西省实施〈工会法〉办法》。市总深入到个体私营企业中去调查摸底,填写申请,发展会员。培训骨干140余名,发展会员400余名。8月,止式成立吉安市私营企业联合工会。12月,赣州市总工会和市工商局联合下发《关进一步加快我市私营企业建立工会组织的通知》。

2000年7月20日,省总下发《关于调整2000年度地(市)工会组建乡镇、私营企业工会目标任务的通知》,是年实现目标任务新建企业工会组建率和职工入会率必须分别达到35%,即私营企业建会1476家。

2006年10月26日,南昌市总召开工会组建工作领导小组会议,会议通报了南昌市非公有制企业工会组建工作情况,讨论通过南昌市工会组建工作领导小组《关于进一步加强非公有制企业工会组建工作的意见》和《南昌市工会组建工作领导小组成员单位工作职责》。

2009年5月8日,新余市总针对非公企业组建工会进程中,对直属工会组织管理体制进行调整,组建8个直属行业工会委员会:市工业行业工会工委,市建设行业工会工委,市交通行业工会工委,市现代服务行业工会工委,市城市管理行业工会工委,市文化行业工会工委,市卫生行业工会工委和市直机关工会工委。市总对直属行业工会工委的性质与人员配备提出具体要求,明确直属行业工会工委是市总的派出机构。在不增加领导职数、人员编制的情况下,每个直属行业工会工委各设主席1名,专职副主席1名,委员5~7名,并配备若干名专职工会干事。5月14日,省总组织部下发通知,要求在全省开展出租车企业组建工会集中行动。由此全面推开出租车企业建会工作,6月底建会率达到80%,年底建会率达到100%;个体出租车从业人员,要在县(市、区)总领导下基本完成个体出租车工会组建工作。至5月底,吉安市出租车企业建会率和入会率均已达到80%。7月,抚州市组建出租车企业工会18个,出租车行业工会联合会1个,吸收出租车司机入会1344人,实现出租车企业建会和司机入会两个100%。年底,全国31个省(区、市)的6676家出租车企业组建工会的有4300家,建会率为64.5%。江西组建率73.2%,排名第20位。全国从业人员入会率62.5%。江西81%,排名第8位。18个省会城市的1074家出租车企业共有出租车行业从业人员28.7092万人,加入工会17.5627万人,入会率为61.2%。南昌65%,排名第7位。

工业园区建会

2003年,萍乡市总贯彻落实全总提出的“组织起来,切实维权”的工作重点,提出“三进入”“三并举”的新举措,实现私企工会组建和作用发挥的双重突破。“三进入”:工会组织进入社区。是年已在20多个社区成立工会;工会组织进入开发区、工业园区。在8个园区管理处建立联合工会,60个企业建立基层工会;工会组织进入建筑工地。建筑工地吸收大批的农民工入工会。“三并举”:坚持城区和乡村建会同时并举。组建村级联合工会和乡村企业联合工会组织100多个,覆盖企业1000多家,新发展会员3万多人;坚持改制企业重组工会和新建工会同时并举。10多家国企改制全部重组或新建工会,保证工会组织不因企业改制而断层,工会工作不因企业改制而断线;坚持抓工会组建与抓作用发挥同时并举。在大力组建私企工会的同时,狠抓私企工会作用的发挥。

2004年,省教育工会在民办高校抓组建工作中,借助公办高校工会组织健全,制度完善,活动规范,工会主席能力较强,工作水平较高的优势,采取手拉手的方式,促进民办高校工会的组建。双向选择,自愿结合。确定携手意向的双方,填写“手拉手”登记表,实现自愿结合。组建业绩记入公办高校工会工作的目标考评中,并给予经费资助,促进公办高校工会的工作积极性。对民办高校工会建设分为筹建、初建和开展工作三个层次的年度目标。即第一层次目标:沟通宣传,建立工会组织。第二层次目标:积极努力,开展工会活动。第三层次目标:提升水平,加强工会建设。为保证目标的实现,双方共同制订具体措施。是年,共有13所公办高校与15所民办高校结成对子。南昌大学与蓝天职业技术学院结对手拉手,注重建会程序规范,拓宽手拉手活动内涵,两校工会制定四年“手拉手”活动目标。

2005年,鹰潭市总对规模小、数量多、分布广的新经济组织开展工会组建工作,探索出建立区域性行业工会组织的组建路数。对全市的新经济组织进行全面“拉网式”的摸底调查,做到“六清楚”,即清楚企业名称、性质、法人代表、经营地点、职工人数、联系电话。鹰潭市总在鹰潭市工业园区、贵溪市工业园区、余江县工业园区都相继建立工会组织,并且在起步早、基础好、发展快的贵溪工业园区进行配备专职工会主席的试点工作。该园区已实现入园企业建会率100%,职工入会率100%。鹰潭市的眼镜市场是全国四大眼镜专业市场之一,有业主近百家,职工数百人,且大多是进城务工的农民。市总通过市、区、街办、社区四级工会联动,依托眼镜业主委员会组建市眼镜行业工会联合会;市总根据出租车业主的要求,与市运管处、三家出租公司协商,由市运管处推荐5名有威望的出租业人员,成立鹰潭市出租车行业工会,发展会员300多人。

2007年11月30日,新余市总在新余经济开发区召开全市非公有制企业组建工作会议。9—11月,新余市总在全市开展“工会组建推进月”活动,非公有制企业工会组建工作取得长足进展,451家非公有制企业成立工会组织,1.6万名非公有制企业职工加入工会组织。

2008年,全省94个工业园区已基本建会,园区内6106个企业中有4301家企业建立工会,占70%;园区内70万职工中有会员50万,其中有农民工44万。

2010年2月,景德镇市竟成镇六〇二高科技工业园区召开区域首届一次职工代表大会。本次参加区域职代会的有景德镇市龙迪汽车内饰件有限公司、江西中航光学设备有限公司、景德镇市中天水晶科技有限公司和景德镇市中艺水晶厂4家企业,共有职工300余人。民主产生35名职工代表,其中法人代表4人、工会干部代表4人、一线职工代表27人。会议听取企业经营状况及发展规划介绍,审议通过区域职代会实施细则和区域集体合同,并现场签订区域集体合同。年底,全省出租车企业工会的组建率达97%,出租车司机的入会率达85%。全省现有103个工业园区,102个已建工会。全省工业园区共有企业7772家,组建工会5240家,组建率67%;工业园区内共有职工1033203人,发展会员728662人,入会率70%。工业园区工会干部482人,其中专职工会干部171人,兼职工会干部311人;工业园区企业工会干部11384人,其中专职工会干部970人,兼职工会干部10414人。

乡镇、村(街道)、社区建会

1985年,全省乡镇企业组建工会工作开始试点。

1987年,省总在奉新县召开全省乡镇企业工会工作会议,总结试点经验,对今后工作进行部署,形成了关于加强乡镇企业工会工作的意见。

1993年,省总在宜丰县召开全省乡镇企业工会工作会议,学习传达全国乡镇企业工会工作的会议精神,研究部署全省乡镇企业工会工作,讨论《江西省总工会关于加强乡镇企业工会工作的意见》。

1994年1月15日,省总下发《关于转发中华全国总工会办公厅〈关于转发乡镇企业组建工会问题的协调会纪要〉的通知》,要求各地市总工会结合本地区的工作向党政领导作好汇报,积极和本地区有关部门联系、协调,不失时机地做好全省乡镇企业组建工会的工作。上半年,全省已建立乡镇企业工会706个,发展会员50475人。宜春地区工会1993年底发展乡镇企业工会共146个,是1989年的3.2倍。7月30日,省总下发《江西省总工会进一步加强乡镇企业工会工作的几点意见》:全省约105.2万家乡镇企业和85.3万职工具备组建加入工会的条件,已组建起来的工会不到0.06%,会员不到5.9%。乡镇企业工会工作任务十分艰巨,必须进一步加强乡镇企业工会工作。力争用三年的时间,使乡镇办的集体企业组建工会工作有较大的突破。

至1995年11月底,新干县有建筑、建材、化工、轻工、食品、森工等乡镇企业200余家,已完成组建工会的工作,在乡镇企业从事体力或脑力劳动,以工资为主要生活来源的5000余名职工(不包括季节工、外包工、临时性合同工)加入工会组织。

1996年11月12日,宜春地区工会加快在乡镇一级和乡镇企业组建工会的步伐。全区110个乡镇建立工会,占全区乡镇总数的56%,有213家乡镇企业组建工会。

1998年,安义县总把乡镇建会过程中反映出来的问题和调查了解的情况,及时向县委作汇报,得到县委的重视和支持，县委批转县总《关于在全县乡镇和新经济组织中组建工会的通知》，对乡镇建会原则、条件、程序、步骤等都作出明确的规定。至11月底，全县12个乡镇依法照章全部组建工会，工会主席由各乡镇党群书记担任，并根据乡镇实际配备1~2名工会专(兼)职工作人员。

2000年7月20日，省总下发《关于调整2000年度地(市)工会组建乡镇、私营企业工会目标任务的通知》，明确2000年乡镇企业建会2809家。根据2000年12月29日省委常委会会议关于"在市、县、区机构改革中，政府和编委在审批乡镇、街道机构编制时，要明确工会的机构编制"的要求，省总代拟《关于加强乡镇、街道工会组织建设的意见》，建议省委组织部、省编办、省总联合下发各地执行，以期切实加强全省乡镇、街道一级工会组织建设，充分发挥乡镇、街道工会组织在改革、发展、稳定大局中的作用。

2001年上半年，萍乡市湘东区下埠镇虎山村26家企业成立了企业联合工会。

2002年6月13日，南昌市东湖区墩子塘街办党家巷社区工会正式成立，下属4个分会，覆盖个体企业74家，发展会员161名。9月30日，省总函送省委组织部、省编办《关于建议联合下发〈关于加强乡镇、街道工会组织建设的意见〉的函》，函告省总6—7月对全省乡镇、街道工会组织建设状况和工会工作开展情况进行调查。反映出乡镇、街道一级工会组织很不健全，工作也薄弱，其主因是其工会组织没有列入乡镇、街道一级机构编制序列，也没有专职工会工作人员的职数和岗位。年底，全省1603个乡镇、街道基本上都建立工会组织。

2003年4月7日，王君专门听取省总工作汇报及指示，请省委组织部、省编办、省总三家联合召开会议解决乡镇、街道工会机构、编制、领导职数问题。为准备这次会议，省总派出11个调研组赴11个设区市、部分县(市、区)和乡镇、街道工会进行调查研究，总结4个典型经验。9月29日，省总函送省委组织部、省编办《关于召开全省乡镇、街道工会组织建设工作会议征求意见的函》，提出会议议程建议。11月12日，省委组织部、省编办、省总联合在莲花县召开全省乡镇、街道工会组织建设工作会议。全省各设区市委组织部、市编委办、市总工会的主要领导参加会议。文之周主持会议。莲花县委、上饶县总、靖安县高湖镇工会、九江市浔阳区甘棠街办工会。上粟县上栗镇工会分别在会上介绍经验。省委组织部副部长王可忠、省编委办副主任张国宝分别代表省委组织部和省编委办，对县乡机构改革过程中，就解决乡镇专职工会干部的编制以及进一步加强党对工会工作的领导，强化工会组织网络，配备、建设好各级工会领导班子等，提出明确的要求。张海如讲话。12月28日，景德镇市昌江区竟成镇总工会成立暨工会第一次代表大会隆重举行。61位会员代表选举产生了竟成镇总工会第一届工会、经审会、女工委。并办理了社团法人资格。竟成镇是景德镇市的经济强镇，在全镇已有101家企业建立工会组织，建会率达95%，发展会员5800多人。是年，萍乡全市3县2区的60个乡镇、街道全面组建工会。与此同时，该市90%以上的乡镇街明确由党群副书记或工业办公室主任兼任工会主席，在私营经济比较发达的乡镇，还配备专职工会干部。2003年年末至2004年年初，上饶、景德镇市委组织部、市编办、市总，和吉安市委先后出台《关于加强乡镇、街道工会组织建设的意见》《关于加强乡镇(街道)和工业园区工会组织建设的意见》。《意见》要求乡镇(街道)、工业园区党组织必须加强对工会工作的指导。一要把工会工作纳入党组织的重要议事日程，定期听取工会工作汇报，并为工会解决实际问题；二要尊重工会按照《工会法》和《工会章程》独立自主地开展工作;三要以党建带工建,将工会建设纳入党建考核内容;四要指导工会贯彻党的方针政策,协调与各部门关系,为工会工作创造有利条件;五要保证工会干部主要精力和时间放在做好工会工作上,工会主席不是党委成员的要列席同级党委会议;市、县(市、区)工会要搞好乡镇(街道),工业园区工会干部的培训,尽快提高工会干部的政治、业务素质。

2004年上半年,鹰潭市总所有街道办事处(城区镇)管辖的43个社区居委会全部建立工会组织,而且基本做到有牌子、有章子、有办公场所、有人员分工、有制度、有活动;是年底,南昌市青山湖区建立村级工会联合工会85家,建会率达100%。工会联合会办公机构设在村委会,设主席一名,委员若干名。主席由行政村分管工业的副书记或副主任兼任,各企业为联合会的分会或小组,分会主席或小组长由企业职工推荐,并为联合会委员,工会联合会接受乡镇工会的领导。在村级设立工会联合会,工会组织隶属关系与党政隶属关系一致,实现工会工作一级管一级,层层抓落实的宝塔式管理模式。萍乡市55个乡镇(街道)全部组建工会,组建率为100%;全市有641个行政村,仅上栗县组建村联合工会45家;66个社区,组建工会60个,组建率达91%;新建企业2333家,组建工会2100家,组建率达90%;发展会员18.3万人,职工入会率达95%,形成乡镇(街道)、村(社区)、企业"小三级"工会组织网络。

"广普查、深组建、全覆盖"集中行动

2010年9月1日,省总办下发《关于转发中华全国总工会办公厅〈关于开展"广普查、深组建、全覆盖"集中行动的通知〉的通知》,要求各级工会按照全国党群共建创先争优视频会议关于"党群共建创先争优"的精神,开展"党建带工建、工建服务党建"活动,将创先争优活动转化为推动企业普遍建立工会的过程,力争做到工会组建全覆盖。9月份各设区市总工会要对各地工会组建工作情况进行专项普查。以第二次全国经济普查企业法人单位数为依据,按照企业名录实地核查,切实掌握本地区各类企业数、企业名称、建会数、涵盖法人单位数、职工数、会员数,尤其是外资企业和港澳台资企业的建会情况。第4季度开展建会工作。要把开展"广普查、深组建、全覆盖"集中行动与深入推进"双措并举、二次覆盖"紧密结合起来。充分发挥工会协理员的作用,建立区域性、行业性基层工会联合会,做好全国小企业工会联合会数据库的核实修改工作。11月18日,省总召开全省工会开展创先争优、推进"广普查、深组建、全覆盖"集中行动汇报会,各设区市总工会汇报了开展创先争优活动、推进集中行动的工作情况,省总组织部部署12月份"集中行动攻坚月"活动的工作任务。省总党组成员、纪检组长出席会议并讲话。他要求:各地要认真做好非公企业法人数据库管理使用工作,按照数据库中的企业名录实地核查、认真录入,在11月底前完成这项工作;要抓住重点,推动工会组建全覆盖。各级工会领导和机关要实行分片包干、税务代收建会筹备金、组织工会协理员深入企业排查等多种措施,发现建会工作的盲点和空白点,做到对未建会企业数量清、所处区位清、未建会原因清、推进建会工作情况清,推动工会组建全覆盖。要发挥工会协理员工会组建的作用。年底,全省组建基层工会1866家,涵盖法人单位2780个,发展会员10万人。全省非公企业法人数据库审核录入工作快速推进,完成率达98%以上。省总被评为全国工会推进"双措并举、二次

覆盖”工作先进单位。

第三节　干部队伍

协管工会干部

1994年11月20日,省总下发《关于进行干部协管情况调查的通知》。

1996年,省总根据中组部《关于干部管理工作若干问题的通知》要求,建立了省辖市工会换届和地市总工会领导干部档案。

1997年12月,省委组织部和省总联合下发《关于工会协管下一级工会领导干部有关问题的通知》,《通知》明确,工会协助党委管理下一级工会领导干部的范围:地、市、县地方工会正副主席(主任);省、地、市、县产业(局)工会正副主席(主任);企事业、行政单位的基层工会正副主席。工会协管干部的任务:主要是对党委任免的工会正副主席(主任),配合党委组织部门进行考察、考核,对其工会领导班子的配备、调整、交流,向党委提出建议;协助党委做好工会领导班子的思想政治建设和岗位培训教育工作;协助党委做好工会后备干部的选拔培养工作。《通知》明确:凡工会正副主席(主任)的任免、调动,应事先征求上级工会意见。征求意见时要正式行文,并附干部任免审批表,属于提拔任用的应附考察材料。上级工会接到征求意见函后,要及时研究,尽快答复,1个月内未予答复的视为同意。对工会正副主席(主任)的任免,双方意见不一致时,正职的任免报上级党委组织部门协调,上级党委组织部门应当在一个月内提出意见;副职的任免由主管方决定。干部任免后,应将任免通知及时抄送协管方的工会组织。《通知》要求保持工会领导干部任期内相对稳定。经选举产生的工会主席、副主席,在任期内没有特殊情况,一般不要调整。确因工作需要调动任期未满的工会领导干部时,应当事先征得上级工会组织的同意。工会领导干部调离后的职位缺额,应及时补充。工会领导干部职务的变动,要经过民主程序,党委确定任免名单后,工会要及时履行民主程序。在没有履行民主程序前,不得对外公布。

2002年5月,上饶市各县(市、区)委在调整县(市、区)总工会正副主席人选前,充分听取市总的意见,严格履行民主程序。市委对12个县(市、区)中的9个县总班子进行调整,使市县总班子成员年龄呈现年轻,文化程度提高,综合素质提高。并重视女性正副主席配备。

2004年12月28日,鹰潭市委按照工会干部协管的原则,在征得省总同意后,率先高配工会班子,并将市总经审会、女工委两套班子全部配齐。鹰潭市在对基层各级工会领导班子的建设上坚持干部协管原则:基层工会主席、副主席的任免,市总没把关的不使用,市总把好关的,基层党委要优先批复。整个鹰潭市县区工会班子、市区36个乡镇街道办事处工会主席全部配齐。同时,鹰潭市对工会涌现出的优秀干部也大胆提拔使用,市总主席升任为副市长。市总有7名工会干部走上县级领导岗位。

2005年8月19日,省委下发《关于进一步加强和改进新时期工会工作的意见》,强调:“落实工会协管干部的规定,在工会换届和调整充实工会领导班子成员时,地方党委组织部门要事先与上级工会沟通协商,以书面形式征求上级工会的意见,并进行联合考察后,再作出任免、调动的决定。”

2007 年 1 月 18 日省总十一届三次委员(扩大)会议强调:进一步加强工会协管干部工作,继续协助党委选好配强工会领导班子。

2008 年 1 月 8 日省总十一届四次委员(扩大)会议强调,协助党委(党组)做好工会干部协管和工会换届工作,配好配强工会领导班子。

2010 年 12 月 14 日,省委下发《关于进一步加强和改进新时期工会工作的意见》,强调:落实工会协管干部的规定,在调整配备工会领导班子成员考察干部时,党委组织部门要事先征求上一级工会意见,并邀请上一级工会组织部门参与考察,上一级工会组织部门要积极配合。

工会干部

1993—1998 年,全省有 24 名工会干部和 47 名工会工作相关人员分别被全总授予全国优秀工会工作者和优秀工会积极分子称号。

1998—2003 年,工会领导机关机构改革,各级工会领导干部竞争上岗机制逐步形成。为加快江西工会工作发展,省总提出“抓大事、突重点、打基础、上水平”的五年工作思路,创建“一横三纵”工作新机制。即:省总加强源头参与、调查研究、宏观指导、政策服务,设区市总工会实行重点工作目标管理,县级工会开展达标和创十佳竞赛,基层工会开展建设“职工之家”和“双爱双评”活动,用创建的办法把全总提出的“五突破一加强”要求落实到基层,形成“重点突出、层次分明、各有侧重、上下联动”的工作格局,得到全总领导的肯定。省总和各级工会领导机关干部坚持深入基层、深入职工,加大调查研究力度,及时反映职工的呼声和要求,一批重点调研成果和重要信息被中央、省委和全总采用,促进有关问题的解决。各产业工会紧紧围绕企业改革和工会重点工作,在维护职工合法权益方面做大量工作,发挥产业工会的作用。

2003 年,莲花县总争取县委重视支持,配齐配强工会干部,在全县 13 个乡镇全面组建工会和乡镇企业联合工会之后,县委下发《关于进一步加强和完善乡镇工会组织建设的意见》,明确规定各乡镇分管党群的副书记兼任工会主席。由于乡镇工作线多面广,党群书记兼职过多,精力分散,许多工会工作难以落实。为此,县政府又与县总工会召开联席会议并形成纪要,要求各乡镇在机构改革“三定”方案中配备 1 名年纪轻、素质高、作风正、热爱工会工作的乡镇工会专职干部。至年底,全县各乡镇均配齐配强工会专职干部。县委组织部组织全县乡镇工会干部在县委党校培训学习《工会法》《工会章程》《劳动法》等有关知识,提高工会干部的整体素质。

2005 年 8 月 19 日,省委下发《关于进一步加强和改进新时期工会工作的意见》强调:“乡镇、街道、工业园区、社区的工会工作一定要有人负责,在编制限额内配备一名专职或兼职工会干部。”“按照干部队伍‘四化’方针和德才兼备原则,选好配强工会领导班子。设区市和经济比较发达、职工人数较多的县(市、区)工会主席,根据本人条件,逐步按照同级党政副职级干部配备。国有企业和国有控股企业、事业单位的工会主席,按同级党政副职配备,是党员的进入同级党委。注重培养和选拔优秀年轻干部进入工会领导班子,形成合理的专业知识结构和年龄结构。……要重视关心工会干部的成长,把工会干部的培养、交流、使用和管理纳入党政干部管理序列,统筹安排。”

2007年1月18日省总十一届三次委员(扩大)会议强调:推动市、县(区)工会主席按照同级党政副职配备。加强基层工会力量,积极探索工会工作者专业化、社会化、职业化的路子,采取聘任工会组织员、协理员、志愿者等方法,建立一支专、兼、聘相结合的工会干部队伍。改进工会干部培训方式,创新培训内容,整合培训资源,优化培训队伍,提高培训质量,推动工会干部培训纳入党政干部培训体系工作。探索建立基层工会干部保护和激励机制。基层工会干部因依法维权而遭受打击报复、不公正待遇和导致经济困难的,上级工会必须及时介入做好协调工作,提供法律援助、生活救助和其他各种形式的帮助。是年实现省、市、县(区)地方工会主席全部按同级党政副职级干部配备,跨入全国先进行列。高配的工会主席到位后,工作思路清晰,工作重点突出,难点工作突破,不少工作都富有特色和成效。坚持深入基层、深入职工,加大调查研究力度,重点开展了全省1000名下岗职工和1000名低保职工生活状况、农民工合法权益维护、外资企业工会组建、企业职工同工同酬情况等专题调研,及时反映职工的呼声和要求,一批重点调研成果和重要信息被中央、省委和全总采用,推动涉及职工切身利益问题的解决。

2008年1月8日,省总十一届四次委员(扩大)会议强调,工会干部特别是领导干部要注重理论学习和工会业务知识学习,不断提高议大事、谋全局的意识和水平。要加强工会干部教育培训工作,力争做到新任工会主席当年到任当年培训。在全面完成地方工会主席按同级党政副职级干部配备的基础上,各级工会要进一步推进《中共江西省委关于进一步加强和改进新时期工会工作的意见》中关于“国有企业和国有控股企业、事业单位的工会主席,按同级党政副职配备,是党员的进入同级党委”的要求的贯彻落实。积极稳妥地开展非公企业基层工会主席直选试点,通过招聘选拔等方式聘任工会组织员、指导员等,逐步实行非公企业工会主席职业化、社会化。各级工会干部要进一步转变作风,深入基层、深入职工,真诚倾听职工呼声,真实反映职工愿望,真情关心职工疾苦,及时推进有关部门依法处理和解决群众反映的问题,尽心竭力为职工群众排忧解难,积极当好改革开放的促进者、和谐社会的建设者、职工群众利益的维护者。

2009年8月12日,全省工会基层组织建设工作会议在南昌召开。郭学勤出席并讲话。11个设区市总的分管基层组织建设工作的副主席和部门负责人参加会议。新余市总、丰城市总、上饶市信州区总、东乡县总、兴国县总、贵溪市工业园区工会联合会6个单位在会上作了经验介绍。会议传达全国工会基层组织建设暨县级工会工作会议精神;布置全省工会工作协理员选聘工作,部署小型非公企业工会联合会数据库软件的应用工作。9月1日,省总下发《关于加强工会工作者队伍建设的指导意见》,要求当年各县(市区)总招聘工会工作协理员2~4名,实现300名目标。并明确工会工作协理员职责和要求,职责:即抓好辖区或所属企事业单位和其他社会组织组建工会,发展工会会员;指导基层工会建立健全民主管理制度、劳动争议调解组织、职工之家建设和集体协商;受工会委托依法催收基层工会经费工作。要求:一年内实现全县的工业园区工会组建率达100%,小型非公有制企业工会联合会组建率达80%。劳动争议调解委员会、职工代表大会、集体协商建制率达80%,“职工之家”建制率达70%。省总为此制定职业化、社会化工作者的招聘选用和管理制度,明确工会工作协理员的进退机制,明确市、县工会协理员工资实行分级出资办法,即全总、省总、市总、县总各出一部分。全省各县(市、区)总共选聘255名工会工作协理员,2/3的年龄在35岁以下,学历在本科以上。改善了基层工会干部队伍的年龄和学历结构,增添了基层工会的活力。

2009年5月,新余市总就尝试"社会化招聘、派遣式用人、契约化管理"的方式,率先在全省开展选聘工会工作协理员工作,探索非公有制企事业单位工会干部职业化、社会化新途径。12名工会工作协理员经过报名、资格审查、面试、笔试、体检、考察以及岗前培训后,全部陆续派驻"条件成熟"的大中型非公有制企业开展工会工作。11月11日,新余市总出台《新余市工会工作协理员选聘管理(试行)办法》,既保证让较高素质的人员加入到工会干部队伍中来,把好工会干部的入口关,又强化了对工会工作协理员的监督、管理,疏通工会干部的出口关。

2010年2月1日,省总十二届三次委员(扩大)会议强调,进一步强化工会干部特别是领导干部的学习意识,创新学习方式,完善学习制度。改进工作作风,深入基层、深入职工群众,加大调查研究力度,向同级党政提交高质量调研报告和工作建议。加强干部教育培训,创新培训方式,拓宽培训渠道,注重案例教学,举办新上岗工会主席(干部)和专题业务培训班。加大"七大员"队伍建设,突出抓好工会协理员管理工作,制定岗位职责、工作考核和竞争奖励等制度,逐步为社区、乡镇配备工会协理员。有条件的地方可以探索非公企业工会主席工资福利等由上级工会支付的做法。3月,省总先后举办两期全省工会工作协理员培训班,新选聘的工会协理员参加培训,姚亚平在第二期工会工作协理员培训班结业座谈会上讲话。12月14日,省委下发《关于进一步加强和改进新时期工会工作的意见》,指出:加强工会干部队伍建设。坚持党对工会的领导,按照组织创先进、党员争优秀、发展上水平、群众得实惠的要求,确保各级工会认真贯彻党委的重大决策和工作部署,并经民主程序成为工会组织的决议和广大职工的自觉行动。各级党委、政府和有关部门要支持工会和工会干部依法履行维权职责,对因维权受到不公正对待甚至打击报复的,要及时采取有效保护措施,对打击报复者给予严肃处理。要重视关心工会干部的成长,在工会干部的培养、交流、使用和管理等方面,要全盘考虑、统筹安排。要加强工会干部队伍建设,建设一支政治立场坚定、业务能力过硬、群众观念牢固、工作作风严谨的高素质工会干部队伍。

表2-3-1 1994—2002年若干年江西省工会基层组织情况

年份	基层工会组织(个)	工会专职干部(人)	基层以上工会组织(个)	基层以上工会专职干部(人)	女专职干部(人)
1994	24645	13116			
1998	17008	11750	1064	3079	1031
1999	15562	11505	979	2914	
2000	18208	17927		2947	1026
2002		14475		2639	

表 2－3－2　2003—2010 年度江西省基层以上工会专职工会干部情况

年份	基层以上工会（个）	基层以上工会专职干部（人）	基层以上工会专职干部文化程度构成（人）							基层以上工会兼职干部（人）
			女干部	研究生	大学本科	大专	中专中技	高中	初中及以下	
2003		2738		18	479	1365	369	430	77	4052
2004		2596		32	501	1284	300	384	95	3865
2005	1216	2876	727	59	551	1411	326	383	146	4070
2006	1168	3005	870	38	643	1685	281	315	43	3529
2007	1241	3002	914	54	716	1580	652	4125		
2008	1576	4525	1523	59	1337	2104	1025			
2009	1589	4280	1454	67	1006	2262	945			
2010		7084		176	2196	3086	1626			

表 2－3－3　2006—2009 年度江西省各级工会组织及工作人员人数

年份	基层工会组织（个）	基层工会专职工作人员（人）	女性专职工会工作人员	基层工会兼职工作人员（人）	基层以上工会（个）	基层以上工会专职干部（人）	基层以上工会兼职干部（人）
2006	41130	13230	3648	104014	1168	3005	3529
2007	45978	15470	4294	103566	1241	3002	4125
2008	51666	18606	5071	113503	1576	4525	3348
2009	55454	26796	7123	116699	1589	4280	3931
2010	59186	35170	7795	128123		3684	1322

工会主席高配

1998 年江西省基层单位工会主席情况为：设有专职工会主席的有 3303 家，由党政领导兼任的有 7114 家，由其他人员兼任的有 6591 家，以工会主席身份进入董事会的有 117 家，工会主席或副主席进入监事会的有 120 家。

2003 年起，省委配备同级副职领导担任省总主席。

2005 年，上饶全市 12 个县（市、区）总工会主席实现高配，并均配备正科级常务副主席。全市 212 个乡镇街道全部配齐副科级工会主席，其中 152 个乡镇街道由党委副书记、纪检书记担任工会主席，并配备 1 名中层正职级专职副主席，占 71.7%；60 个乡镇街道配备了副科级专职主席，占 28.3%。市本级 108 个直属基层工会，96 个按党政副职配备了工会主席，是兼职主席的均配备正科级专职副主席；全市 192 个县（市、区）直属非企业基层工会，配备了同级党政副职主席或专职副主席。

2006年,省总党组争取省委组织部支持,下发《关于市、县(区)换届中解决好工会主席按同级党政副职级干部配备》的明传电报,工会主席高配工作有新的进展。为此,省总建立每半个月通报一次工会主席由同级党政副职配备情况的制度,同时报送省委。

2007年4月3—4日,省总在赣州市召开全省县级工会主席高配暨工会帮扶工作现场会。会议总结交流全省县级工会主席高配暨工会帮扶工作经验。张海如、文之周、李骥、李慈葆、郭学勤、柯进水、宗菊根、王运昌出席。赣州市潘玉兰、陈春明、刘琮等应邀出席。参加会议的有各设区市总主席、常务副主席、组织部部长、保障工作部部长和省总机关有关部门负责人及赣州市各县(区)工会主席。张海如在会上要求,要以这次现场会为起点和加油站,下真力积极协助地方党委推进工会领导班子建设工作,力争在6月底以前全面完成。6月,全省11个设区市和99个县(市、区)实现工会主席全部按照同级党政副职级干部配备。7月10—14日,省总举办省、市、县三级工会主席全部实现按同级党政副职级配备后的全省市县工会主席培训班。张海如出席开班式并讲话,省总各位领导结合自己分管的工作为大家讲课,同时聘请中国劳动关系学院的教授和省总干校的老师为大家讲课,省总机关干部也参加培训班。重点学习总书记胡锦涛在中央党校的重要讲话和中央、省委关于工人阶级和工会工作的重要指示,重点学习有关工会工作的法律法规、政策和业务知识。

第四节　干部教育培训

教育培训规划

1994年12月1日,省总在南昌召开全省工会干部教育工作会议,全省各地、市总工会,省产业工会,省总直属基层工会分管组织工作的领导参加会议。会议传达全国工会干部教育工作会议精神,总结本省工会干部教育工作,分析研究当前工会干部教育工作遇到的新情况,新问题,讨论工会干部教育工作的意见,明确今后全省工会干部教育工作的任务。

1996年3月,省总下发《江西省工会1996—2000年干部培训规划》,《规划》明确:(1)“九五”期间工会干部培训的基本原则:坚持着眼于整个干部队伍,实行“全员、全额、全面”培训,同时又突出重点,着力抓好地(市)、县(市)工会和省、地(市)属国有企业工会领导干部的培训。(2)培训内容主要:建设有中国特色社会主义理论、社会主义市场经济基本知识、工会基本理论和工会工作基本知识、劳动经济和劳动法律的基本知识。(3)培训的主要途径:岗位资格培训是工会岗位基本知识和基本技能的培训。(4)培训体制和方式:为保证全省工会干部培训工作在“九五”期间健康有序地开展,必须建立由省总领导的,省总组织部主管,各地(市)工会、产业工会、直属基层工会、省总干校分工负责,分级管理的培训体制。同时,省总成立以省总分管主席为组长、各职能部门领导参加的“九五”工会干部教育培训工作领导小组。领导小组定期研究工会干部教育培训工作,省总主席办公会议每年专题讨论全省工会干部教育培训计划,把教育培训工作列入设区市、省产业工会重点工作实施目标管理以及县级工会达标和创十佳竞赛活动。各设区市总工会、省产业(局、系统)工会、省总直属基层工会也相应成立“一把手”负总责的干教工作领导机构，及时研究和解决工会干部教育培训工作中存在的问题和困难。由于各级工会思想认识到位，组织领导得力，制度上有保障，财力上有支持，营造齐抓共管的干部教育培训工作局面。

“九五”期间，省总加大对各级工会机关干部和企事业单位工会领导干部培训的力度，培训科及以下干部1万余人次。对新上岗工会干部进行岗位资格培训，使他们初步掌握工会基础知识，共培训4000多人次。适应性岗位培训有很大进展，根据新形势、新情况适时开展各种内容的培训，全省累计培训工会干部2万余人次，其中由省总干校直接办班50多期，培训3000多人次。工会专门人才的培训力度逐年加大。其中，培训法律工作者117人，劳动争议仲裁员138人，劳动法律监督员10704人，培训工会劳动、工资、保险工作者400人，培训企业工会主席工商管理200人。省总先后举办8期300余人次的工会领导干部研讨班。根据分级培训的要求，许多设区市总工会、省产业(局、系统)工会、省总直属基层工会对所属基层工会主席的培训，举办培训班近百期，培训5000多人次。

省总重视省总干校的建设，加大对干校的硬件建设的投入，“九五”期间投资近百万元将学员宿舍改造成标准间，并装配空调、电话、电视，建造多功能的娱乐活动厅，改造学员食堂，添置60台586电脑，形成了内部联网的电脑操作室，对校园进行规划、美化、净化，办学条件得到较大改善。同时，加强干校领导班子的建设和内部管理体制改革，积极探索教学、科研手段现代化，建立各项制度。加强教师队伍建设，初步形成一支专兼职相结合、专业结构比较合理的教师队伍。促进工会干部教育培训基地建设的健康稳步发展。

2002年5月10日，省总下发《关于印发〈2001—2005年江西省工会干部教育培训规划〉的通知》，《规划》明确培训内容：各级工会领导机关干部主要学习理论基础、工会理论与业务、政策法规和经济知识，即：学习马列主义、毛泽东思想和邓小平理论，江泽民“三个代表”重要思想的论述；学习和把握毛泽东、邓小平、江泽民关于工人阶级与工会的理论及重要论述，工会学、工运史、劳动经济，工会重点工作等方面的内容；了解和掌握党和国家的路线、方针、政策，《工会法》《劳动法》等法律法规，重点学习开展集体协商、签订集体合同，维护职工群众合法权益方面的法律法规等；了解和掌握社会主义市场经济知识以及其他相关知识。适当安排学习有关当代世界经济与科技、国家经济形势与经济政策、工会领导艺术与方法、当代国际工运和战略思维、计算机应用及网络知识等方面的内容。《规划》从发挥工会干部学校培训基地的作用、建设一支高素质的教师队伍、改进培训方式方法、建立和完善制度、加强领导4个方面强调干部培训工作的保障措施。

2002年6月25日，全省工会干部教育培训工作会议在省总干校召开。各设区市总工会、省产业(局、系统)工会、省总直属基层工会有关方面负责人共50多人参加。程受锭、经审会主任宗菊根出席会议，程受锭在会上讲话，会议表彰全省工会干部教育培训工作先进集体和先进个人。赣州市总、上饶市总、吉安市总、宜春市总、江西铜业公司工会、省总干校6单位作了经验交流发言。程受锭回顾了“九五”期间全省各级工会组织在教育培训工会干部工作方面取得的可喜成绩，并强调：要提高认识，把工会干部教育培训工作作为一项战略任务来抓；要贯彻“四个始终坚持”，认真做好全省工会干部培训工作；明确“十五”(2001—2005年)教育培训规划目标，全面落实各项工作任务。要求始终坚持以培养贯彻党的路线方针政策、热爱党的工运事业、密切联系职工群众、敢于为职工群众说话办事、职工群众信赖的高素质工会干部队伍,造就一大批熟悉劳动就业、劳动工资、社会保障、劳动保护和劳动法律等方面知识的工会工作的专门家。

培训班

1994年2月8日,省总下发《关于举办国有独资公司试点企业工会主席培训班的通知》。

1994年6月1日,省总下发《关于组织工会干部进行社会主义市场经济基本知识培训的通知》。培训地市总工会、省产业工会,省总直属基层工会正、副部长以上干部,县总主席,大型企业工会正副主席、正副部长,中型企业工会正副主席,时间为7~10天,具体由省总干校负责落实。

1995年5—7月,省总举办4期全省工会领导干部贯彻实施《劳动法》研讨班培训班,对地、市总工会,省产业工会、直属基层工会、国有独资公司、试点企业工会和大型企业工会领导干部,以及省总机关处级领导干部117人进行培训,每期7天。刘金标、程受锭、童水仙、文之周分别参加各期研讨班学员研讨,学员就当前建立协商谈判制度和签订集体合同继续解决的主要问题是什么?如何处理好集体合同与共保合同的关系,在立法方面继续解决什么问题?深化企业改革和建立现代企业制度试点给工会基层工作提出什么新情况、新问题、新要求,如何适应新形势要求搞好基层工会的改革和建设?外商投资企业、乡镇企业和私营企业中的劳动关系和组建工会工作的情况和问题进行研讨。学员结业后获劳动法培训合格证书。是年11月18日,省总下发《关于举办全省职工互助保险事业消费合作事业工会干部研讨班的通知》。

1996年6月,省总举办地市级工会领导干部专题研讨班,各地(市)工会、省级产业工会、省总直属基层工会的负责人,部分地(市)、产业、直属基层工会组织(组宣)部长参加。党组成员、组织部部长李骥出席。开班前省总专门发文要求相关学员对拟定的研讨提纲问题进行调研,研讨班学员进行讨论。

1998年,全省完成340名工会干部调训计划。1998年下半年,省总在省总干校举办县(市、区)工会主席研讨班,分期分批对全省各县(市、区)工会主席普遍培训。

1993—1998年,十届省总期间,全省20.7万人次进行适应性岗位培训,6180人进行岗位资格培训。

表2-4-1 1996—1997年江西省各级工会干部培训情况

年份	基层工会				基层以上工会					
	工会干部适应性岗位培训(人次)	女干部	基层工会专职干部	基层工会积极分子	上岗资格培训(人)	女干部	适应性岗位培训人数(人)	女干部	基层工会干部	基层以上工会干部
1996	47916	9420	11069	36847	3514	1134	7791	1918	6108	1100
1997	31009	4851	4335	17684	6500	1389	6656	1481	4746	866

1999 年，省总举办 4 期工会主席规范化岗位培训班和 4 期工会干部专业培训班，共调训、培训工会干部 531 名。

2000 年，省总工会干部上岗资格培训和适应性岗位培训，培训工会干部 515 人。

2001 年，省总共举办 10 期培训班，培训、调训工会干部 556 名。是年南昌市总干部上岗资格培训和适应性岗位培训工会干部 1000 人（次），其中新建企业工会干部 400 余人（次）。

2002 年，省总共举办 8 期培训班，培训、调训工会干部 450 名。是年南昌市总举办 6 期培训班，共培训调训工会干部 316 名。

2003—2008 年，十一届省总期间，省总举办培训班 62 期、培训 3688 人次，完成了全省工会干部“十五”培训计划。其中，南昌市总 2003 年举办 3 期培训班，培训工会干部 79 人，调训工会干部 38 名；2004 年举办 8 期培训班，培训工会干部 509 人次；2007 年全年派往全总、省总及省外学习的工会干部共 20 人（次），南昌市各级工会举办工会干部、工会积极分子培训班 13 期，共培训 670 人（次）。

2006 年，省总举办培训班 11 期，培训工会干部 690 人。

2007 年 7 月 10—14 日，省总在全省省、市、县三级地方工会主席全部实现按同级党政副职级配备后，对工会干部进行第一次高规格、大规模的培训。省总各位领导结合自己分管的工作授课，并聘请中国劳动关系学院的教授讲课。

2008 年，省总举办工会干部培训 8 期，培训 750 人次。邀请有关厅局领导和专家定期对省总机关干部进行国情省情教育。

2009 年，全总组织部下达江西主体班次调训任务 44 人，省总调训 47 人，调训率 106.8%。

表 2－4－2　2003—2010 年度江西省工会干部教育培训情况

年份	参加地方、产业工会轮训的工会干部（人）	专职工会干部	新建企业工会干部	参加适应性岗位培训的工会干部（人次）	参加地方、产业工会领导干部研讨班（人次）	参加地方、产业工会青年干部培训班（人次）	参加地方、产业工会专业人才培训班（人次）	参加地方、产业工会师资培训班（人次）	非公有制企业工会干部培训班（人次）
2003	4805	1619	1524	2377	343	130	719	379	
2004	4822	1579	1704	2617	207	147	402	174	
2005	3173	1337		2864	261	168	241	88	
2006	1697			2817	269	111	324	237	
2007	3396			2938	316	1653	217	120	
2008	4262			7046	868	4978	1101	223	
2009	3141			4179	730	2867	2963	454	
2010	6670			8086	1325	5816			4102

2010年4月25—29日,省总举办全省工会组织干部业务培训班。全省工会组织干部80余人参加培训。6月28日—7月2日,省总举办首期工会信访工作人员培训班。郭学勤出席开班仪式并讲话;吴海平为学员授课。全省各设区市总工会的87名工会信访工作人员参加培训。是年省总举办各类工会干部培训班10期,培训工会干部911人。

教材建设

工会干部培训教材 为了贯彻落实1989年12月中共中央通知中强调指出的“加强在职干部培训”的精神,增长工会干部的专业知识,提高政治思想觉悟和业务水平,以适应改革开放新形势的需要。1990年8月,省总干校组织编写《基层工会专业知识概述》,中国城市经济社会出版社1990年8月出版。祝庆发任主编,舒秉玮、徐尊华、熊凤妹任副主编。《基层工会专业知识概述》全书分为20章,约22万字。包括“社会主义新时期工会工作的方针和任务”“企业民主管理”“群众生产工作”“职工技术协作工作”“群众劳动保护工作”“群众生活工作”“群众劳动保险工作”“工会的工资工作”“职工思想政治工作”“职工文化技术教育工作”“职工文化工作”“职工体育工作”“基层工会的财务管理”“工会的统计工作”“工会的女工工作”“工会组织的群众化民主化建设”“基层工会的组织建设”“工会班组建设”“工会与劳动立法”“工会文秘工作”,涵盖工会工作的基本内容。该书获全国工会学研究会鼓励奖。

1991年,为了有计划、有步骤地开展工会干部培训,统一全国工会干部岗位培训教学需求,确保岗位培训教学质量,全总组织部组织全国部分工会干部院校教师编写工会干部岗位培训六门必修课程:“马克思主义基本原理”“工会学”“当代工运”“工会领导学”“劳动法学”和“经济管理概论”《学习纲要》,作为全总唯一指定的工会干部岗位培训学习用书。1992年,省总干校根据工会干部岗位资格培训学制由以往四个月缩短为两个月的现实,1992年6月,省总组织部组织编写《基层工会干部岗位培训简明读本》,作为全省工会干部岗位培训教材。全书由省总干校教师编写,李上珍汇总定稿,1992年6月出版。全书分五部分:(一)《马克思主义基本原理》,(二)《经济管理概论》,(三)《工会学》,(四)《劳动法学》,(五)《工会领导学》。《基层工会干部岗位培训简明读本》,该书以全总六本教材的《学习纲要》为基础,将全总指定的工会干部培训六门课程合编为一本书。全书共42万字,成为八五期间全省工会干部培训的主要教材。

为加强对《工会法》的学习、宣传,省总干校组织编写了《工会法讲座》,该书由黄才金、江鸣、王汉萍担任主编,全书共分为7讲,约8万余字。1992年4月,经省新闻出版局批准,以内部发行方式刊印10000册,成为向全省工会干部宣传《工会法》的主要教材。

1994年5月,省总干校组织编写《劳动争议法律工作指南》。该书共分为四个部分,第一部分为《企业法律知识》,包含“企业概述”“企业职工的权利和义务”“企业内部的领导体制”“企业管理中的法律问题”“企业工会”共五章;第二部分为《劳动法基本知识》,包含“劳动法概述”“劳动合同”“劳动报酬”“劳动纪律”“劳动保护”“几种常见的劳动法律制度”共六章;第三部分为《劳动争议》,包含“劳动争议概述”“劳动争议调解”“劳动争议仲裁”“劳动争议诉讼”“工会在处理劳动争议工作中的职责和作用”共五章；第四部分为《劳动争议案例评析》，共收集 22 个比较有代表性的案例，并从法律的角度对其进行点评。全书共约 16 万字，由彭国富、王界凯、黄才金主编，由江西人民出版社出版发行。

2002 年，省总干校编写了《工会干部岗位培训读本》，江西人民出版社 2002 年 9 月出版，程受锭为《读本》作序。《读本》全面系统地介绍基层工会干部所必具理论知识和业务知识，作为培训基层工会干部的用书。万学华任主编，范春松任副主编，负责审校和统稿，万学华最后审定。主要内容：代前言学习“三个代表”重要思想，与时俱进，做好工会工作；第一章全心全意依靠工人阶级；第二章我国国民经济和社会发展的战略问题；第三章工会的性质、地位、职能；第四章职工民主管理；第五章工会社会保障工作；第六章工会劳动保护工作；第七章工会女职工工作；第八章工会自身建设与改革；第九章劳动关系与劳动合同制度；第十章平等协商和集体合同制度；第十一章劳动争议处理；第十二章工会与技术创新工程；第十三章现代企业制度；第十四章世界贸易组织与中国工会；第十五章当代国际工人运动简介。

其他教材　省总干校复校后，部分教师还参与了一些教材的编写。1988 年，易西发参编《马克思主义哲学原理》（1988 年石油大学出版社出版）。1989 年，李上珍参编《新编社会学概论》（任副主编，江西人民出版社 1989 年 7 月出版，1990 年获省社会学学会优秀论著一等奖，江西省第四次优秀社会科学成果二等奖）。1989 年，黄才金参编《马克思主义经济理论》（同济大学出版社 1989 年出版）。1991 年，万学华参编省九年制义务教育教材《国情教育》（江西教育出版社 1991 年 2 月出版）。1991 年，黄才金参编《马克思主义政治经济学》（任副主编，江西人民出版社 1991 年 3 月出版）。1993 年，贾鲁营参编《建设有中国特色社会主义理论概说》（江西高校出版社 1993 年 7 月出版）。1994 年 12 月，徐尊华参编《全国班组长岗位培训电视讲座》（全总、国家经贸委、中央电视台主办）。1997 年，贾鲁营参编《公务员法律法规教程》（江西高校出版社 1997 年 3 月出版）。2000 年，欧阳华参编《劳动争议案例精选精评》（江西高校出版社 2000 年 9 月出版）。

工会干部教育先进集体、个人

1996 年 8 月 21 日，省总在九届七次常委扩大会议上向获得“八五”期间工会干部教育工作先进集体和先进个人颁发奖牌和奖品。南昌市总等 49 个单位和程汉南等 97 人获奖。

2001 年 8 月，省总干校获“九五”期间全国工会干部教育先进集体。万学华获“九五”期间全国工会干部教育先进个人称号，并评授“九五”期间全国工会干部教育“十佳”先进个人称号。

2006 年 8 月 28 日，全总在北京召开全国工会干部教育培训工作会议。中国东方航空股份有限公司江西分公司工会主席戴晓贺获全国工会干部教育培训工作先进个人的称号。

第三章 劳动、技术

1994—2010年,全省各级工会组织始终坚持围绕江西改革发展大局,努力在调动好、发挥好、保护好职工群众的积极性、主动性和创造性上下功夫,广泛开展劳动竞赛、群众性经济技术创新工程、职工技术协作和劳动保护,评选先进、树立典型,动员和组织广大职工为江西经济社会持续发展做出积极贡献。

第一节 劳动竞赛

2003年根据国务院规定,劳动竞赛奖金从企业奖励基金中提取支付。1992年7月,国务院颁布《全民所有制工业企业转换经营机制条例》第二十四条规定:“企业职工的工资、奖金、津贴、补贴以及其他工资性收入,应当纳入工资、总额。取消工资总额以外的一切单项奖”。根据这一规定,劳动部、财政部下发文件,取消包括劳动竞赛奖在内的各种单项奖。

活动机构

省、地(市)、县三级地方人民政府依据《工会法》,相应建立劳动竞赛委员会,政府分管工业的领导担任主任委员,工会、政府办公室、经济部门、财政部门为副主任委员。劳动竞赛委员会为地方各行各业劳动竞赛领导机构。下设办公室,由工会负责日常工作。全省各级行业系统及基层企事业也成立相应组织,组织本系统本单位劳动竞赛。

1990年,省政府成立江西省“双增双节”劳动竞赛委员会(简称省竞委)。

1993年10月20日,省政府办公厅下发《关于调整省双增双节劳动竞赛委员会成员的通知》,主任委员:张云川(副省长),副主任委员:刘金标(江西省总工会主席)、王飙(省政府副秘书长、办公厅主任)、胡健(省经贸委副主任)、谢望祺(省财政厅副厅长)、童水仙(省总工会副主席),委员:刘上洋(省委宣传部副部长)、樊祥熙(省计委副主任)、高介福(省科委副主任)、冯桃莲[共青团江西省委员会(简称团省委)副书记]、李育民(省农办副主任)、张年胜(省劳动厅副厅长)、周泽喜(省对外贸易经济合作厅副厅长)、黄耀春(省统计局副局长)、韦文(省商业厅副厅长)、刘孟全(省税务局副局长)。

1995年8月2日,省总向省政府呈交《关于调整省“双增双节”劳动竞赛委员会成员的报告》,建议对省竞委成员进行调整。

1995年，省政府办公厅下发《关于调整省双增双节劳动竞赛委员会组成人员的通知》，主任委员：朱英培（副省长），刘金标（省总主席，常务）、胡宪（省政府副秘书长、办公厅副主任）、胡健（省经贸委调研员（正厅级）、谢望祺（省财政厅副厅长）。

1997年4月15日，省政府办公厅下发《关于调整省双增双节劳动竞赛委员会组成人员的通知》，主任委员：朱英培（副省长），副主任委员：钟健华（省委宣传部副部长）、樊祥熙（省计委副主任）、高介福（省科委副主任）、冯桃莲（团省委副书记）、龚绵春（省劳动厅副厅长）、许以国（省外经贸厅副厅长）、黄耀春（省统计局副局长）、钱汝兴（省商业厅副厅长）、刘孟全（省国税局副局长）。

2000年5月25日，江西省双增双节劳动竞赛委员会、省总联合向省政府呈交《关于要求调整省“双增双节”劳动竞赛委员会成员的报告》，建议调整省竞委成员。

2000年，省政府办公厅下发《关于调整省双增双节劳动竞赛委员会组成人员的通知》，主任委员：王君（副省长），副主任委员：程受锭（省总主席，常务）、胡宪（省政府副秘书长）、涂勤华（省经贸委副主任）、熊根泉（省财政厅副厅长）、童水仙（省总副主席），成员：虞国庆（省委宣传部副部长）、樊祥熙（省计委副主任）、高介福（省科委副主任）、章康华（省农办副主任）、龚绵春（省劳动厅副厅长）、刘和平（省统计局副局长）、徐天庆（省工商局副局长）、余木来（省地税局副局长）、曾飞（省国税局总经济师）。

2002年7月3日，省政府办公厅下发《关于江西省双增双节劳动竞赛委员会更名和调整委员会组成人员的通知》，省政府决定：江西省双增双节劳动竞赛委员会更名为江西省劳动竞赛委员会（简称省劳竞委）。

主题竞赛活动

“双增双节”竞赛　1994年，省总围绕全省改革开放和经济建设中心工作，动员和组织职工开展劳动竞赛。会同省经委，组织以全省100家耗能大户为主要对象的“节能降耗百厂竞赛”和以工业企业为主要对象的“强化企业管理小指标百日竞赛”。参赛单位主要产品单耗下降，万元产值综合能耗降低。仅贵溪发电厂1—10月节电424万千瓦，节能6429吨。省委、省政府确定，为加速全省能源、交通、通讯等基础设施建设，近几年内兴建十大工程项目，省总响应，组织开展“全省十大重点工程”劳动竞赛。以搞活国营大中型企业为目标，组织工会帮扶亏损企业扭亏增盈活动。全省有81个地、市、县工会与114个亏损企业结为帮扶对子，据对其中99个对子抽查，已有52个企业减亏，35个企业扭亏为盈，扭亏为盈面达35.3%。开展“科技月”活动。省总举行优秀技工现场表演、科技学术报告会、科技咨询和“双保杯”知识竞赛等活动，宣传科学技术是第一生产力的思想，推动生产力的发展。按照省竞委《关于认真做好全省“双增双节”劳动竞赛年终总结评比工作的通知》精神，大力表彰竞赛优胜单位和个人。全省共评选合理化建议重大成果223项，有8项技改项目获全总和中国职工技协优秀成果奖；69个企业，157个集体，87个班组，174人获竞赛奖；有23个集体和78位个人受省技协表彰；商业供销系统的130个单位和192人受省总、省供销社联合表彰。

1994年9月，江西省经济委员会（简称省经委）、省总联合下发《关于全省工交企业强化管理开展“小指标”百日竞赛的通知》,全省劳动竞赛活动坚持把促进企业扭亏为盈和提高经济效益作为重点,深入开展“小指标”百日竞赛活动,把竞赛的内容向质量、技术和效益方面转化,竞赛的方法既有传统式,又有创新法。江铜工会在竞赛内容上突出质量、效益重点,让劳动竞赛围绕生产经营目标转,提前完成矿产铜9.5万吨,电铜10万吨,实现利税2.8亿元的奋斗目标。新钢公司大处着眼,小处着手,咬定182项小指标组织开展百日大赛。吉安地区在全区开展“一增二降八提高”为主要内容的社会主义劳动竞赛活动,地区工会直接组织18家大中型企业开展“扭亏增盈,节能降耗”竞赛活动。

1995年3月20日,省竞委下发《关于在全省开展“学先进、比贡献、创一流、增效益”社会主义劳动竞赛的通知》。《通知》明确:以提高经济效益为中心,以节能降耗、扭亏增盈为重点,进一步发动和组织广大职工继续开展“岗位创一流、班组创先进、企业创效益”为主要形式的劳动竞赛、合理化建议、技术革新、发明创造、技术比赛等活动。把节能降耗作为降低成本、提高经济效益的重要途径;把帮助亏损企业扭亏增盈作为“学先进、比贡献、创一流、增效益”劳动竞赛的重点;把推进技术进步和提高职工技术素质作为全年劳动竞赛的中心活动;教育职工关心企业,热爱企业,树立良好的职业道德。强调:全省“学先进、比贡献、创一流、增效益”劳动竞赛仍采取条块结合,分层组织的方法进行。对在活动中取得优异成绩的先进集体和个人,按照分层组织、分级表彰的原则进行表彰奖励。

1995年,南昌市总会同市经委组织118家企业开展节能降耗百厂竞赛,22家企业参加江西省百厂节能降耗竞赛。全市职工提合理化建议46921条,攻克技术难关460余项,推广新技术97项,创经济效益约百万元。全市表彰优胜企业76个、单项技术能手84名。有34项成果、13个企业、11人受省表彰。江西气压机厂“双增双节”创效益390.96万元,连续3年实现税利超千万。赣南农药厂突出重点抓竞赛,组织操作技术比武,全年完成产值6001.54万元,增收节支总额达270.66万元。赣南化工厂适应国有民营新形势,组织职工紧紧围绕扭亏为盈、突出效益中心、推动科技进步、注重节能降耗,开展体现优质、高产、低能、安全为主要内容的劳动竞赛。摘掉连续5年的亏损帽子。赣州市属参赛单位创造(节约)经济价值790.21万元,“双增双节”总额5303.36万元,完成工业总产值28.8亿元,财政收入3.15亿元,成为全省唯一的财政收入超3亿元的县(市)。

“九五”双争立功竞赛 1996—2000年为国家“九五”计划期间,围绕“九五”计划,全省开展“九五”双争立功竞赛。

1996年5月9日,省竞委、省总联合下发《关于在全省职工中开展“争创一流业绩、争当九五英模”立功竞赛活动的通知》,要求全省各级劳动竞赛委员会和工会组织,要根据全省国民经济和社会发展计划的总体要求,紧紧围绕省委、省政府提出的“九五”主要奋斗目标,以提高经济效益、促进经济发展为中心,针对生产、技术、经营、管理过程中的关键环节和重点、难点,组织发动职工深入开展以“双增双节”为主要内容,以节能降耗、扭亏增盈为重点的多形式、多领域、多层次的劳动竞赛活动;以推进技术进步和提高职工队伍素质为重点,大力开展群众性的合理化建议、技术革新、发明创造和岗位培训、岗位练兵、技术比赛活动;广泛开展敬业爱岗和岗位创先活动;积极开展帮助亏损企业扭亏增盈活动;深入开展群众安全生产监督检查活动。并对在活动中作出突出贡献的先进集体和个人表彰奖励作出规定。同时要求各级工会组织把开展“九五双争立功竞赛”活动和贯彻《劳动法》、推行平等协商、签订集体合同制度、实施“送温暖工程”等新时期工会重点工作有机地结合起来。

1996年5月，南昌、九江、萍乡、鹰潭、吉安、上饶和大余县、省地勘局积极部署“九五双争立功竞赛活动”。抚州地区提出“负重拼搏，加压争先”的比赶超新目标，营造出千帆竞发、百舸争流的发展势态。省交通设计院开展九景一级汽车专用公路初步设计劳动竞赛，制定竞赛方案，对竞赛的项目、方法、程序、内容、奖励、组织等有明确规定。9月24日，省总召开全省企业扭亏增盈暨“九五”双争立功竞赛电话会议，刘金标在会上讲话，要求：全省各级工会组织要在努力抓好贯彻《劳动法》、推行平等协商、签订集体合同、实施“送温暖工程”等新时期工会重点工作的同时，把配合各级政府和行政搞好工业特别是国有工业的工作作为主要工作来抓。

1996年，全省有8039个企事业单位参赛，参赛率为93.5%。各级工会继续开展合理化建议、技术革新、技术协作、发明创造活动。据初步统计，全省全年完成技术攻关项目5169项，推广新技术1562项，创经济效益1.67亿元。省总与省直有关厅局联合举办江西省首届电工技能比赛、江西省旅游行业员工服务技能竞赛和各种类型的岗位培训、技术比赛，激发广大职工立足本职，学先进、比贡献、创一流、增效益的积极性和创造性。宜春地区357个工交企业、162个商贸企业开展各种形式的竞赛活动，参赛职工达41231人。江西第三机床厂围绕组建中密度纤维板厂开发新产品，组织开展“保中心、增实力”劳动竞赛；樟树磷肥厂、万载橡胶厂、丰城无机化工有限责任公司针对市场疲软、产品下跌等不利因素，开展降耗赛，加大成本考核力度；樟树四特酒厂抓住出酒率这项关键指标开展出酒率竞赛，效果显著。省邮电管理局、省邮电工会在全省邮电系统开展以提高经济效益、增强企业活力为中心，以“赛通信质量、创优质服务，赛业务发展、创最新水平，赛业务收入、创最佳效益”为主要内容的“三赛三创”社会主义劳动竞赛活动。

1997年，据统计，全省有80%以上的工业企业、100多万职工踊跃投入“九五”双争立功竞赛，共完成技术革新、技术攻关2198项，提合理化建议211918条，创经济效益4.3亿元。为推动活动深入开展，省总与省有关厅局联合举办职工技术交流、技能比赛和多种形式的岗位练兵活动。1997年全省县以上工会帮扶的177家困难企业，已有78家企业减亏，52家企业增盈，共计扭亏增盈6200万元。南昌市各级工会组织广大职工深入开展“九五双争立功竞赛”活动。活动中突出“新产品设计、新产品开发、新产品销售”新的主题。鹰潭市总组织职工开展经济技术创新和女职工建功立业活动，把小核算、小建议、小改进、小革新、小节约、小经验“六小”活动作为企业工会群众性经济技术创新活动的主要形式，推动节能降耗和循环经济的发展。抚州地区在“争创九五英模”活动中，全区各单位获地区以上奖励、表彰1896项，获地区以上奖励的先进个人3627人，分别比上年增加18%、23%。吉安地区召开全区创优增效劳动竞赛经验交流会。及时总结了地委、行署年初确定的15家“扶优增效”重点企业，开展群众性社会主义劳动竞赛的成果和经验。省电力工会在全省电力系统开展“九五”建功立业的劳动竞赛活动。省煤炭厅在全省煤炭系统继续开展快速掘进劳动竞赛，推动全省开拓进尺及岩巷单进的提高。江西棉纺织印染厂工会广泛开展“我为企业节约一滴水、一度电、一两棉、一根纱、一寸布、一公斤汽、一分钱、一克煤、一克染料、一颗螺丝钉”的“十个一”节约竞赛活动。

1998年,南昌市在全市企业领导班子中组织开展“以萍钢为榜样,深入学习邯钢,加强企业管理,提高经济效益”竞赛活动。组织女职工开展“巾帼建功立业”竞赛活动。1999年,全省有8327个企业开展立功竞赛活动,收到地(市)和产业工会推荐申报的重大合理化建议成果93项。3项重大技术成果、4个集体、8名个人受到全总表彰。省总在68家国有企业进行建立“建功立业”激励机制试点,在41家企业中进行推广应用有毒有害化学物质信息卡试点工作,组织60家国有大中型企业参加全总组织的“安康杯”安全生产竞赛。省竞委授予133个单位、145名个人为“九五”双争立功竞赛先进集体和个人。106项合理化建议获重大成果奖,评选5名“全省农林系统职工自营经济状元”。与省劳动厅首次评选表彰“省十大能工巧匠”。在全省职工中开展学习、普及、应用计算机知识,提高计算机操作技能的大奖赛活动。在全省企业和职工中广泛开展以“查隐患、堵漏洞、保安全”和“安全在我心中”为内容的安全生产教育活动。组织全省300多个企业、38万名职工积极参加全国“安康杯”安全生产竞赛。参与省政府组织的对易燃易爆和事故多发行业的安全生产大检查。省总与省劳动厅、南昌铁路联合组织开展“第二届江西铁路行车主要工种职工技能比赛”。洪都航空工业公司针对航空产品配套难度大,在得到辽宁、陕西、山西、河南、安徽、四川、湖北、湖南、江西等省13个厂家的积极响应后,正式成立厂际竞赛委员会,开展以质量、配套、进度、数量、安全5项竞赛为内容的军品成附件配套厂参加的厂际竞赛,这项横跨厂际、省际的劳动竞赛活动,为航空产品生产及时配套奠定基础。江铜公司工会开展“双创”劳动竞赛和奥林匹克技术比武活动,推动企业的生产和经营。评比表彰了最佳技术能手7名、技术能手14名,最佳技术能手被破格晋升为技师。江西洪都钢厂开展“远学邯钢,近学萍钢,细化管理,稳住成本,力争再降,多创效益”竞赛活动,仅半年实现生产销售双超10万元。江西贵溪化肥厂开展学邯钢,降成本、增效益的竞赛,竞赛委员会成员深入操作班组,岗位进行检查指导,与磷酸、磷铵车间挂点的竞赛委员会成员,亲自取样分析、观察。使产品单、总养分合格率均达到100%,且创三项贵溪化肥厂磷铵生产以来工艺指标合格率最高水平。

2000年1月10日,省竞委、省总联合下发《关于开展1999年全省“九五双争立功竞赛”总结评比的通知》。是年4月26日,省竞委、江西省合理化建议委员会、省总联合作出《关于表彰1999年度全省“九五双争立功竞赛”先进集体和1998—1999年度全省合理化建议重大成果的决定》,授予江铃汽车集团公司等49个单位1999年度全省“九五双争立功竞赛”先进集体称号,授予南昌钢铁有限责任公司小型厂三车间轧钢班等48个班组1999年度全省先进班组;省合理化建议委员会决定:授予洪都航空工业集团公司等19个单位1999年度全省合理化建议先进集体称号,评定九江石油化工总厂《甲醇洗C02放空管改造》等106项成果为1998—1999年度全省合理化建议重大成果(其中一等奖13项,二等奖36项,三等奖57项)。

2000年,全省各级工会以推进国有企业改革和发展为重点,在全省职工中组织开展“八个一”创新立功竞赛、合理化建议、职工科技活动周和计算机知识普及应用等活动,激励职工立足本职,多作贡献。评选表彰2000年度全省“九五双争立功竞赛”先进个人103名、先进集体64个,合理化建议先进集体20个、先进班组50个。19个单位荣获省“五一劳动奖状”、112名个人荣获省“五一劳动奖章”。

“十五”双争立功竞赛　2002年8月，中航工业昌飞公司工会举办第八届青工技术比武，涉及工种20多项，参赛人员达3000余人次，为公司有史以来参赛人数最多的一次比赛。2002年，为在全省联通掀起“争发展、创效益、比贡献”的劳动竞赛热潮，力保2002年“三个翻番”目标的实现，江西联通省分公司和工会共同研究，决定在全省联通开展“崛起杯”劳动竞赛活动。活动奖项设综合考评——“崛起杯”奖取前三名，两个单项考评——CDMA业务发展奖、综合营业收入市场占有率优胜奖前三名。至2008年已开展4届。

2004年，省总以深入实施经济技术创新工程为抓手，把“创新”作为这项工程的核心，着力于新技术、新工艺的推广应用，使劳动竞赛顺应时代潮流，经济技术创新工程蕴含新鲜的时代气息，进一步为广大职工施展才华、建功立业提供更加广阔的舞台。江西省地矿局九一五围绕改革发展、经济建设、安全生产和精神文明建设、新技术、新工艺的推广应用等重大课题，深入开展劳动竞赛。九江市先后开展“特色竞赛争崛起”“民营竞赛促发展”“当好主力军、建功‘十五’、和谐奔小康”“同舟共济保增长、建功立业促发展”等为主题的多种形式的建功立业劳动竞赛活动，6617家企事业（单位），117.6万多人次参加竞赛。

2005年，全省工会围绕省委、省政府“推动全民创业、加快富民兴赣”的战略部署，广泛开展形式多样的职工经济技术创新活动，充分发挥广大职工在推动经济社会发展中的主力军作用。

当好主力军、建功“十一五”，和谐奔小康活动　2006年，全省各级工会紧紧围绕加快崛起、富民兴赣的大局，在全省职工中深入开展“为实现‘十一五’规划建功勋、创辉煌”竞赛活动，广泛开展岗位劳动竞赛、技术比武、金点子、发明创造等形式多样的职工经济技术创新活动。全省参加各级各类职业技能竞赛的职工达56.6627万人，涉及20多个行业。为进一步激发广大职工“学技术、比技能、创一流”的积极性，省总和省有关厅局联合举办第二届全省职工职业技能大赛。组织开展“创建学习型组织、争做知识型职工、勇为创业型人才”、职工职业道德“百佳”班组、“和谐江西十大楷模”评选、“安康杯”知识竞赛、“关爱农民工生产安全与健康特别行动”。洪都航空工业集团公司工会开展以“赛数量、赛进度、赛配套、赛质量、赛安全”为主要内容的厂际劳动竞赛，使公司提前45天完成军品总装交付任务。南昌市总联合市直属机关有关部门在全市范围内开展以青年职业技能大赛和评选南昌市“十大青年科技明星”为基本形式的“创新创效”活动，表彰5个单项比赛金奖获得者和市首届“十大青年科技明星”。组织参加南昌市首届妇女微机操作比赛。

2007年，全省各级工会紧紧围绕实施以新型工业化为核心的发展战略，在广大职工中深入开展“当好主力军、建功‘十一五’、和谐奔小康”竞赛，积极开展创建“工人先锋号”和富有特色的职工经济技术创新工程、选树“金牌员工”和安全生产等活动。省总会同省有关厅局组织全省重点建设项目职工技能大赛，激发广大职工“学技术、比技能、创一流”的积极性。南昌市总、鹰潭市总组织全市各行各业职工开展“当好主力军、建功十一五、和谐奔小康”创新竞赛活动，同时，把创业竞赛与提高职工素质，实施职工经济技术创新工程结合起来。261大队工会精心组织全队技术创新活动，荣获1个国家级优秀地质找矿项目一等奖，并有2台钻机获核工业地质局优秀钻机；贵溪新世纪水泥公司职工提出的关于废水利用，节约用水的建议，产生10多万元的效益。

2008年,全省各级工会组织以“当好主力军、建功‘十一五’、和谐奔小康”为主题,围绕经济建设重点工程、重点项目开展经济技术创新劳动竞赛,参赛职工达180多万,其中抚州、赣州、萍乡三个设区市的职工参与率最高。精心组织全省开展创建“工人先锋号”“职工节能减排月”等活动。组织75万职工参加全国企业“安康杯”安全生产竞赛。2008年,江西遭遇严重的雨雪冰冻,全省各级劳动竞赛和工会组织动员广大职工积极投身抗击冰雪和生产自救工作中去,为有效减缓灾情,确保安全生产做出贡献。汶川地震发生后,省劳竞委和省总一方面下发《关于进一步做好向地震灾区捐款捐物有关工作的紧急通知》,转发全总《致全国“五一劳动奖状”优秀企业、全国劳模和全国“五一劳动奖章”获得者的一封信》,号召先进单位和先进模范人物继续向灾区捐款捐物;另一方面,按照全总要求,迅速开展以“抗震救灾做贡献,重建家园立新功”为主题的劳动竞赛活动。1月,新余市召开“决战500亿、当好主力军、和谐奔小康”建功立业总结表彰大会。表彰为决战工业500亿、为全市经济社会发展作出贡献的10个“十百千万”建功立业活动组织工作先进单位、十大金牌员工、十大劳动关系和谐单位以及职工职业道德建设十佳单位和标兵,进一步动员全市广大职工为冲刺1500亿的目标努力奋斗。3月,新钢公司在铁前系统、炼铁系统、炼钢系统、轧材系统等9家主要生产单位的102个同类型生产班组中开展“做主人、当先锋”班组指标创优擂台赛。表彰一批先进集体和个人。5月与省总,中国中铁四局联合开展“建功昌九当先锋”立功竞赛活动。

2009年7月9日,省总办公室下发《关于转发〈中华全国总工会办公厅关于开展“十大产业振兴”劳动竞赛的意见〉的通知》,“十大产业”指钢铁、汽车、船舶、石化、纺织、轻工、有色金属、装备制造、电子信息、物流。《意见》强调,“十大产业振兴”劳动竞赛要围绕国务院产业调整和振兴规划的实施,广泛开展以开发新品、开拓市场、提高质量、挖潜提效、增收节支、安全环保、提升素质为主要内容的群众性建功立业活动,引导职工在稳定企业生产、淘汰落后产能、推进技术进步、加快自主创新、促进节约环保、加快开发新技术新产品等方面发挥积极作用。

2009年,省总、省劳动和社会保障厅(简称省劳社厅)、省国有资产监督管理委员会(简称省国资委)联合举办以农民工为重点、以工业园区为依托、以工业企业为主体的,在全省职工中开展以技能培训、岗位练兵为重点的“同舟共济保增长,建功立业促发展”竞赛活动。广泛开展“三大竞赛”和技术创新活动。省总与省人社厅联合在全省开展“技能大培训、岗位大练兵、劳动大竞赛”活动。一批先进集体和先进个人受到表彰。

2010年,全省各级工会以创建“工人先锋号”为载体,围绕重点工程、重大项目、重要攻关,广泛开展“岗位大练兵、技能大比武、劳动大竞赛”活动。为落实《中华全国总工会关于围绕加快经济发展方式转变深入开展建功立业竞赛的意见》,全省劳动竞赛工作按照“重在持续、重在提升、重在统筹、重在为民”的实践要求,围绕加快经济发展方式转变,广泛深入开展群众性劳动竞赛。开展了七大工种职工职业技能竞赛、在赣高铁工程等重点工程劳动竞赛活动,全省各类参赛企业3.3万家,参赛职工达600余万人次。职工提出合理化建议9.4万条,小发明小创造1800余项,实施合理化建议3.5万条。开展“我为节能减排献一策”竞赛活动,服务于全省产业结构调整、绿色崛起。全省各汽运公司工会围绕春运工作,开展“安全优质,温馨快捷”竞赛活动,4个汽运公司获中国海员建设工会“春运农民工平安返乡(岗)安全优质服务劳动竞赛”先进集体,5人获先进个人。

节能降耗百厂竞赛　1994 年，省总和省经委先后联合印发《关于组织开展全省节能降耗百厂竞赛的通知》《一九九四年度全省节能降耗百厂竞赛评比细则》。对竞赛目标、参赛对象、组织活动形式、竞赛内容和考核办法、评比对象、评比种类和奖励等内容作出规定。全省 100 多个耗能大户企业参加节能降耗百厂竞赛，取得显著成效，涌现出一批先进集体和先进个人。省总、省经贸委对全省 30 个节能降耗优胜企业；12 个竞赛组织工作先进单位和 50 名竞赛优秀组织者进行表彰和奖励。

1995 年 4 月，省总、省经贸委联合印发《关于继续组织开展全省节能降耗百厂竞赛的通知》，同时制定了《一九九五年全省节能降耗百厂竞赛评比细则》。是年，全省 112 个耗能大户企业参加节能降耗竞赛，通过竞赛，参赛单位主要产品单耗明显下降，万元产值综合能耗降低，既减少产品损耗，又提高企业科学管理和经营水平。根据大赛规定，省总、省经贸委授予 30 个企业"全省节能降耗百厂竞赛优胜企业"称号；授予 12 个单位"全省节能降耗百厂竞赛组织先进单位"称号；授予若干人"全省节能降耗百厂竞赛组织工作先进个人"称号。

全省职工计算机大奖赛　2000 年 6—7 月，省竞委、省总发文部署开展全省职工计算机知识普及、应用大奖赛。全省各行各业职工，积极报名，踊跃参赛，11 月 5 日，省竞委、省总授予江西省首届职工计算机知识大奖赛（决赛）一、二、三等奖的欧海波等 19 人"全省职工计算机技术应用能手"称号，对大奖赛（决赛）团体前三名的南昌铁路局、省电力公司、洪都航空工业集团公司代表队等 3 个单位和获大奖赛组织奖的江西铜业公司工会、吉安市总工会、新余市总工会等 3 个单位予以通报表扬。

2001 年 11 月，在全省各基层单位层层选拔的基础上，省劳竞委、省总、省经贸委、省劳社厅、省信息化领导小组办公室联合举办全省第二届职工计算机知识普及应用大奖赛。成立以王君为名誉主任，程受锭为主任，主办单位分管领导为副主任的组委会。省劳竞委、省总、省经贸委、省劳社厅、省信息化领导小组办公室对在大奖赛中取得优异成绩的傅春平等 39 人和获大奖赛团体优胜奖的南昌铁路局、省冶金系统、九江市、省教育系统、省电力公司、南昌市代表队等 6 个单位予以通报表扬。省劳竞委授予获一、二、三等奖的傅春平等 39 人为"全省职工计算机应用技术能手"称号；省总向符合条件的一等奖获得者授予省"五一劳动奖章"称号；省劳社厅按有关规定向获一、二、三等奖的个人颁发相应的职业资格证书：未取得职业资格证书的颁发初级职业资格证书，已取得初级职业资格证书的颁发中级职业资格证书，已取得中级职业资格证书的颁发高级职业资格证书，已取得高级职业资格证书的可破格申报技师，是技师的可破格申报高级技师；向荣获优胜奖以上的个人颁发计算机岗位合格证书。

2002 年 10 月 25 至 26 日，省总、省经贸厅、省劳社厅、省信息化领导小组办公室举办第三届全省职工计算机知识普及、应用大奖赛决赛。经过角逐，一批先进集体和先进个人脱颖而出。省劳竞委、省劳社厅、省总对一等奖获得者，授予省"五一劳动奖章"称号；对获得一、二、三等奖的个人，授予"江西省职工计算机技术应用能手"称号，并颁发相应的职业资格证书。

至此，省总通过举办三届全省职工计算机大赛，完成职工计算机知识普及应用 3 年工作目标，全省中青年在岗职工计算机知识普及率达 50%。

职工节能减排活动 2007年9月19日,省总出台《节能减排工会实施方案》,要求:开展企业节能减排宣传教育活动;开展“我为节约做贡献”活动;发动职工参与企业节能减排管理;选树节能减排先进典型,在评选和表彰“五一劳动奖状”、奖章和工人先锋号的活动中突出节能减排主题和典型,营造良好社会氛围。

景德镇市总把2008年作为“全市职工节能减排活动年”,在全市职工中广泛动员开展“我为节能减排做贡献”活动,充分发挥各企业、各级工会组织和广大职工在加强能源资源节约和生态环境保护中的作用。“活动年”期间,表彰一批采纳实施的节能减排优秀合理化建议、一批组织开展合理化建议活动好的企事业单位和一批基层工会组织。同时,遴选一批节能减排效果好、适用性强、易于推广的合理化建议进行重点宣传,并做好有关职工技术创新成果的推荐工作,对“全市职工节能减排活动年”活动进行总结。

2010年6月,省工信委转发《工信部、中华全国总工会关于开展我为节能减排献一策活动的通知》。根据《通知》精神,全省各地在本地区、本单位组织开展“我为节能减排献一策”征文活动,在工业企业开展为本企业、本行业节能减排献计献策活动。10月,省工信委、省总转发《工信部、中华全国总工会关于开展我为节能减排献一策活动的补充通知》。《通知》就职工合理化建议征集和“献一策”征文报送单位作出明确规定。全省广大职工积极参加“我为节能减排献一策”活动,省工信委、省总表彰奖励一批先进集体和个人。

第二节 职工经济技术创新工程

职业技能活动

全省各地以及产业、行业劳动竞赛委员会结合本地、本产业、本行业实际,组织职工开展了形式多样、各具特色的职业技能活动,提高本地、本产业、本行业广大职工的技能水平,促进经济效益和社会效益提高。

省级以上竞赛 1993年,省总组织全省性的青工奥林匹克技能比赛,全省职工和各级技协组织,共攻破技术难关4500余项,推广新技术1400余项。

1994年5月,省宾招协会、省烹饪协会举办首届全省宾招系统烹饪技术比赛,全省宾招系统,全社会、各系统、各经济成份从事烹饪工作的职工共200余人参加比赛。表彰奖励一批先进集体和先进个人。

1995年4月初,省总、省劳动厅、省经贸委、团省委联合发文确定10月为“全省技能月”。全省参加“技能月”活动职工达35万人。11月中旬,召开“全省技能月”表彰大会,有7名技工获“全省最佳技术能手”称号;20名技工获“技术能手”称号;有6人被省总授予省“五一劳动奖章”。全省全年攻克技术难关项目4800项,推广新技术2800项,创造经济效益31193万元。

1995年,江西铜业公司组织开展首届奥林匹克技能比赛,有3个比赛工种。公司规定:获得各工种比赛第1名的授予“江铜最佳技术能手”称号，破格晋升技师；获得第二、三名的授予“江铜技术能手”称号，可破格申报技师。2003年起，公司与省劳社厅联合举办奥林匹克技能比赛。有8个参赛工种。比赛第一名获“全省技术能手”称号，64人授予高级职业资格证书。2004年，奥林匹克技能比赛被国家劳动和社会保障部列入“中国职业技能竞赛”活动系列。比赛第一名直接晋升为工人技师。2005年，新增技师组比赛，优胜者直接晋升为高级技师。2006年开始由两年一届改为一年一届。2010年，经省人社厅同意公司每年开展奥林匹克技能比赛，并纳入省级二类竞赛范畴。至2010年，已举办11届。

1996年6月，省总、省劳动厅、省电力工业局联合举办1996年江西省电工技能比赛，表彰一批“全省最佳技术能手”、省“五一劳动奖章”和“全省技术能手”。1996年4月至1997年4月，省建筑工程总公司工会开展首届职工技术运动会，7个工种近千名职工参加技术比武，通过比赛，推动职工学技术、钻业务的热情。

1996年，新余钢铁总公司吴太白获“中国技能大奖”；景德镇宇宙瓷厂黄镇宗和抚州地区玉茗宾馆黄政辉获“全国技术能手奖”。

1997至2010年，省总、省劳动厅、南昌铁路局联合举办8届江西铁路行车主要工种职工技能比赛(2007年起，福建省总参与。至此，江西、福建铁路工人分别参赛)，每届比赛时间约5个月，先后有8至11个系统、21至35个个人项目、5至13个集体项目比赛，参赛人员最多达8万余人，一批参赛选手获省“五一劳动奖章”“最佳技术能手”和“技术能手”称号。2005年，南昌铁路局参加首届全国铁道行业职业技能竞赛：在10个竞赛工种中，有8人获前四名，并被授予“全国技术能手”和“火车头奖章”；有8人获第五至十名，被授予“全路技术能手”；南昌铁路局获团体总分第一名。

1998年11月2日，省总下发《关于评选“江西省十大杰出能工巧匠”的通知》。《通知》明确评选条件、评选办法和申报时间、奖励和表彰、要求、加强宣传、评审组织等事项。1999年4月，省总、省劳动厅联合作出《关于表彰“江西省十大能工巧匠”的决定》，授予薛国华、袁政海、刘菊根、刘火生、廖万里、李海源、任光荣、陈家达、谢秀忠、胡国生等10人为“江西省十大能工巧匠”。

1999至2008年，为全面提高烹饪行业职工技能素质，提高中餐服务技能水平，提高烹饪的科技含量和文化品位，保障食品安全，满足不同消费者需要，省商业厅、省旅游局、省劳动厅、省总、省个体私营经济协会、省烹饪协会等六个部门联合举办5届烹饪技术比赛，表彰一批先进集体和先进个人。

省地质工会针对行业各方面人才缺乏、部分新入队青年大学生业务能力不强等问题提出：(1)举办专业论文交流评审活动。(2)开展地质技术、钻探工人、测绘、计算机操作多项目的地质技术人员和钻探工人技能比武活动。

2004年，洪都航空工业集团公司工会坚持开展各种的团体对抗赛、技术比武、技术表演、技术讲座，逐渐推动劳动竞赛向科技型领域迈进。结合新材料、新工艺、新设备的应用，开展了数控铣工操作和计算机网页设计大赛和练兵活动；开展基层申请、各方支持的“自选项目”技能培训和比赛，不仅在科研部门锻炼队伍，更在一线锻炼一批高科技、紧缺型人才。

2006年，为加强农民工职业技能培训工作，提高建筑业人才技能水平，省建设厅、省劳社厅、省总、团省委联合举办全省建筑行业职工技术比武,表彰一批省“五一劳动奖章”“全省技术能手”“全省青年岗位能手”“全省建设行业技术能手”,对已经具有技师资格的晋升为高级技师资格。对其他进入决赛的选手,在现有职业资格的基础上晋升一级职业资格。

2006—2008 年,为引导企业的加强职工培训,推动职业院校深化教育改革,加快数控高技能人培养,省总、省劳社厅、省教育厅、省国资委、团省委共同举办两届全省“创业杯”职业技能大赛。37 支代表队,近 300 名选手参加第二届“创业杯”职业技能大赛,6 人获得省“五一劳动奖章”,18 人获得“全省技术能手”,34 人获得“全省青年岗位能手”,16 支代表队获得“优秀组织奖”。省领导吴新雄、姚亚平、熊盛文、李华栋为获奖选手颁奖。

2008 年 5 月—2009 年 7 月,省总与中国中铁四局集团联合举行“建功昌九当先锋”重点工程立功竞赛活动,有 11 个施工单位 4000 余名员工参赛。10 个先进单位,2 个“工人先锋号”班组,10 名“十大功臣”受到表彰,其中 3 人被授予省“五一劳动奖章”。

2010 年 1 月,江西省气象局、省人社厅与省总联合举办第二届全省天气预报技能竞赛。授予获得这次大赛第一名的郑劲光省“五一劳动奖章”及“全省技术能手”称号。授予获得这次大赛第二名的陈鲍发“全省技术能手”称号。授予第三名的刘立群“全省技术能手”称号。授予第四名的郑婧“全省天气预报技术能手”称号。授予获得第二届全省天气预报职业技能竞赛全能第五名的朱星球“全省天气预报技术能手”称号。授予获得第二届全省天气预报职业技能竞赛全能第六名的陈云辉“全省天气预报技术能手”称号。

全省职工职业技能竞赛 2003—2009 年,省总、省经济贸易委员会(简称省经贸委)、省科技厅、省劳社厅联合举办 3 届全省职工职业技能竞赛活动。

2003 年 4 月 25 日,省总、省经贸委、省科技厅、省劳社厅联合下发《关于在全省开展职工职业技能竞赛活动的通知》,《通知》明确大赛的总体要求、竞赛工种、竞赛方式、竞赛标准、组织领导、总结和表彰及其他事项。成立了以文之周(省总副主席、省职工技协会长)为主任委员,童敏(省经贸委副主任)、郑翔(省科技厅助理巡视员)、刘奇兰(省劳社厅副厅长)、车德云(洪都航空工业集团公司工会主席)、杜明华(昌河飞机工业公司党委副书记、工会主席)、罗建国(省火电建设公司总经理)为副主任委员的江西省职工职业技能大赛组委会。组委会办公室主任:汪鉥风(省总经济技术部部长、省职工技协副会长),副主任:张小岗(省劳社厅职业培训处处长)、吴海平(省总经济技术部副部长、省职工技协秘书长)、李文心(省经贸委培训处副处长)、郭依力(省科技厅政策法规体改处副处长)。全省各级竞赛组织和各级工会,组织全省广大职工,开展职工职业技能竞赛活动。是年 9 月 17 日,省总、省经贸委、省科技厅、省劳社厅向获得车工比赛前 7 名的李军、童轶锋、梁东、王江、郭盛军等 5 人颁发车工高级技能职业资格证书、名次证书;向获得钳工比赛前五名的黄群、许智平、胡兴、张跃保、李建国等 5 人颁发钳工高级技能职业资格证书、名次证书;向获得焊工比赛前 7 名的李新星、易志萍、陈之贵、陈钢、杨志、赵文纪、刘日晶等 7 人颁发焊工高级技能职业资格证书、名次证书;向获得铣工比赛前 5 名的马跃辉、陈立平、龚仲斌、陈红斌、张来斌等 5 人颁发铣工高级技能职业资格证书、奖证;获得名次奖的选手所在单位应结合晋升技术职称等级给予一次性奖励,标准自定获得各职业(工种)比赛第一名的李军、黄群、李新星、易志萍、马跃辉等 5 人可按规定直接申报该职业(工种)技师,按有关规定和程序申报省“五一劳动奖章”。向参加全省职工职业技能大赛的120名选手颁发优胜名次证书。对获焊工比赛前三名的省电力公司、江西铜业集团公司、南昌市代表队,荣获钳工比赛前三名的洪都航空工业集团公司、景德镇市、江西铜业集团公司代表队、荣获铣工比赛前三名的洪都航空工业集团公司、南昌市、景德镇市代表队,获车工比赛前三名的景德镇市、南昌市、新余市代表队予以通报表彰,颁发奖杯。

2006年5月18日,省总、省科技厅、省劳社厅联合下发《关于举办第二届全省职工职业技能大赛的通知》。《通知》明确大赛工种、大赛方式、大赛时间、参赛人员的内容、大赛奖励和组织领导。成立省人大常委会副主任、省总主席张海如为主任,李骥、省科技厅副厅长左喜明、省劳社厅副厅长刘奇兰为副主任,省总经济部技术部(简称经济部)部长张才福及各工种决赛所在地市及产业工会副主席为成员的第二届全省职工职业技能大赛组织委员会。组委会下设办公室(设省总),负责大赛日常工作。全省各级竞赛组织和全省各级工会,组织职工,广泛开展职工职业技能大赛,取得显著成绩。是年9月8日,省总、省科学技术厅、省劳社厅授予黄伟、龚仲斌、喻鹏、刘辉4人省“五一劳动奖章”;授予黄伟、游丽、赵文纪、汪学军、刘日晶、龚仲斌、马跃辉、秦玲、陈红斌、何毓菁、喻鹏、徐江、朱开生、肖承伟、王少剑、刘辉、万强、张江霖、缪国斌、邓晓峰等20人全省技术能手称号;晋升技师资格,已具有技师资格的晋升高级技师资格;对获得各工种第六至十名选手可在现职业资格基础上晋升一个技术等级(最高晋升至技师);对参加本届职业技能成绩优异的62人颁发“江西省职工职业技能大赛优秀奖”证书;对获得团体总分前三名的洪都集团公司等12家参赛代表队颁发优胜奖牌,各工种总分前五名的黄伟等20人颁发名次证书。省领导张海如在第二届全省职工职业技能大赛闭幕式上讲话。

2009年,省总、省劳社厅、省国资委联合举办第三届全省职工职业技能大赛。成立王宪魁、熊盛文等为名誉主任;姚亚平为主任,郭学勤为常务副主任,王运昌、江枝英(省劳社厅副厅长)、沙甲先(省国资委副主任)为副主任;省总、省劳社厅、省国资委业务处长、各工种决赛所在地的设区市、承办企业工会主席为成员的第三届全省职工职业技能大赛组委会。大赛组委会下设办公室(设在省总),负责大赛日常工作。全省各级竞赛委员会和各级工会,结合实际,组织职工群众,扎扎实实开展了职工职业技能大赛活动。9月18日,省总、省劳社厅、省国资委对获得全省决赛各职业、各组别第一名的吴在丞等13人授予省“五一劳动奖章”称号;对获得全省决赛各职业各组别前三名的黄长水等39人授予“全省技术能手”称号;并分别发给奖金;对获得全省决赛各职业、各组别前十名的梁恒乐等109人授予技师职业资格,已具有技师资格的颁发高级技师资格证书,对国家职业标准没有设定技师或者高级技师的职业,颁发最高级别职业资格证书;对参加本届职业技能大赛决赛的万皓等280人颁发“全省职工职业技能大赛优秀奖”证书,理论和操作技能考核两项及格颁发相关高级工职业资格证书;对获得团体总分前三名的新余市、萍乡市、南昌市总等3个代表队颁发优胜奖杯和证书;对给予决赛大力支持的江西现代职业技术学院、江西铜业高级技工学校、雅绅(吉安)轻工实业股份公司等3个单位,颁发“特别贡献奖”;对积极组队参加大赛决赛的抚州市总等16个单位,颁发优秀组织奖。省领导姚亚平在大赛闭幕式上讲话。此次大赛创下江西多项“第一”:第一次有农民工组队参赛,第一次为农民工单独设奖,第一次有农民工获省“五一劳动奖章”,第一次有农民工获“省技术能手”称号。

2007年,职工参加职业技能大赛人数471264人,2008年789727人,2009年67772人,2010年762552人。

群众性经济技术创新活动

2000—2010年,按照全总的要求,全省各级劳动竞赛组织和工会组织广大职工开展群众性经济技术创新活动,带动广大职工学习和掌握科学文化技术知识,推动江西经济社会的发展。

2000年5月25日,省竞委、省总联合下发《关于在全省职工中广泛开展群众性经济技术创新活动的通知》,《通知》强调面向新世纪,教育和引导广大职工树立新观念,学习新知识,掌握新技能,迎接世界新技术革命挑战,广泛深入地开展经济技术创新活动,为加快江西经济发展步伐,实现全省改革和发展奋斗目标,献计出力,建功立业。《通知》提出4条措施:成立全省经济技术创新活动指导办公室(办公室和省“双增双节”劳动竞赛办公室合署办公)、选树典型推广经验、定期组织全省职工计算机知识普及和应用大奖赛、评选劳动模范、“五一劳动奖章”“五一劳动奖状”要注重在经济技术创新活动中作出突出贡献的人员中产生。

2001年,全省各级工会以推进国有企业改革和发展为重点,在全省职工中组织开展“八个一”(即:提一条合理化建议,推广一项科技新成果,学习一门新技术,完成一项新革新,开发一项新产品,创造一项新操作法,刷新一项新纪录,创新一项管理制度)创新立功竞赛、合理化建议、职工科技活动周和计算机知识普及应用等活动。全省实施群众性经济技术创新工程的企业单位5622个。11月,省竞委、省总召开全省工会群众性经济技术创新经验交流会。洪都航空工业集团公司,坚持“以人为本,以能为本”的原则,开展班级工种对抗赛和个人工种擂台赛,有三分之二的科研生产单位、百余个工种、近6000人次参与技能练兵活动,技能培训课时达98000小时,赛出集团公司钳工大王和铣工大王。江西铜业公司工会围绕技术难题的攻关、管理的创新、安全生产的改进,开展有效的技能创新活动,累计参与人次达3万人,发布成果过万项,创造经济效益1.8亿元。陈跃铭、沈华成等人的“导电玻璃钢的试制和运用”“闪速炉铜水套的加工制作”两项成果填补国内空白,王学文、杨明刚等人的“粗硒真空精练”“自吸式搅拌机”两项成果分别获全国青工科技成果大奖赛金星奖和新星奖。南昌市总组织发展职工开展“八个一”创新立功竞赛活动,仅新创效益达10万元以上的项目有71项,4项合理化建议被省合建委和省总评定为成果一等奖。省交通工会在职工中组织开展以“增强创新意识,提高创新能力,争当创新能手”为主题的系列活动,鼓励职工争当“创新能手”,班组争创“创新示范岗”。开展以“产品、质量、成本、效益和安全”为主要内容的“八个一”创新立功竞赛活动;结合交通系统2001年度公路建设投资规模大的特点,重点在公路在建项目中开展以“三保五好”为主要内容的创优质工程劳动竞赛。

2002年,省劳竞委和省总组织全省3万多家企事业单位、230多万名职工开展以“增强创新意识、提高创新能力、争当创新能手”为主题的群众性经济技术创新活动。江西铜业公司贵溪冶炼厂在日本“JK”活动的基础上,创造班组自主管理活动新形式,有两项成果填补国内空白、两项成果分获全国青工科技成果大奖赛金星奖和新星奖。江西晶安高科技股份有限公司职工从电池废料中提取价格昂贵的镍、钴、镉原料,不仅每年能够节约200多万元,而且有效防止环境污染。举办二届全省职工计算机大奖赛。开展计算机知识普及应用学习活动,全省有50多万名职工参加中青年职工计算机知识普及率已超过30%。评选表彰100项全省重大合理化成果和100名技术创新、管理创新、服务创新能手;主动会同政府有关部门和企业行政研究制定奖励办法,把职工创新成果与晋升、评定职称、评先评模相结合,得到全总领导肯定。

2003年,全省各级工会以推进国有企业改革和发展为重点,以提高职工队伍整体素质为主要内容,在全省职工中组织开展以"增强创新意识、提高创新能力、争当创新能手"为主要内容,以提高广大职工择业能力、竞争能力、学习能力和发展能力为宗旨的群众性经济技术创新活动。省总会同省经贸委、省劳社厅、省科技厅组织实施并完成全省车、钳、铣、焊4大主要职业技术工种比赛,全省有百万职工参加这项活动。通过竞赛,5名职工被破格晋升为技师,22名职工被授予高级工,120名职工获优胜奖。

2005年,全省工会围绕省委、省政府"推动全民创业、加快富民兴赣"的战略部署,在职工中广泛开展以"四创两争"(技术创新能手、创新示范岗位、创生产技术新纪录、管理创新最佳企业和争当新型劳动者、争当优秀基层劳动保护检查员)为主要内容的经济技术创新活动。8月,省总印发《关于转发中华全国总工会〈关于动员全国职工为建设节约型社会做贡献的通知〉的通知》。《通知》要求,各级工会要把此项活动作为职工经济技术创新活动的一项重要内容,围绕资源节约广泛开展劳动竞赛、合理化建议、发明创造、技术革新、技术攻关和技术协作活动,大力开发和积极推广职工在节能降耗增效方面取得的创新成果,通过技术进步推进资源节约。在第七届中华技能大赛和全国技术能手表彰大会上,洪都航空工业集团公司获国家技能人才培育突出贡献奖,3名职工获全国技术能手称号。昌河飞机工业(集团)有限责任公司高级技师刘火生获"中华技能大奖"称号。2001—2005年,新余钢铁公司组织职工开展以"岗位练兵、技术比武"为主要内容的群众性经济技术创新活动,5年间,公司开展各类劳动竞赛2508次,参加人数达326445人次;开展岗位练兵、技术比武2562次,参加人数32298人次。

2006年,全省各级工会紧紧围绕加快崛起、富民兴赣的大局,在全省职工中深入开展为实现"十一五"规划建功勋、创辉煌竞赛活动,广泛开展岗位劳动竞赛、技术比武、金点子、发明创造等形式多样的职工经济技术创新活动。全省参加各级各类职业技能竞赛的职工达566627人,涉及20多个行业。南昌铁路局经劳动和社会保障部批准,被授予国家技能人才培育突出贡献奖。南昌铁路局为加强人才队伍建设,投资500多万元,建立5个局级培训基地、5个系统技能培训点,形成功能齐全、布局合理的职工教育和技能培训网络,取得明显成效。共有30名职工获得"全省最佳技术能手"称号,79名职工获得"全省技术能手"称号,15名职工获得省"五一劳动奖章",38名职工通过大赛走上技术管理岗位。南昌铁路局被劳动和社会保障部授予"国家技能人才培育突出奖"称号。赣新砂轮厂工人易租平自主创新研制的超硬磨具——超精珩磨刀具通过国家科技部知识产权局的认证,成为国家中小企业科技创新项目之一,填补国内空白。产品加工效率、圆柱度、精糙度、加工件数量等主要性能指标效果均达到国际领先水平,可替代国外进口的同类产品,每年可为国家节省资金近亿元。

2007年,省科技厅、省国资委、省总联合下发《关于印发技术创新引导工程实施方案的通知》。8月20日,为加强全省技术创新引导工程的协调领导,成立全省技术创新引导工程协调领导小组,形成经常性的联席会议制度,有效推进技术创新引导工程工作。组长:王海(省科技厅厅长),副组长:林加奇(省国资委副主任)、李骥(省总副主席)、杨贵平(省科技厅副厅长),成员:黄烈之(省科技厅高新处处长)、郝旭昊(省科技厅政体处处长)、郑菊生(省国资委规划发展处处长)、张才福(省总经济部部长)。全年,全省各级工会紧紧围绕全省实施以新型工业化为核心的发展战略,在广大职工中深入开展"当好主力军、建功'十一五'、和谐奔小康"竞赛,坚持以最大限度地吸收职工参与为基础,以增强企业科技自主创新能力,市场竞争能力为重点,组织实施的群众性经济技术创新工程、选树"金牌员工"活动。省总会同省有关厅局组织全省重点建设项目职工技能大赛。8月,经过全省职工优秀技术创新成果评选,省总向第二届全国职工优秀技术创新成果评选表彰活动领导小组推荐:江西铜业集团公司(黄明琪)《铜冶炼废渣回收铜技术及产业化》;新余发电有限责任公司(梁春辉)《降低锅炉燃烧用油量》;江西省德兴市百勤异VC钠有限公司(周强)《D—异抗坏血酸钠"三效"连续低温结晶技术》;中石化九江分公司(蔡智)《吸收法油气回收成套技术》;景德镇市春涛包装有限公司(赵水涛)《陶瓷彩印绵缎礼盒包装》等5项职工优秀技术创新成果。

2008年,全省各级工会启动"千万职工大行动、转型升级立新功"主题活动,组织职工开展"千万职工大讨论,职企同心谋发展""千万职工大献计,攻坚克难助转型""千万职工大竞赛,节能降耗挖潜力""千万职工大练兵,提升素质增实力"等主题活动,引导广大职工发扬主人翁精神,与企业同舟共济,共谋发展。为充分发挥高技能人才作用,帮助广大中小企业应对危机,转型升级,各市县依托职工技协组织,形成市、县、乡镇、企业四级工会技术服务网络,100多支技师服务队,近1000名高技能人才走进企业开展技术援助、技术帮扶和培训活动,为企业解决各类技术难题2000多个,开展各类免费技术培训上万人次。全省360余项的自主创新成果中,拥有4项实用型专利和5项技术秘密的应用研究成果的项目,16项经济技术指标达到国内领先水平。在全省召开的科技颁奖大会上,用500万元对200项职工创新成果进行表彰奖励。其中,拥有4项专利和5项技术成果获20万元的最高奖励。

2009年,省总要求各级工会动员组织广大职工努力增强创新意识,掌握创新本领,提高创新能力,在职工经济技术创新活动中展现时代风采,在本职工作岗位上创新奉献,进一步发挥好职工群众在企业提升自主创新能力中的主力军作用。全省职工经济技术创新活动的企业有37300家,职工80多万人。围绕重大项目建设开展群众性技术创新活动,技术革新1.6万项,发明创造1800项。开展职业技术比武449次,涉及工种90余个,参赛职工达156890人次。产生1000名省、市技术能手,实现技能晋升的职工有2818名。

2010年,省总、省科技厅、省工业和信息化委员会、省人社厅联合开展江西省职工优秀技术创新成果评选表彰活动,动员全省职工深入开展群众性经济技术创新活动。全省各级工会大力实施职工技能素质工程,全省职工技能大赛蓬勃开展,积极推进深化职工素质五项工程建设,建立以工人名字命名先进操作法制度。举办全省职工技能运动会,开展机械加工、化学检验等具有江西特色的20余个大类的技能竞赛。3至11月，省人社厅、省工信委、省国资委、省总、团省委、省中小企业局等6家单位开展“岗位练兵、技术比武、技能大赛，推动技能人才队伍建设”活动，并组织一系列技能大赛，全省参与者超10万人，涌现一大批技术能手、岗位能手和标兵。11月16日，江西省2010年职业技能大赛暨技能人才表彰大会在南昌市召开。会议表彰第三届“江西省优秀高技能人才”、全省首届农民工职业技能大赛、第三届数控职业技能大赛和第三届技工院校技能大赛等三项省级技能大赛获奖个人和单位。其中洪都航空工业集团公司高级技师熊瑛等20人获“江西省优秀高技能人才”为省政府表彰，每人奖励1万元。11月，省江钨集团方圆（德安）矿业投资有限公司揭才金等人完成的《渣浆泵应用变频调速自动控制技术》、江西万年青水泥股份有限公司黄英成等人完成的《免扳道双轨并列式铁路线》获得第三届全国职工优秀技术创新成果优秀奖。新余钢铁公司职工廖庆华获第六届“振兴杯”全国青年职业技能大赛机修钳工比赛第六名。江铜集团德兴铜矿黄贵获第六届“振兴杯”全国青年职业技能大赛机修钳工第十八名。新余钢铁公司赖军华全国钢铁行业职业技能大赛维修电工第十七名，被授予“全国钢铁行业技术能手”称号。

2000—2010年，全省各级工会充分发挥“大学校”作用，坚持推进“技能培训、技能练兵、技能比武、技能晋级、技能带头人”为主要内容的“五位一体”职工技能素质工程和职工岗位创新工程，促进“江西制造”向“江西创造”转变。各级工会积极开展多层次的职业技能比武活动，为广大职工特别是农民工快速实现技能晋升开辟绿色通道。2002年，开展经济技术创新工程活动单位1948个，2003年1333个，2004年1511个，2005年965个，2006年，1116个。10年来，共组织10届、涉及30多个行业120多个工种和岗位的省级技能大赛，500余项市级技能大赛。300多万职工（含农民工）参与各类技能大赛，1万多名职工取得高级工资格，1500多名职工取得技师资格、160名职工取得高级技师资格、300多名职工荣获省技术能手称号。各级工会组织坚持在完善激励机制上下功夫。全省每年都要评选“首席技工”“岗位技能拔尖人才”，分别给予每人800至1000元的奖励。凡在设区市及上一级部门获奖的群众性技术创新项目，除上级部门奖励外，企业还根据职工获奖等级依次奖励600至1000元。对在活动中表现突出的职工，企业还优先推荐评选先进或提拔重用。各级工会会同当地劳动部门等以大中型企业、职业技术学校、工会职工学校、文化宫为依托，建立多层次、多行业、多工种的职业技能培训基地和实训基地300多个，并通过职校、文化宫和主动进企业培训等形式，免费为职工提供就业培训、在岗技能培训。各级工会多方位搭建职工创业创新平台。建立完善“职业技能带头人”“首席工人”“首席技师”等职业技能帮带制度，广泛开展名师带高徒活动。全省已选聘各行各业各岗位工种的职业技能带头人1万多名，带动培养一大批青年技术技能人才。2008年—2010年，推广以工人名字命名先进操作法，已评出省级先进操作法13项，市级先进操作法300多项。各级工会因地制宜组织各类技术沙龙、技能论坛，为职工搭建交流平台。2002年—2010年，全省已有10万余名工人师傅和10万名学徒工在“师傅带徒弟”“一帮一、一带一”活动中结对子。

职工合理化建议

省劳动竞赛委员会与省合理化建议委员会实行两块牌子、一套人马，合署办公。办公室设省总,省总生产部(后改为经济技术部)负责具体工作。

1994—2010年,全省各级竞赛组织广泛开展职工合理化建议活动。全省把职工合理化建议活动列为企业职代会、厂务公开、集体合同的内容,形成多层次、多形式的合理化建议发动和征集体系。省合理化建议委员会(简称合建委)每年一次对全省合理化建议重大成果进行征集、发布和表彰。各地市、县、产业和企业也采取不同的形式和方法,定期开展对本地区和本单位合理化建议重大成果进行征集和发布。1996年全省职工人均提合理化建议0.38条。全省提合理化建议人员中,一线工人、经营管理人员所占比例正逐步提高,表明全省合理化建议活动由少数工程技术人员参与,逐步发展到全员参与,职工提合理化建议的范围也由过去单纯的生产技术向经营管理及企业各个方面发展,职工素质正从爱岗敬业型向创新发明型转变,从体力型向智力型转变。

1995年11月5日,省合建委、省总决定授予省交通设计院、江西气压机厂等98个单位"合理化建议活动先进集体"称号;江西二机厂工人刘宏才,南飞公司设计员田秀华等94人"合理化建议活动先进个人"称号。省合建委发布"螺滩电站技改工程"等282项合建重大成果。副省长、省合建委主任朱英培在11月6日的新闻发布会上讲话。省总主席、省合建委副主席刘金标在新闻发布会上宣读表彰和发布决定,省总副主席、省合建委副主任童水仙在会上讲话。

1996年,省合建委和省总,组织引导职工针对生产中的难点、关键问题,以"课题攻关"为主要形式,广泛开展群众性的合理化建议活动。

1993—1996年期间,全省参与提合理化建议活动的职工达130.8万人次,实施合理化建议36.21万条,合理化建议创效益达16.772亿元。1994年,全省6831个单位共355874名职工参与合理化建议活动,共提合理化建议344706条。采纳合理化建议151705条,采纳率为44.1%,实施107811条,为采纳数的71.1%,创经济效益64204万元。1995年1—7月,共提203441条。1995—2010年,全省收到职工的创新建议400多万条,其中183000多条被采纳,129000多条已实施。仅2009年,全省职工提出各项合理化建议70余万条,实施采纳28万多条,实现效益近20亿元。

1997年11月18—20日,为了深入学习党的"十五大"精神,进一步贯彻落实第二次全国合理化建议工作会议精神,省总和省经贸委在江西铜业公司联合召开全省合理化建议工作会议。参加会议的有各地市总工会的负责同志和地市经贸委有关部室、地市、产业工会经济工作部的负责人以及在大会上介绍经验的企业代表共60余人,省合建委常务副主任、省总主席刘金标在会上讲话,省合建委副主任、省总副主席童水仙作工作报告。这次会议总结近五年来全省合理化建议工作情况,研究市场经济新形势下开展合理化建议活动的新思路和新方法,江西富奇汽车厂等8个单位在会上作典型经验介绍,江西铜业公司贵溪冶炼厂在会上演示开展群众性企业自主管理活动的电视录像。

2000—2002年,为贯彻实施《江西省合理化建议和技术改进活动组织办法》,全省各地建立和完善了合理化建议工作规章制度,出台了各具特色的《合理化建议和技术改进管理实施办法》;各企业根据《办法》规定,建立健全适合本单位特点的、有利于合理化建议活动开展的各项制度。不少企业规定,合理化建议一经被采纳,企业给予50~100元不等的合理化建议奖,采纳后获得巨大效益的,企业会同劳动竞赛小组专题讨论给予重奖。

2006—2010 年，全省各级合建委和全省各级工会组织开展以节能减排、挖潜增效为主要内容的“创最佳合理化成果”竞赛及金点子征集活动，发动广大职工献计献策。

1994—2010 年，江西铜业公司征集合理化建议累计 75132 条，采纳 41178 条，实施 33556 条。1994 年，贵溪冶炼厂、永平铜矿、德兴铜矿大山选矿厂获省合理化建议先进集体，德兴铜矿《自制电机车运行速度测试记录仪》等 17 条合理化建议获省合理化建议重大成果奖。1999 年，开展“我为江铜发展献一计”活动，公司各级工会组织共征集建议（方案）4422 条。永平选矿厂获省合理化建议先进集体，贵溪冶炼厂《年产 15 万吨电铜净液设计方案修正》获 1998—1999 年度省合理化建议与技术改进重大成果项目一等奖；贵溪冶炼厂《选矿车间磨浮工艺流程改造》等 7 项目荣获二等奖。2000 年，德兴铜矿李文健、朱圣富、范建亮、俞金开、钟序辉等《6#可逆皮带行走小车改卸料小车》获江西省 2000 年度合理化建议和技术改进重大成果一等奖。2002 年，德兴铜矿泗洲选矿厂的《利用二段尾矿水处理酸性废水》等 6 项成果获 2002 年度“省合理化建议与技术改进重大成果”二、三等奖。2004 年，《消除五万吨电解阴极铜气孔》项目获省群众性经济技术创新成果一等奖。2006 年，在全公司范围内开展“我为制度建设落实建言献策”合理化建议活动，征集合理化建议 4023 条。2010 年，公司开展“我为节能减排献一策”活动。1986 年起，贵溪冶炼厂开展职工自主管理活动，2000 年，职工自主管理活动在全公司推广开展，职工自主管理活动解决生产技术、安全质量、成本控制、现场管理以及设备维护等方面的疑点、难点甚至是瓶颈问题，同时，吸引职工全员参与。公司工会每年召开年度职工自主管理发布会，通报评审结果并颁奖。2000—2010 年，自主管理发布 26730 项。集团公司每年拨款 270 余万元奖励活动中涌现出来的优秀科技项目和科技人员。仅 2000—2005 年，发布自主管理成果 8347 项，创造价值 10577 万元。

南昌铁路局工会在全路局职工中征集合理化建议，累计征集职工合理化建议 2 万余条，每年路局工会组织评审后确认优秀合理化建议。1998—2010 年（除 1999、2005、2009 年外），优秀合理化建议 1425 条。2000 年，路局 4 项成果获江西省 1998—1999 年度合理化建议重大成果奖。路局总工程师室《关于增建京九线向塘西至定南段预留复线的建议》获一等奖。2001 年，路局 4 项成果获江西省 2000 年度合理化建议重大成果奖。2002 年，路局有 4 项成果获得省、部合理化建议重大成果奖。路局货运处《板架式集装箱》获铁道部第七次合理化建议评审一等奖。路局运输处获“1998 年省合理化建议活动先进集体”。路局总工程师室获“1999 年省合理化建议先进集体”。南昌房建段获“2000 年度江西省合理化建议先进集体”。路局货运处获省 2001 年度合理化建议和技术改进活动先进集体。

2000—2004 年，新余钢铁公司工会开展“金点子”合理化建议评选活动。共收集合理化建议 59669 条，采纳实施 9936 条，创效达 13175.5 万元，其中 4 年来评出的 40 个“金点子”采纳实施后，年可创效 7000 余万元。评选活动主要立足生产一线岗位，参评的合理化建议必须是由操作工人、技术工人、业务工作人员等非工程系列专业技术人员所提出的。整个评选坚持做到自下而上，层层筛选推荐，强调突出群众性，突出经济效益，突出创新性和实用性，确保评比的“含金量”。

2002 年，省交通工会组织基层工会制定《合理化建议和技术革新管理条例》，职工通过班组会议及职代会提案、向党政工领导建议等各种方式提出合理化建议 8963 条，经梳理归纳为 1032 条，被采用的641条,采用率60%。

2003—2010年,江西联通公司制定《江西联通合理化建议管理办法(试行)》,对合理化建议的界定、征集审议、评价奖励等作出规定。坚持每年在全省范围内围绕公司发展进程中特别是目前所面临的如何增收节支、促进发展、改善服务、如何管理等难点和重点问题开展"我为崛起作贡献"合理化建议活动。

2004—2010年,洪都航空工业公司工会先后组织开展岗位练兵,班组建设、合理化建议革新等竞赛活动。仅2008年和2009年,职工共提出合建革新26400多条项,实现19893条,创造价值3434万元。

表3-2-1 1993年—1996年江西省基层单位开展合理化建议活动情况

年份	开展合理化建议的基层工会(个)	提出合理化建议的职工(人)	提出合理化建议的件数(件)	已采纳合理化建议件数(件)	已实施合理化建议件数(件)	已实施合理化建议创造的价值(万元)	已奖励合理化建议件数(件)
1993	5470	352696	347582	143359	89102		40850
1995	5249	344978	370256	137623	94173	34603	45169
1996	5030	253358	235206	110571	70918	36166	28814
1997	4072	225030	212562	92420	52147	24504	30184
1999	3228		277612		63813	27767	
2000	4181		677816			21164	
2002			112512		48785	658208178	
2003			101286		17667	293045885	
2004			95071		38734	318002847	
2005			91321		34709	355879028	
2006			73560		33765		
2007			38335		16900		
2008			70129		31169		
2009			65354		22377		
2010			61882		22075		

2010年,章贡区部分企业职工提合理化建议1284条,被采纳655条,创造节约价值1400万元,技术单项238项,创造节约价值7300万元。格特拉克(江西)传动系统有限公司赣州分公司坚持开展合理化建议和技术革新等创新创效活动,收到员工合理化建议和意见656条,采纳411条。

表 3-2-2 2003—2010 年度江西省已建工会企事业单位技术革新、技术发明工作情况

年份	技术革新项目（项）	技术革新创造（节约）价值折算金额（元）	技术发明项目（项）	申请专利项目	技术发明创造经济效益金额（元）	总结推广先进操作法项（项）	总结推广先进操作法创造（节约）价值折算金额（元）	参加职业技能培训人次数（人次）	取得高级及以上职业资格
2003	27304	278809518	339	85	67004853	650	57040451		
2004	4632	286105023	280	61	51934783	628	84087418		
2005	2596	347996741	124	41	23512625	360	27249094		
2006	3719		253	104		444		137284	11069
2007	1920		184	288		412		249008	
2008	4184		279	290		443		8911	
2009	13739		252	202		652		36397	
2010	4695		391	317		541		44145	

第三节 职工技术协作

机 构

省职工技术协作委员会（简称职工技协）成立于 1984 年。2010 年底，会长为文之周，秘书长为张才福。有团体会员 717 个，会员 55214 人。财务账户由省总财务部管理，接受省总经审会专项审计。

1994—2009 年，全省有许多产业、行业和大中型企业工会，向省总呈交关于成立职工技协组织的报告。省总工会根据中国职工技协会章程和有关文件精神，先后批准省交通、江西铜业公司、南昌铁路分局、省邮政、省电力、民航南昌空中交通管理中心、南昌铁路局、省工程咨询中心、中国东方航空股份有限公司江西分公司委员会等 9 家工会成立职工技术协会。2002—2007 年，全省已有 1683 个企事业单位建立职工技协组织，有技协会员 181907 人。

1994 年 6 月 10 日，省总下发《关于批准省职工技协第三届委员会委员的通知》，同意卜光伟等 53 人为省职工技协第三届委员会委员。

1994 年 6 月 17—18 日，省职工技协三届一次会议在省科技活动中心召开。省总副主席戴子钧到会讲话，省总副主席童水仙传达中国职工技协三届一次会议精神。会议审议卜光伟代表二届委员会所作的工作报告，选举产生新一届省职工技协领导班子，童水仙当选为会长。会议总结回顾 5 年来全省职工技协工作所取得的成绩，提出今后 5 年职工技协工作。会议表彰南昌市总工会职工

技协办公室等22个先进集体,秦绍县等58名先进个人以及毕必胜等20名支持职工技协工作先进个人。

1994年11月9日,省总办公室转发全总办公厅《关于进一步加强工会职工技协办公室工作的通知》,《通知》指出,职工技协办公室是工会的一个职能部门,履行工会对职工技协工作管理职能,同时是职工技术协会的日常办事机构。加强职工技协办公室工作,有利于其在履行工会社会职能,尤其是建设职能中发挥更重要作用。要求各级工会在当前工会改革和建设中,重视职工技协办公室的设置和建设,明确其管理职能,切实加强领导。要克服把职工技协办公室作为单纯创收的事业单位,削弱管理职能的倾向。1995年3月,南昌市总就此提出意见,要求进一步提高各级工会技术队伍的组建率,在考核中实行"不开展职工技协工作,一票否决"的规定;各基层工会主席应分工一人担任会长,配备专职人员,充分发挥技协办在"有偿""无偿"技术服务、创办实体、维护与参与等方面统筹规划、协调指导的管理职能;克服把技协作为单纯创收的一个生产部门、削弱其科技群团组织作用、脱离服务宗旨的不正确做法;更新观念,抓住机遇,兴办好有偿技术服务部,展示技协组织技术、人才优势和组织优势,主动出击,争创经济效益。

1996年4月8日,省总下发《关于进一步加强工会职工技协工作的通知》,进一步明确职工技协办主要职责、经费来源、组织原则、财务管理、会计制度、经济实体管理、组织领导等《通知》要求,全省各级工会组织都要切实加强对职工技协的建设,明确其职责,发挥其作用。根据省民政厅、省总赣民发〔1998〕21号文件精神,具备法人资格的单位直接到民政部门登记,不具有法人资格的基层技协,可作为所在地职工技术协会分支机构,由地(市)、县(市、区)工会技协汇总统一报同级民政部门备案。

是年7月23日,省总办公室转发全总办公厅《关于印发〈全国工会职工技协企事业发展规划思路〉的通知》。

1997年1月,省技协事业办公室设立"省科委驻省总工会职工技协合同登记站"。

是年3月12—13日,省总技协事业办在南昌举办职工技协技术市场管理培训班。参加培训班有各地、市技协办主任、部分大中型企业技协办主任、技协技术合同登记员,共80多人。这次培训班认真学习省科委、省地税局"关于下发《江西省科研单位技术合同收入免征营业税资格认定办法》及《江西省科研单位技术合同收入免征营业税审批办法》的通知",并请省科委技术市场办公室主任李瑞钦、省地税局流转税管理处处长尹小明讲授技术市场管理有关政策、法规和技术合同法、技术合同登记务实等。程受锭到学习班讲话。

是年12月10—11日,省总技协事业办在南昌召开全省技协办公室主任工作会议,总结工作、部署工作。各地市总工会技协办公室主任、各产业和直属基层工会主管技协负责人,以及介绍新产品、新技术的基层单位领导参加会议。会议在总结工作的基础上,分析和研究全省职工技协工作要解决的重点问题。认为要开创全省技协工作新局面,必须振奋精神,坚定信心;要下大工夫把各级技协组织建立健全起来,做到有人管有人做;要认真研究和摸索技协工作进入市场经济新路子。程受锭到会讲话,强调技协工作要找准自己的位子;要明确职责;要规范管理;要加强考核。会议还安排基层单位介绍有偿服务的体会和新技术、新产品开发项目,使与会人员感到技协工作必须既重社会效益又要抓好经济效益，这样才能使技协工作产生新的活力。

1998年2月13日，为加强全省职工技术协作工作，动员和组织广大职工积极开展多种形式的群众性科技活动，兴办以科技为主导的企事业，适应社会主义市场经济的新形势，省总出台《关于加强职工技术工作几点意见》，《意见》强调：进一步提高认识，加强对职工技协工作的领导；加强各级工会职工技协的组织建设；理顺关系，完善管理体制；利用优惠政策，发展技协企事业；加强技协企事业经费管理。

1999年7月20日，南昌市总会同市科委、市地税局联合签发《关于进一步加强南昌工会系统职工技协开展有偿技术服务管理若干规定》。《规定》明确技协有偿服务管理原则、成本核算及税收政策等。这一规定的颁布执行，有利于职工技协活动的开展，有利于加强各级工会职工技协有偿技术服务机构财务管理，为企业技术创新提供有利条件。

是年，省总同意省职工技协第四届委员会委员候选人名单，组成省职工技协第四届委员会。召开省职工技协第四次代表会议，选举产生新的领导班子，文之周任会长。

1994年—2010年，社会主义市场经济逐步建立，企业和科学技术领域发生深刻变化。江西同全国一样，职工技协人数逐渐减少，基层企业职工技协组织相应减少，职工技术协作活动的内涵和方式面临挑战和探索。

活动与成果

全省技术攻关 1994—2003年，全省各级职工技协不断提升活动科技含量，积极发动、组织会员职工围绕企业中心任务及生产技术难题，开展群众性科技活动。全省技术攻关、技术开发8138项，创经济效益298211750元；推广新技术1459项，创经济效益358751750元；技术合同成交2032项，成交金额205850355元。

1996年，南昌市总技协办公室、宜春风动工具厂职工技协、江西铜业公司贵溪冶炼厂职工技协、南昌飞机制造公司职工技协获"全国职工先进集体"称号；徐国雄、孙祥根、严兴邦、肖智塔、魏茂坤、沈仲牟、魏桥星、濮阳祖祓获"全国职工技协先进个人"称号；59. 9616－02枪匣精压精锻工艺、南飞技协屈苏州、60. 5时专用相纸复卷机、南飞工艺研究所技协、61. 新一代广谱抗生素——美罗克、江西清江制药厂技协获"百项职工技协优秀技术成果"。

1997年9月2—4日，全总技协办在井冈山举办"全国技协技术交流活动"。参加这次活动的有来自全国23个省市职工技协的能工巧匠和工程技术人员，以及全省各地市（产业）负责技协人员共140多人。会前，将井冈山地区提出的40多项技术攻关课题分发各省技协组织攻关。各省技协人员一到井冈山，立即与对口单位洽谈攻关事宜。活动期间，有8家企业9个项目达成初步攻关协议，发布交流103项技术信息，演示推广4项全国技协优秀技术成果。

1994—2010年17年间，围绕搞活大中型企业，推动科技进步和产品结构调整，提高产品质量和经济效益，全省各级技协开展多渠道、多层次和多种形式的技术攻关、技术服务和"四新"推广活动，促进生产力发展。1995年，南昌市职工技协100多支职工技协队伍广泛开展群众性技术革新、技术推广、技术攻关、发明创造等活动,全市一年来实施项目2673项,为企业增效2103万元,提出合理化34998件,创效益3621万元,技术信息扶贫见效益243万元。发挥技术、人才、网络、信息优势,兴办90个科技经济实体,参与市场竞争,开展技术有偿服务6006项,实现总产值244万元。向塘化肥厂技协以节能降耗为重点,开展群众性合理化建议活动,一方面开展岗位练兵,提高劳动技能,另一方面组织技术人员和能工巧匠,进行技术攻关,解决许多技术问题,使吨氨综合能耗由原来1636.73万大卡降到1406.4万大卡,节约大量原材料,降低成本,增加收入。1997年4月中旬,赣州地区工会职工技协组织江西气压机厂、电机厂、水泵厂、南方冶院等10多名职工技协专家、教授和工程技术人员,由办事处副主任张祥裕和技协办主任魏桥星带队,一行19人赴瑞金、于都、兴国三县(市)的四镇6厂进行科技帮扶。帮扶队提出、解决和回答问题50多条,其中就地解决19条。1998年,江西洪都航空集团公司工会职工技协全年实现销售收入1121万元,创利润185万元。洪都职工技协搞好“七抓”:抓转变观念,由“要我干”向“我要干”,由“不计成本”向“细算成本”,由坐商向行商,由以军为主向航空为本、军民结合、走向世界转变。公司工会被评为江西省工会企事业先进单位,公司职工技协被评为江西省及南昌市先进单位,1人获国家科委科技金桥奖,两项技协成果推荐参加全总评选。1999年,省邮政运输局职工技协围绕邮政运输企业主体,开展群众性技术技协活动。组织驾驶员、押运员、修理工、邮件接发员4大工种149人次参加岗位操作技术考核,合格率达98%。与行政签订技术合同解决进口汽车维修问题。使企业效益比上年同期增长11.5%,企业扭亏为盈。抚州地区职工技协每年召开职工技协年会,总结与部署工作,制发工作计划,开展工作竞赛,组织各地职工技协开展“技术培训、技术练兵、技术比武、技术攻关、技术支农、技术扶贫、技术协作和技术推广”等八项业务活动。1987至1994年,地区职工技协创办县市、企业职工技协有偿服务实体24家。1999年,与地税局决定对职工技协服务部建立统一发票、统一管理、统一税收的制度。地区职工技协每年对有偿服务部和实体下达任务,分县市、企业两大组开展竞赛。1988—1994年,先后开办专业骨干培训班。

1989—1994年,景德镇市职工技协累计攻克技术难关700项,推广新技术489项,创效益上亿元。其中有偿服务2681项,创收2000多万元。1993年—2010年,共评选出市群众性技术创新优秀成果43项,创经济效益3.4亿元,获省技术创新成果一等奖21项、二等奖12项、三等奖10项。共开展技术服务118项,实现合同成交额28.694亿元。职工技协共解决较大生产技术关键23项,推广新技术18项(次),创经济效益2.3亿元。其中达到国际先进水平的有2项,达到国内先进水平的有11项,填补国内空白的有2项。

表 3-3-1　1997 年—2007 年若干年份江西省各级工会技协组织和技术攻关、技术开发工作情况

年份	基层工会					基层以上工会		
	建有职工技协组织的企事业单位(个)	技协会员人数(人)	技协开展技术攻关、技术开发项目(项)	技协开展技术攻关、技术开发创造经济效益(元)	技协推广新技术项目(项)	应用技协推广新技术创经济效益(元)	技协技术合同成交项目(项)	技协技术合同成交金额(元)
1997	103		230	30760000			2981	29780000
2000			2642		1786		725	
2002	436	39426	1612	75412988	83	23493	273	35712572
2003	476	41747	725	28725296	206	16500664	383	34440789
2004	298	37790	921	141727721	175	43987742	646	37493851
2005	162	28185	438	52345745	77	23006900	310	31400545
2006	172	22752	807		161		311	34701299
2007	139	12007	268		136		109	32104246

科技服务日　1994 年 3 月 27 日，省、南昌市职工技协在人民广场组织开展大型科技服务日活动。南昌地区 26 个单位职工技协小分队 264 名技协队员云集人民广场，共进行咨询服务 717 项次，开展 21 个项目的 651 项次服务，新产品展销约 30 个项目，新工艺、新技术推广洽谈约 30 余项。

1995 年，根据省政府每年 3 月为“科技月”的决定，省总开展科技月和技能月活动，分别在景德镇市、九江市召开近 50 家企业职工技协座谈会，并在九江轻工机械厂举办“激光焊接技术表演”。

表 3-3-2　2003—2006 年度江西省基层工会以上技协组织工作情况

年份	建有职工技协组织的单位数(个)	技协推广新技术项目(项)	技协技术合同成交项目(项)	技协技术合同成交金额(元)	技协组织的技术比赛(场次)	参加技协组织的技术比赛(人次)	技协帮扶困难企业(个)	参加技协帮扶困难企业项目(项)
2003		198	85	10283407				
2004		255	362	10630148	225	531315		
2005		22	67	7254000			2	2
2006		102	29	260000			5	5
2007	32	34	14	622340				
2008	25		14	20032				

续表

年份	建有职工技协组织的单位数(个)	技协推广新技术项目(项)	技协技术合同成交项目(项)	技协技术合同成交金额(元)	技协组织的技术比赛(场次)	参加技协组织的技术比赛(人次)	技协帮扶困难企业(个)	参加技协帮扶困难企业项目(项)
2009	21		3	1000000				
2010	40							

第四节　劳动保护

劳动保护组织

1994—2010年,全省工会劳动保护监督检查组织不断发展,监督检查员队伍日益壮大,形成了从省、市、县工会到基层、车间工会及工会小组劳动保护监督检查网络,监督检查工作基本实现制度化、规范化、科学化。2010年,全省已建工会的基层企业、企业分公司、分厂、车间工会已有劳动保护监督委员会4958个,工会小组劳动保护检查员23519人。

省总工会积极指导各市工会大力开展工会劳动保护干部和基层工会劳动保护监督员的培训工作。坚持举办全省工会劳动保护培训班,对全省从事工会劳动保护的工作人员进行工会劳动保护、安全生产及职业卫生健康知识的培训,通过先培训后考试的办法,使其掌握工会劳动保护工作、企业安全生产及职业卫生健康工作的基本知识和最新要求,提高广大劳动保护干部的能力和水平。坚持选送工会劳动保护工作人员参加全国总工会举办的劳动保护培训班和全国督导师(员)培训班。1994—2000年,全省各级工会共举办各类型劳动保护培训班30970期,培训106万多人次。

1995年7月22日,为加大贯彻实施《劳动法》的力度,建立健全政府监督与工会监督相结合的劳动监督体系,发挥工会在贯彻实施《劳动法》中的作用,景德镇市率先在工会系统聘任40余名劳动法律法规监督员。

1998年4月7日,省总下发《关于我省工会劳动保护监督检查员任命的有关问题的通知》,对监督检查员的任命范围和权限、应具备条件、工作职责和工作条件等方面作出明确规定,更具规范和可操作性。

2000年,全省工会劳动保护组织建设,按照“哪里有职工,哪里就要建立工会组织;有一家工会组织,就要建立一个劳动保护监督检查委员会,建立一支基层监督检查员队伍”的总体目标,明确提出把工作重点放在非公企业,特别是非公中小型企业和高危企业,致力形成以工会劳动保护监督委员会为领导,以监督检查员队伍为基础的组织体系。

2001年,江西省的工会劳动保护组织网络建设工作已初具规模。省总从1994年起先后在全省设区市以上各级地方工会任命劳动保护监督检查员 174 人，聘请大中型企业劳动保护监督检查员 3194 人；全省各地企事业单位建立 2048 个劳动保护监督检查委员会，配备工会小组劳动保护检查员 16188 人。2007 年，吉安市总工会劳动保护监督委员会由 2003 年的 228 家发展到 2007 年 400 多家。全省工会劳动保护组织网络的建立，成为配合、协调各级政府抓好安全生产劳动保护的得力助手。

2003 年 5 月 12 日，省总工会下发《关于任命工会劳动保护监督检查员的通知》，经各设区市总工会、省产业工会、省总直属基层工会申报，省总任命柯进水，王淑敏、王金华、徐三毛、廖燕、刘梅兰、陈芳、方志红、邱剑、程汉南，曹思源、曾先良、洪涛、胡发亮、胡森敬、史兴庆、朱国民、赵方等 18 人为工会劳动监督检查员。

2005 年 3 月 25 日，省政府办公厅下发《关于成立江西省煤矿瓦斯集中整治工作领导小组的通知》，领导小组下设办公室朱怀萍兼任办公室主任。

省总对全省从事工会劳动保护工作人员进行工会劳动保护、安全生产及职业卫生健康知识的培训，通过先培训后考试的办法，使其掌握工会劳动保护工作、企业安全生产及职业卫生健康工作的基本知识和最新要求，提高广大劳保干部能力和水平。选送工会劳动保护工作人员参加全总举办的劳动保护和全国督导师（员）培训班。2002 年，全省各级工会共举办各类型劳动保护培训班 5462 次，培训 176169 人次。

表 3－4－1　1997 年、1998 年、2000 年江西省各级工会劳动保护监督组织情况

年份	基层工会						基层以上工会						
	建立工会劳动保护监督检查委员会（个）	工会劳动保护监督检查员人数（人）	工会小组劳动保护检查员（人）	参与处理工伤事故（起）	劳动保护专职干部（人）	劳动保护兼职干部（人）	工会小组劳动保护检查员（个）	工会劳动保护监督检查员人数（人）	参加“三同时”审查验收项目（项）	劳动保护监督检查委员会（个）	参与处理工伤事故（起）	劳动保护专职干部（人）	劳动保护兼职干部（人）
1997	3337	6350	38551		1993	10510				359		171	850
1998	3260	10320					43324	1180	327				
2000	3835	7576	27084	1674					99	389	642		

2002 年 4 月 3 日，鉴于工作变动，经省政府研究，省政府办公厅下发《关于调整省安全生产委员会组成人员的通知》，对省安全生产委员会组成人员进行调整。

2010 年，根据省总《关于加强工会工作者队伍建设的指导意见草案》和全总“三个条例”规定，省总经济部紧密部署，按照不低于 70% 的企、事业单位和其他社会组织工会配齐工会小组劳动保护检查员的要求，逐步落实，要求各地各单位建立健全工会劳动保护工作网络，并及时报送备案。此外，抓制度建设，建立和完善工会劳动保护监督检查员的上报备案制度、工作责任制度、工作评估制

度、考核奖惩制度、补贴制度、进入和退出制度,提高工会工作者履行职责的责任和能力,逐步实现工会劳动保护工作制度化,实现工会劳动保护监督检查员网络化和动态管理。

劳动保护政策

全省各级工会组织协助各级政府研究起草制定有关劳动保护和安全生产法律法规和行政规章制度。

1996 年 10 月 8 日,为加大工会劳动保护监督检查力度,全面掌握全省工业企业劳动保护的现状,为“九五”期间劳动保护工作提供决策依据,省总开展对企业安全生产、尘毒治理以及工会开展劳动保护监督检查工作的情况调查。检查内容包括“八五”期间职工工伤情况,“八五”期间职工患职业病情况,对职工的健康检查情况,企业的劳动保护制度、措施、规章制定落实情况,企业工会劳动保护监督机构组织落实及开展活动情况,企业班组安全建设情况,县(市)工会开展劳动保护监督检查活动情况等。在进行全面调查基础上,选择 100 家国有企业进行重点调查。

1997 年 7 月 13 日,省总主席办公会议决定,对劳动保护监察员下厂矿从事劳动监察工作,下矿井的按每人每天 10 元补助;到有毒有害生产作业场所监察检测的按每人每天 5 元补助。

是年 11 月 19 日,省人大法制工作委员会下发《关于对〈江西省劳动保护条例“征求意见稿”〉的修改意见》,11 月 25 日,全省各地(市)工会进行研究,提出修改意见。省总根据《条例征稿》,结合各地意见,进行研究,提出修改意见:(1)“行业管理”和“群众监督”方面,条款很少,职责和任务也不够明确。(2)第四条应把《江西省劳动保护暂行条例》(下称:暂行条例)第五条中“各级劳动部门行使国家劳动保护监察权;主管部门负责本部门、本系统劳动保护管理;工会组织对劳动保护工作实行群众监督”吸收到本条。工会在实施劳动保护工作中履行“群众监督”职责,是指劳动保护工作全过程,绝非《条例征稿》第十六条中的,仅“对用人单位的劳动保护工作实行群众监督”。(3)劳动部门、行业主管和工会履行“管理”和“监督”职责的工作主体,同是用人单位,在同一工作目标上,从不同的工作角度,各司其职责。应该把四者(含用人单位)的职责写入条例中。(4)增加“群众监督机构”。否则工会在履行“群众监督”职责困难,而且,对劳动保护工作也会带来不良影响。

2000 年 10 月 16 日,省总向省政府法制局下发《关于修改〈江西省安全生产管理办法〉意见的函》,对省经贸委代省政府起草的《江西省安全生产管理办法(代拟稿)》,提出 5 条修改意见:(1)建议在第一章“总则”中增加一条,内容为“建立安全生产工作三方协商机制。政府安全生产综合管理部门、用人单位和工会组织,就安全生产的规划、措施和劳动双方的建议、要求等问题进行协商,促进安全生产工作的发展”。(2)建议在第三章“安全生产监督”中增加一条,内容为“劳动者有权参与单位安全生产工作的民主管理,对单位执行安全生产法律、法规提出意见和建议。有权要求用人单位进行安全生产规章制度、操作规程和安全知识、技术、技能的培训”。(3)建议在第三十六条中增加一款,内容为“特大事故发生后,特大事故发生单位所在地地方政府可以根据需要,将特大事故的有关情况通报当地驻军,请驻军参加事故的抢救或者给予必要的支援”。(4)建议在第六章“事故调查处理”增加一条,内容为“发生因工伤亡事故时,劳动者有权获得抢救、医疗和疗养。劳动者依法享有工伤保险的权利，因工伤亡时有权依照有关法规获得经济赔偿”。(5)建议将第二章“安全生产保障”第十五条第二段修改为“新建、改建、扩建和技术改造工程项目的安全设施，必须与主体工程同时设计、同时施工、同时投入生产和使用。工程项目可行性研究报告应当有安全保护内容，重大建设项目或者存在严重危险、危害因素的项目，应当进行专门的安全论证。工程项目安全设施的初审和验收，必须有安全生产综合管理部门和工会的参与。

2001 年 12 月 20 日，省总下发《对省安全生产委员会办公室〔2001〕23 号文的复函》，补充两点意见。

2005 年 5 月 24 日，省总向省政府法制办下发《关于〈江西省安全生产条例(送审稿)〉的复函》，对《江西省安全生产条例(送审稿)》提出一些修改意见：(1)在第一章第四条增加一款“工会依法组织职工参加民主管理和民主监督，维护职工在安全生产方面的合法权益”。(2)“工会依照国家规定对新建、扩建企业和技术改造工程中的劳动条件和安全卫生设施与主体工程同时设计、同时施工、同时投产使用进行监督。对工会提出的意见，企业或者主管部门应当认真处理，并将处理结果书面通知工会。”“工会发现生产经营单位违章指挥、强令职工冒险作业或者生产过程中发现明显重大事故隐患和职业危害时，应提出解决的建议，当发现危及从业人员生命安全的情况时，应向生产经营单位建议组织从业人员撤离危险场所，生产经营单位必须立即作出处理。”“生产经营单位违反安全生产法律、法规、侵犯从业人员合法权益，工会应当代表职工与生产经营单位交涉，要求生产经营单位采取措施予以改正。”(3)在第六章第五十八条增加一款“工会依法参加事故调查，向有关部门提出处理意见，并要求追究有关人员的责任。”

是年 7 月 27 日，省总、江西煤矿安全监察局下发《关于印发〈江西省总工会、江西煤矿安全监察局特聘煤矿安全群众监督员实施意见〉的通知》，《意见》明确工作思路、聘任工作计划步骤、聘任工作组织领导、聘任方法、特聘监察员培训工作、聘任工作管理考核和要求。《意见》强调省煤炭集团公司所属煤矿企业于 9 月 15 日前完成聘任工作；市县国有煤矿于 10 月底前完成聘任工作；重点产煤县(区)乡镇煤矿争取在 11 月底前完成聘任工作。为加强领导，成立江西省特聘煤矿安全群众监督员工作领导小组，组长：李骥，副组长：张临鲜(江西煤矿安全监察局助理巡视员)，成员由省总、江西煤矿安全监察局部门负责人和省煤矿工会副主席组成。

2007 年 4 月 30 日，经省政府同意，结合全省煤矿实际，江西煤监局、省煤炭行办、省安全监管局、省发展和改革委、省监察厅、省劳社厅、省国资委、省总联合制定印发《关于加强国有重点煤矿安全基础管理的实施意见》，对省属国有煤矿企业提出：(1)认真学习《关于加强国有重点煤矿安全基础管理的指导意见》，进一步提高对加强国有重点煤矿安全基础管理工作重要性的认识，真正把《指导意见》落到实处。(2)明确目标，完善机构，齐抓共管，推进依法治矿。(3)落实企业法定代表人负责制，强化企业主体责任。(4)加强技术管理，实现科学管理，构建安全生产长效机制。(5)深入贯彻落实“先抽后采，监测监控，以风定产”十二字方针，继续深化瓦斯综合治理。(6)进一步提高省属重点煤矿的机械化作业水平，提高劳动生产率，实现矿井采区、工作面“不超员”。(7)做好防治水害工作，严防重特大水害事故的发生，高度重视煤矿水害防治工作，严防突水、淹井事故发生。(8)以人为本，加大安全教育培训力度，全面提升从业人员素质。(9)把治理隐患、防范事故作为煤矿安全生产的中心任务,严格隐患排查和治理制度,强化责任追究。

劳动保护措施

2000年12月4日,省总下发《江西省总工会关于进一步加强工会劳动保护工作的意见》,《意见》指出:(1)深入学习,贯彻党的十五届五中全会和江泽民关于安全生产的重要指示精神,牢固树立"工会维护职工的合法权益,首先必须确保职工的生命"的思想,把维护职工劳动安全与健康合法权益作为工会维权的首要任务。(2)工会要主动参加安全生产委员会的工作,积极参与有关安全生产、劳动保护法规、政策、标准的制定,并监督其贯彻实施,要抓住当前有利时机,努力推动《江西省安全生产管理办法》《江西省安全生产群众监督管理办法》等地方性法规的制定和出台。(3)认真履行维护职责,充分发挥工会劳动保护监督检查作用。(4)进一步加强对职工的安全生产宣传教育。(5)进一步加强工会劳动保护自身建设。

2005年8月12日,省总转发全总印发的《工会劳动保护工作责任制(试行)》,要求全省各级工会结合实际,认真贯彻落实。

2010年5月26日,省总经济部下发《关于开展全省工会劳动保护工作调研的通知》,明确为全面了解目前全省工会劳动保护工作的现状及存在问题,分析、研究问题,提出对策和措施,进一步加强全省工会劳动保护工作,切实保障职工的人身安全和身心健康。特就调研内容提出17条提纲。

2010年全省工会劳动保护监督组织受理举报案件615件,工会参与处理工伤事故1336件,参加安全生产检查31727次,参加"三同时"审查验收项目1859项。

1998—2010年,南昌铁路局工会坚持劳动保护,开展劳动安全巡视检查和回访活动。组织职工代表分成若干组深入站段、车间和班组,通过巡视检查,找出安全管理、安全设施方面的问题和隐患,由局领导批转有关部门进行全面整改并召开协调会议,对急需路局有关部门解决的问题进行研究和协调,并以路局会议纪要下发。2002年5月22日,路局工会在湖北襄樊召开的推广铁路职代会保安全经验现场会暨全国工会劳动保护工作会议上作题为《搞好职工代表安全巡视,加大督促整改力度》的经验介绍。

表3-4-2 2003—2006年度江西省企事业单位工会劳动保护工作情况

年份	建立劳动保护监督检查委员会的企事业工会(个)	工会小组劳动保护检查员(人)	工会劳动保护监督组织受理举报案件(件)	工会提请劳动安全卫生监督部门处理	工会参加安全卫生检查次数(次)	工会参加处理工伤事故件数(件)	工会参加"三同时"审查验收项目(项)
2003	1755	23463	414	164	13038	785	5468
2004	2111	21866	423	121	21127	952	812
2005	1846	21455	364	103	20010	656	864
2006	2383	22829	515	288	23461	586	1534

续表

年份	建立劳动保护监督检查委员会的企事业工会（个）	工会小组劳动保护检查员（人）	工会劳动保护监督组织受理举报案件（件）	工会提请劳动安全卫生监督部门处理	工会参加安全卫生检查次数（次）	工会参加处理工伤事故件数（件）	工会参加“三同时”审查验收项目（项）
2007	2215	16196	319	128	22058	525	1459
2008	3590	19349	213	57	32854	1028	2497
2009	5089	24260	381	154	34930	897	3360
2010	4958	23519	615	190	31727	1336	1859

表 3－4－3　2003—2010 年度江西省基层以上工会劳动保护工作情况

年份	建立劳动保护监督检查组织的基层以上工会（个）	劳动保护监督检查员人数（人）	本年度劳动保护监督组织受理举报案件（件）	工会本年度参加安全卫生检查次数（次）	本年度提出事故隐患和职业危害整改意见（件）	工会本年度参加处理工伤事故件数（件）	工会本年度参加“三同时”审查验收项目（项）
2003	239	692	206	1153	1676	276	73
2004	273	2037	321	3000	4143	251	163
2005	275	1734	320	1773	2090	295	113
2006	238	2459	354	1603	1656	316	124
2007	260	1119	518	1850	2266	268	247
2008	263	1412	498	1948	5206	240	96
2009	393	7429	510	1780	2642	362	210
2010	300	11577	375	1535	1878	267	198

安全生产　1994—2010 年，省总作为省政府成立的省安全生产委员会（简称省安委会）副主任委员，参与省安委会工作研究、部署。按照省安委会工作要求，组织各级工会开展配合政府有关部门或自己牵头进行安全生产大检查；坚持深入开展“安康杯”竞赛活动；督促、协助企业建立健全企业法人代表、车间、班组和岗位、职工安全生产责任制；建立健全工会劳动保护监督检查网络；查处重大伤亡事故的单位和责任者；开展群众性安全宣传教育和培训。

1995 年 7 月 12 日，省控制社会集团购买力办公室、省总联合下发《关于下达江西省 1995 年度工会系统劳动保护监督检查车指标的通知》，规定有关购车事项，对劳动保护监督检查车进行分配。9 月，鉴于全省“三资”企业在建设中多数没有经过“三同时”审查，致使安全生产状况较差，职工的生命安全得不到保障。省劳动厅、省卫生厅、省总联合下发《关于对全省“三资”企业进行劳动安全卫生检查的通知》，明确 9 月份起，用 3 个月的时间对全省中外合作、合资及外商独资企业进行一次劳动安全生产检查。采取自查、抽查、重点检查方式展开。并对检查内容、检查方法作出明确规定。

1997年6月3日,省总下发关于《转发中华全国总工会〈关于贯彻全国安全生产电视电话会议精神,加强工会劳动保护监督检查工作的通知〉的通知》,要求全省各级工会组织要认真学习江泽民对安全生产工作的重要指示,抓住当前有利时机,按照全总《通知》要求,加大工会劳动保护工作力度、制定措施、落实责任,充分发挥工会对安全生产的监督检查作用,为尽快扭转当前安全生产的被动局面,促进国民经济持续发展和社会安定做出贡献。

1999年,省总在全省部分国有大中型企业推广有毒有害化学物质信息卡试点工作,作为是年全省工会劳动保护工作的重要内容,至7月底,全省68家企业开展建立建功立业激励机制试点工作和41家企业参与推广有毒有害化学物质信息卡试点工作情况。同时,在全省企业和职工中广泛开展以查隐患、堵漏洞、保安全和"安全在我心中"为内容的安全生产教育活动。

2000年3月,省总下发《关于切实履行工会劳动保护监督检查职责坚决遏制重大安全事故的紧急通知》,要求各级工会领导要认真学习、深刻领会江泽民关于安全生产的一系列重要指示精神,从讲政治、保稳定、促发展的高度切实把安全生产放在工会工作的重要位置来抓。切实履行工会劳动保护监督检查职责,维护职工安全健康的合法权益。强调:(1)积极配合政府有关部门,开展安全生产大检查。对在排查事故隐患过程中做出突出贡献的职工,工会组织应予以表彰和奖励。省总将对在此项活动中做出特殊贡献的职工,颁发江西省"五一劳动奖章",以资鼓励。(2)对本区域内一段时期发生的伤亡事故进行认真统计分析,协助政府和行政找出事故规律,制订相应对策。(3)加强工会劳动保护自身建设。

2000年7月18日,省总下发《关于贯彻落实江泽民同志对安全生产工作重要批示和全国、全省安全生产电视电话会议精神的意见》,《意见》指出:(1)进一步提高对安全生产工作重要性的认识,把安全生产工作放在工会工作的重要位置和作为维护职工合法权益的头等大事来抓。(2)积极配合政府有关部门进行安全生产大检查工作,必要时也可以由工会牵头组织进行安全生产大检查。(3)要督促、协助企业建立健全各级安全生产责任制,组织职工监督检查各级安全生产责任制的落实,特别是企业法人代表安全生产责任制的落实。要把安全生产工作的职责落实到车间、班组和每个工作岗位、每个职工,使之成为广大职工群众的自觉行动。要坚持预防为主,群防群治,群专结合,建立健全安全生产、劳动保护监督检查网络,强化安全生产工作。要对漠视国家安全生产法律法规,违法强令职工冒险作业造成重大伤亡事故的单位和责任者,进行坚决的查处,并通过新闻媒体予以公开曝光。(4)开展群众性的安全宣传教育和培训,努力提高劳动者的安全意识和安全技术素质。(5)进一步加强工会劳动保护监督检查组织建设和制度建设。

2001年3月5日,省安委会、省总联合转发国家安监局、全总《关于开展2001年全国"安全生产周"和"安康杯"竞赛活动的通知》,要求:全省各地市政府、工会把落实"八抓八保证"列为"安全生产周"活动的重要内容;各地、各单位抓好对本地、本单位的安全生产检查,对省安委会提出的108项隐患逐项落实整改责任单位和责任人,分工专人逐项跟踪监督治理整改,消除隐患,确保安全生产;活动周时间为5月13—19日。3月12日,省总下发《关于在各设区市之间进行一次工会劳动保护工作对口交叉检查的通知》,检查内容为:各级工会对上级关于安全生产、劳动保护一系列指示、要求(包括全总劳动保护三个《条例》)的贯彻落实情况;安全生产、职业危害、劳动保护的现状、问题等情况;各级工会领导对劳动保护工作的认识及开展劳动保护监督检查的工作情况;各级工会劳动保护目标管理,责任制和有关制度的制订执行情况。采取自查、抽查、交叉检查和评价形式展开。7月10—12日,全省工会安全生产对口交叉检查工作汇报研讨会在新余市赣西供电局职工培训中心召开。全省各设区市总经济工作部长和部分省产业工会、省总直属基层工会经济工作部长出席会议。省总对11个设区市、12个县(市、区)、35家大中型企业的安全生产、职业危害,劳动保护状况进行检查,通过这一活动摸清全省工会劳动保护工作现状。会议对全省工会安全生产、劳动保护情况、现状、问题汇报和讨论,新余市总、赣西供电局工会等四个单位就新时期工会如何做好安全生产、劳动保护监督工作作经验介绍,文之周讲话。会议确定:(1)是按照全总工会劳动保护监督检查《三个条例》的要求,强化工会劳动保护监督检查队伍的建设,重点是抓好企业工会劳动保护监督检查委员会的机构组织建设。(2)是精心组织,深入开展“安康杯”竞赛活动。(3)建立健全工伤事故报告、调查处理制度。(4)是各设区市、县工会下半年至少组织一次群众性的安全生产劳动保护工作检查,重点为事故多发行业企业和外商投资企业、乡镇企业、私营企业的劳动安全卫生工作。(5)是各市、县工会必须加强安全监督检查人员的培训工作,2年内,凡在岗的工会劳动保护监督检查员、工会小组检查员都必须接受一次以上的专业培训。12月3日,省总下发《关于在关闭整顿小煤矿和煤矿安全生产工作中加强工会工作的通知》,要求:(1)各级工会特别是全省产业煤区的市县(区)总工会及有关产业工会,要主动参与小煤矿关闭整顿专项治理工作。(2)要积极参与当地政府对关闭整顿的小煤矿职工安置的具体政策和规定的制定,反映职工的要求。对发生或可能发生的问题及时通报当地政府和上级工会,积极维护职工的合法权益,督促并协助地方政府妥善安置被关闭小煤矿的职工。(3)加强煤矿企业工会劳动保护监督检查工作。(4)加强小煤矿关闭整顿工作的宣传教育。

2001年,全省大中型工业企业有工会聘请的安全生产监督检查员3194人,配备工会小组检查员16188人。省总与省安委会组织全省国有工业企业开展“安康杯”竞赛活动,参赛企业达300家,参赛职工50多万人。全省各级工会组织每年独立开展安全生产劳动保护检查达2000多次,配合政府(行政)开展安全生产检查2000多次以上,查出各类事故隐患5736处,并对其中的重大隐患建立档案进行跟踪整改。

2002年3月5日,省总、省安监局联合下发《关于开展“安康杯”竞赛活动的通知》,《通知》要求:大力宣传开展竞赛的目的意义和前两年所取得的成效,扩大竞赛面,使参赛企业数量和职工人数在去年的基础上增加20%。制定竞赛活动方案,明确竞赛目标和考核标准,对参赛企业的竞赛活动进行跟踪检查、抽查,评选。是年,南昌供电局等8家企业被全总、国家安监局授予2001年度全国“安康杯”竞赛优胜企业奖。

2002年6月9日,全省“安全生产月”宣传咨询活动在南昌八一广场举行。省领导钟起煌、金异,文之周及省委、省政府和南昌市政府有关部门负责人出席宣传咨询日活动仪式。参加宣传咨询活动的30多家单位用300多块展板,分别从烟花爆竹、煤矿、公众聚集场所、运输等各个方面介绍增强安全生产意识,遵守安全生产法律法规,搞好安全生产的紧迫性和重要意义。南昌市安监局、南昌市交警支队、江铃公司等单位的代表举行安全生产宣誓仪式。据统计,当天的广场宣传咨询活动共接待群众咨询上万人次,散发安全知识资料27000余份。6月10日,省总制定《关于在企业安全生产工作中加强职工民主决策、民主管理和民主监督的意见》,《意见》指出:(1)充分认识在企业安全生产工作中加强职工民主决策、民主管理、民主监督的重要性和紧迫性。(2)加强安全生产提案的征集和处理工作。(3)加强平等协商、集体合同安全生产工作条款的设立。(4)企业行政对职工代表大会(职工大会)的工作报告,必须就安全生产、劳动保护和集体合同中有关安全生产条款的兑现情况作专项报告,提交职工代表进行审议并做出相应的决议。企业在民主评议领导干部时,必须把领导干部执行有关安全生产方针、政策、法规、决议情况作为重要内容进行评议。并实行一票否决制。(5)定期组织职工代表进行安全巡视检查活动。(6)切实加强车间、班组安全生产工作的民主管理。(7)切实加强职工对企业安全生产民主决策、民主管理、民主监督工作的组织领导。

表3-4-4　1995—2002年若干年份江西省各级工会安全生产监督检查情况

年份	基层工会					基层以上工会						
	参加安全检查(次)	参加检查的人次(人次)	查出隐患(件)	提出整改意见(件)	被采纳的意见(件)	参加安全检查(次)	参加检查的人次(人次)	查出隐患(件)	提出整改意见(件)	被采纳的意见(件)	参加“三同时”审查验收项目(项)	工会参加工伤事故处理件数(件)
1995	47251	199653	88710	66583	53175	2229	5834	3503	3747	3139		
1996	5286		52415	50928	46368	7378	8133	5717	6339	4767		
1997	4099		74641	61547	51305	1397	4860	2964	3079	2345	38	
1998	5832			47749	29583	2973			10504	9298		
1999									2485	1915	150	409
2000		27211		30705	24348	2230			4569	2795		
2002	22630			27496	23834	2366			6408	5223	323	281

2003年4月8日,省总、省安监局联合转发《关于开展全国“安康杯”竞赛活动的通知》,提出4点实施意见。6月,为迎接是年安全生产月活动,全省制定详细的落实宣传方案。全国部分地区非典疫情暴发之后,按照中央和省委、省政府关于防非典的总体部署,省有关部门将原方案中涉及到的所有群众集体活动一律调整为确保不会传播非典的小型、分散活动,并决定不举行跨地区、跨单位群体活动。根据省安全生产委员会和省安监局的要求,全省各类企业在开展安全生产月活动中要突出两个重点:(1)是煤矿、非煤矿山、建筑施工单位和危险物品的生产、经营、储存单位要抓好安全状况的自评自查工作;(2)是列入全省特大事故隐患的企业和去年以来发生过一次死亡3人以上

事故的重点企业要自动抓好隐患整改工作。6月16日，省总、省安监局下发《关于转发〈关于开展全国职工安全生产知识电视培训活动的通知〉的通知》，结合全省实际，提出：目的为进一步帮助广大职工学习掌握《工会法》《劳动法》《安全生产法》《职业病防治法》等法律、法规在职工劳动安全卫生方面规定的权利与义务，帮助职工熟悉掌握劳动安全卫生基础知识，提高职工的自我保护意识，增强自我保护能力。对象是全国工矿企业职工。重点是中小型乡镇企业、集体企业、私营企业、外商合资或独资企业的职工。通过电视培训录像进行培训。10月24日，为迎接全国"安康杯"竞赛组委会和外省(市)对全省开展"安康杯"竞赛活动的检查和抽查，省总、省安监局联合下发《关于对2003年度全国"安康杯"竞赛活动进行自查总结和督查的通知》，提出5点实施意见。12月22日，省总下发《关于在元旦、春节期间加强工会对安全生产督查工作的通知》，要求充分发挥工会在安全生产工作中的督查作用和优势，最大限度控制和杜绝重大伤亡事故发生，切实保障广大职工的生命安全和健康，让全省广大职工过一个欢乐、祥和、喜庆的节日。是年，江西公路开发总公司、省国营第七一三厂、江西洪都航空工业集团有限责任公司等10家企业被评为2002年度全国"安康杯"竞赛优胜企业奖；南昌市安监局、九江市总被评为2002年度全国"安康杯"竞赛优秀组织奖。

2004年4月12日，省委宣传部、省安监局、省广电局、省总、团省委联合下发《关于开展2004年全省"安全生产月"活动的通知》，明确指导思想、活动主题、活动时间、组织机构、活动形式和活动要求。为使活动有序进行，省总等5家单位联合出台《江西省、南昌市2004年"安全生产月"活动实施方案》，明确活动时间和主题、活动指导思想、组织领导、活动主要内容和具体时间安排。李骥为省、市活动指导委员会副主任。4月30日，省"安全生产日"活动指导委员会(以下简称"指委会")在南昌召开第一次全体成员会议，会议明确全省"安全生产月"活动重点项目为安全文化下基层、安全生产摄影展、现场咨询日活动、危化品应急救援演练等。会议强调，各地、各部门、各单位对此要予以高度重视。各项活动要确保安全，做到万无一失。省指委会办公室要认真做好有关指导服务和联系协调工作。南昌、抚州、赣州等地组织参加全国百城同唱大型活动，各设区市和省安委会成员单位，对省指委会从全国组委会推出的《生命之歌》全国安全歌曲大赛获奖歌曲专辑中选出的6首安全歌曲(《生命之花》《平安是福》《生命之歌》《四季平安》《安全为天》《拥抱平安》)开展学唱、演唱和同唱活动。

2005年，省指委会下发《关于在全社会进一步倡导六大安全理念、唱响六首安全歌曲的通知》，决定在全省范围内继续把"倡导六大安全理念、唱响六首安全歌曲"系列活动引向深入，要求领导重视、精心组织和务求实效。3月1日，省总、省安监局做出《关于表彰2004年度全省"安康杯"竞赛优胜企业、优秀组织者的决定》，授予江西新华印刷厂、南昌印钞厂、南昌市第三建筑工程公司等32家企事业单位2004年度全省"安康杯"竞赛优胜企业奖；授予南昌市安监局林向东、南昌水业集团有限责任公司丁成芷、九江市安监局等20名个人2004年度全省"安康杯"竞赛优秀组织者称号。4月11日，省总、省安监局联合下发《关于2005年开展"安康杯"竞赛活动的通知》，明确竞赛主题、参赛范围、竞赛内容及方式、实施步骤、考核内容。6月3日，为紧扣是年安全生产月活动"遵章守法、关爱生命"主题，广泛深入开展2005年全省安全生产月活动，省安委会和省指委会联合下发《关于全面开展全省〈安全生产法〉执法大检查的通知》,明确检查的指导思想、检查的重点和内容、检查的目标要求和方法步骤。是日,省指委会制定《全省安全生产诚信企业评选方案》,明确活动时间和主题、指导思想、组织领导、评选条件和活动步骤。9月15日,2005年安全生产月活动总结表彰大会在南昌召开。省委宣传部、省广电局、南昌市政府、市安监局等33家单位被评为安全生产月活动先进单位;12家“安全生产诚信企业”受到表彰。南昌市安全生产“五进”活动、景德镇市安全生产月电影周活动等十大活动获精品项目奖。中央、省、市媒体的11名新闻工作者获安全月活动报道新闻奖。大会还评选出优秀论文33篇。

2006年3月29日,省总、省安监局作出《关于表彰2005年度“安康杯”竞赛优胜企业、优秀组织单位、优秀班和优秀组织者的决定》,确定江西贵溪化肥有限责任公司等50家企业为2005年度“安康杯”竞赛优胜企业;九江市总等于14个竞赛组织单位为2005年度“安康杯”竞赛优秀组织单位;中国国电集团公司万安水力发电厂发电部运行二班等15个班组为2005年度“安康杯”竞赛优秀班组;宜春市总陈芳等25名个人为2005年度“安康杯”竞赛优秀组织者。

2008年3月24日,江西贵溪化肥有限责任公司、南昌印钞厂、江西洪都航空工业集团有限公司等22家企事业单位被全总、国家安监局授予2007年度全国“安康杯”竞赛优胜企业;江西洪都钢厂无缝分厂冷拨甲工段打头班、金溪县供电有限责任公司合市中心供电所、药都樟树制药有限公司固体车间胶囊生产班等15个班组为2007年度全国“安康杯”竞赛班组;宜春市总工会、吉安市安监局等4个竞赛组织单位为2007年度全国“安康杯”竞赛优秀组织单位;萍乡市安监局宁秋云等4名个人获2007年度全国“安康杯”竞赛优秀组织者称号。5月15日,省委宣传部、省安监局、省公安厅、省广电局、省总、团省委、南昌市政府联合下发《关于开展2008年全省安全生产月活动的通知》,明确了指导思想、活动主题、活动时间、组织领导、活动安排和总结表彰等有关事项。

2010年1月27日,江西贵溪化肥有限责任公司等26家企事业单位被全总和国家安监局授予2008年度全国“安康杯”竞赛优胜企业;萍乡矿业集团有限责任公司白源分公司采掘一区放顶班等16个班组为2008年度全国“安康杯”竞赛优胜班组;宜春市总等4个竞赛组织单位为2008年度全国“安康杯”竞赛活动优秀组织单位;九江市总王星等5名个人为2008年度全国“安康杯”竞赛活动优秀组织者。3月3日,省总、省安监局下发转发全总、国家安监总局《关于2010年度开展全国“安康杯”竞赛活动的通知》。4月27日,中航工业江西洪都集团有限责任公司等30家企事业单位被全总和国家安监局授予2009年度全国“安康杯”竞赛优胜企业(单位);南昌钢铁有限责任公司动力分厂热电甲班等22个班组为2009年度全国“安康杯”竞赛优胜班组;九江市总等3个竞赛组织单位为2009年度全国“安康杯”竞赛活动优秀组织单位;赣州市总工会经济技术部李书荣等5名个人为2009年度全国“安康杯”竞赛活动优秀组织者。1996年,原煤炭部、全总联合下发《关于落实煤矿工人行使安全生产权利的通知》,明确了煤矿工人安全生产的“十项权利”。2006年,国家安监总局、全总等7部委联合下发《关于加强国有重点煤矿安全基础管理的指导意见》,进一步赋予煤矿井下职工“十项权利”。煤矿企业职工十项权利为:(1)带班人员不下井,工人有权不下井;(2)带班人员早出井,工人有权早出井;(3)安全隐患不排查,工人有权不作业;(4)管理人员违章指挥,工人有权不执行;(5)没有安全措施,工人有权不开工;(6)不组织班前安全学习,工人有权不下井;(7)未进行“三位一体”(班长、安全检查员、瓦斯检查员)安全检查,工人有权不开工;(8)检测监控系统安装不到位,运行不正常,工人有权不开工;(9)不配全合格的劳动保护、防护用品,工人有权不下井;(10)避灾路线不标识,工人有权不下井。5月17日,省总经济部转发《省委主要负责人关于切实做好当前安全和社会稳定工作的几点意见》。7月,省总领导与省建工集团公司党、政、工领导共同对建工集团部分重点工程走访慰问,为现场职工送去防暑降温用品。

2010年,为了实现职工的“体面劳动”,全省各级工会努力改善劳动者的劳动条件、劳动收入劳动保障和生活质量、工会为企业职工实现自身权益的最有力保障。在推进企业卫生安全生产机制、保障职工生产环境方面,全省各地工会积极推进工会“主动参与”安全生产机制。11个设区市将“主动参与”机制纳入政府安全生产目标责任考核内容,覆盖率已达100%。从源头上建立落实“主动参与”机制建设。其重点逐步转移到以往的薄弱环节——中小企业上来。全省有1782个村工会以及机械、建筑、塑编、印刷、纺织等20多类行业工会建立工会主动参与安全生产机制,为改善中小企业职工劳动条件,维护职工生命健康权发挥积极作用。为应对金融危机、扩大内需,促进经济平稳较快发展,全省各级政府投入资金进行基础设施建设。这些在建和即将开建的工程项目多、分布广、摊了大,施工环境复杂,建设条件艰苦,安全风险大,事故易发、多发。为此,全省在全省范围内部署省市重点建设工程项目劳动保护安全生产督查,采取重点建设项目自查,省市产业排查,工会、安监局、重点办联合抽查方式,促进重点建设项目劳动保护、安全生产工作落实。各地方工会和产业工会从隐患排查、人员安全培训、设备检修、方案制订落实等方面开展督查,并对存在的问题提出整改意见。全省共检查企业663家,排查出隐患4304个,整改4222个,整改率达98.1%。

是年,新余钢铁公司推动安全运行体系创新,构建长效安全管理机制,把“安康杯”竞赛活动和日常的安全管理工作有机结合起来,加大执行力度,以严格考核为保证,以反“三违”为突破口,全面落实“精、细、严”管理方针,提升安全工作的执行品质。结合竞赛活动,进一步明确安全岗位责任,将安全工作纳入员工工作业绩考核范围;设立安全奖励基金,每月分别按200元和60元/人标准奖励在竞赛活动中做出突出成绩的单位和个人;加大安全处罚力度,对发生事故的单位和个人,实行重扣重罚;实行安全工作一票否决制,在评先评优干部任职等方面,与竞赛考核结果挂钩,使竞赛活动向纵深推进。

职业病防治　1994—2010年,省总根据《中华人民共和国劳动法》《中华人民共和国职业病防治法》等相关法律法规,监督和督促各类企业建立健全劳动安全卫生制度,严格执行国家劳动安全卫生规程和标准,遵守国家对女职工和未成年工特殊劳动保护,为劳动者提供符合国家标准的劳动安全卫生设施和条件,不断改善劳动条件和作业环境,确保职工身心健康,维护职工的安全与健康权益。

1999年8月12日,省“九五双争立功竞赛”办公室发出《建功立业激励机制和推广有毒有害化学物质信息卡试点工作情况通报》,到7月底,全省有41家企业参与推广有毒有害化学物质信息卡试点工作。

2000年9月26日,省总、省卫生厅下发《关于联合开展关注中青年职工健康活动的通知》,明确活动时间、内容和组织形式。要求各级工会和卫生行政部门密切配合,组织开展好此项活动,卫生机构要做好技术服务工作,确保活动取得成效。

2002年10月,萍乡市出台《职业病诊断发证办法》。具体做法:(1)是加强职业病诊断发证工作的组织领导,完善工作制度,定期组织从事有害作业的职工按规定接受职业性健康检查。在组织职工职业性健康检查时,要将职工的档案及劳资部门认定的工作简历,送劳动行政部门审核初检后,方可参加职业性健康检查,并将诊断结果及时反馈劳动行政部门,劳动行政及时组织人员对从事有害作业职工的工作环境、累计工作时间和平时的身体状况进行调查认定,并要求单位将职业病检查结果进行公布、接受群众监督。(2)是完善鉴定制度、劳动行政部门对医务鉴定专家组人员实行聘任制。对鉴定为1—4级的伤残职工由医务鉴定专家组集体会审,在鉴定结论上有2名医务鉴定专家人员签名。(3)是因工伤残、死亡职工的工伤保险待遇,由职工所在用人单位提出申请,经当地工伤保险经办机构审核后,报同级劳动行政部门批准,确认工伤保险待遇。(4)是严格按照程序和规定办事。从办法下发之日起,凡接受职业性健康检查的都应提前将被检查职工的有关材料报劳动行政部门审核初检,未按此程序取得职业病诊断证明,劳动行政部门不受理职业病伤残等级鉴定。出台办法前取得的职业病诊断证明,所在单位应报送取得职业病诊断证明,职工的档案及单位劳资部门认定的工作简历,劳动行政部门调查认定后,方可参加伤残等级鉴定。

2005年3月10日,九江市总、市卫生局、市安监局联合下发《关于进一步做好企事业单位职工体检和建立健康档案工作的通知》,认真落实市政府为民十大工程之一的安康工程,开展职业病防治。

2007年4月2日,省卫生厅、省劳社厅、省国资委、省安监局、省总、南昌铁路局联合转发卫生部等6部委《关于开展〈职业病防治法〉实施五周年宣传活动的通知》。要求各地要把深入宣传贯彻《职业病防治法》作为构建和谐平安江西的重要内容抓实抓好。各有关部门、企业和行业协会要按照统一部署,充分利用新闻媒体和多种宣传方式,开展形式多样的宣传活动,促进企业领导和全体员工学习贯彻《职业病防治法》,增强用人单位负责人职业病防治的法制观念,提高劳动者自我保护意识。为加强宣传活动的组织协调,成立联合领导小组,张建华(省卫生厅副厅长)任组长,成员由各部门相关处室负责人及省卫监所与省职防所负责人担任;领导小组办公室设在卫生厅卫生法制监督局,负责具体工作协调。全省各级工会按照《通知》要求,充分利用一切宣传工具,广泛开展形式多样、喜闻乐见、健康向上,寓知识性趣味性于一体的《职业病防治法》实施五周年宣传活动。

2010年,4月26日,省总下发《转发中华全国总工会〈关于加强工会参与职业病防治工作的意见〉的通知》,要求设区市总工会、省产业(局、系统)工会、省总直属基层工会加强本地区本单位职业病防治工作,每半年向省总书面汇报本单位落实情况。5月21日,省总经济部下发《关于向生产一线职工免费发放〈尘肺病防治知识职工普及读本〉的通知》,明确向广大职工特别是农民工普及尘肺病防治知识,提高他们的自我保护意识和能力。将3000册《读本》免费发放给接触粉尘作业的职工。8月4日,省总下发《关于开展夏季高温工会劳动保护专项检查活动的通知》,明确检查目的、对象、内容、形式和工作要求。全省各级工会依照《通知》要求，广泛深入地开展各种形式、各具特色“送清凉”活动，确保全省广大职工身心健康。8月11—13日，以省总副主席陈文明任组长的省职业病防治工作督查组到九江进行工作督查，了解市、县两级政府职业病防治工作联席会制度用人单位职业病防治的落实情况。8月23日，省总、省工信委、省安监局、省人力资源和社会保障厅下发《关于加强劳动保护监督检查做好防暑降温工作的紧急通知》，要求结合实际，采取措施，贯彻落实。全省各级工会按照《通知》要求，开展形式多样、各具特色、富有成效的防暑降温活动。

群众监督 1995年，为加强劳动保护工作，江西铜业公司工会成立劳动保护监督检查委员会。2000年起，工会主席为主任委员、副主席为副主任委员。1998年起，劳动保护监督检查委员会坚持对所属各单位劳动保护工作进行大检查。检查从(1)国家有关劳动保护工作的法律、法规的执行情况；本单位劳动保护工作制度的制定、执行情况；(2)依照全总劳动保护三个《条例》精神，本单位劳动保护监督检查组织的组建及工作开展情况；(3)参与本单位劳动安全卫生措施、计划和资金投入等方案的制订和实施情况；(4)参与本单位集体合同、劳动合同中劳动安全卫生条款的协商与制定情况；(5)劳动保护、安全生产宣传、教育、培训及活动开展情况；(6)组织或协助组织安全生产检查、伤亡事故调查、处理情况；(7)制止违章指挥、违章作业，发现重大事故隐患和严重职业危害等紧急情况，采取紧急措施排除隐患(方案)情况；(8)监督本单位劳动保护用品的采购、标准、质量、发放、管理、使用情况；(9)女职工特殊保护执行情况等九个方面进行检查。通过展开调查，摸清情况，针对性地提出激励与改进建议措施。

1997年，省总和全省各级工会把关心职工的安全与健康、开展劳动保护工作作为自己的一项重要任务，积极做好职工劳动保护工作，特别是做好有毒有害工种职工的劳动保护工作，加强对职工职业病的预防、检查和治疗，确保职工的身心健康。在职工劳动保护工作中，充分发挥各级劳动保护监督检查组织的应有作用，同时，还充分发挥工会联系广大职工群众的优势，广泛发动职工群众督促企业做好劳动保护工作，重点监督检查煤矿、建筑、冶金、化工行业和油库、液化气罐等事故多发、易燃易爆工作场所和设施。全省广大职工群众积极投入劳动保护工作，监督企业认真做好劳动保护工作，充分发挥工人阶级主力军作用。是年，全省各级工会依法开展职业安全卫生检查监督工作，省总参加42项重大事故隐患的跟踪调查和12起重大事故的调查处理，发挥工会的作用。2000年为接受萍乡市“特大烟花爆炸事故”的教训，按照国务院和省政府的统一部署，省安委会从是年3月15日起对全省的烟花爆竹企业进行一次为期三个月全面清理整顿，取得初步效果。截至6月，已对全省16298个烟花爆竹企业、私人作坊进行拉网式清理检查，查找和发现事故隐患12918起，取缔烟花爆竹私人作坊4713个，烟花爆竹非法经销点4713个，督促落实整改措施4917起，收缴不合格烟花199万个，爆竹492万只，礼花弹2978个，收缴火药11927公斤，原材料404616公斤，同时还根据有关规定处理一批违规人员。

表3-4-5 2002年江西省基层工会(基层以上工会)劳动保护监督工作情况

类别	建立劳动保护监督检查组织的基层以上工会数(个)	建立工会劳动保护监督检查委员会的单位(个)	工会劳动保护监督检查员人数(人)	本年度工会劳动保护监督组织受理举报案件数(件)	工会劳动保护监督检查组织处理案件	工会提请劳动安全卫生监督部门处理案件	工会举办劳动保护培训次数(次)	参加本级工会本年度劳动保护培训人次数(人次)	参加工会劳动保护培训(讲座)人次(人次)	执行女职工四期劳动保护规定的单位(个)	执行禁止安排女职工从事禁忌劳动规定的单位(个)
基层		2290	22515	2452	1959	380	5018		158079	3329	3433
基层以上	329		2476	205	135	62	444	18090			

工伤事故调查处理 省总按照相关法律法规,认真参加重大伤亡事故的调查处理,坚持工矿企业事故统计、报告工作,注重对事故分析总结吸取经验教训,在事故调查处理中,坚持以事实为依据、以法律为准绳,发挥工会在职工工伤事故调查处理中应有作用。

1994年5月1日,丰城矿务局坪湖煤矿发生瓦斯爆炸事故.当时在井下作业的74名干部、职工,有38名遇难,36名受伤。为查清事故原因,总结血的教训,省政府组成以张云川为组长的调查组,童水仙作为调查组领导成员参加调查。

1996年10月29日,省总参加乐平市"1·1"、丰城市"1·7"和渝水区"4·11"三起煤矿重大伤亡事故调查和8起伤亡事故处理。向省安委会函告了每起事故的处理意见。是年,省总共参加了42起重大事故隐患的跟踪调查和5起重大事故的调查处理。

1998—1999年,省总参与了全省安全生产检查活动,两年共参与调查处理企业职工重大伤亡事故4起,并对25起重大伤亡事故提出了结案意见。

2000年3月11日,萍乡市上栗县东源乡石岭村发生一起烟花鞭炮特大爆炸事故,造成33人死亡,12人受伤,其中13名中小学生死亡。省总参与这起重大伤亡事故调查。8月21日,萍钢发生一起爆炸事故,死亡22人,其中萍钢职工10人,当地民工12人;受伤13人,其中女职工5人,民工8人。省政府有关部门成立的事故调查组已赶到萍乡,省总成立以相关分管副主席为组长的调查组,参与这起重大伤亡事故的调查,并将调查处理意见函告了省安委会。

2003年9月29日,乐平矿务局东方红煤矿发生一起特大跑车事故,造成10人死亡,1人重伤;11月14日,丰城矿务局建新煤矿发生一起特大瓦斯爆炸事故,死亡49人,受伤7人,其中重伤2人,省总参加了事故调查处理工作。为认真吸取惨痛教训,省总要求各级工会督促企业,认真贯彻落实国务院安委会第一次会议精神,强化安全生产责任制,坚决遏制重、特大事故发生,确保职工人身安全。

2004年1月16日,张海如、文之周代表全总和省总到丰城矿务局走访慰问,向丰城矿务局赠送"11·14"瓦斯爆炸事故救灾慰问款10万元,向事故遇难者及其家属表示慰问,并走访两户特困职工家庭,向他们赠送慰问款。省总领导还与丰城矿务局党、政、工负责人进行座谈,详细了解丰城矿务局生产经营、职工生活以及工会工作开展的情况，并代表全总和省总向丰矿全体职工致以新年的慰问和祝福，希望丰城矿务局在新的一年里紧紧抓住发展、质量和安全工作不放松，促进经济效益、社会效益和工会工作全面进步。

2004 年 12 月 3 日，新钢公司炼铁厂发生一起钢水灼烫重大事故，死亡 4 人，重伤 1 人，省总参加事故调查处理工作，并将调查处理意见书面报告省安监局。

2006 年 11 月 26 日，乐平市涌山镇非法开采的联营煤矿发生一起煤与瓦斯突出事故，造成 9 人死亡，7 人受伤，直接经济损失 230 万元。其中联营煤矿 6 人死亡，1 人受伤；九六一煤矿 3 人死亡，6 人受伤，省总参加事故调查处理工作。省总要求景德镇市和乐平市总在政府与工会召开的联席会议上，把取缔非法开采煤矿作为一个重要议题，要求政府加大取缔力度，切实保障煤矿职工安全。

2007 年 9 月 25 日，抚州市临川区本色精英会所发生重大火灾事故造成 12 人死亡，6 人受伤，直接经济损失 300 万元。10 月 13 日，丰城矿务局建新煤矿 1113 顺槽煤巷掘进头发生煤与瓦斯突出，21 名在该掘进头作业的矿工被困。事故发生后，丰城矿务局立即启动应急预案，全力开展救援工作。被救 3 人中，1 人死亡，2 人生还，其他 18 人仍被困井下。省总按照伤亡事故“三不放过”的原则，参加调查处理。10 月 14 日，省安委会下发《关于丰城矿务局建新煤矿“10 · 13”煤与瓦斯突出事故的紧急通报》，事故发生后，省委、省政府高度重视。正在北京出席党的十七大的省委书记孟建柱、省长吴新雄及常务副省长打电话了解事故情况，对事故救援和善后工作以及进一步做好当前安全生产工作作出重要指示、批示。省领导要求，要在确保安全的前提下，不惜一切代价加大抢救力度，全力营救被困矿工，尽力减少伤亡人员，科学施救，防止次生事故发生，切实做好善后工作；要求对事故作出通报，在全省煤矿、矿山行业举一反三；吸取教训，采取更加有力措施防止类似事故发生，坚决关停其他煤场和高危行业，要求在对烟花鞭炮、小煤窑和火工产品一律停产排查隐患的基础上，对全省所有国有煤矿及其他高危行业即刻全部停产整顿。12 月 22 日，省政府第 68 次常务会议对省安委会报送的《抚州市临川区本色精英会所“9 · 25”重大火灾事故调查报告》进行审议，确定该事故结案。经省政府同意，对有关责任人和责任单位作出处理决定。

2008 年 11 月 20 日，龙南县夹湖苕含钨矿发生一起采场垮塌事故，造成正在井下作业的 4 名矿工被困。事故发生后，省委、省政府及赣州市、龙南县领导高度重视，各级地方政府及有关部门群策群力、通力协作，各方力量支援，经过 81 个小时的紧张施救，4 名矿工安全获救。省总成立调查组，参与事故调查，并将调查处理意见报送省安管会。12 月 25 日，省安委会转发省安监局《关于龙南县夹湖苕含钨矿“11 · 20”垮塌事故救援情况报告的通知》，请各地、各部门、各单位要认真汲取龙南县夹湖苕含钨矿“11 · 20”垮塌事故救援的经验教训，加强矿山安全隐患排查治理工作。要进一步强化安全基础工作，进一步加大安全监管力度，督促生产经营单位加大安全投入，充实工程技术人员，加强安全管理，提高本质安全水平，防范事故的发生。

2010 年 1 月 8 日，新余市渝水区欧里镇庙上煤矿在一水平发生一起火灾事故，造成井下 7 至 9 人被困；4 月 20 日，高安市兴丰煤矿发生煤与瓦斯突出事故，井下 12 名作业人员被困，7 人遇难，5 人下落不明；是日，上栗县金山镇高山联营煤矿发生透水事故，7 人被困井下，经全力抢救，被困矿工全部获救出井，省总参加 3 起事故调查处理工作，坚持维护职工合法权益。防止事故处理中，工人处理重,干部处理轻,或将责任推向伤亡者的现象发生。21 日,省安委会下发《关于高安市兴丰煤矿"4·20"重大煤与瓦斯突出事故和上栗县金山镇高山联营煤矿"4·20"透水事故的通报》,要求:深入开展安全隐患排查和治理;切实抓好煤矿防治水工作;认真做好煤矿瓦斯防治工作;全面落实安全生产责任制;严格事故责任追究;强化安全监督和检查。10 月 14 日,上饶市铅山县新安兴旺煤矿发生一起井下冒顶事故,9 名矿工被困井下,生命岌岌可危。经全力救援,被困矿工全部获救,省总参加事故调查,要求全省各级工会组织立即行动起来,反"三违",查隐患,与事故灾害作斗争。11 月 5 日,省安委会下发《关于表彰沿山县"10·14"煤矿事故抢救工作的通报》,表彰参与抢救的各有关单位和所有救援人员。省安委会要求,铅山县要抓好事故调查处理工作,吸取教训,总结经验,切实做好包括煤矿在内的各项安全生产工作;全省各地要认真学习借鉴此次救援成功的经验,时刻把人民群众的安危冷暖放在首位,以瓦斯、水害隐患治理和小煤矿整顿关闭为重点,切实抓好煤矿安全生产工作,切实维护人民群众生命财产安全;煤炭行业要深入贯彻国务院《关于进一步加强企业安全生产工作的通知》要求,认真落实企业主体责任,在吸取事故教训、加大隐患排查治理的基础上,严格执行治理水患、瓦斯的各项措施,着力保持煤矿安全生产平稳态势。

表 3-4-6　1995 年—2000 年若干年份全省工矿商贸企业事故情况

指　标	1995 年	2000 年	2005 年	2006 年	2007 年	2008 年	2010 年
事故死亡总人数		4543	3321	2902			
工矿商贸企业事故死亡人数	607	531	365	361	390	241	233

第五节　劳模工作

劳模和"五一劳动奖状、奖章"评选

省总在评选劳动模范的过程中,严格按照劳动模范评选规定,坚持由基层单位民主推荐候选人,各设区市政府和省产业、行业行政主管部门择优上报,省劳动模范评选委员会办公室初审把关,向省委、省政府主要领导和分管领导汇报,经省劳动模范评选委员会审核名单公示无异议后,报省政府批准。注重严把政审关,实行一票否决制和向一线职工倾斜的评选政策。

1994 年以来,省总和全省设区市总工会,在每年评选全国、省"五一劳动奖状""五一劳动奖章"和五年一届的全国、全省劳动模范评选工作中,每年都研究制定评选办法,明确本年度参评对象、评选表彰项目、评选条件及办法、评选有关事项和评选名额分配。同时强调本年度工作要求,不断完善评选工作。

1994 年 3 月 1 日,省总下发通知,明确表彰的重点是 1993 年在深化改革,转换企业经营机制的经济建设中及在全省"三创"社会主义劳动竞赛中取得优异成绩,做出突出贡献的先进个人。评选办法仍采取地方和产业相结合、以地方为主的方法进行。8 月 18 日,省委、省政府决定在 1995 年 3

月底或4月初召开全省劳模大会，表彰全省各行各业、各条战线在改革和建设中做出突出贡献的先进个人，并在此基础上，择优推荐全省全国劳动模范和先进工作者人选。《通知》明确此次表彰的范围和对象、评选条件、组织领导、工作要求与宣传报导。省政府成立江西省劳动模范评选表彰工作筹备委员会（以下简称筹委会）。筹委会受省政府委托负责领导全省全国劳动模范、先进工作者的推荐和省劳动模范的评选表彰工作。舒圣佑任筹委会主任，朱英培、刘金标、钱梓弘（省经委主任）、雷湘池（省人事厅厅长）、梁文星（省劳动厅厅长）、卢联灿（省农办主任）任副主任，省委、省政府有关部门的领导任委员。筹委会下设办公室，刘金标兼任办公室主任。筹委会办公室设在省总，负责评选的具体工作。各地、市政府（行署）也要成立相应的工作机构，负责组织实施。10月13日，舒圣佑主持召开省劳动模范评选表彰工作筹备委员会（以下简称筹委会）第一次会议。会议着重讨论研究《全省劳动模范、先进工作者评选办法》，与会委员对《评选办法》提出的评选范围、名额分配、评选方法、评选要求、工作进度等进行认真的审议，提出许多很好的意见。筹委会主任舒圣佑作总结，对评选名额分配、工作进程、表彰大会规模、时间等问题作明确的指示。10月25日，省筹委会下发《关于全省劳动模范、先进工作者评选办法的通知》，全省共评选劳动模范、先进工作者700名，其中职工劳动模范、先进工作者393名，农业及乡镇企业职工劳动模范307名。

1996年1月31日，省总下发通知，决定颁发100名省“五一劳动奖章”。《通知》明确表彰名额按职工人数多少，贡献大小的分配原则，一次性下达给各地市、产业和单位。凡未分配名额的行业和部门，可将本行业和部门成绩突出的先进个人向所在地市总工会推荐，由地市统一平衡，择优申报。

1997年1月3日，省竞委、省总下发《关于开展一九九六年“九五双争立功竞赛”总结评比和颁发一九九七年省“五一劳动奖状”“五一劳动奖章”的通知》。1月30日，省总下发《关于评选推荐一九九七年全国“五一劳动奖章”和“五一劳动奖状”的通知》，规定：省全国“五一劳动奖章”“五一劳动奖状”获得者原则上从荣获1996年全省“九五双争立功竞赛”一等奖的先进个人（含省“五一劳动奖章”获得者）、先进集体中择优评选产生。全国“五一劳动奖章”获得者的人选仍采取地方和产业相结合，以地方为主的办法进行评选，评选名额由省一次性分配给地市和有关产业（铁路、民航由全总直接下达评选名额），凡未分配名额的行业和单位，可将符合条件的人选向所在地市总工会推荐，参加所在地市的评选，由地市统一平衡，择优推荐。全国“五一劳动奖状”评选由省总从荣获1996年全省“九五双争立功竞赛”一等奖的先进集体和先进班组中择优推荐申报，不另行分配评选名额。先进班组中择优推荐申报，不另行分配评选名额。4月28日，为认真做好1997年全省“九五双争立功竞赛”年终评比和1998年“五一劳动奖章”“五一劳动奖状”获得者的评选推荐工作，省“双增双节”劳动竞赛委员会、省总制定评选推荐办法。

1998年1月12日，省总下发《关于评选推荐一九九八年全国“五一劳动奖章”和“五一劳动奖状”的通知》，明确评选推荐的原则、评选推荐方法和几点要求。规定各地提名推荐中央、省属企业的先进个人，应同时征求企业上级主管部门意见。12月15日，为认真做好1998年全省“九五双争立功竞赛”年终评比和1999年“五一劳动奖状”“五一劳动奖章”获得者的评选推荐工作，省总制定评选推荐办法。明确参评对象、评选项目、评选条件、评选推荐办法及其他事项。要求各级劳动竞赛委员会和工会要根据实际情况选树一批本地区、本行业在“九五双争立功竞赛”活动和抗洪抢险、生产自救、重建家园活动中做出突出贡献的先进集体和个人。

1999年1月15日,省总下发《关于评选推荐1999年全国“五一劳动奖章”和“五一劳动奖状”的通知》,明确评选推荐原则、评选推荐办法、评选名额分配和几点要求。提出:(1)省全国“五一劳动奖状”“五一劳动奖章”获得者的评选,原则上从本年度江西省“五一劳动奖状”、奖章获得者和江西省先进班组中择优评选产生。(2)全国“五一劳动奖章”获得者的名额分配,采取地方和产业相结合、以地方为主的办法,由省一次性分配给地方、有关产业和单位(铁路、民航、金融由全总直接下达评选名额)。有关产业和单位,可将符合条件的人选材料直接向省总经济工作部推荐,由省总统一平衡,择优推荐。(3)全国“五一劳动奖状”评选名额不予分配,各地市择优推荐申报,省总审核择优推荐。4月22日,省总党组向江西省委呈交《关于1999年评先工作中有关情况的报告》。

2000年2月23日,省政府下发《江西省政府关于评选表彰全省劳动模范、先进工作者的通知》及《全省劳动模范、先进工作者评选办法》。3月8日,江西全国、全省劳动模范、先进工作者推荐评选工作委员会(简称评委会)第一次全体委员会议在南昌举行,会议通过《2000年我省全国劳动模范和先进工作者评选办法》,就全国、全省劳动模范、先进工作者推荐评选工作进行部署。评委会主任步正发讲话,评委会副主任王君主持会议。3月9日,省劳动模范和先进工作者评选表彰工作委员会下发《关于江西省2000年全国劳动模范和先进工作者评选推荐办法的通知》,规定全国劳动模范先进工作者评选名额78人,其中职工劳动模范、先进工作者60名,农民劳动模范18名。明确评选范围、条件、名额、办法和要求。3月10日,省评委会在南昌召开全省全国劳动模范和先进工作者评选工作会议。参加会议的有各地市、厅局等有关方面的负责同志。程受锭主持会议并讲话。童水仙传达全国劳模和先进工作者会议以及省评委会会议精神。与会同志学习国务院、省政府有关评选推荐全国劳模、先进工作者的文件。会议还就全省全国劳模、先进工作者评选名额分配事宜作说明。4月25日,省评选表彰工作委员会下发《关于江西省劳动模范和先进工作者评选办法的通知》,规定全省共评选省劳模、先进工作者700名,其中职工劳动模范、先进工作者450名,农民(含乡镇企业职工)劳动模范250名。明确了评选范围和称号授予对象、条件、方法和要求。通知强调,评选劳动模范、先进工作者要坚持民主、公平、公开的原则,严格按照评选条件,采取自下而上的评选办法、逐级审批产生。职工劳动模范、先进工作者入选必须经所在单位职工代表大会或职工大会讨论同意,并经本单位党委和行政审核同意后,逐级推荐上报。劳模评选要面向基层,面向经济建设第一线,把评选的重点放在经济建设第一线的工人、农民和知识分子中。企业一线职工应占职工劳模、先进工作者评选数的45%。

2001年1月5日,省总决定开展2001年“五一劳动奖状”“五一劳动奖章”获得者的评选推荐工作。要求各级劳动竞赛委员会和工会要根据实际情况选树一批本地区、本行业在“九五双争立功竞赛”和“群众性经济技术创新”活动中做出突出贡献的先进集体和先进个人。是月16日,省总下发《关于评选推荐2001年全国“五一劳动奖状”和“五一劳动奖章”的通知》。4月16日,经省总主席办公会研究同意,第67次省长常务会,省委常委会讨论通过,全总书记处审定,批准省总财贸工委推荐的1位为2001年全国“五一劳动奖章”获得者,1个企事业单位为全国“五一劳动奖状”获得单位。经省总主席办公会研究、审定,并征得省“双增双节”劳动竞赛委员会同意,批准省总财贸工委推荐的2位为2001年省“五一劳动奖章”获得者,2个企事业单位为省“五一劳动奖状”获得单位。12月27日,省总出台了《江西省“五一劳动奖状”“五一劳动奖章”评选工作若干规定》,规定:省“五一”奖每年评选一次,遇召开全省劳模大会年份,当年停评。“五一”奖名额分配的方式,实行地方和行业相结合,以地方为主的原则。评选工作贯彻党的全心全意依靠工人阶级的方针,重点评选国有大中型企业和经济建设一线的工人、知识分子,重视对时代典型的选树;女职工应占一定比例。评选申报工作,实行民主集中原则,以确保评选对象的质量为目的和标准,坚持自下而上、民主推荐和组织考核逐级审查相结合。对领导干部和企业负责人的评选,实行严格控制的原则。国家机关、事业单位和群众团体中厅(局)级及其以上领导干部,原则不参加“五一”奖评选,处级干部从严掌握。推荐上报“五一”奖的单位或经营管理者、领导干部,要出具工商、税务(国税、地税)、审计、纪检(监察)、劳动(安全、社保)等部门和上一级主管机关证明以及上级工会对其上年度足额划拨工会经费审计认定材料等。

2001年12月28日,省竞委、省总下发《关于开展2001年全省群众性经济技术创新活动评比和评选2002年省“五一劳动奖状”“五一劳动奖章”获得者的通知》。

2002年12月15日,省竞委、省总联合下发《关于开展2002年全省群众性经济技术创新活动评比和评选2003年江西省“五一劳动奖状”“五一劳动奖章”获得者的通知》。12月30日,省总下发《关于评选推荐2003年全国“五一劳动奖状”“五一劳动奖章”的通知》。

2003年11月,省政府批准并出台《江西省劳动模范管理办法》,《办法》规定:省劳动模范的评选活动及命名表彰大会每五年举行一次。劳动模范的基本条件必须是热爱祖国,坚持邓小平理论,全面贯彻“三个代表”重要思想和党的基本路线,认真执行党的方针政策;模范遵守法律法规、规章和职业道德;诚实实干、锐意进取,与时俱进,在改革开放、经济建设和社会各项事业中业绩突出,在本地区或者本行业处于领先水平。评选工作按照以地方为主、地方与行业相结合、自下而上推荐,接受群众监督的程序进行,即由基层推荐,市、省直和有关单位审查申报,省领导小组审定后报省政府批准。评选表彰的主体突出面向基层、面向一线的原则。评选工作坚持公开、公平、公正,推荐申报的集体和个人均要经本单位职工代表大会(村民代表大会)讨论通过并公示。省劳动模范由省人民政府召开命名表彰大会予以命名表彰,其中来自企业和农村的人员授予“江西省劳动模范”称号,来自机关、团体、事业单位的人员授予“江西省先进工作者”称号。

2004年3月9日,省总向省委、省政府呈交《关于江西省2004年全国“五一劳动奖状、奖章”推荐情况的报告》。4月1日,省总向全总呈交《江西省2004年全国“五一劳动奖状、奖章”评选推荐工作情况报告》。

2005年7月17日,省政府在南昌召开全省劳模和先进工作者推荐评选工作会议。筹委会副主任李骥向大会作关于全省劳动模范和先进工作者推荐评选工作有关问题详细说明。7月19日,省政府下发《关于做好2005年全省劳动模范和先进工作者评选表彰工作的通知》。成立以省领导王君为主任,张海如等5人为副主任,省委宣传部等25个单位相关负责人为委员的评选表彰管理工作委员会。8月16日,省表彰大会筹委会制定《江西省劳动模范和先进工作者评选办法》,明确表彰范围、评选条件、名额分配、评选方法和评选要求。

2006年,省总下发《关于推荐评选2006年全国"五一劳动奖状"和"五一劳动奖章"的通知》。1月5日,省竞委、省总联合下发《关于推荐评选江西省"五一劳动奖状""五一劳动奖章"和全省经济技术创新活动先进集体、先进个人的通知》。2月26日,省总向省政府呈交《关于江西省2006年全国"五一劳动奖状"、五一劳动奖章推荐评选情况的报告》。3月1日,全总办公厅下发《关于全国"五一劳动奖状"、奖章推荐工作需要进一步明确的几个问题的函》,明确(1)分配给各地、各产业的名额和各类人员的比例、班组和企业的指标均不得突破。(2)要保证企业一线工人和专业技术人员占50%以上,并做好农民工人选的推荐工作。企业一线工人指企业中车间主任(含)以下的职工,专业技术人员指企业中专职从事技术工作的人员。(3)要重视科教人员的推荐工作,所占比例不得少于20%。(4)班组的数量不得低于集体总数的50%。班组是指企事业中最基本的生产管理单位。(5)事业单位的领导干部与党政机关同级干部同等对待。事业单位中作为专家或学术带头人的必须是在教学、科研等方面有突出贡献的人员。3月28日,省总向省政府呈送《关于全省群众性经济技术创新活动先进集体、先进个人及江西省"五一劳动奖状"、奖章推荐评选情况汇报》。11月27日,为表彰熊文清的先进事迹,激励广大职工为构建社会主义和谐社会,实现"十一五"规划建功立业,省总决定在2007年申报熊文清为全国"五一劳动奖章",同时授予省"五一劳动奖章"。

2007年2月2日,省总下发《关于推荐评选2007年全国"五一劳动奖状"和"五一劳动奖章"的通知》。

2008年1月8日,省劳竞委、省总联合下发《关于推荐评选江西省"五一劳动奖状""五一劳动奖章"和全省经济技术创新活动先进集体和先进个人的通知》。1月10日,省总下发《关于推荐评选全国"五一劳动奖状"、奖章的通知》。2月18日,省总向全总呈文《关于申报追授江玉新、朱平同志全国"五一劳动奖章"的请示》。2月20日,省总向全总呈文《关于要求增加全国"五一劳动奖章"、奖状名额的请示》,要求增加全国"五一劳动奖状"名额6个、全国"五一劳动奖章"名额10个。其中企业领导人4名、一线职工和科技人员6名。全总同意增加。省总向省政府呈送《关于推荐评选情况汇报》。3月31日,省总向王宪魁呈送《关于江西省2008年全国"五一劳动奖状"、奖章评选推荐情况的报告》。8月8日,为进一步加强劳动模范日常管理工作,建立健全劳动模范重要情况报告制度,省总下发《关于取消江西省劳动模范称号有关工作的通知》,决定每年办理一次江西省劳动模范称号的取消工作。《通知》对取消劳动模范称号的有关工作作出明确规定,加强劳动模范的日常管理工作。是年12月2日,根据《公务员法》《中国共产党章程》和《企业职工奖惩条例》等有关规定,省总对《江西省劳动模范管理办法》第五章第十八条关于取消劳动模范称号的有关条款作出详细的解释。((1)关于第十八条第三款"受到开除、留用察看处分的"是指受到开除党籍、开除公职、留党察看、停职留用察看处分的。(2)关于第十八条第四款"丧失中华人民共和国国籍的",是指非法离境的,丧失中华人民共和国国籍的。)要求各地各单位按照解释规定执行,做好劳模的日常管理和称号取消、履行程序等工作。

2009年2月4日,省劳竞委、省总联合下发《关于推荐评选江西省"五一劳动奖章"、奖状、江西省"工人先锋号"、江西省职工经济技术创新活动先进单位和先进个人的通知》。2月12日,省总下发

《关于推荐评选全国“五一劳动奖状”、奖章和全国“工人先锋号”的通知》。3月5日，为加强全国、省“五一劳动奖状”，全国、省“五一劳动奖章”和全国、江西省“工人先锋号”的推荐评选和管理工作，进一步规范推荐评选程序，提高推荐评选质量，服务于全省改革开放和现代化建设事业，根据全总、省委、省政府和省总有关文件精神，省总出台《江西省总工会关于2009年“五一劳动奖状”、奖章和“工人先锋号”推荐评选工作的有关规定》，明确严格执行推荐评选条件和规定，严格规范推荐评选的原则和程序，严肃推荐评选工作纪律和要求。3月16日，省总第29次主席办公会议确定，今后省总的重大评选表彰活动，(1)是要采取差额推荐；(2)是要进一步完善评选办法，在省总主席办公会研究确定之前，建立一个初选筛选和把关机制，由主管部门牵头、相关部门参与，实行初评委员会筛选或社会参与评选；(3)是要平衡好评选表彰的行业分布，避免过于集中、过于空白、过于偏颇，发挥好评优评先活动的激励作用和导向作用。3月17日，省总向省政府呈交《关于审定江西省2009年全国“五一劳动奖章”申报对象的请示》。3月18日，省总向省政府呈送《关于2009年江西省职工经济技术创新活动先进集体、先进个人及江西省“五一劳动奖状”奖章推荐评选情况的汇报》。3月30日，省总向全总呈送《关于报送江西省2009年全国“五一劳动奖状”奖章及全国“工人先锋号”推荐对象的报告》。8月3日，省总党组会议讨论通过2009年度全国优秀工会工作者候选人名单，以及推荐其中的顾伍根(吉安市总工会)为全国“五一劳动奖章”候选人。

2010年3月16日，省总党组、省总就名额分配、时间安排、组织领导、工作经费和关于组团进京参加全国劳模表彰大会等事宜向省委、省政府呈报《关于做好江西省2010年全国劳动模范和先进工作者推荐评选工作的紧急请示》。3月17日，省总主席办公会强调，认真筹划、积极部署、加强协调、精心操作，按时高质做好推荐评选工作。3月18日，省政府下发《关于做好江西省2010年全国劳动模范和先进工作者推荐评选工作的通知》，规定农民不低于20%，其中乡镇企业负责人不超过20%，农民工不低于6%。3月19日，为做好全国劳动模范和先进工作者推荐评选工作，2010年全国劳动模范和先进工作者表彰大会筹备委员会办公室，对《国务院办公厅关于做好2010年全国劳动模范和先进工作者评选表彰工作的通知》中推荐评选工作有关政策作补充说明(《通知》规定，机关事业单位人员不超过总数的35%，其中县处级干部不超过20%，司局级(含)以上干部不参加评选，在事业单位担任领导职务并在教学、科研等方面作出特殊贡献的专家和学术带头人，可按科研人员对待。企业职工不低于总数的45%，其中企业一线工人和专业技术人员不少于5%，企业负责人不超过22%，中央管理的企业单位负责人不参加评选。农民工不低于20%，其中乡镇企业负责人不超过20%，农民工不低于6%。)，进一步明确关于机关和事业单位人员的推荐，企业职工的推荐，农民工的推荐，公示和举报处理问题，需要说明的其他问题等事项。是月24日，表彰大会筹备委员会办公室召开座谈会，听取筹备工作进展情况，议定了关于农民劳模比例问题、农民工身份界定问题和关于全国和省工商联副主席是否参评问题。4月5日，省推荐评选办公室向省政府呈交《关于提请审定江西省2010年全国劳动模范和先进工作者推荐人选的紧急请示》。4月11日，省推荐评选办公室向省政府呈送《关于公示后2名全国劳动模范和先进工作者推荐人选被取消评选资格的情况汇报》。是日，省推荐评选办公室还向省政府汇报经举报取消1名推荐人选评选全国劳动模范的资格，经举报调查核实后保留3名推荐人选评选全国劳动模范资格情况。是日，省推荐评选办公室向省政府汇报吉安市、景德镇市政府要求调整2名全国劳模和先进工作者推荐人选的情况。7月6日,省住房和城乡建设厅、省总联合下发《关于评选江西省城市美容师的通知》给各设区市城管(执法)局(委)、总工会,景德镇市建设局,明确在庆祝第十五个江西省环卫工人节期间,表彰10名“江西省城市美容师”,同时,省总授予江西省“五一劳动奖章”荣誉称号。9月19日,省政府下发《关于做好2010年江西省劳动模范和先进工作者评选表彰工作的通知》,规定推荐人选要坚持面向基层,面向工作一线,面向经济社会发展的各条战线,面向社会各个阶层。(1)是企业职工不低于总数的45%,其中企业一线工人和专业技术人员不少于55%,企业负责人不超过22%。企业一线工人指企业中车间主任(含)以下职工;专业技术人员指企业中专门从事技术工作的人员;企业负责人兼任其他职务的,一律按企业负责人推荐;经过工商登记的科研单位按企业对待。(2)是农民不低于25%,其中乡镇企业负责人(指其户籍为农业户口的企业负责人)不超过20%,农民工不低于6%。(3)是机关事业单位人选不超过总数的30%,其中县处级干部不超过20%,厅局级以上干部不参加评选,在事业单位担任领导职务并在教学、科研等方面作出特殊贡献的专家和学术带头人,可按科研人员对待。要充分考虑不同行业和领域的代表性,妇女、非公有制企事业人员和少数民族人员应占一定比例。9月28日,省政府成立2010年江西省劳动模范和先进工作者评选表彰大会筹备委员会,顾问:姚亚平,副主任:胡世忠、郭学勤、廖龙如(省人社厅巡视员)、杨伟东(省委组织部部务委员)、杨六华(省委宣传部副部长),成员由相关厅局负责人组成。下设办公室,胡世忠任主任,王运昌任常务副主任。

劳模表彰

受表彰的个人和集体,分别由省政府授予江西省劳动模范或江西省先进工作者和江西省先进集体称号。“江西省劳动模范”称号授予企业职工、农民和其他劳动者个人,“江西省先进工作者”称号授予国家机关和事业单位个人,均由省政府颁发奖章、证书和一次性奖金;“江西省先进集体”由省政府颁发奖牌、证书。

每年表彰大会 1994年4月28日,江西省庆祝“五一国际劳动节”暨表彰大会在南昌江西宾馆举行。省领导吴官正、朱治宏、卢秀珍、马世昌、冯金茂、王国本、张云川、黄文圻等省领导出席庆祝大会。省总领导戴子钧、程受锭、童水仙、李祖根、吴纪恒出席大会。省委副书记卢秀珍代表省委、省政府讲话。戴子钧代表省总致词。会上授予新余钢铁总厂厂长王忠宪等107名先进人物为1994年省“五一劳动奖章”,并对1993年度江西省劳动竞赛、合理化建议、技术改造先进集体、先进个人颁了奖。

1996年4月25日,省总庆祝五一国际劳动节暨表彰大会在南昌召开。省委书记吴官正、省长舒圣佑等省领导出席会议。副省长黄智权代表省委、省政府在会上致词。刘金标讲话。省总代全总向九江石化总厂等3家企业、景德镇市焦化煤气总厂动力车间等5个班组颁发全国“五一劳动奖状”,向李研等27人颁发全国“五一劳动奖章”;省总向缪黎琴等108人颁发省“五一劳动奖章”;省竞委表彰江氨化工有限责任公司等60个“学先进、比贡献、创一流、增效益”劳动竞赛优胜企业以及

100 个先进班组、98 名劳动竞赛先进个人。10 月 26 日，省、市庆祝首届环卫工人节大会召开，会上宣读国家建设部贺信和省政府的慰问信，同时授予 12 名环卫工人为“全省城市美容师”，授予 50 名环卫职工为全省先进环卫工作者称号，省总向获得全省城市美容师称号的 12 人颁发 1996 年度江西省“五一劳动奖章”。

1997 年 4 月 25 日，江西省庆祝五一国际劳动节暨表彰大会在江西宾馆礼堂举行。省领导舒惠国、黄智权、冯金茂、朱治宏、卢秀珍，省总领导刘金标、程受锭、童水仙、李骥、吴继恒等出席大会。程受锭主持大会。刘金标讲话。省竞委有关负责人宣读《关于表彰 1996 年度“九五双争立功竞赛”先进集体和先进个人、颁发 1997 年江西省“五一劳动奖状”和“五一劳动奖章”的决定》，决定授予昌河飞机工业公司等 71 个企事业单位 1996 年全省“九五双争立功竞赛”先进集体称号，授予杨红兰等 103 人 1996 年全省“九五双争立功竞赛”先进个人称号，并由省总向昌河飞机工业公司等 23 个单位颁发 1997 年省“五一劳动奖状”，向杨红兰等 103 人颁发 1997 年省“五一劳动奖章”。童水仙宣读省总关于表彰职工信赖的好厂长（好经理）以及 1996 年度全省工会工作目标管理优胜单位的决定，熊林根等 24 位厂长（经理）、省总抚州办事处等 4 个工会组织受到表彰。全国“五一劳动奖状”获得单位，昌河飞机工业公司总经理杨金槐，全国劳动模范、全国“五一劳动奖章”获得者、萍乡市邮电局投递员曹罗生，全国“五一劳动奖章”获得者、江西师大教授刘三秋等分别代表获奖单位和个人在会上发言。黄智权代表省委、省政府讲话。

1998 年 4 月 27 日，省总在江西宾馆召开庆祝五一国际劳动节暨表彰大会。省领导刘德旺、黄名鑫、朱英培、厉志成、蔡新贵，省纪委副书记许苏卉，省总领导刘金标、童水仙、文之周、李骥、李祖根、吴继恒出席大会。童水仙主持大会。朱英培、刘金标分别讲话。朱英培代表省委、省政府讲话。省政府副秘书长、省竞委副主任胡宪宣读省竞委、省总《关于表彰 1997 年度“九五双争立功竞赛”先进集体和先进个人、颁发 1998 年江西省“五一劳动奖状”和“五一劳动奖章”的决定》。授予江西乳品厂等 67 个单位 1997 年全省“九五双争立功竞赛”先进集体称号，授予熊志红等 101 人 1997 年全省“九五双争立功竞赛”先进个人称号，并由省总向江西乳品厂等 19 个单位颁发 1998 年省“五一劳动奖状”，向熊志红等 101 人颁发 1998 年省“五一劳动奖章”。文之周宣读全总关于表彰全国“五一劳动奖状”“五一劳动奖章”的决定和地（市）、产业工会目标管理竞赛的通报。省领导代表全国总工会向获奖单位及个人颁发奖状、奖章。并向 1997 年度全省工会工作目标管理优胜单位颁奖。全国“五一劳动奖状”获得单位代表南昌铁路局客运段深圳车队队长杨群英、省“五一劳动奖状”获得单位代表江西乳品厂厂长席德三、全国“五一劳动奖章”获得者南昌市新建县大塘坪乡中心卫生院护士长李燕玲在会上发言。

1999 年 4 月 27 日，全省庆五一暨表彰先进大会在江西饭店六楼举行。全省各条战线的 300 多名先进代表参加。省领导钟起煌、卢秀珍、朱英培、厉志成、周日杨，省纪委副书记陈发芳等出席会议。省总领导程受锭、童水仙、文之周、李骥、李慈葆、李祖根、吴继恒和“九五”双争立功竞赛委员会成员单位的领导参加，会议由童水仙主持。程受锭讲话。省竞委副主任、省财政厅副厅长熊根泉宣读省竞委、省总关于表彰 1998 年度“九五双争立功竞赛”先进集体和先进个人颁发 1999 年省“五一劳动奖状”和“五一劳动奖章”的决定。授予萍乡钢铁厂等 67 个单位 1998 年“九五双争立功竞赛”

先进集体称号,授予李凤员等97人1998年全省“九五双争立功竞赛”先进个人称号,并由省总向萍乡钢铁厂等21个单位颁发1999年省“五一劳动奖状”,向李凤员等97人颁发1999年省“五一劳动奖章”。文之周宣读全总关于颁发1999年“五一劳动奖章”“五一劳动奖状”的决定,省总,省劳动厅关于表彰“江西省十大能工巧匠”的决定,省总1998年度全省(市)、产业工会目标管理工作情况通报。全国“五一劳动奖状”获得单位萍乡钢铁厂代表黄乃忠、全国“五一劳动奖章”获得者,南昌市公安局刑事侦查支队张安平分别在会上发言。省领导为获奖先进集体和个人颁奖。钟起煌讲话。

2001年4月26日,全省庆祝五一国际劳动节暨表彰大会在南昌召开,省领导步正发、王君、黄铭鑫、黄懋衡,省总领导程受锭、傅卓成、李骥、李慈葆出席会议,会议由文之周主持,步正发讲话,王君宣读省竞委、省总表彰决定。授予64个单位2000年度全省“九五双争立功竞赛”先进集体,授予50个班组2000年度全省先进班组,授予20个单位2000年度全省合理化建议活动先进集体,授予103人2000年度全省“九五双争立功竞赛”先进个人称号,并向19个单位颁发2001年省“五一劳动奖状”,向112人颁发2001年省“五一劳动奖章”。程受锭致辞。傅卓成、李骥在会上分别宣读全总表彰决定和省总关于2001年度设区市、产业工会目标管理竞赛和县级工会达标创十佳活动情况的通报。省领导代全总向获得全国“五一劳动奖状”“五一劳动奖章”的单位和个人,向获得省“五一劳动奖状”“五一劳动奖章”的单位和个人颁奖。向2000年度设区市、产业工会目标管理工作优胜单位,全省县级工会达标创十佳竞赛活动十佳单位颁奖。全国“五一劳动奖状”获得单位代表、江西凤凰光学仪器集团副总经理董振国,省“五一劳动奖状”获得单位、江西新华印刷厂厂长余三保,全国“五一劳动奖章”获得代表、南昌市公安局刑侦支队副支队长王伟分别在会上发言。

2002年4月26日,全省庆祝五一国际劳动节暨表彰大会在江西饭店召开,全省各条战线的职工代表,受表彰的先进单位代表及个人,部分设区市县的工会负责人共400多人参加。省领导傅克诚、卢秀珍、黄懋衡和省委、省政府有关部委厅局负责人以及省总领导程受锭、文之周、傅卓成、李骥、李慈葆、宗菊根出席会议。傅克诚讲话。文之周主持会议。程受锭致词。分管副省长宣读省竞委、省总《关于表彰2001年度全省群众性经济技术创新活动先进和颁发2002年江西省“五一劳动奖状”和“五一劳动奖章”的决定》:授予南昌卷烟厂等20个单位为2001年度全省“群众性经济技术创新活动先进单位”、授予喻冬明等102人为2001年度全省“群众性经济技术创新能手”、授予江西涤纶厂等20个单位为2001年度全省“合理化建议活动先进单位”、授予九江市总等12个单位为2001年度全省“计算机知识普及应用活动组织工作先进单位”、授予中外合资江铃五十铃汽车有限公司车身厂技术科涂装工艺组等40个班组为2001年度全省“经济技术创新示范岗”称号;并向江西月兔企业集团有限公司等20个单位颁发2002年省“五一劳动奖状”,向喻冬明等107人颁发2002年省“五一劳动奖章”。傅卓成宣读全总《关于颁发2002年全国“五一劳动奖状”和“五一劳动奖章”的决定》;省安监局副局长许学政宣读全总、国家安监局《关于表彰2001年度全国“安康杯”优胜企业、优秀组织奖获得单位的决定》;省委宣传部副部长张剑宣读省职工职业道德建设委员会、省总《关于表彰第六届江西省职工职业道德十佳标兵、十佳单位(集体)及先进个人和先进单位(集体)的决定》;宣读省总《关于2001年度设区市总工会目标管理竞赛和县级工会达标创十佳活动情况的通报》。全国“五一劳动奖章”获得者代表、江西医学院第二附属医院院长、教授程晓曙等4人分别在会上发言。省委、省政府、省总领导向受表彰的先进单位代表、先进个人颁奖。

2003年4月25日，全省庆祝五一国际劳动节暨表彰大会在江西饭店召开，全省各条战线的职工代表、受表彰的先进单位代表及个人、部分设区市县工会负责人共400余人参加。省领导王君、孙用和、金异，省委、省政府有关部委厅局负责人和省总领导程受锭、文之周、傅卓成、李骥、李慈葆、宗菊根出席会议。文之周主持会议。王君讲话。程受锭致词。授予江西锅炉化工石油机械联合有限责任公司等20个单位为2002年度全省群众性经济技术创新活动先进单位，授予李国强等97人为2002年度全省群众性经济技术创新活动先进个人，授予江铃汽车集团公司等19个单位为2002年度全省合理化建议活动先进单位，授予南昌供电局市中分局营业班等39个班组为2002年度全省经济技术创新示范岗称号，并向中国核工业总公司七二〇厂等20个单位颁发2003年省“五一劳动奖状”，向李国强等101人颁发2003年省“五一劳动奖章”，傅卓成宣读全总《关于颁发2003年全国“五一劳动奖状”和“五一劳动奖章”的决定》和省总《关于2002年度设区市工会目标管理竞赛和县级工会达标创十佳活动情况通报》。全国“五一劳动奖章”获得者代表、萍乡矿业集团公司总经理徐绍芳、江西省肿瘤医院院长高国兰、江铃汽车集团公司工人袁政海、赣州市章贡区工会主席林贤志4人先后在会上发言。省委、省政府及省总领导向受表彰的先进单位代表、先进人物颁奖。

2004年4月28日下午，省庆祝五一国际劳动节暨表彰大会在江西饭店召开。省领导傅克诚、张海如、黄懋衡以及省委、省政府相关部门的领导，省总领导文之周、李骥、李慈葆、郭学勤、吴铭出席大会。傅克诚讲话，张海如致词。文之周主持大会。省劳竞委副主任、省财政厅副厅长李锅根宣读省劳竞委、省总的表彰决定。授予南昌市印刷二厂等20个单位2003年度全省群众性经济技术创新活动先进单位；授予刘伟东等101人2003年度全省群众性经济技术创新能手；授予南昌市公共交通总公司等19个单位2003年度全省合理化建议活动先进单位；授予江西洪都钢厂等20个单位2003年度全省安全生产先进单位；授予南昌钢铁有限责任公司动力厂供电车间调试班等39个班组2003年度全省经济技术创新示范岗称号。并向南昌市城市规划设计研究总院等20个单位颁发2004年省“五一劳动奖状”，向刘伟东等106人颁发2004年省“五一劳动奖章”。李骥宣读全总关于颁发全国“五一劳动奖状”和奖章的决定。李慈葆宣读省总关于向全省职工职业道德建设十佳标兵颁发省“五一劳动奖章”的决定和关于表彰2003年度省“十佳”县(市、区)工会的决定。全国“五一劳动奖状”获得单位代表，江铃集团公司董事长王锡高，全国“五一劳动奖章”获得者代表、中共上饶市纪律检查委员会一室主任黄东巨、省“五一劳动奖章”获得者、江西长运股份有限公司乘务员张海琴分别在会上发言。会议代全总向全国“五一劳动奖状”获得单位、全国“五一劳动奖章”获得者颁奖。向省“五一劳动奖状”获得单位和“五一劳动奖章”获得者代表颁奖。向2003年度全省县级工会达标创十佳竞赛活动“十佳”单位颁奖。

2006年4月30日上午，全省庆祝五一国际劳动节暨表彰大会在江西饭店举行。省领导王君、张海如、熊盛文、金异，省总领导文之周、李骥、李慈葆、郭学勤、宗菊根、王运昌出席大会。王君讲话，张海如致辞，熊盛文主持大会。授予江西新华印刷厂等18个单位2005年度全省群众性经济技术创新活动先进单位；授予梅恩荣等47名个人2005年度全省群众性经济技术创新活动组织工作先进个人；授予江铃汽车股份公司模具厂袁政海班组等37个班组2005年度全省经济技术创新示范岗称号;并向南昌市公共交通总公司等30个单位颁发2006年省“五一劳动奖状”,向雷秋模等99人颁发2006年省“五一劳动奖章”。李骥宣读全总关于颁发全国“五一劳动奖状”和奖章的决定。全国“五一劳动奖状”获得单位代表、江西省电力公司总经理毛日峰,全国“五一劳动奖章”获得者代表、分宜镇第二小学校长易美华,全国、省“五一劳动奖章”获得者代表、江铜集团公司贵溪冶炼厂熔炼车间主任姜桂平分别在会上发言。省“五一劳动奖章”获得者、抚州供电公司营销员周卫平宣读“当好主力军,建功‘十一五’,和谐奔小康”竞赛活动倡议书。会议代全总向全国“五一劳动奖状”获得单位、全国“五一劳动奖章”获得者颁奖。向省“五一劳动奖状”获得单位和省“五一劳动奖章”获得者代表颁奖。

2007年4月29日,全省庆祝五一国际劳动节暨表彰大会在南昌召开。省领导王宪魁、张海如、蒋如铭、胡振鹏、刘运来,省总领导文之周、李骥、李慈葆、郭学勤、王运昌、柯进水、王运快、宗菊根出席大会。王宪魁讲话。张海如致辞。胡振鹏主持会议。李骥宣读全总《关于颁发“五一劳动奖状”“五一劳动奖章”的决定》,省劳竞委副主任、财政厅副厅长王斌宣读省劳竞委、省总表彰决定。省领导代全总向获得全国“五一劳动奖状”“五一劳动奖章”的单位和个人,向获得省“五一劳动奖状”“五一劳动奖章”的单位和个人颁奖。全国“五一劳动奖章”获得者代表、江铃汽车集团公司董事长王锡高,全国、省“五一劳动奖章”获得者代表、江西公路开发总公司职工熊文清,省“五一劳动奖章”获得者代表、新余市第四中学副校长陈晓红分别在会上发言。

2008年4月30日,全省庆祝五一国际劳动节暨表彰大会在南昌召开。省领导王宪魁、张海如、姚亚平、郑小燕出席。王宪魁、张海如分别讲话。会上宣读关于表彰2007年度江西省群众性经济技术创新活动先进和颁发2008年江西省“五一劳动奖状”“五一劳动奖章”的决定,并向全国、全省“五一劳动奖状”获得单位和全国、全省“五一劳动奖章”获得者颁奖,向全国、全省工人先锋号代表、全省职工道德建设十佳标兵及全省厂务公开先进单位和先进个人颁奖。

2009年4月30日上午,江西省庆祝五一国际劳动节大会在南昌召开。省领导王宪魁、姚亚平,全总集体合同部部长张建国,省总领导郭学勤、李骥、王运昌、柯进水、王运快、陈文明等出席大会。姚亚平主持会议。王宪魁讲话。省领导宣读表彰决定。授予江西移动南昌分公司等30个先进集体省“五一劳动奖状”称号,授予孙火根等122名先进个人省“五一劳动奖章”称号,授予省火电建设公司机械租赁公司机械班等96个先进班组省“工人先锋号”称号;向江西洪都钢厂等19个单位颁发“省职工经济技术创新活动先进单位”奖牌,向徐志斌等42名个人颁发“江西省职工经济技术创新活动组织工作先进个人”证书。大会向获得全国“五一劳动奖状”“五一劳动奖章”、省“五一劳动奖状”“五一劳动奖章”、全国、全省“工人先锋号”的代表颁奖。大会向全省困难省劳模代表发放困难帮扶专项资金。萍矿集团、中铁四局五公司、省邮政公司、江西稀有稀土金属钨业控股公司、省农村信用联社、晨鸣纸业、江西金太阳教育有限公司、南昌立健药业有限公司、南昌鲜徕客公司、捷德智能卡系统有限公司等10家企业与工会代表现场签订“共同约定行动”协议。全国“五一劳动奖章”获得者、江西化纤厂工会干事汪旦花、萍乡矿业集团有限责任公司总经理胡运生、江铃车架厂冲压车间钳工刘辉分别发言。

每5年表彰大会和进京表彰活动 1994—2010年,江西省共召开4届劳动模范和先进工作者表彰大会，共表彰2974名劳动模范和先进工作者。

1995年4月2日，江西省劳动模范先进工作者表彰大会在滨江宾馆综合大楼礼堂召开。出席大会的有省领导毛致用、吴官正、朱治宏、卢秀珍、张逢雨、舒圣佑、舒惠国、黄智权、彭崑生、钟起煌、王昭荣、周懋平、黄懋衡、叶学龄、范军、李修源、阙贵善、钟家明、蒋仲平、孙用和、朱英培，省直各有关部门负责人和省总主席刘金标，各代表团团长和32名劳动模范和先进工作者代表在主席台就座。省总领导程受锭、童水仙、文之周出席会议。吴官正讲话，卢秀珍主持。舒圣佑宣读省政府《关于表彰全省劳动模范、先进工作者的决定》。授予秦正根、唐爱新、朱义财等603人全省劳动模范、授予杨思齐等97人全省先进工作者称号。省领导为劳模和先进工作者颁发奖章、证书和奖金。江铃汽车股份有限公司工人郑荷花代表出席表彰会的全体劳动模范和先进工作者在会上发言。省军区副政委范军代表省军区和驻赣部队向大会致贺词。劳模代表、景德镇市青花文具瓷厂刘义贵宣读向全省人民的倡议书。

2000年9月20日，江西省劳动模范和先进工作者表彰大会在省艺术剧院召开。全省各地区、各行业的劳动模范和先进工作者以及各界代表1000多人参加。省领导舒惠国、舒圣佑、黄智权、钟起煌、步正发、彭崑生、冯金茂、钟家明、彭宏松、张克迅、傅克诚、卢秀珍、孙用和、厉志成、朱光泉等，省各部委、厅局负责人和省总领导程受锭、文之周、李骥出席会议。省长舒圣佑主持大会，省委书记舒惠国讲话。100多名少先队员向大会献花。黄智权宣读《江西省政府关于表彰劳动模范和先进工作者的决定》。授予熊林根等549人全省劳动模范称号、授予涂赞珠等205人全省先进工作者称号。省劳动模范、南昌铁路局鹰潭机务段司机长吕凌云代表全省劳动模范和先进工作者在会上宣读劳动模范和先进工作者《给全省人民的倡议书》。会议开始之前，舒惠国、舒圣佑等省领导还和所有劳模和先进工作者合影留念。下午大会进行经验交流，江铃公司的袁政海、江西铜业公司谢明文等7名劳动模范和先进工作者在会上作经验交流发言。大会收到全总、江西省军区贺电、贺信，31个省、自治区、直辖市的总工会也发来贺电。

2005年11月7日，全省劳动模范和先进工作者表彰大会在江西艺术剧院召开。省领导孟建柱、黄智权、王君、傅克诚、彭宏松、钟起煌、董君舒、刘上洋、舒晓琴、余欣荣、郝敬民、孙用和、张海如、胡振鹏、危朝安、蔡安季、省长助理熊盛文出席会议。各设区市分管副市长、省劳模和先进工作者评选表彰大会筹委会组成人员、省直有关单位的负责人，省总领导文之周、李骥、李慈葆、郭学勤、宗菊根、王运昌出席大会。黄智权主持大会。孟建柱讲话。少先队员献花。省领导宣读《江西省政府关于表彰全省劳动模范和先进工作者的决定》，授予黄昌生等521人省劳动模范称号，授予任东红等200人省先进工作者称号。省领导向省劳模和先进工作者颁发奖章和证书。萍矿集团公司安源煤矿回采二区工人丁建刚代表省劳模和先进工作者向全省各行各业、各条战线的职工发出倡议书。下午，与会省劳模和先进工作者参观南昌高新技术产业开发区、昌北经济技术开发区、乐温高速、高校新园区、红谷滩新区等。晚上全体劳模和先进工作者观看《劳模颂》文艺演出。

2010年12月24日，全省工会工作会议暨省劳模表彰大会在南昌召开。全总副主席、书记处第一书记王玉普，省领导吴新雄、张裔炯、尚勇、陈达恒、舒晓琴、余欣荣、蒋如铭、姚亚平、谢茹、胡幼桃、张忠厚、曾页九出席会议。张裔炯主持会议。吴新雄、王玉普、张裔炯分别讲话。省领导宣读省政府关于表彰江西省劳动模范和先进工作者的决定。授予566人省劳动模范称号,授予233人省先进工作者称号。

1995年4月26日上午,省领导吴官正、毛致用、朱治宏、卢秀珍、舒圣佑、舒惠国、周懋平等以及省总领导程受锭、童水仙、文之周和省人事厅、劳动厅、省农办的负责人在惠苑宾馆看望江西代表团赴京参加全国劳动模范和先进工作者表彰大会的85名劳模、先进工作者,向劳模和先进工作者致以祝贺,并殷切希望大家集中精力开好大会,把大会精神和外地经验带回来,为振兴江西经济再作贡献,再攀高峰。之后,省市领导和近千名各界群众聚集在南昌火车站,欢送劳模和先进工作者赴京参加全国劳模表彰大会,少先队员向劳模和先进工作者献花。省委、省政府成立周懋平为团长、刘金标为副团长的江西赴京代表团。是年9月28日,省总在惠苑宾馆7楼会议室举行仪式,欢迎萍乡市邮电局投递员曹罗生,江西火电建设公司工人邵玉琴,昌河飞机工业公司总经理杨金槐3位劳模代表进京参加国庆50周年观礼活动。省有关领导接见3位劳模代表。

2000年4月26日,全省庆祝五一国际劳动节暨欢送全国劳动模范、先进工作者进京受奖大会在南昌召开,来自全省各条战线81名进京受奖的全国劳动模范、先进工作者(其中三名特别邀请老全国劳模),先进集体代表以及来自南昌地区的职工群众代表共300余人参加会议。省领导步正发、冯金茂、黄名鑫、王君、黄懋衡和省劳动模范、先进工作者评选表彰工作委员会成员、省总领导出席会议。步正发、程受锭分别讲话。会前,舒惠国、舒圣佑等省领导接见全体进京劳模、先进工作者。会议表彰江铃汽车集团公司等49个1999年全省“九五双争立功竞赛”先进集体、洪都航空工业集团有限责任公司等19个1999年全省合理化建议先进集体;表彰鹰潭市总等19个地、市、县、省产业工会目标管理考核优胜单位和县级工会工作达标创十佳先进单位。会议结束后,王君、童水仙、程宗锦率领全省2000年全国劳动模范、先进工作者进京参加全国劳模表彰大会,步正发代表省委、省政府到南昌火车站送行。

2005年4月27日,江西省全国劳模和先进工作者赴京受奖欢送会在南昌江西饭店召开。会前,省委、省政府领导与77名全国劳模和先进工作者们合影留念。孟建柱、黄智权出席会议。孟建柱希望赴京人员把会议精神带回来,结合江西实际,认真抓好贯彻落实。全国劳动模范代表江铃模具厂高级技师袁政海、都昌县周溪镇珍珠养殖户曹新国、省地质调查研究院西藏区调队队长、高级工程师谢国刚分别发言。

2010年4月24日,省委、省政府在南昌举行全国劳动模范和先进工作者赴京受奖欢送会。省委主要负责人、吴新雄出席并和即将赴京受奖的全国劳动模范和先进工作者座谈。王宪魁讲话,希望进京受奖的全国劳动模范和先进工作者牢记家乡人民重托,大力宣传江西应对国际金融危机取得的显著成效,大力宣传江西强劲崛起之势,大力宣传鄱阳湖生态经济区建设蓬勃发展之势,大力宣传弘扬伟大的井冈山精神,充分展示江西人民新形象、新面貌、新风采,把会议精神带回来宣传好、贯彻好、落实好,在实现江西科学发展、进位赶超、绿色崛起中再立新功。刘发根、徐红建等全国劳动模范和先进工作者分别发言。

劳模管理

省总根据《工会法》关于受政府委托，与有关部门共同做好劳动模范和先进生产（工作）者评选、表彰、培养和管理工作的规定，从制度上、组织机构上致力于劳模管理的健全与完善；从政治上、经济上、生活上致力于争取劳模待遇落实与改善。

管理制度　1994—2010年，全省各级工会先后出台《劳动模范管理办法》，切实加强对劳动模范管理，把对劳模的联系、关心、培养和管理工作作为一项重要工作，抓紧抓好，抓出成效。每年的五一劳动节、国庆节和元旦、春节前后，一般都会召开劳模座谈会，请党政领导人参加，听取劳模的意见与要求，向劳模讲形势、交任务，以便更好地发挥劳模的骨干、带头和桥梁作用。

1994年1月29日，省总向省政府呈送《关于送审〈江西省职工劳动模范管理工作暂行办法〉的报告》，送审《办法》共分十六条三十款。主要内容有：制订《办法》的目的和依据，职工劳动模范的概念，称号种类，职工劳动模范的评选范围、条件、时间、比例、程序，表彰奖励和取消称号办法以及职工劳动模范管理工作组织机构、经费等。《报告》就《办法》起草作说明。5月13日，吉安市政府颁发《吉安市劳动模范管理工作暂行办法》。9月25日，省总向省政府、吴官正省长、舒圣佑副省长呈送《关于要求批准〈江西省职工劳动模范工作暂行办法〉的报告》，报告暂行办法的起草背景，几经修改经过、被搁置4年之久及必须尽快出台的原因。

1996年11月19日，省总向省劳模协会筹备组下发《关于同意成立江西省劳动模范协会的批复》，希望省劳模协会要更好地关心劳模的思想、工作、学习和生活，帮助劳模解决实际困难，依法维护劳模的合法权益，要以经济建设为中心，发挥劳模特长，推动两个文明建设，为江西实现“九五”计划和2010年远景目标作出贡献。

1997年6月15日，江西省电力工业局和电力工会联合制订《江西省电力系统劳动模范管理暂行办法》。7月18日，省总向省政府呈交《关于〈江西省劳动模范、先进工作者管理工作暂行办法〉的起草说明》，说明起草的时间背景、参照地区、有关规定理由和由工会管理劳模的依据。

1998年5月27日，省总下发省政府办公厅《关于对〈江西省高级人民法院关于劳动模范管理有关问题的请示〉的复函》，明确凡在南昌地区的中央和省属单位（含省直各部门）的劳动模范应按属地管理的原则，执行南昌市政府颁发的《南昌市劳动模范管理暂行办法》。为加强和规范全省的劳模管理工作，建议省政府尽快制订颁发《江西省劳动模范管理条例》。5月29日，省总向省政府呈交《关于〈江西省劳动模范、先进工作者管理工作暂行办法〉的起草说明》。6月10日，省总向省法制局下发《关于省人大代表要求出台劳模管理条例方案的复函》，对省人大代表陈雪峰等人要求尽快出台劳动模范管理条例的议案作出回复。为加强劳模工作，近年来，全国已有不少省市制订颁发劳模管理工作办法。建议省政府尽快批准出台《江西省劳动模范管理工作暂行办法》。6月30日，省总向省委呈送《关于要求批准〈江西省劳动模范、先进工作者管理工作暂行办法〉的报告》。

2000年7月31日，省总下发《关于开展全省省级职工劳动模范和先进工作者情况调查的通知》，明确调查对象、主要内容和要求。8月1日，为组织劳模围绕企业生产经营的难点和重点，献计献策,再作贡献,南昌钢铁有限责任公司成立了劳模联谊会。是月31日,新余钢铁公司共有国家、省、部、公司级劳模400多人,公司每年都要组织上年评选出来的劳模进行一次全面体检,并将体检结果存入劳模档案,对患有疾病的劳模及时安排治疗。对生活上有困难的劳模,新余钢铁公司工会除给予一定物质(金额)补助外,还积极向公司反映,共同解决其困难。在农转非指标、住房分配等事项中,该公司还明确规定给予一定的优惠。

2001年5月8日,吉安市出台《吉安市关于劳动模范和先进工作者评选表彰管理办法》。《办法》不仅对评选、命名、表彰、奖励劳动模范和先进工作者的程序和标准作出统一规定,而且对劳模的优待政策和管理也作出规定。

2002年3月27日,省总向孟建柱呈送《关于全省劳模工作情况的汇报》,汇报全省劳模工作基本情况、省总所做的工作以及省总的意见、建议。4月12日,省政府下发《关于进一步加强劳模管理工作的通知》,要求:(1)加强对劳模管理工作的领导,建立符合社会主义市场经济需要的劳模管理体制和工作方式。(2)加快劳模管理工作制度化建设,积极推进劳模管理工作法制化。(3)加强日常工作管理,掌握情况,促使工作更有针对性。(4)积极倡导劳模精神,充分发挥劳模的模范带头作用。(5)关心劳模,切实为劳模办实事。9月5日,南昌市开设"寻找劳动模范热线"。"热线"开通后,南昌市寻找到许多失去联系的劳动模范、先进工作者。

2003年1月28日,省总向省政府呈交《关于请求颁发〈江西省劳动模范、先进工作者管理工作办法〉的报告》。4月7日,为解决劳模及劳模工作存在的困难问题,促成省劳模管理办法早日出台,省总向省政府法制局发出《关于要求将〈江西省劳动模范、先进工作者管理办法〉列入立法计划的函》,介绍与外省相比,江西省劳模管理工作存在明显的差距;省劳模的待遇在地区、行业上的差异越来越突出;省劳模管理法制化工作步履维艰;劳模管理法制化工作已引起省委、省政府高度重视等情况。2003年,吉安、南昌、九江市政府均采纳批准由市总提出实行劳模津贴和给劳模办理补充养老保险的建议,吉安市全国劳模每月津贴80元,全国"五一劳动奖章"获得者每月津贴60元,省劳模50元;南昌、九江规定全国劳模每月享受100元津贴,省劳模60元,市劳模20元;九江市劳模津贴所需资金由市级财政统一解决。由于江西省劳模管理工作的逐步走向规范,各地也加强对劳模的奖励和培养力度。11月25日,省政府下发《江西省政府关于印发〈江西省劳动模范管理办法〉的通知》,《办法》共五章21条,从劳模评选、奖励和优待、日常管理等方面作出详细的规定。《办法》明确了省劳动模范的评选管理由省委组织部、省总、省人事厅、省劳社厅等部门组成,其职责是审定每届劳动模范命名表彰大会总体工作方案;审核授予或者取消省劳动模范名单;审核全国劳动模范推荐人选;研究制定全省劳动模范管理工作有关事宜。《办法》规定省劳动模范的评选及命名表彰大会每五年举行一次。对劳模享受的优待,《办法》作出明确规定,对劳动模范退休金待遇、补充养老保险待遇、医疗优惠待遇、劳动就业和上岗优先待遇、疗(休)养待遇、接受培训教育和选拔任用待遇、在窗口行业享受优先服务待遇等方面都有详细规定。

2006年10月11日,南昌市总庆祝南昌市劳模协会成立15周年。市各条战线120余名全国、省、市劳模代表参加庆祝大会。省领导余欣荣出席。市劳模协会会长赵志坚作工作报告,邱娥国等3位劳模代表发言,市委副书记雷武江讲话。市劳模协会共有会员1000多名。协会把宣传劳模先进事迹、关心劳模的工作与生活、加强劳模队伍的自身建设、改进和完善劳模管理作为工作重点，坚持抓制度落实、抓劳模学习、抓活动开展、抓调查研究，取得一定的成绩。15 年间，共走访慰问劳模 436 人次，慰问特困劳模 300 余人次，慰问劳模遗孀 46 人次，看望因病住院的劳模 128 人次。

2010 年 8 月 25 日，省总下发《关于建立全省各级工会领导干部与劳模联系制度的通知》，明确工会领导干部联系劳模的对象是，全国、省、市劳动模范、先进工作者和“五一劳动奖章”获得者，主要是生产一线劳模、困难劳模和离退休劳模。要求每名劳模都有一位工会领导干部负责联系，做到全面覆盖，上工会内网可以查阅有关情况。按照由劳模所在单位和分级负责的原则，全国和省劳模由省总负责督查落实，市劳模由各设区市总工会负责督查落实。联系的主要内容是，定期向各自联系的劳模宣传党的路线、方针、政策和经济社会发展成就以及有关劳模政策；通报工会的重要工作与活动事项；了解劳模的工作、学习、生活等情况；听取劳模的意见、建议和反映；协助党政帮助劳模解决生产生活中遇到的具体问题和困难。联系的方式是，可采取登门看望、走访座谈、电话、电子邮件交流、节假日慰问、信函交谈、新闻宣传等多种形式进行联系。要求做到“四必访”，即重大困难必访、大病伤亡必访、重大节日必访、重大纠纷必访。

劳模待遇落实 1994 年，为提高劳模的政治理论水平，江西行政学院开设劳模大专班，40 名劳模参加学习。省总要求各地、市总工会认真做好工作，组织推荐劳模报考江西行政管理干部学院，并积极创造条件组织劳模复习功课，参加全国成人高考深造。是年，吉安市政府出台《吉安市劳动模范管理工作暂行办法》，对劳模的工资晋升、住房、医疗、子女就业等待遇和劳模的培养、推选、管理等工作做了明确规定。按规定先后为 20 多名劳模解决子女就业问题，为 28 名劳模晋升一级工资，给 1 名全国先进工作者 1 万元购房奖励。

1996 年 6 月 28 日，省总向省政府呈交《关于江西省省级以上职工劳动模范享受特殊贡献待遇的请示》。12 月 10 日，省总下发《关于印发〈江西省劳动模范养老保险等五个保险计划〉实施办法的通知》。《通知》要求，各级工会要充分认识这项工作的重要性和必要性，立足全局，切实加强对这项工作的领导，要列入工会工作重要议事日程，建立相应的机构，抽调专人负责，工会主要负责同志要亲自抓好这项工作，把它作为工会的一项重要工作，切实抓紧抓好。

1998 年 2 月 26 日，省总、江西行政管理干部学院联合下发《关于组织推荐模范先进人物到江西行政管理干部学院学习的通知》，要求各级工会组织要积极关心模范先进人物的成长，组织推荐历年来受到地级以上政府和党委、省级以上工会组织表彰的“劳模”“五一劳动奖章”等先进个人到江西行政管理干部学院学习。1997 年，中国工运学院开办劳模本科班，并在江西招收劳模学员，劳模学员毕业后，按其接收单位性质确认其身份。

1999 年 7 月 8 日，丰城市政府出台《丰城市市以上劳动模范优惠办法》规定，各级劳动模范除享受国家规定的政治生活待遇以外，还享受：(1)优先选送赴外地参观学习、业务技术培训和疗休养，其费用由所在单位报销；持证免费游览本市公园和市内举办的各种展览活动。(2)优先上岗。未经市政府同意，各级劳模不能下岗。(3)1999 年以后当选的各级劳模，如有农村户口的家属子女，可解决一个农转非指标。(4)当选市劳模的当年由市财政发给一次性奖金 500 元。(5)每年由所在单位发给在职劳模津贴：全国劳模 600 元；省级劳模 400 元；地级劳模 300 元；市级劳模 200 元。

2001年12月30日,省总召开主席办公会。会议决定:(1)成立劳模调查领导小组,组长文之周,副组长汪鉥风,郭志川,组成3个调查组,由郭志川、许家桃、龚荣才带队,从经济部、政研室、办公室、经审办、保障部、宣教部、农林工委各抽一名工作人员参加。(2)"送温暖"费用,从基金利息中拿出10万,省总出35万,从总费用中切出6000元,由调查组带下去,遇到特困劳模当场补助,每人500元。

2002年1月8日,省总召开劳模基本情况调查工作会议,会议要求各设区市、产业工会要充分认识本次调查工作的重要性和必要性,加强对调查工作的组织领导,做到"全会负责,全面协调力量,全面完成调查任务,全面符合质量要求"。要明确责任,落实到人,统一部署,集中力量,有计划地组织实施,做到一项不漏,一个不错,确保调查质量。本次调查的对象是全省境内全国劳模和省部级劳模以及享受相应待遇的人员,其目的是对全国劳模基本状况进行调查,并摸清省部级劳模的底数,为不断改进和加强劳模管理工作提供依据。省总派出3个调查小组,分片负责对各设区市、产业的劳模调查工作进行指导和督察。通过调查得知,全省有全国劳模489人,省级劳模8107人,部级劳模1061人。针对全省劳模工作存在的问题,省总建议:(1)根据《工会法》第三十二条:"根据政府委托,工会与有关部门共同做好劳动模范和先进生产(工作)者的评选、表彰、培养和管理工作"的规定,建议明确由省总主要负责,与政府有关部门共同做好劳动模范和先进生产(工作)者的评选、表彰、培养和管理工作。(2)建议由省总牵头,组成相关协调机构,在是年10月之前完成《江西省劳动模范管理办法》草案工作,提交省政府审定。(3)建议在今年年底前,由省政府颁发《江西省劳动模范管理办法》。4月15日,省总向省政府办公厅下发《关于对省政府办公厅转来省人事厅〈关于给获得省部级称号人员物质奖励的请示〉的复函》,表明:同意以一次性奖励的方式来解决历史遗留省部级劳模待遇问题,但对省人事厅用"一次性奖励"代替以后劳模管理的简单做法持有异议,并建议尽快出台统一的江西省劳模管理条例或办法。7月21日,省总向省委傅克诚副书记呈送《关于全国劳模冯诚金政策落实情况的报告》,自收到《国内动态清样》(第1578期)反映江西省湖口县全国劳动模范冯诚金生活窘况的批示和全总转来的中央领导和全总领导有关批示后,省总立即召集有关人员进行研究,并派员会同全总经济技术部部长常毅民一行专程赶往湖口县协助地方政府妥善解决冯诚金的困难。由于各级领导重视,劳模冯诚金的问题已得到圆满解决。8月27日,景德镇市总工会欢迎全国劳模艾早红到中国工运学院学习。市委副书记周萌专程来到市总工会,亲切看望艾早红,并为其赠送2000元助学金。9月18日,省总向省政府办公厅发出《关于对省人事厅〈关于我省省部级劳动模范和先进工作者参照省纪检监察系统做法享受相应物质奖励的请示〉一文的复函》,不同意给省部级劳动模范、先进工作者晋升工资的做法,建议参照省政府1995年、2000年劳模表彰大会的做法给予省部级劳动模范和先进工作者及其享受待遇人员一次性物质奖励。并说明理由。12月,江西瑞金宏都律师事务所律师刘清平、钟马山与瑞金市总签订合同,为全市21位劳模提供法律服务,担任其法律顾问。根据合同规定,市总工会每年付一定金额的服务费后,律师将免费帮助劳模们开展法制宣传和教育活动,解答劳模提出的各类法律问题及提供相应的法律援助,并且凡涉及劳模本人的诉讼请求,律师将按相应的收费标准减半收取服务费。是年,省总筹集社会资金29万元,对省级以上劳模进行专项补助,有22%的困难劳模得到了直接资助。是年,省总进行劳模调查。

2003 年,省总开展省级以上劳模重新登记调查,完成全省低收入困难全国劳模的调查核实工作,并筹集资金 94.1 万元对他们实行专项补助,使 142 名低收入的全国劳模月平均收入略高于 2002 年全省在岗职工的月平均收入。是年春节期间,省总对全省 342 名全国劳模和公安系统一、二级英模每人发放 500 元慰问金。五一前夕,对全省 124 名困难全国劳模和全国“五一劳动奖章”获得者进行专项生活困难补助,其中 66 人每人获得 2000 元资助,58 人每人获得 1000 元资助。省总共发放春节专项慰问金和五一、“爱心献劳模”专项资助款 36.1 万元。9 月 15 日,省总制定《江西省关于低收入全国劳模生活困难补助工作具体实施方案》,明确补助方法、补助名额、补助前期工作、补助工作的原则、发放方法和形式。经请示全总,得到批复。全国劳模符合受补助条件的共计 142 人(其中包括铁路 2 人、金融 1 人),受补助人员占全部劳模总数的 42%,受补助金额最高的月补助 700 元,最低的月补助 50 元。每月合计应补金额为 4.83 万元,全年应补金额 58 万元。11 月 21 日,按照全总工发〔2003〕36 号明传电报关于对低收入全国劳模进行生活困难补助的精神,为使这项惠及低收入生活困难全国劳模的补助工作能顺利、有序和规范进行,省总根据省情,制定具体发放方案。进一步明确补助工作总的原则、补助对象、补助依据、补助必须遵守的财经纪律和有关补助工作的要求。是年下半年,省总补助全国劳模 156 人,占江西全国劳模总人数的 46%。为 5 名特别困难劳模,每人补助 1 万至 1.5 万元。为 69 名中等困难劳模,每人补助 4000 至 5000 元。为 61 名一般困难劳模,每人补助 2000 至 3000 元。为 6 名全国劳模遗孀,每人补助 2000 元。共有帮扶全国劳模 135 人和遗孀 6 人,占全省全国劳模总数的 40.5%。为 338 名全国劳模(含公安部一、二级劳模),每人发放 500 元春节慰问金,共发放春节慰问金 169000 元。全年“三金”发放共用资金 1380800 元。

2004 年 1 月 5 日,省总分别下发关于向全国“五一劳动奖章”获得者和江西省劳动模范发放春节慰问金的通知,分别为他们发放 300 元、200 元的春节慰问金。

2005 年 3 月 22 日,为摸清情况,健全困难劳模档案,省总下发《关于对全国劳动模范、先进工作者因患重大疾病造成部分医疗费用未报销情况进行调查的通知》,要求:(1)调查的对象是患有重大疾病和手术的全国劳模。重大疾病是指:心肌梗塞、冠状动脉旁路手术、脑中风、尿毒症、中晚期癌症、瘫痪、重大器官移植手术、严重烧伤、暴发性肝炎、主动脉手术等。(2)上报的全国劳模须经所在单位出具劳模月收入和家庭人均月收入证明及未报销医疗费证明,并由其定点医疗机构出具病情证明。(3)无固定收入和因企业改制、破产与原单位脱离劳动关系的劳模须所在社区、街道或乡镇政府出具家庭实际收入及未报销医疗费证明,县级以上医疗机构出具病情证明书。(4)各设区市及有关产业按工会隶属关系统一填表,并附有关证明材料原件,同时上报调查情况说明,上报省总经济部。6 月 10 日,省总下发《关于规范江西省省级以上劳动模范名册的通知》,对有关事项提出了具体要求。

2001—2005 年,省总共募集劳模专项资金 300 余万元,省政府以 120 万元建立全省劳模专项基金。关注劳模的生存,消除劳模中的贫困,推动劳模管理工作法制化进程,成为省总近年来的工作重点,首先为全省所有的劳模建立两个档案,(1)是劳模工作文献资料档案,对新中国成立以来的劳模资料进行全面汇编整理;全省11个设区市、省产业工会也分别对市级以上劳模开展登记、造册、建档工作。(2)是劳模工作电子档案,建立“省级以上劳模”“困难劳模”“劳模重点资助对象”工作平台,九江、吉安等也将劳模资料输入电脑,进行动态管理。从2004年起,省总根据全国劳模的经济状况,按每人每月平均800元的基数进行补助,江西的全国劳模已经全部消除由于低收入而造成的“贫困”。2005年,省总为健在的7400名劳模,每人发放400元春节慰问金,共发放春节慰问金300万元。

2006年6月2日,省总下发《关于发放2006年全国“五一劳动奖章”获得者奖金的通知》,按照全总文件精神,决定奖励2006年全国“五一劳动奖章”获得者每人3000元。根据省政府文件精神,2006年全国“五一劳动奖章”获得者同时授予江西省劳动模范称号,并一次性奖励6000元。是年,省总向全总经济技术部呈报的《关于江西省全国劳模“三金”使用情况的自查报告》中表明:(1)2003年9月专门制订《江西省关于低收入全国劳模生活困难补助工作具体实施方案》,并请示全总,得到批复。几年来严格按此方案发放。(2)针对“三金”发放的工作要求,在2002年劳模调查的基础上,建立全国劳模月收入档案和特殊困难档案。其中,全国劳模必须其单位劳资部门或当地社保部门出具月收入证明,以保证其真实性。全国劳模必须由本人填写特殊困难档案表格,以保证其可信性。(3)建立“三金”发放签收回执制度。就“三金”发放工作专门设计由全国劳模本人签名的回执单,及时回收存档。对照劳模应得到的补助金额,做到上报、计划和落实一致。(4)2003至2006年,每年下拨资金138万元。其中,生活困难补助金68万元、特殊困难补助金70万元(含春节慰问金)。严格按照要求不滞留、不挪用、不扩大,杜绝冒领现象,始终控制在50%以内的补助比例。

2007年8月20日,省总下发《关于对省部级以上劳模退休待遇问题进行专项调查的通知》,明确了调查对象、调查内容和有关事项。2007年4月下旬太平人寿保险公司江西分公司和南昌市总工会联合开展一项关爱劳模的活动。在这次活动中太平人寿保险公司江西分公司承诺,对南昌市在职在岗的60周岁以下的省劳模、全国劳模赠送一份太平团体意外伤害保险和太平团体附加意外医疗保险,省级劳模保额为5万元、全国劳模保额为10万元。

2008年,全总下拨江西全国劳动模范“三金”295万元(比上年增加157万元),其中生活困难补助金114万元,特殊困难帮扶资金181万元(含春节慰问金)。省总按照发放原则、发放标准和发放程序,全部发放到位。是年,省政府下拨省劳模春节慰问金320万元,新设立省劳模困难帮扶专项资金500万元,合计820万元。参照全总办公厅《关于发放全国劳模帮扶资金的通知》文件精神,省总为江西省劳动模范,每人发放了400元春节慰问金。

2009年,省政府安排劳模春节慰问金的同时,新增省劳模困难帮扶专项资金500万元。这是江西首次向省劳模发放困难帮扶专项资金。1月15日,省总向省档案局下发《江西省总工会关于商请省档案局提供建国以来省历届农业劳模名单的函》,以便省政府对省劳模生活困难补助金发放工作能及时、顺利地进行,把党和政府的关爱及时送到每位劳模手中。5月12日,省总下发《关于向2009年全国“五一劳动奖章”、省“五一劳动奖章”获得者发放资金的通知》,明确发放标准和有关要求和事项。4 月 10 日,省总第 30 次主席办公会原则通过省劳模困难帮扶专项资金发放方案,要求在五一前完成该项工作。会议确定,(1)要对根据月收入进行划档的年补助作出调整,补助后困难省劳模的月收入不超过所在设区市在岗职工平均工资;(2)要制定专门的发放程序和办法,明确发放的范围、标准、要求等,并向社会公示;(3)要拟定一个配合宣传发放工作的答记者问,在江西工人报刊和江西工会网站上发布;(4)要把这次发放工作纳入今年省总庆五一系列活动中,形成亮点,进而推动全省劳模管理工作。是年全总下拨江西全国劳模帮扶资金共计 309 万元(比上年增加 14 万元),其中生活困难补助金 114 万元,特殊困难帮扶资金 195 万元。省总为月工资低于 1750 元的困难职工全国劳模发放生活困难补助金;为困难农民全国劳模年每人 6000 元补助金。为特殊困难全国劳模一次性补助 14000 元,发放面占劳模总数的 50%。为在全总组织的劳模休养中受重伤的全国劳模,每人补助 1 万元。国庆和春节前夕,分别向每位全国劳模发放 1000 元慰问金。为每位全国劳模安排身体健康检查,标准为每人提供治疗费 1.5 万元和给予一定生活补助。同时,省总为每位省劳模发放 600 元国庆慰问金,共发放 401.04 万元慰问金。

2010 年,为弘扬劳模精神,夯实劳模保障基础,南昌市总工会出资,为全市的全国、全省和全市 1439 名劳模在省职工保险互助会南昌分公司投保“劳模团体意外险”。是年,省政府下拨省劳模春节慰问金 320 万元。省总向省劳模每人发放 400 元春节慰问金。全总下拨江西省全国劳模帮扶资金 309 万元,其中生活困难补助金 114 万元,特殊困难帮扶资金 195 万元。省总为月工资低于 2058 元的职工全国劳模发放困难补助金,为无固定收入或丧失劳动能力的农民全国劳模,每月补助 500 元。全国劳模特殊困难帮扶资金除用于缓解全国劳模因本人或家属患病、下岗和子女上学等原因造成的生活困难。对患有重病、慢性疾病以及自付医疗费用较多的退休老劳模要给予重点帮助。对因地震或干旱、洪涝、雪灾等自然灾害造成严重损失的劳模给予帮扶。为全国劳模安排体检,标准为每人 300 元。春节前夕,向全国劳模发放慰问金每人 1000 元。省总为当年评选的 763 名江西省劳动模范和先进工作者,每人颁发 8000 元奖金,共计 610.4 万元。全省各地也为市级劳模发放春节慰问金。

2002—2010 年,省总按照全总文件要求,先后发放全国劳模生活困难补助金、特殊困难帮扶资金和春节慰问金。省总坚持每年制定具体发放方案、及时分级发放、向全总和省政府报告发放工作情况工作机制。与此同时,在省委、省政府关心下,逐步建立全省劳动模范春节慰问金、特殊困难帮扶金发放制度。

劳模疗休养　省总拨出专项经费用于开展劳模疗休养活动。几乎每年都组织省部级劳模和省“五一劳动奖章”获得者疗休养,选派全国劳模和全国“五一劳动奖章”获得者参加全总组织的劳模疗休养活动。全省各级工会会同企事业单位行政,组织劳模、先进生产(工作)者到省总(或兄弟省市总工会)的工人疗、休养院所进行休养。

2001 年 5—6 月,省总先后组织省、部级以上劳模、先进工作者(含全国“五一劳动奖章”获得者),分三批分别到省总庐山工人休养院休养、省总庐山温泉工人疗养院和宜春温泉工人疗养院休养。休养期间还组织召开座谈会、参观游览等活动。9 月 10 日—17 日,省总组织 20 名在基层生产、教育、科研一线的全国劳模、全国“五一劳动奖章”获得者和省劳模赴湖南学习、考察、休养。当年,省总共组织150名劳模进行休养、考察、体检活动。

2002年5月22—23日,省总、省民政厅联合组织开展“江西风采”爱心献劳模、劳模看南昌、新劳模帮扶困难老劳模等活动。江西风采共出资20万元,资助全省100名困难劳模,并热情地邀请14名困难劳模代表到南昌游玩。两天来,劳模们参观滕王阁、红谷滩、八一起义纪念馆、绳金塔、天香园,游览南昌市的夜景,并参加江西卫视“博彩之夜”电视节目。8月23—29日,省总组织省部级以上劳模、先进工作者(含全国“五一劳动奖章”获得者)到庐山温泉休养6天。还先后组织两批劳模到宜春温泉休养6天。9月14—22日,省总组织大中型企业、事业单位担任领导职务的省、部级以上劳动模范、先进工作者(含全国“五一劳动奖章”获得者)到昆明学习、考察。是年,省总分4批组织了劳模疗休养。

2006年6月,省总庐山工人休养院,被全总授予全国劳模疗休养基地。省总举行挂牌仪式。7月14—20日,省总组织各行各业在生产、教育、科研一线工作的24名全国劳模、全国“五一劳动奖章”获得者,到哈尔滨波斯特酒店太阳岛度假村疗休养。8月,组织3名全国劳模到北戴河疗养院疗养。8月23—29日,组织23名全国劳模到大连五一国际酒店休养。

2008年9月,省总组织100名省劳模进行疗休养。共分两批次分别在庐山工人休养院疗、宜春温泉工人疗养院疗休养。休养期间,王运昌受姚亚平委托专程到省总庐山工人休养院看望疗休养的50余名省劳模,并和他们一起亲切座谈。

2009年8—11月,省总组织200名省劳动模范(先进工作者)和省“五一劳动奖章”获得者分4批分别到省总井冈山职工培训教育中心、庐山疗养院和宜春温汤休养院疗休养,每期休养时间为8天。

2010年6月20—26日,省总组织30名在基层一线做出突出贡献,具有一定社会影响的全国劳模和全国“五一劳动奖章”获得者,参观上海世博会。7—11月,省总分4期组织省部级以上劳动模范,先后分别到省总井冈山职工培训教育中心、北戴河、上饶市三清山和宜春市温汤镇休假疗养。每期休假疗养时间为7天。8—11月,省总组织210名省劳动模范(先进工作者)和省“五一劳动奖章”获得者,分3批、先后分别到井冈山职工培训教育中心、庐山工人疗养院和宜春温汤工人疗养院疗休养。每期休养8天。9—11月,省总组织52名全国劳动模范(先进工作者)和全国“五一劳动奖章”获得者,分3批先后分别在陕西省工人疗养院、四川省五指山疗养院和海南省南田温泉国际度假中心疗休养,每批休养时间为7天。此次优先安排基层一线特别是工作条件艰苦、劳动强度或近年来未参加过全总休养活动的劳模。10月13至19日,省总组织20名省劳模、省“五一劳动奖章”获得者参观上海世博会。

2009—2010年,省总共组织3026名省级及以上劳模和“五一劳动奖章”获得者疗休养。

确认和取消称号　在每年一次评选表彰劳模或“五一劳动奖状”、奖章活动结束之后,省总承担劳模或“五一劳动奖状”、奖章称号的确认和取消具体工作。

1994年5月22日,省政府下发《关于确认1959年全省政法先进单位、先进工作者代表会议和1964年全省财贸系统先进单位、先进工作者代表会议为省劳模会的通知》,确定,会议授予的先进工作者、“六好职工”为省级劳动模范。是年9月6日,省人事厅向省政府呈交《关于认定省级劳动模范的请示》。11 月 11 日,省总向省政府办公厅下发《关于确认省级劳动模范的复函》,明确省级劳模会议的确认问题和关于《全省园林化、绿化先进单位和县级“林业模范”表彰大会》所表彰的 21 人不宜列为省级劳动模范。

2005 年 9 月 20 日,省总向吉安市总工会下发《关于确认曾木根、陶卫东、饶国明 3 名同志为省级劳动模范的批复》,要求按有关规定,纳入省级劳模管理。

2010 年 3 月 17 日,省总主席办公会决定授予竞赛全能第一名郑劲光江西省“五一劳动奖章”称号。9 月 28 日,省总主席办公会同意江西省住房和城乡建设厅机关党委副书记凌卫、九江市建设规划局副局长张伟、江西省卫生厅副主任科员姜晓明、江西中昌工程咨询监理有限公司总监徐然、江西昌南建设工程集团公司党委书记彭义清为全国“五一劳动奖章”的推荐人选。

1997 年 10 月 29 日,省总向省政府呈交《关于建议取消芦和平“江西省劳动模范”称号的请示》。2001 年 12 月 26 日,省总向赣州市总工会下发《关于取消吴家骏江西省“五一劳动奖章”称号的批复》。2009 年 5—6 月根据《江西省劳动模范管理办法》第五章第十八条规定,经省政府批准,省总取消因触犯刑律受刑事处罚或受到开除、留用察看处分的周云等 19 名省劳模和汤样文等 4 名全国劳动模范称号。7 月,经全总批准,省总取消钱国文等 4 人全国“五一劳动奖章”称号,并按规定收回其奖章和证书。

表 3－5－1 1994—2010 年取消江西省先进人物称号人员名单

市别产业	姓名	性别	工作单位及职务	评模时间及称号	原因
南昌	周　云	男	原南昌市劳动和社会保障局职业介绍服务中心党支部书记	2005 年江西省劳动模范	因贪污受贿罪被判刑
九江	万龙泉	男	原九江市啤酒厂厂长	1978 年江西省先进工作者	2002 年因犯受贿罪被九江市浔阳区法院判处有期徒刑十年,开除党籍
	余方兴	男	原江西江州造船厂车间主任	1990 年江西省劳动模范	2005 年因犯贪污罪被九江市中级法院判处有期徒刑一年,缓刑一年,开除党籍
	许成富	男	原湖口县张青乡政府干部	1990 年江西省劳动模范	1999 年因涉及贿赂等经济问题被中共湖口县纪委查处,开除党籍
	吴茂水	男	原九江县水利局干部	1990 年江西省劳动模范	2000 年因犯受贿罪被司法机关判处有期徒刑三年,缓刑三年,开除党籍
	罗贤旗	男	原永修县艾城镇郭东村村支部副书记	1998 年江西省抗洪抢险功臣	2003 年 7 月因嫖娼被中共永修县纪委查处,给予开除党籍处分

续表

市别产业	姓名	性别	工作单位及职务	评模时间及称号	原因
宜春	钱国文	男	原宜春钽铌矿矿长	1990年江西省劳动模范、1991年全国“五一劳动奖章”、江西省劳动模范	2004年因受贿罪被宜春市中级人民法院判处有期徒刑三年
	冷报雨	男	原上高县林业局局长	1980年江西省劳动模范	因受贿罪被上高县人民法院判处有期徒刑6年
	龙安平	男	原万载县康乐镇阳乐村书记	1995年江西省劳动模范	1996年因贪污、受贿、流氓罪被万载县人民法院判处有期徒刑10年
吉安	梁路石	男	原遂川县人民医院院长	1997年全国“五一劳动奖章”、江西省劳动模范	2007年因受贿罪被吉安市青原区人民法院判处有期徒刑3年
	刘三苟	男	原吉安市白塘街道先锋村村支部书记	2000年江西省劳动模范	2007年因挪用资金罪被吉安市吉州区人民法院判处有期徒刑4年
上饶	何茶清	男	原上饶市土管局土地储备中心主任	2003年全国“五一劳动奖章”、江西省劳动模范	2006年因经济问题被上饶市中级人民法院判处有期徒刑7年
	陈建国	男	原玉山县政府副县长	1995年江西省劳动模范	因经济问题被上饶市中级人民法院判处有期徒刑6年
赣州	王地宝	男	原赣南水泥厂厂长	1995年江西省劳动模范	2001年因受贿罪被判处有期徒刑3年，缓刑5年
	黄贵纲	男	原于都县富嘉摩托齿轮有限公司	1995年江西省劳动模范	2001年因贪污罪被于都县人民法院处有期徒刑3年，缓刑3年
	欧阳效芳	男	原江西赣南金达有色金属矿产品有限公司(现已解体)	1995年江西省劳动模范	2002年因非法经营罪被云南省雄彝族自治州中级法院判处有徒刑8年
洪都	邹汉祥	男	洪都航空集团公司	1986年全国“五一劳动奖章”、江西省劳动模范	因合同诈骗罪被判处有期徒刑3年，缓刑4年
江铜	蒋伯良	男	原江西铜业集团公司铜板带筹备组	2005年江西省劳动模范	因经济问题判刑入狱

续表

市别产业	姓名	性别	工作单位及职务	评模时间及称号	原因
省直	丁鑫发	男	原江西省人民检察院检察长	1998 年江西省抗洪抢险功臣	因受贿、挪用公款被判刑 17 年
	许晓刚	男	原江西省新闻出版局副局长	2000 年江西省劳动模范	因受贿罪、非法持有枪支罪被判处无期徒刑
上饶	汤祥文	男	原横峰县铺前煤矿	1989 年全国劳动模范	97 年开始经常旷工，经多方教育无效，矿党委、矿行政决定开除党籍、公职
	杨石根	男	原江西万年青水泥股份有限公司总经理	2000 年全国劳动模范	被南昌市西湖区法院判处有期徒刑 10 年
	黄东巨	男	原上饶市纪委	2005 年全国先进工作者	因受贿罪，容留他人吸毒罪被武宁县人民法院判处有期徒刑 11 年
	张武政	男	原上饶市新鑫股份公司	1995 年全国劳动模范	因贪污罪被上饶市中级法院判处无期徒刑

第六节　评优评先

工人先锋号创建及评选

2007 年，省总《关于广泛开展创建“工人先锋号”活动的实施意见》，《意见》强调创建“工人先锋号”活动的总体要求是：以依靠主力军、建设主力军、发展主力军为目标，以发展先进生产力、促进社会进步、服务人民群众为重点，以创一流工作、一流服务、一流业绩、一流团队为内容，以发挥榜样激励作用、争创先进团队为途径，使“工人先锋号”成为引领职工发扬工人阶级优良传统，发挥工人阶级主力军作用，推动社会主义和谐社会建设的旗帜；成为引导职工立足本职、爱岗敬业，刻苦学习、忘我工作，不断进取、甘于奉献的载体；成为全省统一、长期坚持、职工认可、影响广泛的劳动竞赛活动品牌。

2008 年 1 月 8 日，省总下发《关于推荐评选全国、全省“工人先锋号”通知》。明确授予对象、参评条件、评选办法和有关事项。4 月 18 日，省总推荐南昌市公共交通总公司四分公司二十路、南昌长力钢铁股份有限公司检测中心铁前站丁班、江铃汽车股份有限公司全顺汽车厂总装车间吊装班、中国电信九江分公司浔阳分局向东客户服务中心、中国石化股份有限公司九江分公司成品车间、格特拉克(江西)传动系统有限公司赣州分公司三菱装配组等 27 个单位为“全国工人先锋号”。

2009 年 2 月 12 日，省总下发《关于推荐评选全国“五一劳动奖状”、奖章和全国“工人先锋号”

的通知》,明确推荐评选对象和名额分配、推荐评选条件、推荐评选工作要求。经是年3月16日主席办公会议研究,同意推荐江西赣东北供电公司等9个单位为2009年江西省全国五一劳动奖状申报对象,刘辉等32名个人为全国“五一”劳动奖章申报对象,南昌长力钢铁股份有限公司炼钢厂连铸车间钳工一班等25个车间、班组为全国“工人先锋号”申报对象。

2010年1月13日,省总工会授予中铁大桥局向莆铁路JX-2A标安全质量部、中铁大桥局五公司钢梁架设架子队、中铁大桥五公司移动模架子队、中铁大桥局六公司向莆铁路南昌梁场“江西省工人先锋号”荣誉称号。是年8月27日,省总下发《关于评选表彰江西省“工人先锋号”的通知》,明确指导思想、评选范围和名额分配、推荐评选条件和推荐评选要求。11月25日,省总决定,授予泰豪科技股份有限公司电机技术公司电机分厂压片班等60个集体江西省“工人先锋号”荣誉称号。

各类劳动先进

1994—2010年,全省各行各业的广大干部职工,认真贯彻执行党的路线方针政策,围绕各行各业的总任务,以饱满的工作热情,在各自的岗位上辛勤工作,建功立业,涌现出一批批先进单位和先进人物。

省总共评选出省供销社系统先进单位和先进个人、全省城市环卫先进集体和先进工作者、全国优秀教育工作者等26类劳动先进。其基本条件是热爱祖国,拥护中国共产党的领导和社会主义制度,在社会主义经济建设中做出突出贡献者,在各类劳动先进评选时,结合各自工作特点,行业性质,制定具体评选条件。

1994年2月28日,省供销社、省总作出《关于表彰一九九三年度全省供销社系统先进企业〈单位〉和优秀主任(经理、厂长)、先进工作(生产)者的决定》,授予九江市供销社等126个单位全省供销社系统先进企业(单位)称号;授予黄以廉等70人全省供销社系统优秀主任(经理、厂长)称号;授予范春生等122人全省供销社系统先进工作(生产)者称号。并对先进单位和先进个人颁发奖状和证书,以资鼓励。9月9日,周允文、邹玉清(女)、邹志森3人被评为全国“三育人”先进个人。林忠源、陶雪珍(女)、黄金文、唐建忠4人被评为全国优秀教育工会工作者。10月24日,省总向全总宣教部推荐南昌市工人文化宫、九江市工人文化宫、宜春市工人文化宫、波阳县工人俱乐部等14个单位为全国先进工人文化宫俱乐部,推荐南昌市工人文化宫党支部书记胡贤富、九江市工人文化宫副主任虞校正、宜春市工人文化宫主任鲍美凤等17人为全国先进职工文化工作者。

1995年3月,江西宾馆总经理曾范庚、新余市国际旅行社总经理赵建林为全国旅游行业劳动模范,南昌市湾里区旅游局局长徐国栋、九江市庐山宾馆领班郭富珍(女)、景德镇市国际旅行社日本部经理杨惠兰(女)、赣州市国际旅行社副总经理李升隆被评为全国旅游行业先进工作者。4月20日,省竞委、省总授予江西棉纺织印染厂、江西国药有限责任公司、南昌钢铁有限责任公司等30个单位“全省节能降耗百厂竞赛优胜企业”称号。授予南昌钢铁有限责任公司、江铃汽车集团公司、江西江氨化工有限责任公司、南昌卷烟厂等60个单位“全省双增双节社会主义劳动竞赛优胜企业”称号。8 月 29 日，省供销社、省总作出《关于表彰一九九四年度全省供销社系统先进企业（单位）和优秀主任（经理、厂长）、先进工作者的决定》，授予新余市供销社等 150 个单位全省供销社系统先进企业（单位）称号；授予张金根等 68 人全省供销社系统优秀主任（经理、厂长）称号；授予范春生等 121 人全省供销社系统先进工作（生产）者称号。3 月 22 日，省供销社，省总授予新余市供销社等 150 个单位为“全省供销社系统先进企业（单位）”称号，授予周玖庚等 71 人为“全省供销社系统优秀主任（经理、厂长）”称号；授予熊菊花等 115 人为“全省供销社系统先进工作（生产）者”称号。12 月 30 日，省总、省商业厅作出《关于对 1996 年商业系统服务明星表彰的决定》，授予万建春等 12 人“江西省商业系统服务明星”称号。

1997 年 2 月 25 日，南昌市总技协办公室等 4 个单位被评为全国职工技协先进集体，徐国雄、孙祥根等 8 人被评为全国职工技协先进个人，南飞技协屈苏州的 59. 9610 - 02 枪匣精压精锻工艺等 3 项被评为全国百项职工技协优秀技术成果。10 月 23 日，省总、省劳动厅、南昌铁路局联合作出决定，张辉平等 21 名获个人项目第一名的选手颁发证书和奖金，授予苏龙等 4 人“全省最佳技术能手”和张辉平等 17 人“全省技术能手”称号。严志坚、王小平申报省“五一劳动奖章”称号；是年 10 月，省总作出《关于表彰推行集体协商和集体合同制度工作先进单位先进个人的决定》，授予省总吉安地区办事处等 19 个单位为省推行集体协商和集体合同制度工作先进单位；授予九江港务局等 19 个单位为省履行集体合同先进单位；授予张良金等 76 人为省推行集体协商和集体合同制度工作先进个人。12 月 4 日，省总、省农垦管理局、省林业厅联合表彰徐等福等 10 名“江西省农林系统职工自营经济十大状元”，邹正泉等 6 人“省农林系统职工自营经济先进个人”、九江市等 3 个单位“优秀组织工作奖”。是月 12 日，省总被评为全国工会省级实施送温暖工程先进单位，景德镇市总工会等 3 个单位被评为全国工会市县基层实施送温暖工程先进单位，省总保障工作部被评为全国工会省级保障工作部门实施送温暖工程先进单位，景德镇市总工会等 3 个单位被评为全国工会市县基层保障工作先进单位，中国邮电工会江西省委员会等 6 个单位被评为全国工会市县基层保障工作单项先进单位。是日，省总作出《关于表彰全省工会实施送温暖工程先进单位、先进工作部门、先进个人和重视送温暖工程党政领导的决定》，授予景德镇市总工会等 36 个工会全省工会“实施送温暖工程先进单位”称号；授予新余市总保障工作部等 9 个工会保障工作部全省工会“实施送温暖工程先进工作部门”称号；授予丁成芷等 58 人全省工会“实施送温暖工程先进工作者”称号；授予蒋如铭等 10 名全省“重视送温暖工程党政领导”称号。

1998 年 4 月 7 日，省总农林工委下发《对江西省农林系统单位和个人受中国农林工会表彰情况的通报》，通报江西长城企业集团工会等 3 个单位被评为全国农林系统“先进基层工会”，江西省康山垦殖场工会副主席胡仙英（女）等 3 人被评为全国农林系统“优秀工会工作者”，江西省鑫龙企业集团党委副书记刘漾溪被评为全国农林系统“优秀领导干部”。4 月 22 日，南昌亨得利钟表眼睛公司工会等 4 个单位被评为“全国财贸系统先进工会集体”，周江华（女）等 13 人被评为“全国财贸系统优秀工会工作者”。12 月 28 日，省总、省商业厅作出《关于表彰江西省 1998 年商业系统服务明星的决定》，授予赣州市胜利照相馆摄影师杨清昌、南昌洪城大厦维修员李毛毛、南昌亨得利钟表眼镜公司质检员廖塘平、萍乡市同乐酒楼炊事长陈苏奇、景德镇市盛丰商厦营业员郭水英、宜春地区五交化总公司维修员罗庆、上饶国贸公司营业员张荷顺、庐山饭店服务员陈芳、分宜县百货公司营业员黄芬香、余江县百货纺织品公司营业员吴晓丽等10人获“省1998年商业系统服务明星”称号。

1999年1月27日,省供销社、省总联合作出《关于表彰一九九八年度全省供销社系统先进单位和先进个人的决定》,授予赣州地区供销社等106个单位为“一九九八年度全省供销社系统先进单位(企业)”称号;授予王龙雨等30人为“一九九八年度全省供销社系统优秀主任(经理、厂长)”称号;授予赖洪斌等101人为“一九九八年度全省供销社系统先进工作(生产)者”称号;授予九江市棉麻公司等10个单位为“一九九八年度全省供销社系统抗洪救灾先进单位”称号;授予蒋文斌等27人获“一九九八年度全省供销社系统抗洪救灾先进个人”称号。

2000年12月20日,省总、省农垦局、省林业局联合作出《关于表彰全省农林系统职工自营经济先进的决定》,授予刘恰头等5人为“省农林系统职工自营经济状元”称号;授予何义俊等5人为“江西省农林系统职工自营经济先进个人”称号。

2001年6月30日,南昌市百货大楼股份有限公司工会等3个单位被评为“全国财贸系统先进工会集体”,萍乡市商业局工会主席蒋长林、上栗县百货公司工会主席吕绪辉、南昌市百货大楼股份有限公司工会主席黄丽英(女)等14人被评为“全国财贸系统优秀工会工作者”。

2005年10月9日,省建设厅、省总下发《关于表彰“江西省城市环卫先进集体”“江西省城市美容师”“江西省环卫先进工作者”的通知》,表彰南昌市青云谱区青云谱镇市容所清洁工吴青云(女)、青山湖区塘山镇环卫所清洁工应林妹(女)、武宁县环境卫生管理所清洁工曾小英等12名“省城市美容师”,南昌市东湖区公园环卫所八一大道清扫班、南昌市西湖区南浦环卫所抚河中路清扫班、南昌市麦园垃圾处理场推填班等30个单位“省城市环卫先进集体”,南昌市东湖区市容局质检员张俊峰、南昌市西湖区系马桩环卫所清洁工涂梅花(女)、南昌市青云谱区三店街办市容所质检员陈南徽(女)等50人“省城市环卫先进工作者”。11月24日,省总、省劳社厅作出《关于第五届南昌铁路行车主要工种技能比赛表彰奖励的决定》,为徐玉新等25名荣获个人项目第一名的选手,颁发证书和奖金。

2006年4月26日,省政府决定:授予省建设厅等56个单位“安全生产工作综合先进单位”称号;授予新余市政府“安全生产工作单项(生产安全)先进单位”称号;授予景德镇市政府“安全生产工作单项(交通安全)先进单位”称号;授予省交通厅等7个部门和南昌市等3个设区市政府“安全生产专项整治先进单位”称号;授予王清云等100人“安全生产先进个人”称号。11月29日,省总、省互联网协会、省电信有限公司联合举办“互联星空杯”全省互联网知识竞赛。省总决定:授予荣获决赛一等奖第一名的刘铭省“五一劳动奖章”。

2007年8月8日,省委宣传部、省安监局、省广播电影电视局、省总、团省委联合作出《关于对2007年安全生产月活动先进单位和优秀作品的表彰决定》,对南昌市、省教育厅、省文化厅等36个安全生产月活动先进单位,省电力公司选送刘瑜编导、肖依、刘新飞等演出的情景报告剧《言而有信》等17个全省安全生产文艺汇演优秀节目,江西理工大学、北京科技大学林大建、蔡嗣经、省劳动保障厅周永安联合撰写的《基于蝴蝶型突变理论的安全生产保障系统分析和探讨》等79篇井冈山安全发展论坛优秀论文一、二等奖获得者予以表彰。

2008 年 4 月 18 日，江西铜业集团公司德兴铜矿大山选矿厂陈辉建议的钢芯胶带主减速机冷却系统改造等 17 项节能减排优秀合理化建议的建议人、组织开展合理化建议活动取得优异成绩的江西省铜业集团公司等 5 家企事业单位受到全总表彰。

2009 年 2 月 14 日，南昌铁路局南昌火车站的曾传红、中国移动通信集团江西有限公司宜春分公司的营销中心营业客服班，分别被全总、全国妇联、全国用户满意工程联合推进办公室评为“全国用户满意服务明星”“全国用户满意服务明星班组”。6 月 30 日，中铁四局集团有限公司、省总联合作出《关于表彰“建功昌九当先锋”立功竞赛活动先进集体和先进个人的决定》，授予第三项目队等 10 个集体为先进集体，其中，授予第三项目队省“五一劳动奖状”称号；授予第七项目队、永修制梁场江西省“工人先锋号”称号；授予李德明等 10 人“十大功臣”称号，其中，授予李德明、王英、王立功三人省“五一劳动奖章”称号。

2010 年 5 月 19 日，省粮食局、省人社厅、省总决定：授予罗细根、何应深 2 人为省“五一劳动奖章”；授予徐建华、方玖根等 6 人为“江西省技术能手”称号；授予陈兵、吴毓等 20 人为“全省粮食行业技术能手”称号；对团体总分前三名的南昌市粮食局代表队等 3 个单位颁发优秀团体一、二、三等奖；对粮油保管员、粮油质量检验员两职业前 10 名选手颁发优秀个人一、二、三等奖；对省粮油集团有限公司等 11 个代表队颁发“优秀组织奖”。8 月 26 日，省环保厅、省人社厅、省总联合作出《关于表彰 2010 年省环境监测专业技术人员大比武获奖单位和个人的决定》，授予鹰潭市环境监测站等 6 个单位团体奖项，授予吉安市环境监测站等 5 个单位优秀组织奖，授予康长安等 6 人个人奖项。个人一等奖获得者按程序向省总申报省“五一劳动奖章”。

是年 11 月 11 日，省人保厅、教育厅、科技厅、工信委、国资委、总工会、团省委、省机械行办等 8 家单位共同主办了“全省第三届数控职业技能大赛”，决定：授予陈世峡、陈小勇、丁绍平等 36 名选手“省技术能手”称号。授予冯发勇等 33 名选手“省青年岗位能手”称号。向南昌市人社局等 51 家参赛单位颁发“优秀组织奖”。向带队参加全省决赛成绩优异的指导老师颁发“优秀指导老师奖”。向决赛成绩优异的其他参赛选手颁发“优秀选手奖”。

第四章　民主参与和职工民主管理

1994至2010年,随着社会主义市场经济的确立,经济关系和劳动关系发生复杂深刻变化,国家、企业、职工三者利益关系日益明晰,工会组织维权理论得到新的突破和发展,江西工会坚持全心全意依靠工人阶级指导方针,坚持和完善职工代表大会制度,并以此为载体,创新职工民主管理的形式,拓宽职工民主管理的内容,职工民主管理得到发展和丰富。

第一节　职工代表大会(职工大会)制度

规范要求

1994年10月,省总工会下发《关于在建立社会主义市场经济体制中加强职工民主管理工作的意见》。意见提出要坚持和完善职工代表大会制度,积极探索不同所有制、不同经营方式的企业以及事业和机关单位职工民主管理新的实现形式和途径。(1)国有企业要坚持和完善职工代表大会制度。(2)国有独资公司和两个以上国有企业或者其他两个以上国有投资主体投资设立的有限责任公司,应依法坚持和完善以职工代表大会为基本形式的职工民主管理制度。为适应变化了的情况,职工代表大会的职权可作适当调整。(3)其他有限责任公司和股份有限公司,可以由职工代表大会,也可以由工会代表职工实行民主管理。以国有资产为主体的有限责任公司和股份有限公司,应继续坚持和完善职工代表大会制度。(4)小型国有企业实行国有民营或承包、租赁经营的,其公有制性质不变,要依法保障职工在企业的主人翁地位和民主权利。通过职工(代表)大会或基层工会、班组民主管理会等形式,坚持职工民主管理。在实行国有民营或承包、租赁经营同时,基层工会应依法代表职工与企业行政方面签订集体合同,以维护职工的合法权益,共同促进企业发展。(5)外商投资企业要依法组建工会,建立职工民主参与制度。可以通过工会会员(代表)大会或劳资协商会议等多种形式实行职工民主参与。工会主席应参加或列席董事会、总经理办公会等有关会议,反映职工对企业管理和发展的意见与要求。(6)城镇集体企业要继续认真贯彻《城镇集体企业条例》,坚持职工(代表)大会制度,落实《条例》规定的职权,保障职工依法选举和罢免管理人员,决定经营管理重大问题的权利。股份合作制企业,参照《城镇集体企业条例》,可实行职工(代表)大会和股东大会合一的制度,把两会的任务兼容起来。职工(股东)大会是企业最高权力机构。企业工会要依法组织职工参加民主管理和民主监督,承担职工(代表)大会及其常设机构的工作任务。

(7)乡村集体所有制企业要依照《中华人民共和国乡村集体企业条例》逐步建立和健全职工参加企业民主管理的制度。(8)私营企业工会应与企业行政方面建立平等协商谈判,签订集体合同制度,实行职工民主参与。(9)各类学校要认真贯彻《中华人民共和国教师法》,坚持教职工代表大会制度。(10)科研、文化、卫生等事业单位的民主管理,建立健全职工代表大会制度和其他民主管理形式。(11)机关应定期召开职工(代表)大会,探索职工民主参与、民主管理、民主监督的有效途径和方式。省直机关单位按《江西省省直党政机关职工民主参与和民主管理试行办法》执行。意见在建立职工董事、监事制度,组织职工持股会方面强调:国有独资公司和两个以上国有企业或者其他两个以上国有投资主体投资设立的有限责任公司,要有一定数量的职工代表(含工会主席,下同)参加董事会、监事会。其他有限责任公司和股、份有限公司也可以选举职工代表参加董事会。参加董事会、监事会的职工代表,由公司工会组织职工(经职工代表大会、职工大会或会员代表大会)民主选举进入董事会、监事会。职工董事、监事应向职工代表大会汇报工作,接受职工代表大会监督。董事会中的职工代表以占三分之一为宜:监事会中的职工代表以占二分之一,不少于三分之一为宜,具体比例由公司章程规定。董事会中的职工代表不包括党委书记、正副经理、"三总师"等在内的高级管理人员。组建职工持股会。凡有职工持股的公司,工会可以组织持股职工建立"职工持股会"。职工持股会享受股东权利,履行股东义务,选举代表参加股东大会。职工认股必须坚持自愿原则,并按有关行政法规加以规范。意见在建立平等协商,签订集体合同制度方面对集体合同制度依据、平等协商方式、集体合同生效程序以及集体合同内容、集体劳动争议处理程序作出了规定。意见还就加强职工民主管理工作的领导和指导提出了要求。

2002 年 12 月 3 日,省总工会下发《印发〈江西省总工会关于在非公有制企业建立职工(代表)大会制度的意见〉的通知》,意见强调:"非公有制企业职工(代表)大会制度是企业实行民主管理的基本形式,是协调企业劳动关系的重要机制,是依靠职工办好企业的重要途径,是职工行使民主权利的机构,是我国基层企业民主政治建设的基本制度。"其主要职责是:动员和组织职工参与企业民主管理;监督有关法律法规在企业的贯彻实施;依法维护职工的经济利益、政治权利和精神文化需求;理顺企业内部的劳动关系、建立协商谈判制度;组织职工开展合理化建议和技术创新活动;调动职工的生产劳动和工作积极性;尊重企业所有者的合法权益,与企业所有者合作共事、共谋企业健康发展。其职权为:(1)定期听取企业经营者的工作报告,讨论企业的经营方针、中长远期规划和年度计划,讨论重大技术改造、技术创新和技术引进计划,讨论职工培训计划、企业生产经营状况和与职工切身利益有关的如福利基金、公益金使用方案,改进职工生活福利设施等重要问题,向经营者提出意见和建议。(2)审议通过企业经营者提出的企业改革方案、劳动保护措施方案、工资调整方案、奖金分配方案、职工养老社会保障金缴纳情况、工作时间和休假制度以及其他奖惩办法和重要的企业规章制度。(3)审议讨论有关职工生活福利、文化娱乐设施等事项,向经营者提出意见建议。(4)民主评议企业经营者和中层管理人员。对业绩突出,建议给予奖励表彰;对其存在问题提出整改建议;向所有者提出对中层管理人员的奖惩任免建议。(5)签订集体合同。集体合同草案经职代会讨论通过后,由工会主席代表职工在职工(代表)大会上同企业所有者签订集体合同,指导职工与企业签订劳动合同。(6)民主选举进入公司董事会、监事会的职工代表。讨论推荐劳动模范;选举参加企业平等协商的职工代表。(7)围绕企业加强管理、提高效益,组织职工代表开展技术改造、技术革新和合理化建议活动。(8)监督企业执行国家的有关法律法规。意见对职工代表人数,产生方式,代表构成,职工代表实行常任制、替补制,三至五年改选一次,可连选连任。职工代表权利和义务作了规定。并对职代会的组织制度、企业工会作了规定,明确工会是非公有制企业职工(代表)大会的工作机构并对其负责。并强调非公有制企业不同于国有和集体企业,其建立职工(代表)大会的形式、职工(代表)大会职权不能完全套用国有和集体企业的做法,而有其自身的特点。一要宣传引导。二要抓好试点,大力推进。三要因企制宜,不强求一个模式;对职工(代表)大会召开的时间、程序也不作硬性规定;有关职工(代表)大会职权问题也要注意循序渐进,从实际出发,注重实际效果,重点是通过职工(代表)大会行使民主管理和民主监督权力,维护职工合法权益,促进企业发展。上级工会应搞好调研指导,做好法律、政策及具体操作上的服务工作。

2006年7月28日,《江西省职工代表大会条例》由江西省第十届人民代表大会常务委员会第二十二次会议通过,自2006年9月1日起施行。《条例》共7章37条,第一章明确职工代表大会是企业、事业单位以及其他组织职工实行民主管理的基本形式和行使民主权利的机构,在企业、事业单位以及其他组织推行以职工代表大会为基本形式的职工民主管理制度。职工代表大会实行民主集中制。基层工会委员会是职工代表大会的工作机构,负责职工代表大会的日常工作。第二章分别对国有企业(含国有控股企业以及企业化管理的事业单位)、集体企业、非公有制企业和事业单位职工代表人会行使的职权作出了规定。国有企业(含国有控股企业以及企业化管理的事业单位)职工代表大会行使下列职权为:听取和审议企业的经营方针和发展规划,年度经营计划和投资方案,财务预决算报告,企业章程草案,重大技术改造方案,基本建设方案,职工培训计划,业务招待费使用情况,职工各项社会保险费缴纳情况,实行厂务公开、签订和履行集体合同、劳动合同情况的报告,提出意见和建议;审议通过企业提出的经济责任制方案,企业改革、改制、破产实施方案,职工工资调整、奖金分配方案,劳动用工方案,劳动安全卫生和女职工特殊保护措施,集体合同草案、工资集体协议草案,厂务公开实施细则,职工奖惩办法及其他重要规章制度;审议决定职工福利基金、公益金使用方案及有关职工生活福利的重大事项;评议、监督企业高级管理人员,提出奖惩及任免建议;根据国有资产监督管理机构的决定,民主推荐企业经营者人选或者民主选举经营者;依法选举、罢免、更换董事会、监事会中的职工代表以及参加集体协商的职工代表;向政府和有关部门推荐劳动模范和先进工作者;依照法律、法规规定,或者经企业与工会协商确定需要由职工代表大会行使的其他职权。国有资产监督管理机构任命或者免除企业高级管理人员的职务时,应当将职工代表大会评议的结果作为考核、任免和奖惩的重要依据。非公有制企业的职代会职权为:根据企业经营者的要求,听取业主或者经营者关于企业生产经营管理情况和重大技术改造方案,提出意见和建议;协商工资协议、裁减人员方案、劳动安全卫生方案、女职工保护措施、职工奖惩办法、职工福利基金和公益金的使用方案等与职工切身利益密切相关的其他事项;监督企业贯彻实施劳动法及其他有关法律、法规情况,职工各项社会保险费缴纳情况,实行厂务公开情况,签订和履行劳动合同、集体合同情况;根据企业经营者的要求,民主评议企业经营管理人员,并提出奖惩建议;选举或者罢免职工一方平等协商的代表以及公司制企业的董事会、监事会中的职工代表。第二章强调依照法律、法规及本条例规定,应当提交职工代表大会审议、通过、决定的事项而未提交的,企业、事业单位以及其他组织就此事项作出的决定不得实施。职工代表大会依法通过的决议、决定和方案,对本单位及其全体职工均具有约束力,如需修改,应当按法定程序提请职工代表大会进行重新审议表决。第三章规定了职工代表条件、产生程序、比例、结构,权利和义务,强调职工代表由职工民主选举产生。选举应当有三分之二以上职工参加方为有效,被选代表获得全体职工半数以上赞成票方可当选。职工代表实行常任制,可以连选连任,任期与职工代表大会任期相同。职工代表中一线职工的比例应当不低于50%;中级以上管理人员为20%;一般管理人员不超过30%。青年职工、女职工代表应当占适当比例。职工代表在任期内,其尚未履行的劳动合同期限短于任期的,劳动合同期限可以延长至任期期满。除法律、法规规定的情形外,企业、事业单位以及其他组织不得变更或者解除其劳动合同。第四章对组织制度中主席团组成、代表团、专门委员会、联席会议、会议筹备、选举制度、提案制度、表决制度作出规定。明确100人以下的企业、事业单位以及其他组织,可以实行职工大会制度或者职工代表大会制度;100人以上的,应当建立职工代表大会制度。每届任期3年或者5年。每年至少召开一次会议。每次会议应当有三分之二以上职工代表出席。职工代表大会闭会期间,遇有重大事项,经企业、事业单位以及其他组织法定代表人、工会或者三分之一以上职工代表的提议,应当及时召开职工代表大会会议。职工代表大会对联席会议通过的事项具有最终审定权。第五章规定企业、事业单位以及其他组织工会委员会承担职工代表大会的日常工作和职责。第六章对法律责任作专设。规定对企业、事业单位以及其他组织不按规定召开职工代表大会会议的;应当提交职工代表大会审议、决定的事项而不提交的;阻挠工会通过职工代表大会依法行使民主权利的;拒不执行职工代表大会通过的决议、决定和方案的,由县级以上工会向企业、事业单位以及其他组织下发限期改正书。对拒不改正的,由县级以上工会通报批评,并可以提请县级以上人民政府有关部门给予单位负责人行政处分。打击报复职工代表,侵害其合法权益,构成犯罪的,依法追究刑事责任。第七章附则规定小型非公有制企业集中的乡镇(街道)、村(社区)及开发区、科技园区、工业园区,在工会的指导下,可以通过建立联合职工代表大会或者区域(行业)职工代表大会制度的形式,审议通过区域(行业)集体合同、工资集体协议草案等涉及职工合法权益的事项。

2008年,为推进职工代表大会规范化建设,省总出台《关于开展职工代表大会规范化建设的意见》,决定从2008年起,在全省所有建立工会组织的企事业单位中广泛开展职代会规范化建设活动,按照"建立制度、形成规范、落实职权、发挥作用"四项基本要求,开展职工代表大会规范化建设竞赛,设立职代会规范化建设合格单位、先进单位和优秀单位。并制定合格、先进、优秀标准。省总要求各级工会领导机关根据所属基层企事业单位实际情况做出规划。争取用3年时间,使全省国有、集体及其控股企业和事业单位职代会90%以上达到"规范化建设合格"标准,具有一定规模的非公企业职代会50%以上达到"规范化建设合格"。2008年,要有30%以上的单位创建为"规范化建合格单位";在"规范化建设合格单位"基础上,按不超过10%比例评选出"规范化建先进单位";在"规范化建设先进单位"基础上,按不超过5%比例评选出"规范化建优秀单位"。职代会规范化建设合格单位的条件是:(1)中小型企业每年至少召开1~2次职工(代表)大会,特大型和大型企业每年至少召开1次职代会和1次以上职工代表团(组)长联席会;职代会应按期换届。(2)职工代表经民主选举产生,代表比例合理、具有代表性;能定期对职工代表进行培训。定期组织职工代表巡视。(3)职工代表大会各专门委员会或小组设置符合单位实际,有利于工作开展,制度健全,活动正常。(4)拟提交职代会审议的有关报告、提案等提前交职工代表讨论。职工代表提案,有答复,有落实,有报告。(5)依法落实《江西省职工代表大会条例》中规定不同类型企业职代会职权。(6)职代会的档案保存完整,管理规范。(7)分厂、车间、班组民主管理制度健全。(8)按照《江西省厂务公开条例》,依法建立健全了厂务公开制度。(9)召开职代会事先和事后向上一级工会报告。(10)按《工会法》规定足额拨缴、上解工会经费。(11)未发生职工群体上访事件。

2010年3月24日,为在建立健全现代企业制度过程中建立和完善全省国有企业职代会制度,推进企业职工民主管理工作的制度化、规范化建设,省国资委、省总联合下发《关于印发〈关于建立和完善全省国有企业职工代表大会制度的意见〉的通知》。意见提出职代会制度必须坚持的4条基本原则,要求企业根据有关法律法规,结合企业的实际情况,行使和落实职代会的职权:(1)审议建议权。听取和审议企业经营方针、中长期发展规划、年度计划和投资方案(涉及商业机密事项除外)、财务预决算报告、企业章程草案、重大技术改造方案、基本建设方案、职工培训计划、职工各项社会保险费缴纳情况;听取和审议企业实行厂务公开、签订和履行集体合同、劳动合同情况的报告,并提出意见和建议。企业拟订的职务消费管理制度在履行内部决策程序前,应当通过职代会等形式听取职工意见。(2)审议通过权。审议通过企业经济责任制方案,企业改革、改制、破产实施方案和职工安置方案,职工工资调整、奖金分配方案,劳动安全卫生和女职工特殊保护措施,集体合同草案、工资集体协议草案,厂务公开实施细则,职工奖惩办法及其他重要规章制度。(3)审议决定权。审议决定职工福利基金、公益金、企业年金使用方案及其他涉及职工生活福利的重大事项。(4)评议监督权。听取企业领导班子成员年度履行职责和廉洁自律的情况报告,并由职工代表进行民主评议。民主评议的结果应当作为企业领导人员考核、任免和奖惩的重要依据。(5)民主选举权。根据国有资产监督管理机构的决定,民主推荐企业经营者人选;依法选举、罢免、更换董事会及监事会中的职工代表以及参加集体协商、劳动争议调解委员会中的职工代表;向政府和有关部门推荐劳动模范。法律、法规、规定或企业与工会协商需由职代会行使的其他职权。同时,意见对职工代表的条件、构成与产生作了规定。强调根据需要,职代会可设置列席代表与特邀代表,但没有表决权和选举权。职工代表在职代会上有选举权、被选举权、罢免权和表决权;参加对企业领导人员的评议和质询;参加职代会及其工作机构组织的各项活动;因参加职代会或经企业同意组织的有关活动而占用工作时间,视同正常出勤。意见对职工代表的资格终止、撤换和增补;职代会工作制度、组织制度作了规定。对联席会议制度;质量评估制度;职工代表巡视检查制度;职工代表培训及述职、评议制度作了详细规定。对职代会与公司法人治理结构的关系强调:职代会是现代企业法人治理结构的重要组成部分,依照公司法,董事会行使经营决策权,经理层行使经营管理权,监事会行使监督权,职代会行使职工民主管理权。

2010年10月13日,省总下发《关于转发〈中华全国总工会关于推行区域(行业)职工代表大会制度的意见(试行)〉的通知》,强调:区域(行业)职工代表大会,是县级以下一定区域或性质相近的行业内若干尚不具备单独建立职工代表大会制度条件的中小企业,通过民主选举代表联合召开会议，组织职工参与企业管理，行使民主管理权利，协调解决区域（行业）内劳动关系共性问题的民主管理制度。区域（行业）职工代表大会是本区域（行业）内职工参与民主管理的基本形式，也是区域（行业）实行政务公开、厂务公开的有效渠道。其主要职责是：(1)听取区域（行业）执行国家有关劳动法规政策情况报告，区域（行业）劳动关系状况报告，并提出意见和建议；(2)讨论区域（行业）内企业有关劳动报酬、工作时间、休息休假、劳动安全卫生、保险福利、职工培训、劳动纪律以及劳动定额管理等直接涉及职工切身利益的重大问题，提出意见和建议；(3)讨论通过区域（行业）集体合同草案和专项集体合同草案；(4)审议监督区域（行业）内企业执行劳动法律法规和区域（行业）职工代表大会决定事项情况，签订和履行劳动合同、集体合同情况，缴纳社会保险费情况，实行厂务公开情况等；(5)审议决定区域（行业）职工代表大会的其他事项。要求：要从本地区经济社会发展的实际出发，紧紧围绕维护职工合法权益、构建和谐劳动关系，推动解决工资集体协商、劳动用工、劳动标准、工作条件、社会保险、职业安全卫生等涉及职工切身利益问题，推进区域（行业）职工代表大会制度建设。要把推行区域（行业）职工代表大会制度与推进政府和工会的联席（联系）会议制度、劳动关系三方协商机制紧密结合，与推动企业依法普遍建立工会组织、依法普遍开展工资集体协商紧密结合，与建立健全厂务公开工作机制、劳动争议调处机制紧密结合，使之相互衔接、相辅相成，更好地发挥区域（行业）职工代表大会制度的作用。

民主管理推进

1994 年 1 月 29 日，省总下发《关于开展职工民主管理情况调研的通知》，为配合中华全国总工会 6 月召开主席团（扩大）会议专题讨论研究改革新形势下的职工民主管理工作，省总决定在全省开展一次职工民主管理情况调研，要求各地市、产业、直属基层工会，从本地区、本产业、本企业实际出发，按照调研提纲内容，选择好题目，由领导带队，组织一定人力，集中时间，采取多种形式进行调查研究。通过调研，形成一批调研文章，省总梳理后，提供有关方面作为参考。

1994 年年初，南昌飞机制造公司召开职代会，由公司党委书记、总经理、工会主席签订“共保合同”。下半年，公司工会又组织职工代表对全公司执行职代会的决议，特别是“共保合同”的执行情况进行检查。5 月 10 日，中共江西省直属机关工委、省总转发《江西省省直党政机关职工民主参与和民主管理的试行办法》，启动省直党政机关职工民主参与和民主管理工作。5 月，为了帮助各级工会干部认真学习党的十四届三中全会精神和《公司法》，深入掌握有关理论和政策，研究探讨社会主义市场经济条件下工会与职工民主管理发展趋势及其对策，省总举办现代企业制度与工会工作基本知识培训班，对市、地、产业工会机关干部，县工会主席，国有独资公司和有限责任公司、股份有限公司试点企业及其他企事业单位工会主席和专兼职干部 300 余人进行培训。邀请全国总工会基层部领导，省体改委、省科学院或中共江西省委党校等有关方面的专家、学者担任主讲，就社会主义市场经济理论与实践；现代企业制度概论；现代企业制度与职工民主管理；《公司法》的主要内容及其与《企业法》的关系；《公司法》与企业工会的地位与作用；《公司法》与职工代表大会，职工民主管理；现代企业制度及其建立过程给工会工作提出的新问题、新要求以及劳动法律知识及其对劳动关系的调整等内容进行培训。6月,省总与省委组织部、省经委、省体改委联合召开的“全心全意依靠职工群众,推进企业转换经营机制经验交流会”;9月,省总与各地、市组织保障职工基本权益情况的调查,报送省委、省政府和全总。省总与省体改委联合发文要求,工会主席进入试点企业建立现代企业制度领导小组,全过程参与试点工作。省总成立现代企业制度试点协调领导小组,多次参与政府有关协调工作,参与试点方案的讨论。

1994年,新余市总工会抓住国有企业有关劳动、人事、分配三项制度改革,加强职工民主管理工作。吉安地区及所属13个县市都成立企业民主管理领导小组,分管工会工作的党委副书记担任组长,组织部、工会、经委、体改委等部门的主要领导为成员。下设办公室,工会领导兼任办公室主任。财政还拨出专款,用于民主管理办公室日常办公及开展活动。全区绝大部分企业均建立三级民主管理体系,有1111个企业建立职工代表大会,实行职代会报告制度,定期开展对职工代表培训工作,有9583人参加培训;坚持民主评议干部制度,评议干部3055人。抚州、赣州、南昌、九江、景德镇、萍乡相继成立以地委、行署、市委、市政府领导为正副组长,党政工有关部门负责人为成员的民主管理领导小组;萍乡市总与市委组织部、市经委、市体改委联合发文建立加强企业民主管理“联席会议”制度;九江市总与市委组织部、市经委、市体改委联合下发《关于加强企业职代会工作的意见》《国有企业民主管理工作要求和考核办法》。南昌市总把“民主咨询”“民主恳谈”与提合理化建议结合起来,在全市开展“向三长(厂长、县区长、市长)献计活动;赣州地区工会与组织部、经委联合发文,建立“职代会预审制度”严把职代会质量关;景德镇市总与市委组织部、市体改委联名对没有按期召开职代会的单位下发“限期整改通知”,强化制约机制;职代会对企业行政领导的评议、监督、奖惩和任免建议权在一定程度上得到落实。

1995年5月8日,省总下发《关于表彰为职工民主管理做出突出贡献的厂长、校长、民主管理工作干部的通知》,决定表彰一批为职工民主管理做出突出贡献的厂长(经理)、校长、民主管理工作干部。11月9日,省总在九江石油化工总厂召开全省全心全意依靠工人阶级办好企业现场经验交流暨表彰大会。来自全省各地、市的140多人出席大会。九江石化总厂等13个单位在大会上介绍经验。省总主席刘金标作报告。省总决定,授予张文标、黄向初、张泗存、王龙雨、张炳耀、成生祥、张复如、艾海泉、杨洪武、张和平、王英兴、施嘉良、江有旺、雷大宸、温承志、王国瑞、熊守邦、陈志军、吴贵岚、杨寿培、蔡秀荣、江虹、赵柏武、沈长生、龚天如孙宗山、魏瑞池、赵火茂、熊家寿、袁家义、李懋奎“江西省职工民主管理有突出贡献的厂长”称号;陈立丰、曾爱华、董全德、谢智南、熊墨驺、罗建纲、杨文庆、张自演、葛丽兰、郁念慈“江西省职工民主管理有突出贡献的校长”称号;蔡宝珠、郭金柏、蒋焕文、刘家福、孙效宣、王瑛、鞠雪琴、詹国保、刘忠贵、李毅民、傅雅君、李昭光、漆松林、沈水生、金继光、王金泉、周茂连、钟水庆、李凤林、薛岩、郑传水、罗金泉、周志斌、刘中清、陈渭川、离牧耕、易志明、晚清萍、田志祥、张宗林、文涛、郭光华、李月英、汤建辉“江西省职工民主管理有突出贡献的干部”称号。至1995年,九江石化总厂把职工代表大会当作领导和支持民主管理的主要载体,使职工代表大会充分发挥作用。坚持开好一年两次的职工代表大会,着重抓好明确议题,作好厂长报告;是积极参与,狠抓落实;尊重民意,办好提案三个环节工作。领导干部从自身做起,接受监督,促进职工民主管理。在实际工作中实现“三化”:接受民主监督制度化。厂先后建立《职工代表考核评议领导干部制度》《党政领导接待日制度》和领导干部因私事用车付款、陪客用膳交费制度等等。接受民主监督规范化。企业重大问题都提交职工代表大会审议通过，凡是职工代表大会通不过的事不办。接受民主监督经常化。坚持对领导干部每年进行一次民主考核评议；坚持领导干部信访接待日制度，增加民主监督的渠道；经常召开职工代表团（组）长会，及时解决企业发展过程中重大问题。

1996 年，抚州地区工会在全区继续实行职代会情况报告和通报制度，对地直企事业单位、县（市）总工会 1995 年和 1996 年上半年职代会制度执行情况进行通报。同时，参加部分地直企事业单位的职代会，并对职代会给予指导。

截至 1998 年，全省有 7539 家企事业单位实行职代会制度。1998 年，江西铜业公司制定《全心全意依靠职工办企业的规定》及《实施细则》。5 月 11 日，中共吉安地委办公室、吉安行政公署办公室联合就坚持和完善职工代表大会制度，坚定地依靠职工群众搞好企业方面提出具体意见：依靠职工群众搞好企业的关键在于企业党政领导，国有和集体控股企业应建立健全职工代表大会制度，国有中小型企业可积极探索民主选聘、罢免企业经营者的途径和方法，城镇集体企业、股份合作企业由职工（股东）民主选举和罢免企业经营者，国有、集体企业的重大改革方案（联合、兼并、租赁、承包、出售和裁减人员等措施）应充分听取职代会的意见。文件下发后，各县（市）都以党委、政府的名义下发文件，还有 21 个企业制定出依靠职工群众办好企业的实施细则。

1999 年，鹰潭市总工会在全市较大的 13 家企业中，全部制定依靠职工群众办企业的实施细则。吉安地区有 306 家企业制定依靠职工群众办好企业的实施意见。是年底，全区建立职代会制的企事业单位共 1298 个，其中国有企业 174 个，集体企业 895 个，乡镇企业 229 个。

2000 年 5 月，省总成立 4 个重点工作办公室，其中组成职工民主管理办公室。工作目标是：通过企业建立和完善职工代表大会制度，职工董事、职工监事制度，民主评议企业领导人和实行厂务公开，全面贯彻落实党的全心全意依靠工人阶级的根本指导方针，切实保证职工的民主权利和经济利益，发挥主人翁作用，促进企业改革、发展和稳定。（1）国有、集体及其控股企业坚持和完善职代会制度，每年召开 1～2 次职代会，职代会民主评议企业领导人与干部任用挂钩，2000 年 7 月 1 日前全面实行厂务公开后，进入规范运作阶段。（2）公司制企业落实职工董事、职工监事制度，争取 2001 年底前所有国有独资和国有控股的公司制企业工会主席进董事会，工会副主席进监事会。（3）用三年左右的时间，股份合作制企业通过股东（职工）大会民主选举企业经营者。（4）通过工会和集体合同维护非公有制企业的职工的民主权利和经济利益。

2001 年 8 月，全省国有及其控股企业职代会建制率达 94%，集体及其控股企业职代会建制率达 84%。2001 年，上饶市委、市政府《关于进一步加强新建企业工会组织建设的意见》中，明确要求，新建企业已建立职代会制度的要继续坚持并逐步完善，未建立职代会制度的可以通过工会会员（代表）大会的形式参与企业管理。新余市 181 家成立工会组织的国有、集体企业，建立职代会制度的有 170 家，占 94%；在国有大中型企业，普遍建立企业、车间、班组三级职工民主管理网络。全市 129 家成立工会组织的事业单位，建立职代会制度的 103 家，占 80%。

2002 年 3 月，新余市出台《新建企业建立职工民主管理制度的意见》，对职代会制度、工作制度作出规定。市总先选择一批党组织和工会组织比较健全、职工人数较多,具有一定生产规模、生产经营正常、管理制度比较完善的新建企业进行试点。取得经验后逐步推广。2002年要求在2001年已建工会的新建企业中,要有10%建立起职工民主管理制度。同时要求县、区工会及市私营企业、外商投资企业工会联合会、市教育工会,2002年上半年各选择2~3家新建企业进行试点。是年,萍乡结合国有工业企业的实际,出台《关于在深化国有企业改革中加强职工代表大会制度的意见》。强调职代会应每半年召开一次。9月,萍乡市民营企业江西武冠实业集团公司在萍乡率先建立职代会制度。召开公司首届职工代表大会。讨论、通过《江西武冠实业集团职工(代表)大会实施办法》。同时,企业法人代表与工会负责人签订《集体合同》《工资集体协商协议》,明确职工年度最低工资、工作时间、休息休假和福利、职工责任、劳动保障等劳资双方关心的热点问题。是年,南昌、吉安、鹰潭、新余市总先后制定下发《关于在非公有制企业建立职工代表大会制度的意见》等文件。

2002年,全省有2996家国有及其控股企业建立职代会制度,建制率为94%;有1874家集体及其控股企业建立职代会制度,建制率为84%;有1325家非公有制企业建立职代会制度,建制率为12.2%。

至2003年7月,全省3185家国有及其控股企业,有2996家建立职代会制度,建制率为94%;2225家集体及其控股企业有1874家建立职代会制度,建制率为84%;10896家非公有制企业有1325家建立职代会制度,建制率为12.2%。职代会的内容有拓展,企业业务招待费使用情况和企业财务向职代会报告;集体合同方案、厂务公开的实施方案由职代会审议通过;职代会民主评议企业领导干部、民主选举企业经营者;职工董事、职工监事的选举和任免等几个方面。全省有501家公司制企业通过职代会选举职工董事、职工监事,11个设区市总工会都与当地政府建立工作联系机制。闭会期间的职代会职权在履行形式上有创新,以不同的形式履行职代会职权,工会主席每月例会制度,职工代表定期巡视制度,党政工联席会制度,民主议事会制度,民主对话和恳谈会制度,职工代表轮流值班制度出现。职代会制度在领域上有延伸,不仅在国有、集体及其控股企业建立职代会制度,还对非公有制企业的民主管理形式、建立职代会制度进行了探索。将企业的改革、改制方案交职代会讨论审议。

2003年6月12日,省政府与省总召开第4次联席座谈会议。会上省总通报对全省国有企业职工代表大会职权落实等情况的调研结果,表明全省各地在深化国有企业改革中注重履行职工代表大会职能,企业改制工作基本得以平稳进行。但也反映在国有企业改制过程中存在企业改制方案未经职代会审议通过的情况,造成职工民主权益受到侵害事件发生。6月13日,省经济贸易委员会(简称经贸委)下发《关于督促落实国有企业实施改制工作中履行职工代表大会职权的通知》,要求各设区市经贸委、省属集团公司进一步加强对所属企业在企业改制、关闭破产、企业重组等改革过程中履行职工代表大会职权的督促,确保职代会职权落实到位,对存在的类似问题要认真加以纠正。2003年,吉安市总选择7家民主管理比较好的非公有制企业,将其职代会、厂务公开、集体合同、工资集体协商等工作的操作程序,制作成光盘即《新的天地,大有作为》,下发到全市非公有制企业,指导、规范非公有制企业的民主管理工作。同时在吉安电视台进行专题播放。

2004年,景德镇市总探索非公企业职代会,外资企业职代会民主管理制度,是年,百人以上企业职代会制度建制面达85%。江西电信集团工会是建立省级职工代表大会制度试点单位。为确保职代会的质量和效果,集团工会做到“四个规范”:即时间上规范,省级职代会每年不少于一次;组织上规范,形成党组领导、行政支持、工会具体承办的工作格局;内容上规范,每次会议主题鲜明、重点突出、党组审查把关;程序上规范,从筹备到会议召开的每一个环节都严格按照程序进行,凡涉及改革发展和员工切身利益方面的重大问题都提交职代会讨论,并作出相应决议。江西省电力公司公司职代会先后审议通过《江西省电力公司企业年金实施方案》等12项事关公司发展改革和职工切身利益的重要制度和管理办法。文件由行政和工会联合下发,从源头上维护职工在经济、政治、发展和健康等方面的合法权益。

至2005年9月,萍乡市国有及其控股企业100%建立职工代表大会制度,180家非公有制企业建立了职工代表大会。南昌市国有、集体及其控股企业职代会建制率和召开率保持在95%以上。2005年,南昌铁路局通过优化职工代表素质,提高职代会质量,实现职工代表“两个转变”:由“资历型”向“资格型”转变。在职工代表产生过程中,严格民主选举程序,提前深入一线征求职工群众意见,做到职工群众不认可不提名,根据大多数职工群众的意见提名,把一批热爱企业,有较强的责任感和正义感,敢于为职工说话办事,有一定的政策水平、管理能力和语言表达能力,能较好地表达本单位职工意志的职工推上职工代表。由“表决型”向“议政型”转变。为杜绝“领导讲话拍拍手、通过决议举举手、投票决策动动手”的“三手”职工代表的出现,局工会对每一名职工代表提出“四个一”要求,即:职代会召开前,每一名职工代表要接受一次脱产培训,以提高参政议政能力,每个职工代表在职代会召开之前要到所在单位、班组开展调查研究,集中职工群众的意见和建议,起草一件有质量的提案;在职代会的讨论中,每一名职工代表都要发表意见,参与讨论;职代会结束后,每一名职工代表要包保一个工作片或班组,向干部职工传达职代会精神,宣传单位改革发展的形势任务,并对本岗位工作片区的提案落实情况进行一次回访和督查。

2006年7月28日,省第十届人民代表大会常务委员会第二十二次会议审议通过《江西省职工代表大会条例》(以下简称《条例》),8月23日,省总下发《关于认真学习宣传贯彻《江西省职工代表大会条例》的通知》,要求各级工会通过学习宣传贯彻《条例》,不断加强企事业单位民主政治建设,保障职工的民主权利,维护职工的合法权益,促进企事业健康发展。至11月,有3086家非公有制企业建立职代会制度,建制率达57.15%。

至2007年,全省一定规模的非公有制企业职代会建制率提高到71%,全省建立职代会企业2.7万个,建制率达79.8%,比上年增长79.5%。全省现有国有、集体及控股企业2932家,建立职代会制度的有2859家,建制率为97.5%;具有一定规模的非公有制企业4643(产值500万以上)家,建立职代会的有3022家,建制率为65.1%;科教文卫等事业单位建立职代会制度的7100余家。12月8日,景德镇市联合职代会试点工作展开,昌江区竟成镇新厂村属地企业成功召开首届一次职代会。2007年,全市非公企业新建职代会制度建制率达80%。

至2008年6月底,全省建立职代会制度的企事业达到20980家。国有、集体及其控股企业普遍建立了职代会制度,在逐步规范化建设中;小型企业非公有制企业逐步探索行业性、区域性职代会的建设,根据非公企业的自身特点,采取多种形式来实现民主管理的有效途径。

2008年,九江市出台《职代会工作规范》《职代会工作程序》《职代会流程图》《改制企业职代会工作若干问题的意见》等7个有关职代会工作文件。江西铜业集团公司和所属二级单位组织开好一年一度的职工代表大会,职代会闭会期间,通过组织开展职代会联席会和专门委员会活动,审议行政提交的有关议案。至2008年,集团公司职代会先后审议通过《江铜集团集体合同》《江铜集团2005—2010年发展规划》《江铜"十五"规划调整方案》《江铜集团劳动合同管理暂行规定》《职工基本医疗保险制度改革方案》《职工工资调整方案》和厂务公开民主管理制度等重大议案共计50余项。江西煤炭集团公司下属的丰城、乐平、英岗岭矿务局和棠浦煤矿利用国家塌陷补偿政策,建设一批职工安居房,这些企业的分房方案都经职代会讨论通过后实施。矿山隧道建设总公司、乐平矿务局、棠浦煤矿实行工资改革,萍乡矿业集团公司进行医疗改革的方案,事前召开职代会讨论方案,充分听取职工的意见。这些事关职工切身利益的改革方案,由于事先充分听取了职工意见,按程序召开职代会审议通过后再实施,得到职工的理解与支持,方案顺利执行。江西新钢公司多方面、多形式畅通信息渠道,及时准确向员工代表报告企业重大事项,实现员工当家作主与企业快速发展的有机结合。加强企业与员工代表的互动。坚持分期召开不同形式、不同专题的形势报告会,及时、准确地向员工代表报告公司生产经营、三期技改等公司重大事项的基本情况。充分发挥电视等媒体功能。举办落实员工代表大会精神大型电视访谈活动。充分调动员工代表的积极性。在员工代表大会期间,坚持召开代表团组汇报会。完善员工作用发挥机制。坚持重大事项由员工代表大会、代表团(组)联席会讨论通过。2008年,员工代表大会讨论通过《新钢公司员工奖惩办法》等关系员工切身利益的规章制度,出台《新钢公司员工代表视察工作办法》,规范、完善员工代表视察活动。

至2009年5月31日,宜春市共有253家国有集体及其国有集体控股企业推行职代会制度,推行面达100%。2009年,新余率先在全省启动"星级职代会"创建活动,制定下发《新余市总工会关于开展星级职代会创建活动的意见》,推动企事业单位完善以职代会为基本形式的职工民主管理制度,从源头上维护职工权益。全市建立职工(代表)大会制度的企业数1462个,建制率达97.1%。2010年选树新余市星级职代会单位20个,全市建立职工(代表)大会和实施厂务公开制度企业1561个,建制率达98%。

至2010年,全省建立职代会企业44261家,建制率达到93.1%。3月,省教育工会与省教育厅联合下发《江西省高等院校教职工代表大会工作规程》和《江西省中小学校教职工代表大会工作规程》。江西铜业集团公司、江西铜业股份有限公司工会表彰10名"优秀职工代表"和10项"优质提案"。江铜集团公司各级工会组织把加强职工代表参政议政能力作为提升企业民主管理水平的重要环节,不断加强职工代表队伍建设。江铜贵溪冶炼厂工会积极推行职工代表述职、评议制度,一改过去职工代表"无责任、无任务、无监督"的形象,有效促进了职工代表素质和履职能力的提升;江铜德兴铜矿工会建立职工代表信息员活动制度,职工代表"表民情、诉民意"的作用得到有效发挥,企业民主管理水平得到提升。

2008至2012年,全省进行工业口国企改革和非工口7个系统国企改革,省总坚持国企改革中全面落实民主管理。(1)2009年4月27日,省总、省国资委、省人社厅联合下发《关于加强国有企业改制和关闭破产中厂务公开民主管理维护职工合法权益的意见》。之后还出台《关于开展职工代表大会规范化建设的意见》和《职工代表大会运作程序》等文件，对改制操作进行规范。8 月 4 日，省总民管部部长龚荣才在省总国企改革信息报送会议上对国企改革单位工会主席进行培训。要求改制企业工会和上级工会要做好职代会通过《企业改制方案》和《职工安置方案》工作。一要做好补选增选职工代表的工作。二做好职工代表通过决议的工作。三落实代表资格、构成和比例。四确保会议通过决议的合法性。8 月 18 日，为了推进全省企业改革工作顺利进行，维护职工的合法权益，保持全省经济社会和职工队伍的稳定，确保国企改制任务的完成。省总下发《关于转发全国总工会〈关于在企业改制重组关闭破产中进一步加强民主管理工作的通知〉的通知》。9 月 23 日，为进一步做好全省特别是有关设区市、县（市、区）国有企业改制过程中的民主管理工作，切实保障广大职工的知情权、参与权、决策权、监督权，充分发挥职代会的作用，保障职代会的职权落实到位和职代会决议的合法有效，省总下发《关于开好职代会确保国企改革顺利推进的紧急通知》，要求：（1）要及时选举、增补职工代表；要认真开好职代会正式会议；要重视和做好职工代表的思想政治工作；要落实好改制企业工会工作上下联动、分工负责制度。（2）省总先后开展职代会建设情况的专题调研，对未建立职代会、职代会换届不正常、代表人数偏少或代表结构不符合法律规定的，要求其及时依法依规整改。（3）全省改制企业的上级工会都设立 1 名改制工作指导员，负责了解企业改制情况，进行现场指导；每个改制企业都设立 1 名改制联络员，负责改制过程中的监督与联络。要求做到“五个讲清楚”（即讲清楚改制实际问题，让职工心定；讲清楚改制方法步骤，让职工心明；讲清楚改制方法步骤，让职工心稳；讲清楚党和国家对职工的关怀，让职工心安；讲清楚遗留问题解决办法，让职工心顺）和五险一金再就业（即经济补偿金的领取和养老、失业、医疗、工伤、生育保险的接续，再就业的培训和小额贷款）。（4）对改制任务繁重、改制问题较多的企业，工会派驻专门的指导员，现场指导企业依法依规开好职代会，对召开职代会通过“两个方案”要注意的问题进行详尽的讲解与辅导，提出明确具体的要求，做到“五个必须”（改制方案和职工安置方案必须经职代会审议通过；职代会审议通过重大事项必须有三分之二以上代表出席，并采用无记名投票方式表决，经全体职工代表半数以上通过方为有效；改制全过程公开；历史遗留问题必须按有关政策妥善处理；企业改制每一个环节必须接受职工监督）。省总对江西涤轮厂、朝阳农场、省二建公司、南昌钢铁集团公司等企业的职代会工作派员现场指导。（5）省总出台《全省工会关于维护职工队伍稳定、预防和参与处理职工群体性事件的若干意见》，规范各级工会在处置职工群体性突发事件中的职责任务、制度机制、处理程序、工作方法和具体要求。省总先后化解南昌市西湖区朝阳农场、省一建公司等企业因改制引发的职工群体性上访事件。

表 4-1-1　1995—1998 年江西省职工民主管理活动情况

年份	按时召开职代会基层单位(个)	职代会提出提案(件)	生产经营管理	职工利益	实现提案(件)	生产经营管理	职工利益
1995	7731	180489	84275	63249	99187	51176	36995
1996	7658	142455	74276	54710	80848	46205	31324
1997	6628	204186	62206	46669	71463	38974	27630
1998	9113	95094			66065		

表 4-1-2　1998—2000 年江西省各级工会民主管理和社会参与工作情况

单位:个

年份	建立职工代表大会制度的企业单位	本年度召开职工代表大会的企业单位	实行业务招待费向职工代表大会报告制度的企业单位	职工代表大会民主评议领导干部的企业单位	实行厂务公开的企业单位	本年内与同级政府(行政)开过联席会议的基层以上工会
1998	9720	9113	7437	10297		
1999	7894	7401	6518	4030		
2000	6740	6176	5819	5193	5550	356
2001	9086		6528	5747		
2002	8225	7117	6251	6841		68

民主评议干部

1980 年开始,鹰潭耳口采育林场推行职代会民主评议中层以上领导干部制度。具体做法是:在职代会期间,确定评议对象,被评议的领导干部从 6 个方面作述职报告,述职后由职工代表从“德、能、勤、绩”四个方面投信任票,然后按“优秀、好、较好、差”四个档次进行背靠背评议打分,评议结果由职代会主席团成员当场公布,优秀的当场奖励,差的进行解聘。20 世纪 80 年代后期起,赣州地区各级企事业坚持职代会制度与民主评议企业领导人有机结合起来,把民主评议企业领导干部列为职工代表大会的议程,在职工代表大会上对领导干部进行无记名投票,并充分应用民主评议结果,矿山企业对投票排位最后一名实行诫勉谈话。

1991 年起,赣州地区各类企业开展民主评议干部,瑞金、于都、龙南、上犹等县吸收职工代表参与考评选择承包经营者,并在职工中进行民意测评活动。当年被评议的企业领导干部有 6266 人,其中受到奖励的有 701 人,被免职的有 47 人。

1994 年,吉安地区有 266 家企业进行民主评议干部的活动,被评议的干部有 3055 人,其中受奖励的 287 人,被免职的 16 人。大多数企业坚持每年一次评议企业领导,主要是紧紧围绕“德、能、勤、绩”四个方面进行评议，并把评议结果作为选拔使用干部的重要依据。

1996年11月，鹰潭市总同市委组织部联合下发督查通知，对重点评议单位进行重点督查，市总直接参与市直24家国有县级企业班子的考核。全市有232家国有、集体企业开展评议领导干部工作。以考察、评议结果为依据，先后调整充实市泵业公司、市磷肥厂等52个企业的领导班子，调整人员62名，其中，提拔县级干部8名，新聘县级企业法人代表7名，提拔科级干部13名，交流企业领导干部29名，降免不称职的企业领导5名，把31名表现优秀的企业管理人员列入企业后备干部队伍。

表4－1－3　1995—1996年江西省工会民主评议及社会参与工作情况

年份	基层工会				基层以上工会			
	评议领导干部单位（个）	被评议的领导干部（人）	受奖励	被免职	参加政府涉及职工利益工作机构（个）	参加工作的工会干部（人）	商议问题（件）	解决问题（件）
1995	5037	59769	9581	999	235	202	312	223
1996	4558	61373	8752	429	194	166	322	228

1997年1月，省委书记舒惠国在省总九届五次全委会上强调：国有企业、集体企业和以公有产权占主导地位的企业都必须建立和完善职代会制度，对企业领导干部进行一年一度的民主评议和监督。各地市总工会的领导参加当地国有企业领导班子考核建设领导小组。3月25日，省总下发《关于上报国有、集体，公有产权占主导地位企业职代会民主评议领导干部工作情况的通知》，了解全省国有企业党建工作会上部署的职代会民主评议企业领导干部工作，各地区办事处、各省辖市总、省产业（局）工会、省直属基层工会的落实情况及当年的措施、计划。12月15日，省总、省委组织部、省经贸委联合下发《关于职工代表大会民主评议企业领导干部的意见》。意见就评议的目的意义、评议的指导思想和原则、评议的范围和对象、评议的主要内容、评议的方法和步骤、评议的组织领导和加强对民主评议企业领导干部工作的指导等作出明确规定。意见规定：职工代表大会民主评议企业领导干部的范围包括国有企业，集体企业，国有独资、国有资产控股的有限责任公司和股份有限公司。职工代表大会民主评议的对象指上述范围内企业领导班子成员，主要是企业厂长（经理）、副厂长（副经理），党委书记、副书记，董事长、副董事长，纪委书记、工会主席。职工代表大会对企业领导干部每年必须评议和测评一次，形成制度。既要评议领导班子的整体情况，又要评议领导成员个人表现。对企业党组织负责人，要着重评议企业党的建设，精神文明建设方面的成效和工作实绩. 对企业工会组织负责人，要着重评议工会在把工会工作总体思路贯彻到基层，抓好职工代表大会，集体协商和集体合同，职工董事、职工监事几项制度建设。意见就评议的方法和步骤提出：企业召开职工代表大会评议领导干部，所在单位的组织人事部门和工会应分别向上级干部主管部门和上级工会组织进行报告。如遇上级干部管理部门考察企业领导班子，则民主评议企业领导干部结合考核工作进行，评议工作作为考核的程序之一。召开职工代表大会，听取民主评议对象的

述职。述职的内容除按本意见规定评议的内容外,还要就领导干部在年度内住房、用车、出国考察、招待费等经费的使用,在经营、管理活动中收取的折扣、中介费、礼金及个人收入等情况向职代会报告。组织职工代表对述职的企业领导干部进行民主评议和测评。在民主评议的基础上,组织职工代表民主测评企业领导班子成员。测评采取无记名方式,一人一票制进行。测评分优秀、称职、基本称职、不称职四个等级。参加测评人数必须有本企业规定的三分之二以上职工代表出席方为有效。依据评议和测评结果,提出对领导干部奖惩任免建议,经大会主席团同意后,报送上级有关干部主管部门,作为对企业领导干部任免和奖惩的重要依据。并明确企业工会作为职工代表大会的工作机构,负责领导干部评议的具体事宜。各地、市委组织部、经贸委、工会和企业主管厅局党委(党组)产业工会要结合本地市、本产业的实际情况,将企业职工代表大会民主评议领导干部工作纳入企业领导班子考核和建设的内容并制定实施细则或办法。

1997 年,吉安市委在对国有企业领导班子全面考核的文件规定职代会民主评议方面的具体内容:明确“由职代会负责(没有职代会的由工会负责)组织职工代表对领导班子和领导干部进行民主评议。”上半年,吉安市对全市 51 家国有企业领导班子进行全面考核,202 名企业领导干部接受职代会的民主评议。对基本称职和不称职的企业领导干部作出处理,优秀的受到交流重用,调整了 21 家企业领导班子。市企业民主管理领导小组每年要与市委组织部联合开展民主评议企业中层以上领导干部活动,并作为干部奖惩、使用的重要依据。南昌铁路分局职代会代表对分局领导进行民主评议,职代会代表对分局行政领导逐个作出自己的评判。评议表内容为:一是德能勤绩四方面共 16 项内容对 9 位行政领导填上满意、基本满意、不满意;二是能否胜任现职共两项内容须指名道姓简述意见。测评一律采取无记名方式,测评结果提交上级组织部门作为任免奖惩干部的依据之一。评议会共收到 50 条对行政领导的意见,其中建议和批评 32 条。鹰潭市成立加强国有企业领导班子建设协调小组,由市委组织部牵头,市经贸委、市人事局、市总等 9 个单位有关负责同志组成,下设办公室,从成员单位抽调干部集中办公。先后研究制定《关于做好国有企业领导班子考核建设工作的意见》《关于市属县级企业领导班子考察工作方案》《关于市属县级企业领导班子考核建设实施办法》《职工代表大会(或职工大会)民主评议企业领导干部和企业领导班子操作有关事项》。设计印发《企业职代会民主评议企业领导干部测评表》,作为职工代表进行信任投票的统一格式。

1997 年,全省国有企业、集体企业和以公有产权占主导地位的企业普遍坚持每年评议一次的制度。同时,注意落实企业业务招待费向职代会报告、集体合同草案、集体合同续签以及企业重大改革、改制方案提交职代会讨论通过的制度等,推动了职代会职权的落实。截至年底,省总和九江市、萍乡市、抚州地区等 4 个地市、南昌铁路局、江西铜业公司等 3 个产业工会已与党政部门联合制定《职代会民主评议企业领导干部的实施意见》。各地、各部门都抽调了工会干部参与国有企业领导班子的考核工作。在评议企业领导干部工作中,各地都强调在评议前分别对职工代表进行培训,一些大中型企业还制定民主评议企业领导干部的具体办法。省总召开会议,推广九江市总、吉安市总、南昌铁路局工会、南昌飞机制造公司工会等 10 个单位抓好民主评议领导干部工作的经验。省总为了把这项工作落到实处,对职代会民主评议干部工作实行年度目标管理,建立季度通报、年度表彰制度。各地都将目标管理任务落实到县、落实到人,并加强督查。全年全省民主评议领导干部的企业有6380家,被评议的企业领导干部达28464人次;经职代会建议,有1760名企业领导干部受到表彰、奖励或晋升职务,有477名企业领导被降、免职。

1998年,全省有124个地(市)、县、企业制定《全心全意依靠职工办好企业实施细则》。有7539家企事业单位实行职代会制度。10月,对14377名企业领导干部进行民主评议。同年,南昌市有45家企业制订《关于全心全意依靠职工群众办好企业的实施细则和规定》。全市国有企业民主评议干部、培训职工代表已形成制度。全市共培训民主评议和监督骨干3800人次,290家企业开展职代会民主评议企业领导干部活动,共评议企业领导1500余人次。景德镇市总会同市委组织部、市经委、市人事局提出具体实施意见,落实职工代表大会选举、评议、奖励、罢免厂长(经理)的职权。对全市130多个三类以上国有企业领导班子采取述职报告、个别谈话、查阅纪录、财务审计、召开职代会、职工民主评议和民主测评方法进行考核评议。鹰潭市委组织部、市总印发《鹰潭市企业职工代表大会民主评议企业领导干部实施办法》,对民主评议企业领导干部的指导思想、评议范围和对象、评议内容、评议方法、评议操作的几个具体事项以及组织领导均作出明确规定。九江市总与市委组织部等联合制定《九江市企业职工代表大会民主评议企业领导干部实施办法》,全市有1412家企业开展民主评议企业领导干部工作。省总宜春办事处与地委组织部、行署经贸委出台《关于职代会民主评议企业领导干部的意见》,要求每年评议一次,并形成制度。在国企开展职代会评议领导干部工作,全年评议领导干部3584人。新余市总、市委组织部、市经贸委转发省总、省委组织部、省经贸委《关于职工代表大会民主评议企业领导干部的意见》。全市120家企业开展职工代表大会民主评议企业领导干部活动,民主评议企业领导干部626人,63名企业领导干部受到表彰、奖励或晋升职务,28名企业领导被降职、免职。

1998至1999年,景德镇市有40个单位制订《全心全意依靠职工办好企业的实施细则》,依法依规召开职工代表大会,民主评议干部。

2000年,蓝天学院工会成立,并在全省民办教育行业首次建立教代会制度,首次实行民主评议院级领导干部。

2001年,宜春全市227个企事业单位坚持民主评议领导干部。2003年,开展民主评议企事业领导干部的单位有545个。2007年,民主评议领导干部企业742个。

南昌部分民营企业采取由员工以无记名投票方式对领导成员进行评议的民主管理方式。2009年,南昌高新区部分企业开展民主评议活动,由员工对中层以上管理干部从“岗位工作、服务态度、工作作风、任职业绩”等4个方面进行评议。

民主管理拓展

全省职代会的内容拓展和延伸,主要表现在坚持完善以职代会为基本形式的民主管理制度的同时,企业业务招待费使用情况、企业财务报告向职代会报告,集体合同方案、厂务公开的实施方案由职代会审议通过,职代会民主评议企业领导干部、民主选举企业经营者,职工董事、职工监事的选举和任免等几个方面;闭会期间的职代会职权在履行形式上有创新,如基层工会主席每月例会制度、职工代表定期巡视制度、党政工联席会、民主议事会制度、职工代表轮流当一天厂长助理等等。

职工民主选举企业经营者 1997年12月,省委办公厅、省政府办公厅转发省总《关于全心全意依靠职工群众搞好企业的若干意见》,全省探索职工民主选举企业经营者的改革在《条例》和《企业法》颁布后开始起步。职代会民主选举经营者的主要方式有三种:第一种是按《公司法》有关规定的民选企业经营者。这种选举不定调子、不划框子,不提候选人,实行"海选"。具体步骤是:第一步向职工交代选举经营者的条件、办法以及有关事项(无论是干部还是工人机会均等,公开竞争);第二步把企业职工按生产单位分为若干小区,在各小区中产生职工(股东)代表;第三步在职工(股东)代表中产生董事和监事成员,尔后在其成员中产生董事长和监事长。第二种是结合国企领导班子考核进行民选的国有企业。方法是:经工作组调查考核或民主测评后推荐一至二名候选人。候选人在职工(代表)大会上发表竞选演说,再经职代会选举,最后报上级主管部门行文确认。是为比较规范的选举。第三种是改制企业的民选。改制企业实行职代会民主选举经营者最早的是崇仁县。该县二轻系统在1993年10月就全面推开民主选举企业经营者。

1994年3月,赣州市确定在赣南农药厂进行民主选举厂长的试点。采取由全厂职工两上两下产生正式候选人,然后召开职代会差额选举产生厂长的办法。即由全厂职工无记名投票,按得票的前五名为预备候选人,再由全厂职工在5名预备候选人中无记名投票,按得票多少产生两名正式候选人,交职代会进行差额选举,然后根据选举结果当场宣布职工选举的厂长。

1995年10月16日,萍乡矿务局高坑煤矿召开全矿15届3次职代会,民主选举矿长和推荐矿党委书记。方法是,由矿所有中层干部采用无记名投票方式,以得票多少为序确定4名候选人,再将4名候选人提交高坑煤矿职代会民主选举出1名矿长和推荐1名矿党委书记。选票全部由萍乡矿务局党委组织部专门监制;总监票人和监票人由会议民主推荐,职工投票之后当场验票,由总监票人宣布选举结果。萍乡矿务局党委立即现场开会,5分钟后,矿务局党委宣布聘任矿长。

在职代会民主选举企业经营者过程中,全省各级工会组织主动参加同级党委和政府(行政)的民选领导小组,及时深入民选企业调查摸底,掌握情况,把握方向,总结经验,积极推广,在同级党委、政府制订有关文件时提出工会的意见和建议。抚州地区工会积极派员参与,为企业民选经营者发挥作用。1998年9月,吉安地委、行署在研究制定《关于在全区国有中小型企业中逐步推进和完善职工民主选择企业经营者工作意见》的过程中,吉安地区工会参与全过程工作。他们在深入调查研究的基础上,向地委、行署提出很多建设性建议,均被地委、行署采纳。主要是抓好选举过程中5个环节:(1)对工会组织不健全的企业,抓组织重建和巩固环节。(2)在选举工作开始前,抓方案制订环节。(3)抓思想教育环节,消除职工的思想顾虑,为民选创造良好的环境和条件。(4)抓民主推荐环节。民选企业工会都组织职工自下而上地充分酝酿候选人,在酝酿的基础上进行民主推荐。(5)在选举中抓公平、公开、公正环节。在选举过程中,都认真做到投票、计票、唱票公开,竞选演说公平,选举结果公正。

至1998年10月,全省7918家中小型企业中,已实行职代会民主选举经营者的企业共有1336家,占中小型企业总数的16.87%。其中,国有企业678家,集体企业658家。

1998—1999年,景德镇市有5家小型企业(公司)实行职代会民主选举经营者。

江西五星垦殖场是省属12家国有垦殖场之一。为适应市场经济发展,省农垦集团总公司决定在该场进行职工民主选举场长的试点工作。1999年3月15日,五星垦殖场召开职工代表大会,民主选举出新一任场长。省集团总公司党委组织部公布民主选举场长的有关条件,由全场职工一人一票自由推荐候选人,经省集团总公司党委组织部综合得票最多的前五名,根据个人意愿和有关条件提出两名候选人,再由工会召开场职工代表大会。候选人在职代会上发表竞选演说。之后职工代表对候选人进行投票选举,当场计票,得出选举结果。省集团总公司当即召开党委会议审批,当场颁发聘书。五里垦殖场职工民主选举场长工作得到省委组织部、省总重视,省委组织部、省总领导出席民主选举场长的职工代表大会。1999年,萍乡钢铁厂打破建厂45年来沿袭的上级任命制度,改由职工代表民主选举厂行政领导班子成员。萍钢制定下发了《萍乡钢铁厂厂级行政领导班子成员民主选举试行办法》,规定:厂级行政领导班子职数和构成由上级主管部门确定;厂长候选人由上级主管部门考察确定或职工代表提名,获得10%以上职工代表提名的候选人,由厂党委常委考察推荐报上级主管部门确定;行政副厂级领导候选人由厂属各单位推荐或个人报名,组织人事部门考察,萍乡钢铁厂党委常委会会议研究,厂长最后确定候选人的方式产生。6月16日和6月20日,职工民主选举出1名厂长和5名副厂级领导。

民主管理形式创新 1994年5月1日,江西赣中化工厂工会制订《车间民主管理规范要点》,就车间民主管理的基本内容、组织制度、基本形式作出具体的规定。九江石化总厂进行民主管理形式新尝试,把民主管理和评议从会场引向现场。1996年后,工厂组织职工代表巡视检查安全管理、现场管理和劳动保护等,并把对企业干部的民主评议和现场管理结合起来进行检查。1999年,九江石化总厂形成总厂、分厂、车间、班组四级民主管理网络,组织职工代表参与企业重大问题的审议和决策。坚持做到,无论是企业制定管理办法、改革方案,还是奖金分配、住房改革、职工除名、总厂领导工资晋级等涉及到职工切身利益问题都能及时提到职代会或职工代表团(组)长会上讨论。是年,南昌市有70%以上的大中型企业建立三级民主管理网络,有145家企业制订《全心全意依靠职工办企业实施细则或规定》,并认真审议生产经营重大决策、改革方案、职工生活福利等重大事项。

2000年,原江西贵溪化肥厂通过债转股,改制为江西贵溪化肥有限责任公司。公司挂牌后,按照建立现代企业制度的要求,进行人事制度改革,首先从高级管理层开始,将公司三位副总经理、总会计师、总工程师的职位进行公开竞争招聘。公司工会推选出部分职工代表参与招聘工作。11月22日,应聘人员向职工代表施政演说后,职工代表们投票选聘自己信任的高级管理人员。

2001年,新余市在国有大中型企业,普遍建立企业、车间、班组三级职工民主管理网络。有216家企事业业务招待费使用情况、147家企业的集体合同履行情况、161家企业厂务公开情况做到按时向职代会报告。

2005年,景德镇市开发区30多家外资企业建立职工代表巡视制度。

2007年,新钢公司坚持职工代表视察制度化,多形式、多渠道组织开展职工代表视察活动。公司专门对公司职工代表视察的内容、视察人员组成以及视察程序和方法都作出详细的规定。把凡涉及到企业生产经营、安全生产、党风廉政建设和职工切身利益等方面的问题,均列入单位职工代表视察内容范畴。职工代表视察的程序和方法主要为听:即听取被视察单位(部门)主管领导工作情况的介绍和员工群众的要求和反映;问:即问清现状和存在的问题及未解决的原因;看:深入现场,实地察看和考察;议:即议论寻找问题的症结和解决问题的方法、措施;写:即写出视察报告,并请被视察单位领导根据视察报告填写整改意见,限期整改,并及时进行复查。综合检查情况和代表意见,形成视察报告,向职代会报告并向上级工会汇报。工厂先后组织职工代表针对企业安全生产、基建技改、班务公开、劳动保护等方面工作展开专项视察197次,发现问题,及时督促落实整改。

第二节　职工董事、监事制度

制度建设

1994年,江西省开始进行现代企业制度的探索。

1994年1月13日,省总致函(赣工函〔1994〕1号函)省体改委、省经委并副省长舒圣佑、黄智权,就《江西省1994年加快转换企业经营机制,建立现代企业制度的工作意见(送审稿)》《关于我省国有大中型企业进行现代企业制度试点的实施意见(讨论稿)》中涉及工会、职代会在公司制试点中的问题,提出2点意见:两个文件中都只写职工代表进入监事会,没有明确进入董事会,要求按《公司法》的规定给予明确;国务院召开由有关部门参加的建立现代企业制度试点协调会,全总是主要成员之一,江西省要成立类似机构,省总应该参加。5月12日,全省32户国有大中型工业企业进行国有独资公司试点经过近5个月的筹备,将进入挂牌、按公司制运转阶段。省总向省"转机建制"领导小组并省委组织部、省体改委、省经委发出《关于国有独资公司的工会主席和职工代表参加董事会并形成制度的建议》,建议国有独资公司董事会中应当有职工代表(包括工会主席),其比例占董事会成员总数的三分之一;进入董事会的职工代表应不包括公司党委书记、正副经理、"三总师"等在内的高级管理人员;职工董事人选,应经公司职工民主选举后,直接进入董事会。

1994年10月,省总下发《关于在建立社会主义市场经济体制中加强职工民主管理工作的意见》。意见从坚持和完善职工代表大会制度;建立职工董事、监事制度;建立平等协商,签订集体合同制度和组织职工持股会;加强职工民主管理工作的领导和指导等4个方面提出意见。要求:(1)国有独资公司和两个以上国有企业或者其他两个以上国有投资主体投资设立的有限责任公司,要有一定数量的职工代表(含工会主席,下同)参加董事会、监事会。其他有限责任公司和股、份有限公司也可以选举职工代表参加董事会。(2)参加董事会、监事会的职工代表,由公司工会组织职工(经职工代表大会、职工大会或会员代表大会)民主选举进入董事会、监事会。职工董事、监事应向职工代表大会汇报工作,接受职工代表大会监督。董事会中的职工代表以占三分之一为宜:监事会中的职工代表以占二分之一,不少于三分之一为宜,具体比例由公司章程规定。董事会中的职工代表不包括党委书记、正副经理、"三总师"等在内的高级管理人员。公司要为参加董事会、监事会的职工代表创造工作条件,建立相应制度,保障职工董事、监事在董事会、监事会中的地位和作用发挥。(3)经职工民主选举的职工董事、监事,在任职期间和离任后,公司不得因其履行董事、监事职务的原因予以辞退。(4)组建职工持股会。凡有职工持股的公司,工会可以组织持股职工建立“职工持股会”。职工持股会享受股东权利,履行股东义务,选举代表参加股东大会。

1997 年,省委办公厅、省政府办公厅颁发文件:《关于转发江西省总工会〈关于全心全意依靠职工群众搞好企业的若干意见〉通知》。

2001 年 5 月 18 日,省委组织部、省经贸委和省总联合下发《江西省关于建立健全职工董事、职工监事制度的若干暂行规定》,就建立职工董事、职工监事制度的范围、职工董事、职工监事的产生及罢免、职工董事、职工监事的条件、职工董事、职工监事的权利和义务、职工董事、职工监事的工作制度等提出 28 条意见,使这项工作进入到规范推行阶段。规定要求,国有独资、国有控股公司董事会、监事会(包括外派监事会)中都要有职工代表参加,职工代表未进入董事会、监事会的,要按本《规定》要求完善和补进;职工董事由职工代表大会选举产生和罢免,职工监事由职工代表大会民主选举产生;企业工会主席应被提名为职工董事首选候选人,企业工会一名副主席应被提名为职工监事首选候选人;建立职工董事、职工监事定期向职工代表大会报告制度;建立职工董事、职工监事合法权益保障制度。规定职工董事、职工监事的权利为享有与其他董事、监事同等的权力和福利待遇;董事会在研究决定公益金使用方案和其他涉及职工切身利益的重大问题时,董事会应充分尊重职工董事的意见;职工董事有提出要求董事会不做出决定或暂缓做出决定和要求复议的权利;凡涉及侵害大多数职工切身利益的方案,职工董事有否决权和起诉权;职工监事有权依照法律法规和公司章程赋予的职权,参与对公司的财务检查,参与对公司董事会、经理层人员履行职责的监督;职工董事、职工监事因履行职务、参加培训占用的工作时间,按正常出勤办理。职工董事、职工监事的工作制度:建立职工董事、职工监事定期向职工代表大会报告制度;建立职工董事、职工监事考核与奖惩制度;建立职工董事、职工监事与公司工会的日常联系;职工董事、职工监事因故不能出席董事会、监事会会议时,可以书面委托其他董事、监事代为出席,并在委托书中明确授权范围。并规定职工董事、职工监事可以列席职工代表大会主席团会议和职工代表大会团(组)长联席会议。文件最后明确:加强对职工董事、职工监事制度工作的领导,是各级党委、政府和工会共同的责任,各有关部门要密切配合共同指导企业建立健全职工董事、职工监事制度。

2003 年 6 月 12 日,在省政府与省总第 4 次联席座谈会上,省总提出“在国有控股公司制企业中,工会主席应作为职工董事进入董事会、工会副主席应作为职工监事进入监事会,并建立健全职工董事、职工监事定期向职代会报告工作等制度”的建议,省长黄智权指示按照国家和地方政府有关法律法规的规定提出意见。6 月 24 日,省国有资产管理委员会办公室制定《关于江西省总工会提出国有控股企业工会负责人进入董事会、监事会问题的意见》,建议在全省国有企业改革,建立健全国有及国有控股的公司制企业法人治理结构过程中,可按管资产与管人、管事相结合的原则,由拟成立的省国有资产监督管理委员会(简称国资委)严格按照国家的法律法规以及全省制订的相关文件的要求,认真监督、检查企业职工董事和职工监事的设立情况。

2007 年 10 月,省国资委、省经贸委、省总印发《江西省建立健全职工董事、职工监事制度的若干规定》,进一步规范全省职工董事、职工监事制度,就建立职工董事、职工监事制度的范围、职工董事、职工监事人选的条件和人数比例、职工董事、职工监事的产生程序、职工董事、职工监事的任期、补选、罢免等八个方面提出26条意见。规定凡依法设立董事会、监事会的公司都应建立职工董事、职工监事制度。职工代表未进入董事会、监事会的,要按本《规定》的要求完善和补进。未担(兼)任工会主席的公司高级管理人员,《公司法》中规定的不能担任或兼任董事、监事的人员,不得担任职工董事、职工监事。董事会中职工董事与监事会中职工监事的人数比例应在公司章程中作出明确规定。董事会成员人数较少的,其职工董事至少有1人。职工监事的人数不得少于监事会成员总数的三分之一。

主要做法

1994年,全省推行现代企业制度后,吉安地区选择江西赣江制药厂、江西电缆厂等2家国有企业作为国有独资公司试点单位。4月,2家试点企业的工会主席经过全体职工代表民主选举,均以职工代表身份分别进入公司董事会,全区在公司制企业中建立健全职工董事、职工监事制度自此开始。是年,赣州地区工会对建立公司制、股份制企业,就工会负责人和职工代表进入董事会、监事会,参与企业民主管理和决策,开始进行协调,对党政机关和文教事业单位的职工民主管理进行探索,实行全程参与。

至1994年,江西省有29家挂牌建立现代企业制度试点的企业,在29家试点企业中,有31位职工代表进入董事会或监事会,其中企业工会主席23人。24家企业工会主席进入董事会。

1995年8月,省政府发出《关于印发江西省百家企业建立现代企业制度试点方案的通知》,决定在全省选择104家(包括首批33家)企业,按照《公司法》及有关法律、法规进行建立现代企业制度试点。为搞好试点工作,政府有关部门和有关单位在年底前制定《关于试点企业完善工会工作和职工民主管理的办法》等8个配套改革措施。是年,南昌市总主要领导参加市现代企业制度试点领导小组;市总派出分管领导参与社会保障制度、劳动制度改革及企业转机领导机构;选派熟悉业务的同志参与改革方案草、讨论和修改工作。同时召开试点单位工会主席会,探讨试点企业搞好工会工作的做法。之后,市属国有独资企业的工会主席普遍进入本单位董事会,有的职工代表也进了董事会。

1996年,在企业优化资本结构过程中,长林机械厂兼并长红机械厂,新余市总配合市政府、市委组织部、市经贸委等部门,从兼并过程中的执行程序环节进行把关,兼并工作顺利实施,企业工会主席进入董事会。宜春地区一些实行股份制的企业,工会主席均通过全体职工代表选举进入董事会和监事会,参与高层次决策。

1998年5月,中共吉安地委办公室、吉安地区行政公署办公室联合下发《关于贯彻落实赣办发〔1997〕11号文件的通知》。

2000年,全省有589家企业职工代表参加董事会,共有职工董事2522人。有527家企业职工代表参加监事会,共有职工监事2172人。南昌市实行公司制改造的国有、集体及其控股企业的董事会和监事会中设立职工董事、职工监事的分别占70%和87%以上。新余市10家进行公司制改造的国有、集体及其控股企业的职工代表分别进入董事会和监事会。9月,省总宜春办事处对43个公司制企业落实《公司法》，执行职工董事、监事制情况进行调查。2001年，宜春市国有及其控股公司中，职工进入董事会、监事会的分别占100%和100%。萍乡市开展公司制企业职工董事、职工监事建立工作动作迅速，在2000年11月，全市公司制企业职工董事、职工监事建制率达100%。

2001年，省总与省委组织部、省经贸委联合下发《江西省关于建立健全职工董事、职工监事制度的若干暂行规定》之后，是年，全省有420家实行公司制改造的国有及其控股企业的董事会和监事会中设立了职工董事、职工监事，工会负责人进入董事会、监事会的分别占81.4%和85%。全省建立职工董事制度的公有制企业单位671家，其中国有独资及国有控股公司258家。全省建立职工监事制度的公有制企业单位630家，其中国有独资及国有控股公司246家。建立职工董事职工监事向职代会报告工作、接受群众监督制度的公有制企业单位589家。2001年，南昌、新余先后转发《江西省建立健全职工董事、职工监事制度的若干规定》。南昌市41家改制企业完善公司制企业法人治理结构，职工董事、职工监事进入董事会或监事会。景德镇市实行公司制改造企业有80%工会主席进入董事会，副主席进入监事会。

2002年，南昌市有89家改制企业完善公司制企业法人治理结构，职工董事、职工监事进入了董事会或监事会。全市95%以上的国有大中型企业都实行了职代会制度。宜春市建立董事会制度的企业101家。

2003年8月27日，省总在萍乡矿业集团公司召开江西省职工董事监事制度研讨会，部分地市、产业、大型企业工会干部和职工监事22人参加会议。2003年，宜春市建立健全职工董事、监事制度，建立董事会的企业有58个，职工董事347人，工会主席进入董事会的43人，进入监事会的33人。

2005年9月，萍乡职工代表、工会主席100%按比例进入董事会、监事会。

2007年，全省建立职工董事、职工监事制度的企业有522家和516家。

2007年12月，南昌市国资委、南昌市经贸委、南昌市总联合下发《关于在全市贯彻执行〈江西省建立健全职工董事、职工监事制度的若干规定〉的通知》，要求建立董事会、监事会的公司制企业如没有建立职工董事、职工监事制度的单位要抓紧时间建立；已建立职工董事、职工监事制度的单位要按《规定》的要求认真开展工作。江西盐矿有限责任公司由2001年改制建立，至2007年，公司股权经过两次变动，但始终坚持和完善职工董事、职工监事制度，做到组建董事会、监事会与建立职工董事、职工监事制度同步进行。公司及时召开职工代表大会，选举产生职工董事和职工监事。坚持和完善职工董事、职工监事在法人治理结构中的规范运作，完善公司法人治理结构。

2008年6月底，全省建立职工董事、职工监事制度的企事业单位分别达到1119家和1188家，工会主席进入董事会、监事会的分别为893名和1046名。至年底，全省有公司制企业551家，建立职工董事制度372家，建制率为67.5%，有职工董事235人。建立职工监事的企业有373家，建制率为67.7%，有职工监事294人。

至2009年5月31日，宜春市设立董事会制度且建立职工董事制度的已建会公有制企业有24家，非公有制企业349家；建立职工监事制度公有制企业28家，非公有制企业327家。6月，江西电力公司在控股的92家县级供电公司全面推行了职工董事、职工监事制度。各县级供电公司严格按照职工董事、职工监事的产生程序，通过职工代表大会，民主选举职工代表进入董事会、监事会。大部分县级供电公司由工会主席作为职工代表进入董事会，由工会副主席等作为职工代表进入监事会。上饶各县供电公司从2001年至2010年，由职工董事、职工监事把职代会对重大决策、重要事项的审议意见和职工群众普遍关心的问题，以及职工代表的有关要求和建议直接带到董事会、监事会上，参与重大决策、重大事项的决定。修水县供电公司在议事权限上，不直接涉及投资及分配方案的条款由职代会来议定，如听取和讨论企业经营、改革发展报告及年度计划，审议有关企业内部分配方案、职工工资方案，决定福利基金使用、基本保险政策、有关职工生活、集体福利，评议监督企业领导干部。在议事程序上，采取复议制，即职代会审议在前，股东大会、董事会审议在后。建立职工董事、职工监事的监督工作机制。上饶县供电公司坚持职工董事、职工监事每年向职工代表大会述职的制度，对职工代表提出的质询做出答复，并由职工代表对职工董事、职工监事工作进行民主评议。

吉安市各级工会在建立现代企业制度的实践中，抓好公司制企业职工董事、职工监事制度的建设、完善。市总在各种会议上多次强调，反复宣传，各级工会充分利用黑板报、墙报、广播、电视、报纸以及自身的优势，宣传职工董事、职工监事制度，为做好公司制企业职工董事、职工监事制度的建设奠定良好的思想基础。结合全市实际，下发《关于全心全意依靠职工群众搞好企业的若干意见》，意见对改制企业建立职工董事、职工监事制度作了明确规定。还积极争取市委组织部、市经贸委的支持，转发省委组织部、经贸委、总工会联合下发的《江西省关于建立健全职工董事、职工监事制度的若干规定》。随着企业改制力度的不断加大，全市各级工会组织积极争取各级党委、政府(行政)对工会参与改革和实行民主管理工作的重视，使得从市、县(市、区)、企业，在改制中做到参加同级改制领导机构，参加企业改制的有关会议，参与有关改制政策、文件的制定，使职工董事和职工监事的内容纳入改革方案之中。井冈山纺织有限责任公司、赣江制药有限公司等在成立之初，在公司章程中明确董事会、监事会内的职工代表不少于10%，工会主席应进入董事会等。

表4-2-1　1994至2010年若干年吉安市(地区)职工董事、职工监事情况

年份	建立职工董事、职工监事制度公司(家)	年份	建立职工董事、职工监事制度公司(家)
1994	2	1995	5
1996	7	1997	9
1998	11	1999	13
2000	15	2001	16
2002	19	2003	26
2004	28	2005	30
2006	33	2007	34
2008	34	2009	49
2010	58		

第三节 厂务公开制度

领导机构

1999年2月，中纪委、国家经贸委、全总下发《关于推行厂务公开制度的通知》后，省委书记舒惠国批示："这是一件十分细致的工作，是企业深化改革，调动积极性，发挥主人翁精神的大事，重点在措施，在落实。"省长舒圣佑要求要对现有好的典型予以宣传。2月24日，省委、省政府领导批示成立省厂务公开协调小组。为了加强厂务公开工作的组织领导，是年，经省委、省政府领导同意，成立"省厂务公开协调小组"。协调小组由贾意安（省纪委副书记、省监察厅厅长）、程受锭（省总主席）、涂勤华（省经贸委副主任）、肖传兴（省纪委常委、省监察厅副厅长）、李骥（省总副主席）、龚绵春（省劳动厅副厅长）、熊根泉（省财政厅副厅长）等10人组成。贾意安任组长，程受锭、涂勤华、肖传兴、李骥、龚绵春、熊根泉等任副组长。协调小组下设办公室，由以上5个单位有关业务处室人员组成。李骥任办公室主任，办公地点设在省总。同时要求各地、市在4月15日前成立与省相应的厂务公开协调组织机构。8月15日，省委常委会研究决定，将原省厂务公开协调小组改为省厂务公开领导小组。由省委副书记钟起煌任组长，副省长王君、贾意安任副组长，成员有程受锭、虞国庆、涂勤华、肖传兴、李骥、龚绵春、熊根泉等。领导小组下设办公室（设在省总），李骥兼任办公室主任。随着人员变动，经省委批准，领导机构作出调整：组长王君（省委副书记），副组长曾页九（省纪委副书记、省监察厅厅长）、虞国庆（省委副秘书长）、程受锭等；成员：弘强（省委组织部副部长）、张剑（省委宣传部副部长）、张启元（省委企业工委副书记）、涂勤华、范劲松（省监察厅副厅长）、傅卓成（省总副主席）、张勇（省劳动和社会保障厅副厅长）、梁南江（省财政厅助理巡视员）。领导小组下设办公室（设在省总），傅卓成兼任办公室主任。鉴于省总原主席、省厂务公开领导小组副组长程受锭和省总副主席、省厂务公开领导小组成员、办公室主任傅卓成的工作变动，是年12月15日，省厂务公开领导小组办公室向省委办公厅呈报《关于增补张海如同志为省厂务公开领导小组副组长或吴铭同志为省厂务公开领导小组副组长兼办公室主任的请示》。2004年1月8日，经省委、省政府同意，省委办公厅省政府办公厅以《关于调整省厂务公开领导小组部分成员的通知》决定张海如为省厂务公开领导小组副组长，省总副主席吴铭为省厂务公开领导小组成员兼办公室主任；程受锭不再担任省厂务公开领导小组副组长。到4月底，省市县三级均成立厂务公开领导小组和办事机构。全省大中型企事业单位随之设立以党委书记为组长，有行政主管、纪委、工会参加的厂务公开领导小组和办事机构。

2007年5月9日，省总向省委办公厅呈报《关于调整省厂务公开领导小组成员的请示》，鉴于省厂务公开领导小组成员大都工作变动，建议省厂务公开领导小组成员作出调整：组长为王宪魁（省委副书记），副组长为张海如（省人大常委会副主任、省总主席）。成员为张宝瑜（省委组织部副部长）、范劲松、陈东有（省委宣传部副部长）、张启元、刘正明（省经贸委副主任）、刘金炎（省劳动和社会保障厅副厅长)、吴成华(省工商业联合会副会长)、李骥等。领导小组下设办公室,李骥兼任办公室主任。

2008年6月13日,中共省总党组向省委办公厅呈交《关于调整省厂务公开领导小组成员的请示》,建议调整省人大常委会副主任、省总主席姚亚平为省厂务公开领导小组副组长,调整省监察厅副厅长黄林开、省财政厅副厅长王斌为省厂务公开领导小组成员,调整省总副主席王运昌为省厂务公开领导小组成员兼办公室主任。2008年8月14日,增加省委副秘书长潘东军为省厂务公开领导小组成员。18日,省委办公厅、省政府办公厅下发《关于调整省厂务公开领导小组组成人员的通知》,组长为王宪魁,副组长姚亚平。成员为潘东军、张宝瑜、陈东有、黄林开、张启元、刘正明、刘金炎、王斌(省财政厅副厅长)、吴成华、王运昌。王运昌兼办公室主任。

工作进展

1999年3月16日,省纪委、省经贸委、省总、省劳动厅、省财政厅联合下发《关于推行厂务公开制度的通知》,明确了国有企业、集体企业以及国家和集体控股的企业是推行厂务公开的重点。已经实行厂务公开的企业,要及时总结经验,不断加以规范完善。没有实行厂务公开的企业,应抓紧实行。企业实行厂务公开,应以国家的法律法规,党和政府的政策为依据。厂务公开内容主要包括企业经营管理、改革发展的重大问题,涉及职工切身利益和党风廉政建设等职工普遍关心和反映强烈的问题,除科技、商业等秘密外,都要通过职工代表大会、宣传栏、广播、电视、新闻发布会等形式向职工予以公开。强调推行厂务公开要在党委的统一领导下有计划、有步骤地进行,纪委、经贸委、工会、劳动、财政等有关方面要通力合作,指导企业搞好厂务公开。各级工会组织要积极主动承担厂务公开的日常工作。企业厂务公开工作,要在党委领导下,党政工明确各自职责,齐心协力,共同搞好。

10月27—28日,全省厂务公开工作会议召开。11月,省委在全国率先下发《中共江西省委关于实行厂务公开的决定》,至此,江西基本形成"党委统一领导,党政共同负责,有关部门齐抓共管,职工广泛参与"的领导体制和运行机制。

启动(试点)1999年3月,全省在国有企业萍乡钢铁厂、股份制企业江铃集团公司、集体企业景德镇市造纸厂3个不同体制的企业进行厂务公开民主管理工作试点。

1999年3月17日,省厂务公开协调小组召开第一次会议。会议就贯彻落实中纪发〔1999〕3号文和省委、省政府领导批示、推行厂务公开工作进行研究和部署。会议确定省厂务公开协调小组和协调小组办公室主要职责;向省财政厅申请专项经费,专款专用。确定派出指导组到3个不同类型的企业进行厂务公开工作的规范指导,总结经验。3月30日,省厂务公开协调小组办公室召开会议,确定由省纪委、省经贸委、省总、省劳动厅,省财政厅组成3个指导组分别到国有企业萍乡钢铁厂、股份制企业江铃集团公司、集体企业景德镇市造纸厂3个单位指导实行厂务公开试点的规范操作,总结厂务公开工作经验。各地、市,各有关部门也明确了2至3家试点单位。试点企业根据自身特点,进行大胆实践和有益探索,制订了针对性强、操作性好的《实施细则》,建立工作体制和运行机制。在试点中,萍乡钢铁厂全厂8位领导全由民主选举产生。新领导班子产生后带头拍卖小车,上下班乘公共汽车，不配手机，各项改革方案、措施公开，企业发展规划和目标公开。试点企业的经验、做法，为推动江西的厂务公开工作起到示范作用。

省5部门《关于推行厂务公开制度的通知》下发后，全省11个地市和冶金总公司、省建工集团等分别成立协调领导小组，对本地、本行业、本单位推行厂务公开工作作出全面部署。南昌、赣州、九江、萍乡市、宜春地区、抚州地区及江铜、省电力公司制定推行厂务公开的《实施细则》或《实施办法》，南昌市召开推行厂务公开动员大会。宜丰、余干、大余等一批县的厂务公开工作得到县委、县政府领导的高度重视，成立了以县委副书记为组长、副县长为副组长的推行厂务公开领导小组。各地在布置工作时也选择2～3家试点企业进行试点。涌现出如南昌长运公司、昌河公司、南昌市公交总公司、赣州铝厂、萍钢、景德镇纸业公司、丰城矿务局、新余钢铁公司等一批典型。南昌市公交总公司、新余钢铁厂的经验在全国推广。

1999年5月5日，省厂务公开协调小组召开第二次会议。会议听取出席全国厂务公开经验交流会议代表的情况汇报，会议决定：立即将天津会议的精神向省委、省政府领导汇报并建议借鉴兄弟省市的经验，将厂务公开协调小组升格为领导小组，由省委副书记任组长，省政府副省长任副组长，增加省委组织部、省委宣传部为领导小组成员单位，以加强全省厂务公开工作的领导；省协调小组进一步深入调查研究，了解掌握全省厂务公开的进展情况和存在问题，继续抓好试点企业的厂务公开工作，总结经验；将《江西省实行厂务公开的指导意见（征求意见稿）》印发省厂务公开协调小组成员单位、各地市厂务公开协调小组、省有关厅局、有关企业征求意见，修改后报审，建议以省委名义下发；召开全省厂务公开工作会，听取各地市厂务公开工作进展情况汇报，交流经验。

1999年5月7日，程受锭、蒋国宾等代表省厂务公开协调小组向省委副书记钟起煌、副省长朱英培汇报全国推行厂务公开经验交流会的会议精神和省厂务公开协调小组研究的贯彻意见和建议。省委副书记钟起煌听取汇报，对如何贯彻会议精神，搞好省厂务公开工作提出具体要求。

全面推行阶段　1999年6月，全省厂务公开工作由试点转到全面推行。1999年6月，省总在上饶召开部分地市大型企业厂务公开研讨会。并将厂务公开工作列入省总重点课题项目，深入九江、景德镇市对厂务公开工作进行调研，从中发现和推广一批厂务公开的典型经验。至7月底，全省有400家企业实行厂务公开，并制定实施办法、实施细则，建立实行厂务公开的工作体制和运行机制。萍钢、景德镇纸业公司、江铃汽车集团公司3家企业成立厂务公开领导小组、监督小组，厂务公开工作基本规范化、制度化。江铃汽车集团公司实行物资采购公开制度，公司设立采购中心，采取采购中心招标方法，共降低材料成本达3444万元。九江市厂务公开建制单位从最初的26家试点扩大到100家企业。九江石化总厂将用车、手机费、招待费及住房、干部使用等公开。南昌市一年一度的企事业单位领导干部的考核与后备干部的考察，都由职工代表占半数的考核小组负责，通过召开职工群众座谈会，找职工个别谈话了解情况，填写评议表等民主公开形式，进行考核；每年坚持由职工代表对企事业领导班子成员进行无记名评议和投票，在领导班子民主生活会上公开，与被评议者见面。指导企事业单位公开推荐和民主选举企业领导干部。至1999年，通过厂务公开，全市企事业单位领导干部中先后表扬和奖励87名，被免职的23名，受到警告的10余名。据不完全统计，自实行厂务公开以来，全市企事业单位招待费同比下降25%。

1999年8月10日,省人民政府决定,在全省行政机关全面推行政务公开。即日起,江西省各级政府的20多个职能部门办理政务的依据、条件、程序、结果,都将予以公开,直接置于人民群众的监督之下。20多个职能部门办理政务的依据、条件、程序、结果都将"公之于众"。此次实行政务公开的有各级人民政府、各行政公署及其所属部门和基层工作机构,以及具有管理公共事务职能的事业单位.其中,计划、财政、教育、科技、卫生、经贸、交通、建设、公安、民政、工商、物价、技术监督、农业、土管、计生、环保、劳动、人事、税务等部门被列为实行政务公开的重点部门。除公开重点部门外,省人民政府还规定,除法律、法规规定不宜公开的事项外,与人民群众切身利益密切相关的事项都属政务公开的内容。1999年被列入政务公开的重点事项有:涉及农民、企业、学生负担事项;救灾、优抚、扶贫事项、社会保障事项;工程招投标事项以及涉外服务事项。

1999年8月15日,舒惠国主持召开第46次省委常委会会议,听取省厂务公开协调小组关于全国厂务公开经验交流会精神及贯彻意见和全省厂务公开推行情况的汇报。作出三项决定:将原省厂务公开协调小组升格为省厂务公开领导小组,以加强对全省厂务公开工作的领导;同意召开全省厂务公开工作会议,进一步部署全省厂务公开工作;由省委作出关于实行厂务公开决定,规范推行厂务公开工作。9月29日,钟起煌主持召开省厂务公开领导小组第一次会议。王君、贾意安等领导小组组成人员参加了会议。会议就当前贯彻落实党的十五届四中全会和省委十届十次全体会议精神,进一步搞好全省的厂务公开工作做了研究和部署。会议决定10月下旬召开全省厂务公开工作会议。会议听取李骥关于全省推行厂务公开工作情况的汇报和全省厂务公开工作会议的初步安排,钟起煌讲话,要求到2000年7月1日前所有国有、集体和国有集体控股的企业都实行厂务公开。对不搞公开、假公开的企业,一旦发现,纪委等有关部门要查处,给予主要负责人必要的处分。他强调:省领导小组要加强宏观指导和政策研究,互相配合,合力推进这项工作。纪委要纳入党风廉政建设的考核目标;组织部门要纳入企业领导班子的考核目标;经贸委要纳入企业"三改一加强"的目标;工会要纳入企业民主管理、民主监督的目标;宣传部门要指导新闻单位抓好宣传,大力宣传好的典型,对不敢公开、搞假公开的企业,也可曝光,先曝光后查处,营造良好的社会氛围。

至1999年9月,全省共有610家国有、集体和国有、集体控股企业,制定实行厂务公开的《实施办法》或《实施细则》,并建立有关工作程序和运行机制。其中南昌、九江、赣州和抚州4地市实行厂务公开的企业均已超百家。

1999年10月27—28日,全省厂务公开工作会议在南昌召开。全省各地市分管厂务公开工作的副书记、副市长、纪委、经贸委、总工会等领导共120余人出席会议。会议传达全国厂务公开经验交流会议精神,萍乡市钢铁厂、江西洪都航空集团、景德镇纸业有限公司、南昌市公交公司等9个单位交流经验。钟起煌讲话,王君作《大力推行厂务公开,促进国有企业改革和发展》的工作报告。会议对《中共江西省委关于实行厂务公开的决定》进行讨论。

1999年11月30日,省委颁布《中共江西省委关于实行厂务公开的决定》。《决定》进一步明确实行厂务公开的指导思想、目标和应遵循的原则;明确厂务公开的内容、形式和程序。厂务公开的内容包括企业经营管理和改革发展、涉及职工切身利益和企业党风廉政建设等三方面。厂务公开要以职工代表大会为基本形式,辅以厂务公开栏、厂情发布会、党政工联席会和企业内部新闻媒体等公开形式。厂务公开程序一般按提出、审查、公开、议事、整改5个环节进行。厂务公开的内容一般由企业有关业务部门和职工代表大会专门委员会提出，经厂务公开领导小组审查同意，凡属职工代表大会审议、通过、决定的事项，实行会后公布；凡属常规性工作，实行定期公布；凡属热点问题，随时公布。《决定》对实行厂务公开的组织制度和组织领导提出具体要求：厂务公开要在企业党委领导下进行，要建立厂务公开领导小组，领导小组成员应由党政、纪委、监察、组织和工会以及有关行政部门负责人组成，并明确各自的责任。企业工会为厂务公开领导小组的工作机构，负责实行厂务公开的日常组织、协调工作。建立实行厂务公开的监督考核组织和制度。各级党委、政府及有关部门和工会组织，要切实把这项工作摆上重要议事日程，及时作出安排和部署，并纳入对企业领导班子考核目标。此后，全省11个地市全部成立推行厂务公开领导小组。纪委、组织、宣传、经贸、劳动、财政、工会等部门和组织齐抓共管，全力推进，并将厂务公开列入各级、各部门年度考核目标。工会将其纳入坚持和完善职代会制度建设，民主管理、民主监督的工作目标。企业作为企业管理的一项基本制度贯穿于生产经营的全过程，与建立现代企业制度，加强企业管理，坚持和完善以职代会为基本形式的民主管理制度，加强企业党风廉政建设相结合。《决定》强调全省国有、集体及其控股企业2000年7月1日前全部实行厂务公开。

至1999年底，全省有1625家国家、集体和国有、集体控股企业制定实行厂务公开的实施办法、实施细则。南昌市有近千家国有、集体企业和国有、集体控股企业制定厂务公开的《实施办法》或《实施细则》。

2000年3月6日，省纪委、省经贸委、省总下发赣纪发〔2000〕7号文件转发中共中央纪委、国家经贸委、全总《关于认真学习贯彻党的十五届四中全会精神进一步做好厂务公开工作的通知》，要求切实抓紧抓好厂务公开工作。4月26日，省厂务公开领导小组下发《关于贯彻〈中共江西省委关于实行厂务公开的决定〉的实施意见》。从内容、形式、程序、时间的规范作了详细规定，明确了督查和考核标准，使厂务公开的规范化运作更具操作性。《实施意见》强调，为保证省委提出的在“2000年7月1日前全省国有、集体及其控股企业都必须实行厂务公开”的任务按时完成，省厂务公开领导小组于6月上旬组织一次全面检查。对在实行厂务公开中不规范运作，职工测评满意率低于60%的企业，应按《决定》要求进行整改。2000年6月30日后仍未实行厂务公开的国有、集体及其控股企业，不能参加评优，厂长（经理）、党委书记、工会主席不能评先、评优。

2000年5月22—24日，省厂务公开领导小组办公室举办江西省厂务公开工作研讨班。11个设区市厂务公开领导小组办公室部分组成人员（纪委、经贸委、总工会负责人），有关厅局纪检监察、工会负责人，部分企业的行政、工会负责人共120人参加研讨。研讨班上赣州供电局就如何搞好分层次公开、新余钢铁厂就如何发挥厂务公开项目工作组的作用、省纪委就厂务公开与党风廉政建设的关系等问题作了专题发言。程受锭作总结讲话。王君讲话。要求全省上下，在一个月时间里，打好推行厂务公开攻坚战，确保省委目标实现。

2000年6月5日，省厂务公开领导小组决定，组成9个检查组对11个地市、22个厅局进行厂务公开工作检查。主要检查各地厂务公开的机构是否健全；贯彻省委《决定》措施是否有力；《决定》确定的目标进展情况；企业厂务公开的内容是否真实、及时、全面，程序是否规范；厂务公开的效果和存在的问题等。要求各地市、厅局,有关企业厂务公开领导小组先对本地、本单位厂务公开工作情况进行自检。各级党委、政府高度重视,专题研究,厂务公开推进速度明显加快。至检查完成之日,全省共有4529家国有、集体及其控股企业实行厂务公开,建制率达79.6%。新余、萍乡、宜春、抚州、九江、景德镇、鹰潭市建制率为90%以上。弋阳、大余、赣县、瑞金、于都、安远、宁都、贵溪等县,省邮电局、省电力局、省医药总公司、江西铜业公司、省移动公司、省冶金厅、省机械厅、省煤炭厅100%实行厂务公开。宜春、新余两市100%实行厂务公开。

至2000年8月,省委确定的全省厂务公开目标实现,全省11地市5604家国有、集体及国有集体控股企业中,5442家实行厂务公开,公开率达到97.11%。其中景德镇、宜春、新余、上饶、抚州达到100%,基本实现了2000年7月1日前所有国有、集体及国有集体控股企业实行厂务公开的目标。至年底,全省共有5509家国有、集体及其控股企业实行厂务公开,公开率已达99.02%。有50%的大、中专院校制定推行校务公开的有关文件。

2000年12月23—25日,全省厂务公开工作座谈会在萍乡召开。来自各省辖市的厂务公开领导小组办公室负责人和企业厂务公开工作负责人以及各产业(局)工会、省直属基层工会负责厂务公开的领导汇报交流各地、各单位2000年厂务公开工作情况和经验,讨论研究2001年的工作安排。萍乡市总、中国人民银行萍乡市中心支行在会上介绍经验。

规范运作 2001年,全省厂务公开民主管理工作开始进入规范运作阶段。是年2月,省厂务公开领导小组颁发《江西省厂务公开工作意见》,要求加强领导,建立检查考核制度.规范推行厂务公开的行为。鉴于全省国有、集体及其控股企业已基本实行厂务公开,要求继续围绕企业改革、发展、稳定的大局,推动厂务公开工作不断向企业物资采购、产品销售、劳动人事管理、财务管理、投资决策等企业经营管理领域延伸,向纵深发展。对厂务公开工作作出4项规范:规范地方和企业厂务公开领导、工作、监督、职工参与的体制和机制;规范厂务公开内容;规范厂务公开的运作程序、形式、时间;规范检查、考评、表彰、奖励。

2001年6月20日,省厂务公开领导小组下发《江西省厂务公开工作考评办法》。《办法》规定的考核对象是生产经营基本正常,并已实行厂务公开的国有、集体和国有、集体控股企业。考核从5个方面进行,即厂务公开领导小组的工作、运作、监督小组运作、领导小组办公室工作、厂务公开产生的效果情况。《办法》对考评范围、考评标准、考评内容、考评方法和程序、结果评价和验收作了明确规定。8月30日,省厂务公开领导小组办公室下发《关于开展2001年度全省厂务公开工作考评活动的通知》,决定对申报优秀的企业进行检查验收,从优秀企业中评选先进单位、先进个人,并在全省厂务公开经验交流暨表彰会上表彰。至11月30日,省厂务公开领导小组成员带队对省属12大集团及部分工业厅局进行考评验收。

2002年7月22日,省总向省委省政府提出6点建议:作好迎接全国第二次厂务公开工作调研检查准备;建议以省委办公厅、省政府办公厅名义下发学习、贯彻和落实“两办通知”的通知;建议尽快完善省厂务公开领导小组机构建设;制发省厂务公开领导小组成员单位厂务公开工作目标责任;召开一次全省厂务公开经验交流暨表彰会,就全省厂务公开4年来工作进行阶段性总结,表彰一批先进集体,对今后全省厂务公开工作作出部署。7月29日,省委副书记傅克诚批示:厂务公开意义重大,要认真贯彻中央、国务院“两办通知”精神,做好全省厂务公开工作。材料中所提六点建议全部赞成,请一项一项抓紧落实。

2002 年 8 月,全省厂务公开办公室负责人会议分两次在贵溪市和南昌市召开,各设区市总民主管理部部长、部分省产业(局、系统)工会、部分大中型企业工会的厂务公开办公室负责人参加会议。会议总结了 4 年来各地实行厂务公开所取得的成绩和经验,就如何做好今后厂务公开工作进行专题研究,对《关于在非公有制企业建立职工代表大会制度的意见(征求意见稿)》进行讨论修改。傅卓成出席并讲话,要求进一步做好规范推行工作,严格落实“提出、审查、公开、议事、整改”五个环节的内容和档案的归档整理;加强监督检查;健全职代会制度,发挥职代会在厂务公开中的主载体作用;加强对厂务公开的领导,进一步规范有关领导机关的责任;抓好厂务公开领域的延伸和拓展,把非公有制企业民主管理工作推向新阶段。

2002 年 9 月,省委办公厅、省政府办公厅下发学习贯彻中办《关于在国有企业、集体企业及其控股企业深入实行厂务公开制度的通知》要求进一步落实职代会各项职权。实行厂务公开,关键是要落实职代会的职权,切实做到企业重大决策必须通过厂务公开听取职工意见,并提交职代会审议,未经职代会审议的不应实施;涉及职工切身利益的重大事项,更应向职工公开,职代会按照法律法规规定具有决定权和否决权,既未公开又未经职代会通过的有关决定视为无效;在国有和国有控股企业,经职代会民主评议和民主测评,大多数职工不拥护的企业领导人员,其上级管理部门应采取相应的组织措施;企业领导人员违反职代会决议和厂务公开的有关规定,导致矛盾激化,影响企业和社会稳定的要追究责任。要坚决防止和克服形式主义,充实和丰富职代会内容,提高职代会质量和实效,落实职代会的知情权、选举权、审议权、通过权、决定权和评议监督权,建立符合现代企业制度要求的民主管理制度。

2003 年 4 月,萍乡市、上饶市、赣州市被评为全国推行厂务公开工作先进单位,新余钢铁有限责任公司、江西铜业公司、省电力公司、南昌航空工业学院、景德镇航空锻铸公司、九江化学纤维厂、宜春钽铌矿、省核工业地质局二六三大队、江铃汽车集团公司被评为全国厂务公开工作先进单位。

2002 年初,面对铜价低位徘徊的严峻市场形势,江西铜业公司通过职代会公开企业面临的经营困难和对策,广泛听取职工代表的意见。公司职代会闭会期间,有关工资、奖励办法、房改方案、医疗费管理办法等职工切身利益问题均及时提交职代会联席会审议,事后通过企业报、电视台等向职工群众公布。各厂矿单位在厂务公开中围绕生产管理和职工关心的热点问题进行公开。南昌供电局按照上级有关规定,结合实际制定规范的局务公开制度,让企业的一切重大活动都在职工的监督下透明运作。企业生产经营的重大事项,企业发展规划,改制方案,创一流规划等向职工公开;职工工资调整方案,奖金分配、奖惩条例、职工教育计划、减人增效及职工待岗,下岗分流方案等向职工公开;有关职工集体生活福利事业重大事项;局业务招待费使用情况;经济责任制的制订和考核情况局审计工作情况(包括领导干部离任审计结果;出售公有住房的房源售房方案、房价及房价补贴,售房程序、住房资金(公积金及住房贷款)使用程序和售房结果,要向全体职工公开;民主评议干部方案、程序、评议机构、评议结果,向全体职工代表公开;基建工程项目(包括更改、大修、业扩)和设备、材料的招投标,工程概算和决策,向职代会作出书面报告;各种系列、各个屡次职称评定的标准、领导干部廉洁自律情况,向职工或纪检部门公开;招工方案、考试考核成绩、录用结果;大中专院校学生分配原则;转业退伍军人安置原则,向全体职工公开;各类公用通讯工具配置原则、费用管理办法、实际费用支出情况向职工代表公开;用电申报程序,用电电价,报装接电等有关规定,操作流程,收费标准、服务标准,行业纪律,社会承诺向全社会公开。

深化创新 2003年,全省厂务公开进入创新深化阶段。全省有5600家国有、集体及其控股企业实行厂务公开,达总数的99%;科研、教育、文化、卫生等事业单位有7100家实行了公开制度,全省大中专院校实行校务公开制度已达100%;非公有制企业有1325家实行厂务公开,达12.2%。

2003年2月起,南昌市召开全市厂务公开工作会议,宣读《南昌市关于实行厂务公开制度的意见》和《南昌市厂务公开工作制度》;评选十佳厂务公开企事业单位和十佳厂务公开企事业单位领导,制订《南昌市厂务公开检查制度》和《南昌市厂务公开评比制度》,年终按照"两制度"的要求,评选并表彰"双十佳";南昌市教育、卫生等系统100个事业单位建立教(职)代会制度和校务、院务等公开制度。是年7月底,全市教育系统100%建立"两制度"。

2003年,江西铜业公司永平铜矿选矿厂变领导公开职工看榜为职工"点菜",领导"做餐",即职工点到哪一级、哪一项事务,哪一级领导都必须及时真实公开,从中发现问题解决问题,小到班组的奖金分配;大到企业的经营决策,都可以让职工"点菜",逐个问题,逐层推进,逐级解决,直到给职工一个满意答复。

2003年,江西铜业公司在全国率先借鉴ISO9000标准,建立党建质量管理、民主管理质量体系,并获国家质量认证中心认证,使厂务公开民主管理工作具有更科学的考评体系;全省借鉴ISO9000标准,建立厂务公开民主管理质量体系的企业达68家。江铃集团独创的JPS现场管理体系,把厂务公开民主管理融入到车间班组的工作现场,使厂务公开民主管理体现在每一工作岗位甚至是每一道工序上;清华泰豪集团公司的阳光管理将厂务公开民主管理融入企业经营管理的各个环节中,使厂务公开民主管理与企业的经营管理融合一体。新钢特钢公司在推行厂务公开时实行员工代表质询制,厂务公开纳入规范化、制度化管理。该公司采取员工座谈会、员工大会、员工代表大会和员工代表巡视检查等形式,对企业生产经营、重大决策、改革发展以及涉及员工切身利益和党风廉政方面的16项内容,员工代表可以向公司领导或部门领导提出质询,被质询人须当面给员工代表作出解释。

2004年4月6—7日,省首期借鉴ISO9000标准、建立厂务公开民主管理质量体系培训班在南昌举办。全省11个设区市、产业的厂务公开办公室负责人、部分大型企业工会主席和具体负责厂务公开民主管理工作的同志参加培训。将ISO9000标准是世界广泛认同的、具有先进水平的管理模式,将ISO9000质量标准该标准导入厂务公开民主管理工作,旨在使厂务公开民主管理工作系统化、规范化、标准化,实现厂务公开民主管理的工作机制创新,保障厂务公开民主管理工作质量。江西铜业集团公司、新余钢铁公司、江齿、赣南卷烟厂、江西东亚制药公司、鹰潭车辆段等企业在培训班上介绍做法和体会。

2004年5—7月,全省进行厂务公开万人问卷调查,92.43%的职工对本企业的厂务公开效果表示满意。

2004年6月15日,省厂务公开领导小组办公室下发《关于开展第二次全省厂务公开民主管理工作检查暨做好迎接第三次全国厂务公开民主管理工作调研检查工作的通知》,决定开展第二次全省厂务公开民主管理工作检查。通过每三年一次的全省性厂务公开民主管理工作检查考评、举办培训班、编印信息、新闻媒体专题报导等形式对全省的厂务公开民主管理工作进行指导,保证厂务公开民主管理工作健康、有序地向前发展。

2004年7月9日,省纪委、省委组织部、省国资委、省监察厅、省总下发转发中纪委等五部委《关于做好2004年厂务公开民主管理工作的意见〉的通知》。

2004年9月,全省厂务公开表彰暨经验交流会在江西饭店召开,会上授予3个设区市"江西省推行厂务公开工作先进市"称号、37个基层单位"江西省厂务公开工作先进单位"称号、50人"江西省厂务公开工作先进个人"称号;南昌市委等6个单位介绍经验,王君到会讲话。

2004年12月23日,全省厂务公开工作表彰大会在南昌举行。王君出席并讲话,张海如主持会议。南昌市副市长周关、江西铜业集团公司党委书记戚怀英、省国防科工办主任李贤书在会上作经验介绍。省厂务公开领导小组成员及各设区市厂务公开领导小组负责人参加会议。王君肯定全省厂务公开民主管理工作,一是坚持不断完善领导体制和创新工作机制,初步形成了党委统一领导、党政共同负责、有关部门齐抓共管、职工群众积极参与的厂务公开民主管理工作格局;二是坚持把厂务公开同企业改革发展稳定的大局相结合,推动了现代企业制度的建立和企业的发展;三是坚持把职代会作为厂务公开民主管理的主要载体,充分调动和发挥了职工群众的参与热情和积极性;四是坚持把厂务公开与加强党风廉政建设相结合,促进了企业从源头上治理腐败。

2005年,省厂务公开领导小组下发《江西省厂务公开民主管理工作的意见》。

2006年,省厂务公开领导小组先后组织力量对职代会职权落实情况,非公有制企业开展厂务公开民主管理的情况,改制企业维护职工合法权益、履行民主程序的情况进行调研。调研检查组对11个设区市和部分省产业(局、系统)进行调研检查,在调研检查的基础上评选一批厂务公开工作的先进单位和个人。全省形成省、市、县、基层企业四级考核考评网络和每三年进行一次全省性考评的制度。通过召开座谈会、查阅厂务公开档案、看现场等形式,组织企业职工填写《厂务公开工作职工满意测评表》,测评职工对厂务公开的知情度、满意度,凡满意率在60%以上评定为厂务公开合格企业,90%以上的评为厂务公开优秀企业。7—8月,按全国厂务公开协调小组办公室要求,全省开展了自查和检查。对《江西省厂务公开工作考评办法》的内容进行补充,增加对各级厂务公开领导小组及成员单位和非公有制企事业单位考评。

为迎接全国第四次调研检查,江西与江苏、辽宁两省进行互查,并接受全国厂务公开协调小组对江西的检查。2006年10月16—20日,以国家监察部副部长、全国厂务公开协调小组副组长陈昌智为组长,全国厂务公开协调小组办公室副主任常木昌为副组长,中纪委、全总组成的检查组来江西检查厂务公开民主管理工作。17日,王君主持召开汇报会,张海如汇报。检查组在张海如等陪同下先后到昌河飞机制造公司、江铃汽车集团公司、江西师范大学、鹏飞建陶公司、乐平矿务局等企事业,听取情况汇报,召开不同类型的职工代表座谈会,对部分企业职工进行问卷调查。检查组对江西近年来的厂务公开民主管理工作给予充分肯定。

至2006年,南昌市推出新的举措:建立“三个机制”,即建立领导机制、工作机制、检查评比机制,努力促使厂务公开、民主管理工作积极稳妥推进;坚持“四个到位”,即领导责任制明确到位、工作制度保障到位、典型示范到位、分类指导到位,努力促使厂务公开、民主管理工作进一步深化;克服“三种情绪”,即“自满情绪、畏难情绪、抵触情绪”;纠正“三种现象”,即“不公开、半公开、拖延公平现象”,努力促使厂务公开、民主管理工作健康开展;注重“四个结合”,即注重厂务公开与企业改制相结合、注重厂务公开与企业经营管理相结合、注重厂务公开与企事业职代会制度建设相结合、注重厂务公开与党风廉政建设相结合。洪都航空集团公司等一批国有、集体及其控股企业在生产经营管理的重大决策中做到“四不”,即企业经营方针、方案不经职代会讨论不出台;企业重大改革措施、方案不经职代会审议通过不实施;职工生活福利事项不经职代会决定不执行;企业的各项规章制度、奖惩办法不经职代会审查同意不生效。基层企事业单位按照要求,从组织制度、公开内容、实现形式、操作程序和考评方法等方面逐步形成一整套制度规范。在组织制度上形成党委书记为第一责任人,行政领导为第一执行人,纪检、工会为第一监督人,职工为第一参与人的格局;在公开的程序上做到“提出—审查—公开—议事—整改”五步闭路循环;在公开的层面上做到厂、车间、班组全部公开;在公开的内容上做到全过程公开;在公开的形式上做到以职代会为主,其他形式为辅的多种形式公开。

至2006年底,全省共有国有、集体及其控股企业3078家,建立厂务公开民主管理制度的3048家,建制率99%;具有一定规模的非公有制企业5400家,建立厂务公廾民主管理制度的有3510家,建制率65%;7100家科教文卫等事业单位100%实行院、校务公开。全省厂务公开民主管理的内容由主要涉及职工利益、党风廉政建设等向有关企业健康发展的重大投资决策延伸,向企业日常经营管理和财务管理延伸,向关系企业稳定,社会稳定的热点、难点问题延伸,向建设现代企业制度、做大做强现代企业延伸。全省各级都建立检查考评制度和成员单位目标责任制,形成省、市、县、基层四级考核考评网络和每三年进行一次全省性考评的制度。全省11个设区市、19个产业都出台了厂务公开实施意见,制定厂务公开民主管理规范。

2007年7月27日,江西省第十届人民代表大会常务委员会第三十次会议通过《江西省厂务公开条例》,10月1日施行。《条例》共18条,分别设定国有、集体及其控股企业、事业单位和非公有制企业(民办非企业单位)在厂务公开活动中应当公开的事项;对国有、集体及其控股企业,事业单位,非公有制企业和民办非企业单位厂务公开的内容、原则、形式和程序以及违反本条例的法律责任等作了明确规定,明确厂务公开的一般程序按提出、审查、公开、议事、整改5个环节进行。这标志着江西企事业单位职工民主管理工作法制化进程有了新发展。8月,省总下发《关于认真学习宣传贯彻〈江西省厂务公开条例〉的通知》,要求采取多种形式,学习宣传《条例》;切实加强领导,把贯彻执行《条例》的工作落到实处。11月13日,省厂务公开领导小组召开会议。会议学习党的十七大精神和全国厂务公开电视电话会议精神,总结工作,通过《省厂务公开领导小组成员单位工作职责》和省厂务公开领导小组办公室组成人员名单。会议确定召开全省厂务公开工作经验交流暨表彰会。

至2007年底,全省实行厂务公开制度的企业有7759家,非公有制企业厂务公开建制率达

67%。全省现有国有、集体及控股企业2932家，建立厂务公开民主管理制度的2912家，建制率99.3%。

2008年5月，99个厂务公开民主管理工作先进单位、48个厂务公开民主管理工作先进个人受到表彰。

2008年6月10日，省厂务公开领导小组办公室下发《关于迎接第五次全国厂务公开民主管理工作调研检查暨开展第五次全省厂务公开民主管理工作调研检查的通知》，调研检查分自检、省抽检、省际互检（湖北、黑龙江、江西三省互检）3个阶段，决定自2008年7—10月在各地各单位自查的基础上，由省厂务公开领导小组成员单位领导带队，各设区市和主要产业厂务公开办公室负责人参加，组成9个调研检查组对11个设区市和部分产业、省属集团公司进行调研检查。省检查组深入全省11个设区市、22个县（市、区）、13个产业（局、系统）、72个企事业单位（其中非公有制企业23个），召开座谈会103次，969人参加，查阅大量资料，实地考察厂务公开民主管理情况，与基层特别是普通职工进行沟通交流，进行表格和问卷调查。

至2008年上半年，全省共有企事业38660家，其中国有、集体及其控股企业3495家，非公企业25069家，行政事业单位10096个。全省建立厂务公开制度的企事业达到19465家。国有、集体及控股企业建制率达到97.31%。实行厂务公开民主管理制度的企事业19465家，覆盖率50.35%，其中国有、集体及控股企业3401家，建制率97.31%，非公企业8019家，建制率31.99%（规模以上1804家），事业单位8045家，建制率79.69%。形成了公司、厂、车间、班组四级民主管理网络，实现基本全覆盖；事业单位达到79%，非公企业占三分之一。

2008年12月5—9日，全国厂务公开调研检查组一行4人来江西调研检查厂务公开民主管理工作。6日，省厂务公开领导小组在南昌召开汇报会。姚亚平主持会议，并向调研检查组汇报。新余、吉安市的工会负责人和江铃汽车集团公司、江中药业有限公司、泰豪集团、煌上煌集团等4家企业的党组织负责人就厂务公开民主管理工作作简要汇报。调研检查组对江西近年来的厂务公开民主管理工作给予了肯定。全国厂务公开调研检查组评价认为：江西国有企业实行厂务公开民主管理达到97.31%，基本实现全覆盖；事业单位达到79%，非公企业占三分之一。这个覆盖面达到了全国先进水平。

至2008年，全省企、事业单位把厂务公开民主管理纳入企业内控管理体系，把事关企业改革和发展、生产经营与管理、人事任免、党风廉政建设、考核评议干部及群众关心的热点问题等作为公开的重点，通过职代会、公开栏等形式公布，让员工参与决策，推进企业劳动关系的和谐发展。全省国有大中型企业厂务公开民主管理呈现出4个延伸的态势，即：由关注职工生活福利向企业改革发展延伸，普遍建立职工代表参政议政制度、职工代表提案回复制度、合理化建设重奖制度；由关注企业招待费使用、干部的生活待遇向企业物资采购供应、项目建设、大额资金使用延伸，普遍建立比价采购、公开招投标、职工群众实行全过程监督制度；由关注竞争上岗、评先创优向建设和谐劳动关系延伸，普遍建立平等协商集体合同和劳动合同制度；由关注领导干部选配和廉政建设向建立科学人机制、廉政防腐机制延伸，普遍建立公开选拔使用干部制度和廉政建设制度、强化领导干部向职代会述职述廉，接受职代会评议制度。各地、各单位在强化职代会作用的同时，发挥现有厂务公开民主管理形式的作用,努力探索创造新途径、新形式。在组织层级上,形成公司、厂、车间、班组四级民主管理网络。在公开的形式上建立以职代会为主,其他形式为辅的制度,在公开的内容上,形成了把关系到企业经营管理的"重点",改革发展的"难点",涉及职工切身利益的"热点"和领导干部廉洁自律的"焦点"作为厂务公开民主管理重要内容的工作制度。在公开手段上,实现通过因特网、局域网,触摸屏等新媒介、新手段实行厂务即时公开。鹰潭工务机械段工作点多、面广、线长,以往一个通知要传一个半月,通过建立网管中心,与深圳大学共同研发办公软件,为一线职工配发70多部笔记本电脑后,使最不适合公开的单位实现即时公开。各地创立很多好的做法:通过立法,制定政策文件明确要求非公企业实行厂务公开民主管理,在省里出台的法律、政策文件后,各地市都制订了地方性法规对这一工作进行政策规范;通过工作实践确实使非公企业在推行厂务公开民主管理中受益,从而引发"多米诺"骨牌效应;实行责任制,搞分工包干,面对面做工作,一对一地促公开。九江市建立厂务公开民主管理等级评定和档次考评制度,对工作质量进行评估,从基础工作、制度建设、职能落实、作用发挥4个方面规定40多项内容和标准,成为全省厂务公开民主管理政策文件最完备的设区市之一。

2009年1月4日,省厂务公开领导小组办公室提出《江西省2009年厂务公开民主管理工作意见》。6—7月,省委宣传部、省厂务公开办公室联合举办宣传两个条例、一个办法,维护职工合法权益为主题的宣传月活动。在江西日报、江西电视台等主要新闻媒体20余家先进典型单位进行宣传报道。中央电视台焦点访谈节目、新华社、人民日报专题报道江西九港集团改制中厂务公开、职代会的经验。

至2009年4月30日,江西省省管企业厂务公开制度覆盖面达100%。2009年上半年,全省共有1160家国有、集体及控股企业实行厂务公开制度,建制面为98%;7360家事业单位实行事务公开,公开面为96%;非公企业职代会、厂务公开建制数为13783家,完成任务数的86%,其中:独立建会职代会、厂务公开建制数为11481家;区域性职代会、厂务公开建制数为1440家,涵盖数7502家;行业性职代会、厂务公开建制数为200家,涵盖数1800家;规模以上非公有制企业职代会、厂务公开建制数为1608家,建制率达86%。至2009年底,全省建立厂务公开制度的有3355家,建制率为99.64%。具有一定规模的非公有制企业建立职代会制度的有27659家,建制率为86.91%;建立厂务公开制度的企业有27204家,建制率为85.48%。事业单位建立职代会制度的有11114家,建制率为95.96%,建立厂务公开制度的有11203家,建制率为96.73%。2009年,全省确立非公有制企业厂务公开民主管理,应以协调劳动关系为核心,以维护职工的知情权、参与权和监督权为基本内容,以职代会为基本形式,以共谋企业发展、实现双赢为目标的原则。按照"典型引路、整体推进、先建制、后规范"的工作思路,做到建会建制同步,全面推进非公有制企事业单位厂务公开民主管理。非公有制企业的厂务公开民主管理建制率实现大突破,2009年较2008年建制率增长77%。

2010年2月4—5日,省厂务公开领导小组办公室成员会议在星子县召开。会议学习传达全国厂务公开民主管理工作汇报会的有关精神,听取各成员单位的年终述职和领导小组办公室的年度工作汇报。

2010年2月,全国厂务公开协调小组办公室通报,2010年江西省厂务公开和职工代表大会建制工作取得成绩，建制率在全国排名靠前。厂务公开建制率为86.9%，位居全国第二；公有制企业厂务公开建制率为90%，位居全国第五。2月15日，省总就此通报情况分别向省委、省政府领导汇报。2月23日，省委常委、省纪检书记尚勇作出批示：很有成效。截至3月，全省建立职代会和厂务公开制度的企业达4万余家，建制率超过91%，位居全国第二。省总被评为全国推动厂务公开民主管理先进单位。4月，全省具有一定规模的非公有制企业建立厂务公开制度的有27204家，建制率为85.48%。

至2010年6月底，全省公有制企业建立厂务公开制度的有3255家，建制率为99.75%；具有一定规模的非公有制企业建立厂务公开制度的有28104家，建制率为86.34%；事业单位建立厂务公开制度的有12203家，建制率为97.83%。

全国厂务公开协调小组《关于开展第六次全国厂务公开民主管理工作调研检查的通知》下发后，省厂务公开领导小组办公室决定，2010年7—8月，对全省企事业单位开展厂务公开民主管理工作情况进行第六次调研检查。调研检查主要目的和内容是对近年来厂务公开民主管理工作进行深入的调研检查，总结在应对国际金融危机、深化企业改革、促进保障和改善民生及社会稳定、推进经济平稳较快发展方面的好经验、好做法，以及厂务公开民主管理工作创新与发展的情况。第六次调研检查分自检、省抽检、省际互检、迎接全国抽检4个阶段进行。全省分为9个调研检查组，到11个设区市、22个县（市、区）、14个产业（局、系统）、75个企事业单位（其中事业单位11个、公有制企业38个，非公有制企业26个）。各调研检查组各自确定重点：对国有及其控股企业，主要检查在改制重组过程中企业改制方案和职工安置方案是否经职代会审议通过；职工奖惩办法等涉及职工切身利益的重要事项和规章制度是否提交职代会审议通过；企业领导人员的薪酬分配制度是否规范，职务消费等廉洁从业情况是否及时公开等。对非公有制企业，主要检查企业制定、修改或者决定有关劳动报酬、工作时间、休息休假、劳动安全卫生、保险福利等直接涉及职工切身利益的规章制度或者重大事项，是否依法向全体职工公开，并提交职代会讨论审议；集体合同草案是否提交职代会审议通过等。之后形成调研报告和文章。同时，录制《阳光地带的国企改革——江西省国企改革中的厂务公开民主管理工作纪实》电视专题片。

2010年9月13—19日，全国第六次厂务公开民主管理工作第二互检组来江西调研检查。调研检查组听取全省厂务公开民主管理工作情况的汇报。随后，调研检查组深入到蓝天学院、江中药业、江西铜业公司、吉安市以及泰和县进行调研检查。调研检查组在结束调研检查之后，对江西省的厂务公开民主管理工作给予肯定和评价：全省各级厂务公开领导小组始终保持着党委副书记任组长，分管工业的政府领导和人大常委会副主任、工会主席任副组长，重要职能部门为成员单位的组织领导架构，形成"党委统一领导、行政组织实施、工会主动协调、纪委监督检查、职工群众广泛参与"的领导体制和运行机制；开展以"不裁员、不减薪、不断保"为主要内容的"共同约定行动"，维护了职工队伍的稳定，保持了社会秩序的稳定，全省没有因为国企改革而发生一起较大规模的群访事件，国企改革进展之顺利、社会之稳定，都是前所未有；根据形势的发展变化，省厂务公开领导小组又先后出台《江西省厂务公开考评办法》《江西省厂务公开成员单位职工作职责》《关于建立和完善出资监管企业职工代表大会制度的意见》《关于加强国有企业改制和关闭破产中厂务公开民主管理维护职工合法权益的意见》《江西省职工代表大会控制程序》《职工代表大会规范化建设意见》等一系列政策文件,使厂务公开民主管理工作在制度上有规范,在法律上有保障;厂务公开各级领导和成员单位做到了工作有分工、职责有侧重、年前有部署、年中有检查、年尾有述职和考评,齐抓共管,协作配合。

至2010年,厂务公开工作在各地和基层推行,并形成各自特色。上饶市制定《上饶市2008—2012年厂务公开民主管理工作五年规划及制度完善意见》,进一步明确厂务公开的指导原则、组织领导、公开的范围、公开的程序及厂务公开领导小组各成员单位工作职责,把完善厂务公开制度上升为反腐倡廉、加强党风廉政建设的一项重要制度来安排。新余市把厂务公开民主管理融入建立现代企业制度之中,明确厂务公开的目标责任、定期报告、考核奖惩一票否决、责任追究等一系列规范化制度建设。江西铜业集团公司从2001年起,就将厂务公开民主管理工作纳入江铜ISO9000党建质量管理体系中。新钢集团公司借鉴ISO9000标准,建立厂务公开体系,编制《厂务公开民主管理规范化手册》。江西省邮政公司在全国邮政率先实行省级职工代表大会制度,制定《江西省邮政公司职工代表大会制度》,把厂务公开民主管理融入到企业行政管理、生产经营管理、干部人事管理、纪检监督和构建和谐企业各项工作中。江铃汽车集团公司把推进现代化管理与促进厂务公开结合起来,独创了"JPS"现场管理模式,把厂务公开工作向企业生产经营管理的深度和广度延伸。江西赣州供电公司建立"职工议事制度",对职代会制度赋予实权。改变过去职代会的表决一般是采用举手或鼓掌通过而不能完全代表职工群众的意愿的方式,公司领导、普通职工代表,平等一票。一些院校工会创新工作载体,创制了民主论证会、听证会、恳谈会、旁听校务会和校长办公会等民主管理活动形式。江西财经大学工会创建听证制度、开通民声通道。东华理工大学、南昌航空大学、江西财经大学等高校将评议结果在校务公开栏中公布。新余市建立职代会三个常规制度,落实职工代表三权:即建立职工代表议事制度、巡视制度、质询制度,落实职工代表知情权、参与权、监督权。

2010年11月4日,全国厂务公开民主管理工作经验交流暨先进单位表彰电视电话会议在北京召开。南昌卷烟厂等13家单位获得"全国厂务公开民主管理先进单位",省总等2个单位获得"全国推动厂务公开民主管理工作先进单位"称号。

改制企业厂务公开 国企改制企业的厂务公开是全省厂务公开民主管理重点工作领域。2003至2008年,全省国有企业改制总数2000多家,涉及职工34.7万人,其中大多数是资源枯竭政策性破产的老国有企业。2008至2010年,全国进行工业口国企改革和非工口七个系统国企改革。改制企业2200多家,涉及职工102万余人。

按中央"两办通知"和国务院办公厅《关于规范国有企业改制工作的意见》的要求,全省加大在国有企业改制中的厂务公开民主管理力度。2005年9—10月,省厂开办对全省的改制企业厂务公开民主管理工作进行调研。结果显示,改制企业的改制方案、安置方案99%经过职代会审议通过。省煤炭集团下属13家公司实施破产和改制,涉及近4万名职工,由于实行厂务公开,表决时职代会全票通过方案。九江市、吉安市做好把"三关"的工作,即:改制草案制定时把好职工参与关,操作过程中把好改制全过程公开关,程序上把好职代会审议表决关。省煤炭集团和江钨集团在下属共有

25 户企业实施破产、安置职工 24.8 万人，整个过程顺利。2006 至 2009 年之间两次部署厂务公开民主管理自查和对位互查，两次组织省厂务公开民主管理抽查。2007 年，省总与省国资委，省劳动和社会保障厅、省监察厅、省工商局等部门组成联合调查组对 6 个设区市 15 个县(市、区)及部分产业进行重点督查。省国防 25 户改制企业因为先置换身份后置换产权。省总与省国防工会连续两年组成工作组调查跟踪，对 15 户企业的维权现状进行调查。2008 年省总与省委组织部等 9 个厅局委办组成 9 个工作组(全部由副厅以上领导带队)对 11 个设区市、22 个县(市、区)、13 个产业(局、系统)72 户企业进行调研督查。

2006 年，省总与省国资委、省监察厅、省劳动和社会保障厅、省财政厅下发《关于 2006 年在国有企业重组改制和关闭破产中开展维护职工合法权益工作的通知》。各地、各有关部门把住改制政策制定关、改制方案审查关、改制事项公开关。省、市国企改制的总体方案中都明确企业的改制方案、程序、步骤、职工安置、经济补偿、社会保险、资产处置、股权分配等重大事项必须向职工公开，接受职工监督；改制方案、职工安置方案必须经职代会审议通过，未经审议通过的方案一律无效，有关部门不得审批等规定。全省各级厂务公开民主管理工作机构和工会组织注重在不同层面上参与改制，指导企业在改制中实行厂务公开民主管理，规范企业改制工作，减少国有资产流失，使改制得到职工的理解和支持。孟建柱对厂务公开民主管理工作在国有企业改制中维护职工合法权益，防止国有资产流失所起的作用给予肯定。

2009 年 4 月，省总与省国资委、省人力资源和社会保障厅联合下发《关于加强国有企业改制和关闭破产中厂务公开民主管理维护职工合法权益的意见》；制定下发《江西省职工代表大会控制程序》《职工代表大会规范化建设意见》，根据各地在改制中出现的情况，提出并起草《关于开好职代会，确保国企改革顺利推进的紧急通知》，针对江西省改制企业职代会出现的一些情况和存在的问题，改制企业选举、增补职工代表和召开职代会会议等若干具体问题，提出意见。强调《企业改制方案》和《职工安置方案》文本需在会议日的 7 日前送达职工代表，按法定程序召开职工代表大会或职工大会，以无记名投票方式审议通过《企业改制方案》和《职工安置方案》。职代会决议应及时向全体职工公布，并报上级工会备案。同时，积极指导下级工会和基层工会参与本企业《企业改制方案》和《职工安置方案》的起草和修改的工作，在实际操作中坚持“五个必须”：改制方案和职工安置方案必须经职代会审议通过；职代会审议通过重大事项必须要有三分之二以上职工代表出席，并采用无记名投票方式表决，经全体职工代表半数以上通过方为有效；改制必须实行全过程公开；历史遗留问题必须按有关政策妥善处置；企业改制每一环节必须接受职工监督。做到“五个讲清楚”：讲清楚改制实际问题；讲清楚改制政策方法步骤；讲清楚企业重组和职工安置方案；讲清楚党和国家对职工的关怀；讲清楚遗留问题解决办法。在召开职代会前做到“三个一定要”：职工代表比例一定要合理，职工代表构成一定要符合比例，一定要票决制通过。

全省省、市两级都建立改制企业基本情况档案，指定企业工会主席为改制联络员，及时上情下达，下情上报；上级工会民主管理负责人为指导员，及时了解企业改制情况，提出意见建议，在企业职代会工作中及时给予指导，做好业务解答和现场指导工作；上级工会分管主席为负责人，负责所属企业改制中的工会工作，统一指挥、调度改制中的工会工作。为了提高指导员(联络员)的综合素质和工作能力,省总还两次举办国企改革指导员(联络员)培训班。省总加强对职工群体性事件的现场处置,平息并妥善处理29起群体上访事件。在一些群体上访事件中,省总领导、省厂务公开领导小组办公室成员都亲临现场指导,耐心了解职工诉求,为职工答疑解惑。

2009年8月31日—9月4日,全总调研组赴景德镇市、九江市,专题调研企业改制重组关闭破产中民主管理工作的情况,认为省委、省政府把国企改革提升到富民兴赣的战略高度,认识高、决心大、措施力、办法活,非常准确和到位。特别是省委、省政府领导的一系列重要讲话,充分体现了对国企改革民主管理工作的重视,对改制企业职工的关心。省总在配合国企改革中找准位置、抓住了关键、做实工作,不少经验和做法在全国工会系统中都具有很强的学习性、借鉴性和实践性。比如建立国企改制指导员、联络员和信息员队伍;敢于和善于面对面地做好群体性上访职工的思想工作;全省工会共筹措专项帮扶资金近600万元,用于帮扶改革企业中的困难职工等。

第四节　政府与工会联席会议制度

政府与省总工会联席会议制度建立

1999年1月3日,省委常委会1999年第1次会议听取程受锭、童水仙代表省总党组所作的工作汇报。会议同意每年第四季度召开1次省人民政府与省总联席座谈会,通报政府有关政策、法规和重要部署,研究解决工会反映的涉及职工权益的一些重要问题。为开好联席座谈会,省总围绕全省工作大局和工会的重点工作,对会议议题展开深入调研。

1999年11月16日,省总向省政府呈送《关于召开第1次省政府和省总工会联席座谈会的请示》,提出两个主要议题:一是关于工会贯彻落实党的十五届四中全会精神,积极协助党政做好国有企业减员增效、下岗职工基本生活保障和再就业工作的问题;二是关于在机构改革和企业改革中加强工会组织建设,最大限度地把职工组织到工会中来的问题,提出工会的意见和建议。12月24日,省总向省政府呈交《关于开好省政府与省总工会第1次联席座谈会的请示》,就召开联席座谈会的有关政策依据、联席会议的主要任务等提出意见。

1999年12月29日,省政府和省总举行第1次联席座谈会。江西省政府省长舒圣佑、常务副省长黄智权、副省长王君和省总的领导参加座谈。省总主席程受锭重点汇报全省工会工作的基本情况。会议就进一步建立和健全政府与同级工会联席座谈会议制度形成共识。省长舒圣佑表示省政府与省总联合发文,在全省县以上各级政府中建立政府与工会联席座谈会制度。联席座谈会上,省政府领导还现场办公,指令与会的有关厅局长解答和调查处理职工群众反映强烈的问题。会议提出要求:进一步建立健全政府与同级工会联席座谈会制度。省政府和省总的联席座谈会议要形成制度,每年至少开1次,尽量开2次。由省政府与省总联合发文,要求县以上各级政府要进一步密切政府和工会的联系,尽快建立和健全这一制度。2000年,省政府办公厅与省总联合下发《关于实行政府与工会联席座谈会议制度的通知》。《通知》要求全省县以上各级人民政府要进一步密切政府与工会的联系,尽快建立健全政府与工会的联席座谈会议制度。联席座谈会议的主要内容是通报政府有关政策、法规和重要部署,研究解决工会反映的涉及职工权益的一些重要问题。联席座谈会议原则上 1 年举行 1 次,如遇特殊情况和重大问题,经政府与工会商议同意,可视情增开联席座谈会议。

至 2000 年底,全省 5 个设区市、16 个县(市、区)、2 个省产业(局)建立健全政府(行政)与工会的联席座谈会议制度。

2000 年 12 月,省政府与省总召开第 2 次联席座谈会议。会议作出 2001 年底前全省各市、县(区)都要建立政府与工会的联席座谈会议制度的决定。

至 2002 年,全省 11 个设区市、75 个县(市、区)建立政府与工会联席座谈会制度,占应建率的 77.5%。

2003 年 7 月 1 日,省政府办公厅、省总下发《关于进一步建立健全政府与工会联席座谈会议制度的通知》,通知要求,政府领导要高度重视,各级工会要精心准备好联席座谈会的议题,政府有关部门要密切配合。坚持 1 年至少召开 1 次联席座谈会议,并对会议所确定事项的落实情况进行检查、通报,妥善解决工会提出的涉及职工切身利益的突出问题和工会组织自身无法解决的实际困难。加强督查,使联席座谈会议制度落到实处。要求 2003 年底前所有县(市、区)必须把这项制度建立起来。各设区市政府要进一步建立健全责任制和检查通报等制度,既要根据联席座谈会议确定的事项,督促政府有关部门抓好落实,又要对各县(市、区)建立健全联席座谈会议制度工作进行督查,及时给予指导和帮助,确保本市各县(市、区)不出现空白点。1995 至 1996 年,省基层以上工会组织建立联席会议制度的单位 248 个,召开联席会议的 248 个。2003 年,全省 86% 以上的县(市、区)建立政府与工会联席会议制度。

省级政府与工会联席会议由省政府联系工会的副省长主持,省长和其他副省长到会,政府秘书长、有关厅局领导参加。工会方参加的人员主要有省总正副主席、有关部门部长、省辖市总主席、基层工会主席、职工代表。联席会议对上一次会议议决问题的执行情况进行检查,再对本次会议有关问题作出决定。会后,联席座谈会议决定的事项形成《会议纪要》,交分管副省长签发。《会议纪要》下发后,政府办公厅督查有关厅局贯彻落实情况,工会搞好与有关厅局的联系与沟通,协助政府办公厅抓好贯彻落实。每次联席座谈会议要对上一次会议议定事项的落实情况进行通报、检查。政府办公厅(室)建立责任制,根据会议议定的事项,督促政府有关部门抓好落实。工会协助做好督促落实工作。

省政府与省总工会联席座谈会议制度不断完善,议题越来越广,成为一项长效工作机制,成为政府部门更好地解决各种社会问题,特别是涉及职工群众的难点问题的有效手段。

联席会议议题调研、落实

自 1999 年—2010 年,省政府与省总联席会议共召开 10 次联席会议。每次会议,省总坚持围绕省委、省政府工作大局、中心工作和工会工作的重点、难点问题,由省总领导人带队赴基层进行调研,形成《联席会议主要内容》等有关材料,包括需要提请以省政府或省政府办公厅名义下发或转发的有关文件的代拟稿,为开好省政府和省总联席座谈会议,研究解决涉及职工权益的一些重要问题提供依据。工会做好会议议题准备,政府办公厅做好议题的协调和议定事项的督查。每次联席会议之前,工会将《主要内容》等材料提交省政府办公厅,由省政府办公厅交有关厅局征求意见,再召开协调会,初步敲定联席会议所要议定的事项。

第1次联席座谈会议以前,1999年8月,省总领导带队组成5个调研组,在全省11个地市、43个县市区、89家企业,围绕工作大局和工会的重点工作,就企业、职工关心的难点、热点问题进行6项重点课题调研。围绕积极协助党政做好国有企业减员增效、下岗职工基本生活保障和再就业工作;在机构改革和企业改制中加强工会组织建设,最大限度地把职工组织到工会中来这两个主要议题,提出意见和建议。由于江西省是第一次召开联席座谈会议,省总建议会议筹备和协调工作在省政府秘书长领导下进行,省总积极配合。1999年,省政府与省总召开第1次联席会议,省总对会议的议程提出建议:由省长简要通报江西形势,强调建立省政府与省总联席座谈会议制度的重要性和意义;由省总主席程受锭报告《联席座谈会主要内容》;有关厅局领导发言;省政府领导针对工会提出的意见和建议形成有关决议要点。省总同时建议会议邀请省委有关部门和省政府有关厅局、协会领导参加。

为开好省政府与省总第2次联席座谈会议,2000年9月,省总决定对省政府与省总第1次联席座谈会议精神与决议贯彻情况进行督查,并就全省国有企业离退休人员基本养老金发放情况、全省职工劳动模范和先进工作者情况、部分行业安全生产情况进行重点调研。这次督查和调研于10月9—24日进行,由省总领导带队分4个组,采取点面结合的方法,深入各地市,到企业、车间、班组,切实掌握职工群众的呼声和反映。地市总也按照省委省政府的要求,为开好地市级的联席座谈会开展调研。2000年10月7日,省总呈交《江西省总工会关于召开省政府与省总工会第2次联席座谈会的请示》《省政府与省总工会第2次联席谈会主要内容》,由省政府办公厅呈送省政府领导和分交有关厅局。

为联席会议开展调研活动成为省总的每年惯例,每年延续下去。2002年11月1日,省总下发《江西省总工会关于开展重点调研的通知》,为省政府与省总第4次联席座谈会议作准备,决定在11月由省总领导带队赴各设区市总就促进下岗失业人员再就业、落实职代会制度和职权,加强乡镇、街道工会组织建设,工会经费划拨情况等4项课题进行重点调研,并拟定省政府与省总第3次联席会议督查提纲和调研提纲。2007年12月5日,省总下发《江西省总工会关于开展同工同酬等职工劳动经济权益落实情况紧急调研的通知》,为省政府与省总第8次联席座谈会议作好充分准备,对各地企事业单位在岗职工劳动经济权益的落实执行情况进行一次紧急调研。调研内容为工资增长与工资增长机制、开展工资集体协商的情况,执行"同工同酬"工资分配原则的情况,职工休息休假的情况,执行最低工资标准的情况。各地在本地区(单位)范围内选择8个不同类型且生产经营情况正常的企业开展调查。

各次省政府与省总工会联席会议主要内容

第 1 次联席座谈会议　1999 年 12 月 29 日上午，省政府与省总第 1 次联席座谈会议主要内容：(1)会议听取省总就协助党政做好国有企业减员增效、下岗职工基本生活保障和再就业工作，在机构改革和企业改制中加强工会组织建设，把职工组织到工会中来等问题提出的意见和建议。(2)会议要求将国有企业下岗职工基本生活保障、失业保险和城镇居民最低生活保障“三条保障线”制度落实到实处，做好 4 项促进再就业工作。(3)会议强调积极支持和协助工会加强组织建设。(4)会议要求各级工会组织要紧紧围绕改革、发展、稳定的大局，引导广大职工群众积极支持和投身企业改革。要切实关心职工群众生活，维护职工群众合法权益。(5)会议确定：①进一步建立健全政府与同级工会联席座谈会制度，要求县以上各级政府进一步密切政府和工会的联系，尽快建立和健全联席会议制度。②由省政府办公厅、省经贸委、省总联合下文，对工会组织建设情况进行检查，对擅自撤并、取消工会组织的错误做法，必须立即予以纠正。③加大 2000 年春节期间工会送温暖活动的力度，由省财政在上年拨款 100 万元基础上增拨 20 万元送温暖资金。④在机构改革中，有关部门下达机关、事业单位编制时，应注明包括工会组织的编制在内。⑤建立了工会组织的机关、事业单位，工会经费必须列入单位预算，每月按全部职工工资总额百分之二，按时足额向工会拨交工会经费。

第 2 次联席座谈会议　2000 年 12 月 27 日，省政府与省总第 2 次联席座谈会议主要内容：(1)会议听取省总就协助各级政府做好国有企业离退休人员养老金发放工作、加强职工劳模管理工作、加强安全生产工作等问题提出的意见和建议。(2)会议认为省政府与省总第 1 次联席座谈会议所确定的有关事项基本得到落实。实践证明，政府与工会联席会议制度，是充分发挥工会在各级政府中民主参与、民主监督和社会调节作用的重要渠道，也是密切政府与职工群众联系的有效方式。(3)会议强调各级政府要和工会共同努力，按照江总书记“三个代表”的要求，充分发挥工人阶级在全省改革开放和现代化建设中的主力军作用，坚持党的全心全意依靠工人阶级的根本指导方针，实现和维护好广大人民群众的最根本利益。(4)会议对完善社会保障体系、安全生产、劳模管理提出了要求。(5)会议确定：①各设区市要在 2001 年上半年前建立联席座谈会议制度，各县(市、区)要争取在 2001 年年底前建立联席座谈会议制度。省政府办公厅和省总要加强联系，抓好督促和落实。②各级政府和劳动保障部门要采取切实措施，确保国有企业下岗职工的基本生活费和离退休人员养老金按时足额发放，确保 2000 年不发生新的拖欠，凡发生了新的拖欠的地方和单位，务必在 2001 年春节前足额补发。③省总和省人事厅要针对当前劳模待遇落实工作中的薄弱环节和存在的问题，共同研究，提出切实可行的协调解决方案。④从 2001 年 1 月起，由省财政统发工资的单位，要按全部职工工资总额的 2% 提取的工会经费，由省财政按时足额统一划拨给省总。各市、县(区)执行办法由省财政厅和省总商定。⑤关于省产业工会编制问题，请省编委办研究。总的原则是，在机构改革中，工会组织只能加强，不能削弱。⑥继续加大 2001 年元旦、春节期间送温暖活动的力度，由省财政在上年拨款 120 万元的基础上再增拨 30 万元用于元旦、春节期间的送温暖活动。

第3次联席座谈会议 2002年1月17日,省政府与省总第3次联席座谈会议主要内容:(1)会议听取省总关于去年全省工会工作情况和第2次联席座谈会议贯彻落实情况的通报,并对省总提出的城市居民最低生活保障、企业改制、职工安置等热点、难点问题,进行认真的讨论和研究。(2)会议强调,要认真学习贯彻省第十一次党代会精神,进一步动员和组织广大职工为经济建设多作贡献。(3)会议要求,各地、各部门务必全面落实"三条保障线"制度,切实把困难群众的生活安排好。确保在年底前将所有符合条件的贫困职工纳入最低生活保障范围。要发挥各级工会组织的力量,认真做好"三条保障线"的衔接工作。(4)会议确定:①加强督促检查,使联席座谈会议制度落到实处。②积极协助工会加强组织队伍建设。③各级政府要按照《工会法》的要求,根据需要为同级工会办公、开展活动以及举办集体福利事业提供必要的设施和活动场所等物质条件。对一些在城市建设规划中被拆迁的工会办公和活动场所,要及时规划重建,或给予土地和资金补偿。④省财政已安排150万元用于送温暖活动,各级财政也要尽可能地安排资金用于这项活动。同时,各级工会组织也要多方筹集资金,精心组织走访慰问。⑤省财政厅要与省总协商,在当年3月底之前将行政事业单位工会经费统一划拨问题落实到位。⑥支持省总建立"江西省职工养老中心",并拨款200万元予以补助。

第4次联席座谈会议 2003年6月12日,省政府与省总第4次联席座谈会议主要内容:(1)会议听取省总关于去年以来全省工会工作情况和第三次联席座谈会议贯彻落实情况的通报,并对省总提出的下岗失业人员再就业、落实职代会制度和职权、加强乡镇(街道)工会组织建设等职工关心的热点、难点问题进行讨论和研究。(2)会议强调要兴起学习贯彻"三个代表"重要思想新高潮,广泛动员和组织广大职工为实现江西在中部地区崛起、全面建设小康社会作贡献。(3)会议要求要充分认识解决就业问题的重要性,千方百计做好下岗失业人员再就业工作。(4)会议确定:①全省所有市、县(区)在年内都必须建立健全联席会议制度;②解决工会经费统一划拨问题,全省财政拨款的机关、事业单位的工会经费列入年度财政预算,并把由财政统发工资单位的工会经费,按月足额直接划拨给本级地方总工会;支持工会依法组织职工参与民主管理和民主监督;③支持工会依法组织职工参与民主管理和民主监督。要继续推行厂务公开制度,积极支持开展职代会民主评议企业领导干部、重大问题向职代会报告、选举职工董事和职工监事、通过集体合同草案等工作,进一步充实职代会内容,完善职代会制度;④国有独资公司、两个以上国有投资主体投资设立的有限责任公司工会主席、副主席应当分别作为董事会、监事会中职工代表首选候选人进入董事会、监事会问题。请省国资办督促有关企业按照国家和省里的有关法律法规和文件规定执行;⑤地方各级工会及其所属全额拨款事业单位、产业工会、乡镇街道工会专职工作人员的住房公积金问题。请省财政厅会同省建设厅根据省总提供的有关材料核实后,由同级财政解决;⑥建立送温暖资金的增长机制,省财政安排200万元专款用于省总送温暖活动;⑦落实好乡镇、街道工会的机构编制;⑧充分发挥工会组织在促进再就业工作中的作用。

第5次联席座谈会议 2004年12月17日,省政府与省总第5次联席座谈会议主要内容:(1)会议听取省总关于去年换届以来全省工会工作情况和第4次联席座谈会议的贯彻落实情况的通报,并就加大对困难职工帮扶力度等职工群众关心的热点、难点问题提出的意见和建议,进行认真的讨论和研究。(2)会议强调要充分认识做好新时期工会工作的重要意义。(3)会议要求,要认真学习贯彻党的十六届四中全会精神,为增强党的阶段基础、扩大党的群众基础、巩固党的执政地位服务。(4)会议确定:①加大对困难职工的帮扶力度。各级政府要在资金、政策、场地等方面大力支持工会困难职工帮扶中心建设。劳动保障、财政、民政、教育、卫生等部门应支持工会困难职工帮扶中心工作,建立定期联系、沟通和共同协商解决困难职工问题的相关制度,实现工会帮扶与社会帮扶救助的有机结合。②依法保护工会财产。各级政府对在城市规划中确需易地重建的工会办公和活动场所,应严格执行《江西省实施〈工会法〉办法》的规定,由政府或者有关单位确保迁建所需土地和资金补偿。③进一步规范工会经费统一划拨工作。④适当增加送温暖资金和劳模慰问补助资金。省财政安排500万元给省总用于送温暖和对劳模的慰问补助。各级政府也要加大送温暖资金和劳模慰问补助的支持力度。⑤各级工会组织及所属全额拨款事业单位的医疗保险问题。

第6次联席座谈会议　2006年1月17日,省政府与省总第6次联席座谈会主要内容:(1)会议听取省总关于去年全省工会工作情况和第5次联席座谈会议的贯彻落实情况的通报,并就加大对困难职工帮扶力度、委托税务部门代收工会经费与工会筹备金等问题提出的意见和建议,进行了认真的讨论和研究。(2)会议强调,要统一思想,充分认识新时期工会工作的重要性。要围绕大局,不断创新工会工作的体制机制。要大力支持工会工作,积极为工会开展工作创造条件。(3)会议确定:①适当增加送温暖资金和劳模慰问补助资金。省财政在上年安排500万元资金的基础上增加200万元给省总用于送温暖和对省劳模的慰问补助。②关于税务部门代收工会经费问题。省政府授权省地税局和全省地税系统,切实做好工会经费和工会筹备金的代收工作。③关于财政拨款的行政事业单位的工会经费单独列入年度财政预算并及时足额划拨到位问题。④关于基层工会账户被取消和地方工会账户进入财政核算中心问题。请人行南昌中心支行和省财政厅予以帮助协调。

第7次联席座谈会议　2007年1月24日,省政府与省总第7次联席座谈会议。(1)会议听取省总关于去年全省工会工作情况和第6次联席座谈会议的贯彻落实情况的通报,并就关心困难职工生活、加强各级工会困难职工帮扶中心建设等问题提出的意见和建议,进行认真的讨论和研究。(2)会议要求各级政府和部门要认真贯彻落实胡锦涛总书记等中央领导人对工会工作作出的一系列重要指示和省委《关于进一步加强和改进新时期工会工作的意见》,高度重视并大力支持工会工作,为工会依法开展工作创造良好的环境和条件。要支持工会完善工会源头参与机制,加强政府与工会的沟通,完善各级政府与工会的联席会议制度,建立健全劳动关系三方协商机制,吸收工会积极参加有关职工权益问题的政府部门协调会议与机构,畅通职工群众诉求渠道。在研究制定有关劳动就业、收入分配、社会保障、劳动安全卫生、社会救助等方面的法规和政策中,应主动听取工会的意见和建议,充分发挥工会在发展和谐劳动关系中的重要作用。特别要加大对工会帮扶中心支持的力度,加大资金的投入,从职工群众最关心、最直接、最现实的利益问题入手,支持工会深入开展生活救助、就业援助、医疗帮助、技能培训等扶贫解困工作和送温暖活动,努力帮助职工解决生产生活中的困难和问题,维护职工队伍和社会政治稳定。(3)会议确定:①进一步解决好困难职工的生产生活问题。②加大对工会困难职工帮扶中心的支持力度。省财政从2007年起设立困难职工帮扶中心专项资金305万元。各级政府也要加大对困难职工帮扶中心的支持力度。③适当增加送温暖资金和劳模慰问补助金。2007年省财政在上年安排700万元的基础上增加200万元给省总用于送温暖和对省劳模的慰问补助。④进一步解决财政拨款的行政事业单位的工会经费单独列入财政预算与及时足额划拨不到位和地税代征效果不明显问题。

第8次联席座谈会议 2008年12月23日,省政府与省总第8次联席座谈会议主要内容:(1)会议听取省政府与总工会第7次联席座谈会议以来,特别是近期工会工作进展情况;分析在当前形势下,职工生活出现的新情况;针对如何解决民生问题,帮助生活困难职工,推进工会工作,保持职工队伍稳定,进一步发挥工人阶级作用的问题,进行认真的讨论和研究。(2)会议强调要认清形势、坚定信心,把思想和行动统一到中央的重大部署上来。(3)会议指出要充分发挥工会在推动全省经济平稳较快发展中的作用。(4)会议要求要明确保增长、扩内需、优结构的中心任务,充分发挥工人阶级的主力军、主人翁作用,切实把企业搞好。(5)会议确定:①解决好困难群众职工的生产生活问题。②加大对工会困难职工帮扶中心的支持力度。省政府2009年安排帮扶专项资金、送温暖资金和劳模春节慰问金1400万元。同意新增省劳模困难帮扶专项资金500万元。各级政府也要加大送温暖资金、劳模春节慰问金、帮扶专项配套资金和劳模困难帮扶专项资金的支持力度。③切实保障国有企业改革中职工群众的合法权益。同意由省国资委与省总联合下发《关于在国有企业改制中维护职工合法权益的意见》。④支持工会做好工业园区工会经费合法征缴工作。⑤依法保护工会财产。

第9次联席座谈会议 2009年12月29日,省政府与省总第9次联席座谈会议主要内容:(1)会议传达王兆国视察江西时的指示,听取第8次联席会议确定事项落实情况通报。研究全省特别是国企改革后续工作中的职工生活、职工队伍稳定和工会工作等问题,重点就如何加大关心职工生活力度,尤其是加大对改制企业职工大病救助力度,维护职工队伍稳定和社会稳定等问题进行了深入研究。(2)会议强调,一是要坚定不移地把保增长放在首位,大力提高职工队伍整体素质,努力巩固经济企稳回升的好势头;二是要毫不松懈地深化国有企业改革,切实维护好职工合法权益,确保圆满完成各项配套改革任务;三是要想方设法关心改制后的职工生活,维护职工稳定,充分发挥工会在改革发展稳定大局中的重要作用。(3)会议确定:①继续重视解决国企改革之中和改革之后的职工生活和合法权益,维护职工队伍稳定。②要支持国企改革之后工会继续发挥作用,工会组织不撤并,工会工作不被削弱。③要加大对改制企业困难职工的帮扶力度。省政府2010年继续安排帮扶专项资金、送温暖资金、劳模春节慰问金和省劳模特殊困难帮扶专项资金1900万元,同意新增加专门用于全省改制企业患重大疾病的特殊困难职工帮扶资金292万专项资金和改制企业患重大疾病的特困职工帮扶资金的支持力度。

第10次联席座谈会议 2010年12月29日,省政府与省总第10次联席座谈会主要内容:(1)会议听取第9次联席会议确定事项落实情况通报,对贯彻落实省委《关于进一步加强和改进新时期工会工作的意见》进行研究部署,对全省职工生产生活和工会工作,尤其是对帮扶七个系统改制国有企业困难大病职工,推动劳模社保全覆盖和非公企业普遍建会,维护好职工队伍稳定和社会稳定等问题进行了深入研究。(2)会议明确省委《关于进一步加强和改进新时期工会工作的意见》是政府支持工会工作的总要求,支持工会依法独立自主开展工作,把更多的资源和手段赋予工会组织。

(3)会议要求各级工会要把握机遇,坚定信心,扎实工作,团结全省广大职工群众,为江西改革发展稳定建功立业,努力在“十二五”时期有更大作为。(4)会议确定为大力支持工会开展困难职工帮扶工作,省政府按照2010年的规模,2011年继续安排帮扶专项资金、送温暖资金、劳模春节慰问金和省劳模特殊困难帮扶专项资金1930万元,新增用于七个系统改制企业患重大疾病的特殊困难职工帮扶资金551万元。

设区市、县(市、区)总工会与政府联席会议

省政府与省总召开第1次联席会议后,各设区市紧随开展这项工作,建立这项制度。一些县(市、区)也相继建立这项制度,政府与工会的联席会议陆续召开,互通工作情况,特别是支持工会工作,落实职工权益,帮助工会解决难以解决的问题。

2000年6月16日,九江市政府与市总联合发文,在全市推行联席座谈会议制度。9月26日,市政府与市总召开第1次联席座谈会。市财政、劳动、工商、外贸等部门负责人就国有企业下岗职工基本生活费和离退休人员基本养老保险金及时足额发放及支持新建企业组建工会工作作出承诺。联席座谈会议对涉及职工和工会合法权益的有关问题作出决定。至2010年,市政府与市总共召开8次联席会议。

2000年,萍乡市总发出《关于请求开好市政府与市总工会第一次联席座谈会议的请示》,提出召开联席座谈会。2000年12月28日,市政府与市总召开第1次联席座谈会会议。至2010年共举行8次联席会。先后确定:建立和健全政府与同级工会联席座谈会制度,由市政府办公室、市总就加强工会组织建设问题联合发文;从2001年起,市财政每年增拨经费用于工会送温暖活动;各行业主管局、产业(系统)工会的编制、职数在政府机构改革中一并考虑;在调整市国有企业改革领导小组时,将市总增补为成员单位;企业不能挪用职工的社保金,不能拖欠职工工资;要进一步做好企业职工最低生活保障工作;市政府及各部门出台政策性文件,凡涉及到职工利益的要征求市总的意见;财政拨款的机关事业单位工会经费由财政列入年度预算、按月统一划拨给市总,企事业单位应上缴市县区总工会的工会经费由地税局代收;每年由市财政拨款作为困难职工帮扶中心专款,对市总机关工作人员应缴纳住房公积金的单位负担部分由市财政解决;同意由市总按市场化运作方式建设一个综合性、高品位的文化活动场所;划拨30亩土地用于市工人文化宫建设,产权归属市总;成立市困难职工帮扶工作领导小组,由市政府负责联系市总的领导任组长,中心设置为市总下属的全额拨款正科级事业单位,编制8人;增加拨付给市总用于送温暖资金和困难职工帮扶专项资金:进一步加大机关工会经费的划拨力度,除工资按标准列支工会经费外,津补贴按人平12500元/年度标准列支2%的工会经费;市财政拨付给市总困难职工帮扶资金增加至100万元;将市工人文化宫建设纳入新城区总体规划范围,列入“十一五”全市社会事业建设项目;市财政增拨48万元用于市总帮扶困难职工和市级劳模管理;未列入市财政划拨工会经费的事业单位(非全额拨款和自收自支的事业单位)由基金预算和预算外收入拨款的事业单位,按其工资总额的0.8%由市总自行收取工会经费;同意市总对全市范围内建筑安装企业的工会经费按照其工程总造价的1.2‰由市地税局

进行代征;解决好市工人文化宫建设过程中存在的问题,增拨40万元作为上年度行政人员的津补贴、事业人员的绩效工资增长以及财政供养人员正常增资部分中提取的工会经费,成立萍乡市劳动模范协会等事项。

鹰潭市政府与工会联系工作于1994年开始起步。1994年,鹰潭市委下发〔1994〕14号文件,提出"各级政府要确定一名副职联系工会工作,每年至少召开一次同工会的联系会议,听取职工群众的反映,通报工作情况,帮助解决一些实际问题,为工会工作创造必要条件"。2000年12月13日,鹰潭市政府办公室、市总下发《关于实行政府与工会联席座谈会议制度的通知》,规定从2000年开始,市和县(市、区)政府均需与工会建立联席座谈会议制度。2000年12月29日,市政府与市总第1次联席座谈会议举行。至2009年12月29日,共举行9次联席座谈会议。进一步建立健全政府与同级工会联席座谈会议制度;由市财政增拨资金加大春节期间工会送温暖活动的力度;在审批机关、事业单位机构编制和职数时,应注明包括工会干部的编制和职数在内;机关、事业单位按单位职工工资总额2%由市财政局统一拨工会经费给市总;总工会筹建下岗失业人员再就业培训基地实行减免规费;行政事业单位工会经费由财政统一划拨;200名职工以上的乡镇、街道工会机构、编制、人员待遇及经费来源;县(市、区)机关事业单位工会经费由财政统一划拨;建立困难职工帮扶中心以及资金;市政府安排培训资金解决职工学校添置学校设施;成立市维权机制建设协调工作小组;组建工会;支持全市各级工会开展法律援助活动;维护农民工利益;加强职工文化生活阵地建设;推动厂务公开民主管理;增加帮扶困难职工资金;安排劳模慰问金;成立市困难职工帮扶中心;劳动模范津贴发放;成立鹰潭市职工社会保险监督管理委员会等等问题,得到相应的解决。

2001年2月,吉安市举行第1次政府与工会联席座谈会。至2010年,共举行4次。联席会上先后确定:进一步加大下岗失业职工再就业工作的力度;加强乡镇(街道)工会组织建设和新建企业组建工会工作;地方税务局受工会委托代收工会经费;加大"困难职工帮扶中心"资金扶持力度,适当增加市本级帮扶送温暖资金和工作经费,今后视财力增长情况逐步增加;"市工人文化宫"的规划与建设;落实由县(市、区)财政足额划拨行政事业单位工会经费问题;加快井开区和各县(市、区)工业园"职工之家"建设等事项。

2000年4月2日,景德镇市政府下发《关于实行市政府与工会联席座谈会议制度的通知》,建立起市政府与市总联席座谈会议制度。《通知》要求,2000年各县(市、区)也要相应建立政府与工会联席座谈会议制度。2001年3月7日召开市政府与市总联席座谈会。至2010年,召开8次联席会议。先后解决了市总提出兴建职工活动中心、下岗失业人员再就业、特困职工办理最低生活保障、加快国企职工基本医疗保险步伐、改进送温暖工作、财政资助和市总拨款建立市困难职工帮扶中心、财政每年拨款20万元资助帮扶中心、增加拨付市总送温暖资金、增加工会经费拨付预算,列入市财政年度预算并按时足额拨付、地税代征工会经费、增加劳模专项经费、划拨地用于市总建设景德镇市困难职工帮扶中心大楼等问题。

2000年12月25日,新余市政府与市总召开第1次联席会议。至2010年,共举行6次联席会议。会议先后确定:落实下岗职工再就业优惠政策;困难职工是否享受城区居民最低生活保障待遇;一年一度的送温暖活动资金列入财政预算问题;工会经费和产业工会建设问题;研究乡镇、街道工会组织的机构、编制问题；工会参加有关部门在研究制定工资、物价、安全以及劳动保护、劳动保险等重大政策措施和参加涉及职工切身利益的会议；企业党政领导干部培训班增设《工会法》等方面内容；试点组建一个地方产业工会；考察财政统一划拨机关事业单位工会经费情况再商；解决下岗劳模的再就业；建立实用技术培训基地，免费培训下岗失业人员；公益性就业岗位将重点安置"4050"下岗职工；研究"低保"资金使用情况和制定相关政策时，要吸收工会的同志参加；市总维修办公楼和活动场所所需经费问题；依法建立工会组织；在资金、政策、场地等方面大力支持工会困难职工帮扶中心建设；劳模管理；工人文化宫重建；建立健全工会经费逐年增长机制；进一步加大困难帮扶力度；进一步落实和提高劳模待遇；组建八个行业工会；追加元旦春节送温暖资金；2009年财政拨款行政事业单位工会经费财政划拨由146万元增加到200万元；解决2008年市工人文化宫、市职工学校职工工资、津补贴经费50万元；从2010年起，设立新余市五一劳动奖状和新余市五一劳动奖章等事项。

2001年4月28日，赣州市政府与市总第一次联席会议召开。会议就进一步建立健全政府与同级工会联席会议制度，各县(市、区)尽快建立健全这一制度作了要求。会议强调各级政府和劳动保障部门要采取切实措施，确保国有企业下岗职工的基本生活费和离退休人员养老金按时足额发放，确保不发生新的拖欠。在企业改制过程中，必须立即予以纠正擅自撤并、取消工会组织的错误做法。市城建、房产两个系统成立系统工会，报市编委确定。在机构改革中，有关部门下达机关，事业单位编制时，应包括工会组织的编制在内。建立工会组织的市直机关、行政、事业单位(不包差补和自收自支的单位)的工会经费，列入单位预算，每月按工资总额的2%由市财政直接拨入市总。2003年，赣州市、县级政府与工会联席会议制度已普遍建立，工会与政府的联系和"源头参与"的力度得到加强。2008年12月3日，赣州市政府与市总召开第五次联席座谈会。市政府要求各级政府和各有关部门要大力支持工会工作，逐年增加送温暖资金。各县(市、区)政府也要加大对送温暖资金的支持力度。同意市财政安排市总困难职工帮扶中心工作经费30万元。要求各县(市、区)政府也要加大对困难职工帮扶中心的支持力度，相应安排帮扶工作经费。为解决"赣州市劳模奖励基金"和"赣州市和谐帮扶・困难劳模帮扶基金"启动资金问题，由市财政给两个基金一次性各安排30万元启动资金。原则同意将赣州农民工俱乐部立项并列为市政府和市发展和改革委明年的重点工程建设项目，增加市总困难职工帮扶中心由工会经费列支的事业编制3名。每次会议市政府与市总的主要领导，市政府有关部门的负责人出席或列席会议。

2001年11月4日，南昌市政府与市总召开第1次联席座谈会。至2010年，共召开3次市政府与市总联席会议。会议先后确定：建立市政府与市总联席会议制度，建立邀请市总领导列席市政府有关会议制度，建立市总与政府有关部门对口联系制度，明确联系工会工作的政府领导人；原则同意在南昌经济技术开发区、南昌高新技术开发区、红谷滩新区、桑海经济开发区和英雄经济开发区各增设一名工会专职副主席职数；按13个月工资、统一后的津贴补贴以及全市实行的事业单位绩效工资计提工会经费，从2010年起统一纳入财政预算；由财政局对2009年市帮扶专项配套资金差额部分给予补足，并从2010年起对中央和省财政下拨的专项帮扶资金同比例拨付到位；从2010年起，市政府按每人每年200元的标准给市级劳模发放春节慰问金，逐年增加送温暖活动资金等事项。2008年1月30日,市政府办公厅、市总联合印发《关于建立健全政府与工会联席座谈会议制度的通知》,就进一步建立健全政府与工会联席座谈会议制度有关事项作出要求。2007年4月20日,南昌市教育局、市科技局、市文化新闻出版局、市卫生局、市体育局、市广播电影电视局6个主管局与南昌市教科文卫体工会举行第1次联席会议。

2001年12月31日,上饶市政府与市总召开第1次联席会议。至2010年共召开8次。会议先后确定:尽快建立政府与工会的联系座谈会议制度,各县(市、区)要在2002年上半年前建立联系座谈会议制度;支持各级工会依法履行工会劳动保护三个《条例》职责;做好劳模管理工作;从2002年1月起,财政统发工资的行政、事业单位按时足额统一划拨给市、县(市、区)总工会;从2003年元月起,原来由市财政局划拨给市直机关工会和市教育工会的工会经费,改由市财政局按月足额直接划拨给市总;同意市总《关于切实做好〈工会法〉执行工作的请示》;追加困难职工送温暖活动资金;解决帮扶中心工作经费、性质、定编;财政配套中央帮扶专项资金并列入财政预算;进一步完善行政事业单位工会经费由财政统一划拨办法。从2009年开始,将财政供给的行政事业单位工会经费单独列入财政预算,并由财政按时统一划拨给市总。对未列入财政供给的企、事业单位工会经费和工会筹备金,统一由地方税务部门代征;以市政府名义下发《关于进一步加强工会经费征缴的意见》;同意市劳模慰问金在2009年的基础上,每人增加100元;增设市总副县级经费审查委员会和科级经审委工作机构,并增加相关的职数等事项。

2003年6月23日,宜春市政府与市总举行第1次联席座谈会议。2010年12月27日,举行第2次联席会议。两次会议确定:建立健全政府与同级工会联席座谈会议制度,在2003年年底前要建立和健全这一制度;市直有关部门召开涉及职工切身利益的会议,如研究制定工资、物价、安全生产以及劳动保护、劳动保险、社会保障等重大政策措施时,应通知工会参加;工业园区管委会中要明确一位领导分管工会工作。全市各乡镇、街道要明确一名专职或兼职干部抓工会的组织建设等工作;行业协会要组建工会;全市机关事业单位未建立工会的,2003年年度前必须把工会建起来;原则同意出台《宜春市劳动模范和先进工作者评选表彰管理办法》;建立困难职工帮扶机构;按照上级规定由市、县(市)政府按政策(1∶1)配套帮扶资金,并列入财政预算;2011年启动市级劳模评选表彰工作;财政拨款行政事业单位的工会经费单独列入年度财政预算并足额划拨到位,工业园区工会配备专兼职工会干部等事项。2003年8月11日,市政府办公室与市总下发《关于进一步建立健全政府与工会联席座谈会议制度的通知》。2005年10月,上高县政府与县总工会举行第1次联席座谈会议。

2000年抚州撤地设市前,抚州地区行署与抚州地区工会召开过1次联席会。撤地设市后,政府与工会联席会制度得到坚持和完善。2003年11月18日,市政府与市总召开第1次联席座谈会。2003至2010年共召开6次联席会议,协调解决工会和职工重点难点问题35个:支持市总兴建抚州市职工教育培训中心,并减免全部规费;由地方税务部门在全市范围内(含11个县区)代征代收企业和自收自支事业单位工会经费;支持成立抚州市总困难职工帮扶中心。涉及“帮扶中心”机构、编制等问题,由市总报市编委审批;从2005年起,市财政每年为市总困难职工帮扶中心安排预算资金;从2007年起,增加安排送温暖资金预算,以后每年增长;原则同意市总要求增设机构和增加编制的意见;从 2009 年开始,市财政做好预算安排市劳模春节慰问金、安排劳模疗休养、困难劳模帮扶和劳模管理工作经费、抚州市“五一”劳动奖章(状)评选表彰经费等;同意对中央、省财政下拨的专项困难职工帮扶资金进行配套。从 2009 年起,各县(区)按财政统发工资单位的职工工资总额 2% 足额列入财政预算,并按时足额划拨至县(区)总工会;支持地税征收机关进园区代征企业工会经费和工会筹备金;从 2009 年开始,增加劳动竞赛经费;解决工会办公、办事和活动“三大场所”建设用地等问题;运用市场手段盘活工会现有资产,将所变现资金全部用于工会“三大场所”建设,统筹解决建设用地和资金问题。11 个县(区)政府与县(区)总工会召开 100 次联席会,协商解决工会和职工重点难点问题 298 个,解决许多关系工会和职工重点、热点、难点问题。

产业行政与工会联席会议

政府与工会联席会议制度影响继续加大,向产业延伸。2001 年 1 月 2 日,江西省教育厅与省教育工会举行第一次联席座谈会。这是自省政府与省总建立联席座谈会制度以后,第一家产业工会与政府部门举行联席座谈会。参加座谈会的领导有省总副主席、省教育工会主席文之周,省教育厅副厅长于玉梅、郑守华,省教育厅纪检组长姚绍平。文之周通报省教育工会工作,并对全省教育工会工作需要解决的问题提出意见和建议:一是学校推行校务公开问题,须从制度上、法律上进行规范;二是加大教育行政支持教育工会源头参与和维护的力度,加强各级工会组织的建设,在涉及教职工切身利益的问题上要有工会组织的参与;三是理顺省属民办学校工会组织的隶属关系。省教育厅领导表示,对省教育工会提出的意见和建议大力支持,并责成厅有关处室分别落实。2010 年 4 月 6 日,省教育厅与省教育工会举行第二次联席会议。省教育厅厅长虞国庆,省总巡视员、省教育工会主席李骥,省教育副厅长彭世东,省教育厅副巡视员万普海出席。李骥通报 2009 年省教育工会工作,并对针对当前校办企业的困境以及进一步规范全省教代会工作和困难企业帮扶等问题提出了意见和建议,省教育厅要求抓好落实。会议同意下发《江西省高等院校职代会规程》《江西省普通中小学教代会规程》,同意对校办企业困难职工给一定的帮扶资金,同意将高校困难企业及其社保问题提请省政府纳入改制范畴。2001 年 10 月 11 日,省交通厅、省交通工会召开第一次联席座谈会。会议互通情况,共商交通职工普遍关心的难点、热点问题,专题研究新形势下如何进一步加强交通系统工会组织建设,部署厅直各单位与同级工会组织建立联席座谈会制度的工作,并协商工会工作具体事项。会议对省交通厅党组《关于加强工会组织建设的若干意见(征求意见稿)》、党组加强和改善对交通工会工作的领导以及交通工会工作提出意见和建议。

第五节　参与社会管理

进入领导机构

1994—2010 年,省总作为江西最大的社团组织,参与社会和政府管理事务,在多个事务组织和机构中发挥作用。17年间,省总和省总领导先后担任以下组织和机构成员,主要是省退休职工管理委员会副主任、省劳动人事争议仲裁委员会副主任委员、省构建和谐劳动关系工作领导小组副组长、省厂务公开领导小组副组长、省人民武装委员会委员、省双拥领导小组成员、省企业政工职称领导小组成员、省社会主义新农村建设领导小组成员、省社会主义文明建设委员会委员、省人民防空指挥部成员、省社会治安综合治理委员会委员、省法治工作领导小组、省委党建工作领导小组成员、省宗教工作领导小组成员、省城乡社区建设工作领导小组成员、省统战工作领导小组成员、省国家安全委员会成员、省国防教育领导小组成员、省五好文明家庭创建活动协调小组成员、省关心下一代工作委员会成员、省妇女儿童工作委员会委员、省未成年人保护委员会成员办公室成员、省人口和计划生育领导小组成员、省属国有企业改革领导小组成员、全省国有企业重组改制和关闭破产工作领导小组成员、全省国有企业重组改制和关闭破产工作领导小组成员、省国企改革领导小组成员、省非工口七个系统国企改革领导小组副组长、省林业产业发展和国有林地改革工作领导小组成员、省高校思想政治工作领导小组成员、省政法委员会委员、省社会治安综合治理委员会办公室成员、省深化医疗卫生体制改革领导小组成员、省政府行政奖励表彰工作领导小组成员、省安全生产事故灾难应急指挥部成员、省消费权益保护委员会常务委员、省禁毒委员会委员、省语言文字工作委员会委员、省反对拐卖妇女儿童行动工作联席会成员、省实施全民健身计划领导小组成员、省防治艾滋病工作委员会成员、省职工自学成才奖评审委员会(2006年成为省职工自学成才委员会)主任、省自学考试工作委员会委员、省职工职业道德建设指导协调小组组长、省禁赌工作领导小组成员、省志愿服务工作协调小组成员、省"农家书屋"领导小组成员、省委防范和处理邪教问题领导小组成员、省全民科学素质工作领导小组成员、省处理信访突出问题及群体性事件联席会议成员、省大中型国有企业劳动争议调解中心试点工作领导小组成员、江西省总促进下岗职工基本生活保障和再就业工作领导小组成员、省再就业工作联席会议成员、省农村移风易俗联席会议成员、省就业工作领导小组成员、省社会救助工作联席会议成员、省农村劳动力转移就业工作联席会议成员、省社会保障工作领导小组成员、省社会保障监督委员会成员、省老龄工作委员会委员、省社会养老保险基金使用监督委员会委员、省残疾人工作委员会委员、省"敬老文明号"领导小组成员、省发展家庭服务业促进就业联席会议成员、省职业培训工作领导小组成员、省春运领导小组成员、省农民工工作领导小组成员、省爱国卫生运动委员会委员、省残疾预防和残疾人康复工作领导小组成员、省解决企业拖欠工资问题联席会议成员、省协调劳动关系联席会议成员、省普法教育工作领导小组成员、省领导小组成员、省社会矫正工作领导小组成员、省处置大规模群体事件应急指挥部成员、省见义勇为基金会理事、省厂务公开领导小组成员、省红十字会理事、省献血工作协调小组成员、省公安厅特邀监督员。

退休职工管理委员会工作　省退休职工管理委员会(简称退管会)1990年成立。委员会主任由省政府常务副省长担任,副主任由省总主席和分管副主席,省劳动厅、省财政厅分管副厅长担任。省总负责省退管会日常工作。省社会养老保险基金使用监督委员会1996年4月成立,省总负责其日常工作。

职工物价监督工作至1995年,全省已有103个职工物价监督组织,近千名职工物价监督员。

广大职工物价监督员以高度的主人翁责任感，积极开展物价监督检查活动，为制止乱涨价、乱收费，打击假冒伪劣商品和短尺少秤的不法行为，维护消费者的合法权益，做了大量的工作。

根据国务院和省政府相继召开的“开展物价大检查”的电话会议和物价大检查的通知，为协助政府及有关部门完成大检查任务，1994 年 3 月 23 日，省总下发《关于加强职工物价监督工作积极参加物价大检查的通知》。全省从 4 月 1 日起开展为期 3 个月的物价大检查。省总要求各级职工物价监督组织要按照当地政府的统一部署，精心组织认真安排，积极参加。检查的内容和重点是与人民群众生活关系密切的基本生活必需品和服务价格。要针对职工群众反映强烈的问题和热点，及时进行监督检查和处理。在检查中，职工物价监督组织和人员要掌握好有关价格政策法规，敢于秉公执法，严于廉洁自律，善于查处违法违纪行为，对于监督检查中遇到的难点和大案，主动与物价等有关部门联系协同查处。同时要做好调查研究，及时反映职工群众的呼声和要求，发挥参谋助手作用。各地要根据强化市场价格调控管理和社会监督作用与地位日益重要的新形势对职工物价监督组织进行一次整顿，健全、组织、调整、充实职工物价监督队伍，吸收离退休人员和积极分子参加工作，同时要加强对职监人员的法制教育和业务指导，不断提高职工和物价监督工作水平。各地职工物价监督工作要多向党委政府请示汇报，取得重视和支持；要加强与物价、工商、计量、财政、卫生、公安、消费者协会等有关部门的紧密联系，以取得他们的支持与合作。

1994 年 10 月，省总与省物价局联合下文，对职工物价监督组织处罚权限进行调整。规定总站有权没收 800 元（含 800 元）以下的非法收入和处以 500 元（含 500 元）以下的罚款；基层站有权没收 500 元（含 500 元）以下的非法收入和 300 元（含 300 元）以下的罚款，扩大职工物价监督检查的权限，有利于职工物价监督工作的开展。1994 年，累计出动检查 1387896 人次，查出违纪案件（行为）28 万件次，查出违纪金额 265.53 万元，收缴罚没款 189.94 万元，帮助退还消费者款 10.56 万元，收缴和销毁非法计量用具 8082 件。

送温暖基金委员会工作　鉴于群众生活困难和一些停产半停产企业和亏损企业中部分职工生活困难，在生产正常的企业里也还有极少数生活困难的职工等情况，省委、省政府、省总先后下发了《省政府办公厅关于切实做好生活困难职工工作的通知》《省政府办公厅、省总工会关于做好职工生活困难补助工作的通知》《省政府关于切实关心群众生活困难问题的紧急通知》等系列文件。1994 年 11 月 30 日，受省长吴官正委托，副省长舒圣佑主持召开第 8 次省长办公会议，专题研究帮助解决城乡部分困难群众的生活问题。刘金标等列席会议。省总向省政府作全省部分企业职工生活困难情况的汇报。会议原则同意省总提出的关于建立“送温暖基金委员会”的意见，委员会由省政府 1 名领导任名誉主任，省总领导任主任，省经贸委、省财政厅、省劳动厅领导任副主任，省民政厅、省工商局、省人民银行、省工商银行、省企业家协会为成员单位。委员会下设办公室，设在省总。各地、市、县可根据实际情况，参照省里的做法，成立“送温暖基金委员会”。地、市、县各级政府亦应酌情由财政拨些款用于当地的送温暖活动。从 1995 年开始，用 3 年时间筹集送温暖基金 2000 万元，具体筹集办法是：在各级财政的预算中安排一点；各级工会拿一点；省财政厅、省经贸委、省劳动厅分别研究，从个人所得税、超额利润奖励金、待业保险金中划出一定的比例用于“送温暖基金”。

1997 年，全省基层以上工会组织参加政府涉及职工利益工作机构 284 个，参加工作的工会干部

329 人,全年商议问题 440 件,解决问题 363 件。1998 年,全省基层以上工会组织参加政府涉及职工利益工作机构 485 个,参加工作的工会干部 790 人,全年商议问题 1157 件,解决问题 970 件。1999 年,基层以上工会组织在政府涉及职工利益的工作机构中解决问题 1784 件,参与政府部门制定政策和重大改革措施 928 件。

参与职工和劳动政策的制定

1994—2010 年期间,全省地方工会组织针对在建立社会主义市场经济体制为目标的改革和新旧体制交替过程中出现的新情况、新问题,及时研究改革过程中的深层次矛盾,提前介入职工和劳动政策的制定,从源头上积极维护职工和工会组织合法权益。

1994 年,省总参与《江西省〈国有企业职工待业保险规定〉实施细则》《江西省富余职工安置实施办法》《关于调整国有企业职工死亡待遇的通知》的制定和《江西省社会福利制度改革方案框架》的调研,先后 7 次参加省政府常务会议或省长办公会议,向政府反映职工生活困难和"双停"企业情况以及社会养老、工伤、失业、医疗、保险和职工死亡待遇、最低工资标准、物价检查等问题,为领导决策提供参考意见,多数意见被采纳。11 月下旬,省总参加省长办公会,提出建立全省"送温暖基金委员会"的建议,被省政府采纳。省总与省体改委联合行文,规定工会参与现代企业制度试点工作,全省 32 家试点企业工会主席全部进入领导小组。已挂牌的 24 家国有独资公司,有 21 家工会主席进入董事会,占 87.5%。九江、鹰潭、景德镇、萍乡、抚州、吉安党委专题发文就加强工会工作提出要求。上饶、赣州地委就加快乡镇企业、外资企业工会组建步伐制发文件。

1994 年 6 月 3 日,省总对省人大常委会法制工作委员会转来《南昌市劳动力市场管理条例(试行)》,认为:工会所办职业介绍所的服务范围和对象应面向城镇所有求职人员;非劳动部门办的职业介绍所的注册资金应与省里文件相衔接,仍规定为 3000 元为妥;《条例》第九条第 3 点,拟改按国家劳动部《关于民间办职业介绍机构管理问题的通知》中第三条第 4 点"有两名以上具备一定劳动业务知识或职业介绍工作经验,高中以上文化水平的工作人员"为宜;劳动部门在收取审批管理费和年检费的基础上,又收取劳动力市场管理费是不妥的;企业和个体工商户招用的人员,不仅仅是到劳动力市场主管部门办理有关录(聘)用手续的问题,更重要的是"用人单位(雇主)与录用人员要依法签订劳动合同或聘用合同,并到劳动力市场主管部门办理劳动合同签证、失业、养老等社会保险手续",建议补充修改。

1994 年 11 月 15 日,省评选表彰工作筹备委员会发文就省政府办公厅转来的由省人事厅代拟的《江西省人民政府关于政府及其工作部门荣誉称号授予工作暂行办法》(以下简称"暂行办法")提出意见,认为评选、表彰劳动模范和先进集体不同于行政奖励工作,它与群众性的学赶先进活动和社会主义劳动竞赛密不可分。劳动模范和先进工作者是在广大职工学赶先进和劳动竞赛中涌现出来的,表彰和奖励他们的目的是进一步推动学赶先进活动和发展社会主义劳动竞赛,把评先选模同劳动竞赛割裂开来,同行政奖励等同起来,从理论到实践上都是不妥的。《暂行办法》没有贯彻国务院指示精神,也不符合有关法律法规的要求以及历史和现实。

1997年,省总对全省困难职工和下岗职工的状况进行重点调查,7月向省政府报送的《关于建立城市居民最低生活保障制度的建议》,引起省政府领导的重视,为省政府《关于在全省建立城市居民最低生活保障制度的通知》文件的下发起了促进作用。九江、萍乡等地市先后出台《企业职工最低生活保障救助暂行办法》。

1998年3月12日,省总就《江西省职工伤亡事故调查处理办法(代拟稿)》提出修改意见:对第七条末句“在事故调查中……提出结论性意见”与《中华人民共和国国务院第75号令》(下称第75号令)相悖,应进行修改,建议把第75号令中第十四条全文写入《办法》。对《办法》第十八条“审批的事故结案批件”的行文,建议作修改。劳动部门在事故结案前,应征求公安、工会对事故的结案意见。审批的事故结案批件应主送负责对事故责任者处理的执行单位,抄送同级工会、事故单位所在地的劳动部门和工会,并抄报上一级劳动部门和工会。1998年7月1日,省总再度对《江西省企业职工伤亡事故调查处理办法(讨论稿)》进行修改,对第十七条提出修改建议:劳动部门在事故结案前,就结案处理意见征求工会等有关部门的意见。劳动部门审批的事故结案批件,抄报上一级劳动部门和工会,抄送同级工会和下一级劳动部门和工会以及事故单位。并提出修改理由。省政府采纳了省总提出的“劳动部门作出事故结案处理意见,应事先征求工会意见”的建议,确保工会在伤亡事故结案处理中的监督权。

1994年企业职工死亡待遇调整后,随着社会生活水平的提高,现行待遇标准已明显偏低,为保障企业职工死亡后其供养直系亲属的基本生活,根据实际,经省人民政府同意,决定对企业职工死亡待遇标准进行调整。2001年1月4日,省劳动和社会保障厅、省总以向省人民政府提交《关于调整国有企业职工死亡待遇的请示》,对2000年5月30日上报的《关于调整国有企业职工死亡待遇的请示》所提意见进行调整,根据实际情况,适当参考机关、事业单位职工死亡待遇调整标准,提出调整意见。2001年2月2日,省劳动和社会保障厅、省财政厅、省总下发《关于调整企业职工死亡待遇的通知》。

2001年1月前后,省总负责起草《江西省安全生产群众监督管理办法》,上报省政府办公厅后,办公厅委托省法制局和省安委会办公室召集有关单位和一些专家进行座谈,提出修改意见。省总基本上采纳了反馈意见,但仍然保留“工会劳动保护监督检查员”“基层工会劳动保护监督检查委员会”和“工会小组劳动检查员”这一称呼,而没有采纳反馈意见中提出的改为“安全生产监督检查员”等名称。原因是,全总劳动保护3个《条例》自1985年颁发以后,江西和全国其他地方一样,已按3个《条例》的要求建立从省、市、县、产业到各企事业单位、车间、班组比较健全的工会监督检查网络。省总修改后形成送审稿报省政府办公厅。

2002年9月1日,省总对《江西省发展个体私营经济条例(修改稿)》提出修改意见,建议第33条增加“企业应当自开业之日起一年内依法建立工会组织,并为工会组织依法独立自主地开展活动提供必要的物质条件”等。10月30日,省总就省人民政府办公厅转来的省劳动和社会保障厅《关于呈报〈江西省私营企业和城镇个体工商户参加基本养老保险及有关问题的通知〉的请示》表示基本同意,对有关几个问题提出修改意见和建议。(1)考虑原国有企业相当大一部分“中人”退休的利益。企业改制后,进入个私经济就业的职工人数多,涉及面广,建议对1995年9月30日前参加工作并已参保的原国有企业以及城镇集体企业的职工,企业改制后到私营企业(含中外合资、外商投资、个人出资控股企业)就业的职工,仍按省政府规定的“中人”办法办理退休。(2)个私经济参保按16%缴费太低,不利于养老保险基金的运作。建议私营企业的缴费比例,只能在省政府规定的20%缴费的比例上优惠2%,即按18%收缴。(3)建议从个私经济缴费中划入1%~2%给个人账户。

2002年,省总参与《关于省劳动和社会保障厅〈关于调整2002年企业基本养老保险缴费比例的请示〉的意见》《关于公布2001缴费年度企业职工基本养老保险个人账户储存额记账利率的请示》《关于机关事业单位的工勤岗位安置就业困难人员的通知(代拟稿)》等政策文件的修改。是年4月,省总对全省“城市居民最低生活保障制度运行状况”进行专题调研,通过在南昌、景德镇两地调研进一步了解当前低保制度执行过程中存在的困难、问题和原因,掌握特困职工进入低保的情况,并梳理出7个问题,有针对性地提出尽快制定全省《城市居民最低生活保障实施办法》;采取更有力的措施,扩大保障的覆盖面,全力解决“应保未保”问题;成立低保局,充实街办、居委会低保工作人员,建立健全低保工作管理网络,逐步实行微机化、动态化管理;建立工会与民政部门的工作联系制度;建立低保情况社会通报制度;制定优惠政策,自谋职业的特困人员创造宽松环境,减轻政府职工下岗再就业压力等建议。

2004年2月12日,省总就省安全生产委员会办公室《关于征求〈江西省安全生产奖励办法(初稿)〉意见的通知》提出建议:按照省政府现有规定,只有全国“五一劳动奖章”获得者可以享受省级劳模待遇,全总表彰的全国“五一劳动奖章”属综合性表彰,安全生产表彰属单项表彰,建议确定各层次先进人物表彰奖励的比例,控制并规定每次表彰的享受劳模待遇人员数量,每次表彰的享受劳模待遇人员数量应控制在5人之内。建议将第十四条第(三)款改为“记一等功、授予安全生产荣誉称号,由省人民政府安全生产监督管理部门会同同级人事部门或者劳动和社会保障部门审核,报江西省劳动模范评选表彰管理工作委员会办公室审查后,报省人民政府批准并由省人民政府表彰。”第八条奖励范围的条款和第二条关于奖励的对象不相符,建议加上党政机关、群众团体工作人员和对安全生产作出贡献的其他人员。9月8日,省总再次就《江西省安全生产奖励办法(代拟稿)》第十三条第三款“记一等功,授予安全生产荣誉称号,由省人民政府安全生产监督管理部门会同同级人事部门或者劳动和社会保障部门审核后,报省人民政府或者国务院安全生产监督管理部门批准”提出修改意见,建议修改为“记一等功,授予安全生产荣誉称号,由省人民政府安全生产监督管理部门,征求省安全生产委员会成员单位意见后,报省人民政府或者国务院安全生产监督管理部门批准表彰”。对授予“江西省安全生产先进工作者”和“江西省安全生产模范”称号的人员,如需授予“江西省劳动模范”或者“江西省先进工作者”荣誉称号,应按省政府关于《江西省劳动模范管理办法》办理呈报审批手续。

2004年11月17日,省总对省人事厅《关于机关事业单位立功获奖人员提高退休费标准的通知(征求意见函)》有关条款的修改提出意见:提高退休费标准对企业、事业单位都应一视同仁,建议在标题中删除“机关事业单位”字样,修改为“关于立功获奖人员提高退休费标准的通知”。根据《江西省劳动模范管理办法》,建议凡1995年10月1日(含)以后命名的劳动模范不提高退休费,以免与省劳模管理办法的规定相抵触。

2004年12月16日，省总就省劳动和社会保障厅《关于征求〈江西省企业工资支付暂行规定〉修改意见的函》提出建议。对《规定》适用范围、支付形式、结清劳动者工资时间、延期支付劳动者工资等8条意见。

2005年1月10日，省总就省政府办公厅转来《关于进一步规范事业单位参加企业基本养老保险办法的通知(送审稿)》提出修改意见，对第一条第2项的第二段、第一条第3项第(1)点表明："未参保的事业单位新参保时既然按规定的缴费基数和缴费比例进行了补缴，那么新参保的职工个人账户，就应按赣府发〔1995〕50号文第三条第(二)项"基本养老保险个人账户的具体记账内容"的3项规定记入个人账户。即从1995年10月1日至赣府发〔1999〕14号文执行前，个人账户规模为17%。""既然企业和个人从1995年10月1日起补缴的养老保险费可以计算出来，在这个期间按17%记入个人账户，在计算上应该不会太复杂、难操作。至于在这段时间少记6%在个人账户，对计发养老金影响不大。省总认为，如果只发个把月养老金影响倒不大，而职工退休后还要生活几十年，要领几十年的养老金这影响就大了，关系到职工的切身利益。""关于对1995年10月1日以后至参保时达到法定正常退休年龄并已按规定办理退休的人员，从本文下发后参保之月起由社会保险经办机构从基本养老保险基金中支付的问题。省总工会认为，这部分退休人员既然是已按事业单位退休规定办理了退休，就不要再转到社会保险经办机构支付基本养老金，因为以后退休金调整时，事业单位同企业单位退休人员的退休费调整额的差距会引起这部分人的心理不平衡。因此建议，2004年12月31日前已按事业单位规定办理了退休的，他们的退休费仍由原渠道解决。"

2005年2月4日，省总对省政府办公厅转来的《关于国有困难企业和职工参加医疗保险有关问题的指导意见(送审稿)》提出修改意见：《送审稿》第三条第(三)项："第三类困难企业经职工代表大会同意，……享受相应的住院医疗保险待遇"建议修改为"第三类困难企业经职工代表大会和退休人员同意，……享受相应住院医疗保险待遇"。第三条第(四)项"对于缴费确有特殊困难的企业……，可以给予不超过6个月的缓缴期"，建议在后面加上"……缓缴期满后企业仍无力缴费的，经劳动保障部门和财政部门共同核实后，报同级人民政府批准，由当地财政给予代缴"。建议在《送审稿》第三条第(五)项上面加上"过去已参保的企业，因经济困难而停保的，按《指导意见》参保，重新开通医保时，对其过去欠缴的医疗保险费补缴确有困难的，可采取挂账的办法"。

2005年5月25日，省总对省政府办公厅转来的省劳动和社会保障厅《关于调整企业职工过渡性养老金本人缴费工资平均指数计算办法的通知(送审稿)》提出意见建议：(1)"由退休前若干年的本人缴费工资"这一表述不够准确，因为省府以及后来行业统筹的规定中，均没有"由退休前若干年"的这种提法。建议把退休前若干年改为"由原规定取五年缴费指数)"，即"从2005年7月1日起，过渡性养老金本人工资平均指数由原规定取5年缴费指数，调整为按规定计算若干年本人缴费工资指数年度……"(2)《送审稿》第二条"职工退休前按规定单位和个人应缴费未足额缴费的年度，参保人员享受城市最低生活保障待遇期间未足额缴费的年度、参保人员被判刑入狱服刑期间的年度，指数为零"，建议：一是采取有力措施，督促企业依法按时足额缴纳基本养老保险金。二是对职工应缴纳基本养老保险金的年度已由单位从职工工资中足额扣缴了的，只是单位未同单位应缴纳的基本养老保险金一并交给社保机构,其责任应在单位,而不应影响职工年度指数,应由政府采取有力措施强制单位缴纳。三是对单位和职工个人确有困难未足额缴纳的年度,不应确定缴费的年度指数为零,对其已缴纳的时间应合并计算为缴费年度指数。(3)省政府对“中人”中办法,实行过渡性养老金并取5年缴费指数,使新老待遇有一个平稳的过渡。但随着时间的推移,只定5年缴费工资平均指数的计算办法的缺陷日趋显现。为进一步完善全省城镇企业职工养老保险制度,对企业职工过渡性养老金本人缴费工资平均指数计算办法作出调整,但由于此办法的调整,直接关系到“中人”这部分人员退休的待遇标准,且这部分人员之多,涉及面之广,类型又较复杂(下岗、失业、复员、转业、退伍、服役、改制等参保职工),如果调整后的某些规定不当,对“中人”退休待遇影响太大,因此建议,对《送审稿》提出的调整办法,有代表性地选择不同类型人员的过渡性养老金待遇进行科学测算,以避免调整后的政策对某类人员有失公平性。

2005年6月1日,省总就省政府办公厅转来省人事厅《关于机关事业单位立功获奖人员提高退休费标准的通知》提出意见:建议以省政府名义发文,将立功获奖人员提高退休费标准的范围扩大到企业和其他社会组织人员;《通知》中第一条第(一)款第3点关于“经省委、省政府或中央、国家机关部委会同人事部正式表彰(确认)在生产、科研、文教、卫生、管理等方面做出优异成绩的,退休费提高5%”的规定,扩大了原来提高退休费标准的范围。因这部分人员不属全国劳模和省、部级劳模,如提高这部分人的待遇,同样也要提高企业和其他社会组织人员退休费标准。此外,1995年10月1日后命名的全国劳模和省、部级劳模均不再享受提高退休标准的待遇,因此,1995年10月1日以后表彰的这部分先进个人不能提高5%退休费的待遇。

2005年6月,萍乡市总通过《萍乡工会信息》第201期以《我市失业人员企盼提高失业救济金发放标准》为题,向市委市政府提出依法调整失业救济金建议,引起市委市政府重视。9月,全市市本级6000名失业人员领取每月247.50元的失业救济金,比原标准提高57.75元。

2005年,南昌市总先后参与《厂务公开实施意见》《江西省实施(工会法)办法》等6个法规、条例、政策性文件的起草和修订,提出涉及职工收入分配、劳动就业、生活和医疗保障等方面意见建议600余条。

2007年12月29日,省总就《关于调整企业职工非因工及因病死亡待遇标准的通知(送审稿)》征求意见稿提出修改意见,并建议“三、资金渠道”后面,建议增加一条:四、确定企业职工和退休人员供养直系亲属的条件及享受定期生活困难补助的范围,仍按《劳动保险条例》及现行有关划分供养直系亲属的文件规定执行。企业应严格按规定划分和确定职工(退休人员)的供养直系亲属,职工死亡后,按劳保卡片登记的供养直系亲属人数发放死亡待遇。

2008年,省总参与政府有关社会救助、社会福利方面的法律法规和政策的研究与制定22件次。2008年3月27日,省总就《江西省人民政府贯彻国务院关于做好促进就业工作的通知的意见(代拟稿)》提出修改意见:建议用人单位年度裁减人员应减少,并用企业职工总人数的百分比给予限制。6月4日,省总就《关于调整企业职工非因工及因病死亡遗属生活困难补助标准的通知(送审稿)》提出3条意见。9月19日,省总对《江西省优秀专业技术创新人才评选奖励办法(代拟稿)》提出3条意见。是年,省总参与了《关于确定2007缴费年度企业职工基本养老保险个人账户储存额记账利率的请示》《江西省就业和失业登记管理办法(送审稿)》《关于进一步规范企业养老保险缴费基数核定的通知(征求意见稿)》文件的修改。

2009 年 11 月 3 日,省总就《关于报送 2009 年医改工作落实情况的通知》回复省深化医药卫生体制改革领导小组办公室,表明省总密切关注已关闭破产改制国有企业以及国有企业困难职工的医疗保障问题,充分发挥群众监督作用,及时向省政府有关部门反馈存在的问题。

2010 年 11 月 17 日,省总就省政府法制办转来江西驰耐得轮胎有限公司对原省劳动和社会保障厅等 3 家联合下发的《关于调整企业职工非因工及因病死亡丧葬抚恤费标准的通知》和《关于调整企业职工非因工及因病死亡遗属生活困难补助标准的通知》两个文件提出审查建议稿,认为在江西省劳动保障制度还不够完善的情况下,为维护广大职工享受劳动保险待遇,民营非公企业亦应执行上述两个文件。

2010 年,省总参与了全省最低工资标准、企业工资增长指导线、因工致残人员伤残津贴待遇调整等政策制定。

参加人大工作及议案处理

1994—2010 年,全省各级工会组织围绕职工、劳动法律法规制定、修改配合同级人大机构提出立法建议,材料收集、立法调研、基础认证工作。

1992 年,新《工会法》颁布,省总配合立法调研,起草《江西省实施〈工会法〉办法(代拟稿)》,1994 年 8 月 15 日,经省人大八届十次常委会通过实施。2001 年,全国人大颁布修改后的《工会法》,省总又将《江西省实施〈工会法〉办法》修改工作列入工作议题,2002 年 7 月,省人大九届三十一次常委会通过《江西省实施〈工会法〉办法》修正案。2010 年 8 月,省人大十一届十八次常委会再次修订并通过实施。

《工会法》《劳动法》《劳动合同法》《就业促进法》《职业病防治法》《江西省实施〈工会法〉办法》《劳动争议仲裁条例》《江西省职工代表大会条例》《江西省集体合同条例》等法律法规颁布后,省总在实施过程中,主动和配合省人大进行执法检查,促进法律法规的进一步落实。

1998 年,南昌市工会系统的人大代表和政协委员积极参政议政,先后就如何搞好国企改革,全心全意依靠职工办好企业,加强民主监督,实行厂务公开,尽快在实行股份制企业中建立职工持股会和关心退休职工生活等议题,向人大、政协组织呈报提案、议案。

1999 年 6 月 9 日,省教育工会以《对省九届人大二次会议 81 号建议的答复》。就郭招娣、龙潭、王建夏、黄满娥 4 位代表提出“落实大、中专学校工会主席级别待遇的建议”,经省人大转给省总,省总后交省教育工会处理落实,省教育工会常务副主席、学校工作负责人 2 人赴上饶,会同上饶地区工会办事处主任和上饶地区教育工会负责人一起到上饶地委宣传部、组织部,就该建议的落实问题与宣传部和组织部的领导进行协商。上饶地委宣传部表示,该建议有助于落实大、中专学校工会主席级别待遇,但按照干部管理权限,宣传部只能审批正科级以下干部,副处级以上干部的审批是由地委组织部报地委领导研究决定。上饶地委组织部表示:当时学校在配备工会主席人选时,只是按正科级程序配备。现在有关方面要求落实其级别待遇,从干部管理权限上讲,则属于重新提拔,涉及申报、考察一系列组织程序。但可作为贯彻落实37号文件的一个情况向地委领导反映。

1999年,省总配合省人大在3个省辖市开展《工会法》《江西省实施〈工会法〉办法》执法大检查。

2000年4月23日,省总以《关于对省人大代表汤月英在省九届人大三次会议上有关工会工作提案的答复》,认为提案一是反映了客观存在,二是有针对性地提出工会尤其是基层工会工作中存在的问题和薄弱环节。三是希望工会组织发挥作用,维护职工合法权益,增强工会组织的吸引力和凝聚力。省总表示从几个方面进行整改:一是动员和组织全省广大职工继续广泛深入地开展以实现国有企业改革和发展三年目标为主要内容的"九五"双争立功竞赛和合理化建议、技术革新、技术协作、发明创造建功立业活动,引导职工立足本职,学赶先进,争创一流,为振兴江西经济献计出力。二是积极协助党政和企业做好减员增效和下岗职工基本生活保障工作,深入实施送温暖工程,充分利用工会的阵地、设施,努力办好工会职业介绍、再就业培训、劳动就业服务机构,加快发展职工消费合作社、互助保险、住宅合作社、生产自救基地和解困贸易市场等,不断强化为职工特别是下岗职工的服务功能。对特困职工要承担"第一责任人"的职责,形成比较健全的工作网络和有效机制,推动送温暖工程向经常化、制度化、社会化方向深入发展。三是切实维护职工经济利益,大力推行平等协商和集体合同制度,发挥集体合同对劳动合同的规范作用,使职工的劳动权益受到集体合同的保护。四是切实保障职工的民主权利,坚持和完善以职代会为基本形式的企业民主管理制度。五是加强新形势下工会自身改革和建设,进一步牢固树立为职工群众服务的宗旨,发挥好代表职工群众利益,维护职工群众合法权益的职能,在广大职工群众中树立良好的形象。

2000年5月10日,省总就陈雪峰、胡新华、阮皇金、王爱群代表在省九届人大第三次会议上提出的第002号提案《尽早出台劳模管理工作条例》函复:省总从1990年起,就组织专门力量负责江西省劳模管理办法的起草工作。于1996年6月、1997年6月和2000年3月先后三次代省政府草拟《江西省劳动模范、先进工作者管理工作暂行办法》,并报请省政府审定和批准颁发。省总希望有关部门顾全大局,实实在在地为全省劳模、先进人物解决实际困难,支持和促成全省劳模管理工作办法尽快出台。

2003年2月28日,省总以《关于省十届人大一次会议第165号建议的答复》,就周兰华提出的关于保障企业劳模中下岗人员生活待遇的建议函告:省总一直努力推动劳模工作的法制化进程。劳模管理条例或办法一般由人大或政府制定。省总根据劳模工作的性质、特点和现状,就统一劳模管理问题多次向省委、省政府提出报告。在《江西省劳模管理办法》未出台的情况下,省总积极推广南昌市、吉安市政府《劳模管理办法》,并把解决劳模待遇问题作为省政府与省总联席座谈会议的主要议题之一。受党和政府的委托,全省各级工会负责劳动模范的日常管理工作,在建立健全劳模档案、劳模的资格认定、接待劳模咨询上访、落实劳模政策和待遇、进行劳模生活状况全面普查、帮扶资助困难劳模等方面做了大量工作。省委、省政府一直十分关心劳模和劳模管理工作。省委书记孟建柱、省长黄智权等领导多次深入到劳模家中看望劳模,了解劳模生活、工作情况,并对全省劳模工作多次作出指示。2002年3月,省总向省委报送了《关于全省劳模工作情况汇报》,提出关于尽快出台《江西省劳模管理办法》的3条建议,引起省委、省政府的高度重视,孟建柱、黄智权、傅克诚、彭宏松等领导先后作出批示。根据省委、省政府领导的批示精神,省总与省人事厅经过协商,再一次向省政府呈报《关于请求颁发〈江西省劳动模范、先进工作者管理办法〉的报告》,请求省政府尽快审议批准,颁发实施。省总一直努力为劳模特别是困难劳模多办实事好事。……省总将一如既往地把关心、爱护、尊重劳模作为履行维护职工合法权益基本职责的重要任务来抓,积极协助党政,对劳模特别是遇到各种困难的劳模切实承担起"第一责任人"的职责,努力为劳模多办实事好事,积极推动有关方面切实落实劳模政策,并尽快促成《江西省劳模管理办法》的出台。

2005年,省总《省总关于省十届人大三次会议第41号建议的答复函》,就省人大转来孙一先代表"关于安排吸血防治战线先进人物当选劳模的建议"答复:改革开放以来,全国、全省分别召开三次劳模表彰大会,全省血防战线有4人评为省劳模,他们是万安县血防站朱天宝、波阳县血防站严玉麟、彭泽县血防站邬培德、余干县血防站江顺德;有2人被评为全国劳模,他们是波阳县血防站严玉麟、余干县血防站江顺德。省总要进一步做好劳模工作。在今后的劳模评选工作中,坚持面向基层,面向工作第一线,面向经济和社会发展的各条战线和社会各个阶层的原则,把包括血防战线在内的先进人物评选推荐出来,共同推动全省血防工作的开展。

2005年,省总以《江西省总工会关于省十届人大三次会议第77号建议的答复函》,就省人大转来过仁祥代表"关于关心照顾老劳模、老先进个人的建议"答复,省政府2003年出台《江西省劳动模范管理办法》,为劳动模范制定7项优待政策:包括"提高退休金待遇""补充养老保险待遇""医疗优惠待遇""劳动就业和上岗优先待遇""疗(休)养待遇""优先接受培训教育和选拔任用待遇""在窗口行业享受优先服务待遇"等,2004、2005年春节期间省政府分别拨专款120万元、200万元对全省劳模进行了慰问。省总在承办劳模评选、表彰、管理的工作中,会认真考虑,提请政府有关部门在制定政策和工作中给予劳模关心和照顾。

2005年5月16日,省总以《江西省总工会关于省十届人大三次会议第159号建议的答复》,就陈贮春代表提出的《关于加大监督和保护私营企业工人权益力度》的建议作出答复:各级工会组织积极推进建立工会,发展会员,在基层认真宣传劳动法及其配套的法律法规,配合劳动保障部门指导帮助劳动者签订劳动合同,规范用工制度,由工会代表员工与用人单位签订集体合同,从总体上保障员工的合法权益。同时,各级工会还积极配合同级人大、政协、劳动监察机构开展执法检查、视察以及开展专项劳动保障检查,对用人单位的违法侵权行为依法进行查处,解决一些重点和难点问题。据调查统计,2004年,全省各级劳动监察机构共检查用人单位3.38万户,责令补签劳动合同11.24万份,追缴社会保险费2.54亿元,向劳动者追回被拖欠克扣的工资达5.09亿元。如何进一步妥善解决非公企业工人权益保障问题,一是要不断完善职工权益保障法律体系,有些法律法规需要根据形势的发展进行修订。为此,省总积极推动省人大尽早审议通过《江西省职工代表大会条例》,建议立法机关尽早着手并起草制订《江西省劳动者权益保障条例》《厂务公开条例》《法律监督条例》。二是要进一步加大执法检查和劳动保障监察力度,尤其是对非公有制企业的监督检查,及时查处违法行为。发挥新闻媒体的舆论导向作用,促使非公有制企业落实职工权益保障措施。三是要加大劳动法律法规宣传力度,帮助非公企业员工掌握法律知识,提高维权意识。四是要采取切实可行的措施,最大限度地把非公企业的员工组织到工会中来,通过工会组织为员工维权搭建平台,建立长效机制。五是要督促政府有关部门高度重视维护非公企业员工的合法权益问题。

参加政协工作及提案处理

1994年—2010年,省总配合政协机构就职工和劳动法律法规落实情况视察,开展基础工作,并就政协委员关于职工、工会方面的提案进行处理和答复。

在省政协七届五次会议上,马念芳委员提出《企业中的工会组织在市场经济中应如何发挥作用》的提案,省政协转省总主办处理。1997年8月28日,省总以《关于省政协七届五次会议提案370号的函复》答复马念芳委员。省总认为,工会必须促进企业切实保障《劳动法》赋予劳动者的合法权益,建立平等协商和签订集体合同制度;工会必须促进公司制企业实行职工董事和监事制度,更好地参与和维护职工的合法权益。当前,部分企业由于种种原因,处于亏损、停产、半停产状态,部分职工的基本生活发生困难。这个问题从根本上说,要靠深化改革,发展经济,健全社会保障制度来解决,但这需要有一个过程。江西省各级工会组织,尤其是企业工会为贯彻落实工会工作总体思路做出了显著的成绩。信函从推行平等协商和签订集体合同制度,动员和组织职工广泛深入地开展了以“双增双节”为主要内容,以节能降耗、扭亏增盈为重点的“争创一流业绩、争当九五英模”立功竞赛活动,地、市、县工会分别和困难企业结成了帮扶对子,职工代表进入董事会,各级工会加快了新经济组织组建,建立劳动法律监督委员会、企业劳动调解委员会、来信来访接访、处理突出事件,广泛扎实地实施“送温暖工程”等事例作出汇报。

1998年4月7日,省总发出《关于对省政协八届一次会议第365号提案的复函》。提案反映樟树农校工会隶属关系问题,省总《关于省直机关及其所属企事业单位工会组织隶属关系的意见》第五条已作明确规定:即南昌地区以外的省属企事业单位工会均由所在地方工会领导。据此,樟树农校工会组织应仍由省总宜春地区办事处领导。4月8日,省总发出《关于〈江西省政协八届一次会议提案283号〉的复函》,对委员左福士在省政协八届一次会议上提出尽快成立省劳模协会,加强劳模管理工作的提案予以函复。为加强全省劳模管理工作,早在1989年副省长张逢雨就指示省总,尽快制定江西省劳模工作管理办法。遵照省政府领导的指示,省总从1990年起,就指定专人负责此项工作,参照全总《劳动模范工作暂行条例》和兄弟省市的做法,在省法制局的指导下,于1994年2月代省政府起草《江西省职工劳动模范工作暂行规定》,省政府将此列入当年立法工作计划,省法制局也于当年7月30日提交省政府第21次常务会议审定。为解决劳模中亟待解决的特殊困难,省总又于1996年6月向省政府提出解决省级以上职工劳模享受特殊贡献待遇问题。1997年6月省长舒圣佑、常务副省长黄智权指示省总负责起草管理办法,省总于同年7月代省政府草拟《江西省劳动模范、先进工作者管理工作暂行办法》,报请省政府审定。与此同时,省总着手筹备江西省劳模协会,按照社团管理法规的要求,做好《章程》起草,理事人选、资金筹集等方面筹备工作,但因其间正处社团整顿,暂停办理新社团审批。长期以来,工会一直具体负责劳动模范管理工作,如劳模的评选、表彰及劳模的档案管理等。南昌市政府率先出台劳模管理办法,在江西引起强烈反响,尤其省直机关有关厅局和单位,纷纷盼望省劳模管理工作办法出台。省总根据提案意见,再次起草省劳模工作管理办法,成立省劳模协会列入省总 1998 年工作计划,报请省政府审定。

2001 年,省总就谢云林委员在省政协八届四次会议上提出的"多多关心共和国的老功臣们"提案作出答复:工会作为劳模管理责任部门,在劳模管理和为劳模办实事上做了大量的日常工作。一是建立劳模档案,二是从政治上对劳模进行关心,三是从生活上进行关心,四是从学习上进行关心。由于种种原因,还有部分劳模,特别是已离退休劳模还存在各种各样的困难,需要各级组织的关心和帮助。省总根据提案意见,加大劳模工作力度,扎扎实实为劳模办实事。

2007 年 2 月 28 日,省总以《江西省总工会关于省政协九届五次会议第 553 号提案的答复》,就涂宗勤委员的《关于改变现行外商投资企业工会经费、筹备金,和残疾人保障金征收方式的建议》作出答复。委托地税代征工会经费和工会筹备金,是有《中华人民共和国工会法》《江西省实施〈中华人民共和国工会法〉办法》等法律法规以及政策依据的,不是"捆绑式"征收。2006 年 1 月 17 日省政府与省总第 6 次联席座谈会会议决定:"关于税务部门代收工会经费问题,省政府授权省地税局和全省地税系统,切实做好工会经费和工会筹备金的代收工作。请省总、省地税局联合发文,尽快制定具体的操作办法"。据此,省总、省地税局联合下发《关于由地方税务机关代征工会经费和工会筹备金的通知》,对做好委托地税代征工会经费和工会筹备金作出明确的规定,是完全符合法律法规和政策规定的。……实践证明,工会经费收缴的落实到位,既促进工会组建工作,又使工会开展工作有必要的经费保证。

2007 年 8 月 28 日,省总以《江西省总工会关于省政协九届五次会议第 518 号提案的答复》,就金国庆委员提出的关于《采取强有力措施扎实推进农民工的维权工作》答复:省总大力在非公有制企业中建立工会组织,积极组织农民工加入工会。在输出地和输入地工会之间建立农民工双向维权机制。将农民工纳入送温暖范围,并将困难农民工子女列入"金秋助学"资助对象,建立完善帮扶关爱机制,关心农民工生产生活。积极参与建立农民工工资支付保障制度,配合劳动部门开展欠薪清理工作。开通"12351"农民工维权热线"绿色通道",不断创新维权工作方式,大力开展对农民工的法律援助。依法保障农民工的民主政治权利,省总在评选五一劳动奖章时将农民工纳入评选对象。

2008 年 3 月 18 日,省总就省政协委员赵登荣在省政协十届一次会议提案第 589 号《关于切实维护农民工合法权益的建议》,从省总重视加强基层工会组织建设,最广泛地把农民工组织到工会中来;建立和完善了双向维权机制,主动为农民工提供政策咨询和法律援助等服务;协助政府积极参与农民工工资支付保障制度建设;建立了帮扶关爱机制,关心农民工的生产生活 4 个方面予以答复。

2009 年 7 月 20 日,省总就冯县保委员提出的关于"关于要求政府增加劳动模范每月津贴的意见"作出答复:省人民政府于 2003 年颁发了《江西省劳动模范管理办法》,鉴于当时江西省的经济发展状况和省政府每年财政收入的实际,并未把劳模津贴的条款列入《江西省劳动模范管理办法》之中。对于生活困难的全国劳模和省级劳模,中央财政和省财政已下拨专项资金给专项补助。

2009 年 8 月 3 日,省总就省政协提案委发来的童水仙委员《关于加强机关职工民主管理,推进机关民主政治建设》提案作出函复,姚亚平对这一提案专门作了批示。省总民主管理部与全总有关部门和兄弟省市总工会进行了联系,拟借鉴兄弟省市总工会的经验,出台这方面的意见。为了抓好政协提案的落实,省总建议,拟请省直机关工会根据《江西省职工代表大会条例》等法律法规和政策,结合江西省实际,起草《加强机关职工民主管理,推进机关民主政治建设的意见(代拟稿)》,报省总研究,试点后下发全省。

2009年8月18日,省总以《江西省总工会关于省政协十届二次会议第497号提案的答复》,就省政协社法委提出的《关于建立工资集体协商机制的建议》函复,3年来,省总把推动企业建立工资集体协商机制作为维权机制建设的核心内容来抓,通过争取党政支持,推动建立政府主导工资集体协商的工作格局,并与人力资源和社会保障等部门密切配合在非公有制企业中积极稳妥地推进工资集体协商工作,大力开展工资集体协商要约行动,推行区域性行业性工资集体协商,加强工资集体协商指导员队伍建设,做了不少工作,推动全省企业工资集体协商地方立法。2008年5月,省总向省人大报送《江西省企业工资集体协商条例》的立法项目建议表,并积极开展《江西省企业工资集体协商条例》的前期立法调研和收集材料工作,草拟了《江西省企业工资集体协商条例》的代拟稿草案。2009年底向省人大正式提交《江西省企业工资集体协商条例》的立法建议,得到省人大的重视和支持,该条例被省人大内司委列为当年3个立法调研项目之一。同时加大工资集体协商指导员队伍建设,要求在2009年底前县及县以上工业园区、企业较多的乡镇街道至少配备1名工资集体协商指导员,加强工资集体协商工作的监督检查。

2010年,省总接办的省政协提案共2件。分别是第132号《关于设立农民工心理关怀热线的建议》和第588号《关于完善职工代表大会的建议》。涉及农民工心理健康和职工合法权益问题。省总根据省政协的工作要求,在规定期限内办理完毕。省总专门召开会议对提案进行讨论研究,并要求把提案办理过程作为主动接受政协委员监督的过程,作为实现好、维护好、发展好职工群众根本利益的过程。对提案的办理明确承办处室。建立健全了资料收集、汇总、回复、建档等工作制度。为确保办理质量,根据提案内容积极主动地加强各方面的联系沟通,一是主动加强同政协委员的联系沟通,向委员了解情况,征询意见;二是主动加强与会办单位沟通协商,以形成一致意见。第132号《关于设立农民工心理关怀热线的建议》由省总主办,省卫生厅和省人社厅会办。结合省总工作职能,与会办单位会商,并请会办单位根据各自的工作职能提出答复意见,汇总后提出主办意见。第132号《关于设立农民工心理关怀热线的建议》的提案,是涉及农民工心理健康方面的内容。省总建议由省卫生厅牵头,省人社厅、省总配合,在政府建立社会综合性心理援助热线的同时设农民工心理援助专题服务。第588号《关于完善职工代表大会的建议》提案中,提案委员建议依据有关法律并根据本省实际,制定相关职工代表大会的实施条例和实施细则,以更明确的规章制度赋予职代会法制的严肃性。因为法律法规制定的职能单位是人大,在省政协召开的政协十届三次会议提案协调会上,省总将建议制定相关职工代表大会的实施条例或实施细则。

劳动关系三方协商机制

组织机构 2002年5月31日,新余市率先建立以市劳动局和市经贸委代表政府一方,市总代表职工一方，市企业联合会和市企业家协会代表企业一方的市协调劳动关系三方会议制度，并召开第一次会议。会议审议通过《新余市协调劳动关系三方会议制度》。会议确定，市协调劳动关系三方会议每半年召开一次。协调的重点包括集体合同和劳动合同制度的推行和管理；企业改制改组过程中的劳动关系处理；企业工资收入分配制度改革；最低工资、工作时间和休息、休假、劳动安全卫生、女职工和未成年工特殊保护、社会保险、福利待遇、职业技能培训等劳动标准的制定和实施，劳动争议的预防和处理、职工民主管理和组织建设等。

2002 年 8 月 12 日，由省劳动和社会保障厅、省总、省企业联合会/企业家协会三方组成的省协调劳动关系三方会议制度正式建立。在省级协调劳动关系三方会议成立暨第一次会议上，明确了劳动关系三方会议工作机制由省劳动和社会保障厅（政府代表）、省总工会（职工代表）、省企业联合会/企业家协会（企业代表）三方组成。主席由省劳动和保障厅厅长兼任，副主席分别由省劳动保障厅副厅长、省总副主席、省企业联合会/企业家协会会长兼任。三方会议办公室设在省劳动和保障厅劳动工资处，负责三方会议的日常工作。省劳动和社会保障厅、省总、省企业联合会/企业家办会联合下发《关于建立“江西省协调劳动关系三方会议”的通知》及《江西省省级协调劳动关系三方会议制度》，对三方会议的组成人员、主要职责、内容、工作原则及三方会议的会议安排等方面作出规定。三方会议主要职责是：(1)研究分析经济体制改革和社会经济发展计划对劳动关系的影响，提出政策意见和建议；(2)通报交流各自劳动关系协调工作中的情况和问题，研究分析全省劳动关系状况及发展趋势，对劳动关系方面带有全局性、倾向性的重大问题进行协商，形成共识；(3)对制定并监督实施涉及调整劳动关系的法律、法规、规章和政策提出意见和建议；(4)对市、县（市、区）建立三方协调机制和企业开展平等协商，签订劳动合同和集体合同等劳动关系协调工作进行指导、协调，指导市、县（市、区）的劳动争议处理工作，总结推广典型经验；(5)对跨地区或在全省具有重大影响的集体劳动争议或群体性事件进行调查研究，提出解决的意见和建议。三方会议的主要内容是：(1)推进和完善平等协商、集体合同制度、劳动合同制度；(2)协调企业改制改组过程中的劳动关系；(3)企业工资集体协商和工资分配；(4)社会保险；(5)最低工资、工作时间和休息休假、劳动安全卫生、女职工和未成年工特殊保护、生活福利待遇、职业技能培训等劳动标准的制定和实施；(6)劳动争议的预防和处理；(7)职工民主管理和工会组织建设；(8)其他有关劳动关系协调问题。三方会议原则上每半年召开一次。

为加快全省市、县两级建立劳动关系协调机制，省总将设区市建立劳动关系三方协商机制作为全会年度目标考核的重要内容。

2003 年 10 月 14 日，全省协调劳动关系三方工作座谈会在南昌召开。省、各设区市三方会议主席、副主席以及省级三方会议组成人员共 60 人出席座谈会。座谈会由省协调劳动关系三方会议副主席轮流主持。省三方会议主席、省劳动和社会保障厅厅长熊盛文作总结讲话。省协调劳动关系会议副主席、省劳动和社会保障厅副厅长张勇在会上传达全国三方协调劳动关系工作经验交流会精神。三方会议副主席、省总副主席李骥，三方会议副主席、省企业联合会、企业家协会会长胡健分别代表各方在会上讲话。会上，南昌、九江、景德镇、上饶、新余、赣州市介绍经验。与会人员还就目前全省在三方机制建设、运作方面的成功经验及存在的问题进行讨论、座谈。会议提出，全省各地要进一步加大对建立三方协调机制的宣传力度,大力推进三方机制建设,逐步形成多层次、多形式的组织体系和工作格局,进一步明确职能,完善制度,规范运作。各设区市三方协调机构要积极开展工作,抓好县级三方会议的建立,争取在年内把县级企业联合会、企业家协会尽快建立起来,争取60%以上的县(市、区)建立三方协调机构。

2004年1月,抚州市和11个县(区)全部建立由劳动保障行政部门、工会组织和企业代表组成的三方协调劳动关系机制。9月29日,省级、各设区市、77个县(市、区)建立协调劳动关系三方会议制度。2005年,南昌市市、县(市、区)两级普遍建立三方协商机制。2006年11月,全省11个设区市和99个县(市、区)、240个乡镇(街道)和26个工业园区建立劳动关系三方会议制度。2006年,省、市、县(市、区)和260个乡镇(街道)、工业园区建立了协调劳动关系三方会议制度并开展了构建和谐劳动关系企业和工业园区活动。至2008年5月27日,省、市、县(市、区)和260个乡镇(街道)建立协调劳动关系三方会议制度。

2007年5月16日,省级协调劳动关系三方会议在南昌召开,省三方会议副主席、省劳动和社会保障厅副厅长刘金炎,省三方会议副主席、省总副主席李骥,省三方会议副主席、省企业联合会/企业家协会会长胡健,省三方会议办公室主任、副主任及三方会议成员和办公室组成人员出席会议。会议审议通过调整省级协调劳动关系三方会议主席、副主席、办公室负责人及增加办公室工作人员的事项。会议选举省劳动和社会保障厅厅长张勇担任省劳动关系三方会议主席,省劳动和社会保障厅副厅长刘金炎担任省劳动关系三方会议第一副主席,省总副主席李骥、省企业联合会/企业家协会会长胡健继续担任省劳动关系三方会议副主席。省劳动保障厅劳动工资处处长付任根继续担任省劳动关系三方会议办公室主任,会议改选省总法律工作部部长吴海平、省企业联合会/企业家协会雇主工作部部长张鹰担任省劳动关系三方会议办公室副主任。会议就《江西省最低工资标准及其适用区域调整方案(讨论稿)》进行充分协商。劳动关系三方充分肯定调整江西省最低工资标准的必要性,一致同意按《江西省最低工资标准及其适用区域调整方案(讨论稿)》上报劳动和社会保障部审核后,再报省政府审定发布。会议讨论并原则通过《关于对实施劳动合同制度三年行动计划与构建和谐劳动关系企业和工业园区活动进行督促检查的通知》。会议讨论《关于选树一批区域性集体合同示范典型单位的通知》。

省劳动关系三方会议下发《关于进一步贯彻实施〈江西省集体合同条例〉的通知》指出,《江西省集体合同条例》颁布实施两年间,平等协商和集体合同制度在各类企业中逐步推行,劳动关系协调机制纳入法制化和规范化轨道。为了进一步贯彻实施《条例》,通知要求加大《条例》的宣传力度,以非公有制企业为重点,大力推进集体合同制度;切实加强集体合同的管理,加大集体合同的监督检查力度。健全协调劳动关系三方会议制度,加强区域性、行业性签订集体合同工作。加大劳动保障监察力度。

2005年11月25日,省劳动关系三方会议下发《关于表彰全省劳动争议仲裁和调解工作先进集体优秀个人暨创建和谐劳动关系模范企业的决定》。经各设区市协调劳动关系三方组织推荐,省协调劳动关系三方会议评审,并经社会公示,决定表彰一批全省劳动争议仲裁和调解工作先进集体优秀个人暨创建和谐劳动关系模范企业。同时,省劳动关系三方会议下发《关于转发国家劳动和社会保障部、全总、全国企业联合会/全国企业家协会〈关于表彰全国劳动争议仲裁和调解工作先进集体优秀个人暨创建和谐劳动关系模范企业的决定〉的通知》。江西受表彰的全国优秀劳动争议仲裁员有杨寿瑶等3人;全国优秀劳动争议调解工作者有李海燕等6人;全国先进劳动争议仲裁委员会为九江市劳动争议仲裁委员会;全国先进劳动争议调解组织为上高县供电有限责任公司劳动争议调解委员会等3家;全国创建和谐劳动关系模范企业有江西洪都航空工业集团有限责任公司、新余钢铁有限责任公司。获得省级表彰的全省优秀劳动争议仲裁员有王静等29人;全省优秀劳动争议调解工作者有朱元山等54人;全省先进劳动争议仲裁委员会是南昌市劳动争议仲裁委员会等42个;全省和谐劳动关系模范企业有江铃汽车集团公司等34家。

2006年,全省各级工会利用劳动关系三方协商机制平台,联合政府有关部门,在全省开展了构建和谐劳动关系企业和工业园区活动。根据省协调劳动关系三方会议下发的《关于对实施劳动合同制度三年行动计划与构建和谐劳动关系企业和工业园区活动进行督促检查的通知》要求,省协调劳动关系三方督促检查组于2007年8月2至7日赴吉安、南昌就劳动合同制度与和谐劳动关系企业和工业园区创建活动进行督促检查。两市协调劳动关系三方围绕构建和谐劳动关系这一主题,全面开展劳动合同制度实施三年行动计划与构建和谐劳动关系企业和工业园区活动。两市劳动关系三方均下发了文件,制定了工作目标,提出了工作措施,明确了工作重点,并成立了劳动合同三年行动计划领导小组,劳动合同制度三年行动计划和创建和谐劳动关系企业和工业园区工作取得了明显成效。各地协调劳动关系三方下发了劳动合同制度三年行动计划实施方案,成立了“劳动合同制度三年行动计划工作领导小组”,对本市、县工作进行了具体的部署。并将劳动合同签订率纳入政府“民生工程”指标,层层签订责任状,将该指标作为政府的考核内容之一,确保到2007年底劳动合同签订率达到92%。吉安市下发《吉安市劳动合同制度三年行动计划实施方案》,确定市本级和各县(市、区)2006年至2008年三年推进劳动合同制度的工作任务,到2007年6月,该市劳动合同签订率达85%。

2010年,省劳动关系三方会议发出《关于报送推荐全国模范劳动关系和谐企业与工业园区名单和材料的函》,根据国家协调劳动关系三方办公室通知要求,经企业自查、省级协调劳动关系三方督查评比和三方网站上公示,江西省推荐清华泰豪等11家企业为“全国模范劳动关系和谐企业”,江西新余高新技术产业园区等2个工业园区为“全国模范劳动关系和谐工业园区”。

“共同约定行动”

2008年发生的金融危机对全省企业、职工权益以及工会工作的影响极大。对企业的影响表现为:部分重点企业效益下滑;停产、减产等企业增多;园区企业出现停建和缓建;部分企业已经发生断保情况。对职工生产生活和权益的影响表现为:待岗歇业人数增多;劳动工资报酬减少;职工思想出现波动。对工会工作的影响表现为:工会组建难度加大;维权工作难度加大;帮扶工作难度加大。

应对金融危机 2008年10月,省总多次召开会议,为应对金融危机的影响,采取积极有效措施,做好当前工会工作:开展调查研究。通过走访政府相关厅局、召开工会主席座谈会、进行专题调研、深入基层调查等形式,及时了解世界危机对全省企业、职工和工会工作带来的影响,针对江西是劳动输出大省的特点,充分发挥工会组织网络优势,通过工业园区管委会、乡镇和村级的工会组织,开展返乡农民工情况调查,做好摸底统计工作,掌握一手情况和资料,并及时党委、政府汇报和通报,提供决策参考;加强教育引导。在全省企业和广大职工中开展"心手相联、共渡难关"等主题活动,引导职工正确认识当前的严峻形势,坚定发展信心,相信党和政府应对复杂局面、驾驭经济发展全局的能力,正确对待当前企业面临的困难,增强应对危机的信心,教育广大职工关心企业、支持企业,开展技术创新、节能降耗、降本增效活动,与企业同舟共济、共谋发展;维护职工权益。针对当前工会维权工作的新情况新问题新变化,继续强化社会主义和谐劳动关系,以职工的劳动就业、收入分配、社会保障和劳动安全卫生为重点,表达维护好广大职工的合法权益,加大与政府劳动监察部门在工资清欠上的联合行动,年底前,开展督促和组织全省性的农民工工资清欠大检查活动返乡农民工在外打工期间,合法权益受到侵害的,主动加强与输入地工会组织和本地工会组织驻外维权机构的沟通和协调,依法维护他们的合法权益,与劳动保障部门一道,对妨碍返乡农民工进城务工的不合理政策和乱收费情况进行清理,使返乡农民工进城务工更加便利;加大帮扶力度。省总制定"两节"送温暖临时救助应急方案,并将筹集100万机动资金,对发生大面积救助的地区和行业进行援助,同时,要求全省各级工会做好应急救助方案,筹集相应资金,保证困难职工能过一个平安祥和的节日,在全省范围内开展一次"大病救助"活动,对因患大病、重病致贫的职工给予较高资金的特殊补助,以增强职工战胜困难的信心,扩大工会帮扶工作的影响;加强就业培训。认真落实和完成全总下达的3年职工技能培训计划,确保全省每年有1.1万名职工能享受到免费培训,帮助更多的下岗失业人员实现再就业。加大对返乡农民工和停产停工企业职工的技能培训工作力度;强化帮扶中心劳动就业介绍的职能。发挥已经授权工会创业培训机构的效能,在劳动部门的指导支持下,开展技能培训工作,达到增强职工就业能力和为经济平稳较快发展做好人力准备的目的。

2008年11月11—13日,省总召开全省工会主席学习贯彻中国工会十五大精神座谈会,就金融危机带来的影响,进行专题汇报和研究。会议指出,当前,工会组织要把思想统一到中央对经济形势的正确判断上来,把行动统一到中央、全总、省委的部署上来。全面融入发展大局:融入党政大局;关注世界形势的变化格局;加强教育引导,发挥经济建设中的主力军作用,发挥政治建设中的主人翁作用,发挥文化建设中的时代先锋和行动楷模作用,发挥社会建设中的国家政权重要社会支柱作用。工会要履行工会宣传教育、维权、帮扶职能,加强工会思想、组织、实力、工作创新建设。

2008年11月28日,省总下发《关于应对当前经济形势,开展"心手相连、帮扶济困、共克时艰"活动的紧急通知》。《通知》明确活动的主要内容:深入企业和基层,开展"大调研"活动,企业稳定发展是广大职工的利益所在,支持和促进企业发展是工会维护职工利益的前提;关爱就业困难人员,开展"大培训"活动,针对大量的下岗失业人员和返乡农民工逐步增多,各级工会组织要针对加大培训就业困难人员工作的力度,将有就业愿望的困难职工和困难会员全部纳入工会的培训帮扶的范围,省总决定从2008年开始,全省工会组织用3年时间,每年对1.1万名就业困难人员进行技术培训,达到初级以上技术等级合格证的不少于80%的目标任务;关爱特殊困难人员,开展"大救助”活动，各级工会组织要充分发挥工会困难职工帮扶中心的作用，为困难职工和困难农民工提供快捷、一站式服务，在元旦春节即将来临之际，要对困难职工和困难农民工广泛开展一次帮扶救助活动，实现走访慰问全覆盖的目标；关爱农民工，开展“大帮扶”工作，针对目前大量农民工返乡的情况，各级工会要集中为农民工办好5件实事：一是要充分运用全国工会帮扶中心的跨区域维权服务网络，加大对农民工的维权力度。各地工会帮扶中心要加强工作协作，跨区域就业的农民工合法权益受到损害时，要做出快速反应，为农民工提供便捷、快速、高效的服务。二是继续协助政府开展帮助农民工追讨欠薪行动。三是继续开展“农民工平安返乡行动”。《通知》要求：要充分认识开展好“心手相连、帮扶济困、共克时艰”活动的重要意义；要周密组织，把这次活动和当前工作紧密结合起来，落到实处；要加大工会帮扶资金筹集工作的力度；要落实好帮扶工作责任制；要制定出开展这次活动的实施意见。

2009年7月15日，省总下发《江西省总工会应对金融危机、服务职工十大措施实施意见的通知》。服务职工十大措施：大力推进劳务派遣单位、行政村（社区）组建工会和吸收会员；为困难职工免费（或成本计费）体检和优惠医疗、购药；筹资200万元，建立探视、帮扶和法律援助工伤职工制度；筹资500万元，选聘300名工会工作协理员；筹资410万元，赠送全省41万困难职工每人一份团体意外保险；筹资3.075亿元，为全省41万困难职工提高帮扶标准；筹资1230万元，为1.1万职工参加技术工人培训、3万农民工就业前培训服务；为10万农民工提供就业介绍、招聘、创业指导等服务；筹资570万元，为农民工开设夜校，创办职工书屋；筹资160万元，帮扶国企改制中特困职工，维护职工队伍稳定和社会稳定。

2008年底—2009年3月上旬，全省各级工会深入到企业，与企业家和职工代表座谈，并征求部分人大代表、政协委员的意见，在全省开展“不停产、不减员、不减薪”倡议活动。组织1000名企业家向全省企业董事长、厂长、经理发出努力做到“不停产、不减员、不减薪”的倡议，倡议企业家越是在经济困难的时候，越要高度关注职工，决不能因眼前困难而忽视或轻视职工的利益，做到及时了解职工的呼声和愿望，畅通职工意见反馈渠道，掌握职工的思想动态，解决职工的实际困难。同时，教育和引导职工积极参与企业重大决策，爱企如家，与企业同命运，共患难；大力推进职工文化、企业文化建设，不断提高职工队伍的思想道德素质和科学文化素质。

全省以产业工会、规模企业工会为依托，深入每一家企业，与企业经营者对话，向他们宣传“保队伍就是保企业、保企业就是保稳定、保稳定就是保发展”的理念，争取企业家对倡议活动的认同。2009年3月，全省10000多家企业、200多万职工响应了活动。同时还建立3项制度推进活动。一是企业减薪裁员报告制度。企业减薪、减员20人以上或减员超过企业用工10%时，必须提前一个月向工会报告，并按照程序与工会、职工代表进行协商，协商结果报上一级工会备案。二是主动干预制度。对不符合程序、不符合民意，甚至恶意减薪、裁员、停产的企业，上一级工会将主动干预，依法维权。对不符合程序的企业责令完善程序，对恶意减薪、裁员、停产的企业，建议政府有关部门责令整改。三是督查制度。在县（市、区）、产业自查的基础上，各设区市总牵头，从各县市区抽调工作人员，组成联合检查组进行交叉检查，通过与企业负责人、工会负责人、职工座谈，发放调查问卷，查问企业用工档案、工资档案，掌握企业真实情况。同时，把倡议活动与劳动关系和谐企业创建结合起来,没有开展倡议活动或倡议活动开展得不好的企业,一律不得命名为县(市、区)劳动关系和谐企业,一律不得作为先进单位向上级工会推荐。

2009年4月8日,省总下发《关于印发〈中华全国总工会关于深入推进"共同约定行动"的实施意见〉的通知》,要求认真贯彻全总"共同约定行动"的通知精神,做好各项工作。

2009年4月28日,省总召开会议,抓深入推进"共同约定行动"实施意见的落实。会议重申了开展"共同约定行动"的重要意义、原则、主要内容。对开展"共同约定行动"进一步要求:加强组织领导,制定计划措施;把握工作重点,将"共同约定行动"真正落到实处。要把开展"共同约定行动"与集体协商机制、开展创建劳动关系和谐企业、创建模范职工之家、"双爱双评"和"关爱员工、实现双赢"等活动结合起来,增强"共同约定行动"的有效性和规范性;建立考核机制,务求工作实效。要加强对贯彻落实"共同约定行动"的检查和督导,并将开展"共同约定行动"情况纳入工会工作年度考核目标项目。

2009年4月30日,省总邀请萍矿集团、中铁四局五公司、省邮政公司、江西稀有稀土金属钨业控股公司、江西农村信用联社、晨鸣纸业、江西金太阳教育有限公司、南昌立健药业有限公司、南昌鲜俫客公司、捷德智能卡系统有限公司等5家公有制企业、3家非公有制企业、2家外资企业,共10家企业和工会代表在江西省庆祝"五一"国际劳动节大会现场签订"共同约定行动"协议。出席庆祝"五一"国际劳动节大会并见证签约的省领导有:王宪魁、姚亚平以及省委办公厅副主任王全春、省政府副秘书长胡世忠以及省总领导。省领导在座谈会上指出:召开全省庆"五一"企业家座谈会,目的就是要动员全省企业和职工共渡难关,共谋发展,实现保增长、保民生、保稳定的目标。他强调:牢牢抓住用好重大发展机遇,进一步做大做强企业;关爱职工、善待职工,认真履行企业社会责任;切实发挥工会职能作用,确保共同约定行动取得实效。

在全总和省总有关"共同约定行动"实施意见的推动下,各地市立即行动。2009年4月底,抚州市召开"三方共同约定行动"暨"千万农民工援助行动"推进大会。5月7日,抚州100余家民企联合开展共同约定行动,在承诺书上签约。是年,全省各设区市总先后开展职工代表(即工会组织)与企业代表就"共同约定行动"内容签约活动。

针对受国际金融危机影响、大量农民工返乡的实际,全省各级工会把农民工稳定就业、自主创业纳入工会工作的重要内容。开展对返乡农民工的跟踪调研,及时掌握返乡农民工人数、详细了解农民工思想动态及面临的主要困难和问题,重点掌握农民工稳定就业、返乡安置就业,特别是返乡农民工的自主创业等情况。把农民工稳定就业纳入"共同约定行动",把返乡农民工安置就业、自主创业作为"工友创业行动"和"千万农民工就业援助行动"的重要内容。通过与劳动、工商联等相关部门联合,举办了"返乡农民工就业再就业系列服务活动",并发挥各级工会"工友创业基地"作用,开展创业培训,使他们尽快实现转移就业。为了扩大就业,以创业带动就业,帮助有创业能力和创业愿望的返乡农民工解决自主创业的"资金瓶颈"问题,全省各级工会与金融部门协商,在全省各地开设返乡农民工创业小额贷款业务。一方面协助各级金融系统向农民工尽快收齐必需的信誉材料,争取早日贷款;另一方面做好返乡农民工创业申请贷款联保的牵线搭桥工作。至2009年底,已使有创业愿望和能力的农民工得到63亿元的银行贷款,10万农民工成功实现创业,由此带动23万人实现了就业再就业，形成“1+1群”的带动效应。运用工会法律援助中心和帮扶中心的跨区域维权服务网络，帮助农民工维权和讨薪。2010年春节期间仅省总本级就为河南、安徽和本省40余名农民工讨回工资293000余元。省总与泛珠三角8个省市区工会签订省际工会农民工维权合作、法律援助、媒体联盟等项协议书。

2009年共同约定书

为认真贯彻落实胡锦涛总书记“保增长、保民生、保稳定，弘扬井冈山精神”的重要指示和省委、省政府战略部署，积极应对国际金融危机，促进企业发展，维护职工权益，发展和谐稳定的劳动关系，团结动员全体职工与企业同舟共济、共克时艰、共谋发展、互利共赢。

经企业、工会和职工三方代表协商一致，并由工会代表职工与企业达成如下约定：

企业方承诺：	职工方承诺：
一、坚持以职工为本，全心全意依靠职工办企业，真心实意关爱职工，充分发挥职工的聪明才智和首创精神，与职工同舟共济，共克时艰，战胜危机，确保平稳发展。	一、立足本职、爱岗敬业、遵章守纪，创一流业绩，努力提高劳动生产率，与企业同舟共济，共担风险，共渡难关，共谋发展。
二、自觉承担社会责任，千方百计保就业，在企业生产经营困难期间可采用轮岗轮休等形式保障职工岗位，努力做到不裁员。	二、识大体，顾大局，正确认识自身权益与企业和国家利益的关系，正确对待自身利益调整，以主人翁姿态为企业发展贡献力量。
三、坚持集体协商制度，切实维护职工的劳动报酬权益，按时足额发放工资，确需调整工资待遇时，必须通过平等协商确定，做到职工工资收入与企业发展相适应，努力做到不减薪。	三、积极参与以“同舟共济保增长，建功立业促发展”为主题的“技能大培训、岗位大练兵、劳动大竞赛”和“工人先锋号”创建活动，为提高企业自主创新能力、增强企业竞争力建功立业。
四、按时足额为职工交纳社会保险，确遇经济困难，按政府有关规定暂时缓缴，缓缴期满后及时补齐，努力做到不断保。	四、积极参与“创建学习型组织，争做知识型职工”活动，不断学习新知识，钻研新业务，掌握新技能，创造新业绩。
五、依法规范劳动用工行为，确保职工队伍稳定，主动与职工签订劳动合同，除发生不可抗力致使合同不能履行外，对已订立的劳动合同、集体合同内容一律严格履行。	五、积极参与群众性经济技术创新和合理化建议活动，为企业发展献计出力；积极参与发明创造、技术攻关和开发新产品活动，提升企业核心竞争力；积极参与节能降耗，挖潜增效活动，为企业增产增效多做贡献。
六、开展岗位技能培训，切实提高职工技术素质，企业开工不足时，积极组织职工开展学习、培训，为企业发展储备人才，并保障职工基本生活，不把职工推向社会，不把困难留给职工家庭，不给政府和社会增加压力。	六、积极参与创建劳动关系和谐企业活动，主动协助企业克服困难，自觉维护企业和社会稳定。
企业法定代表人签字： 2009年　月　日	企业工会主席签字： 2009年　月　日

国企改革参与

1992至2007年，全省经济转型，国有企业进行改革，其主要内容和形式为：企业三项制度改革

(劳动,人事,分配三项制度改革)、现代企业制度试点、国有企业重组改制和关闭破产工作。

现代企业制度试点介入 1994年1月13日,省总对《江西省1994年加快转换企业经营机制,建立现代企业制度的工作意见(送审稿)》《关于我省国有大中型企业进行现代企业制度试点的实施意见(讨论稿)》涉及工会、职代会在公司制试点中的作用问题,向省体改委、省经委并副省长舒圣佑、黄智权提出修改意见:鉴于上述两个文件中都只写职工代表进入监事会,没有明确进入董事会,要求请按《公司法》的规定给予明确。并要求省体改委、省经委在成立由有关部门参加的建立现代企业制度试点协调机构时,省总应该参加,以便发挥各级工会的作用,配合政府搞好全省的建立现代企业制度试点工作。3月初,省体改委和省总联合下文,规定工会主席进入建立现代企业制度试点企业领导小组。指出,各级工会要积极主动地参与试点工作,与有关方面协同调查研究,就有关问题进行讨论,代表职工主动提出政策建议,在改革全过程中搞好参与。工会主席要进入试点企业建立现代企业制度领导小组。

1994年,全省各级工会组织参与了建立现代企业制度的试点工作,注重从源头参与抓起,支持和搞好试点工作。省总与省体改委联合发文要求,工会主席进入试点企业建立现代企业制度领导小组,全过程参与试点工作。省总成立了现代企业制度试点协调领导小组,多次参与了政府有关协调工作,参与试点方案的讨论。并就试点中工会主席进入董事会等问题,5次发函给省政府有关部门,反映职工要求,表明工会态度。在各方面共同努力下,1994年省级试点的29家已挂牌国有独资公司,有31名职工代表(其中工会主席23人)进入了董事会。省总与省体改委、全总基层工作部联合举办了"现代企业制度"基础知识培训班,为全省32家试点企业和全省各级地方、产业、基层工会培训骨干300余名。6月,省总与省委组织部、省经委、省体改委联合召开了"全心全意依靠职工群众,推进企业转换经营机制经验交流会"。8月,刘金标在省总九届三次常委(扩大会)上就建立现代企业制度强调:在坚持和完善职工代表大会制度的同时,积极地拓宽职工民主管理的渠道,探索职工民主管理的新的实现形式和实现途径。各级工会都要积极参与现代企业制度的试点工作,从"源头"开始,全方位、全过程地参与,深入调研,勇于实践,提高职工民主管理的水平,丰富职工民主管理的内容。12月底,为了加强对现代企业制度试点中工会工作和职工民主管理工作,省总下文要求省总各地区办事处、各省辖市总对试点中工会工作和职工民主管理工作进行调研随着改革的深化,涉及职工切身利益的政策、法规相继出台,

1995年3月20日,省总函省体改委《关于对〈江西省百家企业现代企业制度试点方案〉(讨论稿)意见的函》表明:全省各级工会组织将积极参与,大力支持100家企业进行现代企业制度试点。各级工会组织有责任配合有关方面认真贯彻党的全心全意依靠工人阶级的根本指导方针,做好群众工作,共同处理好试点中出现的各种问题,搞好试点。省总作为省工业企业转机建制领导小组的成员,应参与《方案》的研究和制定。并对《方案》第四、第六条提出工会主张:"国有独资公司,两个以上国有企业或者其他两个以上国有投资主体设立的有限责任公司,董事会成员中应有职工代表,其他公司一般应有职工代表参加董事会,具体方案由试点企业决定工会负责人应作为职工董事人选提名""监事会由股东代表和公司职工代表组成""董事会和监事会中的职工代表由本企业工会组织职工提名,民主选举产生,并应占董事会和监事会一定比例,具体比例由公司章程加以规定股

份合作制试点企业的主要管理人员应由职工代表大会选举和罢免”“工会代表职工与企业就工资、工时等劳动条件进行平等协商签订集体合同。建立协调和稳定企业劳动关系的有效机制。试点企业研究生产经营重大问题,制定重要规章制度时,应听取工会和职工的意见和建议研究决定涉及职工切身利益问题时,应事先听取工会和职工的意见,并邀请工会和职工代表列席有关会议”以及不同形式的公司企业实行民主管理制度的形式。

职工权益维护 2000 年 3 月,省总对省属农垦企业深化体制改革情况进行专题调查,发现目前省属农垦企业干部职工存在着担忧和不满情况,主要有:担忧改制后职工失去国有职工身份,变成农民身份;担忧“三年之后按有关规定进入社会保险”这一条政策不能兑现,担忧企业移交地方管理后 3 年之中退休职工生活费没有来源;有些企业干部担忧企业划归地方管理后,地方政府不承认企业内部的“聘用干部”和“以工代干”的干部;对企业长期拖欠职工工资和医疗费强烈不满。要求省委、省政府正式出台关于省属农垦企业体制改革的文件,明确“老人老办法、新人新办法”的措施;“进入社保的有关规定”的规定;“债权、债务随场转移”的具体科目和手续等。为此,省总向省委、省政府呈文反映。

2001 年 7 月 9 日,省总下发《关于转发〈中华全国总工会关于在国有企业实施关闭破产中加强工会工作的意见〉的通知》,《意见》强调:工会要参加同级政府成立的企业关闭破产和职工再就业工作领导小组,并设立相应的工作机构具体负责这方面的工作。要密切关注关闭破产企业的情况,加强对这项工作的指导。《意见》就积极参与国有企业关闭破产有关政策、方案的制定与实施工作;充分发挥工会民主监督作用,妥善处理涉及职工切身利益的问题;配合党政组织认真做好职工的思想政治工作,切实关心职工的生活和就业提出要求。

2002 年,省政府下发《江西省人民政府关于深化省属国有企业改革的若干意见》,并成立江西省省属国有企业改革领导小组,省总为领导小组成员。

2005 年 9 月 12 日,省总下发《江西省总工会关于成立省总工会参与国有企业重组改制和关闭破产工作领导小组有关问题的通知》,组长:文之周,副组长:李骥、李慈葆,成员由办公室主任、组织部部长、法工部部长、保障部副部长、民管部部长、民管部副部长组成,领导小组办公室设民管部,并负责日常工作。《通知》明确领导小组职责为:参与全省国有企业重组改制和关闭破产工作领导小组的组织、协调工作及其开展的调查研究、政策制定等工作,监督和督促国家有关法律法规及政策的贯彻执行;指导和协调各设区市总成立的国有企业重组改制和关闭破产工作领导小组的工作。领导和协调全省各产业(局、系统)工会、省总各部门参与国有企业重组改制和关闭破产的工作;组织开展国有企业重组改制和关闭破产中维护职工合法权益有关问题的调查研究;审核领导小组办公室起草的拟报送政府有关部门的政策性建议和上报全总领导小组、省委、省政府的有关报告;审阅领导小组办公室报送的关于职工群体性事件等重要情况的报告,关于国有企业重组改制和关闭破产有关数据的季度分析报告,提出意见和要求;检查指导领导小组办公室的工作,审核办公室年度工作计划、经费预算和工作总结。《通知》明确工作重点为:国有企业重组改制和关闭破产中职工代表大会和工会组织作用发挥;国有企业重组改制和关闭破产时,职工的安置,解除劳动合同职工的经济补偿金的领取,社会保险关系的接续;国有企业重组改制和关闭破产时,劳动合同签订、变更、续订和集体合同签订中职工合法权益的维护;国有企业重组改制和关闭破产中进一步完善民主程序问题。

2005年10月13日,省总和省国防工会联合调研组撰写的《在企业改制中努力实现职工利益的最大化——关于我省军工企业改制情况调查》,引起省委、省政府领导的高度关注。孟建柱、黄智权等领导作出批示。

2008年4月16日,省总电传《关于对政策性关闭破产企业和国企厂办大集体职工安置问题进行专项调研的通知》,要求各设区市总在月底前完成调研。

2009年8月31日,全总国企改制调研组来江西调研,姚亚平汇报全省国企改革情况。

2003年—2007年,江西国有企业改制工作经历改革起步、扩大经营自主权、制度创新结构调整阶段、体制改革阶段,全省有2000多家国有企业改制,涉及职工51.8万人,其中大多数是资源枯竭政策性破产的大中型老的国有企业。全省各级工会组织自始至终参与国企改革,发挥工会组织应有的作用。(省、市、县三级和省产业、直属基层工会都成立参与国有企业重组改制和关闭破产工作领导小组,建立专门办事机构,县(区)以上的工会领导机关大都参加本地政府改制工作领导小组及办事机构的工作,改制企业工会也参与本企业领导小组的工作。省总参与2003年至2007年一系列全省企业改制的法规和政策文件的起草和出台。对改制的形式、程序、资产的评估处置、职工的安置、经济补偿和社会保险作出明确规定。为在改制中维护职工合法权益,省总根据上级精神和本省情况推动人大或与相关单位联合出台10多个政策法规文件,如《江西省职工代表大会条例》《江西省厂务公开条例》《江西省职工董事、职工监事的若干意见》《关于加强国有企业改制和关闭破产企业中厂务公开民主管理,切实维护职工合法权益的意见》《江西省总工会关于在企业改制处置群体性突发事件的意见》等。全省各级工会督促行政改制依法操作,按程序办事的工作,要求企业在改制中实行阳光操作,全过程公开,特别是改制方案必须经职代会审议通过,否则不得送审报批;职工安置方案必须经职代会审议通过,否则不得实施。召开职代会必须要2/3以上职工(代表)到场,过半数职工代表通过,表决必须实行票决制,否则职代会决议视为无效。2006年至2010年,全省外贸、盐业、投资、华赣、江中、森工、医药等17家企业改制顺利,省煤炭、钨业集团等9个矿山关闭破产涉及职工安置5万余人,其中抚恤对象5800人,破产重组工作进展顺利。

2006年到2010年,省总对全省国企改革进行基本情况调研,建立改制企业基本情况档案,制定企业常务副主席(或主席)为改制联络员(及时上情下达,下情上达),上级工会民主管理部门主官为指导员(了解掌握企业改制情况,在企业改制关键环节进行现场指导企业工会工作),上级工会分管主席为责任人(负责所辖企业改制中的工会工作,统一指挥部署),省市总工会在与一些特定的企业挂点包干外,还对改制中容易出现问题或已出现问题的单位进行现场指导。省总每年组织力量到地市、到企业搞调研,摸情况,加强与有关部门联系,对可能发生侵害职工合法权益的现象及时予以制止和纠正。2006年,省总4次就改制中维护职工合法权益的问题对4个设区市2个产业23家企业进行调研。2007年,省总和省国资委、省劳动和社会保障厅、省监察厅、省工商局等有关部门组成联合调查组开展联合检查,在要求2003年以来实施改制的1365家国有企业进行自查自纠的基础上,对6个设区市、15个县(市、区)及部分省级集团进行重点督查。省国防25家改制企业因为采取的是先置换身份后股权改革的办法，职工的权益容易受到侵害，省总与省国防工办连续两年联合组成调研组跟踪对15家企业的维权状况进行督查。2008年，省总与省委组织部、国资委等9个厅局委办组成9个组对全省11个设区市、22个县（市、区）、13个产业（局、系统）72家企业的厂务公开民主管理进行调研检查。

面对大量职工下岗的安置和再就业工作，省总在政策文件出台前，主动参与，坚持职工安置方案一定要明确职工的具体安置办法，争取更多有利于职工再就业的政策，在督促政府部门安置职工资金方面，省总争取政府各级财政对下岗职工培训、再就业（特别是小额贷款）等方面的支持。同时，全省各级工会充分利用工会的职业介绍所、职业培训机构、帮扶中心和再就业基地，积极向改制破产国有企业下岗失业人员提供技能培训和职业介绍，帮助他们寻找新的就业岗位。

2008年，新一届省委作出要在两年内基本完成全省国企改革任务的战略决策。2008年4月至2010年5月，全省进行工业口国企改革。2010年6月至2012年5月，全省进行了非工口七个系统（农垦、农业、林业、水利、粮食、交通和商贸系统）国企改革。省委、省政府明确提出必须把妥善做好职工安置工作、保障职工合法权益放在首位，善待职工、厚待职工。要坚持依法操作、民主操作、阳光操作。充分尊重职工的参与权、知情权、监督权，增强改革的透明度。

2009年6月30日，省国有企业改革领导小组分别与南昌、九江、萍乡、景德镇、赣州、上饶、抚州市政府签订改革目标责任书。要求采取"五个一批"的方式（即下放权属，股权多元，嫁接改造，转制重组及兼并破产）和途径在2010年5月31日之前完成省属下放工业企业和政策性破产企业改革任务；2010年12月31日之前完成其他工业企业改革任务。有数据反映，全省国有工业企业的改制，涉及企业507家，其中省属企业74家，破产企业95家，市县属企业338家，职工48万余人。非工口七个系统的国有企业1782家，涉及职工总人数54.1万人，其中，在职职工36.4万人，离退休职工17.7万人。

面对现状，省总号召全省各级工会积极参与国企改革、支持改革，配合改革；引导职工，理解改革，支持改革，为发展经济，稳定职工队伍、稳定社会作贡献。全省各级工会配合政府部门，积极参与制定政策和企业方案；工会全面参与，调度推进；畅通渠道，反映职工诉求；做好深入细致的思想政治工作；做好改制企业困难职工帮扶工作；做好信访接访，加强现场处置；开好职代会，确保改革、安置方案高票通过，确保企业得发展、职工得实惠。

2009年4月27日，省总、省国资委、省人保厅联合下发《关于加强国有企业改制和关闭破产中厂务公开民主管理维护职工合法权益的意见》。意见在加强职工民主参与、民主管理和民主监督方面强调：①各级企业改制领导小组要有同级工会的代表。企业工会主要负责人要进入本企业改制领导班子。各级工会要加强源头参与，积极主动地参与企业改制方案和职工安置方案等政策的出台，真实地表达职工诉求。②在改制中有关职工切身利益的重大议题必须坚持职代会审议通过的制度，不得以主席团联席会议或其他形式代替职代会。③做好企业改制方案、程序步骤、职工安置、经济补偿、社会保障以及资产处置、股权分配等环节的重大事项向职工公开的工作。在做好职工队伍稳定和企业稳定方面强调：①做到"五个讲清楚"，即：讲清楚改制实际问题，让职工心定；讲清楚改制政策方法步骤，让职工心明；讲清楚企业重组和职工安置方案，让职工心稳；讲清楚党和国家对职工的关怀,让职工心安;讲清楚遗留问题解决办法,让职工心顺。同时,要教育引导职工正确对待企业改革过程中的利益关系的调整,识大体,顾大局,理解改革,支持改革,参与改革,在企业改制中发挥主人翁和主力军作用。②党政主要领导负有“第一责任”,建立健全改制企业联系点、联络员、指导员和领导干部挂点的工作制度,做到每个改制企业都有厂务公开民主管理联络员、设区市一级有改制企业厂务公开民主管理业务指导员、省市两级国资委和工会有改制企业工作联系点,确保能及时发现和处理问题,确保各项工作的落实。在妥善调整劳动关系中强调:要督促企业建立健全劳动合同和平等协商集体合同制度,要督促企业妥善处理职工的安置费用问题,要督促企业做好社会保险关系接续工作。在推动遗留问题的妥善解中强调:要督促企业做好职工安置和再就业工作。要尽可能地把问题解决在改制和关闭破产中,成立善后小组,负责遗留问题的处理。各级地方国资委、人力资源和社会保障部门与工会要定期对企业改制和关闭破产遗留问题进行调查梳理,认真加以解决。在加强领导方面规定:改制企业要成立由党委领导的、有关方面参加的厂务公开民主管理领导小组,下设日常工作办公室,企业工会负责办公室的日常工作。企业行政要对本企业的厂务公开民主管理工作给予经费上支持。加强改制和关闭破产企业职工代表大会制度建设。加强改制和关闭破产企业中的工会工作。《意见》得到全国厂务公开协调小组办公室肯定,全文向全国转发,认为“对于充分发挥厂务公开民主管理在国有企业改制和关闭破产中维护职工合法权益具有较强的针对性和指导性”。

之后,省总参与省政府有关部门出台《关于省属国有企业改制养老及医疗保险政策的衔接与落实问题的意见》《关于省属集团公司所属职业技术教育院校管理体制问题的意见》《关于国有企业改制中生活区水电改造问题的意见》《关于开展职工代表大会规范化建设的意见》《职工代表大会运作程序》《关于在改制企业中处置群体性突发事件的意见》《关于进一步加强企业工会工作,维护职工队伍和社会稳定的紧急通知》等文件制定。省总还出台《关于维护职工队伍稳定、预防和参与处理职工群体性事件的若干意见》《关于开好职代会确保国企改革顺利推进的紧急通知》。各级工会参与国企改革政策的研究制定、改革方案安置方案的起草工作,对改制程序、资产评估、职工安置、经济补偿金和社会保险等几个重要问题都提出意见和建议。同时,省总派员参与省七个系统国企改革领导小组办公室政策研究组和材料组工作,参与《全省七个系统国企改革指导意见》和有关政策的草拟。

2009—2010年,省总在全委会、常委(扩大)会议上重点部署工会如何参与改革,支持改革,配合改革工作;不定期地召开地市和产业工会主要负责人参加的国企改革情况汇报会,互通信息,交流做法,推广经验;召开省属74改制企业工会主席会议、改制企业指导员、联络员培训会、网络舆情监测会等会议,讲解形势、传递信息、部署工作,要求全省工会系统围绕国企改革的中心和大局,发挥工会在国企改革中的独特优势,做广大职工利益的代表者和维护者;每季度召开一次国企改革工会工作调度会议,部署工作、协调进度、总体推进。

2009年6月29日,省总召开主席办公会。会议强调,各级工会要高度关注国有企业改制进程,并将维护改制企业职工合法权益作为今明两年的重点工作来抓。各级工会主席要争取进入本地、本单位、本企业改制工作领导小组,履行工会组织的职责。要推动落实《江西省职工代表大会条例》,坚持企业改制方案必须通过职代会。要主动深入企业、深入职工,密切关注改制企业职工的思想动态,预防和参与处理职工群体性事件。

2009年7月25日,省总在井冈山召开十二届三次常委(扩大)会议,部署工会组织支持参与国企改革工作。各设区市总主席、常务副主席,省产业(局、系统)工会和省总直属基层工会主席,省总各职能部门负责人共80余人出席会议。

2009年9月25日,省总召开全省国企改革中的工会工作座谈会,各市总主席、九大集团公司工会主席和职能部处领导、部分改制企业工会主席和省总机关干部参加会议,姚亚平在会上指出,国企改革是当前一项重中之重的工作。工会在这次国企改革中发挥了很大的作用,效果非常好。省委书记多次表扬,认为工会发挥了作用,特别是国企改革做到了信息畅通,职工的诉求、企业的稳定,半天之内就能反映到省委。当前江西国企改革任务繁重,工会组织要干现在、想长远。他着重就工会在国企改革中发挥作用,必须做好几个关键和重点工作提出意见:一是源头参与、宏观维护。强调源头参与是三个参与:参与立法、执法检查。参与各种会议,在会议讨论和作出决定的时候,工会就能反映职工诉求。参与改制方案、安置方案以及各种政策的制定。二是搞好宣传。强调要针对职工关心的热点问题、焦点问题、重点问题来做好宣讲、解读工作。用职工听得懂、信得过的语言来宣讲、解读。要互动式地宣传。对矛盾、问题要分类、分化、分别。三是反映诉求。强调在每个改制企业都建立一名联络员。市总、县总、各级总和企业工会都落实一名主席分管稳定。加强法工部和民管部的信访接待、信访处理工作。省总成立一个网上舆情监控组,专门采集和分析国企改制的舆情信息。四是开好职代会。强调要力争高票通过。要摸准情况,心中有数。开会之前要有针对性地做好宣传宣讲工作,形成最广泛的共识。会议必须合法合规。对关键企业、重点企业的职代会,总的领导包括部门领导最好要重点关注,甚至到现场指导。五是做好信访工作、处理和化解矛盾。六是现场处置群体访事件。

2009年11月2日,姚亚平、郭学勤一行先后来到南昌市困难职工帮扶中心、南昌电缆厂和江西锅炉化工石油机械联合公司,就南昌市国有工业企业改革工作进行考察。在座谈会上,姚亚平强调,要继续关心改制中和改制后的职工生活问题;要特别注意改革过程中职工的合法权益;要继续保持改革的稳定工作;改革后工会组织要继续保留。

2009年11月12日,省委常委会专题听取了姚亚平代表省总所作的全省工会参与国企改革工作的汇报,会议充分肯定工会在国企改革的作用,吴新雄表示:这个汇报非常好,非常深刻,特别是江西国企改革力度这么大,速度这么快,效果这么好。一个是省委的坚强领导,第二个工会发挥不可替代的重要作用。在切实维护好、实践好职工的合法利益上面,为改革的空间上坚定最重要的基础和最重要的保障。

2009年11月16日,省总下发《关于转发〈中华全国总工会关于坚决纠正在企业改革改制中撤销工会组织、合并工会工作机构问题的通知〉的通知》,《通知》强调:企业改制后,工会组织不能削弱,更不能撤并。要求各级工会在年底前全部实现独立设置。达不到要求的企业及领导人,在劳动模范、"五一劳动奖状""五一劳动奖章"、劳动关系和谐企业等各类评先评优中,实行"一票否决"。要求各级工会对国有企业改革改制中的工会组织情况进行一次认真排查和整改。

2009年11月24日,省总国企改革座谈会,南昌、九江、景德镇市总,省钨业、农垦、煤炭、建工、医药、国防工会和南昌钢铁有限责任公司、南昌水运集团公司、省物资储运公司、江西华源江纺有限公司、江西制药公司、东乡化肥厂、丰城矿业、新余矿业、省二建公司、赣州有色金属机械有限公司等工会主席参加会议。会议就国企改革的进展情况,国企改革后移交社区管理的情况进行了汇报,并就存在的问题提出了建议。姚亚平在会上强调,全省各级工会组织要对前一阶段国企改革作个总结。重点关注两个方面:一是深入调研,掌握主动,在第一时间掌握企业改制的方向、原则和职工的诉求;二是企业改制后续问题。国企改革后,厂区变社区,国企改革的内部退养人员、部分再就业职工社会保险以及需要特殊帮扶救济的患重病和疑难病的职工,都需要各级工会组织加强监督、悉心指导,尽心尽力,真情帮扶。

2010年1月16—17日,姚亚平、郭学勤到赣州市宁都县、瑞金市就深入推进国企改革工作到农业、林垦、水利、交通等企业进行调研。姚亚平强调,切实维护和保障职工的合法权益,认真制定改制方案,坚持以人为本,有情操作,确保职工在企业改制中的知情权、参与权、表达权和监督权,真正体现职工的主人翁地位,最大限度地调动职工参与改革的积极性。要按照政策规范操作,严把企业改制方案审批通过、清产核资、资产评估和产权交易等关键环节,防止国有资产流失。在企业改制工作中,工会组织一定要主动靠前,积极参与,努力促使劳资双赢,从而构建和谐稳定的劳动关系。

2010年1月22日,郭学勤在省总十二届三次委员(扩大)会议工作报告中强调将参与、支持七个系统国企改革工作列为全省各级工会的重点工作,要求全省各级工会一是积极主动开展工作,摸清底数。据工会系统的不完全统计,非工口七个系统的国有企业有1400余家,到2009年底已完成改制的有400余家,未完全改制的有1000余家。工会组织建设和职代会制度的建设发展不平衡。有些企业长期停产或半停产,有的甚至停产20多年,成为工会组织和职代会制度不太健全的主因。二是恢复组织和制度,夯实改革基础。为了确保改革顺利进行,省总要求市、县各级工会健全相应的工作机制,形成省、市、县三级分工负责制,指导改制企业健全完善工会组织和职代会制度,确保企业改制方案、安置方案和维稳方案顺利通过,力争高票通过。要求按照《工会法》《工会章程》规定,必须全部建立或恢复工会组织,按照民主程序恢复和健全职代会制度。

2010年1月29日,《江西省总工会2010年工作要点》指出:妥善解决国企改制中和改制后涉及职工切身利益的问题。督促涉及职工切身利益的改制所需配套资金足额到位;协调做好企业社会化功能剥离中的政策制定、关系交接、手续办理等工作,服务好保障好职工利益;对改制企业职工的思想动态和困难状况进行调研,及时反映职工合理诉求。

2010年2月1日,省总下发《关于加强改制企业工会资产管理有关问题的通知》,要求加强改制企业工会资产管理,正确区分国有资产和工会资产的界限,防止工会资产流失,保证改制企业工会各项财务工作规范运作,实现改制企业工会财务关系的顺利衔接。

2010年6月2日,省总召开全省工会推进非工口七个系统国企改革工作和维护稳定会议。各设区市总常务副主席或分管副主席、部长,省直属有关产业(企业)工会主席,非工口七个系统的省级主管部门的工会主席参加会议。会议学习传达了省委主要负责人对非工口七个系统国企改革的指示精神,对前一时期全省工会舆情信息工作进行了总结和分析,并部署工作。郭学勤在会上强调;要把参与支持非工口国企改革作为当前重中之重的任务抓紧抓好。要开展调研活动,掌握准确情况掌握职工思想动态,做好宣传宣讲工作。要建立健全职代会制度。要加大困难帮扶力度。全省各级工会要从帮扶资金中拿出一部分资金,对七个系统改制企业困难职工进行专项帮扶,并会同政府部门和企业,对改制企业的职工进行转岗培训,提高他们的再就业的技术和技能水平。

2010 年 6 月 22 日,省总在南昌召开全省非工口七个系统国企改革工会工作会议。全省 11 个设区市总工会主席,七个系统工会主席,省总机关部门负责人及部分省总下属单位负责人参加了会议。姚亚平出席并讲话。郭学勤主持会议。省总领导王运昌、陈文明、吴海平出席。姚亚平指出,当前全省非工口七个系统国企改革工作所面临困难很多,如点多面广、小企业多,人数不够建会标准的多。针对这种情况,他从 6 个方面作了强调,一是要求各级工会组织,特别是县总要实地核查,建立台账,摸清家底。二是结合实际、再学文件、吃透精神。三是源头参与、讲究操作,稳步扎实推进。四是进一步建立健全职代会制度,把好职工民主管理的制度关。五是要关心职工生活、帮扶困难职工。省总将拿出 200 万专项资金帮扶困难职工。六是要尽快掌握舆情,反映动态信息。对事关稳定的重大群体性事件,力争做到“四个第一”,即要在第一时间掌握信息、第一时间报告领导、第一时间赶到现场、第一时间参与处理,并及时续报事件的相关情况。

2010 年 7 月 2 日下午,省总召开省总班子成员和部门负责人会议,会议分析了全省七个系统国企改革初步统计情况,并就下一步省总领导调研工作做了部署。姚亚平在会上强调:要进一步落实省总领导和部门领导联系设区市和七个系统的制度。并就联系职责作了要求:一是核查督查全省七个系统国企名称、职工数、工会组建及职代会建设等基础数据,督促各设区市、县工会主席挑起担子,亲自过问核查工作;二是要对各种数据进行分析,现场实地了解企业的现状、职工的现状、稳定的现状,增强对七个系统国企改革的认知度,指导市、县总参与国企改革;三是要从职工工资现状、身份置换、职工补偿金、企业改革资金准备金、职工诉求、企业办社会的剥离情况等方面进行分析,预判职工队伍稳定情况,进一步明确七个系统国企改革的重点、难点。

2010 年 6 月 13 日起,省总 8 个调研组分赴 11 个设区市七个系统国企改革情况进行。7 月 12 至 13 日,姚亚平、郭学勤一行在抚州就非工口七个系统国企改制进行调研。先后在南城、资溪、抚州市召开座谈会,广泛听取各地党政领导、各级工会主席意见、建议。7 月 15 日,省总召开七个系统国企改革调研情况分析会。调研情况分析会就七个系统国企改革情况、存在的隐患进行分析研究,提出建议和应对措施:(1)改制时间进度不能片面追求速度。有的县区还未正式启动,个别市属企业刚开始运行。但有地方提出今年年底就要全面结束。建议对酝酿不充分的,不要急于召开职代会审议,防止夹生现象。(2)林场、垦殖场变乡镇,农工变农民可能成为这次改制的焦点。从厅局和地方所反馈的信息看,农垦企业债务重拖欠费用大;职工基本没有一技之长,人员多且身份复杂;职工养老保险、医疗保险方式复杂;身份转换涉及土地中有些存在归属问题;企业办社会涉及人员多且行业资质不具备等,对这些问题需要进一步调研,统筹考虑,工作不细致、酝酿不充分,就有可能改不成功,或者半拉子改革;下岗职工有可能成为游民,容易引发群体事件。(3)上下贯通、左右平衡、前后衔接的统筹压力大。据调查,各地在这一问题上还没有制定比较严格的参照标准,行业主管部门也大多不准备过细要求。地方上普遍认为,上次工口企业改制中,也有很多县区标准不一样,特别是同行业的标准不太一致,但方案通过率高,改制非常成功。这样的心态,统筹的压力大,相关联的矛盾叠加可能会成为隐患。(4)多次改制但不彻底的企业隐患多。(5)押金问题。各地粮食行业从2002年起陆续改制,但全省普遍存在职工返聘上岗时需交2万~3万的押金,这部分资金量有数千万元,大部分已经用于弥补当时的改制资金缺口。此次改制,押金不解决,将会成为一个隐患。姚亚平在会上要求工会干部要具备能够摸清底数、能够梳理问题、能够分析案例、能够总结经验、能够归纳方法、能够宣讲政策、能够进行理论研究的能力,推动工会工作再上一个新台阶。他强调,在非工口七个系统改革中,工会要发挥监督、维护、知情的作用,要把握正确的方向。各地都要把职工安置放在改革的重要位置,在改革中保障职工的合法权益。要依靠职工、围绕职工、维护职工权益。

2010年8月6日,省总召开十二届四次常委(扩大)会议,王宪魁在会上指出:全省国有工业企业改革的实践充分证明,工会组织在改革中地位重要、作用重要,大有可为、大有作为,省委把工会列入改革领导小组、发挥工会独特优势和作用的决策是完全正确的。下一步,对非工口七个系统国企改革,工会组织一是要做好职工的思想工作,引导职工理解、支持和有信心搞好改革。二是要认真组织开好职代会,使职工受到尊重、行使好民主权利。三是要加强信访和舆情工作,有效化解改革中出现的问题。姚亚平要求各级工会认真操作,维护职工的合法权益,维护社会稳定。郭学勤在会上强调各级工会主要领导为总负责人,分管主席为直接责任人,民管、法工等职能部门为责任部门。各设区市总要成立国企改制工作领导小组,统一指挥协调改制企业工会工作;县(市、区)总要设立指导小组,在关键环节和时间节点上进行现场指导;改制企业工会要设立联络员、建立骨干队伍,发挥好企业工会主席或副主席的联络员作用和劳动模范、班组长的骨干作用。

2010年8月19日,姚亚平在省委、省政府召开的全省七个系统国有企业改革工作会议上讲话,强调改革的目的和改革平稳推进的条件都要考虑职工利益,而不仅仅是怎么样降低改革的成本和减轻财政的负担。要求精心操作,认真指挥,避免出事。强调做好改革中的群众工作,要让工会走在前台去。

2010年9月6日,姚亚平在吉安井冈山市林场、永新县三湾采育林场、安福县武功山林场调研林业系统国有企业改革工作。省林业厅副厅长魏运华,省总陈文明陪同。姚亚平强调,国有林业企业改革要从实际出发,因地制宜,正确把握改革方向,整合好林业资源,创新发展思路,要充分调动广大林业干部和职工的积极性,实现林业发展和生态保护双丰收。

2010年12月3—5日,姚亚平、郭学勤、吴海平一行到赣州市的全南县、信丰县等地,就非工口七个系统的改革进行调研。

七个系统国企改革启动后,省、市、县三级工会主席担任了七个系统国企改革领导小组的副组长,郭学勤为省七个系统国有企业改革工作小组成员。分管副主席为七个系统国企改革领导小组办公室成员,代表工会参与办公室的日常工作。

信息监测 2009年7月30日,省委主要负责人、王宪魁要求工会组织对国有企业改制过程中职工的思想动态和利益诉求及时做好信息报送工作。省总立即召开会议决定由办公室牵头组织专门人员专门编发《江西工会信息·国企改革专号》。

2009 年 8 月 3 日，省总建立网络舆情监测研判小组。成员：熊乐荣、胡靓怡、熊良、周媛、刘婷婷、任春山、陈丽娟、俞瑛，先由办公室牵头。之后，省总网络舆情监测研判小组成员调整以省总办公室、研究室、宣教部、民管部、法工部年轻干部为主体。网络舆情监测研判小组制定《江西省总工会网络舆情监测及报送工作制度》，就工作原则、工作部门、报送内容、报送程序、信息员管理和培训、报送要求和奖励作出规定，2009 年 10 月 1 日开始实施。2009 年底，省总网络舆情研判小组由吴海平分管并任组长，并增加江西工人报记者编辑为成员。

2009 年 8 月 4 日，省总召开国企改革信息报送工作会议。各市总分管主席，省冶金、石化、物资、电力、纺织、建工、建材、医药、煤炭集团公司，省属 32 家国企、省属下放地市 42 家国企工会主席参加会议，郭学勤出席并讲话。吴海平、龚荣才分别就国企改制中的信访与突发事件的应急处置、充分发挥职代会作用确保国企改革积极稳步推进作讲解，万学华就国企改革信息报送工作提出具体要求。

2009 年 9 月 3 日，省总召开信息工作会议，总结 1 个多月来省总国企改革信息报送工作，同时建立信息工作制：一明确分工，民管部关注职代会、厂务公开；法工部关注维权、上访；宣教部关注职工的思想动态；办公室具体承担信息的收、编、印、发、存等工作。二清晰流程。三严明奖惩。

在七个系统国企改革的过程中，省总对改制过程中职工反映的民主程序、利益诉求，以及在网络舆情等方面反映的突出问题和情况，及早发现、及时报送，每半个月定期分析一次，为省委、省政府决策提供参考。

2010 年 7 月 22 日，省总召开网络舆情研判小组座谈会，会议指出：当前，职工权益备受关注；国企改革的任务艰巨；职工生活还是比较困难。下一步的工作，要继续做好舆情研判，主动反映职工诉求，主动有效调解劳动冲突、劳动矛盾，构建和谐劳动关系、和谐社会。当前主要做好几件事情：一是要做好网络舆情工作。二是要做好报纸的宣传工作。三是要加强工会干校的案例教学。四是要建设和利用好工会网站。

2010 年 11 月 23—26 日，省总宣教部在江西宜春温泉工人疗养院举办全省工会网络舆情信息员培训班。省总副主席吴海平在培训班讲话，他强调，信息报送要快速高效；要增强预见性，敏锐地把握一个阶段需要重点反映的情况问题，敏锐地捕捉那些带苗头性、倾向性的问题；要勤于总结和提高，从个体中找出带普遍性的内容；无论是网络舆情还是信息，都是一事一报，短小精悍，准确精练。

2009 至 2011 年 9 月，省总编发《江西工会信息 · 国企改革专号》56 期，《江西工会信息 · 网络舆情》33 期，省总共核查、处理 100 余起舆情信息，迅速反映了职工在改革中关心、关注和疑虑的热点、焦点问题，为党政决策提供了第一手资料。同时还及时将重要信息报送全总、省委、省政府主要领导。中央、全总、省委、省政府领导对报送的信息高度重视，先后 47 次批示。

改制企业职工思想政治工作　全省工业口国企改革和非工口七个系统国企改革启动后，省总分别在省总干校和惠苑宾馆举办国企改革政策宣讲学习班。各地市产业工会也举办类似学习班，据统计共培训宣讲员 1000 余人。在全省改制企业中，每家企业工会确立 1 名联络员，全省市、县及省产业工会共有 600 多名联络员。

九江市总坚持政策宣讲,为职工答疑解惑,发挥减压器作用。一是加大对职工代表的培训。就广大职工普遍关心、关注的“焦点”“热点”问题,如:职工身份置换、补发工资和生活费、经济补偿标准、社保接续等方面的工作内容,进行政策解读,帮助职工代表准确理解政策,当好企业改制的宣传员。二是利用多种形式开展宣传。充分利用厂务公开栏、征求意见会等各种形式,引导职工正确对待改制,用政策解除职工疑虑,动员他们积极投身、支持企业改制。三是积极配合党政做好思想工作。组建了一支由167名工会干部组成的改制指导员队伍,举行各种讨论会、征求意见会220余次,动员和教育职工正确对待改制工作给企业和职工带来的暂时困难和部分利益的损害,积极参与改制、支持改制。特别是做到有的放矢,除了深入细致地了解每一个职工本人、家庭的情况外,还针对改制过程中职工思想上可能出现“五个期”的特点(恐惧期、疑虑期、缓解期、宣泄期、平稳期),按照“一把钥匙开一把锁”的原则,做过细的思想工作,做到“五个讲清楚”。南昌市总发挥工会贴近职工的优势,发挥桥梁纽带作用。一方面协助企业党政做好职工的思想政治工作。向职工群众讲清楚有关企业改革的方针政策和规定,讲清楚企业改革的必要性、紧迫性以及改革发展的思路,帮助职工减少疑惑、消除误解、化解矛盾、增强信心。引导职工识大体、顾大局,正确对待企业改革过程中的利益关系的调整,以实际行动理解改革、支持改革、参与改革。另一方面及时向企业党政反映职工的意愿和请诉求。督促企业党政在制订改制方案、职工安置方案过程中充分听取职工群众的意见和建议,不断完善改制方案、职工安置方案等重大决策。景德镇市总坚持多开小会保证大会的工作方法。多开小会,化整为零,疏导沟通,化解矛盾;其后化零为整,召开大会,凝聚共识,达成目标。工作方法的改进,为改制职工搭建参与平台,为企业组织引导职工提供契机,使不同层面的职工与安置对象有畅通的利益诉求渠道。与此同时,由于坚持开小会,多做耐心细致的工作,晓之以理,动之以情,也使身处改制大潮中的职工对各级党政工给予的关怀有了切身体会。南昌钢铁有限责任公司工会一是针对职工反映最多的、最有顾虑的问题,特别是职工对改制后工作能不能保证,收入会不会降低的担忧,有针对性地做好思想疏导工作。二是配合企业行政及时做好政策、方案的解释工作。企业改制方案和职工安置方案经职代会通过后,工会干部每天通过设点咨询,电话咨询,办公室接待等方式为职工释疑解惑。三是配合公司党委收集情况,解决问题。在方案通过后每天定时召开二级单位一把手会议,及时反映情况,做到解决问题不过夜。对方案不完善的及时完善,政策吃不透的请主管部门进行解答。凡是涉及到职工权益的问题,无论是过去的、现在的、还是将来的,全部研究处理,尽力解决。四是为了稳定职工队伍,把思想工作做到家。有的做到父母那里,有的做到兄弟姐妹那里、有的做到亲朋好友那里。南昌电缆厂工会举办有48名工作人员参加的政策学习班,并采取点面结合的方式,在厂区和家属区公布改革重要文件、成立政策咨询站,即便对在外省打工的职工也一个不漏地进行电话或信件联系。

2009年8月,省总分三批下派干部与11个地市总工会和部分产业工会对国企改革情况进行调查。与此同时,省总在全省开展“走千家企业、访万名职工——职工状况调查”活动,调查中撰写了一批有分量的调查报告,多份调查报告反映:对当前企业改制,职工群众很关心,也很担心,面对原有身份的消失或转换,有忧虑,有顾虑,甚至有焦虑。改制过程中,有流言、有传言,甚至有谣言。为此,姚亚平在2009年9月25日全省国企改革座谈会上强调:做深入细致的思想政治工作势在必行。

2009年12月，省总召开主席办公会对深入国企改革企业调查研究作出部署，要求每位省总领导按各自分工，深入企业与职工座谈情况，了解诉求，宣传政策，认真做疏导工作；省总干部深入企业调研情况，向职工传达党委政府的声音，又向上汇报，向党政反映好职工的利益诉求。

2010年初，省总建立领导班子成员联系责任制。省总利用送温暖活动分赴11个市和七个系统进行调研。建立包括改制企业名称、职工人数、工会组织及职代会建设等有关信息数据库。通过调研，掌握职工思想动态。职工在思想上主要有“四想”：第一，想改革。停产多年的企业职工和“4050”职工，他们想通过改革实现再就业。这一思想在商贸、林业、粮食、农垦等行业反映较强烈；第二，想解决养老保险、医疗保险等问题。农业、粮食、农垦等行业反映较突出。第三，想多拿一些经济补偿金，希望省、市、县在补偿标准上相对统一。第四，想参照工业企业改革的有关政策。对于这些思想动态，各级工会都向政府有关部门积极反映，与此同时积极做好职工的思想工作。南昌市总由班子成员分成七个组下到各个改制企业去帮助指导企业的改制和做好职工思想工作。省总利用江西工会网、江西工人报社等渠道，广泛宣讲改革的目的、意义以及涉及到企业职工切身利益的有关政策，并印发企业改制宣传册。

2010年7月，省总组织8个调研组，由省总领导带队，共计30多名干部分赴各设区市、七个系统厅局就国企改制工作进行调研。通过调研，了解各市县面上情况，掌握一些职工思想动态和利益诉求，发现一些问题。职工思想动态：一是盼改心理。二是缓改心理。三是恐改心理。怕改制后了断身份无保障，对改革有畏惧感。四是不改心理。效益好的企业，职工不想改。五是平均心理。职工要求与工业企业改制享受同等待遇，同时要求企业不但要交清以前拖欠职工的三险，而且要为自己足额缴纳改制后的三险和住房公积金。六是攀比心理。希望能与央属、省属企业相比，为他们买好10年养老保险和医疗保险。职工主要诉求：一是提高补偿金的标准问题。二是农垦系统职工落实社会保障政策问题。三是林业企业职工要求政府协调解决好林业企业特殊工种职工提前退休问题。四是由于职工身份问题引发的诉求。五是以前改制的遗留问题以及改制后的生计问题。值得关注的问题：一是改制企业的基本数据还有待进一步地确认。二是需要财政资金支持。对一些长期停产、职工收入很低的企业，各级政府应考虑让职工在转换身份过程中得到实惠，落实“一补三险”。建议各级政府挤出一部分财政资金用于改制企业中困难职工的安置与帮扶。三是需要精心测算一个同城同价的改制补偿标准。四是一些企业长期停产、人员流失、工会组织长时间未开展活动的企业开好职代会，高票通过方案有压力。五是林业系统存在与当地农民对山林权属的争议。

全省各级工会对职工思想动态与不稳定因素进行大调查和大排查。其中，南昌市总就国有工业企业改革后困难职工的生活状况以及如何跟进帮扶等问题开展了专题调研；九江市总，通过登门走访、调查问卷、召开座谈会等多种方式，重点对国企改制社区移交情况进行了解。宜春市总成立维稳工作小组，由市总主席带队进行排查。鹰潭市总组织两个矛盾纠纷及不稳定因素排查小组，深入企业检查安全生产情况，并对职工的思想动态进行了解，排查出不稳定因素6例。各地就排查出的问题，进行认真地梳理、归类，并作出相应的解决办法，及时化解一些不稳定因素。

帮扶改制企业困难职工 2009年9月10日，省总下发《关于对省属和省属下放改制企业拨发专项帮扶资金的通知》,明确省总拨出100万元作为32家改制没到位的省属国有企业,42家已经下放了的省属国有企业帮扶资金。此次拨发资金为专项帮扶资金性质,主要用于改制企业困难职工的临时救助和应急救助。各地和有关产业必须按省总文件的规定,金额下拨有关改制企业工会,不得截留。100人以下的企业及未成立工会的企业困难职工的救助可向当地工会帮扶中心申请,经核查后及时给予救助。专项资金使用实行实名制,使用情况报上级工会帮扶中心备案。省总要求各设区市、县总分别拿出10万和1万元,各级各类企业工会拿出几千元,在原有的帮扶前提上增加500万元,帮扶改制国企困难职工。

在2009年"金秋助学"活动中,省总拨出40万元,重点资助省属改制企业的困难职工新入学的大学生、高中生子女,共资助大学生100名,每人3000元,高中生100名,每人1000元。

2009年10月,景德镇市新厂街道陶阳路社区被景德镇市总确定为国企社区属地管理工作试点单位,成立了社区工会联合会,与辖区国有企业——三蕾瓷用化工有限公司工会实行移接交平稳过渡"无缝对接"。同时,在辖区实行工会组建"二次覆盖",实现了国企改制社区工会对接。社区工会联合会有会员1099人,困难职工102人。社区工会通过资源共享、活动共搞、文明共建、权益共维等形式,实施"帮扶解困、依法维权、构建和谐"三大工程。南昌市把企业改制和职工分流安置结合起来,把扶持自主创业工作与改制工作结合起来,举办国有工业企业改革分流人员再就业招聘、自主创业帮扶和生活困难救助活动周活动。至2009年11月,5740名被分流的职工实现再就业。

2009年11月,省总筹措750万元为改制企业的7533名困难大病职工人均发放补助金800至1000元。与此同时,2010年1月,省总下拨592.32万,用于对全省工业改制507家企业中的患有重大疾病的困难职工进行一次性大病救助。同月,萍乡市总为全市50家国有工业改制企业的2965名因大病致困的职工发放救助金237.2万元。2010年11月,省总下拨2010年改制企业帮扶专项资金200万元,下拨的资金分两部分实施,11月底前全部下拨完毕。拨付非工口七个系统40万元,作为改制应急的帮扶资金,用于非工口七个系统处理应急突发事件。拨付各地市总工会帮扶中心160万元,以增强各地市的帮扶实力,推动改制工作的顺利进行。省总要求各地各部门要坚持依档帮扶、及时救助的原则,对于临时救助的人员和情况,要及时完善帮扶救助档案。

七个系统国企改革启动后,省总开展对职工的转岗培训工作,会同有关部门,对改制企业的职工进行转岗培训,提高他们的再就业的技术和技能水平,为他们参与新的岗位工作提供帮助,搭建平台。省总加大对非工口七个系统改制企业困难职工的帮扶力度,不断建立健全困难职工档案,将改制企业困难职工纳入工会系统元旦春节送温暖活动、金秋助学活动和日常帮扶救助活动之中。省财政拨出专项资金551万元,给予七个系统改制企业6882名大病困难职工补助。省总发放专项帮扶资金200万元。全省各级工会共发放改制企业帮扶资金1992万。

信访接访、现场处置事件 在国企改革期间,省总明确一名副主席专门负责稳定工作,坚持主席信访接待日和工作部门日常信访接访制度,保持工会"12351"职工维权热线24小时畅通。全省11个地市及省产业工会职工来信来访接待室,有专人负责,每周1位工会领导带班,接待来信来访者。针对工会干部还不太善于现场处置群体性事件的情况,对全省工会主席进行培训,指导基层工会妥善处理国企改制的有关事件。

2009年8月4日,省总法工部在省总召开的国企改革信息报送工作会议上就国企改制中的信访与突发事件的应急处置,从改制企业职工上访的特点和原因、国企改制中的信访工作、国企改制中突发事件的应急处置作介绍:引发信访的突出问题有两种,一是涉及国有资产流失的情形,二是涉及职工权益受损害的情形,需要从掌握国家法律政策、落实信访责任制、规范信访工作秩序、坚持三位一体工作格局、加强干部队伍建设、拓宽信访维权平台入手做好信访工作。国有企业改制中全省劳动关系存在四大风险:企业职工安置补偿费和社保资金不到位、安置补偿待遇标准差距大、国企改制带来的新增失业人员再就业和创业需求得不到满足、改制不彻底积累的历史遗留矛盾容易在集中改制阶段集中爆发劳动关系风险。并就应急处置原则、程序、注意事项作出说明,强调要统一领导,协调处置;快速行动、冷静处置;预防为主、依法处置。及时上报信息,第一时间介入调处,制定应急处置方案。

2010年初,省总在全委会上动员全省各级工会大接访、大走访和大下访,及时发现问题、排查矛盾,迅速解决。闭会后省总立即开展"职工劳动经济权益实现状况调查"。各级工会加强信访和维稳工作。做好劝访息访工作。教育职工按照正确的渠道、合理的方式反映自己的利益诉求。讲究接访方式方法,做到要按政策办事,按规矩办事,争取问题不上交,不推诿,不扯皮,及时、妥善、智慧地处理问题、化解矛盾,把问题化解在萌芽状态。

国企改革过程中,省、市、产业工会先后现场处置多起事件。2009年1月—11月4日,全省工会接待来信来访职工5634人次,成功处理集体上访事件7起。

2009年3月,南昌朝阳农场因下岗分流人员的补赏金、退休人员的养老金等问题引起上访闹事,经省、市总工会配合政府部门做耐心细致的工作和上级作出果断决策,使事态得到平息。

2009年7月20—21日,天河煤矿三井等部分职工近50人因不清楚个人养老金交付情况到该矿矿部上访,但职工不满意矿部解释。事态发展到300名至500名职工两度聚集在335省道天河路段拦堵车辆通行。在省总、吉安市总及省煤炭集团工会指导协调下,市总、县总人员深入现场疏导沟通,控制矛盾,郑重承诺,基本平息事件。7月31日,省总以《江西工会信息·国企改革专号》第(1)期作出专报。

2009年9月1日,丰城煤矿改制中,职工因补偿金兑现的问题即将停产堵路,省总准确、迅速反映职工诉求,使省委领导决策有了依据,及时调整政策,连夜调度资金,确保补偿金发放到位,有效地平息群众情绪,避免群体性事件发生。

2009年9月14日,江西华源江纺公司因改制涉及职工特别是退休职工切身利益问题,引发群体罢工事件,省、市总工会积极反映情况,协助政府部门与厂方交涉,使问题得以解决。

2010年上半年,省总及时对江联集团、江西变压器厂、铜鼓供水公司、江南汽车配件厂、南昌硅酸盐制品厂等企业改制舆情信息的核查处理工作。

江西水运集团有限公司2008年12月底全面启动整体改制工作。2009年5月下旬开始,职工因公司资产不亮化、长期欠缴社保金、补偿金标准较低、历史遗留房产未办证、职代会不规范等问题而批量上访,分别到市、省和中央三级信访部门,先后4次来省总上访。省总及时将有关情况向南昌市有关部门通报,加强对江西水运集团民主管理工作的具体指导,认真做好对上访职工的劝访息访工作。2010年10月29日上午,江西水运集团8名职工来到省总,代表全体职工送上一面“人民的好公仆、职工的保护神”锦旗,感谢省总在集团改制过程中维护职工的合法权益。

2010年11月17日,省总接待黎川县华山垦殖场职工上访后,立即与当地有关部门沟通,引起高度重视,表态将立即选举职工代表,召开职代会,响应职工诉求。

改制企业职代会工作 2009年8月4日,省总民主管理部在国企改革信息报送工作会议上以《充分发挥职代会作用,确保国企改革积极稳步推进》为题强调:职代会是企业改制顺利进行的钥匙,是企业改制的关键所在。是职工队伍保持稳定的定海神针,是企业改制的维稳器。是企业改制中不可逾越的红线,是企业改制得以顺利进行的保证。这是十多年国企改革中得到的深刻的认识和宝贵经验。他具体讲解了两项制度,源头参与制度:企业工会主席作为职工的代表要主动积极参与企业改革的领导工作。分工负责、上下联动制度:省、市两级建立了改制企业基本情况档案,制定了企业专职副主席(主席)为改制联络员(及时上情下达,下情上报);上级工会民主管理负责人为指导员(及时了解企业改制情况,及时提出意见建议,在企业职代会工作中及时给予指导,作好业务解答和现场指导工作);上级工会分管主席为责任人(负责所属企业改制中的工会工作,统一指挥、协调改制中的工会工作);设区市和企业工会要做好改制情况的预警预报工作,对群体上访事件要早发现、早报告,及时做好释疑解惑和劝解息访的工作;企业工会要建立工会工作骨干队伍,每个班组要有一名工作骨干,每个车间、分厂(公司)要有思想工作小组。发现问题及时上报并做好职工的思想工作。三个关注点:“五险一金”、安置与再就业、改制中遗留问题的处置。四项提请:要做好补选增选职工代表的工作;做好职工代表通过决议的工作;代表资格,构成和比例;会议通过决议的合法性问题。强调:职工代表到会数要有2/3以上才能开会,通过决议,职工代表投赞成票的票数是应到会代表的一半以上即1/2以上方为有效。通过《企业改制方案》和《职工安置方案》等有关职工切身利益的重大问题一定要采取票决制,由投票决定。

2009年上半年,省总与省国资委等政府部门组成联合调查组,对改制企业民主管理情况进行了调研督查。之后,省总对省属74家改制企业和9大集团的职代会建设情况进行逐家调查,全面了解企业工会及职代会建立情况,掌握职代会的代表人数、代表结构比例以及换届情况,对未建立职代会、职代会换届不正常、代表人数偏少或代表结构不符合法律规定的,要求及时依法依规整改。据省总调查发现,截至2009年9月4日,在32家省属改制企业中,有18家《改制方案》和《职工安置方案》(以下简称“两个方案”)已经职代会审议通过;有8家职代会运转正常;有5家职代会工作运转存在问题;另外1家洪都钢厂整体并入新余钢铁集团。在42家省属下放改制企业中,有10家已完成改制任务;有5家已召开职代会审议通过“两个方案”;有23家职代会运转正常;有4家职代会工作运转存在问题。省属74家改制企业职代会状况良好,其中只有9家存在一些问题,占比为12.2%。存在问题的改制企业,主要是有的没有建立工会、有的没有落实《江西省职工代表大会条例》的有关规定。为此,省总在9月23日下发《关于开好职代会确保国企改革顺利推进的紧急通知》,对规范程序、代表比例、人数等问题作出重申。

2009年10月,省总召开全省职工民主管理工作会议,强调认真开好职代会,讨论改制方案程序要规范,既合情合理,又依法依规,改革既为职工着想,又让职工做主。会议要求,全省各级工会要坚决落实省委主要领导和省长的明确指示，反复强调改制方案、安置方案和稳定方案要一起做，前两个方案要交职代会审议通过：一是要求严格。“两个方案”不但要交职代会审议，还要由职代会无记名表决通过。二是调研分析，建档立案，摸清全省改制企业职代会的底数。三是加强指导。上级工会领导要到重点企业现场指导职代会工作。四是强调职代会必须依法依规。职工代表的人数要合法，代表的组成要合法，会议的开法要合法。五是做好会前工作，力争高票通过。姚亚平在会上指出：工会不但强调两个方案“必须”要通过职代会，还要琢磨“怎样”才能在职代会上通过。要求会前工作要充分，准备好了才开会，力争形成最大共识。如果没有把握得高票，职代会宁可晚点开，做好工作，形成共识之后再开。做到“两全三高”，“两全”是企业改制的两个方案做到全部交职代会审议，全部由职代会表决，全省没有例外。“三高”是职代会通过率高，方案得票率高，职工签约率高。景德镇 39 家国企中，“两个方案”全票通过的 26 家，占总数的 66.6%，余下的 13 家，也有 11 家是 90% 以上的高票通过，其中陶瓷企业除 1 家外都是全票通过。

对改制任务繁重、改制问题较多的企业，省总要求上级工会要派驻专门的指导员，现场指导企业依法依规开好职代会，对召开职代会通过“两个方案”要注意的问题进行详尽的讲解与辅导，提出明确具体的要求，纠正职代会不规范问题。2009 年，省总对江西涤轮厂、朝阳农场、省二建公司、南昌钢铁集团公司等企业的职代会工作派员现场指导。南昌市总及时为瘫痪的企业工会补选 10 名工会主席，帮助 7 家未建工会的小型企业建立工会组织，及时帮助 2 家企业完成职代会换届，帮助 34 家企业完善职代会制度，共补选职工代表 3510 名。

2010 年前三季度，省市两级工会受理职工信访中，数量排在最前面的是企业改制，职工的主要诉求集中在企业改制职代会问题：一是职代会换届不及时；二是职工代表推选不规范，少数改制企业存在指定职工代表和代选职工代表的情况；三是职工代表比例不合理，一线职工代表的比例少于 50%；四是职代会程序不到位，少数改制企业不公开企业资产，不公开改制的政策、方法和步骤。有的改制企业头天晚上通知，第二天早上就开会强行通过。有的改制企业规定，不划票视为同意，会场不提供画票的工具。有的改制企业在职代会上给职工代表发放劳务费和礼品，致使职工产生误会。有的改制企业在职代会召开过程中，请公安到现场，给职工代表施压，等等。对此，省总针对七个系统改制企业关闭停产多、百人以下的小企业多、职工常年外出务工多等情况，结合各地出现的改制企业职代会运行不规范问题，要求明确三级分工负责制，强化省、市、县上下联动机制、各级分工负责，确保责任到人，工作到位，分兵把关。不能推卸，哪一级工会出现问题追究哪一级工会的责任。要求认真指导改制企业健全完善工会组织和职代会制度，加强对职工代表的培训，把握职代会的各项程序，确保企业改制方案、职工安置方案的高票通过。

至 2010 年底，全省非工口七个系统企业改革，绝大多数企业在改制过程中提前将两个方案向职工公开，做到及时公开、全面公开、全过程公开，保障职工的知情权。各地、各系统主管部门坚持阳光操作，将改革的步骤方法、资产处理、评估结果、债权债务清收和偿还等，以职工看得懂的有效形式进行公示，接受职工监督，不搞“暗箱操作”，力争做到“两全三高”。绝大多数企业的职代会在职工代表人数、职工代表构成、实行无记名投票表决等方面，都能严格按照有关法律法规予以落实，保障职工的参与权、表达权、监督权。景德镇市、鹰潭市两个方案职代会通过率达到 100%，全省两个方案职代会平均通过率达到95.1%,实现省委、省政府领导提出的“两个方案必须经职代会高票通过”的要求。赣州市坚持从优安置职工,落实“一补两险”,对企业拖欠职工集资款、工资、补贴等进行全面清查并清偿到位。抚州、九江等市依法依规制定企业改制方案和职工安置方案,做到一个步骤不少、一个程序不漏、个个环节公开,消除职工的疑虑和抵触情绪,使改制方案一次性高票通过,形成人人参与改革、支持改革的“动车组”效应。省农业厅落实职工“四权”:公开改制方案、改制政策、操作程序,落实职工知情权;广泛征求职工意见和建议,组织职工代表讨论和审议改制方案,落实职工的参与权;召开职代会,规范职代会的程序和表决过程,以无记名投票方式表决改制方案,落实职工的决策权,全系统改革扎实推进。

至2009年11月底,全省工业口国企改革涉及企业507家,职工48万余人。共有47.22万名职工得到妥善安置,发放经济补偿金55.52亿元,补缴养老保险拖欠费用22.2亿元,补缴医疗保险拖欠费用42.35亿元,补缴失业保险拖欠费用5亿元。移交社区832个,移交人员67.85万人。完成水网改造20.10万家,电网改造18.77万家。12家省属集团公司829名企业干部得到了妥善安排,帮助10万名职工实现再就业。省国有工业企业改革,做到“四个确保”,即确保国有资产不流失,确保职工合法权益不受损,确保银行债务不悬空,确保社会稳定不影响。实现“四个满意”,即党委、政府满意,职工群众满意,企业满意,社会各界满意。

至2012年5月,全省非工口七个系统共有1779家企业完成改制,占总数的99.83%,安置在职职工34.91万人,占总数的96.04%。改制企业全面完成职工身份置换、落实“一补两险”,化解企业不良债务,增强企业发展的生机活力。2012年8月31日,省总获得全省七个系统国有企业改革先进单位称号。全省工业口国企改革和非工口七个系统国企改革,进展平稳顺利,全省没有发生一起因改制引起的大规模群体性事件,实现职工得实惠、企业增活力、社会促和谐的总体目标。

第六节　职工之家

建家要求

自1983年中共中央作出把工会建设成为职工之家的重要指示以来,全省各级工会组织根据全总工作部署,不断创新建家活动形式,丰富建家活动内容,建家活动历久不衰。

2001年7月11日,省总下发《关于深入开展以“五突破一加强”为主要内容的建设职工之家活动的意见》,就新形势新任务,提出工会工作“五突破一加强”的基本要求,即:深入实施送温暖工程,对特困职工承担“第一责任人”职责的工作要有新的突破;推行平等协商和集体合同制度的工作要有新的突破;坚持和完善以职工代表大会为基本形式的企业民主管理制度,实行厂务公开和民主评议企业领导人的工作要有新的突破;推动国有独资和国有控股公司的董事会、监事会中都要有职工代表参加的工作要有新的突破;加快新经济组织和改制企业工会组建的工作要有新的突破;以改革的精神加强工会自身建设。“五突破一加强”突出工会维护职工权益的基本职责,开展以“五突破一加强”为内容的建设“职工之家”活动，成为建家工作的基本内容。省总为此提出建家的基本条件和要求：坚持实施送温暖工程，协助政府健全社会保障体系，建立健全送温暖基金，形成送温暖活动制度。建立平等协商和集体合同制度，职工满意率达到90%以上。积极组织职工参与企事业管理和改革，民主管理形成制度。建立、健全职工董事和职工监事制度。积极组织实施群众性经济技术创新工程，开展劳动竞赛、合理化建议、技术革新、技术协作、发明创造等群众性生产活动。工会组织健全，职工入会率达到90%以上；能够依法独立负责地开展工作，认真执行工会会员代表大会常任制、工会委员和主席的民主选举制等各项制度；工会经费收缴使用管理符合规定；职工小家建设规范，活动经常；职工群众对工会的认可率达到90%以上等等。同时颁布考核验收标准，以及考核、评选、申报、表彰的原则和办法。

2005年5月16日，省总下发《江西省总工会关于新时期新阶段深入开展建设职工之家活动的实施意见》，就新时期新阶段开展建设职工之家活动提出，要遵循服务大局、突出维护、依靠群众、创新发展、齐抓共建的5个原则，努力形成党组织统一领导、行政积极支持、工会具体实施、职工热情参与的合力建家工作格局。同时要求工会组织健全，依法独立自主地开展工作，工作成效明显；工会组织各项民主制度健全并得到认真执行；职工(包括各种用工形式、多种用工期限的职工)入会率达到85%以上；职工小家建设工作扎实、规范。坚持和完善以职工代表大会为基本形式的企事业民主管理制度，建立健全平等协商和集体合同制度及其履约责任制和监督检查制度，集体合同履约率和职工认可率比较高等。对非公有制企业开展建家活动，省总要求把“双爱双评”活动与建家活动统一起来，逐步提高建家水平。非公有制企业要把依法规范工会组织建设，落实职工对企业生产经营重大问题的知情权，对涉及职工切身利益重大问题的协商权，监督企业改善劳动安全卫生条件，执行国家有关工作时间、休息休假等规定，按时足额发放职工工资，为职工缴纳养老、医疗、失业等社会保险金，依法拨缴工会经费等，作为建家的重要内容，切实为职工办实事。对事业单位和机关工会开展建家活动，提出组织职工参与本单位的民主管理和民主监督，开展院务、所务、校务和机关内部事务公开，反映职工愿望和要求，协助有关方面提高职工思想道德和业务素质等要求。省总提出，要积极探索适应乡镇、街道及社区工会开展建家活动的内容和形式，不断拓宽建家的领域。基本要求是：抓好所辖企业工会组建工作和自身组织建设，配备必要的专职工会干部；积极协调所辖区域的劳动关系，做好劳动争议处理工作；直接承担基层工会难以承担的维权工作，努力为职工群众办实事等。大中型企业深入开展建家活动要把重点放在车间、班组(科室)，深入开展建设“职工小家”活动，夯实建家的基础。意见还就评选范围、评选条件、申报程序、表彰奖励、考核验收、组织领导等做出规定。

2009年7月27日，根据全总《关于开展会员评议职工之家活动的意见》，省总制定《关于开展会员评议职工之家活动的意见》。会员评家的基本内容是：健全组织体系。涉及基层工会委员会、经费审查委员会、女职工委员会等组织健全，单独设置工会工作机构，依法独立自主开展工作；工会主席(副主席)的产生符合有关规定，工会委员会按期换届选举；依法进行工会法人资格或工会法人代表变更登记；有单独工会财务账号，独立使用工会经费；职工入会率达到85%以上；履行维权职责，建立平等协商和签订集体合同制度，协商解决涉及职工切身利益的重大问题；指导和帮助职工签订劳动合同,依法妥善处理劳动争议纠纷,提供法律援助;坚持和完善以职工代表大会为基本形式的民主管理制度,推行厂务公开,落实职工代表大会各项职权等。公司制企业职工代表参加董事会和监事会,参与企业管理;协助和督促行政落实国家各项涉及职工权益的法律法规;实施素质工程,服务职工群众;健全各项组织制度、工作制度,基础资料齐全;完善会员代表常任制,实行会务公开;开展建设职工之家、"双爱双评"活动等。会员评家的总体目标是:把建立会员评家机制作为全面深化职工之家建设的重要举措,努力把基层工会建设成为组织健全、工作规范、维权到位、党政支持、职工信赖的职工之家。要求2010年前,全省机关、事业单位和会员25人以上的企业工会,全面建立会员评家机制,已经建立会员评家机制的单位要在此基础上进一步规范和完善。力争用2至3年的时间全省基层工会建立会员评家机制的覆盖面达到90%以上。并将会员民主测评满意等次作为评价基层工会工作和评选先进的依据。

2010年6月,省总下发《关于进一步加强建设职工之家工作充分发挥基层工会作用的意见》,提出继续坚持建设职工之家工作的基本原则和基本要求,强调加强非公企业等其他领域的建家工作,把"双爱双评"活动与建家活动统一起来,构建和谐劳动关系,提高建家水平。非公有制企业要把依法规范工会组织建设,建立健全职工(代表)大会制度和实行厂务公开,落实职工对企业生产经营领域的知情权,涉及职工切身利益的协商权;监督企业改善劳动安全卫生条件,执行国家有关工作时间、休息休假规定,按时足额发放职工工资,建立职工工资正常增长机制,为职工缴纳养老、医疗、失业等社会保险金,依法拨缴工会经费等作为建家的重要内容。事业单位和机关工会开展建家活动,要着力推进基层民主政治建设,建立健全事业单位、机关职工(代表)大会制度,开展院务、所务、校务和机关内部事务公开,协助有关方面组织职工学习,开展职工文化生活,提高职工思想道德素质和业务水平,调动职工的积极性和创造性。乡镇(街道)、村(社区)工会要积极探索适应乡镇(街道)、村(社区)工会开展建家活动的内容和形式,基本要求是:抓好辖区企业工会组建工作和自身组织建设,配备必要的专职工会干部;积极协调辖区的劳动关系,做好劳动争议调处工作;承担辖区企业工会难以承担的维权工作,努力为职工群众办实事办好事;加强对辖区基层工会干部的培训和保护工作等。大型企业(集团)建家活动要把重点在夯实建家的基础。意见还提出,结合召开省总工会代表大会,省总每5年集中表彰一批全省模范职工之家、全省模范职工小家、全省优秀工会工作者、全省优秀工会积极分子、全省优秀工会之友。对非公有制企业工会表彰的比例不低于35%,对乡镇(街道)工会、村(社区)工会、各类基层工会联合会(行业性、区域性)的表彰比例不低于5%。切实落实会员评家制度,以会员满意度为标准,定期对获得荣誉称号的基层工会进行复查。

复查验收

1998年3月30日,省总下发《关于对我省全国模范职工之家复查验收情况的报告》。省总对全省获全国模范职工之家和全省模范职工之家的单位一并进行复查验收。省总先后转发全总《关于贯彻落实工会工作总体思路,把建设职工之家活动提高到新水平的意见》《关于对全国、全省模范职工之家进行复查验收的通知》《关于对全国、全省模范职工之家进行复查验收的补充通知》,对复查验收的对象、内容、方法和时间明确规定。省总确定的复查验收的基本条件和7条便于操作的否决条件是:(1)无特殊原因1996、1997年内没有按规定召开职代会或在落实职代会职权方面存在突出问题;(2)劳动安全卫生方面存在问题严重,1995年以来企业发生过重大伤亡事故;(3)没有按有关规定配备专职工会干部,工会主席与行政交叉任职;(4)工会组织被撤销、合并;(5)至今没有建立平等协商和集体合同制度;(6)有能力上解工会经费又没有按规定上解;(7)职工对工会工作满意率低于80%。确保了复查工作不走过场。各地、市、产业工会先后成立由分管主席牵头的考核复查验收小组,制定复验细则,量化评分标准,抽调人员,在掌握标准、严格把关的基础上进行复查。整个复查验收采用自下而上,上下结合的方式,先由基层单位对照条件进行自查,写出自查报告在会员或职工(代表)大会上进行述职,并由会员或者职工投信任票;各地(市)、产业工会根据基层的自查报告和表格,组织人员采取听、查、看、议的方法进行全面复查验收,并写出复查验收情况汇报以及不合格单位简要说明上报省总。省总根据各地上报材料,对照标准,有重点地进行抽查。通过几个月的工作,省总对获得全国模范职工之家称号的25个单位进行全面复查验收,有18个单位符合新的建家标准,但也有7个单位没有或没有全部达到标准。6个单位在复查开始时没有签订集体合同,有的单位的业务招待费没有向职代会报告。按照省总确定的复查验收标准,省总及时通过地(市)、产业工会对他们提出限期整改的内容和期限,为保证复查验收质量,省总要求整改单位在整改期间签订集体合同的必须上报集体合同文本或复印件。经过整改,有5个单位达到模范职工之家标准。省总就此分别向全总提出保留和取消其全国模范职工之家称号的建议。

1998年10月28日,《省总通报》公布1998年受全总表彰的先进集体、个人和对1983年以来全省已获“全国模范职工之家”称号经复查验收仍保留称号和取消称号的单位。1983年至1998年已获“全国模范职工之家”称号经复查验收合格仍保留称号的单位有江西江氨化工有限责任公司工会委员会等23家。全总下文撤销的全国模范职工之家称号单位是:景德镇市红星瓷厂工会委员会、景德镇为民瓷厂工会委员会。

2000年5月11日,省总办公室下发《关于评选申报全国模范职工之家、模范职工小家和对全国模范职工之家复查验收的通知》。2001年4月12日,省总下发《关于对我省2000年申报评选的全国模范职工之家进行考核验收情况的报告》。按照全总《关于对2000年申报评选的全国模范职工之家进行考核验收的通知》要求,省总对2000年申报评选“全国模范职工之家”的江西铜业公司工会等8家单位进行考核验收。省总要求各有关设区市和省产业工会,按照考核验收要求,基层工会先进行自查,各有关设区市、省产业工会根据基层工会自查报告的情况,对符合条件的进行考核验收并写出报告,省总按照全总要求,对申报单位进行考核验收。此后,省总建议,申报评选的江西铜业公司等8家基层工会委员会,确认为“全国模范职工之家”。

评选表彰

1995年6月6日,省总下发《关于评选申报全国模范职工之家、模范职工小家的通知》,决定从全省工会基层组织中评选全国模范职工之家和全国模范职工小家。1995年12月18日,省总下发

《关于全国模范职工之家、模范职工小家评选结果的通报》,南昌自来水公司工会等5家单位获全国模范职工之家称号;萍乡市长途汽车运输总公司修理厂工会12个单位获全国模范职工小家称号。赣州市总、景德镇市总获全国工会基层工作先进市(地、州)称号,永丰县总、靖安县总获得全国工会基层工作先进县(市)称号。

1997年,省总下发《关于评选申报全省模范(先进)职工之家、先进职工小家和优秀工会工作者(积极分子)及模范职工之友的通知》。是年12月,省总颁发《关于表彰模范、先进职工之家、先进职工小家、优秀工会工作者、优秀工会积极分子和模范职工之友的决定》,授予江西纸业有限责任公司工会等42个基层工会为全省模范职工之家称号;授予中国船舶工业总公司九江仪表厂工会等61个基层工会为全省先进职工之家称号;授予江西麦饭石酒业有限公司二车间工会小组等79个基层工会分会、支会、工会小组为全省先进职工小家称号;授予吴福新等297人为全省优秀工会工作者称号;授予李筱华等357人为全省优秀工会积极分子称号;授予重视和支持工会工作的王龙雨等95名党政领导为全省模范职之友称号。

1998年3月25日,省总下发《关于评选申报全国模范职工之家、全国模范职工小家、全国优秀工作者、全国优秀工会积极分子的通知》。

1998年10月28日,省总下发《关于我省荣获全国模范职工之家、全国模范职工小家、优秀工会工作者、优秀工会积极分子、荣誉工会积极分子和全国模范县(市、区)工会、先进县(市、区)工会的情况通报》,公布江西省1998年受全总表彰的先进集体、个人和对1983年以来全省已获"全国模范职工之家"称号经复查验收仍保留称号和取消称号的单位。江西洪都航空工业集团有限责任公司工会等15家获全国模范职工之家称号;新余钢铁有限责任公司良山矿业有限责任公司运输车间汽修组工会小组等24个集体获全国模范职工小家称号。谢黎明等19人获全国优秀工会工作者称号;茅国梁等15人获全国优秀工会积极分子称号。宜丰县总获全国模范县(市、区)工会称号。余干县总、信丰县总、吉安县总获全国先进县(市、区)工会称号。

12月20日,《中华全国总工会关于表彰全国模范职工之家、模范职工小家的决定》授予江西铜业公司工会等8家全国模范职工之家称号、江西赣南制药厂针剂车间分工会等14家全国模范职工小家称号。

2001年,省总办公室下发《关于评选申报全省模范职工之家、小家和"双爱双评"活动先进集体的通知》。8月10日,省总下发《关于我省荣获全国模范职工之家、模范职工小家的情况通报》。江西铜业公司工会委员会等8家获全国模范职工之家称号;江西赣南制药厂针剂车间分工会等14个单位获全国模范职工小家称号。12月10日,省总下发《江西省总工会关于表彰全省模范职工之家、模范职工小家、"双爱双评"活动先进集体的决定》,授予南昌印钞厂工会委员会等50个基层工会模范职工之家称号;授予江西省高等级公路管理局舍里甲所工会等34个工会分会、小组模范职工小家称号;授予江西3L医用制品有限公司工会委员会等29个乡镇企业、私营企业、外商投资企业工会"双爱双评"活动先进集体称号。

2003年8月14日,省总下发《江西省总工会关于表彰全省模范职工之家、模范职工小家、优秀工会工作者、优秀工会积极分子和荣誉工会积极分子的决定》,授予南昌化工原料厂工会委员会等

61 个单位为省模范职工之家称号；授予江西省朝阳机械厂一分厂工会等 76 个单位为省模范职工小家称号；授予江西水泥厂工会主席刘斌等 96 人为省优秀工会工作者称号；授予浮梁县粮食局鹅湖粮管所工会小组长刘根盛等 88 人为省优秀工会积极分子称号；授予中共高安市委书记刘承芳等 46 人为省荣誉工会积极分子称号。9 月 27 日，省总下发《关于我省荣获全国模范职工之家、全国模范职工小家、全国优秀工会工作者、全国优秀工会积极分子和全国优秀荣誉工会积极分子的情况通报》，江西万安水力发电厂工会委员会等 15 个单位获全国模范职工之家。中国工会十三大至十四大期间表彰的全国模范职工之家有江西铜业公司工会委员会等 8 家，全国模范职工小家有江西江氨化学工业有限公司热电车间工会分会等 22 个，全国模范职工小家有赣南制药厂针剂车间工会分会等 14 个。全国优秀工会工作者有李筱华等 16 人。全国优秀工会积极分子有王立等 13 人。全国优秀荣誉工会积极分子有：王君、刘卫华、王先侯、王孝槐。

2005 年 4 月 25 日，全总作出表彰全国模范职工之家、全国模范职工小家的决定，南昌市公共交通总公司工会委员会等 24 家获全国模范职工之家称号。中国第四冶金建设公司机关工会等 25 家获全国模范职工小家称号。

2008 年 4 月 24 日，全总作出表彰全国模范职工之家全国模范职工小家全国优秀工会工作者全国优秀工会积极分子全国优秀工会之友的决定，江联重工集团公司工会委员会等 42 家获全国模范职工之家称号，江铃汽车集团公司车厢内饰件厂分工会等 42 家获全国模范职工小家称号，吴涌等 55 人获全国优秀工会工作者称号。

2008 年，省总下发《关于表彰全省模范职工之家全省模范职工小家全省优秀工会工作者省优秀工会积极分子全省优秀工会之友的决定》，决定授予江西桑海企业集团有限责任公司工会委员会等 100 个单位为全省模范职工之家称号，授予国电九江发电厂发电部工会小组等 100 个单位为全省模范职工小家称号，授予景德镇市昌江区总工会常务副主席汪松发等 60 人为全省优秀工会工作者称号，授予高安市粮食局党委副书记、工会主席舒本友等 60 人全省优秀工会积极分子称号，授予贵溪市委书记黄建平等 45 人全省优秀工会之友称号。

2009 年是工会开展建设职工之家活动 25 周年。是年 6 月 21 日，省总民管部下发《关于做好全省基层工会开展建设职工之家 25 周年纪念活动相关工作的通知》。通知要求各级工会要以开展建家 25 周年纪念活动为契机，进一步推进建家工作创新发展。各设区市总、省产业（局、系统）工会、省总直属基层工会要进行一次建家工作的调研，了解各地、各单位深入开展建家活动基本情况、采取的主要措施、取得的成效，总结建家 25 周年来带有规律性的做法和经验，建家工作存在的主要问题，以及开展建家活动的思考和建议。各级工会对开展纪念建家 25 周年活动予以高度重视，积极开展征文、理论研讨、演讲等多种活动，宣传建家成果，扩大建家影响，激发建家活力，推动建家工作深入开展。各级工会开展深化职工之家的调研，总结做法和经验，提出建议，反映本地、本产业建家的全面情况。

2010 年 1 月 27 日，省总办公室下发《关于推荐评选申报全国模范职工之家、全国模范职工小家的通知》，明确评选申报条件、办法、要求及有关名额分配原则。在各地申报后，省总民管部、财务部、经审办对申报全国模范职工之家单位的工会经费收缴情况进行审计，省总经审办还专门下发

《关于对推荐为全国模范职工之家的候选单位进行工会经费计拨审计的通知》。3 月 17 日,省总民管部牵头召开推荐评审组会议,提出初审意见和建议。在全国模范职工之家推荐名单中,建议取消 3 个单位。3 月 26 日,省总召开 2010 年第 9 次主席办公会,确定推荐名单。6 月 24 日,省总下发《关于我省荣获全国模范职工之家、全国模范职工小家的通报》,江西南昌供电公司工会委员会等 41 家获全国模范职工之家称号,江西省送变电建设公司送电工程一公司分工会等 40 家获全国模范职工小家称号。7 月 20 日,省总召开 2010 年第 17 次主席办公会。会议原则通过省总民管部起草的《江西省总工会关于进一步加强建设职工之家工作,充分发挥基层工会作用的意见》。会议同意开展评选表彰全省模范职工之家、模范职工小家和优秀工会工作者活动。会议要求评选表彰名额要向非公企业倾斜。11 月 24 日,根据省总 2010 年第 25 次主席办公会决定,省总下发《关于表彰全省模范职工之家、全省模范职工小家全省优秀工会工作者的决定》,授予南昌市市政工程开发有限公司工会委员会等 60 个单位全省模范职工之家称号,授予省送变电建设公司铁塔厂工会小组等 61 个单位全省模范职工小家称号,授予向建中等 45 人为全省优秀工会工作者称号。

第五章　保　障

1994—2010年，江西处于社会主义计划经济体制向社会主义市场经济体制过渡转型、体制基本建立和体制完善时期，国有企业进入一波又一波的私有化改革，国有职工队伍、职工利益受到一波又一波的冲击。工会作为各种经济体制下的职工利益的代表者和维护者，努力在劳动就业、职工培训、劳动合同和集体合同制度、劳动工资、职工社会保险、送温暖工程与困难职工帮扶、职工疗休养、职工互助保障和农民工维权机制等方面进行一系列参与、推进和摸索。

第一节　劳动就业、职工培训

1993年下半年—1998年上半年，全省工会创办职业介绍机构58所，介绍就业20000人次。建立职业、培训机构85个，举办各类职业培训班510期，培训职工41808人次。1998年下半年至2003年上半年，累计培训下岗失业人员16万多人（次），介绍下岗职工再就业6.5万人（次），工会通过兴办解困贸易市场、生产自救基地和劳动福利事业等吸纳2万多人就业。2003年下半年至2008年上半年，全省工会免费培训下岗失业人员5.97万人次、职业介绍5.28万人次、实现再就业5.16万人次，全面完成全总下达的工会促进再就业任务。2009年，积极实施职工技能培训三年行动计划，培训职工3.9万人，经培训后就业2.5万人。与广东省、北京市举办跨省联合技能培训活动。2010年，各级工会共投入教育培训资金7749万元，培训职工53万人次。其中，职工技能培训三年行动计划培训职工4.3万人，获得职业技能证书职工2.6万人，介绍9万多人次就业，其中：农民工33793人；签订一年以上劳动合同的50340人。为196名各类创业人员提供小额贷款198笔，当年贷款金额合计687.9万元；历年为422名各类创业人员提供小额贷款425笔，历年累计贷款金额1332.9万元；其中，当年为101名农民工提供小额贷款101笔，贷款金额290万元；历年累计为323名农民工提供小额贷款326笔，历年累计贷款金额930.5万元。“技能培训促就业行动”共筹集资金1303.4万元，其中：中央财政帮扶资金459.34万元，地方财政补贴492.6万元，工会经费212万元，社会捐助139.46万元。“技能培训促就业行动”共实际使用资金1242.17万元，其中，各类培训投入1095.37万元，职业介绍投入146.8万元。江西省被确定为“全国工会就业培训基地”的培训机构，已对6382人进行培训，其中技能培训5086人，创业培训1296人。

就创业培训基地而言：2007年，赣州市章贡区女子中专被全国总工会确定为全国再就业创业培训示范基地。2010年9月25日，江西航空职业技术学院、丰城矿务局职工学校被全总命名为全国职工教育培训优秀示范点。获2010年度全国职工教育培训示范点机构:南昌市职工科技大学、南昌市科技职业技能培训学校、安义县职工学校、江西省星瀚职业培训学校、九江市职工学校、乐平矿务局安全技术培训中心、江西长江理工专修学院、宜春经济开发区职工技能培训中心、江西华伍职业技术学校、分宜县职工学校、信丰县白云职业技术学校、信丰县天华职业技术学校、赣州市职工学校、省劳动保障教育培训中心、南昌邮政局培训站、省国资委高技能人才培训基地。

下岗职工再就业

20世纪90年代初,江西改革和全国一样,国有企业关停并转,出现大量所谓富余职工即下岗、失业职工。1994年4月14日,省政府发布30号令《江西省国有企业富余职工安置实施办法》。全省各级政府动员全社会的力量,当然工会是主要力量之一,运用国家政策和劳动就业服务体系的综合服务手段,促使失业职工和富余职工尽快实现再就业或转岗。

1997年5月,省总工会为贯彻落实工会工作总体思路,了解全省企业下岗、失业职工基本情况,对全省企业特别是交通系统、地质系统对建筑行业下岗、失业职工状况进行一次全面调查。

1998年4月13日,省总工会下发《关于协助政府(行政)做好下岗职工再就业工作的意见》。要求全省各级工会力争每年帮助1万~2万名下岗、失业职工,通过各种形式实现再就业,以解决他们的生活困难问题。同时力争每年完成对2万~3万名下岗、失业职工进行再就业培训任务。各级工会要把关心下岗和特困职工作为工作重点,切实把促进再就业工作列入重要工作日程,建立目标责任制,为下岗职工办实事、办好事。全省地、市和县(市、区)工会组织在年底前全部建立职业介绍所(站),皆都落实且为下岗人员再就业服务。各级工会要积极协助政府(行政)重点发展以吸纳下岗、失业职工为主的社区服务,组织下岗、失业职工从事商饮、修理、搬运、家政服务等工作。协助政府和企业办好各种形式的再就业基地,生产自救基地、解困贸易市场,组织更多的下岗、失业职工从事临时性就业。积极指导和扶持下岗职工办好家庭手工业、工艺作坊等。厂矿企业工会要从实际出发,因地制宜兴办为主体厂拾遗补缺、修旧利废、综合利用配套服务的工会企事业和种植业、养殖业,吸纳下岗职工再就业。同时,要积极推动当地政府出台扶持下岗、失业职工自谋职业的优惠政策。要继续协助困难企业,提高企业经济效益,帮助亏损企业扭亏为盈,尽可能地减少下岗、失业职工人数,减轻社会就业压力。加强宣传教育,开展职业技能培训。以上全省地、市和县(市、区)工会组织皆都落实,付诸实施。

1998年5月,省总开展“下岗职工基本生活保障和再就业工作”“下岗女职工再就业政策”“工会女职工组织和女职工工作情况”的调查,并写出调查报告报全总及有关部门。6月1日,省总参与研究和制定全省贯彻国有企业下岗职工基本生活保障和再就业工作会议的《实施意见》。7月23日,省总成立促进下岗职工基本生活保障和再就业工作领导小组,主席刘金标任组长,副主席程受锭、文之周任副组长,保障工作部应同祥、办公室朱秀根、女职工部彭蓉英、宣教文体部张才福、保障工作部张国顺为成员。领导小组办公室设在保障工作部,承担日常工作。领导小组主要工作为:重点对全省国有企业下岗职工基本生活保障和再就业情况进行调查分析和研究;适时向省委、省政府及政府有关部门提出政策性建议;传达贯彻党中央国务院、省委省政府及政府有关部门关于下岗职工基本生活保障和再就业工作的方针、政策和措施;指导各地工会促进下岗职工基本生活,保障和再就业工作。省总要求建立情况汇报制度。7月,省总召开全省地、市、产业工会主席会,研究部署做好国有企业下岗职工基本生活保障和再就业工作。11月,省总评选出"下岗女职工再就业明星"18名、"女职工文明标兵岗"16名。12月8—9日,省总召开全省工会下岗职工培训再就业工作经验交流会,15人介绍经验,分组讨论省总关于建立职工补充保障体系的发展规划。文之周参加会议并讲话。会议要求各级工会要积极主动参与再就业的有关工作,充分利用工会阵地的"育人优势",逐步建立和完善培训网络,每年对3.5万名下岗失业职工进行再就业培训。

1999年初,省总制定《关于建立我省职工补充保障体系的意见》,提出1998—2002年以帮困救助、互助互济、促进再就业为主要内容的职工补充保障体系的发展目标。为推动下岗女职工再就业,省总女职工部决定在全省开展"38111"计划,即1999年内配合政府和工会培训3万下岗女职工;与职业介绍机构配合,帮助8000名下岗女职工再就业;女职工干部结对帮助100名特困女职工走出困境;选树再就业明星10名;开展姐妹献爱心每人捐助1元钱活动。1999年3月10日,省总女工部召开全省下岗女职工再就业明星事迹报告会,6名来自全省各地下岗女职工再就业明星鼓励广大下岗女职工转变观念,走下岗再创业之路。

1999年12月,省总对国有企业下岗职工基本生活保障和再就业工作情况进行调查,发现六大问题:即部分下岗职工尚未进中心签协议;再就业优惠政策得不到落实;下岗职工基本生活保障资金还有缺口;下岗职工自身存在的问题;部分领导对下岗职工再就业工作认识不高重视不够;农垦企业下岗职工享受不到基本生活保障。建议省政府制定"关于实施再就业工作若干补充政策规定",就建好再就业服务中心,完善社会筹集再就业资金制度,下岗职工培训经费问题、隐形就业人员的劳动关系处理问题、建立严格的再就业工作责任制、进中心3年时间的界定问题以及解除下岗职工劳动关系要给一次性经济补偿问题等,制定一些补充政策。

至1999底,全省各级工会建立多种形式的再就业基地和职工解困市场700多个,帮助20956名下岗、失业职工实现再就业。

2000年6月,省总开展评选自1998年以来全省国有企业下岗职工实现再就业职工中的"再就业明星"活动,于12月授予邹献仁、余风、艾宏忠、邱高波、江珍、王志强、黎明、幸华柱、邬洪辉、邓党生、张桂容、俞小红、高雪萍、宋红兵、李秀根等15人为全省国有企业下岗职工再就业明星。

2002年9月15日,省总党组召开会议,就贯彻全国再就业工作会议精神,提出措施。12月19日,制定《江西省总工会关于贯彻全国和全省再就业工作会议精神的意见》,明确全省各级工会促进下岗失业人员再就业工作主要任务:积极参与地方、有关部门和企业贯彻中央和省《通知》具体办法和实施细则的研究制定,从源头上维护职工就业权益;协调社会各方面力量,加强群众监督,推动促进下岗失业人员再就业政策和措施的贯彻落实;3年内,全省工会对3.6万下岗失业人员开展职业培训、提供职业介绍服务、帮助实现再就业;2005年11个设区市建立和规范困难职工帮扶中心,有条件的县(市、区)建立困难职工帮扶中心;县以上工会领导机关和产业工会要积极参加同级地方政府和产业部门再就业工作领导机构,参与地方和产业落实再就业具体办法与实施细则的研究制定。

加强群众监督,促进再就业政策的贯彻落实。各级工会要积极参加同级地方政府有关部门联合组织的相关监督检查活动。推动和参与同级人大、政协对再就业政策和劳动保障法律法规执行情况的监督检查和视察。把促进就业及相关问题作为工会与政府召开联席(联系)会议,三方协商会议的重要内容。配合和支持同级政府劳动保障部门搞好劳动保障法律监察,选派工会干部和职工代表作为社会监督员,依法行使劳动监督职权。不断加强工会的劳动法律监督。充分发挥职工(代表)大会对企业裁员、关闭破产、主辅分离、职工分流安置及劳动关系处理问题的民主管理和民主监督作用,严格履行职工(代表)大会审议通过相关议案的法定程序。督促政府有关部门和企业认真解决好"再就业服务中心"的和已出"再就业服务中心"但未解除劳动关系的下岗职工的基本生活保障问题。督促社会保险机构按时足额发放退休人员的养老金。督促企业依法支付与下岗职工解除劳动合同的经济补偿金,清偿拖欠职工的各种债务和接续好下岗职工的社会保险关系。建立责任制度,层层落实各级工会促进再就业工作目标。充分发挥工会自身优势,积极为下岗失业人员再就业多办实事。抓好领导干部与困难职工家庭"结对子""一帮一"等活动。城市工会和基层工会要为下岗失业人员申领《再就业优惠证》、办理工商登记、落实经营场地、申请小额贷款、获得社会保险补贴,就业困难人员获得公益性岗位和相关补贴等,提供政策咨询和信息指导,积极帮助下岗失业人员享有再就业优惠政策。各级工会要建立健全工会促进再就业工作领导小组。要及时总结推广行之有效的工作经验,加强促进下岗失业人员再就业的信息统计工作。

2003 年 3 月,省总、省劳动保障厅联合组织的首届下岗失业女工招聘会,将 1 万个工作岗位"送给"城镇中下岗失业的女职工,招聘会招聘女工主要集中在工勤类、服务类、管理类、技术类、文员类,为"4050"人员提供的就业岗位就有 500 个。4 月,全国在 10 个城市建立国家创业示范基地,南昌市成为首批城市之一。5 月,省总向全总报送《江西省贯彻落实再就业政策情况的调查报告》,被全总刊物《工运研究》《工作情况交流》刊登。6 月和 9 月,省总作为省再就业工作联席会议成员单位,两次带队到赣州市及其所辖部分县(市),就再就业工作进展和优惠政策落实情况进行检查和督查,进一步推动了再就业工作深入开展和各项优惠政策的落实。

2003 年 7 月,省政府与省总举行第 4 次联席座谈会议。省总提出各级政府要支持工会搞好源头参与,在制定就业政策时要充分听取工会的意见。支持工会强化群众监督,对中央和省里制定的促进下岗失业人员再就业的各项政策规定的落实情况开展群众性监督检查,发现问题,及时纠正,对造成严重后果的,要追究有关部门领导的责任。劳动保障部门要注意利用和发挥工会职工学校和文化宣传教育阵地的作用,对其举办的职业培训机构和职业介绍机构进行资质认定。对一些企业欠缴下岗职工基本养老保险费、职工按规定缴纳的基本养老保险费被企业挪用、再就业扶持政策难落实到位的问题以及落实职代会制度和职权等意见和建议,会议予以采纳,要求副省长召集有关部门进行研究,妥善解决。是年,省总在全省国有企业下岗职工中开展评选岗职工再就业明星活动,重点宣传、表彰 34 名再就业明星。同时,组织收集全省近百名下岗职工艰苦创业、自尊自强的典型事迹,编辑出版由省委书记孟建柱作序的《精彩人生》1 万册,全部赠送给下岗失业人员。在《江西工人报》定期开辟专栏,重点介绍一批全省下岗职工艰苦创业、自主创业的先进事迹。是年,全省工会组织帮助 14795 名下岗失业人员实现再就业。通过兴办工会劳动福利事业和再就业基地安置下岗失业人员。全省工会系统共有解困性质的劳动福利事业 715 个，安置下岗失业人员 1600 人；兴办再就业基地 4 个，吸纳下岗失业人员 405 名。坚持送温暖活动同促进再就业相结合。上年全省各级工会通过与劳动部门、企业联系，向特困职工家庭送岗位、送信息，帮助 6717 名下岗失业人员实现再就业。通过劳务输出，向省外输出劳务 3100 人次。向下岗失业人员 199 人提供小额借款 80 万元，开办小实体就业。

2004 年 4 月 9 日，《2004 年江西省再就业联席会议成员单位工作目标》通过，分别对各成员单位省劳动保障厅、财政厅、委宣传部、发改委、经贸委、教育厅、监察厅、民政厅、建设厅、人行南昌中心支行、国资委、内贸办、国税局、地税局、工商局、统计局、编办、省总、卫生厅、妇联、工商银行、中国银行、建设银行、农业银行等提出目标要求。省再就业工作联席会议成立由省监察厅、劳动保障厅、省总、妇联、统计局派员组成省再就业政策落实和工作情况评议活动办公室，重点对就业政策的落实情况进行评议。上半年，全省工会为 7327 名下岗失业人员提供职业介绍，帮助 6746 名下岗失业人员实现再就业。是年，省总挂点帮助洪都集团公司，做好下属单位政策性破产及主辅分离、辅业改制、分流安置下岗职工工作。11 月，在省再就业工作总结表彰大会上，南昌市总被省政府评为全省再就业工作先进单位。南昌市总及下属的科技大学、工人职业介绍所、南昌鲜徕客食品有限公司分别被全总授予全国工会促进再就业工作示范单位、全国工会再就业培训示范点、全国工会职业介绍示范点、全国工会再就业基点示范点。南昌市总与有关单位联合创办下岗职工餐饮服务再就业基地、下岗职工服装加工再就业基地和食品零售再就业基地，培训下岗职工 1991 余人次。与有关部门联合举办下岗失业人员大型专场招聘会，为下岗失业人员特别是“4050”下岗失业人员及其子女择业，共为 1597 余名下岗失业人员实现再就业。

2005 年 1 月 6 日，省总下发《关于在全省工会开展促进再就业“双培、双促、双评”活动的通知》，“双培、双促、双评”活动，即：培植再就业基地，培育创业带头人；促进下岗失业人员实现再就业，促进下岗失业人员增强创业能力；评选再就业示范基地，评选创业明星活动。活动目标为市县工会、省产业（局、系统）工会、省总直属基层工会在现有的基础上至少再培植一个再就业基地、培育 10 名以上创业带头人。上半年，全省各级工会建立职业培训机构 89 个，培训下岗失业人员 48127 人次；兴办职业介绍机构 101 个，为下岗失业人员提供职介服务 42311 人次；通过多种渠道和方式安排下岗失业人员 37702 人实现再就业；创办解困性质经济实体 155 个，安置 3716 名下岗职工再就业；帮助 2578 户特困职工家庭进入市场从事个体经营。9 月 2 日，南昌市总远大林业开发有限公司再就业基地宣告成立。该基地是全省工会系统首个林业再就业基地，亦是南昌市总创办的第 8 个再就业基地，其时安置下岗失业人员 50 人，完成育苗 2000 亩，造林 2000 亩。其还依托再就业基地平台，为加盟创业的下岗失业人员提供 5 万亩育苗、造林、套种、加工、合作生产经营场地。9 月 8 日，九江市总向九江联盛集团、新太子有限责任公司、修水县五星制丝有限公司等积极为下岗职工、农民工提供再就业的全市 51 家企业授予“九江市总工会再就业基地”标牌。是年，鹰潭市总职工学校是省劳动保障厅命名的下岗职工再就业培训基地，市总通过市政府拨给的培训资金，举办各类培训班 36 期，免费培训下岗失业职工 1248 人。是年，全省工会新增百个以上再就业基地，新增千名以上创业带头人，万名以上下岗失业人员实现再就业，全面完成和超额完成省总提出的三年三个

3.6万促进再就业的目标任务。

2006年3月22日,省总下发《关于认真贯彻〈中华全国总工会关于贯彻落实国务院《关于进一步加强就业再就业工作的通知》的意见〉的通知》,明确各级工会促进就业再就业工作的目标和基本任务,主要目标:在2006—2008年期间,帮助和扶持24000名(每年8000名)下岗失业人员实现再就业;搞好创业培训和创业孵化项目。继续抓好SIYB(创办和改善你的企业)的工作开展,在巩固南昌市总工会所属南昌职工科技大学开展SIYB项目的先期试点工作的基础上,争取再发展一所工会职工学校列入全总第二批试点单位,力争两校在2006年通过全总培训授权机构认定工作。通过创业培训、小额信贷和创业孵化相结合的创业模式、扶持1500~3000名下岗失业人员成功创业,带动3000~6000人就业;继续办好各级工会的职业培训、职业介绍机构。全省工会职业培训机构和职业介绍机构,要在现有的基础上进一步加强和充实提高,通过劳动部门资质认定的比例力争分别达到75%;保持和巩固已建立的工会再就业基地。基本任务:参与地方性配套政策的研究制定,从源头上维护职工权益;参与调研、检查活动,加强群众监督,促进就业再就业政策落实;发挥职工(代表)大会的作用;推动"并轨"政策的落实。并就发挥自身优势,深入开展就业再就业工作重申:适时开展就业再就业援助行动;继续做好工会的职业培训、职业介绍和就业服务工作;进一步巩固和促进再就业基地建设;推动实施送温暖工程与促进再就业的有机结合;加强就业再就业政策宣传工作,帮助和引导下岗职工转变观念。7月19日,省总授予江西老蔡糖果有限公司、东湖天女艺术刺绣厂、南昌市圣丰农业综合开发有限公司、南昌市总职工科技大学、南昌市总职业介绍所、南昌市总鲜徕客食品有限公司、九江昂泰胶囊有限公司、九江联盛实业集团有限公司、九江市琪雅职工技能培训家政服务中心、新余市家私物业有限公司、新余市鸿新服装厂、江西康彪鞋业有限公司、萍钢钢华社区工作部景德镇市鹏飞建陶有限责任公司、绿源人造板有限公司、石城县总职工培训中心、赣州市章贡区职工学校、宜春信友化工有限公司、奉新县总劳动就业训练中心、江铃底盘股份有限公司、抚州开元职业技能培训学校、江西翔云服装有限公司、新干新鑫水晶玻璃厂、吉安市吉州区总职工学校、余干县新绍服装职业技能培训中心、上饶市信州区职工学校为全省工会系统促进再就业示范基地称号,授予刘源源、章平生、李小红、牛勤、杜江修、张敏燕、吴世军、刘芦萍、李冬莲、欧阳军、刘银生、刘梦麟、张小山、胡二和、王金泉、肖二仔、周海浪、邵天敏、叶如煌、洪明为全省工会系统再就业明星称号。

2007—2009年,赣州市总实施"和谐帮扶"三年行动计划,协助各级劳动就业部门为下岗失业人员提供就业岗位62316个,为困难职工提供就业信息73615条,协助各级劳动就业部门为下岗失业人员实现再就业61236人次。

2008年,省总与省劳动保障厅联合下发《关于做好全省技术工人培训工作的通知》,提出目标任务,制定具体措施,确保3年内每年培训1.1万技术工人任务的完成。是年,全省各级工会组织为2.6万名下岗失业人员提供就业岗位,为2.5万名困难职工提供就业前培训,其中涉及到零就业家庭6369人次。

职工就业

1993 年 11 月,南昌市总与市劳动局共同组建的南昌市工人职业介绍所开业。1994 年上半年起,赣州地区和县(市)开办“劳动力市场”,设立人才交流中心、职业介绍所、劳动就业培训中心三个配套机构。劳动力市场开展职业介绍、职工交流、职业培训、劳务供求、信息咨询、劳务输出、失业保险、养老保险、保职挂编、寄存档案、企业招工以及合同鉴证等“一条龙”综合配套服务。1994 年 9 月,九江市总职业介绍所成立,1995 年 1 月 3 日正式开展工作。被市劳动就业局劳动监察大队评为全市第一家职业介绍合格单位。1995 年起,随着下岗职工的日益增多,上饶地市县(市、区)工会相继成职业介绍机构。是年 12 月,萍乡市总成立职业介绍所。1996 年 10 月,鹰潭市总工会职业介绍所成立。1998 年 9 月 8 日,宜春地区工会职业介绍所正式挂牌。

至 1999 年底,全省各级工会创办工会职业介绍所 94 家。

2003 年 9 月底,为配合全国政协就城市灵活就业人员社会保障情况来赣专题调研,省总深入到赣州、新余市进行专项调查,撰写的《关于江西省部分城市灵活就业人员社会保障情况的调查与建议》被全总《工运研究》刊登。

2005 年 6 月 6—12 日,省劳动保障厅、省总、省工商联在全省联合举办以“大力促进民营经济发展、积极为扩大就业作贡献”为主题的“民营企业招聘周”活动,取得明显的成效。在为期 7 天的招聘活动中,共组织 1906 家企业入场招聘,提供岗位信息 8. 9 万多个,入场求职 12. 7 万余人次,达成就业意向 1. 8 万多人次,现场录用 6612 人。

2007 年 5 月,省总配合省劳动保障厅、省工商联在全省 11 个设区市开展民营企业招聘周活动。省总专门组织几百名下岗失业人员进入主会场参加招聘。南昌市总困难职工帮扶中心为“招聘周”活动分会场,为活动提供 14471 个岗位,签订就业意向人数 1890 人,其中有 468 名进城务工人员签订了就业意向合同。

2010 年 1—4 月,省总与省人力社厅、教育厅、团委、妇联、残联 7 部门在全省范围内联合组织实施“就业援助百日帮扶活动”,为城镇零就业家庭成员、残疾人、城镇低保户和其他需要就业的城镇困难人员;城镇新成长劳动力和登记失业的高校毕业生;因经济金融危机失业返乡的外出务工人员及其他需要转移就业的农村富余劳动力和被征地农民送政策、送岗位、送培训、送补贴、送温暖。

2010 年 8 月,全省各级工会配合政府有关部门,组织开展春风行动、民营企业招聘周等就业服务系列活动。仅开展“春风行动”期间,就组织各类招聘会 2460 场次,为返乡农民工等各类求职人员提供免费服务 141. 9 万人次,多渠道帮助农村劳动者实现就业 85. 5 万人。

职工创业

1997 年 12 月 4 日,省总、省农垦管理局、省林业厅在南昌召开“全省农林系统职工自营经济十大状元”表彰大会。十大状元:徐等福、黄云彪、饶玉喜、谭东山、陈文福、刘冬生、张建平、刘运英、朱景杰、万圆洲。

2005年8月9日,省总通过摸底调查,对一部分具有创业能力,没有启动资金的下岗失业人员进行“造血”型扶贫,开展“无息小额借款”创业活动。当年就累计借出滚动无息小额借款2000多万元,帮助37702名下岗失业人员走上自谋职业、自主创业的道路。为推进“无息小额借款”创业活动,省地质工会成立“小额借款”基金会,基金会累计借出无息小额借款254.08万元,为495人次提供帮助。萍乡市总一年为16名下岗职工提供再就业小额借款,并培养成再就业带头人。乐平矿务局实施小额借款扶贫,按个人申请、组织考察论证、职工担保、集体研究、签订小额借款合同等程序,借出无息小额借款130万元,帮助123名下岗职工实现脱贫致富。乐平矿务局被全总授予“小额借款扶贫项目示范点”称号。新余市总有目的地选择、鼓励、支持一批具有创业能力的下岗失业人员和劳动模范创办、领办各类企业,千方百计帮助他们解决创业过程中遇到的困难和问题,并实行全程跟踪服务,培育他们成为创业“领头羊”。

2006年,吉安市总授予吉水县群欢农机制造公司等10个单位为“促进再就业示范基地”,同时搞好创业培训和创业孵化项目,抓好永丰、新干县SIYB(创办和改善你的企业)项目培训的试点工作,通过创业培训、小额信贷和创业孵化相结合的创业模式、扶持150~300名下岗失业人员成功创业,带动300~600人就业。

2007年,南昌市总组织开展“岗位送千家,真情铸和谐”巡回招聘暨创业帮扶服务月、零就业家庭国庆招聘周暨颁发创业金钥匙等一系列就业帮扶活动,会同有关部门先后举办大型招聘会8场、小型招聘会6场、创业培训班6期,超额完成了省总下达的就业再就业任务,实现了“3个1万”“2个1千”的就业帮扶目标(即就业岗位1万、接待登记1万、发放就业帮扶卡1万,免费办理登记证1千、储存用人单位1千)。

2007—2009年,上饶市总与北京昌平农家女实用技能培训学校联合举办SIYB创业班培训162名下岗失业人员、返乡农民工,都基本上在大城市就业。又举办创业者来料加工经纪人培训,许多经过培训的来料加工经纪人找到来料加工项目,带动4万多名下岗职工、返乡农民工和农村留守人员从事来料加工工作。

2009年,鹰潭市总开展“千万农民工援助行动”活动,并参与市人保局、市工商联等部门举办农民工专场招聘会,进行就业指导;全年实现农民工就业2985人。是年,省总开展SIYB工作的试点。先后抽调了十几人参加全总SIYB项目培训。南昌市总、章贡区总分别成立了SIYB培训办公室和培训基地,两地共举办11期SIYB培训班,培训学员308人。

2010年3月,抚州市总开展“创业服务年”活动,全力以赴实施“十百千万”工程,即:设立10万元以上下岗待业职工创业基金、组织引导100家企业进行技术创新、帮助1000个零就业家庭实现就业、培训10000名在岗职工。一年来市总共为职工创业提供技术服务120多项,协调劳动就业等部门为职工提供小额贷款创业基金2000多万元。

职工培训

1998年4月21日,省总下发《关于进一步做好下岗职工再就业培训工作的通知》。12月,省总召开全省工会下岗职工培训再就业工作经验交流会。会议要求各级工会充分利用工会阵地的“育人优势”，逐步建立和完善培训网络，要通过多种方式每年对3.5万名下岗失业职工进行再就业培训。是年，全省各级工会建立工会职业培训机构179个，培训4.8万多人次。1999年全省各级工会利用工会的各类职工学校、文化技术活动阵地，为27790名下岗、失业职工进行转业、转岗培训。2000年，全省各级工会共举办培训班523期，培训下岗职工29010人次。2001年，全省对3.5万名下岗失业职工进行培训。2003年，省总共培训下岗失业人员240万人(次)。其中，省总通过社会力量办学机构“省新世通电脑培训中心”，为在昌的省建工集团、省地矿局所属国有企业下岗失业人员开办免费电脑技能培训班4期，共培训192人。是年，全省工会职业培训机构共培训下岗失业人员14281人(次)。2004年上半年，全省工会对8451名下岗失业人员开展了职业培训。是年1—3季度，全省免费就业培训98440人，完成年目标的76%，其中上饶市13008人，完成98%；萍乡市5465人，完成93%；鹰潭市3972人，完成97%。是年，九江市总免费培训下岗职工和失业人员5926人。

2007年1—11月，全省累计农村劳动力转移培训87.59万人，其中金蓝领工程培训56.31万人，阳光工程培训25.2万人，雨露工程培训6.08万人，省内工业园区用工定向培训27.98万人。7月，省总下拨30万元专项资金到各设区市，对1000名下岗失业职工、零就业家庭职工进行免费培训(按每人300元补助)。

2008年，省总与省劳动保障厅联合下发《关于做好全省技术工人培训工作的通知》，提出目标任务，制定具体措施，确保3年内每年培训1.1万技术工人任务的完成。同时，继续开展了SIYB创业培训的试点工作。是年，全省各级工会免费为下岗失业人员、农民工培训1.69万人，完成任务的153.6%。其中，农民工7168人，下岗失业人员7032人，涉及到零就业家庭人员1433人。

2009年，全省各级工会免费为下岗失业人员、农民工培训3.9万余人，完成全总下达任务的130%。其中，农民工30067人，下岗失业人员9351人，经过培训后，获得技能证书的有10899人。是年，省总联合广东省总、广州市总举办3期“农民工美容美发职业技能培训班”，每期100人，共计300人。经考试合格，全部获得由广州市劳动部门颁发的初级技能证书，并由广州市有关部门全部推介就业。是年，省总联合省商务厅、省财政厅，在全省开展家政服务员技能培训活动，共培训家政服务人员5347人，验收合格人数5096人，验收合格率95.3%。

2010年，省总联合省商务厅、省财政厅，在全省开展家政服务员技能培训活动，提供给每个参训人培训费用1000元，共培训家政服务人员8000人。“技能培训促就业行动”共筹集资金1303.4万元，其中中央财政帮扶资金459.34万元，地方财政补贴492.6万元，工会经费212万元，社会捐助139.46万元；实际使用资金1242.17万元，其中，各类培训投入1095.37万元，职业介绍投入146.8万元。各设区市总工会根据全总要求，在2010年中央财政帮扶专项资金中安排30%的资金用于工会培训和就业服务。

第二节 劳动合同和集体合同制度

劳动合同制度

1995年2月10日,省总下发《关于建立贯彻实施〈劳动法〉领导小组及情况汇报制度的通知》:省总决定成立贯彻实施《劳动法》工作协调领导小组。组长童水仙,副组长文之周,成员有胡佑生、许家桃、滕自国、应同祥、李慈葆、李骥、李保忠、彭蓉英、汪建国。协调领导小组日常工作由法律工作部承担。并要求各地区工会办事处、省辖市总及省级产业工会对应成立领导小组,并建立情况汇报制度,将本地贯彻实施《劳动法》的重要情况、经验及问题,以简报形式每月报一次,重要情况随时上报。是年,省政府下发《全面实行劳动合同制度的实施方案》,规定在1996年底前全省用人单位要全面建立劳动合同制度。省总与劳动保障部门联系与沟通,制定劳动合同样本,下发各市、县,供职工与企业签订劳动合同时参考,从法律法规上,保证质量上指导企业全面建立劳动合同制度。合同期限大部分为3~5年,小部分为无固定期限。全省各级工会通过版报、咨询、电视等方式,帮助指导职工签订劳动合同。实施劳动合同制度过程中,全省地方工会发挥三方协商机制作用,通过三方会议联合下文,形成会议纪要,规范企业健全劳动合同制度。《劳动法》是1994年7月5日经第八届全国人大常委会第八次会议通过,1995年1月1日起施行。《劳动法》对劳动合同作出了具体规定。此后诸方面情况皆发生重大变化,2007年6月29日,《劳动合同法》经第十届全国人大常委会二十八次会议通过,2008年1月1日起施行。是年,9月3日,国务院为贯彻实施《劳动合同法》颁布《劳动合同法实施条例》。第十一届全国人大常委会第三十次会议决定对《劳动合同法》作出修改,2013年7月1日施行。全省实施过程中,国有企业、集体企业普遍都与职工签订劳动合同,而外商企业、私营企业,尤其是个体工商户实行劳动合同制度的情况较差。部分企业虽与职工签订劳动合同,但没有完全履行劳动合同,有的流于形式,有的企业不按合同发放工资,长期拖欠,不给加班工资等。部分企业存在劳动合同到期后不及时续签劳动合同的现象。

2005年初,全总在2005年重点工作具体安排中强调:要以推进劳动合同签订为突破口,完善维权机制建设。劳动合同是劳动者与用工单位之间确立劳动关系,明确双方权利和义务的协议。根据这个协议,劳动者加入企业、个体经济组织、事业组织、国家机关、社会团体等用人单位,成为该单位的一员,承担一定的工种、岗位或职务工作,并遵守所在单位的内部劳动规则和其他规章制度;用人单位应及时安排被录用的劳动者工作,按照劳动者提供劳动的数量和质量支付劳动报酬,并且根据劳动法律、法规规定和劳动合同的约定提供必要的劳动条件,保证劳动者享有劳动保护及社会保险、福利等权利和待遇。是年4月,劳动保障部、建设部、全总下发《关于加强建设等行业农民工劳动合同管理的通知》。5月,全总下发《关于进一步推进劳动合同制度实施的通知》。6月,省总根据全总集体合同部要求,对劳动合同制度实施情况进行深入调查,掌握全省实施劳动合同制度基本情况。至2005年上半年,省总配合劳动保障部门,采取措施在全省用人单位中推行劳动合同制度,劳动合同签定率、企业户数和职工人数都达到(不含个体工商户)90%以上。全省企业总户数为37862户(不含个体工商户),已实行劳动合同制度的有34877户,占总数的92.1%;职工总人数1056811人(不含个体工商户及其雇工),已签订劳动合同的职工976313人,占职工总人数的92.3%。其中:国有企业33660户,已实行劳动合同制度的有31809户,占总数的94.5%,职工总人数747079人,已签订劳动合同的职工720931人,占职工总人数的96.5%;集体企业1009户,已实行劳动合同制度的有946户,占总数的93.8%,职工总人数199592人,已签订劳动合同的职工183824人,占职工总人数的92.1%;私营企业712户,已实行劳动合同制度的有331户,占总数的46.5%,职工总人数45140人,已签订劳动合同的职工22028人,占职工总人数的48.8%;外商投资企业2481户,已实行劳动合同制度的有1791户,占总数的72.2%;职工总人数65000人,已签订劳动合同的职工49530人,占职工总人数的76.2%。此外,全省个体工商户52857户,已实行劳动合同制度的有11681户,占总数的22.1%,职工总人数370500人,已签订劳动合同的职工67802人,占职工总人数的18.3%。

2005年7月,省总鉴于全省企业实施劳动合同内容和签订程序不规范,履行不全面,权利和义务不对等,非公有制企业签订率低、覆盖面小,管理手段、方式落后,监管不到位等问题,制订《江西省总工会关于进一步推进劳动合同制度的实施意见》。《意见》明确实施劳动合同制度的重点和任务是:巩固国有、集体及控股企业签订劳动合同工作成果,逐步把推进劳动合同工作重点向非公有制企业和进城务工人员方面转移,在进城务工人员相对集中的建筑、运输、餐饮、服务等行业中大力推行劳动合同制度;因地制宜,帮助和指导职工与企业签订好劳动合同;协助劳动保障部门依法规范劳动合同的内容和签订的程序;通过职工大会报告履行情况、专项劳动监察、行政处罚和执法检查促进劳动合同的履行;加强宣传;通过建立劳动合同登记备案制度、劳动合同动态管理制度、劳动合同管理信息监控、社保接续转移制度、劳动争议调解组织工作机制促进劳动合同工作推行。《意见》还就劳动合同制度原则、加强领导、总结推广经验、依托劳动关系三方协调机制、发挥职代会作用提出了具体要求。

2006年4—5月,省总法工部组织全省工会对建筑、餐饮服务行业开展劳动合同制度实施情况进行抽样调查。是年,省总与省劳动保障厅、省企业联合会/企业家协会联合下发《江西省劳动合同制度三年行动计划实施方案》。要求从2006—2008年,用三年时间实现各类企业与劳动者普遍依法签订劳动合同,并制定具体的工作措施及时间安排。

2007年8月,按照省劳动关系三方协商机制(即三方会议)安排,省劳动保障厅、省总、省企联组成督查组对鹰潭、上饶两市劳动合同工作及创建工作进行督查。这两地市、县在2002—2003年全都建立了协调劳动关系三方机制,在推动工业园区签订劳动合同、集体合同等方面的工作都有明显的进展,特别在规范非公有制企业用工,清理用人单位拖欠职工工资,劳动合同与集体合同争议处理方面,取得明显成效。上饶通过税收征管,计税工资总额申报,强化用人单位签订劳动合同的意识,主动办理劳动用工登记手续;将全面执行劳动合同制度,依法签订劳动合同,完善劳动合同管理列入创建劳动关系和谐企业与工业园区活动标准的主要内容,以在工业园区开展社会保险扩面征缴工作为契机,将劳动合同的签订和鉴证工作作为专项检查的重要内容;通过日常巡查、举报专查、年度用工年检和劳动合同执行情况的专项检查以及劳动合同的鉴证工作推动劳动合同制度的实施。是年6月底,上饶市各类企业劳动合同签订率达到90.8%。鹰潭通过举办法律法规培训班,成立“贵溪市工业园区签订劳动合同指导监督小组”,开展专项执法检查工作等手段促进推进劳动合同制度落实。是年上半年,签订劳动合同485户,占用工单位总数87%;签订劳动合同职工人62884人,签订率89%其中:国有企业、集体企业、股份制和中外合资企业100%;私营企业签订率80%。通过督查发现,两地市县还存在思想认识不到位、劳动合同签订率不高、平等协商机制不健全、企业逃避责任,社会保险费征缴困难、劳动法律法规执行不到位等问题。是年,吉安市总与市劳动保障局组成联合检查组,对市中心城区156户建筑、餐饮等用工较多的私营企业,进行了以劳动合同、工资支付情况等为重点的监督检查。10月,省总举办《劳动合同法》培训班,培训工会干部92名;各设区市总分别举办专题培训班。同时派出干部深入基层宣传、讲授《劳动合同法》。11月,省总与江西电视台联合举办全省《劳动合同法》知识电视竞赛活动。是年,省总组织全省工会干部参加全国《劳动合同法》知识电视竞赛。

是年12月,《劳动合同法》2008年1月1日实施在即,一些违反和规避劳动法律和《劳动合同法》的行为逐步涌现出来。一些用人单位为减轻自己的负担,通过劝说、辞退甚至胁迫职工辞职、逆向派遣、非法裁员等形式规避《劳动合同法》,在社会上造成非常坏的影响。省总接到企业规避《劳动合同法》的投诉19起,表现出的特征为:(1)规避《劳动合同法》的行为主要发生在国有企业,一些大型国企也参与其中,省电力公司在全省范围内大规模实施劳务派遣;省工行、农行、建行也有职工反映企业规避《劳动合同法》,侵犯职工的合法权益。(2)全省规避《劳动合同法》的行为所涉及的职工主要是国有企业的非正式用工人员(各种类型的临时工居多),这些职工多年以前就在国有企业工作。在待遇方面,有的与正式工享受同等待遇(如省工行),有些与正式工在待遇方面存在差异。企业如今实施的规避《劳动合同法》的行为,使他们对自己的前途充满疑虑,对今后的生活和工作非常担心。(3)企业规避《劳动合同法》的主要做法有:劝说、辞退甚至胁迫职工辞职;逆向派遣,即与本单位部分或者大部分职工解除劳动合同后,让这些解除劳动合同的职工再与本单位指定的某一劳务派遣机构重新订立劳动合同,然后由该派遣机构将这些职工再派回本单位继续工作。省电力公司、省工行、新华书店、国泰君安、中石化等企业;非法裁员,即一次或分批进行较大数量的裁减人员。就此,全省各级工会采取多种形式,宣传、普及《劳动法》《劳动合同法》等相关法律法规,使职工知法、懂法、守法,敢于并善于运用法律武器,来维护自身的权利。省总转发全总《关于制止用人单位劝辞职工规避〈劳动合同法〉行为的通知》,坚决制止违反和规避现行劳动法律法规和即将实施的《劳动合同法》的行为。要求全省各级工会认真贯彻落实,对违反、规避《劳动法》《劳动合同法》的行为及时纠正。对于用人单位通过违法引导劳动者辞职等方式解除或终止劳动合同的,联合有关部门及时予以制止,督促用人单位继续履行劳动合同。严格规范劳务派遣行为,防止用人单位以劳务派遣形式规避《劳动合同法》。要求用人单位严格控制规模裁员。12月26日,召开省三方会议,通报省内发生的规避《劳动合同法》的行为,决定加强劳动监察执法和劳动争议处理工作,畅通举报投诉渠道,加大查处力度,对于违法行为坚决依法处理。针对存在建议劳务派遣“临时性、替代性、辅助性”、社会保险、无固定期限劳动合同、用人单位随意延长劳动时间问题,建议国家对

《劳动合同法》的相关条款做出解释。很多企业基于对《劳动合同法》中“无固定期限合同条款”的担心,千方百计地钻法律的空子,对《劳动合同法》进行规避,出台《劳动合同法》实施条例,对一些模糊的法律条款进行细化,应属当务之急。

2008年6—7月,省总对全省《劳动合同法》贯彻实施情况进行专题调研。8月,省总与省人大常委会内务司法委员会对南昌、九江、赣州、吉安4市开展《劳动合同法》实施情况调查,通过问卷和座谈,掌握面上情况。9月,上报问卷调查分析报告,为全国人大常委会分析和判断《劳动合同法》实施情况,提供定量分析的依据。报告反映贯彻实施《劳动合同法》过程中存在的问题:部分企业经营者和劳动者对《劳动合同法》的理解存在误区;少数企业存在着劳动合同期限短、内容不规范等问题;企业加班加点且不足额支付加班工资的情况仍然存在;用人单位的劳动用工和人事管理制度与《劳动合同法》尚未接轨;相关部门对《劳动合同法》贯彻实施的监督检查和指导力度不够。并提出加大《劳动合同法》的宣传力度;从专项检查和日常巡查、劳动保障监察、提高劳动争议处理能力以及畅通劳动者信访、投诉、举报渠道4方面加大监督和查处力度;发挥劳动关系三方机制的作用;发挥各级工会作用的建议。12月,为了解金融危机影响下劳动合同法贯彻执行情况及面临的突出问题,根据全国人大常委会副委员长华建敏的指示和全总书记处的要求,省总受全总委托,进行了劳动合同法贯彻执行情况实地调研。省总督促省政府废止《江西省国有企业富余人员安置实施办法》,下发《关于转发省国资委进一步深化国有企业改革和发展实施办法的通知》,对职工安置办法与劳动合同法进行衔接。督促企业修改和完善规章制度。要求各类企业对内部规章制度进行梳理,对照劳动合同法逐一进行对照自查,对企业现行的职工奖惩、临时用工、内部退养、竞争上岗等各项管理制度进行全面梳理修改和完善。是年,全省签订劳动合同职工为349万,签订率达到88.8%,基本完成三年行动计划任务。省总配合省人大开展《劳动合同法》执法检查。

2009年2月,吉安外资企业友利电电子(江西)有限公司受金融危机的影响裁员1921人,是全省裁员最多的一家企业,如果不是在劳动合同法的框架中进行,这么大一个裁员行动,将造成很大的劳动风险。这家企业的裁员依照劳动合同法的规定事先报告工会,得到工会的同意,为被裁减人员妥善解决社保和经济补偿金问题,同时工会协助当地政府又将被裁下来的职工安排在当地工业园区里就业,裁员过程平稳,职工权益得到维护,劳动风险得到防范。是年,格特拉克(江西)传动系统有限公司赣州分公司工会与行政协商,对原劳动合同的主要条款进行修改和充实,指导1422名员工全部与企业重新签订劳动合同。是年,省总对全省劳动合同法的学习宣传贯彻实施工作进行了具体部署和安排。各级工会积极争取党政的重视和支持,多数市、县成立由政府分管领导任组长,工会、劳动保障、公安、安监、建设、卫生等部门负责人为成员的劳动合同法学习宣传领导小组。全省各级工会联合劳动保障等部门开展现场咨询活动800余次,开展法律咨询16.5万余人次,发放宣传材料120余万份。全省开展劳动合同法专项执法检查,共出动检查人员1.2万人次,检查用人单位3.54万户次,涉及劳动者203万人次,共督促用人单位缴纳社会保险费8600万元,补签劳动合同14.8万份,为1.52万名劳动者追回工资1672万元。实施劳动合同法也带动社会保险参保人数明显上升,社保覆盖面不断扩大。是年,全省加大《劳动合同法》的贯彻实施力度,全省劳动合同签订率达到94%。全省外出务工农民工680万,另外在省内务工的130万,尚有15.14%的人员未签订劳动合同。省总与省直9个单位联合开展整治非法用工专项行动。

2010年6月,省人社厅、省总、省企业联合会/江西省企业家协会印发《江西省全面推进小企业劳动合同制度实施专项行动计划实施方案》,要求从2010—2012年,用三年时间基本实现小企业与劳动者普遍依法签订劳动合同。

集体合同制度落实

1994年上半年,省总成立贯彻实施劳动法领导小组。号召全省各级工会努力争取行政和党委的支持,从而有效推动平等协商,签订集体合同的工作。集体合同,又称团体协约、集体协议等,是工会或者职工推举的职工代表代表职工与用人单位依照法律法规的规定就劳动报酬、工作条件、工作时间、休息休假、劳动安全卫生、社会保险福利等事项,在平等协商的基础上进行协商谈判所缔结的书面协议。按照《劳动合同法》规定:企业职工一方与用人单位通过平等协商,就劳动报酬、工作时间、休息休假、劳动安全卫生、保险福利等事项订立集体合同。集体合同草案应当提交职工代表大会或者全体职工讨论通过。集体合同由工会代表企业职工一方与用人单位订立;尚未建立工会的用人单位,由上级工会指导劳动者推举的代表与用人单位订立。其作为一种契约的集体合同是集体协商的结果。在省总的努力下,省政府发文规定全省所有建立现代企业制度试点企业都要实行集体合同制度。

1995年上半年,省总成立建立平等协商、签订集体合同制度工作协调领导小组,分管副主席任组长。8月,省总制发江西省百家企业建立现代企业制度试点方案,明确要求试点企业要实行平等协商、签订集体合同制度。9月4日,省总、省劳动厅联合下发《关于对当前试行集体协商和集体合同制度的意见》,明确建立集体协商和集体合同制度的试点,重点是外商投资企业、私营等非国有企业。要求各地、市、县在1995年完成2~3个非国有企业或已进行现代企业制度改革企业的试点工作。各级劳动行政部门要指定具体机构负责此项工作。接受集体合同的登记和审查备案,加强政策指导和协调。并提出对不同的企业要进行分类指导,提出不同的标准和要求。对效益好、条件好的企业,要求按《劳动法》的规定签订较全面的合同,对效益差、条件差的企业,则允许签订单项或只有部分条款的合同,分步到位。之后,全省11个地市、部分产业和县级工会都与政府(行政)有关部门联合下发文件,有的还以党委和政府的名义下发或转发,为推动这项工作的深入开展提供了政策依据和具体要求。9月5日,省总就省总九届五次常委扩大会确定在1995年内全省签订集体合同的企业达到300家的目标下文进行分解。并建立专项工作定期汇报制度、通报制度、集体合同的联审、检查制度和评先一票否定制度。是年,全省441家企业签订集体合同。省邮电签订集体合同5家,完成任务的250%;吉安91家完成任务的227.5%,九江签订集体合同60家,完成任务的157.9%;南昌62家完成任务的147.6%。是年外合资南昌奥达电子电脑有限公司签订的集体合同成为全省第一个集体合同。

1996年,平等协商、集体合同工作从试点阶段进入全面推行阶段。省总九届四次委员扩大会确定年内全省签订集体合同的企业达到2000家。省总下文要求各地、市总工会,省产业工会和省总直属基层工会切实加强领导、搞好同政府有关部门的联系和合作优化措施、量化和落实指标，确保任务的完成。并强调要抓住建立平等协商的机制这一关键环节，在协商一致的基础上签订集体合同；企业在开展这项工作时应遵循合法，平等合作，协商一致，兼顾国家、企业和职工利益，维护正常的生产、工作秩序的原则，要注重合同质量，在内容、程序、文件格式等方面进一步加以规范，并注意做好集体合同的履行情况进行监督检查；对生产经营困难的停亏企业可签订部分内容或单项内容的协议。与此同时，省总与11个地市及省产业工会的一把手签订责任状。重点抓签订集体合同的质量和兑现合同的督察，特别是合同中职工权益和待遇条款的兑现。10月，全省已建立集体合同制度的企业9436家，覆盖职工163.62万人，其中国有企业5967家，外商投资企业332家，私营企业284家，乡镇企业（含集体）2853家。

1997年2月17日，省总下发《关于印发〈江西省集体协商与集体合同培训工作规划〉的通知》，要求各级工会加强培训工作的组织领导，从人员、时间、经费上予以落实，保证培训任务的完成。凡参加集体协商的工会干部和职工代表，必须经培训，考核合格并获得省总统一颁发的集体协商代表证书后，才能作为协商代表参与集体合同的谈判（协商）。全省培训的骨干和职工代表达1万多人次。省总二次举办学习班，完成本级265名师资培训任务。为及时掌握各地签订集体合同的基本情况，从上半年开始，全省对建立这项制度的企业建立档案。针对一些外商投资企业和私营企业规模小、工会力量弱、集体谈判难度大的特点，一些地、市、县工会和产业工会进行了事业单位、工会联合会、行业工会签订集体合同的试点工作。10月22—23日，省总召开全省推行平等协商、集体合同制度工作经验交流暨表彰大会。表彰省总吉安地区办事处和九江港务局等38个推行（履行）集体合同先进单位；授予张良金等76人为全省推行集体协商和集体合同制度工作先进个人，并向受表彰的先进单位、先进个人颁发奖匾或荣誉证书。是年，全省签订集体合同5854家，覆盖职工126.8万人。其中国有企业3897家、集体企业1613家、外商投资企业197家、私营企业147家。

1998年7月5日，全总表彰一批全国推行集体协商和集体合同制度先进单位和个人，其中江西有：省总吉安地区办事处、南昌市总、余干县总、宜丰县总获全国集体合同建制先进单位称号；昌河飞机工业公司、省邮电管理局获全国集体合同建制先进企业称号；廖兴国、张祥裕、姜志民、龙成生、李平、章寿生、彭绍富、许红根、蔡连训、陈长河、兰举贤、王孝槐、滕自国、张赣利全国集体合同建制优秀个人称号；省电力工会、鹰潭市总、省总抚州地区办事处获全国集体合同培训工作优秀组织单位称号；康永华、陈渭川、钟丁祥、李坪、欧阳华获全国集体合同培训工作优秀师资个人称号。是年，全省签订集体合同企业有8278家，覆盖职工180万人。

1999年上半年，省总转发全总《关于认真做好到期集体合同续签工作的通知》和《关于加强改制企业平等协商和集体合同工作意见》。把集体合同工作作为省总对地市、产业工会重点内容来考核。各地市、县也把集体合同目标任务分解到基层，责任到各部门，落实到每个人。9月，省总副主席李骥带队对萍乡、新余两市进行专题调查。调查表明签订集体合同的企业，均能不同程度地履行合同有关条款。10月，全省建立集体合同制度的企业9436家，覆盖职工163.62万人，其中国有企业5967家，外商投资企业332家，私营企业281家，乡镇企业（含集体）2853家。重签、续签集体合同达3658家，占集体合同总数39.7%；2293家改制企业中有2136家企业建立集体合同制度，占改制企业数93.2%。

2000年初,全省把集体合同签订工作列为“五突破一加强”的重点工作。5月,省总成立4个重点工作办公室,集体合同办公室为其中之一。11月8日,省总转发《关于转发〈中华全国总关于在新建企业加快建立平等协商和集体合同制度的意见〉的通知》。全省各级工会注重集体合同的重签、续签工作,加强动态管理和监督与兑现,集体合同质量和履约率提高。是年,全省建立平等协商和集体合同制度的企业有11122家,覆盖职工172.9万人。其中外商投资企业505家,私营企业1136家,已签订区域性、行业性集体合同294份。

2001年初,省人大常委会同意省总关于《江西省集体合同条例》立法建议,并列入立法调研计划。2002年8月,省总组织11个设区市、6个产业对全省集体合同工作进行调研检查。9月27日,省人大第九届常委会第32次会议表决通过《江西省集体合同条例》,《条例》规定集体合同的立法宗旨、适用范围及基本原则,规定集体合同的内容和签订程序,规定集体合同的管理和监督等。《条例》还规定平等协商的程序及协商代表的产生和保护,并专门将企业进行工资集体协商、签订工资协议列入集体合同的重要内容。对“拒绝职工一方签约要求的”;“不提供或者不如实向职工一方提供有关的情况和所需资料,不给予协商代表履行职责必要的时间,造成无法签订、履行、变更和解除集体合同的”;“不按规定报送集体合同的”,由劳动保障行政部门给予警告,并责令限期改正;拒不改正的,给予通报批评。情节严重且拒不改正的,对企业处以2000元以上2万元以下罚款,并对企业直接负责的主管人员和其他直接责任人员处以1000元以上2000元以下罚款。10月,全省签订集体合同的企业达13556家,其中国有、集体及国家与集体控股企业5026家,建制率达99.23%;新建企业8530家,建制率达49.8%覆盖职工171万余人。是年,集体合同工作重点是放在新建企业建制以及签订工资协议上。按照全总的部署与要求,省总坚持把工资集体协商作为推行集体合同的工作重点及切入点,在认真搞好试点的基础上,积极探索,大胆实践,稳步推进。全省进行工资集体协商试点的企业达200余家,其中有71家已签订专项工资协议。这71家企业中,包括国有企业29家,非公有制企业42家。

2003年,全省进行工资集体协商的企业达1751家,占目标数的72.9%。全省非公有企业35708家,非公有制企业签订集体合同企业15826家,占企业总数44.3%。

2004年4月,省政府下发《江西省企业集体合同监督保证机制暂行办法》的通知。4—5月,省总组织各设区市和部分省产业工会对全省平等协商集体合同工作进行全面调研评估。年底,全省有18341家企业建立集体合同制度。其中国有、集体及国有与集体控股企业2848家,外商投资企业825家,私营企业11930家,乡镇(街道)企业2738家,覆盖职工184万余人。

2005年,全省签订集体合同的企业有18341家,涉及职工184.2万人,其中国有、集体及国有控投企业2848家,涉及职工119万人;外商投资企业825家,涉及职工27.8万人;私营企业11930家,涉及职工45.3万人;街道乡镇企业2738家,涉及职工12.1万人。签订区域性集体合同439份,覆盖企业4009家,涉及职工1.8万人;签订行业性集体合同358份,覆盖企业3051家,涉及职工221.3万人。全省签订工资集体协商3945份,覆盖企业6972家。

2006年,全省在非公有制企业和改制企业大力推行平等协商、集体合同制度,全省签订集体合同达17544份，覆盖企业18372家。

2007年8月，江铜集团被国家劳动保障部、全总、中国企业家协会联合授予“全国模范劳动关系和谐企业”称号。是年底，全省有23051家企业签订集体合同，其中进行工资集体协商的企业6701家；国有、集体及国有与集体控股企业3432家，外商投资企业831家，私营企业16526家，乡镇、（街道）企业2262家，共覆盖职工194万余人；全省签订工资集体协议达4013份，覆盖企业7428家，签订区域性集体合同407份，覆盖企业4141家，签订行业性集体合同304份，覆盖企业3067家。

2008年7月17日，省总下发《关于转发〈中华全国总工会关于开展集体协商要约行动的意见〉的通知》。是年，省总与省人社厅、省企业联合会/企业家协会联合下发《关于推进工资集体协商五年覆盖计划的通知》，计划用五年的时间基本实现全省企业工资集体协商制度全覆盖。是年，全省签订集体合同的企业达29082家，比上年增加25.4%；占企业总数的55.64%，覆盖职工318.31万人，占职工总数的87.16%，其中区域性集体合同覆盖企业3717家，覆盖职工27.9万人，行业性集体合同覆盖企业2994家，覆盖职工31.44万人。进行工资集体协商的企业达19498家，比上年增长436%。女职工专项集体合同覆盖率为93.6%，提前超额完成全总下达的三年任务数。

2009年，在省总推动下，《江西省企业工资集体条例》列入省人大常委会年度重点调研项目。9月，省总制发《关于印发〈江西省总工会关于加强工会工作者队伍建设的指导意见〉的通知》，提出2009年县及县以上工业园区、企业较多的乡镇（街道）至少配备1名，省、市、县总工会、省产业工会从事民主管理和法律工作工作人员均为集体协商指导员，实现750名目标。其职责为建立地方总工会和产业工会指导机构，乡镇（街道）、工业园区工会可建立指导站。推动企业建立工资协商共决机制，促进建立企业职工工资正常增长机制和支付保障机制。对企业职工方集体协商代表进行培训。是年，全省建立集体合同制度的企业30352家，占建会企业总数88.5%。

2010年6月，省总与省人社厅、省企业联合会/企业家协会转发《关于深入推进集体合同制度实施彩虹计划的通知》，并制定下发《江西省全面推进小企业劳动合同制度实施专项行动计划实施方案》。11月，省总举办了集体协商工作人员培训。是年，全省各级工会开展工资集体协商专项调研，探索不同的所有制、生产规模、经济状况的企业协商重点、要约形式和协商方法。是年，全省签订集体合同44023份，签订率达到92.6%；女职工权益保护专项集体合同38244份，签订率达到96.87%。

第三节　劳动工资及职工社会保险

劳动工资、职工社会保险是用人单位支付职工在让渡自己的体力、脑力和时间的主要形式和用人单位、社会对职工在退休后的一种社会福利。省总配合政府和部门开展参与劳动工资政策制定、企业工资制度改革、职工社会保险等工作，突出开展了以工资协商活动。

参与最低工资线制定

1994年，江西职工全年发放工资总额为140.7亿元，增长35.1%，职工年平均工资3450元，增长33.7%。全国职工全年发放工资总额为6650亿元,增长35.3%,职工年平均工资总额为4510元,增长33.8%。两相比较,江西职工工资增长幅度基本接近全国平均水平,但职丁年平均工资绝对值比全国职工年平均工资少1060元,低于全国平均水平的23.5%,处于1994年全国各地职工工资水平最末位。职工工资收入差距与外省相比有逐渐拉大的趋势。

1995—2010年,省总先后7次参与省政府主持的最低工资标准调整研究制定。

1995年全省最低工资标准分四类及其适用区域:一类区域190元,有南昌市的东湖区、西湖区、青云谱区、郊区、湾里区;新余市有渝水区;赣州地区有赣州市。二类区域170元,有九江市的浔阳区、庐山区、庐山管理局;萍乡市的安源区、湘东区、上栗区、芦溪区;景德镇市的珠山区、昌江区;鹰潭市的月湖区、贵溪县;宜春地区的宜春市;抚州地区的临川市;上饶地区的上饶市、德兴市;吉安地区的吉安市。三类区域150元,有南昌市的南昌县、新建县、进贤县、安义县;新余市的分宜县;九江市的瑞昌市、永修县、武宁县、修水县、星子县、德安县、九江县、彭泽县;景德镇市的乐平市;宜春地区的丰城市、樟树市、高安市、铜鼓县、万载县、上高县、宜丰县、靖安县;抚州地区的东乡县、宜黄县、南城县、南丰县、崇仁县、广昌县、黎川县、乐安县、资溪县;上饶地区的上饶县、婺源县、铅山县、波阳县、玉山县、弋阳县、广丰县、万年县;吉安地区的吉安县、吉水县、峡江县、安福县、泰和县、永丰县、新干县、永新县、遂川县、井冈山市、万安县;赣州地区的南康市、崇义县、龙南县、于都县、瑞金市、全南县、大余县、赣县、安远县、定南县、宁都县、会昌县、寻乌县、石城县、上犹县、兴国县、信丰县。四类区域140元,有九江市的都昌县、湖口县;鹰潭市的余江县;上饶地区的横峰县、余干县;萍乡市的莲花县;抚州地区的金溪县;吉安地区的宁冈县;宜春地区的奉新县。

1997年江西最低工资标准分四类:一、220元;二、200元;三、180元;四、160元。

2000年江西最低工资标准分四类:一、250元;二、230元;三、210元;四、190元。

2004年江西最低工资标准分四类及其适用区域:一类区域360元/月、3.6元/小时(8个区,1个管理局),南昌市的东湖区、西湖区、青云谱区、青山湖区、湾里区;九江市的泽阳区、庐山区、庐山管理局;赣州市的章贡区。二类区域330元/月、3.3元/小时(48个区、市、县),有南昌市的南昌县、新建县;九江市的瑞昌市、九江县、德安县、彭泽县、永修县;萍乡市的安源区、湘东区、上栗县、芦溪县;景德镇市的珠山区、昌江区、乐平市、浮梁县;鹰潭市的月湖区、贵溪市;新余市的渝水区;宜春市的袁州区、樟树市、丰城市、高安市;抚州市的临川区、南城县、崇仁县、东乡县;上饶市的信州区、德兴市、广丰县、婺源县、铅山县;吉安市的吉州区、青原区、井冈山市、吉安县、吉水县、泰和县;赣州市的南康市、瑞金市、龙南县、大余县、信丰县、于都县、赣县、会昌县、崇义县、兴国县、宁都县。三类区域:300元/月、3.0元/小时(36个县),有南昌市的进贤县、安义县;九江市的湖口县、星子县;新余市的分宜县;宜春市的铜鼓县、万载县、上高县、宜丰县、靖安县、奉新县;抚州市的宜黄县、南丰县、广昌县、乐安县、资溪县、黎川县、金溪县;吉安市的永丰县、新干县、永新县、万安县、安福县、峡江县、遂川县;赣州市的寻乌县、安远县、全南县、定南县、石城县、上犹县;上饶市的上饶县、玉山县、弋阳县、万年县、余干县。四类区域:270元/月、2.7元/小时(7个县),有九江市的都昌县、修水县、武宁县;鹰潭市的余江县;饶市的横峰县、鄱阳县;萍乡市的莲花县。

2006年江西最低工资标准分四类及其适用区域:一类区域510元/月、5.7元/小时(4个区),

有南昌市的东湖区、西湖区、青云谱区、青山湖区。二类区域480元/月、5.4元/小时(7个区、县、管理局),有南昌市的湾里区、南昌县、新建县;九江市的浔阳区、庐山区、庐山管理局;赣州市的章贡区。三类区域450元/月、5.1元/小时(48个区、市、县),有南昌市的进贤县、安义县;九江市的瑞昌市、九江县、德安县、彭泽县、永修县;萍乡市的安源区、湘东区、上栗县、芦溪县;景德镇市的珠山区、昌江区、乐平市、浮梁县;鹰潭市的月湖区、贵溪市;新余市的渝水区;宜春市的袁州区、樟树市、丰城市、高安市;抚州市的临川区、南城县、崇仁县、东乡县;上饶市的信州区、德兴市、广丰县、婺源县、铅山县;吉安市的吉州区、青原区、井冈山市、吉安县、吉水县、泰和县;赣州市的南康市、瑞金市、龙南县、大余县、信丰县、于都县、赣县、会昌县、崇义县、兴国县、宁都县。四类区域420元/月、4.7元/小时(34个县),有九江市的湖口县、星子县;新余市的分宜县;宜春市的铜鼓县、万载县、上高县、宜丰县、靖安县、奉新县;抚州市的宜黄县、南丰县、广昌县、乐安县、资溪县、黎川县、金溪县。

2007年11月12日,省总下发《关于开展万名职工执行最低工资标准情况调查的通知》:在全省抽样调查40~50家用人单位和10000名职工。用人单位包括国有企业、非公有制企业、劳务中介公司和物业管理等单位。职工则是与上述用人单位签订了劳动合同的人员。对用人单位调查的内容主要是最低工资制度落实情况,特别是2006年12月17日调整最低工资标准后,用人单位对调整后的最低工资标准执行情况。以及工资收入、工作时间、工作岗位及签订劳动合同等情况。此情况调查促进最低工资制度落实,亦为2008年全省最低工资标准调整提供依据。

2008年全省最低工资标准分五类:一类510元;二类480元;三类450元;四类420元;五类390元。

2010年江西最低工资标准分五类及其适用区域:一类区域720元/月、6.8元/小时,有南昌市的东湖区、西湖区、青云谱区、湾里区、青山湖区、南昌高新技术产业开发区、南昌经济技术开发区、红谷滩新区。二类区域660元/月、6.2元/小时,有南昌市的南昌县、新建县;九江市的浔阳区、庐山区、庐山管理局、九江开发区;萍乡市的安源区、湘东区、安源经济开发区;景德镇市的珠山区;鹰潭市的月湖区、贵溪市;新余市的渝水区;宜春市的袁州区;上饶市的信州区;吉安市的吉州区;赣州市的章贡区、赣州经济技术开发区。三类区域600元/月、5.7元/小时,有南昌市的进贤县、安义县;九江市的瑞昌市、九江县、德安县、彭泽县、永修县、湖口县、共青城、云居山-柘林湖管委会;萍乡市的上栗县、芦溪县;景德镇市的昌江区、乐平市、浮梁县;鹰潭市的余江县;宜春市的樟树市、丰城市、高安市;抚州市的临川区;上饶市的德兴市、广丰县、婺源县、铅山县;吉安市的青原区、井冈山市、吉安县、吉水县、泰和县;赣州市的南康市、瑞金市、龙南县、大余县、信丰县、于都县、赣县、会昌县、崇义县、兴国县、宁都县。四类区域550元/月、5.2元/小时,有九江市的星子县、武宁县;新余市的分宜县;宜春市的万载县、上高县、宜丰县、靖安县、奉新县;抚州市的南城县、崇仁县、东乡县;上饶市的上饶县、玉山县、弋阳县、万年县;吉安市的永丰县、新干县、永新县、万安县、安福县、遂川县;赣州市的寻乌县、安远县、全南县、石城县、上犹县、定南县。五类区域500元/月、4.7元/小时,有九江市的都昌县、修水县;萍乡市的莲花县;宜春市的铜鼓县;抚州市的宜黄县、南丰县、广昌县、乐安县、资溪县、黎川县、金溪县;上饶市的鄱阳县、横峰县、余干县;吉安市的峡江县。

2010年,江西最低工资标准在全国处于倒数第一。

参与企业工资制度改革和劳动工资政策研究制定

2002 年 8 月 2 日,省总《关于对〈江西省企业工资指导线制度试行办法〉的修改意见函》,提出修改意见:第四条建议增加一款即:“3、实行协商原则,省劳动保障厅为主,商政府有关部门、工会、企业协会等组织共同制定”。凡有“集体协商”一词,建议均修改为“工资集体协商”。

2005 年,省总参与《江西省企业工资支付暂行规定》《江西省建设领域农民工工资支付管理暂行办法》《关于发布〈江西省 2005 年企业工资指导线》研究制定。

2006 年 9 月 7 日,省总复函省政府法制办,对《江西省工资支付规定(修改五稿)》提出建议,即第四章第三十五条的文字表述修改为:各级工会依法对用人单位工资支付情况实施监督。当发现用人单位有与本规定第三十三条所列情形之一的,有权要求其改正;用人单位拒不改正的,工会可以向劳动保障行政部门提出处理建议;劳动保障行政部门在接到工会的建议后,应在一个工资支付周期内会同工会进行调查并依法作出处理。

2008 年 1 月 6 日,省总在省政协十届一次会议会上提出《关于进一步建立健全职工工资正常增长机制的建议》:2006 年全省国有企业在岗职工平均工资 15590 元,比全国平均水平(21001 元)低 5411 元,位全国最低。2006 年全省规模以上工业企业完成增加值 1189. 3 亿元,同比增长 22. 7% ,连续第四年保持 20% 以上的快速增长,全省财政总收入完成 518. 1 亿元,比上年增长 21. 7% ,连续四年保持 20% 以上的高位增长。但 2002 年至 2006 年四年间江西省在岗职工人均工资从 12751 元增加到 15590 元,年均增长只有 5. 6% 。再据万名职工问卷调查,在收回的 9713 份问卷中有 7219 份要求提高职工收入,占 74. 3% 。这些情况表明工资收入不仅是影响全省职工队伍稳定的重要因素,也是造成社会贫富差距扩大和消费不足的重要根源。因此,工会建议进一步建立健全企业职工工资正常增长机制。大力推行工资集体协商制度。认真贯彻落实《劳动法》《劳动合同法》《工资集体协商试行办法》《江西省集体合同条例》等法律法规。政府要制定相关规章和文件,具体规范工资集体协商的程序,规定所有企业都要尽快建立以工资集体协商为载体的企业工资决定机制,使职工工资的正常增长能在企业得到落实。在小企业比较集中的乡镇、街道、工业园区,要积极推行签订区域性、行业性的工资集体协议。政府部门要加大对签订和履行工资集体协议情况的监督和检查,对拒不与职工方进行工资集体协商,不提高或降低职工工资标准的企业和经营者,应依据国家法律法规及时予以纠正和处理。

2010 年 5 月 5 日,全国人大财经委国民收入分配问题调研座谈会在省总召开。全国人大财经委委员马之庚、芮清凯一行 6 人,省总常务副主席郭学勤,省总副主席吴海平以及省有关部门专家学者出席座谈会。会议由省人大财经委主任委员黄素英主持。郭学勤在汇报职工收入分配时建议建立和健全企业职工工资正常增长机制:完善收入分配的调控机制,加强收入分配法制建设;以工资集体协商为重点,推动建立企业工资共决机制;建立健全企业职工工资正常增长机制,强化工资支付保障机制;加大收入分配领域的执法力度。6 月 17 日,省总参与 2010 年度企业工资指导线研究,确定年度货币平均工资增长基准线为 12% ;增长上线为 17% ;增长下线为 4% 。这次工资指导线的发布,是2003年实行企业工资指导线制度以来工资增长基准线第一次高于GDP的增长;第一次提出对垄断行业工资增长要从严控制;第一次提出增长下线为4%,增强企业工资指导线的刚性调控力度。

工资集体协商

2001年2月23日,省总法工部下发《关于在部分企业开展工资集体协商试点工作的通知》,要求以《劳动法》《工会法》和《工资集体协商试行办法》等有关工资协商方面的法律、法规作为工资集体协商的依据。工资集体协商是指通过工会代表职工与企业经营者依法就企业工资分配制度、分配形式、收入水平等事项进行平等协商,实现劳动关系双方共同参与、共同决定劳动者工资的一种收入分配方式,是工资正常增长机制和支付保障机制中的重要组成部分。开展工资集体协商对于建立现代企业制度,维护职工经济利益和保障企业合法权益,促进劳动关系稳定,建设社会主义和谐社会具有重要意义。同时,工资集体协商制度也是市场经济国家的基本制度。全省工会开展工资集体协商工作主要选择部分非国有企业和已经建立现代企业制度的国有企业开展此项工作。设区市总工会选择1~2家企业进行试点工作。4月30日,省总法工部下发《关于开展工资集体协商谈判试点工作的补充通知》,强调准备阶段要收集企业上年度和本年度经营实绩或预计的数据。主要包括:产量、产值;年销售总额;年度总成本及生产经营费用(物质成本、管理成本、人工成本等);企业盈利保本点;主产品的附加产值及新产品技术含量和销量;职工工资总额及人均工资;职工(年或月)平均人数;职工年龄、性别、文化、职务结构;当年新聘员工、临时工、退休留用人员比例及工资总额;职工加班工资总额和病事假减扣工资总额;利税总额等材料,计算人均劳动生产率、工资总额递增率测算值。做到方案有合理性,人选有代表性,发言有针对性,行动有计划性。协商谈判重点内容为:(1)企业年度工资总额或平均工资增幅;(2)不同工种、岗位、不同职务和技术等级职工的工资分配形式与工资水平变动;(3)工资发放时间与支付办法;(4)企业最低工资标准;(5)奖金、津贴水平和分配办法;(6)职工在特殊情况下,法定节假日加班加点、参加社会活动、享受带薪年休假期间的工资标准;(7)员工保险福利方面的待遇标准;(8)其他由职工方提出要求协商的与工资有关的问题。指导服务要重点把好"四关":职工方协商代表的民主选举关、对职工方协商代表的保护关、对工资集体协议的审核关、工资协议的公布和兑现关。6月中旬,全省各地试行并推广工资集体协商制。

2002年9月27日,省人大通过《江西省集体合同条例》。

2005年2月,省总转发劳动保障部、全总、中国企业联合会/中国企业家协会《关于进一步推进工资集体协商工作的通知》。指出推行工资集体协商制度,是建立"市场机制调节、企业自主分配、职工民主参与、国家监控指导"的企业工资分配新机制的关键环节;是建立现代企业制度、理顺企业分配关系的内在要求;是完善平等协商集体合同制度,增强其针对性和实效性的重要途径。强调生产经营正常和效益较好的企业,应重点就工资水平、奖金分配、补贴和福利等进行协商,建立正常的工资增长和调整机制。生产经营比较困难的企业,可重点就工资支付办法、离岗职工生活费等进行协商,重在建立工资支付保障机制。在企业改制过程中,要重视从理顺内部分配关系入手,协商确定企业工资分配制度和办法。并对三方配合,加强指导服务提出要求。是年,省总下发《关于推选全省工资集体协商和区域性、行业性集体合同典型示范单位的通知》,在全省建立100家工资集体协商示范单位,采取以点带面的方式,全面推动全省工资集体协商工作。

2006年6月,省总法工部在11个设区市和4个省产业工会开展百家企业工资集体协商情况调查:全省百家企业工资集体协商调查共涉及已签订工资协议的103家企业,其中国有企业25家、国有控股企业15家、外资企业7家、私营企业56家。从调研查结果看,开展工资集体协商的企业主要有以下特点:从事过劳动工资或会计工作的工会主席,在工资协商中表现更主动,协商结果更理想。企业产权关系明确,生产经营正常稳定,效益水平在中等以上,职工收入稳定,具备相关的社会劳动标准和企业数据资料。企业行政领导支持工会工作,有较好的管理能力,尊重和重视职工的民主权益和经济利益。非公有制企业开展工资集体协商有进展。在被调查的企业中,非公有制企业占61%,协商内容和协议文本的质量和数量都有明显提高。调查总结4条经验:工会要积极争取党委的领导、行政的支持,要主动与有关部门密切配合,充分利用劳动关系三方机制发挥作用,要会借力,要用合力,要抓时机,抢机遇,在重点工作上加力。要带好工会主席和职工代表队伍,要通过各种学习培训,使工会主席和职工代表做到对工资集体协商工作认识高,协商本领强,方法措施得当。集体协商可分三步走,即小范围沟通、非正式协商、正式协商。小范围沟通的参加者为企业经营者、工会主要负责人;非正式协商的参加者为双方协商小组主要成员,以座谈的形式进行,次数不限;正式协商的参加者为双方集体协商全体成员,以会议形式进行。协商会议由双方首席代表轮流主持。双方必须遵循合法、平等、互利、合作和先易后难、求同存异的原则展开协商。协商内容主要围绕(赣工保〔2001〕5号)8条内容。同时也发现了诸如认识不到位、私营企业工会主席有能力承担协商工作的为数不多、一些基层工会的工资协商在搞"花架子"、发展不平衡、部分市、县企业工资协议的续签与工资集体协商力度不够大、还未形成三方共同推进工资集体协商的合力、各类企业几乎都不愿主动开展工资集体协商工作等问题。12月11日,全总召开8家单位参加的工资集体协商工作座谈会,省地质工会为参会单位并在会上介绍了推行工资集体协商的方法、措施和体会。省地质工会工资集体协商工作是20世纪90年代后期在新余市九〇二探矿工程大队明珠酒店先进行试点,然后全面铺开,省总给予充分肯定。全总副主席、书记处书记陈荣书由李骥陪同到明珠酒店进行考察和调研。

2007年,全省进行工资集体协商的企业达6701家,覆盖7428家企业,占已签集体合同企业的29%。

2008年起,全省把工资集体协商制度纳入劳动关系和谐企业创建活动中进行考核,并明确提出:对AA级和AAA级劳动关系和谐企业评选实行"一票否决",凡是没有建立工资集体协商制度的企业,取消其评选AA级和AAA级和谐企业资格。劳动部门与工会组织推进工资集体协商工作,规范运作,实行统一的"企业工资集体协议"版本,所有建立工资集体协商制度的企业均在当地工会和劳动部门备案,并把工资集体协商作为评选A级和谐企业标准,从严把关,实行一票否决。5月4日,省协调劳动关系三方联合下发《关于推进工资集体协商五年覆盖计划的通知》,计划用五年的时间基本实现全省企业工资集体协商制度全覆盖。2008 年末力争工资集体协商的企业达到 40%;2009 年末达到 60%;2010 年末达到 80%;2011 年末达到 90%;2012 年基本实现全省企业工资集体协商制度。确定 2008 年为“工资集体协商年”,每年的 3 月份为“工资集体协商月”。5 月,省总工资集体协商调研组深入南昌高新开发区、经济技术开发区和 12 家企业进行实地调查。调查发现不断充实了工资协商的内容,主要包括:工资总额调整,最低工资标准,基本工资及工龄工资,岗位(技能)工资及计时工资标准,劳动定额管理及计件工资标准,加班加点工资计算基数,孕、产、哺乳期及病、事假等特殊情况下的工资标准,新进、转岗、内退人员工资标准,工资支付办法,工资集体协议的期限、变更和解除的程序,工资集体合同的终止条件和违约责任,职工福利以及与劳动报酬有关的其他事项。协商程序大都实行三步走:即小范围沟通、非正式协商、正式协商。协商效果不断呈现:直接推动企业一线职工工资快速增长;实现国有企业工资分配制度逐步与市场接轨的目的;调动了职工的生产积极性;完善了现代企业管理制度。调研组针对存在的问题提出建议推动省人大出台《江西省企业工资集体协商条例》,以地方立法的形式规范和推动全省工资集体协商工作。

2008 年 7 月 17 日,省总转发《关于转发〈中华全国总工会关于建立集体协商指导员队伍的意见〉的通知》。10 月份编辑《工资集体协商参考资料》,印制 1.5 万册,免费发放到基层工作,指导工资集体协商推进工作。11 月份,省协调劳动关系三方联合在景德镇市举办工资集体协商工作培训班,培训 113 人。是年,全省签订集体合同的企业达 29082 家,比上年增加 25.4%;进行工资集体协商的企业达 19498 家,比上年增长 436%。

2009 年 4 月 18 日,全总副主席、书记处书记张鸣起在南昌听取省总工作情况汇报。省人大常委会副主任、省总主席姚亚平出席座谈会。张鸣起强调越是困难时期越要强调工资集体协商制。4 月,省总下发《关于深入推进“共同约定行动”的实施意见》,要求年底前全省国有、集体及其控股企业要全部开展,其他类型企业开展率达到 70% 以上,并以此作为考核各地工会工作的重要指标。7 月,省总转发全总《关于积极开展行业性工资集体协商工作的指导意见》。是年,江西各级工会实施工资集体协商五年覆盖计划开展行业、区域性工资集体协商工作,工资集体协商建制率达到 78.4%。全省已经开展工资集体协商的企业达到 30321 家,覆盖职工 96.13 万人。全省企业工资集体协商建制率和集体合同达签订率都达到 90% 左右,女职工专项集体合同签订率达到 97%,位于全国的前列。

江西企业大多是小型企业,企业职工多的有 200 多人,少的 10 人左右。企业用工无序竞争现象较严重,成为制约产业发展的一个重要因素。自 2008 年全省在各级行业中推行行业工资集体协商工作,先后召开 100 多次各类会议,征求各方意见 1200 多人次,分发公开信 2000 多份。经反复宣传,行业内企业和职工的思想逐步统一,100 多个工种的工资标准、支付时间、劳动用工、增长机制、违约处罚等达成基本一致意见。同时成立由党政工领导和商会、行业协会、税务、工商、司法、公安、行业工会领导组成的工资集体协商领导小组,明确政府、工会、企业三方的责任,形成紧密合作、共同参与、分工负责、共同推进的工作局面。扩大行业工资集体协商覆盖惠及 100 多万职工。

2010 年,在省总的积极推动下,《江西省企业工资集体协商条例》列入省人大 2011 年立法计划。全省实行工资集体协商企业 42027 个,建制率达到 88.4%。职工工资平均增幅在 8% 以上。

参与职工社会保险政策研究和制定

20世纪90年代—2010年,全省经历职工和城镇居民社会保障一系列改革,逐步建立起全省职工和城镇居民社会保障体系。省总和各地工会参与政府在社会保障制度的改革,推动涉及职工利益的政策法规出台。

1994年9月14日,省总参与国有企业职工死亡待遇调整研究,与省财政厅、省劳动厅联合下发《关于调整国有企业职工死亡待遇的通知》。是年,参与《江西省国有企业职工失业保险条例》研究制定,于12月25日省八届人大常委会第十三次会议通过。

1995年1月,新钢工会倡导组建员工互助保险基金会。基金会由员工本人自愿申请参与,全公司5万余名员工都加入。基金会成员每人每月交1元钱,便可在困难时得到一定的补贴,帮助员工解决天灾人祸所带来的困难,不定期慰问鳏寡老人、工伤致残、离退休员工,并解决一些实际问题。基金会还得到一些单位赞助。是年上半年,获基金会资助的员工就有343人,发放赔偿金、补贴等近6万元。新钢工会从员工的需要出发,先后开办危险工种工伤保险、学生保险、独生子女保险和家庭财产保险等群众性补充保险,保险额达230多万元,有数千人次得到救助。使用情况向公司工会汇报,并接受员工代表的监督和公司有关部门检查。是年,省总参与《江西省城镇企业职工养老保险制度改革实施方案》研究制定,并对改革方案实施后的职工待遇和如何监督方案的实施以及确保职工按月领取退休金等问题提出决策性意见,为保障低工资收入者退休后的基本生活,确定了基本养老金的最低标准,即职工退休当月的基本养老金不足所在地职工最低工资标准的70%,可补足到最低工资标准的70%。省政府根据省总意见决定,设立各级养老保险监督委员会,委员会由政府代表、企业代表、工会代表和离退休人员代表组成,负责监督养老保险法规、规章的实施,监督养老保险基金的收支、管理和营运,并定期向社会公布。

1996年4月,省政府决定成立江西省城镇企业职工养老保险监督委员会,省总主席为主任,省委组织部副部长、省监察厅副厅长、省总副主席为副主任,成员由省财政厅、省人事厅、省审计厅、省体改委、人行省分行,以及企业领导、工会干部、退休干部各1名组成。7月26日,江西省城镇企业职工养老保险监督委员会第一次会议在省总召开。会议邀请省社会保险局介绍全省城镇企业职工养老保险制度改革和实施情况,审议并通过《江西省城镇企业职工养老保险监督工作暂行办法》。《暂行办法》明确养老保险监督委员会负责对养老保险政策、法规的实施和养老保险基金的收支、营运、管理进行监督。并对养老保险监督委员会组织机构、养老保险监督委员会监督检查范围、养老保险监督委员会与养老保险执行机构的关系以及养老保险监督委员会的权利进行阐述。12月28日,省总、省劳动厅《关于职工的祖母、母、妻列为职工供养直系亲属年龄确定的复函》阐述职工的祖母、母、妻列为职工的供养直系亲属年龄确定问题,可参照省人事局、民政厅、财政厅联合发的赣人〔1980〕18号文对机关、事业单位遗属补助的有关母、妻规定的年龄办理。即祖母、母、妻年满50周岁,或完全丧失劳动能力靠职工供养的,方可列为职工的供养直系亲属。过去已按有关规定登入劳保卡片,列为职工供养直系亲属的,不再改变。其他供养直系亲属的年龄等条件,仍按原规定执行。

省总参与1996年度城镇企业职工基本养老保险个人账户养老基金保值率的测定，会同省劳动厅提出调整最低工资标准的建议，参与《江西省国有企业经营者年薪收入管理办法》《江西省劳动监察规定》等文件的研究和制定，并对全省困难企业和困难职工情况进行深入调查，提出政策建议。

1997年3月6日，在省人大八届五次会议的分组讨论会上，刘金标建议：希望省加快社会保障制度改革，尽快建立城市最低生活保障制度，从而减少城市贫困人口，保持社会稳定。由于一些停、破产企业造成的大量下岗职工和失业职工，失去稳定的生活收入来源，在城市中形成一个贫困群体。城市中不少困难职工家庭人均月收入低于100元，这个贫困群体影响到社会稳定，其生活保障问题亟待解决。7月11日，省总以《关于建立城市最低生活保障制度的建议》呈报省政府，批复全省实施低保制度。

1999年，省总制定《关于建立江西省职工补充保障体系的意见》，提出1998—2002年以帮困救助、互助互济、促进再就业为主要内容的职工补充保障体系的发展目标。是年，南昌市总、赣州地区工会等亦制定职工补充保障体系（意见）。

2000年4月13日，省劳动厅与省总下发《关于对企业缴纳养老保险费情况实施职工民主监督的通知》。明确企业要把缴纳基本养老保险费情况作为厂务公开的一项重要内容，接受职工监督；做好企业职工基本养老保险个人账户的记账对账和查询工作；要加强对企业离退休人员养老金发放的监督；加大对欠缴基本养老保险费企业的处罚力度。11月30日，省总制发《江西省总工会关于贯彻落实〈中共中央、国务院关于加强老龄工作的决定〉的意见》，强调退管服务工作将由基层单位管理走向社区管理，这是退管服务工作发展的方向和目标。各级工会必须切实加以重视，充分发挥自身优势，积极主动地协助政府做好退管服务工作。12月27日，省政府与省总举行联席座谈会，重点研究职工"养命钱"的问题。省总通过调查反映，全省1999年6月份以前的国有企业退休人员基本养老金已经补发，但从1999年7月至2000年9月，又出现新拖欠，全省新拖欠职工基本养老金达3700余万元。对此，省长舒圣佑代表省政府表示，新拖欠一定要解决，历史拖欠逐步解决，决不允许出现新的拖欠。会议明确继续巩固"两个确保"成果，完善社会保障体系。各级政府要继续按照"三三制"原则落实下岗职工基本生活保障资金，扩大社会保险覆盖范围，加强社会保险基金征缴，进一步巩固"两个确保"，不得发生新的拖欠。同时，认真做好三条保障线衔接工作。各级政府要在春节前把这一工作做好，增值税在省里的企业，不足部分由省财政兜底，增值税在地方的，不足部分由地方财政解决。

2002年5月，省总对南昌、景德镇市城市居民低保制度运行状况进行调研，提出：（1）尽快制定全省《城市居民最低生活保障实施办法》，并适当提高全省低保标准。通过制定《实施办法》，进一步完善民主监督机制，规范城市居民最低生活保障申请、审批、发放和监督程序，使保障对象、保障资金和保障标准三公开。以保障国有企业和城镇集体企业的特困职工家庭为重点，拆除虚拟的门槛，对确实没有就业和收入的职工，不论其单位的主管部门、行业类型或所有制形式，都要据实核定其家庭收入，将所有符合条件的特困职工及其家庭成员全部纳入城市居民最低生活保障范围。（2）建议各级地方政府要调整财政支出结构，逐年增加最低生活保障支出，不能因中央加大支持力度而减少地方财政投入。各级财政预算安排的城市居民最低生活保障资金要纳入财政社会保障补助资金专户,实行专项管理,专款专用,确保资金不被挪用和挤占。对保障任务较重且财政困难较大的地区,省财政在本级财力可能的情况下给予适当补助,同时继续积极争取中央财政的补助。(3)建议成立低保局,充实街办、居委会低保工作人员,建立健全低保工作管理网络,逐步实行微机化、动态化管理。(4)建立工会与民政部门的工作联系制度。(5)建立低保情况社会通报制度。建议由人大、政协牵头,组织定期或不定期检查,及时检查了解低保制度运行,资金使用、管理情况。(6)建议民政部门每年通过新闻媒体向社会发布最低保障制度运行情况。(7)建议各地采取有效措施,继续广开就业门路,进一步加大下岗再就业工作力度。

2002—2008年,省总参与《关于省直、中央驻赣单位所属企业职工工伤(亡)认定工作程序》《江西省实施〈工伤保险条例〉若干规定》《关于公布2004缴费年度企业职工基本养老保险个人账户储存额记账利率》《江西省职工生育保险暂行规定》《江西省实施〈失业保险条例〉办法》《关于推进企业解决工资拖欠问题的实施意见》《关于开展失业保险市级统筹试点的指导意见》研究制定。并对职工可否享受职工遗孀抚恤金待遇作出政策性答复。

2004年,省政府调整江西省最低工资标准后,各设区市应同时调整失业保险金发放标准。萍乡市因种种原因未及时调整失业保险金发放标准,萍乡市总深入调查,收集职工群众各方意见,通过《萍乡工会信息》第201期以《我市失业人员企盼提高失业救济金发放标准》为题,向市政府及时报送信息,提出依法调整建议,市总又及时与市劳动保障局等部门取得联系,经市政府同意,下发《关于调整失业保险金发放标准的通知》,将市本级近6000名失业人员的失业保险每月提高57.75元。各县区亦参照此标准向失业人员提高失业保险金。

2008年,省总参与《江西省农民工参加养老保险试行办法》研究制定。提出建议:第一条"适用范围"中应增加"劳务派遣单位"。第八条"监督管理"中第2行"劳动保障监察机构",应增加"及有关部门"。9月8日,经省政府同意,省劳动保障厅、省财政厅、省总联合下发《关于调整企业职工非因工及因病死亡遗属生活困难补助标准的通知》,决定从是年1月1日起对企业职工非因工及因病死亡后遗属生活困难补助标准进行调整。根据国家规定,非因工及因病死亡职工供养亲属范围参照《因工死亡职工供养亲属范围规定》。这次遗属生活困难补助标准的调整,由2001年颁布实施的城镇户口每人每月160元和农村户口每人每月150元统一调整到每人每月240元,不再区分城镇户口和农村户口,调整增幅50%以上。死亡职工供养直系亲属系鳏寡孤独者,在上述补助标准的基础上,每人每月加发10%。

第四节　送温暖工程与困难职工帮扶

送温暖工程

1992年,省总根据全总布置和省委的要求,在全省工会开展"进万家门,知万家情,解万家难,暖万家心"的送温暖活动。

1993年6月,省总根据各地反映的停亏企业和职工生活困难情况,向省委、省政府写出《关于做好生活困难职工工作的报告》,引起省领导重视,省委和省政府办公厅批转这个报告。8—10月,省总会同各地市和部分产业工会对全省职工和退休职工生活困难情况进行全面和系统的调查研究,并写出《部分企业职工生活困难情况的反映》《关于当前职工生活困难状况的调查报告》《五十九个国有企业退休职工生活情况的调查》,上报全总、省委和省政府及有关部门。各地市总工会也就当地调查情况向地市委和政府写调查报告,引起地市领导的关注。省总还通过多种渠道反映和呼吁停亏企业和生活困难职工的情况及意见。11月,在省委九届九次会议的小组讨论会上,刘金标就赣南九大钨矿面临的困境和职工生活困难情况作专题发言,引起与会人员的关注。12月初,省总下发《关于1994年元旦春节期间开展送温暖的通知》,要求各级工会要把送温暖活动作为春节前的主要工作,全力以赴,做到及早准备、周密部署、精心组织,并向同级党政领导汇报以取得重视和支持。与此同时,省总向省委、省政府报告,要求以省政府名义发明传电报做好困难职工工作,并拨出专款用于送温暖活动。12月11日,省政府根据省总报告向各级政府下发《关于切实做好生活困难职工工作的通知》,要求各级政府,企业主管部门和企业采取得力措施解决贫困职工困难,发放工资确有困难的企业要保证职工基本生活费的发放,要做好元旦春节期间的送温暖活动。省总向全省职工发出《慰问信》。

1994年1月19—26日,全总副主席江家福率领慰问团,在刘金标等人陪同下,在江西各地进行送温暖活动。江家福等走访慰问南昌、吉安、赣州、井冈山等地的停产或半停产企业和特困职工家庭。每到一地都详细了解生产、生活等情况,并现场帮助解决实际问题。在大余县走访慰问座谈会上,当中央企业西华山钨矿党政工领导汇报矿停亏后几个月未发工资和退休费,职工生活陷入困境,出现众多离婚、家庭吵架、青少年失学、讨饭、赊米、借贷、偷盗、卖淫、赌博、谋财害命等问题,以及中央企业赣南九大钨矿的困境时,江家福要求随行的赣州行署、大余县党政领导给予帮助和关心,并表示回北京后尽快向中国有色金属总公司反映。赣州行署副专员周英棠当即表态:采取措施维持好矿山的社会治安;政府和劳动部门组织富余人员到沿海开发区打工;只要地区财政过得去,免去税收;九大钨矿的情况向中央、省委和省政府汇报。是年元旦春节送温暖活动,省政府拨出15万元专款给省总用于送温暖活动。全省筹集资金580.5万元,其中各级工会拿出250.5万元,各级政府和企业(行政)拨款180万元,从职工福利基金等渠道筹集150万元,各级党政领导和工会干部28000余人,走访慰问900多个困难企业,慰问补助生活困难职工,离退休职工、老工会干部、劳模、职工遗属等7.5万户。“走访一家、温暖千户”,得到各级领导、职工群众和社会各界赞誉。4月,全总书记处根据形势决定,将“送温暖活动”拓展为送温暖工程,使之经常化、制度化、社会化。4—6月,全省大部分地区连遭龙卷风、冰雹和特大洪涝灾害,各地工会积极组织抗灾自救。全总和省总拨专款31万元救济灾区职工。全总另下拨5万元药品慰问灾区女职工。6月18日,省总下发《关于印发全国总工会〈关于实施送温暖工程的通知〉和我省〈实施意见〉的通知》指出:“当前,突出的问题之一,是一些企业停产半停产和亏损、拖欠、减发、停发职工工资和离退休费,部分职工生活相当困难。如果这个问题解决不好,势必影响职工群众的积极性,影响社会稳定,影响改革顺利进行和经济发展。而实施‘送温暖工程’,是在党的领导和政府支持下,动员企业职工和社会各界的力量,群策群力,互助互济,为困难职工和困难企业排忧解难的实际举措。”“各级工会要坚持搞好一年一度的元旦春节的‘送温暖’走访慰问活动,形式可以灵活多样,声势要大,效果要好。所需经费,除争取政府拨款外,工会应列入年度预算。”并强调实施送温暖工程的主要内容、要求和主要措施。9月下旬,省政府办、省总联合下发《关于做好职工生活困难补助工作的通知》,拨专款16万元补助困难职工过好国庆节。要求各级工会根据实际情况,开展系列工作。全省工会共成立职工扶贫互助会1494个,筹集扶贫资金535.67万元。

1994年11月,省总下发《关于一九九五年元旦春节期间开展送温暖活动的通知》。要求各级工会主动向当地党委、政府汇报,以取得支持。省政府、全总和省总将拨出送温暖专款分发给各地市和有关产业。各级工会也要拨出专款,并要积极争取当地政府和企业、行政的重视支持,邀请当地党委、政府和人大、政协等领导一起深入到困难企业和困难职工家庭进行走访慰问,听取职工群众的意见和呼声,帮助企业和职工解决生产与生活中的困难,使困难职工家庭在元旦春节期间都能吃上鱼肉。要按照赣府厅字〔1994〕165号文件执行,督促企业和有关部门严格贯彻落实,基层工会要认真做好职工生活困难补助工作,把生活困难补助费用足用好。12月30日,省委副书记卢秀珍,省委常委组织部部长舒惠国和南昌市委副书记陈绍翔以及省总刘金标、文之周等一行走访困难企业,深入困难职工家庭,给困难职工和劳模送去慰问金。

1995年1月5日,全总副主席滕一龙为团长的全总送温暖慰问团来到南昌市工人文化宫,与来自南昌市的工人、干部、教师、劳模进行亲切座谈,向全省职工、家属表示亲切的问候。慰问团在省市领导陪同下,到南昌困难企业进行走访慰问。6日,滕一龙一行在省总领导陪同下,走访慰问了九江市部分困难企业和职工。1月20日,省总下发《关于分配〈温暖消费优惠卡〉的通知》,将“温暖消费优惠卡”分配给各地市和省属产业、省直属基层工会。省总决定在全省工会会员中发行旨在帮助困难企业和特困职工解决生产、生活困难的“温暖消费优惠卡”。首次发行的10万张“温暖消费优惠卡”从是月开始,在全省17个城市中使用。每一位持卡的消费者都能在特约网的消费单位享受不同程度的优惠。全省特约网的消费单位包括商场、酒楼、宾馆、娱乐场所等有600家以上,消费单位以精选国有商业企业为主,还有部分信誉较好的中外合资企业,股份制企业和集体商业企业。“温暖消费优惠卡”在有效使用期内(首期暂定1年),由专门的法律机构随时接受投诉,负责协调和处理商业企业与持卡者之间遇到的问题。优惠卡由省总“温暖消费优惠卡”发行办公室统一发行,各级工会组织办理。“温暖消费优惠卡”每张按38元出售,基层工会留5元(作为送温暖基金)外,其余33元全部交省总生活保险部入库。这时,省政府转发省总起草的《关于切实做好困难企业和职工基本生活保障工作的通知》,省总与省农垦局、林业厅联合制发了《关于加快发展我省垦区林区职工自营经济的几点意见》。是年元旦春节期间,省政府拨款50万元、全总下拨15万元和省总自筹金16万元,全省筹集资金1198.6万元,3万余名党政工干部走访1992个困难企事业单位,慰问补助21.8万户困难职工家庭。全省工会累计兴办解困经济实体664个,安排困难职工及家属子女就业9108人,兴办职工贸易市场109个,投入扶贫资金259.9万元,已有8536户脱贫。全省已建立养老、医疗、丧葬、抚恤等职工互补保险组织238个,参加者10.6万人。7月,省总在向省委汇报省实施送温暖工程进展情况中提出:企业工会要会同行政建立困难职工档案,县总工会也要建立档案。根据全省城镇居民最低生活费支出情况，省辖市职工家庭人均收入低于110元，其他城镇职工家庭人均收入低于95元，为生活特别困难职工，均应建立档案，并由基层工会填表登记，报上级“送温暖基金委员会”审查认定，发给“特困职工证”，以作取得扶持和优惠照顾的凭据。

1995年12月2日，省总下发《关于一九九六年元旦春节期间开展送温暖活动的通知》，强调：开展“进万家门，知万家情，解万家难，暖万家心”的送温暖活动重点是解决困难企业职工和离退休职工的生活问题，协助和督促政府、企业和有关部门采取措施，确保他们1996年1月和2月份工资和离退休费的按期足额发放。帮助困难企业抓好扭亏增盈和组织职工兴办第三产业、开展多种经营和参与社会公益事业等生产自救工作。基层工会认真做好职工生活困难补助工作，把困难补助经费用足用好。困难企业工会组织在维护职工合法权益、关心职工生活和促进企业扭亏解困等方面发挥应有的作用。深入困难企业和困难职工家庭调查研究，了解困难企业的现状，停亏原因和职工生活困难情况，认真听取职工群众的呼声，尽可能帮助他们克服困难，解决问题，对一时解决不了的问题，耐心向职工群众讲明原因，并及时向党政及有关部门反映，提出建议，督促落实。各级工会要在开展送温暖活动的同时，对送温暖工程实施情况进行一次检查和总结。年底前建立和完善特困职工档案制度。暂按“南昌市、赣州市职工家庭人均月收入低于80元，其他省辖市、地辖市低于70元，县城低于60元”建档。12月24—26日，省总领导陪同全总书记处书记肖振邦到新余市和宜春地区进行送温暖活动，走访6个困难企业，慰问14户困难职工家庭，为40户困难职工家庭送去慰问金。

1996年1月16日，省总召开新闻发布会，介绍全省实施送温暖工程的进展情况和所取得的成效，公布元旦春节期间送温暖活动的内容和计划安排。21日，省市送温暖慰问会在南昌市工人文化宫召开，省领导舒惠国、卢秀珍、朱英培、黄立圻，市领导陈绍翔、姜任保、崔钦汶、经自麟参加，刘金标，省委副书记舒惠国、市委副书记陈绍翔先后讲话。会后，省市领导分两组到江西农药厂等4家企业，上门慰问12户困难职工。1月22日起，省总领导带队分4个组分赴各地市会同当地党政工领导深入困难企业和困难职工家庭走访慰问。各地市、县（市、区）、产业和基层的走访慰问送温暖活动全面展开，2月15日基本结束。是年元旦春节期间，全省送温暖活动情况：参加送温暖总人数55264人，各级党政及有关部门领导15007人，各级工会领导及干部40257人。全省筹集总额4590.486万元，其中：省委、省政府拨款1200万元，各地市委、行署或政府拨款492.5万元，国防等18个厅局拨款265.7万元，县、市（区）拨款1160.8419万元，职工群众捐款40.1836万元，企业行政拨款791.0605万元。走访困难企业3281家，慰问补助困难职工193907人（户），其中：劳模1178人（户），退离休职工37380人（户），补助总金额4567.486万元。全省累计兴办解困经济实体664个，安排困难职工及家属子女就业9108人，兴办职工贸易市场109个，投入扶贫资金259.9万元，已有8536户脱贫。全省成立1500余个包户服务小组，为老弱病残的退休职工生活服务。有10300个退休职工享受定期生活困难补助。全省各级兴办退管经济实体160多个，有13000多名退休职工参与，累计实现产值3500多万元，创利税1000多万元，用于补助退休职工福利和活动500多万元。自1994年以来全省重点对177户（次）亏损企业开展帮扶活动，使92个企业减亏，50个企业达到增盈，共计扭亏增盈金额6600多万元。各地还开展领导干部联系困难企业和困难职工家庭的帮扶工作,各级党政工领导462人,分别定点定户联系困难企业295个,联系困难职工35235人。是年,省总对地、市、省产业工会工作实行目标管理,把送温暖工程作为主要考核目标之一。

1996年12月25日,省总下发《关于一九九七年元旦春节期间开展送温暖活动的通知》,各地工会积极取得地方党政和社会各界的重视与支持,多层次筹集资金,连同省总下拨的资金统一安排。资金的分配和使用,对所在地的部属企业和省属企业应统筹考虑。重点帮助老工人、劳动模范、军烈属、残疾职工、离退休职工以及其他困难职工克服生活困难,过个祥和、欢乐的春节。

1997年1月5—7日,全总副主席倪豪梅率慰问检查团在省委副书记舒惠国、副省长朱英培的陪同下,在南昌市走访慰问江西造船厂、南昌玻璃厂、南昌飞机制造公司、省建总公司等企业和特困职工家庭。1月15日,省委书记吴官正在刘金标的陪同下,在南昌市走访困难企业,慰问了特困职工家庭。是年元旦春节期间送温暖活动,全省共筹集资金36538228元,出动各级党政等6套班子和工会领导、干部60835人,走访3153个困难企业,慰问补助了困难职工、劳模、退离休职工、老工会干部、职工遗属等179451户。全省工会为困难职工、下岗职工(含下岗失业者、农民工等)办职业介绍机构促进就业,免费培训、困难帮扶、法律援助、农民工维权机制、互助补充保险、资助子女上学等(见有关章节)。3月,省总按照全总的要求,制发《关于协助推进领导干部联系职工生活困难户制度的意见》,全省有2545名各级党政工领导干部定点、定户联系困难企业914个,困难职工家庭10152户。全省已建立困难职工档案,基本形成地市(产业)、县(市、区)、基层三级管理的困难职工档案网络,为各级党政提供决策依据。

1997年11月3日,全国工会保障工作会议上,全总表彰一批实施送温暖工程先进单位,江西省总和景德镇市总、萍乡矿区工会、宜丰县总获先进单位称号;江西省总保障工作部和9个市县基层工会被全总保障工作部授予省级保障工作部门实施送温暖工程和工会保障工作单项先进单位称号。12月2日,省总下发《关于1998年元旦春节期间开展送温暖活动的通知》,各地工会了解掌握本地困难企业和困难职工生活、企业富余人员分流安置和下岗职工再就业以及职工工资和退离休人员退离休费发放、医疗保障等情况,及早向党委、政府反映。协助和督促政府、企业和有关部门采取措施,确保1998年1至2月份困难企业职工工资和生活费及退离休人员退离休费按期足额发放,帮助他们解决实际困难,保障他们基本生活。12月12日,省总召开全省工会实施送温暖工程经验交流和表彰大会。表彰36个先进单位、9个先进工作部门、58名先进个人、10名重视送温暖工程党政领导。景德镇、南昌、宜春、上饶、宜丰、省邮电工会等10个单位在会上介绍了经验。12月26日,省委副书记、省长舒圣佑在刘金标等领导陪同下,到江西八一麻纺厂和江西建筑材料厂,了解企业生产情况,并看望慰问特困职工。1998年1月6—9日,全总书记处书记纪明波为团长的全总慰问检查团来送温暖,赴鹰潭市走访5家企业、深入9户特困职工家庭慰问。省总组成8个慰问团,分别由省总领导和在机关的常委带队赴各地市进行走访慰问送温暖活动。

1998年元旦春节送温暖活动,全省共筹集资金4221.3万元,出动各级党政等6套班子和工会的领导、干部75495人次,走访3109个困难企业,慰问补助了困难职工、劳模、伤病残职工、退离休职工、老干部、职工遗属等191935户。全省各级工会累计帮助困难职工家庭166469户次,投入帮困资金1209.2万元,已脱贫16267户。是年,全省遭受特大洪水灾害。省总先后下发两个紧急通知，要求各级工会深入灾区，深入受灾企业，团结带领职工群众，投入抗洪救灾，开展生产自救，重建家园。省总领导多次分别到被洪水围困的企业和职工家庭进行慰问送温暖，组织医疗队为受灾职工及家属送医送药。九江市总根据遭受百年未遇的特大水灾的情况，进行细致的调查研究，把全市企业分为正常生产、半停产、全停产三类，提出了确保困难职工过好春节的针对性措施，即正常生产的企业由其内部解决，半停产企业采取财政拨一点、企业出一点的办法解决，全停产的企业由政府财政全部拨款保证困难职工最低生活费（130 元），被市委、市政府采纳实施，分别拨出 186 万和 1500 万作为困难企业解困和保证特困职工、下岗职工 1999 年全年最低生活费专项资金。全省各级工会干部 2.8 万人次投入抗洪救灾，拨出救灾款 916.1 万元，救灾物资折合人民币 1837.8 万元，募集救灾款 2905.9 万元，棉被 7.3 万床，衣物 285.4 万件，救助 11.6 万名受灾职工。

1998 年 12 月 17 日，省总下发《关于 1999 年元旦春节期间开展送温暖活动的通知》，强调省总将多方筹集资金，本着“照顾重点、兼顾一般”的原则，适当对受灾严重、困难职工较多的地、市给予倾斜。在送温暖款的分配中统筹考虑当地的省、部属企业困难职工，重点补助生活特别困难的下岗、受灾、退离休职工和劳模、军烈属、病残职工等。受灾的地、市总工会还积极与当地民政部门联系，落实在救灾捐款中拿出部分资金用于解决受灾职工基本生活。

1999 年 1 月 23—26 日，以全总副主席方嘉德为团长的全总慰问检查团来送温暖，赴鹰潭市、上饶地区走访慰问困难企业、特困职工家庭。1 月 27 日，省委副书记钟起煌率领送温暖慰问团到景德镇走访慰问。省总送温暖慰问检查团分成 8 个组分赴南昌、吉安、抚州、赣州、景德镇、九江、萍乡、宜春和新余等地市进行走访慰问送温暖活动。是年元旦春节送温暖活动情况：全省参加送温暖总人数 53179 人，其中：各级党政及有关部门领导 23502 人，各级工会领导及干部 23161 人。筹集总额 45134321 元，本级政府拨款 8028860 元，县（市、区）政府或企业行政拨款 24407642 元，各级工会拨款 7524982 元，职工捐款 1077962 元，其他 4094087 元。走访困难企业 8480 家，慰问补助困难职工 216686 人（户），其中：下岗职工 74342 人（户），受灾职工 25456（户），退离休职工 50042（户）。为困难职工解决问题和办实事 14084 件。全省 11 个地市总工会、4 个产业工会、99 个县市区工会、6089 个基层工会建立地市、县市区、基层三级管理和动态管理的困难职工档案制度。全省工会系统开办解困性质的经济实体 750 个，安排下岗职工及困难职工家属子女 10112 人工作。全省参加联系困难企业和困难职工活动的县处级以上党政领导干部 10626 人，联系困难企业 2624 个，联系困难职工 14304 户。是年，省总在全省开展县级工会工作达标和创十佳县（市、区）竞赛活动，把建立和完善送温暖工程为基本形式的职工互助合作保障体系作为五大考核目标之一。

1999 年 12 月 22 日，省总下发《关于开展 2000 年元旦春节送温暖活动的通知》。2000 年 1 月 7—11 日，全总副主席尤仁率领全总送温暖慰问团到吉安地区走访慰问困难企业和特困职工家庭。省总组成 10 个慰问检查团，分别由省总领导和在机关的常委带队赴各地市进行走访慰问送温暖活动。

2000 年元旦春节送温暖活动情况：全省参加送温暖总人数 35318 人，其中：各级党政及有关部门领导 16698 人，各级工会领导及干部 18827 人。筹集总额 4130 万元，其中：本级政府拨款 687 万元，县市区政府或企业行政拨款 2193 万元，各级工会拨款 773 万元，其中，省总筹集 205 万元。职工捐款144万元,其他333万元。慰问困难企业4528家,慰问补助困难职工176442户,其中:劳动模范3876户,军烈属4948户,残疾职工11803户,下岗职工94175户,受灾职工21734户,离退休职工45602户。为困难职工解决问题和办实事12582件。是年5月19日,省总成立4个重点工作办公室,以形成全机关抓重点工作的格局。其中送温暖工程办公室工作目标是:协助党政为特困职工和困难企业排忧解难,保证不让一户特困职工因生活过不下去而发生意外,保持职工队伍稳定。其职责为:(1)多渠道、多形式筹集送温暖基金,每年基金增长率不少于10%;(2)每年确保1.2万名国企下岗职工实现多形式的再就业;(3)每年完成3.5万名国企下岗职工再就业培训任务;(4)推动职工养老、医疗、丧葬等各种形式的职工互助补充保险组织的建立;(5)地、市、县工会每年至少要联系帮助1户困难企业;(6)完善领导干部联系特困职工户制度,要求工会领导干部必须确定一户特困职工作为帮扶对象。6月省总制发《关于在省辖市总开设特困职工求助热线电话的通知》,要求全省11个设区市总在三年之内完成。7月10日萍乡市总在全省率先开通特困职工求助热线电话,年底,7个设区市总开通特困职工求助热线电话。

2000年12月20日,省总下发《关于开展2001年元旦春节送温暖活动的通知》。强调省总将多方筹集送温暖资金,本着"照顾重点、兼顾一般"的原则,适当对职工生活困难面较大、受灾较重的地区倾斜。检查各地工会推动送温暖工程经常化、制度化、社会化的进展情况,对特困职工履行"第一责任人"职责的落实情况,

2001年1月12—17日,以全总副主席李奇生为团长的全总慰问检查团来送温暖,赴瑞金市、南昌市、景德镇市、九江市走访3户困难企业和9户困难职工家庭。省总组成8个慰问检查组,分别由省总领导和在机关的常委带队赴各设区市进行走访慰问。是年元旦春节送温暖活动情况:全省参加送温暖总人数36435人,其中:各级党政及有关部门领导17246人,各级工会领导及干部19189人。筹集总额4799万元,其中:本级政府拨款768万元,县市区政府或企业行政拨款2373万元,各级工会拨款704万元,省总筹集247万元,职工捐款132万元,其他575万元。慰问困难企业4562家,慰问补助困难职工165335户,其中:劳动模范3626户,军烈属4572户,残疾职工9924户,下岗职工82517户,受灾职工14894户,离退休职工49802户。为困难职工解决问题和办实事12684件。全省各级工会组织累计联系和帮扶特困职工123458户,脱贫55601户。全省参加联系困难企业和特困职工活动的县处级以上党政领导干部7363人,联系困难企业1447个,联系特困职工10126户。11月13—14日,全省工会实施送温暖工程经验交流会在省工人疗养院召开。16人在大会交流经验,文之周讲话指出:1998年以来,全省各级工会认真贯彻落实省委、省政府提出的"千方百计解决部分职工生活困难问题"的指示精神和全总提出的"工会要当好帮扶特困职工的第一责任人"的工作要求,采取有效措施,加大工作力度,多层次、多形式、全方位实施送温暖工程,初步形成"输血"帮扶与"造血"帮扶、"两节"帮扶与经常帮扶、工会帮扶与社会帮扶相结合的工作格局,为全省经济发展、社会稳定作出应有贡献。集中反映全省各级工会在实施送温暖工程中做出的大量工作并取得成效。

2001年12月29日,省总下发《关于开展2002年元旦春节送温暖活动的通知》。要求调研各地社会保障制度的运行情况主要是下岗职工基本生活保障向失业保险并轨方面的情况(包括下岗职

工出“中心”与企业解除劳动关系及再就业方面的情况，失业人员享受失业保险待遇的情况），中央加大对“低保”的财政支持力度后，特困职工纳入“低保”救济情况，离退休人员的养老金按时足额发放情况以及企业拖欠职工工资的情况等；检查了解各地推动送温暖工程实现经常化、制度化、社会化方面的情况和典型经验。各级工会要对特困职工进行一次普遍的走访慰问，并掌握本地区困难职工的生活状况和思想动态，发现问题及时向当地党委和政府反映，督促有关部门尽早解决，切实维护职工的合法权益。

2002 年 1 月 19—22 日，以全总副主席刘珩为团长的全总慰问检查团分别走访慰问南昌、九江、景德镇市部分困难企业和困难职工家庭。是年元旦春节送温暖活动情况：全省参加送温暖总人数 34956 人，其中：各级党政及有关部门领导 16832 人，各级工会领导及干部 18124 人。筹集总额 5277 万元，其中：本级政府拨款 946 万元，县市区政府或企业行政拨款 2896 万元，各级工会拨款 1024 万元，职工捐款 221 万元，其他 190 万元。慰问困难企业 4940 家，慰问补助困难职工 209701 户，其中：劳动模范 3927 户，军烈属 5689 户，残疾职工 8055 户，下岗职工 124690 户，受灾职工 15716 户，离退休职工 51624 户。这年元旦春节送温暖活动全省各级工会对特困职工作了一次普遍的走访慰问，并将发现的问题及时向当地党委和政府反映，督促有关部门尽早解决，为困难职工解决问题和办实事 23071 件。3 月 12 日，省总转发《中华全国总工会关于表彰实施送温暖工程先进单位和先进个人的决定》，其中：南昌市总、景德镇市总、新余市总、赣州市总、吉安市吉州区总、省地质工会、省总保障工作部、洪都航空集团公司工会、萍乡矿业集团有限责任公司工会、中国兵器装备集团公司第五七二七厂工会、中国核工业总公司七二一矿工会、丰城矿务局工会、月兔企业集团有限公司工会、南昌铁路局工会获全国实施送温暖工程先进单位称号。吴培、徐依新、刘斌、裴安萍、冯绍宁、黄问忠获全国工会实施送温暖工程先进个人称号。

2002 年 12 月 19 日，省总《江西省总工会关于表彰实施送温暖工程先进单位和先进个人的决定》：南昌总工会、景德镇市总工会、新余市总工会、赣州市总工会、上饶市总工会、九江市总工会、南昌铁路局工会、省地质工会、洪都航空集团公司工会、江西铜业公司工会获全省工会设区市、省产业、省总直属基层实施送温暖工程先进单位称号。安义县总工会、青山湖区总工会、武宁县总工会、修水县总工会、星子县总工会、分宜县总工会、贵溪市总工会、芦溪县总工会、乐平市总工会、信丰县总工会、宁都县总工会、章贡区总工会、丰城市总工会、上高县总工会、南丰县总工会、临川区总工会、吉安县总工会、永丰县总工会、吉州区总工会、信州区总工会、上饶县总工会获全省工会县市区实施送温暖工程先进单位称号。江铃汽车集团公司工会、南昌卷烟厂工会、南昌印钞厂工会、南昌市蔬菜食品连锁经营总公司工会、中国兵器装备集团公司第五七二七厂工会、九江市封缸酒厂工会、九江化纤厂工会、江西核工业地质局二六七大队工会、江西油咀油泵厂工会、新余钢铁有限责任公司工会、江西省核工业地质局二六五大队工会、萍乡钢铁有限责任公司工会、萍乡矿业集团有限责任公司工会、乐平矿务局工会、荡坪钨矿工会、赣州木材厂工会、江西地矿局九〇九大队工会、江西省核工业局二六四大队工会、丰城矿务局工会、宜丰县林业系统工会、高安市教育工会、奉新县林业系统工会中国核工业总公司七二一矿工会、江铃底盘股份有限公司工会、江西博雅生物制药股份有限公司工会、吉水县林业局工会工委、江西省乌石山铁矿工会、铅山县教育工会、玉山县商业总公司工会、三清山风景名胜区工会、月兔企业集团有限公司工会、江西省地矿局赣东北大队工会、南昌铁路局南昌水电段工会、江西农业大学工会、江西铜业公司德兴铜矿工会获全省工会基层实施送温暖工程先进单位称号。徐依新、吕红兵、周志刚、徐正国、周义明、吴培、易永全、冯绍宁、胡建、王晓莉、罗宁、黄雪梅、罗世文、陈耀民、周永强、周顺平等67人获全省工会实施送温暖工程先进个人称号。

2002年12月24日,省总下发《关于2003年元旦春节期间开展送温暖活动的通知》,强调:各级工会要走访到每一个已建档案的特困职工家庭,积极协助党政帮助困难职工解决生产生活中的突出问题,真正把党和政府的关怀送到千家万户,绝不让一户特困职工家庭受冻挨饿。协助党政着力解决好劳动模范、先进工作者的实际困难,确保在春节前按政策标准足额兑现。省总安排的专项资金要优先解决省级以上特困劳模的生活困难。要帮助下岗失业人员再就业、促进符合条件的特困职工进低保、督促检查全国、全省再就业工作会议精神的落实,重点是检查优惠政策的兑现。对各级工会已经建立的特困职工档案情况,对下岗失业职工培训和职业介绍等工作进行检查,督促各设区市总工会尽快建立困难职工帮扶中心。

2003年1月13—15日,全总副主席、书记处书记周玉清为团长的全总慰问检查团在南昌市、景德镇市两地走访慰问困难职工。是年,省政府拨款321.8万元给省总用于全省的送温暖活动。全省各级工会组织认真履行“第一责任人”的职责,精心组织和安排元旦春节送温暖活动。全省共筹集送温暖活动资金6085万元,其中:政府和企业行政拨款4128万元,工会筹集1121万元,其他方面捐赠836万元;各级党政领导和工会的领导、干部42122人次走访5136户困难企业;慰问补助了困难职工、劳动模范、军烈属、残疾职工、下岗职工、受灾职工和离退休人员等247908户,为困难职工解决问题和办实事9983件。在安排送温暖活动资金时,优先解决省级以上特困劳模的生活困难。在赴地市送温暖活动中,重点走访慰问生活困难的劳模,专门走访慰问经全总批准的江西省30名困难全国劳模、全国“五一”劳动奖章获得者,共发9万元慰问金,每人资助慰问金3000元。各设区市总工会全部开通特困职工求助热线电话。是年底,省政府拨出120万元专款给省总,补助省劳模6000人,每人200元;全总拨出全国劳模困难补助金、特殊困难帮扶资金和春节慰问金共计138万元,补助全国劳模636人。

2003年12月,省总下发《关于2004年元旦春节期间开展送温暖活动的通知》。从2004年元旦开始至春节前,各级工会组织对特困职工、劳动模范、下岗失业人员和离退休人员中的困难户普遍进行一次慰问走访。全省各级工会认真协助党委和政府做好下岗失业人员再就业工作,进一步落实全国、全省再就业工作会议精神,督促各地再就业优惠政策的实施,并制定具体工作目标。全省各级工会做好送温暖工程的各项基础性的工作,对送温暖基金的管理和使用情况一次自查,对困难职工档案重新摸底检查。加强困难职工帮扶中心建设,以建立帮扶的长效机制,保证“两节”期间帮扶中心热线电话的畅通,并积极协助政府有关部门解决职工工资和进城务工人员工资的拖欠问题。

2004年1月14—16日,以全总书记处书记张鸣起为团长的全总慰问检查团来送温暖,在省人大常委会副主任、省总主席张海如的陪同下,走访考察南昌市总困难职工帮扶中心和再就业基地;在省总副主席李慈葆的陪同下,赴南昌和吉安走访慰问了困难企业和困难职工家庭。1月16日,张海如和文之周，代表全总到丰城矿务局走访慰问，向在“11·14”事故中遇难者家属送去慰问款10万元。1月14日，省市有关领导在南昌市走访困难企业和职工家庭。1月上旬，省总组成11个慰问检查组，由省总领导带队赴各设区市进行走访慰问。是年元旦春节送温暖活动情况统计：参加送温暖总人数41162，其中：各级党政及有关部门领导21376人，各级工会领导及干部19786人。筹集总额5535万元，其中：本级政府拨款838万元，县市区政府或企业行政拨款2990万元，各级工会拨款1035万元，职工捐款189万元，其他483万元。慰问困难企业3948家，慰问补助困难职工226548户，其中：劳动模范5013户，军烈属5732户，残疾职工4689户，下岗职工138084户，受灾职工54569户，离退休职工18461户。为困难职工解决问题和办实事17967件。

2004年12月23日，省总下发《关于2005年元旦春节期间开展送温暖活动的通知》，各地工会对特困职工、劳动模范、下岗失业人员和离退休人员普遍进行一次走访慰问，为困难职工解决实际困难。对于存在突出困难的职工家庭，各级工会提供力所能及的帮扶，其中需要党政解决的困难和问题要及时向地方党委、政府反映。围绕困难职工面临的热点难点问题，结合“连心联动，温暖七助”活动要求，积极与当地劳动和保障部门联系，组织开展“送政策、送岗位、送技能、送服务”的“四送”活动。并了解各地困难职工的生活状况和工会开展“温暖七助”情况。重点了解在保障基本生活、再就业、大病医疗和困难职工子女入学等方面开展的工作和成效，当前困难职工面临的热点、难点问题。困难职工帮扶中心的机制建设和帮扶情况。各地拖欠职工工资的情况。重点是拖欠国有企业职工工资的情况，解决工资拖欠问题采取的具体措施和效果。困难职工档案的建立和完善情况。

2005年1月22—24日，以全总副主席、书记处书记苏立清为团长的慰问检查团一行走访慰问江西困难企业、困难职工和劳模。张海如深入上高县、袁州区等地，与当地党政领导、工会干部一道走访慰问困难企业和困难职工、下岗职工、低保户家庭。省总组成的6个送温暖慰问检查组，分赴全省各地开展送温暖慰问活动。是年元旦春节送温暖活动情况统计：参加送温暖总人数40278人，其中：各级党政及有关部门领导23165人，各级工会领导及干部17113人。筹资总额5867万元，其中：本级政府拨款1400万元，县市区政府或企业行政拨款3214万元，各级工会拨款1026万元，职工捐款142万元，其他85万元。慰问困难企业数4196家，慰问补助困难职工235680户，其中：劳动模范7856户，军烈属2789户，残疾职工5786户，下岗职工168215户，受灾职工33278户，离退休职工17756。为困难职工解决问题和办实事5492件。5月10日，全总《关于全国各地工会2005年元旦春节期间送温暖活动情况的通报》：据建设系统统计，至2004年底，全国共清理建设领域拖欠进城务工人员工资331亿元，占各地上报拖欠工资额的98.4%。这一成绩离不开各地工会的有力配合，四川、江西、新疆、吉林、山东、内蒙古等省区工会都全力协助政府有关部门做好清欠进城务工人员的工资拖欠问题，督促政策的落实，并取得了很大进展。2004年底，按时保质完成《送温暖工程统计表》《困难职工帮扶中心统计表》的省(自治区、直辖市)有江苏、内蒙古、吉林、安徽、山东、辽宁、河北、湖北、青海、重庆、福建、浙江、海南、天津、江西、北京、贵州、湖南、黑龙江、西藏、云南。《通报》中说明江西这方面工作做得好。

2005年12月5日，省总下发《关于2006年元旦春节期间开展送温暖活动的通知》，各地工会对具有代表性、典型性的特困职工、劳动模范、下岗失业人员、进城务工人员和离退休人员以及遭受地震、“泰利”台风和罕见的冬汛等自然灾害的职工进行走访慰问。结合全省开展的“连心联动、温暖七助”活动,把向困难职工“送政策、送岗位、送技能、送服务”体现到送温暖活动的全过程。了解掌握国有大中型企业关闭破产、主辅分离、辅业改制、分流安置富余人员情况、困难职工群体状况和受灾地区职工生产生活现状。将涉及职工权益受侵害的问题及时向有关方面反映,推动各地党委、政府和企业解决好困难职工面临的热点和难点问题。做到“五个结合”,即要与检查各地工会职业介绍、职业培训、安置就业三年三个3.6万计划指标的完成情况和培植再就业基地、培育创业带头人等情况相结合;与检查各地工会协助政府促进解决职工工资拖欠,特别是进城务工人员工资拖欠问题的具体措施和实际效果相结合;与检查各地工会困难职工帮扶中心长效机制建设和帮扶成效的情况相结合;与检查各地工会送温暖资金管理使用、各项制度规范化的情况相结合;与检查各地工会困难职工档案建立完善和进行动态管理的情况相结合。23日下发《关于提前做好2006年元旦春节送温暖活动的紧急通知》,要求落实王兆国对贯彻落实胡锦涛关于在党员干部中积极开展向困难群众送温暖献爱心活动、开展好工会送温暖活动作出的批示。并强调要对困难职工家庭做到“五清”:家庭情况清、致困原因清、技术特长清、求助需求清、思想状况清。在送温暖活动中,进一步健全完善困难职工档案。

2006年1月9—11日,全总副主席陈秀榕率全总慰问团赴江西开展送温暖活动。之后,张海如带队赴萍乡、宜春等地走访慰问。省总组成6个送温暖慰问检查组,分赴11个设区市进行走访慰问送温暖活动。省总慰问检查组在开展走访慰问活动的同时,还要重点听取各地工会学习贯彻党的十六届五中全会、中央经济会议精神和胡锦涛关于义乌市总工会维权工作的重要批示精神的情况汇报;了解各地工会落实全总十四届三次执委会议和全省工会工作会议精神,进一步贯彻“组织起来、切实维权”工作方针和坚持走中国特色社会主义工会发展道路的工作思路和举措;听取各地工会贯彻落实国务院和省政府关于进一步加强就业再就业工作通知精神,在促进再就业和帮扶困难职工、保障下岗失业人员基本生活、搞好医疗救助和子女教育救助等的工作汇报;了解各地工会整合内外资源,形成党委领导、政府重视、各方支持、工会运作、职工参与的社会化帮扶格局,全面落实科学发展观,推动构建社会主义和谐社会等方面的情况。是年送温暖活动中,全省工会共筹集资金8391万元,走访4352户困难企业,慰问补助困难职工、困难劳模家庭278790户,办实事6021件。

2007年初,省总下发《关于2007年元旦春节期间开展送温暖活动的通知》,对全省工会送温暖活动进行精心组织和统一部署。1月17—19日,全总副主席、书记处书记乔传秀率全总慰问团一行来到江西,在张海如、李慈葆陪同下深入南昌、上饶两地,看望劳动模范、老红军,慰问困难职工,走访农民。张海如带队赴九江等地走访慰问。省总慰问组分8组赴全省各地,走访慰问特困职工困难劳模及困难企业。是年元旦春节送温暖活动,全省工会共筹集资金8993万元,各级党政领导和工会领导、干部42746人次走访3869户困难企业,慰问补助特困职工、生活困难的劳动模范、下岗失业人员、离退休人员和农民工家庭287736户,为困难职工解决问题和办实事5987件。省总以生活困难的劳动模范、国有改制企业下岗职工、因患大病或遭受重大灾害致贫的职工、零就业家庭职工和农民工为重点,开展“连心联动、温暖七助”活动,从生活救助、就业扶助、医疗帮助、入学资助、心灵抚助、法律援助、结对互助等方面集中帮扶。

2007年12月19日,省总下发《关于2008年元旦春节期间开展送温暖活动的通知》。对困难职工档案中记录的所有困难职工进行一次全面走访慰问,做到全覆盖。不断健全和完善困难职工档案,对仍未纳入到困难职工档案中困难职工,及时地调查、核实、补充登记,并给予帮扶。根据不同的困难职工群体确定不同的走访形式和慰问标准,对政府救助政策尚未覆盖或按政策救助后仍存在特殊困难的职工家庭进行重点帮扶。要针对困难职工的不同困难程度、不同致困原因、不同帮扶需求等情况,采取送政策、送岗位、送培训、送医疗、送助学、送文化、送物资、送资金等多项帮扶措施,做到区别情况、一户一策,因人施助、分类帮扶,标本兼治、注重实效。要求各地工会要集中为农民工办好四件实事:为跨区域就业的农民工合法权益受到损害时提供便捷、快速、高效的服务;协助政府开展帮助农民工追讨欠薪行动;开展"农民工平安返乡行动";对"两节"期间坚守岗位、坚持生产的农民工进行走访慰问。12月23日,省政府和省总召开第8次联席座谈会议。省长、常务副省长、联系工会副省长等领导出席会议。会议强调从支持工会开展扶贫解困、送温暖活动、国企改制职工维权和工业园区经费地税代征方面支持工会工作。为加大对困难劳模的帮扶力度,同意新设省劳模特殊困难帮扶专项资金500万。同时,为继续支持和推动各级工会开展困难职工帮扶和送温暖工作,省政府按照2008年的规模,安排2009年帮扶专项资金、送温暖资金和劳模春节慰问金1400万元,其中专项帮扶资金400万元,送温暖资金680万元,劳模春节慰问金320万元。共计1900万元。

2008年1月12日以来,江西省出现持续低温、雨雪和冰冻天气,灾害严重,为历史罕见,给工农业生产和群众生活带来严重影响,并造成人员伤亡和重大财产损失。省总紧急下拨救灾应急资金110万元。1月17—19日,以全总书记处书记、纪检组组长陈荣书为团长的全总慰问检查团来送温暖,赴南昌和九江走访慰问多家困难企业和多户困难职工、困难劳模家庭。张海如赴赣州市走访慰问了5个县市区的部分困难劳模和困难职工。省总组成9个慰问检查组赴各设区市送温暖。是年元旦春节期间,全省工会共筹集资金9597万元,各级党政领导和工会领导、干部走访4512户困难企业,慰问补助特困职工、生活困难的劳动模范、下岗失业人员、离退休人员和农民工家庭,以及受雨雪冰冻灾害的职工家庭296402户,第一次实现走访慰问全覆盖的目标。

2008年12月初,省总下发《关于2009年元旦春节期间开展送温暖活动的通知》,对全省工会送温暖活动进行了精心组织和统一部署,深入企业和基层,开展"大调研"活动;关爱就业困难人员,开展"大培训"活动;关爱特殊困难人员,开展"大救助"活动;关爱农民工,开展"大帮扶"活动。2009年春节之前,姚亚平率领省总送温暖慰问团赴丰城、万载两地走访慰问全国劳模、困难职工和农民工,并就返乡农民工就业、基层工会工作等情况进行调研。省总组成11个慰问检查组赴各设区市送温暖。是年元旦春节期间,全省工会共筹集资金10329万元,各级党政领导和工会领导、干部走访5169户困难企业,慰问补助特困职工、生活困难的劳动模范、下岗失业人员、离退休人员和农民工家庭,以及受雨雪冰冻灾害的职工家庭28万多户。

2009年11月底,省总下发《关于全省开展2010年元旦春节送温暖活动的通知》,各级工会在对工会帮扶管理软件中已建档的困难职工、困难劳动模范进行普遍走访慰问的基础上,重点开展对改制重组和关闭破产企业的困难职工;受国际金融危机冲击至今生产经营仍很困难企业的困难职工和农民工;资源枯竭矿区和独立工矿区的困难职工;因自然灾害或突发事件致贫的困难职工;因家庭成员患大病、子女上学等原因导致生活特别困难的低保边缘职工。开展困难职工生活状况的调查,加大重点帮扶工作的力度,做好农民工平安返乡和维权帮扶工作,推动保障民生政策的落实。2010年元旦前后,姚亚平、郭学勤等一行赴宁都县和瑞金市等地困难企业和困难职工、劳动模范送温暖。省总组成11个慰问组赴各地走访慰问送温暖,深入基层,深入企业,深入困难职工走访慰问。是年全省元旦春节送温暖期间:慰问困难企业6525个;慰问困难职工(含农民工)201485户;慰问困难劳模11570户;慰问农民工32771人。筹集慰问款物总额12787万元;其中政府拨款6793万元;其中工会拨款4486万元;其中社会募集1508万元。发放款物11310.5万元;其中向困难劳模发放984.87万元;其中向农民工发放1729.26万元。各级工会组织深入开展一次困难职工状况调查,全面了解和掌握困难职工群体的数量、构成、分布以及生产生活困难情况。全省职工总数709万人。困难职工总数28万户、41万人。全省507家国有工业改制、破产企业共有7533名大病困难职工。已经建立困难职工档案的困难职工家庭211023户;其中家庭人均收入低于当地城镇居民最低生活保障线的困难职工家庭153779户;其中家庭人均收入略高于低保线但因下岗失业、重大疾病、子女教育等原因造成家庭生活困难的困难职工家庭48674户;其中因意外事件、自然灾害等原因造成家庭生活困难的困难职工家庭8570户。本年度经过工会帮扶实现脱贫的困难职工家庭12941户。

困难职工帮扶

机　构　2002年5月下旬,萍乡钢铁有限责任公司“特困职工救助中心”成立,公司董事长、党委书记担任名誉主任,工会主席任主任,工会负责“中心”日常工作。特困职工救助中心以扶助特困职工为宗旨,通过安排特困职工提供家政服务、社区服务等有价值的劳动,提高特困职工的生活水平。9月16日,九江市总特困职工救助中心(后改名九江市困难职工帮扶中心)在市总挂牌,下设特困职工救助中心、下岗职工再就业培训中心、下岗职工再就业服务中心、职工法律援助中心,对全市困难职工实施生活救助、法律援助、就业扶助和医疗帮助。10月31日,南昌市总困难职工帮扶中心成立。“中心”免费为困难职工、下岗失业人员提供培训申请、技能培训、求职登记、职业指导、职业介绍、政策、法律援助、创业小额贷款联系服务、信访接待及特困救助等“一站式”服务。

2003年1月2日,全总下发《关于建立困难职工帮扶中心的意见》指出帮扶中心是工会深入实施送温暖工程、开展困难职工帮扶救助的有效载体,是送温暖工程的重要组成部分。各级工会组织要坚持面向职工、及时帮扶、快捷准确、释疑解惑、因地制宜、长期坚持的原则,把帮扶中心建成宣传党的路线方针政策、展示工会形象的窗口,调解劳动关系矛盾的渠道,依法维护困难职工合法权益的阵地。并就制度建设、机构设置和人员配备、资金筹集和管理、组织领导提出意见。3月1日,九江市武宁县总工会困难职工帮扶中心成立。5月,新余市分宜县困难教职工帮扶中心成立。7月,九江市困难职工帮扶中心成立专项资金监督管理委员会,委员分别由九江市总、市纪委监察局、市直机关工委、市审计局、市石化总厂、市化纤厂、市封缸酒厂等6家单位的代表组成，监管委员会主任、副主任由市总经审委员会主任、市纪委监察局机关工会主席担任。9月，省总受全总的委托，对九江市困难职工帮扶中心的工作进行检查验收，并获通过。10月24日，南昌进城务工人员维权服务站在市总困难职工帮扶中心挂牌。12月31日，全总下发《关于困难职工帮扶中心验收标准及补助办法》。办法明确验收工作实行分级负责制、验收标准、验收程序和补助标准。年底，南昌市困难职工帮扶中心、萍乡市困难职工帮扶中心获准全国第二批验收合格。2004年3月16日，省总受全总委托，对赣州、景德镇、吉安、新余、抚州市总工会困难职工帮扶中心进行验收。

2005年3月8日，省总下发《关于转发〈中华全国总工会关于进一步加强困难职工帮扶中心建设的通知〉的通知》。《通知》强调帮扶中心的工作内容、机构设置、资金筹集方式、工作人员的来源和编制等，可以根据本地的实际情况决定。帮扶中心应当加强对涉及职工群众最现实、最关心、最直接的问题的研究，积极探索依法维权、即时帮扶、排解矛盾、促进稳定的有效工作方法。运用好送温暖工程基金、困难职工档案、领导干部联系困难职工户等工作方法，为困难职工排忧解难。各地工会组织要成立工会帮扶工作领导小组，统一领导和协调帮扶中心工作。帮扶中心工作由工会保障部门牵头，会同法律、信访等部门进行具体业务指导，定期研究解决帮扶中心遇到的各种实际问题，形成工作合力。要对帮扶中心在人、财、物等方面给予支持，注意各级帮扶中心之间工作的衔接和配合，形成分级负责、上下联动的帮扶网络。并强调建立工会和政府之间的工作协调机制、拓展渠道，多方筹措困难职工帮扶资金、强化帮扶中心的内部管理、建立困难职工信息统计和报告制度、建立对工作人员的激励约束机制。2006年底，全省建立工会困难职工帮扶中心148个，在全国率先实现县以上工会全部成立帮扶中心；全省基本形成市、县（区）、基层上下联动的三级帮扶救助网络。

2007年11月21日，省总下发《关于下拨2007年度省级财政"困难职工帮扶中心专项资金"的通知》，"已成立了县级帮扶中心的县（市、区）总工会。按行政区设置的99个（市、区）（不包括经济开发区等），每（市、区）按3万元的指标下拨。""符合条件的，市总可根据不同情况按2万～4万元的整数额度下拨县级帮扶中心（最低不少于2万元，最高不超过4万元）。""县级政府财政按1∶1的比例划拨县级帮扶中心专项帮扶配套资金，以支持工会组织开展帮困工作，县财政配套资金的使用管理办法，由各县自行确定。"共拨付省级财政305万元帮扶资金。

至2008年5月底，全省建立县级工会帮扶中心99个，其中：建立帮扶中心专项资金77个，列入财政预算的专项帮扶资金547万元；获得地方财政拨款合计20万元且已纳入各级财政预算的有6个；帮扶中心资金列入工会经费的有72个，共列入预算352万元。

2009年6月1日，省总转发全总《关于转发〈关于工会困难职工帮扶中心统一使用中国工会会徽的通知〉的通知》，明确"工会困难职工帮扶中心统一使用中国工会会徽"。9月10日，省总办公室转发《关于转发〈中华全国总工会关于困难职工帮扶中心专项资金使用管理办法（暂行）〉和〈中华全国总工会办公厅关于贯彻落实《困难职工帮扶中心专项资金使用管理办法》有关事项的通知〉的通知》。

2010年12月28日，省总召开主席办公会，会议研究部署"困难职工帮扶中心"转变为"职工服务中心"工作。姚亚平强调，工会要面向全体职工，不断扩大服务面，将帮扶中心建成服务中心。当前要抓好三项工作。统一设计职工服务中心标牌标志;规范职工服务中心工作内容;做好服务中心的技术支撑工作,达到既能向职工提供窗口式、一站式服务,又能进行后台实时动态管理。会议明确,此项工作以保障部为主,相关部门支持配合。

帮扶模式及做法 1994年1月4日,省政府办公厅、省总下发《关于下拨职工生活困难慰问补助金的通知》。通知指出:全省由于生产发展不平衡,还有一部分企业处于停产、半停产和严重亏损状态,再加上物价上涨较快,致使部分职工(包括离退休职工)家庭生活比较困难。为帮助生活困难职工克服暂时困难,特提出五条要求。各级政府以及各级工会组织和企业要十分关心和重视职工生活困难问题,要深入到困难企业、困难职工中去,调查研究,从思想上、生活上关心他们,省政府和省总拨出一定专款补助部分特困职工,各级政府、工会组织和企业也要拨出一定的专款,补助生活困难职工。各企业在做好正常生活困难补助的同时,要从福利基金中拨出一定经费及时补助给困难职工。认真贯彻落实《省委办公厅、省政府办公厅转发江西省总工会关于做好困难职工工作报告的通知》,停工待工人员的工资和生活费要按不低于本人原工资的75%发给,国家规定的补贴仍按原标准执行,对离退休人员要正常拨付离退休费,切实保障停工待工人员和离退休人员的基本生活,而且在国庆节使他们有肉吃。重视和支持工会组织开展的送温暖工程,采取有力措施,通过开展职工扶贫、兴办互助补充保险、创办职业介绍机构和解困救急基金组织等渠道,帮助生活困难职工解决工作和生活问题。做好生活困难职工思想政治工作。11月30日,第8次省长办公会议,听取了省总关于省部分企业职工生活困难情况的汇报,专题研究解困措施,会议确定由省经委牵头,会同地、市、县政府研究如何从根本上改变停产半停产企业现状。会议原则同意省总提出的关于建立省、地、市、县"送温暖委员会"及筹集基金元旦春节送温暖活动的意见。委员会由省政府一名领导任名誉主任,省总领导任主任,省经贸委、省财政厅、省劳动厅领导任副主任,省民政厅、省工商局、省人民银行、省工商银行、省企业家协会为成员单位。委员会下设办公室,设在省总,各地、市、县参照执行。基金筹集分两步走:在元旦春节之际,由省财政拨款50万元,省总筹集25万元用于送温暖活动。从1995年起用三年时间筹集送温暖基金2000万元。筹集办法:各级财政预算中安排一部分;各级工会筹集一部分;省财政厅、省经贸委、省劳动厅分别研究,从个人所得税、超额利润奖、待业保险金中划出一定的比例、具体筹集方案,由省总另行制定。

1995年5月,鹰潭市总印发《关于解决特困职工生活实际问题的意见》,提出12条具体措施。12月,市委第21次常委会会议听取工会工作汇报,讨论研究工会工作,并通过《关于做好帮助特困职工脱贫解困工作的通知》,《通知》就特困职工的范围、标准、特困职工的认定,特困职工的优惠政策(共8条),以及限制措施等内容作出明确规定。1996年1月,以鹰发〔1996〕6号文件印发至全市各级党委、政府和工会组织贯彻执行。

至1995年7月,全省各级工会通过经济扶持、技术指导、业务帮助等,组织有扶贫条件的困难职工自救脱贫。从1990年至1995年7月,累计借出资金230万元,帮助困难职工176179人次开展各种经营活动,帮助兴办经济实体664个,为困难职工子女9108人提供就业机会;兴办工贸小市场109个,有1578户困难职工家庭进入市场营业;帮助2602名困难职工子女减免入托、上学费用155213元。受到帮助的职工中,已脱贫8370人。

1995 年 9 月 26 日，省总以省送温暖基金委员会办公室名义向省政府报送《关于要求印发〈关于对城镇企业特困职工给予特殊照顾的暂行办法〉的报告》。12 月 1 日，省总以《关于我省停产半停产、亏损、破产企业和部分职工生活困难的情况汇报》，报送省委、省政府。就 1995 年 10—11 月省总组织全省地市和两个产业工会对全省国有、城镇集体停产半停产、亏损、依法破产企业和部分职工生活困难情况进行调查汇报：至 1995 年 9 月底，全省国有、城镇集体企业中，停产半停产企业 1776 户，涉及职工 270122 人，占国有、城镇集体企业职工总数的 9%，离退休人员 62753 人，占国有、城镇集体企业离退休人员总数的 8.9%。亏损的国有、城镇集体企业 1697 户（不含双停企业），涉及职工 415604 人，占全省国有、城镇集体企业职工总数的 13.9%. 离退休人员合 82957 人，占离退休人员总数的 11.9%。依法破产的国有、城镇集体企业 11 户，职工 1611 人。部分职工生活困难状况：(1)停产半停产、亏损企业停发、减发职工工资情况严重，部分职工生活难以为继。在停产半停产企业中，9 月份停发工资的职工 85912 人，占其职工人数的 31.8%，减发工资的 66005 人，占 24.4%，1—9 月停发、减发职工工资总额 11865.8 万元。(2)停产半停产企业停发、减发离退休费严重，部分退休人员生活无保障，国有、城镇集体停产半停产企业，9 月份停发离退休金的离退休人员 11544 人，占停产半停产企业离退休人员的 18.1%，减发的 17092 人，占 27.2%。(3)依法破产企业部分职工领不到失业救济金。(4)职工医疗费用难以保障。停产半停产，严重亏损企业，有的对医疗费按年龄、工龄与个人挂钩的办法，实行包干（门诊每月 3～10 元），超支部分由职工自负；有的企业则不负担职工的医疗费用。(5)物价尤其是生活必需品的价格上涨给职工家庭生活增加了更大的压力。1994 年全省城镇居民家庭最低生活费用应为 115.15 元。全省企业职工家庭月人均生活费收入低于 100 元的困难职工和离退休人员有 24.86 万人，其中在职职工 21.32 万人，占全省国有、城镇集体企业职工总数的 7.1%。职工和离退休职工不能及时领到工资、离退休金，基本生活得不到保障，思想情绪极不稳定，群体上访。突发事件的发生是直接影响稳定大局的突出问题。12 月 26 日，省总转发全总《关于认真贯彻落实中共中央、国务院两办和省委、省政府两办〈关于千方百计解决部分群众生活困难问题的通知〉的紧急通知》，各级工会把做好生活困难职工和退离休职工工作作为事关“改革、发展、稳定”全局的大事，列入工会近期重要工作来抓紧抓好。按照通知的要求，积极提出意见建议，协助当地党委、政府解决困难职工的生活保障问题。

1996 年 1 月 18 日，省总转发全总《关于认真学习贯彻江泽民总书记在甘肃慰问困难职工时的重要讲话的通知》，提出抓好三项工作：对生活费收入低于当地生活困难补助标准的职工家庭进行一次普遍的走访慰问，使每个职工都能过一个愉快祥和的春节。各级工会在陪同当地党政领导送温暖时，既要看望慰问困难职工，又要帮助困难企业分析亏损原因，研究扭亏措施和办法，切实帮助困难企业扭亏增盈，促进企业发展。同时，还要配合有关部门，做好失业职工和企业下岗人员的分流安置工作。大力发展工会职业介绍和职业培训机构，发展扶贫开发型经济实体。各级工会特别是基层工会要建立和完善困难职工档案制度，并经常掌握生活困难户的动态情况。4 月 1 日，省总下发《关于印发〈生活困难职工档案管理暂行办法〉的通知》。《办法》规定：生活困难职工（含退离休职工，下同），是指家庭月人均收入低于 100 元（含 100 元）以下的职工。特困职工，是指在南昌市和赣州市内居住的家庭月人均收入低于 80 元（含 80 元），居住其他省辖市内的家庭月人均收入低于70元(含70元),居住县镇或农村的家庭月人均收入低于60元(含60元)的职工。特困职工同时是生活困难职工。并对建立生活困难职工档案范围、程序、管理等方面作出规定。5月16日,省总转发全总《关于认真贯彻胡锦涛同志对做好困难企业职工扶贫解困工作的指示的通知》。8月6日,省总办公室下发《关于进行企业困难职工生活保障状况调查的通知》,在全省范围的国有企业、集体(不含乡镇企业)企业及其职工中进行一次全省企业困难职工生活保障状况调查。10月7日,形成《关于我省困难企业和职工生活困难情况的报告》,报送全总保障工作部。报告汇报省总在8—9月份组织全省11个地市、4个产业和2个直属基层工会,采取全面调查和重点调查相结合的形式,对全省机械、电子、轻工、纺织、交通邮电、冶金、煤炭、石油化工、国合商业等15个行业的国有企业和城镇集体企业的生产经营情况和职工生活困难状况进行调查。调查涉及企业有10666家(其中,国有企业7181家,集体企业3485家),职工2046189人(其中,国有企业1768767人,集体企业277422人),离退休人员447813人(其中,国有企业371055人,集体企业76758人)。至1996年8月底,全省存在9个方面问题:全省停产半停产、亏损企业比去年同期增加2817家,与去年同期相比增长81.1%。全省被调查企业中有贫困职工259046人,增加3.6个百分点、贫困离退休人员增长8.07%。在贫困职工中的特困职工72004人,增长21.9%、特困的离退休人员14140人,增长16.39%。停工下岗职工有263543人,占被调查企业职工总数的13%,与去年同期相比,净增119947人,增加比例为84%。与去年同期相比,困难企业停、减发工资总额净增53523.34万元,涉及的职工增加113517人,其人数增长比例,为34%。1—8月人均停、减发工资达1462.56元。困难企业1—8月停发、减发离退休费总金额7609.57万元,涉及离退休人员60941人。困难职工家庭人均月生活费收入为103.44元,人均月生活消费支出为146.30元,超支42.86元。停产半停产、亏损企业自1994年1月至1996年8月,共拖欠职工医药费9524.14万元,涉及职工126295人。全省259046名贫困职工中,子女待业的有103007人,子女因经济原因失学或辍学的8051人,家庭人均居住面积低于4平方米的有17153户,无房户有11478户。江西还没有制定最低生活保障线。双停企业在职工工资得不到保障的情况下,绝大多数则未提取。已提取了职工福利基金的企业仅占福利基金的5.2%,没有达到1989年4月省劳动厅、财政厅、总工会《关于适当提高城镇职工生活困难补助标准的补充通知》中有关困难补助经费提取应不少于10%福利基金的规定。在259046名贫困职工中,因停减发工资(离退休费)造成困难的有78038人,占贫困职工总数30.1%;家庭就业人员少、供养人口多造成困难的有130418人,占贫困职工总数的50.4%;因遭受天灾人祸造成困难的有25640人;因病医疗开支大而造成困难的有24955人。11月11日,省总下发《关于认真贯彻落实中共中央、国务院中办发〔1996〕29号和省委、省政府赣发〔1996〕24号文件的通知》强调:各级工会要深入调查研究,掌握和了解停亏企业状况和原因,摸准职工生活困难情况,积极提出切实可行的意见和建议,协助党委、政府和企业解决好困难职工的生活保障问题,帮助困难企业抓好扭亏为盈工作。要督促政府、有关部门和企业落实好中央、国务院和省委、省政府已经出台的有关解困的政策和措施,确保困难企业职工(含离退休职工)的基本工资和生活费的发放。困难企业工会组织要充分发挥职工主人翁作用,积极为振兴企业、发展企业献计献策;协助企业行政组织职工兴办第三产业,开展多种经营活动搞好生产自救,依靠自身的力量渡过难关。并提出加大实施送温暖工程的力度，协助党委和政府做好扶贫解困工作。11 月 12 日，省总以《关于全省困难企业和困难职工生活情况的调查报告》，报送省委、省政府。报告通报了省总在 8—9 月份对全省机械、电子、轻工、纺织、交通邮电、冶金、煤炭、石油化工等企业调查情况提出要加强对已出台政策措施贯彻执行情况进行检查督促；建立根据不同类型的困难企业制定政策措施分类实施帮困、建立帮困基金、建立联系困难企业和特困职工家庭制度的机制；城镇企业特困职工（包括离退休特困职工）要给予特殊照顾；加大实施送温暖工程的力度；尽快建立职工最低生活保障线制度；加强困难企业领导班子建设，全心全意依靠工人阶级的建议。是年，省总及时总结并推广萍乡矿务局工会帮困的经验。这一经验受到国务院副总理邹家华称赞，煤炭部、劳动部、全总在萍乡矿务局召开全国性的经验交流会。省委领导倡导的帮困助学活动也取得了较好的成效。是年，全省各地基层工会基本上已建立困难职工档案制度，一些地市县制定对特困职工的优惠帮扶政策。各级工会建立健全职工帮困工作机制，坚持“造血性”帮困和开发性脱贫。

1997 年 1 月 15 日，吴官正在省、市总工会领导的陪同下，冒着严寒走访南昌困难企业并慰问生活困难的省市劳模和职工群众。1 月 30 日，省总下发《关于认真学习江泽民同志指示切实关心职工群众生活的通知》，各级工会组织认真学习，着力加大送温暖工程力度，和困难企业保持密切联系，发现问题及时向党政领导及有关部门反映，提出意见建议。3 月 19 日，省总下发《关于印发〈关于工会协助推行领导干部联系职工生活困难户制度的意见〉的通知》，要求县市区及县以上党政机关（含人大、政协、政法）及工青妇等社会团体的干部（省处级以上，市县区科级以上）和大中型企业的党政领导干部联系 1 ~ 2 户，家庭月人均收入低于当地的最低生活费用标准或其他特殊困难的职工家庭。联系内容为走访、引导、帮助、落实自救项目。4 月 1 日，省总女职委向全省工会女职委发出《为帮助特困女职工，携手互助，奉献爱心的倡议书》，号召全省女职工发扬“一方有难，八方支援”的共产主义精神，向特困女职工伸出援助之手。

1997 年 1 月，上饶地区行署向全区各县市政府，地直各部门、各企事业单位下发通知，同意省总上饶地区办事处《关于对特困职工就业生活等给予优惠的报告》，对特困职工推出 6 条优惠政策：特困职工本人及家属为维持家庭正常生活，在现行政策法规范围内，凭《特困证》申请，从事个体经营活动的，工商部门予以办理营业执照，免收有关办理手续费，并酌情减免市场管理费；税务部门减半收取税务登记工本费，从事货物应税劳务的，月销售额达不到 1000 元的，或从事应税劳务营业额月收入达不到 400 元的免征增值税、营业税。特困职工子女在居住学区就读中小学的，除学费全免外，并酌情减免课本以外的有关杂费特困职工购买粮食在居民定量标准外确实还需要购买口粮的，凭《特困证》和购粮证到定点粮，店仍按定量价格供应；特困职工及子女在指定医院就诊，凭身份证（户口本）和特困证免收挂号费，处置费；特困职工及其子女就业或再就业，劳动部门免收求职报名登记及职业介绍费；特困职工免交各种集资款、城市卫生费、治安费和社会分配的其他债券。

1998 年 5 月 27 日，省总农林工委以《关于我省农垦系统国有企业在落实下岗职工基本生活保障和再就业工作中存在的问题》，报省政府及有关部门，指出：农垦国有企业的职工下岗之后，转岗和再就业困难。下岗人员除少数企业发 80 ~ 120 元不等的生活费外，大部分下岗职工无生活来源。大部分省属垦殖场的职工还未参加社会养老保险，进入社会统筹的直接障碍是无法按社保部门要求补齐前10年保险金。很多企业退离休职工养老金没有保障,“三三制”资金来源中社会筹集资金部分无法落实。下岗职工基本生活保障和再就业是由劳动部门按行政隶属关系统一管理。这些企业的下岗职工不能领取当地劳动部门颁发的下岗证,也不能享受当地的各种优惠政策。省总农林工委建议:江西农垦职工人数达29.5万,因产业和地理等特殊性,鉴于下岗职工生活保障和再就业困难,省政府应制订符合本省农垦实际的优惠政策;按属地原则,由所在地劳动部门统一管理,资金由隶属财政(中央、省)核定拨给当地财政。并建议尽快解决农垦企业职工养老保险统筹问题。10月,南昌市有687名副县级以上领导干部,1000余名科级干部和291名企业党政领导干部长年与困难职工一帮一结对扶贫。接受帮扶的困难企业达200家,困难职工达2000余人。这年,全市各级领导干部共捐赠资金、物品总值达100万元,安排1000余名困难职工及子女就业,为困难职工家庭解决急难事100余件(次),为困难职工子女就读捐赠助学金10万余元,被帮扶的困难职工中有近100人实现基本脱贫。是年,九江市总与市经贸委、市劳动局联合对连续停产3个月或累计停产6个月的45家市属企业进行调查摸底。市委、市政府针对结果,下发《九江市市直企业职工最低生活保障救助暂行办法》,在全省率先落实城市居民最低生活保障制度。

1999年11月16—17日,全省工会建立职工补充保障体系经验交流会在昌召开。省总主席程受锭,副主席文之周、李骥,经审会主任吴继恒出席会议。会议传达了全国工会职工医疗互助补充保险研讨暨现场经验交流会精神,交流了建立职工补充保障体系的经验。1998年9月,省总结合本省实际情况研究制定了《关于建立我省职工补充保障体系的意见》,全省各地市总工会都制定了有本地特点的补充保障体系的5年发展规划或实施细则。通过建立帮困救助、互助合作,促进再就业等机制,形成了多层次,多方位,多类型的职工补充保障体系。

2000年4月21日,为做好对特困职工承担第一责任人职责的工作,推动送温暖工作经常化、制度化、社会化,改变当前各地存在的特困职工档案不统一、不规范的现状,省总办公室下发《关于制发〈江西省特困职工登记表〉的通知》。4月24日,省总制定《关于以“第一责任人”的身份做好帮扶特困职工工作的实施意见》,分4部分:各级工会要以适应社会保障制度改革为基点,积极配合政府和企业,集中力量重点做好帮扶特困职工工作,起到雪中送炭,拾遗补缺的作用。对特困职工承担“第一责任人”职责的工作,做特困职工的第一知情人,第一报告人,第一帮助人。各级工会要做特困职工的第一知情人,及时掌握特困职工的情况,建档立卡、跟踪调查,做到“七清”并建立对特困职工动态管理的三级组织网络。各级工会要做第一报告人。建立及时主动向同级党政、上级工会报告的制度,发现有特困职工基本生活有可能过不下去,有发生悲剧事件苗头的,要立即采取切实有效的措施。同时,各级工会信访部门要认真做好上访职工的思想工作。各级工会要争取对特困职工实行多种帮扶措施,建立多层次、经常化、制度化、社会化的帮扶特困职工的新机制,做第一帮助人。6月12日,省总下发《关于在省辖市总工会开设特困职工求助热线电话的通知》。10月底以前在南昌市总、景德镇市总、新余市总开通全省首批特困职工求助热线电话,以后每年增开1/3。求助电话受理的内容是:受理特困职工基本生活保障、医疗、再就业以及子女就学问题;受理特困职工反映社会生活中的热点和难点问题;受理特困职工政治民主权利和经济利益被侵犯问题;受理特困职工法律咨询、法律服务和法律援助问题;及时向有关领导报告特困职工反映的重要问题,做好领导批示的转办、督办、反馈工作。2001 年 10 月，全省 11 个设区市总工会全部开通特困职工求助热线电话。2002 年春节期间，全省县以上工会都开通特困职工求助热线电话。

2002 年 2 月 5 日，景德镇市政府与景德镇市总工会第 2 次联席座谈会商定：为全市 3000 户特困职工和其家庭所有成员共计 11 万余人提供综合性免费保险，规定享受免费保险的职工及家庭成员在本年度内，凡遇到人身意外伤害、身患特种大病乃至正常死亡等，均可获得一定的经济补偿。6 月 18 日，省总和南昌市总举行关爱特困单亲女职工送招工信息、送就业岗位、送幸福保险、送助学资金、送慰问物品的"五送"帮困活动。省总、南昌市总向 10 个困难企业的女职委赠送招工信息；向 100 名特困单亲女职工赠送幸福保险；为 50 名特困单亲女职工赠送助学资金；为 150 名特困女职工赠送慰问物品。8 月，省总根据 5 月份以来陆续接到中国第四冶建公司、江西第三木材厂等单位职工来信和上访，反映困难企业职工到达法定退休年龄，不能按期办理退休手续。且对由职工个人垫付企业欠缴社保局职工基本养老保险费后才能办理退休手续的做法意见很大的情况以《困难企业职工不能按期办理退休手续应引起高度重视》题目刊登在《工会重要信息》上，及时报送省委省政府，供领导参考决策。是年，新余市总决定用三年时间，在全市工会近 5000 名干部中开展与下岗职工、困难职工交友帮扶活动。凡工会小组长以上的工会专（兼）职干部，每人都要与 1～2 名下岗职工或困难职工建立交友帮扶联系。下岗职工人数较多的企业，采取工会干部分片包干的办法，使每一位下岗职工和困难职工都能与工会干部建立帮扶联系。参加交友帮扶活动的工会干部每季度至少上门一次，了解结对帮扶对象生活、工作中遇到的困难和问题，及时掌握他们的思想状况，倾听他们的呼声和意见，从下岗职工、困难职工的实际出发，有针对性地进行帮扶。是年，全省工会推动建立领导干部联系帮扶特困职工制度，共有 13579 名各级领导干部联系帮扶特困职工家庭 32078 户，已有 13041 户脱贫。

2004 年 7 月 15 日，省总下发《关于在全省工会开展帮扶困难职工"连心联动，温暖七助"活动的通知》，其主题是：体现"党心民心"的血肉联系，体现"社会联动"的关爱之情，对困难职工进行"生活救助、就业扶助、医疗帮助、入学资助、心灵抚助、法律援助、结对互助"的"温暖七助"。受助对象主要是特困职工；患重大疾病、伤残、遭受意外灾害的职工；因子女就学造成生活特别困难的职工；下岗失业人员等。要求形成各部门参与、上下齐心、工作协调、活动规范的帮扶合力和上下联动、左右互动的运作方式。按照省总提出的工作新思路，紧密结合各自实际，因地制宜、创造性地开展活动。快捷知情、快捷反应、快捷帮扶，真正把好事办实、实事办好。7 月 17 日，南昌市总和江西广济医院共同搭建的全国首家困难职工医疗帮扶定点医院挂牌，南昌市委副书记史蓉蓉，李慈葆共同为帮扶定点医院揭牌。医院对持卡就诊的特困职工一律实行"两免四优"，即免挂号费、病历工本费；各种检查优惠 20%、治疗费优惠 50%、对医疗限价治疗项目再优惠 5%。凡非限价治疗者出院时按费用总额的 10% 优惠：凡入住医疗帮扶病房的持卡人每日收取 1 元钱的床位费，凡住院治疗费用超过 2000 元以上的困难职工，实行"按揭"。就诊卡已发南昌市 3000 名困难职工。至 2005 年 7 月，全省各级工会与政府卫生部门和医疗机构大力协作，为困难职工建立多层次的医疗帮扶平台，构建了社会化、制度化的医疗保障体系。全省大部分设区市困难职工帮扶中心为困难职工实行医疗优惠卡（优惠证）47000 多张（本）。11 月 10 日，抚州市总为首批 16 家"工会会员优惠定点单位"

授牌,这16家单位对全市工会会员特困职工和劳模实行60项费用减免、价格打折的优惠。是年全省工会建立困难职工帮扶中心60个,帮扶困难职工51933人次。年底,全省共建立146个困难职工帮扶中心和进城务工人员维权站,积极开展帮扶工作,初步形成横向到边,纵向到底的帮扶工作体系,累计帮扶困难职工55870人次,帮扶款物838万元,有力地解决或缓解困难职工的实际困难。

2005年9月,宜春市总举办“特困职工就医优惠定点单位”授牌暨“特困职工医疗优惠证”发放仪式。经市总工会特困职工帮扶中心与市人民医院、市第五人民医院、市120紧急救援中心、宜春华生医院、宜春九九红医药有限公司共同协商,达成一致协议,同意从10月1日起凡持有“优惠证”的特困职工可在上述医院、急救中心、医药公司享受免交普通门诊挂号费、注射手续费、换药手续费以及免交空调费、消毒费、担架费和其他项目优惠10%~50%的待遇,让特困职工就医购药也可享受“打折”。是年,全省各地困难职工帮扶中心累计帮扶困难职工92148人次,其中生活救助35460人次,医疗帮助7968人次,资助困难职工子女上学13789人次,法律援助4789人次,政策咨询5683人次,其他帮扶4613人次。累计发放帮扶款1268万元。全省共收到困难职工求助热线电话670个,为求助的398名困难职工发放救助款12.37万元。全省有46186名各级领导干部联系困难职工家庭35645户。

2006年5月16日,上海市总为增进与江西省工会之间的友好交流与合作,向江西省总捐赠别克公务车壹辆。捐赠别克公务车仪式在南昌举行,张海如、文之周、李慈葆、王运昌,上海市总工会党组成员、秘书长徐季平,上海汽车工业(集团)总公司纪委书记、工会主席吴诗出席,徐季平、吴诗仲、文之周分别讲话。10—11月,省总领导带队组成9个调研组并会同各设区市总调研组对全省1000名下岗职工和1000名低保职工的就业再就业、生产生活状况进行调研(即“双千”调研)。12月,形成《关于我省下岗失业职工和享受低保职工“双千”调研的情况报告》,报告省委、省政府。报告分4个方面汇报调研情况,在下岗职工、低保职工的生活质量状况方面指出:家庭收入偏低,户均就业人口少;就医就学费用太高,家庭债务沉重;住房条件差,许多困难户居无定所;精神心理压力大,疾病发生率较高,下岗职工、低保职工的生活状况不容乐观。报告指出再就业质量偏低、再就业优惠政策落实惠及面小、社保欠缴问题突出、低保标准偏低,难以满足基本生活需求、应保尽保难以到位,家庭收入核算不规范是下岗职工再就业、社保、低保存在的主要问题,其原因:就业率低、重大疾病、子女读书,是导致下岗职工生活贫困的三大直接原因;年龄大、文化低、技能缺、无资金、身体差,是导致再就业困难的直接原因;借钱交社保金,成为当前下岗职工和低保职工生活返贫的又一原因;劳动保障所免费职业介绍或招聘会上成功率很低;就业优惠政策的作用没有得到充分发挥,有的政策对年龄偏大的下岗职工缺乏针对性;再就业政策宣传力度不够,有关信息掌握还不够丰富及时。并提出6条建议:增加就业岗位,提高下岗职工的就业率。增强再就业稳定性,提高就业质量。充分落实各项优惠政策,同时更多地考虑4050人员的实际,使政策能够更多地惠及到这部分人。完善就业服务体系,提高就业服务水平。提高特困群体救助标准,加大救助力度。充分发挥工会的作用,加大政府对工会帮扶中心的财政支持。“双千”调研报告得到省委、省政府的好评。是年,全省各级帮扶中心累计帮扶困难职工231615人次,累计发放帮扶款物1667万元。是年,南昌市总在全国率先创办首家农民工定点医院,向农民工发放医疗优惠卡2万余张,并为他们提供减免医疗费、检查费和药费等优惠。南昌铁路局工会认真落实“不让一名职工家庭生活在贫困线以下，不让一名职工子女上不起学，不让一名职工看不起病”的“三不让”承诺。每年，由路局行政拨付年度职工工资总额的1%，工会拨经费的25%，职工个人自愿缴纳60～100元，构成落实“三不让”承诺专项资金，对重困、特困职工每年每户给予1600～3600元定额生活补助；对在校就读的特、重困职工子女，根据学校不同，每年给予600～4000元助学补助，当年考取全国重点大学本科的学生，入学当年给予5000元补助；对身患恶性肿瘤、重症肝炎等25种重大疾病的职工，在医保支付范围内的医药费应由个人支付部分，给予80%的补助。是年，路局行政累计拨付2863.838万元，工会累计拨付1420.3887万元，职工个人累计缴纳508.318万元，共同组成落实“三不让”承诺专项资金，先后为1500多名困难职工提供定期生活补助和困难补助1234.83万元；资助特困职工子女就学817人次，139.28万元；为223名患大病职工提供医疗借款、助医补助和减免医药费427.28万元；共帮助困难职工解决实际问题1576件，先后帮助602名困难职工脱贫解困。

2007年3月1日，省总党组会议研究决定，分批给每个设区市总工会赠送1辆“维权帮扶”公务车；分批给每个县市区总工会赠送1辆“维权帮扶”普通型桑塔纳轿车(2006年已接受上海市总捐赠的5个县总工会除外)。投入资金1000万元，费用从省职工保险互助会盈利中列支。4月，张海如在全省工会帮扶工作现场会上代表省总将1辆本田“工会帮扶”公务车和18辆“工会帮扶”桑塔纳轿车，分别赠送给赣州市总和18个县(市、区)总。至此，全省11个设区市和99个县级工会各赠送1辆维权帮扶公用车陆续到位。4月4日，省总在赣州召开工会领导班子建设和维权帮扶现场会。省市、省总领导参加会议。各设区市总工会副厅级工会主席、市总工会常务副主席、组织部部长、保障工作部部长和省总机关有关部门负责人及赣州市各县(区)工会主席出席会议。会议总结了全省工会组织以非公有制企业和重组改制企业为重点领域，以困难职工群体、下岗失业人员和农民工为重点对象，紧紧抓住职工群众最关心、最直接、最现实的效益问题，努力为职工群众做好事、办实事、解难事，在维权方面，加大了源头参与力度，参与制定和修改了30多部地方性法律法规，全省11个设区市总工会全部建立职工法律援助中心。在帮扶方面全省工会连续多年开展“连心联动，温暖七助”活动。全省共建立困难职工帮扶中心148个，建立送温暖工程基金(资金)总额达1.28亿元。全省发放助学款1029余万元，资助困难职工和困难农民工子女12159人。全省各地困难职工帮扶中心累计帮扶困难职工253259人次，发放帮扶款2689万元。会议总结交流了全省县级工会主席高配和工会帮扶工作经验。南昌市总和赣州市总作典型发言。张海如就加强全省工会领导班子建设和工会帮扶工作讲话。11月，省总在赣西三地召开帮扶工作经验交流流动现场会，对全省帮扶工作发展作出重大部署，提出帮扶工作的十六字方针，即：“打造平台、增强实力、建章立制、规范管理”，在档案建设等基础性建设方面作出明确规定和要求。是年，洪都航空工业集团公司工会牵头筹措并设立帮扶救助基金(并制定基金章程和办法)，募集启动资金1153.22万元，对因天灾人祸、意外伤害、患重大疾病造成家庭特别困难的在职及离退休职工进行救助。年初，赣州市总根据市委《和谐帮扶三年行动计划》，把原有零散的帮扶项目整合在一起，形成生活救助、意外救助、助学圆梦、医疗救助和义诊、就业指导、农民工“一卡通”服务、送温暖等10个帮扶项目；把帮扶对象扩大到纳入最低生活保障范围的职工、生活困难的劳模、农民工等6类人员；制定“一揽子筹资，一体化运作,一站式服务,一步法到位”的新运行机制。2007—2009 年 3 年,赣州市共筹集帮扶资金 5100 万元。其中,市总每年从工会经费中划出 8% 用于困难职工帮扶。为 31153 名困难职工建立健全困难职工档案。

2008 年 1 月中旬,江西出现雨雪冰冻严重的灾情,各级工会组织职工全力以赴抗寒救灾,全省工会干部和职工共捐款 4143 万元。全省各级工会带领职工对机场、高速公路和铁路滞留人员紧急提供矿泉水 1.5 万箱、方便面 5794 箱,饼干 762 箱、感冒药 816 盒、馒头包子 6100 份。省总与省建设厅、省发展和改革委和省内贸办等部门协同配合,全力保障居民的供电、供水、供气,以及食品供应。对重灾区要求做到“三不一转移”,即不冻死人、不饿死人、不因房屋倒塌死人,对危险地区及时转移群众。是年元旦春节期间,全省工会组织对困难职工和困难农民工广泛开展一次帮扶救助活动,实现走访慰问全覆盖。省总开展职工大病救助行动和提前启动送温暖行动,对患有重大、特大疾病的职工进行一次救助慰问活动,对困难职工特别是受金融危机影响出现暂时困难的下岗失业人员和返乡农民工进行送温暖。各地困难职工帮扶中心加强值班,全天 24 小时开通职工热线电话,准备帮扶资金和生活物品,做到困难职工随时求助、工会即时帮扶;对农民工进行“大帮扶”。全省帮扶中心工作电子化管理初步到位,困难职工电子档案已录入 22 万户并实行动态管理。全省 11 个设区市和 99 个县区帮扶中心资金筹集帮扶资金 1.4 亿元,省级筹集资金比上年增长 78%,户均帮扶水平提高到 500 元。3 月 28 日,省总转发《中华全国总工会关于表彰全国工会帮扶工作先进集体、先进个人的决定》,侯远嫂、吴培、周永强获全国工会帮扶工作先进个人称号,南昌市困难职工帮扶中心、萍乡市困难职工帮扶中心、赣州市总工会困难职工帮扶中心、宜春市万载县总工会职工帮扶中心获全国工会帮扶中心工作先进集体称号。

2008 年 11 月 28 日,省总下发《关于应对当前经济形势开展“心手相连、帮扶济困、共克时艰”活动的紧急通知》指出:在 2009 年元旦春节即将来临之际,省总决定在全省范围内开展应对当前经济形势“心手相连、帮扶济困、共克时艰”的活动。活动内容:深入企业和基层,开展“大调研”活动;关爱就业困难人员,开展“大培训”活动;关爱特殊困难人员,开展“大救助”活动;关爱农民工,开展“大帮扶”工作。至 5 月底,全省已建立县级工会帮扶中心 99 个,其中:建立帮扶中心专项资金 77 个,列入财政预算的专项帮扶资金 547 万元;获得地方财政拨款合计 20 万元且已纳入各级财政预算的有 6 个;帮扶中心资金列入工会经费的有 72 个,共列入预算 352 万元。宜春市总注重建立帮扶机制,全市 10 个县市区困难职工帮扶中心通过考核验收,乡镇(街道)、村(社区)基层工作建立帮扶站、帮扶办,形成四级帮扶网络,从事帮扶工作的专兼职人员达 120 余人。

2009 年初,省政府在安排帮扶专项资金、送温暖资金和劳模春节慰问金 1400 万元的同时,新增省劳模困难帮扶专项资金 500 万元,这是江西首次向省劳模发放困难帮扶专项资金。2 月 25 日,省总下发《关于进一步做好困难职工档案管理和 2008 年度中央财政专项资金实名制上报工作的通知》。4 月 28 日,南昌市总开通“志红”职工节日困难应急援助热线,这是全国首部以全国劳模(熊志红)命名的“职工节日困难应急援助热线”,号码为 2196603。热线的援助对象为:节日期间突发大病(癌症、白血病、脑梗塞偏瘫、严重肾病、精神病等疾病)和节日期间遭遇天灾人祸(火灾、水灾、雪灾等突发性灾害)的职工和农民工。热线的援助标准为:特别困难职工最高限额一次性 500 ~

800 元;困难者最高限额一次性 300 ~ 500 元;遭遇天灾人祸视情况最高限额一次性 500 ~ 1000 元(也可救助部分生活必需品)。7 月 15 日,省总下发《江西省总工会应对金融危机,服务职工十大措施实施意见》,筹措资金 3.4 亿元,出台服务职工的十大举措。大力推进劳务派遣单位、行政村(社区)组建工会和吸收会员;为困难职工免费(或成本计算)体检和优惠医疗、购药;筹资建立探视、帮扶和法律援助工伤职工制度;筹资选聘 300 名工会工作协理员;筹资为全省 41 万困难职工每人送一份团体意外保险;筹资为全省 41 万困难职工提高帮扶标准;筹资帮助 1.1 万职工参加技术工人培训、3 万农民工就业前培训服务;为 10 万农民工提供就业介绍、招聘、创业指导等服务;筹资为农民工开设夜校,创办职工书屋;筹资 100 万元帮扶省属、省属下放国企改制中的特困职工,维护职工队伍稳定和社会稳定。7 月 21 日,省总下发《关于进一步规范建立困难职工电子档案和加强帮扶工作管理的通知》,对全总帮扶软件的作用和功能作介绍,对建档工作中注意的问题作规范,对建档工作提出任务和要求。是年,全省工会使用该系统软件达 900 多个用户,为 23.4 万户困难职工家庭建立电子档案,系统日最高访问量达 4 万多次。12 月 29 日,省总主席办公会强调:困难职工帮扶是工会的基本职能,帮扶工作是全省工会当前和今后相当长一个阶段中极其重要的工作,全省各级工会要本着科学发展观以人为本的原则,加大力度做好帮扶工作,力争筹到更多的帮扶资金,力争每一个困难职工得到更多的温暖和关心。会议要求省、市、县、企业、产业工会都要加大帮扶资金筹措力度,处理好“天下”和“脚下”的关系,力争更多的帮扶经费直接到达企业、直接到达职工,尤其是到达困难企业、困难职工中去;处理好专项经费和普惠经费的关系,加大普惠力度;处理好帮扶工作经费和帮扶困难职工经费的关系,争取更多的钱给困难职工。12 月底,省总下发《关于对 507 户国有改制企业拨发一次性大病救助专项资金的通知》,对省列入国资委 507 家改制的国有工业企业中的患有重大疾病的困难职工 7533 人进行大病救助。省总下拨专项帮扶资金 592.32 万元,其中:省政府大病救助专项资金 292.32 万元、全总主席王兆国来江西考察专项帮扶资金 300 万元。省总要求各设区市的资金发放标准不得低于 800 元/人,不足部分由各设区市自筹资金补足。是年,全省 41 万困难职工全部建立档案。当年,全省筹集资金 3.4 亿元,比上年增长 142%,救助困难职工 41 万之多,帮扶标准由人均 400 元提高到 700 元。

2010 年 2 月 2 日,省总下发《关于做好 2010 年困难省劳模情况调查摸底工作的通知》,明确困难省劳模的界定:困难在职省劳模。指 2009 年 12 月 31 日前,未办理退休(或内退、退养)手续,年收入低于所在设区市 2008 年在岗职工平均工资的省劳模。困难退休省劳模。指 2009 年 12 月 31 日前,办理退休(或内退、退养)手续,年收入低于所在设区市 2008 年行政事业单位离退休费或企业单位养老金平均水平的省劳模。困难农民省劳模。指 2009 年 12 月 31 日前,男年满 60 岁、女年满 55 岁且无固定收入的农民省劳模。2 月 23 日,省总下发《关于做好全省工会职工服务中心触摸查询系统建设工作的通知》。系统由省总统一研制开发、安装调试和维护指导。触摸查询系统分为办事指南、服务信息、政策法规、帮扶申报等 16 项,每项都包含办事流程图、办事说明、填表说明等,职工只要在触摸屏上轻轻一点,各类信息一目了然,及时为职工提供快捷、规范、智能化的服务。4 月,省总出资为各设区市、县市区总工会配置的触摸查询一体机安装完成。江西工会职工服务中心触摸查询系统正式启用。江西工会职工服务查询系统九江于 3 月 11 日率先启用。上半年起,全省

11 个设区市总工会、99 个县市区总工会困难职工帮扶中心全面走上正常运行轨道。7 月 7 日,省总下发《关于进一步做好灾后困难职工帮扶工作的通知》,强调将受灾困难职工纳入工会帮扶救助对象和范围,协助配合当地有关部门做好对受灾困难群众后续救助和灾后重建工作,妥善安排好 2010 年度下半年工会帮扶工作,广开渠道、筹措资金,不断增强工会帮扶困难职工的实力。7 月,省总主席办公会要求改制在帮扶专项资金要全部用于 7 个系统改制企业职工的困难帮扶,200 万元资金要及时发放到位,做到专款专用。7 月 16 日,省总召开全省工会保障工作会议,会议总结了过去三年来全省工会保障工作的发展情况,并部署当前和今后一段时期的工会保障工作。各设区市总工会分管副主席、保障部长,省产业(局、系统)工会保障部长参加本次会议。姚亚平在会上强调,要进一步做好劳动保障和帮扶工作。12 月 6 日,省总办公室下发《关于进一步完善全省工会帮扶中心触摸屏查询系统内容的通知》。12 月 23 日,姚亚平等陪同全总副主席、书记处第一书记王玉普一行视察南昌市总困难职工帮扶中心。12 月 31 日,省总下发《关于开展"十万工会干部下基层,帮扶济困促和谐"活动的通知》。

2010 年省政府在安排帮扶专项资金、送温暖资金和劳模春节慰问金的同时,继续安排省劳模困难帮扶专项资金 500 万元。全省各级工会筹措帮扶资金总额达到 4.2 亿元,比上年增长 25%,帮扶标准达到人均千元。元旦春节送温暖活动期间,各级工会就筹集资金 1.27 亿元,慰问特困职工、困难劳模、下岗失业人员等困难群体职工家庭 20 多万户。在 2010 年的抗洪抢险中,省总在第一时间内将 172 万元救助资金送达困难职工手中。至 2010 年,全省建立市县帮扶中心 110 个,县级以下基层帮扶工作站 1256 个。形成省、市、县(市、区)、街道(乡镇)和社区五级帮扶工作网络。帮扶工作实现"四个转变":由局部帮扶向全域覆盖转变;由单一生活救助向综合性帮扶转变;由节假日送温暖向日常帮扶转变;由"输血"型帮扶向"造血"型帮扶转变。全省工会组织开展一系列有特色的项目帮扶:开展国有改制企业职工大病救助。2009—2010 年共对全省国有工业企业、非工口七个系统改制企业 14415 名大病职工给予 1153.2 万元医疗救助。开展灾区困难职工专项帮扶。省总下拨 230 万专项救灾款,并在抚州安排 60 万元对 200 名考入大学的受灾困难职工子女给予每人 3000 元的助学补助。开展"千万农民工援助行动"。全省工会开展"千万农民工援助行动",共投入资金 2529.71 万元,培训农民工 39418 人,介绍 42726 名农民工实现就业,并对农民工进行生活帮扶和维权服务 100604 人次。开展"技能培训促就业活动"。全省工会开展"技能培训促就业活动",是年全省各级工会共筹集资金 1303.4 万元,对 43590 人开展职业技能培训,其中培训农民工 23377 人,介绍 91171 人实现就业。困难职工开展"送互助保险"活动。在 2009 年全省各级工会与互助保障会出资 366.8 万元,为困难职工、改制企业职工 215847 人免费提供人身意外保障和重大疾病保障。10 万余名工会干部深入基层、深入企业、深入职工,对活动要求覆盖的地区、用人单位、人员进行一次"全覆盖,不遗漏"地走访,并做好以下四项具体工作:密切关注和协助做好职工工资收入和支付工作;加强对企业安全生产的监督检查和工会"凡伤必探"工作;做好元旦春节期间农民工维权和帮扶工作;强化工会维权和帮扶热线作用,畅通职工和农民工利益诉求渠道。2010 年,全省各级工会通过自筹资金、政府拨款、职工互助、社会各界捐助等多种形式,筹措帮扶总资金达 4.2 亿元,同比增长 25%,第一次实现了困难职工标准达到人均千元的目标。2010 年,省总本级共筹措帮扶资金 4604.66 万元,也首次突破 4000 万元。坚持依档帮扶的原则,坚持先建档、后帮扶、实名制登记的程序。在支付上,江西省做到“三个直接”:直接送达基层、直接送达企业、直接送达职工。根据省总安排,着力建设服务广大职工、服务广大会员的综合性工作平台——“职工服务中心”。拟投入建设资金 500 万元,用 3 年(2010—2012 年)的时间,将市县两级帮扶中心全面升级为职工服务中心。通过升级打造,将整合工会内部资源实现帮扶平台共建共享,将帮扶中心建设成工会的综合性服务平台和帮扶救助与维权服务并重的职工服务平台,将全会服务职工的职能向前推移,为职工提供“一站式”“窗口式”服务。

金秋助学

1996 年 8 月 24 日,吴官正写信给刘金标,请工会组织和当地领导帮助解决一些生活困难职工子女考上大学后的学习费用问题。8 月 25 日,省总下发通知,向各级工会组织提出具体要求:要立即深入到所属基层单位,了解摸底,掌握特困职工子女考上大学的情况。要采取措施,做好工作,解决好特困职工子女上大学的费用问题。动员所在企事业单位给予帮助,必要时请教委、财政部门给予支持。工会也应筹集一些资金,给予力所能及的帮助。将此精神向同级党委、政府汇报。在省委领导的倡导下,全省各地掀起帮困助学活动的热潮。9 月 2 日,省总女职委下发《关于倡导开展“爱心工程”扶贫助学活动的通知》,明确扶助的金额、扶助经费专款专用。扶贫助学单位每学年开学前向受助单位工会女职委拨付受助学生的扶助费用,由受助学生家长单位工会女职委保证在开学前转送给受助的学生。9 月 27 日,省总女职委在南昌举行“爱心工程”捐助仪式,省总拨出专款 2 万元,扶助特困大学生 20 名;省教育工会、省电力工会、省金融工会、省冶金工会、省交通工会、省国防工会、南昌铁路局工会、铁路医院工会、省地质工会、省水利厅机关工会、省建筑二公司工会和省建二公司四处工会等 12 家单位捐款 6.8 万元,扶助特困学生 44 名。南昌、上饶、吉安以及全省各地采取不同的形式和方法来解决特困职工子女上大学的费用问题,许多地市县党政领导带头捐款,并一户一户上门送去补助金。

1998 年 8 月 28 日,省总下发《关于帮助做好特困职工子女入学工作的通知》后,各级工会加大工作力度,帮助特困职工子女入学,努力为职工排忧解难。对下岗职工、遭灾职工、残疾职工、停减发工资和离退休费的职工和离退休人员的子女入学的情况进行调查摸底,对于确实交不起学费子女入学升学有困难的特困职工,各级工会协同企业和政府研究解决问题的措施和办法,不让一个特困职工子女因交不出学费而影响入学升学。主动同教育部门与有关学校联系,推动省委、省政府和地方党政有关特困职工子女就学的优惠政策落到实处。对生活困难的职工子女在省内就学,应减收学杂费;对家庭人均月收入低于城市居民最低生活保障线的,应全免学杂费。对于政府和企业采取措施以后,考取中专和大学的特困职工子女,升学仍有困难的,各级工会发挥送温暖基金的作用,设法筹集资金予以帮助。

2000 年 7 月 25 日,省总下发《关于继续做好帮助特困职工子女入学升学工作的通知》。补助对象为下岗职工、受灾职工、残疾职工、停减发工资和离退休费的职工和离退休人员确实交不起学费影响其子女入学就读的特困职工,省总从送温暖基金中拨出5万元对部分省产业和在南昌省总直属基层50名是年考取大专以上院校的特困职工子女进行帮扶助学,每人补助1000元。要求有关省产业(局)工会,在南昌省总直属基层工会调查摸底。8月3日,省总下发《关于对部分考取大专以上院校的特困职工子女升学进行补助的通知》,明确补助对象为因患重病、家庭遭遇意外灾害、工伤致残而丧失劳动能力或有其他特殊困难造成家庭人均生活费收入低于当地城镇居民最低保障标准的,本年考取大专以上院校的特困职工子女。8月14日,省总保障部下发《关于开展"志高扶贫助学"活动的通知》。由江西清华空调城有限公司出资"22000元于8月底在全省对今年考取省内大专以上院校的22名特困职工子女进行扶贫助学"。《通知》规定受助对象、助学金发放办法、扶贫助学名额分配。助学金为1000元/人(现金)。8月26日,省委副书记步正发、副省长王君在程受锭、文之周的陪同下,来到江西洪都航空集团公司、江西耐火材料厂部分特困职工家庭,走访慰问本年考取大学的职工子女,并向他们送去1000元助学金。全省各级工会认真做好调查摸底工作,如实、及时向企业和当地政府反映,提出意见和建议,研究解决的措施和办法,不让一名特困职工子女因交不起学费而影响入学升学。各级工会主动同教育部门及有关学校联系,促使省政府及各地政府有关特困职工子女就学的优惠政策落到实处。

2001年8月6日,省总下发《关于做好对特困职工子女帮扶助学工作的通知》,强调工会组织督促做好优惠政策落实工作。落实省委、省政府规定,对生活困难的下岗职工子女就学,应减收学杂费;对家庭人均月收入低于城市居民最低生活保障线的,应全免学杂费的精神。在政府和企业采取措施以后,少量考取大专以上院校的特困职工子女升学仍有突出困难,各级工会要设法给予帮助。9月1日,全省各级工会对1000名考取大专以上院校的特困职工子女进行帮扶助学。省总从省送温暖基金中拨出10万元,重点补助了全省100名考取大专以上的特困职工子女。

2002年8月2日,省总保障部下发《关于继续做好帮助特困职工子女入学升学工作的通知》,对全省100名是年考取大专院校的特困职工子女扶助进行安排。8月30日,省市有关领导走访慰问南昌市部分子女考上大学的困难职工家庭。是年,全省各级工会深入开展情系特困职工扶贫助学活动,共筹集扶贫助学款102.3万元,资助1734名特困职工子女上学。

2003年7月17日,省总下发《关于做好对特困职工子女帮扶助学工作的通知》,要求全省各级工会要对1000名考取大专上院校的特困职工子女进行帮扶助学。省总安排10万元对本年考取大专以上院校的特困职工子女进行帮扶助学。9月3日,全省各级工会组织为特困职工子女升学入学伸出援助之手。是年的补助对象:因患重病,家庭遭遇意外灾害,工伤致残而丧失劳动能力或者因特殊困难造成人均月收入低于当地城市最低生活保障标准,考取大专以上院校的特困职工子女。为使资金快速到位,省总简化手续,将核实把关权下放到各设区市总工会和各产业工会,保证不让一个考取大学的困难职工子女因交不起学费而辍学。

2004年8月6日,省总下发《关于做好对特困职工子女帮扶助学工作的通知》,省总安排15万元对150名本年考取大专院校的特困职工子女开展入学资助活动。全省工会组织筹集助学款191.33万元,资助1910名特困职工子女圆大学梦。自1998年至是年,全省各级工会共筹措助学资金629万元,资助7344名特困职工子女上大学。9月1日,省总在职人员向新建县长埈镇礼步小学

30 名特困职工子女捐款 1 万元，以帮助解决学习费用。翌年 9 月 1 日，省总机关再次为这 30 名学生送上助学金 1 万元，继续帮助解决一年学习费用。

2005 年 8 月 4 日，省总下发《关于开展 2005 年金秋助学活动的通知》，要求创新帮扶思路，在活动内容上可以采取“政策助学、资金助学、实物助学、勤工助学、精神助学”等，还可以采取“一帮一”“一帮多”等结对帮扶的方式，积极拓宽资助者范围，组织开展“党员帮扶、劳模帮扶、名人帮扶、能人帮扶、职工帮扶”等多种形式的助学活动，努力营造“工会搭台、众家登场、各尽所能、同助学子”的社会氛围。积极争取地方政府在政策和资金上对助学活动的支持；可以组织机关、企事业单位和个人开展为困难职工子女捐款活动；还可以以企业或个人冠名捐资的方式设立助学基金，或授予“爱心助学”企业和个人等名称；各级工会还加大资金投入，从送温暖资金或工会经费中拿出一部分用于开展助学活动。省总从本级送温暖资金中，拨出助学专款 20 万元，在全省资助 150 名困难职工子女上大学，每人补助 1000 元；资助 150 名困难职工子女在校中小学生，每人补助不少于 300 元。9 月上旬，江西“助学工程”资助仪式在南昌举行，实施对全省 180 名贫困家庭学生的资助项目。其中，有 80 名学生有幸成为江西 2005 年“西部开发助学工程”受助大学生，另外 100 名学生成为江西 2005 年高中“宏志班”受助学生。江西“助学工程”从 2002 年开始启动，至 2005 年，先后资助 240 名品学兼优的省特困本科生和 300 名高中生。2005 年继续依照受助大学生的综合表现，分等级减免学费。被受助大学生第一学年按有关规定，由所在高校免收全部学费；从第二学年起，每学年由高校根据受助大学生上一学年的综合测评成绩，决定本学年学费是否全免、部分减免或不予减免。

2005 年助学活动共筹集资金 786 万元：其中各级党政资助 181 万元，企业赞助 200 万元，各级工会投入 311.5 万元，其他方面筹集 87.5 万元。共发放助学款 659.6 万元；其中义务教育阶段 208 万元，高中和中等职业教育阶段 126 万元，大专以上 325.6 万元。共资助困难职工子女人数 11965 人；其中义务教育阶段 8316 人，高中和中等职业教育阶段 1054 人，大专以上 2595 人。助学活动中单位或个人与困难职工子女结对帮扶数 1237 对；通过工会帮助落实了减免学杂费政策的困难职工子女 7486 人；通过工会帮助申请到助学贷款的困难职工子女 280 人；通过工会帮助得到捐赠书籍和学习用具的困难职工子女 937 人；通过工会帮助得到义务家教的困难职工子女 169 人。

2006 年 8 月 2 日，省总下发《关于开展 2006 年度金秋助学活动的通知》，省总从本级送温暖资金中，拨出助学专款 20 万元，在全省帮扶资助 150 名困难职工和困难农民工子女上大学，每人补助 1000 元；帮扶资助 150 名困难职工和困难农民工子女上中小学，每人补助不少于 300 元。8 月 18 日，在南昌和 10 个设区市同时举行 2006 年金秋助学启动仪式。在省总举办的启动仪式主会场上，张海如代表省总向 100 名困难职工和困难农民工子女（其中 50 名困难大学生、50 名困难中小学生）现场发放了助学金，他还当场和 1 名困难职工子女结成帮扶对子。全省各级工会筹集和发放助学金 832 万元，资助困难职工和农民工子女 15841 人。1996 至 2006 年省总开展帮扶助学活动 10 年，全省各级工会约募集 2800 余万元资金、资助 11 万余名困难职工子女上学，协助和推动了各级党委、政府解决困难职工群众子女上学的困难问题。

2007 年 7 月 2 日，省总下发《关于开展 2007 年金秋助学活动的实施方案》，要求各地工会要努力多方筹措助学帮扶资金,尽最大可能资助困难职工和困难农民工子女入学。各级工会组织要认真组织安排好今年的"金秋助学"活动,加大工作力度,确保今年活动中筹集的助学资金和资助的人数均不少于去年。8月21日,在南昌和全省各设区市总工会同时举行金秋助学启动仪式。在省主会场,省总和南昌市总按照每人3000元的标准资助100名考入大学的困难职工和困难农民工子女;按照每人1000元的标准资助100名就读中学的困难职工和困难农民工子女;共发放40万元。是年,全省各级工会发放助学贷款1029余万元,资助困难职工和困难农民工子女12159人。

2008年7月30日,省总下发《关于开展2008年江西工会金秋助学活动暨助学帮扶爱心行动的通知》,明确本年工会助学的主要对象是国家助学体系暂时没有覆盖,或者已经覆盖到但需要进一步救助的困难职工和农民工上学子女。8月24日,全省各级工会启动2008年工会金秋助学活动。省总和南昌市总按照每人3000元的标准资助100名考入大学的困难职工和困难农民工子女;按照每人1000元的标准资助100名就读高中的困难职工和困难农民工子女;共发放40万元资助困难职工和困难农民工子女就学。各级工会筹资2078万元,共资助20906名困难职工子女上大学,比上年增长105%。

2009年6月1日,省总下发《关于转发〈关于开展"困难职工家庭高校毕业生阳光就业行动"的通知及若干实施意见〉的通知》。7月31日,省总下发《关于开展2009年金秋助学活动的通知》,明确帮扶对象为经过政府救助后生活仍然困难的低保户职工子女,家庭人均收入略高于当地最低生活保障线但存在家庭成员患大病、残疾等特殊困难的低保边缘户职工子女,因意外灾害、地震等重大自然灾害引发困难的意外致困户职工子女,就业困难的困难职工家庭高校毕业生,在城市上学的困难农民工子女,列入"国企改革"工作范畴的企业困难职工子女。8月21日,省总和南昌市总在南昌举行"2009江西工会'金秋助学'资金发放仪式",姚亚平在会上指出,助学活动的意义不仅在于发放一点助学金,还在于营造一种关注民生、关注群众的社会氛围;塑造一种不怕困难,战胜困难,不怕贫穷,消除贫穷的社会精神;形成全社会团结一心,互帮互助的社会机制和精神导向。省市领导向200名困难职工和困难农民工子女发放了助学金。同时,其他10个设区市也开展了金秋助学活动。是年助学活动共筹集资金2623.9815万元;其中:各级党委政府资助1186.0735万元;社会捐助373.838万元;各级工会投入870.7万元;其他方面筹集211.4万元。共发放助学款2588.0015万元;其中:小学和初中阶段116万元;高中和中等职业教育阶段281.038万元;大专以上2190.9735万元。共资助困难职工和困难农民工子女15792人;其中:小学和初中阶段2521人;高中和中等职业教育阶段2940人;大专以上10331人。资助困难农民工子女4639人,发放助学款717.09万元;其中:小学和初中阶段544人,发放助学款29.51万元;高中和中等职业教育阶段815人,发放助学款93.25万元;大专以上3278人,发放助学款594.33万元。各地工会共向困难职工家庭高校毕生提供就业服务25762人,其中:提供见习、实习岗位2698个;提供就业技能培训4154人;提供创业培训1690人,发放小额贷款640万元;提供就业信息34942条;举办招聘会5238人;向2487人发放求职补贴合计47.18万元;帮助实现就业5632人。2007至2009年赣州市以工会经费资助近5000名困难职工子女上大学。

2010年5月4日,省总下发《关于开展2010年金秋助学活动的通知》。明确对全省7个行业改制企业的困难职工子女和遭受水灾的困难职工子女给予重点政策倾斜。7 月 21 日,省总办公室下发《关于开展 2010 年“困难职工家庭高校毕业生阳光就业行动”的通知》。抚州市遭遇了百年一遇、历史罕见的特大洪涝灾害,造成了 10 万户家庭、252 万群众受灾,引发困难职工、农民工骤增。省总根据抗洪救灾形势,决定将 2010 年金秋助学活动主会场安排在洪灾最严重的抚州市,提振灾区克难的信心。8 月 20 日在全省 11 个设区市同时举行“金秋助学”活动受助仪式。省总从送温暖机动资金中拨出 50 万元助学资金,其中拨付主会场活动经费 2 万元,拨付有关省产业工会 30 万元。是年工会金秋助学活动,筹集并发放金秋助学资金 3459 万余元,资助困难职工和农民工子女达到 21519 人,对全省 7 个行业改制企业的困难职工子女和遭受水灾的困难职工子女给予重点政策性倾斜。

资金筹措

1994—2010 年,在中央、省、市、县政府以及企事业行政、各级工会组织和社会、个人的关心支持下,形成多层次、多形式、多渠道全省送温暖和帮扶困难职工资金的筹措渠道。

中央财政拨款渠道 2003 年起,中央财政对江西帮扶实施拨款。2006 年,中央财政设立“困难职工帮扶中心专项资金”,2006 年中央财政资金 305 万元,2010 年达 2021 万元,增长近 6 倍。

2009 年 12 月,王兆国来江西考察,代表全总给予江西专项帮扶资金 300 万元。

2010 年 7 月 5 日,省总以《关于请求给予受灾困难职工帮扶资金补助的报告》,报送全总保障部“请全总帮助解决困难职工帮扶资金 100 万元为感,灾区职工将努力战胜灾害,早日恢复生产。”7 月 22 日,中央下达江西省的专项帮扶救助资金由 2008 年的 1610 万元提高到 2009 年的 1990 万元,2010 年的 2021 万元。

地方政府建立送温暖和帮扶困难职工资金渠道 1994—2010 年 17 年间,省总坚持积极争取地方党政组织和社会各界的重视与支持,多层次、多形式、多渠道地筹集帮困资金。全省地方工会组织通过不断努力,逐步形成了省、市、县三级政府拨付送温暖和帮扶困难职工资金渠道。

1994 年,省政府规定“省、地、市、县各级财政都要挤出一些钱拨给工会用于困难职工的补贴”。3 月 10 日,省总以《关于设立职工解困救急基金会的报告》,上报省委、省政府:“设立‘职工解困救急基金会’,多方筹集资金,帮助特困职工家庭逐步解困脱贫”。10 月 5 日,省总以《关于建立“送温暖基金委员会”的报告》,上报省委、省政府:“要求在省、地、市、县一级设立“送温暖基金委员会”,产业和企业也要逐步建立。通过多方筹集资金,对部分停产、半停产、严重亏损的企业因停减发工资和退休费而造成的部分职工家庭生活困难给予帮助。”基金的筹集“政府从财政上拨出一定专款;经济效益好的企事业单位(含国有、集体、乡镇、私营、三资企事业)给予一定资助;企事业单位从职工福利基金中适当划拨;劳动部门从失业保险基金中适当拨款;工会从节余经费中适当拨款;职工群众捐款;社会各界捐款;其他收入。”11 月 30 日,副省长舒圣佑受省长吴官正委托召开省长办公会议,专题研究帮助解决城乡部分困难职工群众的生活问题。会议要求在元旦春节期间,由省政府、省总筹集专项资金用于送温暖活动。从 1995 年开始,用 3 年时间筹集送温暖基金 2000 万元。

具体筹集办法是:(1)在各级财政的预算中安排一点;(2)各级工会拿一点;(3)请省财政厅、省经贸委、省劳动厅分别研究,从个人所得税,超额利润奖励金、待业保险金中划出一定的比例用于"送温暖基金"。

1995年2月,成立了由省总、经贸委、财政厅、劳动厅、民政厅、工商局、人民银行、工商银行、企业家协会等单位负责人参与领导的省送温暖基金委员会,推动和指导各地送温暖工程基金组织的建立和基金的筹集。4月7日,省总下发《关于转发省政府办公厅〈关于成立江西省送温暖基金委员会的通知〉的通知》。7月,省总在向省委汇报省实施送温暖工程进展情况中就送温暖基金的筹集问题作汇报,提出建议:请省政府按1994年11月30日省长办公会确定的渠道进一步协调落实。9月26日,省总以《关于落实"送温暖基金委员会"基金的报告》,上报省政府:省"送温暖基金委员会"筹集2000万元中的40%,即800万元。筹集办法为:1、省财政筹集320万元,其中95年120万元,96年100万元,97年100万元;2、省总筹集180万元,每年60万元;3、省劳动厅从失业保险金中划出180万元,每年60万元;4、省经贸委从超额利润中提取120万元,每年40万元。

1996年7月1日,省送温暖基金委员会召开第一次会议,文之周代表省总汇报全省实施送温暖工程的情况和报告省送温暖基金委员会的工作进展情况,建议:从1996年开始,三年内要筹集2000万元。多层次、多渠道、多形式筹集送温暖基金,即省财政分三年拨1200万元;省总每年60万元,三年180万元;省劳动厅从失业保险金中,每年划拨60万元,三年共180万元;省经贸委从超额利润奖励金中,每年划拨15万元,三年共45万元。在机关、事业、企业干部职工(困难职工除外)中和经济效益好的企业中开展"献爱心'送温暖捐赠活动'",通过捐赠活动,拟筹集200万元。并提交《江西省送温暖基金委员会基金管理暂行办法》讨论,《办法》明确:省送温暖基金委员会是在省政府的领导与支持下,通过多渠道筹集资金,以救济、补助、借款等方式解决生活困难职工的基本生活问题。送温暖基金的主要来源:省政府从省财政预算和个人所得税中安排拨款;省总从工会节余经费中拨款;省劳动部门从失业保险金中拨款;省经贸委从企业超额利润奖励金中拨款;职工群众自愿捐款;社会各界捐款;其他收入。《办法》强调:基金的用途及对象:本基金主要利用其利息和增值收入,用于以下方面:对于特困职工家庭实行不定期的救济;对因遇无法抗拒的天灾人祸而造成特殊困难的职工家庭给予一次性补助;对各类为困难职工扶贫解困而办的经济实体给予借款;对为脱贫而办农副业生产和第三产业的贫困职工给予借款;用于一年一度的元旦春节送温暖活动。并明确对于救济、补助的对象、方式和数额,需经委员会或委员会办公室研究确定。救济和补助给个人的数额一次性不得高于500元。还对贷款程序、基金管理等作出规定。是年8月20日,江西地矿局两级送温暖工程基金会组织,有9个单位建立基金会,筹措落实资金44.27万元。是年6月份,局成立送温暖工程基金会,在资金十分紧张的情况下,拿出10万元,省地质工会挤出5万元,设立局基金会。

1997年8月18日,省总以《关于要求省财政拨足省送温暖基金款的报告》,报常务副省长黄智权:"为了落实省送温暖基金,我们和省财政厅联系,要求拨入欠拨的120万元。省财政厅的同志说,省财政已拨出320万元,不再拨。情况是这样的;96年和97年省财政先后三次共拨出200万元,已注入送温暖基金;95年12月的确拨了120万元(包含95年6月省委常委会研究决定拨出的粮食补贴金100万元),而这笔款项经省政府确定已转入1996年元旦春节送温暖活动1200万元资金之中,而且按省委省政府的要求已全部分发到各地市和有关系统用于送温暖活动。因此,这120万元并非对送温暖基金的拨款。为此,请黄省长关心过问此事,批示财政厅尽快拨足送温暖基金款(再拨120万元),以使省送温暖基金委员会在协助政府帮助特困职工克服生活困难,维护社会稳定中发挥更好的作用。”黄智权如数批示再拨120万元。

全省11个地、市一级送温暖基金组织,至1995年,除九江市在筹建外,其他地市均已建立。1990—1995年,全省筹集资金2300多万元。其中,1994年12月16日,省总请求省政府拨款50万元,用于1995年元旦春节期间的送温暖活动。1995年6月29日,省委办公厅从省级粮食风险基金中一次性安排100万元资金给特困职工送温暖活动。重点用于补助南昌市、九江市和景德镇市等地停产、半停产企业的特困职工以及“三线”厂的救济对象。1996年1月16日,省委、省政府拨出1200万元给省总用于送温暖活动,并要求各级政府要按不低于1∶1的比例从财政拿出钱来送温暖活动,全省就可筹集2400万元送温暖活动专款。12月6日,省总请省委、省政府从省财政拨200万元,统一用于1997年元旦春节期间的送温暖活动,重点帮助特困职工、老劳模、病伤残职工、工亡职工遗属,能够穿暖、吃饱,过好春节。年底,省送温暖基金已筹集265.8万元;11个地市和4个产业建立了基金组织,共筹集资金753.35万元;有82个县(市)建立了基金组织,占县市总数96.50%,共筹集资金562.99万元;有1261个企业建立了基金组织,共筹集1008.4万元。全省总共建立各级送温暖基金组织1359个,总计资金2590.54万元。

1997年9月26日,省总机关工会向灾区和贫困地区开展“扶贫济困送温暖”捐赠活动。11月18日,省总以《关于要求拨给送温暖活动款的报告》,报省政府:“请省政府拨给200万元用于送温暖活动。”年底,省送温暖基金委员会已筹集资金396万元;11个地市和7个产业都建立了基金组织,共筹集资金1218万元;91个县(市)区建立了基金组织,共筹集资金462.45万元;有1228个基层建立了基金组织,共筹集资金1002.2936万元。全省建立基金组织1338个,总计资金3078.7436万元,形成了全省送温暖基金组织网络。

1998年12月3日,省总请求省政府拨给300万元资金用于送温暖活动。年底,全省共建立送温暖基金组织1361个。其中:省级1个,地市11个(全建),产业4个,县市区92个,基层1254个。省送温暖基金委员会已筹集基金456万元,地市产业1552.8万元,县市区663.02万元,基层2035.93万元,全省基金总额4707.75万元:比上年增长23.13%。

2000年11月,省总请求全总拨款70万元,用于补助特困职工家庭生活。请求省政府拨款200万元资金用于全省的送温暖活动。

2001年6月底,全省送温暖基金组织1361个,其中,省级1个,设区市11个,省产业5个,县市区111个,基层1233个,省送温暖基金委员会筹集基金546万元,设区市、省产业和直属基层6479.5万元,县市区1371.4万元,全省基金总额突破亿元大关。自1998年起,每年都保持10%的基金增长率。2001年12月,省总请求省政府拨款300万元用于全省的送温暖活动资金。

2003年11月26日,省总请求省政府拨给300万元送温暖活动补助款且如数拨给。

2006年,省财政每年除拨付680万元送温暖资金外,每年还拨付专项配套帮扶资金400万元。

2007年起,为支持各级工会更好地对困难职工开展帮扶工作,推进送温暖工程经常化、制度化和社会化,省财政在工会设立"困难职工帮扶中心专项资金"(以下简称帮扶专项资金)。是年,全省建立送温暖工程基金(资金)组织1289个,总额达到1.28亿元。5年间,全省工会累计筹集送温暖资金4.26亿元。

至2008年5月底,全省建立县级工会帮扶中心99个,其中:建立帮扶中心专项资金77个,列入财政预算的专项帮扶资金547万元;获得地方财政拨款合计20万元且已纳入各级财政预算的有6个;帮扶中心资金列入工会经费的有72个,共列入预算352万元。是年,省总对县级以上工会2008年度地方财政配套帮扶资金落实情况进行考评,并通报结果:2008年度全省各市、县级地方财政拨付给工会帮扶中心专项配套资金共计3229.3万元,占全省工会2008年度帮扶资金总额的23%。(1)市级总工会按1∶1比例配套的优胜单位:景德镇市总,年度配套总资金205万元,配套比例:193%;抚州市总,年度配套总资金258.7万元(包括市财政拨给199万元帮扶中心基建资金),配套比例:140%。(2)县级总工会按1∶2比例配套的优胜单位:配套资金达40万元以上的11家:章贡区、乐平市、瑞昌市、西湖区、广丰县、袁州区、青山湖区、青云谱区、南昌县、修水县、井冈山市;配套资金达到上级工会要求26万元以上的21家:永丰县、南康市、瑞金县、东乡县、万安县、武宁县、东湖区、德安县、余江县、湾里区、信州区、新干县、德兴市、广昌县、安义县、寻乌县、黎川县、永修县、宁都县、宜黄县、金溪县。经省总主席办公会议决定:对按比例配套的2家市级优胜单位,给予每单位一次性奖励工作经费2万元。对年度配套资金40万元以上的县级优胜单位,给予每单位一次性奖励工作经费2万元。对年度配套资金26万元以上的县级优胜单位,给予每单位一次性奖励工作经费1万元。在2009年度中央、省级财政专项帮扶资金分配方案中,将对省总通报表彰的优胜单位给予每单位3万元一次性奖励帮扶资金。省总将对各级工会2008年地方财政配套资金情况,抄告各地党委、政府;考核情况另向全总、省委、省政府抄报信息。

2008年,各设区市、县(市、区)财政配套资金3229.3万元。

表5-4-1　2008年度全省市区市总工会地方财政配套帮扶资金情况表

单位:万元、%

单位	配套资金总额	市本级配套数	配套比例%	全市配套总数	排名	市区县平均资金数
南昌市	510.9	215.0	81	510.9	2	51
九江市	348.0	85.0	40	348.0	5	27
景德镇市		205.0	193	315.5	1	63
萍乡市	68.0	41.5	27	129.5	9	22
鹰潭市	100.6	40.0	46	100.6	6	25
新余市	93.0	67.0	84	93.0	4	31
宜春市	177.4	48.0	23	177.4	11	16
上饶市	323.1	85.0	41	323.1	6	25

续表

单位	配套资金总额	市本级配套数	配套比例%	全市配套总数	排名	市区县平均资金数
抚州市	497.2	258.7	140	497.2	3	45
吉安市	273.8	29.0	14	273.8	10	20
赣州市	460.3	60.0	20	460.3	6	25
合计		1134.2		3229.3		

说明:抚州市本级配套数包括199万基建一次性拨付资金。

表5-4-2 2008年度全省各市县(市区)总工会地方财政配套帮扶资金统计表

单位:万元

单位	配套资金总额	排名	省总奖励金额	合计	单位	配套资金总额	排名	省总奖励金额	合计
南昌市				510.9	抚州市				497.2
市本级	215.0		0		市本级	258.7		2	
南昌县	41.0	9	2		临川区	21.0	37	0	
新建县	10.0	66	0		崇仁县	10.0	66	0	
进贤县	10.0	66	0		乐安县	20.0	39	0	
安义县	26.7	26	1		宜黄县	26.0	29	1	
东湖区	31.4	18	1		南丰县	20.0	39	0	
西湖区	60.5	4	2		黎川县	26.2	28	1	
青云谱区	42.3	8	2		南城县	12.6	62	0	
湾里区	30.0	21	1		金溪县	26.0	29	1	
青山湖区	44.0	7	2		广昌县	28.0	25	1	
九江市				348.0	东乡县	32.3	15	1	
市本级	85.0		0		资溪县	16.4	54	0	
修水县	40.0	10	2		吉安市				273.8
武宁县	32.0	17	1		市本级	29.0	0		0
九江县	5.0	88	0		吉州区	15.0	56	0	
庐山区	10.0	66	0		青原区	9.9	77	0	
景德镇				315.5	井冈山	40.0	10	2	
市本级	205.0		2		吉安县	6.0	84	0	
乐平市	82.0	2	2		永新县	15.0	56	0	
浮梁县	10.5	65	0		泰和县	8.0	81	0	

续表

单位	配套资金总额	排名	省总奖励金额	合计	单位	配套资金总额	排名	省总奖励金额	合计
珠山区	10.0	66	0		万安县	32.2	16	1	
昌江区	8.0	81	0		安福县	5.0	88	0	
萍乡市				129.5	遂川县	10.0	66	0	
市本级	41.5		0		新干县	29.0	23	1	
安源区	20.0	39	0		峡江县	10.0	66	0	
上栗县	20.0	39	0		永丰县	39.7	12	1	
莲花县	18.0	49	0		吉水县	25.0	33	0	
芦溪县	10.0	66	0		赣州市				460.3
湘东区	20.0	39	0		市本级	60.0		0	
渝水区	13.0	60	0		寻乌县	26.3	27	1	
宜春市				177.4	上犹县	18.5	48	0	
市本级	48.0		0		章贡区	111.0	1	2	
丰城市	18.0	49	0		赣 县	6.0	84	0	
高安市	5.0	88	0		崇义县	5.0	88	0	
万载县	10.0	66	0		南康市	35.0	13	1	
上高县	6.0	84	0		大余县	10.0	66	0	
铜鼓县	9.0	79	0		信丰县	16.0	55	0	
樟树市	5.0	88	0		龙南县	9.4	78	0	
靖安县	8.4	80	0		于都县	5.0	88	0	
袁州区	52.0	5	2		兴国县	21.0	37	0	
宜丰县	11.0	64	0		瑞金市	32.6	14	1	
奉新县	5.0	88	0		会昌县	16.5	53	0	
上饶市					石城县	23.0	35	0	
市本级					宁都县	26.0	29	1	
婺源县	4.0	99	0		安远县	14.0	59	0	
鄱阳县	17.0			0	定南县	5.0	88	0	
余干县	19.0			0	全南县	20.0	39	0	
万年县	14.2	58			总计	3229.3		4	47

2009 年 12 月底，省政府下拨大病救助专项资金 292.32 万元。困难劳模补助资金 1221 万元。是年，全省工会配套资金共 5458.152 万元。其中：地方财政投入 3693.02 万元，工会经费投入 1176.296 万元，社会捐助 588.836 万元。省级财政投入 1080 万元，省级工会经费投入 339 万元。是年度配套资金帮扶困难职工 252344 人。是年，江西铜业公司建立帮扶送温暖专项资金，实行集中管理，统一使用：公司工会负责筹集、使用，公司工会财务负责管理，资金的筹集方式为一次性注入启动资金 1000 万元（其中公司行政一次性注入启动资金 500 万元，公司工会从结余经费中一次性注入启动资金 500 万元），以后公司行政每年拨付 50 万元，公司工会每年拨付 50 万元，资金单独设立账户，专款专用，以利息收入和公司行政及公司工会每年拨款支付帮扶送温暖所需费用，不动用启动资金，由"公司帮扶送温暖专项资金管理委员会"负责对资金筹集、使用和管理工作的领导，由公司工会经费审查委员会对资金使用情况进行监督。

2010 年元旦春节期间，江西工会开展以"心系职工情、温暖进万家"为主题的送温暖活动。省总本级共筹集帮扶资金 3081 万元，其中，元旦春节送温暖资金 1360 万元，大病救助专项资金 592 万元，全国劳模困难帮扶资金 309 万元，省劳模困难帮扶专项资金 500 万元，省劳模春节慰问金 320 万元。全省各级工会在元旦春节期间约筹集帮扶资金 1.4 亿元。

至 2010 年，自 2003 年起省财政保持每年专项配套资金 400 万元。

社会捐赠及其他渠道全省各地社会捐赠主要是通过向市地方工会组织向直基层工会和工会会员发出倡议，开展为困难职工献爱心捐款活动；或与市委、市政府办公室联合在市直机关开展"我为困难职工捐一日工资，献一份爱心"自愿捐献活动；或基层工会组织通过行政为市困难职工帮扶中心捐赠帮扶基金；或市总联系爱心企业争取资金对一些特困职工家庭子女帮扶；或依靠集体力量，建立职工扶贫基金会。1996 年，省总机关一位化名"清平"的干部向省送温暖基金委员会寄来 1000 元捐款。

第五节　职工疗休养与职工互助保障

1994—2010 年，江西职工疗休养工作是江西各级工会维护职工合法权益、保障职工身心健康的一项传统工作。江西工会的职工互助保险是通过互助合作的办法，自筹资金，自我管理，自我服务的群众性社会互助互济合作保险组织，是国家社会保障体系的补充。

职工疗休养

20 世纪 90 年代后，由于经济体制改革，国有和集体企业产权制度改革，江西工会基层组织一度萎缩，工会经费紧张，活动困难，职工疗休养事业亦相应萎缩。1994 年 12 月 10 日，省总《江西省工会企事业三年发展规划》指出：继续推进职工疗（休）养制度的改革，建立和完善职工疗休养服务群体。全省疗（休）养院逐步做到经费自给，实现由补贴型向经营型过渡；到 1997 年末有 1/3 的疗休养院 30% 的设备、房屋、环境得到明显改善；不断扩大职工疗休养范围，提高医疗康复水平，使之成为疗养、康复、度假、旅游为一体的综合性服务群体,积极创造条件发展其他产业,其他产业收入在原基础上上翻一番。1999 年 11 月 10 日,省总《印发〈关于职工疗休养事业深化改革的决定〉的通知》,明确全省职工疗休养事业改革的总体目标是,以市场和职工需求为导向,进一步调整布局,大胆引进现代企业管理方法,加大从单纯福利型向经营服务型、从事业型管理向企业型管理、从单一疗休养向多功能多层次服务转变的力度、争取用三年左右的时间,使全省重点疗休养院建设成为具有一定特色或多功能、多层次服务能力,适应市场和职工需求,具有经费自给和设施条件较为完善的自主经营,自负盈亏、自我约束、自我积累、自我发展的法人实体和市场经营主体。为此,疗休养院必须尽快走向市场,深化改革,调整内部结构,强化内部管理,在竞争中求生存,在改革中求发展,使之成为疗休养职工之家。决定撤销赣州天竺山工人疗养院。暂时保留庐山工人休养院、省工人疗养院、庐山温泉工人疗养院、宜春温泉工人疗养院。明确根据全总对职工疗休养事业补助经费主要用于疗休养院更新改造和配套建设的要求,从 2000 年起,省总将把多年来按编制床位分配补助经费办法改为采取投资或贷款相结合的办法,对疗休养院进行重点扶持、重点改造,逐年投入,实施二次创业。至此,省总所属疗(休)养院走向市场。

1979—2010 年,省总根据全总要求,每年都组织部分劳动模范、"五一"劳动奖章获得者到全总和省总的劳模疗休养基地进行休养。休养期间组织参观游览、检查身体等活动。参加全总组织的劳模疗休养费用由全总开支。

全省工会组织关心和爱护长期在劳动强度大,接触有毒有害物质的生产(工作)岗位的职工和长期生产(工作)在一线的骨干、老职工以及工会干部,20 世纪 80 年代前都会组织他们去疗休养。进入世纪之交时,由于企事业变更、改制或经济效益问题,此类的疗休养随之受到影响。

1994—2000 年,抚州市总根据省总安排,组织部分劳动模范、"五一"劳动奖章获得者疗休养 49 批次,参加疗休养 1452 人次。随着国有和集体企业改制逐步完成,基层工会组织的不断重建和壮大,工会经费的增加和工会活力的增强,工会疗休养工作亦不断发展,除了完成省总布置的职工疗休养工作任务之外,市总组织的职工疗休养也逐渐增多。除组织劳模、先进人物和一线职工疗休养之外,还组织职工和工会干部到改革发展和工会工作先进地区学习考察。2001—2006 年,市总组织劳模、一线职工疗休养和组织职工、工会干部外出学习考察 30 多批,共 700 多人次。除了市总之外,县(区)总也组织职工疗休养。2007 年 1 月,市总成立抚州市总职工旅行社,至 2010 年的 4 年期间,共组织职工疗休养和干职工学习考察 200 多批、4000 多人次;2010 年 9 月停止营业。

1994—1999 年,萍乡市总按照省总的安排,直接组织赴北京、厦门、青岛、桂林、昆明、杭州、西安等地疗休养的劳动模范、先进生产(工作)者和离退休职工、部分患职业病的职工 3434 人次。

2004—2010 年,吉安市总组织 438 名先进生产(工作)者、一线职工疗休养。

2010—2011 年 10 月,赣州市总组织劳动模范、先进生产(工作)者和五一劳动奖章获得者代表 10 批 61 人到井冈山、庐山、宜春温泉疗休养和参观上海世博会,或参加全总、省总组织劳模杭州、井冈山、青岛、桂林、庐山、宜春温泉休养。

职工互助保障

江西省职工保险互助会不以营利为目的，是各级工会组织职工依靠自己和集体的力量，用互助合作的办法，自筹资金，自我管理，自我服务的群众性社会互助互济合作保险组织。其业务接受省总和国家有关主管部门的指导。

起步 1992 年，全总下发《关于工会举办职工互助补充保险的意见》。1993 年 8 月，第二次全国工会企事业工作会议提出要积极参与、推动国家社会保险体系的建立，发展工会的职工补充保险事业，壮大职工保险互助会的组织，并使其成为国家社会保险体系中的重要组成部分。1994 年 6 月，全总《关于实施“送温暖工程”的通知》明确举办职工互助补充保险是实施“送温暖工程”的主要内容之一。

1994 年 3 月 10 日，省总下发《印发我省〈关于举办职工互助补充保险的意见〉的通知》，强调工会举办职工互助补充保险，是推进社会保险制度改革，不断探索和开拓保险工作新领域，发挥维护职能的一项重要举措。要求各级工会加快职工互助补充保险工作的步伐。

1995 年 11 月 18 日，省总举办全省职工互助保险事业消费合作事业工会干部研讨班，全省各地、市、基层工会 56 人参加，全总互保会副主任金德云到会讲课。

1996 年，江西职工互助保险事业开始起步。试点单位为南昌市总、九江市总和省总赣州、吉安地区办事处。至 10 月底，发展会员 5 万多人，吸收保费 900 多万元。省总宜春、抚州地区办事处做了前期准备工作。1996 年 11 月 27—28 日，省总第三次工会企事业工作会议暨江西省职工技协三届二次会议确定的全省奋斗目标对职工互助保险事业提出：1997 年各地完成省总各地办事处职工互助保险事业的组建工作，全省应有 15% 的职工参加职工互助保险会。吸收各种保费 2000 余万元，以后每年以 20% 的速度增长，争取到 2000 年使职工互助保险事业成为全省工会企事业的支柱产业，成为工会影响社会的一项重要事业。

1996 年 1 月、9 月，省总组织人员先后赴吉林、黑龙江和河南、天津考察互助保险。

组织机构　1995 年 2—3 月，中国职工保险互助会先后批准成立南昌、赣州、九江办事处。这些办事处职工保险业务并归省职工保险互助会。办事处下设县（市、区）和企事业单位代办处。

1996 年 10 月 18 日，省总召开南昌、九江、赣州、吉安 4 地市总工会主要负责人及职工互助保险试点办事处主任会议，会议同意成立省职工保险互助会，程受锭为理事长，吴福新、赵登荣、邓仁生、宗菊根为副理事长，宗菊根兼任秘书长；通过《省职工保险互助会章程》《办事处管理暂行条例》。11 月 5 日，省总作出《关于同意成立江西省职工保险互助会的批复》。11 月 19 日，省民政厅对省总申请成立“省职工保险互助会、省职工消费合作社协会”予以批复。同意成立省职工消费合作社协会、省职工保险互助会，省职工消费合作社协会由程受锭为会长，法人代表。省职工保险互助会理事长由程受锭担任，宗菊根任秘书长。省职工保险互助会是具有社团法人资格的经济实体。其业务范围是：组织职工互助、互助基金的管理，该会注册资金 3 万元。

1997 年 1 月 6 日，省职工保险互助会九江、抚州、景德镇办事处成立。2 月 7 日，上饶办事处成立。3月3日,新余、宜春办事处成立。3月10日,直属办事处成立。3月21日,赣州办事处成立。3月24日,南昌办事处成立。4月8日,萍乡、吉安办事处成立。7月25日,江西铜业公司参照办事处形式设立分理处,享受办事处的权利和义务。8月19日,鹰潭办事处成立。

1997年3月4日,江西省职工保险互助会(简称省互保)第一届全体理事会议在南昌召开。大会选举产生了由26人组成的理事会,由8人组成的董事会,程受锭当选省互保第一届理事会理事长。

1998年2月20日,省互保一届二次理事会议在南昌召开。会议决定聘请江西财经大学原校长宋醒民、人民银行江西省分行原总经济师彭纯华、人民银行南昌市分行原行长王玉清为互助保险顾问。刘金标向各位顾问颁发聘请书。

1999年2月12日,省互保一届二次理事会议在南昌召开。省第一届省互保理事会、监事会组成人员:理事长:李骥。(以下以姓氏笔画为序)副理事长:王淑敏、雷良骓、吴福新、宗菊根、赵登荣、胡森敬。秘书长(兼):宗菊根。副秘书长:张玲玲、邹百吉。常务理事:万根水、王学云、甘学军、钱铜山、汤华、许斌、张临鲜、汪当时、沈长生、熊汉群、古育萍、聂显华、安新民、钟宜生、廖贵星、戴晓贺。监事长:李道根。副监事长:张良金、李穗、魏建华。常务监事:张源、许康友、郭华。顾问:宋醒民、彭纯华、王玉清。

2000年12月6日,省互保第二次会员代表大会在南昌召开。会议选举产生第二届理事会、监事会组成人员。理事长:李骥。副理事长:王淑敏(女)、古育萍、汪当时(女)、宗菊根、赵登荣(女)、胡森敬、柯进水、钟宜生、饶正国、徐爱民、雷良骓、魏建华。理事:万根水、许斌、孙长庚、李穗、张源、章鼎和、熊三件、熊汉群、戴晓贺。秘书长:宗菊根。监事长:吴福新。副监事长:张良金。监事:任春山、李咸其、曾晓兵。

2001年10月31日,省总党组决定王翠华任省互保秘书长;任春山任省互保副秘书长;免去宗菊根的省互保秘书长职务。

2002年1月17日,省互保二届三次理事会在南昌召开,会议通过人事变更事项。7月17日,省总《关于同意保留江西省职工保险互助会有关分支机构的批复》:"经研究,同意保留江西省职工保险互助会南昌、九江、赣州、吉安、上饶、抚州、新余、宜春、鹰潭、景德镇、萍乡11个地市及产业工会设立的直属共12个办事处。"

2003年1月8日,省互保二届三次理(监)事会在南昌召开,会议通过人事变更事项。

2004年1月13日,省互保二届四次理(监)事会议在南昌召开,会议通过人事变更事项;会议确定互助保险工作的发展方向。9月,省互保聘任吴义连为省互保办公室主任;聘任袁慧为省互保投资理财部经理。

2005年1月25日,省互保二届五次理事会议在南昌召开,会议通过人事变更事项。

2006年2月9日,省互保二届六次理事会议在南昌召开,会议通过人事变更事项。

2007年2月,省互保任夏建炜为省互保业务发展部部长,并负责省互保直属办事处的日常工作。

2009年,省互保研究,并征得理事长同意,任吴义连为省互保秘书长助理。

2010 年 1 月 22 日，省互保第三次会员代表大会在南昌召开，会议对二届理事会过去 8 年的工作进行全面总结，审议并批准二届理事会工作报告、二届理事会财务报告和二届监事会工作报告，审议并报批准了修订后的《江西省职工保险互助会章程》，选举产生第三届理事会、监事会和秘书处；确定省互保第三届理事会和监事会人员名单。理事：郭学勤、叶四保、章建辉、陈萍风、赖红汀、张德意、王江云、熊渭林、艾克发、傅雅君、李国俊、李小安、苗天林、陈渊平、田晓宇、石晓琴、魏洪雄、张孟渡、刘盖群、沈强、邓晓等。监事：余萍、车德云、汪海军、刘永红、汪莲娇、夏建炜。随后召开的省互保三届一次理事会上，选举郭学勤为理事长、叶四保为副理事长兼秘书长、赵冉为副秘书长；在省互保三届一次监事会上，选举余萍为监事长、车德云为副监事长。

2010 年 11 月 4 日，省互保三届理事会第二次会议在永修县召开，会议由省互保理事长郭学勤主持。经会议审议，理事会一致同意将省互保更名为省职工保障互助会。11 月 10 日，省互保报省民政厅批准由“江西省职工保险互助会”名称更改“江西省职工保障互助会”。12 月 13 日至 14 日，省互保办事处主任会议在南昌市召开。会议传达三届二次理事会会议精神；部署名称变更后的有关工作。

管　理　1996 年 12 月，省互保制定《江西省职工保险互助会章程》。

1997 年 1 月 6 日，省互保下发《江西省职工保险互助会办事处管理暂行条例》《办事处编码实施办法》。4 月，第一次办事处主任会议在九江召开，会议讨论办事处日常工作的管理办法。讨论通过完成任务、超额完成任务的奖励办法。省互保制订《关于加强制度建设的若干规定》《关于加强资金管理的若干规定》《办事处管理暂行条例》《票据管理暂行办法》《财务会计制度试行办法》等 20 多个文件。6 月 2 日，省互保下发《资金管理办法》，对互助保险的各项资金的使用与管理作了明确的规定。

1998 年 7 月 6 日，实行省互保业务计算机软件管理。

1999 年 2 月 23 日，省总授予省职工保险互助会南昌办事处等 58 个单位为 1998 年度发展职工互助保险事业先进单位；吉安地区工会办事处王江云等 80 人为 1998 年度发展职工互助保险事业先进个人。5 月 17 日，省互保印发开展互助保险工作所需的相关程序。5 月 19 日，省互保印发《江西省职工保险互助会财务会计制度》。6 月 23 日，省互保一届四次理事会议在南昌召开，会议决定调整省、地（市）二级管理费用。

2000 年 2 月 22 日—3 月 1 日，全省财务业务大检查采取互相交叉的检查方式，学习吉安办事处财务管理、铜业公司档案管理的经验。评出吉安为财务管理优胜单位、江西铜业公司为档案管理优胜单位。

2001 年 2 月 21 日，召开省职工保险互助会二届二次理事会，会议通过《江西省职工保险互助会理事会议事规则》《江西省职工保险互助会监事会议事规则》。7 月 2 日，省互保印发《加强办事处资金管理的若干规定》。7 月 9 日，省互保修订《分理处（分会）管理暂行办法》《办事处考核奖励暂行办法》《管理费管理办法》《资金管理若干规定》。12 月 25 日，省互保将经系统修订《江西省职工保险互助会会计制度》下发。

2002 年 8 月 14 日，省互保制定《江西省职工保险互助会分理处管理暂行办法》。8 月 20 日，启用省职工保险互助会信息管理系统。8月26日,省互保下发《进一步严格管理费使用的通知》。11月18日,省互保统一分理处会计科目使用规定。

2003年4月21日,省总授予江铃汽车集团公司工会代办处等59个单位为2002年度发展职工互助保险事业先进单位;杨志钢等104人为2002年度发展职工互助保险事业先进个人。

2004年1月1日起,省互保正式启用财务软件,实行会计电算化。1月5日,省总下发《关于印发〈关于加强对江西省职工保险互助会及其办事机构审查监督工作的意见〉的通知》,强调省总经审会要安排对省职工保险互助会及其各办事机构的审计工作。明确"审计的主要内容是:互保资金筹集、使用、投资及效益情况。"4月28日,省互保二届五次理事会讨论通过《关于〈管理费管理办法〉的补充规定》《关于调整储蓄型险种会员分红比例的决定》。

2007年3月16日,省互保制订《保费型险种管理试行办法》。是月,省互保为全省99个县赠送99辆帮扶工作用车,金额为7286400元;11个地市赠送11辆帮扶工作用车,金额为2494800元;直属单位10辆互保工作用车,金额为956800元。

2009年,为更加充分地体现保费资金"取之于职工,用之于职工"的特征,明晰资金的使用范围,进一步完善和改进保费资金的管理,省互保决定,改革保费型险种的财务核算办法,实行收支两条线管理。

2010年8月,省互保制定《江西省职工保险互助会规范化建设标准(试行)》《江西省职工保险互助会财务管理制度(试行)》《江西省职工保险互助会办事处管理制度(试行)》。

互保险种 省互保结合职工队伍特点,适时推出若干种职工互助保险产品。储金型保险产品经全总干预,停办并清退。

至1996年10月底,省互保已发展会员5万多人,吸收保费900多万元。其中50多人受益,赔付金额达2万多元。11月26日,全省第三次职工劳福事业(原称工会企事业)工作会议在赣州召开,会议议题是讨论职工互助保险会5个险种:安康、团体意外、劳动模范补充养老、职工补充养老保险、大病医疗补充保险计划及办事处管理条例等文件。12月6日,省互保制定江西省职工保险互助会保险计划:安康保险、团体意外保险计划、大病保险计划、劳模养老保险计划、职工补充养老保险计划、职工退休养老保险计划、女职工幸福保险计划。制定《人身保险意外伤害残疾给付标准》。

1997年4月19日,安福县谷源山垦殖场发生一起重大车祸,该厂一农用车与中巴相撞,造成7人死亡、22人重伤、15人轻伤,事故发生后,吉安办事处对参加互助保险的会员及时进行赔付,共支付保险金6万余元。这起赔付案例成为全国互助保险成立以来单个赔付额最大的案例。1999年5月,吉安天河煤矿一职工在下班时不幸被货车轧死,该会员投保安康险4800元,办事处支付其保险金24000元,成为全省最大的一起个人赔付案。10月底,省互保先后推出职工补充养老、职工安康、职工大病医疗、职工团体意外、劳动模范养老和职工终身养老年金保险等6个险种计划。全省发展会员7.3万人,收取保险储金1820万元,完成理赔218起,赔付9.3万元。

2000年7月24日,在全省推行《特种重病团体互助医疗保险计划》。至9月,全省职工保险互助会已发展会员317701人,推行保险计划8个,处理赔付案例3545起,支付保险金1076814元。其中处理死亡赔付案例192起,支付保险金422616元。收缴保险储金2.4亿元。全省10个地市保险储金超千万元,16县(市、区)保险储金超百万元,32个企业保险储金超百万元,2个企业超千万元。

2004年"三八"节前夕,惠及全省50万女职工的江西省女职工安宁互助保险正式启动,参保的女职工只要支付10元,在发生保险责任时就可享受1万元的保险待遇。是年适时推出的安宁保险:凡年满18周岁至60周岁的在职女职工、男职工家属以及省职工保险互助会的会员均可参加;保险范围为,自参加保险30日起,经县级以上人民医院诊断为患有原发性乳腺癌、宫体癌等妇科癌,可获得保险金1万元。

2006年3月31日,省互保发展会员64.23万人;至是年5月31日资金规模16.5亿元,其中:储金16.4亿元,占比99.3%,保费0.13亿元,占比0.7%(保费为2005年的数据)。4月14日,按照全总关于对高额投保储金要予以清退的指示精神,对江西省职工保险互助会会员清退部分会员超额投保储金。7月6日,根据国务院关于职工互助保险整改工作的有关精神和全总对职工互助互济活动的要求,省互保决定从7月起,停止办理安康险、职工补充养老险、大病补充险、劳模补充养老险等储金型险种。10月8日起,省互保继续开展安康保险业务。

2007年7月,以1500万元认购全总发起成立的人寿保险公司(其中:新余办事处200万元,吉安办事处100万元),2008年6月11日根据全总保险公司筹备组《关于召开保险公司筹会议的通知》,经2008年7月1日省总主席办公会议研究决定,由省总转投资款1500万元注资省职工旅行社,用于认购全总发起成立的"人寿保险公司",2008年7月28日三家签协议书,甲方(江西省总工会)、乙方(江西省职工保险互助会)出资1500万元注入丙方(江西省职工旅行社)。

2008年2月底,省互保开办的险种为:团体人身意外伤害险、特种重病险和女职工幸福险(将原来的女职工安宁险与女职工幸福险合并而成),自1996—2008年2月,累计的参保人次为157.79万人次,保费收入为2900.61万元,发生的赔付为3697人次,支付的理赔金为824.17万元。4月22日,全总批复省总同意省互保开展《在职职工重大疾病互助保障计划》《在职职工住院医疗互助保障计划》《在职女职工特殊疾病互助保障计划》《在职职工意外伤害互助保障计划》《在职职工子女意外伤害互助保障计划》等五项职工互助保障计划。8月6日,省互保决定推行《在职职工大病住院自负部分医疗互助保险计划(试行)》。至2008年,全省保费总额较上年度增长59%,首次突破1000万元,全年累计赔付984人次,赔付金额378万元。

至2009年,全省互助保险保费突破2000万元,达到2252万元,增长86%。

2010年1月22日,省互保第三次会员代表大会修订团体人身意外伤害互助等4个险种的保险计划。2010年,江西互保收支情况:各项收入6016.93万元,其中:保费收入3614.15万元;投资收入209.23万元;存款利息收入315.07万元;收回风险投资款1878.48万元。各项支出3546.1万元。本年盈利2470.83万元。历年结存23785.23万元。累计结存26256.06万元。2010年,全省互保发生的理赔、慰问情况为:全省互保共发放理赔金、慰问金1526.4万元,全省19.53万职工受益。其中:(1)办理赔付案例2539起,比上年增长75.83%,支付保障理赔金960.2万元,比上年增长80.1%,其中:团体意外险1869起,赔付金额438.3万元;女职工幸福险357起,赔付金额283.6万元;团体特种重病险259起,赔付金额209.7万元;大病自负险54起,赔付金额28.6万元。(2)慰问19.27万人,支付慰问金额566.1万元。

风险处理 至2006年5月31日,省互保发展会员64.23万人;资金规模16.5亿元,其中:储金16.4亿元,占比99.3%,保费0.13亿元,占比0.7%(保费为2005年的数据);历年累计经营损益1.6亿元(另有投资浮盈1.02亿元);历年累计风险资金本金5.06亿元(其中完全无法收回的资金为4.15亿元),冲抵历年累计经营损益1.6亿元,风险资金为3.46亿元(其中完全无法收回的资金为2.55亿元)。加上浮盈变现冲抵,风险资金为2.44亿元(其中完全无法收回的资金为1.53亿元);累计向职工理赔9874起,理赔金额1145.9万元(此数据至2006年3月31日);历年支付的各级管理费用17110万元;当时资金的成本为4.75%,其中:支付职工利息2.25%、支付职工红利0.6%、理赔金拨付比例0.4%、各级机构管理费率1.5%(2003年10月以前,资金的成本为5.98%,其中:支付职工利息1.98%、支付职工红利1%、理赔金拨付比例1%、各级机构管理费率2%)。

在2003年下半年开始出现的全国性证券行业系统性风险中,省互保的资金也出现资金风险。至2006年5月底,与省互保曾经有业务合作的证券公司中,尚有10家证券公司没有了结,其中:8家被责令关闭或托管,1家外资重组,1家增资扩股。省互保与这10家证券公司的合同金额为6.13亿元,已经清收回笼金额1.07亿元,尚有到期未收回的资金金额为5.06亿元(其中完全无法收回的资金为4.15亿元)。

对省互保资金上存在的风险,省总采取6个方面的措施:(1)稳定局面。采取果断措施防止消息扩散,保密,将消息控制在最小范围之内,防止出现资金挤兑现象的发生。张海如明确指示做好团结稳定工作,不因资金的风险不是出现在本届班子手上去推脱责任而不努力做好经营和清收工作。(2)控制规模。采取各种有效措施,控制储金过快增长的势头,大力发展保费型险种,防止事态进一步地扩大。(3)降低成本。2004年1月,通过降低分红和管理费率,将资金成本由原来的5.98%降为4.75%,下降幅度达到20.57%。(4)争取支持。积极向国家有关部委和上级部门汇报情况,争取国家和上级的支持,希望国家在政策上给予江西互保的特殊处理,能够像个人债权一样由国家进行收购。省总和江西互保就此先后向国务院、证监会、财政部、人民银行总行、全总等上级部门和领导发出的函件达40余件。2005年1月3日,省总以《关于将江西互保资金视同个人债权处理的报告》,报送中国证监会,恳请国家有关部门从维护56万江西一线职工的根本利益和维护社会稳定的情况出发,将江西互保作为一家极为特殊的机构进行对待,对在处置风险证券公司中涉及江西互保的资金视同个人债权处理。张海如多次向全总主要领导反映江西省职工保险互助会的情况,要求全总上收;分管江西省职工保险互助会的副主席和该会秘书长先后数十次到全总等部委进行情况汇报;2004年,省总邀请分管金融的副省长到全总和证监会等部委反映情况,希望全总上收,并希望国家有关部委能够考虑江西的实际情况给予特别的政策支持。(5)积极追偿。通过上门清收、法律诉讼、司法冻结等各种措施,实现1.06亿元的清收,冻结部分证券公司的有效资产(冻结汉唐证券在汉唐澳银基金公司(筹)的股权4000万元、商业银行股权500万元和其在巨田基金公司的股权1500万元;冻结了大鹏证券交易所席位31个,房产445平方米;查封了德恒证券在长沙的部分房产和汽车等;将江南信托的400多亩土地过户到省职工保险互助会名下,抵偿江南证券到期不能偿付的3000万元保证金)。(6)安全运行。对资金的运作采取更加谨慎的措施,控制住资金的风险点,保证资金的安全平稳运作。大幅度降低委托国债投资比例,将可以运作的资金绝大部分投资于开放式基金和可转债,使资金处于更加透明、安全的领域内。至2006年5月底,投资于开放式基金的资金达到11亿元,占比超过68%。到2006年5月31日,当年实现投资收益31100万元。

2006年6月5日,省总将以上情况以《关于江西省职工保险互助会的情况汇报》,报送省政府。翌年2—3月,对省总关于化解职工互保资金风险、填平全部6个多亿的资金缺口并实现近1个亿盈利的情况汇报,省委书记孟建柱批示:“好、不容易。”副书记吴新雄批示:“工作确实很不容易,衷心感谢总工会的同志的辛勤工作,无私奉献。”

2007年1月26日,全总下发《关于停办江西省职工互助保险业务的通知》,明确根据商业保险有关法规,对江西省职工保险互助会开办的业务进行界定,凡属于保险业务的一律停办。对省职工保险互助会开展的职工互助互济保障活动加以规范。要求要在江西省政府领导下,成立停办职工互助保险业务工作领导小组,负责组织省职工保险互助会互助保险业务停办工作。要制定停办互助保险工作方案,明确停办清退工作的目标、内容、方法、步骤及要求等。落实清退资金,整个停办清退工作应当在2007年底前全部完成,确保安全平稳进行。2月起,全省停办安康险等储金型保险业务。5月,省总根据国务院关于职工互助保险的整改意见和全总《关于停办互助保险业务规范发展职工互助互济保障活动的通知》的要求,规范开展职工互助互济保障活动,决定成立江西省职工保险互助会停办安康险等储金型保险业务领导小组,负责组织实施全省安康险等储金型保险业务的停办和清退工作。组长:张海如。副组长:郭学勤、王翠华。成员:赵冉、宋懿非、吴义连、夏建炜。6月8日,省总下发《关于进一步规范互保资金管理使用的通知》,强调在停办互助保险业务、退还会员缴纳的储金过程中,互保各级机构必须将会员的本金和分红等全部资金及时如数地返回到会员手中,不得截留、不得滞后、不得有误。任何组织或个人不能擅自挪用互保办事处结余的管理费和理赔金。

2007年9月28日,省总主席办公会根据省政府领导是月8日对省人事厅上报的《关于对省总工会〈关于给予江西省总工会一次性奖励的请示〉的处理意见》同意奖励批复和省人事厅关于奖励金额的测算标准(即参照省政府奖励省交通厅做法),给予省总一次性奖励的精神,决定严格按省政府领导批复执行,按照副省级12万元、厅级10万元、副厅级8万元、处级1.6万元、副处级1.4万元、一般人员1.2万元标准给予省总机关和省互保秘书处103人、共206万元;省总直属单位按照正处1万元、其他在册人员1000元的标准127人、共18.1万元;按照人均5000元的标准,给予省总机关离退休人员69人、共34.5万元;有关有功人员共20万元一次性奖励和省互保秘书处28万元的补助奖励,照章纳税。奖励资金和税金从省职工保险互助会的投资收入中提取。

2008年3月28日,省总以《江西省总工会关于停办互助保险业务工作总结的报告》,报全总互助保险停办工作领导小组办公室:“按照全总《关于停办江西省职工互助保险业务的通知》和《关于停办互助保险业务,规范发展职工互助互济保障活动的通知》的要求,省总从2007年1月份开始,组织江西省职工保险互助会和江西省各级工会组织全面开展停办互助保险业务,清退保险储金。到2008年2月底,已经全面完成清退保险储金、停止办理储金型保险业务工作,所有的储金全部归还给70万职工会员,原有的16.5亿元储金金额已经归零,在停办和退保过程中未发生职工群体性事件。”

第六节　农民工维权机制

20 世纪 80 年代至 21 世纪初,江西与全国一样,农民工队伍涌现和壮大,成为产业工人的主体和职工队伍的重要组成部分。省人社厅数据显示,2005 年,全省外出务工的农村劳动力 649 万人,其中省内务工人员 108 万人,在省外务工人员 541 万人。2010 年 7 月底,全省农民工 681 万人。其中,外出务工的农民工 529 万人。农民工实是雇佣工即以工资收入为主要生活来源的劳动者,由于文化低、技术差以及身份差别,集中在脏、险、苦、累的行业或岗位,其权益最易受到侵害,侵害的程度最为严重。2006 年以来,全省工会关注农民工面临的困难与问题,在构建农民工维权机制方面进行探索与推进。

2003 年 12 月 16—21 日,全总原副主席、全国人大常委会委员、全国人大内司委委员杨兴富为组长的调研组一行来江西调研,张海如陪同。调研组听取对江西工会工作和江西在对劳务输出人员管理服务、农民工劳动关系、社会保险、工会在维护农民工合法权益等方面所采取的措施和做法。还走访南昌市再就业基地、南昌市总进城务工人员维权服务站。

2004 年,抚州市总与政府及 17 个部门建立 10 项联手维护职工合法利益互动机制。包括市总工会与政府联席座谈会制度;与市长热线电话办公室、信访局关于职工上防接待和处理制度;与市劳动保障局、建设局、教育局关于维护进城务工人员合法权益机制;与市司法局关于免费为困难职工提供法律援助机制;与市民政局关于做好低收入职工进低保衔接机制;与市安全生产局关于安全生产监督检查机制;与市卫生局关于职业病防治工作协调机制;与市中级法院、审计局、财政局、地税局关于工会经费收缴、审计、支付协作机制;与市委组织部、宣传部、经贸委、工商局、工商联、中小企业局关于狠抓工会组织扩建工作机制;与市委宣传部、经贸委关于优秀企业家评选和表彰机制。

2005 年 10 月 13 日,省总召开 11 个设区市、7 个大型产业(局、系统)工会主席参加的会议,会议传达了全国工会维权机制建设经验交流会议精神。中央领导强调指出,工会要不断扩大覆盖面,增强凝聚力,维护好职工群众的合法权益,维护好职工队伍和社会政治的稳定。他强调:在中国,维护职工合法权益的组织只能是中华全国总工会,其他任何“地下工会”“自由工会”的所谓维权活动都是不允许的。全省各级工会在完善工会维权机制建设中要做到四个必须,即:必须依靠党的领导和政府的重视;必须依靠相关法律;必须充分整合工会内外资源;必须提高工会干部的维权能力和水平。各地工会在贯彻义乌会议精神的过程中,要结合实际抓落实、开拓创新抓落实、推广经验抓落实。

2006 年 1 月 5 日,省总以密码电报发出《关于认真学习贯彻中央领导同志重要批示精神切实维护农民工合法权益的紧急通知》,指出:胡锦涛对维护农民工合法权益问题作出重要批示,维护农民工合法权益问题日益突出。工会组织应承担起这一职责,把广大农民工团结在工会组织周围,认真调研,总结经验,研究措施,务必抓出成效。全总主席王兆国批示,各级工会组织要认真学习贯彻落实胡锦涛重要批示精神,抓好把农民工组织到工会中来,加强工会依法维护农民工合法权益的工作,在春节前更要深入扎实地做好农民工的工作。强调:要积极帮助农民工追讨欠薪。要大力开展法律援助工作。要积极开展为农民工的送温暖活动。决定在已经安排566万元资金基础上，再增拨40万元专门用于开展为农民工的送温暖活动。各地工会要积极争取各地政府财政的支持，工会也要增加适当资金用于农民工的送温暖活动。要切实做好安全生产工作。1月11日，省总召开维护农民工合法权益动员大会，张海如强调：要认真学习、深刻领会中央领导的重要批示精神。要采取切实有效的措施，做好维护农民工合法权益工作，把中央领导的重要批示精神落到实处。同时指出：各级工会要把维护农民工权益问题作为今年的重点调研课题，组织专门力量开展调研工作；要抓紧做好非公有制企业特别是农民工比较集中的地区和企业的工会组建工作，确保今年工会组建和发展会员目标的实现；要把维护农民工权益作为今年的工作重点，加强领导，明确责任，狠抓落实。元旦春节期间，省总在江西电视台等省内主要媒体上作出“农民工有困难找工会”的郑重承诺，3月2日，省总下发《江西省总工会2006年农民工工作要点》，强调10项重点工作：加强源头参与和监督；最广泛地把农民工组织到工会中来；帮助和指导农民工签订劳动合同；积极推动政府建立农民工工资支付保障制度；强化农民工的劳动安全卫生群众监督；推动解决农民工工伤等社会保障权益问题；加强农民工职业技能培训和就业援助；改善农民工的精神文化生活；保障农民工的民主政治权利；切实帮助农民工排忧解难。3月，省总下发《关于印发〈维护农民工合法权益问题调研方案〉的通知》，指出调研目的为：进一步掌握当前农民工的基本状况，分析维护农民工合法权益面临的新情况、新问题，总结各地工会在维护农民工合法权益中创造的做法和经验，为全总完成维护农民工合法权益问题调研总报告提供江西的调研情况和依据；在充分吸收和运用调研成果的基础上，形成全省加强维护农民工合法权益工作的指导性意见，以提高全省工会维护农民工合法权益工作的整体水平；向党委和政府反映情况和问题，提出有针对性的对策建议，推动涉及农民工权益保障问题的法律政策的制定和落实。是月，省总女职委从5个方面帮助女农民工解决生产生活中遇到的实际困难，要充分发挥“12351工会维权热线”、工会法律援助中心等维权窗口的作用，接待女农民工的来信来访和维权投诉，协调有关部门处理女农民工遇到的实际困难和问题，为女农民工提供法律咨询和法律援助服务。要会同有关部门采取切实有效措施，积极帮助女农民工追讨欠薪。要开展为特困女农民工送温暖活动。要积极协助党政改善女农民工的生活和工作环境，保障女农民工的身体健康和生命安全。要抓紧做好非公有制企业，特别是女农民工比较集中的行业和企业的工会女职工组织组建工作，切实把广大女农民工组织到工会中来。

2007年5月14日，省劳动保障厅和省总联合下发《关于开展劳动用工情况监督检查活动的通知》，明确从5月10日—6月10日在全省范围内组织开展一次劳动用工情况监督检查活动。监督检查范围重点是纺织、餐饮、建筑、服装加工等劳动密集型企业、大量招用农民工的单位和城乡接合部用工单位、年审中存在违反劳动保障法律法规的用人单位。监督检查内容以劳动合同签订、工资支付、工作时间及参加社会保险等情况为重点，检查用人单位遵守国家各项劳动保障法律法规规章情况。要求各级工会要动员、组织工会劳动保障法律监督员，了解企业遵守国家有关劳动保障法律法规情况，帮助所在用人单位自查自纠。所在用人单位拒绝改正的，要及时提请有关劳动保障部门处理。省总转发《中华全国总工会办公厅关于开展农民工合法权益专项检查活动的通知》。

2008年6月4日，省总转发全总农民工维权工作办公室《关于转发国务院农民工工作联席会议办公室〈关于做好抗震救灾期间农民工工作的紧急通知〉》。6月11日,省总转发《江西省人民政府办公厅关于进一步做好农村富余劳动力就地就近转移就业和工业园区企业用工、工资分配、社会保险工作的意见(试行)》。11月28日,省总下发《关于应对当前经济形势开展“心手相连、帮扶济困、共克时艰”活动的紧急通知》,提出关爱农民工,开展“大帮扶”工作。要求各级工会要集中为农民工办好五件实事:要充分运用全国工会帮扶中心的跨区域维权服务网络维权;继续协助政府开展帮助农民工追讨欠薪行动;继续开展“农民工平安返乡行动”;加大就业和再就业工作的力度;了解和掌握返乡农民工的思想动态和变化。12月23日,省总下发《关于县级总工会开好“两节”期间农民工座谈会的通知》,要求县级总工会利用元旦春节期间,召开农民工座谈会,了解他们的生活思想情况,引导他们全面融入当地的经济建设之中,充分利用外出务工人员从沿海发达省份带回的先进的管理经验和技能水平,为全省经济的发展作出更大的贡献。年底,抚州市总被国务院农民工工作联席会授予“全国农民工工作先进集体”称号(全国仅5家地级市总获此称号)。南城县的“课桌大王”青年乡镇企业家黄冬彪,资溪县种禽苗孵化技术“领头雁”李灿荣,东乡县“养猪大王”乐细娇获“全国优秀农民工”称号。南昌市总困难职工帮扶中心、德兴市总获2008年全国维护农民工合法权益工作先进集体称号,南康市总副主席张小梅获2008年全国维护农民工合法权益工作先进个人称号。

2009年1月11日,省总转发《中华全国总工会关于深入扎实做好当前维护农民工合法权益工作的通知》。

2010年,江西工会获2010年全国工会“千万农民工援助行动”先进单位(地市级先进单位):九江市总工会保障部;先进培训和就业服务机构:南昌市职工科技大学、上饶市信州区职工学校。

源头入会机制

2004—2005年,省总工会组建工作经全总考核进入全国前6名,获全国一等奖。2005—2006连年被全总评为“全国工会组建工作先进单位”。2004—2008年,探索出组织农民工输出地入会、劳务市场入会、集体登记入会等灵活便捷的入会方式。同时,通过宣传启发农民工,实行会员优惠服务等,调动农民工主动入会的积极性。

2005年2月,萍乡市南坑镇农民工工会成立。在本镇企业务工的民工90%加入工会组织,在外地务工的农民工65%加入工会组织。5月,萍乡市南坑镇农民工工会决定尝试性地在东莞、泉州、石狮、深圳、番禺等南坑民工较集中的地市设立分会。由农民工推选出责任心强,懂法律、善组织的农民工代表为分会正副主席。9月,南坑镇工会被全总授予“全国百家示范乡镇工会”称号。

至2006年1月,萍乡市建村级联合工会47个,非公企业工会75家,发展农民工加入工会8703人。九江市总与有关部门共同组建交通、商业、建设、外贸企业、民营企业5个联合工会,广泛地把农民工组织到工会中来。吉安市各级工会组织工业园区3.4万名农民工入会,51个乡镇工会发展农民工会员6290人,并成立3个驻京农民工工会。是年,全省各级工会深入研究农民工特点,发挥各级新建企业工会组建工作领导小组的作用,形成“党委领导、政府支持、工会运作、各方配合”的领导机制和工作格局。在工会组织体系、领导体制、工作机制、组建方式和会员管理上进行一系列创新,陆续创造出工程项目工会、市场工会、楼宇工会、一条街工会、社区工会、区域性和行业性工会联合会等多种各具特色的组建形式,探索出组织农民工输出地入会、劳务市场入会、集体登记入会等灵活便捷的入会方式。同时,启发教育农民工,实行会员优惠服务等,充分调动农民工主动入会的积极性。全省工会突出抓外资企业工会组建和发展农民工入会工作。年底,全省共有外商投资企业(含港澳台合资企业)1221 家,已建立外商投资企业工会 698 家,组建率为 57.17%,发展会员 9.46 万人,入会率为 57.47%。全省共有农民工会员 317853 人,其中在本省工作的农民工会员为 179516 人。

2008 年 6 月,全省共建立基层工会 5 万个,基层工会涵盖法人单位 6.7 万个。其中职工人数 556 万,会员 540 万,农民工人数 106.5 万,农民工会员 87 万。是年,万载县总扩展非公企业工会,规范乡镇(街道)工会,组建 36 家村级工会联合会,和 5 家村级外出务工人员工会联合会,6 个新农村建设示范点村民小组建立务工人员工会。采取"组登记、村发证、乡转接、县备案"的形式,简化农民工入会、转会手续,做到"源头入会、属地管理、联合互动",形成"一次入会、务工享用、持证转移、进出登记、全国通用"的会籍管理制度。是年,赣州市各县、市、区开始村级工会组建试点。

2010 年,全省有农民工总数 681 万人,其中,外出务工的农民工数量为 529 万人。至 10 月底,全省发展农民工会员 149 万。

双向维权机制

全省各级工会组织农民工输出地和输入地工会建立城际间工会双向维权机制,以输入地为主、输出地为辅,两地联手,加强协调,相互配合,联合互动,合力维权,共同承担维护农民工权益的职责。输出地工会组织掌握农民工的流向,建立经常联系,及时配合输入地工会解决农民工遇到的侵权问题;并切实关心农民工家庭的生产生活问题,主动帮助农民工排忧解难,解除后顾之忧。输入地工会强化属地意识、责任意识,特别重视维护好劳务派遣工、灵活就业人员、女性农民工的合法权益。

2004 年底,南昌市维权服务站与南昌县、新建县、安义县、进贤县建立维权服务联系,只要农民工输出地投诉的案子,维权服务站都受理,同时,维权服务站办案中涉及到农民工输出地应提供的证据或情况,各县工会都帮助搜取。

2005 年,横峰县总在外省建立长驻职工求助中心。10 月,上饶市总在上饶市外出务工人员较集中的浙江宁波市建立职工求助中心,并陆续在广东、福建、上海等经济发达地区建立工会维权帮扶中心。年底,赣州市总与福建泉州市总召开"农民工就业维权座谈会",研究跨区域维权帮扶机制建设问题,签订两地维权协作协议书。

2006 年上半年,全省为赣籍农民工维权办案 64 件,挽回经济损失 580 余万元。万载县总在万载籍外出务工人员高度集中的广东省东莞市和佛山市南海区两地设立维权办事处,"联动"维权。6 月,湘鄂赣毗邻地区(3 省 11 县市)第一届工会维权合作研讨会在武宁县召开。李慈葆出席并讲话。会议围绕“维权、合作、友谊、发展”主题,交流了各地工会维权经验,探讨了毗邻区域工会维权合作的方法和途径。与会县(市)总工会签订《关于县际间务工人员维权合作协议书》。维权合作单位为湖南省浏阳市、平江县,湖北省大冶市、阳新县、通山县、崇阳县、通城县,江西省武宁县、铜鼓县、瑞昌市、修水县等。7月,南昌市维权服务站参加全国城际工会农民工联动维权理事会。8月,广东、四川、湖南、江西、河南等12个省(市、区)总工会在广州举行泛珠三角省际间工会维护农民工合法权益座谈会暨双向维权协议签订仪式。会上,与会代表分别与12省(市、区)总工会代表签订了《泛珠三角·省际间工会维护农民工合法权益协议书》。协议明确输出方开展职业介绍,农民工源头建会,对农民工提供帮扶和维权服务等职责;输入方按属地原则组织农民工加入工会组织,督促用人单位建立劳动合同制度、加强安全生产和职业病防治、按时足额支付工资、为农民工办理各项社会保险,将农民工纳入评先评模范围、保证有适当比例的农民工当选职工代表和推荐农民工优秀代表进入人大、政协,将农民工纳入工会帮扶对象,全面保障农民工的民主权利、劳动权利、经济权利、文化权利和政治权利等职责;双方共同职责是加强对维护农民工合法权益工作的领导和协调,明确分管领导和具体工作部门,并建立以下维护农民工合法权益的互联互动工作制度,包括信息通报制度、联席会议制度、交流促进制度、劳资纠纷协调制度。一些县(市、区)总工会在外省设立维权办事处,切实维护外出务工的农民工合法权益。9月4日,省总下发《关于加强工会双向维护农民工合法权益机制建设的通知》,在全省积极推进工会双向维护农民工合法权益机制建设。各地成立由党委、政府领导任正副组长,工会、劳动保障、司法及民政等有关部门为成员单位的农民工维权工作领导小组。

2009年初,省总法工部为两起拖欠农民工工资案件提供法律援助,为44名农民工讨回工资29万元。6月,赣苏两省总工会联动维权为农民工讨回工资36万余元。是月,省总参加第三届泛珠三角·省际间工会农民工维权协作论坛,与8个省市区签订《泛珠三角·省际间工会农民工维权合作协议书》《泛珠三角·省际间农民工法律援助联盟协议书》《泛珠三角·省际间维护农民工合法权益媒体联盟协议书》等3个协议书。省总加大与兄弟省总工会农民工维权协作力度,共同办理江西农民工刘威浙江讨薪案、农民工易其伟广西讨薪案、重庆农民工唐明文江西工伤案等一批跨省维权案件。

至2010年,全省工会组织全面推行双向维护农民工合法权益机制建设,逐步建立起横向跨省市、纵向到基层的农民工维权组织网络。各级工会按照“源头入会,属地管理,联合互动,双向维权”的原则,加强农民工输出地和输入地间的维权合作,建立和完善双向维护农民工合法权益机制。

就业指导培训机制

全省各级工会职业介绍机构和培训基地免费为农民工提供政策咨询、就业信息、岗位培训、职业指导和职业介绍服务,通过组织对口劳务协作、举办招聘会等方式,为农民工提供就业岗位,开展就业服务,降低农民工就业门槛。积极利用工会职工教育培训和就业培训基地,通过开办农民工夜校等各种途径,对农民工进行职业技能培训。

2003 年 10 月,南昌市困难职工帮扶中心联合中央驻赣及江西和南昌的新闻媒体,建立一个由工会牵头、各部门联合、共同参与的南昌市进城务工人员维权服务站,免费为进城务工人员提供用工服务、法律咨询和法律援助。

2004 年 2 月,省政协工会界委员调研发现,侵害农民工合法权益的问题表现在:拖欠工资,劳动关系不明确、劳动合同签约率和履约率普遍较低、劳动合同内容不规范与不平等,劳动环境和劳动条件恶劣,工作时间严重超时,安全措施得不到保证,法定节假日和加班报酬无法保障。最为严重的是,农民工虽然已经成为城镇建设和经济发展的重要力量,却难以享受到医疗、养老和社会保险等福利。在省政协九届二次会议上,工会界 22 位委员联名提案建议出台《江西省农民工就业管理工作条例》。6 月,吉安市(井冈山)农民工就业服务基地正式挂牌成立,这是国家发改委在全国范围内批准成立的四个农民工就业服务基地之一。

2006 年,省总和各设区市总工会与有关部门联合举办"2006 民营企业招聘周"活动,有 12621 名农民工与用人单位达成用工意向。积极为农民工提供法律咨询和维权服务。

2008 年,全省共培训职工 19502 人次,其中:农民工 7235 人次,落实培训经费 474.55 万元。

2009 年 6 月 12 日,省总下发《关于贯彻落实全总"千万农民工援助行动"分解任务指标的通知》:全年江西要完成目标任务为 21 万人。其中培训农民工 3.5 万人;就业服务 3 万人;农民工帮扶维权 14.5 万人。至 2009 年 10 月,全省培训农民工 39418 人,其中:技能培训 14900 人,其中,获得劳动部门颁发技能证书的有 10899 人;创业培训 5896 人;基础培训 18622 人。对农民工进行就业指导、职业介绍、政策咨询等就业服务 111606 人次,其中,成功介绍 42726 名农民工实现就业,其中:经培训后就业 24792 人。对 230 名农民工提供小额贷款 228 笔,贷款金额合计 441.1 万元。"千万农民工援助行动"共筹集资 2493.102 万元,其中:中央财政帮扶资金 480.612 万元,地方财政补贴 1065.35 万元,工会经费 514.88 万元,社会捐助 432.26 万元。共投入资金 2529.71 万元,其中,各类培训投入 1020.4 万元,职业介绍投入 115.69 万元,生活帮扶和维权服务投入 1393.62 万元。全省被确定为"全国工会就业培训基地"的培训机构已培训农民工 6630 人。全省本级确定的农民工培训基地有 83 个,培训农民工 30067 人,投入资金 909.15 万元。5 月,上犹县农民培训学院、南昌市职工科技大学、上饶市信州区总工会职工学校、新余市职工学校、赣州市章贡区职工学校获全国工会农民工技能培训示范基地称号。南昌市总协同工业园区管委会、劳动等部门,建立农民工档案,对 2.5 万人次农民工进行"订单式"培训,就近推荐就业。

2009 年上半年起全省返乡农民工增多。1994—2009 年,全省每年外出务工人员 680 余万人,其中赴省外务工人员 600 万人,主要分布在广东、福建、浙江、上海、江苏等沿海地区。受国际金融危机影响,至 2009 年 6 月底,全省返乡农民工 312 万人,各级工会组织协助当地政府有关部门使 303 万农民工实现就业、创业,占返乡农民工总数的 97.18%,其中,省外就业 199 万人,省内就业 99 万,自主创业 5 万人,仍有 9 万返乡农民工等待转移就业。2009 年 6 月、9 月,省总联合广东省总、广州市总举办两期共 200 名农民工参加的美容美发职业技能培训班。经考试合格,全部获得了由广州市劳动部门颁发的初级技能合格证书,并由广州市有关部门推介就业。上饶市总与北京昌平农家女实用技能培训学校联合举办 SIYB 创业培训班,7 月 7 日选送了 32 名下岗女工和农村妇女骨干参加为期15天的培训。学员学习结束将在教师的指导下完成SIYB创业计划书,合格者将取得劳动保障部颁发的SIYB创业证书。培训结束后,对愿意留在北京就业的学员,免费推介就业,学员也可回输出地就业和创业。

2010年3月29日,九江市总工会保障部、南昌市职工科技大学、上饶市信州区职工学校获全总授予的全国工会“千万农民工援助行动”先进单位称号。至8月25日,农民工职业技能培训1958人;农民工创业培训1347人;农民工家政服务培训1605人;职业介绍农民工就业11592人,签订一年以上劳动合同的14205人。是年,“技能培训促就业行动”共筹集资金801.16万元,其中:中央财政帮扶资金387.6万元,地方财政补贴224.6万元,工会经费123.5万元,社会捐助65.46万元。“技能培训促就业行动”共实际使用资金496.99万元,其中,各类培训投入437.09万元,职业介绍投入59.9万元。还为7名农民工提供小额贷款7笔,贷款金额11万元;历年累计为229名农民工提供小额贷款232笔,累计贷款金额651.5万元。

工资支付保障机制

全省各级工会积极推动政府建立和完善农民工工资支付保障机制,保证企业按时足额支付农民工工资。推动用人单位用银行卡或计酬手册为农民工支付工资,在农民工较集中的建筑等行业推行工资保证金制度,依法加强对企业工资支付的监督检查,确保农民工工资“月清月结”。全省各级工会积极开展工资集体协商,建立职工参与的工资决定机制和公正合理的工资正常增长机制。将劳动定额标准、计件工资单价纳入工资集体协商的重要内容。推动各地政府按照《最低工资规定》的要求,在经济发展的前提下适时适度提高最低工资标准和小时最低工资标准,推动政府加强对最低工资标准执行情况的监督和检查。

2004年12月9日,九江市总等3家单位联合成立市农民工工资支付情况领导小组。是年,抚州市总工会与市劳动保障局、市监察局、市计委、市建设局、市交通局、市水利局等8部门联合制发了《抚州市专项治理拖欠农民工工资问题实施方案》。2005年各县(区)总工会也成立相应的领导小组。2004—2008年,市总共受理农民工欠薪投诉18起,帮助3976名农民工追讨欠薪332.8万元。

2005年初,在全省范围内组织开展农民工工资支付情况的专项检查活动,共检查用人单位4203家,补发2.84万农民工工资2199.8万元。10月,鹰潭市总与市劳动保障局、市建设局联合下发《鹰潭市农民工工资支付情况专项检查活动实施方案》的通知,于当年10月至2006年1月,对各类用人单位,重点是招用农民工较多的加工制造、建筑施工、餐饮服务及其他中小型劳动密集型企业,个体工商户进行检查,检查用人单位支付农民工工资情况。

2006年1月4日,省总下发《关于转发中华全国总工会办公厅〈关于进一步配合有关部门做好进城务工人员欠薪清理工作的通知〉的通知》,各级工会主动参与对进城务工人员工资支付开展的专项检查活动,通过检查全面了解掌握工资拖欠数量、涉及人员、产生原因等。对发现的问题,提出解决问题的对策和建议。同时,各地工会的“12351”职工热线电话对举报投诉的欠薪问题,认真记录，及时处理，做到件件有回音。是年元旦春节期间，各市县工会设立“维护农民工合法权益投诉中心”或“帮扶窗口”，并设立24小时值班电话，运用工会法律资源和法律手段为农民工追讨工资。对本地区的工业园区、建筑业、第三产业等农民工较多的地方和行业的拖欠工资情况进行清理，督促欠薪的用人单位落实清欠责任。全省帮助3.4万余名农民工追回被拖欠的工资2286.6万元。萍乡市各级工会会同有关部门开展农民工工资支付情况专项检查活动，有67家用人单位清偿拖欠工资350万元，涉及农民工4800人。并建立了解决拖欠农民工工资问题的协调工作制度、监督检查制度、用人单位招用农民工管理制度等规章制度。萍乡市总被劳动保障部、建设部、全总联合授予“2005年全国开展农民工工资支付情况专项检查先进单位”称号。抚州市总为农民工追讨工钱816万元。景德镇市总与市劳动保障部门一起，为1113名农民工清欠工资223.25万元。新余市总联合9个部门开展执法检查追讨工资行动，受理案件125起，涉及农民工260余人，追回拖欠工资203万元。鹰潭市总与政府5部门联合清欠农民工工资88万元，并在农民工较为集中的建设银行设立农民工保障基金，已收到110万元。南昌市总受理投诉74例，其中讨要工资的65例，占87.83%，涉及农民工700余人，拖欠工资总额200多万元，时为农民工讨回89.5万元。至2006年12月底，全省各地工会共协助政府有关部门帮助职工和农民工追讨欠薪2944.53万元，涉及职工和农民工3.5432万人。

2007年10月—2008年2月，全省范围内开展农民工工资支付专项调查活动，工会组织协助政府部门完成检查1504人次，检查用人单位8311户，涉及劳动者53.4万人，其中农民工39.92万人，发现拖欠工资情况的单位667家，涉及农民工2.43万人，涉及金额3128.9万元，执法部门依法责令用人单位补发2.39万名农民工的工资及赔偿金3056.17万元。抚州市总获2006年全国“农民工工资支付专项检查工作先进集体”。

2009年10月26日，省人力社厅、建设厅、省总联合下发《关于开展农民工工资支付情况专项检查的通知》，要求在2010年2月前开展农民工工资支付情况专项检查活动。共出动执法检查人员1042人，发放宣传资料12.45万份，开展法律咨询服务610次，检查用人单位8657家，涉及劳动者46.83万人，其中农民工35.18万人。存在拖欠工资的单位2095家，涉及农民工5.87万人，其中被拖欠工资农民工1.5454万人、拖欠工资6688.11万元，执法部门依法责令用人单位支付农民工工资及赔偿金6085.39万元。省总还联合劳动、法院等部门开展农民工工资支付专项调查活动，追还农民工工资2800余万元。年底，省总配合省人大到萍乡等地对《江西省企业工资集体协商条例》立法项目进行立法调研。

2010年1月28日，省总下发《关于切实推动解决春节前农民工工资拖欠问题的紧急通知》，要求各级工会近日要组织专门力量、与有关部门密切配合，深入企业特别是建筑施工、加工制造、餐饮服务类企业和劳动密集型企业，进行一次普遍的欠薪排查。对发现拖欠农民工工资的问题，要主动及时向政府有关部门反映，督促问题得到及时有效解决。专项检查活动共出动执法检查人员1042人，发放宣传资料12.45万份，开展法律咨询服务610次，检查用人单位8657家，涉及劳动者46.83万人，其中农民工35.18万人。存在拖欠工资情况的用人单位2095家，涉及农民工5.87万人，其中被拖欠工资农民工1.5454万人、拖欠工资6688.11万元，执法部门依法责令用人单位支付农民工工资及赔偿金6085.39万元。至3月底,拖欠工资涉及用人单位共2095家;拖欠工资涉及农民工15454人,涉及金额6688.11万元;补发农民工工资人数为14702人,共6085.39万元。至8月,省总参与修改《人民调解法(草案)》等7部涉及职工权益和切身利益的法律法规;参与制定并推动出台全省最低工资标准、企业工资增长指导线;配合全国人大常委会开展国民收入专题调研和女职工权益保障情况执法检查。深入实施工资集体协商五年覆盖计划,进一步开展行业、区域性工资集体协商工作。

2006—2009年,全省各级工会协助政府有关部门为农民工追讨工资1.567亿元,涉及44.44万人。其中,2006年3656.57万元,涉及农民工4.96万人;2007年3128.91万元,涉及农民工2.43万人;2008年2799.94万元,涉及农民工1.87万人。2009年6085.39万元,涉及农民工35.18万人。

社会保障促进机制

全省各级工会组织督促和协助劳动保障部门和企业将采矿、建筑、危险化学品和烟花爆竹等高风险行业的农民工纳入工伤保险范围,督促用人单位参加工伤保险并按时足额缴纳工伤保险费,帮助发生工伤事故的农民工办理工伤认定申请和工伤保险待遇的申领,确保其按照《工伤保险条例》的规定享受各项待遇。同时,协助劳动部门做好农民工工伤疗养康复;继续配合劳动保障部门开展以解决大病医疗保障为重点的农民工参加医疗保险专项扩面行动,逐步将农民工纳入医疗保险制度范围;将女性农民工生育保险纳入社会保险体系;积极推动建立适合农民工参加的低费率、广覆盖、可转移并与现行办法相衔接的养老保险制度。积极开展适合农民工特点的职工医疗互助互济工作。争取企业每年为农民工进行一次健康体检。

20世纪90年代至21世纪初,全省各级工会组织积极配合各级人大、政府有关部门开展以农民工为重点的劳动安全卫生监督检查,及时发现问题,督促整改。完善群众性劳动保护监督检查机制,建立健全工会劳动保护监督检查网络,充分发挥工会劳动保护三级网络和特聘群众安全监督员的作用。深入开展"安康杯"竞赛活动,鼓励农民工积极参与企业劳动安全卫生民主管理和民主监督,加强班组安全建设,建立生产安全事故隐患报告奖励制度,最大限度地避免和减少生产安全事故和重大职业危害。对从事有毒有害作业的农民工,要监督企业定期对其进行健康检查,建立健康监护档案。积极推动政府和企业开展农民工生产生活环境标准化管理,改善农民工生产生活条件。加强对女性农民工的"四期"保护。

2006年2月26日,全国首个农民工定点医院在江西广济医院挂牌,南昌市总将首批2万张农民工医疗优惠证发到农民工手中,农民工凭此证在3年内可到定点医院享受"九项减免"政策。与此同时成立农民工医疗服务小分队,是年夏天医疗小分队分赴各大施工单位,为南昌市火车站改建工程等南昌市大的施工项目现场送医送药。是年,全省各设区市总工会与有关部门协作,设立农民工定点医院、定点药店和农民工优惠医疗卡,在住院费、检查费、手术费、治疗费和购药费等方面给予减免和优惠。

2004年5月19日,九江市总、市劳动保障局、市公安局、市工商局联合成立"九江市农民工劳动保障专项执法检查领导小组”。

2006年，省总组织开展由全省500多家企事业单位60多万职工群众参加的“安康杯”竞赛活动，其中10万以上的农民工接受了基本的劳动安全、卫生健康和职业病防治知识的教育。开展“关爱农民工生命安全与健康特别行动”的活动，督促企业整改危害农民工身心健康和生命安全的事故隐患26件。省总女职委同有关部门一起对全省非公企业，对女职工劳动安全卫生健康情况开展专项检查。2月20日，鹰潭市政府与市总工会举行第5次联席座谈会。会议确定，做好安全生产工作，保障农民工的身体健康和生命安全等。2月下旬，九江市总女职委向全市各级工会组织、各条战线女职工发出“为女农民工服务的倡议书”。并决定在“三八”节前夕开展关爱女农民工的身体健康，免费进行妇科病检查；关心女农民工的健康权益，用工单位送“女职工安宁互助保险”；增强女农民工的健康意识，举办女性卫生保健知识免费讲座等为女农民工服务十项活动。南昌市总与全国十几个城市工会共同签署《城际工会农民工联运维权合作协作》，协助政府有关部门研究制定外商投资企业突发事件应急预案，会同政府有关部门开展安全生产和劳动情况监督检查，参与职工伤亡事故的调查处理和善后赔付工作。

2010年9月12日，景德镇市总农民工维权服务站上门为农民工服务，在浙江临海市某船业有限公司打工的浮梁县农民工李欢上班的第三天即发生事故，导致腰部以下瘫痪，农民工维权服务站的人员立即赶往浙江援助，虽三次无功而返，依然坚持为农民工李欢争取到工伤赔偿款45万元。农民工徐某在外打工眼部受伤，农民工维权服务站主动上门了解情况，几经周折，为他争取到5万元的赔偿。

帮扶关爱机制

全省各级工会组织围绕解决农民工最关心、最直接、最现实的利益问题做好事、办实事、解难事，将农民工作为送温暖活动的重点对象。工会困难职工帮扶中心同时也是困难农民工帮扶中心，各地帮扶中心开设农民工救助窗口，及时帮助农民工解决生活、就业、医疗、子女上学等方面的实际困难。发挥工会12351职工维权热线的作用，帮助农民工排忧解难。重视扶贫超市的建设和会员优惠基地建设，更好地为农民工服务。各地工会与铁路、公路和民航部门加强协调，充分利用工会组织的网络体系，帮助农民工解决春运期间返乡、回城购票难的问题。全省各级工会组织深入农民工集中的企业和工地，为农民工送温暖、送岗位、送安全、送法律、送清凉、送图书、送电影、送文化等，更好地满足农民工的精神文化需求，维护农民工的权益。

2004年10月，抚州市总工会、市劳动保障局、市建设局、市教育局联合制发《关于共同做好维护进城务工人员合法权益工作的意见》。

2006年元旦春节期间，全省各级工会筹集资金730万元，走访慰问农民工3.65万名，其中省总筹集送温暖资金达606万元，安排60万元专门用于为农民工送温暖活动。为农民工发放慰问品11210件，为农民工提供体检等医疗服务2190人次，提供法律服务2469人次，帮助771名农民工返乡过年。开展“工会干部与农民工过春节”活动，和农民工一起吃年夜饭，举办专场文艺演出，改善和丰富农民工的精神文化生活。景德镇市总向全社会推出“农民工加入组织找工会、企业不签订合同找工会、生活有困难找工会、需要维权找工会”的“四找”活动。吉安、抚州、九江、新余、上饶等市总向农民工送上《农民工维权手册》《进城务工人员手册》等宣传资料,引导农民工依法理性维护自身的合法权益。吉安市总在市电视台《今晚八点》开辟《农民工维权的故事》系列节目,在《吉安晚报》开辟《农民工谁欠你的辛苦钱?》系列报道。抚州市总为413名农民工支付返乡路费5197元,并与市文化局共同组织慰问农民工演出13场,丰富了农民工的精神生活。省总和各设区市总工会同时举行2006年度“金秋助学”活动,把困难农民工子女纳入资助范围,共筹集和发放832万元,资助困难职工子女10985人,其中困难农民工子女4856人。12月15日,省总下发《关于联合开展农民工平安返乡行动的通知》,明确省总、南昌铁路局和省交通厅决定在2007年春运期间联合开展农民工平安返乡行动。本次行动共运送农民工1258723人次,其中公路运送770224人次,铁路运送483250人次,水路运送5249人次。包专列34列,运送54034人次;共包车481辆,运送23113人次;包船2艘,运送50人次。开设临时或流动售票点348个,帮助农民工购买团体车(船)票448663张,其中,购买团体火车票252380张,购买团体汽车票195183张,购买团体船票1100张。

2007年2月10日,景德镇市总、市职工文化体育协会举办“瓷都大家庭、温馨农民工”专场春节慰问晚会,市劳动、建设、教育等八部门单位负责人,就农民工生产、生活难题做出庄重承诺。3月5日,省总下发《关于协助交通运输部门做好农民工返城工作的通知》,协助交通运输部门做好春运工作,确保农民工安全、快捷、有序地返城务工。

2008年,全省春节期间慰问农民工经费1121万元,慰问农民工25890人。5・12汶川地震发生后,全省各级工会组织积极响应党中央、国务院号召,踊跃向灾区捐款捐物,支援灾区建设。全省各设区市总工会对灾区籍农民在江西省务工人员进行摸底登记,做到在生活上遇到困难的给予救助。九江市工会统计,全市有四川籍农民工124人。其中地震重灾区的有12人(北川3人、绵阳9人),灾情发生后,用工单位让北川3人回家探亲,并给每人安排路费500元、发慰问金2000元。鹰潭市总帮扶中心工作人员通过多种渠道,与县总及包工头(老板)取得联系,将拖欠四川籍10余名农民工的工资追讨到位。新余市总主要领导及时带队前往四川籍农民工集中的江铿科技公司为190户受灾农民工送去5万元慰问金,并开通“亲情联系电话”,负责查询受灾农民工的家庭情况。随着金融危机向中国实体经济蔓延,一段时间以来,有关企业倒闭、开工不足导致工人返乡,工会组织运送农民工37.27万人,经基层工会与用人单位的行政协商,争取为农民工购买车、船票经费补贴72.13万元。赣州市总帮助农民工子女就学。各级工会组织主动加强与当地教育部门的联系,帮助农民工解决其子女就读中小学和免收借读费等问题。对农民工子女上大学进行跟踪助学。凡在中心城区和县城连续打工3年以上的农民工,其子女考上本科以上大学,且家庭特别困难的,将其纳入“和谐帮扶,跟踪助学”范围,每年资助每生1000元~2000元,连续资助4年。建设农民工俱乐部(农民工文化宫)。逐步在县级以上工业园区或农民工集中区兴建、改建农民工俱乐部(农民工文化宫),市总将予适当资助。市总把全总扶持建职工书屋的资金,主要用于农民工俱乐部(农民工文化宫)建立“农民工书屋”。举办农民工文化周活动。每年10月,市总举办以“同心、同行、同力、同赢”为主题的赣州市农民工文化周活动。

2009年春节前，省总为应对金融危机的影响，及时做好疏导工作，下发《关于县级工会开好‘两节’期间农民工座谈会的通知》。1月9日，姚亚平与郭学勤、省总保障部部长汪鉥风、宜春市人大常委会副主任、市总主席易鲁宜深入丰城、万载，并在万载与农民工一起座谈。他介绍世界经济危机产生以及全国应对危机的做法和中央“保增长、扩内需、优结构”的精神，要求同舟共济、共克时艰。全省99个县(市、区)先后召开返乡农民工座谈会，3000多名农民工参加座谈会。省总给予召开座谈会的每个县(市、区)补助经费1万元。1月24日，省总转发全总《关于进一步做好农民工返乡工作的紧急通知》，要求根据农民工的需求，确保农民工平安返乡和丰富农民工文化娱乐生活，度过一个欢乐祥和的新春佳节。元旦春节期间，全省筹集送温暖资金576.95万元，走访慰问农民工20482人。帮助解决20余万农民工医疗人员看病优惠问题。在防暑度夏活动中，全省工会走访慰问农民工5.7万余人次，慰问费用80余万元。是年“金秋助学”活动中，全省各级工会多方筹集资金3723万元，资助3557名困难职工和农民工子女上学。全省工会在农民工平安返乡和顺利返城活动中，共组织运送农民工37.27万人，经基层工会与用人单位的行政协商，争取为农民工购买车、船票经费补贴72.13万元。在“千万农民工援助行动”中，对农民工进行生活帮扶和维权服务100604人次。其中：生活救助12183人次，发放金额483.16万元；子女助学3906人次，发放金额386.5万元；医疗救助2964人次，发放金额313.618万元；维权服务75051人次，发生费用171.802万元。

2010年6月3日下午5时，根据省委省政府的要求，由省人保厅、省总、省政府驻深圳办事处联合组织的江西省赴深圳富士康乡情关爱行动组在深圳准时集结。工作组共130名工作人员，其中，有省总法工部长及来自全省11个设区市的55名工会干部。深圳“富士康”江西籍员工共28012人，分布于富士康集团12家工厂，人数从5000余人到300余人不等。6月3日晚8时，工作组在与深圳市政府及富士康厂家充分沟通和衔接的基础上，形成工作方案，分成12个工作小组迅速开展工作。6月4日上午9时，12个小组进驻分布在龙华、观澜、松岗三地的12个事业群和厂区，每天工作时间为早8点到晚8点。要求与每一位江西籍员工都逐一见面交谈，做到面对面不漏人、疏导情绪，做好职工思想工作。此次，除广东省外，江西在全国9省区中第一个在深圳集结并进驻富士康走访慰问员工。至6月5日，工作组已面对面走访慰问2741名江西籍员工。6月5日，工作组将《致富士康科技集团江西籍员工的慰问信》送到富士康江西籍员工手中，并在富士康集团广播电台、电视台全文播放。这是各省联合实施乡情关爱行动后，来自员工家乡的第一封慰问信。从走访慰问情况看，富士康集团江西籍员工整体思想情绪稳定。在交谈中，一些员工对富士康工作生活方面，加班时间、考核竞争机制、管理方式方法、伙食质量、宿舍卫生、文化生活、异地办理身份证、小孩入托入学、周边治安环境等提出了一些意见和建议。个别员工也反映自己家庭的一些实际困难。对上述反映的问题，工作组逐一登记，收集整理，向深圳市政府反映，并及时反映给职工家乡所在地政府，要求当地政府核实了解，尽可能给予关心和帮助。7月1日，熊盛文在《江西乡情关爱行动简报》第5期刊登的《我省赴深圳富士康乡情关爱行动圆满结束》一文上作出重要批示：这次省人保厅、省总组织100多人对深圳协助做好富士康公司江西籍员工的乡情关爱行动取得较好的成效，充分体现省人保厅、总工会应急能力强，工作细致扎实的作风，也体现江西各级党委、政府对跨省务工人员的关心和爱护,向参与这次活动的同志们表示衷心的感谢。

民主权利保障机制

全省各级工会组织充分利用工会的宣传阵地,积极协调主流媒体大力宣传农民工为城市发展所做的贡献和应当享有的民主权利。积极推动政府将农民工纳入公共财政和公共服务的范围,促进在城市稳定就业、居有住所、贡献突出的农民工享有同城市民待遇,逐步实现向市民的转变。推动各级人大、政协补选和增加农民工代表和委员。协调有关部门和用人单位在农民工入党、入团、评选劳模、职务晋升以及评定技术职称等方面,与城镇职工一视同仁。职工代表大会、会员代表大会中要有一定比例的农民工代表。进一步建立健全保障农民工民主权利的各项制度,畅通农民工利益诉求渠道,保证农民工在参与政治、经济、文化和社会建设中各项民主权利的落实,保证参与本单位民主决策、民主管理和民主监督权利的实现。

2005 年,江西贵溪农民工黄胜发在上海务工,光荣加入中国共产党。2008 年 5 月被评为上海市劳动模范,北京奥运会上海火炬手。是年 12 月,被授予全国优秀农民工代表称号,并取得上海市户口。2009 年,获得行业高级技师称号。在他的带领下,黄胜发班组先后荣获全国学习型先进班组、全国安康杯竞赛优秀班组、上海市五一劳动奖状、上海市工人先锋号等称号。

2006 年 7 月,省十届人大常委会第 22 次会议通过《江西省职工代表大会条例》。条例江西境内所有农民工的企事业单位纳入适用范围。是年,全省 3086 家非公有制企业建立职代会制度,建制率达 57.15%。1516 家非公有制企事业单位实行厂务公开制度,建制率达 28.07%,从政策制度上维护农民工的民主权益。省总女职委推进全省签订女职工特殊权益保护专项集体合同的工作。

2007 年 8 月起,江西铜业集团公司农民工与企业职工一样,参加评模评先、疗休养权利;生活困难的农民工,与企业困难职工一样,享受各级组织的帮扶和温暖;农民工依法享受参加养老、工伤等社会保险;农民工工资按规定每月足额支付,从不拖欠;农民工与职工一样,享受劳动保护待遇;农民工与同岗位职工一样,参加安全知识及技能培训。

2008 年 1 月,南昌市外来务工人员陈贤生、俞芳土、张六森、李雪英作为特邀代表列席南昌市第十三届人民代表大会第三次会议,成为全省首批列席人大会议的农民工代表。4 月 18 日,江西省农村劳动力转移就业工作联席会议下发《关于开展全省首届优秀农民工和农民工工作先进集体评选表彰活动的通知》。景德镇市总在全市 12 万农民工中开展“农民工回乡创业十佳能手”“十佳农民工”评选活动。赣州市总评选表彰农民工创业标兵,在此基础上,推荐 2 至 3 名农民工创业标兵为次年市级五一劳动奖章候选人。

2009 年 4 月 13—22 日,江西省组织的首个返乡农民工创业典型报告团在 11 个设区市进行巡回演讲,在 10 天共 19 场报告中,农民工的创业经验和创业经历,极大地鼓舞了全省返乡农民工创业的热情,引起全社会巨大反响。这个创业报告团的 18 名农民工典型来自全省各地,既有种粮大户、养殖大户,也有农民企业家、厂长,过去走南闯北的农民工,已成为总经理、董事长,他们身上有一个共同的特点,就是抱着“创业——永不停歇”的理想,展现出农民工坚忍不拔、百折不挠、踏实苦干、讲求实效、诚信和谐、勇于创新的精神。2009 年全省第三届职工职业技能大赛，第一次农民工组队参赛，第一次为农民工单独设奖，第一次设农民工江西省五一劳动奖章奖项，第一次设农民工“江西省技术能手”称号奖项。大赛 13 人获各组别第 1 名，授予省五一劳动奖章，其中农民工 6 名：工具钳工廖杰峰、维修电工汪敏华、砌筑工胡兵珠、钢筋工谢朋、电焊工谢信华和缝纫工李萍。各个组别前 3 名的 39 人被授予“省技术能手”称号，其中农民工 18 名。

2006 年开始，“省五一劳动奖章”评选，省总将一线农民工纳入评选范围。之后，设定一定比例确保农民工入选。

2010 年 4 月 15 日，赣州市总下发通知，号召全市职工(农民工)开展向英雄曾庆香学习活动，迅速掀起学习曾庆香事迹的热潮。学习他舍己救人、开拓进取、不畏艰险的精神；学习他知荣明耻、一身正气，用实际行动践行社会主义荣辱观的精神；学习他勤劳朴实、胸怀宽广，用辛勤的汗水回报亲人、回报社会的精神。赣州市总和信丰县总领导前往曾庆香家中进行看望和慰问，并送上 10000 元慰问金，同时，市总工会决定追授曾庆香市“五一”劳动奖章。7 月 12 日，景德镇市总在全市 12 万农民工中深入开展“十佳回乡创业能手”和“十佳优秀农民工”评选活动。

用工诚信评价机制

全省各级工会组织建立企业劳动用工诚信监督体系，定期就当地企业签订劳动合同、集体合同、支付工资、缴纳社会保险、安全生产等情况进行监督检查，通过网络、电视、报刊等媒体将结果予以公布。工会所属的困难职工帮扶中心、职业介绍机构等场所要建立企业诚信评价窗口，建立企业用工侵权黄牌、黑名单制度，定期公布企业用工相关信息和诚信情况，提示农民工不要到用工诚信差的企业工作，以免受到侵害。积极建议政府将用工诚信作为招商引资、招标投标的条件，对不讲诚信、侵害农民工合法权益严重的企业通过媒体予以曝光，使其没有市场或退出市场。

2005 年 7 月，省劳动保障厅、省建设厅、省总联合下文《关于转发劳动保障部、建设部、全国总工会〈关于加强建设等行业农民工劳动合同管理的通知〉的通知》。

2006 年，省总与省劳动保障厅等联合下发实施推进劳动合同 3 年行动计划实施方案，确定从 2006—2008 年，用 3 年时间实现各类企业与劳动者普遍依法签订劳动合同的目标任务，各级工会加大了帮助和指导农民工签订劳动合同的工作力度。江西铜业集团公司各用工单位使用农民工，须与劳务代理机构签订劳务协议，明确用工岗位、社会保险、劳动待遇、工资的支付等内容及双方各自应履行的权利和义务，从源头上维护农民工的合法权益。公司有农民工 1900 余人，主要分布在主业生产一线和多样化经营企业。用工形式实行劳务代理或劳务发包，劳动合同由劳务代理机构与农民工签订，江铜集团各用工单位与劳务代理机构签订劳务合同(协议)，使用一年以上的农民工基本上签订劳动合同。

2007 年 7 月 1 日至 8 月 25 日，省劳动保障厅、公安厅、监察厅、民政厅、国土资源厅、卫生厅、工商局、安监局、省总联合在全省范围内开展整治非法用工打击违法犯罪专项行动。专项行动的范围是本省行政区域内非法劳动用工单位，重点对乡村小砖窑、小煤矿、小矿山、小作坊。检查内容是依法领取证照的情况、劳动用工的基本情况、执行劳动保障法律法规的情况和违法犯罪情况。全省共检查用人单位9126户,其中小砖窑3033户,小煤窑638户,小矿山1474户,小作坊2063户,其他用人单位1918户,涉及劳动者25.84万人。共查处违法案件5147件(无刑事案件),责令整改4378件,补签劳动合同71441人,补发劳动者工资和经济补偿金197.2万元,督促办理社会保险34521人,清理童工6人,罚款16.4万元,取缔无照经营用人单位88户,吊销许可证38户,吊销营业执照69户。

省总、省人社厅和省企业家联合会共同转发《关于深入推进集体合同制度实施彩虹计划的通知》《关于印发江西省全面推进小企业劳动合同制度实施专项行动计划实施方案的通知》,修改和完善集体合同示范文本,并在江西工会网上公布,为基层工会签订集体合同提供帮助和指导。启动小企业劳动合同制度实施专项行动计划。近一年即至2010年8月,全省签订集体合同企业达到3.75万家,同比增长22.1%,集体合同签订率达到88.4%,女职工权益保护专项集体合同签订率达到96.87%。

法律援助机制

全省各级工会组织将农民工作为工会法律援助和服务的重点对象,将维护农民工合法权益纳入法制轨道。21世纪初,全省所有县以上工会都建立了法律援助机构,各级工会困难职工帮扶中心开设法律援助服务窗口,配备专人负责此项工作。充分发挥帮扶中心农民工窗口和12351职工热线的作用,为农民工开展法律咨询和法律服务。并与司法部门协调配合,充分发挥工会公职律师和工会法律援助志愿人员的作用,帮助农民工追讨工资、打官司。毫不妥协地同侵犯职工合法权益的行为作斗争,对典型案例,集中办案,一查到底,扩大工会维护农民工合法权益的影响。县以上工会都加大对工会法律援助工作的经费投入,设立专项资金,确保工会法律援助工作的正常开展。加强企业劳动争议调解工作,大力推动区域性、行业性劳动争议调解机制建设,建立劳动争议预测、预报、预警制度,把劳动关系矛盾及时解决在基层,消除在萌芽状态。且与司法、劳动、法院等有关方面加强协调配合,建立联动机制,及时、快捷地为合法权益受到侵犯的农民工提供法律援助。同时,在农民工中普遍开展以提高自我维权意识为主要内容的法制宣传教育活动,通过学习相关法律法规,更好地维护自身合法权益。

2004年9月25日起,全省"12351"职工维权热线电话全部开通。职工热线电话受理范围:职工(含农民工)对劳动法律、法规和政策等方面的咨询;职工需要帮扶及解决生活困难的求助;职工及工会组织对侵害自身合法权益行为的控告、申诉;职工对紧急突发事件的重大安全事故的报告;工会劳动保障法律监督员对用人单位违反劳动法律法规情况的举报;对侵犯职工合法权益典型事件以及其他涉及职工合法权益问题的反映等。对职工通过热线电话反映的问题及要求,各级工会组织将按照"分级负责、归口办理""谁主管、谁负责""属地管理"和及时就地就近依法解决问题与思想疏导相结合的原则,分别作出具体处理。其他有关问题根据规定归类向政府部门及司法机关反映,并会同相关部门予以协商解决。南昌市维权服务站,还组建南昌市农民工劳动争议调解庭,并制定《南昌市农民工劳动争议调解议事规则》。调解庭化解许多大的集体上访事件。

2005 年 5 月 5 日，吉安市启动农民工法律援助“百千万”爱心活动：走进百家以上企业。即要求全市 13 个县（市、区）法律援助中心走进 10 个以上农民工较多的企业，与他们结成长年的对子，使全市 100 家以上企业有法律援助介入。对结成对子的企业，法律援助机构要组织人员每季度为企业上一堂法制课，每月为企业出一期法制专栏。在有条件的地方，探索在农民工较多的企业设立农民法律“诊所”，切实解决各类纠纷，维护社会稳定。办理千件以上农民工法律援助案件和对农民工减、免法律服务费用案件。即要求全市 13 个县（市、区）法律援助中心是年内办理 10 件以上农民工法律援助案件，每个律师事务所、基层法律服务所今年内分别或减或免费办理 10 件和 5 件以上农民工法律服务案件。要优先接待群体性案件的农民工和因工致残的农民工。对经济确有困难又达不到法律援助条件的农民工，适当减少或免除法律服务费用。联谊万名以上农民工。即 13 个县（市、区）法律援助中心要与 1000 名以上农民工加强联系，使全市有 10000 名以上农民工成为法律援助的“常客”。为此，每个县（市、区）设立农民工法律援助联系点 3 个以上，开展义务法律咨询 4 次以上，发放便民联系卡千份以上，送法律书籍千册以上，散发宣传资料万份以上。

2006 年初，新余市总建立农民工维权的绿色通道和快速反应机制。专门设立农民工投诉受理窗口，发挥与劳动监察、仲裁、信访联合办案机制的作用，对农民工的举报申诉实行“一站式”服务，及时登记，统一分流处理，凡为农民工追讨工资案件实行优先审理，做到“四快”即快立案、调查、处理、结案。同时与法院、建设局建立工作联系机制，由市总法律顾问为农民工侵权案件提供法律援助，法院对侵害农民工合法权益案件实行优先立案、优先执行。新余市总与劳动监察部门合作，将雇用农民工较多的行业列为重点检查范围。只要发现用人单位存在恶意拖欠和克扣农民工工资行为，检查小组就及时下达限期改正指令书，对拒不按期改正的，就对其依法进行行政处罚或行政处理。吉安市受理农民工投诉 352 件，处理 350 件，处理率 99.4%。其中劳动争议 36 件全部结案。九江市总处理热线电话 496 个，其中：投诉 298 件，困难救助 103 件，法律咨询 95 件。2006 年元旦春节期间，全省各级工会法律援助机构积极开展法律知识宣传和各类法律咨询服务。接受农民工投诉 1900 例，协调处理 1700 例，处理率达 90%。省总机关受理 59 例，全部及时协调处理。

2007 年 7 月 18 日，景德镇市总、司法局、劳动保障局和中级法院联合成立市农民工维权联调委员会。在市总设立办公室，负责日常事务，按照《景德镇市农民工维权联调委员会工作意见》开展工作，45 名专职执业律师受聘于工会法律援助中心。2008 年，市县乡三级联调机构先后受理农民工维权案件 265 起，其中重大工伤死亡维权案件 8 起，劳动争议维权案件 61 起，清欠工资维权案件 196 起，累计为农民工讨薪 560 余万元，索回工伤死亡补偿 424 万元，2800 余名农民工受益。2009 年市、县（市、区）二级联调委员会，各乡镇、村维权服务站开展专项维权行动。接待处理农民工来信来访 4000 余人（件）次，为农民工办理维权案 1010 起；为近 150 名农民工实施医疗、生活和助学救助 20 余万元。至 2010 年底，市、县两级均成立联调委员会，42 个乡镇成立维权领导小组，在各乡、镇司法所和 12 个街道建立农民工维权服务站，按照《景德镇市乡镇司法所设立农民工维权站工作意见》，为农民工服务，形成“相互配合、上下互动、资源共享、合力维权”职能的三级农民工维权服务工作网络。

2008年,全省共处理劳动争议案件1130起,挽回经济损失2880多万元,为农民工讨薪1092万元,义务代受理侵害农民工文书4400件。

2010年前3季度,全省各级工会共接受农民工投诉共计4195例,协调处理3889例,处理率达92.7%。省和11个设区市、99个县(市、区)总工会都成立了法律援助机构,建立法律援助志愿者队伍。全省工会共有法律援助志愿者1472名,其中1011人具有律师资格。省、市、县都已开通"12351"热线。元旦春节期间,利用"12351"热线为农民工提供"绿色通道",快速受理农民工维权和困难救助。前3季度累计接听农民工来电1116人次,均及时协调处理。

第六章　宣传教育

1994—2010 年，江西工会宣传教育工作，坚持服务于党和国家工作大局、服务于职工群众、服务于工运事业，围绕职工的理想信念教育、职工思想政治工作、对工人阶级和工会工作宣传、职工科学素质教育、职工文化体育工作，全面忠实履行工会组织的教育职能。

第一节　党组织和党员教育

1999—2010 年，省总重点开展党组织和党员教育活动。其中包括“三讲”教育，保持共产党员先进性活动，学习实践科学发展观活动，党建带工建创先争优活动等。

“讲学习、讲政治、讲正气”教育

省总的“三讲”教育，是在省委试点工作组的指导下，从 1998 年 12 月 28 日开始。省总制订实施方案，成立了以程受锭为组长的“三讲”教育领导小组及其办事机构。整个“三讲”教育工作，历时两个月。

1999 年 1 月 5 日，省总召开“三讲”教育动员大会。机关全体干部、职工和各直属单位副处以上干部或主要领导参加。省委“三讲”教育试点工作组组长、省委常委、宣传部部长张克迅，副组长、省直工委书记高冬梅出席。张克迅讲话，程受锭作动员报告。张克迅在讲话中强调了开展“三讲”教育的深远意义，着重阐明了搞好“三讲”教育要做到“四个紧密结合”“四个始终立足于”的要求。即把学习理论、武装头脑同整顿思想、改进作风紧密结合起来，始终立足于学习提高；把党性分析、自查自纠同发动群众、民主评议紧密结合起来，始终立足于群众路线；把严肃负责的相互批评同认真深刻的自我批评紧密结合起来，始终立足于整风精神；把“三讲”同推动当前工作紧密结合起来，始终立足于解决突出问题，更好地贯彻执行党的基本路线，全面落实党的十五大精神。

是月 26 日，省总召开机关职工和直属单位领导干部大会，对“三讲”教育第一阶段工作进行小结。一是抓认识统一，做到思想认识、实施措施、组织机构、领导责任四个到位；二是抓思想发动、做到上下齐心协力；三是抓布置检查、确保学习任务落实。省委“三讲”教育试点工作组肯定省总三讲教育第一阶段的成果，对省总“三讲”教育“自我剖析、听取意见”的第二阶段工作，提出 3 点要求，一是领导干部要紧密联系思想工作和作风实际，认真查找存在的问题；二是充分发扬民主，走群众路线；三是认真对待查找出来的问题。

4月21日,省总召开“三讲”教育总结大会。在这次“三讲”教育中,省委巡视组及省总“三讲”教育办公室先后召开9个不同类型的座谈会,找38名处级干部和22名一般干部谈心,设立“三讲”教育意见箱、印发征询意见表,多层次、多渠道广泛收集群众意见172条。经整理涉及政治思想、组织建设、工作作风和方法,工作管理、廉政建设等6个方面的意见共30条。对这些意见,省总“三讲”办经核实,并在广泛征求干部、职工意见基础上提出具体的整改方案。这次“三讲”教育使党组班子和领导成员受到一次深刻的马克思主义的自我教育,主要表现在:贯彻党的基本路线,基本理论的自觉性和坚定性有新的增长;找出了班子和个人存在的突出问题,明确今后的努力方向;发扬党的批评与自我批评的优良传统有明显进步,增强班子团结,进一步提高战斗力;领导成员受到一次生动的群众路线和群众观点的再教育,廉洁奉公,接受群众监督的意识进一步增强;振奋精神,改进作风,加强纪律,促进工作。主要做法体会:一是立足学习提高,把学习理论与武装头脑紧密结合;二是立足群众路线,把自我剖析与民主评议紧密结合;三是立足整风精神,把开展批评与自我批评紧密结合,做到交流思想不回避、集体查找不厌烦、开展批评不迁就、表明态度不务虚;四是立足巩固成果,把搞好整改与建章立制紧密结合。他们对机关已建立的规章制度进行全面梳理,新制定《党风廉政建设责任制》《江西省各级工会主席离任审计暂行办法》等6个规章制度。省委巡视组指出:省总“三讲”教育从总体上看基本上达到省委要求,取得明显成效,主要表现在领导班子深受教育,大家提高认识,武装头脑;广泛发动群众,查找出班子在党性党风中存在的不足问题;认真开展批评与自我批评,达到了统一思想;针对查摆的问题,提出了整改意见,制定了系列规章制度。对今后的工作,省委巡视组提出:一要继续加强学习,继续用邓小平理论武装干部职工的头脑,二要认真进行整改,抓好各项措施的落实;三要切实改变作风,努力开创工作的新局面。张克迅最后讲话,他说:省总“三讲”教育已经取得阶段性成果:进行一次马克思主义的理论自我教育;找出省总领导班子和个人的主要问题,执行党的基本路线、基本纲领的自觉性有提高;密切干群关系;为全省的“三讲”教育创造一定的经验。他强调:“‘三讲’教育是一项长期工作,我们已经做了大量的工作,今后还有大量的工作要做。要继续提高学习的自觉性,掌握邓小平理论的精髓‘实事求是,解放思想’。要继续提高政治的敏锐性,增强政治责任感,从全党全国工作大局出发来做好本职工作;要继续提高发扬正气的主动性,带头讲正气、树正气。”

1999年,省总和部分地(市)工会领导机关深入开展以“讲学习、讲政治、讲正气”为主要内容的党性党风教育活动,加强工会自身建设,增强领导班子的战斗力,推动各项工作,取得较好成果。

保持共产党员先进性教育活动

2005年1月—6月,省总根据省委统一部署,省总列为参加第一批保持共产党先进性教育活动单位,利用半年时间开展保持共产党先进性教育活动。

是年1月,省总下发《开展保持共产党先进性教育活动实施方案》,方案明确:省总机关各支部及在昌下属单位总支、支部的党员、预备党员(包括聘用、借用人员中的党员)为对象。活动指导思想、目标和要求是:以邓小平理论和“三个代表”重要思想为指导。通过开展先进性教育活动,党员素质切实得到提高，党组织切实得到加强，服务群众切实见到成效，各项工作切实得到推进。方法步骤要求：第一阶段学习动员重点抓好三个环节：搞好思想发动；搞好学习培训；明确新时期共产党员保持先进性的具体要求。第二阶段分析评议重点抓好7个环节：一是广泛征求意见；二是开展谈心活动；三是撰写党性分析材料；四是开好专题组织生活会；五是召开支委会；六是向党员反馈意见；七是通报评议情况。第三阶段整改提高重点抓好3个环节：制定整改方案；认真进行整改；向群众公布整改情况。集中学习教育基本结束后，用3个月左右的时间，切实做好巩固和扩大整改成果的工作。并提出要把握好坚持解决思想认识问题与解决实际问题相结合；坚持发挥领导干部的表率作用与发动群众广泛参与相结合；坚持学习、剖析、整改相结合；坚持做好“规定动作”与创新“自选动作”相结合；坚持开展先进性教育活动与促进各项工作相结合5项要求。

是月30日下午，省总保持共产党员先进性教育活动动员大会在南昌召开。张海如，省委督导组组长徐朝亮在会上作动员讲话。为确保先进性教育活动取得实际成效，省总党组采取7项措施：一是成立省总保持共产党员先进性教育活动领导小组，张海如任组长，文之周、李骥任副组长。领导小组在省总党组的领导下开展工作，在省总机关党委设活动办公室；二是坚持理论联系实际；三是认真找准存在问题；四是着力解决突出问题；五是严格方法步骤；六是做到教育活动与工会工作两不误、两促进；七是抓好舆论宣传。徐朝亮在讲话中要求工会广大党员要切实增强责任感、使命感，克服畏难情绪和厌战思想，积极参与到先进性教育活动当中。要正确把握中央和省委的总体部署要求，坚持领导干部带头、坚持走群众路线、坚持在解决突出问题上下功夫、坚持探索创新、坚持做到“两不误、两促进”，确保先进性教育活动取得实效。

2月23日，省总举行劳模报告会，省总机关及在昌直属单位全体共产党员听取全国劳模、江西省通力电业有限公司总经理李洪应的事迹报告。

是月25日，省总机关及在昌直属单位举行“我为什么入党”的学习交流会。张海如以及省总领导以普通党员的身份出席交流会，省总机关及在昌直属单位全体党员参加交流会。8位党员代表发言。张海如对省总机关下一步深入开展活动提出全体党员要通过带头学习、带头表率、带头查找、带头实践，进一步增强宗旨信念意识、开拓创新意识、廉洁自律意识、科学发展意识，确保学习动员阶段真正取得成效的要求。

3月31日，省总机关保持共产党员先进性教育活动学习总结暨动员大会在省总干校举行，张海如、徐朝亮、文之周出席。会议由文之周主持。张海如作动员报告。他说，在保持共产党员先进性教育活动第一阶段中，省总党组高度重视，把握“六学”方法，打牢思想基础。即严格规定扎实学；党组成员带头学；创新方法深入学；典型引路示范学；明确方向激励学；服务职工干中学。并对省总“先教”活动转入分析评议阶段如何达到效果，提出重点要抓好7个环节，即：广泛征求意见；开展谈心活动；撰写党性分析材料；开好专题组织生活会和民主生活会；提出评议意见；反馈评议意见；通报评议情况。总体要求是：牢牢把握“关键要取得实效”。正确掌握政策，严格方法步骤；抓住关键环节，把握重点问题，实行开门教育，广泛征求意见；突出自我教育，搞好自我分析；坚持正面教育，搞好民主评议；党内互相帮助，坚持边整边改。同时强调：各单位党组织要巩固和运用好学习动员阶段的成果；要围绕坚定理想信念，牢固树立科学发展观，坚持党的根本宗旨，引导党员立足岗位提高本领,遵守党的纪律,坚持“两个务必”等6个方面的共性问题进行分析评议;要找出存在的突出问题;要正确开展批评与自我批评;要边议边改;要发挥领导干部的表率作用。会上,省总机关第四支部,省总干校党总支和省总副主席李慈葆就学习动员阶段的体会发言。

4月26日上午,省总党组召开保持共产党员先进性教育活动专题民主生活会。为开好专题民主生活会,先后召开12个不同方面代表参加的座谈会,向全省工会系统以及省各有关厅局发放征求意见函110余份,并通过个别访谈、设置意见箱等形式,主动征求干部群众的意见和建议共318条,其中对省总领导班子的意见和建议24条,对省总领导班子成员的意见和建议41条。专题民主生活会上,张海如带头发言,领导班子成员踊跃发言。大家态度诚恳,敞开思想,坦诚相见,谈成绩实事求是,摆问题不遮不掩,提意见推心置腹。着重查找在理想信念、坚持科学发展观和正确的政绩观、求真务实、联系群众、廉洁自律等方面存在的问题和不足,深入进行剖析,认真开展批评与自我批评,自觉地把党性分析的过程作为加强党性修养、端正思想作风的过程。

在分析评议阶段,省总突出关键问题,广泛征求意见。通过深入基层、深入职工集中座谈、上门访谈、委托访谈、相互交谈、发征求意见表、设职工意见热线、在江西工人报刊登征求意见通告、开座谈会等征集意见和建议600多条,经过梳理为316条。采取“下级评议上级,群众评议党员、基层评议机关、支部评议党员、党员自我评议”等多种形式,通过“自己找、群众提、组织点、大家议、互相帮”等方式,梳理自己的思想,写好党性分析材料,开好民主生活会,从世界观、人生观和价值观,从坚持科学发展观和正确政绩观以及权力观、地位观、利益观等方面剖析思想根源。

5月10日,省总先进性教育活动分析评议阶段总结暨整改提高阶段转段动员大会在南昌举行。张海如、文之周等出席。文之周主持会议。张海如在讲话中肯定省总机关在分析评议阶段的主要做法和成效。对做好整改提高阶段工作指出:针对查找出来的突出问题,扎实搞好集中整改,确保先进性教育活动成为群众满意工程。着重抓好三个环节:一是制定整改措施和整改方案,二是认真进行整改,三是向群众公布整改情况。并就省总党组的整改重点提出7条意见。一是健全学习制度。二是加强思想政治工作。三是健全民主集中制。今后省总主席办公会议,除涉及保密人事问题外,扩大到机关各部门的正职和在昌直属单位正职列席。四是完善信访接待制度。明确每月固定一天,安排省总领导轮流值班,接待来访职工群众。五是激发机关干部活力,拟在省总机关开展“三创三看”活动。六是提高机关办事效率。七是切实提高服务基层,服务职工的能力。要结合组织开展“三创三看”检查考核工作,组织6个调研组,由省总领导带队,深入基层开展重点难点工作调研,切实加强分类指导,大力推进基层工会工作。

6月13日,省总先进性教育活动整改情况通报会在南昌举行。张海如、文之周、李骥等出席。会议由李骥主持。文之周通报指出:抓住“三个”重点,着手进行整改。一是理论学习不够。二是破解难题不够。三是服务基层不够。省总党组针对自身查找出的问题,结合征集到的意见、建议和机关党组织与党员自身存在的突出问题,多次开会集中进行分析评议,站在全局的高度研究提出省总领导班子的整改意见,并发给各支部征求意见,认真接受群众监督,吸收群众合理的意见,在此基础上进行充实完善,制定了符合省委要求、符合省总实际的整改方案。机关在职人员、部分离退休老干部、在昌直属单位的负责人及部分群众等共计78人参加满意度测评,“不满意”为0。文之周从5

个方面通报了省总领导班子的整改情况。一是关于理论学习和政治思想工作方面。今后省总将进一步健全学习制度形成良好的学习氛围。二是关于服务基层和职工群众方面。每年针对基层工会职工群众反映的难点,热点问题,确定调研课题深入进行调研,形成有分量、有价值的调研报告,在工会系统组织开展“三创三看”活动,总结工会工作中破解难题的新思路,新经验,新举措,切实加强分类指导,更好地为基层工会和职工服务等。三是关于突出“维护”职能方面,进一步加大参与涉及工会和职工群众利益的立法力度,与立法机构联系,有计划,有步骤地提出立法项目;要加大对设区市总工会领导干部的协管力度,主动与设区市委和组织部门联系,配好工会领导班子,推进工会干部的内外交流,发现并建议推荐优秀年轻干部到各级工会领导岗位上来;争取在省委下发《进一步加强新时期工会工作的意见》中,明确地方工会主席进入同级党委或人大、政协班子的有关规定,抓住地方党委、人大、政协换届调整班子及部分地方工会换届时机,推进地方工会主席进入同级党委、人大、政协班子有一个新发展;对一些工会资产被当地无偿占用的问题,与当地工会组织进行调查,向当地党委、政府提出工会的意见,切实保护工会资产;对全省工会资产进行一次摸底调查,建立工会资产档案。四是关于工会组织建设方面。要采取有力措施制止随意撤并工会组织的现象。同时根据《中国工会章程》和全总的做法,进一步理顺地方工会与产业工会,省属企业工会的关系,加强对省产业工会工作的领导。五是关于省总机关建设方面。不仅要进一步健全民主集中制,进一步清理修改现有机关各项规章制度,近期开展一次机关干部的轮岗、竞聘上岗,提高机关办公水平效率,逐步改善机关人员工作生活条件及福利待遇。

是月 24 日下午,省总保持共产党员先进性教育活动总结会在南昌举行。张海如、文之周、李慈葆、郭学勤参加会议,徐朝亮和督导组成员出席。会议由文之周主持。会议指出,省总保持共产党员先进性教育活动在省委领导下,在省委督导组的具体指导下,围绕“六个方面的共性问题”,紧密结合工会工作实际,敞开门搞教育,请进门听意见,走出门办实事,呈现党组率先垂范,各支部积极响应,党员踊跃参与的态势,有力地推动教育活动的开展,圆满完成党员先进性教育活动,党员普遍反映收获很大,基本实现预期目标。测评结果表明,省总先进性教育活动的开展是健康的、成效是显著的、群众是满意的。即提高党员素质;增强宗旨意识;增强服务本领;促进各项工作。张海如就下一步巩固和扩大成果提出四点意见:一是要对整改阶段进行的整改情况进行检查梳理。二是对教育活动中表现突出的党员进行表扬。三是做好发展新党员工作。四是建立保持共产党员先进性长效机制。

学习实践科学发展观活动

2008 年 3 月 29 日—7 月 15 日,省总开展深入学习实践科学发展观活动,是省直机关深入学习实践科学发展观活动试点单位。

4 月初,省总成立试点工作领导小组,由张海如任名誉组长,省人大常委会副主任、省总党组书记姚亚平任组长,省总党组成员任副组长,有关中层干部为领导小组成员,领导小组下设办公室和督导组,省总党组成员、副主席柯进水兼任办公室主任,省总党组成员、经审会主任王运快兼任督导组组长。并且抽调相关人员组成活动办公室,采取集中办公。省总机关各支部和在昌直属单位各总支、支部也成立相应的领导机构和工作机构,制定《试点工作方案》。

是月11日,省总召开深入学习实践科学发展观活动试点工作动员大会。张海如作动员报告。试点的范围为省总领导班子,机关及在昌直属单位党员领导干部和全体党员,重点是县处级以上领导班子和党员领导干部。姚亚平会上作学习实践科学发展观坚定不移走中国特色社会主义工会发展道路的讲话。他结合工会工作实际谈了三点体会。一是学习实践科学发展观,就是要坚持以人为本,把握工会工作的出发点和落脚点,出发点和落脚点就是全心全意依靠工人阶级。二是学习落实科学发展观,就要促进构建社会主义和谐社会,把握工会工作的主线和基本职责,主线和基本职责就是要依法维护职工合法权益,构建和谐的劳动关系。三是学习实践科学发展观,就是要提高党员干部特别是领导干部的素质和能力,把握工会工作的新任务、新要求。以改革创新的精神,加强和改进工会工作。坚定不移地走中国特色社会主义工会发展道路。

6月5日,省总召开省总机关及在昌直属单位党员干部职工大会。会议由省总常务副主郭学勤主持,省总领导和省总机关及在昌直属单位党员干部职工参加。省委巡视督导组组长、宜春市人大常委会副主任谢国萍等一行3人出席会议。大会的主题是:总结省总开展深入学习实践科学发展观第一阶段的学习调研情况及第二阶段分析评议动员。会议上省总机关法工部部长吴海平和省总干校李运学书记介绍第一阶段的经验体会。姚亚平总结并动员。他从5个方面概括总结了省总第一阶段所取得的良好成效:加强领导,组织部署到位;广泛发动,氛围营造良好;廾门纳谏,调研查找问题;督查指导,确保活动实效;突出特色,做到统筹兼顾。他对分析评议阶段提出了要求:深化一个认识,即深化对学习实践科学发展观重大意义的认识;抓好一项中心任务,即起草好领导班子贯彻落实科学发展观情况的分析报告;把握四个重点环节:一是开好班子专题民主生活会,二是开好党委(党组)扩大会议,三是搞好贯彻落实科学发展观分析报告的群众评议工作,四是在认真修改的基础上做好分析报告的通报工作。郭学勤提出要学习传达落实好本次会议精神;要认真做好第二阶段的分析报告和群众评议工作;要求真务实,获得好效果3点要求。

是月,省总机关及在昌直属单位党组织就本单位落实科学发展观进行专题研讨和分析评议。省总事业部在宜春温泉工人疗养院召集直属各宾馆、疗休养院班子成员,就直属企事业落实科学发展观进行了专题研讨。省总直属各宾馆、疗休养院负责人结合自身在落实科学发展观中的经验和问题进行了认真的总结交流和查摆分析,省总副主席陈文明参加研讨并提出"一保二增三转变"的工作新举措。他指出:省总对工会企事业的发展十分重视,宾馆、疗休养院是省总本级企事业的主要成分,要始终把握学习实践科学发展观这根主线,以确保工会资产不流失;经营增效、资产增值;工作重点由抓投入向抓管理转变,精神面貌由守家型向创业型转变,经营方式由分散式向集团式转变的"一保二增三转变"为目标。紧紧咬住省总下达的各项经济指标,团结一心谋改革,齐心协力求发展;集中精力把管理抓起来、把营销促上去、把安全和稳定落到实处,推进全省工会企事业朝着健康高效的方向加速发展。

是月30日,省总召开开展深入学习实践科学发展观活动分析评议阶段总结及解决问题阶段动员大会。姚亚平对解决问题阶段的工作讲两点意见。一是深化思想认识,高标准严要求,分析评议工作达到预期效果。深入学习,增强贯彻落实科学发展观的自觉性和坚定性,夯实分析评议的思想基础;广泛征求意见,在查找制约工会科学发展问题上实现新突破;深入实际,突出活动主题,认真搞好分析评议总结;深入评议,边议边改,提高群众满意度,活动成效进一步显现。二是明确任务,落实责任,切实做好解决问题阶段的工作。进一步提高思想认识,增强做好解决问题阶段各项工作的责任感;认真分析研究问题,完善落实整改措施;集中力量解决问题,做到让党员群众满意;切实加强领导,形成解决问题的合力。

7 月 10 日,省总在南昌召开全省工会领导干部“以科学发展观为统领,开创工会工作新局面”会议。各设区市总主席、常务副主席,各县(市、区)总主席,各产业(局、系统)工会主席,省总直属基层工会主席,省总直属单位和机关各部门主要负责人共 200 余人参加了会议。姚亚平出席并讲话,郭学勤主持会议。谢国萍及省总领导李骥、王运昌、柯进水、陈文明等出席。姚亚平以“突出重点明确目标提高能力,开创江西工会工作新局面”为题突出强调了“组织起来、发展会员、收缴经费、开展活动、切实维权、大力帮扶、劳模管理、提高能力”八项重点工作。在工会组建、发展会员上指出:工会组建重点在企业。各级工会组织要自己过去比、与其他数据比、与兄弟省市比、与本省市比,还有相当一部分职工不是会员,全省每年还新增 30 多万职工,发展工会会员任务仍然很重。各级工会组织要采取积极措施引导各单位组建工会,职工加入工会。在收缴经费上指出:各级工会要加强全省工会经费地税代征,特别是注重全省 100 个工业园和产业工会的经费收缴问题。要制订“全省工会经费收缴考核与奖励办法”,促进工会经费地税代征工作。在开展职工活动时指出:各级工会要致力于发展教育学习活动、劳动竞赛活动和文娱体育活动。在切实维权上强调要加强职代会、厂务公开、三方协商机制建设,加强协同劳动保障、建设、公安等部门开展农民工工资清欠行动。在工会帮扶上强调要做好与社会保障体系的有机衔接。把困难职工全部纳入低保,努力做到应保尽保;同时,对低保或收入高于低保,但因病因灾因子女上学等而生活困难的职工实行帮扶济困。在劳模管理上强调着力做好劳模的评选、表彰与劳模人物和精神的宣传工作;建立健全劳模档案,建立劳模联系制度,定期召开劳模座谈会、定期走访、慰问制度,做好劳模来信来访工作;同时,做好劳模服务工作,安排好劳模疗休养、劳模教育培养、劳模体检等工作。姚亚平强调:在新的历史条件下,既要管脚下,更要管天下。工会工作要面向“两广”,要坚持方向,以人为本;明确责任、振奋精神;突出重点,分解目标;执行到位;解放思想,更新观念,创新机制;加强学习,拓宽视野,提高能力。

省总深入学习实践科学发展观活动试点工作从 4 月初正式启动,历时 4 个半月。试点工作基本实现了省委提出的目标要求,取得了明显成效。在事关工会科学发展的问题上形成了共识,理清了工作思路,明确了努力方向,具体是:进一步了解省情,会情,以科学发展观统领工会工作全局,加强工会组织建设,进一步加大非公有制企业工会组建力度,加强对产业工会的领导;进一步维护广大职工的民主政治权利、劳动经济权益、精神文化权益,加大工会帮扶力度,进一步拓展帮扶范围、完善帮扶方式、增强帮扶实力、提高帮扶水平、提升工会帮扶品牌影响力;提高各级工会领导班子水平,进一步协助党委做好工会干部协管工作,配好配强各级工会领导班子,不断增强班子活力;加强工运理论研究与创新,进一步加强对工会热点难点工作的调研,探索新机制、寻找新办法、解决新问题,加强工会经费的收、管、用,进一步加大依法足额收缴工会经费的力度,做到工会经费收缴与职工工资增长协调发展;为劳模办好事解难事,营造全社会尊重劳模、关爱劳模浓厚氛围;实施职工经济技术创新工程,积极开展劳动技能竞赛,深入开展"当好主力军、建功'十一五'、和谐奔小康"竞赛活动,打造好"工人先锋号"品牌;加强自身建设,完善学习、工作、管理制度,建设成学习型、创新型、和谐型机关。

省总将贯彻落实科学发展观落到实处,围绕省委、省政府制定的"十一五"规划和江西崛起新跨越的奋斗目标,在职工中开展以"当好主力军、建功'十一五'和谐奔小康""我为节能减排做贡献"等为主题的职工经济技术创新活动。省总与省有关部门联合举办全省职工职业技能大赛和全省重点建设项目职工技能大赛,参赛职工达57万人,涉及20多个行业,开展"安康杯"竞赛,有4290家企业、近50万职工参加。开展"创建学习型组织、争做知识型职工、勇为创业型人才"、职工职业道德"双十佳"等群众性文明创建活动,首次推出全国重大宣传典型"袁政海班组"。省总共筹集2200多万元专项资金对劳模进行困难补助,劳模精神进一步弘扬。同时在维护职工权益,完善机制上有新举措。积极参与国有企业改革和改制,坚持和完善职代会、厂务公开、集体合同、职工董事监事等制度。其中有4806家非公有制企业建立职代会制度,23051家企业实行厂务公开制度,全省厂务公开工作得到全国厂务公开协调小组检查组的充分肯定。深入开展创建劳动关系和谐企业与工业园区活动。省、市、县(区)和260个乡镇(街道)建立协调劳动关系三方会议制度,劳动争议仲裁委员会形成三级网络。建立覆盖全省的职工活动援助服务中心和"12351"职工维权热线,省总连续两年被省委、省政府授予全省信访工作先进单位。。四川汶川地震发生后,省总在第一时间向四川省总发去慰问电,决定向灾区捐款30万元。省总机关和在昌直属单位的党员干部职工向灾区捐款3.73万元,收到193名在职党员和离退休党员"特殊党费"29.76万元,全省11个设区市总、省教育工会,省职工互助保险会等单位向灾区捐款43.066万元,总计达76余万元。全省共建困难职工帮扶中心148个,送温暖工程基金(资金)组织573个,总额达到1.28万元。实现了市、县两级工会全覆盖;2008年,全省各级工会筹集帮扶资金1.4个亿。比2007年增长25%。省总本级筹集帮扶资金首次超过3000万元,帮扶资金总量是2005年的8倍,比2007年将近翻了一番,帮扶困难职工50余万人次,金秋助学共筹集资金2000多万元,筹集资金和帮扶人数是2005年的3倍,是2004年的6倍。资助3万余名困难职工家庭子女入学,基本实现全省困难职工帮扶全覆盖、工会"不让一个困难职工家庭子女因贫困而不能上学"的诺言。着力抓好非公有制企业工会组建和发展农民工入会工作。2008年上半年,全省共有基层工会45978家,比2002年增长2倍;工会会员495.9万人,比2002年增长1.9倍。

党建带工建创先争优活动

2010年6月16日,根据中央和省委、省直机关工委关于深入开展创先争优活动的部署,省总依据自身特点,组织开展党建带工建创先争优活动。活动分两个层面展开,一是省总机关及省总直属单位开展创先争优活动,由省总机关党委具体组织实施;一是在全省工会组织中推进党建带工建创先争优活动,由省总全省工会创先争优活动领导小组具体组织实施。

是月16日，省总下发《关于深入开展创先争优活动的实施意见》。《意见》明确创先争优活动的指导思想、工作内容和基本要求。强调：(1)活动目标：通过深入开展创先争优活动，在"推动科学发展、促进社会和谐、服务职工群众、加强基层组织"方面下功夫，力争用三年左右的时间将省总机关建设成学习型机关，涌现出一批以"五个好"为内容的先进基层党组织和一大批"五带头"的优秀共产党员和优秀党务工作者，将机关打造成"五型"机关。(2)活动内容：创建先进基层党组织，要努力做到"五个好"：一是领导班子好。深入学习实践科学发展观，团结协作，求真务实，勤政廉洁，工作一流，有较强的凝聚力和战斗力。党组主要负责人党性强，作风正，认真履行党建工作责任人职责。二是党员队伍好。队伍结构合理，素质优良，党员意识强，能够充分发挥先锋模范作用。三是工作机制好。规章制度完善，管理措施到位，服务优质高效，工作运行顺畅有序。四是工作业绩好。工作成绩显著，围绕中心、服务大局事迹突出。五是群众反映好。基层党组织在群众中有较高威信，党员讲党性、重品行、修养好、做表率，形象良好，影响度高，党群干群关系密切。(3)方法步骤：2010年5—6月为学习动员阶段。2010年7月—2011年5月为全面实施阶段。2011年6月至2012年5月为阶段性总结阶段。(4)主要途径。一是在党性教育中坚定宗旨思想。二是在学习教育中提升党员素质。三是在培训调研中提高党员工作能力。四是在工作实践中深化创先争优活动。《意见》要求：要牢固树立"围绕党政工作中心、服务江西发展大局、维护职工合法权益、履行工会基本职责"的工作理念。从履行岗位职责中创先争优，从自己做起，从点滴做起，遵守纪律，踏实工作，创新工作，以一流的工作，创造一流的业绩，以党员的自觉行动，提升党组织的战斗堡垒作用。

是月29日，省总召开机关暨在南昌直属单位深入开展创先争优活动动员部署大会，省总机关全体干部职工及在昌直属单位党员干部共100余人参加。郭学勤作动员讲话。郭学勤要求，要按照中央和省委的部署，把握重点，真抓实干，扎实推进，确保创先争优活动取得实效。开展创先争优活动，就是要按照争创先进党组织的要求，做到"四个结合"，即：把开展创先争优活动与建设学习型组织结合起来，努力建设学习型党组织和学习型工会组织；把开展创先争优活动与进一步加强领导班子建设结合起来，努力增强各级工会领导班子和党支部的战斗堡垒作用；把开展创先争优活动与健全完善机制结合起来，建立一套行之有效的机制；把开展创先争优活动与创建和谐机关结合起来，树立机关良好的作风，充分发挥党员的先锋模范作用。她强调，要加强组织领导，确保创先争优活动顺利开展。要落实领导责任制，抓好实施方案的落实；要凝心聚力，开展谈心活动，相互关心、相互爱护、相互沟通、相互支持，增强集体荣誉感；要加大宣传力度，营造浓厚氛围；要搞好统筹兼顾，增强组织领导工作的针对性。要注意挖掘机关党建工作的有效资源，形成合力。特别是要注意把开展创先争优活动与全党开展的建设学习型党组织活动、全省深化"创业服务年"活动以及经常性的文明创建、职工素质工程、职工职业道德"双十佳"等活动有机结合起来。

9月28日，省总成立全省工会创先争优活动领导小组，组长：姚亚平；副组长：郭学勤；成员：李骥、王运昌、柯进水、王运快、陈文明、吴海平。全省工会创先争优活动领导小组办公室，主任：郭学勤；副主任：张源、郝希升；成员：万学华、汤御奎、任春山、吴建国、张才福、李运学、曹树枚。

是年10月26日，省总与省委创先争优活动领导小组联合制发《关于在全省各级工会组织中推进党建带工建创先争优活动的指导意见》。《意见》，明确创先争优活动的内容：(1)紧紧围绕服务全省,作为大局创先争优。①充分激发广大职工的创造力。②不断提高职工技术技能水平。③大力弘扬劳模精神。(2)紧紧围绕工会维权维稳职责创先争优。①履行好维护职工权益的职责。②落实好帮扶工作长效机制。③维护好职工队伍和企业稳定。(3)紧紧围绕工会重点工作创先争优。①积极参与全省七个系统国企改革。②努力推动企业普遍建立工会。以工业园区、非公企业、服务行业为重点领域,以农民工、劳务派遣工为主要对象,推动各种所有制企业普遍建立工会,加大工会经费收缴力度,增强工会为职工办事能力。做到全省今年新建工会组织3300家以上,新增会员26万以上。2011年底、2012年底企业法人单位建会率分别达到75%、90%;职工入会率达到87%、92%以上。③推动企业普遍建立工资集体协商、集体合同制度。各级工会要切实维护职工群众特别是生产一线职工的经济权益,力争年底在已建会企业实行集体合同制达到90%。(4)紧紧围绕工会自身建设创先争优。①全面加强工会自身建设。②发挥工会系统基层党组织战斗堡垒作用和党员先锋模范作用。《意见》从落实领导责任、加强舆论宣传、强化督促检查、表彰先进典型等方面强调了加强党建带工建创先争优活动的组织领导。

省总将直属单位领导班子建设纳入创先争优活动之中,2010年10月12日—27日,省总领导带队组成7个检查考评组对直属单位领导班子建设情况进行了一次检查考评。通过民主测评、“如何加强领导班子建设,建立健全规章制度,推进民主管理”为主题的民主生活会、班子成员和总支(支部)委员个别谈话、接受职工约谈、查看会议记录和有关规章制度了解领导班子建设情况。之后,省总党组制发《关于加强江西省总工会直属单位领导班子建设和管理的若干意见》,要求各直属单位针对此次检查考评发现和梳理出的问题,认真总结分析,采取有力的整改措施,进一步加强领导班子建设、规范管理制度、提高领导能力和执政水平,促进单位和谐,共谋事业发展。

截至2010年底,省总开展创先争优活动取得实效。2010年6月至年底,省总参与推进非工口七个系统国企改革,并作为开展创先争优活动的主要内容。为配合国企改革攻坚,省总先后选派50名干部党员组织11个工作组,分赴11个设区市和七个系统进行深入细致的调研,摸清底数,指导帮助改制企业建立健全职代会制度,制定改制方案和职工安置方案,帮助企业破解改革难题。在调查摸底的基础上,为1698家改制企业建立基础台账,对改制企业反映出来的现实困难和问题及时形成舆情分析研判报告,书面报省委、省政府领导,为省委、省政府决策提供重要依据。为配合支持抗洪救灾,全省各级工会紧急派出干部职工上万人次,市、县两级工会共筹措资金1200万元,省总第一时间拨付救灾款220万元,用于帮助灾区职工进行生产自救和重建家园。省总领导各带一个工作组分赴11个设区市进行实地调研和慰问受灾群众。姚亚平率领机关干部深入到抚州、鹰潭、宜春等灾情严重地区帮助指导抗洪救灾、看望慰问受灾困难群众,并送去慰问金。各级工会干部在巡堤护堤、人员转移、帮扶救助和灾后重建中发挥作用,得到地方党政和职工的认可。各级工会创先争优活动以创建“工人先锋号”为载体,在重点工程、重大项目、重要攻关中开展形式多样的岗位建功和劳动竞赛活动。省总先后与有关厅局开展全省“达尔康”杯第三届数控职业技能大赛、第二届全省天气预报技能竞赛活动、“安康杯”安全检查职工技能大赛、第三届全省粮食行业职业技能竞赛等活动。上半年全省职工参与劳动竞赛和建功立业活动人数超过450万人次。同时圆满完成全国劳模的评选推荐工作。

省总履行维权维稳职责，促进社会和谐，从源头维护职工利益。代表职工参与《人民调解法（草案）》等七部涉及职工切身利益的法律法规的制定，参与制定并推动江西及时出台最低工资标准、企业工资增长指导线、因工致残人员伤残津贴待遇等相关政策法规。推动实施企业劳动合同制度专项行动计划，有3.75万家企业签订劳动合同，集体合同的签订率达到88.4%，高于全国平均水平。省总与省国资委联合下发《关于建立和完善全省国有企业职工代表大会制度的意见》。省教育工会与省教育出台高校和普通中小学的《教代会工作规程》。省总开展第六次全省厂务公开民主管理工作调研检查工作。13家单位被评为全国厂务公开民主管理先进单位，省总被评为全国推动厂务公开民主管理先进单位。

2009年—2010年，周边省出现了部分企业停工现象，省总及时召开维稳工作会议，先后转发和制定下发6个维稳工作文件，成立网络舆情信息监测研判小组，定期分析研究职工思想动向、利益诉求，建立省、市、县、企业四级信息反映联动机制，成立覆盖全省的工会网络舆情队伍，第一时间掌控职工思想动态，劳动关系波动情况等，主动维权维稳。深圳富士康事件发生后，省总选派46名优秀工会干部赴深圳开展“乡情关爱行动”，走访慰问2.8万名江西籍员工，化解不良情绪员工达1000余人次。

省总认真组织落实《全国职工素质建设工程五年规划》，会同省委宣传部等部门研究制定《江西省职工素质建设工程五年规划实施意见》。广泛开展“建设鄱阳湖生态经济区、探索科学发展新路子”主题教育，启动女职工提素工程。积极推进“职工书屋”建设，建成260个“职工书屋”，开辟网上职工书屋，充分利用“职工书屋”平台，开展职工读书活动和职工世博知识网上竞赛活动。各级工会参与举办2010年全省民营企业招聘周活动，提供岗位信息24.7万个，帮助5.6万名求职者与用人单位达成就业意向。同时培训家政服务人员5347人，培训后签订劳动合同5096人，培训合格率达95.3%。针对沿海发达地区用工荒的实际，协助福建省泉州市总在江西的吉安、赣州两市召开用工座谈会和现场招聘会。南昌、赣州、九江、宜春等市总充分依托当地工会教育资源，对返乡农民工及时进行培训，使农民工重新走上就业岗位。全省工会筹集帮扶资金1.29亿元，各级工会出资4938万元，占资金总量的38.3%。在抚州设立“金秋助学”主会场，现场资助300名困难学子，发放助学金60余万元。省总全面升级和整理全省23万家困难职工档案，为县级以上困难职工帮扶中心全部安装触摸屏。

省总加强工会组建工作，推动普遍建会。按照“党建带动工建、工建服务党建”要求，组织开展全省工业园区工会组建工作调研，加大非公企业、“两新组织”的工会组建力度。研究制定《关于进一步加强建设职工之家工作、充分发挥基层工会作用的意见》，开展全国模范职工之家、职工小家评选推荐工作。省总制定集体决策制度，完善党风廉政建设责任制，建立事务公开制度、定期通报制度和谈心谈话制度，干部职工各项民主权益得到保障，工会形象得到提升。

第二节 职工思想政治教育

政治理论教育

邓小平理论学习宣传 1992年,党的十四大在总结从1978年以来14年的伟大实践基础上概述了中国特色社会主义理论的主要内容,标志中国特色社会主义理论的科学体系基本形成。1994年3月24—25日,江西省总工会在南昌召开宣教部长会议。会议传达贯彻全国、全总和全省宣传思想工作会议精神,坚持邓小平建设有中国特色社会主义理论为指导,研究部署全年工会宣教文体工作。地、市、省产业、直属基层工会宣教部长、省总工会干部学校、江西工人报负责人共40余人参加会议。会议强调紧紧围绕建设有中国特色社会主义理论这一主题,继续认真抓好《邓小平文选》第三卷的学习,抓好职工宣传思想、教育和文化,体育工作的,改革与发展,为培养“四有”职工队伍,发展江西经济作出新贡献。是年8月2日,省总召开九届三次常委(扩大)会议,省总主席刘金标在会上要求:各级工会要将组织工会干部和广大职工深入学习《邓小平文选》第三卷作为一项重要任务,发挥工会文化、宣传、教育阵地的作用,采取举办读书班、辅导讲座、演讲比赛、座谈讨论等多种形式,引导大家在紧紧抓住建设有中国特色社会主义理论这个主题,围绕党的基本路线这条主线,深刻领会解放思想、实事求是这个精髓,全面把握这个理论的科学体系。会议强调下半年要认真组织学习《邓小平论工人阶级与工会》,加大推动党的全心全意依靠工人阶级指导方针贯彻落实的力度。各级工会学校应将《邓小平论工人阶级与工会》列入工会干部培训的主要内容。要充分发挥工会文化宫、俱乐部、工人报刊等宣传教育阵地的作用,为工会干部和职工群众开展学习提供服务。

1997年4月10日,省总下发《关于参加省直机关“双学”活动考试有关事项的通知》。4月下旬—5月中旬,省总组织党员“双学”达标考试。考试内容为邓小平建设有中国特色社会主义理论,中国共产党章程,党的基本知识,机关党员培训教材《机关党员问答300题》。省总领导和有关各部门负责人参加考试。

1998年10月16日,省总下发《认真贯彻中共中央通知进一步兴起学习邓小平理论新高潮的意见》,指导和组织全省各级工会继续深入学习邓小平理论。

1999年,省总组织全省职工参加全国职工学习邓小平理论知识竞赛。

“三个代表”重要思想学习宣传 2000年2月,江泽民在广东省考察工作时提出“三个代表”论述。2002年后,称为“三个代表”重要思想。2000年5月16日上午,省总党组中心组召开座谈会,深入学习江泽民关于“三个代表”的重要论述。参加会议的有省总领导和部分在昌的常委。洪都航空工业集团公司工会主席张良金、南昌市总主席吴福新、省总机关党委副书记许家桃等发言。省总主席程受锭就如何认真贯彻“三个代表”重要思想强调:要结合实际,用“三个代表”重要思想指导新时期的工会工作,深入贯彻党的十五大、十五届四中全会精神,团结动员全省广大职工为推进国有企业的改革和发展稳定大局作出贡献。6月8日,省总下发《关于深入学习贯彻江泽民同志“三个代表”重要思想的通知》，要求全省各级工会组织认真学习深刻领会“三个代表”重要思想，要组织和广大工会干部一定要结合国内外形势及当前职工队伍和工会工作面临的新情况、新问题，认真学习、深刻理解、全面把握“三个代表”重要思想的科学内涵、理论依据、内在联系和伟大意义，并用以指导自己的思想和工作实际。各级工会领导要高度重视“三个代表”重要思想的学习，要制定学习计划，精心组织安排，加强督促检查，搞好学习辅导；工会领导干部要带头学、带头实践“三个代表”的要求，同时要组织好广大工会干部的学习，要充分利用工会的宣传文化教育阵地，大力宣传“三个代表”重要思想，在全省工会形成浓厚学习气氛。要加强在工会工作领域贯彻“三个代表”重要思想的理论政策研究。

2001 年 7 月 1 日，省总机关和在昌的 4 个直属单位分片集中组织干部职工收看收听了“庆祝中国共产党成立 80 周年大会”实况。集中收看电视实况转播后，省总党组成员、机关干部、劳动模范代表进行座谈。省总下发《关于学习贯彻江泽民同志在庆祝中国共产党成立 80 周年大会上的讲话的通知》，要求各级工会要把学习贯彻《讲话》作为当前工会的首要任务。省总机关党委“对学习贯彻《讲话》制定了实施方案，提出要求。7 月 3 日，省总机关党委召开党组成员、党委委员及部分处级干部和新老党员代表参加的学习座谈会，座谈交流学习讲话的体会。省总各直属单位通过召开不同形式的座谈会、讨论会，交流学习体会。

2003 年，全省各级工会按照省委的统一部署，把学习贯彻“三个代表”重要思想和党的十六大、十六届三中全会精神作为首要政治任务来抓。省总领导带队深入到企业和职工之中，进行学习贯彻“三个代表”重要思想的调研和宣讲。各级工会坚持理论联系实际，努力把“三个代表”重要思想贯穿到工会的各项工作之中。通过举办学习研讨班、座谈会，组织宣讲、知识竞赛、主题教育等多种形式的学习活动，引导工会干部和广大职工在武装思想、指导实践、推动工作上狠下功夫，把思想和行动统一到党的十六大精神上来，把智慧和力量凝聚到实现江西在中部地区崛起、全面建设小康社会上来。

是年 7 月，中共中央印发《关于在全党兴起学习贯彻“三个代表”重要思想新高潮的通知》，7 月 8 日，省总下发《关于兴起学习贯彻“三个代表”重要思想新高潮的意见》，《意见》要求充分认识兴起学习贯彻“三个代表”重要思想新高潮的重大意义，围绕重点、学以致用，着力解决实际问题，推动工会工作上水平，兴起学习贯彻“三个代表”重要思想新高潮。领导干部带头学、引导职工积极学、总结经验深入学，从而使全省工会思想建设有新气象、组织建设有新举措、作风建设有新面貌、为职工群众办好事有新门路。

2003 年 9 月 8 日—12 日，省总在省总干校举办学习胡锦涛在赣考察时重要讲话暨“三个代表”重要思想理论与实践研讨班，全省各设区市总副处级以上干部，部分省产业工会、省总直属基层工会和大中型企业工会主席参加。研讨班以研讨和交流为主，要求结合“三个代表”重要思想和工会工作实际，就落实省工会十一大精神，从一个侧面在大会交流如何创新、突破的做法和思路。22 位同志在研讨班上作学习交流发言。

党代会精神学习宣传　党的十四届六中全会召开后，省总在全总和省委的统一部署下，组织全省各级工会和广大职工认真学习、宣传、贯彻六中全会精神。1996 年 10 月 21 日，省总下发《关于认真贯彻党的十四届六中全会精神的学习安排》,就学习贯彻作出安排。是年11月13日,省总九届八次常委会会议讨论通过《江西省总工会关于学习贯彻党的十四届六中全会(决议)的实施意见》,要求各地各级工会从本地区、本行业、本单位的实际出发,在党委的统一领导下,结合实际情况,提出本级工会的贯彻实施意见或规划。

党的十五大召开后,省总党组立即召开党组会议,对学习宣传贯彻党的十五大精神进行部署。1997年10月7日,省总下发《关于学习党的十五大精神的通知》,要求各级工会认真组织工会干部、职工学习党的十五大报告,紧密联系工会工作的实际、进一步贯彻落实工会工作总体思路,切实安排和组织好十五大精神的学习、宣传和贯彻,充分发挥工会宣传阵地作用。11月中旬,省总机关党委举办两期副处级以上干部十五大精神读书班。省总领导和读书班同志一起认真学习报告,紧密联系工会工作实际进行研讨。省总吉安地区办事处组织机关干部进行学习和讨论,结合学习十五大精神,突出抓好干部作风建设,制定干部作风整顿活动实施方案。通过学习文件,自查自纠,强化党员、干部的党性观念,同时,把学习文件,提高思想认识,进行自我教育和健全机关制度结合起来,有效地促进机关作风建设。全省各级工会紧密结合各自的实际,采取下发文件、组织学习、召开座谈会、举办培训班等多种形式,认真组织工会干部和广大职工学习贯彻党的十五大精神。

1998年6月4日,省总下发《关于党的十一届三中全会二十周年纪念活动的意见》,为党的十一届三中全会20周年纪念活动,由省总组织召开纪念党的十一届三中全会召开20周年座谈会;各地,市、省产业工会和省总直属基层工会按照省委和当地党委的统一部署自行组织相应的纪念活动。要求全省各级工会要充分利用工会宣传教育阵地,结合建国49周年庆祝活动,大力宣传党的十一届三中全会以来江西改革开放、社会主义现代化建设和工会工作取得的巨大成绩,宣传邓小平理论和党的路线,宣传党的十五大精神。是年11月2日,省总组织全省班组职工参加全国班组职工学习党的十五大报告百题竞赛,省总吉安地区办事处宣教文体部工会小组获一等奖。

党的十五届四中全会召开后,各级工会采取多种形式认真学习宣传贯彻全会精神。2000年1月5日,程受锭在省总十届三次委员(扩大)会议上强调,各级工会在工作中要以学习贯彻党的十五届四中全会和全省经济工作会议精神为统揽,抓住机遇、珍惜机遇、用好机遇,带动工会各项工作。

2001年9月,党的十五届六中全会召开,省总及时制定《关于认真学习贯彻党的十五届六中全会精神,加强和改进党的作风建设的意见》,强调健全工作规则、廉政准则、中心组学习、领导干部每周信访接待日等36项规章制度。

2002年,全省各级工会把学习贯彻江泽民“七一”“5·31”重要讲话和党的十六大精神作为头等大事来抓。党的十六大召开后,省总及时下发《关于认真学习贯彻十六大精神的通知》,对全省各级工会组织和工会干部的学习贯彻作出部署。通过党组中心组学习、举办学习研讨班、座谈会、知识竞赛等形式以及职工群众喜闻乐见的形式学习党的十六大精神,在全省各级工会和广大职工中掀起学习宣传贯彻党的十六大精神的热潮。10月15日,省总下发《关于做好党的十六大宣传工作的通知》,要求突出宣传重点,深入宣传“三个代表”重要思想及实践“三个代表”重要思想的成果,深入宣传改革开放、现代化建设的伟大成就,深入宣传党的建设取得的新成果、新经验。12月24日,省总在全省举办“‘香烟伴侣茶’杯”全省职工党的十六大知识竞赛。

2003年7月，省总组织开展国有企业改革和发展百题问答、建党80周年知识竞赛、“塑造江西人新形象——职工在行动”“弘扬井冈精神、兴我美好江西”、全面建设小康社会职工百题问答等系列主题教育。2003年8月，在全总组织开展的全国职工学习党的十六大知识竞赛决赛中，江西的各级工会组织了数十万职工参加了活动。在全国29支参赛队中，省直机关工委组队代表江西参赛，取得团体银奖、个人演讲比赛一等奖的成绩。

2007年10月15日，省总机关和直属单位干部职工集中收听、收看了党的十七大开幕式电视广播。省人大常委会副主任、省总主席张海如要求省总机关干部把学习宣传贯彻党的十七大精神和胡锦涛总书记的重要讲话精神作为当前和今后一个时期的重要政治任务来抓，把思想和行动统一到讲话精神上来。要增强“三心”即增强责任心、事业心和紧迫心；要打造“五型机关”即省总要打造成学习型、团结型、创新型、实干型、服务型的机关。全省各设区市和各产业、直属基层工会以及部分劳动模范都组织集中收听、收看了党的十七大开幕式电视广播，有的单位及时召开座谈会。党的十七大召开后，省总分3次召开机关干部学习贯彻党的十七大精神交流会，机关干部们结合自身工作实际，畅谈各自的学习体会。

2009年9月30日，省总召开贯彻落实省委十二届十一次全会精神会议。会议传达了省委十二届十一次全会精神，传达省长吴新雄就贯彻十七届四中全会和省委全会精神，做好当前经济社会发展等工作所作的具体部署；传达了省委副书记王宪魁就《中共江西省委关于贯彻落实〈中共中央关于加强和改进新形势下党的建设若干重大问题的决定〉的实施意见（讨论稿）》所做的说明。会议要求，全省各级工会组织务必把学习贯彻党的十七届四中全会精神和省委十二届十一次全会精神作为当前一项重要的政治任务抓紧抓好，把全省广大工会干部和职工群众的思想和行动统一到中央和省委对经济形势的分析判断上来，统一到中央和省委加强和改进新形势下党的建设的重大决策上来，统一到中央和省委进一步做好保增长、保民生、保稳定工作的一系列重大部署上来，以思想认识的高度一致保证行动和工作的高度协调。

职工思想工作

1994年5月12日，省职工思想政治工作研究会根据《关于表彰1993年度先进职工思想政治工作研究会的决定》附件二“关于评选1993年度先进职工思想政治工作研究会和职工思想政治工作研究会先进工作者的办法”，授予丁仁寿等62人“1993年度职工思想政治工作研究会先进工作者”称号。是日，省委宣传部、省委组织部、省经济委员会、省总决定，对江西获“全国思想政治工作优秀企业”称号的南昌电信局等11个单位授予1993年度省思想政治工作优秀企业称号。是日，省思研会决定，授予赣州地区职工思研会等34个单位“1993年度先进职工思想政治工作研究会”称号。是日，省委宣传部、省委组织部、省经委、省总决定，对下列万世杰等34人授予“1993年度省优秀企业思想政治工作者”称号。同时，经各地市党委宣传部、组织部、经委、总工会和省有关厅局党委或党组推荐，省委宣传部、省委组织部、省经委、省总决定授予江西铜业公司27家企业“1993年度省思想政治工作优秀企业”称号。

1999年,中共中央下发《关于加强和改进思想政治工作的若干意见》后,11月15日,省总下发文件,对学习贯彻《若干意见》提出要求:认真研究加强和改进思想政治工作的措施,切实加强对思想政治工作的领导。2000年1月3日,省总下发《关于认真学习贯彻〈中共中央关于加强和改进思想政治工作的若干意见〉的通知》,学习贯彻《中共中央关于加强和改进思想政治工作的若干意见》,要求各级工会研究制定加强和改进思想政治工作的措施,切实加强对思想政治工作的领导。要认真制订学习《若干意见》计划,周密安排,精心实施。重点组织工会领导干部、工会宣传教育干部的学习。把集中学习与个人自学、通读文件与专题讨论结合起来,开展学习心得体会交流活动,把学习引向深入。要进一步建立健全思想政治工作责任制,大力加强思想政治工作队伍建设,配全配强宣传思想政治工作人员,不断提高思想政治工作队伍素质。紧密结合形势任务要求,抓好工会思想政治工作骨干的培训,提高整体素质,有计划有步骤地培养和造就与现代化建设相适应的职工思想政治工作骨干队伍。7月14日,省总下发《关于认真学习江泽民同志在中央思想政治工作会议上重要讲话的通知》,要求站在加强党的领导、认真贯彻"三个代表"重要思想的高度,站在国际、国内两个大局的高度,做好新形势下的职工思想政治工作,是工会的重要政治责任;深刻理解讲话中提出的关于如何认识社会主义发展的历史进程;切实加强领导,把职工思想政治工作的任务落实到实处。职工思想政治工作是实现工会重点工作突破和自身建设加强的重要政治保证。24日,省总召开机关处以上干部会议,集中学习贯彻省委思想政治工作会议精神。会议传达学习江泽民在中央思想政治工作会议上的重要讲话和舒惠国、钟起煌在省委思想政治工作会议上的讲话精神。程受铉提出具体贯彻措施。

2010年,省总开展以社会主义核心价值体系建设为主线的教育活动,贯彻落实《建设社会主义核心价值体系实施纲要》,以弘扬井冈山精神、抗震救灾精神、北京奥运精神和载人航天精神为重点,进一步在广大职工中培育民族精神和时代精神。以学习《社会主义核心价值观100例》《社会主义核心价值观职工读本》为重点,在全省广大职工中开展社会主义核心价值观主题读书教育活动,推动社会主义核心价值体系的宣传普及。针对国企改革对职工队伍的影响变化,坚持用社会主义核心价值体系引领职工。采取学习讲坛、读书会、专题讲座、征文、演讲等广大职工所喜闻乐见的形式,大力开展形势政策教育,对改制企业职工的思想动态及时反映,对职工的合理诉求及时上报,做好疏导和服务工作,引导职工树立正确的世界观、人生观、价值观。

工人阶级和劳模精神宣传

1994年—2010年,省总坚持宣传工人阶级和劳模精神,推动在全社会形成劳动光荣、学习劳模、尊重劳动的社会氛围。1994年3月2日,省供销社、省总、团省委、省妇联联合发文决定在全省开展向范春生学习的活动。范春生是高安市大城供销社赤土分店的营业员,先后16次被评为省、地、县先进工作者;1991年起,分别获全省"十佳营业员"、全国"五一劳动奖章"和省劳动模范称号,全国第二届"十佳营业员"。

1994年3月19日,省总向全总推荐全国劳模、全国"五一劳动奖章"获得者张果喜为"全国十大杰出职工”候选人。张果喜是江西果喜实业(集团)公司董事长、总经理、全国劳动模范、全国“五一劳动奖章”获得者,国家级有突出贡献中青年专家,第七、八届全国人大代表,中国企业界第一位被国际天文学联合会以其姓名命名小行星的企业家。

1994 年五一劳动节前夕,省总与省电视台合作,在《江西新闻》中开辟《主人翁风采》栏目,宣传先进模范人物。1995 年初,省总编辑出版《群英荟萃》大型画册,入画册的对象主要是近年来作出突出贡献的部分全国、全省劳动模范,全国、全省“五一劳动奖状”获得者全国、全省“五一劳动奖章”获得者。全总、省委、省政府主要领导为画册题词。

1995 年 3 月,省委宣传部、省总联合下发通知,要求进一步加强对工人阶级的新闻宣传。通知要求各级党委宣传部门应加强对这一工作的领导和协调。各级工会要制定出计划和方案。尤其要做好庆五一、纪念中华全国总工会成立 70 周年和全国、全省劳模大会的宣传。南昌市委宣传部、市总根据“进一步加强对工人阶级的新闻宣传”意见,对南昌百货大楼股份有限公司等单位进行系列采访,五一前后通过报纸、电台、电视台等新闻媒介推出系列报导,重点宣传他们依靠工人阶级办企业、实行民主管理、职工参政议政情况。

1995 年 5 月 1 日,全国劳模报告团在江西艺术剧院举行全国劳模事迹报告会。参加报告会的有省、市直属机关及部分企事业单位干部、工人共 1700 人,会议由刘金标主持。省委副书记舒惠国、副省长黄智权以及王国本、黄立圻、卢匡衡等省市有关领导出席报告会。舒惠国讲话。五一期间,省总和各地市总工会分别召开劳模座谈会,省总与电视台联合举办《主人翁风采》专题节目,系列报道 15 名先进人物的事迹。

1997 年 3 月,中宣部、公安部、省委在人民大会堂联合举行邱娥国先进事迹报告会,首都公安民警和各界干部群众近千人参加会议。省委副书记钟起煌出席会议。邱娥国十七年如一日把满腔热忱倾注于公安事业,在平凡的岗位上做出不平凡的业绩,得到人民群众的赞誉。中宣部常务副部长刘云山主持报告会并讲话。

1997 年 4 月 29 日,省委宣传部、省总、省邮电管理局举行全省十佳“百优”投递员电视电话表彰会。分别向 10 名获十佳称号和 79 名获“百优”称号的投递员颁奖。受到表彰的十佳投递员有萍乡市邮电局曹罗生等。会上,省总副主席童水仙宣读表彰全省十佳“百优”投递员的决定。钟起煌、副省长朱英培出席,钟起煌在会上讲话。各地(市)县委宣传部,各地(市)县总工会、邮电局有关人员参加了本地的电视电话分会场会议。1998 年 6 月,省总、省邮电管理局发出通知决定,在全省职工中开展向全国十大杰出工人曹罗生学习的活动。曹罗生是萍乡市邮电局一名普通邮递员,他的业绩展示了当代工人阶级的优秀品质和精神风貌,被评为全国、省、市劳动模范,全国“五一劳动奖章”获得者、江西省优秀共产党员、为人民服务标兵,1997 年当选全国人大代表,1998 年被评为“全国十大杰出工人”。曹罗生的事迹在萍乡引起反响,萍乡市委、市总相继发出关于开展向曹罗生学习的通知,将曹罗生先进事迹下发到各级工会组织和职工当中,掀起学习曹罗生高潮。

1999 年 4 月 28 日,南昌市总、南昌市劳动局举办“南昌市能工巧匠报告会”。南昌通用机械厂工人李海源、江铃汽车集团公司工人袁政海和该厂模具中心主任梁军,分别以“只有敬业,才能创新”“人人学技术,个个当能手”“培养跨世纪的人才队伍,迎接知识经济的到来”为题,在会上作报告。

2002年五一国际劳动节,省委书记孟建柱走访慰问南昌的部分劳模代表和企业职工代表。孟建柱到南昌火车站、洪都集团公司、南昌市公安局胜利路派出所、江西化纤厂,看望来自铁路系统的11位劳动模范代表、洪都集团公司全国劳模石屏,并深入公安战线的劳动模范王伟、江西化纤厂的全国劳模熊志红家中看望。孟建柱了解到熊志红因企业转产每月收入只有200多元钱,读书的学费有一定困难时,他指示工会组织想办法尽量帮助劳模解决实际困难。陪同孟建柱走访慰问的有省委常委、省委秘书长陈达恒,省委常委、南昌市委书记吴新雄,省委副秘书长、省委办公厅主任肖光明,程受锭,南昌市市长李豆罗等。

2002年5月,省总、省民政厅举办"爱心献劳模"活动,省民政厅福利彩票中心出资20万元,资助100名省级以上困难劳模,每名劳模一次性发放资助金2000元。并邀请全省历史上各个时期的15名特困劳模代表参加"江西风采"的系列活动。

2003年6月27日,省总转发《中华全国总工会办公厅关于开展"中国劳模——时代领跑者"形象工程活动的通知》。要求各级工会将活动作为"弘扬井冈精神,兴我美好江西"主题教育活动的重要内容,认真抓落实,充分展示江西人新形象。《通知》还特定邱娥国等11名全国劳模、先进工作者为采录对象。

2003年8月,省总组织全省职工观看电影《时传祥》。

2004年5月5日,中共中央政治局常委、国务院副总理黄菊在孟建柱、黄智权等省领导陪同下,到江西艺术剧院与全省劳动模范代表和职工群众一道共同欢度五一国际劳动节。晚会开幕前,黄菊在候演厅接见邱娥国、李洪应、李燕玲、熊林根、曹国洪、石屏、江凤益、邵玉琴、黄平、袁政海等劳动模范代表。全总经审会主任董力,张海如参加接见等活动。是日,省总在南昌召开劳模座谈会,36名全国或省级劳动模范参加座谈会。张海如出席。余三保、李洪应、施华山、刘纯广、经自麟、曹国洪、杨国华、魏牛庚、邱娥国、黄平等劳模先后发言。当老劳模经自麟谈到有些退休老劳模面临一些暂时困难,张海如仔细询问情况,并表示要尽快与有关部门协调,尽最大努力帮助困难劳模解决实际困难。

2004年,南昌市总不断创新劳模宣传工作。市总选送的"邱娥国""李燕玲"摄影作品在全总举办的大庆石油杯"中国劳模——时代领跑者"摄影大赛中分别获得二等奖和三等奖。五一国际劳动节期间,市总在南昌市北京西路开展宣传劳模一条街活动,展示121名全国、省劳模、全国、全省"五一劳动奖章"获得者的风采,展示灯箱上印制了劳模的彩照以及劳模所获得的和工作岗位介绍。是年5月1日晚,中央电视台《新闻联播》以头条新闻予以报道。

2004年7月,南昌铁路局在有关站段的车间班组组织14场道部火车头奖章的授奖仪式活动。是年12月,路局选树出一批具有铁路特色和时代精神的先进典型人物,并以全国劳模名字命名劳模工作岗位,如"南昌车站杨秀珍软座候车室"、以全路劳模名字命名的"福州车站王威服务台"和"南昌南车站谢文镜货运服务台"等。10月,景德镇市总以工会工作和劳动模范为表现题材,制作全省首套个性化邮票。全套共为16枚,其中有8枚分别为基层工会的劳模表彰大会、职工代表大会、文体活动等画面,另外8枚为劳动模范、先进人物的画面。在劳模画面中,有全国、全省劳动模范和“五一劳动奖章”获得者;一线煤矿工人、机械制造工人、陶瓷美术师等,是景德镇市总宣传工人阶级和工会工作的一次尝试。

2005年7月,由全总副主席周玉清带队的全国劳模先进事迹报告团在南昌市和萍乡市各举行报告会。7月7日,省委常委、省委宣传部部长刘上洋,张海如等在南昌会见事迹报告团成员许振超、郝颂琴、李龙珍。800多名职工听取劳模先进事迹报告。

周玉清、刘上洋、张海如以及省总领导文之周、李骥、李慈葆、郭学勤、王运昌参加报告会。刘上洋主持,周玉清讲话。

为响应省委关于“科学发展、和谐创业”号召发挥劳动模范先锋骨干作用,营造“劳动光荣、知识崇高、人才宝贵、创造伟大”的良好氛围,2006年5月24日,省总下发《关于举办百名劳模话创业讲坛的通知》。9月20日,省总向全总提出《关于推出我省“创新、创业优秀产业工人群体—袁政海班组”作为重大宣传典型的报告》。“袁政海班组”共有21名工人,他们在平凡岗位上,平均每年完成两年的工作量,完成技术革新项目150多项,106项技术攻关改进获奖,创造直接经济效益数千万元。他们是一个比学赶超、不断创新的团队,人人都是技术能手,至2006年,先后有48人次获得“全国技术能手”,全国劳动模范,省、市“五一劳动奖章”,“青年岗位能手”等。班组组长袁政海在15年的模具制造生涯中创造出3个全国之最,在模具制造岗位上获得了20多项殊荣。9月29日,“百名劳模话创业讲坛”在南昌举行。江铃汽车集团公司工人袁政海等19名劳模代表发言。孟建柱对“百名劳模话创业”讲坛活动给予评价:宣传劳模创业的先进典型,进一步在全省形成一个学劳模,争做劳模,争做创.业先锋的热潮,在全省形成一个百姓创家业,能人创企业,干部创事业的生动局面。举办这么大规模的劳模讲坛,在全省还是第一次。省委副书记王君、张海如等出席,张海如主持讲坛。百名劳模代表,各设区市、省产业(局)、省总直属基层工会的干部,及在昌的省总直属机关干部参加本次讲坛。

“袁政海班组”事迹出现后,省总、省委宣传部、南昌市委等部门先后召开5次协调会,在2006年进行集中宣传。省总特将“袁政海班组”作为重大宣传典型向中央新闻媒体推出。2006年11月21日,省总向省委办公厅复函,对转来南昌市委《关于把当代产业工人群体—江铃集团“袁政海班组”作为重大典型向全国推荐的请示》表示同意由省委宣传部、省总等有关部门向全省作出向江铃集团“袁政海班组”学习活动的决定;建议由省委宣传部牵头在全省举行“袁政海班组”先进事迹巡回演讲报告会。2007年4月22日,江铃“袁政海班组”代表起程赴北京在人民大会堂接受中央领导的接见。“袁政海班组”的精神在全国引起反响。从4月22日开始,中央各媒体集中报道他们的典型事迹。2007年5月1日,省总向全总推荐“袁政海班组”为“全国“五一劳动奖状””。5月28日,省委宣传部、省总、南昌市委在南昌国际展览中心举行“袁政海班组”事迹表彰暨巡回报告会,省委常委、南昌市委书记余欣荣出席并讲话。全总宣教部副部长陈杰平宣读表彰决定。省委宣传部副部长陈东有主持报告会。省总党组成员、纪检组长柯进水等出席。陈杰平、余欣荣为“袁政海班组”颁发全国“五一劳动奖状”和证书、“全国学习型班组标兵单位”奖牌和证书。

2006年10月18日,熊文清先进事迹报告暨表彰大会在南昌举行。刘上洋等出席会议。报告会是由省委宣传部、省总、团省委、省交通厅联合举办的。熊文清是江西公路开发总公司职工,他不怕牺牲,勇救群众的崇高思想境界和不留姓名、专为他人的精神,在全省广为人知。省总副主席李慈葆在会上宣读《关于授予熊文清"模范青年职工"称号的决定》。

2007年3月26日,省委宣传部、省总团省委下发文件,开展向向东学习活动。向东是江西省电信有限公司九江市分公司浔阳营维中心业务经理兼营维班班长,15年间,向东率先在全省电信行业建立起用户档案,发放服务名片,推出"全天候"服务。他长年坚持义务替用户查询电话费、代缴电话费、装修电脑。1998年九江抗洪抢险中,他带领班组昼夜奋战,确保了抗洪通信的畅通。2005年九江地区发生地震灾害,向东第一时间为抗震指挥部安装应急电话,确保抗震指挥通信的畅通。10多年时间他共整治电话线2千多条,装机移机2万多部,维修障碍4千多处,先后获得全国劳动模范、全国"五一劳动奖章"、中央企业"优秀共产党员"和"知识型职工先进标兵"、中国电信"十佳服务标兵"等50多项称号。他所在的"向东班",也先后获"全国模范职工小家""全国用户满意服务明星班组""全国创新示范岗"等称号。

2008年4月18日,省总向省委宣传部发出《关于在全省开展向周慧同志学习活动问题的函》。中国移动通信集团江西有限公司上饶分公司网络部经理、全国劳模周慧,是新时期成长起来的学习型、知识型、创新型、和谐型青年工人的优秀代表,在本职岗位上创造一流业绩。省总建议由省委宣传部、省总联合发出向周慧学习的决定,在全省广泛开展向当代产业工人的优秀代表周慧学习的活动。

2008年4月21日,省总下发文件,向省主题教育领导小组报告开展"继续解放思想、推动科学发展"主题教育、加强组织领导的情况及拟开展的特色活动。4月11日,全省电视电话动员大会之后,省总当天召开机关及在昌直属单位职工大会,张海如作动员讲话,对主题教育活动作具体部署,提出标准和要求,同时成立领导小组,柯进水任组长,宣教部部长郝希升担任副组长。领导小组下设办公室,宣教部副部长叶平川兼任办公室主任。4月14日下午,领导小组召开第一次会议,讨论制定出活动实施方案。根据活动方案,此次主题教育将按照省委的部署与要求,结合工会组建,贯彻《劳动合同法》,维护职工合法权益等工会特色工作一道开展,力求教育活动有声势、有力度、有影响、有实效,既要营造氛围又要出成果。计划重点开展如下系列活动:召开机关党员干部职工和在昌直属单位负责人大会,由张海如作动员讲话。4月21日上午又召开干部职工大会,省人大常委会副主任、省总党组书记姚亚平亲自宣讲。同时利用工会报刊、网络等媒体和平台造势,增强主题教育活动的吸引力和感染力。组织劳模、先进人物、基层工会主席、机关有关部门负责人进行座谈讨论,就进一步解放思想,加快江西发展问计于民。开展典型评选活动,以迎奥运为契机,联合有关部门在全省范围内评选表彰一批在解放思想、改革创新、开拓进取、促进发展过程中各行各业涌现出来的先进集体和先进个人,进一步兴起学先进、赶先进、争先进的热潮。重点抓好"创建学习型组织、争做知识型职工、勇为创业型人才"标兵单位和标兵个人的评选表彰;职工职业道德典型评选表彰,引导广大职工以十七大精神为指导,在职业道德观念,职业态度、职业技术、职业纪律和职业作风方面争做诚实守信、规范服务、文明礼貌和遵纪守法的模范。

2009年4月20日,省总下发《关于切实做好电影〈铁人〉宣传和组织观看工作的通知》。4月30日,省总在南昌举行电影《铁人》首映式。5月11日,省总召开"南昌地区电影《铁人》放映工作协调会”。明确人员、时间、场地、经费“四落实”。5 月 12 日，省委组织部、宣传部、广电厅、国资委、总工会、团省委等 6 部门联合下文《关于认真组织观看电影〈铁人〉的通知》，对组织观看工作做进一步的安排。5 月 13 日，省总召开第二次协调会，明确采取三种模式：一是影院正常排映，工会组织员工到影院观影。二是由影片发行方与当地的电影机构合作，组织一批到厂矿、县市放映的流动放映队，票款直接进入发行方公司账户。三是由发行方自带放映队前往各个地区放映。至 6 月，完成全总下达给江西的观看任务。

2009 年 5 月 27 日，省委组织部、省委宣传部、省委统战部、省委党史研究室、省民政厅、省人力资源社会保障厅、省总、团省委、江西省妇联、省军区政治部发布文件，转发中宣部等十一部委《关于组织开展“100 位为新中国成立作出突出贡献的英雄模范人物和 100 位新中国成立以来感动中国人物”评选活动的通知》。7 月 28 日，省总下发文件，转发《中华全国总工会办公厅关于积极组织职工参与“时代领跑者——新中国成立以来最具影响的劳动模范”评选活动的通知》。9 月 18 日，省总向省委副书记王宪魁呈报《关于确定邱娥国为“时代领跑者——新中国成立以来最具影响的劳动模范”的请示》:9 月 18 日，经公众投票和评委评审，初步拟定邱娥国为“时代领跑者——新中国成立以来最具影响的劳动模范”。

2010 年 1 月 26 日，省总与人民网江西视窗、中国江西新闻网站联合开展“新中国 60 年劳动模范 40 佳”评选活动，在各地选拔推荐候选人的基础上，经向社会公示，公众投票，媒体监督，组委会成员和专家评委实地考察，评委会评审等程序，最终评出全省“新中国 60 年劳动模范 40 佳”郭清泗等。4 月 28 日，省总与人民网江西视窗、中国江西新闻网站在南昌召开“新中国 60 年来江西 60 位最具影响力的劳动模范”表彰大会。省人大常委会副主任蒋如铭、省政协副主席郑小燕、省总领导郭学勤、柯进水、王运快、吴海平等出席表彰大会。省领导及省总领导向获奖劳动模范颁奖。李洪应等 8 位获奖劳模代表在表彰大会现场致获奖感言。“新中国 60 年来江西 60 位最具影响力的劳动模范”评选是由省总、人民网江西视窗、中国江西新闻网站联合举办的，活动于 2009 年 7 月开始，评审出 133 名候选人名单。2009 年 9 月 14 日，省总主席办公会审议，同意将候选人名单提交活动组委会讨论。2010 年 1 月，省总下发文件，决定授予李洪应等 60 人为“新中国 60 年来江西 60 位最具影响力劳动模范”称号。

2010 年五一期间，省总组织 2010 年度江西省全国劳动模范和先进工作者进京受奖，并在进京前组织劳动模范接受省委省政府领导接见。同时，与省主要媒体联合举办“劳模年宣传活动”，在省电视台、江西日报开辟专栏、专题宣传劳模事迹，用劳模精神引领社会风尚。

爱国主义教育等活动

1994 年 10 月 27 日，省总下发《爱国主义教育实施意见》。《实施意见》要求把爱国主义教育与职业道德建设结合起来，把爱国主义教育与当前学习宣传贯彻《劳动法》结合起来，把爱国主义教育贯穿于实施“送温暖工程”的过程之中。工会宣传教育部门和宣传教育阵地要积极运用各种宣传和文艺形式，宣传富有爱国主义精神的先进人物和先进事迹，宣传社会主义建设事业的成就和经验，宣传中华民族的奋斗历史、光荣传统和灿烂文化。要大力宣传集中体现爱国主义精神的工人阶级先进典型。

各级工会要做好“五一劳动奖状”“五一劳动奖章”和劳动模范、先进生产(工作)者的推荐、评选和表彰工作,大张旗鼓地进行宣传,并在全省职工中开展“学先进、比贡献、创一流、增效益”的爱国奉献活动,同时,要加强对劳模工作的管理,在全社会进一步形成学习、尊重、关心、爱护劳动模范和先进人物的风气。《实施意见》要求各级工会,结合工会工作特点积极开展爱国主义教育。《实施意见》强调,要加强爱国主义教育阵地的建设和管理。各级工会都要以极大的热情关注工会的各级各类职工学校、文化宫、俱乐部、体育场馆、工人报刊等宣传教育阵地的改革和建设,都要研究确定各自在贯彻实施《爱国主义教育实施纲要》中的具体任务。

1995 年,省总与经济晚报社等 6 单位联合举办省“昌河杯”爱国主义歌曲大赛。并通过举办读书班和专题讲座,让职工学习现代经济知识。组织 50 多万职工参加《劳动法》知识竞赛,增强职工群众市场经济条件下的法律意识。组织 12 万职工、37310 个班组参加“全国班组社会主义市场经济知识竞赛”,1 个班组获全国二等奖,10 个班组获全国三等奖,1 家企业和省总宣教部获优秀组织奖。是年夏季,省教育工会、省教委组织 5 批近千名青年教师到井冈山交流成才经验,迎接 21 世纪为主题的革命传统教育。

1996 年 8 月 3 日,省职工思研会从近年来各地市、各行业报送的、已公开发表的论文中选择 8 篇推荐给中研会第九次年会表彰的优秀研究成果候选篇目。

1997 年,全省各级工会结合香港回归和省总成立 70 周年,组织开展了各种丰富多彩的系列庆祝和宣传教育活动。6 月 11 日,安源路矿工人运动纪念馆、南昌八一起义纪念馆、井冈山革命纪念地、瑞金中央革命根据地纪念馆被批准为爱国主义教育示范基地,成为全国百个爱国主义教育示范基地之一。是年 4—6 月,为迎接和庆祝香港回归,省总宣教部与江西工人报杜联合举办的“喜迎香港回归”征文活动。收到应征稿件 524 篇,评出一等奖 4 名,二等奖 6 名,三等奖 8 名,优秀奖 57 名,组织奖 3 名。刘剑《我要去香港》(散文),程维《一日百年》(诗),王治川《当归》(诗),欧阳滋生《相思》(诗)获一等奖。新余钢铁有限责任公司工会、江西铜业公司工会、江西锂厂工会获组织奖。

2001 年 4 月 18 日,省总根据省委在全省范围开展“塑造江西人新形象”主题教育活动的精神,下发《关于全面开展“塑造江西人新形象”——职工在行动系列教育活动的通知》,全面开展这项活动。决定成立教育活动领导小组,由程受锭任组长,副主席傅卓成、李慈葆任副组长,省总有关部门主要负责同志为成员。省总机关党委具体负责组织机关教育活动、省总宣教部具体负责组织工会系统教育活动。领导小组下设办公室(设省总宣教部)。要求各级工会按照省委部署,既要积极参加地方党委组织的教育活动,又要重点组织好本地“职工在行动”系列教育活动。接着,省总制订“塑造江西人新形象”——职工在行动活动实施方案,重点组织“职工在行动”系列活动,即对第六届江西省职工职业道德建设十佳标兵、十佳单位(集体)风采展示系列宣传;对全国、全省“五一劳动奖章”、奖状获得者建设江西风采展示系列宣传;举办江西职工书法、美术、摄影作品展及江西省职工灯谜制作竞猜比赛;举办“我谈江西人新形象”征文活动。要求各级工会发动职工和工会干部广泛参加。结合各自实际,突出重点,开展 4 次以上有规模、有声势、有影响的活动。精心设计活动载体,制定具体实施方案,内强素质,外树形象,迅速掀起塑造江西人新形象的热潮。

2001 年 5 月 14 日,省总下发《关于开展解放思想学习教育活动的通知》。省委、省政府决定利用 3 个月左右时间在全省范围开展一次以江总书记“三个代表”重要思想为指针,弘扬井冈山精神,学习兄弟省市改革开放先进经验,走江西经济发展的新路,以实际行动迎接建党 80 周年和省第十一次党代会胜利召开为主题的解放思想学习教育活动,省总下发通知强调:各级工会要精心组织广大工会干部认真学习、深刻领会、贯彻落实孟建柱在全省解放思想学习教育活动动员大会上的讲话精神,充分认识这次解放思想教育活动的重大意义;充分认识加快江西经济发展,必须进一步解放思想;充分认识解放思想的实质是创新,重点也是创新;充分认识井冈山精神的核心是坚定信念,敢闯新路;充分认识搞好新世纪工会工作的重要性,增强紧迫感和责任感,努力实现工会重点工作的突破与创新,自觉为加快江西发展这个大局服务。省总精心组织,周密部署;加强领导,务求实效方面作出强调。并决定在 5、6 月份,由省总正副主席带队赴各设区市总就新建企业工会组建工作;维护困难职工群体合法权益,保持职工队伍稳定;在推进工业化进程中搞好“两个置换”;坚持和发展职代会制度等 4 项课题进行重点调研,同时就如何加快发展江西工会工作广泛征求意见。

2001 年 5 月中旬,为庆祝建党 80 周年,省总组织开展全省职工庆祝中国共产党诞辰 80 周年“党在我心中”演讲比赛活动。各设区市、产业(局、系统)工会和省总直属基层工会在基层组织职工开展演讲比赛的基础上,向省总推荐优秀演讲选手。经比赛评定,评选出特等奖 3 名,一等奖 6 名、二等奖 11 名、三等奖 9 名。7 月 12 日,省总下发文件通报了演讲比赛评选结果。在此期间,省委宣传部、组织部、省文化厅、省教育厅、省广电局、省总、团省委、省妇联等 8 家单位在全省联合举办庆祝中国共产党建党 80 周年优秀影片展映活动。省总在全省职工中举办庆祝中国共产党成立 80 周年“党的知识”大赛。

2002 年,省总编印《精彩人生》一书,用全省近百名再就业先进典型的事迹,鼓励下岗失业人员转变择业观念,走自谋职业、自主创业的再就业之路。孟建柱为书作序。《精彩人生》一书印刷一万册,全部免费赠送给下岗失业人员。

2003 年 4 月中旬起,省总根据省委在全省范围内开展“弘扬井冈精神,兴我美好江西”主题教育活动的精神,决定在全省职工中开展“我为崛起做贡献”岗位竞赛系列教育活动。省总成立专门领导小组,程受锭任组长,傅卓成任副组长。之后,省总举办全省职工创新技能大赛,以技能大赛为载体,推动职工岗位练兵、岗位做贡献;开展创评创新女标兵”和“女职工创新标兵岗”活动;组织职工学习《全面建设小康社会职工百题问答》,参加全总举办的学习党的十六大精神答题竞赛,同时举办塑造江西企业新形象诗歌演唱大赛;宣传 2003 年全国、省“五一劳动奖章”、奖状获得者“爱我江西、兴我江西”先进事迹;开展第八届江西职工职业道德建设“双十佳”评选活动,促进全省各类企业“争创诚信企业、争做诚信职工”活动健康发展。是年 8 月 28—29 日,省总、省企业(产业)文联、江西铜业集团公司等单位举办“塑造江西企业新形象”诗歌演唱大赛,评出优秀创作奖 17 个,鼓励创作奖 11 个,评出大赛演出金奖 6 个、银奖 12 个、铜奖 18 个,节目从制作到参演全部出自全省企业业余作者和职工之手。江铜集团工会等 10 个单位获“组织工作奖”。2004 年 5 月,省委宣传部、省总等在全省职工中开展“同饮一江水、共护母亲河”宣传教育活动。启动仪式上,全国“五一劳动奖章”获得者、省劳模代表动员和呼吁全省各行各业的干部职工自觉地投入到爱水惜水、爱江护江活动中去。之后,赣江流域的企业工会组织开展多种形式的环保知识的学习宣传,并与职工思想道德教育、共铸诚信教育活动结合起来。

2005年4月7日,省总下发《关于开展“建设和谐平安江西,共创富民兴赣大业——工会在行动”系列教育活动的通知》,开展“建设和谐平安江西,共创富民兴赣大业——工会在行动”系列教育活动。决定成立活动领导小组,由省总党组副书记、副主席文之周任组长,副主席李骥、李慈葆任副组长。领导小组办公室设在省总宣教部,张才福任主任,负责主题教育的组织协调和日常工作。省总明确:组织劳模论坛和劳模事迹巡回宣讲活动,用工人阶级先进思想和模范行动影响带动全社会;开展“双培、双促、双评”活动,在全省工会中开展培植再就业基地促进就业、培育创业带头人促就业、评选十佳再就业基地、评选十大创业明星;举办劳动保障法律监督员培训班;推荐、评选表彰全国、全省模范职工之家;开展全省模范职工之家和“双爱双评”的评选表彰工作和全国模范职工之家的推荐工作。4月13日,省总在南昌召开“建设和谐平安江西,共创富民兴赣大业——工会在行动”系列教育活动动员会。会议传达了全省“建设和谐平安江西,共创富民兴赣大业”主题教育会议精神,传达孟建柱和省长黄智权对开展这项活动的要求。

2006年4月10日,省总宣教部下发《关于开展“当前企业职工思想状况和加强职工思想政治工作调研”的通知》。《通知》强调本次调研重点在南昌、九江、宜春、上饶、赣州等地,各选择3个不同类型、不同行业、不同规模和不同经营状况企业,每家企业抽选30名职工(共计450人)作为问卷调查对象。调研内容:职工思想状况,主要包括当前职工的基本情况,职工的劳动就业状况、社会政治心态,收入分配及社会保障状况,理想信念及精神文化需求等;职工思想政治工作状况,包括企业职工思想政治工作是否建立健全,工会在开展职工思想政治工作中的作用,开展职工思想政治工作的内容、方法、途径,职工对思想政治工作的评价和要求,开展职工思想政治工作的主要经验和成果,新形势下职工思想政治工作面临的形势、任务、问题及对策建议等。

2008年12月5日,省总在南昌召开全省工会系统学习贯彻中国工会十五大暨庆祝改革开放30周年座谈会。省委副书记王宪魁,省人大常委会副主任、省总党组书记、主席姚亚平,省委政研室副主任龚绍林,省总领导郭学勤、李骥、王运昌、柯进水、陈文明等出席座谈会。会议由姚亚平主持。座谈会的主题是:回顾中国工会和工人阶级30年的发展历程,总结改革开放30年来中国工会的基本经验,部署当前经济形势下全省工会重点工作。王宪魁代表省委讲话指出,回顾改革开放30年的历史进程,江西工人阶级以崭新的精神风貌,以高度负责的主人翁精神,积极投身改革开放和社会主义现代化建设事业,在经济建设中发挥主力军的作用,在政治建设中发挥主人翁作用,在文化建设中发挥了时代先锋和行动楷模作用,在社会建设中发挥国家政权重要支柱作用。在改革开放新的征途上,要始终把工人阶级作为国家领导阶级的地位不动摇,作为改革开放和社会主义现代化建设主力军的作用不削弱,全心全意依靠工人阶级的根本指导方针不改变。南昌市总党组副书记、常务副主席傅玉芳,省老蔡糖果有限责任公司董事长蔡尔平,江西省地质工会主席万根水,南昌高新开发区工委主任周友水,南昌凯来大酒店管事部经理彭佑军、洪都航空工业集团一线职工宋涛,景德镇景房集团公司农民工曹义双等7人在会上发言,联系实际畅谈学习贯彻胡锦涛总书记重要讲话精神的体会，回顾改革开放30年工人阶级的重大贡献和工会的成绩，并就弘扬新时代劳模、发挥工人阶级作用谈认识。

职业道德教育活动

1994—1995年，全省组织开展评选全省行业职业道德十佳标兵活动，1996年开始，在全省各行各业开展评选表彰“职业道德十佳标兵”和“职业道德十佳单位”的活动。“双十佳”评选表彰工作，在省委宣传部、省经济贸易委员会（简称经贸委）、省总、团省委领导下进行，组织工作由省总负责。4家共同组成“双十佳”评选委员会，评委会办公室设在省总宣教部，负责日常工作。

自1994年4月10日—8月1日，“评选行业职业道德十佳标兵”活动举行。活动由地、市总工会、省产业工会、直属基层工会宣教部推选先进人物，省组委会从推荐的先进人物中评出20名作为全省十佳标兵的候选人。然后从候选人中评出十佳标兵，并从十佳标兵中推荐2至3人参加全国行业职业道德十佳标兵的评选。

1994年10月11日，省总转发《中华全国总工会、国家经贸委关于加强社会主义职业道德建设的意见》。为加强对这一工作的组织领导，由省总与省经贸委联合组成省职业道德建设领导小组，下设办公室。省职工职业道德建设领导小组组长：文之周、蒋国宾，办公室主任：李保忠（兼）。

1995年，省总与省经委提出《关于加强社会主义职业道德建设的实施意见》，组织全省行业职业道德十佳标兵活动。1996年9月，省总通知，1996年在全省各行各业开展评选表彰“职业道德十佳标兵”和“职业道德十佳单位”的活动。“双十佳”评选对象主要是基层开展职业道德建设中涌现出来并受省、部、地、市级表彰的先进单位和个人，以一线职工为主，各类不同所有制形式的单位和职工均可参评。同月，省职业道德“双十佳”活动评选委员会成立。

1997年4月14日，根据省委宣传部、省经贸委、省总和团省委《关于在全省开展“三爱三学”活动的通知》要求，全省各级工会继续开展评选表彰全省“职工职业道德十佳标兵”和“职工职业道德建设十佳单位”（简称“双十佳”）活动。对获十佳的个人和单位，推荐参加全省、全国“五一劳动奖章、奖状”的评选。同时继续开展全省“五一好新闻”评选。同年，召开全心全意依靠工人阶级理论与实践研讨会，集中力量宣传一大批劳模先进人物的典型事迹，表彰全省职工职业道德建设十佳单位和标兵，授予江西省高等级公路管理局艾城管理所10个单位为1996年江西省职业道德先进集体；授予南昌市筷子巷户籍民警邱娥国等10人为1996年江西省职业道德标兵。有2个单位、2名职工分别获第三届全国职工职业道德建设先进单位、先进个人称号；16名职工为全省职工自学成才者，2名职工被评为全国职工自学成才者。同时还评选表彰了全省十大教师标兵。

全总发出通知，决定从1997年7月中旬至1998年2月，开展以“讲文明、树新风”为主题的群众性精神文明创建活动。省总决定在全省职工中开展“讲文明、树新风”活动，重点解决文明言行、环境卫生、服务质量、交通秩序等四个方面存在的突出问题，为迎接党的十五大，为改革开放和经济建设创造良好环境。1997年8月7日，省总提出意见，要求各级工会认真学习、坚决贯彻落实中央文明委电话会议和全总《通知》精神；做好宣传发动工作为开展活动创造良好的舆论氛围；突出抓好职工职业道德建设,深入开展各种精神文明创建活动。10月前,县以上各级工会机关在文明言行、环境卫生、服务质量、交通秩序等方面均要达到当地评比检查的优良水平。工人文化宫、俱乐部、职工学校、工会干校、职工疗(休)养院、宾馆、招待所,要对照检查达标要求,对自身的环境卫生、服务质量、文明言行和遵规守纪进行一次检查,迅速采取措施。

经省委宣传部、省经贸委、省党风廉政建设办、省总共同商议,决定于1997年12月20日,成立“省职工职业道德建设指导协调小组”,取代原“省职工职业道德建设领导小组”,负责指导、组织和协调全省职工职业道德建设方面的有关工作。指导协调小组组长:刘金标,副组长:钟健华、蒋国宾、江学功,常务副组长:文之周。指导协调小组办公室设在省总宣教部,办公室主任:李保忠,副主任;徐景权、李瑞兰、吴宜文、张才福、李冬发。办公室负责日常具体工作。

1998年1月15日,经省职工职业道德指导协调小组和省总批准,省市总全总推荐龚腊根、张连瑞为全国“职工职业道德十佳标兵”;泰和县人民医院、江西飞碟电器有限公司为“职工职业道德建设十佳单位”。

1998年2月12日,省职业道德指导协调小组办公室、省总宣教部印发《江西省职工职业道德“双十佳”评选和宣传工作方案》。评选工作在“省职工职业道德建设指导协调小组”的领导下组成评审委员会进行评定,评审委员会主任:刘金标,副主任:钟健华、文之周。评审委员会办公室设在省总宣教部。办公室主任:李保忠;副主任:徐景权、李瑞兰、吴宜文、张才福、李冬发。同时制定了江西省职工职业道德“双十佳”宣传工作意见。在做好全面宣传的同时,确定10个典型重点宣传。组织先进事迹报告会,安排先进人物到企事业单位作报告。发挥新闻媒体作用,搞好10个典型的宣传。

1998年3月31日,省总下发文件《表彰第二届全省“职工职业道德十佳标兵”、十佳单位及先进个人和先进单位(集体)的决定》,授予龚腊根等江西省“职工职业道德十佳标兵”称号;授予泰和县人民医院等江西“职工职业道德建设十佳单位(集体)”称号;授予雷亮福等15人全省“职工职业道德先进个人”称号;授予江西地质工程总公司基础工程公司等16个单位(集体)全省“职工职业道德建设先进单位(集体)”称号。

1998年5月12日,省总下发《关于1998年评选全省职工职业道德“双十佳”的通知》。是日,省总下发文件转发全总《关于向’98全国十大杰出工人学习的决定》。全总于1998年五一期间,推选出’98全国十大杰出工人,萍乡市邮电局邮递员曹罗生名列其中。

1999年,省总评选和表彰25名省职工自学成才者、全省职工职业道德“双十佳”和女职工文明标兵岗。并有2名先进个人、2个先进单位和5个先进班组获得全总表彰。1999年2月5日,省总下发文件,决定表彰第三届全省“职工职业道德十佳标兵”、十佳单位及先进个人和先进单位(集体),授予王玉朝等全省“职工职业道德十佳标兵”称号;授予全省崇仁县人民医院等全省“职工职业道德建设十佳单位(集体)”称号;授予谢润垣等13人全省“职工职业道德先进个人”称号;授予萍乡市饮食服务公司同乐酒楼等5个单位(集体)全省“职工职业道德建设先进单位(集体)”称号。

1999年5月7日,省总下发文件,决定在1999年继续开展全省“职工职业道德十佳标兵”和十佳单位(简称“双十佳”)评选活动。文件增加规定,凡获全省“职工职业道德十佳标兵”和全省“职工职业道德建设十佳单位”（含历届）称号的，一律作为优先推荐参加全省“五一劳动奖章”“五一劳动奖状”评选对象。

1999 年 8 月 6 日，全国职工职业道德先进班组名单公布：江西医学院第一附属医院妇产科，南昌铁路局南昌客运段 537/538 次车队，南昌电信局 114 查号台，上饶市自来水公司管道抢修班，江西铜业公司德兴铜矿精尾综合厂精矿工段名列其上。

2000 年，南昌市总在全市个体工商户和私营企业中开展“争创职业道德‘双十佳’”竞赛活动。

2000 年，省总开展全省第四届职工职业道德十佳标兵和十佳单位与 1999 年度“五一好新闻”评选活动，对劳模和工会工作进行专题重点宣传。评选表彰 24 名省职工自学成才者及女职工文明标兵岗。

2000 年 2 月 28 日，省总下发《关于表彰第四届全省职工职业道德十佳标兵、十佳单位及先进个人和先进单位（集体）的决定》，授予祝献鉴全省“职工职业道德十佳标兵”称号；授予南昌市东湖区公安分局公园派出所等全省“职业道德建设十佳单位（集体）”称号；授予董振国等 13 人全省“职工职业道德先进个人”称号；授予定南县自来水公司等 11 个单位（集体）全省“职工职业道德建设先进单位（集体）”称号。

2000 年 4 月 21 日，省职工职业道德建设指导协调小组、省总下发《关于 2000 年评选第五届全省职工职业道德“双十佳”的通知》。2001 年 1 月 19 日，省总下发文件，决定表彰第五届全省职工职业道德十佳标兵、十佳单位（集体）及先进个人和先进单位（集体），授予省火电建设公司通力公司设备制造分公司经理李洪应等省“职工职业道德十佳标兵”称号；授予吉安市吉州区沿江粮油食品店等单位（集体）全省“职工职业道德建设十佳单位（集体）称号”；授予修水县人寿保险公司徐志洪等 16 人全省“职工职业道德先进个人”称号；授予南昌市八一广场管理处等 27 个单位全省“职工职业道德建设先进单位（集体）”称号。

2001 年 3 月 12 日，省职工职业道德建设指导协调小组、省总向全总、全国职工道德建设指导协调小组呈报《关于推荐全国第七届职业道德“双十佳”候选者的请示》。推荐省火电建设公司通力公司设备制造分公司李洪应、中国航空工业第六〇二研究所李家云为全国第七届“职工职业道德十佳标兵”候选者；南昌铁路局工程总公司、中国工商银行上饶市分行信州支行为“职工职业道德建设十佳单位”候选者；南丰公路段太源养路队、中国农业发展银行新余市分行营业部、上饶供电局电营销部为职工职业道德建设百佳班组。

2001 年 5 月 25 日，省总决定召开第五届全省职工职业道德“双十佳”表彰大会。6 月 26 日，第五届全省职工职业道德“双十佳”表彰大会在南昌召开，副省长王君到会并讲话，程受锭致辞。会议由傅卓成主持，出席会议的还有省委宣传部副部长张剑，省总文之周、李骥、李慈葆，省经贸委副主任查俊如。张剑宣读第五届全省职工职业道德十佳标兵、十佳单位及先进个人和先进单位的表彰决定。省领导向全省职工职业道德十佳标兵、先进个人、十佳单位、先进单位颁奖。

2001 年 7 月 16 日，省总下发《关于评选第六届全省职工职业道德建设十佳标兵、十佳单位的通知》。12 月 6 日，第七届全国职工职业道德建设“百佳班组”名单公布，南丰公路段太源养路队、中国农业发展银行新余市分行营业部、上饶供电局用电营销部获得“百佳班组”称号。2002 年 1 月 29

日,第六届全省职工职业道德"双十佳"候选名单公示。2月25日,省总下发《关于表彰第六届江西省职工职业道德"十佳标兵""十佳单位(集体)"及先进个人和先进单位(集体)的决定》,授予冷建新等江西省"职工职业道德十佳标兵"称号;授予泰和中医院等10单位(集体)全省"职工职业道德建设十佳单位(集体)"称号;授予马良等20人全省"职工职业道德先进个人"称号;授予南昌新八一大桥发展股份有限公司等23个单位全省"职工职业道德建设先进单位(集体)"称号。

2002年7月1日,省委宣传部、省总等下发文件,决定评选第七届全省职工职业道德建设十佳标兵、十佳单位。2003年1月10日,省委宣传部、省总、省经贸委下发《关于表彰第七届江西省职工职业道德建设十佳单位、十佳标兵及先进单位、先进个人的决定》,决定授予省地质调查院西藏区调队等七届全省"职工职业道德建设十佳单位"称号;授予章萍等第七届全省"职工职业道德建设十佳标兵"称号。同时授予江西移动通信有限责任公司抚州分公司等26个单位第七届全省"职工职业道德建设先进单位"称号;授予邱一龙等27人第七届全省"职工职业道德建设先进个人"称号。

2003年9月17日,省委宣传部、省总、省经贸委下发《关于评选第八届全省职工职业道德建设十佳单位和十佳标兵活动的通知》,规定评选出的"十佳单位"可优先申报省"五一劳动奖状"、"十佳标兵"不受名额限制,按程序直接申报省"五一劳动奖章"。2004年1月18日,省总下发文件,表彰第八届全省职工职业道德建设十佳单位、十佳标兵及先进单位、先进个人。省职工职业道德建设指导协调小组决定,授予中国船舶工业第六三五四研究所等第八届全省"职工职业道德建设十佳单位"称号;肖建军等第八届全省"职工职业道德建设十佳标兵"称号。同时授予萍乡市人民医院急救中心等24个单位第八届全省"职工职业道德建设先进单位"称号;授予刘小林等24人第八届全省"职工职业道德建设先进个人"称号。

2003年12月17日,全总下发文件,向全国职工职业技能大赛中获各工种第一名的选手颁发全国"五一劳动奖章"。江西东津发电有限责任公司等10个单位获得全国职工职业道德建设十佳单位称号,全总决定授予十佳单位全国"五一劳动奖状"称号。是年,南昌市总在全市服务行业中继续组织开展以"爱岗敬业、诚实守信、办事公道、奉献社会"为主题的十佳单位、十佳标兵职业道德竞赛活动。南昌市各级工会在各行各业中普遍开展这项竞赛活动,评选表彰一批"双十佳"先进集体和先进个人。

2005年7月27日,全国职工职业道德建设指导协调小组决定在2005年开展第九届全国职工职业道德建设"双十佳"的评选活动,"双十佳"候选名单中有江西赣粤高速公路公司方兴科技有限公司的黄铮。

2005年9月14日,省委宣传部、省总、省经贸委下发文件,决定表彰第九届全省职工职业道德建设十佳单位、十佳标兵及先进单位、先进个人。决定授予萍矿集团公司安源煤矿等单位第九届全省职工职业道德建设十佳单位称号;授予姜春芽等第九届全省"职工职业道德建设十佳标兵"称号;授予赣南医学院附属医院等24个单位第九届全省"职工职业道德建设先进单位"称号;授予邓必清等28人第九届全省"职工职业道德建设先进个人"称号。"十佳标兵"不受名额限制,按程序直接申报省"五一劳动奖章"。

2005年11月24日,省总下发文件,决定向第九届全省职工职业道德建设十佳标兵颁发江西省

“五一劳动奖章”。在第九届全省职工职业道德建设十佳单位和十佳标兵评选活动中,10 人获得全省“职工职业道德建设十佳标兵”称号,省总决定授予十佳标兵省“五一劳动奖章”称号。

在第 22 个教师节来临之际,2006 年 9 月 4 日,省教育工会第四届师德标兵,师德建设先进集体和师德先进个人表彰大会暨教师节庆祝大会在昌举行。张海如、文之周、李骥、李慈葆、郭学勤、省总助理巡视员宗菊根、王运昌出席大会。省总领导为获全国师德标兵称号、全国师德建设先进集体称号、获得全省师德标兵称号、全省师德建设先进集体称号的代表和单位颁发奖牌和证书。全国师德标兵熊娟秀、张华、曹进荣,全国师德建设先进集体南昌市豫章中学、上饶师范学院、新干县七琴镇小学在会上交流经验。

为推进和谐文化建设,歌颂职工职业道德建设中涌现出的文明新风,2007 年 8 月 20 日,省总组织开展 2007 年全省职工“科学发展、创新创业、共建和谐”知识演讲大赛。大赛于 2007 年 8 月启动,设特等奖 1 名;一等奖 3 名;二等奖 6 名;优秀选手奖、优秀组织奖若干名。

2007 年 8 月 1 日,省委宣传部、省总、省经贸委联合下发文件,表彰第十届全省职工职业道德建设十佳单位和十佳标兵、优秀单位、优秀个人及先进单位、先进个人,授予全省儿童医院等 10 个单位第十届全省“职工职业道德建设十佳单位”称号;授予汪洋等第十届全省“职工职业道德建设十佳标兵”称号;授予江西电信公司宜春市分公司 10000 号客户服务中心等 10 个单位第十届全省“职工职业道德建设优秀单位”称号;授予胡正一等 10 人第十届江西省“职工职业道德建设优秀个人”称号;授予江西铜业集团公司德兴铜矿采矿场养防工段养路组等 14 个单位第十届全省“职工职业道德建设先进单位”称号;授予赵生辉等 19 人第十届全省“职工职业道德建设先进个人”称号。

2007 年 8 月 13 日,省总向省“五个十大”评选表彰活动组委会呈报《关于推荐“全国五个十大”候选人的报告》。“全国十大见义勇为模范”候选人是江西公路开发总公司梨温高速公路公司玉山管理处玉山收费站“熊文清班组”班长、全国“五一劳动奖章”获得者熊文清;“全国十大敬业奉献模范”候选人是江西省电力设备总厂党委书记、厂长,全国劳模、全国“职工道德十佳标兵”李洪应;南昌市公安局桑海经济技术开发区分局局长、公安部二级英雄模范、全国任长霞式公安局局长。

2007 年 9 月 15 日,中央文明办、全总、共青团中央、全国妇联等评选表彰首批全国道德模范。之后又评选了第二批。在第二批全国道德模范名单中,德兴市李宅乡宗儒村村民陈美丽(女)获全国诚实守信模范称号,贵溪市公安局流口派出所教导员施华山获全国敬业奉献模范称号,李艳光等 8 人获全国道德模范提名奖。

2009 年 3 月 5 日下午,省总主席办公会研究同意开展第十一届全省职工职业道德建设十佳单位和十佳标兵评选表彰活动,确定获得“双十佳”的单位和个人同时授予省“五一劳动奖状”“五一劳动奖章”。

为使活动更加规范,参照全国做法,2009 年 3 月 9 日,省总发出《关于增加省职工职业道德建设“双十佳”评委会成员单位建议的函》,邀请省发展和改革委作为评委会成员单位之一。2009 年 3 月 23 日,省委宣传部、省总等 5 家单位发出文件,通知开展评选第十一届全省职工职业道德建设十佳单位和十佳标兵活动,决定 2009 年开展第十一届全省职工职业道德建设十佳单位和十佳标兵评选表彰活动。

2009年7月14日,姚亚平主持召开省总第38次主席办公会,听取并同意推荐第十一届全国职工职业道德“双十佳”候选名单建议;重申评选表彰的要求,强调评选表彰工作要建立一个机制,一是成立评选表彰考评小组,由省总办公室等部门负责人组成,小组实行席位制;二是不同项目的评比由分管领导主持,涉及二个及以上部门的评比由常务副主席主持。通过评选表彰考评小组会议,提出评选办法、程序,经过审议、筛选,提交主席办公会。为了扩大第十一届全省职工职业道德建设“双十佳”评选活动影响,此届评委增加省文明办和省发展和改革委作为成员单位共同参与。同时积极申报单位和个人参加全国第十一届职工职业道德“双十佳”的评选活动。积极配合省委宣传部等5部门完成全国第二届道德模范的推荐工作和全省首届道德模范评选工作。2009年11月25日,省总省职工职业道德建设指导协调小组下发文件,决定表彰第十一届全省职工职业道德建设“双十佳”及先进单位和先进个人,授予江西赣粤高速公路股份有限公司昌樟高速公路管理处等单位为第十一届全省“职工职业道德建设十佳单位”称号;授予彭易奎等为第十一届全省“职工职业道德建设十佳标兵”称号;授予鹰潭市信息中心等10个单位为第十一届全省“职工职业道德建设优秀单位”称号;授予朱新来等10人为第十一届全省“职工职业道德建设优秀个人”称号;授予崇仁县供电有限责任公司等16个单位为第十一届全省“职工职业道德建设先进单位”称号;授予赵锋等18人为第十一届全省“职工职业道德建设先进个人”称号。11月26日,省总颁布文件,向第十一届全省职工职业道德建设“双十佳”颁发全省“五一劳动奖状”“五一劳动奖章”。

2010年1月18日,第十一届全国职工职业道德建设评选表彰名单公示,南昌市地方税务局、景德镇珠山书画研究院高级工艺美术师汪洋、省送变电建设公司高级工程师余晓寒在名单之列。

第三节　职工科学素质教育

读书自学活动

职工自学成才评选活动始于20世纪80年代,一直持续到2009年。

1990年省总颁发《江西省总工会职工自学成才奖励条例》,并拨出专款作为全省职工自学成才奖励基金。1991年省总、省教委、省科委、省人事厅、省劳动厅共同制定《关于自学成才人员的使用、待遇等问题的意见》。1993年根据全总、国家教委、国家科委、人事部、劳动部《关于成立“全国自学成才奖评审委员会”的通知》精神,全省由上述5家共同成立“江西省职工自学成才奖评审委员会”(以下简称省评审会)。主任由省总分管领导担任,副主任分别由省教委、省科委、省人事厅、省劳动厅分管领导担任。1995年3月2日,省总印发《关于全省职工自学成才奖评选表彰工作的通知》,决定申报全省职工自学成才奖从1995年开始改为每年一次。是日,省评审会行文请求省政府拨款10万元作为全省职工自学成才奖励基金,以利息部分用作奖励。并对《江西省总工会职工自学成才奖励条例》进行修改,颁发《江西省职工自学成才奖励条例》,明确条例自1997年3月7日起施行,1990年公布的《江西省总工会职工自学成才奖励条例》同时废止。2006年12月7日,省总、省教育厅、省科技厅、省人事厅、省劳动和社会保障厅、省自学考试委员会组成江西省职工自学成才委员会，主持职工自学成才奖评审工作。2008 年 12 月，省总决定从 2009 年起参照全总的有关做法，取消该项评比活动。从 20 世纪 80 年代至 1994 年，全省先后 3 次召开职工读书自学活动和自学成才奖表彰大会，对 254 个长期刻苦自学并在理论和实践中取得优异成果的先进个人和集体进行了表彰奖励。这些获奖者自学科目涉及工、农、林、医、师、文、理、财经、政法、艺术等。由于他们在工作中取得突出成绩，做出较大贡献，多数得到有关部门的合理使用。在他们取得的各项成果中，获省、部级以上奖励的有 168 项，获得国家专利的有 16 项，经济效益和社会效益明显。

1994 年 6 月 10 日，江西伍学荣、管淑静（女）获全国职工自学成才奖，郭连生获优秀组织者。1995 年 6 月 10 日，经全国职工自学成才奖评审委员会评审，全总决定向林永宁等 51 人颁发 1995 年度全国职工自学成才奖，江西有欧阳自福、杨国君获奖。

1995 年 8 月 1 日，省总决定向刘烈权等 12 人颁发 1995 年度江西省职工自学成才奖。在获奖职工中，原文化程度初中及初中以下的 5 人，占 42%；年龄 35 岁以下的 2 人，36 岁至 45 岁的 6 人，45 岁以下中青年占 67%；自学时间 10 年以上的有 11 人；从工作岗位看：从事科研和生产一线及管理工作的有 8 人占 67%；有中级职称的 6 人，高级职称的 3 人，中高级职称占 75%。12 名自学成才职工中有 2 人获省、部级劳动模范称号。在他们所取得的成果奖中省、部级以上科技成果奖有 6 项，国家专利 7 项。

根据 1995 年 5 月颁布的《江西省职工自学成才奖励条例》，1996 年 4 月 10 日，省总印发《关于做好 1996 年全省职工自学成才表彰工作的通知》，决定 1996 年继续开展全省职工读书自学活动评选表彰工作。5 月 3 日，省总印发《关于推荐申报全国案工自学成才奖的报告》，向全国职工自学成才奖评审办公室，全总宣教部推荐申报全国职工自学成才奖和优秀组织者的名单。他们是万华隆、傅水龙、刘献梅。同时推荐滕亚平为全国优秀组织者。

1996 年 12 月 8 日，省总决定表彰陈水均等 17 人为省职工自学成才奖获得者。1997 年 6 月，阮子宏、陈道印获得 1997 年度全国职工自学成才奖。1997 年 12 月 26 日，省总决定向刘小平等 16 人颁发 1997 年度江西省职工自学成才奖。1998 年 11 月 2 日，省总决定向刘生链等 26 人颁发 1998 年度江西省职工自学成才奖。1999 年 7 月 30 日，省总表彰 1999 年度全省职工自学成才者，决定授予江文藻等 25 人“江西省职工自学成才者”称号。

2000 年 10 月 31 日，省总，决定授予徐瑞香等 23 人“省职工自学成才者”的称号，授予梅根顺等 7 人“省职工读书自学活动积极分子”的称号。2001 年 11 月 16 日，省总，决定授予游金根等 21 人“省职工自学成才者”的称号。授予徐晓云等 8 人“省职工读书自学活动积极分子”称号。2002 年 11 月 22 日，省总决定授予席秋根等 23 人“省职工自学成才者”的称号，授予秦达宪等 24 人“读书自学活动积极分子”称号。2003 年 12 月 12 日，省总决定授予马良等 24 人“省职工自学成才者”称号，授予郭晓强等 17 人“省职工读书自学活动积极分子”称号。2004 年 11 月 29 日，省总，决定授予黄剑等 41 人“省职工自学成才者”称号，授予黄伟强等 7 人“省职工读书自学活动积极分子”称号。2005 年，省总决定授予喻建华等 96 人“省职工自学成才者”称号，授予解昱等 6 人“省职工读书自学活动积极分子”称号。

省劳动保障厅、省总、团省委联合组织在全省职工中开展学习中国高技能人才楷模读书征文活动,联合转发并制定开展读书征文活动的方案。2006年11月活动基本结束。到是年10月底,共有10万余人参加读书学习活动,收到征文22篇,经评审,共推荐优秀论文18篇、优秀组织奖9个、优秀个人奖10个报送全国读书征文组委会秘书处参评。14日,省劳动和社会保障厅、省总等发出文件函,报送江西省开展中国高技能人才楷模读书征文活动总结及优秀征文。将全省在职工中开展学习中国高技能人才楷模读书征文活动总结及18篇优秀征文报送全国职工学习高技能人才楷模读书征文活动组委会,另推荐优秀组织奖9个、优秀个人奖10个。

2006年11月24日,省总表彰2006年度全省职工自学成才者,决定授予万强等93人为"江西省职工自学成才者"称号,授予万长征等6人为"江西省职工读书自学活动积极分子"称号。2008年12月30日,省总,决定授予胡建钢等67人为"江西省职工自学成才者",授予奉启军等4人为"江西省职工读书自学活动积极分子"称号。

"创建学习型组织,争做知识型职工"活动

2004年5月,全省开展"创建学习型组织,争做知识型职工"活动(以下简称"创争"活动),各地各行业和职工积极响应,紧密结合工作实际,探索实践,取得优良成果,促进企业管理、技术进步和江西经济建设的发展。

2004年1月,江西铜业集团公司贵溪冶炼厂向全厂职工发出"建立层次多样、内涵丰富的学习型组织"动员令。厂工会提出从班组建设入手,建立具有多层次、有效性和持续性的学习型组织,创建学习型班组开始由标准管理—科学管理—文化管理循序渐进式的进步。厂设有创建学习型班组推进委员会以及考核评价机制、竞争激励机制,并在主要生产和辅助生产车间进行试点;确立以"班组管理一流、职工素质一流、群体智慧一流、创新意识一流"为创建内容,并将"四个一流"细化成24个子项,突出实效性和可操作性,从形式上保证创建工作的有效实施。该厂2003年举办各类专业知识培训达90多期,培训员工达2300余人。一车间开展的《小型金锭自动浇铸》自主管理活动,填补了国内冶金行业的空白,使贵冶金锭浇铸技术跃居世界领先水平。2003年该厂共开展30项科研技改和9项技术攻关,发布自主管理成果1348项,参与人数达3150人。

2004年3月31日,由九江市创建学习型城市指导委员会办公室和市总联合评选表彰的"十佳知识型职工"和单位公布。星子县国家税务局等10个单位、桑名昌等10人分获十佳单位和十佳职工称号。由市级政府部门评选知识型职工,在全国不多见。

2004年5月11日,省总、省文明办、省发展和改革委、省教育厅、省科技厅、省人事厅、省劳动和社会保障厅、省国有资产监督管理委员会、省工商联联合下发《关于印发〈开展全省"创建学习型组织,争做知识型职工"活动的实施意见〉的通知》。《意见》明确:由省总、省文明办、省发展和改革委、省教育厅、省科技厅、省人事厅、省劳动和社会保障厅、省国资委、省工商联主管领导组成的全省"创争"活动领导小组,指导全省"创争"活动的开展,领导小组下设办公室,由省总宣传教育部负责办公室日常工作。《意见》要求力争用5年左右时间,在全省事业单位、公有制企业和相关条件具备

的非公有制企业普遍建立学习型组织;建立完善和较为完备的学习型组织、知识型职工考核评价体系和表彰奖励机制,使"创争"活动规范化、制度化,建立"创争"活动组织网络、工作网络、知识网络;在全省社会各界、各行各业选树一大批学习型组织、知识型职工的先进典型,推动"创争"活动深入持久蓬勃发展。《意见》指出要通过职工读书自学岗位成才活动、"爱祖国、爱人民、爱社会主义、爱劳动、爱科学"为中心内容的形式多样的主题教育、职业教育和岗位培训、拓宽"创争"活动等途径开展活动。并要求各设区市组成相应组织领导和评审机构,建立较为完善的激励机制,即全省学习型组织、知识型职工评审委员会将对每年在"创争"活动中涌现出来的先进进行表彰,成绩特别突出并符合规定条件的,可以择优申报全省"五一劳动奖状"、奖章。同时明确学习型组织、知识型职工的基本条件。2004 年 11 月,江西铜业集团德兴铜矿在技术工人中普及推广应用《创造学》,增强一线工人的创新意识和创新能力。全矿通过合理化建议、自主管理成果发布和职工操作法命名的技术平台,打造出一支"创造型"的工人队伍,提高企业技术创新的整体水平。德兴铜矿充分发挥矿职工技术协会在人才、技术、信息和网络组织的优势,鼓励工人争当"知识型工人""专家型工人"和"金牌工人",在技术工人中普及推广和应用《创造学》。全矿有 1000 余名技术工人参加《创造学》专项培训。通过技术攻关、合理化建议和自主管理成果发布等途径,为一线工人的成才创造条件,企业的科技创新能力达到前所未有的水平。2004 年 3 月,德兴铜矿大山原矿钳工一班的 8 人小组,改进旋回破碎机的旋回裙板安装方式,省时 5 天,可多处理原矿 15 万吨,等于多生产 600 吨铜、3 公斤黄金和 15 公斤白银。5 年间,德兴铜矿在四大主流程单位开展有 6000 多人次参加的、涉及 20 多个工种的技术攻关和技术比武活动,涌现出全国百名技术能手等一大批"创造型工人"。5 年间,全矿共征集工人合理化建议 9446 条,采纳实施 2838 条,其中的 20 项获得省合理化建议重大成果奖,为企业增收创效达 3000 余万元。

2004 年,南昌市总与各县区、开发区、市直机关工会工委、基层工会以及各级女职工委员会,组织全市职工开展"创争"活动、"学习金牌工人许振超、知识型职工李斌"和"思想道德修养"等学习教育活动。南昌市地税局开展"创争"活动,至 2004 年 12 月 24 日,1137 名干部中有 757 人通过在职再教育达到高一层次学历;786 人拿到计算机一级证书,163 人成为注册会计师. 54 人成为注册税务师。2003 年初,该局审时度势地推出"创建学习型机关"三年工作目标规划:2003 年底,100% 的干部拿到计算机一级证书,30% 干部拿到计算机二级以上证书,到 2004 年底,45 岁以下干部全部拿到计算机二级以上证书,税收增速、增量和总量在全省地税位列第一。

2005 年,南昌市总广泛深入地开展建文明班组、创文明岗位、做文明职工、争创学习型班组、争当知识型职工、振兴南昌职工读书自学成才等系列素质登高活动。以文明南昌行动为起点,组织职工广泛开展树立科学发展观,建设美好新江西,做大做强新南昌为主题的教育活动,提升广大职工的文明素质和道德水平,涌现一批文明班组、文明岗位和文明职工。在全市范围广泛开展职业道德"双十佳"评选活动,选树一批职业道德标兵。

2005 年 7 月 14 日,省总等单位下发文件,决定表彰全省学习型组织标兵单位、先进单位,知识型职工标兵、先进个人,授予南昌市地方税务局等 10 家单位"学习型组织标兵单位",赖启华等 10 人"知识型职工标兵";洪都航空工业集团有限责任公司、等 13 家单位"创建学习型组织先进单位”,姜春芽等9人“知识型职工先进个人”称号。8月15日,省创争活动办公室推荐南昌市地方税务局、江西铜业集团公司贵溪冶炼厂、新余钢铁有限责任公司销售部和赖启华、唐大祥、贾健参加“全国学习型组织标兵单位”和“全国知识型职工标兵”评选。

2006年,江西铜业集团公司将创建“学习型班组”作为创建学习型企业的重要组成部分,在全公司范围内全面推进。把涉及到班组的所有工作统一纳入到活动中来,规范班组建设,减轻班组负担,对“学习型班组”考核评审标准进行修改完善,将考核体系细分为基础条件、加分条件、否决条件3个大项47个子项,重点提高班组的学习力、凝聚力、执行力和创新力。德兴铜矿铜厂采矿场西破碎矿钳工组,在创建学习型班组过程中,员工将自己的书籍从家中带来,放置在自制的班组书柜中,构筑了一个班组学习角,营造学习快乐、快乐学习的良好氛围。一年中,班组15名组员中有两名考取技师、七名获得高级工资格证,解决生产疑难问题10余项。2006年底,公司对2000多个班组进行分级考核、表彰,命名了17个AAA级“学习型班组”。江铜集团贵溪冶炼厂通过“创建学习型班组、争做学习型员工”活动,涌现出一大批一专多能的能工巧匠。为创建世界最好的炼铜工厂,厂工会对全厂420多个班组进行全面调查摸底,取得第一手资料,提交贵冶“开展建设智能型班组、培育智能型员工活动”的调研报告,引起厂决策层重视。厂工会举办班组长培训班,学习学习型班组创建的方法、内容、步骤及企业管理知识,经过两年实践,全厂有40多个班组申报学习型班组。两年发布的职工自主管理成果近3000项,开展科技攻关39项,解决生产、安全、质量、成本和管理等方面的难题,创造经济效益超亿元。

2006年3月27日,省总、省文明办、省发展和改革委员会(简称发改委)、省教育厅、省科技厅、省人事厅、省劳动和社会保障厅、省国有资产监督管理委员会、省工商联联合下发《关于开展全省“创建学习型组织,争做知识型职工创业型人才”活动的实施意见》(以下简称《实施意见》)。《实施意见》决定在全省继续开展“创建学习型组织,争做知识型职工,勇为创业型人才”活动。《实施意见》强调要将读书活动与“创争”活动紧密结合起来,引导职工工作学习化、学习工作化。建立完善的运行机制和激励机制,对“创争”活动中成绩突出的先进典型进行表彰。全省“创争”活动评审会将对每年在“创争”活动中涌现出来的先进进行表彰,对其中成绩特别突出的评选出10名全省创建学习型组织标兵单位、10名知识型职工标兵个人、10名创业型人才标兵个人,并对获标兵单位和标兵个人第一名的,分别授予省“五一劳动奖状”、奖章,没有获得标兵称号的候选单位和个人将分别授予全省学习型组织先进单位、全省知识型职工先进个人及全省创业人才先进个人称号。各地也应建立相应的运行机制和激励机制,大力表彰“创争”活动中涌现出来的先进典型。

2006年8月6日,省首届“创争活动”评审委员会成立。评委会名誉主任:张海如。评委会主任:文之周,副主任:杨六华、王平、汪忠武、左喜明、张菊萍、刘奇兰、张启元、舒国华。评委办主任:郝希升,副主任:尹伟。9月21日,由省总等9家联合组成的“创建学习型组织,争做知识型职工,勇为创业型人才”活动领导小组对江西省第二届“创争”活动进行了评选。授予洪都航空工业集团公司洪都小学等10家单位为“学习型组织标兵”、江西气象科学研究所教授级、高级工程师黄淑娥等10人为“知识型职工标兵”、万载县万广源进出品有限公司总经理曾小刚等10人为“创业型人才标兵”;赣州监狱等20家单位为“学习型组织先进单位”、江西公路科研设计院工程师虞峥等16人为

“知识型职工先进个人”、江西煌上煌集团公司常务副总裁褚浚等8人为“创业型人才先进个人”称号。对获得单位和个人标兵称号的，省总决定授予上述单位和个人省“五一劳动奖状”和省“五一劳动奖章”称号。12月8日，省总推出全省“创新、创业优秀产业工人群体——袁政海班组”作为重大宣传典型。

贵溪冶炼厂工会自2006年起，持续开展创建“学习型工会”活动。贵冶工会提出以“创建”活动为载体，开展创建“学习型工会”活动；并明确“以提高工会干部‘学习力、服务力、凝聚力、执行力、创新力’为核心，以建设‘学习型、服务型、创新型’组织为目标，以‘强化落实、稳步推进、刚性考核’为保证，以‘每季评星’来衡量‘创建’活动效果，提高干部队伍的素质，提升工会工作的质量”为指导思想。贵冶工会每年都根据“创建”目标，结合本年度中心工作，对活动内容、考核标准等进行补充、修改、完善，制定年度实施细则和具体的、量化的考评办法，将“精细化管理”理念和要求贯穿到日常工作全过程。

2007年1月，新钢公司运输队选择全国钢铁行业岗位技术能手张索、公司劳动模范陈湘宁、公司职工先进操作法获得者王崇忠等3名优秀职工，在基层站段以他们的姓名命名并正式启动3个岗位技术能手团队学习室，针对现场设备进行职业培训、技术攻关，解决生产中的实际问题，最终形成更多切实可行的技术成果。

2007年3月15日，全国2006年度“创争”活动评选结果公布，江铃汽车集团公司模具厂袁政海班获全国学习型十佳标兵班组。江西电信宜春分公司10000号客户服务中心、新余市国家税务局稽查局审理股、省地质调查研究院西藏区调队获全国学习型优秀班组。九江供电公司总经理高级工程师熊友明、南昌钢铁有限责任公司第一轧钢厂厂长工程师衷金勇、南昌市国土资源局青山湖分局局长吉伟伟获全国知识型职工优秀个人；另外26个班组获全国学习型先进班；27个个人获全国知识型职工先进个人称号。3月16日，以全总宣教部助理巡视员孙磊为团长的全国学习型标兵班组、知识型职工标兵事迹报告团在南昌举行先进事迹报告会。

2007年，赣州市总制定职工素质工程五年规划（2007—2011年），举办企业文化建设论坛、现场观摩、片际职工文化交流、专题调研、职工演讲读书征文比赛和企业文化专业知识讲座等系列活动；总结、宣传、推广先进典型，已选树一批企业文化建设示范先进单位，兴建一批职工示范书屋和职工健身房，成立一批职工兴趣小组，开展健康有益的职工文娱活动，提高职工的文化品位。2008年赣州市总参加全总在大庆举办的全国工会“企业文化建设与职工素质工程”论坛会议，作为全国唯一设区市在大会进行主题发言，全市选送的两篇论文均获奖并入选优秀论文集。2010年，赣州市总创立以提高职工思想道德素质、专业文化素质、业务技能素质为重点的创新工程——职工素质工程。市总有计划、有步骤地开展“创建学习型组织争做学习型职工”等主题教育；借助“市职工（农民工）文化周”活动，开展摄影、书法展和文艺展演、诗歌朗诵。依托高校优势，举办多期创新创业培训班，形成科技攻关、科技创新的网络，并大力开展群众性小改小革活动。

2008年12月22日，由省总等9家联合组成的“创建学习型组织，争做知识型职工，勇为创业型人才”活动领导小组对省第四届“创争”活动进行评选。学习型组织标兵单位有南昌电信分公司等10个单位，知识型职工标兵有万里晴等10人，创业型人才标兵有吴志斌等10人。

2009年2月5日,全国2008年度“创争”活动评选结果公布。省创争活动领导小组,通报2008年度全国创争活动先进集体和先进个人表彰的情况。九江市国家税务局稽查局、昌泰高速公路有限责任公司获全国学习型组织优秀单位;赣丰煤矿机电设备制造有限责任公司二车间铆焊班、中国电信鹰潭分公司营业班获全国学习型优秀班组;南昌市国家税务局副局长王宝军、中铁二十四局南昌铁路工程有限公司副总工程师胡正一获全国知识型职工优秀个人;上饶市地方税务局、南昌邮区中心局、吉安市国家税务局获全国学习型组织先进单位;南昌市总、南昌市西湖区工会获全国创争活动优秀组织单位;九江市总胡帆、宜春市总吴江平、上饶市总郑三方、信丰县总工会郭迪善、崇仁县总工会陈花英获全国创争活动优秀组织者称号。南昌供电公司220KV桃苑变电站等16个班组获全国学习型先进班;舒玉光等29人获全国知识型职工先进个人称号。

职工学校

1994年1月13日,省总申办成人中专情况汇报会举行,出席会议的有省政府办公厅科教处、省教委有关负责人、省总领导、省总干部学校领导。会议认为:省总干部学校办成人中专的条件基本具备。3月,省人民政府批准成立省总工会职工中等专业学校,并报国家教委备案。这是全省工会系统第一所全日制成人中等专业学校。12月2日,省总工会职工中等专业学校正式成立。先后开设财务会计(财会电算化)、市场营销、装潢设计、服装设计、幼儿师范、电脑文秘、计算机技术与应用专业,面向工会系统和社会招收初高中毕业或具同等学力的在职干部、职工和城乡社会青年、劳模、先进工作者等。累计招新生1585名。1999年4月,省教委评估验收专家组对省总工会中专办学水平进行全面评估验收,认为达到办学水平评估验收标准。2002年,学校因形势变化停止招生。

为了表彰先进,调动各方面的积极性,推动工会教育事业的发展,1994年7月1日,省总决定在全省各级各类工会职工教育办学单位及其教职员工中评选一批工会职工教育先进个人和先进集体,从中择优推荐全总表彰。是年9月,省总下发《关于表彰全省工会职工教育先进工作者和工会先进办学单位的决定》,决定授予陶继文等20人“省工会职工教育先进工作者”称号,授予吉安市职工学校等15所学校“省工会先进办学单位”称号。吉安市职工学校樟树市职工学校、宜春市职工学校、赣州市职工学校、九江市职工学校、抚州市职工学校、新余市职工学校、萍乡市职工学校获全国工会先进办学单位称号,陶继文、徐文华、严伟初、刘峰、王英春、张承帷获全国工会职工教育先进工作者称号,9月10日受到全总表彰。

1994年9月27日,省总批复同意省总吉安地区工会办事处兴建“吉安地区职工学校”(教育中心)。1995年7月18日,省总批复同意省总干部学校与南昌市工人业余大学实行联合办学。联合办学的学校名称为江西职工大学,并按有关规定办理学校申报手续。在申办过程中,由于编制等诸多制约,联合办学未有实质性进展。

1995年10月12日,省总下发《关于推荐全国、全省工会系统示范性职工学校事宜的通知》明确,推荐全国、全省工会系统示范性职工学校,此后每隔3~5年对其资格进行重新确认和调整。根据全总办公厅《关于推荐全国工会系统示范性职工学校事宜的通知》精神,11月10日,省总向全总推荐赣州市等8所职工学校为全国工会系统示范性职工学校。

从1994年到1995年底，全省工会系统有职工学校89所，职工业余大学2所，职工中专1所。1996年1月，吉安地区工会宣教部对全区县市职工学校情况进行调查。全地区县市职工学校办学条件不断改善，有了一定的教学场地和基本设施；有一支较稳定的以专职教师为骨干，与兼职教师相结合的教师队伍；建立了一定的教学和管理制度，学校管理不断加强，教学质量不断提高。但也遇到许多新情况，全区12所职工学校的现状是，办学比较好的有吉安市职工学校，占8.3%。办学比较正常的共有4个学校，占33.3%。办学不够正常，只是有时配合工会或有关部门举办一些短训班的有5个，占41.6%。无专职人员，名存实亡的有2个，占16.6%。全区职工学校存在的主要问题是：生源不足、经费缺乏、专职教师队伍不适应新形势的要求、部分工会领导和办学人员对工会办学的重要性和长期性认识不足，思想不解放，以致有的学校衰落。

1996年9月5日，省总下发《关于贯彻〈中华全国总工会关于进一步办好工会各类职工学校的意见〉的通知》，提出坚定不移地办好工会各类职工学校，强调工会办学以职工大学、中专和职工中等学校为重点。全省总体要求是努力办好现有职工学校，做到牌子不能摘、人员不能散、阵地不能丢，排除各种干扰，克服困难，切实办好现有的学校。到20世纪末，全省工会系统要重点建设好2所职工大学、15所职工中等学校，使之在教育质量、基础设施、办学规模等方面达到全省同类成人学校的先进水平，成为全省工会系统的骨干学校。各市、县工会是职工学校的主办单位，对学校负有直接领导责任、要定期研究学校工作，制定学校具体发展规划，把握学校办学方向，配备好学校领导班子，妥善解决办学经费，改善办学条件，帮助学校解决在办学中存在的实际问题和困难。为了保证办学的连续性和稳定性，凡已经批准备案的职工学校，不能随意停办和撤销、需要停办和撤销的学校，需按有关规定办理停办手续，报上一级工会备案。各级工会应建立促进办学的激励机制，应把办学工作纳入工会评比、考核内容，纳入工会领导任期目标责任制和政绩考核内容，定期对各类职工学校进行检查、评估。

为了与全总职工学校工作部署同步，全省分两步确定全省工会系统示范性职工学校。第一步从1996年—1999年4月为试点时期，适当超量选择部分职工学校作为试点学校，并同时公布示范性学校考核验收标准，用2~3年的时间，达到示范性学校标准；第二步从1999年5月开始，按照示范性职工学校验收标准对试点学校逐一进行考核验收，达到标准的则正式列入全省工会系统示范性职工学校。1997年1月24日，省总下发《关于办好江西省工会系统示范性职工学校的通知》，要求各地市工会要按照《中华全国总工会关于进一步办好工会各类职工学校的意见》的要求，切实加强领导，加强管理，把搞好试点学校列入工会办学工作的重点，定期研究检查试点的实施情况，帮助各试点学校解决在达标过程中存在的实际困难，并在本级经费留成中拨出一定数量的资金，有重点地帮助试点学校改善必要的办学条件。各主办工会对办好试点学校负有主要责任，要把办好试点学校列入工作日程，与学校一起逐条落实考核验收标准，每年的经费预算中都应列出一定数额用于试点学校改善办学条件，提高办学水平，促使学校尽快达到示范性职工学校考核验收标准。列入试点的职工学校．应在上级工会的领导下，依据考核验收标准，积极主动地制定好学校建设发展规划和具体实施的年度计划，力争用3~5年的时间实现考核验收目标中的各项指标，在2000年达到一流水平,成为全省工会系统示范性职工学校。示范性职工学校考核验收工作,1999 年 5 月开始进行。被推荐为全国工会系统示范性试点学校的由省总组织考核验收、确认。全省工会系统示范性职工学校实行动态管理,省总对示范性职工学校,不定期地进行复查,发现问题的,责成主办工会和示范性职工学校限期改正,否则将取消其示范性职工学校称号。

1997 年 9 月 1 日,省总表彰全省工会系统先进教育工作者,决定授予卢瑞安等 30 人为先进教育工作者称号。

1999 年 5 月,全省示范性试点职工学校根据省总《关于做好全国工会系统示范性职工学校考核验收工作的通知》精神,自查申报。萍乡、樟树、吉安等 3 所职校通过自查认为离考核标准有差距,决定暂缓申报。九江、新余、赣州等 3 所职校经过自查补项,基本符合申报条件,决定申报。7 月,省总宣教部分别到九江、新余、萍乡、赣州、吉安、樟树组织考核验收,并报省总审议,确定推荐新余市、赣州市、九江市等 3 所职工学校为全国示范性职工学校。截至 2000 年,全省基层以上工会独立兴办的职工教育机构 32 所,职工高等学校 2 所,职工中专 2 所,职工(业余)学校 12 所,培训中心 8 所,再就业培训基地 8 个,工会职工教育机构在校学员 10698 人。2002 年,本级工会独立兴办的职工教育机构 73 所,职工教育机构本年度在校学习人数 6146 人,职工教育机构本年度毕(结)业人数 3405 人,职工教育机构专职教职工 115 人,职工教育机构固定资产 559.61 万元。

2002 年 1 月,经省政府批准,南昌市工人业余大学正式更名为南昌市职工科技大学。

至 2002 年,学校为南昌地区的经济建设培养不同专业的大专毕业生 5800 人,轮训各类专业人才两万多人。学校更名后,根据南昌经济发展的要求,把培养高素质,高技能的产业大军、劳动大军作为办学宗旨,进行多种类、多方面、多层次的职业教育。

新余市总向省总反映新余市事业单位改革领导小组在酝酿新余市事业单位改革方案时,意向性地将市总所属事业单位市职业学校与市成人高教中心合并。2005 年 6 月 1 日,省总《关于保留新余市职工学校机构编制的函》致新余市委、市政府,要求按照《工会法》第四十七条规定“工会所属的为职工服务的企业、事业单位,其隶属关系不得随意改变”,申明省总意见:新余市职工学校不宜与市成人高校中心合并,应予保留学校名称、机构、编制。

2006 年 8 月 4 日,省创争活动领导小组转发《关于贯彻落实〈关于企业职工教育经费提取与使用管理的意见〉的通知》。《通知》明确:保证职工教育培训经费的提取不低于职工工资总额的 1.5%,从业人员技术素质要求高、培训任务重、经济效益好的企业,不低于工资总额的 2.5%,切实保障大部分经费要用于一线职工特别是技术工人的教育和培训。强调在当前和今后时期,企业职工教育培训经费的使用重点是一线技术工人和农民工。各级工会要积极帮助企业特别是中小企业和非公有制企业建立健全职工教育培训的各项制度及经费提取与使用管理的办法。

2009 年,全总职工学校建设转为以基层企事业单位为重点,建设一批基层职工学校示范点,全面推动各地职工学校建设,为广大职工提供更好的学习环境和条件。2009 年 9 月,省总根据全总要求,在全省各类职工培训中心、再就业培训基地、技能人才实训基地、农民工业余学校、职工夜校、周末学校选拔、推荐基层职工学校示范点。各地工会选拔推荐的基层职工学校示范点,统一悬挂经全国职工素质建设工程领导小组办公室审定的统一款式牌匾。8 月 24 日,省总通报:江西航空职业技术学院、丰城矿务局职工学校获全国职工教育培训优秀示范点；南昌市职工科技大学等16所学校获全国职工教育培训示范点称号。并通报：全总从2010年开始，连续五年，对全国职工教育培训优秀示范点给予重点资金扶持和对示范点进行挂牌。要求各级工会按照与全总出资规模相应的比例筹集专项资金，共同扶持全国职工教育培训示范点建设。各级工会在实施职工教育工作培训示范点建设项目过程式中，要明确工作目标、规范操作程序、定期督促检查，逐步完善管理体制，改善硬件设施，扩大培训规模，打造特色品牌。要结合《全省职工素质建设工程五年规划》要求，抓好阵地建设，加大资金投入，积极争取同级政府部门的政策和资金支持，运用各类教育培训资源，积极探索校企联办、按需施教、定向培养、定点输送等多种教育培训模式，逐步建立健全工会与企业职工培训机构联系点制度，积极搭建方便广大基层职工广泛参与的学习渠道和培训模式。各级工会要及时了解示范点建设的进行情况，认真总结成功经验，通过举办不同形式规模的挂牌仪式、工作总结和现场交流会，加大宣传力度，扩大社会影响，做大做强一批职工教育培训示范点，切实在推进改革职工素质建设工程中发挥主阵地作用。

2010年11月16日，省总宣教部下发文件，通报全国职工教育培训优秀示范点及示范点的情况。

第四节　职工文化体育

工人文化宫、职工俱乐部

1984年，党的十二届三中全会作出《关于城市经济体制改革的决定》。江西省的工会文化宫俱乐部的改革随后起步。至1994年，通过改革，全省工会文化宫俱乐部有新的发展。工会文化宫俱乐部的建设和阵地设施得到发展和改善。通过改建和新建，全省90个县、市建起具有一定规模和设施的工人文化宫俱乐部。九江、景德镇、新余、萍乡等中心城市工人文化宫新建工人文化宫。1994年，全省工人文化宫俱乐部已发展为1453个，从事职工文化工作的专职人员2331人。各地文化宫俱乐部许多失修的危房和设施得到翻新改建：盖起活动大楼，开辟了新的活动场所，图书馆阅览室、宣传橱窗、电影院、录像厅、歌舞厅、游艺室、台球室、排练厅等内部设施得到改善。各地文化宫俱乐部举办多种形式的讲座、展览和报告会，对职工进行形势教育和社会主义市场经济的理论教育；开办各种培训班，对职工进行职业技能培训和文化科学技术教育；增添群众喜爱的活动项目，满足职工群众的精神文化需求。扩大服务领域，开发多种经营，改变“生存靠补贴”的局面，利用四周围墙和空闲场地，兴办“围墙经济”；开拓活动项目，初步形成集宣传教育、文化娱乐，科技教育、餐饮住宿、观光旅游于一体的职工活动中心。全省市、县文化宫俱乐部有一半以上实现经费自给。南昌、九江、宜春、新干、新余、乐平、万载等市、县工人文化宫，南昌、上饶等铁路工人文化宫，以及新余钢铁总厂、江西铜业公司、南昌钢铁厂、南昌飞机制造公司、萍乡矿务局等基层文化宫俱乐部，在改革中改革内部管理机制，走以文补文的道路。

文化宫俱乐部在发展中存在一些急需解决的问题,主要表现在:改革发展不平衡。有的文化宫改革步伐迟缓,旧体制下形成的“等、靠、要”和求稳怕难等传统观念,依然成为深化改革的思想障碍,经济效益和社会效益得不到提高。有的文化宫俱乐部在改革的探索试验过程中,片面追求经济效益,把工会文化宫视同于一般商业性娱乐业。有的主管工会直接包揽文化宫的舞厅、桌球室等项目,没有真正给文化宫自主权,致使文化宫的发展后劲不足。有的地方出现挤占文化阵地的现象,影响文化宫的改革健康发展。有的文化宫俱乐部盲目攀比,不顾当地实际,追求“硬件”设施,忽视“软件”建设,忽视提高内部经营管理水平,在一定程度上削弱与广大职工群众的联系。上级工会对文化宫俱乐部面临的问题调查研究不够,指导不力,一些认识和实际问题没有得到解决。

为加快工会文化事业发展,1994 年 5 月,省总制发《关于深化工会文化宫、俱乐部改革的意见》,指导全省职工文化工作健康发展。《意见》指出:工人文化宫是工会主办的为职工群众及其家属服务的公益性文化事业单位。深化工人文化宫俱乐部的改革,必须坚持“为职工服务,为社会主义服务”的方向,以培养“四有”职工队伍,提高职工的政治思想和科学文化素质为崇高职责,满足职工群众日益增长的精神文化生活需求,努力把工人文化宫俱乐部办成职工群众的“学校和乐团”。《意见》强调改革的目标是把工人文化宫俱乐部建设成为具有自主经营管理、自我约束、自我完善、自我发展能力的、深受职工群众欢迎的职工文化事业单位。经过三至五年的努力,要求达到:建设一个团结、务实、开拓、懂管理、会经营的好的领导班子;建立一支精干、懂业务、积极性高的职工队伍和业余积极分子队伍;建立健全科学的管理体制和运行机制;宫容宫貌和活动场地、设施明显改观,固定资产保值增值;实现良好的社会效益和经济效益。《意见》明确主管工会要加强对工人文化宫俱乐部工作的领导,确定一名主席分管,宣教部门协助分管主席实施管理职能。实行和完善文化宫俱乐部主任负责制。并对内部管理、人事和工资分配以及经营方向、资产管理等作了强调。

1994 年 5 月,省总在庐山召开全省文化宫俱乐部工作会议,会议确定在社会主义市场经济新形势下深化文化宫俱乐部改革任务。会议传达第六次全国工会文化宫俱乐部工作会议精神,对全省工会文化宫俱乐部的改革与发展作总结,并部署深化改革。参加这次会议的有地、市、直属基层工会宣教部长、市县文化宫主任和部分大中型企业俱乐部主任及省职工文化学会常务理事百余人。省总常委、宣教部长李保忠作《坚持方向,深化改革,开创工会文化宫、俱乐部工作的新局面》的工作报告,省总副主席程受锭在会上讲话,他强调要适应建立社会主义市场经济体制的要求,认真落实文化宫俱乐部的经营自主权,实行目标责任制,完善领导体制,在人事制度、用工制度、分配制度等方面积极稳妥地推进各项改革。

1994 年 6 月 8 日,省总印发《关于授予南昌市工人文化宫为“江西省先进工人文化宫”称号的决定》,指出南昌市工人文化宫建宫 40 年来,特别是改革开放以来,坚持“为职工服务,为社会主义服务”的方向,紧紧把握时代的脉搏,艰苦创业、锐意改革、大胆探索、开拓创新,使文化宫设施条件明显改善,服务领域不断扩大,活动内容更加丰富多彩,各项管理和自我发展能力得到增强,走出一条以文为主、多业助文,“服务一创收一更好服务”之路,实现社会效益和经济效益的同步增长。文化宫在履行工会教育职能,弘扬主旋律,活跃职工文化生活,满足职工多层次的精神需求,培养“四有”职工队伍,增强工会的凝聚力、吸引力等方面,取得显著的成绩,为深化全省工会文化事业改革提供经验。

1994年7月5日，省总印发《关于表彰先进工人文化宫俱乐部和先进职工文化工作者的通知》，决定表彰一批先进工人文化宫俱乐部和先进职工文化工作者，并从中推选出部分单位和个人，参加全总的表彰活动。并明确先进工人文化宫俱乐部评选条件。

是年12月5日，省总下发《关于表彰先进工人文化宫俱乐部和先进职工文化工作者的决定》，授予江西棉纺织厂会俱乐部、等17个单位“省先进工人文化宫俱乐部”称号，授予熊少华等19人“省先进职工文化工作者”称号。

由于江西大部分地、市、县工会文化宫是50年代和60年代建的，经过长时间的使用，有的已成为破旧不堪的危房，需维修或重建，如瑞昌、石城、永新县文化宫。有的根据总体布局和城市规划，需拆迁重建。如莲花县文化宫需拆迁，峡江县经国务院批准，县城东迁至京九线穿腹而过的水边镇，办公楼和文化宫要新建。为解决地、市、县工会困难，省总已补助近200万元，但地、市、县要求补助的金额达611万元，省总实无这种财力，1995年12月12日，省总上报《关于申请解决我省部分地市、县工会文化宫的新建、改建、维修费的请示》，向全总请示帮助解决部分地、市、县工会文化宫的新建、改建、维修费。

1996年5月27日，省总印发《关于推荐孙效宣同志为全国国际海员俱乐部先进工作者的报告》，向全国海员总工会推荐九江国际海员俱乐部孙效宣为全国国际海员俱乐部先进工作者。

1996年8月7日，省总发出《关于对九江国际海员俱乐部请求拨给临时办公费用补助的批复》，同意拨给九江国际海员俱乐部临时办公费用补助费壹万元整。

1997年3月17日，省总印发《关于召开全省工会文化宫、俱乐部工作会议的通知》，通知7月上旬召开全省工会文化宫、俱乐部工作会议。会议内容是传达贯彻全总召开的纪念文化宫俱乐部改革10周年座谈会精神；交流总结全省文化宫俱乐部改革的经验并表彰先进；研究确定进一步加强管理，搞好文化宫俱乐部改革的意见；召开省职工文化学会年会，进行换届。各地（市）工会、省总直属基层工会分管文化宫俱乐部工作的副主席和宣教部长；省产业（局）工会宣教部长或副主席；部分县、市、企业文化宫俱乐部主任参加会议。

1997年7月24日，全总推出上海市工人文化宫等17个工人文化宫为首批“全国工会系统示范工人文化宫”，南昌市工人文化宫榜上有名。

1998年4月，湾里区委、区政府以招商引资为由，拟将区工会办公场所和区工人文化宫的房屋及土地使用权转让，出售给外商搞开发。在南昌市总、省总干预下，6月上旬，纠正湾里区变卖工会房屋及土地使用权的做法。

1998年11月16日，省总印发文件公布第一批包括南昌市工人文化宫16家在内的全省示范工人文化宫俱乐部。

1999年11月23—24日，省总工在宜春召开全省工会职校、工人文化宫工作座谈会。会上，南昌市工人文化宫、赣州市职工学校等9个单位交流办宫、办校经验，与会代表结合实际，围绕工会系统文化宫和职校工作的现状及存在的问题，展开热烈研讨，提出一些好的思路和建设性意见。全省各地市、产业、直属基层工会分管副主席，宣教文体部部长和有关文化宫、职校的代表共60多人出席会议。

1999年12月1日,省总下发《关于公布第二批全省示范工人文化宫俱乐部的决定》,公布第二批包括吉安市工人文化宫等14家在内的全省示范工人文化宫俱乐部。

2000年4月24日,省总下发《关于颁发全省第三批示范工人文化宫俱乐部条件的通知》,在全省工会系统选树第三批8家县、区示范工人文化宫俱乐部(含学校、银行、商场等有职工文化特色的小型文化室)、5家企业示范工人俱乐部。12月1日,省总下发《关于公布第三批全省示范工人文化宫俱乐部的决定》,决定临川区第二工人文化宫等19家文化宫俱乐部为第三批全省示范工人文化宫俱乐部。至2000年底,全省基层以上工会直属的文化宫俱乐部99个。单独建立的图书馆50个,其中藏书65万册。体育活动场馆27个。直属文化宫俱乐部1223个。全省基层工会单独建立的图书馆184个,其中藏书363万册。体育活动场馆791个。

2001年12月12日,省总公布第四批全省示范工人文化宫俱乐部的决定,星子县工人文化宫等12家文化宫俱乐部为第四批全省示范工人文化宫俱乐部。

至2002年底,全省基层以上工会直属文化宫俱乐部145个。文化宫、俱乐部本年度总收入44.2万元。各级工会本年度对文化宫俱乐部拨款65.6万元,文化宫、俱乐部本年度总支出71.9万元,税费支出3.7万元。本级工会直属图书馆数(藏书1万册以上)17个。全省基层工会直属文化宫俱乐部1109个,文化宫、俱乐部本年度总收入128.3万元,各级工会本年度对文化宫俱乐部拨款332.6万元,文化宫、俱乐部本年度总支出7684831元,税费支出107582元。工会直属图书馆数(藏书1万册以上)147个,工会直属图书馆(藏书1万册以上)藏书357.69万册。

2005年11月25日,全总下发《关于推进地方工人文化宫俱乐部改革与发展的意见》,《意见》明确工人文化宫俱乐部改革发展基本思路、目标和任务,争取用3至5年时间,把省会城市和中心城市的工人文化宫俱乐部建设成为导向正确、特色鲜明,设施先进、功能齐全,服务规范、经营有效,竞争实力强,两个效益突出,深受职工群众欢迎的新型职工文化活动中心,成为当地社会主义精神文明建设的重要阵地和群众文化建设排头兵。经过一段时期的发展,力争使大部分地区工人文化宫俱乐部做到阵地设施明显改善,文化资源充分利用,活动内容丰富多彩,特色项目形成品牌,人员素质全面提升,管理水平明显提高,市场份额日益增加,两个效益同步增长。解决工人文化宫俱乐部公益性主业与经营性部门相互交叉,事业与企业混合管理的状况。推进人事制度改革,全面实行人员聘用制度。改革分配制度,改革人才管理制度,逐步完善工人文化宫俱乐部工作人员在医疗、退休等保障方面与社会相关制度的接轨。工人文化宫俱乐部是实行定额补贴的公益性文化事业单位,实行主任负责制。《意见》还就盘活工会资产,打造品牌,提高队伍素质,提升管理水平和加强改革发展工作领导提出要求。

萍乡市安源区是毛泽东、刘少奇、李立三、陈潭秋、蔡和森、恽代英、林育南、林育英、曾山等无产阶级革命家开展革命斗争和工人运动的圣地。由于历史的原因,老的安源路矿工人俱乐部已成为革命历史文物和爱国主义教育基地,安源职工没有活动和娱乐的设施。2009年7月,萍乡市总向省总呈上报告,报告说安源区委、区政府已经选址并安排50亩的项目用地。

一期工程投资5500万元,用地17亩,建设多功能一体化的工人文化演艺中心和俱乐部大楼,集演出、会务、教育培训、娱乐于一体。还将建设健身房、室内乒乓球室,桌球室、棋牌馆、电化教育室,室外篮球、网球、排球场等设施。总建筑面积达20000平方米。市总提出请求,省总支持部分建设资金。

2010年2月,新余市总的重点建设工程——新余市职工之家和新余市工人文化宫土建工程相继封顶。新余市的职工文化中心占地70亩,由市职工之家、市工人文化宫和文化市场等部分组成,计总投资将达2.5亿。

为贯彻落实《全国职工素质建设工程五年规划(2010年—2014年)》,在经济转轨、社会转型和社会矛盾多发的特殊历史时期,研究全省工人文化宫俱乐部改革与发展,2010年7月15日,省总宣教部下发通知,对全省工人文化宫、俱乐部的情况进行全面调研。

职工文化建设

职工文化活动 1994年9月14—16日,为在全省广大职工中深入开展爱国主义教育,进一步活跃职工文化生活,庆祝建国45周年,省总、省新闻出版局、昌河飞机工业公司、省音乐家协会、《经济晚报》和省电视台等单位主办的"昌河杯"爱国主义歌曲大赛在南昌举行。

1995年1月13日,全国工会职工文化先进集体、先进工作者名单公布,其中江西的先进集体有:南昌市工人文化宫、九江市工人文化宫、宜春市工人文化宫、波阳县工人俱乐部、万载县工人俱乐部、黎川县工人文化宫、新余钢铁有限责任公司工人文化宫、江西铜业公司贵溪冶炼厂职工俱乐部、萍乡钢铁厂工人俱乐部、昌河飞机工业公司职工俱乐部、赣州钴冶炼厂工会俱乐部、分宜发电厂工人俱乐部、南昌飞机制造公司工人文化宫、南昌铁路分局向塘工人俱乐部。先进工作者有:胡贤富、虞校正、鲍美风、王玉明、杨军、邹清、黄祖泉、廖燕、叶祥玉、龚桃英、孟立强、曹骏德、曲鲁洪、梁定安、肖院生、王必安、汪建芃。

1997年,为庆祝五一劳动节,纪念中国工会成立70周年,庆贺全省、全国劳模大会召开,繁荣职工文艺创作,活跃职工文化生活,省总、江西水泥厂、江西电视台联合举办江西省庆祝五一文艺晚会。晚会在节目的组织上,体现职工参与的精神,吸收各地各产业系统大中型企业的优秀节目参演,同时适当组织文艺团体的专业演员参加。在演出形式上,采用职工自己创作和传统节目相统合的办法,由歌(含独唱、合唱、小组唱)舞(含独舞、双人舞、群舞),曲艺、小品等多种形式组成整台晚会。

1997年9月25—29日,为喜庆香港回归,庆祝中国人民解放军建军70周年和创建井冈山革命根据地70周年,迎接党的十五大召开,展示江西工人阶级在深化改革和社会主义现代化建设中爱国奉献的精神,宣传工人阶级先进典型,"江铃杯"全省职工文艺调演在南昌举行,调演赛由省委宣传部、省精神文明指导委员会办公室、省经贸委、省总、团省委和省文联联合主办。来自南昌、新余、九江、景德镇、鹰潭、萍乡、赣州、吉安、上饶、抚州和省邮电局、省地质局、省电力局、南昌铁路局、南昌飞机制造公司、江铃汽车集团公司共16个演出团参赛。经过初赛、复赛和决赛,新余市代表队获团体表演奖金奖;南昌铁路局代表队和省邮电局代表队分获银奖;省电力、萍乡市、江铃代表队分获铜奖。53个节目获得表演奖。其中新余双人舞《龙船调》、江铃的舞蹈《腾飞的江铃》获得舞蹈类一等奖；南铁的女声独唱《我属于你》、江铃的男声独唱、新余的男声独唱获得声乐类一等奖；新余的二胡独奏《江河水》获器乐类一等奖；南铁的歌舞《欢庆锣鼓》、邮电的歌舞《电话装到老表家》获歌舞类一等奖；九江的小品《家里有我》、新余的群口快板《钢城英模赞》获戏剧、曲艺类一等奖。此外，组委会还评出节目创作奖、优秀演员奖、优秀赛区奖、优秀组织奖和优秀组织者奖等若干名。江铃汽车集团公司获特别贡献奖。部分优秀节目参加9月29日在省艺术剧院举行的国庆汇报演出。

1999年9月19—20日，《江铃杯》音乐、舞蹈大赛(共4场)在南昌举行，并于9月22日举行了隆重的颁奖晚会。省人大常委会副主任卢秀珍、副省长胡振鹏、省军区政治部主任王峰和有关方面的领导，为获奖单位颁奖，并观看汇报演出。来自全省53个大中型企业的参赛代表队，演出115个音乐、舞蹈节目。经过紧张激烈的角逐，共评出金奖18个、银奖20个、铜奖30个、优秀奖15个和创作奖7个。南昌铁路局工会和江铃汽车集团公司分别获优秀组织工作奖和特别奖。1999年，省企业文联印发文件通报大赛获奖情况。

2000年4月，江西省企业(产业)文联工作会在洪都航空集团公司召开。会议主席团领导成员、常务理事、理事共60余人参加会议。洪都航空集团公司是企业(产业)文联第5个执行主席单位。会上传达省文联工作会和省企业文联常务理事会会议材料，作了1999年度工作报告、2000年度工作计划。向江铃工会、电力文协、昌河文联、洪都文联、石化文联、南铁文联、萍矿文联、核工业华东地质局工会8个单位颁发1998—1999年度江西省企业文艺工作“先进单位”的奖牌。

2000年9月26—27日，省总等举办全省职工“迎国庆”集邮知识竞赛。竞赛活动由省总主办，省邮政工会协办。

2003年11月19日，江西铜业集团公司选送郑志宁创作的“全国劳动模范李有章”作品获全总和中国摄影家协会联合举办的大庆石油杯“中国劳模——时代领跑者”摄影展三等奖。12月9日，《腾飞的江铃》为全总主办的2003年度“五一文化奖”舞蹈、曲艺、小品及图书类的评选活动入围作品。

2004年7月15日，省总下发《关于举办全省职工文艺汇演活动的通知》，决定在南昌市举办全省职工文艺汇演。汇演节目内容围绕“树立科学发展观，建设美好新江西”主题，紧密联系各地、各单位实际，以自编自演为主，充分体现工会、职工的特色和思想性、艺术性、观赏性的统一，充分展示广大职工在改革开放、努力实现江西在中部地区崛起的团结奋斗精神风貌，大力宣传全省工人阶级先进典型。节目形式为音乐类(含声乐、器乐)、舞蹈类、语言综合类(含戏剧小品、曲艺、朗诵)3个类别。汇演组委会艺术指导组赴各地和对报送节目光碟进行认真审看，并按照节目主题和节目质量以及组台要求，拟定14个节目参加在南昌举行的汇演。

为推动全省企业文化向高层次、正规化方向发展，促进企业文化交流、繁荣和发展全省企业文化事业，2004年12月17日，省总主席办公会决定同意成立江西省企业文化促进会。2006年2月28日，省总同意筹备成立“省企业文化促进会”。2007年，江西省企业文化促进会成立，为全省性一级社会团体。主管单位为江西省总，张良金任法人代表、会长。

2005年5月28日，为展示近年来全省企业职工美术、书法、摄影的创作成果，促进企业文化建设，加强相互交流，进一步推动企业美术、书法、摄影作品不断创新和发展，省总、江西省企业（产业）文联、萍乡钢铁有限责任公司、江西画报社联合举办“萍钢杯”全省企业第五届职工美术、书法、摄影作品大赛和展览。经专家评审，三个艺术门类共设60个奖，其中：一等奖9个；二等奖16个；三等奖18个；优秀奖23个，同时评出“组织工作奖”10个。大赛将66幅获奖作品编印《“萍钢杯”江西省企业第五届职工美术书法摄影大赛获奖作品》画册。

为庆祝省总成立80周年暨纪念“三八”国际妇女节，2007年3月6日省总在南昌举办省总庆“三八”节暨颁奖晚会。省电信工会等15个单获优秀组织奖，《火红的日子舒心的歌》等17个节目获优胜节目奖。

2007年4月24日，新余市总承办（全国首场由工会组织承办）的中央电视台庆祝五一特别节目“激情广场·魅力新余”《劳动者之歌》大型文艺演出在新余市体育中心现场录制。省总领导王运昌、宗菊根、王运快，新余市委副书记吴治云、市人大常委会副主任、市总主席李逢春与全市上万群众一同观看了演出。新钢威风锣鼓队《威风锣鼓》为演出开场，新余经济开发区农民工方阵的《情哥哥去南方》、花鼓山煤矿工人方阵的《我们是新时代的煤矿工人》、远东纺织工人方阵的《金梭银梭》、新钢工人方阵的《钢铁工人之歌》在赛歌环节大展劳动者的风采。5月1日上午9时10分中央电视台三套首播。

2007年8月18—24日，第二届中国职工艺术节“中国三峡杯”全国职工声乐展演暨京剧演唱活动大赛在湖北宜昌市三峡隆重举行，江西共选送3名女职工歌手参赛，通过初赛、复赛、进入决赛，来自南昌市东湖区的邓瑛、省电力公司的赵媛媛，在全国35支代表队，200多名选手竞争中，分别夺得通俗唱法铜奖和民族唱法铜奖，大赛组委会授予省总“优秀组织奖”。

2008年，全总文工团到抚州市汤显祖大剧院举行演出活动。

2009年，为隆重庆祝中华人民共和国成立60周年，省总、南昌铁路局、省企业文化促进会联合举办庆祝建国60周年《南铁杯》全省企业职工大合唱比赛。

2009年3月5日，省总印发《关于在全省开展喜迎国庆职工文化年活动的意见》，在全省开展喜迎国庆职工文化年活动。省总成立职工文化年活动组委会，负责领导各项活动的开展，组委会下设办公室，办公室设在省总宣教部。活动采取工会主导、基层组织、职工参与的方式，以职工、农民工、工会会员和工会干部为主体，以文化宫、俱乐部等文化阵地为依托，选择群众喜闻乐见，便于大家参与的大众化项目。4月，举行全省排舞比赛，作为文化活动年启动项目。7月20—23日，“渊明杯”全省职工“坚定信心保增长，同舟共济克时艰”知识演讲比赛在井冈山举行，比赛由省总、省职工文化学会主办，省总宣教部、吉安市总承办，彭泽县总、彭泽县国家税务局、井冈山市总、省总井冈山工会宾馆协办。21支代表队59名选手参加比赛。省直机关代表队曾佳等6名选手获一等奖，王鹏双等16名选手获二等奖。4至12月，“和谐企业，体面劳动，共克时艰”征文比赛活动举行，收到征文200余篇，经有关评委初评、终评，35篇文章获奖，其中一等奖2名、二等奖3名、三等奖10名，优秀奖20名。

2009年11—12月，乐平市蔬菜局工会委员董卫平创作的篆书作品获中国文联、中国书法家协会联合举办的第三届中国书法兰亭奖提名奖，乐平市委党校工会会员徐忠华楷书获第三届中国书法兰亭奖“尧山杯”新人展。九江市工人文化宫形体联谊会代表中国赴韩国首尔参加中韩中老年文化交流活动。九江文化宫形体联谊会展示《中国永远收获着希望》《唱花脸》《欢腾的草原》3个节目。全总宣传教育部、中国职工文化体育协会主办,山西省总承办的“庆祝新中国成立60周年全国职工摄影展”,宜春陈光辉的《藏路工》获二等奖、鹰潭夏程琳的《腾空而起》和萍乡曾桃生的《采煤班的喜悦》获三等奖。

为进一步加快推进全省企业职工文化建设步伐,2009年,全省各级劳动部门和工会联合下发了实施意见,明确提出要在三年内新确立100家示范学习型企业、100家示范职工书、100家示范职工活动中心;新创作50首优秀企业之歌;新建立50个基层职工文体团队;新评选50张优秀企业报。至2010年6月,全省规模以上企业都有自己的企业报,300家企业为全省职工文化建设示范单位。

2010年3月1日,为贯彻落实以人为本的科学发展观,着力宣传全省在企业改革过程中创建和谐企业、服务发展大局的新鲜经验,省总、省烟草专卖局、省企业文化促进会联合举办“责任烟草杯”江西和谐企业文化职工诗书画(展版式)比赛。比赛以诗、书、画的形式创作出图文并茂的文化产品(展版)进行比赛。通过这三者结合,创作出集思想性、艺术性为一体的更加贴近实际、贴近生活、贴近职工的文化产品(展版)。10月23日,大赛在南昌画院举行,共展出诗歌、书法、美术、摄影、版面设计四个艺术门类组合的77块展板360多幅作品,共评出10个组织工作奖、10个一等奖、12个二等奖、18个三等奖以及其他诗歌、书法、美术摄影单项奖。

2010年4月15日,省总等单位在全省广泛组织开展多种形式的文化活动。要求各级工会以“劳模——榜样的力量”“劳模——品格的力量”为主题,宣传劳模,展示工人阶级的时代风采,营造尊重劳模、关心劳模、学习劳模、争当劳模的氛围。要因地制宜举办职工书法、美术、摄影作品展,开展适合职工群众传唱及欣赏的歌曲、小品、小剧、舞蹈及老歌新创新编曲目有奖征集活动,培养出一批优秀的职工文艺创作人才,推出一批优秀的职工文艺作品。组织开展职工综合文艺汇演,反映职工火热生活。省总要求各设区市总、省产业工会和省总直属基层工会组织职工文艺汇演、开展职工文艺节目预赛,选出优秀节目参加2010年6月省总组织的全省职工文艺节目复赛,入围的优秀节目参加全省职工文艺调演决赛,评出一、二、三等奖、优秀节目奖,以及创作奖和组织奖。省总在全省职工优秀文艺节目调演比赛的基础上,于全省劳模表彰盛会当天晚上,举办以“劳动者之歌——咱们工人有力量”为主题的大型晚会。晚会的节目来源主要从全省职工优秀文艺节目调演比赛获奖节目。

为进一步推进职工文化建设,2010年8月23日,省委宣传部、省总、省文化厅、省体育局、省广播电影电视局联合印发《关于推进职工文化建设的指导意见》,明确推进职工文化建设的目标任务,提出了具体的措施。

新余市总专门成立以主要领导为组长的领导小组,制定工作方案,实行目标考核。通过在企业建设职工书屋、职工文化体育活动场所、组建业余兴趣小组等方式夯实职工文化基础。全市企业发动职工积极参与,创作企业歌曲、职工书屋、俱乐部、健身房、活动室等文化场所建设全面展开,一批职工业余文艺团体和职工兴趣协会、小组纷纷成立。市总与文联合作,组织全市音乐家深入企业采风和体验,帮助企业创作企业歌曲。新余市总先后成立“和之韵”合唱团、“舞之韵”舞蹈队、“乐之韵”乐队和职工书法美术摄影协会、职工音乐舞蹈戏曲协会等团体,市总拨出专款,为职工业余团体提供了活动场所,添置设备。市总还出资鼓励这些团体走出去参加各种比赛。2007 年底,“舞之韵”舞蹈队去上海参加第九届中国上海国际艺术节海派秧歌邀请赛,节目分别获得金奖和铜奖。在 2008 年省总等 5 家单位举办的全省企业职工迎奥运美术、书法、摄影大赛中,新余市职工作品获奖等级和数量名列前茅。市总还开展为企业、为职工、为农民工送图书活动,帮助和带动企业建立职工书屋。企业工会通过厂务公开、民主管理、职工学习培训等形式,以及工会的各种宣传阵地,向职工阐释企业精神、企业前景和职工的远景展望,教职工传唱企业歌曲。市总同时选树一批企业文化示范点,总结推广经验做法,推动企业文化建设全面开展。2009 年,新余市首届“五一文化奖”颁布,命名了一批企业文化建设示范单位,表彰一批企业歌曲、模范职工书屋、模范职工兴趣小组等等。市总还与新闻单位合作,在市直新闻媒体上开辟“优秀企业文化展示”专栏,宣传经验与做法。3 年中,全市有 232 多家企业提炼企业精神,25 家企业创作企业歌曲,建设职工书屋、职工俱乐部(活动室)367 个,组建各种职工业余兴趣活动小组 600 多个,仅排舞一项活动参与职工就达 10 万多人。市总先后主办、承办中央电视台《和谐新余,放歌奥运》文艺演出、首届中国(新余)傅抱石文化艺术节、职工书法美术摄影集邮展、职工全健排舞比赛、“劳动者之歌——红五月系列广场文化展演”等一系列文体活动,成新余市的文化精品。由工会推广的全健排舞成为全市职工群众最喜爱的健身活动,全市有 250 多个职工自发的组织教授和练习排舞,近 10 万人以排舞为主要健身方式。从 2010 年起,全市职工读书节、职工艺术节、职工科技节、职工运动会逐年由市总举办,每 4 年一轮。2010 年 5 月,省委宣传部等单位举办的省音乐“映山红”奖优秀创作歌曲演唱大赛中,代表新余参赛的新余市总“和之韵”合唱团一举获得合唱类演唱银奖、优秀组织奖等多个奖项。在全省 21 支代表队中,“和之韵”合唱团是唯一一支由工会组队参赛的代表队,在全省设区市中获奖等次和数量名列第一。

“职工书屋”建设 根据胡锦涛总书记关于充分发挥工会“大学校”作用的指示精神,2008 年 2 月 26 日,省总印发《“职工书屋”建设暨申报全国“职工书屋”示范点的通知》,公布“职工书屋”建设暨申报全国“职工书屋”示范点,决定从 2008 年开始在全省深入开展工会“职工书屋”建设活动。要求精心组建工会“职工书屋”。“职工书屋”由全总统一命名,主要在一线职工特别是农民工工作和居住相对集中的基层企事业单位、城市社区、工业园区、乡镇村和重点建设项目工地建立。明确用 5 年左右时间在尚缺乏读书条件的基层企事业单位、社区等建设 1175 个阅读条件比较完备的“职工书屋”。按全总部署与要求,省总自 2008 年起 5 年内每年投入 50 万元,用 3 年时间在全省各地建设 75 个全国“职工书屋”示范点,并通过以点带面推动“职工书屋”建设。按每个“职工书屋”示范点建设成本 4 万元(不包括房屋设施)计算,省总为每个示范点投入 1 万元,全总支持 2 万元(含配送部分书籍在内)。各设区市、县(市、区)工会与基层工会自筹资金 1 万元,共同用于支持基层单位建设“职工书屋”示范点。全总出资援建的“职工书屋”示范点的建设标准:藏书量 3000 册、报刊 20 种以上,电子音像制品不少于 80 种(张),有可上网电脑,由同级工会调配 1 ~ 2 名工作人员从事“职工书屋”的日常管理。要求首批组建的 260 家基层工会“职工书屋”要切实达到“十有”标准,即:有读书领导小组,有专兼职管理人员,有固定场所,有统一书架,有规章制度,有借阅办法,有会员名册,有借阅台账,有微机,有电话。强调规模以上企业、农民工相对集中的工业园区、社区和重点在建项目工程是"职工书屋"建设的重点。工会组织组建到哪里,"职工书屋"就要建设到哪里。各级工会要充分发挥"职工书屋"的文化功能。通过"职工读书月"活动,开展读书知识竞赛、读书会、读书演讲、读书节、读书论坛、星级书屋评选等丰富多彩的读书形式,努力为职工群众提供健康向上的精神文化产品,引导职工"爱读书,读好书"。通过"我为书屋捐一书"活动,做到"职工书屋职工建,建好书屋为职工"。通过报刊、影视、网络等现代传媒手段,广泛宣传各地"职工书屋"建设中的成功经验,不断扩大"职工书屋"的社会影响力。要把职工书屋建设作为提升职工素质、体现党的宗旨、构建和谐社会的一项重要举措列入重点议事日程,在资金、场地、人员等方面实行重点扶持。

2008年8月8日,省总主席办公会议原则通过宣教部提交的《江西省总工会关于"职工书屋"建设专项资金的使用与管理的暂行办法》,确定从省总已列入2008年预算的25万元"职工书屋"建设专项资金中,拿出10%作为该活动的工作经费。9月12日,省总主席办公会议研究全省"职工书屋"资金配套问题。省总配套25万元,从帮扶资金中划拨。会议明确配套资金"谁使用、谁负责"的原则,此项工作责任领导为柯进水,责任部门为宣教部。

2008年初开始建设以来,矿工会从工会经费中挤出10多万元用于职工书屋建设,增添近5000册书籍及电脑、书架等硬件设施,对书屋进行改造。全总、省总、景德镇市总和乐平矿区工会给予支持和关心。书屋120多平方米,有藏书室、阅览室和办公室,有各类图书5000多册。2009年4月23日,全总为涌山煤业公司员工赠送图书1095册。

2009年11月11日,景鹰高速浮梁处"全国职工书屋"揭牌。省总工会向浮梁处全国工会职工书屋赠书。

2009年11月12日,全省首个街道工会、首个非公企业职工书屋南站街道总工会暨南站区非公企业职工书屋揭牌。街道工会投入资金5万余元,区总配套资金3万元,建立南昌市首个街道非公有制企业职工之家,职工书屋藏书2000余册,报刊50种以上,电子音像制品150余张。书屋按照"十有标准"打造,并配有1名管理员。

2010年7月2日,全总"职工书屋"示范点揭牌仪式在乐平矿务局涌山煤矿举行。自2010年7月12日,省总宣教部下发文件,推荐"职工书屋"示范点参加全国工会"职工书屋"3年建设成效总结表彰。要求各地、各单位要结合这次推荐参评组织开展一次"职工书屋"建设情况的自查活动,推进职工书屋建设。

至2010年6月,全省工会完成2010年度25个全国"职工书屋"示范点的图书配送和示范点配套设施建设,配合全总进行全省3年75个全国"职工书屋"示范点的检查验收工作,全省3年自建1200个"职工书屋"点的工作完成。至2010年底,南昌市总建成全国职工书屋示范点9家,省级职工书屋3家,市级职工书屋20家。九江市总先后新建和改建"职工书屋"80多家。九江电厂工会建成江西省第一家"职工书屋"。厂工会在职工中开展读书知识竞赛、读书学习班、演讲征文比赛,邀请著名学者举办专题文化讲座等系列活动,吸引职工走进书屋。职工书屋收藏图书近2万余册,实现了全流程计算机自动化管理。2009 年接待读者 1.5 万多人次,图书流通率达到 90% 以上。为了使“职工书屋”效用最大化,九江电厂与当地图书馆合作,资源共享。电厂运行车间职工姚仕林、女职工张娉在 2009 年全总举办的全国“职工书屋”主题征文赛中分获全国一等奖、三等奖。上饶市总 2008 年初启动“职工书屋”建设工作,到 2010 年 5 月,全市建成“职工书屋”106 家,其中全国“职工书屋”示范点 4 家、省级“职工书屋”26 家、市级“职工书屋”76 家。各地工会通过开展读书知识竞赛、读书会、读书演讲、读书论坛、读书沙龙、读书评书、星级书屋评选等活动,引导职工“爱读书,读好书”。景德镇市总从 2008 年开始,用 3 年的时间,在全市建设 3 个全总“职工书屋”示范点和 60 个市级“职工书屋”自建点。各县、区总工会及各基层工会积极投入资金,集中力量,在规定时间内完成“职工书屋”建设任务。抚州市总以“职工书屋”为依托,广泛开展“创建学习型组织、争做知识型职工”活动、“流动书箱”送书活动、“书香企业”评选活动等,在全市广大企业职工中掀起读书热。在对全市工会系统现有图书馆进行调查摸底的基础上,市总统一部署,专门为每个“职工书屋”示范点提供配套资金 2 万元,全市各级工会对职工图书室普遍加大投入,购置新的书籍杂志,增加 DVD、电脑等设施。

从 2008 年至 2010 年,省总在全省范围建成 75 个全国“职工书屋”示范点、675 个省级“职工书屋”示范点和 1100 个市县级“职工书屋”示范点。全省工会组织共筹集和投入资金 3700 余万元,“职工书屋”藏书总量达 980 万册,面积 14.8 万平方米。并按照全总“十有标准”要求,配置设施,添置图书、电脑等,做到硬、软件的规范。2010 年,省总开辟江西工会网上职工书屋,提供电子书籍 3000 册,江西工会网累计点击率超过 115 万人次。

职工体育

1994 年 11 月,江西省第九届运动会在上饶举行。4 月 18 日,省总决定在全省职工中开展“我为九运献爱心”的九运会纪念章销售活动。1994 年,江西职工参加全总组织的大众体育创编项目比赛,获 3 项集体奖,6 项个人奖,其中获“拾贝集体奖”第一名,打破上届纪录。

1996 年 5—9 月,第三届全国工人运动会举行。1995 年 9 月 7 日,省总向省政府报告江西组成江西省工人体育代表团,迎接和参加第三届全国工人运动会有关方案。通过选拔赛、单项测试赛等多种方式,按项目分别选拔运动员并组成单项代表队。省总、省体委在全省组团参加第三届全国工运会期间,表彰一批 1985—1995 年,在职工体育工作中,尤其是在开展“迎三运为国健身作贡献”系列活动中取得优异成绩和做出突出贡献的先进集体、先进个人和优秀企业家。9 月 13—15 日,省总在南昌分别召开江西省参加第三届全国工人运动会筹备工作会,传达全总和国家体委召开的第三届全国工人运动会筹备工作会议精神,提出江西组团参加第三届全国工人运动会的意见。出席的人员为地市总工会分管宣教工作的主席和宣教部长,省产业(局)和省总直属基层工会宣教部长。9 月 13 日,省总、省体委联合召开江西省参加第三届全国工人运动会筹备工作会议,部署组团参赛工作。1996 年 1 月,省总和省体委在南昌联合召开参加第三届全国工人运动会第二次筹备工作会议。全国三届工运会共设足球、篮球、乒乓球、田径、游泳、健美操、大众体育创编项目、太极柔力球、中老年门球、中国象棋、桥牌11个项目。江西确定参加除游泳项目外的10个项目,并在1996年3—5月举办了田径、大众体育创编项目、太极柔力球、中国象棋、桥牌等5项全省体育比赛,选拔组队参加全国赛事。成立以朱英培为团长,刘金标为副团长、省政府副秘书长朱张才为副团长、文之周为常务副团长、省体委副主任敖林生为副团长的第三届全国工人运动会江西代表团。江西省参加第三届全国工人运动会组委会于成功地举办了田径、象棋、桥牌、大众体育创编项目、太极柔力球等5项全省性的职工体育比赛。组成11个代表队、123名运动员参加了第三届全国工人运动会10个比赛项目的角逐,共获得金牌4枚、银牌5枚、铜牌4枚、4—8名奖牌22枚,有4个代表队和15名运动员获得体育道德风尚奖,省代表团被三运会组委会授予优秀组织奖,取得了本省参加历届全国工人运动会的最好成绩。4月20日江西代表团团长、副省长朱英培为即将陆续分赴全国各赛区代表队授旗。全省组成11个代表队,123名职工运动员,获得金牌4块、银牌5块、铜牌4块,4至8名奖牌23块,71人次获得36个单项名次,总分161分,在全国列11名。4个代表队和15名运动员获得体育道德风尚奖,江西代表团被授予“优秀组织奖”。这是全省在历届工人运动会比赛中取得的前所未有的好成绩。1996年10月4—6日,第三届全国工人运动会闭幕式在北京工人体育馆举行,朱英培、文之周、省总上饶地区办事处主任李道根、省总宣教部副部长张才福和1位获金牌的运动员等5人组成江西代表团出席闭幕式。10月21日,江西参加全国工人运动会总结表彰大会在南昌举行。朱英培、省人大副主任黄铭鑫、省纪委常委王德洪出席会议,省有关厅局(委)领导、省组委会全体委员,获铜牌以上奖的运动员、教练员、领队、备参赛队的联络员、各地市总工会和部分产业工会宣教部长以及省总部门领导共150人参加大会。会议由刘金标主持,文之周作参赛工作总结,敖林生宣读组委会关于优秀赛区、优秀组织者、优秀运动员的表彰决定,省领导为获奖运动员颁发证书。朱英培讲话。10月29日,省组委会决定:授予南昌市总、省总赣州地区工会办事处、省邮电管理局、省电力局、江西棉纺织印染厂优秀赛区奖,授予江西铜业公司、省交通厅、南昌飞机制造公司、南昌倍驰公司、广丰卷烟厂、省金融工会、省总赣州地区工会办事处、南昌铁路局、南昌市总、省电力局、江西棉纺织印染厂优秀组织奖;授予张林、谭学斌、蔡勇、胡学松、夏武耀、刘建中、姚艳、徐灵、万淮华、唐囡、张武、万荷华、许严明、李娟、宋浩昆、乔文韬、杨月、赵虹、王永祥、汪山、陶云、彭琴云、黄江成、陈淑珍、强丽、傅利芳、陈冬梅、杨小明、龚莉、齐建麟、娄玉莹、曹芳、席毅林,汪爱民、帅美英、蔡启玉、谭章骏、何建春、熊涛、甘秋华为优秀运动员。

江西省获第三届全国工人运动会第一至第三名运动员名单

名次	获奖运动员姓名	运动项目	成绩
第一名	张林	大众体育男子单边滚筒	6”34
第一名	张林	大众体育男子双拐4×100米接力	2’11”85
第一名	蔡勇	大众体育男子双拐4×100米接力	2’11”85
第一名	胡学松	大众体育男子双拐4×100米接力	2’11”85
第一名	夏武耀	大众体育男子双拐4×100米接力	2’11”85
第一名	谭学斌	大众体育男子自行车障碍赛	45”03
第一名	汪山	田径男子跳高	2.11米

第二名	刘建中	大众体育拾贝(混双)	55 个
第二名	姚艳(女)	大众体育拾贝(混双)	55 个
第二名	万淮华(女)	大众体育女子双拐 4×100 米接力赛	3'08"06
第二名	姚艳(女)	大众体育女子双拐 4×100 米接力赛	3'08"06
第二名	唐囡(女)	大众体育女子双拐 4×100 米接力赛	3'08"06
第二名	徐灵(女)	大众体育女子双拐 4×100 米接力赛	3'08"06
第二名	李娟(女)	大众体育女子方舟	39"17
第二名	杨玥(女)	大众体育女子潜捞	40"71
第二名	陶云	田径男子手榴弹	70.62 米
第三名	夏武耀	大众体育二龙戏珠(混双)	9"44
第三名	徐灵(女)	大众体育二龙戏珠(混双)	9"44
第三名	李娟(女)	大众体育女子倒泳	1'08"43
第三名	乔文韬	大众体育男子倒泳	1'03"62
第三名	彭琴云(女)	田径女子铅球	15.63 米

为进一步推动江西职工体育运动发展,组织和吸引更多的职工积极参加体育锻炼,1997 年 5 月 15 日,省总印发文件,决定在做好向全总申报、推荐全国职工体育先进单位和先进个人工作的同时,表彰一批全省职工体育工作先进单位、先进个人和热心支持职工体育工作的企业党政工领导干部,其中全省职工体育先进单位 100 个,全省职工体育先进个人 100 名,热心支持职工体育工作的企业党政工领导干部 30 名。向全总申报、推荐的先进单位和个人名单,在全省表彰名单中择优上报。

1998 年 1 月 4 日,省总在表彰全省职工体育先进单位和先进个人的基础上,评选出 16 个单位和 19 名(含支持职工体育工作的党政工领导)向全总推荐为全国职工体育先进单位和先进个人。

12 月 25 日,省总印发《关于表彰全省职工体育先进单位和先进个人的决定》,授予江铃汽车集团公司等 95 个单位为省职工体育先进单位;张林等 95 人为省职工体育先进个人,孙敏等 29 人为省支持职工体育工作优秀领导干部。

2000 年 10 月 25—29 日,省总在南昌举行全省企业职工、厂长(经理)乒乓球比赛。比赛设男子团体、女子团体,企业领导男子单打、女子单打共 4 个项目。共有 11 个代表队 70 余名运动员、教练员参加,共决出 22 项名次,南昌市代表队分获男女团体第一名。2000 年 11 月 15—19 日,省总承办 2000 年首届全国职工井冈山公路长跑大奖赛暨支持北京申办 2008 年奥运会签名活动。项目有男子组、女子组 6 公里公路(环湖)长跑越野赛。全国共 24 个代表队 74 名运动员参加比赛。

2001 年 4 月 2 日,省计委、教育厅、科技厅、民族宗教事务局、民政厅、财政厅、农业厅、卫生厅、统计局、总工会 11 家单位印发《关于印发江西省国民体质监测工作领导小组成员名单的通知》,成立江西省国民体质监测工作领导小组,负责领导、协调和监督全省国民体质监测工作。

2002 年 9 月,南昌市总举行市第五届工人运动会。运动会报名突破身份限制,允许下岗职工或外来打工者以团队或个人的名义参赛。

2002年7月12日,省总批复江西省职工体育协会,同意协会更换法定代表人为傅卓成。

2004年10月28日,省总与省体育局联合下文,在全省开展广播操活动。通知转发国家体育总局与全总联合下发《关于坚持工间操制度大力开展广播操活动的通知》。要求此项活动将作为2005年纪念《全民健身计划纲要》颁布10周年系列活动内容之一,布置2005年6月前后将举办全省广播操展示大赛。全省许多地方和机关、企事业单位坚持工间操制度,探索开展广播操活动中的新路子,推动职工体育发展。2005年6月10日,省体育局、省总决定授予省委办公厅等52个单位为"江西省开展广播体操活动先进单位"称号;授予史赣红等30人为"江西省开展广播体操活动先进个人"称号。2005年6月17—19日,省总与省体育局联合举行全省第八套广播体操、大众广播体操比赛。11个设区市组队,共220名男、女运动员参赛。52个先进单位,30名先进个人受表彰。

2005年10月,在全国群体先进表彰会上,江西铜业集团公司被评为全国群众体育先进单位,并在十运会期间受到表彰,集团工会主席胡发亮还作为全国群众体育先进单位的代表受到胡锦涛总书记的亲切接见。江铜集团公司针对实际,坚持"小型、多样、业余、自主"的原则,营建出了以广场健身活动为平台,以职工体协组织为网络,以竞技体育比赛为杠杆的职工体育模式,实现职工体育的大众化、社会化、业余化,全方位提升职工体育运动水平。公司专兼职体育工作人员156人,集团体协有下属厂矿级单位体协团体会员10个,各类单项体育协会57个,会员2772人。集团公司和所属各厂矿行政、工会每年拨付一定费用用于体协开展各类活动。全公司已建有标准田径场3个、非标准田径场6个、标准游泳池4个、主题公园7个、室内综合体育馆4个、室内健身房13个,拥有篮球(排球)场58块、专用排球场4块、网球场5块、门球场18块、地掷球场3块、羽毛球场26块、乒乓球桌224张、台球桌33张、健身路径23套,新建、扩建文化广场12个,资金投入达4000多万元,面积达101832平方米。

2006年1月19日,洪都航空工业集团有限责任公司被全总和国家体育总局命名为"全国职工体育示范基地",是江西省唯一获得此称号的单位。洪都集团通过不断巩固和整合各项资源,加强体育场馆和配套设施建设,完善各项规章管理制度,建立健全群众体育组织网络,构建多元化的职工体育服务体系,组织开展经常性的职工体育健身活动,倡导职工体育健身,构建和谐洪都,取得实效。被省体育局授予2006年度群众体育工作先进单位称号。2006年12月,南昌铁路局被全总和国家体育总局命名为"全国职工体育示范单位"。2008年,南昌邮区中心局被全总和国家体育总局命名为"全国职工体育示范单位"。

2006年5月20日,省总主办,南昌卷烟总厂、南昌铁路局协办的全省"金圣杯"职工乒乓球大赛开幕,历时4天。全省共24个代表队,179名运动员参加,有60人获奖,其中5个单位和个人获得冠军(男女团体、男女单打、领导干部男子单打),有18个单位获道德风尚奖。

2006年10月1—6日,省总与省体育局在九江联合举办全省第一届龙狮锦标赛。项目有舞龙、南狮、北狮的自选套路、全能和团体项目。

2006年12月,南昌市国家税务局;南昌市地方税务局;九江市浔阳区总工会;柘林水电开发有限责任公司;赣州供电公司被全总宣教部、国家体育总局群体司评为"2006年全国亿万职工迎奥运健身活动月"先进单位,省总宣教部、南昌市总宣教部、九江市总宣教部获优秀组织奖。

2007 年 4 月 20—22 日，省总、省体育局举办 2007“南铁杯”全省领导干部乒乓球赛。参加本次比赛的运动员为副厅级以上领导干部(含副厅级)。

由全总、全国体育总局等单位共同主办的“全民健身与奥运同行——‘联诵杯’全国职工乒乓球大赛”于 2007 年 6 月 20—25 日在上海举行。江西职工乒乓球女队夺得女子团体亚军，女单选手夏瑜获得女子单打第五名，男队获得男子团体第五名。江西代表队获得佳绩，是省总同有关单位共同组织的“金圣杯”全省职工乒乓球赛、“南铁杯”全省领导干部乒乓球赛等广大职工群众广泛参与的群众性体育活动所带来的成绩。本次全国性的乒乓球大赛，是江西参加全国职工大赛有史以来取得最好的成绩。

2007 年 8 月 21 日，省总确定 9 名 2008 奥运火炬手呈报省 2008 奥运火炬手选拔工作部：柯进水、赖德全、颜琴(女)、魏牛庚、万凯江、向东、刘吉祥、鲍洪昌、何奇。2007 年 9 月 22 日，为落实全总、国家体育总局、第 29 届奥运会组委会关于“2007 年 9 月 22 日上午 9 时在全国各地同时举行亿万职工迎奥运健步走活动启动仪式的通知”精神，9 月 22 日，由省总、省体育局举办，省教育工会、江西蓝天学院承办的“全省百万职工迎奥运健步走”活动在蓝天学院举行启动仪式，柯进水鸣枪启动仪式，

2009 年 2 月 27 日至 3 月 1 日，省教育工会举办全健排舞培训班，各设区市教育工会，各直属基层工会选派 1 名女工主任和 1 名拟担任排舞教练的同志共计 160 多人参加了培训。

2009 年，省总决定于 3 月 24—27 日举办 2009 年度全省全健排舞培训班。全健排舞(又叫健身排舞)融合了拉丁舞、街舞等舞蹈风格，简单、易学，老少皆宜，健身效果好，全总、国家体育总局把它列为未来重点推广职工大众体育健身项目之一。省总经研究决定，举办全健排舞骨干培训班，为举办的全省职工大型排舞比赛、交流及展示活动奠定基础。3 月 27 日，由省总主办，省总宣教部、省教育工会和省职工体育协会承办的为期 4 天的全省职工首期全健排舞(师资)培训班在省总办公楼结束。130 名学员较好掌握了 12 种不同风格的舞曲，拿到结业合证书。2009 年 8 月 18 日，省总宣教部下发通知，于 2009 年 9 月 7—11 日举办第三期职工全健排舞及规则培训班。活动由省总宣教部、省职工体育协会主办，就排舞比赛裁判及规则、排舞比赛和表演的创编、排舞曲目的串烧及编创规则、13 套世界经典排舞舞曲进行培训，并举行结业汇报表演。从事职工文化体育工作的工会干部，排舞、健身健美操舞项目的教师及排舞爱好者参加培训。参加全部培训课程学习并通过考核合格者，作为各地排舞推广的师资力量。2009 年 8 月 26 日，省总、省体育局下发通知，决定在南昌举办全省职工首届排舞大赛。12 月 22 日，由省总、省体育局主办，省职工体育协会承办的“舞动健康共建和谐”全省职工首届全健排舞大赛在南昌举行。来自全省各地 15 支排舞代表队近 300 名参赛队员分别代表着全省 700 余万职工和 500 余万会员，共评出一等奖 3 名，二等奖 5 名，三等奖 7 名，单项奖 7 名。江西省教育工会、省直属机关工会工作委员会、江西电信工会、江西移动通信工会、九江市总、宜春市总、上饶市总、抚州市总、江西铜业集团公司工会、中航洪都集团公司工会、新余市总、省地质工会、省邮政工会、南昌市总、铅山县总工会优秀组织奖。此后，排舞活动迅速在全省普及推广。南昌、九江、抚州、上饶、新余、鹰潭、省教育工会、省地质局、江西移动通信集团公司、省直机关许多单位以及中航工业洪都集团公司等都举办了排舞培训班和比赛。抚州市有半数县对排舞

爱好者进行专门培训。在2009年8月8日全民健身日这天,各地纷纷举行各种形式的健身活动与比赛,其中排舞展示和比赛为最多,九江石化总厂的排舞展示有20余支代表队,600余人参加。全省已开办排舞培训班300余期,比赛120多场次。全省会跳排舞的职工超过100万人。排舞的推广普及进入全国前10名。同时推荐新余市总推广排舞活动的做法。他们将排舞开展和推广活动列入全年工作计划之中,建立支排舞骨干队伍,全市举办排舞培训班8次,学员共计1238人,举办各类排舞活动,比如千人排舞表演赛,教育工会排舞赛,职工运动会排舞比赛。2010年将排舞列入了全市广场文化展演;举办全区职工排舞比赛,全市教育职工排舞比赛,全市职工排舞大赛,共参加人数4千余人,自发性的人数每天早晚在25000~30000人左右。

2010年4月16日,省总宣教部下发通知,5月举办全省职工第四期排舞培训班。在2009年全省首届排舞大赛的基础上,省总继续开展排舞培训,并于5月起,启动职工广场排舞展演,进一步在广大职工中开展排舞运动。要求各设区市总、省产业工会、县(区、市)总工会都要发动各级工会组织起来,利用广场、公园、社区等场所推广职工排舞,将排舞运动普及到车间、班组、社区、公园、工业园区、城市广场。文件还公布了《2010年全省职工排舞广场展演活动方案》。

2010年10月26日,省总宣教部转发《关于举办2010年全国亿万职工全健排舞大赛的通知》。11月6日,省总等通报表彰“2010年全省职工排舞推广展演活动”优秀单位,决定授予新余市总、江西电信工会、上饶市总、江西铜业集团公司工会、鹰潭市总、省地质工会、省煤炭集团公司工会、九江市总、省建工集团公司工会、宜春市总、景德镇市总等11个单位为“2010年全省职工排舞推广展演活动”优秀单位。

2010年8月2日,省总宣教部通知开展2010年全省职工健身活动,确定2010年8月为全省职工健身活动月,活动主题是“我运动,我健康,我快乐”。各地区、各产(行)业应结合实际,广泛组织开展各类职工体育健身活动,以丰富多彩、形式多样的体育活动,满足职工健身需求,增强职工健身意识,提高职工健康素质,养成良好的健康文明生活方式。省总于2010年第四季度评选一批优秀组织和先进单位,对活动效果突出的单位将上报全总参加“全国亿万职工健身活动月”优秀组织奖和先进单位的评选表彰。在全省职工健身活动月期间,全省各级工会组织开展篮球、羽毛球、乒乓球、游泳、钓鱼、跳绳、健步走、登高、爬山、排舞、太极拳、功夫扇等简便易行、有益职工身心健康的体育健身活动项目近30个,健身类体育比赛368场次,近500万职工参加各种健身活动。2010年11月7日,省总等决定授予江西省地矿局赣西地质调查大队等17个单位为“2010年全省健身活动月”先进单位、授予新余市总等12个单位为“2010年全省职工健身活动月”优秀组织奖,同时报送全国先进单位5个、全国优秀组织奖5个。

第五节　新闻宣传

对工人阶级的宣传

为发挥江西职工振兴江西经济，促进社会稳定发展的主力军作用，加强对工人阶级的宣传力度，1994 年 4 月 4 日，省总印发《要求建立江西电视台工会记者站的报告》。向江西省广播电视厅，投资购置电视摄像机等宣传工具，建立工会记者站，业务上归省电视台指导。江西电视台工会记者站的宗旨和任务：坚持以经济建设为中心，为企业、为职工、为工会事业服务的宗旨。主要任务是及时宣传报道企业的两个文明建设，工人阶级和先进模范人物的精神风貌以及工会工作的成果。省电视台对宣传报道要点，采拍技术等予以及时指导并提供工会记者站的采访、播发条件。机构和人员：工会记者站归口省总宣教部管理，同时配备人员。建站所需场地、经费、人员、工资等均由省总自筹解决。

1995 年 2 月 6 日，全总、中宣部印发《关于进一步加强对工人阶级新闻宣传的几点意见》。3 月 9 日，省委宣传部、省总转发中央宣传部、全总《关于进一步加强对工人阶级新闻宣传的几点意见》，要求各级党委宣传部门应加强对这一工作的领导和协调，各级工会要根据自己的实际，制定出进一步加强对工人阶级新闻宣传的计划和方案。尤其要做好当年庆五一、纪念全总成立 70 周年和全国、全省劳模大会的宣传，要着重宣传党的全心全意依靠工人阶级的根本方针，着重宣传改革发展中全省工人阶级创造的重大成就和涌现的先进典型，着重宣传贯彻实施《劳动法》、“送温暖工程”“三资”企业组建工会等工作。各级工会要加强与新闻主管部门和新闻单位的联系，积极主动地为新闻单位提供宣传线索、典型材料和必要的条件。同时还要充分发挥工会自己的宣传舆论工具和各种宣传文化教育阵地的作用带头落实宣传工人阶级的任务，各新闻主管部门和新闻单位要把加强对工人阶级新闻宣传作为一项光荣任务，给予有力的支持和配合。为贯彻中宣部和全总《关于进一步加强对工人阶级宣传的几点意见》，讴歌全省各条战线的先进模范人物，用工人阶级的先进思想和精神风貌影响社会，推动两个文明建设，省总、省委宣传部联合举办了全省“五一好新闻”评选活动，省级新闻单位共刊登和播发报刊新闻 455 篇，在社会上产生巨大反响。经过自下而上层层推荐和评委会认真评选，评出江西省’95“五一好新闻”一等奖 3 个，二等奖 4 个，三等奖 5 个；电视好新闻一等奖 1 个，二等奖 2 个，三等奖 2 个；广播好新闻一等奖 1 个，二等奖 2 个，三等奖 2 个。江西日报社练练的《三尺讲台著风流》、江西工人报社刘继生的《劳动者神圣》、江西青年报社韩云宁、周海民的《纺织之花别样红》获报刊好新闻一等奖；江西人民广播电台曾令斌、华明芳的《热血铸京九》获广播好新闻一等奖；江西电视台黄火生等的《时代呼唤劳模精神》获电视好新闻一等奖。4 月 27 日，中共南昌市委宣传部、南昌市总联合举办“’95 南昌职工民主管理记者写实系列”活动结束，活动历时 35 天。活动从不同角度反映各企业依靠广大职工办企业的特点，其中有依靠职工搞好企业领导制度改革的南昌百货大楼股份有限公司；有依靠职工当家作主一举改变 13 年亏损面貌的江西柴油机厂;有实行科技人员、领导干部、工人三结合大搞技术革新促进企业发展的南昌水泥厂;有依靠职工献计献策使企业走出低谷再创辉煌的江西手扶拖拉机厂;有领导与职工同心同德创名牌甩掉亏损落后帽子的南昌卷烟厂;有依靠职工开展多种经营、当家理财创造良好综合效益的省农资集团公司等。活动在各报刊发表16篇近2万字稿件,在电台、电视台播出消息、专题20余条计70分钟。

根据省委宣传部、省总关于进一步加强对工人阶级新闻宣传的意见和开展“五一好新闻”评选活动的通知精神,各新闻单位在1995年五一前后都加大对工人阶级和劳动模范宣传的力度,许多新闻单位还与省总联合开办《劳模风采》专题报道。1995年4月30日,省总印发文件,由省委宣传部和省总继续联合开展“五一好新闻”评选活动,评选内容为全省劳模大会的新闻宣传,省总与新闻单位举办的劳模专题系列报道,反映工会活动的新闻或专题报导等。1995年8月16日,省总印发文件就推荐江西省1995年“五一好新闻”有关事项通知:考虑到有的新闻单位开办的《劳模风采》专题报道时间跨度较长,故凡是年3月1日至7月31日止的新闻报道均属于评选范围。

1996年1月15日,省委宣传部、省总印发《关于’95江西省“五一好新闻”评选揭晓的通知》,确定1995江西省“五一好新闻”获奖名单,江西工人报社刘继生的作品《劳动者神圣》等22篇作品获奖。1996年5月,省总下发文件,继续开展“五一好新闻”评选活动。评选范围和内容为1996年3月1日—10月31日期间,全国全省五一劳动奖状、奖章获得者的报道,各条战线上涌现出来的徐虎式的先进职工和工会干部专题文章,1995年度社会主义劳动竞赛先进单位、班组和个人新闻专刊、反映工会活动的新闻专题报道、江西省组团参加第三届全国工人运动会的情况宣传。评委会主任:刘孚威、文之周,副主任:彭春兰、黄晔明、龚邦国、李保忠、卜光伟、张才富、杨松、李丙秀。评委:刘继生、李灿宇、陈元庆、殷定生。

1997年4月17日,省总决定1997年省总会同省委宣传部继续开展“五一好新闻”的评选活动。评选稿件由各新闻传媒单位负责选送、数量不限。本次评选由省委宣传部、省总等单位的有关人员组成评审委员会。6月12日,省总与省委宣传部下发《关于江西省’96“五一好新闻”评选结果的通报》,评出报刊好新闻一等奖3个、二等奖4个、三等奖5个,广播好新闻一等奖1个、二等奖2个,电视好新闻一等奖1个、二等奖2个、三等奖3个。

1998年、1999年6月,省委宣传部、省总连续印发文件,继续开展“五一好新闻”评选活动。1998年6月26日,由《江西日报》推荐的《默默奉献的城市美容师》等20篇作品获’97江西省“五一好新闻”奖;1999年,16件作品获’98江西省“五一好新闻”奖。

2000年,在加大对工人阶级和工会宣传的工作中,省总开展全省第四届“职工职业道德十佳标兵”和十佳单位与1999年度“五一好新闻”评选活动,对劳模和工会工作进行专题重点宣传。由省委宣传部、省总、省新闻工作者协会联合举办的省“五一好新闻”评选4月14日在南昌公布,共评出报刊、电台、电视3种类别的一、二、三等奖27个。《领下岗证的厂长》经济晚报社、《四十下岗我不怕》江西人民广播电台、《温暖送到困难职工家》江西电视台分获报刊、电台、电视好新闻一等奖。

2000年11月8日,省委宣传部、省记协在南昌举行会议,庆祝新中国第一个记者节。会上表彰了全省第二届十佳记者编辑。江西工人报副总编傅淑芬获此殊荣。

2001 年 5 月 26 日，省委宣传部、省总、省新闻工作者协会公布 2000 年度全省“五一好新闻”评选结果。29 件作品分获 2000 年度全省“五一好新闻”一至三等奖。12 月 19 日，省委宣传部省总等下发文件，通知开展全省“五一好新闻”评选活动。2002 年 4 月 30 日，省委宣传部省总公布 2001 年度全省“五一好新闻”评选结果，49 件作品分获 2001 年度全省“五一好新闻”报刊、广播、电视类一、二、三等奖。2003 年 4 月 28 日，省总等三家印发文件，公布 2002 年度全省“五一好新闻”评选结果，59 件作品获奖。其中：一等奖 7 个、二等奖 15 个、三等奖 37 个。2004 年 5 月 8 日，省总下发文件，公布 2003 年度全省“五一好新闻”评选结果，经有关新闻单位和各设区市总遴选推荐的参评作品 111 件，省“五一好新闻”评委会对参赛作品进行评定，共有 57 件作品获奖。

2006 年，省总对学习中国工会十五大精神进行深度报道，举办工会宣教干部学习班，对工会十五大精神进行专题学习，并在《江西工人报》上开辟“工会十五大学习专栏”，在全省工会中掀起学习热潮。加大对工人阶级、劳动模范和先进人物的宣传力度。4—5 月，在《江西日报》、江西卫视、江西人民广播电台上连续宣传报道全国、全省“五一劳动奖状、奖章”获得单位和个人各 20 名的先进事迹，营造“劳动光荣、创造伟大、知识崇高、人才宝贵”的舆论氛围。五一期间中央电视台“劳动者之歌”栏目报道全国“五一劳动奖章”获得者、新建县联圩乡熊娟的先进事迹。在全球金融危机给返乡农民工带来严重影响的情况下，突出了对农民工的帮扶宣传，宣传省总坚决贯彻落实胡锦涛总书记“三保一弘扬”的重要讲话精神，宣传“心手相连、帮扶济困、共克时艰”的帮扶活动，宣传各级工会针对返乡农民工增多的情况做好返乡农民工的培训工作、针对返乡农民工生活困难情况实施送温暖活动的做法，宣传针对金融危机的严峻形势，及时做好疏通工作的好经验和好做法。通过对农民工维权的宣传，全省各级工会怀着对农民工辞的责任感，想方设法为农民工找就业岗位，搭建就业平台，做好返乡农民工创业就业工作。同时加大对省总重点工作和重大活动的宣传。在做好“两节”期间、五一时段的宣传基础上，重点突出“三保一弘扬”的贯彻落实、“大调研、大练兵、大竞赛”、庆祝国庆 60 周年 60 名典型劳模事迹、“双十佳”评选、突发事件应急机制、机关效能建设等重点工作、重要时段活动的宣传。尤其是应对金融危机几次大型招聘会的宣传、专家学者报告会的报道，及时全面，范围大、力度大、影响广。

2006 年 9 月 18 日，全省外资企业工会组建工作现场会暨工会新闻宣传工作会议在上饶市召开。会议首先传达省委副书记王君在全省新经济组织工会组建工作领导小组成员会议上的讲话精神，就做好全省工会新闻宣传工作提出了要求。全省 11 个设区市总主席、副主席、组宣部长、省总宣教部门干部 50 多人参加会议。

为贯彻落实全国、全省工会新闻宣传工作会议精神，2006 年 11 月 16 日，省总在南昌举行全省工会新闻宣传座谈会。文之周出席会议并讲话，柯进水传达《中华全国总工会关于进一步发挥工人日报在工会工作全局中重要作用的通知》精神，并宣读了省总《关于切实加强工会新闻宣传工作进一步发挥工人报刊在工会全局中重要作用的通知》。全省各产业（局、系统）工会主要负责人参加本次会议。

为进一步做好新时期工会新闻宣传工作，继续深入贯彻落实全总《关于进一步发挥工人日报在工会工作全局中重要作用的通知》精神，不断拓展工会新闻宣传渠道，创新工作机制，使工会新闻宣传工作在服务大局、服务基层、服务职工,扩大工会组织的影响力、增强工会组织的凝聚力等方面发挥积极作用。2007 年 9 月 6 日,省总下发通知,进一步加强工会新闻宣传工作充分发挥工人报刊在工会工作全局中重要作用。通知要求准确把握工会新闻宣传工作在工会全局工作中的定位,充分认识工人报刊对加强工会新闻宣传工作中的重要意义,明确任务,努力提高工人报刊在基层工会组织的覆盖面、提高办报质量,把工人报刊办成特色鲜明、深受职工群众喜爱的读物。

2007 年 9 月 20 日,省总决定 9 月在南昌召开全省工会新闻宣传工作会议,传达贯彻全国工会新闻宣传工作座谈会精神及相关文件精神,部署全省工会新闻宣传及报刊征订工作,表彰先进。9 月 24 日,全省工会新闻宣传工作会议在南昌市召开。各设区市总分管主席、宣教部长、省总直属基层工会、部分省产业工会、部分大中型企业工会的宣教部长等 30 多人参加会议。文之周、柯进水出席会议。会议表彰上饶市总等 37 家 2007 年度工人报刊发行工作先进单位,柯进水传达全国工会新闻宣传工作座谈会精神,并就进一步做好新时期工会新闻宣传工作,扩大工人报刊在基层工会组织的覆盖面,发挥好工人报刊在开创工会工作新局面中的重要作用作出强调。上饶、九江、抚州市总、新余钢铁有限责任公司工会介绍工会新闻宣传工作和报刊征订工作的做法和经验。

2008 年 8 月 22 日,省总召开全省工会新闻宣传工作座谈会,传达贯彻全国工会新闻宣传工作座谈会议精神;研究如何进一步办好工人报刊,充分发挥工人报刊在推动工会工作全局中的作用问题;部署现阶段工会新闻宣传工作任务和“两报”发行工作。各设区市总分管宣教工作的副主席、宣教(组宣)部长,省产业(局、系统)工会、省总直属基层工会分管宣教工作的副主席参加会议。

2008 年 8 月 27 日和 28 日下午,省总召开主席办公会议,会议研究宣教部提交的关于继续开展江西省““五一新闻奖””评选表彰工作的意见,确定该工作暂缓进行。

为进一步提高全省工会新闻宣传工作水平,加强各级工会的宣传报道力量,推动工会自身舆论阵地和形象窗口建设,更好地服务全省工会工作大局,经省总领导同意,省总宣教部和江西工人报社决定于 2009 年 6 月上旬在宜春联合举办全省工会系统新闻报道通讯员、信息员培训班。培训对象为各设区市总(含县、区、市总)、省产业(局、系统)工会、省总直属基层工会、各基层企事业单位工会的宣教部长(干部)和通讯员(信息员)。邀请有关领导和省内有关专家、学者讲授当前工会宣传思想工作的形势和任务,工会工作与工会宣传,工会宣传的策划和创意,新闻报道和宣传材料的写作知识,新闻摄影的技能与技艺等。

2009 年 9 月 28 日,全省工会新闻宣传工作会议在南昌举行。会议的主要内容是:传达贯彻全国工会新闻宣传工作座谈会精神,总结交流全省各地工会新闻宣传工作的成绩与经验,对今后一个时期工会新闻宣传工作任务和“两报一刊”发行工作作出部署。省总副主席柯进水出席并讲话。会上传达全国工会新闻宣传工作座谈会精神。赣州、上饶、九江、抚州市总、省教育工会就工会新闻宣传工作和报刊征订工作进行了经验交流。会议表彰 2009 年度新闻宣传和报刊发行工作先进单位,部署了 2010 年度“两报一刊”征订工作任务。出席会议的有各设区市总、省产业(局、系统)工会、省总直属基层工会分管主席、宣教(组宣)部长等。

全总《关于开展“我们大家的世博”全国职工世博知识网上竞赛的通知》发出后,2010 年 3 月 31 日,省总下发文件,转发《关于开展“我们大家的世博”全国职工世博知识网上竞赛的通知》,要求各级工会研究行之有效的办法，采取切实可行的措施，深入发动，广泛宣传，动员和组织广大职工群众参加竞赛活动。

根据江西的实际情况，全省各级宣教（组宣）部门把工会推进工资集体协商工作作为当前的宣传重点，加强正面宣传，引导社会舆论。2010 年 6 月 21 日，省总工会宣教部要求加强工会推进工资集体协商宣传工作。以当地工人报刊和工会网站为主阵地，精心组织策划，加大宣传力度。通过开设专栏、专题等形式，采写工会推进工资集体协商工作中各个方面的生动故事和典型案例，大力宣传工会推进工资集体协商工作的有效措施及成功经验。加强与当地党委宣传部门的联系沟通，组织当地主要新闻媒体重点宣传工会推进工资集体协商工作的有效措施、成功典型。及时向省总宣教部报送工会推进工资集体协商工作方面的新闻线索，以便于省总向全总和中央、省级主要新闻媒体推荐。充分利用工会宣传阵地，通过知识竞赛等有效形式宣传普及工会推进工资集体协商的相关知识，提高广大职工对工资集体协商制度的认识，增强签订集体合同的意识。

2010 年 8 月 29 日，全省工会宣传工作座谈会议在新余举行。会议贯彻落实全国工会宣传工作座谈会精神和省总十二届四次常委（扩大）会议精神，总结工会宣传工作，分析工会宣传工作面临的新形势，部署工会宣传工作任务。姚亚平讲话。新余市总、九江市总、赣州市总、上饶市总、省交通工会分别进行经验交流。会议表彰 2010 年度新闻宣传和报刊发行工作先进单位。各设区市总、省产业（局、系统）工会、省总直属基层工会分管主席、宣教（组宣）部长等 40 多人出席会议。

2010 年，工会宣教工作着力推进社会主义核心价值体系建设，着力加强企业文化和职工文化建设，着力推进改革创新，为引导职工实现江西崛起新跨越提供精神动力和智力支持，创造良好的舆论氛围和文化条件。上半年在省级主要新闻媒体（不含省广播电台稿件）上发表新闻稿件 98 篇（件）。其中：全国媒体 58 篇（件）（《工人日报》56 篇、中央电视台 2 件），省主要媒体 40 篇（件）。上半年省总宣教部获全总宣教部、中国工人出版社举办的“职工书屋”主题读书征文活动“优秀组织奖”，在 2010 年“中工网工会主席网上拜年活动”中，被中国工会网络中心评为组织三等奖，在“我们大家的世博”全国职工世博知识网上竞赛中，获全总宣教部“优秀组织奖”。省总还加大对重点工作和重大活动的宣传。在做好“两节”期间、五一时段的宣传基础上，重点突出“全国人大常委会在省总进行调研”的宣传、“全总倪健民副主席一行在赣参加活动”的宣传、“全总在井冈山召开政研室主任会议”的宣传。同时及时掌握舆情和下情，报送了 7 大行业改革职工思想动态，上半年发出舆情信息 13 期，建立了 7 个行业改革中省、市、县总工会、行业主管部门、行业企业信息员队伍，层层落实行业企业改革中的职工思想动态和利益诉求信息的报送工作。省总舆情监控小组与宣教部职工动态分析结合起来，开展职工思想动态专题研究，组织课题组调研形成专题报告，为领导决策提供依据。设立职工思想动态报送信箱，畅通职工思想动态信息渠道，编发职工思想动态和利益诉求信息，及时反映行业企业职工的思想情绪和反映的热点问题。

2010 年 4 月 1 日，省总召开主席办公会，会议讨论并通过《江西省总工会新闻发言人工作制度》。是日，省总办公室印发文件，发布《江西省总工会新闻发言人工作制度》，成立省总新闻发言人工作协调小组，并由省总相关部门组成。组长由分管宣教工作的省总领导担任，副组长由省总宣教部部长、省总办公室主任担任。日常工作由宣教部牵头办理。省总新闻发言人工作协调小组的工作规程和职责是:(1)适时召开协调会议。职能部门成员在开会之前,须准备涉及全会或本部门,需要对外宣传的重点工作材料,包括具有新闻价值的素材数据。(2)确定新闻发布主题。协调小组根据省总工作重点和各成员提供的情况,确定每次发布会的主题、重点内容。新闻发布会的总体要求是加强工人阶级和工会工作宣传,引导舆论,认知工会工作,增强社会影响。(3)提出新闻发布方案。根据新闻发布的主题、主要内容,通过研究新闻线索,商定发布时间、形式、范围、规模,拟订新闻发布口径。(4)对涉及职工的或重大的突发事件,代表工会、职工表明态度。对于一些突发性事件,可由协调小组组长紧急召集协调小组会议,研究确定工会对突发事件的观点与态度。

江西工人报及杂志

《江西工人报》和《工人天地》(1998 年改为《职工法律天地》)杂志,是省总主管、主办的全省各级工会和职工群众的报刊。

1950 年 3 月,《江西工人报》创刊,1966 年停刊,1991 年复刊,1992 年 2 月试刊,周一刊,为省内内部刊物。1995 年 1 月 14 日,国家新闻出版署下发批复同意创办《江西工人报》。自此,省总主管、主办的《江西工人报》由内部报纸转为正式报纸,编入国内统一刊号,即 CN36－0045。1995 年 7 月 20 日,省总印发《关于江西工人报改出周二报和调整订价请示报告的批复》,同意《江西工人报》从 1996 年 1 月 1 日起为周二报。1996 年 1 月 25 日,省新闻出版局批复:经我局研究、并报新闻出版署批准,同意《江西工人报》转为正式报纸,该报为对开四版,周二刊。

1996 年 8 月 9 日,省总向江西省新闻出版局呈送《关于〈工人天地〉改名为〈职工法律天地〉并与全总法律工作部联合主办的报告》,报告提出,作为工会刊物的《工人天地》杂志,经过审慎研究,并与全总领导磋商,拟将《工人天地》改名为《职工法律天地》,并与全总法律工作部联合主办,宗旨为以党的基本路线和邓小平建设有中国特色社会主义理论为指针,深入以《劳动法》为主要内容的法制宣传教育,维护职工合法权益,为工会法制工作服务。1997 年 9 月 1 日,省总向省新闻出版局呈送《工人天地》更名为《职工法律天地》的请示,将《工人天地》更名为《职工法律天地》。1998 年 1 月 13 日,经国家新闻出版署批准,由省总主管、主办的《工人天地》杂志自 1998 年 1 月起更名为《职工法律天地》,并由全总法律工作部和省总联合主办,这是全国第一家面向职工、为职工提供法律服务的法律类期刊。《职工法律天地》新编国内统一刊号为 CN36－1207/D,1998 年为双月刊,订价每册 3.50 元,全年 6 期,每份订费 21 元(含邮寄包装费),自办发行。

1998 年 7 月 27 日,省总印发《关于 1999 年江西工人报、职工法律天地发行订阅工作的通知》。1999 年 7 月 6 日,省总印发通知抓好《江西工人报》《职工法律天地》2000 年发行订阅。2000 年 6 月 7 日,省总下发通知,7 月召开《工人日报》《江西工人报》发行工作会议。

2009 年 9 月 26 日,省总下发做好工人报刊宣传和发行订阅工作的通知,要求下大气力全面提高《江西工人报》和《职工法律天地》的办报办刊质量,切实提高工人报刊在基层的覆盖。

江西工会网

随着工会组织和工会会员的增加及其动态变化,以传统的方式对其进行管理,已很难适应形势发展的需要。2007—2010年,省总对省总网进行筹建、运行。

2007年11月,省总网站筹备工作开始。2008年1月开始购置硬件设备,确定网页设置。中下旬,进行网站安装、调试以及相关材料审核、录入。6月10日,姚亚平主持召开省总主席办公会议,听取办公室关于省总网站筹备情况的汇报。会议认为,建立省总网站,是省总适应新形势变化,不断创新工作方式和方法的现实需要。省总网站建设要面向广大职工、面向广大会员,围绕工会的组织职能、服务职能、引导职能、维护职能,突出关注广大职工和会员关心的热点、难点、焦点问题。要集思广益,通过机关部门座谈会等形式,广泛征求对网站建设的意见建议。要博采众长,充分借鉴兄弟省市总工会及知名网站建设的经验,不断改进自身方案,力争使省总网站成为职工会员喜爱、工会干部需要、社会各界关注、点击率较高的网站。

2008年7月2日,省总通知启用全省工会系统电子邮箱。从7月4日起,省总下发文件、通知、讲话稿等采取电子邮箱方式发送,一般不再发纸质材料。7月2—3日,各单位、各部门先试运行电子邮箱,掌握电子邮箱登录和使用的方法。各单位、各部门指定专人负责电子邮箱工作。

2009年1月20日,江西工会网开始上线试运行。至2月15日,有6800多人次上网点击江西工会网。2月3日,"江西工会网"完成基本构架,省总发出文件,通知"江西工会网"开通试运行。"江西工会网"网站名称:江西工会网;通用网址:江西工会。"江西工会网"是省总在国际互联网的唯一门户网站,是宣传贯彻党的路线、方针、政策,落实全总、省总重大部署、重点决策、重要会议、领导讲话及有关文件精神,快速传递工会工作信息,促进全省各级工会组织及广大干部职工交流思想、沟通感情和展示自我的窗口;是实行会务公开,服务广大职工、广大会员,代表和维护职工合法权益,增强工会组织在广大职工中的吸引力、凝聚力和影响力的平台。

2009年2月12日,省总办公室制定"江西工会网"网站管理办法(草案),明确省总办公室是网站的主管部门,牵头协调网站的建设、运行、维护与管理。省总信息中心主要负责网站的技术支持、安全保障和硬件配置。省总数据中心主要负责网站的日常管理、数据处理。信息中心和数据中心各指定1人担任网站管理员,负责处理网站建设与管理的技术问题和具体事务。全省各设区市、县(市、区)总工会、省产业(局、系统)工会、省总直属基层工会,省总各部门、各直属单位分别设立网络信息员1名,接受并完成省总办公室交办的相关信息报送工作,及时提供工会网站信息更新维护过程中所需要的文字、数据、图片等资料。网站信息员更换时,须及时通知网站编辑部。按照"全会办网,集思广益;部门负责,集中管理"的原则对网站栏目进行管理。

2009年1至4月,省总网站考察组(贾鲁营、熊乐荣、张晖、胡靓怡)先后到省国税局、地税局、司法厅、劳动厅和全总信息中心、中工网、北京市总、天津市总、广东省总、广州市劳动保障信息中心等单位进行考察学习,向主席办公会提交考察报告和《江西省总工会网络集成及门户网站建设方案》。

2009年2月19日,省总召开主席办公会,会议听取信息中心关于江西工会网站建设工作的情况汇报。会议指出,网站建设工作的重点一是要不断发挥作用;二是要不断完善机制;三是要不断完善栏目;四是要不断扩大宣传。会议确定,聘任两名专业技术人员,并由信息中心拿出网站稿件的稿费发放办法,以及按年度给予信息中心兼职工作人员一定补助的办法,报主席办公会研究。

2009年,省总确定在"江西工会网"网站基础上进行扩建,增加数据采集分析系统。

2009年9月7日,省总网络建设工程招标工作领导小组成立暨第一次会议召开。领导小组副组长:万学华、王翠华、贾鲁营;成员:叶四保、吴继群、吴海平、甘頎、李俊平、熊乐荣。下设办公室,成员为:贾鲁营、熊乐荣、张晖、胡靓怡、熊良。会议听取了贾鲁营关于网络建设工程进展情况的汇报。会议明确招标工作领导小组职责为:加强网络工程建设民主管理,保证建设过程中机房规划与建设,硬件设备采购等环节的公开、公平、公正,指导和监督检查、组织实施网络建设工程招投标工作,监督工程合同的签订和履行。会议决定:由后勤中心尽快调整好网站机房房间;内部招标与有限招标相结合。

2009年11月2日,省总第45次主席办公会召开。会议听取网站工作汇报,同意招标确定的205万元网络建设资金,同意授予江西电信信息产业有限公司签订相关合同。

2009年11月23日下午,姚亚平主持召开省总第37次党组会。会议决定吴海平兼任省总网络管理中心主任。

2010年1月20日,省总通报2009年度《江西工会网》《江西工会信息》信息采用情况。全省各级工会组织信息报送数量、质量及信息采用率逐步提高,其中《江西工会网》全年报送稿件4284篇,采用3653篇。

2010年3月10日,省总向省工信委发出《关于报送政府网站发展指标数据的函》,将《江西省总工会政府网站发展指标数据》报送。

2010年3月19日,姚亚平对该项目进行视察和指导,省电信信产公司吴小柏总经理、彭越华副总也亲临现场向姚主席就项目相关工作进行沟通和汇报。姚亚平首先对信产公司在项目中所做的各项工作给予肯定。对项目的质量和各方面的进度也表示满意。并提出信息化的建设对省总的重要性,希望电信信产公司将省总项目打造为标杆性的信息化项目。并期望通过该信息化项目的实施,使工会在工作中能充分发挥效益,并有助于提升工会的服务能力。信产公司也就项目后续工作的安排和布置向其做了详细的汇报,并承诺保证项目按期交付。

省总网络建设及数据采集分析系统项目主要包括四个方面:机房建设、布线改造、网络平台搭建、系统开发。项目于2009年11月开始正式实施,由省电信信产公司负责承建。2010年2月完成机房装修、大楼布线改造、计算机系统与网络平台的搭建等各项工作,并于3月份通过验收和相关资料的移交。省总网站主要包括机房建设、布线改造、网络建设、应用系统开发等四个方面内容。根据省总各部门的需求不同,已搭建的模块有:劳模信息采集模块职工互保数据采集模块;基层工会信息采集模块等。并开发的模块:五一班组、五一单位信息采集模块;职代会、职工代表、职工董事、职工监事、职工之家等信息采集模块法人登记、法律援助志愿者、劳动争议仲裁员信息采集模块;困难职工及职工工资就业信息采集模块;经审办的审计报告,经审干部信息采集模块;文件活动阵地建设、职工书屋、新闻宣传员、通讯员信息采集块;单位职工数据采集模块;基层工会调查表采集模块。"江西工会网""江西工会"等关键词已在三大搜索引擎中雅虎搜索的首页首条显示,在百度的首页非首条显示。2010年,江西工会网累计点击率超过115万人次。

2010年4月1日,《江西工会网采用信息评分标准》正式实施。4月30日,《江西省总工会栏目编辑工作职责(暂行)》公布,就收集稿件、整理稿件、初审稿件、整理规范旧版网站数据作出规定。

2010 年 4 月 15 日,省总向省工业和信息化委员会报送“十二五”时期电子政务发展规划思路。省总“十一五”时期电子政务工作完成情况是,以“服务职工、促进和谐、交流信息、宣传工会”的宗旨,从 2008 年开始全省工会系统信息化建设的规划及实施。2009 年,陆续完成了机房规划与建设;网络硬件设备采购、安装及调试;网络运行平台的搭建;“江西工会网”网站设计、开发、改版;全省工会职工触摸查询系统;工会重点工作数据采集与分析应用系统设计。通过开发资讯、沟通、宣传、服务等平台,一个对外可链接各级政府、工会、各行业,直至国际互联网,对内可涵盖全省各级工会组织并按照分级授权来传输和共享信息,具有会情公开、网上维权、信息交流等功能,联系服务广大职工、广大会员,开展工会各项工作,展示全省工会形象的江西工会网络系统初步建成,有效发挥宣传工会形象,会情公开,资料存储、查阅,服务职工的作用。为更好地服务广大职工、广大会员,逐步做到用信息化的手段管人、管事、管物。

第七章　女职工工作

1994—2010年,江西省各级工会女职工委员会在同级工会的领导下,围绕中心,服务大局,扎实工作,奋发进取,突出特色,深入实施女职工建功立业工程、女职工素质提升工程,组织引导全省女职工为江西经济的发展建功立业;贯彻落实全总"组织起来、切实维权"的工作方针,最大限度地把女职工组织起来,到2010年全省女职工组织达42030个;加强工会女职工组织维权机制建设,大力推进女职工专项集体合同签订工作,保护女职工在劳动过程中的安全与健康,维护女职工在政治、经济、文化、社会、发展等方面的合法权益和特殊利益。得到中华全国总工会及有关部门的肯定,产生较好的社会影响。

第一节　女职工组织

组织建设

据2013年《江西统计年鉴2013》,1994年,全省有女职工116.58万人,女会员102.84万人,至2010年,全省女职工达242.81万人,女会员231.69万人。

1990年11月29日,江西省总工会女职工委员会(简称女职委)成立后,女职工组织不断发展。1993年,全省共建立基层工会女职委6231个,共有基层工会女职工工作干部25801名,其中专职干部2470名。截至1997年,全省11个地(市)已经全部建立女职委,县(区)级工会女职委组建率为95%,基层工会女职委组建率为98%。随着市场经济的逐步完善,省总工会女职委把组织建设的重点放在乡镇企业、三资企业、私营企业和新经济组织女职委的建立、健全工作上,并取得一定成效。2002年以后,全省女职工组织数增长迅速,2009年,全省11个设区市都按规定配备女职委主任、副主任,99个县(市、区)全部配备正副女主席或女职委主任。其中12个县单独设立女职工部。2010年,基层工会女职委达42030个,基层工会专职女职工工作干部18044名,兼职的45615名。

为全面系统地了解中国女职工的状况,为召开第四次世界妇女大会作好筹备工作,全国总工会书记处1994年第四季度在全国进行一次女职工状况抽样调查。江西调查任务是:2个地(市)、3个县、5个企事业单位的女职工状况、工会女职工组织状况、工会专职女职工干部状况。1994年11月1日,省总召开会议部署抽样调查工作,各地(市)工会女职工工作部(简称女工部)部长;九江县、新建县、新干县总女工干部;连胜自行车厂、大余县烂泥迳林场、景德镇市古窑瓷厂等15个企事业单位工会主席参加会议。

1996年7月19日，为了解、掌握各级女职委组织和女职工干部队伍情况，加强女职工组织自身建设，省总女职委下发《关于女职委和女职工干部建立档案的通知》，是年底，全省地、市、县、大型企业、产业、省直单位都建立工会女职工组织和女职工干部档案。要求地（市）、县、大型企业和省产业、省总直属基层工会建立工会女职工组织档案。

2000年6月12日，省总女工部下发《关于做好填报新建企业和改制企业工会女职工组织组建情况调查表的通知》，以进一步了解和掌握全省新建企业和改制企业工会女职工组织组建工作的情况，建立和健全新建企业和改制企业工会女职工组织档案。

表7－1－1　1993—2010年江西省各级工会女职工工作组织情况

年份	基层工会			基层以上工会			本年度女职工工作培训班（次）	参加女职工工作培训班人次数（人次）
	女职工组织数（个）	专职女职工工作人员（人）	兼职女职工工作人员（人）	女职工组织数（个）	专职女职工工作人员（人）	兼职女职工工作人员（人）		
1993	6231	2470	23331	173	136	698	64	2570
1995	4172	2083	19555	416	250	1151		
1996	2658	1568	13510	339	200	1079		
1997	3611	2207	14982	426	1024	1304		
1998	7811			873				
1999	6827			794				
2000	1278	5923	19369	427	275	694	140（基层以上）	316（基层以上）
2002	8842	2593	17836	949	582	2682	3197	32674
2003	7440	1402	13753	993	413	1470	643	21632
2004	7945	1210	14285	883	346	1456		
2005	9763	1284	16253	914	332	1727		
2006	10655	1272	17156	886	427	1168		
2007	11156	2872	16206	724	349	943		
2008	15825	3175	20719	877	437	1257		
2009	16620	5439	20886	865	434	1075		
2010	42030	18044	45615	1016	604	1333		

至2002年9月，根据全总"在新建企业组建工会的同时，同步建立女职工组织"的要求，全省各级工会女职工组织采取多种措施，加强新建企业工会女职工组织建设。全省有43个县（市、区）的新建企业做到女职工组织与工会同时规划、同时建立、同时落实女职工干部；32个县（市、区）的新建企业工会建立女职工组织。

2004年3月31日,为使非公有制企业工会女职工工作规范化、制度化、经常化,省总女工部下发《关于在非公有制企业开展争创“女职工工作示范单位”活动的实施方案》,决定在全省非公有制企业中开展争创“女职工工作示范单位”活动。《实施方案》明确示范单位的条件,提出活动的措施要求。4月28日,省总下发《关于进一步加强女职工工作意见》,对加强领导、健全工作机构,突出维权等重点、难点工作提出具体要求:全省工会女职工组织不仅县以上各级工会女职工组建率达到100%,非公有企业组建工会女职工组织也一并列入全会组建工作之中,从舆论宣传上与工会同步造势、从组织领导上与工会同步加强、从组建要求上与工会同步提出、从督导落实上与工会同步检查。2004年,全省非公有制企业工会女职工组织组建率达应建数的68.5%。全省县以上工会女职工组织组建率达到100%。全省11个设区市在有女主席或女副主席的同时,省、市总推荐,7个设区市总女工部长提升为工会专职女职委主任,全部落实副处级待遇。2005年7月28日和9月6日,《江西工人报》《工人日报》先后作了报道。

2006年3月21日,省总女工部下发《关于做好统计我省女职工工作及相关情况的通知》,要求摸清家底,全面掌握全省各级工会女职委(女工部)的工作现状,了解女职工(女农民工)的基本状况及分布情况。

2007年9月3日,省总下发《关于规范我省女职工组织与工会组织同步组建工作的方案》,要求组建女职工组织要和组建工会组织同步建立、制度同步建设、工作同步规范、活动同步开展、考核同步进行。

2009年3月31日,省总女工部下发《关于填报工会女职工组织建设相关情况统计表的通知》,要求填报《工会女职工组织建设工作发文情况统计表》《工会女职工组织机构及干部配备情况统计表》。

2010年4月13日,省总女职委下发《关于在全省开展工会女职工组织建设督导、检查工作的通知》,督导、检查内容:一是推进实现在已建工会组织企业中女职工组织全覆盖的阶段性目标及开展工作情况。二是总结工会女职工组织建设工作经验,特别是推进同步组建工作和“小三级”工会及区域性、行业性工会联合会女职工组织建设工作的新途径、新举措。三是女职工权益保护专项集体合同落实情况,与集体合同同步签订情况。督导检查情况形成督导检查报告和典型经验材料上报全总。5月11日,省总组织部、女工部联合下发《关于在全省开展创建女职工组织规范化建设示范点活动的通知》,决定用3年时间在全省开展女职工组织规范化建设示范点的创建活动。创建活动目标是:全省各级工会女职工组织创建合格率在2010年末达到60%、2011年达到80%、2012年达到95%以上。在全面推进规范化建设的同时,重点抓好乡镇(街道)、村(社区)、企业“小三级”工会女职工组织的规范化建设工作。根据各级的推荐和考核,省总女职委在3年内分批选树省级示范点90家。

女职委换届大会 1994—2010年,省总女职委经历4次换届。第三届及以后女职委的组织架构为顾问、主任、副主任、常委、委员。

1994年2月19—20日,省总第二届女职委第一次扩大会议暨“学、比”活动表彰大会在南昌飞机制造公司工会招待所举行。全省各界的委员和代表80多人参会。省委副书记卢秀珍到会并讲话。省总主席刘金标到会讲话，副主席童水仙作工作报告。副主席程受锭和南飞公司党政工领导出席大会。大会向“学先进、比贡献”活动中的先进女职工，先进女职工工作者、先进女职委颁发了奖状和证书，会上产生新一届女职委。

省总第二届女职委委员名单：名誉主任：卢秀珍、黄懋衡（省政府副省长）。顾问：（以姓氏笔画为序）辛萍（江西省纺织局副局长）、吴颐轩（省委组织部副厅级组织员）、罗筱玉（省妇联副主任）、高冬梅（省委直属机关工作委员会书记）、曹晓风（省商业厅副厅长）、韩峰（省档案局副局长）。主任：童水仙（省总副主席）。副主任：刘健（省总宜春地区办事处主任）、赵登荣（九江市总主席）、汪当时（鹰潭市总主席）、彭蓉英（省总女工部副部长）、李美珍（南昌市总副主席）。委员：（以姓氏笔画为序）王红、王彦芬、王桃英、王鸿玉、邓华、冯云华、刘元珠、刘维时、刘雅洁、华桂娣、李跃进、陈珍珠、陈晓云、陈资詹、练炼（男）、程敏、倪厚珍、郭香玲、常蓉兰、蒋仲琴、谢琳珍、雷玉秀、戴廷蓉。常务委员（以姓氏笔画为序）邓华、华桂娣、刘健、刘维时、汪当时、李美珍、李跃进、练炼（男）、陈晓云、程敏、赵登荣、倪厚珍、常蓉兰、童水仙、彭蓉英、谢琳珍、雷玉秀。

1995 年 1 月 21—22 日，省总女职委二届二次委员（扩大）会议在南昌召开。刘金标到会讲话，童水仙作工作报告，副主席文之周出席会议。会议总结表彰在“学、比”竞赛活动涌现出来的 30 个先进女职工集体和 108 名先进个人，总结 1994 年工作并结合全省女职工工作实际部署 1995 年工作。

1996 年 3 月 2 日，省总女职委二届三次委员（扩大）会议召开。会议决定，省总吉安地区办事处主任、吉安地区工会女职委主任王淑敏替补为省总第二届女职委委员，省金融工会副主席、女职委主任沈慧敏，《江西工人报》叶雪萍增补为省总第二届女职委委员，同时免去王桃英省总第二届女职委委员的职务。

1997 年 3 月 11 日，省总女职委二届四次委员（扩大）会议在南昌召开。童水仙代表省总女职委在会上作工作报告。会议传达全总女职委（扩大）会议的精神。刘金标及有关部门领导出席会议。

1998 年 2 月 26 日—27 日，省总女职委二届五次（扩大）会议在南昌召开。会议总结 1997 年的工会女职工工作，研究部署 1998 年的任务。省总授予许祖英等 10 名先进女职工标兵称号，王木兰等 10 户家庭为文明家庭标兵称号，张少南等 10 名为先进女职工称号，刘黎明等 10 户家庭为文明家庭称号。会议决定替补肖雪贞等 3 位为省总女职委委员。童水仙到会讲话。

1999 年 1 月 14 日，省总第三届女职委第一次会议在南昌召开。童水仙作工作报告。省总主席程受锭到会讲话。省人大常委会副主任卢秀珍，黄懋衡，全总女职委副主任韩春梅，省妇联副主席魏晓琴，文之周、李慈葆等出席会议。

2000 年 3 月 23 日，省总女职委三届二次委员（扩大）会议暨全省先进女职工事迹报告会在南昌举行。参加会议的人员有省总女职委顾问、委员，省总各地区办事处、各省辖市总、省产业（局、系统）工会、省属基层工会女职委主任、女工部部长或女工干部，1999 年省总表彰的再就业明星及部分受表彰的先进集体和个人代表。会议主要内容有：替补省总女职委委员；总结交流 1999 年的女职工工作；布置 2000 年女职工工作任务；表彰先进女职工集体和个人；传达全总女职委三届三次会议精神。省政协副主席黄懋衡出席会议,程受锭出席会议并讲话,童水仙作工作报告。会议决定:易伍秀替补为第三届女职委委员,曾明坤不再担任省总第三届女职委委员职务。

2001年2月22日,省总女职委三届三次会议在南昌召开。会议由省总副主席傅卓成主持,程受锭讲话,李慈葆作工作报告。会议替补李慈葆为省总第三届女职委委员、常委、主任,童水仙不再担任省总第三届女职委委员、常委、主任职务。聘请童水仙为省总第三届女职委顾问。替补汪鉢风为省总第三届女职委委员、常委,刘仲英不再担任省总第三届女职委委员、常委。替补廖燕为省总第三届女职委委员,同时决定郭香玲不再担任省总第三届女职委委员。增补工行江西省分行工会工作委员会刘江媛、人行南昌中心支行工会工作委员会陈燕、人保江西省分公司工会工作委员会邹三香、建行江西省分行工会工作委员会桑放鸣、邮电工会江西省委员会雷玉秀、邮电工会江西移动通信委员会牟素勤、农行江西省分行工会工作委员会白燕为省总第三届女职委委员。会议表彰全省先进女职工集体、个人及全省先进女职工工作者、先进女职工之友和文明家庭。全省各市、产业(局、系统)、直属基层工会女工部部长、委员90余人出席会议。

2002年1月21日,省总女职委三届四次委员(扩大)会议在南昌举行,出席会议的有各设区市、省产业、系统、省总直属基层工会女职委主任、委员、女工部部长及省总女职工"38111"活动先进集体代表共70余人。程受锭到会并讲话、李慈葆作工作报告。省总女职委顾问吴颐轩、金祖光、郭月秋出席会议。会议由省总经审会主任宗菊根主持。会议决定:王美娟、马小兰、范平英、宋广伦替补为省总第三届女职委委员,同时决定肖雪贞、易清萍、钮宝英、蒋仲琴不再担任省总第三届女职委委员。会上为萍乡市总女职委等10家单位颁发"38111"活动先进集体奖章。南昌市总女职委等单位在会上介绍经验。

2003年2月20日,省总女职委三届五次委员(扩大)会议在南昌召开。程受锭到会并讲话,李慈葆作工作报告。会议决定赵登荣不再担任省总第三届女职委常委、副主任;贾鲁营增补为省总第三届女职委委员。方志红、邓晓芳、汪艳芬、林平香、罗曼林、杨晓华、赵凤琴替补为省总第三届女职委委员。同时决定赵登荣、李月英、石晓琴、刘雅洁、雷玉秀、陈晓云不再担任省总第三届女职委委员。

12月30—31日,省总女职委四届一次会议在南昌召开,省委常委、政法委书记舒晓琴,全总副主席、全总女职委主任倪豪梅、省人大常委会副主任、省总主席张海如、省政协副主席黄懋衡及省政府办公厅、省委台办、省直机关工委、省委老干局、省信息产业厅、省政府外事侨务办、省计生委、省文化厅、省司法厅、省妇联等有关部门领导到会。倪豪梅、张海如分别在会上讲话。省总副主席李慈葆作第三届女职委工作报告,省总副主席郭学勤主持开幕式并作闭幕讲话。会议聘任舒晓琴、黄懋衡为省总女职工四届委员会名誉主任,聘任魏小琴、弘强等14位为省总第四届女职委顾问。会议通过第四届女职委组成人员名单,表彰女职工工作先进集体和先进个人,同时,会议选举郭学勤为省总第四届女职委主任,选举吕金枝为常务副主任,选举汪当时、王淑敏、李美珍为副主任。

省总第四届女职委名单:名誉主任(2名):舒晓琴、黄懋衡。顾问(14名):魏小琴(省政府党组成员、秘书长)、弘强(省人大选任联工委主任、省委组织部副部长)、崔琳(省委台办主任)、陈永华(省直机关工委常务副书记)、冯桃莲(省委老干部局局长)、李春燕(省信息产业厅厅长)、曹筱凤

（省人防办党组书记、主任）、许苏卉（省环保局党组书记、主任）、程水凤（省政府外事侨务办党组书记、主任）、文红莲（省计生委党组书记、主任）、李玉英（省文化厅党组书记、厅长）、黄素英（省司法厅党组书记、厅长）、罗筱玉（省民政厅党组书记、厅长）、李亚平（省妇联党组书记、主席）。主任（1名）：郭学勤（省总副主席）。副主任（4名）：常务副主任：吕金枝（省总女工部长），副主任：汪当时（鹰潭市总主席）、王淑敏（吉安市总主席）、李美珍（南昌市总副主席、正处级）。常委（9名，按姓氏笔画为序）：王淑敏、邓华、吕金枝、刘玉莲、李美珍、李跃进、汪当时、郭学勤、贾鲁营。委员（44名，按姓氏笔画为序）马小兰、王惠英、王淑敏、王美娟、王翠华、王松勤、牛虹、方志红、邓华、邓晓芳、叶雪萍、白燕、由维伟、吕金枝、刘梅兰、刘玉莲、刘江媛、李美珍、李跃进、李光霞、李聪、汪当时、汪艳芬、吴雪兰、宋细妹、何水秀、罗曼林、邹三香、牟素勤、张庆云、易伍秀、范萍英、林平香、杨晓华、欧阳辉、赵小冬、段亦枫、钟定娴、郭学勤、贾鲁营、徐桂芬、桑放鸣、廖燕、潘国珍。

2005年3月3日，省总女职委四届二次委员（扩大）会暨表彰大会在南昌惠苑宾馆召开。张海如、黄懋衡、魏晓琴、冯桃莲、陈永华、金桂英、文之周、郭学勤出席会议。张海如在会上讲话，郭学勤作工作报告。会议表彰10名2004年度“女职工建功立业标兵岗”和“女职工建功立业标兵”和3个“优秀组织奖”；宣布省总第四届女职委增补、替补委员的决定；听取先进集体和个人代表的发言；传达全总女职委四届二次会议精神；进行大会经验交流。

2006年2月26日，省总女职委四届三次会议在南昌惠苑宾馆召开。张海如，文之周、李骥、郭学勤，省总助理巡视员宗菊根、王运昌出席会议。张海如在会上讲话，郭学勤作工作报告。会议增补省总女工部部长刘玉霞为省总第四届女职委委员、常委、副主任；替补王迪华、汪晓玲、余桂花、林瑛、傅任根、曾小波六位为省总第四届女职委委员。刘玉霞传达全总女职委四届三次会议精神。会议对全省女职工建功立业标兵岗、女职工建功立业标兵，全省女职工建功立业先进集体、女职工建功立业先进个人进行表彰。省总第四届女职委委员、全省各设区市、省产业（局、系统）工会的女职工组织负责人及受表彰的先进集体和个人参加会议。

2007年3月6日，省总女职委四届四次委员（扩大）会议在南昌召开。郭学勤出席会议并讲话。刘玉霞传达全总女职委四届四次会议精神和全国工会女职工权益保护专项集体合同工作现场经验交流会精神，并作工作报告。南昌市总、新余市总、南昌铁路局工会、萍矿集团公司工会、格特拉克（江西）传动系统有限公司赣州分公司工会在会上交流经验。萍乡市邓琴科技美容事业机构董事长邓琴在会上介绍创业经验。全省各设区市、产业（局、系统）工会、省总直属基层工会的主要负责人及受到表彰的先进集体和个人共120余人参加会议。

2008年3月6日，省总女职委四届五次会议暨庆“三八”表彰大会在省总天泽楼召开，李慈葆出席，郭学勤出席并讲话。刘玉霞传达全总女职委四届五次会议精神，并作工作报告。会上宣读告全省广大女职工《倡议书》，对省第三届五一巾帼奖集体和个人，省女职工建功立业标兵岗和标兵进行表彰。各设区市总工会、省总直属基层工会的分管主席、女职委主任、女工部部长及受表彰的集体和个人参加会议。12月6日，省总女职委五届一次会议在省总天惠楼二楼多功能厅召开，省人大常委会副主任、省总党组书记、主席姚亚平出席并讲话，省政府副省长谢茹出席，全总女职委副主任肖冬致辞。省委副秘书长、省信访局局长魏旋君，省人大常委会党组成员、秘书长程水凤，省委组织部副部长、省委老干部局局长冯桃莲,省委政法委、省委维稳办主任梁彩云,省直机关工委书记陈永华,省人大财经委主任委员黄素英,省政协社会和法制委主任张莉,省法院副院长薛江武出席。省总常务副主席郭学勤主持会议并作工作报告,省妇联副主席刘屹烈致辞。会议决定聘请谢茹为省总第五届女职委名誉主任,聘请魏旋君等16位为省总第五届女职委顾问,并为她们颁发聘书。会议选举郭学勤为省总第五届女职委主任,刘玉霞为常务副主任,陈霞为副主任。全省各设区市总工会、省产业(局、系统)工会、省总直属基层工会分管主席、女职委主任、女工部部长,工会女职工先进工作者、女农民工代表以及社会各界代表参加会议。

省总第五届女职委名单:名誉主任:谢茹。顾问(16名):魏旋君、程水凤、汪毓华(省纪委副书记、省监察厅厅长)、冯桃莲、李玉英(省委宣传部副部长、省文化厅厅长)、梁彩云、陈永华、黄素英、许苏卉(省人大环资委副主任委员)、张莉、杨春燕(省政协办公厅主任)、薛江武、李春燕(省信息产业厅厅长)、文红莲(省人口计生委主任)、李亚平(省妇联主席)、潘玉兰(省监狱管理局党委书记、政委)。主任(1名):郭学勤。副主任(2名):常务副主任:刘玉霞。副主任:陈霞(宜春市总党组副书记、常务副主席)。常委(13名,按姓氏笔画为序):王桂玲、石晓琴、李光霞、刘玉霞、陈伟芳、陈霞、汪晓玲、易伍秀、林瑛、徐桂芬、郭学勤、傅雅君、彭静。委员(52名,按姓氏笔画为序):王迪华、王桂玲、王翠华、邓晓芳、尹喆、石晓琴、卢锦秀、李大庆、李光霞、李明、李晓光、李超、李惠如、刘玉霞、刘柏青、牟素勤、张才福(男)、张雅梅、张源(男)、张燕、沈玉萍、陈伟芳、陈丽芳、陈美莲、陈霞、吴志凌、吴海平(男)、吴继群(男)、吴培、汪晓玲、汪鉥风(男)、林云、林平香、林瑛、易伍秀、周密、周淑央、周慧、赵小冬、姚向东、郝希升(男)、俞荣辉(男)徐亚敏、徐桂芬、徐晤明、郭学勤、龚荣才(男)黄颖、游九香、傅雅君、彭静、蒋翠珍。

2009年3月5日,省总女职委五届二次委员(扩大)会议暨庆祝三八节表彰大会在省总二楼多功能厅召开。姚亚平,郭学勤出席并讲话。省总领导李骥、王运昌、柯进水、王运快、陈文明出席。大会对先进女职工集体和个人进行表彰,授予景德镇市昌铃焊装小部件工段等10个先进集体和黄宁宁等10名先进女职工全省“五一巾帼奖”。会上开展三八节庆祝活动。各设区市、省产业(局、系统)、省总直属基层工会分管女职工工作的主席或副主席、女职委专职主任、女工部部长或女职工工作干部以及受表彰的省五一巾帼奖集体和个人代表约200人参加本次会议。

2010年3月8日,省总女职委五届三次委员(扩大)会议暨表彰大会在省总二楼多功能厅召开。郭学勤出席并讲话。柯进水、陈文明、吴海平出席。会上,刘玉霞作工作报告,南昌市总女职委主任林瑛,宜春市总常务副主席陈霞,上饶县总常务副主席、女工委主任方素君,江铜集团工会女职委主任汪艳芬,南康市宝林大厦有限公司总经理王三英分别在会上交流女职工工作经验。大会一致通过新修改的《江西工会女职委工作条例》。大会表彰国电九江发电厂发电部制氢班等30个省女职工建功立业标兵岗;南昌供电公司变电运行分公司变电集控中心副主任彭立等30人为省女职工建功立业标兵;江西远健药业有限公司总经理、会计师漆小燕等10人为省女创业带头人。各设区市、省产业(局、系统)、省总直属基层工会分管女职工工作的主席或副主席、女职委主任、女工部部长或女职工工作干部以及受表彰的集体和个人代表参加会议。

妇联工作参与

省总是省妇女儿童工作委员会的成员单位，省总女职委是省妇联最大的团体会员，省总女工部代表省总女职工组织与妇联的协调与配合，主要体现在参加江西省妇女代表大会、妇联常委扩大会议、妇儿工委工作会议、人口和计划生育工作相关会议等，以及推荐全国、省三八红旗手和集体，完成妇儿工委单位联系《中国妇女发展纲要》和《中国儿童发展纲要》示范县及实施“两纲”的工作。

对于企业、基层女职工组织的归属问题，1988 年 8 月 16 日，中共中央办公厅下发全总、全国妇联《关于加强工会、妇联在女职工工作中密切合作的几点意见》。1991 年 6 月 29 日，中共中央办公厅下发《中华全国总工会、全国妇联关于在企业女职工工作中进一步加强合作的通知》。1998 年，全总办公厅下发《关于重新转发中办 17 号厅函、中办 25 号厅函的通知》。这些文件明确：企业女职工工作以工会为主，妇联配合。企业工会女职委是县或县以上的妇联的团体会员，接受妇联的业务指导。妇联不在企业建立组织。妇联对企业女职工工作提出的要求，通过同级工会统一部署。妇联到企业对女职工工作进行调查研究，工会应积极给予协助。是年 2 月 27 日，省总办公室转发了全总办公厅工函字〔1998〕2 号文，要求严格按照两函精神正确处理工会与妇联的工作关系，切实加强工会女职工工作。2009 年 7 月 17 日，全总《关于加强企业工会女职工工作的意见》重申，企业不建立妇联组织，企业工会女职委通过县以上地方工会接受妇联的业务指导。

1994 年 2 月 15 日，省总女职委下发《1994 年全省女职工工作要点》，强调要加强与妇联和社会各界的密切合作，结合女职工工作实际，宣传贯彻妇联七大精神，共同做好女职工工作。

1995 年 8 月 16 日，根据省妇联征求《江西省妇女发展规划（草案）》（1995—2000 年）的意见，省总对《规划（草案）》提出修改意见。

1998 年 12 月 24 日，省总女工部下发《1999 年江西省总工会女职工工作要点》，提出：要推动省总贯彻实施《中国妇女发展纲要 1998—2000 年》规划。收集、了解地（市）工会制定《中国妇女发展纲要》实施方案细则的情况。就省总贯彻实施规划过程中出现的情况，通过调查，提出意见和建议。按照规划监测评估工作方案，要求各地（市）做好准备工作，确保 1999 年 9 月底以前完成评估工作和中期报告。

2002 年 9 月 5 日，省总制定下发《江西省总工会贯彻〈中国妇女发展纲要（2001—2010 年）实施方案〉》，从全省女职工的现状和女职工总体发展目标出发，就女职工与劳动权益、女职工参与决策和管理、女职工与教育、女职工与健康、女职工与法律、女职工与环境 6 个方面确定 2001—2010 年全省女职工发展的主要目标与措施。同时，成立省总落实《纲要》评估领导机构，郭学勤任组长。就女职工基本情况、组织领导情况、目标落实情况等方面进行评估汇报。

2004 年，省总将工会实施《妇女发展纲要》规划和《预防和控制艾滋病规划》的职责任务分解到有关责任部门，要求各部门采取有力措施，确保重点目标任务的完成。为提高女职工自我保健意识，省总女工部在全省女职工中开展妇科保健知识和预防艾滋病知识讲座活动。各级工会女职工组织将听课对象下移到乡镇、街道新建企业的女职工。全年共组织讲座 300 多场次，听课女职工达

2万多人次。省总根据有关文件要求,履行工作职责,积极检查、督导,先后完成妇儿工委单位联系“两纲”示范县(新建县、新余市渝水区)及实施“两纲”的工作。2004年3月初,郭学勤带干部到联系、帮扶示范县新建县调研,了解“两纲”实施情况,剖析存在问题,就如何开展示范工作,突破实施“两纲”工作中的难点问题与新建县妇儿工委的进行研讨,并就加强青少年思想教育工作、关心困难群体女职工等工作提出要求。督导新建县妇儿工委通过实施“春蕾计划”“希望工程”“手拉手结对子”等活动,筹措资金建希望小学7所,帮助困难学生1100余名,其中资助女童800名。县妇联创办亲子早期教育中心,填补新建县早期教育的空白。县妇儿工委办通过创办“社区服务中心”“女性再就业培训中心”,培训下岗女性8万人次,牵线搭桥帮助1400余名妇女再就业。省总按照每年要为示范联系县的妇女儿童和妇儿工委办公室做1~2件实事的要求,针对示范县新建县仍有部分孩子因家庭贫困而辍学的情况,在机关干部职工中开展了情系示范县特困职工子女捐资助学活动。张海如捐款300元,全机关98名在职干部、职工和聘用人员共捐款10000余元,帮助解决30名特困职工子女义务教育期间一学年学习费用。9月1日,文之周、郭学勤代表省总机关干部职工,将帮扶款送到每一个受助学生的手中。2004年,省总女职委会被“省巾帼建功立业领导小组”授予“先进协调单位”称号。

2005年12月7日,省总申报洪都航空集团公司工会副主席刘玉莲为全省关心下一代工作先进个人。12月13日,省总按照省妇联《关于开展江西省三八红旗手(集体)评选活动的通知》要求,经层层筛选,推荐洪都航空工业集团公司飞机总装厂电缆工段、南铁客运段京广车队昌广二组、江铜集团贵冶“江铜牌”黄金、白银注册检测攻关小组3个单位为省三八红旗集体、推荐江西赣西供电公司新余分公司沙土集控中心站长罗曼如、江西公路开发总公司温厚分公司收费班长谈琼华、江西省地矿局赣东北大队职工洪明、江西移动通信有限责任公司新余分公司计划财务部会计周颖、中国工商银行赣州市章江支行副行长庄彩云、东航江西分公司客舱服务部二分部经理张晓秦、江铜武山铜矿机电车间动力工段110kv变电所班长郭奕莲、萍乡市添姿美容事业发展有限公司董事长吴清梅、凤凰光学集团有限公司董事长任捷、江西省第一建筑有限责任公司质监站站长邓小华10人为省三八红旗手。12月20日,省总向省妇联推荐江铜集团武山铜矿机电车间动力工段110kv变电所为全国三八红旗集体,推荐江西公路开发总公司温厚高速公路“全国巾帼班”班长谈琼华为全国三八红旗手。

2007年4月10日,全国人大内务司法委员会就修改后的《妇女权益保障法》的实施情况赴江西省执法调研,省总女职委参加调研座谈会,就全省女职工劳动保护情况进行汇报。

2010年3月25日,根据全国人大常委会办公厅《关于委托部分省、自治区、直辖市人大常委会检查妇女权益保障法贯彻实施情况的通知》要求,省人大常委会开展对《妇女权益保障法》的执法检查。省总积极配合执法检查工作,并就用人单位录用女职工时,签订集体合同、劳动合同、女职工权益保护专项集体合同以及同工同酬情况;女职工享受社会保险特别是生育保险的情况;女职工特殊劳动保护落实情况;国有企业改制过程中,女职工权益保障等方面情况对《中华人民共和国妇女权益保障法》的实施情况开展专题调研。

自身建设

制度建设 1994—2010年,省总女职委坚持加强女职工组织的自身建设,每年在工作要点中作出强调,并通过女职工组织规范化建设活动推动加强。

1994年2月15日,省总女职委下发《1994年全省女职工工作要点》,强调加强女职工组织的自身建设,更好地发挥女职委的作用。要求各级女职委要采取不同形式组织学习,以提高业务素质为目的,继续办好女职工干部培训班。要继续抓女职委的组建率。重点要抓好科教文卫体、党政机关女职工组织建设,加强工作指导。凡新建工会的,包括外商投资企业,乡镇企业等必须同时建立女职委。

1998年12月24日,省总女工部下发《1999年江西省总工会女职工工作要点》,提出要健全组织,尤其是健全产业工会、基层工会女职委,加快新经济组织女职委的建设步伐,三资、乡镇、个体私营企业组建女职委要达到80%以上。到1999年底,全省三资、乡镇、个体私营企业女职委组建率达到80.5%。

2001年1月2日,省总女工部下发《2001年江西省总工会女职工工作要点》,提出要贯彻落实好全总关于《进一步加强女职工工作意见》。在机构改革中,要从有利于加强工会女职工工作出发,设置机构和配备必要的专、兼职女职工干部,严格按全总、省总《意见》的要求抓好落实。要建立健全组织。要加快新建企业工会女职工组织建设步伐,提高女职工的入会率,提高女职工组织的组建率、覆盖率。与此同时,要继续抓好改制企业工会女职工组织的整顿、重建和巩固工作。

2002年3月1日,省总女职委在江铃汽车集团公司召开庆"三八"女职工工作现场交流会。在南昌的女职委委员和产业(局、系统)工会的女工部部长参加。李慈葆出席并讲话,要求:进一步增强责任意识和使命感,进一步倾心、倾情、倾力地做好工会女职工工作。力求在"大局所需、女职工所想、女职工组织所能"的三维交叉点上,找准各时期女职工工作的最佳定位,创造工作特色。

2004年1月4日,省总女工部下发《2004年江西省总工会女职工工作要点》,提出要在省、市、县三级工会开展非公有制企业工会女职工组织争创"女职工工作示范单位"评选活动。通过活动,培养和选树一批组织夯实、制度规范、活动有特色、有实效的示范单位,以推进非公有制企业工会女职工工作的开展。

2006年1月26日,省总女工部下发《2006年江西省总工会女职工工作要点》,把建立和完善女职工维权机制和加强工会女职工组织建设作为重点,强调:抓住工会组织换届的契机,加强工会女职工组织建设。深入贯彻"组织起来,切实维权"的工作方针和省委《关于进一步加强和改进新时期工会工作的意见》,探索组建女职工组织和女职工加入工会的长效机制,把工会女职工组织建设纳入工会组建的总体规划,同时要加强女农民工比较集中的行业和企业的女职工组织建设。

2008年1月24日,省总女工部下发《关于印发〈江西省总工会女工部2008年工作要点〉的通知》,提出以贯彻落实《劳动合同法》为契机,以进一步推动女职工权益保护专项集体合同工作为重点,深入贯彻《企业工会工作条例》,推动非公企业女职工组织建设。按照《江西省总工会办公室关于印发江西省总工会女职委〈关于规范我省女职工组织与工会组织同步组建工作的方案〉的通知》要求,大力推动企业工会特别是非公企业工会女职工组织的规范化建设,重点对其进行业务指导。积极筹备省总女职委的换届工作。

女职工组织规范化建设 1999年2月1日,省总下发《关于印发〈江西省总工会女职委条例〉的通知》,要求各级工会根据《条例》的规定,加强对女职工工作的领导,帮助搞好女职委的建设。

2003—2008年,设区市总或产业工会制定加强工会女职工工作文件57个,与政府或社会有关部门联合制定加强工会女职工工作文件41个。

2004年4月26日,省总下发《关于印发〈江西省总工会女职委工作条例〉的通知》,2003年12月30日省总第四届女职委第一次会议通过修改后的《江西省总工会女职委工作条例》,共七章二十五条,明确了女职委的基本任务、组织制度、工作制度等内容。

2005年2月21日,为加强工会女职工组织规范化、制度化建设,提升工会女职工工作整体水平,省总女工部下发《关于印发〈2005年工会女职工工作考核办法〉的通知》,按照全总女工部《工会女职工工作考核办法》和省总开展"三创三看"活动的要求,对各设区市、产业(局、系统)、省总直属基层工会女职工工作进行考核,要求围绕"组织起来,切实维权"的工作重点,切实做好创新、创优、创特三篇文章,按照2005年省总女职工工作计划,通过细化、量化考核对工会女职工工作进行综合评价,逐步建立起工会女职工工作考核评价体系,实现工会女职工工作创新与发展。考核内容包含组织健全、切实维权、建功立业三大块16个方面的工作,分别赋予不同分值,通过自检申报、综合考核进行评选,对达标先进单位进行通报表彰。年底,评选出8个女职工工作达标先进集体:鹰潭市总女职委、九江市总女职委、新余市总女职委、抚州市总女职委、江西铜业集团公司工会女职委、江西洪都航空工业集团有限责任公司工会女职委、江西省电力工会女职委、江西省教育工会女职委。

2006年4月6日,省总女工部下发《关于印发〈二〇〇六年省工会女职工工作完成考核办法〉的通知》,继续对各设区市、省产业(局、系统)、省总直属基层工会女职工工作进行考核。考核内容分为组织开展"女职工建功立业"活动、开展具有女职工特色的"素质达标"活动、积极参与签订劳动合同和集体合同、积极组织实施省总女职委开展的维护女农民工合法权益和特殊权益的"五个一"活动等13个方面。通过考核,全省设区市和产业评出达标优胜单位各5名。

2007年8月9日,省总女工部下发《关于印发〈二〇〇七年江西省工会女职工工作完成考核办法〉的通知》,结合女职工工作的重点与年初工作要点,即两大工程(女职工"建功立业工程"和"素质提升工程")、女职工"爱心帮扶"活动、维权与组建,对工会女职工工作的目标任务进行量化考核并进行综合评价,逐步建立起工会女职工工作的科学评价体系。考核内容为实施"女职工建功立业工程"和"女职工素质提升工程"、开展"女职工爱心帮扶"活动、深化"维护女职工权益行动"、加强工会女职工组织建设、工作思路有创新,典型经验在全省范围内得到推广示范等。2007年度考核获优胜的单位是:新余市总女职委、萍乡市总女职委、抚州市总女职委、鹰潭市总女职委、上饶市总女职委、景德镇市总女职委、宜春市总女职委、吉安市总女职委、洪都航空工业集团公司工会女职委、江西铜业集团公司工会女职委。

2009年9月22日,省总女工部下发《关于建立我省女职工工作联系点的通知》,决定建立企业工会女职委工作联系点。同时以应对金融危机的影响，在企业改制重组关闭破产中有利于推进企业改革工作的顺利进行，切实维护女职工合法权益和特殊利益，保护职工队伍稳定。《通知》明确了开展工作的内容，即：省总女工部为联系点提供指导和服务；深入企业开展调研；培育、推广企业女职工工作经验；发挥联系点的示范和引导作用，总结试点工作及工会女职工工作的经验，选树企业先进女职工典型；联系点作为基层女职工、女职工工作情况采集点；承担试点工作；做好情况上报和信息反馈工作。9—12 月，省总女工部先后下发《关于建立我省女职工工作联系点情况的通报》《关于做好我省女职工工作联系点工作的通知》，推选中航工业江西洪都航空工业集团有限责任公司为全总女职工工作联系点。确定了 12 家企业和单位为省总女职工工作联系点：南昌印钞有限公司（南昌）、江西九江柘电公司（九江）、江西水泥有限责任公司（上饶）、江铃底盘有限公司（抚州）、丰城矿务局（宜春）、江西中烟工业公司井冈山卷烟厂（吉安）、格特拉克（江西）传动系统有限公司赣州分公司（赣州）、中航工业昌飞公司（景德镇）、江西萍钢实业股份有限公司（萍乡）、江西贵溪化肥有限责任公司（鹰潭）、新钢公司（新余）、江西铜业股份有限公司贵溪冶炼厂（产业）。

2010 年 3 月 22 日，省总下发《关于印发〈江西工会女职委工作条例〉的通知》，是年 3 月 8 日，省总女职委五届三次会议修改通过的《江西工会女职委工作条例》，包括“总则”“基本任务”“组织制度”“干部”“工作制度”“经费”和“附则”七章共三十一条，明确了工会女职委作为女职工群众组织的性质、责任以及工作程序等，是女职委开展工作的指导性文件。5 月 11 日，省总女工部下发《关于在全省开展创建女职工组织规范化建设示范点活动的通知》，省总组织部和女工部决定从 2010 年开始，用 3 年的时间在全省范围内开展女职工组织规范化建设示范点的创建活动，全省各级工会女职工组织创建合格率在 2010 年末达到 60%、2011 年达到 80%、2012 年达到 95% 以上的目标。在全面推进规范化建设的同时，重点抓好乡镇（街道）、村（社区）、企业“小三级”工会女职工组织的规范化建设工作。要求各级女职工组织要主动争取工会领导和党政的支持，通过活动的开展着力解决女职工组织建设、干部配备、发挥作用等方面存在的主要问题，做到在创建中规范、在规范中加强，抓好创建典型和工作经验的总结推广。同时下发《江西省工会女职工组织规范化建设示范点创建标准（征求意见稿）》《江西省工会女职工组织规范化建设示范点创建考核内容分值分布》。

调研研讨　1996 年 9 月 24—25 日，省总女工部在鹰潭召开女职工工作研讨会。会议传达全总关于下岗女职工安置工作会议精神；传达童水仙赴欧洲参加学术研讨会及考察情况；交流下岗女职工安置工作经验；进行女职工工作理论研讨。省总各地区办事处、各省辖市总、省产业（局）工会、省直属基层工会女工部长参加会议。

1999 年 12 月 23 日，省总女职委下发《关于表彰女职工干部优秀论文和调查报告的决定》，评出优秀论文和调查报告共 23 篇，其中《关于女职工下岗再就业问题的思考》（盘古山钨矿肖兰玉）、《浅议国有企业女职工劳动保护现状与对策》（安福县总刘森生，刘建树）、《女职工劳动保护现状调查的思考及对策》（丰城矿局务路勤）、《浅谈新形势下工会女职工劳动保护工作存在的问题及对策》（鹰潭市总吴培）、《市场经济条件下加强女职工劳动保护工作的调查报告》（萍乡市总吴金华）5 篇获一等奖，《企业改制中的女职工劳动保护工作探讨》（丰城市总）等 18 篇获二等奖，《企业女职工劳动保护情况的调查与思考》（龙南缫丝厂廖春燕）等 10 篇获三等奖。

2001年5月9—13日,华东地区工会女职工工作研讨会在江西省井冈山召开。上海、浙江、江苏、山东、福建、安徽、江西以及南昌市、吉安市总工会女职委主任、部长共20余人参加会议。天津市总女职委主任应邀参加了会议。会上,李慈葆向代表们介绍江西省情、会情和工会女职工工作情况,各省市总工会女主席、女工部部长就新建企业女职工组织建设和新建企业工会女职工工作热点、难点问题及工作思路进行研讨和交流,毛秉华教授作井冈山斗争及理想信念的报告。是年,省总女工部根据全总女工部和省总重点工作调研的要求,在全省各设区市总女职工干部中,开展新建企业女职工组织建设、女职工工作难点及对策、提高女职工综合素质的必要性及途径的专题研讨活动,省总女工部挑选推荐10篇研讨文章上报全总女工部,共有6篇研讨文章在全总女职委召开的全国工会女职工工作研讨会上书面交流,其中2篇在大会发言,江西这次书面交流和大会发言材料分别占全总女职工工作研讨会的六分之一和八分之一,受到全总女职委领导的赞赏。

2004年,省总女工部布置开展“关于加大工会维权力度,在具体维护上如何取得突破的调研”“女职工特殊疾病保险工作”“增强基层工会女职工组织活力”“下岗失业女职工再就业中亟待解决的问题与对策”“关于增强基层工会女职工组织活力”课题的调研,下发调研提纲,提出有关要求,明确重点调研范围。7月20—21日,省总女职委在井冈山工会宾馆召开女职工工作研讨交流会,探讨推进女职工安宁险和做好新形势下的工会女职工工作,交流女职工工作创新、创优、创特的经验。会上有18个单位的代表就工会女职工工作创新的理论和实践问题进行研讨发言。省总副主席郭学勤到会并讲话。各设区市分管女职工工作主席、女工部长、省产业和省总直属基层工会女职委负责人共40多人参会。

2006年9—11月,省总女职委开展维护女职工合法权益和特殊利益调研报告、论文征集评选活动,围绕女职工特殊权益维权机制研究,女职工劳动保护工作对策研究,女农民工维权热点、难点问题的研究与思考等课题,各地共报送论文70篇,评出一等奖2篇,二等奖4篇,三等奖6篇,优秀奖15篇,评出优秀组织奖4个。从参赛论文中选送5篇参加全总“柯瑞杯”工会女职工工作理论征文评选,其中1篇获一等奖,4篇获优秀奖。

2007年,省总女工部下发《关于开展工会女职工组织建设及发挥作用的现状、问题与对策调研的通知》,调研内容为工会女职工组织建设及发挥作用的基本情况,经验、做法,存在问题及对落实《工会女职委工作条例》《企业工会工作条例》,加强工会女职工组织建设、发挥组织作用的意见和建议。据调查,在工会女职工组织建设中,全省各级地方工会、产业工会认真执行《工会女职委工作条例》和《企业工会工作条例》,实现了工会女职工组织与工会组建“三同步”,组建率比上年提升25%以上,在促进和谐企业、和谐社会中发挥了积极作用。

2008年3月21日,为做好省总第五届女职委换届筹备工作,省总女工部下发《关于开展工会女职工工作调研的通知》。4—6月,省总女工部开展4个课题的调研:一是围绕省总女职委换届开展工会女职工工作情况调查;二是征求对全总《关于加强企业工会女职工工作的意见(草案)》意见的调研;三是对部分设区市开展女职工权益保护专项集体合同工作的督导和调研;四是针对困难女职工生活现状的调查。是年,省总女工部下发《关于对〈工会女职委工作条例〉开展修订工作、对女职工退休年龄问题以及对女农民工就业情况进行调研的通知》。

学习培训　为提高女职工干部的政治思想和业务水平，各级女职工组织采取请进来，送出去等办法，结合女职工工作的形势任务，举办不同类型的培训班。

1994年，省总女职委选送女职工干部143人次到外地学习。5月初，省总女工部在南昌举办'95女职工干部学习班，邀请中国社科院陈一筠教授和全总女职工干部唐部长讲课，并编印《女职工工作简明实用学习手册》，为基层办班提供学习资料。是年，全省共举办女职工干部学习班198期，培训女职工干部10028人次。

1995年，省总女职工选送190名女职工干部参加全总学习班，各地市也举办不同类型的培训班75期，培训女职工干部3019人(次)。

1996年，全省各地市总工会女职委共举办女职工干部培训班173期，培训女职工干部9210人。

1999年，省总女职委先后二批选送30名县(市、区)及大型企业女职工参加全总举办的培训班学习。各地(市)产业，直属基层工会女职工委员会举办女职工干部训班30期，有1720名女职工干部接受培训。

2000年，省总女职工部与全总工运学院首次联合举办女职工干部培训班，62名女职工干部参加培训班学习。各市、产业、直属基层工会女职工委员会举办各种形式培训班24期，有726名女职工干部接受培训。

2001年，省总女职工部与省总组织部联合在省总干校举办一期女职工干部培训班，各地共选送98名女职工干部参加。培训班学习。

2002年，省总女职工部与省总组织部联合在省总干校举办一期女职工干部培训班，各地选送76名女职工干部参加了培训班学习。

2004年，省总女职工与省总组织部联合举办了第四期全省女职工干部培训班，有84名女职工干部参加培训班学习。省总副主席、女职委主任郭学勤作"新时期女职工工作"专题讲座。

2007年12月，省总女职工部在宜春市温汤镇举办第七期工会女职工干部培训班，有60名女职工干部参加培训班学习。

2010年10月9—12日，省总女职工部在井冈山工会宾馆举办第八期工会女职工干部培训班，有85名女职工干部参加培训班学习。

第二节　素质教育

1994—2010年，全省各级女职委把提高女职工的整体素质作为一项长期的战略任务来抓，其内容主要是：(1)提高女职工思想道德素质。在女职工中开展爱国主义、集体主义、社会主义教育，帮助她们树立正确的人生观和价值观。发扬自尊、自信、自主、自强精神，建设"四有"(有理想、有道德、有文化、有纪律)职工队伍。教育女职工把爱国、爱社会主义与爱厂、爱岗、爱本职工作结合起来，养成良好的职业道德，社会公德，正确处理事业与婚恋、怀孕、生育、家务等矛盾，争当事业奉献的女能人。(2)提高女职工科学文化技术素质。协助行政搞好岗位培训，职业技术培训。鼓励女职工克服困难，努力学文化、学技术、学科学、学管理。提倡和鼓励立足岗位、自学成才，大力弘扬自立自强和自学成才的先进典型,从中发现和举荐人才。(3)开展创建文明家庭活动,使社会主义精神文明建设渗透到家庭。宣传马克思主义妇女观,宣传家庭中男女平等地位,依法维护女职工在婚姻家庭中的权利。提倡家庭成员共同进步的文明新风,教育女职工树立正确的恋爱婚姻家庭道德观,发扬尊老爱幼的传统美德,处理好夫妻、婆媳、邻里关系,对子女言传身教,与丈夫分担家务,自觉实行计划生育,以家庭文明进步,促进企业和社会文明进步。(4)强化法律知识的学习,普及和教育广大女职工知法、守法、用法。省总女职委为增强女职工法律意识和法制观念,在全省女职工中多次开展普及法律知识的学习活动和女职工权益法律知识竞赛。

搭建女职工素质提升平台

家庭文化建设活动 1994年是联合国发动的“国际家庭年”。省总女职委充分发挥广大女职工在精神文明建设中的特殊作用,搭建平台,推动家庭文化建设活动的开展。9月26—28日,省总女工部在九江市召开家庭文化建设研讨会,传达全总家庭文化建设研讨会精神,交流开展家庭文化建设的经验,研讨家庭文化建设。各地(市)工会女工部部长,部分产业工会女工部部长、基层女职委负责人参加会议。此次会议征集论文114篇,评出优秀论文21篇,其中推荐13篇到全总。全省各级女职委以国际家庭年为契机,以家庭文明进步促改革开放、经济发展、社会稳定为主题,开展理论研讨会、家家乐等家庭文化建设活动。是年,省总女工部与《江西工人报》联合主办“女职工风采”征文,宣传一批典型。

1995年,省总女工部开展第二次家庭文化建设论文征集,并选送11篇论文推荐全总。省总女职委推荐的江西化纤厂家属委员会主任解砚芬受全总表彰,她的《开展家庭建设,营造爱的氛围》被全总女职委二届三次(扩大)会议作为交流材料。

1996年初,在总结“八五”期间开展“学先进,比奉献”活动的基础上,省总女职委作出《关于开展“女职工双文明建功立业竞赛”活动的决定》,为发挥女职工在家庭的特殊作用,各级女职工组织积极开展创建文明家庭活动。省总女职委提出文明家庭的条件,引导文明家庭活动健康发展。据6地2市调查,参加创建文明家庭活动的占职工家庭总数的97.7%。通过竞赛,省总表彰文明家庭206户。推荐全总表彰文明家庭8户。

1997年9月17—19日,省总女工部在玉山县核工业华东地质队268大队召开家庭文化建设工作现场经验交流会,会议传达全总女工部召开的有关会议精神;交流开展家庭文化建设工作和下岗女职工安置工作经验。省总各地区办事处、各省辖市总、省产业(局)工会、省直属基层工会女工部长参加会议。

1999年5月25日,南昌市总工会首创婚姻家庭服务中心8年间,已有1000余对情侣喜结连理。

2000年,各级工会女职委广泛开展以家庭文化建设为主要内容的“五个一”活动。即宣传活动、文化活动、禁赌活动、爱心活动、评选文明家庭活动。通过举办婚姻家庭讲座、演讲比赛、报告会、心系父母安全、读一本好书、家庭演唱会等群众喜闻乐见的活动,大力弘扬家庭美德,促进家庭文化建设活动蓬勃开展。省总女工部抽样调查创建职工文明家庭活动情况表明,全省职工家庭稳定程度比较高,家庭生活幸福美满,家庭成员素质有进一步提高。全省已参加创建文明家庭活动的家庭占职工家庭户87.4%。省总女职委表彰文明家庭8户,创建文明家庭活动先进集体5个。

学习成才活动 2000年,各级女职工组织突出“学习成才”,加强以职业道德为重点的思想道德建设,引导女职工树立正确的世界观、人生观、价值观,弘扬爱国主义、集体主义、社会主义和艰苦创业精神,加强女职工的科学文化技术教育,提高女职工接受各类教育培训的比例,想方设法为女职工学文化、学业务知识创造条件,根据企业、行业特点和女职工文化、技能层次不一的情况,举办各种培训班、知识讲座、岗位练兵、选送进修和鼓励自学等,不断提高女职工文化、技术素质。开展富有女性特色的岗位练兵、技术比赛,为女职工学习文化技术和岗位成才创造条件,提供服务。2月20日,南昌市总女职委下发《关于全面提高女职工整体素质深入开展“学习成才”活动的实施意见》,在全省率先开展以经济建设为中心,以突出维护职能为主线,以提高女职工思想道德和科学文化技术素质为重点,以培养“四有”女职工队伍为目标的“学习成才”活动,学理论、学文化,学科学、学技术、学法律、学管理。3月6日,省总女工部下发《关于转发〈南昌市总女职委关于全面提高女职工整体素质,深入开展“学习成才”活动的实施意见〉的通知》,供各地学习借鉴。

2001年3月8日,省总女职委下发《关于开展“四个一”素质达标、学习成才活动的实施方案》,决定在全省女职工中开展“四个一”素质达标、学习成才活动。即组织10万名以上女职工参加学习成才活动;鼓励10000名以上女职工实现素质达标;促成1000名女职工技能、学历上一个档次;选树素质达标、学习成才标兵100名。是年全省参加素质达标、学习成才活动的女职工达32万人(次)。各级工会女职工组织层层建立了女职工素质达标、学习成才自定目标情况档案,制定考核、督查措施。参加素质达标、学习成才活动的女职工通过自我加压、努力学习,有近7万人次基本达到诸如加入党、团组织、争当先进人物,技能、学历上个档次等自我承诺的目标。

2002年,全省许多行业在女职工中坚持开展每日一问、每周一题、每月一课、每季一考试、每年一考核的学习竞赛活动,使“四个一”素质达标、学习成才活动开展得有声有色。全省各级工会女职委还通过举办学习班、专题讲座、报告会、女子夜校、读友研究会、微机应用大赛、英语大奖赛等形式,送机会、搭舞台,努力为女职工提高自身素质创造条件。全省参加“四个一”素质达标、学习成才活动的女职工已有41万多人,其中入党、入团、评模、评先的有3.9万人次,晋升一级技术等级或职称的有5900多人次,学历上一个档次的有近2万人次,竞争到更高层次岗位的有1100多人次。全省“四个一”素质达标、学习成才活动成效已开始充分显现。

2003年,全省参加“四个一”素质达标、学习成才活动的单位有22897个,参加“四个一”素质达标、学习成才活动的女职工57万多人次,占全省女职工总数55%。各级工会女职工组织通过举办各种培训班、讲座、周末学校、岗位技能比赛、知识竞赛等活动,使女职工队伍整体素质明显提高。2001至2003年,全省女职工学历提升一个档次的有2.1万人次;学历提升两个档次以上的有6千多人次;晋升技术等级或职称的有8.8万多人次;竞争到更高岗位的有8千多人次;获创新发明奖的有1700多人次;省级以上报刊发表文章的有4千多人次;女职工入党的有近万人;女职工入团的有2万多人;评模、评先的女职工有4万多人次。同年,省总评选表彰素质达标、学习成才标兵

100名。

百万女职工素质提升

2004年5月8日,省总女职委下发《关于开展“百万女职工素质提升行动”的实施意见》,决定在全省开展“百万女职工素质提升行动”。围绕“创建学习型组织,争做知识型职工”活动的要求,引导广大女职工树立团队学习、全程学习、终身学习观念。坚持以改革创新为动力,以女职工素质提升为重点,以增强女职工学习能力、创新能力和竞争能力为目标。牢固树立人人都可以成才的观念,切实维护女职工的学习权和发展权,推进女职工知识化进程,为江西在中部地区崛起提供坚强的人力保证和智力支持。用3年的时间,达到全省70%(100万)以上女职工通过自定目标,自行实施,自学为主,实现自身综合素质提高。“百万女职工素质提升行动”分三个阶段实施。第一阶段,组织发动阶段(2004年8月底以前),制定实施方案,成立学习指导组织,建立女职工学习档案;第二阶段,素质提升实施阶段(2004年9月至2006年上半年),各级工会女职工组织按照行业特点、岗位要求和针对不同女职工群体提升素质的要求开展各种载体的学习活动,为实施提升素质行动的女职工创造学习条件和氛围。每个参加素质提升行动的女职工要按照自定目标,分阶段按计划进行实施,努力实现自身素质的提高;第三阶段,检查总结表彰阶段(2006年12月份以前),各级工会女职委要对参加素质提升行动的女职工进行检查、考核和评价,分别予以表彰奖励。

2005年9月14—15日,省总召开女职工工作创新现场交流会,郭学勤出席并讲话,要求各级工会女职工组织要着力抓好省总女职委在全省女职工中开展的“百万女职工素质提升行动”和“女职工创新立功”活动,为全面提升女职工自身素质创造机会、搭建平台。各设区市分管主席、女职委主任等近50人参加会议。

至2007年12月31日,全省女职工参与素质提升行动人数达105.86万人,占女职工总数的67%;创办女职工夜校、周末学校341所,参加学习人数达42.62万人;举办培训班6185期,参加培训人数50万人;开办讲座、流动课堂4385场;女职工学历上档次的有15.89万人次,技术等级上档次的有30.36万人次,加入共青团组织的5.93万人,加入共产党组织的4.2万人,提拔到中层(含中层)以上领导岗位的8820人;在创建文明家庭活动中39750户家庭受到表彰。

女职工“提素建功”活动 2009年,省总女职委围绕企业发展,大力开展女职工“提素建功”活动,通过“提素建功”活动平台,号召广大女职工在学习中求进步、在岗位奉献中谋发展。各级工会女职工组织充分发挥工会“大学校”作用,结合企业特点和女职工需求,开展内容丰富的流动课堂活动,通过素质提升活动不断引导女职工提高文化素质、技术素质、身心素质、逐步帮助女职工实现素质提升目标。全省有181万人参与女职工提升素质工程,占女职工总数的83%。提素建功活动丰富了女职工的业余文化生活,有力地促进了企业效益和企业文化的协调发展。

女职工提升素质建功立业工程 2010年9月20日,省总下发《江西省总工会关于女职工提升素质建功立业工程的实施意见》,从2010年起,用三年左右时间,组织全省90%以上的女职工参加建功立业实践活动,使30万以上女职工提升技术等级;组织85%以上的女职工接受各类教育培训,使25万以上女职工提升学历层次;形成多层次、多类型、开放式提升女职工素质工作的新格局。各级工会女职工组织根据各自不同特点和女职工需求,不断创新活动载体,积极构筑活动平台,开展多项提升女职工素质的有关活动,举办女性健康知识讲座、心理健康讲座、业务技能讲座1万余次,组织岗位练兵和技术比赛1万余场,发放免费教育资料。

主题教育开展

“四自”教育活动 1994年2月,省总女职委提出,教育女职工发扬自尊、自信、自主、自强精神,是建设“四有”(有理想、有道德、有文化、有纪律)职工队伍的重要内容。

1996年,省总女职委提出,开展“巾帼成才,一专多能”竞赛活动。动员广大女职工加快观念的更新和知识技能储备,不断学习新知识、新技术、新技能。努力做到立足岗位精一业,面对竞争会两手。鼓励女职工做“四自”“四有”新女性,学习要成才,岗位比奉献,敬业讲道德。

1999年3月10日,省总女职委在南昌市总举办全省下岗女职工再就业明星事迹报告会,宣传下岗女职工再就业明星的先进事迹,以弘扬自尊、自信、自立、自强精神,鼓励女职工学明星、创新业。南昌、萍乡、新余、赣州、吉安、宜春等8地市女工部部长、省直、省产业(局)工会女职委主任、女工部部长、部分在南昌女职工和下岗女职工代表参加报告会。12月22日,省总女职委下发《关于表彰下岗女职工再就业明星的决定》,表彰在1999年9名下岗女职工兴办经济实体吸纳20名以上下岗职工的再就业明星:何正香(江西余干县工艺伞厂厂长)、林水仙(上饶鸿达服务社负责人)、龚君红(南昌君红编织艺术品有限公司董事长兼总经理)、甘瑜(萍乡琼瑜美容美发厅负责人之一)、易玉珍(九江珍珍家政服务社负责人)、钟春香(于都交通大酒家负责人)、吴彩云(景德镇红光瓷厂租赁承包负责人)、颜金德(吉安县工业品总公司工贸商场租赁负责人)、谌国平(高安市皮蛋厂厂长)。

2000年,省总女职委推荐的江西煌上煌实业有限公司董事长徐桂芬,被全总邀请参加“三八”节座谈会,受到尉健行等中央、全总领导的接见。“三八”节期间,省总女工部组织39名先进女职工参加全总组织的“三八观光学习考察活动”。是年,省总女职委在南昌举行全省先进女职工事迹报告会,鹰潭市烟草专卖局饶福娣等6位先进女职工在会上作事迹报告。

2001年7月10日,省总下发《关于开展创评“创新女标兵”和“女职工创新标兵岗”的通知》,明确创评“创新女标兵”和“女职工创新标兵岗”条件、评选表彰办法、有关要求。在此次“岗位创新”活动中,省总授予清华泰豪三波军工事业部总装车间女子接线班等19个车间(科室)、班组为“全省女职工创新标兵岗”,授予李亚红等20名个人为“创新女标兵”称号。

2003年3月10日,由省总女职委与省教育工会共同举办的省直、产业工会女职工干部三八创新实例展示暨联谊会,旨在总结全省近年来女职工干部在创新工作中的经验,激发广大女职工干部的创造力。李慈葆到会并讲话。洪都集团公司工会、南昌铁路局工会、江西联通工会、江西师大等单位的代表分别在会上介绍女职工干部在创新工作中取得的成绩和经验。江西师大女大学生军乐团、江西师大大体部的教职工在会上表演了精彩的文艺节目。省产业(局、系统)、直属基层工会女主席、女职委主任、女工部部长和女职工干部60多人参加展示联谊会。2003年,为推动工会女职工工作创新与发展,省总女职委在设区市、产业、直属基层工会女职工组织中开展“创新实例”展示活动。由各单位选择典型事例,组织制作创新工作展板,展示各自工作中的创新,共有18个单位参加展示。经代表打分和专家评选,评出版面创新和内容创新一等奖各1名、二等奖各2名、三等奖各3名、组织参与奖6名。九江市总女职委、南昌市总女职委分别获版面创新和内容创新一等奖。2004年3月17日,省总下发《关于“创新实例”展板评选情况的通报》对获奖单位予以通报。

2004、2005年,省总女工部配合省总宣教部开展预防艾滋病知识的宣传教育活动,举办“工会系统预防和控制艾滋病知识培训班”。

2005年11月下旬—12月4日,省总女工部在全省开展《中华人民共和国妇女权益保障法》宣传周活动。在宣传周期间,各地开展学习《妇女权益保障法》,印制发放宣传资料,张贴悬挂宣传标语,培训宣讲、咨询答疑、知识竞赛等活动。

2006年3月8日,省总女职委召开“创建和谐平安江西建功立业”女先进人物、女劳模座谈会,全省女劳模、女先进工作者等各界女职工代表共23人参加座谈,会上6位先进模范代表作典型发言。5月18日,全国“五一巾帼奖”获得者先进事迹报告会暨省首届“五一巾帼奖”表彰大会在南昌滨江宾馆召开,全总副主席、书记处书记、全总女职委主任黄彦蓉,全总女职委副主任、女工部部长丁大建,全总女工部助理巡视员钟霞出席会议。张海如、文之周出席,郭学勤主持会议,张海如讲话。5名“全国五一巾帼奖”获奖者在会上作报告发言。全总、省总领导为江西省首届“五一巾帼奖”先进集体和个人进行颁奖。江西省首届“五一巾帼奖”先进集体获奖单位和个人,各设区市总工会,省产业(局、系统)工会,省总直属基层工会负责人及各基层工会女工部部长共600余人参加大会。全国“五一巾帼奖”获得者先进事迹报告团随后到九江作事迹报告。9月,省总女工部转发全总《关于组织全国职工参加预防控制艾滋病知识竞赛活动的通知》,全省各级工会组织参加竞赛活动的女职工达121万多人次。

2007年11月12日,召开“学习贯彻党的十七大精神,共话赣鄱新建设”部分在南昌女劳模、先进女企业家以及女职工干部座谈会,畅谈学习十七大心得体会,结合各自工作,表达在江西和谐发展进程中建功立业的决心。郭学勤出席并讲话。

读书自学活动 1992年《妇女权益保障法》颁布后,全省各级女职委组织学习和宣传。1994年,景德镇市总发放宣传资料近万份,写横幅、标语6千多条,出宣传栏4300多期,出黑板报3540多块,举办学习班409期,共有21416人参加学习,开展有近万人参加的《妇女权益保障法》知识竞赛。各级女职工组织还把学习宣传法律法规与解决实际问题结合起来。江铃集团、昌河飞机制造公司、赣南地质学校、赣州航运分局等企事业单位,积极向有关部门反映和呼吁,解决长期存在的男女分房不平等问题。

1995年,省总女工部开展读书活动。各级女职委组织广大女职工开展读《中国母亲》一书活动,该书是全省精神文明建设“五个一”工程之一。为使女职工更好地吸收历史文化传统,学习优秀母亲的品质和精神,省总女职委把读《中国母亲》作为家庭文化建设的重要内容。与省妇联等单位联合下发通知,提出学习要求。6月初召开读书座谈会,特邀15个单位20位优秀母亲和女工干部一起畅谈学习体会，介绍开展家庭文化建设的经验，并通过刊物专题向社会作宣传报导。有些地、市配合读书举办恋爱、婚姻与家庭等知识讲座，萍乡市组织订购《中国母亲》3000多册。

1997年3至8月，省妇联、省侨联、省总共同组织全省广大妇女及社会各界人士参加'97香港回归妇女知识竞赛活动。竞赛的主要内容是香港基本法知识；香港经济、文化、社会概况；香港和内地的妇联组织为迎接香港回归开展的活动等。为此成立省竞赛活动组委会，主任为省妇联主席金祖光，副主任为省侨联常务副主席周群珠、省总童水仙。此次竞赛，评出一等奖3名、二等奖5名、三等奖10名、四等奖50名、纪念奖100名、集体组织奖20名。

2000年4至8月，省总女职委在全省女职工中开展女职工权益法律知识竞赛活动，参赛女职工达25万人次，占女职工总数35%，评出特别奖7名、一等奖50名、二等奖99名、三等奖193名、优秀组织奖6个。特别奖获得者分别是：王淑敏、雷良骑、易伍秀、李道根、肖雪贞、王振坤、胡森敬。各级工会女职工组织集中半年时间，采取辅导培训，集中强化学习，参加法律法规知识竞赛等方式，普及、推动广大女职工学习法律知识。

2001年4月17日，省总女工部《关于组织征订〈新婚姻法实用手册〉的通知》，集体征订全总女工部编写的《新婚姻法实用手册》一书。

2004年12月，省总女职委组织职工参加全总举办的女职工权益保障法律法规知识竞赛。全省共有166583名干部职工参赛，女职工参赛面达到了18%以上。

2005年，省总女工部组织全省女职工参加全总女工部举办的"陕汽杯"女职工权益保障法律法规知识竞赛，26人获优秀个人奖。

2010年，省总女职委在井冈山建立全国首批女职工培训示范学校。

世妇会系列活动参与　1994年2月，省总女职委召开了庆"三八"迎"四大"女职工座谈联欢会。组织2000余名女职工参加省、市万名妇女庆"三八"迎"四大"通向北京长跑活动。

1994年第一季度，省总女职委开展"全省女职工合法权益有奖知识竞赛"。萍乡市总女职委等10个单位获竞赛组织奖。

1994年5月18—20日，按照第四次世界妇女大会中国组委会的要求，省总在南昌举办迎'95世界妇女大会学习研讨班。特邀中国社科院陈一筠教授、全总女工部唐克碧部长、省总及省外办有关领导授课。研讨班还讨论由全总承担起草的世界妇女大会上的女职工劳动保护专题报告。120余名专、兼职女工干部参加学习交流。

1994年7月14日至1995年2月28日，全总女职委举办"迪康杯"迎'95世界妇女大会知识大奖赛。全省有38万多人参赛，占女职工总数的36%，答卷准确率为83%，获全总个人二等奖1人、三等奖6人，纪念奖5315人，省总女职委获"优秀组织奖"，江西省萍乡钢铁总厂工会女职委获"优胜奖"。

1995年8月10日至9月10日，省总在全省开展'95世妇会宣传月活动。通过大型集中宣传与小型分散宣传相结合，新闻媒介与工会活动相结合，宣传世妇会的宗旨、意义和《内罗毕战略》的内容。省总女职委参与世妇会非政府组织论坛江西代表团、全总代表团论坛筹备工作。是年，省总与南昌市工人文化宫联合主办"65名优秀女职工风采展"，印发《中国女职工风采》画册，江西省11

名优秀女工作品被全总选进画册。

1995年8月30日,童水仙、省总女工部部长彭蓉英参加'95世界妇女大会NGO论坛。童水仙参加了6个论坛活动,并担任1个小组的组长。彭蓉英参加10个论坛活动,会见两次外国妇女。她们抓住时机,广交朋友,宣传中国、宣传江西,宣传中国工会、江西女职工和女职工工作。两人均获中国组委会嘉奖。大会期间,南昌卷烟厂女职工龚君红献上了自己编织的大幅会徽挂毯。有些女职工为世妇会绘画、书法、刺绣、摄影。童水仙、彭蓉英从北京归来后,立即深入地(市)、县、企业举行报告会、座谈会介绍NGO论坛实况,宣传世妇会精神。是年9月4日,南昌市41个企业的2000余名女职工在南昌八一广场举行宣传活动,庆祝第四次世界妇女大会在北京召开。女劳模代表走在前面,接着是女职工组成的腰鼓、秧歌、木兰扇等7个表演方队,1000多名女职工佩戴各种宣传标志骑自行车绕八一大道、阳明路、胜利路、中山路一周。

第三节　参与经济建设

1994—2010年,全省各级工会女职委始终坚持围绕江西改革发展大局,广泛开展女职工建功立业竞赛活动,调动好、发挥好、保护好女职工的积极性、主动性和创造性,为江西经济社会持续发展作出贡献。

女职工建功立业

1994—2010年,全省各级工会女职委把组织女职工开展建功立业竞赛活动作为工作重点,通过各种形式的工作载体将女职工建功立业活动引向深入。

1995年,全省各级工会组织开展了"女职工建功立业"活动,省总女职委为适应新形势、新任务的要求,在全省女职工中开展"六个一"(学习一门新技术、改革一项新工艺、刷新一项新纪录、完成一项技术革新、开发一项新产品、创造一项新操作法)岗位创新活动。全省有2万多家企事业单位,80多万名女职工参加各种形式的女职工建功立业活动。全省参加提合理化建议的女职工有55.08万名,创经济效益价值85426万元。开展帮助再就业"38111"活动,各级工会女职委注重典型效应,提出"创一个岗、带一片人、挂一个牌、树一面旗"的口号,增强女职工组织的影响力和凝聚力。省总女职委在全省女职工中开展"创新、创业、创优、创品牌"的创新立功活动,通过选树"标兵岗,女标兵",省总评选表彰"女职工创新标兵岗"123个,"创新女标兵"80名。

1996年4月15日,省总女职委二届三次(扩大)会议提出,把认真贯彻党的十四届五中全会和中央经济工作会议精神,继续坚持以经济建设为中心,维护女职工合法权益和提高女职工素质作为工作重点,以更好地引导、调动和发挥广大女职工的积极性,为实现"九五"计划和2010年远景目标作出新贡献。根据全总女职委的要求,省总女职委决定:"九五"期间,在总结开展"学先进、比奉献,为实现'八五'计划建功立业"活动的基础上,在全省广泛开展为实现"九五"计划和2010年远景目标的"女职工双文明建功立业竞赛"活动。竞赛活动的内容:一是巾帼成才,一专多能活动。二是巾帼爱心,互帮互助活动。三是巾帼文明,立足家庭活动。四是巾帼先锋,奉献职工活动。5月1日,省总转发《江西省总工会女职委关于开展"女职工双文明建功立业竞赛"活动的决定》,要求结合本地、本单位的实际情况,制订出具体措施,推动"女职工双文明建功立业竞赛"活动开展。竞赛活动主要有巾帼成才,一专多能活动;巾帼爱心,互帮互助活动;发扬友爱精神,帮助下岗、特困女职工排忧解难,为姐妹献爱心等内容。

1997年3月11日,全省首届女职工"三利杯"编织大赛在省电视台举行颁奖仪式。大赛由省总女工部与三利集团门市部、君红编织艺术品有限公司、省电视台联合举办,历时5个多月,全省近千余人参赛。经过服饰专家评选,评出特等奖1名,一等奖3名,二等奖6名,三等奖9名,优秀奖30名。南昌市总、萍乡市总、新余市总、鹰潭市总、南飞公司工会、省建总公司工会女工部获优胜组织奖。是年12月12日,由省妇联、省总、省劳动厅、省粮食局联合举办的全省粮食部门女职工岗位技能比赛决赛在南昌举行。各地(市)粮食部门"女职工岗位技能比赛"的130名选手,通过3天紧张的角逐,吉安地区、上饶地区、宜春地区代表队获团体总成绩前三名。上饶地区徐林芳获粮店营业员岗位技能比赛第一名;新余市廖小菊获粮食财会岗位技能比赛第一名;南昌市徐慧清获宾馆服务员岗位技能比赛第一名;吉安地区张筱洪获粮食统计岗位技能比赛第一名。四项比赛的第一名同时被省妇联授予"三八红旗手",被劳动厅授予技术最佳能手,马毅萍等16人获省技术能手称号。南昌、景德镇、九江、新余、萍乡、鹰潭市和赣州、抚州地区获精神文明队称号。

2000年11月15日,省总女工部下发《关于落实中华全国总工会营造"中国女职工林"的通知》,发动全省女职工参加全总开展的在革命圣地延安宝塔山营造"中国女职工林"活动。全总要求各省辖市总植树任务至少1亩,省产业(局、系统)、直属基层工会植树任务至少0.5亩,多植不限。全省收到植造"中国女职工林"捐款56672元,其中电力系统工会女职委捐款10560元。

2001年春,全省各级女职工组织完成了全总下达的"中国女职工林"植树任务。

2002年,全省各级工会女职委继续深入地开展以创新为主题、以争创标兵为内容的女职工双文明建功立业活动。全省各级工会女职工组织以经济建设为中心,结合女职工工作的实际,充分挖掘广大女职工的潜能,开展各种不同形式的创新活动。工业企业开展争创优质产品、争创一流效益的岗位创最佳活动;服务行业开展优质服务、创文明窗口的争创明星活动;机关、事业单位开展提高素质,争做优秀公仆的活动。全省有2万多家企事业单位、70多万名女职工参加各行各业的岗位创新、创优、创先活动。

2004年,为提高女职工竞争能力,切实维护女职工劳动权益,省总女职委在全省开展"四个一"素质达标、学习成才活动和"百万女职工素质提升行动",全省参加"四个一"素质达标、学习成才活动的单位有22897个,参加"四个一"素质达标、学习成才活动的女职工57万多人次,占全省女职工总数55%。各级工会女职工组织通过举办各种培训班、讲座、周末学校、岗位技能比赛、知识竞赛等活动,使女职工队伍整体素质明显提高。是年,省总女职委被"省巾帼建功立业领导小组"授予"先进协调单位"称号。2000—2004年,全省女职工学历提升一个档次的有2.1万人次;学历提升两个档次以上的有6千多人次;晋升技术等级或职称的有8.8万多人次;竞争到更高岗位的有8000多人次;获创新发明奖的有1700多人次;省级以上报刊发表文章的有4000多人次;女职工入党的有近万名;女职工入团的有2万多名;评模、评先的女职工有4万多人次。

2007年,省总女职委继续在全省女职工中开展"六个一"创新立功活动,通过岗位创新、创业、创优、创品牌,将女职工引向为江西经济发展建功立业的主战场,提高女职工对社会的参与率和贡献率。全省有102万女职工参与了建功立业活动,占女职工总数的73.3%,组织岗位练兵、技术比武3502场,参赛女职工21.8万人次,女职工参与技术革新6717项,创经济效益21207万元,3.7万名女职工获得各类称号。

女职工作用

自1991年初,省总女职委转发全总女职委关于"学先进,比奉献,为实现'八五'计划建功立业"(简称"学、比"活动)的决定并提出开展活动的具体要求,至1994年,全省11个地市和省直、省产业90%以上的女职工参加"学、比"活动。省总女工部与省纺织局联合举办全省纺织行业操运会,赣州地区、南昌市开展了车工、纺织细纱、织造挡车工、营业员珠算比武。获名次的女职工晋升半级至一级工资。宜春地区开展卫生系统"天使杯"护理知识竞赛。景德镇在陶瓷企业开展"工序万件无缺陷"竞赛,教育系统开展"我为四化育人才"竞赛,卫生系统开展"我为病人解痛苦"竞赛。各产业、企业根据实际开展岗位练兵、擂台赛,技术比武,提合理化建议,科技攻关,双增双节竞赛。通过开展各种形式的"学、比"活动,激励广大女职工学技术,学文化的积极性,提高女职工的自身业务技术素质,促进经济发展。上饶地区、景德镇市、萍乡市女职工提合理化建议43846条,创经济效益7261.6万元。江西新余钢铁总厂女职工提合理化建议7161条,创经济效益730万元。仅女高级工程师陆观珍的合理化建议和科技攻关项目就创直接经济效益300多万元。该厂的科技攻关项目有20%由女科技人员完成。景德镇市女职工在双增双节活动中创经济价值7650万元。女职工在"学、比"活动中发挥聪明才智,显示在改革开放中的实力。

1995年是"学比"活动的总结年。省总女工部广泛动员全省女职工立足岗位做贡献,围绕企业的中心工作,针对生产经营中的难点和重点,开展献计献策,提合理化建议活动。新余市女职工去年提合理化建议1808条,采纳912条,创经济效益1342万元。女科技人员、女职工小改革102项,直接创效益796万元。南飞公司女职工1—11月提合理化建议1441条,采用1148条,创价值58.63万元。共有600多人次立功受奖,推动公司科研、生产任务的完成。

1996年,全省各级女职委组织动员女职工开展各种形式的"双文明"立功竞赛活动。南昌市开展"巾帼标兵群星奖"活动,宜春地区提出围绕经济建设主战场而确定建立四大工程。上饶县粮食系统开展为企业增收节支做贡献活动,女职工清扫地脚谷5吨,搬运装卸节约粮食4000公斤,减少开支24000元,勤查、勤检提高出米率降低耗电量节约12000元。

2001年,全省广大女职工创新观念、创新技术、创新管理、创新制度、创新产品和服务、企业文化。昌河直升机公司总装车间导线盘箱组17名女职工,实施技术革新40余项,为公司创造经济价值60多万元。江西江铃齿轮股份有限公司工程师李亚红,她主持研制的上海奇瑞轿车变速器,实现销售额超亿元,占全公司产值的70%。

2005年6月下旬，在首届全国铁道行业职业技能竞赛中，南昌铁路局客车车辆段女职工王美蓉在全路68名男女选手中年龄最大，却一举夺得车辆系统探伤技能比赛个人全能第一名，被国家劳动和社会保障部授予“全国技术能手”、中华全国铁路总工会授予“火车头奖章”称号。2006年，南昌市在以“巾帼成才、一专多能、巾帼文明、美在家庭、巾帼创业、自谋自主、巾帼先锋、心系职工”为主要内容的女职工双文明建功立业竞赛活动中，提合理化建议207100余条，被采纳73500条，创经济效益6325万元。

2009年9月22日，为使全省女职工在经济建设中发挥作用，省总工会女职工部下发《关于建立省女职工工作联系点的通知》。到是年12月21日，省总工会女职工部建立南昌印钞厂、丰城矿务局等12个女职工工作联系点。

先进评选

1994—2010年，省总女职委在全省女职工中组织开展的各种形式的建功立业活动，取得了一定成效。为肯定女职工的成绩，弘扬女职工的奉献精神，使女职工建功立业等各种形式的竞赛活动更加深入持久地开展下去，省总女职委每年都开展对先进女职工的评选和表彰。评选标准备是爱岗敬业，立足本职，实干苦干，在生产（工作）中突出，或在双增双节、技术革新、技术改造及合理化建议等方面成绩突出，经济效益和社会效益显著等。

1994年2月19日，省总作出《关于表彰先进女职工、先进女职工工作者、先进女职工集体、先进女职委和重视女职工工作特别奖的决定》，决定对胡春如等17名获重视女职工工作特别奖，刘文斌等45名先进女职工，杨宇靖等55名先进女职工工作者，国营江西有线电厂第十车间B生产线等18个先进女职工集体，新余钢铁总厂工会女职委等18个先进女职委予以表彰。是年3月，全总对江西的黄兰媛等11名先进女职工，杨宇靖等10名先进女职工工作者，国营江西有线电厂第十车间B生产线等5个先进女职工集体予以表彰。是年，全总对赣州市精油商业公司粮店主任肖平华等15名先进女职工，崇仁县总女职委主任谢秋兰等8名先进女职工工作者，南昌市总女职委等8个先进女职工集体，九江市委副书记胡春如等4名先进女职工之友予以表彰。

1995年1月18日，省总作出《关于表彰先进女职工、先进女职工工作者、先进女职工集体和重视女职工工作特别奖的决定》，对萍乡环境卫生管理处工人钟玲艳等55名先进女职工，赵登荣等30名先进女职工工作者，抚州市总女职委等30个先进集体和胡春如等21名重视女职工工作的领导予以表彰。是年，全总对南昌市总女职委等6个先进女职工集体，肖平华等14名先进女职工，谢秋兰等8名先进女职工工作者和胡春如等4名先进女职工之友予以表彰。

1996年，全总对江西的宜春钽铌矿工人刘莲英等26名全国先进女职工，省总女工部部长彭蓉英等9名全国先进女职工工作者，省总赣州地区办事处女职委等13个全国先进女职工集体，刘金标等8名全国先进女职工之友，九江市政协副主席向腊玉等10名全国优秀女职工志愿工作者和江西化学纤维厂职工解砚芬全国文明家庭予以表彰。是年1月29日，省总作出《关于表彰先进女职工、先进女职工工作者、先进女职工集体和重视女职工工作特别奖的决定》，决定对杨军丽等63名先进女职工、刘健等30名先进女职工工作者、南昌市总女职委等31个先进集体及九江市人大常委会副主任瞿兰香等27名重视女职工工作的党政工领导予以表彰。是年4月,全总对江西的刘莲英等25名先进女职工,彭蓉英等9名先进女职工工作者,省总赣州地区办事处女职委等13个先进女职工集体,刘金标等8名先进女职工之友,向腊玉等9名优秀女职工志愿工作者和江西化学纤维厂家属管理委员会主任解砚芬文明家庭予以表彰。

1997年3月1日,全总作出《关于表彰全国先进女职工集体、先进女职工之友、文明家庭光荣榜的决定》,对江西省临川市总女职委等4个全国先进女职工集体,曹瑞英等8名全国先进女职工之友,龙庆明等4个全国文明家庭予以表彰。

1998年2月12日,省总决定对许祖英等10名女职工授予"先进女职工标兵"称号,王木兰等10户家庭授予"文明家庭标兵"称号。是年3月,全总表彰一批女职工先进个人和女职工先进集体。永新县人民医院主任医师许祖英等8名全国先进女职工,上饶市总女职委副主任吴志凌等5名全国女职工工作者,省总上饶地区办事处女职委等5个全国先进女职工集体,江铃汽车集团公司总经理孙敏等5名全国先进女职工之友和江西井冈山纺织有限公司职工刘黎明等3个全国文明家庭受到全总的表彰。是年10月30日,为了配合政府实施"再就业工程",推动女职工"双文明建功立业竞赛"活动深入开展,树立下岗女职工再就业典型,省总女工部与江苏AB集团南昌爱彼织品有限责任公司、江西工人报、江西有线电视台联合评选"AB杯"下岗女职工再就业明星,对徐桂芬等18位"下岗女职工再就业明星"予以表彰。12月4日,省总决定授予南昌电信局114台等16个科室、班组"女职工文明标兵岗"称号。是年,南昌市总女职委等5个全国先进女职工集体受到全总表彰。

1999年1月14日,省总作出《关于表彰先进女职工、先进女职工工作者、先进女职工集体、先进女职工之友、文明家庭的决定》,对丁淑琴等37名先进女职工、郭香玲等30名先进女职工工作者、南昌市总女职委等30个先进集体、经自麟等30名先进女职工之友和仇学兰等20户文明家庭予以表彰。7月26日,中国农林工会全国委员会作出《关于表彰农林系统先进女职工、先进女职工工作者、先进女职工集体、先进女职工之友、文明家庭的决定》,江西绿宝竹木业有限责任公司工人黄晓春、江西云山集团畜牧水产良种公司经理陈辛惠;江西长城企业集团党委副书记、工会主席李良瑟和大茅山电力公司茅山岗电站女子运行班受到表彰。12月22日,省总女职委作出《关于表彰下岗女职工再就业明星的决定》,对何正香等9位下岗女职工兴办经济实体吸纳20名以上下岗职工的再就业明星予以表彰。

2000年1月7日,省总决定授予南昌客运段昌沪一组等20个科室、班组"女职工文明标兵岗"称号。2月15日,省总女职委作出《关于表彰全省先进女职工、先进女职工干部、文明家庭、创建文明家庭活动先进集体的决定》,对董玲等12名先进女职工,侯远霞等8名先进女职工干部,邓竹生等8户文明家庭,南昌卷烟厂工会女职委等5个创建文明家庭活动先进集体进行表彰。5月30日,省总主席办公会议决定推荐报送大余县总龙雨妆为全省巾帼建功立业标兵。

2001年1月5日,省总作出《关于授予"女职工文明标兵岗"的决定》,授予省高管局机场路征费站等18个科室、班组"女职工文明标兵岗"称号。2月6日,省总女职委作出《关于表彰全省先进女职工集体、先进女职工、先进女职工干部、先进女职工之友、文明家庭的决定》，对南昌市总女职委等15个先进女职工集体，熊春英等35名先进女职工，吴培等14名先进女职工干部，雷武江等8名先进女职工之友，王龙雨等8户文明家庭进行表彰。

2002年1月18日，省总作出《关于授予全省“女职工创新标兵岗”和“创新女标兵”的决定》，授予清华泰豪科技股份有限公司军工事业部总装车间女子接线班等19个科室、班组“女职工创新标兵岗”称号，授予涂予青等20名“创新女标兵”称号。

2003年1月4日，省总作出《关于授予全省“女职工创新标兵岗”和“创新女标兵”的决定》，授予江西凤凰光学集团有限公司照相机事业部镜头流水线等20个科室、班组“女职工创新标兵岗”称号、授予刘合春等20名女职工“创新女标兵”称号。2月8日，省总作出《关于表彰全省先进女职工集体、先进女职工工作者、先进女职工的决定》，授予南昌市总女职委等15个单位为先进女职工集体称号；授予吴晓芬等15名个人为先进女职工工作者称号；授予鄢小琴等20名个人为先进女职工称号。12月12日，省总作出《关于授予全省“女职工创新标兵岗”和“创新女标兵”的决定》，授予中国联合通信有限公司南昌分公司1001客服中心等20个科室、班组“女职工创新标兵岗”称号，授予陈卫东等20名女职工“创新女标兵”称号。

2005年1月5日，省总作出《关于授予全省“女职工建功立业标兵岗”和“女职工建功立业标兵”的决定》，授予南昌印钞厂生产处等10个科室、班组“女职工建功立业标兵岗”称号，授予张香莲等10名女职工“女职工建功立业标兵”称号，授予南昌市总女职委等3个单位女职工建功立业活动“优秀组织奖”称号。2月24日，全总作出《关于授予获得2005年全国五一巾帼奖的集体和个人全国五一劳动奖状、奖章的决定》，授予移动通信南昌营销中心八一大道营业班全国五一劳动奖状。是日，全总作出《关于表彰全国女职工建功立业标兵岗和全国女职工建功立业标兵的决定》，江西省工行赣州市章江支行大公路分理处主任庄彩云获全国女职工建功立业标兵称号。3月9日，省总女职委四届二次委员（扩大）会议在昌召开，“全国五一巾帼奖状”获得单位江西移动公司南昌营销中心八一大道营业班，全国女职工建功立业标兵工行赣州市章江支行大公路分理处主任庄彩云，省女职工建功立业标兵樟树市中医院护士杨丽明等10人，省女职工建功立业标兵岗丰城矿务局坪湖矿女子洗煤班等10个单位受到大会表彰。

2006年1月5日，省总作出《关于授予全省“女职工建功立业标兵岗”和“女职工建功立业标兵”的决定》，授予九江石化总厂供水车间循环水化验班“三八岗”等10个科室、班组“女职工建功立业标兵岗”称号，授予邓玲等10名女职工“女职工建功立业标兵”称号。是日，省总女职委作出《关于表彰省“女职工建功立业先进集体”和“女职工建功立业先进个人”的决定》，表彰江西凤凰光学集团公司照相机事业部快门流水线等11个科室、班组为“女职工建功立业先进集体”，表彰陈如华等11名女职工为“女职工建功立业先进个人”。2月21日，全总作出《关于表彰全国五一巾帼奖、全国女职工建功立业标兵岗、全国女职工建功立业标兵的决定》，江铃齿轮股份有限公司物资总库等18个集体获“全国女职工建功立业标兵岗”称号；萍乡市艺婉建材有限公司董事长张婉玲等14名女职工获“全国女职工建功立业标兵”称号。3月9日，省总授予萍乡钢铁有限责任公司人力资源部主任邓玲等10名女职工“江西省女职工建功立业标兵”称号；授予九江石化总厂供水车间循环水化验班“三八岗”等10个集体“江西省女职工建功立业标兵岗”称号。4月19日,省总作出《关于表彰江西省首届“五一巾帼奖”集体和个人的决定》,授予中国石化集团九江石油化工总厂供水车间等10个科室(班组)省首届“五一巾帼奖”集体称号,陶四元等10位女职工省首届“五一巾帼奖”个人称号。

2007年2月16日,省总作出《关于授予江西省五一巾帼奖称号的决定》。授予南昌长力钢铁股份有限公司炼铁厂球团车间风机除尘水泵班等10个集体和朱怡岚等10名女职工省第二届“五一巾帼奖”称号,授予昌河飞机工业集团公司工会女职委等10个集体省先进女职工组织称号,授予陈梦彬等10人省先进女职工工作者称号,授予徐依新等10人省女职工之友称号。是日,省总作出《关于表彰省女职工建功立业标兵岗和标兵等先进的决定》。授予南昌供电公司市中营业班等20个集体“省女职工建功立业标兵岗”称号,授予李发妹等20名女职工“省女职工建功立业标兵”称号,授予马小英等10名女职工“省女创业带头人”称号,授予九江市总女职委等5个集体省建功立业活动“优秀组织奖”。3月6日,省总女职委作出《关于表彰省女职工建功立业先进集体和先进个人的决定》,授予分宜县地方税务局办税服务厅等13个集体(班组)“江西省女职工建功立业先进集体”称号,授予罗玮瑛等21名女职工“省女职工建功立业先进个人”称号。

2008年1月22日,省总作出《关于表彰江西省五一巾帼奖和省女职工建功立业标兵岗、标兵等先进的决定》,授予中石化股份公司九江分公司成品车间综合班等10个集体和胡碧瑛等10名女职工省第二届“五一巾帼奖”称号;授予都昌县地税局办税服务厅等20个集体“省女职工建功立业标兵岗”称号,授予周再萍等20名女职工“省女职工建功立业标兵”称号。2月29日,省总女职委作出《关于表彰省女职工建功立业先进集体和先进个人的决定》,授予景德镇市商业局保育院等44个集体(班组)“江西省女职工建功立业先进集体”称号,授予骆旭微等50名女职工“江西省女职工建功立业先进个人”称号。是年11月21日,省总女职委根据5个检查组进行交叉检查报告和综合评价工作情况,授予新余市等8个设区市总工会女职委和洪都航空工业集团公司等2个产业女职工委员会为2007年度省总工会女职工工作考核优胜单位。

2009年2月24日,全总作出《关于表彰全国五一巾帼奖、全国女职工建功立业标兵岗(标兵)的决定》,向芦溪县供电公司长丰变电站先进集体颁发“全国五一巾帼奖”,授予江铃汽车集团公司车架厂铆焊车间随机而上班组(女子班)等27个集体“全国女职工建功立业标兵岗”称号,授予南昌供电公司营业专职兼班长周海萍等27名女职工“全国女职工建功立业标兵”称号。2月26日,省总作出《关于表彰江西省五一巾帼奖、省女职工建功立业标兵岗、标兵和省女创业带头人等先进的决定》,授予景德镇市昌铃焊装小部件工段等10个集体和黄宁宁等10名女职工省第四届“五一巾帼奖”称号,授予南昌供电公司青云谱供电分公司营业班等20个集体“省女职工建功立业标兵岗”称号,授予戴晓红等20名女职工“省女职工建功立业标兵”称号。

2010年2月21日,省总作出《关于表彰江西省女职工建功立业标兵岗和标兵的决定》,授予江西长运股份有限公司南昌长途汽车总站李红服务组等30个集体(班组)“省女职工建功立业标兵岗”称号,授予彭立等30名女职工“省女职工建功立业标兵”称号。是日,省总女职委作出《关于表彰江西省女创业带头人、省女职工建功立业先进集体和先进个人的决定》,授予江西远健药业有限公司总经理、会计师漆小燕等10名女职工“江西省女创业带头人”称号，授予都昌蔡岭邮政所等6个集体（班组）“江西省女职工建功立业先进集体”称号，授予兰福英等8名女职工“江西省女职工建功立业先进个人”称号。

第四节　合法权益与特殊权益维护

依法维护女职工合法权益和特殊利益是工会女职工组织的基本职责，全省各级工会和各级工会女职委始终坚持工会女职工组织维权机制建设，通过各种形式和载体，努力维护女职工在政治、文化教育、劳动、财产和婚姻家庭及人身等方面的合法权益和特殊利益。

源头参与

1994—2010年，省总女职委形成了参与法律法规的修订，传递女工呼声，源头维护；坚持调查研究，深入女工，发现问题，应对建议，源头维护；通过职代会、职工董事监事、专项集体合同制度健全落实，实现源头维护的机制。

1994年前后，省总女工部多次参加省《妇女权益保障法实施办法》的修改，在调查研究的基础上，提出了修改意见和建议。各级女职委围绕女职工在改革中面临的新情况和新问题进行了一系列的调查研究，如“关于大中型企业用工制度改革中富余女职工的情况调查”“关于贯彻执行《女职工劳动保护规定》情况的调查”“三项制度改革情况调查”，撰写的调查报告受到全总的重视。

1994年，为推动《江西省实施〈妇女权益保障法〉办法》《江西省实施〈中华人民共和国工会法〉办法》的出台，促进女职工生育保险制度的改革，省总女工部多次与各地（市）女工部调查了解改革中女职工队伍出现的新情况、新问题，根据本省实际，提出修改意见，得到有关各方面的重视和采纳。省总女工部与部分地市开展县（区）级以上女工干部状况调查、女职工生育保障制度改革调查、三资企业女职工权益情况调查，并写出专题调查报告，为领导决策和有关部门制定政策提供依据。是年，省总女职委参加全国生育保险制度改革座谈会，陈述江西工会女职委的主张。

1995年，省总女职委参与省《实施〈劳动法〉办法》《江西省妇女发展规划》等法规的制定。各级女职工组织参与当地涉及女职工权益的有关文件、制度的制定，参与建立现代企业制度和转换经营机制的试点工作，女职工委主任进入协调领导小组，参与集体合同签订的全过程。省总女职委为及时指导基层参与签订集体合同，10月，在赣州地区召开“全省女职工工作研讨会”，就女职工组织如何参与集体合同的签订进行专题研讨。省总女工部、省劳动厅职安处与抚州等地市联合开展“关于在贯彻《劳动法》中的女职工劳动权利、劳动保护情况”调查，向省政府递交专题报告，黄智权作出批示。对20个国有转机建制的试点企业就贯彻《劳动法》中的情况向全总递交调查报告。针对下岗人员越来越多的现象，开展下岗女职工安置情况的调研，为领导决策提供依据。省总女工部参与省人大内务司法委员会组织的《妇女权益保障法》执法大检查；与妇联联合召开《婚姻法》贯彻执行情况的座谈会，促进有关女职工权益法规的贯彻落实。

1996 年,省总女工部对省人大内务司法委员会《江西省实施〈妇女权益保障法〉办法》中与《行政处罚法》不相符之处进行清理的意见中,提出修改意见。开展“下岗女职工再就业有关政策和建议”“《企业女职工生育保险试行办法》试行情况”“百家大中型企业女职工平等分房”3 项调查,为政府制定有关女职工权益的政策、法规提供依据。省总女职委抓住《劳动法》贯彻实施的有利契机,组织研讨交流,帮助和指导试点企业女职工组织参与集体合同的签订工作。

1997 年 6 月,省总女工部对全总女工部发来的《工会系统实施〈中国妇女发展纲要〉(1995—2000 年)规划》提出 4 条修改意见。

1998 年 11 月,省总根据全总实施国务院《中国妇女发展纲要》,制定并下发了《江西省总工会贯彻实施〈中国妇女发展纲要〉(1998—2000 年)规划》。

1999 年 3 月 15 日,省总印发《江西省总工会实施国务院〈中国妇女发展纲要〉(1998—2000 年)规划目标职责分解书》,分别从大力宣传《中国妇女发展纲要》《中华全国总工会实施国务院〈中国妇女发展纲要〉(1998—2000 年)规划》《江西省总工会实施〈中国妇女发展纲要〉(1998—2000 年)规划目标职责分解书》;运用法律手段保护女职工的合法权益和特殊利益;提高女职工参与管理国家和社会事务及企事业经营管理的程度;动员组织女职工积极参与社会主义现代化建设,为经济发展做贡献和监督和协助行政改善女职工的劳动条件,搞好女职工劳动保护;着力提高女职工的思想道德素质和科学文化技术素质,为经济发展和社会全面进步提供精神动力和智力支持;加强家庭美德建设,倡导建立平等、文明、和睦、稳定的家庭;加强对女职工工作的领导,搞好女职工组织建设;建立女职工状况数库等目标,明确主要责任部门和协作部门。是日,省总出台《江西省总工会实施国务院〈中国妇女发展纲要〉1998—2000 年规划监测评估方案》,明确工作目标、监测评估原则、监测评估组织及职责、经费等,要求各地结合实际情况,参照执行。

2000 年 6 月 14 日,省总女工部参与对《婚姻法》的修改工作,下发《关于参与〈婚姻法〉修改的通知》,要求全省各地、各单位在参与《婚姻法》修改工作中充分反映全省女职工的意愿。7 月 18 日,省总女工部要求各地(市)、县(市区)女职工组织,认真组织各界女干部、女职工对修改《婚姻法》进行专题座谈、研讨,在广泛征求意见的基础上,对其中 12 个问题提出建议及修改意见上报全总女工部。

2002 年 9 月,省总制定下发《江西省总工会贯彻〈中国妇女发展纲要(2001—2010 年)〉实施方案》,从全省女职工的现状和女职工总体发展目标出发,在女职工与劳动权益、女职工参与决策和管理、女职工与教育、女职工与健康、女职工与法律、女职工与环境 6 个方面明确 2001—2010 年全省女职工发展的主要目标与措施。并从组织实施、监测与评估作出了具体的部署。要求各级工会制定本地区、本系统、本单位的实施方案,并将其纳入工会工作总体规划,统一部署,统筹安排。每年要向省总报告贯彻《实施方案》工作的情况。

2004 年,《江西省职工代表大会条例》进入省人大立法调研论证阶段,省总把“企业职工代表大会中女代表的比例应与女职工相适应”条款列入条例草案之中,从源头上保障女职工参与企业民主决策、民主管理、民主监督的权利落实到位。为使女职工特殊权益有关条款得到有效落实,省总将“女职工和未成年工的特殊保护”等内容纳入《江西省集体合同条例》之中,要求企业职工与企业签订集体合同时，要将“女职工和未成年工的特殊保护”等内容写入集体合同。省总参与有关女职工权益方面的《妇女权益保障法》《女职工劳动保护规定》《江西省人口与计划生育条例》等6部法规、条例的修改与制定，表达广大女职工意愿。省总女职委针对女职工工作的热点、难点问题，在全省范围内开展企业执行《女职工劳动保护规定》的检查和贯彻《企业职工生育保险》等15个专题调研，向全总、省总及政府有关部门写出有依据、有分析、有见解的调研报告16篇，其中被《中国妇女报》和全总研讨会采用的3篇，有2篇被省妇儿工委办分别评为二等奖和三等奖。

2005年7月11日，省总向省人大法工委对《妇女权益保障修正案（草案）》中的5个问题提出了修改意见和建议。《修正案（草案）》采纳了省总女职委的意见。修改后的《中华人民共和国妇女权益保障法》公布后，省总组织全省各级工会组织和广大工会干部学习并开展宣传周活动。期间，集中组织学习《妇女权益保障法》，开展大型宣传咨询活动，悬挂户外广告、标语，开展知识竞赛，发放宣传资料等多种形式的活动。

2008年，省总女工部积极参与《中国工会章程》《中华全国妇女联合会章程》的修改工作，下发《关于积极参与〈中国工会章程〉修改工作的通知》，要求全省各地、各单位女职工组织在参与两个章程的修改工作中充分反映全省女职工的意愿，在广泛征求意见的基础上，对两个章程提出一些建议及修改意见上报全总女工部。

2010年3月25日，省总女工部下发《关于配合全国人大常委会开展〈妇女权益保障法〉执法检查的通知》，要求各地对《妇女权益保障法》的实施情况开展专题调研。《通知》下发后，全省各级工会积极配合执法检查，认真开展专项调研，撰写调研报告。

维权机制

2004年，全省各级工会女职工组织参与了平等协商和签订、续签、完善集体合同工作。全省签订集体合同17592家，80%的企业集体合同中有女职工特殊权益专项条款，履行率达70%。

2006年3月27日，省总女工部下发《关于转发中华全国总工会女职工部〈关于开展加强新形势下女职工维权机制建设，推行女职工权益保护专项集体合同调研的通知〉的通知》，了解各地开展此项工作的基本情况，总结、宣传典型经验，研究存在的主要问题，提出完善的意见和建议，制定《关于加强女职工权益保护专项集体合同工作的指导意见》，进一步建立和完善女职工维权机制。建立维护女职工合法权益的源头参与，女职工劳动关系三方协调和女职工法律法规执行情况的监督检查等工作机制。

2006年9月7日，省劳社厅、省总、省企联/企协下发《关于推进全省签订女职工权益保护专项集体合同的通知》，明确女职工权益保护专项集体合同是用人单位与本单位女职工根据法律、法规、规章的规定，就女职工合法权益和特殊利益方面的内容通过集体协商签订的专项协议。女职工权益保护专项集体合同的主要内容：（1）女职工的劳动就业权利：包括男女同工同酬，保险福利待遇均等，反对就业性别歧视。（2）女职工的特殊劳动保护：包括女职工禁忌从事劳动的范围，“四期保护”，妇女病的普查普治。（3）女职工的教育和培训：包括对女职工进行职业教育、技术培训，为女职工参加继续教育和开展特色活动提供条件等。《通知》指出,合同可以与集体合同同时签订,也可以单独签订,签订时由企业法人和工会主席分别代表行政方和女职工方签约。签订后的《女职工权益保护专项集体合同》应报有管辖权的劳动和社会保障部门审查备案,同时报地方总工会。为确保合同的全面履行,合同双方成立的督查小组,每年至少对合同履行情况进行一次联合检查。《通知》要求协调劳动关系三方要各司其职,推动落实。努力做到集体合同工作推进到哪里,女职工权益保护专项集体合同就签订到哪里,力争用3年左右时间,在80%已建立集体合同制度的企业中开展女职工权益保护专项集体合同工作。

2007年5月22日,省总女职委下发《关于报送女职工权益保护专项集体合同工作进展情况的通知》,要求全省各地、各单位报送此项工作开展过程中的基本情况、取得的成效、好经验、好做法,存在的困难和问题以及原因分析,提出对策建议。是年,南昌市总会同市劳动保障局、市企业家协会联合下发《关于开展南昌市劳动关系和谐企业创建活动的通知》等文件,选择20家企业进行"劳动关系和谐企业创建活动""工资要约金秋行动"和企业工资集体协商谈判试点,率先在全省开展女职工权益保护、平等协商和女职工专项集体合同的签订工作,并组成劳动关系三方督导组对试点企业逐户进行督导。全市劳动合同和女职工专项合同签订率分别达到92.4%和65.4%,集体合同和工资专项合同的签订较上年有新的进步。是年12月12日,省总在新余召开全省工会女职工权益保护专项集体合同工作现场会。2007年底,全省有9个地(市)工会、72个市(县)工会与劳动厅(局)、企业联合会/企业家协会联合制定推行女职工权益保护专项集体合同的文件。

2008年3月,全省各级工会女职委组织开展《工会女职工工作情况调查》。部分设区市开展女职工权益保护专项集体合同的督导和调研。10月,省总联合省劳社厅、省企联/企协在全省范围内就女职工权益保护专项集体合同的签订及履约情况进行联合大检查。督查各地联合下发的关于加强女职工权益保护专项集体合同签订工作的通知及其贯彻落实情况,以及工会组织在签订专项合同过程中的指导和推进情况。2008年,全省女职工专项集体合同覆盖率为93.6%,提前超额完成全总下达的3年任务数。

2009年,全省女职工权益维护专项集体合同签订率达到96%。

2010年8月23日,省总女工部下发《关于推荐女职工权益保护专项集体合同工作先进单位的通知》。12月20日,省总女工部下发《关于推荐评选江西省女创业带头人及女职工权益保护专项集体合同工作先进单位的通知》,《通知》下发后,全省各地工会女职委按照通知规定的推荐评选条件和推荐评选要求,推荐评选出一批女职工权益保护专项集体合同工作先进单位,进行通报表彰。是年,省总女职委、南昌市总女职委等16家获全国推进女职工权益保护专项集体合同工作先进单位。是年,全省签订女职工专项集体合同38244份,签订率达到96.9%。

女职工权益

1993年,省劳动厅、省总、省卫生厅、省妇联对企业进行检查调研,发现宜春麻纺厂,新余棉纺厂为解决女职工怀孕期和哺乳期上夜班问题,推行"四班二倒一长制",把怀孕、哺乳期的女职工集中上长白班，解决女职工密集的纺织行业女职工劳动保护工作的一大“难题”。4家及时给予宣传推广。

1994年10月18日，省委副书记卢秀珍批阅的《信访汇要》第8期刊登江纺一挡车女工的来信摘报，省总、南昌市总立即会同南昌市纺织工业局有关部门、前往江纺调查了解，接触了江纺党、政、工有关方面并深入到工人群众中，倾听她们的意见和呼声，查阅有关资料，作了较为详细的调查。针对存在的问题表明工会的主张，维护挡车女工的合法权益。

1995年，江西省在贯彻实施《劳动法》中，大部分企业积极对照检查，修正与《劳动法》不相吻合的规定，切实维护女职工的劳动权益和特殊利益。但是，女职工的劳动权益和劳动保障仍是企业中的突出问题，尤其是在外资企业和乡镇企业中，劳动条件差、体力负重量大，女职工大多数签订的是一至两年的短期合同，《劳动法》中的部分条款仍没有落到实处。针对存在问题，省政府出台文件明确规定，把女职工的劳动保护纳入安全生产领导责任制中，作为考核企业负责人业绩的重要内容之一，每年由各级政府组织有关职能部门对女职工的劳动权利和劳动保护进行一次检查。省政府还明确规定，外资企业聘用女职工试用期满后，用工期合同必须在3～5年及以上，企业在与职工签订劳动合同时，必须列入女职工特殊保护内容。是年，南昌市下岗女职工龚君红开办了纺织店，吸纳十几位下岗女职工再就业。全总副主席、女职委主任倪豪梅在童水仙、李美珍、彭蓉英陪同下视察了龚君红纺织店，送去党和政府对下岗女职工的关心和关怀。

1997年，省地质局工会、贵溪四冶工会、南昌市属14家企业共有841名下岗女职工参加了南昌市郊区昌隆礼品厂的门帘加工，却拿不到工资，从事加工业务的下岗女职工纷纷向省市女工部投诉，7月28日，省总女工部、省地质局工会、第四冶金建设公司工会、南昌市总女工部联合《致南昌市郊区劳动就业管理的函》，要求主管部门协助有关方面尽快找回昌隆礼品厂候泽源、吴俊两位厂长，挽回下岗女职工的经济损失，维护下岗女职工权益。

1998年9月3日，省总、省劳动厅联合在南昌召开纪念《女职工劳动保护规定》颁布实施十周年座谈会。会议由省总工会领导主持。省劳动厅厅长龚绵春讲话，江西棉纺织印染厂等4个单位总结交流贯彻执行《女职工劳动保护规定》的经验，会议还研讨了新形势下进一步做好职工劳动保护工作的方法和途径。省总领导作会议总结。1998年上半年的调查显示：国有企业90%以上能根据女职工的生理特点，对她们实行“四期”保护，能做到在“四期”不安排女工从事禁忌劳动，不延长劳动时间，不减扣工资，不解除劳动合同。100%的单位能保证女职工产假90天以上，部分企业在国家规定的基础上还增加30天产假。有的单位对经期女职工实行调休，或对从事苦脏累险工作者安排经期休息1～2天。南飞公司70%以上一线单位实行每月女工例假休息一天的制度。有的单位规定，孕期女职工要调离不适合岗位，孕期7个月以上能普遍做到调离一线工作，并不安排夜班、不延长工作时间。大部分企业都能做到哺乳期间上班的女职工，保证其哺乳时间每天不少于两次，每次不少于30分钟。全省绝大部分国有企业和部分集体乡镇企业，认真贯彻执行女职工妇科检查制度。一般都能做到1～2年检查一次，对较严重的妇科病做到及时发现及时治疗，对一般妇科病也采取普治、疗养、休息、保健等办法，使妇科病发病率逐年下降。赣州地区对南康、全南两个县的调查显示，88%的企业执行女职工定期妇检制度。

1999年,省总女工部在全省开展“38111”活动。要求各级女职工组织配合政府和工会培训下岗女职工30000人;各级女职工组织与职业介绍机构配合,牵线搭桥帮助8000名下岗女工再就业;女职工干部结对帮助100名特困女职工走出困境;选树下岗女职工兴办经济实体吸纳20名以上下岗职工的再就业明星10名;组织女职工姐妹献爱心,每人捐助1元钱帮助困难女职工。3月10日,为大力弘扬下岗女职工再就业明星的先进事迹,在全省发扬学明星、创新业精神,省总女职委在南昌举办全省下岗女职工再就业明星事迹报告会。4月22日,省总机关干部职工为特困下岗女职工献爱心捐款1.4万多元。7月13日,省总女职委制定下发《关于建立江西省总工会女职工委员会姐妹爱心互助会的实施意见》,明确爱心互助会指导思想和原则,姐妹爱心互助会资金的筹措、使用和管理。姐妹爱心互助会专门帮助全省一些家庭情况特殊(单亲、下岗、病、伤、残、遇有天灾人祸)的特困女职工解决生活中存在的问题,帮助他们渡过难关。

1999—2001年,省总女工部开展“38111”活动。3年间,全省各级工会女职工组织配合政府(行政)和工会培训女职工122662人次,超额完成任务36%;各级工会女职工组织与职业介绍机构配合,牵线搭桥帮助35226名下岗女职工再就业,超额完成任务55%;县以上(含县级)工会女职委干部与2248名困难女职工结对帮扶;省总女职委选树、表彰再就业明星27名;女职工姐妹献爱心,每人捐助一元钱成效显著,各设区市、产业(局、系统)、直属基层工会收到姐妹爱心捐款60余万元,省总女职委收到上交捐款23.01万元,超额完成任务1%。省总女职委为16名特困女职工办理借助手续,借贷资金5.2万元,帮助她们解决创业急需资金的困难。省总女职委对南昌市总女职委等28个先进集体、廖婷等45名先进个人进行表彰。

2002年,省总开展关爱特困单亲女职工“五送”活动,即送招工信息、送就业岗位、送女职工幸福保险、送助学资金、送慰问金和物品,使150名特困单亲女职工得到以上“五送”中至少两项内容的帮助。

2003年,省总在全省女职工组织中开展关爱特困单亲女职工“十百千”活动。县以上各级工会女职工组织根据各地实际情况,采取“六送、六帮、六助”等多种具体措施,全省县以上工会女职工组织关心、帮助特困单亲女职工1400多人。其中为500多名特困单亲女职工落实了就业岗位,送慰问金4.7万元。省总女职委还在全省女职工中开展“女职工保健知识爱心讲座”活动,共组织讲座1378场(次),参加听课、咨询的女职工5万多人(次)。

2004年,省总女职委在全省女职工组织中开展“311”活动,培训女职工122662人次,与职业介绍机构牵线搭桥帮助35226名下岗女职工再就业;县级以上女职委干部与2248名困难女职工结对帮扶。“三八”节前夕,省总、省劳动和社会保障厅联合举办百家企业为万名下岗、失业女职工就业服务专场招聘大会,提供近万个就业岗位。通过供需洽谈达成意向的957人,现场录用近100名。4月26日,省总女工部在全省开展“女职工维权周”活动,免费发放《女职工劳动保护规定》等法规资料10万多份,法律工作者为5万多名女职工释疑解惑;为8000余名女职工赠送医疗优惠卡;为3000名特困女职工赠送女职工安宁险。各基层在维权周活动期间,开展大量的法律、政策咨询、知识讲座、女职工劳动保护检查、法律援助、司法求助等活动,充分利用网络、电视、报纸、广播、宣传栏、黑板报等宣传手段,对维权周活动进行宣传报道,扩大维权周活动的社会影响。8月25日,省总女工部将1999年开展的"38111"活动爱心捐款53000元回拨给全省各设区市总，用于急需要资金创业的下岗、失业女职工，帮助她们创业。11月5日至12月5日，省总女工部在全省各级工会女职工组织中开展关爱困难女职工"维权月"活动，活动以"六帮""六清楚"为主要内容。"六帮"：一是开展技能培训，帮助她们掌握再就业的技能，增强她们自身的"造血"功能；二是帮助她们联系合适的工作岗位，解决她们的就业困难，使她们能自强自立；三是落实低保，积极与民政、街道办事处等部门协调，把她们全部纳入低保；四是送女职工安宁互助保险，帮助她们解除患重大疾病的后顾之忧；五是开展法律帮助，为困难女职工维权提供法律服务；六是送救助物品，帮助她们解决生活困难。"六清楚"即家庭住址清楚、家庭情况清楚、健康状况清楚、技术特长清楚、困难原因清楚、帮扶要求清楚。

2006年3月，省总、南昌市总联合开展关爱困难单亲女职工的"五送"帮困活动，共送出800余份招工信息，388个就业岗位，100份女职工幸福互助保险、150份节日慰问物品及助学金。开展"爱心桥"扶贫助学活动，架起1000余座"爱心桥"，支付扶贫助学金150万元，并为困难职工家庭送去近50万元的助学金和学习用品。4月，省女工部出台《关于维护女农民工合法权益工作的意见》，意见从充分认识维护女农民工合法权益工作的重要性和紧迫性；全面掌握女农民工的基本情况，为工会组织做好维权工作提供第一手资料；采取积极有效措施，切实维护女农民工的合法权益和特殊利益；关爱女农民工，切实为她们的生产生活解决后顾之忧；加大宣传力度，提高女农民工入会率等5个方面作强调。

2007年6月，省总女职委在各级工会女职工组织中开展对单亲困难女职工子女的帮扶、助学活动，全省单亲困难女职工子女受到不同程度的帮扶。省总女工部参加国际劳动组织、全总联合举办的促进外来女性务工人员就业工作研讨会，就深入贯彻党的十七大精神，实施扩大就业的发展战略，借鉴国外女性就业及反对就业歧视方面的经验，加强国家在女性就业特别是对外来女性务工人员就业保护工作方面的研究；交流工会在促进外来女性务工人员就业工作方面的经验进行研讨。

2008年3月21日，省总女工部下发《关于对〈工会女职委工作条例〉开展修订工作、对女职工退休年龄问题以及对女农民工就业情况进行调研的通知》，明确调研内容和相关要求。10月，省总女职委为扩大工会女职工组织在女职工中的影响力、凝聚力，针对困难女职工困难情况的现状，加大帮扶力度。一是建起全市困难女职工家庭电子信息档案网；二是建立市总困难女职工爱心药房；三是开展"08金秋助学活动"；四是为困难女职工建立医疗保健档案；五是举办下岗失业困难女职工所需的各类技能培训班，免费提供技能培训。12月，为积极应对全球金融危机和经济衰退对企业和女职工生产生活带来的影响，省总女职委积极响应省总号召，决定在全省工会女职工组织中开展"情系姐妹，团结奋进，共度时艰"活动。对全省返乡女农民工、下岗失业女职工进行调查研究和帮扶、培训。

2009年3月7日，省总女职委、南昌市总女职委联合在南昌市八一广场举办大型帮扶公益活动"同舟共济，情暖姐妹——2009援助女职工、女农民工、应届女大学生行动"。帮扶内容包括免费提供就业岗位、法律援助、就业指导、健康咨询以及免费妇科体检等多项内容。活动共有120多家企业参加人才招聘，提供包括行政文秘、营业接待、电话客服、服装加工等岗位5000余个，其中有3000

多个适合女性的工作岗位,共有20000余人到现场参加应聘。活动当天,有1200余人与用人单位达成就业意向,其中女性有780余人。3月31日,省总女工部下发《关于对国际金融危机影响下非公女职工面临新情况新问题调研的通知》。要求吉安市总、赣州市总分别选择2~3个县、30家以上非公企业、600名以上女职工进行了调查。调研采取现场调研与问卷调查相结合的方式。11月,为促进下岗女职工再就业,为让更多有创业意识的下岗和失业女职工实现创业梦想,省总女职委选送九江、宜春等市30名改制企业下岗女职工和返乡女农民工骨干到北京参加SYB创业班培训。12月,省总女职委组织第二批30名下岗女职工参加北京SYB创业培训班,帮助下岗职工实现再就业和创业。

2010年3月25日,省总女工部下发《关于配合全国人大常委会开展〈妇女权益保障法〉执法检查的通知》,要求对用人单位录用女职工时,检查签订集体合同、劳动合同、女职工权益保护专项集体合同以及同工同酬情况;女职工享受社会保险特别是生育保险的情况;女职工特殊劳动保护落实情况。国有企业改制过程中,女职工权益保障情况进行专题调研,在调查研究的基础上,完成《江西省国有企业改制过程中女职工特殊权益保护工作存在的问题及对策情况调研报告》。5月,省总女工部对全省灾区困难女职工开展慰问活动。是年8月,省总女工部在各设区市开展帮扶创业就业活动相关问题的调研,并就如何解决下岗女职工再就业问题提出建议,向有关部门反映。

女职工特殊权益

为维护女职工的特殊利益,解决企业间支付生育费用畸轻畸重的问题,1989年江西在南昌市青云谱区、郊区,新余市渝水区和乐安县开展女职工生育费用统筹试点,全省有60个县市实行这一改革措施。参加统筹单位有6826个,职工人数352437人,至1993年6月底止,累计收缴生育费723659元。

1994年1月5日,省总女工部在全总第二届女职委第一次(扩大)会上介绍"实行女职工生育基金统筹维护女职工合法权益"的经验,建议国家制定女职工生育保险法规,来保证女职工的特殊利益。

1999年6月24日,省总女工部下发《关于配合职工保险互助会做好女职工幸福保险工作的通知》,要求各级工会女职工组织要把配合职工保险互助会做好投保工作作为保护女职工特殊利益一项重要工作来抓。

2000年3月12日,樟树市供电局女职工宋某经市人民医院诊断患有原发性卵巢癌。省职工保险互助会宜春办事处得到消息后,立即前往医院和患者单位进行调查核实。该职工于1999年7月7日与供电局其他女职工一道,集体投保女职工幸福险,所患大病符合该险种规定的保险金给付范围。地区工会办事处副主席刘梅兰得到这一确切消息后,立即前往宋某家中,将1万元保险金送到了患者手中。这是全省首例女职工幸福险在宜春赔付。在场的职工群众十分感动,连声赞叹道:"还是工会办的保险好,手续简单、信誉好,感谢党、政府和工会的关心"。是年,全省已有数千名女职工参加了这个互助保险计划。

2001年5月28日，为加强女职工的特殊保护、普及女性生理健康知识、防治妇科病、增强女职工的自我保健意识、促进女职工的身心健康，省总女工部下发《关于继续开展女职工保健知识讲座的通知》。《通知》下发后，全省各地、各单位工会女工部广泛开展女职工健康知识讲座活动。陕西省万安药业有限公司经验丰富的妇科专家免费为各地、各单位女职工就性生理知识，女性幼儿期、青春期、经期、孕期、产期、更年期的自我保健知识，妇科常见病、多发病的预防和治疗，授课地区常见妇科病防治知识等内容进行授课及现场咨询。

2003年，江西省职工互助保险会推出安宁保险：凡年满18周岁至60周岁的在职女职工、男职工家属以及江西省职工保险互助会的会员均可参加；保险金额为每份10元；保险范围为，自参加保险之日起，经县级以上人民医院诊断为患有原发性乳腺癌、宫颈癌等妇科癌症的女职工，可获得保险金1万元。此项保险惠及全省50万女职工。

2004年，江西省职工保险互助会推出《江西省女职工安宁互助保险计划》，全省各级工会女职工组织加大实施"江西省女职工安宁互助保险"活动力度，使参加"江西省女职工安宁互助保险"活动的女职工同年突破了50万人(次)。2月20日，为落实省总女职委和省互保会文件精神，在省总干校举办省产业女工部长互保知识培训班，对女职工安宁险、团体意外伤害险、团体特种重病险的内容和作用及办理险种的手续、程序等内容进行培训。5月14日，省总女职委制定下发《关于在非公有制企业开展"女职工劳动保护自我达标"活动的实施方案》，从指导思想和总体目标、自我达标的基本条件、措施要求等方面作出规定。

2005年3月，省总女工部和省总劳动保护部在南昌、吉安、九江、景德镇、上饶等设区市纺织、服装、玩具、电子、化工建材、饭店餐饮、鞋帽箱包、商业服务等8类非公有制企业各选择1家进行女职工特殊权益保障情况调研。调研方式采取现场座谈调研与问卷调查相结合，被调查的企业参加问卷调查的女职工为在该企业连续工作三个月以上的女职工。吉安市总的调查显示，女职工的就业年龄逐年偏小，就业女职工30岁以下的占了被调查人员的68.5%，特别是餐饮、商贸等服务性行业，年轻女性所占的比例已经高达95%，"4050"女职工仍是女性就业的突出问题；70%的女职工工作年限都在三年以下，完全是在吃"青春饭"，而且流动性很大，在企业工作5年以上的只占14.9%。在调查了解国家有关女职工特殊权益保护法律法规的落实情况时发现，占所调查人数66.1%的女职工表示对国家有关女职工特殊权益保护法律法规不了解；这8家非公企业与职工签订劳动合同率只有71.5%，而最低的国光超市接受问卷的20名女工中，只有1人与企业签订劳动合同；有50%以上的女职工对劳动合同中有无女职工劳动保护的内容抱着"无所谓"或"不重要"态度；有84.5%的女职工反映企业在执行劳动保护特别是"四期保护"方面做得一般；非公企业在为女职工参加"五种保险"方面相当不尽如人意，820名女职工中只有152人参加养老保险、3人参加医疗保险、16人参加失业保险、35人参加工伤保险、5人参加生育保险。11月3日，省总女工部下发《2005年"女职工安宁险"完成情况一号通报》，对已顺利超额完成任务的新余、抚州市总和江铜集团工会予以通报表扬。对继续做好"女职工安宁险"投保工作提出要求。

2006年3月8日，省总女工部、省职工保险互助会联合下发《关于下达女职工幸福险和安宁险目标任务的通知》，决定把女职工幸福险和女职工安宁险统一起来，集中力量宣传、推广和落实。4

月6日,省总女职委制定下发《维护女职工特殊权益的对策与建议调研方案》,明确调研目的、调研领导、调研内容、调研方法和调研进度。在全省范围内开展一次规模较大的调研活动,形成具有一定价值的调研报告。是年,省总女工部参与1989年11月制定的《江西省女职工劳动保护实施办法》修改工作,在广泛征求意见的基础上,对其中的一些问题提出建议及修改意见上报有关部门。是年5月10日—26日,省总抽调省总女工部、劳动保护部、法律工作部人员组成联合检查组,在全省非公企业范围内对女职工劳动安全卫生情况开展专项检查。联合检查组在各市总自查的基础上,先后赴南昌、赣州两地情况进行抽查,此次抽查的重点是非公企业女职工从事有毒有害作业、从事禁忌劳动的情况。从抽查的制药、制衣、机械等行业的非公有制企业的情况来看,绝大多数工会比较重视女职工劳动安全卫生工作,在大力宣传和贯彻实施《工会法》《劳动法》《妇女权益保障法》《女职工劳动保护规定》《女职工禁忌劳动范围的规定》等法律法规时,能够有效地做到对女职工实行特殊劳动保护。调查发现:有的非公企业主法律意识淡薄,对法规不了解、不执行;女职工文化素质较低,缺乏自我保护的法律维权意识;劳动安全卫生保护资金投入不足,保护设施不规范;延长劳动时间,加班、加点现象严重。针对存在问题,提出整改措施建议,并写出调研报告,将抽查情况向有关部门反映。9月7日,省总女职委下发《关于开展维护女职工合法权益和特殊利益调研报告、论文征集评选活动的通知》,对征文内容、征文要求、参加人员和评选办法作出明确规定。全省各级工会女职工组织、女职工工作者和广大女职工积极参加此项活动,认真撰写调研报告和论文。经过评委会评选,共评出优秀组织奖3个,调研报告和论文一等奖各1个、二等奖各2个、三等奖各3个。是月,省总女职委和各地各单位女职委对维护女农民工合法权益和特殊利益问题进行调研。调研采取座谈、访谈和问卷调查的方式,进行关于签订劳动合同情况、"四期"保护情况、女农民工劳动保护设施等25项内容的调查。调查结果显示,在女职工劳动权益、工资报酬、社会保险、女职工禁忌劳动、女职工"四期"保护、女农民工劳动保护措施等方面基本能按照有关法律法规执行。

2008年5月5日,省总女职委下发《女职工劳动保护现状及对策的调研方案》的通知,明确调研目的、调研领导、调研内容、调研方法、调研进度。在全省范围内对女职工就业保障(包括劳动合同的签订和工会组织以及女职工组织的建立)、一般女职工劳动保护(包括经期保护、避免从事第四级体力劳动强度劳动、避免从事有毒有害劳动、健康检查)、孕期劳动保护和产期劳动保护、哺乳期劳动保护和女职工卫生设施等6个方面进行调研。9月25日,由省总和南昌华夏医院联合开展的2008年全省女职工妇科病普查工程在南昌正式启动。郭学勤出席并为江西省困难女职工健康援助基地揭牌。此次普查工程旨在全省范围内为广大女职工尤其是下岗和困难女职工提供免费妇科病检查。

2009年3月1—31日,省总女职委联合南昌华夏医院继续在全省广大女职工和广大女农民工中开展真爱基金援助女性健康公益行动,为年满18周岁的江西女性朋友或在江西工作的成年女性进行免费普查普治,项目有白带常规、宫颈刮片、电子阴道镜检查、B超、乳腺红外和建立健康档案等。还为患有妇科疾病的贫困女性、单亲妈妈、下岗女工、残疾女工以及返乡女农民工等女性朋友实行60余项妇科诊疗大优惠。3月23日,省总女工部下发《关于在我省广大女职工中开展妇科病查治工作的通知》,要求各级工会女职工组织将女职工健康保护纳入重要的议事日程;加强健康宣传教育，不断提高广大女职工的自我保健意识；加强与计生部门、妇联等相关部门的协调配合，做好调查、摸底工作，促成各地各行各业加大对妇科病查治工作的力度，要确保每两年一次开展妇科病普查工作。8 月 5—31 日，省总女职委设立的省困难女职工健康援助基金再次在全省范围内发起“妇科检查免费，治疗半价”活动，切实解决困难女职工“看病难、看病贵”的大问题。

2010 年 1 月 12 日，省总女工部下发《关于继续广泛开展妇科病普查和举办女职工保健知识讲座的通知》，要求继续在全省广大女职工和广大女农民工中广泛开展妇科病普查和举办女职工保健知识讲座。其间，省总女职委与南昌华夏医院和南昌仁爱女子医院，为在昌单位的女职工和女农民工免费进行妇科病普查。在保健知识讲座活动中，省总女职工指派有关医学专家，分赴各地免费开展女职工知识讲座，提高全省广大女职工和广大女农民工的预防意识和保健能力。11 月，为配合修改《女职工劳动保护规定》，进一步研究将《女职工禁忌劳动范围的规定》有关内容纳入到新修改的《女职工劳动保护规定》中，省总女工部在全省范围内组织开展关于对女职工禁忌劳动范围有关情况调查，调查显示，全省不少女职工对《女职工禁忌劳动范围的规定》是否适应形势发展的需要和新材料、新物质是否给女性生育机能带来危害发表自己的看法，提出一些建议。对需要修改的禁忌条款进行修改，对需要补充的禁忌内容进行补充，并向有关部门反映。

第八章　法律与维稳

1994—2010年,总工会法律工作面向职工、面向工会组织,从源头上在国家法律和行政法规规章的起草和修改过程中提出意见,参与制定和修改省级法规规章和有关政策,开展劳动法律监督;从职工权益维护上参与劳动争议调处;从社会稳定维护上参与信访、突发事件处置;从法律服务和法律援助上帮助职工和基层工会维护权益;从法律普及上教育职工学法、懂法、用法、守法。

第一节　参与立法与法律监督

参与国家法律法规的起草和修改

随着改革开放和经济建设快速发展,国家的立法工作也在加快进行。省总工会在国家法律和行政法规规章的修改过程中提出意见,参与制定和修改地方有关法规规章和政策,从宏观和源头上维护职工合法权益。

参与国家法律的起草和修改　1996年,省总对《工会法》《社会救济法》《职业教育法》提出修改意见。2月12日,省总召集省产业工会、企业工会、省总直属基层工会、省总有关部门等18个单位和部门工会主席及负责人对《工会法》补充修改意见进行座谈讨论。与会代表认为,1992年颁布的《工会法》是计划经济条件下的产物,已经不能适应市场经济的发展,尤其是《工会法》缺乏法律责任专章,在实际运用过程中缺乏法律强制力,难以贯彻实施。省总法律工作部(简称法工部)对《工会法》补充修改意见提出工会组建、基层工会的法人资格、工会经费拨交和工会财产保护、工会干部的保护问题、法律责任、其他等6个方面共12条意见。

1997年,省总对《集体合同法》提出修改意见。

1999年,省总对《劳动合同法》就涉及职工、工会组织的合法权益方面提出修改意见和建议,得到立法机关、全总和有关部门的重视和采纳。

2000年,省总对《工会法》提出修改意见。

2001年,省总对《〈婚姻法〉修正案》《〈工会法〉修正案(草案)》《企业破产与重整法》《中华人民共和国职业病防治办法》提出修改意见。2月,省总法工部对《〈婚姻法〉修正案》提出10条修改建议及理由。9月,省总参与修改《〈工会法〉修正案(草案)》,建议:应在工会组织一章中增加新建企业工会组建问题的内容。应在第十条中增加一款:“城市中的街道组织应当建立工会或者工会联合会。”在修正案（草案）总则中增加一条，专门就非公有制企事业单位职代会制度及其职权作出相应规定。对法律责任一章补充相关内容。第四十九条的“恢复原工作”之后加上“对拒不执行劳动行政部门命令的，当事人可以申请劳动仲裁；对仲裁不服的可以向人民法院提起诉讼”。

2002 年，省总对《科学技术普及法》提出修改意见。

2004 年，省总对《劳动合同法（草案）》提出修改意见。9 月，省总向各设区市总工会工会、省产业（局、系统）工会、省总直属基层工会发出《关于〈劳动合同法〉立法征求意见的函》。是年，参与修改《中华人民共和国企业破产法（草案）》《最高人民法院〈关于审理劳动争议案件适用法律若干问题的解释（二）〉》。省总对《解释（二）》提出 4 条修改意见。

2005 年，省总对《中华人民共和国公司法（修订草案）》提出 3 条修改意见。是年，省总参与修改《劳动合同法（草案）》，提出建议。是年，省总参与修改《企业破产法》《就业促进法（草案）（送审稿）》。对《就业促进法（草案）（送审稿）》提出 3 条修改建议。

2006 年，省总对《工会法》提出：第十条后增加一条和 7 条修改意见。是年，省总参与修改《劳动合同法（草案）》。对《劳动合同法（草案）》提出 17 条修改意见。

2007 年，省总对《劳动合同法（草案二次审议稿）》提出 6 条修改建议。是年，省总参与修改《就业促进法（草案）》《中华人民共和国劳动争议调解仲裁法（草案）》。对《劳动争议调解仲裁法（草案）》提出 2 条修改建议。

2008 年，省总对《中华人民共和国社会保险法（草案）》提出 4 条修改意见。

2009 年，省总对《社会保险法》提出 12 条修改意见。是年，省总对《中华人民共和国全国人民代表大会和地方各级人民代表大会选举法修正案（草案）》提出修改意见。

2010 年，省总对《社会保险法》《中华人民共和国选举法》《工会法修正案（建议稿）》提出修改意见。是年，省总对《中华人民共和国人民调解法（草案）》提出 2 条修改意见。对《最高人民法院关于审理劳动争议案件适用法律若干问题的解释（三）（2010 年 3 月征求意见稿）》提出 7 条修改建议。其中大部分修改意见被采纳。

省总在国家行政法规修改过程中提出意见。

1997 年，省总对《劳动争议处理法》提出修改意见。

2002 年，省总对《法律援助条例》提出 7 条修改意见

2003 年 3 月，省总对全总法律工作部《关于对劳动和社会保障部起草的〈兼职劳动仲裁员管理暂行规定（讨论稿）〉提出修改意见的函》提出 18 条修改意见。

2008 年，省总对《劳动合同法实施条例（草案）》提出 7 条建议。4 月，省总对《女职工劳动保护条例（修订草案）》提出 4 条修改意见。

2009 年，省总对《工伤保险条例》提出修改意见。

2010 年，省总对《工伤保险条例》提出修改意见。

参与制定地方性法规

1994 至 2010 年，省总参与制定《江西省实施〈工会法〉办法》《江西省企业工会条例》《江西省

集体合同条例》《江西省职工代表大会条例》《江西省厂务公开条例》《江西省企业工资集体协商条例》。其中《江西省企业工会条例》于1996年开始申请立法,1998年上半年,省总完成《江西省外商投资企业工会条例》(1998年4月更名为《江西省企业工会条例》)起草工作,1998年9月,省九届人大常委会第四次会议对《江西省企业工会条例(草案)》进行审议,认为立法条件尚不成熟,决定《江西省企业工会条例》的立法工作暂缓进行。《江西省企业工资集体协商条例》立法程序于2009年启动,2010年尚未提交省人大常委会一审;其他4部法规已颁布实施;1994年颁布的《江西省实施〈工会法〉办法》于1998年和2003年进行两次修改。

参与制定《江西省实施〈工会法〉办法》 (1992年,全国人大对1950年6月29日中央人民政府颁布的《工会法》进行修改,1992年4月3日颁布修改后的《工会法》)。1993年下半年,省总受省人大内务司法委委托,开始起草《江西省实施〈工会法〉办法》,草案二次下发地、市及各产业工会征求意见。1994年3月2日,省总发文《江西省实施〈工会法〉办法(送审稿)》,向省总各地区办事处、省辖市总工会、省产业(局)工会、直属层工会征求修改意见。4月1日,省总召开纪念《工会法》颁布二周年座谈会,邀请省人大、省政协、省司法厅的领导同志,在昌部分产业及基层工会人员参加座谈。到会代表就《工会法》的执行情况,以及贯彻落实《工会法》过程中遇到的问题进行总结,结合本单位、本行业的实际情况对《江西省实施〈工会法〉办法(草案)》提出修改意见。在调查研究,广泛听取各方面意见的基础上,草案六易其稿,6月13日提交省人大第八届常委会初审。8月15日经省人大八届十次常委会二审通过,8月30日颁布实施。《江西省实施〈工会法〉办法》(简称《实施办法》)结合江西省工会工作实际,对工会工作的一些重大原则问题作出明确的规定。针对当前有的单位在改革过程中随意撤并工会组织的现实,《实施办法》明确规定:“任何单位和个人不得擅自将依法建立的工会及其机构撤销,或者与非工会组织的机构合并,或者归属于非工会组织的机构。”针对当前部分单位拖欠工会经费的现象,对工会经费的收缴作出规定:“建立工会组织的全民所有制和集体所有制企业事业单位、机关应按每月全部职工工资总额的2%标准,于当月15日前向工会拨交经费。“对逾期未拨交或者少拨交工会经费的,工会应当及时催交;经两次书面催交仍不拨交的,工会可按照国家有关规定通过银行扣交,并按欠交金额每日千分之五拟收滞纳金。”

省总第一次修改《江西省实施〈工会法〉办法》参与。从实施几年的实践情况看,1994年颁布的《办法》的大多数条款仍然可适用。但是,《办法》在实施过程中,也遇到一些新情况、新问题,需要对《办法》进行修改。1998年11月3日,省总报送省人大法制工作委员会《关于修改〈江西省实施〈工会法〉办法〉的意见和建议》。对1994年颁布的《实施办法》提出9个条款进行修改的意见建议。是年12月18日,省第九届人民代表大会常务委员会第6次会议通过关于修改《实施办法》的决定。1998年12月21日省人大常委会第19号公告公布施行。

省总第二次修改《江西省实施〈工会法〉办法》参与。2001年10月27日,第九届全国人民代表大会常务委员会第二十四次会议通过《全国人民代表大会常务委员会关于修改〈工会法〉的决定》,对1992年颁布的《工会法》进行修正。2001年12月26日,省总报送省人大《关于提请省人大将修订〈江西省实施〈工会法〉办法〉纳入2002年立法计划的报告》,并建议在2002年7至9月间出台。2002年3月,根据省人大立法计划,省总组织对《实施办法》进行修改,代省人大起草征求意见稿、讨论稿、对照表、修改决定、情况说明等材料，至3月，省总对《实施办法（草案）》进行11次修改，形成材料20余万字，发出书面征求意见稿50余份，与外省交流110份，召开200余人参加的不同类型的座谈会。7月29日，《实施办法》经省九届人大常委会第31次会议第二次修正后颁布实施。在全国各省市中，江西是继北京市之后第二个修改后颁布《实施办法》的省份。修正后的《实施办法》共分48条，进一步突出并强化工会的维护职能。同时还对新建企业工会的组建、职工和工会工作者合法权益的保护、工会经费的收缴等作出补充决定。

参与制定《江西省企业工会条例》　1996年，省总开始推动《江西省外商投资企业和私营企业工会条例》的立法。1997年1月，省总在宜春召开全省工会法律工作会议，讨论修改《江西省外商投资企业和私营企业工会条例》。1998年上半年，省总完成《江西省外商投资企业工会条例》起草工作，2月27日，省总向省人大内务司法委提交《关于提请将〈江西省外商投资企业工会条例〉更名为〈江西省外商投资企业和私营企业工会条例〉的报告》。4月7日，省总以赣工发〔1998〕33号文，向省人大内务司法委提交《关于提请将〈江西省外商投资企业工会条例〉更名为〈江西省企业工会条例〉的报告》。是月，省总下发《关于征求对〈江西省企业工会条例〉（初稿）修改意见的通知》。9月25日主任会议决定，《江西省企业工会条例》的立法工作暂缓进行，由法工委根据全省企业工会的实际情况，着手研究《江西省实施〈工会法〉办法》的修订工作。12月14日在江西省第九届人大常委会第六次会议上，《关于"江西省人民代表大会常务委员会关于修改〈江西省实施〈工会法〉办法〉的决定（草案）"的说明》中指出："省九届人大常委会第四次会议对《江西省企业工会条例（草案）》进行了审议。委员们提出，目前企业种类较多，不同种类企业的情况不尽相同，制定一部涵盖所有企业工会工作的法规条件尚不成熟。"

参与制定《江西省集体合同条例》　2000年9月8日，省总向省人大内务司法委提交《关于申请〈江西省集体合同条例〉立法的建议》。建议尽快出台《江西省集体合同条例》（简称《集体合同条例》。2001年2月6日，省总代拟《〈集体合同条例〉立法调研计划》，建议选择3个已经出台了集体合同条例的省市和省内5～6个省辖市及其不同所有制的企业进行调研，2001年6月根据调研情况完成《集体合同条例（草案）》起草工作。是年，省人大常委会将《集体合同条例》列入立法调研计划。在广泛听取各有关部门、各单位和各级工会组织意见的基础上，经过数十次的修改形成了《集体合同条例（草案）》初稿。7月29日，经省第九届人大常委会第三十一次会议初审后，省人大常委会法工委会同省总赴部分市、县（市、区）和有关基层单位反复征求意见，进行修改、论证，最后形成了《集体合同条例》表决稿（草案），9月27日，省九届人大常委会第32次会议表决通过《集体合同条例》，是日颁布，2002年11月1日起正式实施。这是全国第15个以地方立法形式确立这项法律的省份。

参与制定《江西省职工代表大会条例》　2002年9月6日，省总报送省人大常委会法制工作委员会《关于申报2003年审议法规草案计划暨今后五年立法规划的建议》，建议将《江西省厂务公开条例》《江西省非公有制企业工会条例》《江西省企业职工代表大会条例》《江西省工会劳动法律监督条例》列入省人大五年立法规划。2003年初，《江西省职工代表大会条例》（简称《职代会条例》）被正式列为省人大常委会调研项目。省人大内司委与省总成立《职代会条例》草案起草小组，对条例进行调研,并征求意见,形成《条例(草案)》。2004 年,《条例》列入省人大立法计划,3 月 29 日,在省十届人大常委会第八次会议上进行一审。在审议中,大部分委员认为在经济体制改革的过程中,很有必要制定这样一部法律来保障职工的合法权益,规范企业行为,促进改革发展和稳定。但也有委员对草案中规定的非公有制企业应当建立职工代表大会制度持有争议,经省人大法制委会议审议并报常委会主任会议研究决定,草案暂缓提交常委会二审,由省人大法制委、法工委和省总对草案进行进一步调研,对草案进行修改后再议。2006 年,经过近两年的调研和修改,形成《职代会条例(草案修改稿)》,3 月 28 日,在省十届人大常委会第二十次会议上进行审议,由于仍有委员对非公有制企业应当建立职工代表大会制度存在争议,会议未付表决。根据省人大常委会主任会议的意见,省人大常委会法工委就此问题向全国人大常委会法工委作专门请示,全国人大常委会法工委经济法室回函,为此,省人大常委会法工委与省人大内司委、省总共同研究,对草案进行相应修改,形成《职代会条例(草案修改二稿)》,7 月 28 日,在省第十届人大常委会第二十二次会议上《职代会条例》三审通过。是年 9 月 1 日起在全省实施。

参与制定《江西省厂务公开条例》 2006 年 10 月,省人大征求省总 2007 年度的立法计划,10 月 13 日,省总报送省人大内司委《关于报送 2007 年立法及法律监督工作意见的函》,建议将制定《江西省厂务公开条例》(简称《厂务公开条例》)列入省人大常委会 2007 年的立法计划,并附立法项目建议表和《厂务公开条例(草案)》,省人大将《厂务公开条例》列为 2007 年立法的正式项目。省总成立草案起草小组,起草小组根据江西厂务公开工作的实际,参阅外省已出台的法规文本,2007 年初,形成《厂务公开条例》草案初稿。草案形成后,省总将《厂务公开条例(草案初稿)》印发给各设区市总工会、省产业(局、系统)工会和省直属基层工会征求意见。3 月底,省人大内司委将《厂务公开条例(草案)(征求意见稿)》印发南昌、九江、景德镇、新余、宜春、萍乡设区市人大内司委,委托其征求有关部门、各类企业的意见。4 月中旬,省人大内司委和省总又组成调研组赴吉安、赣州市以及吉安县、上犹县开展立法调研,召开市、县直有关部门和部分国有、集体改制企业、事业单位和非公有制企业负责人的座谈会,多方听取意见和建议。4 月 25 日,省人大内司委又召开省直有关部门及各类企业代表参加的专项座谈会,进一步征求对条例草案的修改意见。5 月 11 日,省人大内司委召开第 20 次会议对《厂务公开条例(草案)》进行审议,形成提请一审的《厂务公开条例(草案)》稿。一审后,省人大法制委、法工委会同省总对草案调研和修改,6 月初,组成调研组赴上饶、鹰潭等地进行调研,之后,省人大法工委对《厂务公开条例(草案)》进行多次研究修改。7 月 20 日,省人大常委会主任会议听取法工委关于《厂务公开条例(草案)》修改情况的汇报,形成提交二审的《厂务公开条例(草案)》修改稿。7 月 27 日,省十届人大常委会第三十次会议上审议通过《厂务公开条例》,自 2007 年 10 月 1 日起施行。《厂务公开条例》共 18 条,适用于江西省行政区域内的企业、事业单位和民办非企业单位。条例对国有、集体及其控股企业,事业单位,非公有制企业和民办非企业单位厂务公开的内容分别进行规定。

参与制定《江西省企业工资集体协商条例》 2008 年 10 月,省总向省人大内务司法委提交《〈江西省企业工资集体协商条例〉列入省人大 2009 年立法项目的情况汇报》,建议将《江西省企业工资集体协商条例》列入省人大 2009 年立法项目,并填报《江西省企业工资集体协商条例立法项目建议表》《立法项目入库表》。2009 年 1 月 19 日，省总向省人大内务司法委提交《关于建议将〈江西省企业工资集体协商条例〉列入省人大 2010 年立法项目的情况汇报》。2009—2011 年省总配合省人大完成立法的前期调研征求意见工作，完成草案初稿、建议稿、征求意见稿、送审稿的修改工作。

在地方性法规的制订和修改过程中提出意见　1994 年，省总对《江西省保护公民举报权利条例》《江西省全面实施〈消费者权益保护法〉办法》《江西省军人抚恤优待办法》《江西省实施〈中华人民共和国妇女权益保障法〉办法》等 16 部地方性法规及地方政府规章提出修改意见 30 余条，80% 的意见和建议被吸收采纳。

1995 年，省总对《江西省计划生育条例》提出修改意见。

1996 年 3 月 8 日，省总法律工作部部长胡佑生参加省人大法制工作委员召开的对《江西省外商投资企业劳动管理条例》草案修改座谈会，提出 8 条修改意见。7 月 25 日，省总对省人大内务司法委《江西省法制宣传教育工作条例(草案)》提出 2 条意见。9 月 13 日，省总就省人大内部司法委员会《关于实施〈江西省地方性法规清理工作方案〉的通知》，对《江西省实施〈工会法〉办法》与《行政处罚法》不相符的地方提出了法规存在的主要问题、修改的理由和依据以及修改的初步设想。是年，省总对《江西省实施〈道路交通事故处理办法〉细则》《社会救济法》等 16 部地方性法规及地方政府规章提出 40 条修改意见和建议，其中绝大多数被立法机关采纳。

1997 年，省总对 9 部地方性法规及地方政府规章提出修改意见。

2001 年，省总与省劳动和社会保障厅(简称省劳社厅)、省财政厅联合下发《关于调整企业职工死亡待遇的通知》。

2002 年，省总对《江西省信访条例(草案)》提出 4 条意见；对《江西省发展个体私营经济条例(修改稿)》提出 2 条修改意见；对《江西省实施〈老年人保障法〉办法》《中华人民共和国科学技术普及法(草案)》《南昌市劳动力市场管理条例修正案》分别提出修改意见。

2003 年，省总对 11 部地方性法规及地方政府规章提出修改意见。

2004 年，省总对《江西省质量奖管理办法(送审稿)》《江西省实施〈中华人民共和国残疾人保障法〉办法修正案(草案)》提出 3 条修改意见；对《江西省环境保护监督管理条例(草案送审稿)》《南昌市经济技术开发区条例(草案)》分别提出修改意见。2004 年，省总和南昌市总参与制定《江西省劳动争议处理实施办法》《南昌市劳动争议仲裁条例(草案)》。

2005 年 5 月 31 日，省总对《江西省人事争议仲裁暂行办法》提出 2 条修改意见。6 月 7 日，省总对《江西省劳动争议仲裁证据审核试行规则(征求意见稿)》提出修改意见。之后，省总对《江西省社会治安综合治理条例修正案(草案)(征求意见稿)》《江西省人民政府拟订地方性法规草案和制定规章程序规定(征求意见稿)》《江西省生育保险暂行规定(征求意见稿)》提出修改意见。

2006 年，省总对 10 部地方性法规及地方政府规章提出修改意见。

2007 年，省总对《江西省实施〈中华人民共和国消费者权益保护法〉办法(修订草案送审稿)》提出修改意见。

2008 年，省总对《江西省见义勇为奖励保障办法》《江西省人口与计划生育条例(征求意见稿)》修改意见。2 月，省总对《江西省就业促进条例》《江西省实施〈残疾人就业条例〉办法(送审稿)》提出2条修改意见。是年,南昌市总配合市人大完成《南昌市工会劳动法律监督条例》的地方立法。

2009年,省总对《江西省信访条例(修订草案)》提出4条修改意见。

2010年,省总对《江西省各级人民代表大会选举实施细则》《江西省人大常委会关于进一步加强普法教育的决议(草案征求意见稿)》等10部地方性法规和地方政府规章提出12条修改意见。

参与地方政府规章的制订和修改 1995年,省总对《江西省妇女发展规划》提出修改意见。

1996年7月3日,省总对《九江开放开发区管理办法(修改稿)》提出修改意见,并派员参加立法协调论证会。10月23日,省总派员参加省政府召开的《江西省劳动监察规定》协调论证会,就涉及工会和职工合法权益的有关内容提出2条建议,均被采纳。

1999年,省总对《江西省社会团体登记管理办法(送审稿)》提出修改意见:《办法》第三条中"不属于《条例》规定登记范围的团体除外"的规定太笼统,不便操作。为此,建议按国务院《社会团体登记管理条例》之规定,将不属于《办法》管理范围的社会团体类别诸如工会等人民团体一一列举在《办法》中,既便于实际操作,也有利于规范登记管理机关依法登记,防止越权登记导致纠纷产生。

2004年,省总对《〈江西省企业劳动争议处理实施办法〉修订案》提出9条修改意见及建议。对《南昌市劳动争议仲裁条例(草案征求意见稿)》提出10条修改意见。是年7月,省总参与修改《中华人民共和国企业破产法(草案)》,提出3条意见。

2005年3月7日,省总对《江西省劳动争议处理办法》提出3条修改意见。3月18日,省总对《江西省人事争议仲裁暂行办法》提出5条修改意见。

2006年,省总参与修改《江西省实施〈法律援助条例〉办法(送审稿)》。

2008年9月,省总对《江西省实施〈残疾人就业条例〉办法(修改三稿)》提3条修改意见。

2010年,省总参与修改《江西省劳动人事争议仲裁办案实施细则(征求意见稿)》《江西省残疾人就业实施办法(草案)》《江西省优待扶助残疾人规定(送审稿)》《江西省劳动人事争议仲裁庭庭审程序(征求意见稿)》,提出22条修改意见,其中大部分被省人力资源和社会保障厅(简称省人社厅)所采纳。

法律监督

机构队伍 1996年,全省工会组织启动劳动法律监督工作。省、地区(市)、县工会先后建立工会劳动法律监督委员会。1996年9月25日,省总下发《关于成立"江西省工会劳动法律监督委员会"的通知》,主任:刘金标(省总主席)。副主任:陆桂林(省劳动厅副厅长)、燕方万(民盟江西省委会副主委、省政协常委、法制社团委员会副主任)、李骥(省总党组成员、组织部部长)。委员:李锐(省人大内务司法委员会办公室主任)、汪灶坤(省政协法制社团委员会办公室主任)、陈利克(省劳动厅劳动关系与监察处副处长)、胡佑生(省总法律工作部部长)、卜光伟(省总经济工作部部长)、应同祥(省总保障工作部部长)、彭蓉英(省总女工部部长)、滕自国(省总基层工作部部长)、赵翔

(《工人日报》驻江西记者站记者)。劳动法律监督委员会办公室设在省总法律工作部。1998 年 9 月,根据人事变动,省总工会劳动法律监督委员会组成人员作调整。

1996 年,根据全总文件要求,省总先后下发文件,提出加强对劳动争议调解组织和工会劳动法律监督组织的建设,规范企业劳动争议调解员、工会劳动法律监督员证书的颁发及档案管理工作,要求企业劳动争议调解员和法律监督员须经省总或其批准的县级以上工会培训并考核合格,方可申请领证。在此基础上相应建立地、市、产业"两员"证书登记发放及档案管理制度,报省总法律部备案。要求年底前全都建立。计划逐步建立起监督员队伍,形成工会劳动法律监督网络。按照全总要求,全省在三年之内完成 6563 名法律监督员培训。9 月底,全省培训 1080 名法律监督员。省总先后从省、市(地)、县(市)及大型企业和产业工会选派 17 人到北京等地参加律师应试、劳动争议兼职仲裁员、劳动争议调解员和劳动法律监督员的培训。

1995 年 7 月,景德镇市总、市劳动局聘任 45 名工会领导干部为市首批劳动法律监督员,聘期 3 年。

1996 年 8 月,抚州成立工会劳动法律监督委员会,之后,鹰潭、萍乡相继成立工会劳动法律监督委员会。11 月,九江、新余、宜春、上饶等地市成立工会劳动法律监督委员会。

1996 至 1998 年,九江市劳动法律监督委员会及 12 个县(市、区)和庐山管理局、共青城劳动法律监督委员会成立。

1997 年,全省 11 个地市和 79 个县(市)工会建立法律监督委员会,组建率为 81%。是年,新余市建立劳动法律监督委员会 231 个。2001 年,全市建立法律监督委员会 1095 个,其中新建企业建立法律监督委员会 675 个。2002 年,全市建立法律监督委员会 949 个。2006 年,全市新建立法律监督委员会 145 个,有工会劳动法律监督员 495 人。2008 年,全市新建法律监督委员会 48 个,有工会劳动法律监督员 149 人。2009 年,全市新建劳动法律监督委员会 92 个,有工会劳动法律监督员 251 人。2010 年,全市新建法律监督委员会 116 个,有工会劳动法律监督员 298 人。

1998 年 9 月 3 日,省总下发《关于调整江西省工会劳动法律监督委员会成员的通知》,对省总工会劳动法律监督委员会原组成人员作相应调整,省总工会主席程受锭为主任;省人大内务司法委员会副主任刘金标等 4 人为副主任;省总工会法律工作部部长胡佑生等 9 人为委员;委员会下设办公室,胡佑生兼办公室主任。

1999 年,南昌市 900 个企业建立劳动法律监督委员会。培训 720 名劳动法律监督员和劳动争议协调员。2009 年,南昌市县区(开发区)、街道(乡镇)以及 90% 以上的规模企业建立工会劳动法律监督委员会 1006 个,选聘劳动法律监督员 2748 名。5 月,南昌铁路局工会成立路局及基层单位的劳动法律监督委员会。2000 年,81 个基层单位建立劳动法律监督组织,监督小组 594 个,兼职工作人员 1631 人。2004 年,83 个局属单位建立劳动法律监督委员会,兼职工作人员 747 人。2007 年,52 个局属单位建立劳动法律监督委员会,有兼职劳动法律监督员 320 人。是年,全省地市级监督机构 21 个,县(市、区)级 99 个,企业 6635 个。全省法律监督员 10704(发证数),兼职劳动法律监督员 45 人。

2004 年底,省劳社厅与省总共同举办全省工会系统的首期劳动保障法律监督员培训班。604

人考试合格获国家统一验证的证书,经劳动保障行政部门聘任为劳动保障法律监督员。2005年6月17日,省总与省劳社厅共同举办两期全省工会组织劳动保障法律监督员培训班。培训对象为各设区市、省产业(局、系统)、省总直属基层工会的有关人员。

2005年9月,萍乡市建立11个区域性劳动争议和法律监督组织。2007年,江西铜业集团公司及所属各单位均建立工会劳动法律监督委员会或监督小组。7月,公司工会制定《江西铜业集团公司工会劳动法律监督工作规定》。工会劳动法律监督委员会由同级工会委员和职工代表三人以上单数组成,负责人由工会主席担任,办事机构设在工会。监督委员会根据工作需要,配备具有一定的政策水平和工作能力、熟悉劳动法律法规的专兼职监督员。

监督活动 1996年10月8日,省总根据全总颁布的《工会劳动法律监督试行办法》,制订《江西省工会劳动法律监督委员会工作职责(讨论稿)》。是年11月,江西参加全总在福建省召开的首次工会劳动法律监督工作研讨会。江西有3篇论文入选。

1997年5月18日,省总下发《关于印发〈江西省工会劳动法律监督暂行规则〉的通知》。《暂行规则》规定:江西省工会劳动法律监督委员会是省级工会劳动法律监督机构,负责组织、协调和指导全省的工会劳动法律监督工作,参与查处本省范围内的重大劳动违法案件,并负责对驻南昌的中央、省属、部队、外商投资企业、私营企业、乡镇企业等用人单位遵守和执行劳动法律法规的情况进行监督。市(地)、县(市、区)工会劳动法律监督委员会依法开展对本级工会组织所在地区的劳动法律监督,参与查处本行政区域内有重大影响的违法案件。各级工会劳动法律监督委员会应将工作情况,查处违法案件的结果及统计资料,每半年向上级工会劳动法律监督委员会报告一次。重大案件应当及时向上级工会劳动法律监督委员会及劳动行政机关的劳动监察部门报告。产业工会劳动法律监督工作比照地方工会劳动法律监督工作有关规定执行。基层单位的劳动法律监督工作和劳动争议调解工作可以合署办公,但不应相互取代。

1999年,全省受理职工举报案件数4995件(省总108件、地市产业580件、县市区990件、企业3317件);提请劳动监察部门处理案件数74件;用人单位接受监督纠正件数65件。是年5月,南昌铁路局工会制定《南昌铁路局工会劳动法律监督实施办法》。6月,印发《南昌铁路局工会建立劳动关系预警机制的实施细则》。全年发现违反劳动法律事件164件,年内已整改89件。2006年,路局工会设立职工法律直通信箱,局属各单位工会设立职工法律直通站,单位车间设立职工法律直通点为主要形式,建立职工的争议处理及劳动法律监督情况快速反馈机制,34个单位参加活动。全年发现违反劳动法律事件17件,其中劳动安全卫生2件,休息休假3件,职业病2件,培训考核8件,其他2件。年内整改12件。

2001年7月6日,省劳社厅、省总、省妇联联合发文《关于开展劳动保障法律监督检查活动的通知》。文件明确:根据劳动保障部、全总、全国妇联《关于开展劳动保障法律监督检查活动的通知》精神,决定于是年7月15日至8月15日在全省范围内组织开展一次劳动保障法律监督检查、调研活动。3家组成3个联合监督检查小组,深入市、县进行监督检查,了解各地开展监督检查、调研活动的情况,及时研究和解决存在的问题。

2002年,省总与省劳社厅在联合转发“南京会议”(全国贯彻实施《劳动法》《工会法》推进集体合同劳动合同工作经验交流会)形成的三个规范性文件的同时,在多次协商和论证的基础上,提出关于"加强我省工会劳动法律监督与劳动保障法律监督相互配合的指导意见"。各市、县结合学习贯彻《劳动法》和修改后的《工会法》,配合执法部门开展专项监督检查。

2006年10月13日,省总《关于报送2007年立法及法律监督工作意见的函》指出:随着改革的不断深化和经济主体多元化格局的加速形成,经济社会生活中长期积累的深层次矛盾不断显现,有的企业随意延长劳动时间、提高劳动强度、降低劳动者工资收入和福利待遇、减少劳动安全卫生投入,以降低生产成本,有的企业未认真执行劳动法律法规,导致劳动争议频繁发生,严重侵害劳动者的合法权益,极大地影响劳动者的生产积极性。建议省人大内司委在2007年组织一次对全省企业贯彻实施《劳动法》情况的执法检查。

2007年,省总先后对全省女职工劳动安全卫生和特殊保护情况、劳务派遣、工会劳动保障法律监督情况等进行调研。通过"12351"职工维权热线和职工来信来访,受理职工对违反劳动保障法律法规的举报、投诉。是年上半年,省总就接听职工热线79起,处理来信33件,接待来访150起、涉及职工252人(含集体访7起、涉及职工39人)。在职工来信来访过程中,对发现的典型违反劳动保障法律法规侵犯职工合法权益的案件,提供法律咨询和援助。对全省贯彻《劳动法》《安全生产法》的情况进行调查,针对劳动合同签订过程中的问题,在全省建筑、餐饮、服务行业开展劳动合同制度实施情况抽样调查,对全省这些行业实行劳动合同制度情况进行调查摸底,共抽样调查建筑企业29家、餐饮服务企业45家,涉及职工16676人,对存在的问题进行分析,提出意见和建议。是年2月15日,新余市总会同市劳动、经贸、安监、卫生等部门联合出台《关于进一步加强工会劳动法律工作的实施意见》,以进一步加强工会对用人单位执行劳动保障、安全生产、职业卫生法律法规执行情况的监督工作。《意见》对工会劳动保障、安全生产、职业卫生法律监督的工作程序作明确规定。并对工作落实提出4条保障措施。

2008年8月29日,南昌市人大常委会审议通过了《南昌市工会劳动法律监督条例》。条例明确:工会组织将依法对12种情况进行监督,并正式提请省人大常委会批准。这是江西首次立法保障工会劳动法律监督权。《条例》明确规定,用人单位及有关人员采取暴力、威胁等手段阻挠工会劳动法律监督员正常工作的;对工会劳动法律监督员和举报投诉人进行打击报复或者造成人身伤害的;提供虚假情况、隐匿毁灭证据的;拒不提供有关文件、资料和其他证明材料的,县级以上人民政府或者有关行政管理部门应当依法处理,构成犯罪的,依法追究刑事责任。

执法检查 1994年,省总要求各地工会针对《工会法》在基层贯彻执行中存在一些情况和问题,配合省人大内务司法委员会对《工会法》的贯彻实施情况进行自查自纠。景德镇、九江市总配合市人大常委会对本地区的《工会法》执行情况进行专题检查。景德镇市分三个检查组对昌河飞机工业公司等单位进行检查;九江市抽派市总、组织部、经委、体改委、监察局、劳动局、财政局、人大政法委领导等分成四个检查组,对13个县(市、区)和20个企事业单位执行《工会法》情况进行检查,对检查中发现的问题,采取边查边改的原则,同时,还为工会组织解决实际问题。

1996年6—7月,省总参加省政协组织的对全省外商投资企业贯彻《劳动法》情况调查,并会同调查组向省委、省政府写出专题报告。是年,各地市也分别参加所在地人大、政协及劳动部门组织的贯彻执行《劳动法》执法检查。

1997年8月6日,省总报送省人大内务司法委员会《关于我省贯彻实施〈工会法〉中的难点及执法检查建议的报告》。建议对两个方面的问题予以重点检查:(1)各企业、事业单位和机关应自开办或设立之日起一年内依法组建工会;企业在改制过程中,任何组织和个人不得随意撤销、合并或削弱依法建立的工会组织、机构及人员,在改制中应同步组建工会。(2)依法及时足额拨交工会经费是各企业、事业单位和机关应尽的法定义务,任何组织和个人不得以任何理由擅自拖欠、拒交工会经费。同时建议在检查过程中发现有违反上述规定的企业和事业应督促各地限期予以整改,切实做到有法必依,执法必严和违法必究。

1999年1月5日,省总报省人大内务司法委员会《关于建议在全省开展一次〈工会法〉、〈劳动法〉执法检查的请示》。建议省人大内务司法委员会在1999年适当时候开展一次全省《工会法》《劳动法》执行情况的检查。10月下旬—11月中旬,省人大内务司法委员会组织、省总配合在全省开展《工会法》《劳动法》执行情况执法检查。执法检查分3个小组对赣州市、南昌市和萍乡市的执法情况进行重点检查,检查了重点企业、事业单位和机关依法组建工会和维护工会干部合法权益情况;全民所有制和集体所有制企业、事业单位工会依法组织职工参与民主管理、民主监督情况;新建企业建工会情况和工会经费依法收缴情况等。检查组在出发前,听取省总关于全省贯彻实施"工会两法"情况的专题汇报。检查组认为,3个地市在贯彻落实中做大量的工作,但也存在一些问题。

2002年1月,省人大、省司法厅、省总召开学习宣传贯彻《工会法》座谈会,省人大常委会副主任黄名鑫在讲话中要求各级人大和政府要加强《工会法》的执法监督检查,努力营造良好的遵法、守法、执法的氛围。指出,学习宣传贯彻好《工会法》既是工会组织的重要职责,也是各级人大和政府的重要责任。各地、各部门、各单位要对贯彻执行《工会法》的情况经常进行自查;对一些典型的违法案件,各级政府和各有关部门要坚决依法查处。

2003年1月10日,省总向省人大内务司法委员会提交《关于建议在全省开展〈工会法〉〈工会法实施办法〉执法检查有关问题的请示》。请示建议省人大常委会或省人大内务司法委员会是年三季度在全省开展一次《工会法》《江西省实施〈工会法〉办法》执行情况的检查。11月12日,省总向省人大内务司法委员会提交《关于开展〈江西省集体合同条例〉执法检查的建议》。建议2004年下半年安排执法检查。

2004年5月28日,省总向省人大内务司法委员会提交《关于在全省开展〈工会法〉〈工会法实施办法〉执法检查的请示》。指出:全国人大常委会决定是年9至10月到部分省、市对《工会法》贯彻实施情况进行执法检查。全总确定江西作为执法检查的备选对象。为配合全国人大常委会搞好执法检查,建议省人大常委会在同年第4季度进行一次《工会法》《江西省实施〈工会法〉办法》贯彻执行情况的检查。6至7月,按照全总的统一部署,省总在全省开展《工会法》贯彻实施情况的调研(自查)。省总组成调研组分赴6个设区市,对贯彻实施《工会法》《江西省实施〈工会法〉办法》的情况进行调研,形成调研报告。8月下旬至9月中旬,省人大常委会在全省开展《工会法》执法检查。重点检查职工合法权益的维护和保障,职工参与民主决策、民主管理、民主监督,工会组织建设和作用发挥等方面的情况。

2005 年 3 月 15 日，省总下发《关于为配合全国人大常委会开展〈劳动法〉、〈安全生产法〉执法检查准备相关材料的通知》。通知要求各地工会将两法贯彻执行的基本情况、存在问题和改进的建议，特别是需要全国人大着力解决的问题整理成书面材料上报省总。是年，全省各级工会根据全总的统一部署，配合全国人大常委会对《劳动法》《安全生产法》的执法检查组，对全省贯彻《劳动法》《安全生产法》的情况进行调查，针对劳动合同签订过程中的问题，在全省建筑、餐饮、服务行业开展劳动合同制度实施情况抽样调查，调查建筑企业 29 家、餐饮服务企业 45 家，涉及职工 16676 人，对存在的问题进行分析，提出意见和建议。是年 5 月 26 日，省总下发《关于积极配合人大开展〈江西省集体合同条例〉执法检查的通知》，省人大内司委在听取省劳动和社会保障厅关于贯彻执行《江西省集体合同条例》情况汇报后，在省总工会、省劳动和社会保障厅的配合下，组成执法检查组，赴鹰潭、上饶两市开展重点检查。要求各设区市配合省、市人大做好《江西省集体合同条例》执法检查工作。是年，省总、省劳社厅、省建设厅下发《关于开展农民工工资支付情况专项检查活动的通知》，对全省各类用人单位支付农民工工资的情况；用人单位与农民工劳动合同订立与履行情况；农民工其他权益保护情况进行检查。

2006 年，省总、省劳社厅配合省人大内司委开展一次全省贯彻实施《江西省集体合同条例》执法大检查，根据检查中发现的问题，省劳社厅、省总、省企业联合会/企业家协会联合下发《关于进一步贯彻实施〈江西省集体合同条例〉的通知》。《通知》对进一步推进集体合同制度，加强集体合同管理等方面提出实施意见。

2007 至 2009 年，为贯彻落实《国务院办公厅关于转发劳动保障部等部门开展整治非法用工打击违法犯罪专项行动方案的通知》，省总配合相关部门在全省开展整治非法用工、打击违法犯罪专项行动。各级工会组织参与对贯彻实施劳动保障法律法规情况的监督，对企业非法用工、侵犯农民工权益的问题进行排查，发现问题，督促整改。

2009 年 5 月 7 日，省总下发《关于〈工会法〉执法检查相关问题的报告》。报告指出贯彻实施《工会法》存在的主要问题：(1)《工会法》的一些现有规定刚性不够，制度设计需要完善，法律约束力有待加强。(2)工会组建存在困难，已建工会组织运作不规范。(3)工会经费收缴困难。(4)基层工会对于职工合法权益的维护存在障碍。建议把各地政府和工会的联席会议制度、地方劳动关系三方协调会议制度、职工代表大会制度、平等协商集体合同制度、厂务公开制度和基层劳动争议调解制度作为检查的重点，关注改制企业的民主程序和改制后的劳动关系协调机制建设情况，推动各地各单位建立健全劳动关系协调机制和职工民主参与、民主管理、民主监督的各项制度，把工会维权逐步纳入规范化、制度化的轨道。要建立人大牵头、部门联动、上下配合、定期开展执法检查的工作机制，推动这一国家的基本法律得到更好地贯彻执行。

第二节　参与处理劳动争议

机　构

机　构　1994年,全省3094家企业建立劳动争议调解委员会,占应建企业的42.3%,其中景德镇市、宜春地区组建率达80%以上,全省企业劳动争议调解委员会有委员18211人,其中工会代表和职工代表13142人。

1995年12月,全省3875家企业建立劳动争议调解委员会,占应建企业的53%。

1996年9月初,省总举办两期劳动争议调解工作师资培训班之后,各地市总工会和产业工会按照省总部署,抓紧在企业建立劳动争议调解组织,对劳动争议调解员、劳动法律监督员进行专门培训、考核和颁证工作。是年,省总在全省开展企业劳动争议调解工作达标和调解员持证上岗活动,加强对调解员、仲裁员的培训。培训调解员2549人,发证2549个,监督员2103人,发证1264个。是年,全省建立劳动法律监督委员会15个,其中省级1个,地市级10个,县(市)级4个。全省建立企业劳动争议调解委员会6801个。

1997年,全省建立企业劳动争议调解委员会7945个,占年度目标数的92.3%,占应建数的78.5%。

1998年,全省8967家企业建立劳动争议调解委员会,2904家企业建立劳动法律监督委员会。

2001年9月27日,省劳社厅、省总、省经贸委向省政府提交《关于成立"江西省劳动争议仲裁委员会"的请示》。文件指出:随着市场经济的建立和劳动制度改革的深化,劳动关系方面的矛盾越来越多,劳动争议案件上升较快,仅2000年全省发生劳动争议案件数比1999年就上升24%,集体劳动争议案件数比1999年上升13.2%。同时,一些重大疑难的劳动争议案件和跨省、市,跨市、县的劳动争议的复杂案件也越来越多,处理的难度越来越大。全国绝大多数省份都成立省级劳动争议仲裁委员会,一些重大疑难案件及跨省市案件能得到及时有效处理。而江西没有成立省级劳动争议仲裁委员会,一些重大疑难的劳动争议案件无法受理,影响劳动争议案件的有效解决,不利于社会稳定。

2002年7月9日,省机构编制委员会下文同意成立省劳动争议仲裁委员会及其常设办事机构,省劳动争议仲裁委员会日常工作由劳动和社会保障厅劳动争议仲裁处承担,并增挂省劳动仲裁委员会办公室牌子,相应增加一名副处职数。省劳动争议仲裁委员会主任委员由省劳社厅的领导担任,副主任委员由省劳社厅、省总、省经贸委的领导担任。省劳动争议仲裁委员会主要职责是:指导和监督全省各级劳动争议仲裁委员会工作;建立完善全省劳动争议处理三方协调工作机制;协调处理本省范围内跨省、市、县的劳动争议案件或重大疑难劳动争议仲裁案件;研究制定并监督实施劳动争议仲裁办案制度;总结交流并组织推广全省劳动争议办案经验;指导全省企业劳动争议调解委员会的工作。

2008 年 9 月，全省企业劳动争议调解组织 1794 个，企业调解员 8585 个，其中区域性调解组织 306 个，调解员 1280 个。

2010 年底，全省建立调解组织 2082 个，配备专兼职调解员 6450 人。

工会兼职仲裁员队伍　2003—2010 年，省总兼职劳动争议仲裁员 5 至 7 人，分管法律工作的副主席和法律工作部的成员为兼职仲裁员；各设区市总工会 1 至 4 名兼职仲裁员；各县（市、区）1 至 2 名兼职仲裁员；部分省产业工会 1 至 2 名兼职仲裁员。

2008 年 9 月，省、市、县（区）全部建立劳动争议仲裁委员会，74 个县市区建立劳动仲裁庭，抚州等地成立劳动仲裁院。全省共有 408 名专职仲裁员，237 名兼职仲裁员。

参与劳动争议调解

工会参与劳动争议调解和仲裁工作主要有 3 个途径，一是企业工会作为劳动争议调解组织（劳动争议调解委员会）成员参与争议的调解工作；二是地方工会和产业工会作为地方或产业劳动争议仲裁委员会的成员参与劳动争议调解和仲裁工作，地方工会和产业工会选派干部经培训取得兼职劳动争议仲裁员资格参与省、市、县劳动争议个案的调解仲裁工作；三是工会作为省、市、县三级协调劳动关系三方会议的成员，参与本地区或跨地区的重大或复杂的劳动争议案件处理。

2004 年，九江市总在市劳动争议仲裁委员会的支持下，在市总设立劳动争议仲裁分庭，同时探索并推进工会仲裁庭独立办案和由工会仲裁员担任合议庭首席仲裁员承办案件，加大工会参与审理劳动仲裁案件的力度。市总专门抽调 4 名有法律大专以上学历的人员参与劳动仲裁处理工作，2003 至 2005 年，在市仲裁委员会组成仲裁庭审理的 220 件案件中，工会组织共参与处理劳动仲裁案件 160 余件。其中由工会兼职仲裁员担任首席仲裁员主办的案件 48 件，占案件总数的 30%。这一做法在全省是第一家，引起全总的重视。

2005 年，省总设立省劳动争议仲裁庭分庭，是年，审理 10 起劳动争议案件。

2006 年 1 月 1 日起《江西省劳动争议处理办法》实施。

2010 年 4 月 20 日，省总法律工作部下发《关于开展工会参与劳动争议处理工作情况调研的通知》，明确调研内容。5 月，形成调研报告。报告总结省总对南昌、九江、景德镇、上饶、萍乡等地市和省煤炭集团、建工集团等产业工会参与集体劳动争议和群体性事件处理工作进行重点调研情况，以及 2009—2010 年，工会参与集体劳动争议和群体性事件处理工作情况，并分析工会在参与集体劳动争议工作中存在的主要问题。

2009 年 10 月，全省在 32 家国企开展设立劳动争议调解中心试点工作，国有企业劳动者与用人单位发生劳动争议，可以先在企业的劳动争议调解中心进行调解，简单的劳动争议案件最快当天就可以调解完毕。这一做法在全国率先。

2009—2010 年，省总加强工会劳动争议兼职仲裁员、劳动争议调解员、劳动法律监督员和集体协商指导员队伍建设，参与多元化、立体化“大调解”工作体系建设，通过省协调劳动关系三方会议，先后制发《关于加强劳动争议调解工作的通知》《江西省社区劳动争议调解组织劳动争议调解试行规则》《江西省企业劳动争议调解中心调解规则(试行)》。省总与广东、湖南、四川等十多个省签订农民工省际联动维权协议。两年中办理多起跨省农民工被欠薪案件。2009 年,省总在“江西工会网”建立网上信访窗口,对职工提出的劳动关系问题及时答复。

2010 年 7 月 30 日,省人社厅、省司法厅、省总、江西省企业联合会/省企业家协会联合下发《关于加强全省劳动人事争议调解工作的意见》,提出构建全省劳动人事争议调解工作形成多元化、立体化“大调解”工作新格局。在横向上,形成以人力资源和社会保障部门为主导,工会、司法行政部门、企业、商会、事业单位及其主管部门等共同参与的“一元导引、多元跟进”的多元化调解格局;在纵向上,延伸调解工作触角,探索在乡镇街道劳动保障所(站)、人民调解委员会加载调解职能,逐步构建县(区)、乡(镇)、村(社区)“三级联动”的立体化调解网络。是年,成功调解劳动人事争议案件 6000 多件。

参与成果

1994 年 7 月底,全总、劳动部、经贸部等三家在北京联合召开的全国劳动争议处理工作会议上,景德镇市总的经验材料在大会上进行交流。

1995 年,企业劳动争议调解受案数 1500 个,调解结案率 90%。全省 98 个地方劳动争议仲裁委,受案 307 件,结案 295 件。其中:职工胜诉 150 件、用人单位胜诉 83 件,双方部分胜诉 62 件。

2005 年 10 月 12 日,劳动和社会保障部、全总、中国企业联合会/中国企业家协会,表彰全国劳动争议仲裁和调解工作先进集体优秀个人暨创建和谐劳动关系模范企业。杨寿瑶、朱刚、陈伟获全国优秀劳动争议仲裁员称号,李海燕、王海涛、黄达初、甘保根、孔令晋、邓国良获全国优秀劳动争议调解工作者称号,九江市劳动争议仲裁委员会获全国先进劳动争议仲裁委员会称号,上高县供电有限责任公司劳动争议调解委员会、萍乡矿业集团有限责任公司劳动争议调解委员会、江西铜业集团公司劳动争议调解委员会获全国先进劳动争议调解组织称号。

2006 年,全省工会劳动争议兼职仲裁员参与处理案件 172 件。

2008 年 9 月,全省各级劳动争议仲裁委员会共受理案件 4483 件,比前一年增加 2053 件,同比增长 108.58%,仲裁结案率为 89.5%。其中调解结案的 1771 件,调解率达到 39.7%,仲裁结案的 1995 件,仲裁率为 43.6%,其他方式结案的占 16.7%。

2009 年,全省各类劳动争议调解组织受理劳动争议 2737 件。全省工会劳动争议兼职仲裁员参与处理案件 249 件,其中省总本级直接参与 2 起仲裁案件的审理。

2010 年,省市两级工会共受理劳动争议案 1505 件,成功调解 1383 件,参与劳动争议仲裁 343 件。2004 至 2010 年,全省各级工会劳动争议调解委员会共调解 8235 件劳动争议案件,调解成功率 81%。

第三节　维稳工作

职工来信来访

工会信访工作主要针对劳动关系矛盾问题。省总信访工作注重职工群体性事件的预防、预报和处理工作，掌握全省工会系统信访动态，对劳动关系矛盾进行排查调处，化解矛盾、稳定职工队伍，把问题解决在萌芽状态。省总信访工作由省总主席负总责、副主席具体负责，省总法律工作部为责任部门。全省各级地方工会和产业工会均设信访部门或职能部门。信访工作根据“分级负责、归口办理”的原则，对职工来信来访进行登记、接待、转处和立案查处。在解决信访职工反映问题的措施和办法上，省总健全和完善工会信访和职工维权热线工作制度；畅通工会信访渠道和流转环节；推动关乎职工利益的立法和政策的出台与修订，提出工会的建议和主张；加强与政府部门尤其是劳动保障部门的联系和合作，探索建立工会与社会相互沟通协调、工会内部上下联动的信访维权工作网络。17 年间，全省工会形成“信访接待、法律咨询、诉讼代理”三位一体的工作格局。

信访办理　省总信访工作 1987 年前由办公室专人负责；1987 年省总成立法律顾问处，有 4 名工作人员，信访由法律顾问处承担；1993 年 3 月 20 日省总发文《关于将江西省总工会法律顾问处更名为法律工作部的通知》，信访工作由法律工作部承担。1993—2010 年法律工作部人数为 4 至 7 人。1987—2010 年，省总信访工作坚持由主席负总责，分管副主席具体负责的信访工作领导体制，实行省总领导接待信访按月值班制度以及主要领导亲自阅批群众来信制度。2008 年，省总信访工作建立“信访接待、法律咨询、诉讼代理”三位一体信访工作新机制。省总党组及时分析研究信访形势，重大信访工作问题通过主席办公会议或党组会研究决定。

1994 年 3 月，省总先后召开省总部分常委和省总机关处以上干部会，传达贯彻舒圣佑等省领导有关保持稳定的讲话精神，联系工会实际，分析全省“双停”企业状况，困难职工生活情况和职工队伍思想情况，以及影响职工队伍稳定的因素，围绕着保持职工队伍稳定和社会稳定问题，确定当前各级工会着力做好的 8 项工作，其中，对信访工作提出：“认真做好来信来访工作，对于送上门的群众工作要抓紧不放，做好思想转化工作，把矛盾化解在萌芽状态。对涉及到改革性问题的群众性上访，及时向党委政府和上级工会报告，并主动商请有关部门慎重处理，做好息诉工作，把不安定因素的影响控制在最小范围内。要协助党政做好工作，尽可能把问题解决在基层，保证职工队伍稳定。”6 月，省总法工部下发《关于提高工会法律、信访工作人员健康补助费的通知》，明确“各地、市、产业及直属基层工会可参照省委、省政府办公厅规定的每人每月 15 元补助标准，给予工会法律、信访工作人员健康补助。”

1995 年，江西因劳动争议、工资问题、医疗费用、死亡职工遗属困难、打击报复等引起的上访比往年有增加，来信来访比去年同期上升 30% 左右。省总进一步加强信访工作，要求认真对待每一封信件和每一次来访，每一个反映情况的电话，做好调处工作和说服解释工作，积极化解矛盾。并采取诸多措施加以保证。一是领导亲自抓信访,做到亲自过问、亲自督查;二是在人员比较少的情况下,合理安排了接待人员,保证做到上访人员随到随接待;三是对申诉有理的、生活有困难的上访职工,给予一定的路费补助,以安抚职工情绪;四是坚持省总主席、副主席接待日的制度,对典型案例由分管部门实施接待,省总领导也亲自接待;五是对集体上访或比较典型的侵犯职工合法权益的,限期要求下级工会上报调查处理结果,以促落实。

1997年,省总要求地市、省产业工会建立和完善辖区内职工信访情况统计报告制度,每半年向省总法工部上报一次,突发事件随时上报。是年,省总本级直接接待和处理的15起集体上访案件,没有一起因处理不当而酿成突发性事件。年初,在省总的调解下,促成七二〇厂厂方代表与职工代表双方调解解决一起拖了4年之久的集体劳动争议,厂方补发93名"一刀切"下岗内退职工1994年以来的应发套改工资和岗位技能工资的80%和诉讼费用共计20余万元。职工专程送来"职工的坚强后盾,法律的忠诚卫士"匾额感谢省总的帮助。江西电炉厂和国防工办一下属企业230名退休职工因连续几个月未领到退休工资而集体四处上访。后在省总信访工作人员及省总领导的协调下,这一问题得以妥善解决。《工人日报》以及省内报刊、杂志先后进行报道。

1998年7月17日,省总下发《关于转发〈中华全国总工会办公厅关于加强工会信访工作的若干意见〉的通知》。

2000年,省总健全信访工作制度,根据"分级负责、归口办理"的原则,健全办信、立案、转处、呈阅、办案、归档等规章制度。同时实行重大典型信访信息通报制度。是年,全省各设区市全部建立领导信访接待日制度。是年7、8月,鹰潭市移动通信公司工会主席佟浙衡被侵权一案,省总主席程受锭亲自联系省移动公司领导,直接指导妥善处理此事。对信访工作中出现的难点热点问题编辑了9期《维权信息与动态》(《维权信息与动态》是省总法律工作部于2000年开始编制的反映全省各级工会维权工作和工会法律工作的工会内部简报,每年编写6至12期,至2010年共编写80余期),同时在《江西工人报》《江西法制报》等报刊上发表文章10余篇。是年,省总从省、市总工会选派5名信访干部参加全国信访干部培训。

2001年5月14日,省总下发《关于健全规范省总工会领导信访接待日制度的通知》,通知指出:省总决定进一步健全和规范省总领导信访接待日制度。规定:每月15日、30日为省总领导信访接待日。省总领导每月轮换一次。接待范围为本省境内的企事业单位职工反映的涉及劳动权益、民主权利等信访事项;涉及工会组织合法权益的信访事项;省总机关工作人员的合理化建议、意见和意见;对各级工会组织及其工作人员的批评建议。强调按照信访工作"分级负责,归口办理"的原则,省总领导及本级信访部门受理来昌信访人及省总直属基层信访人的信访事项。处理:省总直接办理的信访事项应当在30日内办理完毕,并视情况将办理结果答复信访人,情况复杂的,时限可以适当延长;对转办来省总的信访件,应当自收到之日起90日内办结,并可以视情况向转办机关回复办理结果;对重大事件、疑难复杂案件,应由省总领导组织、协调有关部门采取相应措施解决;对转由下级工会调查处理的重要信:及时结案,并书面上报处理结果。省总法工部(信访室)适时组织信访人员分析信访所反映的突出问题,积极稳妥地做好信访接待工作。针对职工所反映的问题,省总及时进行接待、转处和立案查处工作,并与新闻单位联手合作,加强舆论监督,将劳动争议化解在萌芽状态。是年,省总通过信访渠道处理集体信访案件 11 起。集体企业省邮政服装厂、上饶外贸珠宝厂职工民主权利被侵犯一案;鹰潭木器厂退休职工反映的养老金被停发一事;富家坞铜矿因买断工龄问题造成 3000 多职工生活无着落,引起集体上访;余干服装厂被出售后,对"职工未作妥善安置,引起群体上访;庐山邮电疗养院被处分职工不服事件;省二建公司 200 余名职工生活费问题以及南昌酒厂因改制而造成国有资产流失以及职工安置问题等重大信访案件都得到依法妥善调处解决。

2002 年,全省各设区市总工会全部建立领导接待信访日制度。是年,省总配备省总信访部门的办公用房、办公经费、用车、电话、微机。给予省总法工部(信访部门)信访干部岗位津贴。至此,全省各设区市、省产业工会信访干部岗位津贴得到解决。省总安排市级工会 3 名信访干部参加全总举办的信访干部培训班。随着全省国有企业改革力度加大,改制改组企业增多和私营企业的迅速发展,劳动争议案件逐年上升,职工信访量也不断递增。面对大量的来信来访,省总从主要领导到信访工作人员做深入细致的工作,耐心解答职工群众的咨询,为他们排忧解难,没有一起因处理不当引起突发性事件,有效地控制从省总赴京上访的事件,无滞京重复缠访老户,将大量劳动争议解决在萌芽状态。全年上级交办、领导阅批的重要信访件结案率 100%。5 月 16 日,江西长运股份有限公司 50 余名下岗职工因生活费问题到南昌长途汽车站围堵车站出口,发生部分人员与车站保安厮打、被关,之后有 27 名下岗职工到省总来访,接访人员了解情况解答有关政策,与省总分管领导共同做解释安抚工作,并请公司领导明确答复,事件从上午 9 点 30 分点持续到下午 2 点,问题基本得到解决。是年,省总法工部编辑《维权信息与动态》10 期;在《工人日报》《江西工人报》《江西法制报》及江西人民广播电台发表文章 10 篇;参加省信访局组织的信访论文评比,《研究和排解职工心理问题的对策》获三等奖。

2003 年 2 月 14 日,省总张少翔获省直信访工作先进个人称号。

2004 年 7 月 23 日,省总下发《关于建立全省工会职工热线电话的通知》,明确热线电话是由工会组织专用的电话接入平台。主叫用户可通过固定或移动方式接入,由主叫用户按国家有关规定标准支付基本通信费。全国、全省职工热线电话专用电话号码为"12351"。热线电适用范围包括全省各地,服务对象为全省职工。原则上省总 2 部,设区市总 1 部。热线电话由江西省网通公司负责开通。热线电话受理范围为:职工对劳动法律、法规和政策等方面的咨询;职工对需帮扶及解决生活困难的求助;职工对侵害自身合法权益行为的控告、申诉;职工对紧急突发事件和重大安全事故的报告;其他涉及职工合法权益问题的反映等。处理原则:职工通过热线电话反映的问题及要求,按照"分级负责、归口办理""谁主管、谁负责""属地管理"和及时就地就近依法解决问题与思想疏导相结合的原则,分别做出具体处理。省总和设区市总分别制定相关规章制度及实施办法。并明确全总和省总 2004 年 8 月 31 日前开通,设区市总 2004 年 9 月 25 日前开通。9 月 25 日,根据全总统一部署,省、市两级工会同时开通"12351 职工维权热线"。2004—2009 年省、市两级工会共接听职工热线电话 1.3 万多人次。

2005 年 2 月 7 日,省总下发《关于充分发挥 12351 职工维权热线作用　做好春节期间帮扶困难职工工作的通知》。5 月 31 日,省总下发《关于建立健全省工会领导和省总工会机关干部信访接待制度的通知》,要求建立健全省总领导和省总机关干部信访接待制度,做到省总领导每月轮流信访接待,省总机关干部每日轮流信访接待。

2005—2009年,省总信访室加强处理信访积案工作,把解决跨地区、跨部门、跨行业和人事分离、人户分离、人事户分离的"三跨三分离"案件作为重点工作,达到"减少存量,控制增量"的目的。先后处理江西退休回宁、沪定居人员异地养老案等多起"三跨三分离"信访积案。

2006年起,省总对信访工作进行年中和年度统计分析。进一步规范省总及各设区市总工会信访和职工维权热线工作,规范统计格式,形成"12351"维权热线月报和职工信访季报制度,定期向全总和省委信访局上报职工信访信息和动态,为领导决策提供服务。是年上半年省市两级处理来信204件,接待来访1234起。在全省职工来访反映的前10类问题中,生活困难258起、占20.9%(其中省总本级10起,市级248起);工资170起、占13.8%;工伤100起、占8.1%;企业改制83起、占6.7%;劳动合同79起、占6.4%;社会保险72起、占5.8%;医疗费68起、占5.5%;下岗再就业60起、占4.9%;离退休47起、占3.8%;关停破产37起、占3%。职工热线接听数量在30个以上的问题类型按降序排列依次为:工资309个、占27.2%;劳动保护138个(主要反映工时和加班问题)、占12.2%;生活困难120个、占10.6%;政策咨询105个、占9.3%;下岗再就业69个、占6.1%;劳动合同60个、占5.3%;企业改制49个、占4.3%;离退休46个、占4.1%;医疗费40个、占3.5%;仲裁及诉讼类案件38个、占3.4%;关停破产35个、占3.1%;工伤33个、占2.9%;社会保险30个、占2.7%。剩余7类共60个,占接听总量的5.3%。

2007年,省总网站开通网上信访。设江西工会网主席信箱、网上信访栏目,通过网络解决职工的诉求,对职工提出的有关劳动关系问题,由律师作专门答复。2007—2009年共受理网上信访128件次。是年,全省职工信访反映的问题,工资问题依然比较突出;工伤问题成为反映较多的一个问题;职工生活困难问题比较突出;劳动合同问题成为2007年底职工信访和热线中比较突出的一个热点问题;拒缴、欠缴职工的基本养老保险金问题;部分企业改制过程中未能妥善解决好职工安置问题,导致职工群体性上访。是年,省总本级开展工会公职律师工作试点,成立省总公职律师事务部,并组建140名热心维护职工合法权益事业的律师、高校教师、大学生和社会法律工作者组成的"工会法律援助志愿团",对信访中遇到的需要实施法律援助的案件及时进行帮助。与青山湖区法院合作,设立省总法律工作联系点。是年,省总获"全省信访工作先进集体"称号。

2008年,省总法工部有工作人员6人(全部兼职信访工作),其中硕士研究生学历1人,大学本科学历4人,大专学历1人,35岁以下的3人,45岁以下的1人,50岁以下的1人,50岁以上的1人。省总在办公大楼一楼专设了50余平米的信访接待室,开办职工来信、来访、12351热线、网上信访等信访业务,同时为职工提供法律咨询、法律服务和法律援助。信访室配有电脑、传真机、打印机、饮水机等设备。7月23日,省总下发《关于做好奥运会前后有关信访和稳定工作的通知》。结合奥运维稳工作变上访为下访,7—9月,省总派出1名干部在新余市进行为期3个月下访督导工作。是年信访反映的主要问题,涉及职工人数最多、反映最突出的问题:社会保险问题517人次,占16.9%;企业改制问题473人次,占15.5%;工资问题418人次,占13.7%;生活困难问题395人次,占12.9%;劳动合同问题235人次,占7.7%。省总认真接待和处理信访案件,对于职工信访中所反映的拖欠职工工资、拒不支付工伤赔偿等典型案件，伸出援手追讨。年初，省总对永新籍农民工张凤桥等30人讨薪案、河南籍农民工祝国营等14人讨薪案；安徽籍农民工刘某讨薪案进行法律援助，为农民工讨回欠薪达30余万元。省总加强对改制企业职工权益的维护。出台文件，要求在改制和关闭破产中，坚持做到切实保障职工权益的“五个必须”，否则，企业改制方案不得出台，职工安置方案不得实施。是年，省总重信重访率明显下降，有效地控制赴京上访事件的发生，无滞京重复缠访老户。省总获“全省信访工作先进单位”荣誉称号。

2009年，省总转发全总《关于积极协助党政做好维护稳定和防范抵御工作的意见》，下发《江西省总工会关于做好当前化解企业群体性纠纷维护劳动关系稳定工作的紧急通知》《关于维护职工队伍稳定、预防和参与处理职工群体性事件的若干意见》（简称《若干意见》）。在制定《若干意见》过程中，省人大常委会副主任、省总主席姚亚平亲自主持省总主席办公会多次研究讨论，亲自修改，广泛征求各级工会意见，数易其稿。《若干意见》从加大源头参与力度、推动有关法律法规的落实、建立健全预防预警机制、参与职工群体性事件的处理、建立相关信息报送制度、防范和抵御境外敌对势力插手等6个方面，提出具体要求和举措。

2009年，省总把信访工作与国企改革相结合，成立以省总常务副主席为组长，由法律工作部、民主管理部等有关部门组成的国企改革维稳领导小组，配备600名改制企业联络员，对涉及国企改革的信访，特别是集体访，迅速反应，迅速解决，把问题处理在萌芽，把矛盾化解在基层。省总办公室、法工部、宣教部，以及其他部室年轻干部组成的网络舆情小组，通过网络搜索舆情，收集职工群众反映的线索，并建立核查、研判、报送制度。年底，省总共报送60多期信息和舆情。省总信访室负责对1000余起舆情信息核查、督办处置，先后参与江西昌河汽车股份有限责任公司职工罢工、中联物流职工拟罢工、贝卡尔特（新余）金属制品有限公司部分职工停工和农民工断指等120起事件的处置。省总直接处置的各类重大信访案件达40多起，其中涉及国企改制的职工诉求有20余件次。是年，省总开通网上信访窗口，对职工提出的有关劳动关系问题，由律师作专门答复。在网上还建立有关劳动政策法规的查询和劳动争议的典型案例。网上信访58件。省总利用职工维权热线电话便捷特点，迅速快捷维护职工权益。继续在本级开展工会公职律师工作与服务。根据信访案件，抓典型个案维权，特别对信访中所反映的拖欠职工工资、拒不支付工伤赔偿等案件进行法律援助，追讨欠薪和赔偿。是年职工信访反映的主要问题是：企业改制1161件次，占19.6%；社保问题883件次，占14.9%；工资问题776件次，占13.1%；职工生活困难问题729件次，占12.3%；劳动合同问题421件次，占7.1%；工伤问题302件次，占5.1%。省总提出8条对策：积极参与国有企业改革工作；加大对《劳动法》《工会法》《劳动合同法》《就业促进法》《劳动争议调解仲裁法》等涉及职工切身利益的法律法规的宣传力度；注重在源头上探索解决矛盾和争议的办法并且形成长效机制；加强与政府及其工作部门的协调，积极与劳动保障、民政等部门和公安、法院、检察院等单位进行沟通配合，形成各司其职、互相联动的工作反应机制；建立健全社会保障体系；加强信访干部队伍建设；做实基础工作，逐步使信访工作网络化。是年，省总直接处置的各类重大信访案件达40多起，其中涉及国企改制的职工诉求20余件（次）。2009年，省总获全省信访工作先进集体称号。

2010年，依据《信访条例》的规定，省总下发《关于进一步加强和改进信访工作的意见》。建立健全信访事项登记、告知和不予受理告知制度;来信重要信息综合分析和报告制度、来信反映问题交办制度、信访事项转送制度和转送情况通报报告制度,信访事项不再受理和不再受理的信访事项通报制度、职工群众来信回复制度、揭发控告来信办理制度、领导包案制度。6 月 28 日—7 月 2 日,为了配合全省非工口七个系统的国企改革,省总在南昌举办首期工会信访工作人员培训班,来自全省各设区市总工会的 87 名工会信访工作人员参加了培训。省总常务副主席郭学勤在开班仪式上对信访工作人员提出了要求。9 月 21 日,省总下发《关于做好国庆节、亚运会期间信访工作的通知》,要求各级工会高度关注、密切跟踪、全力化解。是年,在受理的职工信访(职工维权热线)中,涉及职工人数最多、反映最突出的问题有:企业改制问题 1239 人次;社会保险问题 975 人次;生活困难问题 807 人次;工资问题 622 人次;劳动合同问题 370 人次。5 类信访问题占 2010 年信访总量的 70.9%。其中企业改制问题,职工的诉求主要集中表现为:一是认为与物价相比经济补偿标准太低;二是不同企业的安置政策和补偿标准不同导致相互攀比;三是部分改制企业存在一些历史遗留问题,如拖欠职工社保医保等费用、住房、水电改造、开除除名及挂编人员要求享有职工安置待遇等。针对职工信访反映的问题,省总定期分析信访工作中反映出的情况和问题,及时拟写情况通报,为领导决策提供服务。处理信访案件,狠抓典型个案维权。加强与兄弟省份合作,做好跨省维护职工维权。

信访数量

截至 1994 年 11 月底,省总本级共接待和处理职工来信来访 1200 件(次),(其中集体上访 3 起),按照“分级负责,归口处理”的原则进行处理,办结率达 85% 以上。

1995 年,全省地市、省产业来信来访 8838 件(次),其中:来信 5390 件,约占 61%;来访 3448 件次(来访含集体上访约 318 起),约占 39%。

1996 年,省总本级共接待和处理职工来信来访 1288 件(次),其中:来信 585 件、来访 681 人次、集体来访 22 起。

1997 年,省总本级接待和处理职工来信来访 1323 件(次),其中:来信 621 件、来访 702 人次、集体上访 31 起,其中直接接待和处理的 15 起。

1998 年,省总本级接待和处理职工来信来访共 1190 件(次)。

1999 年,省总本级共接待来信来访 1208 件(次),其中:来信 697 件、来访 511 次。

2000 年,省总本级共接待来信来访 981 件(次),其中:来信 546 件、来访 435 次。

2001 年,省总本级接待来信来访 861 件(次),涉及职工 2900 余人次,其中来信 517 件、来访 344 次、集体信访 107 件。通过信访渠道,解决百余起信访案件,其中集体信访案件 11 次。

2002 年,省、市两级接待来信来访统计:来访 1583 批次,涉及 3901 人;来信 909 件,涉及 1297 人;集体来信 35 件,涉及 1332 人;集体来访 86 起,涉及 813 人;突发事件 1 次,涉及 27 人。省总本级共接待职工来信来访 1567 件(次),其中来信 917 件、来访 667 人次,含集体访 113 起,涉及职工 4560 人。

2003年,省总本级共接待受理职工群众来信来访864件(次),涉及职工4920余人次,处理突发性事件3起。

2004年,省总本级共接待来信来访784件(次),涉及职工4647人。其中:来访533次,涉及职工1150人;来信251件,涉及职工3497人;集体来信来访104件,领导阅批信访件26件。9—12月份,省总开通"12351"职工热线电话以来,共受理职工来电216起。

2005年,省总本级共接待来信来访574件(次),涉及职工2536人。其中:来访417人次,涉及职工1339人;来信157件,涉及职工1197人;集体来信来访64件。10月,省总和地市的12351职工法律援助热线受理职工来电1250起。

2006年,省、市两级工会职工法律援助热线受理职工来电1847起。处理来信780件、接待来访2066人次,涉及职工3067人(含集体访154起、涉及职工861人)。其中省总本级职工法律援助热线受理职工来电100起、处理来信50件、接待来访308人次,涉及职工490人(含集体访21起、涉及职工156人)。

2007年上半年,省总本级受理职工来信33件、接待来访150批次,涉及职工252人(含集体访7批次、涉及职工39人),职工法律援助热线受理职工来电79起。是年,省、市两级工会共受理职工来信744件,同比减少36件,下降幅度为4.6%。接待职工来访2881批次,涉及职工3393人次,同比增幅分别为39.4%和10.6%;职工法律援助热线受理职工来电2681起,同比增加834起,增幅为45.1%。从信访统计看,职工信访问题主要集中在生活困难、工资、社会保险、劳动合同等六个方面。生活困难问题,占23.5%;工资问题,占18.8%;社会保险问题,占8.8%;改制企业职工安置问题,占8%;劳动合同问题,占4.7%;工伤问题,占3.4%。

2008年,省市、两级工会共受理职工信访(职工维权热线)共计5405件(次、起),涉及职工人数6824人次。其中:受理职工来信787件;接待职工来访2238批次、涉及职工3657人次(含集体访103批次、涉及职工885人次);职工法律援助热线受理职工来电2380起。信访结案率92.5%。

2009年,省总本级共受理职工信访共计654件,涉及职工人数2874人次。其中:受理职工来信共计225件(其中:邮寄信件167件、网上来信58件);接待职工来访共计248批次、涉及职工2297人次(含集体访17批次、涉及职工987人次);职工法律援助热线受理职工来电181起。

2010年,省市两级工会共受理职工信访(职工维权热线)共计4114件(次、起),涉及职工人数5653人次。其中,受理职工来信723件(含网上信访54件);接待职工来访1918批次、涉及职工3457人次(含集体访145批次、涉及职工997人次);职工法律援助热线受理职工来电1473起。

职工群体性(突发)事件处理

省总对职工群体性(突发)事件处理的机制主要有:通过市、县、省产业工会的即时上报的信息、各级工会信访接待反映出的信息以及网络舆情。1990年,全省工会组织建立基层单位职工群体性事件季度统计报告制度。2009年,建立群体性事件"预防、预测、预警、预报"的"四预"制度。对突发事件信息上传,范围包括省委、省政府主要领导或有关领导同志,省委、省政府有关部门、全总。

现场调查及处理，主要是与省委、省政府或相关部门联合调查处理，或者省总会同事发地工会进行调查配合处置。

1997年1月29日，省总下发《关于及时向省总工会报送职工突发事件和做好春节值班工作的通知》。通知要求各级工会要建立健全报送职工突发事件等重要情况的制度。地(市)、县两级工会对本地发生的职工突发事件等重要情况，在6小时内须向同级党政和省总报送有关情况，并续报事情处理进展情况。报送反映职工突发事件等重要情况的信息，必须做到准确、全面。各级工会最近要对本地职工突发事件和其他重要情况向省总报送情况进行一次检查。针对存在的薄弱环节和工作中的难点问题，认真研究解决的办法，取得党委和政府的重视与支持，采取必要的措施，努力消除职工突发事件和其他重要情况迟报、漏报和匿报的现象。对职工突发事件和其他重要情况的报送，地市级工会要定期检查、通报，作为工作考核的一项重要内容。要确定一名负责人主管信息工作。各地、市、县工会在春节期间(含农历腊月29日)都要安排领导及相应人员值班。要准备相应的物资、资金，春节期间如有困难职工到工会请求帮助，要及时送到家门，不使一户职工过不好年；如遇难以解决的问题，要及时报告当地政府。

2000年4月5日，省总下发《关于完善基层单位职工群体性事件季度统计报告制度的通知》。通知提出要进一步健全和实行基层单位职工群体性事件季度统计报告制度，从第二季度开始使用调整后的基层单位职工群体性事件综合统计表和报告表。按季度将综合统计表和报告表报至省总政策研究室。6月，万年县搬运公司与江西水泥厂因搬运力资价格问题而产生纠纷，致使700余名职工工资被拖欠两个多月，矛盾愈演愈烈，县委、县政府出面协调无效。8月初，在眼看着第三个月的工资亦无望的情况下，500多名一线搬运工经过筹划后准备上皖赣铁路阻拦火车，并同时围堵206国道线，意欲制造一起重大事件，以引起上级有关部门的重视，促使问题得到解决。8月9日，省总获悉这一情况后，立即派出由法律工作部和《江西工人报》记者组成的工作组，火速赶赴万年县调查，与当地县委、县政府、县交通局、县总工会一起妥善解决双方矛盾，遏制一起重大事件的发生。

抚州棉纺厂因连年经营不善，资不抵债，职工长期没有得到报酬，2001年5月16日中午，约1000名职工到抚州市抚河桥昌厦公路一段，堵塞交通要道约6个小时，省总领导获悉后，及时派出工会干部，会同当地政府有关部门深入调查，做职工的思想政治工作，经过各级工会组织的共同努力，使这一群体性事件得以平息。

2002年1月22日，省委办公厅、省政府办公厅下发《关于建立处置重大安全事故和群体性事件工作机制的意见》，明确各级党政主要领导是本地区安全工作和维护社会稳定的第一责任人，进一步建立健全强有力的工作机制，加强领导和协调，不得把本级应该处理的问题推向上级。省总主席为省处置重大安全事故和群体性事件工作领导小组成员。

2005年9月28日，省政府办公厅印发《江西省处置大规模群体性事件应急预案的函》，明确预案适用于大规模群体性事件的应急处置工作。涉及暴乱、动乱或严重骚乱的应对工作，按照有关法律法规和党中央、国务院及省委、省政府的有关规定办理。省总为省处置大规模群体性事件应急指挥部成员。要求省总协助有关单位积极化解不安定因素苗头、隐患，做好群体性事件的预防、处置工作。

2008年底,省总下发《关于做好当前化解企业群体性纠纷维护劳动关系稳定工作的紧急通知》。是年,上饶市总制定《预防和处置职工突发事件应急预案》。2009年,赣州市总制定《赣州市总处置职工群体性事件应急预案》。吉安市总成立处置职工群体性事件应急领导小组。2010年,新余市总成立由主席任组长的工会网络舆情领导小组。

维护职工队伍稳定和社会稳定

1994年3月,省总先后召开省总部分常委和省总机关处以上干部会,抓紧传达贯彻舒圣佑等省领导有关保持稳定的讲话精神,联系工会实际,分析全省“双停”企业状况,困难职工生活情况和职工队伍思想情况,以及影响职工队伍稳定的因素,围绕着保持职工队伍稳定和社会稳定问题,确定当前各级工会着力做好的几项工作。省总提出要加强信息工作,抓650要情况随有随报,为保障省会等中心城市职工队伍和大专院校稳定而积极工作。各地工会机关都要确保重要信息及时准确上报下达,防止突发事件,正确处理突发事件。

1995年,因劳动争议、工资问题、医疗费用、死亡职工遗属困难、打击报复等引起的上访比往年有增加,来信来访比去年同期上升30%左右。省总对集体上访限期下级工会上报调查处理结果,督促落实,减免隐患。加强与公安等有关部门的沟通与联系,将集体上访或一些可能会引起社会不安定的苗头及时向公安和有关部门反映,以求共同加强防范工作。及时上报负面信息。《采取“一刀切”的办法迫使女职工下岗》《连续六个月未发退休金引起离退休人员集体上访》等及时上报省委、省政府和相关部门,引起有关部门的重视,促使矛盾早日得以解决。

1997年6月12日,省总下发《关于做好稳定工作的通知》,要求各级工会认真负责地做好困难企业、困难职工和职工队伍的稳定工作,团结全省广大职工,为确保社会稳定这一大局发挥应有的作用。强调建立和落实领导责任制。一级抓一级,一级对一级负责,着眼于防患于未然,防患于初始,把问题解决在萌芽状态,解决在基层,解决在内部。对事关企业和职工稳定的重大事件工会主要领导要协助党政亲自参与处理和解决。

1998年12月8日,省总下发《关于认真贯彻省委、省政府两办通知精神　切实做好当前职工队伍稳定工作的紧急通知》,要求各级工会积极协助党政,认真落实政策,确保企业离退休人员养老金和国有企业下岗职工基本生活费的及时足额发放。同时强调,要把防范发生重大集体上访,重大群体性事件作为抓好稳定工作的目标,对突发事件要在6小时内向上一级工会报送。

1999年12月1日,江西电炉厂因企业管理权变更而引发职工集体上访。并称再度上访省政府省深化省属农垦企业改革领导小组、省农垦局等。经省总主要领导反复工作,劝返上访代表。江西电炉厂属地管理问题历时近两年尚未有后果,存在着不安定因素,2001年8月下旬,省总向省政府办公厅反映江西电炉厂异地隶属领导,给厂里生产管理、职工生活带来很多困难和问题,职工反映强烈,曾几次要组织人员到省委、省政府上访,建议省委、省政府领导予以重视,加大协调力度,尽快解决江西电炉厂的属地管理问题。同时传递厂工会给省领导的信件,反映职工的呼声。

2000年3月12日,省总下发《关于成立江西省总工会防范工作小组的通知》。防范工作小组程受锭总负责。文之周任组长,成员由办公室主任、组织部部长、基层工作部部长、保障工作部部长、法律工作部副部长、宣教文体部副部长组成。3月13日,省总以密码电报形式下发文件,要求相关地(市)成立防范工作小组,制定有关防范工作措施。强调省、地(市)工会防范工作小组定期分析敌情和职工队伍稳定情况,及时反映和促进解决影响职工队伍稳定的突出问题。加强与公安、安全部门的工作联系与协作。

2002年3月29日,全总在北京召开了维护稳定工作紧急会议,省总立即主持召开各设区市、省产业、直属基层工会主席和省总直属单位、机关处级干部会议,进行传达学习,要求全省各级工会组织扎实做好职工队伍和社会政治稳定工作。11月,全省维护稳定工作会议结束后,省总对会议精神迅速传达。以密码电报形式给各设区市、省产业(局、系统)、省总直属基层工会下发《关于做好当前维护职工队伍稳定工作的通知》,提出贯彻全省维护稳定工作会议精神的四条意见。要求各部门和单位对不稳定、不安全的隐患进行一次认真的排查,确保内部稳定;坚持情况报告制度、强化职工来信来访和工会信息报送工作。要求各级工会密切关注职工队伍中由于生活困难、再就业困难、解除劳动关系经济补偿问题、拖欠职工工资和医药费、社会保险关系接续不及时等原因可能引发的职工群体性事件的苗头。重申维护职工队伍稳定工作责任制。

2003年3月10日,省总成立省总国家安全小组,组长:程受锭;副组长:宗菊根(省总经审会主任);成员:王运昌、王运快、邓毅、刘玉霞、王小湖。12月16日,省总下发《关于进一步加强我省职工思想动态信息工作的通知》,明确职工思想动态信息工作的主要任务是收集和综合职工群众的意见、要求和其他各种思想反映;向工会领导机关和党政有关部门报告职工队伍的重要思想动态,反映职工群众的愿望和呼声;综合研究职工思想动态,为领导机关掌握情况、科学决策、实施正确领导和维护职工合法权益提供参考;分析和研究职工思想动态的特点和规律,为增强职工思想政治工作的针对性和实效性提供服务;参与、配合或者独立完成上级工会指定的有关职工思想状况的专题调研任务。明确设立省总宣教部、南昌市总宣教部、九江市总宣教部、赣州市总宣教部、上饶市总宣教部以及5个大中型企业工会作为全总在江西的信息报送点。信息报送点均设立1名职工思想动态信息员,与省总全总宣教部保持联系,负责了解和反映本地本企业职工思想动态情况。并对职工思想动态信息报送点的设置、职工思想动态信息报送工作制度、职工思想动态信息报送方式作规定。

2004年10月9日,省总下发《关于积极协助各级党委和政府(行政)做好职工队伍稳定工作的通知》,提出进一步畅通下情上达渠道,建立和完善职工队伍情况的报告机制,各级工会组织要高度重视和加强信息工作,建立健全信息收集、研究和报告制度,努力做好职工信访工作,发挥好职工热线电话的作用。切实履行工会职责,协助各级党委和政府(行政)积极预防、妥善处理职工群体性事件,加强基层工会工作,为维护稳定创造良好环境和条件。加强组织领导,严格落实工作责任制。

2005年,省总要求各级工会组织加强工会参与国有企业重组改制和关闭破产工作。8月,在全省工会工作会议上,宜春市委作《让工会有位 促工会有为,充分发挥工会在维护稳定中的作用》经验发言。10月,《中华全国总工会关于转发〈中共中央办公厅国务院办公厅转发中华全国总工会党组关于当前影响职工队伍稳定的突出问题及对策建议的报告的通知〉的通知》下发后,省总及时学习、传达和贯彻,下发贯彻落实全总文件精神的通知,提出3条措施。10月31日,全总将《关于印发张俊九同志〈在全国部分省市总主席座谈会议上的讲话〉的通知》和《函》,以密码电报形式发给省总,省总及时贯彻落实《函》和《通知》的精神,进行排查和沟通。11 月 3 日,省总成立防范应对境内外敌对势力对我职工队伍和工会组织渗透破坏活动工作领导小组。组长:文之周(省总副主席);副组长:郭学勤(省总副主席)、王运昌(省总助理巡视员、办公室主任);成员:陈渊平、王运快、张国顺、郝希升、邓毅。领导小组办公室设在省总办公室,负责具体工作。省总领导分别走访省公安厅、省国家安全厅、省劳动社会保障厅、省民政厅、省司法厅等单位,就防范应对情况进行沟通。各设区市总工会收到省总密码电报通知后都非常重视,均向当地党委及时汇报。11 月 7 日,省总召开各设区市总工会主席和省总防范应对工作领导小组成员参加的座谈会,交流汇报各地有关情况。将全省有关境内外敌对势力对全省职工队伍和工会组织渗透破坏活动有关情况上报全总。同时提出解掌握各类新经济组织有无境外敌对势力背景,基层工会的成立是否经上一级工会组织的审批;对各级工会与境外非政府组织开展学术活动、接受资助、出书、办班等情况进行一次排查的对策建议。

2006 年 3 月 21 日,省总以密码电报形式下发文件,要求认真学习、深刻领会;加大外资企业工会组建工作力度;加大劳动关系协调力度;统筹兼顾,科学安排,扎实推进工会各项重点工作。23 日,孟建柱、王君对文件作出批示。

2008 年,省总根据有关文件精神,省总成立省总维护职工队伍稳定工作领导小组,组长:李骥;副组长:郭学勤、王运昌(省总副主席);成员由省总办公室、组织部、保障部、法工部负责人组成。工作领导小组办公室设在省总办公室。并对存在的主要问题进行梳理,针对存在问题,省总建议全总积极推动全国人大和相关部门尽快出台《劳动合同法》实施细则,对《劳动合同法》的相关条款做出解释,对一些模糊条款进行细化,增强其操作性;建议全总积极推动全国人大早日出台《社会保险法》。5 月 8 日,接全总机要电话后,张海如、姚亚平及时向省委领导汇报。是日,省总通过省产业(局、系统)工会主要负责人和省总各部门主要负责人会议和电话传达全总机要电话精神,要求各设区市总工会和省产业工会对基层工会有关情况进行初步摸排调查,同时与当地公安、国家安全、劳动社会保障、民政、司法等部门进行沟通。7 月,省总下发《关于做好奥运前后维稳工作的紧急通知》,就维护职工队伍稳定作出部署。7 月 21 日,召开省总主席办公会议(机关全体中层干部列席)。会上,姚亚平传达全省做好奥运前后维稳工作,加强奥运前后社会政治稳定的有关精神和要求。会议重点研究和部署“进一步维护职工队伍稳定,做好奥运前后工会工作”。会议成立省总“维护职工队伍稳定、做好奥运前后工会工作”领导小组,确定王运昌为领导小组负责人。同时下发紧急通知,要求市、县两级工会尽快成立领导小组,确定分管主席,明确工作责任制。排查劳动纠纷,掌握劳动关系矛盾的信息,密切关注职工的思想动态。切实维权。大力帮扶。加强与公安、国家安全等部门的沟通,严密监控,严防异常事件的发生。健全机制,快速反应,不断强化信息报送工作,严格落实信息工作责任制。11 月 12 日,省总调整省总综合治理领导小组,组长:姚亚平;常务副组长:郭学勤(省总常务副主席);副组长:柯进水(省总副主席);成员由省总办公室、宣教部、法工部、后勤中心、机关党委等部门负责人组成。设办公室,主任:郝希升;副主任:吴建国、罗光福、吴艳玲、叶平川(兼联络员)。12 月 29 日,省总下发《关于做好当前化解企业群体性纠纷维护劳动关系稳定工作的紧急通知》。要求加大《劳动合同法》《劳动争议调解仲裁法》的宣传力度,教育引导职工正确处理长远利益与眼前利益关系,通过理性、合法方式维护自身权益;加强与企业的协商和协调,发现集体裁员、拖欠工资等争议事项,及时了解情况,采取有效措施,防止矛盾激化;履行工会“第一报告人”职责,落实重大事件信息及时报告和每周综合报告制度;建立职工队伍稳定情况定期研判机制;加强劳动争议调处工作;为合法权益受到侵犯的职工提供及时、快捷的法律帮助。有条件的地方要建立值班制度。积极参与送温暖活动,对因企业停工、停产,破产、倒闭,企业主欠薪逃匿等造成生活困难或失去工作岗位的职工,及时向领导汇报,给予救助,以解困难职工燃眉之急。

2009年2月27日,省总将“江西省总工会防范应对工作领导小组”更名为“江西省总工会维护稳定和防范抵御工作领导小组”,并调整组成人员。郭学勤任组长,王运昌任副组长;成员由省总办公室、法工部、国际部负责人组成组织部、宣教部、保障部、经济部,领导小组办公室设省总办公室,负责具体工作。3月9日,省总以《关于对江西远望经济开发总公司部分职工成立“维权工会”一事处理意见的函》给省国防工会工作委员会,函告该“维权工会”的成立并未经过上级工会的批准。根据《工会法》的规定,该“维权工会”是不被承认的,也是不合法的。为妥善处理此事,做好职工队伍和社会稳定工作,建议省国防工会工作委员会及时向省国防科工办党委作专题汇报,共同做好维稳工作。4月3日,省总下发文件,要求:对工会在建的工程项目进行排查,一经查出要及时依法解决、消除隐患;争取各方面的支持,通过多种途径,努力化解遗留问题,防止问题久拖不决引发新的事端;对工会系统这方面发生的问题,要及时向党委和上级工会汇报,特别要注意控制舆论导向,防止小报小刊媒体炒作,甚至被恶意利用产生社会负面影响。4月10日,省总召开省总第30次主席办公会,会议听取民管部关于处理朝阳农场部分职工上访情况的汇报,并对职工队伍稳定工作提出了具体要求。5月20日,省总下发《江西省总工会关于维护职工队伍稳定、预防和参与处理职工群体性事件的若干意见》。《若干意见》分6个部分:加大源头参与力度;推动有关法律法规的落实;建立健全预防预警机制;参与职工群体性事件的处理;建立相关信息报送制度;防范和抵御境外敌对势力插手。

2009年,针对经济形势对全省职工权益的影响,省总根据全总要求,对全省维稳工作进行梳理和应对,对维护职工队伍稳定采取了11大措施,并向全总提出:推动全国人大及有关部门尽快制定《社会保险法》《工资法》《企业民主管理条例》等法律法规,在源头上更好地维护职工合法权益;与人力资源和社会保障部、民政部沟通协商,搭建一个数据资源共享的网络平台,使工会能迅捷掌握下岗失业人员、低保人员的基本情况和数据,及时有效地开展困难职工帮扶工作;加大对重大劳动争议案件的处理力度,类似沃尔玛疑似全国性裁员事件全总应直接介入。

2009年7月1日晚,部分网站论坛相继出现“国美电器江西疯狂关店,员工权益如何捍卫”的帖子,反映国美公司最近在江西几个设区市关店,涉及员工权益未能落实。2日,省总法工部发现该帖子后,迅速向省总领导报告,并立即与涉及关店事件的鹰潭、宜春、萍乡市总取得联系,要求立即进行调查,并密切关注后续事态发展。3日,省总以密码电报形式向设区市总下发文件,要求了解情况,并通过举一反三,采取多种措施,疏通职工利益诉求渠道,预防和防范群体性事件的发生,及时做好维护稳定和维护员工权益的工作。通知下发后,江西省各设区市总工会迅速派工作人员深入国美公司分店了解情况,通过召开座谈会、找员工和店长分别询问、查阅相关资料、到店现场巡视等方式，掌握了国美店员工在工资、社保、裁员等方面的详细情况，并积极开展工作。其中鹰潭市总协同该市劳动局与国美店负责人沟通，促使其与职工就补偿方案达成一致；萍乡市国美店所在后埠街工会主动参与补偿方案协商，职工对处理结果认可，自发送锦旗表示感谢。国美电器在江西共有19家店，分布在南昌等9个设区市，已关闭4家，员工补偿金发放完毕，职工情绪稳定。剩余的15家国美店经营平稳，无裁员关店迹象。17日，全总办公厅《工会要情(132)》载文：《江西各级工会及时介入国美电器江西关店事件做好维护稳定和维护员工权益工作》。

2010年1月4日，王宪魁在省委办《重要增刊》(第1期)上作出批示。7日，姚亚平批示：请组织有关部门认真学习省委主要负责人、王书记重要批示，并提出贯彻意见，做出相应部署与安排，特别要注意两点，全省"两会"，全国"两会"这些重点的时段，改制国企和工资清欠这些重点领域或部门，认真做好舆情监控，矛盾排查与化解，全力维护好职工队伍和企业稳定。省总组织机关干部认真学习，并专题研究制定贯彻落实的8项举措：(1)全覆盖开展送温暖活动，解决职工生活困难。(2)高度关注国企改革，全力维护职工队伍和企业稳定。(3)开展农民工工资专项检查，切实维护农民工合法权益。(4)加强安全生产监督，排查安全生产事故隐患。(5)多渠道畅通信息诉求，加强信访和舆情监控分析。(6)多层次开展矛盾排查，做好群体事件应急处置工作。(7)多措施加强值班制度，确保"春节"前夕、"两会"期间平安。(8)多形式活跃职工文化，引导职工融入健康文明新生活。

鉴于富士康跳楼事件，2010年6月1日，省总以密码电报形式下发文件。要求各地、各单位要坚持把做好维稳工作作为重大的政治任务抓紧抓好，继续发挥工会在维护职工队伍和社会稳定的重要作用，努力做职工队伍稳定的第一知情人、第一报告人、第一责任人和第一维护人，畅通职工诉求表达和信息报送渠道，全面落实维稳措施与责任。全省各级工会近期要集中组织一次职工队伍不稳定因素大排查活动。是日，省总党组召开会议，会议传达学习全总有关维护职工队伍和社会稳定的指示精神，研究部署全省工会维稳工作。6月5日，台资企业思麦博公司因保安殴打员工引发群体性事件，也被中国香港、台湾及新加坡一些媒体网站报道，省总发现相关舆情后，立即打电话要求九江市总领导到现场了解情况，开展工作。市总主要领导专门召开会议部署工作，委派市总常务副主席带领中层干部及时赴星子县思麦博公司现场了解情况，指导当地工会开展工作。初步核实相关情况后，省总舆情小组立即将情况形成报告，上报全总和省委。6月10日，省总以密码电报形式下发文件。要求严格信息报送制度；积极参与职工群体性事件处理；与相关部门协调配合，制定应急处置工作方案。是年6月，省总召开会议，研判全省工会维护稳定和群体性事件对江西的不良影响。加大舆情信息监测和研判工作力度，及时核查处理萍乡出租车停运事件等30多件舆情信息，撰写思麦博公司发生群体性事件等12期网络舆情报全总和省委。全省职工队伍总体保持稳定，从2009年国有工业企业改革至2010年全省七个系统非工口国企改革，没有因为改制发生一起有影响的不稳定事件。省总和各级工会及时应对，所采取一系列举措也对稳定职工队伍起到了积极良好的效果。7月27日，省总党组召开会议，会议决定近期向省委汇报中央书记处关于维护职工队伍稳定工作的重要指示和全总会议精神；会议要求结合当前全省工会工作实际，进一步做好在非公企业中普遍组建工会、参与推进七大系统国企改革、维护职工合法权益、加强职工思想政治工作、预防和处理职工群体性事件以及推动工会工作创新为重点的工会各项工作。

2010年,全省各级工会加强舆情信息监控,核查处置舆情信息190余起。主动参与处理江西晶昊盐化有限公司、鄱阳乐丰农场、南昌百事可乐等10余起职工群体性事件。

第四节 工会法人资格登记

1997年3月26日,为建立和完善工会法律制度,依法确立和保障全省基层工会的法律地位及其在民事活动中的权利和义务,根据《工会法》《江西省实施〈工会法〉办法》及民政部《关于〈社会团体登记管理条例〉有关问题的通知》规定,省总下发《关于印发〈江西省基层工会社团法人资格登记管理试行办法〉的通知》,并于同日向社会公布《江西省基层工会社团法人资格登记管理试行办法》。文件要求省总各地区办事处、各省辖市总工会、省产业(局)工会、省总直属基层工会严格按《试行办法》规定的条件于1997年5月底前完成对所辖基层工会的摸底调查工作。这个文件的下发是江西实施基层工会社团法人资格核准登记工作开端。11月10日,省总下发《关于转发中华全国总工会〈关于印发〈基层工会法人资格登记办法〉的通知〉的通知》,要求全省各地工会抓紧做好基层工会社团法人资格申报和核准登记工作,力争在1998年上半年将符合登记条件的基层工会申报登记完毕。

1997年—2010年,省民政厅以社团法人登记工作应由民政厅统一登记,干涉工会法人登记工作。

1997年,全省基层工会办理工会社团法人资格登记758个。

1998年,省总法律工作部下发《关于对地、市、产业工会上半年法律工作进行督查和进一步明确下半年法律工作任务的通知》,将工会法人资格登记工作进行量化,并于1999年元月组织各单位交叉进行检查,不定期地对完成情况进行通报。为保证全省的工会法人登记工作顺利开展,省总多次就社团法人登记工作召开研讨会,就各地市、产业该项工作进展情况进行通报和经验交流。

1998年,全省企业工会办理工会社团法人资格登记1842个,占目标数的20.6%。

1999年6月1日,省民政厅发出《关于停止审批和颁发〈江西省基层工会社团法人证书〉的通知》。针对这个问题,省总及时向全总反映,取得了全总法律工作部的支持,并以《关于对省民政厅〈关于停止审批和颁发"江西省基层工会社团法人证书"的通知〉的意见》向省政府汇报此事,提出省总开展的基层工会社团法人登记颁证工作是依法和按照全总的统一部署行事,无可厚非,省民政厅对省总开展的基层工会法人资格登记工作进行干涉,实属越权行政。

1999年上半年,全省基层工会办理工会法人资格登记6838个,完成目标任务的77%。超额完成任务的有吉安、萍乡和铜业、电力等4个地市、产业工会。

2000年,全省基层工会办理工会社团法人资格登记7999个。

2006年,全省工会系统建立工会基层法人登记工作定期公告制度。省总本级办理或公告的工会社团法人资格登记4954个。

2007年,省总已经完成本级登记和公告的法人单位的资料录入工作。全省基层工会数为

45978个,在全国排第14位。全省工会法人资格登记数为41130个,在全国排第2位,基层工会已经办理组织机构代码数为4348个。全省基层工会登记比例为89.46%,在全国排第1位。

2008年8月29日,省总下发《江西省总工会关于印发〈江西省基层工会法人资格登记实施办法〉的通知》,文件要求各级工会要切实加强领导,指定专人负责,并保证必要的办公场所、经费和设施,完善各项制度,改进服务质量,不断提高工会法人资格登记管理工作水平。上级工会要帮助、指导、督促所属基层工会做好法人资格登记。把工会法人资格登记作为创建和谐企业、模范职工之家、模范职工小家的重要内容。会员在25人以上的基层工会都应当进行法人资格登记。到2008年底,符合条件的基层工会法人登记率要达到80%,2009年实现普遍登记的要求。9月8日,省总下发《关于工会法人资格登记几个具体问题的通知》,对各市、县(区)总工会和有审查登记权的省产业,表格、证书印制,统一编号,制备登记专用章等问题作出说明。

2009年8月26日,全总召开全国工会法人资格登记管理工作经验交流电视电话会议。郭学勤、王运昌出席江西分会场。郭学勤代表省总在电视电话会议上作题为《采取切实措施,确保服务到位,努力实现基层工会法人资格普遍登记》的典型发言,介绍江西工会法人资格登记管理工作所取得的成绩和经验。是年,江西在全国排第6位。全省基层工会55454个,25人以上基层工会38041个,工会法人单位42347个,已经办理机构代码的基层工会8293个,25人以上基层工会法人登记比例111.3%。与海南、云南、四川、辽宁、河北、江西、山西、内蒙古、西藏、宁夏等10个省(自治区)总获2009年度全国工会法人资格登记工作先进单位称号,并获奖10万元。

2010年11月22日,省总下发《关于进一步加强基层工会法人资格登记管理工作的通知》,就全省基层工会法人资格登记管理工作提出5点要求。

第五节　职工法律服务与援助

工会组织法律服务工作主要是上级工会对下级工会实施的法律帮助,以及工会组织对职工或工会会员提供除法律援助之外的法律帮助。省总从事工会法律服务和法律援助的主要职能部门是法律工作部。

1994—2010年,省总为下级工会以及基层工会提供法律服务情况:

1996年,全省共发生16起法院非法划拨工会经费案件。6月30日,进贤县总关于对进贤县法院1994年5月4日作出的民事判决不服报告报省总法工部。报告诉称:进贤县法院民和镇法庭在审理进贤县总工会(原审被告)与进贤县第二建筑公司(原审原告)欠款纠纷一案中,判决内容不仅与事实不符,而且显失公平,致使原审被告进贤县总工会合法权益受损,请求上级工会组织依法维护其合法权益。7月10日,省总法工部发《司法建议书》至南昌市中级法院《司法建议书》。建议南昌市中级法院对本案事实予以审查,依法作出公正裁判,以维护法律之尊严和工会组织合法权益。建议基本得到落实。

1998年7月20日《工人日报》刊登《执法有误怎能不纠——江西奉新县法院非法划拨工会经费拒不改正发人深思》文章反映:1993年,临川市农药厂在生产经营过程中,因与奉新县宋埠化工厂发生购销合同纠纷,农药厂欠化工厂部分货款。1994 年 6 月 8 日,奉新县法院在处理该起纠纷案时,于 1996 年 7 月两次强行从临川农药厂工会被法院划走 15000 余元之后,账面上仅剩下 21 元 2 角 2 分钱,严重影响工会组织的正常活动。省总法工部指导、帮助临川市农药厂工会向法院发出《异议申请书》,并向法院提出赔偿申请。在此基础上,省总还向省高级法院递交《法律意见书》,之后,省总派人先后 3 次向省高级人民法院及有关部门交换意见,代表基层工会组织要求妥善处理此事。直至 2000 年 7 月,拖了数年之久的江西奉新县法院错划临川市农药厂工会经费,在各级工会组织的共同努力下,被悉数追回。

2001 年,省总法律援助中心办理 7 起法律援助案件,为涉案的工会组织和职工挽回损失累计金额 162000 余元,为维护职工和工会的合法权益,发挥积极的作用。12 月 29 日,省总法律援助中心接待江西航运物质供应总公司波阳分公司一油库职工李业正,李在 1995 年因贪污罪被判刑 1 年,1996 年 1 月,单位开除其公职。2001 年 11 月法院再审后认定其无罪,本人要求恢复公职,由于原工作单位已经改制出售,主管部门认为李应找法院要求国家赔偿,拒绝李所提出的要求。经研究,省总法律援助中心决定给予法律援助,经过大量的准备工作,2002 年 3 月李业正一案在南昌市劳动局仲裁庭审理,李与原单位主管部门达成调解,给予相应的经济补偿,其劳动权益得到维护。

2002 年,省总法律援助中心直接办理 3 起涉及职工合法权益受到侵害的劳动争议案件,都圆满结案。2001 年 11 月,临沂市兰山区法院执行人员在执行山东鲁南制药厂诉萍乡市医药公司一案财产保全时,将萍乡市医药公司工会在中国工商银行萍乡市分行设立的工会经费专用账号及工会经费计人民币 11656.37 元全部冻结,直接侵害萍乡市医药公司工会的合法权益,要求上级工会组织依法维护其合法权益。2002 年 1 月 30 日,省总法律援助中心发《法律意见书》至山东省临沂市中级法院。建议法院进行调查核实,依法督促兰山区法院予以纠正,尽快解除对萍乡市医药公司工会经费的冻结,以维护法律的尊严和审判机关的形象,保护工会组织的合法权益。2 月 18 日,南昌市东湖区法院在执行一起借款纠纷案时,在事先没有任何通知的情况下,下达《民事裁定书》,并派员前往银行强行扣划冶金工业总公司工会的工会经费 24 万元,用以为公司抵偿债务。获悉情况后,省总法工部展开调查取证,指导帮助企业工会向法院写出《异议申请书》,并形成省总致法院的《法律意见书》,几番努力交涉后,此案引起法院方面的足够重视,在重新调查认证之后,5 月 15 日,扣划的 24 万元工会经费悉数执行回转。9 月 16 日,盐城市阜宁县法院执行人员在执行阜宁县阜新石化机械厂诉江西锅炉化工石油机械联合有限责任公司、江西江联能源环保股份有限公司一案强制执行时,将江西锅炉化工石油机械联合有限责任公司工会在南昌市工行洪办江铃分理处账户上的工会经费 27900 元强制扣划,直接侵害江西锅炉化工石油机械联合有限责任公司工会的合法权益,要求上级工会组织依法维护其合法权益。省总法律援助中心经过调查,9 月 18 日,至江苏省盐城市中级法院《法律意见书》,提出意见和建议。

2003 年 10 月 15 日,《工人日报》载文:《工会自身权益的维护重在依法办事　江西成功解决一起跨省工会经费被错误扣划案》。主要内容:河南省洛阳市某法院在处理洛阳某企业与江西九江第一建筑工程公司债权债务纠纷案时,强行从九江一建公司工会的账户上划走工会经费 7.5 万元,用以抵偿公司所欠债务。被强行划走工会经费后,九江一建公司工会的日常工作陷入困境,一些救助困难职工的活动也被迫延迟。九江市总得知这一事件后，立即展开调查指导、帮助企业工会向法院递交《异议申请书》，并迅速向省总法律工作部汇报。省总在取得相关证据后，形成省总致法院的《法律意见书》，及时向河南省人大内司委、河南省总等有关部门进行汇报和通报，并致函河南省高级人民法院及洛阳市中级人民法院，表明工会组织的态度，明确指出，这是一起不明工会性质的错案，必须予以纠正。经过长达数月的艰辛努力，在江西和河南两地工会组织的共同努力下，洛阳市某法院终于将错划的7.5万元工会经费退回给九江市第一建筑工程公司工会。

2007年，景德镇市总就整合社会资源，在全国工会系统率先与市司法局、市劳动和社会保障局、市中级法院联合成立景德镇市农民工维权联调委员会。2008年，全总《工会要情》(第80期)称景德镇市总农民工维权联调工作为全国品牌。2007—2012年，全市农民工维权服务站、职工(农民工)维权中心共办理职工、农民工维权案件16695件，为农民工避免或挽回经济损失4000余万元。

2009—2010年，省总通过江西工会网为职工提供在线法律服务120起。

法律援助

1999年11月19日，省总成立“江西省工会法律援助中心”。2000年，9个设区市总成立法律援助中心。2001年，全省11个设区市全部建立工会法律援助中心。2010年，全省100个县(市、区)全部成立法律援助机构。

1999年11月23日，省总下发《关于成立“江西省工会法律援助中心”的通知》。明确：中心隶属于省总领导，同时接受上级法律援助机构和省总法律工作部的业务指导，负责组织、管理、指导、协调全省工会法律援助工作。中心以援助劳动争议和工会财产纠纷案件为主，兼办其他法律事务。中心的所有援助资金全部用于援助案件所需的各种费用，同时接受同级工会财务、审计部门的监督。中心与省总法律工作部合署办公，两块牌子一套人马。中心正副主任由省总法律工作部正副部长兼任。

2000年4月13日，省总下发《江西省工会法律援助试行办法》，从2000年4月15日施行。《办法》明确凡劳动权益受到不法侵害的特困职工、工会会员、获全国或省级以上的劳动模范和先进人物、因依法开展工会工作而自身受到严重损害的工会干部，因维护职工群体利益或其组织本身利益而需法律援助的工会组织，因劳动权涉及的人身权、民主权、财产权受到侵犯的案件；工会组织合法权益遭到侵害的民事、经济、行政等案件以及其他确需援助的法律事务，均可以申请法律援助，寻求法律保护。并规定法律援助机构提供5种形式：接待和解答职工、工会组织来信来访来电等各类法律咨询；代拟法律文书；参与劳动争议案件的调解；接受当事人委托，代理参加仲裁、诉讼；代理非诉讼法律事务。

2000年，省总将各设区市总工会成立工会法律援助中心工作列入2000年度省总工作目标考核内容。要求建立工会法律援助中心的设区市每年完成2起以上援助案件，并列入2001年度省总的目标考核计划。省总每年拨给省总法律援助中心法律援助经费，部分设区市总工会参照省总的做法或采取办案费用实报实销的办法，为工会法律援助的正常开展提供经费。加强与新闻媒体保持密切联系,发挥新闻媒体在维护职工和工会组织合法权益中作用。省、市总工会法律援助中心与同级劳动行政部门密切联系,鼓励工会兼职仲裁员参与劳动争议案件处理。省总职工法律援助中心承诺:一般案件7日内,复杂案件30日内作出是否予以援助的决定。2000年,提供法律咨询300余人(次),办理7起法律援助案件,为涉案的工会组织和职工挽回损失累计金额162000余元,维护职工和工会的合法权益。通过办案和新闻媒体宣传,工会法律援助中心产生一定的社会反响,前往各级工会法律援助中心寻求援助的职工逐渐增加。

2001年3月14日,省总法工部《关于开展工会法律援助和法律服务工作调研的通知》。强调对各级工会已组建法律援助和法律服务工作机构情况、工会法律援助和法律服务工作人员情况、机构的资金来源与管理情况进行调研。8月,省总法工部形成调研报告:是年上半年,全省各级工会共建立法律援助和法律服务机构38个,其中,11个设区市全部建立该机构,县级工会有26个建立该机构,均不属于司法行政部门设立的法律援助中心的分支机构。全省各级工会法律援助中心共有工作人员73人,均为兼职人员。工作人员学历:本科19人,大专43人,具有律师资格的3人,同时,法律援助机构还从社会上聘请专业律师8名。是年,省总和各设区市总工会共办理援助案件75起。

2002年,全省共办理法律援助案件33起,其中省总本级办理6起,省总接待并解答法律咨询达800余人次。省总法律援助中心为受侵权的职工要回拖欠的工资、福利等达10万余元,为基层工会组织挽回经济损失30余万元。

2003年,省司法厅、省总下发《转发司法部中华全国总工会〈关于保障职工合法权益加强职工法律援助工作〉的通知》,文件就加强并规范职工法律援助工作作出强调,明确为困难职工提供法律援助,维护其合法权益,是各级司法行政机关和工会组织的共同任务。

2005年,省级和11个设区市总工会成立法律援助机构,73个县(市、区)成立法律援助机构。全省工会共有法律援助人员199名,其中专职人员为77名,兼职人员122名,共有38人具有律师资格。

2006年9月15日,省总、省司法厅下发《关于推选"全国维护职工权益杰出律师"候选人的通知》。通知明确:全总、司法部决定从2006年起,每两年开展一次"全国维护职工权益杰出律师"评选表彰活动,并对当选的"全国维护职工权益杰出律师"按程序申报全国五一劳动奖章。通知就评选工作提出4点要求。

2007年3月30日,省总、省司法厅下发《关于开展"维护职工合法权益争当杰出律师"活动的通知》。明确年底省总和省司法厅将联合对我省律师维护职工合法权益工作进行总结,选树一批维护职工合法权益的优秀律师,由省总和省司法厅进行联合表彰,授予"江西省维护职工合法权益杰出律师"荣誉称号,对个别成绩特别突出的且符合省五一劳动奖章条件的,明年"五一"前可按程序申报全省五一劳动奖章,并进行集中宣传。11月1日,省总、省司法厅下发《关于评选"江西省维护职工合法权益杰出律师"的通知》。12月4日,省总、省司法厅决定:授予李竹青、王辉明、吴玉晖、张婕(女)、肖爱民、李风兰(女)、黄中俊、朱国胜、黄春岗、余林媚(女)、吴虹(女、)刘良欢、杨爱林等13名律师"江西省维护职工合法权益杰出律师"称号。

2007 年 12 月 4 日，省总、省司法厅在省总举行大会，宣告省工会法律援助志愿团正式成立，140 名工会法律志愿团成员接受聘任书。张海如出席成立大会并讲话。

2007 至 2009 年，全省各设区市总工会相继成立法律援助志愿团。

2008 年 8 月 27 日，省总推荐王辉明（江西惟民律师事务所）、杨爱林（江西华邦律师事务所）、李凤兰（江西振武律师事务所）、李竹青（江西洪城律师事务所）等 4 人为“全国维护职工权益杰出律师”候选人。

2009 年 2 月 5 日，全总办公厅、司法部办公厅、中华全国律师协会办公室下发《关于向王书文等 40 名律师颁发“全国维护职工权益杰出律师入围证书”的决定》，江西获“全国维护职工权益杰出律师入围证书”2 人：王辉明、杨爱林。

2009 年，省、市、县工会法律援助机构受理职工维权案件 856 起，结案率达 93%。

2010 年 8 月 30 日，省总、省司法厅下发《关于开展第二届“江西省维护职工合法权益杰出律师”评选表彰活动的通知》。文件规定评选表彰范围及条件、评选表彰名额、评选表彰程序等。12 月 1 日，省总下发《关于〈江西省工会法律援助实施办法〉征求意见的通知》，征求意见稿共 6 章 29 条。

2010 年，全省 100 个县（市、区）全部成立法律援助机构。全省各级工会法律援助组织为职工义务提供法律咨询、代写文书 8537 件次，受理劳动争议案件 1554 起，办结案件 1409 起，为职工及工会组织挽回经济损失 9000 余万元。是年，省总加大了与兄弟省总工会农民工维权协作力度，与广东、湖南、四川等十多个省签订了农民工省际联动维权协议。推行双向维护农民工合法权益机制建设。全省各级工会按照“源头入会，属地管理，联合互动，双向维权”的原则，加强农民工输出地和输入地间的维权合作，建立和完善双向维护农民工合法权益机制。铜鼓县总工会组织农民工源头入会，在会员证上记载县总法律援助中心的联系方式，并聘请律师在浙江永康、广州、东莞和深圳等地设立维权工作站。

省总法律援助案例

1. 1994 年，临川市农药厂在生产经营过程中与奉新县宋埠化工厂发生购销合同纠纷。农药厂欠化工厂部分原料贷款。1994 年 6 月 8 日，奉新县法院在处理该起纠纷案时，将临川农药厂工会经费 5000 元划走，抵偿债务。1996 年 7 月 16 日，该院又对临川农药厂工会经费进行非法的财产保全，强行查封工会账户，并再次划走工会经费 1510021 元 2 角 2 分。最后在省总法工部和宜春地区法院的干预下，被错划的工会经费历经 5 年才追回。

2. 1999 年，上饶市钢厂职工汤志铭因公伤致残，无钱医治，企业以汤志铭所在单位已承包给他个人为由拒付医疗费用，汤志铭上访数年无果。2001 年 9 月，汤志铭来到上饶市总工会寻求帮助。市总工会启用援助经费垫资 2000 元，派出法律援助中心律师向法院提起诉讼。一审法院判决，承包人赔偿汤志铭医疗费及其他费用 5 万余元。一宗伤残赔偿纠纷案，历时 3 年，在工会法律援助中心的帮助下，才使问题得到解决。

3.2004年,上海市总、省总联合实施法律援助,使受工伤致残的丰城农家女熊琳获得应得的工伤待遇。1987年,19岁的熊琳在上海幼儿师范专科学校食堂做临时工。1987年5月18日,熊琳进入吊箱中端取菜盆时吊箱的钢丝绳断裂,导致腰椎粉碎性骨折。经过两年多的医治,病情渐渐稳定。通过父亲熊一民的奔波努力,并在上海市总和劳动、教育等有关部门的协调之下,上海幼专与熊琳一家达成协议:熊琳回老家休养,学校按月支付其工资、营养、护理等待遇并负责其工伤医疗。从1990年起上海幼专每月寄给熊琳工资、营养费、护理费等共300元;而熊琳就医的医药费用,学校在收到邮寄的发票单据之后予以报销。随着社会生活水平的提高和工资的上涨,学校多次调高了熊琳旳待遇,到1997年已增至每月1050元。1998年,上海幼专并入华东师范大学后,校方先是停止报销熊琳的医药费,到了2003年2月又通过电话告知熊琳:根据1995年上海劳动局颁发的《上海市外地劳动力工伤待遇的规定》,从2003年元月起停发其抚恤金、护理费和医疗费,相关费用以两万五千元一次性了断。熊琳的父亲随即写信给华东师范大学表示不能接受,并且多方反映以求合理解决。就在这时,上海市总和省总一起向他们伸出援助之手。上海市总派出法律援助中心的律师无偿代理这起工伤待遇争议申诉,为熊琳办理在沪的全部相关事务;省总也由专人负责,保证家在丰城的熊琳与上海方面的联络畅通,办理在江西方面的调查取证等一切法律事务。是年8月,省总法工部派人到丰城调查取证并看望熊琳,她已经离不开轮椅,生活起居全由年老的父母照顾。是年12月4日,上海市职工法律援助中心的律师代理熊琳向上海市普陀区劳动争议仲裁委员会递交申诉状,申请仲裁,要求华东师大按月支付熊琳工伤待遇。在普陀区劳动争议仲裁委员会的主持下,以及多方的共同努力,2004年6月,华东师范大学与熊琳终于达成调解协议。华东师大承诺在熊琳定期提供生存证明的前提下,今后每月支付给她工伤津贴及护理费1340元,且从2005年起每年递增5%;每月支付医药费补贴80元,发生住院情况按工伤待遇标准报销;每四年按国内普及性标准报销轮椅费用。

4.2006年10月,江西铜业公司下属银山矿退休工人肖道冥来信反映单位计算其工龄计算错误,致使其养老金少发,通过多种途径仍未能得到解决。这件事引起张海如的重视,经多方交涉,最终,省社保局经过审查,确认肖道冥于1949年1月在赣南金华山坞矿参加工作直到1958年调入银矿山,实际工龄为30年,并补发其相应的工龄工资和养老金。

5.2007年6月,工伤职工毛健根向省总反映,2005年7月他在江西鑫丰齿轮制造有限公司从事锻工工作期间被正在加工的铁件飞出击中左侧大腿,经鉴定为工伤七级,因与单位无法达成协议,没有得到工伤补偿,遂向南昌市仲裁委员会提出仲裁申请,在获得赔偿裁决后,单位向青山湖区法院提起诉讼,本人已被折腾得筋疲力尽,无力应诉,恳请省总提供法律援助。毛健根的情况引起省总的高度重视,在对案情进行充分的研究之后,法律工作部指派一名工作人员并聘请一名律师共同作为代理人对其进行法律援助。2007年9月19日,案件在青山湖区人民法院开庭,在庭审过程中,两位代理人充分运用庭前所收集的大量证据,熟练运用相关法律法规,对起诉方法定代表人动之以情,晓之以理。最终,用人单位与毛健根达成调解协议:江西鑫丰齿轮制造有限公司在一个月内支付毛健根9万元的经济补偿和一次性支付的基本养老保险9672元。法院依照当事人双方的调解协议当场制作民事调解书。

6. 2007 年 7 月，泰和公路分局退休职工吴新沙来省总反映：2006 年 9 月—12 月，吴新沙带 8 名下岗工人和农民工承包武吉高速公路 A6 标修河大部分桩基的施工，12 月 31 日桩基施工顺利完工。经结算工程项目部应向其支付工资款 2. 92 万元，然而，除了项目部经理杨勇于 2007 年 7 月安排施工负责人刘海文支付的 5000 元外，该笔款项未结，多次找杨经理和刘海文，均被以工程款没到位为由拒绝。得知这一情况后，省总法律工作部工作人员迅速与该项目部经理杨勇和施工负责人刘海文取得联系，对方明确承认拖欠事实存在，只是由于工程款未到位而无钱支付。在这种情况下，省总工作人员积极与交通厅有关部门和武吉高速公路相关人员交涉。经过努力，2007 年 9 月，吴新沙终于得到被拖欠的 2. 42 万元工资款。

7. 2007 年 1 月 22 日，河南籍农民工祝国营、霍元武向省总反映江西华通冶金建设公司拖欠他们 14 名农民工工资 13 万元，省总法律部立即与江西华通冶金建设公司老总和项目负责人进行交涉，当晚江西华通冶金建设公司就支付 8 万元工资，在此基础上，省总工作人员又与江西华通冶金建设公司负责人进行多次交涉，指出拖欠农民工工资的违法性，提出在年前公司要全额支付拖欠的农民工工资，23 日上午，江西华通冶金建设公司支付剩余的 5 万元工资。

8. 2008 年 10 月，蔡青荣、蔡江父子到省总，反映他们 2005 年受聘到被诉单位山东某工地做保安，工作近一年，没拿到工资，多次催讨无效。经省总提供法律援助，蔡氏父子很快拿到 1 万元的欠薪。

9. 2009 年 1 月 16 日，永新县籍农民工张凤桥、袁阳水、孙功友等三人到省总反映，他们共有 30 名农民工在红谷滩一建筑工地务工，被承建单位拖欠工资 16 万元，经过省总法律部的努力，为他们讨回了全部工资。

10. 2009 年 6 月 24 日，铅山县新滩乡背流村党支部书记刘国青来到省总反映，该村农民工丁焕全等 44 人于 2008 年赴江苏省如东县袁庄镇赵港村天伦小区务工，该项工程已于当年 11 月完工。然而，工程承建单位南通市某置业公司却一直不肯支付工资款 36 万余元。丁焕全等 44 名农民工多次向工程所在地的镇、县、市等相关部门反映情况，追讨欠薪，却迟迟得不到处理和解决。省总得到信息并进行调查后，及时与江苏省总取得联系，确定两省总工会联动维权的策略，联合委托南通市总对该案进行协调处理。7 月 20 日，南通市总在与如东县总工会经过 20 余天的耐心沟通后，决定由如东县总出面，代表江苏、江西两省总召集如东县建工局、清欠办、袁庄镇党委、政府、县法律援助中心、县劳动仲裁院、县法院、发包方、承包方、农民工等各方代表召开协调会，在查明事实的基础上，针对存在的问题进行调解，最终达成解决方案，使所有被欠薪的农民工都拿到应得的工资。

公职律师试点

1996 年 4 月，全省地方工会、省产业工会系统取得律师资格 2 人。2006 年 6 月，全省县以上总工会、产业工会具有律师资格人员共 10 人。

2002 年 10 月 22 日，为推动开展并规范公职律师试点工作，司法部下发《关于开展公职律师试点工作的意见》。文件明确公职律师的任职条件和职责范围及公职律师队伍的管理。

2006年5月8日,全总下发《关于印发〈工会公职律师试点工作方案〉、〈工会公职律师管理办法〉(试行)的通知》,方案明确工会公职律师试点范围、职责范围、工会公职律师任职条件、工会公职律师的权利与义务、工会公职律师办公条件和费用。《工会公职律师管理办法(试行)》明确工会公职律师的管理方式、省级总工会的主要职责、地市、县级总工会的主要职责、工会公职律师的执业管理。是年8月30日,省司法厅、省总共同下发《关于印发〈江西省工会公职律师试点实施办法〉的通知》。《实施办法》明确:工会公职律师试点范围为县级以上工会,包括省总机关;市、县两级地方总工会、地方各产业工会;市、县两级地方直属机关工会联合会。明确工会工作者和社会人士担任公职律师的条件,强调工会公职律师不得同时持有社会律师执业证书。并规定工会公职律师职责范围、权利与义务。《实施办法》明确工会公职律师管理实行接受司法行政机关的资质管理和业务指导、省总统一组织协调、各级工会分级负责的办法。强调了省、市、县级总工会的主要职责。还对工会公职律师的执业管理、办公条件和费用作出规定。

2007年11月,省总公职律师事务部经省司法厅批准成立,共有3名律师,事务部设在省总法律工作部,李崎宇为律师事务部主任。随之,《江西省总工会公职律师事务部章程》生效。《章程》共9章30条,涉及省总公职律师事务部的宗旨、组织形式、业务范围日常经费和办公条件、律师会议的组成和职责、主任的职责、工会公职律师的权利和义务、业务管理、解散和终止、附则。宗旨明确:坚持以事实为根据,以法律为准绳的原则,热忱地为职工和工会组织提供全方位、高层次、高效率的法律服务,维护国家法律的正确实施,保护国家和社会公共利益,维护职工和工会组织的合法权益,为国家的民主和法制建设作出贡献。组织形式为省总内设机构,隶属于省总法律工作部,日常经费由省总核拨。人员属省总工作人员,参照公务员管理。事务部不参与市场竞争,不向社会提供有偿服务。严格遵守国家的法律和政策,严守律师职业道德和执业纪律,自觉接受省司法厅和省律师协会的领导、监督和管理。明确业务范围:(1)参与工会规范性文件的起草和修改工作,为所在工会的重大决策提供法律意见和建议;(2)为工会参与法律、法规、规章和其他规范性文件的制定、修改提出意见和建议;(3)参与工会组织的相关法律法规的监督检查活动和违法事件的调查处理工作;(4)参与工会与用人单位进行的平等协商和签订集体合同工作,参与工会的法律事务谈判、法律文件签订等工作;(5)接受指派或委托,调查处理相关法律事务,代理职工、工会干部和工会组织参加有关案件的调解、仲裁和诉讼活动;(6)为符合工会法律援助条件的职工和工会干部提供法律援助;(7)为职工、工会干部和工会组织提供咨询、代书等法律服务;(8)承办所在工会和上级工会交办的其他法律事务。

省总公职律师事务部成立到2010年,参与立法普法活动、为省总机关提供法律服务、为全省职工提供法律援助,在省总优化行政环境、规范机关事务管理、维护职工合法权益发挥了作用,在全国走在前列。(1)参与立法和普法活动:对《江西省集体合同条例》等4部地方性法规进行清理(对个别条款进行删减或修改),参与《江西省企业工资集体协商条例》的立法前期工作,参与《〈劳动合同法〉修正案(草案)》公开征求意见工作。参与《江西省突发事件应对条例(草拟稿)》《江西省审计条例(修改七稿)》《江西省残疾人保障条例(送审稿)》《江西省实施〈工伤保险条例〉办法》等30余部地方性法规、规章和规范性文件的修改。参与起草全省工会系统"六五"普法规划。参与涵盖全省工会系统的网络舆情监测研判小组,2009—2010 年对 100 余起舆情信息进行发函或电话核查催报、研判、督办处置。(2)参与省总机关内部事务管理。为机关合同事项提供法律意见。参与起草机关聘用人员的劳动合同;为省总资产部、财务部、网络中心等部门审阅相关合同,提供法律意见。参与省总工程项目、大宗物品采购的招投标全过程。在内部招投标会议中担任评委,既对招投标的全过程进行参与,又对起草的合同文书进行把关。2007—2010 年,事务部参与省总机关大院绿化工程、会议室装修、多功能厅音响设备采购、机关大楼维修等 10 余个工程项目和大宗物品采购项目的内部招投标和相关项目的合同文稿审核。作为省总基建监督小组成员参与工程项目的监督,对省总机关的工程项目,固定资产管理、大宗物品采购、出租屋整顿等进行全过程监督。(3)律师事务部参与全省工会法律援助机制建设,注重个案维权,加强异地维权合作。参与法律援助机制建设。在全省各级地方工会和乡镇、街道建立法律援助中心(工作站),并与困难职工帮扶中心等服务平台相融合。

第六节　法制宣传

1996—2010 年,正值工会"三五"至"五五"普法期间,省总按照全总规划、要求,有序地推进普法活动。

"三五"普法

省总成立"三五"普法领导小组,按照全总的要求制定江西省工会"三五"普法规划。全省各级地方工会和产业、直属基层工会均成立由主席任组长、分管主席任副组长的"三五"普法领导小组,普法办公室设在法律工作部。

1997 年 1 月 3 日,省总下发《关于印发〈江西省总工会关于在职工和工会干部中开展法制宣传教育的第三个五年规划〉的通知》,规划明确"三五"普法规划的指导思想、目标、任务与要求。

1998 年,为宣传《江西省实施〈工会法〉办法》,省总印制 4 万册《实施办法》单行本发至全省各级工会,省总法律工作部编写 7 篇专题讲稿连续在《江西工人报》刊登。

全省各级工会采取请进来走出去相结合,鼓励个人自学与组织培训相结合方法,组织工会干部学习全总编写的工会法律工作实用教材和有关社会主义市场经济法律知识。在"三五"普法期间,省总结合工会工作实际,重点宣传普及《宪法》《工会法》《劳动法》《企业法》《公司法》《江西省实施〈工会法〉办法》《女职工劳动保护规定》《企业职工奖惩条例》《企业职工工伤保险试行条例》等法律法规。一些大中型企业单位工会,还根据实际需要侧重安排学习《矿山安全法》《建筑法》等。5 年中,全省各级工会为贯彻普法任务而举办各类普法学习班 3000 余期;组织编写、印发普法宣传手册、问答和教材等资料 150 余万册;利用报刊、杂志、电视以及文化宫、俱乐部的宣传栏、板报等新闻媒体开展法律知识讲座和法律知识竞赛 2200 余场(次);工会干部和职工受教育面和参赛面分别达 95% 和 80% 以上。各级工会还采取送法上门服务的方式,到厂矿、车间或职工居住较为集中的地方进行法规宣传和法律咨询服务350余次。工会系统培养和建立一支拥有3万余人的法律专业人才队伍。各级工会还积极输送工会干部参加全总、劳动行政部门等举办的法律培训,先后共有200多人获得"工会法律工作者证书"。在普法教育中,省总及各市(地)工会每年都把普法教育所需经费列入日常工作开支,为"三五"普法提供经费保障。

2000年7月,全省各地市、产业、直属基层工会按照分级考核验收的原则,完成对下级工会的考核验收工作。8月,全省工会"三五"普法验收工作结束。

2001年2月21日,省总下发《关于做好全省工会系统"三五"普法先进单位、先进个人评选工作的通知》。文件就评选名额、评选条件和评选办法等提出具体要求。5月30日,省总下发《江西省总工会关于表彰全省工会系统"三五"普法先进集体、先进个人的决定》。对在全省工会系统"三五"普法中成绩突出的南昌市总工会等48个先进集体、方传贤等92名先进个人予以通报表彰。

"四五"普法

2001年,省总成立以主席和分管副主席为正副组长、相关部门负责人为成员的"四五"普法领导小组,办公室设在法律工作部。各级地方工会和产业、直属基层工会均成立普法领导小组,下设办公室,主管法律工作的部门承担日常工作,并建立普法责任制。

按照全总"四五"普法规划的统一部署与要求,省总制定《江西省总工会关于在工会干部和职工中开展法制宣传教育的第四个五年规划》,全省各级工会都相应制定"四五"普法规划。省总工会"四五"普法目标是:"努力实现由提高工会干部和职工法律意识向提高法律素质的转变,实现工会领导干部自觉依法维权,依法治会,全面推进工会工作法制化"。

全省各级工会组织工会干部和广大职工以全总编写的《全国职工普法知识读本》《职工权益保障手册》等为教材,学习国家基本法律和社会主义市场经济法律知识。在整个普法教育中,省总及各市(地)工会每年都把普法教育所需经费列入日常工作开支,为"四五"普法提供经费保证。全省工会依据工会工作的性质和特点,在内容上重点突出《宪法》《工会法》《劳动法》《安全生产法》《职业病防治法》《企业劳动争议处理条例》《工伤保险条例》《法律援助条例》《女职工劳动保护规定》以及《江西省实施〈工会法〉办法》《江西省集体合同条例》《江西省统一企业基本养老保险制度实施办法》等与工会干部和职工工作、生产、生活密切相关的法律法规的普及。各级工会普法工作有年度计划、年中有检查、年终有总结;省市(地)工会建立领导干部法制讲座制度、理论中心组学法制度、法律培训制度、依法决策制度以及法律知识考试考核等制度。

2001年10月,新修改的《工会法》颁布施行。省总下发《关于认真学习贯彻修改后的〈中华人民共和国工会法〉的通知》,并及时印制20万册《工会法》单行本发放给各级工会组织。省总与省广播电台合作,制作15讲《工会法》系列专题节目,在江西人民广播电台"人与法"专栏中播出。是年召开全省学习宣传贯彻《工会法》座谈会,并举办两期《工会法》培训班,对各级工会主席和省总机关全体干部进行培训。全省共举办各级各类专题培训班2512期,参加学习培训的干部职工达58万人次。各地、市、产业工会不仅组织工会骨干培训班和学习讨论会,还组织工会干部和法律专业人员到广大职工群众中去进行“工会两法”知识宣讲。11 月 15 日，省总下发《关于组织职工参加〈工会法〉知识竞赛的通知》。11 月 20 日，省总召开学习宣传贯彻新《工会法》座谈会。部分设区市总、省产业工会和基层工会负责人以及省总机关干部、省总直属基层单位工会负责人参加会议。会上，文之周发表讲话，与会代表纷纷发言。

2002 年 7 月 21 日，省总成立省总“四五”普法领导小组。组长：程受锭；副组长：李骥（省总副主席）；成员由省总组织部、宣教部、办公室主任、民主管理部、保障部部长、经济技术部财务部、法律工作部、《江西工人报》社总编辑、省总干校负责人组成。领导小组下设办公室，办公室设在法律工作部。办公室主任由法律工作部部长兼任。7 月 29 日，经过全省各级工会组织的共同努力，省第九届人大常委会第 31 次会议通过《关于修改〈江西省实施〈工会法〉办法〉的决定》。这是继北京之后，全国第二家出台的地方性实施修改后的《工会法》办法。11 月，省总举办“两法一条例”（《劳动法》《工会法》《江西省实施〈工会法〉办法》）培训班。

2003 年，省总将 4 月确定为工会法律学习月，将学习《宪法修正案》《劳动法》《工会法》《江西省实施〈工会法〉办法》确定为江西省各级工会干部的必修课。3 月 30 日，省总召开学习活动月动员大会暨学法辅导员培训班开学典礼，张海如在开学典礼上作动员讲话，全省各设区市总工会、产业（局、系统）工会、直属工会主席，各县（市、区）工会理论骨干，省总机关干部共 100 余人参加动员大会。5 月，组织全省工会干部全面进行法律考试；6 月份，组织法律知识竞赛。是年，省总法律工作部深入市、县、区及基层宣讲《工会法》《劳动法》《集体合同条例》等法律达 20 余次。

2004 年 3 月，省总下发《关于兴起学习〈工会法〉和〈江西省实施〈工会法〉办法〉新高潮的通知》，成立领导小组，张海如任组长，5 位副主席任副组长，成员包括省总有关部室、省总干校、《江西工人报》的负责人。确定 4 月为集中“宣传月”。4 月，省总举办“三法一办法”（《宪法》《劳动法》《工会法》《江西省实施〈工会法〉办法》）学习动员大会暨辅导员培训班。各设区市总工会、产业、直属基层工会分管主席和县（市、区）总工会理论骨干参加为期 5 天的培训，省总机关邀请法学专家、全总法律部部长郭军进行《工会法》《劳动法》的学习辅导，培训“三法一办法”的教员 200 余人。同时，省总组织机关全体干部分两批进行为期 3 天的集中学习。省总干校举办省、市、县工会，省产业工会、大中型企业工会干部和工会主席学习班 20 余期，各地、市、产业工会也组织了工会骨干培训班和“工会两法”知识竞赛，利用报刊、广播电视等媒体广泛开展社会宣传。省、市总工会先后印制《工会法》《江西省实施〈工会法〉办法》单行本、工会系统普法实用教材等共计 25 万余册；全省共举办各级各类培训班 800 期，参加学习培训的干部职工达 10 万多人次。《江西工人报》开辟《工会法》学习专栏；5 月 29 日，省总统一命题，全省 1500 名工会干部参加学法考试，张海如和省总副主席与机关干部一道在省总机关考场参加考试。省总组织“金圣杯”全省职工法律知识（有奖）竞赛，20 多万工会干部、职工和社会各界人士参加竞赛活动，9 月颁奖。

2001—2005 年，全省各级工会为开展普法工作共举办各类普法学习班 800 余期，有 10 余万人次的干部职工接受了法律知识及相关业务的系统学习和训练；组织编写、印发普法宣传手册、问答和教材等资料 60 万余册；利用报刊、杂志、电视、网络及文化宫、俱乐部的宣传栏、板报等各类媒介开展法律知识讲座和法律知识竞赛 500 余场（次）；工会干部和职工受教育面和参赛面分别达 80%

和50%以上。此外,各级工会还采取送法上门服务的方式,深入厂矿、车间或职工居住较为集中的地方开展法制宣传和法律咨询服务3000余场次。在每年的12月4日法制宣传日,各级地方工会都会同当地司法、劳动、民政、法院等部门联合举行法制宣传活动。是年7月15日,省总下发《关于进一步做好工会系统“四五”普法总结验收工作的通知》,对组织工会系统“四五”普法考核,参与媒体网络“四五”普法宣传和有奖知识竞赛活动提出了要求。9月29日,省总《关于做好全国工会系统“四五”普法先进单位和先进个人评选表彰工作的通知》。

2005年,南昌市东湖区工会、九江市总、新余市分宜县总工会、萍乡市总、赣州市总、抚州市总、吉安市万安县总工会、中国铁路工会南昌铁路局委员会被评为全国工会系统“四五”普法先进集体,张冬林、吴俊、汪金明、邓雪明、艾克发、伍胜刚、蒋水云、柯进水、李坪、李建明、甘保根、徐春庭、汪艳芬、车德云被评为全国工会系统“四五”普法先进个人,省总法律工作部被评全国工会系统“四五”普法优秀单位。

“五五”普法

2006年8月10日,省总下发《关于印发〈江西省总工会关于在工会干部和职工中开展法制宣传教育的第五个五年规划〉的通知》。规划明确指导思想、主要目标和工作原则。省总将普法经费列入工会经费预算,同时拨出专项经费用于工会立法项目、法律援助和普法师资骨干培训。各设区市总工会都把普法教育所需经费列入日常工作开支,为开展普法工作提供经济保障。省总每年都组织举办普法师资骨干培训班,并选派干部参加全总普法骨干培训。是年8月15日,省总下发《关于成立江西省总工会“五五”法制宣传教育领导小组的通知》。组长:张海如;副组长:李骥;成员由省总法律工作部、组织部部长、宣传教育部、经济技术部、保障工作部、女职工部、研究室、民主管理部、财务部、《江西工人报》社、省总干校负责人组成。领导小组下设办公室,省总法律工作部承担办公室的日常工作。办公室主任由法律工作部部长兼任,副主任由法律工作部副部长兼任。全省各级地方工会和产业、直属基层工会均成立普法领导小组,下设办公室,由主管法律工作的部门承担日常工作。领导小组定期召开会议,听取工作汇报,研究部署普法工作,及时解决工作中遇到的困难和问题。为保证普法工作机构的有效运转,各级工会根据工作需要建立健全普法责任制。

省总领导班子坚持理论中心组学法制度和领导干部法制讲座制度,先后就《工会法》《劳动合同法》《劳动争议调解仲裁法》《就业促进法》《公务员法》《行政许可法》《江西省集体合同条例》《江西省职代会条例》和《江西省厂务公开条例》等与工会工作和职工权益密切相关的法律法规进行专题学习。省总定期邀请有关专家和厅局领导来机关开讲座、作报告,邀请法学专家、全总法工部刘继臣部长举办由机关全体人员、直属单位和南昌市总干部参加的《劳动合同法》专题讲座,邀请省劳社厅张勇厅长作《就业促进法》与全省就业形势的专题报告会。省总每年制定机关干部法律培训计划,集中组织机关干部进行有关法律知识的学习和考试,为全体机关干部征订《劳动合同法讲话》《劳动争议调解仲裁法讲话》《公务员法》《行政许可法》、2006—2010年《江西省年度重点普及法律辅导讲话》等法律法规和宣传资料。通过讲座等形式,组织机关党员干部集中学习《劳动合同法》

《劳动争议调解仲裁法》《就业促进法》《公务员法》等法规政策和网络、金融、道路交通、消防安全等与法律有关的知识。各级工会在每年的新任工会干部业务培训中，都对工会法、劳动法及其配套法规进行系统学习。省总各部门和干校举办各种形式的培训班对市县和企业基层的工会干部进行劳动争议调解、劳动合同、集体合同、劳动保护、社会保险、工资支付、信访舆情和困难帮扶等法律法规政策和工会业务的培训。各级工会积极输送工会干部参加全总和相关部门举办的法律培训。5 年中，全省各级工会共举办 700 多期不同层次的工会干部法律知识培训班，有 10 余万人次的干部职工接受法律知识及相关业务的系统学习和培训。

“五五”普法期间，《劳动合同法》《就业促进法》《劳动争议调解仲裁法》相继颁布实施，省总下发《关于转发〈中华全国总工会办公厅关于学习宣传贯彻〈劳动合同法〉的通知〉的通知》和《关于转发〈中华全国总工会办公厅关于学习贯彻劳动争议调解仲裁法〉的通知〉的通知》等文件，要求各级工会将“三法”列为工会五五普法的重点，在全省掀起学习宣传贯彻“三法”活动的热潮。印发“三法”文本、宣传手册和教材，利用报刊、杂志、网络、电视及文化宫、俱乐部的宣传栏、板报等各类媒介大力宣传，开展以“三法”为专题的法制宣传月、周大型活动，在“12 · 4”法制宣传日举办多种形式的上街宣讲、咨询和送法进企业、下乡村活动。全省各级工会共举办各类以“三法”为内容的普法学习班 600 余期，组织编写、印发法律文本、普法宣传手册、问答和教材等资料 30 余万册，利用多种媒介开展法律知识讲座 200 余场(次)，工会干部和职工受教育面达 70% 以上。上饶市总在全市开展劳动法律法规宣传月活动和以“三法”为内容的大型视频讲座、电视竞赛。省总在全省选送 20 余名工会干部参加全总举办的“三法”师资培训班，先后自办或联办 6 期“三法”骨干培训班，培训“三法”教员 700 余人(次)，印制 2 万册《劳动合同法》单行本发放给各级工会组织。

2007 年 10 月 10 日，省总法工部下发《江西省总工会 2007 年“12 · 4”全国法制宣传日活动方案》。方案明确开展全国法制宣传日活动时间和活动内容。11 月 16 日，省总下发《关于在全省工会系统开展 2007 年“12 · 4”全国法制宣传日宣传活动的通知》。文件明确活动主题和活动内容。12 月 4 日，省总在全国法制宣传日召开表彰全省维护职工合法权益杰出律师暨成立江西省工会法律援助志愿团大会，表彰 13 名全省维护职工合法权益杰出律师，并且组建一支由 140 名律师、高校教师、大学生和法律工作者组成的维护职工合法权益的“工会法律援助志愿团”。同时通过报纸、电视大力宣传，由杰出律师和法律援助志愿团牵头组成的法律宣讲队伍上街为职工群众提供现场法律咨询和服务，宣讲劳动法律知识和劳动合同法。

2008 年，省总投入 200 余万元建设“江西工会网”，开设法律法规、政策文件、法律援助、职工法律天地、职工论坛、主席信箱、12351 热线、帮扶行动、职工书屋、远程教室、公众参与、理论研究等栏目，宣传国家劳动政策法规和工会工作，引导职工自觉守法和依法维权。在劳动政策法规查询、劳动争议典型案例专栏和网上信访平台，及时答复职工提出的有关劳动关系问题，专门为职工群众提供政策法规咨询服务和法律帮助。

2008 年，全省各地工会在省总的统一部署下，开展农民工普法工作，把农民工作为工会五五普法的重点对象。4—7 月，景德镇市总在全市广泛开展“新工人、新市民，我们的兄弟姐妹”，关爱农民工宣传教育月活动；联合相关部门在全市范围内分期、分批举办农民工维权法律知识培训班和市民道德常识培训班,培训人数达3000余人;编写《新工人、新市民,我们的兄弟姐妹——农民工维权手册》,发放到农民工手中。萍乡市总举行“走千村,进万户,送法下乡创和谐”法制宣传教育活动,全面实施“四个100”工程(即“举行100场法制宣传报告会;建立100个永久性的法制宣传栏;培训100名法制宣传辅导员;建设100个民主法治示范村、社区)。全市乡镇工会、社区工会和企业工会纷纷设立法制宣传栏,购买法律图书,还建立法制宣传队伍。市总在农民工比较集中的建筑工地、餐饮服务单位、非公企业和乡镇印刷发放26000张工会维权卡和2000本《工会法》,组织法律援助志愿团成员通过义务咨询、法制宣传课、散发法制宣传资料、提供法律援助等形式的法律帮助。是年6月20日,省总下发《关于组织开展全省工会“五五”普法中期检查的通知》。文件明确检查主要内容、检查方式方法和时间安排。通过检查,全面了解工会“五五”普法工作开展情况。省总普法办将在检查总结的基础上,选送先进典型参加全国工会普法先进单位和集体的评比表彰。

2010年4月20日,省总下发《关于印发〈全省工会系统“五五”普法检查验收工作方案〉的通知》。文件明确省总“五五”普法工作领导小组办公室具体负责组织对各设区市总工会、省产业(局、系统)工会、省总直属基层工会落实“五五”普法规划工作的检查验收工作;各设区市总工会、省产业(局、系统)工会、省总直属基层工会负责本地区(系统)工会“五五”普法检查验收工作,可以依照本方案制定本地区(系统)的具体检查验收工作方案。检查的主要内容:工会“五五”普法工作领导机构建设和运行情况;贯彻落实“五五”普法规划基础保障工作情况;工会“五五”普法年度要点落实情况;工会领导干部学法用法情况;职工群众依法维权情况;普法教育活动开展情况;普法机制体制创新情况;“五五”普法开展以来取得的主要成效。6月,按照全总的“五五”普法检查要求,省总通过自查得分99分。9月14日,全总“五五”普法检查组对景德镇市总、上饶市总和省电力公司进行普法工作情况检查。是日,省总法工部下发《关于转发中华全国总工会〈关于转发中宣部司法部全国普法办《关于开展2010年“12·4”全国法制宣传日宣传活动的通知》的通知〉的通知》,文件要求全省各设区市、县总工会,省产业工会、省总直属基层工会积极开展“12·4”全国法制宣传日宣传活动。10月19日,省总法工部下发《关于转发中华全国总工会〈关于转发司法部等部门〈关于开展2010年全国百家网站“五五”普法法律知识竞赛活动的通知〉的通知〉的通知》,要求全省各级工会动员和组织广大工会干部和职工群众积极参与竞赛活动。10月28日,省总下发《关于推荐全国工会系统“五五”普法先进单位和先进个人的通知》。11月23日,省总法工部下发《关于学习宣传贯彻〈社会保险法〉的通知》,要求把《社会保险法》的学习宣传作为2010年“12·4”全国法制宣传日系列活动的主要内容。12月23日,全总下发《关于表彰全国工会系统“五五”普法先进单位和先进个人的决定》。全总决定对北京市总等1498个全国工会系统“五五”普法先进单位和柳艳等1000名全国工会系统“五五”普法先进个人予以通报表彰。江西有省总工会等46个先进单位、金坤等26名先进个人受到全总表彰。

第九章　经费和资产监管

1994—2010 年，省总工会把工会经费收、管、用工作作为全会工作的重中之重，以服务职工、服务工会活动为宗旨，坚持工会经费独立管理原则，坚持“统一领导、分级管理”的管理体制，坚持预算、决算和经费审查监督制度，收足工会经费，管好工会经费，用好工会经费。同时，建立健全工会经审组织，不断完善工会经审制度体系，坚持从“源头、过程、结果”的全面审查监督，维护国家的财经法纪，促进工会经费的收缴、管理和使用，促进工会资产的安全运行。省总资产监督管理工作和工会企事业发展坚持服务职工、服务工会会员为宗旨，以确保工会资产保值增值为目标，加强工会企事业监督管理为抓手，推进工会企事业发展改革为重点，不断健全和完善工会企事业资产管理制度，全力推进工会资产管理和企事业发展。

第一节　经费收管用

经费收缴

主要来源。全省工会经费的来源：工会会员缴纳的会费；建立工会组织的企业、事业单位、机关按每月全部职工工资总额的 2% 向工会拨交的经费；工会所属的企业、事业单位上缴的收入；人民政府的补助；其他收入。

基层工会所收的会员缴纳的会费，按照中华全国总工会的规定，全部留用于基层，不需上交。《江西省实施〈工会法〉办法》第三十三条规定：“……全部职工的工资总额按国家统计局的有关规定计算。企业、事业单位应当拨缴的工会经费在税前列支”。第六条第三款规定：“对到期仍未依法建立工会组织的企业、事业单位和机关，其所在地的地方或者产业工会可以自期满后的第 1 个月起，依照工会经费收缴规定向企业、事业单位和机关收缴工会筹备金。工会建立后，筹备金按工会经费收缴规定返还给企业、事业单位和机关工会。”

1995 年 8 月 8 日，省总工会下发《转发全国总工会财务部关于〈转发国家统计局（劳动统计指标解释）中有关“职工”和“职工工资总额及构成”的规定的通知〉的通知》，指出：国家统计局《劳动统计指标解释》中“工资总额”包括职工“物价补贴”的规定，全省从 1993 年 6 月 1 日起执行给职工适当物价补贴（每人每月 5 元）应作为工资总额的组成部分计提工会经费。

1997 年 12 月 25 日，省总财务部转发全总财务部《关于“买断工龄工资”应计提工会经费的复函》明确:按工龄一次性发给职工的生活费,即称“买断工龄工资”,经请示国家统计局有关部门,认为其实质是工资的一部分,属工资总额范畴,应按2%的比例计提工会经费。根据全总、财政部联合印发的《关于在关、停和合并企业的工会财产、经费结余应如何处理的问题的联合通知》,以及1997年全国工会财务工作会议的精神,企业拍卖应视同破产,企业拍卖前,应对工会资产进行清理,移交上级主管工会,欠拨的工会经费应在拍卖前或是从拍卖所得中予以清偿。

凡依法建立工会组织的企业、事业单位以及其他组织,每月按照全部职工工资总额的2%向工会拨缴工会经费,并凭工会组织开具的《工会经费拨缴款专用收据》在税前扣除。工资总额按照国家统计局《关于工资总额组成的规定》(1990年第1号令)颁布的标准执行,工资总额组成范围内的各种奖金、津贴和补贴等,均计算在内。

2009年12月21日,省总办公室下发《关于转发全国总工会关于按照〈财政部关于企业加强职工福利费财务管理的通知〉的规定做好相关工会经费计提工作的通知》,要求按照全总办公厅《通知》的规定做好相关工会经费计提工作。

收缴办法面对建立社会主义市场经济体制的新情况,全省各级工会组织争取同级政府部门制定相关政策,促进工会经费收缴;针对实际依法依规作出相关规定,保证工会经费收缴;运用激励机制,实行目标管理。

同级财政支持工会经费拨交与管理:针对有些单位法制观念淡薄,对拨交工会经费认识不足,重视不够,存在拖欠、挪用、截留工会经费的现象,为了维护法律的严肃性和工会组织的合法权益,1999年2月14日,江西省财政厅、省总下发《关于加强工会经费拨交与管理的通知》,强调收缴工会筹备金、企事业单位不论其所有制性质和经营分配方式都应按时足额拨交工会经费。并强调“建立工会组织的机关、事业单位,其工会经费应足额列入单位年度收支预算。各单位必须在财政核定的单位收支预算中按全部职工工资总额的2%按时足额向工会拨交经费。”“当月未发放工资的,可以在工资实际发放后的15天内拨交。”《通知》还对地方工会在银行开立“工会工作费”和“下级上解工会经费集中户”专户、上解和使用工会经费,接受上级工会的监督作出规定。

之后,全省各地先后出台相关文件,特别是对财政核定的单位列入收支预算足额向工会拨交经费作出的规定,为日后争取财政统一划拨打下基础。

全省财政统一划拨工会经费:针对行政、事业单位收缴工会经费困难的情况,1994年9月经上饶市委、市政府批准,上饶市财政局和市总工会联合发文规定:“……市属各财政拨款的行政事业单位的工会经费,由市财政局根据上年末行政事业单位全部干部职工工资总额的2%按月足额提取,40%直接划拨给市总工会。其余的60%分别下拨给所属各行政事业单位工会”。1995年波阳县实行全县预算拨款单位工会经费由县财政单独列支统一划拨。2000年9月,上饶地区财政局、地区工会办事处和地直机关工委联合下发通知,从2000年1月1日起凡成立工会组织的由财政金额拨款的地直党政机关及部分事业单位的工会经费,由地区财政局统一划拨。根据省政府、省总第2次联席座谈会会议精神,2001年4月13日,省财政厅、省总下发《关于省级行政事业单位实行财政统发工资后拨交工会经费有关问题的通知》,要求省级各财政统发工资的单位,自统发工资开始,其统发工资部分的工会经费,由各单位按统发工资总额的2%计提。经审核认定应计提的工会经费,省财政委托统发工资代发银行在当月拨付各单位工资的同时,及时足额划拨至省总。省总在收到财政统一划拨的工会经费后,按照《工会法》和《关于工会财务管理体制和经费分成的暂行规定》的要求,于当月底以前向单位开具相应的收据并及时将所收工会经费的60%部分下拨至省级各行政事业单位工会。省级各行政事业单位(包括目前尚未实行财政统发工资的单位),在财政统发工资之外发放的所有人员的工资、各种津贴、补贴和奖金等工资性开支,其工会经费的计拨,仍应按照国家统计局《关于工资总额组成的规定》和国统字〔1994〕37 号文等有关规定,由各单位按所发职工工资总额的2%计提工会经费,并按规定比例和原拨交办法,及时足额拨交至本单位工会和上解上级工会。

2002 年3 月18 日,省财政厅、省总下发《关于财政统发工资单位工会经费由财政直接统一划拨的通知》,强调各设区市、各县(市、区)机关事业单位的工会经费,参照上述规定执行。并明确从2002 年1 月1 日起执行。抚州、南昌、宜春、鹰潭、景德镇市继上饶先后出台财政统发工资单位工会经费由财政统一划拨文件。

是年,省直统发工资的行政事业单位工会经费已由省财政厅每年一次性划拨给省总,11 个设区市和85 个县(市、区)行政事业单位工会经费也不同程度地实行了财政统一划拨。行政事业单位工会经费在全省拨缴经费收入总量中所占比重逐年提高,2000 年为27.3%,2001 年为32.8%,2002 年上升为42.6%,比全国平均水平高出11.6 个百分点

2003 年6 月19 日,省财政厅、省总根据省政府与省总第4 次联席座谈会议精神下发《关于进一步做好工会经费财政统一划拨工作的通知》,强调全省尚未实行工会经费财政统一划拨的市、县(区),必须在2003 年7 月31 日之前完成此项工作。划拨起始时间为2003 年1 月1 日。已经实行工会经费财政统一划拨的市、县(区)政府财政部门,应当按照政策和法规的有关要求,对本地区的工会经费统一划拨情况进行认真核查。

2004 年6 月4 日,省财政厅向省级各财政统发工资单位下发《关于2004 年省直有关单位统一扣缴工会经费的通知》,明确省财政厅按各单位职工工资总额的2%直接划拨给省总。根据本单位2004 年3 月份的职工工资总额计算出全年应缴纳工会经费,一次性划拨给省总,再由省总划转给省直工会委员会。要求各单位与省直工会委员会联系有关经费扣缴和返还事宜。

为了进一步做好财政拨款的行政事业单位工会经费年度财政预算单列并及时足额划拨工作,2006 年7 月5 日至7 月20 日,由省财政部门牵头,与省总工会、审计部门成立联合督查组,对赣州市、抚州市及所属部分县(市、区)进行工会经费划拨工作情况督促检查。8 月28 日,省财政厅、省总、省审计厅下发(赣财建〔2007〕133 号)文通报抚州市2005 年、2006 年均按职工工资总额的2%列入预算并全部划拨到位以及赣州市和两市部分县(市、区)划拨率情况,并提出整改要求。

2009 年4 月29 日,省总致函省财政厅《关于2009 年度财政统发工资单位工会经费划拨有关情况的函》,函告全总要求:2009 年度财政统一划拨工会经费足额率达到80%。用3 年时间,实现本地区财政拨款的行政事业单位,财政统一划拨工会经费足额率95%,并要求层层建立以收缴率为主要指标的责任制和考核机制。请财政厅督促各财政统发工资单位按规定、及时足额上缴工会经费。2010 年,省财政厅按照省总提供的信息,责成国库处对省直经省总核实上年未缴和少缴工会经费

的单位,财政停止其自追缴时间起的用款计划审核下达。

2010年5月5日,省总下发《关于进一步做好工会经费财政统一划拨和教育工会经费回拨工作的通知》,要求从2010—2011年,用1~2年的时间,实现本地区由财政统一拨款的教育系统单位,工会经费足额划拨到同级总工会。各设区市、县(市、区)教育工会要积极争取教育行政部门支持工会经费财政统一划拨工作和对教育工会工作和活动经费的补助。

全省地税部门代征工会经费和收缴工会筹备金:1999年5月16日,省总下发《关于认真做好工会筹备金收缴工作的通知》,要求:依法按照工会经费收缴规定向企业、事业单位和机关收缴工会筹备金。工会筹备金由单位行政按单位工资总额的2%按月计提,并于每月15日前上交所在地方或产业工会。地方或产业工会收缴的工会筹备金的40%部分作为经费收入,并按规定及时足额上解;60%部分记入暂存款,待该单位成立工会后,及时返还给该单位工会。企业、事业单位和机关无故逾期未交或者少交工会筹备金的,按欠交金额每日5‰加收滞纳金;上级工会应当督促其及时交纳,对于催交无效的,上级工会可以直接向人民法院起诉。

2002年7月,靖安县总与县国税局率先在全省由县国税局代收全县企业工会经费。

2005年省总财务部转发全总财务部《关于转发国家税务总局〈关于加强税务机关代收费项目管理的通知〉》,对做好工会经费委托税务代收工作;工会经费专用收据的使用;代收手续费的提取比例作出了具体规定。

根据省政府与省总第6次联席会议精神,省政府批准,决定自2006年1月1日起,全省范围内企业、事业单位的工会经费和工会筹备金,由地方税务部门统一代征。2006年3月20日,省总、江西省地方税务局下发《关于由地方税务机关代征工会经费和工会筹备金的通知》,对代征范围、计提依据、全部职工的认定、工资总额的确定、征收的比例作了明确,对缴费期限、征收办法、代征手续费提出了意见。指出:"凡由地方税务部门代征工会经费(工会筹备金)的单位,按月上缴,并于每月终了后15日内,按上月全部职工工资总额的2%申报应缴纳的工会经费(工会筹备金)。各级地方税务部门对企事业单位申报金额进行审核后,开具《工会经费拨缴款专用收据》,由缴款单位缴入地方工会经费集中户。委托地税部门代征工会经费(工会筹备金)的手续费按全国总工会财务部《关于转发国家税务总局〈关于加强税务机关代收费项目管理的通知〉的通知》规定,以实际代征工会经费(工会筹备金)总额5%的比例提取。"《通知》要求各地方总工会、地方税务部门加强联系,共同做好宣传解释工作,定期召开收缴情况分析会,研究解决代征中出现的问题;各地方总工会要做好催报催缴工作,下发催缴通知书,并抄送同级地税部门,按欠交金额每日5‰,加收滞纳金;对经催缴无效,长期拖欠或拒缴者,由工会组织向当地人民法院申请支付令和强制执行。《通知》还对拨缴进度、企事业单位申报《上缴工会经费自查情况表》、汇算清缴、税前扣除、票据管理、设立独立账户等问题作出了规定。

2006年3月28日,全省工会经费(工会筹备金)地税代征工作会议在南昌召开。各设区市总、地税局分管领导及有关部门负责人,省地税直属分局分管领导以及有关部门的负责人参加会议。省地税局副局长余木来要求全省各地税部门规范操作,严格按照要求开展工会经费代征工作。切实加强领导,确保工会经费代征工作稳步推进。省总副主席李慈葆要求全省各级工会要树立法制意识,规范运作;各级工会干部要学习代征的法律政策,依法代征;要树立责任意识,通力合作,力争税务代征工会经费和工会筹备金取得实效。省总党组副书记、副主席文之周要求全省各级工会要进一步统一思想、加强领导、明确要求、规范运作,以确保全省工会经费和工会筹备金地税代征工作抓实抓好抓出成效。

2006 年 6 月至 2010 年 8 月,省总、省地方税务局为推动全省全面落实工会经费和工会筹备金地税代征工作,先后下发文件。省总下发《关于省邮政、省电信、省移动所属基层工会应按本单位全部职工工资总额的 2% 拨缴工会经费,其中按规定比例(2% 的 5%)应上缴所在地方工会的工会经费由地税部门代征的通知》《关于转发中华全国总工会财务部〈关于律师事务所应否建立组织及拨缴工会经费(筹备金)的复函〉的通知》《关于省农村信用社联合社所属基层工会应上缴所在地方总工会的工会经费由地税部门代征的通知》《关于省级金融系统工会经费代征工作有关问题的通知》;省总、省地方税务局下发《关于进一步做好全省金融系统工会经费代征工作的通知》。

2007 年 6 月—11 月,省总、省地税局联合调查组赴九江市德安县工业园区、宜春市经济开发区和有关企业进行了抽查。12 月 12 日向省政府提交《关于全省工业园区工会经费和工会筹备金代征工作调查情况和有关对策建议的汇报》指出存在的问题,并提出对策和建议:进一步加大法律法规的宣传力度。进一步推进工业园区企业工会组建工作。制定下发全省工业园区企业工会经费和工会筹备金代征的规范性文件。进一步完善代征工作机制和规范操作程序。

2007 年 12 月 27 日,省总与省地方税务局联合召开地税代征工会经费(工会筹备会)工作经验交流会。南昌、九江、景德镇、萍乡市地税局及 3 市总工会在会上作经验交流介绍。会议认为:全省地税代征工会经费(工会筹备会)工作从 2006 年初启动,各级地税部门克服工作量大、代征范围广、难度大、一些缴费单位不理解等困难,紧紧依靠各级党政的支持,与当地总工会密切配合,在制度建设、代征措施、政策宣传等方面做了大量工作,逐步推进代征工作的新发展,取得了阶段性成果。全省地税代征工作经历"个别试点、逐步扩面、全面铺开、统一规范"几个阶段后,顺利走过适应期、磨合期,积累经验、找到路子、锻炼队伍、密切配合、增进友谊,已步入完善提高的快速发展期。南昌市委托地税代征工会经费和工会筹备金工作从 2006 年 7 月开始,经过近两年多的努力,至 2008 年 8 月,全市地税系统代征工会经费 1.28 亿元。全市缴纳工会经费和工会筹备金单位由 2006 年的 1000 多个增至 2008 年的 15000 多个。2008 年 12 月 2 日,省总、省地税局专门转发他们的经验材料。

按照"入轨、足额、扩面"的工作要求,景德镇市从 2008 年开始统一代征建筑安装企业工会经费,当年征收建筑安装企业工会经费 100 余万元。之后,全省其他设区市相继征收建筑安装企业工会经费。

2007 年底,全省 11 个设区市、99 个县(市、区)全部开展委托税务代征工会经费及收取工会筹备金工作,实施行政事业单位工会经费财政统一划拨。

工会经费和工会筹备金实行国库汇缴清算管理:省总、省财政厅、省地税局、中国人民银行南昌中心支行 4 家为进一步做好全省企、事业单位的工会经费和工会筹备金委托地方税务机关代征工作,规范工会经费的申报、缴款、归集,决定从 2011 年 3 月 1 日起,由全省地税部门代征的工会经费和工会筹备金实行国库汇缴清算管理;4家即于2010年12月21日联合下发《关于印发〈江西省工会经费和工会筹备金实行国库汇缴清算管理办法(试行)〉的通知》。《办法》要求规范工会经费和工会筹备金的收缴,包括通过纸质凭证缴款和通过横向联网实行电子缴款业务管理,全部纳入国库会计业务处理范围,通过各级国库代收划转,使全省工会经费和工会筹备金的地税代征工作进入信息化管理的新阶段,做到统一用税票征收,信息联网,信息共享,及时准确,透明公开,促进工会经费收缴率的提高。

工会组织针对实际依法依规作出相关规定:评模评先中对不依法拨交工会经费的单位实行"一票否决"。1999年5月16日,省总下发《关于在评先中对不依法拨交工会经费的单位实行"一票否决"的通知》,要求:建立工会组织的企事业、机关单位,必须按规定比例及时足额计提拨交、上解工会经费,方可有评先资格。县(市、区)工会,必须按规定比例及时足额上解工会经费,且完成地(市)工会下达的经费收缴任务,方可有评先资格。地(市)工会、产业工会和直属基层工会必须按规定比例及时足额上解工会经费,完成省总下达的经费收缴任务,方可有评先资格。各级工会应层层严把"一票否决"关。凡申报先进的表格均要设"上级工会财务部门审核意见"栏,由上级工会财务部门认真审核,签署意见,加盖公章方有效。景德镇市总根据省总有关要求,在全市工会系统评先评模中实行"工会经费收缴一票否决制",取得明显效果,全市有30多家近年来未上缴工会经费的企业上交工会经费。2009年12月23日,省总下发《关于在评模评先中实行"一票否决"的通知》,《通知》明确全省工会评选的各级别劳模、五一劳动奖状和奖章的先进集体以及企业、单位领导为适用范围。并明确三种情形实行"一票否决":企事业、机关单位未按《工会法》规定建立工会组织或工会未开展活动;职工(包括劳务派遣工)入会率未达到100%的;未建立职代会制度或未履行职代会职责的;未签订集体合同或未建立工资协商制度的。无故拖欠职工工资、拖欠养老保险等社会保险金;截留、挪用帮扶资金;未设立安全生产监督员的企业、单位。建立工会组织的企事业、机关单位,未按规定比例及时、足额计提工会经费,并未缴至工会账上的;未按规定通过地税及时、足额申报、缴纳工会经费的;收到本单位行政拨缴或下级工会上缴的工会经费后,未按规定的分成比例和期限上缴工会经费的;擅自降低上缴工会经费比例,少缴或挪用工会经费;同意所属工会少上缴或不上缴工会经费,未完成上级工会下达的经费考核基数的。《通知》并对评选程序作出具体规定。

运用"支付令"收缴工会经费:省总为解决部分企业、事业单位无正当理由逾期未交、少交工会经费(筹备金)的问题,确保经费及时、足额缴交,强调各级工会要充分运用"支付令",保证工会经费收缴。2004年4月6日,宜春市中级法院和市总下发《关于向人民法院申请拨缴工会经费支付令有关问题的通知》,对拖延、拒拨工会经费者,工会可申请法院强制执行。至6月,已申报上缴工会经费或工会筹备金的单位有66个,其中未成立工会的28个,收缴金额达26.92万元,其中筹备金4.27万元。2004年4月15日,南昌市总、南昌市中级法院联合发文,明确对于逾期未交、少交工会经费的单位,工会向法院申请支付令的条件、期限、执行等有关事项。至2004年7月,新余、景德镇等市先后出台工会向法院申请"支付令"的具体措施。地市运用"支付令"申请后,省总对各级工会组织提出做好申请"支付令"的基础工作要求,重视收集债权文书的有关资料,包括单位行政统计的职工人数和工资总额；对基层单位行政拨交的工会经费情况的检查或审计报告；对拒缴单位发出的《限期缴纳工会经费通知书》；欠缴工会经费单位的还款计划等。

依法解决拖欠非法划拨工会经费：1996 年 7 月，宜春地区中级人民法院在处理原靖安县机械一厂和省化工建材公司经济纠纷案中，将靖安人造板厂、靖安冶炼厂两家企业工会的银行账号查封，强行划走工会经费 1 万元；7 月 18 日，萍乡市芦溪区法院强行冻结丰城市焦化厂工会经费 2.45 万元，以抵焦化厂欠萍乡市某洗煤厂的货款；高安市糖酒副食品公司工会因企业经济纠纷，被九江县法院强行划拨工会经费 4740 元；7 月 15 日，临川市农药厂与奉新寄埠化工厂经济纠纷一案，奉新县法院连续两次强行划走农药厂工会经费 1.5 万元。上述事件的连续发生，不但给基层工会造成经济损失，而且严重影响工会工作的独立开展和会员队伍的稳定，在当地引起强烈反响，基层工会组织要求省总依法维护基层工会组织的合法权益。1996 年 8 月 14 日，省总法律工作部向省高级法院递交"法律意见书"，指出在发生上述几起纠纷案中，基层工会组织既不是经济纠纷的当事人，也不是担保人，因而对企业的欠款无还款和负连带责任的义务。上述地方法院执法人员置法律于不顾，强行冻结工会账户，划拨工会经费，严重侵害工会组织的合法权益，根据《工会法》《江西省实施〈工会法〉办法》的有关规定，省总要求省高级法院对上述事件给予高度重视，责令地方法院限期退还非法划拨的工会经费。同时也分别向当地法院发出建议书，其中，萍乡市和芦溪区两级法院接受工会的建议，及时纠正错误，责令办案人员将所错划的款额全部退回。

1997 年年中，赣加稀土公司因经济纠纷案被赣州市法院强行冻结并划拨走赣加稀土公司行政和公司工会账上的钱，赣州地区工会接到电话报告后，第二天会同赣加稀土公司工会主席等人到赣州市法院协商与沟通，经赣州地区工会与该院院长 2 次交涉，不久市法院将错划赣加稀土公司工会的工会经费 1500 元如数拨回。

1999 年，靖安县国税局长期无故拖欠工会经费，县总向法院起诉。3 月 15 日，县人民法院开庭，经法庭调解，被告县国税局承认其错误，并当场兑现，交清全部所欠的工会经费。这是江西自颁布实施新修订的《江西省实施〈工会法〉办法》以来，法院审理的首例拖欠工会经费诉讼案。

2000 年 2 月，南昌市东湖区法院在执行中国银行南昌高新技术产业进出口公司、萍乡铝厂与江西省冶金工业总公司借款纠纷一案时，将江西省冶金工业总公司工会和省冶金工业总公司机关工会在银行的工会经费计 24 万元（其中机关工会 5 万元）全部冻结并扣划，为工会所在企业抵偿债务。省总接到报告后，立即派人前往银行和当事单位进行认真调查，在调查取证的基础上，依据法律法规，为企业提供法律服务，帮助和指导企业工会向法院写出《异议申请书》，指出产业工会、基层工会与建立工会的企业法人是各自独立的法人主体。企业或企业工会对外发生的经济纠纷，应各自承担民事责任。其次，向法院出具索要工会经费的《法律意见书》。同时，向法院递交有关法律文书、工会及银行账目等证据，出具该两级工会的社团法人资格证件以及最高法院关于工会经费集中户可否冻结划拨问题的批复等有效文件资料。经过努力，法院在重新调查认证后，将扣划的 24 万元工会经费悉数执行回转。

2000 年 12 月 11 日，赣州市总收到章贡区第二轻工业工会工作委员会一封信，反映其工会经费 2550 元，在 11 月 14 日因局里行政方面（实是赣州市联利工贸总公司）经济纠纷被会昌县人民法院强行划走。会昌县法院民事裁定书裁定:“将章贡区二轻工业局工会存款贰仟伍佰伍拾元正(原文如此,应为整字),划至会昌县法院。”就此,章贡区二轻工会工委致函有关部门,章贡区总工会也致函会昌县人民法院、会昌县人民代表大会常务委员会要求纠正错划工会经费,未果。赣州市工会法律援助中心即与市人民代表大会常务委员会、市中级法院联系和反映此问题。12 月 26 日,赣州市人民代表大会内务司法委员会正对全市各县(市、区)“工会两法”(即《工会法》和《江西省实施〈工会法〉办法》)执法检查后整改情况进行跟踪问效,会昌县被列入重点抽查县之一。检查组特往会昌县法院,指出其应依法整改,及时纠正错划章贡区二轻工会经费的错误行为。28 日,会昌县法院将错划的章贡区二轻工会经费 2550 元退回。

2001 年 12 月 26 日,赣州市总法律援助中心援助宜春市造纸厂工会依法追回 2000 年因宜春市造纸厂行政方面的经济纠纷被章贡区法院错划拨去的工会经费 1.75 万元。

2005 年 10 月,景德镇市总针对工会经费收缴中出现的问题,着力纠正工会经费收缴管理中的违法行为,会同市中级法院、人民银行、市财政局、市审计局、市地税局、市总联合发文,重申工会经费的独立原则和垂直管理制度,重申取得法人资格的企事业单位依法独立在银行开设工会经费的规定,取消有的单位将工会经费收支纳入地方财政会计管理中心实行集中核算的做法。

运用激励机制:为了进一步调动各级工会组织和财会人员收缴经费的积极性,促进工会经费收入不断增长,增强为职工群众服务和发展工运事业的经济实力,省总坚持工会经费收缴工作实行目标管理,提高收缴率、增长率、组建率,对完成情况进行奖惩。

省总建立经费收缴新机制:抓住全面贯彻《劳动法》契机,把拨交工会经费纳入到集体合同制度中。抓住建立现代企业制度契机,在企业规章、试点方案、改革措施中明确工会经费收缴保障机制。抓住新经济组织组建工会契机,强调组建工会与拨交上解“两同时”。1999 年将县级工会经费收缴工作纳入县级工会工作达标考核和创“十佳”竞赛活动中。2002 年以后,工会经费收缴工作进入“一改三策”,即全面落实委托税务代征、财政统一划拨、收取工会筹备金三项政策,省总实行目标管理,考核增长率。2008 年后,对在全省增幅基础上的增长率进行考核。

1994—2010 年,省总分别提出当年工会经费收缴目标任务或考核基数。1994—1996 年把工会经费收缴的增长幅度作为目标。1994 年,在上年基础上增长 10%,即 1336 万元。1995 年,结合各地、市总工会 1992—1994 年三年收解工会经费的平均增长率、平均收缴率、人均上解额和平均建会率的情况,本着既不鞭打快牛,也不保护落后的原则,作部分调整,提出比上年增长 10% 以上的要求。1996 年,提出工会经费收缴比上年增长 10% 的目标,争取把全省人均上解经费在全国的排位由第 29 位向前移 4 位,达第 25 位,争取到 1998 年换届时收缴经费突破 2000 万元,实现收缴经费数在 1992 年基础上翻一番的目标。2000 年省总提出“确保全省工会经费收缴稳中有升,适度增长”,采取“一票否决”“两个挂钩”(补助借款、回拨补助)、“三个依法”(依法拨交、依法上解、依法诉讼)的办法,促进工会经费收缴。2008 年省总提出在上年任务数上增长 16%,决算数上增长 13%。是年 5 月,省总换届后,调整在决算数上增长 18%。

1997—2010 年,省总目标任务从 2000 万元增长至近 9200 万元。具体目标如下:

1997 年 2000 万元;　　1998 年 2109.7 万元;　　1999 年 2258.7 万元;

2000 年 2320.5 万元；　2001 年 2489.7 万元；　2002 年 2618.3 万元；
2003 年 2904.0 万元；　2004 年 3281.0 万元；　2005 年 3742.8 万元；
2006 年 4271.2 万元；　2007 年 5524.1 万元；　2008 年 6511.6 万元；
2009 年 7570.2 万元；　2010 年 9185.6 万元。

省总运用激励机制，采取奖励与惩罚相结合的办法，保证和促进工会经费收缴工作。17 年间，省总听取基层意见，调整奖项，改进奖惩办法。

奖项方面先后设立 8 个奖项：

（1）增收奖。1994 年以 1992 年和 1993 年两年实际上解省总经费的年平均数作为计算当年增长幅度的基数，上解数达到增长 16% 的计提。1995 年、2000—2006 年规定完成上解任务数计提，并以此为基础设定增长级次比例。2008 年、2009 年对经费收缴总额比上年增长 18% ~25% 以上 3 个级次的设区市总给予奖励。2010 年规定对经费收缴总额比上年增长 15% ~25% 以上 4 个级次的设区市总给予奖励。2009 年、2010 年还对经费收缴总额比上年增长 21%（含 21%）、20%（含 20%）以上、经费收缴总额 100 万元（含 100 万元）以上的县（市、区）总工会分别给予奖励。

（2）进度奖。1994 年、1995 年和 2000 年以及 2009 年、2010 年规定上半年完成全年上解任务的 40%、45% 及以上以及 50% 的按级次计半年进度奖；未达到上述比例的不得奖；低于上年同期上解数额的，则以 5‰的比例和过半任务数的差额部分计算扣罚，其扣罚额在回拨经费中扣除。2000 年规定第三季度完成全年上解任务 70% 的计进度奖，未完成全年任务的扣回半年进度奖和第三季度进度奖。2005 年、2006 年增加第一季度完成全年上解任务的 20% 的要求。2006 年、2008 年规定每季度连续三个月上缴经费增幅达到或超过当月全省平均增幅的设区市总工按每季度计进度奖。2005 年、2006 对省产业（局、系统）工会和省总直属基层工会规定 1—11 月完成省总下达的全年上缴经费指标 90% 的计算进度奖。2009 年规定 1—6 月、1—10 月完成省总下达的上缴经费考核基数 50%、85% 的计算进度奖。

（3）特殊贡献奖。1995 年设立。规定在当年任务的基础上，经费上解 100%、150%、200%、250%、300% 以上的增加计奖比例。凡上解任务数在 36 万元以下，收缴率和增长率又高于全省平均水平的增加计奖比例。

（4）建会率奖。1995 年设立。规定 1995 年建会率达 95%，同时高于上年建会率的，增加增收奖的计奖率一个千分点。

（5）先进县（市、区）奖。1996—1999 年执行。1996 年 11 月，省总制定《江西省经费收缴先进县（市、区）工会奖励暂行办法》，对 84 个县（市）和 10 个区分两条线进行排队评分。县（市）评选前 9 名为获奖单位，区评选第 1 名为获奖单位。《办法》规定：每年对各县（市）和各区上年度工会经费收缴情况（即：上年度的收缴率和增长率）进行排队评分（收缴率的计算：建会职工数以省总政研室提供的数据为准，人均工资预以省统计局公布的数据为准），再将收缴率排名得分乘以 60%，增长率排名得分乘以 40%，即收缴率：增长率 =6∶4，两项相加评出。县（市）凡收缴率全省最高，且增长率达全省平均水平的，增长率全省最高，且收缴率达全省平均水平的，为当然获奖单位。

（6）大户奖。2000 年设立，2001—2006 年沿用。规定经费上解 50 万元为一个档次，计奖比例

0.5‰;每增加一个档次,增加计奖比例0.5‰。

(7)年度考核奖。2007年设立,2008—2010年沿用。2007年规定:对按时、足额完成省总经费上缴任务的单位规定:按下达的上缴任务数的1.2%计提年度考核奖。2007年度考核奖的计提拨付标准按进度计算。对超额完成省总经费上缴任务的单位按增长级次计算返还比例。2008—2010年规定对上缴经费在500万元以上的设区市总分别计算奖励。2009年、2010年规定:上缴经费超过当年考核基数15%以内、以上的设区市总按级次计算奖金。对上缴经费增幅排名前三名和超过上缴经费考核基数增幅排名前三名的设区市总由省总直接奖励。2009年规定,省产业(局、系统)和省总直属基层工会当年完成上缴经费考核基数,增幅未达到、达到或超过全省平均增幅的按增长级次级次计算奖金。

(8)考核回拨奖。2008年设立,2009—2010年沿用。均以达到去年全省平均增幅的经费部分的12%为回拨基数。规定:当年增幅达到或超过去年或当年全省平均增幅的分别计算回拨;与本地区、本单位去年上缴经费增幅比较给予回拨;对当年增幅超过去年全省平均增幅的设区市总给予回拨;四与本地区上缴经费达到或高于工资总额、职工人数在全省排名给予回拨。2009年、2010年规定超过当年上缴经费考核基数15%、10%计算回拨;并对设区市总给予考核基数部分的不等经费回拨。2010年还规定按当年所属县(市、区)总工会上缴经费数的20%给予各设区市总让利回拨补助。

奖励对象包括3个方面,即参与经费增收的机关在职人员、财务部全体工作人员;省总经审人员;地、市、产业(局)和省总直属基层工会财会人员(包括主席、分管副主席、办公室分管领导)。1996年调整为参与经费增收的机关在职人员和支持工会财务工作、对经费增收有贡献的有关党政工人员。分配比例原则上定为:机关在职人员90%,支持工会财务工作、对经费增收有贡献的党政工人员10%。机关在职人员的分配,仍按赣工〔1995〕130号文件规定办理。

对省总本级奖励:1994年规定完成数增长达18%;1995年、1996年工会经费增长率达10%;1997年收缴工会经费达2000万元;1999年收缴经费达2109万元;2003年收缴经费达2904万元;2004年收缴经费达3281万元,按收入总额的1%计提增收奖,在此基础上,每增收梯度增加计奖率的1个千分点。对省总经审人员奖励,规定省总经审人员组织的查出上年度以前(含上年)的欠交或截留经费,并负责上交省总财务部后,可按实际收到的总额的1%计提。

对地、市、省产业(局、系统)工会和省总直属基层工会奖励:2001年规定奖励额的50%部分,省总将以回拨的形式下拨,各单位可从本级增收留成基金中等额提取发放。2007—2010年规定完成、超额完成上缴经费任务或考核基数的单位,可由本级工会经费开支奖励,计提奖金标准,基数为人均1000元,2009年最高3000元。

经济处罚方面:对省总本级和地、市、产业和省总直属基层工会未达到规定幅度的给予经济处罚。1994年规定扣罚省总本级在职人员年终奖金50元,财务部工作人员除比照机关在职人员罚50元以外,再加罚2~3倍。1995年规定扣罚100元。对各地、市、产业(局)和省总直属基层工会视情扣罚回拨经费。2000年规定:凡上半年未完成全年上解任务45%的,按3‰的比例乘以应解经费数,倒扣奖金。应付上解款,必须在第二年1月20日前交清(以上解信汇单为准),超过期限的,在全年计奖中降低2‰计奖比例。对发生截留、挪用上解工会经费行为的，将严格处理，取消一切奖励，并通报全省。2008 年规定对未按比例、足额收缴应收经费且未完成省总下达的经费上缴任务的单位，省总将予以通报，并按规定程序予以审计追缴，同时按规定对评先、评优实行“一票否决”。

17 年间，省总在各级政府的支持下，各级工会组织及其广大财会人员的共同努力下，全省工会经费收缴工作目标年年得到完成，年年增长。1997 年开展经费收缴先进县(市、区)工会评选活动，万安县、上高县、临川市、崇仁县、靖安县、广丰县、永新县、星子县、南昌县、上栗区获经费收缴先进县(市、区)工会。信丰县获收缴率单项奖；波阳县获增长率单项奖。1999 年，实现工会经费稳中有升，适度增长的目标任务。全省有 59 个县、(市、区)不同程度地将行政事业单位工会经费列入预算，实行统一划拨。2002 年，全省 10 个设区市和 77 个县(市、区)都已不同程度地实行财政统发工资单位工会经费由财政统一划拨。2008 年，工业园区代征取得实质性进展，收缴率达到 60%。县级工会自身经费收缴达到 7126 万元，比 2007 年增长 23.4%。市级工会经费收缴超千万元的 3 家，比 2007 年增长 200%；县级工会经费收缴超百万元的 20 家，比 2007 年增长 150%。2009 年，工会经费过千万的市和过百万的县分别达到 3 家和 20 家。全省工会经费基本实现财政统一划拨和地税代征。2009 年财政划拨经费比 2008 年增长 43.7%，比 2007 年翻两番。南昌、九江、景德镇、赣州市总经费过千万，38 个县总经费过百万，分别比上年增加 1 家和 18 家。2010 年，南昌、赣州、九江、景德镇、宜春、萍乡、上饶、新余 8 个设区市，省教育工会、省电力工会两个省产业工会本级经费过千万，其中，南昌市达到 3700 万元。超过 100 万元县(区)64 个，其中，15 个县(区)过 200 万元，瑞金、宁都、兴国超过 300 万元。月湖区、芦溪县一年翻一番多。

经费管理

体　制　省总坚持“统一领导，分级管理”的体制，坚持自觉接受全总统一领导，坚持对财务工作实行集体领导，保证工会组织的完整性和统一性。自 1979 年恢复工会经费独立管理以来，省总坚持在每次代表大会、每年的全体委员会议和常委会会议上报告、研究部署财务工作，财务工作中的重大问题和重大开支项目均由省总主席办公会讨论决定。省总财务部承担工会财务具体工作。根据“中国工会实行产业和地方相结合的组织领导原则”，工会财务管理层级实行五级经费管理，即全总、省级总工会、市级总工会和垂直管理经费的省级产业工会以及省总直属基层工会、县级总工会(包括县级市、区总工会)、基层工会。实行对下一级管理。

1994 底，全省行政区划省辖 5 个地区、6 个省辖市，14 个市、70 个县、15 个市辖区。2000 年底，全省辖 11 个地级市，14 个县级市、71 个县、19 个市辖区。以后略有调整，至 2010 年末，全省共有 11 个地级行政区划单位(其中：11 个地级市)，100 个县级行政区划单位(其中：19 个市辖区、11 个县级市、70 个县)。2001 年以前，省辖地区下辖县(市、区)；省辖市均为设区市，下辖县(市、区)。省辖地区成立省总地区办事处，设区市、县(市、区)成立总工会。从 1994 年 1 月 1 日起，实行地辖市、县(市、区)一级财务划归省总各地区办事处、设区市总管理。省总地区办事处、设区市总均设财务部门管理工会财务具体工作。垂直管理经费的省级产业工会、省总直属基层工会和县(市、区)总工会设立财务部门或由办公室管理工会财务具体工作。

2000年8月,针对咨询有关地、市直属机关工会工作委员会经费管理问题,省总向地市下发《关于明确地、市直属机关工会工作委员会经费管理有关问题的通知》,明确按照全总规定,工会财务管理体制实行"统一领导,分级管理",依据这一原则,涉及有关地、市直属机关工会工作委员会是否具备管理工会经费的权限,由各地、市总工会决定。各地、市工会所明确的有经费管理权限的地、市直属机关工会工作委员会应配备相应的财会人员,并按照全总制定的财务制度,建立有关账簿,定期编报预、决算等报表,其具体工作由地、市总工会财务部负责指导并加强监督和检查。

进入21世纪,全省部分设区市成立开发区总工会,在财务管理体制上或权限上作一些尝试。南昌市总下文明确,自2004年1月,南昌高新技术产业开发区、南昌经济技术开发区、南昌市红谷滩新区工会工作委员会工会经费上解留成比例,按照上解全总12.5%、省总25%、市总25%、本级留成37.5%执行,在留成比例内行使独立管理经费权。

至2010年,全省部分县(市)、区成立街道、乡镇工会组织,有的成立总工会,但在财务管理体制上没有形成统一的模式。主要有两种模式:采用由县(市、区)总工会主管,乡镇、街道工会作为县(市、区)总工会的基层工会。由乡镇、街道工会向乡镇、街道机关或企业工会按职工工资总额的2%的40%收缴工会经费(60%留乡镇、街道机关或企业工会),然后全额上解县(市、区)工会,再由县(市、区)工会按一定的比例回拨经费给乡镇、街道工会;乡镇、街道工会组建后,仍采用由县(市、区)工会收缴工会经费的模式。工会经费由乡镇、街道机关或企业按工资总额的2%计提,其中60%留乡镇、街道机关或企业工会,40%上解县(市、区)工会。

经费分成 在经费分成上,省总对地方总工会分成比例未发生变化。对有些产业体制改革后,根据全总相关精神作出经费分成意见。

1994年1月20日,省总下文《关于省金融工会实行按系统管理经费的具体规定》,明确:省金融系统基层工会留用比例应不少于60%;由各基层工会直接上交所在地方总工会10%;上解省总的5%,由省金融工会直接收缴上解;上交全总的5%,由省金融工会按系统逐级上解;其余20%部分的经费分成比例,由省金融工会确定;省金融工会的回拨问题,省总将视具体情况给予一定的补助。2000年12月11日,省总向全省省级金融机构系统工会下发赣工发〔2000〕59号文,明确金融机构系统各基层工会应上交所在地方总工会10%的经费,由各基层工会将应计提工会经费的10%部分及时足额直接划转至所在地方总工会经费集中账户。各省级金融机构系统工会应上交省总5%部分的经费,由各省级金融机构系统工会及时足额划转至省总经费集中账户。2006年7月6日,省总财务部发文《关于金融机构工会经费收缴工作有关事项的通知》给全省金融机构工会财务部(室),强调经费分成比例:按全部职工工资总额2%部分计提的工会经费,各省行(会、公司)工会上交省总5%,省行(会、公司)工会所管辖的各基层工会上交所在地方总工会10%。应按月及时、足额划转至省总经费集中户账户。各省、市、基层金融行(会、公司)工会每年要向地方工会报送年度经费的收支决算备案。不属金融工委管辖的金融工会,除省总文件规定以外,按照属地管理原则,纳入地方工会的财务管理体制。2008年9月,省总财务部分别明确了兴业银行南昌分行工会、中国平安人寿保险股份有限公司江西分公司工会行政方面按全部职工工资总额2%拨交的工会经费，基层工会留用60%，上交省总40%。2010年6—7月，省总财务部下文中国平安人寿保险股份有限公司江西分公司工会、国盛证券有限责任公司工会，明确公司行政方面按全部职工工资总额2%拨缴的工会经费，基层工会留用60%，上缴江西分公司工会35%，上缴所在地方工会5%（由地税代征）；江西分公司工会收到基层工会上缴的工会经费（即35%部分），留用15%，上交省总20%；省总留用15%，上交全总5%。

2000年8月，省总在《关于明确地、市直属机关工会工作委员会经费管理有关问题的通知》明确：各地、市直属机关工会工作委员会参与经费分成和管理的具体原则是：基层工会的经费留成不得少于60%，应解全总、省总的15%部分的经费必须确保，各地、市总工会只能从本级留成的25%部分经费中划出一定比例留给地、市直属机关工会工作委员会，具体比例由地、市总工会自行决定。

2001年5月29日，省总答复宜春市总、丰城发电有限责任公司工会经费分成比例为：该公司工会留用60%，上交所在地总工会（即丰城市总）10%，上交省电力工会30%（其中：省电力工会分成15%，上交华中电力工会5%，上交省总（含全总）10%）。2003年11月12日，省总财务部转发全总财务部《关于对辽宁省部分发电企业在电力体制改革后工会经费上解问题的批复》，明确国家电力管理体制改革后，仍然要继续执行全总制定的《关于集团公司工会经费管理的规定》，按照“属地原则”，其经费管理体制、上解渠道、分成比例不变。

2009年3月，省总下发《关于进一步明确联通公司工会经费管理渠道的通知》，明确：中国联通公司所属在各地的分支机构工会经费的管理应按属地管理原则和所在地省级工会规定的工会经费上缴比例，向所在地地方工会上缴工会经费。中国联通江西分公司系统工会其经费分成规定如下：行政按工资总额2%拨交的工会经费，60%留在市、县和直属单位基层工会，5%拨交所在市、县地方总工会，35%上解中国联通江西分公司工会（其中15%上解省总和全总）。各市、县联通公司工会拨交所在地工会5%经费，按赣工发〔2006〕2号文件规定，由所在地方税务局代征。

为了提高工会经费收缴率，做好合理回拨经费工作。省总自1994年1月1日起，改革原“核定上解定额，超收回拨”的办法，实行以上解经费按比例、按收缴率给予回拨，使回拨经费与收缴率挂钩。1997年再次修改完善了《工会经费按比例回拨补助办法》，把回拨补助与经费收缴率和增长率结合起来，调动各级工会收缴经费的积极性。2001年5月21日，为了进一步调动各设区市、省产业工会收好工会经费的积极性，简化回拨补助办法，省总制定《关于设区市、省产业工会上解省总经费按比例回拨补助办法》，规定：“设区市、省产业工会要足额向省总上解经费。年终决算前，省总根据各设区市、省产业工会实际上解经费和《经费收解报告表》中转账数，计算出各设区市、省产业工会全年上解经费数。完成省总下达的经费收缴任务后，以各单位全年上解省总经费减去分成上解给全总的经费后（即省总留成经费）的22%部分，作为计算回拨经费的总基数，实行按比例回拨的办法。回拨补助的数额，以本年经费增长率及省总留成经费的绝对数合并计算。在计算回拨补助时，对上解省总经费100万元以上增加比例回拨。各设区市，省产业工会增长率以当年上解经费数与上年省总下达任务数之比计算。各单位可以参照本办法，自行制定对下回拨补助办法。”并明确废止原办法。新办法自2001年度起执行。

2010年5月5日，省总下发赣工通字〔2010〕31号文，强调：各设区市、县（市、区）总工会收到教育系统上解的工会经费,必须做实基层工会60%经费账户后,设区市总按财政划拨工资总额2%中实际到位数的10%回拨补助同级教育工会;县(市、区)总工会按财政划拨工资总额2%中实际到位数的8% ~10%回拨补助同级教育工会。

管理机制 省总根据“统一领导,分级管理”工会财务体制,在分级管理上,由省总财务部统一“归口管理”。工会财务工作由省总财务部统一组织、管理、协调;工会财务体制及财会政策、规章制度由省总财务部草拟和组织实施;涉及工会与政府的财务关系由省总财务部归口处理;本级的所有资金原则上由省总财务部集中管理。

制定和组织实施规章和制度。全省各级工会认真贯彻党和国家的财经政策和工会法规,加强财务管理,为管好用好工会经费,各级工会根据自己的实际情况,制定和完善有关规章制度,改革有关管理办法。省总一方面及时转发全总、全总办公厅、全部财务部相关文件和规章制度,一方面根据本省实际制定、修订规章制度和文件。17年间,省总先后制定、修改《关于经费管理的暂行规定》《江西省总工会机关财务管理制度》《关于加强工会经费拨交与管理的通知》《关于工会财会电算化有关问题的通知》《江西省各设区市总、省产业(局、系统)工会、省总直属基层工会财务会计工作竞赛评比办法》《关于设区市、省产业工会上解省总工会经费按比例回拨补助办法》《增收留成基金管理办法》《财务专用基金管理办法》《关于使用统一工会经费(工会筹备金)专用缴款书的通知》《关于进一步重申工会经费上缴有关规定的通知》《江西省总工会机关经费预算、使用管理办法》以及历年工会经费收缴奖惩办法、年度工会经费预算办法等一系列制度、办法。

处理涉及工会与政府的财务关系。针对一些设区市审计部门要求审计监督工会经费收、管、用情况,省总及时回函设区市总工会,严格按照《审计法》第二十四条和全总财务部工财字〔2001〕46号、工财字〔2005〕86号文件的规定执行。强调地方财政性资金必须接受政府的监督检查。2001年3月底,鉴于省审计厅拟4月上旬对省总2000年工会经费进行审计,省总即刻分别向全总请示、向常务副省长黄智权、省委副书记步正发致函,表明工会经费收、管、用的审计监督工作应由工会经费审查委员会及其工作机构独立实施的主张。全总当日复函:工会经费收、管、用的审计监督工作应当由工会经费审查委员会及其工作机构独立实施。并决定近期派出审计组对江西省总工会经费收支情况进行审计。请省总向省委汇报此事,请政府审计部门不再对本省工会经费收支情况进行审计。还明确财政拨给工会的补助应当接受政府审计部门的专项审计。旋即,省总向各设区市总、各县(市、区)工会下发《转发中华全国总工会办公厅〈关于工会经费审计权限问题的复函〉的通知》,要求市县总遇到同类情况时,积极主动地向有关部门宣传《工会法》和全总复函的有关规定,同时,必须及时向同级党委领导和上一级工会报告。但在以后时间里,省、市、县审计部门还是对有些地方工会进行工会经费的审计。2000年全省推行财政改革试点,上栗县、芦溪县、莲花县、安源区、德兴市、南城县被取消县级总工会在银行设立的工会账户,工会经费收支被政府纳入当地财政部门设立的会计核算中心集中核算,代理记账。针对这一问题,2002年4月,省总先后向萍乡市、上饶市、抚州市政府发函表明工会主张,指出:工会经费不是财政拨款,不属于财政性资金,也不属于财政预算外资金,更不属于政府授权收费,因此工会经费不属于试行的范围。根据《中国工会章程》第三十六条:“工会实行‘统一领导、分级管理’的财务体制”。工会财务工作实行独立管理,工会对所拥有的资金和财产的管理自成体系，独立核算。采取地方财政会计委派和集中核算，与《工会法》的规定不符，也会在国际上造成官办工会的不良影响。按照全总的规定，各级工会经费实行按比例分成，按规定比例上解上级工会，县以上工会的经费中有一部分属于上级工会所有。因此，由当地财政集中管理所属上级工会的经费，是不妥的。财政部、全总《关于恢复企业、事业、机关的行政方面拨交工会经费的联合通知》第五条规定："经与人民银行总行商定，各级工会均需在银行开立工会工作费专户，办理工会经费收支和上解工作。"要求纠正将工会经费收支纳入财政会计核算中心集中核算或实行会计委派制和取消工会经费银行账户的做法，确保《工会法》的贯彻实施落到实处，确保工会组织做好维护职工合法权益、维护职工队伍和社会政治稳定的工作。2006 年 7 月，省总财务部转发全总《关于转发中国人民银行〈关于规范人民币银行结算账户管理有关问题的通知〉的通知》，重申各级工会组织可凭社团法人登记证书开立基本存款账户，实行工会经费独立核算。2008 年 6 月，省总办公室转发全总办公厅《关于进一步做好工会经费独立核算工作的通知》，要求各设区市总、省产业（局、系统）工会、省总直属基层工会按照文件的要求，对所属各级工会开立银行账户、实行独立核算情况，进行一次全面检查。对未按规定单独开立银行账户和实行独立核算的基层工会，督促其限期完成银行账户开户和实行工会经费独立核算工作。

为了加强工会经费的管理，维护财务纪律。1995 年 3 月，省总下发《转发中华全国总工会〈印发《关于截留、挪用应上解工会经费处罚的暂行规定》的通知〉的通知》，重申各级工会组织必须按照"统一领导、分级管理"的财务体制，以及经费分成和上缴比例的规定，按时、足额上缴工会经费，不得截留、挪用。并指出 6 种截留、挪用的情形和处罚规定。2008 年 12 月，省总向各设区市总财务部下发《关于进一步重申工会经费上缴有关规定的通知》指出：收到本单位行政拨交的或下级工会上缴的工会经费后，未按规定的分成比例和期限上缴工会经费的；擅自改变省级工会的规定，降低上缴工会经费比例，减少上缴经费的；收到本单位行政拨交的或下级工会上缴的工会经费后，采取不入账、少入账或另设一套账等手段，弄虚作假，隐瞒实际收入，减少上缴工会经费的；擅自将应上缴的工会经费挪用于本级工会或下级工会的，少上缴、不及时上缴和不上缴工会经费的；同意所属工会少上缴或不上缴工会经费，影响上级工会经费分成收入的；以其他手段或借口少上缴或不上缴工会经费的均属于截留、挪用应上缴工会经费的行为。截留上缴工会经费属于违纪行为，对所截留的经费，除责令限期上缴外，要追究有关责任人责任，在全省范围通报批评。凡作截留处理的上缴经费，一律不给予回拨和奖励。凡是截留上缴经费的单位，实行一票否决，取消评先资格，不考虑补助。

财务管理 1997 年 6 月，为了加强省总财务管理，保障机关工作正常运转，本着保证重点，兼顾一般，合理使用，节约开支的原则，省总制定《江西省总工会机关财务管理制度》，在使用经费原则、报销手续、借款办法和加强财务管理方面作出规定。《制度》突出机关经费实行分项管理，专款专用，禁止挪用，禁止无预算开支，禁止不合理开支。部门经费实行预算包干使用，节约转下年度使用，超计划开支不预先借款，不予报销。坚持"一支笔"审批经费。要求财务人员认真履行职责，严格遵守财经纪律，认真编制并严格执行计划和预算。对不合理开支，手续不齐全的开支有权予以抵制。

1997年10月,针对一些单位放松对会计基础工作的管理,造成一些账簿设置不全、记账不规范、算账不准确、报账不及时以及账证、账账、账表、账实不相符的情况,甚至会计工作缺乏制约性、监督机构失控,以致出现会计工作秩序混乱的现象,省总转发财政部《关于印发〈会计基础工作规范化管理办法〉的通知》,要求各单位以此作为建立正常会计工作秩序的重要突破口,切实抓紧,抓好。

1999年12月,为配合工会新财会制度的实施,方便会计信息核算、汇总、统计分析,实现网络化管理,推进工会财会电算化工作,根据全总工财字〔1998〕69号和工财字〔1999〕68号文件要求,省总开始推广杭州新中大软件有限公司的新中大财务软件(工会会计专版)和深圳金蝶软件科技有限公司的金蝶财务软件(工会事业专版),分别作为各级工会财务部门、工会机关和工会事业单位指定专用财务软件。省总制定管理目标,即到2001年底,省总及所属事业单位财务部门80%要达到基本会计核算业务实现电算化管理;到2001年底,地市级工会财务部门及所属事业单位会计电算化开展面应达到60%以上;省总与具备条件的地市总工会实现财会数据报表的网络传输。省总要求将电算化工作开展情况纳入地市级工会财务会计工作竞赛中评比考核。县以上各级工会应在经费上予以保证。省总根据地市总工会电算化工作开展情况,对地市总工会在硬件设备费用、县级以上工会及所属事业单位指定软件费用给予补贴。并举办财会工作电算化培训班,对指定专用软件进行普及培训。

为了规范工会经费收支管理,2000年1月,省总转发全总办公厅《关于印发〈工会经费拨缴款专用收据票据管理暂行规定〉的通知》,明确省总为票据管理一级单位,各地(市)级工会(包括省产业(局)工会、省总直属基层工会)为票据管理的二级单位,其财务部门为专门管理机关,负责对其以下各级工会专用收据的发放、回收、稽查等工作。并明确专用收据的购领单位为各地(市)级工会、县(市)级工会财务部门,以及工会财务实行建立管理的基层工会财务部门。其他经费收解量少,额小,无需单独购领专用收据的基层单位,其工会经费计拨上缴所需的收据统一由其上级工会财务部门开具。《通知》还专门制定细则对专用收据的购领、保管、使用、回收、购领、发放、回收以及核销、稽核、检查等作出规范。2006年6月,省地方税务局、省总、省财政厅、省中国人民银行南昌中心支行联合发文(赣地税发〔2006〕68号)就统一使用工会经费(工会筹备金)专用缴款书的使用、统计分析作出部署和安排。2009年11月,省总转发全总《基层工会经费收支管理办法》,要求各设区市总、省产业工会请按照文件的要求和时间组织贯彻实施。2010年5月、8月省总财务部下发《关于启用"工会经费收入专用收据"的通知》《〈工会经费收入专用收据使用管理暂行办法〉的通知》,明确取得工会经费5种来源收入时必须开具由财政部统一印制的《工会经费收入专用收据》。

2001年5月22日,省总对1990年《超额留成基金和财务专用基金管理试行办法》作重新修订,出台了《增收留成基金管理办法》《财务专用基金管理办法》。《增收留成基金管理办法》规定:提取比例:设区市总、省产业(局、系统)工会、省总直属基层工会以上解省总的工会经费为基数提取,每年按当年上解省总经费的15%以内提取增收留成基金;县(市)级工会提取比例由所在设区市总确定。使用范围为弥补经批准建造的工会机关办公用房、职工宿舍的资金不足;弥补机关集体福利开支的不足;用于年度机关工作目标责任制考核奖励。由机关相关部门提出使用意见,经财务部门审核后,一般性开支,由主管财务工作的主席审批;重大项目的开支,由主席办公会议审批决定。《财务专用基金管理办法》规定:各设区市总、省产业(局、系统)工会、省总直属基层工会以本级工会上解省总的工会经费为基数提取。对上解省总经费达到100万元(含100万元)以上的单位,以上解省总经费为基数,在11%的比例之内提取财务专用基金;对上解省总经费在100万元以下的单位以上解省总经费为基数,在15%的比例之内提取财务专用基金。县(市)级工会提取比例由所在设区市总确定。使用范围为奖励工会财会工作竞赛先进单位及先进个人;奖励在收缴工会经费中作出贡献的工会领导、先进财会工作人员、支持财会工作的有关人员;补助工会会计学会等业务活动经费;财会工作业务建设的有关开支。财务专用基金的使用,原则上由本级工会财务部长审批。并明确本办法自2001年1月1日起实行。省总1990年印发的《超额留成基金和财务专用基金管理试行办法》(包括1993年印发的《关于经费管理的暂行规定》中有关调整财务专用基金提取比例的内容)同时废止。

2009年12月,省总转发全总办公厅《关于印发〈工会财务会计管理规范〉的通知》,按照全总要求从2010年1月1日起,在全省市级工会开展财务会计管理规范化建设活动。

预决算管理 根据2010年1月1日施行的全总《工会预算管理办法》精神,省总坚持预算管理,坚持下管一级的原则,坚持本级预算和单位预算。严格遵守财经纪律和财务制度,严格预算编制、审批、执行程序,充分发挥预算管理在财务工作中的主体作用。坚持按预算拨款,按进度拨款,专款专用,保证开支合理,使用合法。年度预算按照“量入为出、收支平衡”的原则和本年度工会工作计划的要求编制。省总财务部门承担了编制本级预算、决算和预算的调整方案;审批下一级工会及本级所属单位的预算、决算,汇总本级及所属各级工会的决算;组织本级预算的执行,按规定程序办理预算调整;监督、检查下级工会和所属单位的预算执行情况;协调处理工会与省财政厅在工会预算管理方面的政策和经济关系。

对单位预算即本级机关预算。本着节约原则,节约行政经费支出,实行预算包干、超支不补、节约奖励的办法,在总包干的基础上,实行活动费,人员经费、专项费用等分项包干,互不挪用。强化预算的制约力,调动单位、个人节约使用经费的积极性,压缩行政经费支出,改变机关行政费支出超预算的现象,全年支出严格控制在预算之内。省总坚持每年下发编报年度预算通知,强调本年度编报原则和节约开支的关注点。省总机关各部门编报后,省总财务部门汇总,报送省总主席办公会研究后,提交省总经审会审议通过,制发执行年度预算通知,在通知中强调开支原则、范围,明确预算安排。1994年强调严格控制会议的次数、规模,除已明确的全会性会议和部门工作会议外,本年度不得增加其他会议。1994—2010年,每年对部门会议费、差旅费、办公费、报刊进行核算,实行节约留用的原则,凡核准到部门的费用,实行包干使用,年内如有节约,下年可继续使用;上年超支的下年度扣回。1997年规定额定部门工作会议控制在40人规模、3天时间内。对差旅费借款未还清者,不得再借。1998年规定部门工作会议年之内原则上只能开一个会,并取消部长(主任)工作会议。1999年规定除财务部外,各部门部长(主任)工作会议一律取消。2010年4月6日,为了进一步加强和规范省总本级经费管理,保证工会经费的合理有效使用,省总制定《江西省总工会机关经费预算使用管理办法》。《办法》适用范围为省总机关预算经费、财政拨入资金及社会捐赠资金等。《办法》在经费预算管理中规定:所有经费收支均要纳入预算管理。帮扶、送温暖、劳模慰问、劳动竞赛、厂务公开经费等财政拨入专项资金均要纳入预算管理。每年1月20日前,涉及到专项资金支出的业务部门提出当年度经费支出预算,并要详细写明项目具体内容和开支标准。财务部对以上预算进行审核,并编制预算草案,提交主席办公会议讨论。一切开支均应在经批准的预算内执行。年度预算按程序确定后,原则上不再调整。有特殊情况,确需调整的,按有关规定办理。预算内的各项支出均要按已批准的项目,并按规定的经费开支范围和开支标准执行,严格审批报销手续。

坚持对设区市总,省产业(局、系统)工会、省总直属基层工会编报年度经费收支决算和年度收支预算。省总每年下文强调编制重点。1997年强调编报1997年决算要认真清理财产、物资、清理应收、应付款项,对遗留问题要抓紧处理。编报1998年收入预算要打足算准,支出预算要量入为出,统筹兼顾,大力压缩行政费和基建费,节约事业费。2007年强调编报2007年决算中要全面分析经费收支情况,重点分析支出结构的合理性,资金使用的效益性,为下一年度预算编制提供依据。对超过预算较多的支出,要附本级经审会审查通过、主席办公会批准的预算调整方案。对本级经费2008年预算支出的编制强调要按照"统筹兼顾、保证重点"的原则,进一步优化支出结构,合理分配使用资金,保证困难职工帮扶、工会组织建设、维护职工合法权益等方面的支出。严格控制行政费支出、基本建设支出。完善预算决策机制和管理制度,努力实现预算编制的科学、规范和透明,提高预算资金分配、支付和使用过程中的规范性、安全性和有效性。对2009年预算编制提出了各单位工会经费收缴、财务管理规范化三年目标。对2010年决算编制要严格按照新《工会预算管理办法》中决算要求填列,报表内容口径保持一致。要全面反映2010年度预算完成情况,对收支预算完成情况进行比例分析和支出结构分析,重点说明包括财政资金在内的各项资金使用所发挥的效果,为合理编制2011年度预算提供依据和测算基础。省总坚持对各设区市总、省产业(局、系统)工会和省总直属基层工会编报的年度经费收支预算、决算进行批复。

2009年8月,全总制定的《工会预算管理办法》决定从2010年1月1日起执行。10月,省总下发《关于转发〈中华全国总工会办公厅关于认真贯彻实施《工会预算管理办法》的通知〉〈中华全国总工会关于印发《工会预算管理办法》的通知〉的通知》,要求设区市总、省产业工会认真做好所属基层工会和县(区)工会学习、宣传和培训工作,确保顺利实施。省总在《关于编报2009年度经费收支决算和2010年度经费收支预算的通知》中结合全总、财政部新的制度、办法的过渡衔接等工作作出部署,提出了要求。在《关于编报2010年度经费收支决算和2011年度经费收支预算的通知》中强调要严格按照新《工会会计制度》和新《工会预算管理办法》要求,准确办理各决算事项,做到收支数额准确,内容完整,编报送达及时。

财务检查 根据国务院税收、财务、物价大检查的精神,结合工会财务工作的实际,省总财务部门和经审组织密切配合,每年开展财务大检查。1994—1996年,省总组织对产业工会收缴工会经费情况的检查,并配合全总财务部对部分地、市总工会进行财务检查,在省总组织检查的基础上,各地、市、县工会和自管经费的产业工会,坚持每年进行财务大检查的制度,有的地、市、产业工会还委托审计事务所进行审计。1995年8月,省总对全省大中型企业工会经费的拨交情况进行抽查。抽查凡建立工会组织的大中型(国营、集体、三资、民营等)企业,重点是地(市)属大中型企业。是年10月,为了严格执行《工会法》和全总有关工会经费分成比例的规章制度,促进和提高各级工会组织上解工会经费的积极性，省总对各级地方及产业工会1993年、1994年工会经费的拨解情况进行检查。这次检查省总负责对地、市和省产业工会的检查，地、市总工会负责对所属县（市、区）工会的检查。重点检查两年拨交经费收入总额、上解总额、欠解或截留总额。1993年度前查出未补交的，继续追缴。省总对地、市总、省产业工会所属单位查出的应上解经费，负责上解省总的给予奖励。

1997年4月，为了进一步了解和掌握地、市、县（市、区）工会在工会经费收管方面的情况，进一步疏通政策渠道，更好地贯彻实施《工会法》及有关方针、政策，根据全总财务部有关调查内容，结合全省的实际情况，省总对地、市、县（市、区）工会财务有关情况进行调查。这次调查按国有企业、集体企业、行政机关及事业、三资企业、乡镇企业、私营企业6个类别以及财政拨款的行政事业单位、工业、商业、文教卫生、农林水5个类别进行列表调查。与此同时对省总机关及省总直属各单位开展了清产核资工作。6月，向全总财务部报告全省工会财务和工会资产管理调查情况。调查报告反映全省工会经费收解情况，分析问题的原因，提出争取与法院两家联合发文加大依法收缴工会经费力度的建议；反映县以上工会资产登记情况、破产企业工会资产处理情况、在产权纠纷中工会资产处理情况以及工会事业管理情况。报告就工会干部福利待遇问题从县以上工会干部的离退休费用、养老保险统筹基金情况、医疗保险统筹基金情况、住房公积金情况作详尽的汇报。

1997年6月省总组织5个检查小组分赴各地、市，对11个地、市和94个县（市、区）工会1995年、1996年工会经费收、管、用情况进行大检查，检查面达100%。通过这次财务大检查，看到全省大多数地、市、县（市、区）工会能认真贯彻党和国家的财政、金融政策，严格执行有关法律、规定和工会财经制度，进一步加强和完善财务管理，加大经费收缴力度，坚持一手抓"开源"，一手抓"节流"，坚持"量入为出，收支平衡，略有结余"的预算管理方针，严格执行财务纪律，把钱用在刀刃上；在工会经费收、管、用方面取得较好成绩。有58个县（市、区）工会做到严格按比例上解工会经费。同时也发现问题，特别是违反工会财务管理制度和财务纪律，截留全总和省总经费，省总本着边查边改的精神，和各地、市总工会及时分析问题、解决问题，查出的截留经费除1个县外全部上交到账，省总对这个县给予通报批评，取消本年度所有评先资格，并停止对其补助和借款，责令限期上交。2007年、2009年，为进一步贯彻落实《工会法》《江西省实施〈工会法〉办法》，规范各项财务基础工作，促进各级工会组织和财务人员依法收好、管好、用好工会经费，省总财务部对全省各设区市总及县（市、区）总工会开展2005—2008年和工会经费收、管、用等财务执行情况检查，检查分为自查、检查、总结整改三个阶段进行，检查阶段分两步进行，先由各设区市总财务部组织人员对所辖县（市、区）总工会进行全面检查，再由省总财务部组织检查组对各设区市总进行全面检查，同时将重点抽查部分县（市、区）总工会。对查出有截留工会经费的情况，必须在检查结束后五日内如数上解省总财务部。与此同时，省总对省产业（局、系统）工会和省总直属基层工会也进行工会财务工作大检查。对检查中发现的问题，省总均以书面通报形式通报给被检单位，肯定其成绩，指出存在的问题，明示改正办法，规范工会财务工作。2010年，为了进一步推进工会经费收缴"一改三策"，实现税务代征一票制、提高财政统一划拨率、扩大建会筹备金覆盖面，加大各级工会经费的收缴力度，省总财务部发文设区市总组织开展重点调研课题活动。全省各设区市总围绕2008年、2009年及2010年一季度本地区GDP（生产总值）的经济增长数据、上缴经费中财政划拨、地税代征及自收增长数据、在岗职工工资总额及在岗职工人数等涉及经费收缴率指标的各种增长数据;加大经费收缴力度所出台所执行的制度、办法、措施;在开展经费收缴工作中碰到的问题、克服的困难、解决的矛盾、取得的成绩、总结的经验和汲取的教训等等展开调研。

财会队伍建设 《工会法》和中共中央、国务院《关于加速发展第三产业的决定》颁布以后,全省各级工会兴办不少企事业、服务业,1993年初,全省工会系统已形成一支拥有1万多人的会计队伍(包括兼职人员和工会企事业单位及离退休人员)。1995年3月,根据省委、省政府关于机构改革应理顺关系、调整结构、转变职能,提高工作效率的要求,省总下发《关于在机构改革中加强工会财务力量的通知》,强调地、市总工会应保证3名以上专职人员,县(区)、产业(局)和省总直属基层工会、直属单位,至少要保证2名以上专(兼)职人员,从事本级工会财务工作;现已建立工会财务部门的不得撤消,也不得与业务不相近的部门合并,因编制所限,机关会计事务,可由财务部兼管;机构改革中,确因工作需要,经上级工会主管部门批准,可对工会财会人员作适当调整,但对无会计业务证书的,不能作为工会会计(出纳)人员任用。通知下发后,有效地防止撤并减少的现象,而且不少地、市总工会还充实了财会人员。1996年4月,省总再次发文重申已经建立财务机构的决不能合并或撤销,技术业务力量应当进一步充实。

1998—2002年,各级工会结合新会计制度的实行和《工会法》《江西省实施〈工会法〉办法》的学习,从实际出发,开展多层次、多渠道的培训。这5年共举办各种学习班、培训班68期,培训工会财会干部4200多人次。2003—2007年,各级工会按照法规政策要求,结合实际,加强对会计人员从业资格的规范教育。通过举办培训班、专题研讨、开展继续教育等方式对专兼职工会财会人员开展了多层次、多形式、多渠道的培训,补充和更新专业知识。

2009年5月31日,全总与财政部共同修订的《工会会计制度》正式颁布,并于2010年1月1日起在全国各级工会组织范围内实施。省总为落实《工会会计制度》的要求,进一步健全完善工会财务管理制度,规范工会财务工作,提升财务管理水平;在2009年10月南昌大学北院举办新版工会会计制度与软件操作师资培训,传达全总、财政部关于颁布新工会会计制度的文件精神,讲解新版工会会计制度、工会新旧会计制度有关衔接问题的处理规定,对新会计制度科目的软件进行操作辅导。学员结业后回到市总和产业工会开展了本地区、本系统所属工会财会人员培训活动,确保了新旧会计制度顺利衔接。2010年9月,省总又举办"工会经费收入专用收据软件"以及新工会财务制度软件的操作应用培训班。

又,1993年省总遵照全总指示精神,为了系统探索和研究工会财务理论,推进工会财务工作改革,不断提高财务管理和核算水平,使工会财务工作科学化,规范化;决定成立省总工会会计学会,理事长由省总财务部部长吴继恒担任。至2010年,历经4届,第二、三届会长李慈葆、第四届会长吴继群。至2009年会员单位26个,会员306人。学会按照中国工会会计学会的要求,结合全省工会财务工作实际,开展学术理论研究,根据工作需要进行业务培训,强化自身建设,更好地为单位会员服务,为工会财务工作服务,为工运事业服务。2009年,学会举办全省工会会计知识培训班和地税代征软件运用的培训班。分批组织各会员单位赴外省学习考察。组织会员单位有针对性地进行调研,撰写调研报告,进行学习交流。

财会竞赛 1996年4月,省总在九江召开全省工会财务工作表彰大会。会议表彰全省工会财务工作先进集体、先进财会工作者和支持工会财会工作的领导;获奖单位和个人交流工作经验;对当前工作进行系统总结,并对今后工作作出部署。2000年9月,全省工会财务工作表彰大会在新余召开,会议总结1996—2000年财务工作,表彰4年来全省工会涌现出来的财务工作先进集体、先进个人,并提出今后财务工作的目标任务。会议授予南昌市总财务部等48个单位"全省工会财会工作先进集体"称号,授予傅恩平等185名"全省工会财会工作先进工作者"称号;授予周启球等44名"支持工会财会工作荣誉积极分子"称号。昌河飞机工业集团工会、吉安市总、临川市总、江西医学院第一附属医院工会等10家单位在会上作经验交流发言。

省总对工会财会工作通过竞赛评比的方式加以推进,1994年左右制定《江西省地、市、产业(局)级工会财务会计工作竞赛评比办法》,每年进行汇总评比通报。1999年通报反映:绝大多数地、市、产业(局)工会切实重视财务会计基础工作,严格按照财务会计工作竞赛评比内容和要求,及时足额上解经费,认真编报各种会计报表,保证省总经费的及时核算及各种数据的及时统计。但有少部分单位仍然对财务会计竞赛工作不够重视,不按时上解经费,不报月经费分成表和月资产负债表,不认真、完整编报预、决算及汇总报表,或说明过于简单,不报送竞赛自评表等等。2000年6月,省总为配合新会计制度的实施,进一步规范会计业务的基础工作,特对竞赛评比办法进行修改,从及时足额上解经费、上解经费增长,编报年度预决算、工会资产负债表、资产年度统计,事业管理、电算化管理事项,执行核定的年度支出预算和完成本年支出预算表等12个项目以及加分项进行评分,设立特、一、二、三等奖。各设区市、省产业(局)工会针对新的竞赛评比办法,加强财务管理,确定重点工作,明确分工责任,落实竞赛条款,较好地完成竞赛评比工作,推动工会财务业务建设。2001年设区市总基本上能使用新中大软件进行会计电算化工作,并自动生成会计报表打印上报。2010年4月,省总又修改了《江西省地、市、产业(局)级工会财务会计工作竞赛评比办法》,新《办法》突出经费收缴,评分权重由40增加至53分,预决算评分权重也由8分增加至16分。同时还新增介绍在经费收、管、用方面有明显效果的新举措、财政统一划拨率达90%以上、工作总结和下年打算、对所属县级工会及基层工会财务工作进行检查等事项。

在全国的工会财会工作竞赛中,省总通过不懈努力,获奖的等次由二等奖进位到一等奖,1999年迈进了特等奖行列。2002年,省总获全国省级工会财务会计工作竞赛一等奖,上饶市总、景德镇市总、萍乡市总财务部获全国市级工会财务先进单位。2004年,省总获全国省级工会财务会计工作竞赛特等奖,赣州市总、吉安市总、鹰潭市总财务部、江西铜业集团公司工会委员会办公室获全国市级工会财务先进单位。2008年,省总获全国先进奖,上饶市总、鹰潭市总、赣州市总、景德镇市总、南昌市总财务部,洪都航空工业集团公司工会财务部获全国市级工会财务先进单位。2009年省总获全国先进奖,南昌市总、景德镇市总、赣州市总、九江市总、鹰潭市总财务部,省电力工会财务部获全国市级工会财务先进单位。

在全省工会财会工作竞赛中,1999年特等奖:铜业、南飞、九江;一等奖:地质、上饶、南昌;二等奖:抚州、教育、赣州;三等奖:宜春、新余、鹰潭、电力、吉安、萍乡、省直。2000年特等奖:鹰潭、铜业、教育、赣州;一等奖:洪都、新余、上饶、南昌;二等奖:九江、宜春、地质、萍乡;三等奖:电信、吉安。

2001年特等奖:鹰潭、赣州、电力;一等奖:南昌、景德镇、铜业、教育;二等奖:上饶、宜春、洪都、地质;三等奖:新余、九江、萍乡、吉安、省直。2003年特等奖:鹰潭、上饶、教育;一等奖:赣州、景德镇、新余、洪都、交通;二等奖:宜春、萍乡、九江、南昌、地质、铜业;三等奖:吉安、抚州、移动。2004年特等奖:赣州、新余、教育;一等奖:鹰潭、景德镇、宜春、洪都、铜业;二等奖:吉安、上饶、九江、南昌、地质、邮政;三等奖:萍乡、抚州、省直。2006年特等奖:鹰潭、宜春、铜业;一等奖:赣州、新余、景德镇、教育;二等奖:南昌、吉安、上饶、萍乡、洪都;三等奖:九江、抚州、电力。2007年特等奖:南昌、鹰潭、洪都;一等奖:九江、宜春、萍乡、铜业;二等奖:赣州、景德镇、上饶、新余、省直;三等奖:吉安、抚州、电力、教育工会、交通。

经费使用

使用原则省总坚持经费独立管理原则。实行单独核算。根据审定的预算,开支由主管财务的工会常务副主席或副主席"一支笔"审批,一把手不直接管财务;坚持遵纪守法原则。严格执行国家财经政策、规定和开支范围、标准,认真执行工会财务制度,遵守财务纪律;坚持预算管理原则。一切开支均在批准的预算内执行;坚持民主管理原则。定期接受省总经审会审查,审查通过后经省总主席办公会批准执行;坚持为职工服务原则。工会经费取之于职工,用之于职工,主要用于为职工服务和工会活动,工会经费不用于非工会活动的开支,不用公款组织机关职工游山玩水,不为单位和个人提供资金拆借、经济担保和抵押以及其他违反工会财务规定的开支。

为了保证工会经费的合理有效使用,2010年4月,省总制定《江西省总工会机关经费预算使用管理办法》,在经费使用审批中规定:(1)经费开支执行"一支笔"审批制度。原则上一把手不直接审批,由分管财务主席审批。预算内的省总全会性开支、财政拨入资金支出由分管财务主席审批;部门包干经费可由分管财务主席授权审批;政府部门或上级有文件规定的费用,经分管财务主席审核授权后,按相关文件规定执行。重大开支或预算外支出由主席办公会研究决定,以抄告单形式报分管财务主席审批。(2)各项开支必须取得真实合法的原始凭证,每项业务要有经办人、验收人(证明人)、审核人及审批人签字,经财务人员审核后,方可报销。采购物资由经办人员按照年初预算和有关程序采购后,交后勤中心保管员验收并办理入库手续后,经办人员凭已审批的发票和保管员验收凭证后方可报销。(3)凡使用公款采购(无论资金来源),使用年限在一年以上,单价在500元以上的,及单价在500元以下,但使用年限在一年以上的大批同类物资均要由财务部统一登记固定资产的总(明细)账,固定资产每年账物要核对一次。

使用方向及数据 省总经费使用主要在职工活动费、事业支出、工会业务费、工会行政费、专业资金支出、补助下级支出、上解经费支出、提取预算周转金和后备金以及其他支出九大方面。

1993—1997年,全省工会财务工作坚持"为职工群众服务,为基层服务,为发展工运事业服务"的方向,全省基层工会用于开展各项群众活动和为职工排忧解难的经费共33003万元,占其总支出(不含上解经费)的75.6%;省总安排本级留成经费的32%用于补助地、市、县工人文化宫、职工学校、培训中心等职工文化教育活动阵地的建设,使一批工会活动阵地得以新建、改建和扩建,改善了职工文化教育、文娱体育等活动条件。为了缓解部分地、市、县工会资金短缺的困难，扶持工会企事业的发展，省总压缩本级经费开支，至1997年底对下借款共810.9万元。省总本级这5年经费收支情况：5年总收入11832.95万元，扣除上届结余经费546.14万元，实际总收入为11286.81万元。其中：拨交经费收入8173.42万元，占总收入的72.4%；全总补助收入1999.07万元，占总收入的17.7%；投资或借款收益416.49万元，占总收入的3.7%；收回投资或借款344万元，占总收入的3.1%；其他收入113.42万元，占总收入的1%；事业活动收入240.41万元，占总收入的2.1%。5年总支出10349.53万元，扣除上解全总经费2645.39万元，实际总支出7704.14万元。其中：对下级工会补助3730.68万元，占实际支出的48.4%；事业活动支出425.21万元，占实际支出的5.5%；干部培训费支出294.33万元，占实际支出的3.8%；国际活动费支出37.12万元，占实际支出的0.5%；会议费支出243.97万元，占实际支出的3.2%；专项业务费支出101.28万元，占实际支出的1.3%；工会行政费支出906.96万元，占实际支出的11.8%；基本建设费支出488.01万元，占实际支出的6.3%；投资或借款支出669.4万元，占实际支出的8.7%；其他支出807.18万元，占实际支出的10.5%。5年经费收支相抵，至1997年底累计结余经费1483.42万元。此外，根据《工会法》和国家的有关规定，5年内省政府拨付省总资金共计725.7万元。其中：省总机关及所属事业单位离退休费284.4万元；大楼外墙贴瓷砖45万元；购小车14.2万元；送温暖基金231.8万元；参加全国第三次工人运动会经费80万元；劳动竞赛经费38万元，其他补助32.3万元。全总、省总和地方财政拨入疗休养事业部门补助款1466万元，支出1452.24万元。

1998—2002年，全省各级工会多方筹措资金，广泛开展为困难职工送温暖活动，成立职业培训机构、职业介绍所和职工法律援助机构，为下岗失业人员开展岗位技能培训，帮助下岗失业人员解决就业和法律援助方面的问题；安排专项经费对劳模进行补助，组织进行疗休养、体检等活动；组织开展全省职工计算机大赛、经济技术创新工程和劳动保护等活动。省、市总还拨出专款，用于开展达标创佳工作竞赛，促进了县级工会工作水平的提高。5年间省总本级经费收支情况：5年总收入15710.05万元，其中：拨交经费收入12176.92万元，占总收入的77.5%；上级补助收入3194.38万元，占总收入的20.3%；投资收益104.01万元，占总收入0.7%；事业收入90.11万元，占总收入0.6%；其他收入144.63万元，占总收入0.9%。5年总支出15555.93万元，其中：上解经费支出3903.36万元，占总支出的25.1%；补助下级支出5655.57万元，占总支出的36.4%。其中包括专项补助1982.24万元，回拨补助2402.4万元，送温暖、困难、救灾等补助1178.93万元，经常费补助92万元；事业支出817.18万元，占总支出的5.2%；为下级工会服务、开展工会活动的工会业务费和职工活动费748.02万元，占总支出的4.8%；工会行政费1598.21万元，占总支出的10.3%；用于基本建设的专项资金支出1581.31万元，占总支出的10.2%。主要用于省总职工培训中心、省总养老中心、省总干校建设；其他支出1252.28万元，占总支出的8%。其中主要包括根据工厅财字〔1990〕55号、总工办发〔2000〕47号文规定计提的专用基金783.9万元，注入送温暖基金182.3万元，扶贫支出49万元，各单位完成经费上解任务超收奖221.18万元等支出。5年经费收支相抵，经费结余154.12万元。至2002年底，累计期末滚存经费结余1522.68万元。此外，根据《工会法》和国家有关规定，5年间省财政拨付省总资金共计1920.05万元。其中省总机关及所属事业单位离退休人员经费1097.75万元,送温暖资金670万元,劳动竞赛、劳模评选、厂务公开等经费152.3万元。5年间全总拨入疗休养事业经费799.57万元。

2003—2007年,省总严格控制本级行政经费支出,精简会议,压缩开支,加大对下服务力度,逐年加大对下各项补助支出,加大对工会企事业的资金投入,使工会企事业单位的设施得到改善,实力得到增强,市场竞争力提高。省总本级5年工会经费收支情况:省总本级拨交经费收入实现翻一番。2007年省总本级拨交经费收入5746.9万元,比2002年的2802.2万元增长105.1%,翻了一番多。2003—2007年,省总本级经费总收入30785.8万元。其中,拨交经费收入21269.5万元,占总收入的69.1%;上级补助收入5429.3万元,占总收入的17.6%;其他收入3521万元,占总收入的11.4%。省总对下级工会补助不断增长。2007年度,省总对下级工会补助1953.5万元,比2002年增加780.4万元,增长66.5%。省总本级5年经费总支出26364.2万元,用于对下级工会各项补助7742.6万元,占总支出的29.4%,比前5年增长36.9%,其中,专项补助1997.3万元,回拨补助4095.6万元,送温暖、救灾、困难、帮扶等补助1550.6万元,经常费补助99.1万元。事业支出1803.4万元,占总支出6.8%,会议、培训、调研、外事等工会业务费用836.4万元,占总支出3.1%,比前5年增长11.8%,用于机关行政及资产购置3086.9万元,占总支出11.7%,用于基本建设专项资金支出3374.7万元,占总支出的12.8%,主要用于省总综合办公大楼、工人疗养院改造建设、其他支出2277.1万元。省总本级经费结余有较大增长。5年来,省总严格控制支出,实现本级经费结余有较大增长。2002年省总本级经费累计结余1081.8万元,2007年,省总本级累计结余5931.9万元,净资产增加5840.2万元。政府对工会支持力度加大。5年来省总本级争取省财政及有关部门补助拨款7986.7万元,比上届1920万元增加6066万元,增长316%。其中,省总机关及所属事业单位离退休人员经费2415.2万元,送温暖资金1660万元,劳模慰问、劳动竞赛、帮扶困难职工、厂务公开、工会工作会议等专项经费3103.5万元,办公楼建设200万元,住房公积金68万元。5年来,全总拨入疗休养事业经费540万元。

2008—2010年,省总本级收入总额36059.84万元,其中拨缴经费收入24731.53万元,上级补助收入4733.73万元。支出总额31002.4万元,其中补助下级支出15538.74万元。

全省各地市总工会严格执行全总关于工会经费使用的原则、制度。1999年1月开始,南昌市总坚持“经费独立管理、遵纪守法、‘统筹兼顾、保证重点、量入为出、收支平衡’、预算管理、勤俭节约、民主管理、为职工服务”的原则使用工会经费。新余市总、上饶市总本着“统筹兼顾,保证重点”的原则,将资金主要用于工会的重点工作,加大职工维权、帮扶困难职工、工会组建、工会宣传文化、职工建功立业、工会干部教育培训等方面的资金投入。鹰潭市总坚持“面向基层、严肃财经纪律,收好、管好、用好工会经费,为职工群众服务,为发展工运事业服务”思路。赣州市总在工会经费使用上做到“三个倾斜”:向县(市、区)工会“三个场所”建设、帮扶资金、向基层倾斜。抚州市总做到工会经费的60%以上用于维权帮扶、基层工会规范化建设、干部培训、职工经济技术创新活动和职工文体活动和补助下级工会上。

第二节　经费审查

经审组织建设

省总经审会　省总经费审查委员会(简称经审会)由省总工会代表大会选举产生。“文化大革命”期间,全省工会组织陷于瘫痪。1979 年,全省各级工会恢复独立管理经费后,各级工会开始恢复经审组织。1983 年省总工会第七次代表大会选举产生省总第七届经审会,中断近 20 年的全省工会经审工作得以恢复。

省总第九届经审会(1993 年 8 月—1998 年 7 月)由 13 名委员组成;省总第十、十一届经审会委员增至 15 名;2006 年初,省总党组对省总经审会进行调整,经审委员由原来的 15 人,按省总委员比例增补到 23 人,达到全总关于经审会委员不少于同级工会委员人数的 20% 的要求。省总第十二届经审会委员增至为 25 人。经审会委员中有各设区市总工会经费审查委员会负责人;省总经费审查委员会及其办公室负责人;部分省产业工会和省总直属基层工会经费审查委员会负责人。省总第十二届经审会开始设立常委会,由 1 名主任和 4 名委员组成。

1998 年,省总经审会主任由助理巡视员吴继恒担任。2001 年 12 月,由助理巡视员宗菊根担任。2006 年 11 月,省机构编制委员会增加省总领导职数,同意省总经审会主任为省总副职级领导干部职数(赣编办文〔2006〕159 号文)。2007 年 3 月,省总经审会主任王运快任省总党组成员,省总经审会主任进入省总副职级领导干部序列。

1995 年 2 月,省总经审会办公室成立,设主任 1 名。1996 年 5 月起,设副主任 1 名。

省总经审会原则上一年召开两次委员会议,上、下半年各一次。上半年,省总经审会召开全体委员会议,一般审议省总上年度决算和本年度预算,审议省总疗休养事业年度经费收支情况,2009 年改为听取省总直属企事业单位资产管理情况的报告,通过提交省总全委会上审议的工作报告,讨论部署本年度工作安排,审议通过有关人事事项或规章制度。下半年,省总经审会召开全体委员会议,一般审议省总和省总机关本年度上半年预算执行情况,以及审议通过有关人事事项或规章制度。

表 9－2－1　1994—2010 年省总经审会九—十二届期间历次全委会

时间	会次	内容
1994 年 2 月 27—28 日	九届二次	审议 1993 年省总决算和 1994 年的预算;讨论当年工作计划,通过了《省总经费审查委员会的议事规则》。
1995 年 3 月 7—9 日	九届三次	省总 1994 年决算和 1995 年预算以及省总疗、休养事业经费管理与使用的报告。

续表

时间	会次	内容
1995年8月16—17日	九届四次	审查1995年上半年省总预算执行情况;通报1995年上半年经审会工作完成情况,研究今年下半年的经审工作。
1996年3月12日	九届五次	审查省总、省总机关、疗休养事业1995年经费收支决算和1996年经费收支预算。通过有关人事事项。
1996年8月20—22日	九届六次	听取省总财务部和省总机关上半年预算执行情况的汇报。
1997年3月11—12日	九届七次	审议1996年省总本级及各有关部门经费收支预算执行情况和1997年预算情况,察看了惠苑宾馆的经营状况。
1997年8月1日	九届八次	审议1997年上半年的工会经费收支预算执行情况,对下半年工作提出意见和建议。
1997年12月24日	九届十次	审议省总经审会《关于1997年经费审查工作情况和1998年工作意见报告》。
1998年3月10—11日	九届十一次	审议省总本级、机关经费收支预决算,以及省总疗休养事业经费收支情况,总结全省五年来工会经审工作。
1998年8月11日	九届十二次	审议1998年上半年省总本级预算执行情况。
1998年8月20日	十届一次	选举新一届省总经审会领导机构。吴继恒当选经审会主任。
1999年1月11日	十届二次	审议经审会1998年度工作情况及1999年工作安排报告。通过《江西省各级工会主席、管钱管物负责人离任审计暂行办法》《江西省各级工会对直属企事业单位经营责任者实行任期和离任审计的暂行规定》《江西省各级工会财产审计实施办法》《江西省各级工会社会捐赠资金审计暂行规定》《江西省各级工会各项基金审计暂行规定》和《江西省总工会经费审查委员会议事规则》。
1999年3月8日	十届三次	审议省总和省总机关1998年度经费收支决算和1999年度经费收支预算;审议1998年度疗休养事业财务收支决算;研究部署1999年经费审查的重点工作。
1999年7月21日	十届四次	审查省总本级工会及省总机关1999年上半年预算执行情况;总结上半年的经审工作,安排下半年的工作。
2000年1月5日	十届五次	审议《关于江西省总工会1999年经费审查工作情况和2000年经费审查工作报告》,通过了江西省总工会经费审查委员会对省总工会年度经费预算执行情况审计监督的暂行办法。 《江西省总工会经费审查委员会对下级工会经费审计监督的暂行办法》《江西省总工会机关及直属企事业单位基本建设维修装修工程竣工决算审计试行办法》三个规定。

续表

时间	会次	内容
2000 年 3 月 7—8 日	十届六次	审议省总及机关 1999 年度经费收支决算和 2000 年经费收支预算，及省总 1999 年疗休养事业经费收支决算。重点研究认真落实省总经审会下发的 8 个规定。
2000 年 8 月 8 日	十届七次	审议省总本级及机关 2000 年上半年预算执行情况。
2000 年 12 月 24 日	十届八次	内容缺（待补）。
2001 年 3 月 13 日	十届九次	审议省总及机关 2000 年度收支决算及 2001 年经费收支预算以及省总 2000 年疗养事业经费收支决算。
2001 年 8 月 10 日	十届十次	审议省总本级 2001 年度上半年预算执行情况。
2002 年 3 月 7 日	十届十一次	审议省总本级 2001 年度经费预算执行情况及 2002 年度经费预算安排。
2002 年 6 月 13—14 日	十届十二次	传达全总十二届经审会第八次会议精神，审议省总本级 2002 年工会经费收支预算调整方案。
2002 年 8 月 15 日	十届十三次	审议省总 2002 年上半年经费预算执行情况。
2003 年 1 月 5 日	十届十四次	审议省总经费审查委员会工作报告。
2003 年 3 月 4 日	十届十五次	审议省总 2002 年度经查决算和 2003 年度经费预算，对 2002 年度经审工作目标管理情况进行总结表彰，省总财务部、生活保障部负责人到会报告上年工作情况。
2003 年 8 月 11 日	十届十六次	审查省总 2003 年上半年经费预算执行情况。
2003 年 8 月 14 日	十一届一次	选举新一届省总经审会领导机构。宗菊根当选经审会主任。
2004 年 3 月 5 日	十一届二次	审议通过 2003 年经费决算和 2004 年经费预算，对 2003 年经审工作目标管理情况进行总结表彰。
2004 年 8 月	十一届三次	审议省总本级 2004 年上半年工会经费预算执行情况。
2005 年 3 月 8 日	十一届四次	审议省总本级 2004 年度经费预算执行情况及 2005 年度经费预算安排。
2005 年 7 月 8 日	十一届五次	听取审验证制度介绍，审议省总本级 2005 年上半年预算执行情况，审议，设区市总工会，产业及直属基层工会经审工作规范化建设标准。省人大常委会副主任、省总主席张海如就今后全省经审工作提出 3 点意见。
2006 年 1 月 12 日	十一届六次	通过关于省总 2005 年经费审查工作情况和 2006 年经费审查工作意见的报告。选举王运快为省总经费审查委员会主任。
2006 年 3 月 10 日	十一届八次	审议省总 2005 年度经费预算执行情况和 2006 年度经费预算安排，听取省总 2005 年度疗休养事业经费收支情况的报告。
2006 年 8 月 4 日	十一届九次	审议通过《江西省经费审查委员会议事规则》。

续表

时间	会次	内容
2007年1月17日	十一届十次	审议通过《关于省总工会2006年经费审查工作情况和2007年经费审查工作意见》。
2007年3月23日	十一届十一次	听取关于省总直属企事业单位资产管理情况的报告和经审办关于省总本级2006年度预算执行情况审计结果的报告。审查通过省总本级2006年度经费预算执行情况(决算)和2007年度经费预算安排。
2007年8月8日	十一届十二次	审议并通过省总本级2007年上半年经费预算执行情况,2006年度经审工作规范化建议考评情况。
2007年11月23日	十一届十三次	审议通过省总2007年追加经费预算的报告。
2008年3月10日	十一届十四次	听取关于省总直属企事业单位资产管理情况的报告和经审办关于省总本级2007年度预算执行情况审计结果的报告。审查通过2007年度经费预算执行情况和2008年度经费预算安排。
2008年5月30日	十二届一次	选举新一届省总经审会领导机构。王运快当选经审会主任。
2008年8月28日	十二届二次	审议省总2008年度上半年经费预算执行情况。
2008年1月11日	十二届三次	审议省总十二届经审会2008年度工作报告和2009年度工作安排。
2009年3月9日	十二届四次	审议通过省总本级2008年度经费预算执行情况(决算)和2009年度经费预算安排。听取省总直属企事业单位资产管理情况的报告和关于省总本级2008年度预算执行情况审计结果的报告。
2009年8月25日	十二届五次	审议通过省总本级2009年上半年经费预算执行情况的报告,讨论通报全省县级工会经审工作规范化建设考核情况。
2010年1月31日	十二届六次	审议通过《江西省总工会2009年经费预算执行情况的报告和2010年度经费预算安排的说明》,以及有关人事事项。
2010年4月21日	十二届七次	听取关于省总直属企事业单位资产情况的报告、关于省总本级2009年度预算执行情况审计结果的报告。审议通过省总本级2009年度预算执行结果和2010年度预算编制。
2010年8月27日	十二届八次	审议通过省2010年上半年经费预算执行情况的报告、省总2010年经费追加预算的报告和2009年度全省县级工会经审工作规范化建设考核结果。

1998—2003年,省总经审会在全总经审会组织开展的经审工作竞赛活动中,取得1个一等奖和3个二等奖。获2006年省级工会经审工作规范化建设考核一等奖;2007年度全国省级工会经审工作规范化建设考核特等奖,名列全国省级工会第8名;2008年度全国省级工会经审工作规范化建设考核特等奖;2009年度全国省级工会经审工作规范化建设考核特等奖;2010年度全国省级工会经

审工作规范化建设考核特等奖。获2007年全国工会经审工作先进集体,1人获先进工作者。

全省工会经审组织建设 工会经审工作中断近20年之后,20世纪90年代起,全省工会经审工作,重点放在组织建设上,主要通过抓工会经审会干部配备和机构建立,工会经审组织建设经历恢复和组建、健全和完善、发展和规范的过程。

1993年,全省已建经审组织10223个,组建率达64.2%。经审会人数32426人,经审办4个,专职干部7人,兼职干部5人。1994年,中共中央组织部〔1994〕18号文件规定工会经审会正、副主任列入工会领导干部职务序列,这一规定推动工会经审会干部配备和机构的建立。这年,全省经审组织组建率达77.9%,全省工会专兼职经审干部达24045人。11个地、市有5个地、市配备同级副职担任经审会主任和经审领导小组组长。

1995年1月29日,省总主席办公会听取省总经审会工作汇报,汇报反映出的问题集中在组织建设上,会议就全省经审组织建设做出决定和要求:(1)成立省总经审会办公室,内定编制3人,设主任1人,作为省总经审会的办事机构和省总的职能部门。(2)省总经审会主任列席省总常委会和主席办公会,参与源头决策和搞好事前监督。(3)凡有工会组织的地方都要建立经审会,经审组织不健全的要健全。要求1995年全省经审会的组建率提高到85%。地区工会办事处可由经审小组改建经审工作委员会,作为省总经审会的派出机构。(4)各地区办事处、市总工会、省产业工会、县、区工会有条件的要配备专职经审干部,一时配备不了专职干部的,可先配备专管兼职干部。(5)抓好各级经审会的自身建设,按规定配备好各级工会经审会的正副主任,经审会委员中要有一定比例的专业人员。对此,省总经审会采用会议纪要的形式向全省工会组织通报省总决定。

1995年9月,为了进一步强化工会经审管理体制,推进全省经审组织建设,省总下发《关于进一步加强经审组织建设的意见》强调:凡是建立一级财务管理的工会基层组织、县级工会、省辖市工会、管理经费的产业工会要在选举工会委员会的同时、选举产生同级经审会。经审会一般由3~5名委员组成,设主任1人,副主任1人。大型企业可根据需要适当增加委员名额。配备专职经审干部或专职兼管经审干部,处理日常工作。工会基层委员会下辖的管钱管物的企业、事业、车间、分公司工会也要选举建立经费审查小组或经审会,形成经审网络。地区办事处经费审查工作委员会由地区办事处提名报省总经审会审批。省辖市工会、地区办事处设立经审办公室和内部审计机构合署办公,配备适量的专职人员,开展经常性的实务审计。管理经费的产业工会选举产生的为经审会,非选举产生的为经费审查工作委员会。经审组织的负责人,应有一名本机关相应职级的在编干部担任。有条件的地方可选配专职负责人,设立办事机构,配备专职工作人员。省总直属事业单位根据工作需要可设立内审机构(审计科或审计办公室),配备专职人员,负责处理日常事务。《意见》强调:没有经审会而又未到期换届的工会,要尽快补选产生经审会。全省各级经审、内审机构组建和人员配备工作,在1996年4月以前全部完成。管理财务的工会领导,不得担任同级经审组织的负责人。《意见》要求各级工会要加强同地方编制部门和组织部门的联系,积极争取解决工会经审组织专职主任职数及其办事机构的设置、人员编制问题。机构设置和人员编制暂时得不到解决的可在机关行政,事业编制内调剂解。《意见》得到全总经审会的高度肯定,1995年10月24日,全总经审会将《意见》批转全国。

1995年,11个地、市经审组织全部建立,9个地、市配备了同级副职担任经审会主任。1996年,各地、市总工会,省产业(局)工会基本上都配备经审专职干部,有的地、市总工会还配备专职经审会主任。全省基层工会经审会9691个,经审组建率达85%。基层以上工会经审会人数2127个,经审办118个,经审专职干部69人,兼职干部1588人,形成一支3.4万名专、兼、群相结合的工会经审工作队伍。1998年全省基层工会经审会7753个,基层以上工会经审会730个。1999年,全省有4个成立经审办事机构。工会经审组织的组建率提高1.17个百分点。2000年,赣州市全市18个县(市、区)总工会全部建立经审会,组建率达100%。2002年,全省基层工会经审组织7148个,经审组织人数24463人。基层以上经审会641个,基层以上经审会人数2493人,经审办专职干部147人,兼职干部1350人。全省设区市除个别单位外,经审会主任按同级副职级配备的要求得到落实。

2003年1月28日,省总根据《中华全国总工会关于加强工会经费审查监督工作的意见》,结合全省工会经费审查工作实际,下发《关于印发〈江西省总工会贯彻《中华全国总工会关于加强工会经费审查监督工作的意见》的实施办法〉的通知》,《实施办法》明确:落实工会经费审查监督体制,完善工会预算、决算和经费审查监督制度。工会经费审查监督实行统一领导,分级管理,分级负责。各级工会经审会要加强对下一级工会经费的收缴、管理、使用情况的审计。设区市总工会经审会下审一级面不少于50%。在组织建设上强调按照省委组织部关于"各级工会和直接管理经费的产业工会经费审查委员会主任、副主任,分别由同级工会副主席职级和部门正职级的人员担任的,其级别分别按同级工会副主席和部门正职的级别对应"的要求配备。设区市总工会经费审查委员会须有1~2名专职干部,办公室可单独设立或与其他部门合署办公。省产业、省总直属基层工会经审工作办事要有人。完善各级工会经审会主任参加同级工会主席办公会议、常委会会议制度,凡涉及工会系统的经济活动、资产管理、工会经费使用及重大决策,应征求同级经审会的意见。

2003年,全省工会组织换届基本实现"三同时",全省设区市总工会经审主任按同级副职级配备的要求基本得到了落实,全省11个设区市总工会经审办有8个实现独立设置,全省市级工会共有经审专职干部17人,兼职干部7人。抚州市县级工会全部配备专职经审会主任。2004年,全省设区市除个别单位外,经审主任按同级副职级配备的要求得到落实。

2005年7月8日,省总召开全省工会经审工作会议,各设区市、省产业(局、系统)、省总直属基层工会主席和联系经审工作的副主席,省总十一届经审会委员及省总有关部门的负责人就工会经审工作进行了专题研究。张海如在会上强调:对经审会的组织、人员、条件要高度重视,凡是经审会开展工作方面的要求,要尽量创造条件给予满足。

至2007年,全省绝大多数县级工会都建立健全县级工会经审组织,80%的县级工会按照同级副职配备专(兼)职经审会主任。2008年,10个设区市总工会经审会主任按同级工会副职配备,配备专职经审会主任9名,有8名进入党组。90%的县级经审会委员达到5~7名。11个市和57个县(市、区)总工会设立经审办公室,乡镇(街道)工会绝大多数都建立经审组织,全省基层工会经审组织组建率90.1%,省、市、县的经审委员中有专业技术职称的186人。同时,实施工会特邀经审员管理制度,聘任一批专业人员到经审组织中。

2009年10月,省总下发《关于进一步加强新时期经审工作的意见》。《意见》根据省人大常委会副主任、省总党组书记、主席姚亚平提出要针对全省经审组织在审查监督体制、职权落实以及组织建设等方面存在的问题，结合全总经审精神、全省经审工作成功做法和制度，形成一个带普遍指导意义的新规的意见起草的，《意见》从加强领导、推动监督力度、完善监督体制、加强组织建设四个方面提出要求。在组织建设方面进一步要求县级以上工会经审会委员数不少于同级工会委员人数的20%。市、县(市、区)地方工会经审会办公室应列入同级工会机关部门的正式机构编制。各设区市总工会经审会办公室根据工作需要配齐专职经审干部，县(市、区)总工会经审会应设专职或兼职经审干部1人以上，独立管理经费的省级产业(系统)工会经审会应设立经审会办公室，配备专职或兼职的经审干部。

2009年，全省各地基层工会经审组织的组建率较上年增长20%以上，经审会与同级工会委员会同时考察、同时报批、同时选举产生的制度要求得到进一步的贯彻落实。2010年，全省达到经审委员占工会委员比例20%以上的要求，县级工会以上经审会组建率占100%，独立管理经费的基层工会建立经审组织。设区市总工会经审会主任全部实现按同级副职配备。96个县级工会经审会主任实现按同级副职配备。全省配备专兼职干部11016人，具备中级以上专业职称的633人。

审计事务所 1994年初，省总决定成立江西工会审计事务所。6月，省审计厅批准，并经省工商局注册登记。审计师事务所所长由吴继恒(注册审计师)担任，副所长由吴凤子(注册审计师)担任。省总从工会经费结余中拨给资金15万元作为其开办注册资金。事务所是具有独立法人资格的自收自支的事业单位，是独立承办查证和咨询服务的社会中介组织，是经审工作的补充力量。事务所实行有偿服务，独立核算，依法纳税。1995年6月，事务所向申请省国有资产管理局申请资产评估资格。事务所进行工会内部的基建决算和工会经费计拨审计，维护工会资产安全、完整，减少工会资产的流失。1999年12月，根据赣财字〔1999〕59号文件要求，江西工会审计事务所由于在资金、人员等方面仍达不到有关文件要求，省总决定注销江西工会审计事务所。1995年3月，南昌市总工会成立南昌工会审计事务所，依法接受国家机关、企事业单位和个人委托，承办审计、审证、评估、咨询、培训等业务。

工作考核与规范化建设　随着全省各地、市经审组织逐步建立健全以及经审工作的正常开展，省总经审会在全省范围内开展旨在推进经审工作自身建设的工作考核以及经审工作规范化建设。1995—2004年开展工会经审工作考核，2005—2010年开展工会经审工会规范化建设，2008—2010年开展县级工会经审工作规范化建设。

1995—2004年的工会经审工作考核。其中，2002—2004年实行目标考核。

1995年，省总经审会制定下发的《经审工作的考核办法》，强调任务和工作重点，明确考核标准、程序和办法。

1996年12月17—18日，省总在宜春温汤疗养院召开“全省工会第二次经审工作经验交流暨表彰大会”，2个全国工会经审工作先进集体和3名全国先进工作者(南昌市总、省邮电工会、李俊卿、吴晓华、董炯浩)受到表彰。全省21个经审工作先进集体和27名经审工作先进工作者受到省总表彰。13个全省经审工作先进典型在会上交流经验。全总经审会副主任蒋永清到会祝贺。省总经审会主任吴继恒作工作总结。省总主席刘金标讲话肯定几年来全省广大经审干部做出的大量卓有成效的工作,并就今后工作提出4点要求。

1999年,省总经审会对全省经审工作进行考评,南昌市总经审会获特等奖;新余市总经审会获一等奖。

2002年3月,省总经审会制定《江西省总工会经审工作目标考核管理试行办法》,确定全省工会经费专项计拨审计任务为300万元。考核分四大项目,即经审会的组织建设;审计监督;计拨工会经费专项审计;业务建设与宣传教育。采取自评与核查相结合的办法进行。通过目标管理考核,各单位组织建设、制度建设得到进一步完善;对本级审计监督和对下指导监督工作更趋规范;工会经费计提计拨专项审计追缴到县级以上工会账的经费达526万元。全省工会经审工作目标管理评选出一等奖3个,二等奖5个,三等奖6个,对二等奖以上的8个单位发放"优胜单位"奖牌,并通报表彰。

2003年,南昌市总经审会、上饶市总经审会和胡森敬(江西铜业公司)、李建中(九江市总经审会)、叶新述(赣州市总经审会)获全国工会经审工作先进集体和先进工作者,8月,全总给予表彰。2007年12月,南昌市总经审会和刘辉(省地质工会经审会)、刘琳(萍乡市总经审办)、俞瑛(省总经审办)获全国工会经审工作先进集体和先进工作者。

2004年,省总经审会重新修订《江西省总工会经审工作目标考核管理试行办法》,《考核办法》提出具体工作任务和目标要求,根据工作任务和目标,开展设区市、省产业(局、系统)、直属基层工会经审工作竞赛。

2005—2010年的经审工作规范化建设考核。

2005年7月8日,张海如在全省工会经审工作会议上强调,要求各级工会认真研究经审工作,力争逐一解决落实,推动整个经审工作迈上新台阶。2005年10月,为了贯彻落实全省工会工作会议精神,全面贯彻《中华全国总工会关于加强工会经费审查监督工作的意见》,遵照张海如提出的"以审促收,以审促拨,以审促廉,以审强制"的要求,省总经审会分别印发设区市总工会、省产业工会《经审工作规范化建设标准》及《经审工作规范化建设标准说明》,设区市总工会《标准》分6项一级指标,20项二级指标和51个观测点。省产业工会《标准》分6项一级指标,19项二级指标和44个观测点。等级标准分为A、B、C、D四等,达不到D级就没有等级。《标准》一级指标为:组织建设、规章制度、审查审计、业务建设、经费设备和工作创新。每个一级指标分别设立若干个二级指标和观测点给予细化。

2009年4月,省总经审会结合全省推行规范化建设和审验证制度取得的经验,修订《江西省设区市总工会经审工作规范化建设标准》《江西省产业工会经审工作规范化建设标准》,明确2009年为规范化建设达标年。修改后的《标准》增加对审验证工作的规范和完成省总下达审计资金入库任务的要求。并明确原制定的审验证考核内容统一归入规范化建设的要求之中,不另行单独考核,对一些基础性的工作要求,也不再单独要求。

在经审工作规范化建设考核中,2006年,全省设区市总工会和省产业工会组织把"规范化建设"摆到重要的工作议事日程,工会经审基础工作得到提升。2007年,全省大多数市级工会党组能够定期听取工作汇报,经审会主任、经审办主任参加并列席有关会议。南昌、九江、吉安、赣州、鹰潭、宜春、萍乡、上饶8个单位达到B级标准。2008年，南昌、景德镇、赣州、吉安市总获全省经审工作规范化建设考核一等奖。2009年，萍乡、吉安、地质、鹰潭、宜春、景德镇、赣州、九江、南昌、抚州市总获全省工会经审工作规范化建设达标考核一等奖。2010年，吉安、九江、鹰潭、萍乡、赣州、抚州、南昌、景德镇、新余、宜春、地质、江铜、洪都等工会获全省工会经审工作规范化建设考核一等奖。

2008—2010年的县级工会经审工作规范化建设考核。

随着县级区域经济的快速发展、工会组织的不断壮大和工会经费收缴“一改三策”的实施，县级工会经费总量不断增加，资产规模日益扩大，县级工会经审组织肩负的审查审计监督任务日益繁重，与新形势新任务的要求相比，县级工会经审工作还存在薄弱环节，加强县级工会经审工作是工会面临的一项重要而紧迫的任务。

2008年，省总经审会针对县级工会经审基础工作的薄弱环节，深入到8个设区市、36个县工会调研县级工会经审工作，在广泛听取基层工会意见和建议的基础上，结合全省实际，下发《关于推进县级工会经审工作规范化建设的通知》，并印制《江西省县级工会经审工作规范化建设标准》《江西省县级工会经审工作规范化建设标准考核试行办法》，文件明确省、市、县三级工会合力推进县级工会经审工作规范化建设，率先在全国推行县级工会经审工作规范化建设考核。此项工作得到各设区市总工会的支持，各地把加强县级工会经审工作作为重点来抓，作为难点来突破。各地针对《标准》，结合实际出台各自的考核办法，奖惩措施。从考核情况看，获得A级单位基本上做到县总工会和县总党组织能够定期听取经审工作汇报，研究解决经审工作中存在的突出问题；县级工会经审会主任都进县总工会领导班子，经审干部的配备和素质有所提高；根据工作需要，各县级工会加大制度建设力度，进一步建立健全审查审计的规章制度，扩大审查审计覆盖面，加大对本级直属企事业单位的审计力度；在经审委员的配备中，吸取更多的财政、税务、审计部门具有专业技能的工会干部参加，经审委员的作用得到进一步的加强；基层经审组织建设按照“三同时”的要求，组建率得到提高，基层经审会的作用得到进一步的发挥；县级工会经审会对下的考核力度进一步加大，促进基层经审组织对经费、资产监管水平的提高。经过复核和实地检查，省总经审会授予安源区、安福县、武宁县、上高县、余江县、浮梁县、丰城市、瑞昌市、樟树市、章贡区等10县(市、区)为全省2008年度县级工会经审工作规范化建设先进单位。2009年评出了芦溪、乐平、遂川、南康、上犹、乐安、湾里、青云谱、南城、珠山、星子、都昌、莲花、临川、万载、进贤等16个县区为全省县级工会规范化建设先进单位。2010年评出了西湖、东乡、金溪、九江、泰和、永修、南丰、黎川、万安、分宜、新干、贵溪、修水、上栗、奉新、铜鼓、信丰、昌江、赣县、靖安等20个县区总工会经审会为全省县级工会经审工作规范化建设先进单位。

2010年5月，省总经审会转发《中华全国总工会关于加强县级工会经费审查审计监督工作的意见》，明确县级工会经审组织的主要职责和任务，强调健全县级工会经审组织和工作机构的要求，重申加强县级工会经审工作领导的规定。

2010年12月，省总在乐平市召开全省工会经审工作规范化建设现场会，景德镇市总、乐平市总、省地质工会经审会介绍工会经审工作规范化建设的经验。与会代表讨论县级工会经审工作规范化建设标准。

工作制度

1994—2010年,全国社会主义市场经济条件下的经济关系、劳动关系发生一系列深刻变化,工会经审工作面临着许多新情况、新问题,省总和省总经审会与全总一样根据变化的情况,采取了许多相应的措施,转发实施全总、全总经审会相关文件规定,制定本省工会经审工作制度和办法,不断完善全省工会经审工作审计监督制度体系。

为加强和规范经审工作,全面提高审查审计监督质量,省总经审会积极推动省总制发市级工会经审工作规范化建设标准,各级工会及经审会组织也制定相应的实施办法和考核细则。为依法开展审查审计工作,省总经审会制定省总经审会议事规则、常委会议事规则、经审会干部廉洁自律规定、经审会经审信息工作制度、工会特邀内部审计人员制度、经审办会议制度、经审办学习制度、经审办档案管理制度、实施审验证制度。

1994年10月,省总印发《关于批转江西省总工会经审会〈关于全省各级工会及所属企事业单位经费审查监督工作的暂行规定〉的通知》。《规定》就加强经审和审计工作的领导,从建立机构、配备干部、强化职能作了要求。并明确审查监督的主要范围,强调严格财务会计报表报送审计制度、加强对工会及其所属企、事业单位的经济效益审计以及对工会和工会所属企、事业单位的基建及其他资金活动的审计监督。《规定》下发以后,各地和各单位对照本地本单位情况整改、实施。

1995年5月26日,省总下发《转发江西省审计厅〈关于进一步完善对厂长(经理)实行离任审计的通知〉的通知》,决定:自发文之日起,凡是工会机关、企、事业法人代表调离时,必须经过各级工会经审会的离任审计,未经审计的,组织人事部门不得办理调动手续。

为了调动经审人员做好工会经费查漏补欠的工作,省总经审会拟定《工会经费计拨审查入库奖励试行办法》,并提交全省工会经审工作座谈会讨论,经省总领导批准,同意在全省工会内部试行。1995年11月1日,省总以赣工〔1995〕131号文形式转发这个《办法》。《办法》明确:各地、市、产业工会可在查补入库的本级留成经费中提取8%~10%(省总经审5%)作为奖励经费。原则上以40%用于工会经审部门的自身建设,50%用于奖励直接参与查漏补欠的专职经审人员,10%为主任基金。并对查漏补欠入库经费和奖励基金计提作出规定。

1999年1月20日,省总下发《关于印发〈江西省各级工会主席管钱管物负责人离任审计的暂行办法〉等五个规定的通知》。5个《规定》分别是《江西省各级工会主席、管钱管物负责人离任审计暂行办法》《江西省各级工会对直属企事业单位经营责任者实行任期和离任审计的暂行规定》《江西省各级工会各项基金审计暂行规定》《江西省各级工会社会捐赠资金审计暂行规定》《江西省各级工会财产审计实施办法(试行)》。《江西省各级工会主席、管钱管物负责人离任审计暂行办法》规定:各级工会委员会、工作委员会、基层工会主席(主任)及管钱管物的负责人因工作调任、转任、轮换、退休辞职、辞退、解聘或机构撤并等离任前,均应对其任期内各年度财务工作及其经济活动进行离任审计。《江西省各级工会对直属企事业单位经营责任者实行任期和离任审计的暂行规定》明确:各级工会直属企事业单位的法人代表、主要负责人,各级工会企事业单位所属经济实体的法人代表或独立核算单位的法人代表以及非独立核算承包单位的主要负责人，在其任职期间，要接受本级工会经审会对其经营情况的审计。《江西省各级工会各项基金审计暂行规定》明确工会专项基金是指各级工会通过工会经费和其他各种渠道筹集而成的基金，并就审计内容作详细规定。《江西省各级工会社会捐赠资金审计暂行规定》明确社会捐赠资金是指工会及所属企事业单位接受或由工会管理的社会各界和国外、境外工会、企业捐赠的资金，包括货币、财产物资。并对捐赠资金内控制度的审计和对捐赠资金的内容审计作了规定。明确经审会对被审单位捐赠资金的收入、管理、发放、使用情况，除在审计报告中作出评价外，根据实绩优劣，向被审单位的主管部门提出奖惩建议。《江西省各级工会财产审计实施办法（试行）》规定工会经审会对本级工会财产的购置、管理、使用情况实行定期审查，原则上每年审查一次。明确工会财产界定，规定了审查内容。

2000 年 1 月 10 日，省总经审会制定《江西省总工会经审会对省总工会年度经费预算执行情况审计监督的暂行办法》《江西省总工会经审会对下级工会经费审计监督的暂行办法》《江西省总工会机关及直属企事业单位基本建设维修装修工程竣工决算审计试行办法》，3 个《办法》的出台，填补全省经审制度的空白，进一步完善全省经审制度体系。《江西省总工会经审会对省总工会年度经费预算执行情况审计监督的暂行办法》明确省总经审办承担对省总经费预算执行情况的审计工作。省总经审办依法对省总经费预算执行情况的真实性、合法性进行审计监督，并向省总经审会提交审计结果。规定对审计预算收入执行情况、预算支出执行情况、投资、借款、滚存经费结余进行审计。《江西省总工会经审会对下级工会经费审计监督的暂行办法》是指省总经审会对下级工会经费的收缴、管理、使用情况进行审计监督。必要时对下级工会有投资、拨款补助的直属企事业单位财务收支、财产管理情况进行审计，并授权省总经审办实施。审计内容为经费收入、分配。《江西省总机关及直属企事业单位基本建设维修装修工程竣工决算审计试行办法》明确省总机关及直属企事业单位凡有基本建设（含新建、改建、扩建）工程和金额在 5 万元以上（含 5 万元）的维修、装修工程项目，不论资金来源，其工程竣工决算必须依照本办法接受审计监督。未经竣工决算审计，不得支付预留工程款。维修、装修工程款应当于审计结束后根据审计结果支付，并明确审计处置办法。

2001 年，省总经审会制定《江西省经审工作情况登记册》。11 月，转发全总《工会审计操作规程》《工会实施审计资料承诺的规定》《工会审计业务公文处理的规定》《工会审计工作底稿的规定》《工会审计证据的规定》《工会审计报告撰写的规定》等 6 项规定。

2002 年 4 月，省总主席程受锭对工会经审机制建设提出要求，指出：在工会经费的审计中，要不断完善工作制度和工作机制，逐步建立起符合社会主义市场经济条件下的工会审计监督机制和工作机制，要着眼工会经审制度和工作运行机制的创新，要把工会审计制度、经审会、经审办的工作机制逐步健全起来，对事关工会资产的各项监督审查制度要研究完善，对与现行法律法规不一致的制度要进行清理，对与形势不相适应的制度要修订，使工会经审的各项工作在创新中发展，在发展中完善，逐步实现经审监督的规范化、制度化、法制化。

2004 年，省总经审会为了规范全省工会经审工作专用费用，制定本省《经审专用经费管理办法》。

2005 年，全国工会经费收缴率不到 50%，江西省还低于全国平均水平。为了改变这一现状，建立和完善拨缴工会经费的各项管理和监督制度,是年6月30日,省总下发《关于实行拨缴工会经费审验证制度的通知》,明确各基层工会经审会对行政计拨工会经费情况进行审查或审计,将拨缴工会经费审验证送本单位行政和本级工会签署意见,上级工会经费审查委员会审核并签署意见,将审验证退回层工会经审会。对欠解经费的单位同时发出书面催缴通知书。要求将此作为工会年度工作的重要内容和经审工作年度考核内容,作为评选表彰五一劳动奖章和其他评选奖励的重要依据,以促进工会经费的及时足额收缴。

2009年2月,为进一步规范工会经审组织的审计行为,保证审计人员廉洁从审,省总经审会结合全省工会经审工作实际,制定下发《关于进一步加强审计纪律的规定》,强调不准由被审计单位支付住宿费用;不准使用被审计单位的交通工具、通讯工具等办公条件办理与审计工作无关的事项;不准参加被审计单位安排的宴请、旅游和娱乐活动;不准接受被审计单位的礼品、礼金、消费卡和有价证券;不准在被审计单位报销任何因公因私费用;不准向被审计单位推销商品或介绍业务;不准利用审计职权或知晓的被审计单位的内部信息,为自己和他人谋利。正式交换意见前,审计人员不得泄露审计工作情况;不准向被审计单位提出任何与审计工作无关的要求等八不准。并强调以上规定要连同审计通知书送达被审计单位,接受被审计单位对审计组和审计人员的监督。并对违反以上规定的行为提出了处理办法。

2009年10月10日,省总下发《关于印发〈关于进一步加强新时期经审工作的意见〉的通知》要求:建立健全工会预算、决算和经费审查监督制度。坚持工会经费和财产相关的经济活动接受经审会审查监督的原则;坚持上审一年,下审一级的原则。建立健全并严格执行八项审计。上级工会经审会在任期内至少对所属工会审计2~3次。建立工会经审风险防范机制和责任追究制度,健全审计责任承诺制度、审计整改通知书制度、审计情况通报制度。健全经审工作考核、激励制度。重视工会经审干部的学习和培训。加强对工会经审工作的宣传。将工会经审工作课程列入工会干部上岗培训的必修内容。

2010年10月13日,省总经审会转发省政府办公厅转发省审计厅《关于进一步加强审计整改工作意见》,要求各级工会经审组织认真学习,并结合工会经审工作实际贯彻执行。

市级工会仅2008年就制定84个制度,县级工会建立188个制度。在建立新制度的同时,市、县工会还修改完善有关制度,增强制度的实效性。

干部培训

为了适应工会经审工作的需要,省总经审会将工会经审干部的学习和培训列入经审工作考核和规范化建设标准中,强调培训一定要注重实效,针对不同的对象,安排不同内容,采取不同的方式进行培训。鼓励经审干部自学,不断增强法纪意识,提高政策水平、业务能力和审计操作能力。

全省经审工作培训内容主要是:学习基础知识。审计人员的职业道德、审计工作规范、审计工作制度及国家相关法规;学习审计技术。计算机辅助审计、审前调查的内容、审计方案的制定、审计证据的取得、审计底稿的编制、审计评价的标准;学习审计管理。审计档案的归档、审计计划的制定、审计结果的督促落实；学习专家经验。审计工作的技巧、审计风险的防范、审计案例的分析。

1995 年，省总经审会举办经审干部培训班，县以上经审会主任和一些大型厂矿企业工会经审会主任参加培训。产业（局）工会和县、市基层工会分别举办不同形式的培训班。1996 年全省地方工会和产业工会经审会采用不同方式举办各类经审培训班，培训人数达 800 多人次。1998 年下半年至 2003 年上半年，全省共举办各级各类经审培训班 200 多期，培训人员 5100 多人次，省总经审会先后选派 8 名经审干部参加全总经审业务培训。1999 年，省总经审会开展全省经审工作知识竞赛活动，参赛人数达 555 人，其中还有各级工会主席 55 人，单位行政领导 13 人。2002 年，省总经审会举办工会经审工作知识竞赛活动，全省 426 人参加知识竞赛。2003 年下半年至 2008 年上半年，全省各级工会经审组织举办各类经审工作业务培训班 313 期，培训各级经审人员 7862 人次。各设区市总工会采取集中与分散和以会代训相结合的方式进行经审业务培训，省总经审会还组织经审专业人员参加地方审计部门的业务培训，使学员取得审计部门颁发的内审资格证书。2008 年 11 月，省总举办全省经审会主任、经审办主任培训班，开设县级工会经审工作规范化建设、工会预决算执行情况审计、工会企事业单位财务收支情况审计、审验证及计拨情况审计、工会经费审计程序等课程，从理论讲解到实例分析，为全省工会经审工作人员给予业务“充电”。2008 年，全年全省省、市、县三级工会举办经审专业培训班 62 期，培训 2439 人次。2009 年，省总经审会举办经审业务培训班，市、县（区、市）总工会和省产业工会经审办主任、经审干部参加了培训。培训班向学员讲授了工会会计制度、工会预算管理办法以及县级工会经审工作规范化建设。2010 年，省总经审会举办全省工会经审干部培训班和贯彻新《工会会计制度》培训班，同时还输送经审干部参加全国工会经审干部会计和省级会计资格培训班学习。全年各级工会经审会共举办经审干部培训班 80 期，培训干部 3412 人次。

理论研究

省总经审会坚持调查研究，坚持理论研讨和创新，并将理论研究纳入规范化建设考核中。

1999 年，省总经审办根据省总重点课题调研要求，组成专题调查组深入地、市、县工会，与基层工会就行政事业单位的工会经费收缴情况、存在问题及如何加强监督等方面进行调研。通过调研，为依法收好和监督收好工会经费摸清情况，查找问题，总结经验，提出建议，为省总几项监督制度出台做基础性工作。2000 年，省总经审办组织各地、市、产业工会经审会深入基层，就基层单位行政计拨工会经费情况进行专题调研，为解决工会经费收缴难问题寻找良方。在专题调研中收到调查报告 14 份，内容真实、客观，建议中肯、可行。省总经审办还对近年来本级实务审计情况进行梳理分析。2009 年，省总经审会按照全总即将出台的关于加强县级工会经审工作的征求意见稿的要求，在全省调研，由于省总经审会已先行在全省开展县级工会经审工作规范化建设活动，通过调研，进一步认清存在的问题，提出更具建设性的意见。

将《江西经审工作信息》作为全省工会经审干部理论研究、工作经验交流平台。刊物宣传党的方针政策，传递上级声音，深入理论研讨，交流经审信息，切磋审计业务、推广工作经验。2003 年下半年至2008年上半年,编发《江西工会经审信息》63期。2009年,《江西经审工作信息》刊登各类经验介绍49篇,信息30多篇。

2002年,省总经审会组织开展经审工作研讨,收到论文、调研报告14篇,有的在华东六省一市总工会经审工作研讨会上获优秀论文奖。2003年5月至2008年4月,省总经审会坚持每年组织全省经审工作理论论文、调研报告征集评选活动,征集经审理论和调研报告200余篇,评选出50多篇优秀理论文章和调研报告,10余篇调研报告和理论文章被全总各种刊物采用,有的文章在全国经审工作经验交流会上交流。2003—2010年,赣州市总经审会组织基层工会经审人员撰写经审工作论文和调研文章176篇,其中2007年有9篇被省总经审工作信息和《江西工人报》采用。2010年有18篇被《中国工会财会》《工会经审工作信息》《江西工人报》等采用。2010年,江铜工会经审会开展工会经审工作论文征集评选活动,提交论文(调研报告)22篇,评出优秀奖8篇。南昌市总经审会《依托社会审计力量,强化经审监督职能》(《中国工运》2006年第4期刊登)、《创新意识,夯实基础,全面提升县区工会经审工作整体水平》(中国工会财会、全总经审会《工会经审工作信息》2008年刊登)、《切实重视工会经审工作的信息交流》(《工会经审工作信息》2010年第9期刊登)、吉安市总经审会《坚持与时俱进做好经审工作》(《工会经审工作信息》2004年第3期刊登)。赣州市总经审会《我们是怎样做好新形势下的经审工作》《浅谈建立健全工会内部监督制约机制》,南昌市总经审会《夯实基础,求实创新,切实加强工会经审规范化建设》,省总经审办《切实加强县级工会经审工作深入开展规范化建设达标年活动》,先后在华东经审研讨会上交流。

实务审计

省总经审会坚持经费审查监督制度。坚持对本级和对下一级审计监督。坚持"六必审""八必审"。"六必审"即:工会年度经费收支预决算必审;年度各项专项资金必审;工会基本建设项目必审;工会主席离任必审;工会资产管理必审;评模评先必审。"八必审"即行政拨付工会的经费必审;工会经费预算必审;工会经费预算执行情况必审;工会经费决算情况必审;工会经费重大开支项目必审;工会资产管理情况必审;基层工会经费使用情况必审;基层工会主席离任必审。2009年,姚亚平在省总十二届三次常委(扩大)会议上指出:经费审查工作不但要审有没有贪污、有没有问题,而且还要审经费的使用合不合理,审工会经费是主要用在机关、用在出差、用于接待还是主要用于"两广"、用于天下。

在实务审计中,根据《工会法》赋予工会经审会的职责和全总关于工会经审会加强对本级经费审查监督工作的有关要求,全省各级工会经审组织认真落实省总确定的"以审促收、以审促拨、以审促廉、以审强制"的工作目标,落实全面审计、突出重点、攻克难点的要求,建立健全以审计为基础的审查监督机制,坚持工会工作开展到哪里,工会经审工作就延伸到哪里,工会经济活动运行到哪里,工会经审工作就监督到哪里,将工会的全部经费和资产置于经审监督管理之下,实施从源头、过程、结果的全过程审查监督。坚持对本级工会年度经费预算、上年度经费决算和半年经费预算执行情况以及工会管理的各类专项资金进行审查监督。在审查监督中,严格审查审计程序,做到会议审查与实务审计相结合;突出重点,着重审查工会经费的各项支出是否符合国家财经法规和工会财务制度;督促整改。对审查审计中发现的问题提出整改意见,并督促落实。

工作机制　1994—2010 年,省总经审会开展实务审计,形成了制定年度审计计划、坚持报告工作、实施年度审计回访和推行“审验证”制度的工作机制。

坚持年度审计计划安排。省总经审会每年制定审计计划,对一年的审计审查任务作出安排,主要审计设区市总工会、省产业(局、系统)工会、省总直属基层工会年度经费收缴、管理、使用情况,必要时将延伸审计县级工会和基层工会;省总各企事业单位财务收支、经济效益情况;省总财务部、机关后勤中心预算执行情况以及管钱管物的部门财务收支情况。

坚持报告工作制度。省总经审会坚持将年度工作提交经审会委员会议审议;坚持向工会代表大会、同级委员会议报告工作,接受代表、委员审议。审议内容一般包括省总经审会对省总本级年度决算执行情况和年度预算情况、省总疗休养事业经费管理与使用情况的审议,以及对下一级工会经费预算执行情况和决算情况、账务收支审计情况、工会企事业经济效益审计情况、经济责任审计情况、工会领导干部离任审计情况、基本建设和维修改造项目审计情况、工会经费计拨审计情况、工会企事业破产兼并审计情况和其他专项审计情况。

开展年度审计回访工作。为了促进被审单位整改工作落到实处,2010 年,省总经审会制定《江西省总工会经审办审计回访暂行规定》,明确审计回访的目的、作用和回访内容、程序以及问题处置办法。由此,开始了审计回访工作。2010 年 12 月 13 日,省总经审办下发《关于开展 2010 年度审计回访工作的通知》,明确为了全面推行审计回访工作,促进被审单位整改工作落到实处,按照省总《江西省总工会经审办审计回访暂行规定》的相关规定,将在近期开展 2010 年度审计回访工作。通知明确回访对象为 2009 年接受审计的所有被审计单位。回访内容为审计意见书提出的问题和意见整改落实情况。并明确审计回访工作情况,将以实名制形式向省总工会和省总经审会报告;对审计意见书所指出的问题和意见,不予以重视,整改不落实的单位,将建议有关上级单位给予通报批评或追究相关人员责任。

推行“审验证”制度。2005 年 8 月,全省试行拨缴工会经费审验证,通过“审验证”制度审计经费收入是否真实、完整、合法、有无截留或漏欠应解经费问题;经费管理使用是否符合国家法律法规和工会有关规定;有无违法违纪违规和工会资产流失的问题,以确保各级工会组织依法按时足额缴纳工会经费和工会资产的安全。省总经审会为配合税务代征工会经费,与软件公司联合开发适用于省、市、县及基层 4 级工会经审组织实施审验证制度软件管理系统,推行实施审验证 3862 家。2006 年 3 月,省总经审会对各设区市总工会、省产业(局、系统)工会、省总直属基层工会实施“审验证”制度的情况进行检查。8 月初,召开省总经审委员会议,总结交流推行“审验证”制度的经验,研究解决实施“审验证”制度工作中存在的问题及对策。2007 年,开始实施审验证单位统一代码,全面实行软件管理。在全省实行地税代征工会经费和工会筹备金时,省总把“审验证”制度纳入进去,由此确立依法收费的新秩序。

预算执行情况审计　1994—2010 年,省总经审办每年对省总本级上年度决算执行情况和本年度预算安排审计,形成审计报告。一般在省总委员会议召开前安排召开省总经审委员会议,审议通过省总本级上年度决算执行情况和本年度预算安排;审议省总经审办关于省总本级年度预算执行情况审计结果的报告;报告对下一级工会经费预算执行情况和决算情况。每年年中召开经审委员会议对本级半年经费预算执行情况、调整或追加预算进行审查,并且分别就存在的问题提出意见和整改建议。加强工会财务预决算的透明度和约束力,促进工会经费的合理使用,维护预算严肃性。

1994—2010 年,省总经审委员会议审议省总上年度决算执行情况和本年度预算安排均已通过。1994 年,省总经审委员会议审议并通过省总经费收支 1993 年的决算和 1994 年预算。1995 年,省总经审委员会议在审议时建议适当增加一定的送温暖工程的资金,为职工群众多办好事、实事。1996 年,认为“送温暖工程”是一项长期的工作,又是工会组织关心维护职工群众的具体体现,建议改成“送温暖基金”,以扩大影响,像“希望工程基金”一样,争取得到社会各界的重视和支持。对省总机关为压缩行政支出制定的支出管理方法和采取的措施,委员们给予充分肯定。2001 年,省总经审委员会议充分肯定省总在部门费用定项定额、修车定点、电话费用磁卡限额、房屋维修定工定料、来客接待定额定点等各项费用控制方面采取的措施。2003 年,省总经审委员会议认为省总决定集中财力办大事,动用历年经费节余建设江西职工培训中心,赤字预算 132.1 万元。在特定情况下,控制在一定范围内赤字预算是允许的。2007 年,省总经审委员会议认为省总与省地税局实施税务代征工会经费和工会筹备金后,进一步加大经费收缴力度,拨交经费收入突破 4800 万元,争取政府和上级补助也有较大程度的增长。支出结构较为合理,控制机关行政经费开支,加大了对下补助力度,体现了为基层、为职工、为重点工作服务的原则。2008 年,省总经审委员会议认为省总在收入同比有较大增长,拨交经费收入、上级补助收入都有较大程度的增长。2009 年,省总经审委员会议认为省总将新增工会经费进一步向基层,向工会重点工作倾斜。2010 年,省总经审委员会议认为工会经费收入稳步增长,经费支出坚持“服务基层、服务国企改革、服务广大职工、服务广大会员”的原则,各项支出控制比较严格,收支相抵略有结余。

对下级工会经费审计 省总经审会提高审计工作覆盖面,完善经审监督内容。下审一级对象不断增加,下审一级的审计内容从单一的年度经费预算执行情况扩大到预算管理的规范性、经费收支的合理性、专项资金和资产的安全性、经审专用经费的实效性、审计建议的有效性等方面。

1995 年,省总经审会对省教育工会 63 个基层进行工会经费审计,审出行政欠交、漏交工会经费 84 万元。对全省工会系统报审的 3 个基建工程项目竣工决算审计,审计核减金额 130 多万元。1996 年,省总经审会委托“江西工会审计事务所”审计 4 个基建项目,核减基建投资资金 198 万元,降低工程造价 14.8%。1998 年下半年至 2003 年上半年,各级经审组织先后对 1500 多个基层单位实施工会经费计拨、上解专项审计,追缴工会经费 1500 多万元;全省工会系统报审的基建工程项目 137 个,报审金额 7809.4 万元,经审计核减金额 1320.76 万元,核减率为 16.9%。2003 年下半年至 2008 年上半年,全省各级工会经审组织以实施审验证为抓手,审核漏欠拨工会经费(2% 部分)4636.3 万元,已补拨 2637.9 万元,其中补解省总经费 880 万元。同时,省总经审会对被评为“五一劳动奖状”“五一劳动奖章”的 77 个有关单位开展工会经费计拨上解情况进行审计,追缴工会经费 212.13 万元。全省县以上工会组织实施基建工程项目竣工决算审计 57 个,送审金额 6005.9 万元,核减金额 424.96 万元,核减率 7.08%。2008 年,省、市、县三级工会经审组织开展各类审计 1352

次，查出欠缴经费732.87万元，补解入库403.88万元，基建审计核减金额62.2万元。2009年，全省共查出欠缴经费829.37万元，补解入库560万元，基建审计核减金额32.54万元。2010年，省总经审会委托中介机构对工程竣工决算等10个项目实施审计，送审金额446万元，审减金额119万元，审减率26.78%。

2000年，省总经审会对萍乡市总1998年、1999年的经费收支、财务管理情况进行审计，肯定萍乡市总财务管理的成绩，指出以实物抵缴工会经费，保管不善，高进低出造成工会资金流失等问题提出整改建议。2001年，省总经审会对景德镇市总、省交通工会2000年度经费收支、财务管理情况进行审计，对财务工作基础好，会计记账清晰的给予肯定，对经费收缴率过低、现金、固定资产、往来款项管理不规范之处提出意见和整改要求。2002年，省总经审会派遣审计组先后对萍乡市总和省教育工会2000—2001年工会经费收管用情况进行审计。2002年全省各设区市、产业（局、系统）、直属基层工会对所辖县（市、区）和行业工会经费收支情况进行审计。2003年下半年至2008年上半年，全省各级工会经审会下审一级达3645个单位。2003年全省各设区市、产业（局、系统）、直属基层工会经审会对下级工会经费监督力度进一步加强。对县、区工会审计面达90%。省总经审会派出审计组对全省设区市和两个省产业工会实施工会经费收支审计，对全省工会系统的家底和经济情况进行较为全面的摸底了解。2006年，省总经审会对5个设区市总工会、8个省产业（局、系统）工会经费收支情况进行审计。2007年，省总经审会对南昌、景德镇、萍乡、鹰潭、新余、赣州、省交通、地质、邮政、省直、教育、国盛证券（简称国盛）、洪都、省建工集团（简称建工）14个工会；2008年对九江、宜春、上饶、抚州、吉安、电信、移动、联通、电力、江铜、四冶、教育、农信社、投资集团14个工会；2009年对南昌、景德镇、萍乡、鹰潭、新余、赣州、地质、交通、邮政、建工、省直、国盛、洪都13个工会；2010年对宜春、上饶、抚州、吉安、九江、电力、电信、移动、联通、省农信社、省投资集团、教育、江铜、四冶14个工会上年度经费预算执行情况进行审计。通过审计，发现被审计单位整改落实审计意见，出具的审计意见书肯定以上工会能积极依法收缴工会经费，完成省总核定的年度经费上解任务。在经费使用方面，能够坚持为基层服务、为职工服务的方针和量入为出、略有节余的原则，对下补助力度逐年加大。在财务管理方面，较好地执行全总、省总制定的有关制度和规定。同时，对以上工会在经费收支、资产和财务管理中存在的问题提出审计意见和建议。

财务收支审计　1994—2010年，省总经审会坚持每年责成省总经审办对省总疗、休养事业经费管理与使用的情况进行审计，形成审计报告。在年度省总经审委员会议上进行审议并听取省总资产监督管理部对省总直属企事业单位资产管理情况的报告；就存在的问题提出意见和整改建议。

1994年，省总经审办对省总疗休养院所进行财务收支审计，在审计财务收支和事业专项经费时，发现并及时纠正个别单位违纪违规违制的收支问题。1996年，省总经审办对省总3个直属事业单位的财务收支进行审计，对存在的问题提出改进意见和建议。2000年，省总经审办对省总财务部、办公室、宣教部（文化学会、教育研究会、体育协会）、事业办、省互助保险会、省互保秘书处的财务收支审计，对违规违纪会计行为提出改正意见，并敦促有关部门、单位完善财务管理。2001年，省总经审会派出审计组对江西工人报社、省总干部学校、青山湖疗养院、井冈山工会宾馆等下属单位财务收支进行审计，对个别违规违纪的会计行为提出整改意见，并敦促他们完善财务管理制度，严肃财经纪律。在省总经审委员会议审议时认为省总要进一步加强资产管理,按照全总印发的《工会财产管理暂行办法》《关于固定资产核算起点和分类问题通知》的要求,落实工会财产"统一领导、分级管理、分工负责、责任到人、物尽其用"的管理原则,合理有效地使用、维护财产,确保财产的安全与完整,扭转工会系统存在的"重钱轻物"思想;要进一步强化、细化财务预算管理工作,理顺费用报账程序,完善财务制约机制。2002—2004 年,省总经审会对省总直属单位全部实行年度审计。通过审计,基本摸清被审单位的情况,在肯定成绩的同时,对某些违反财政纪律和会计制度,依法纳税意识淡薄,财务管理和内控制度不力等问题,提出整改的意见。认为 2003 年 4 家疗休养单位的管理有所加强,全年实现事业收入 787.4 万元,比上年增长 42.4%,其中江西工人疗养院、庐山温泉院实现经费自给。2007—2010 年,省总经审会对省总企事业单位进行财务收支审计,审计情况表明,各事业单位账目比较清晰,资产管理工作逐步规范,内部控制制度不断完善,财务会计工作整体水平有所提高。

工会企事业经济效益审计 1994—2010 年,省总经审办每年对省总企事业的经济效益,以及资金、资产、债权债务状况进行审计,形成审计报告,提交省总经审委员会议审议;同时听取省总资产监督管理部关于省总直属企事业单位资产管理情况的报告;就存在的问题提出意见和整改建议。

1994 年,省总经审办公室对庐山工人休养院、庐山温泉工人疗养院等 6 家企事业单位分别进行经济效益、承包经营的审计。1999 年,省总经审委员会议在审议时提出省总办企事业要按市场经济规律办事,讲求经济效益,对下属事业单位的借款或投资都应有一定的回报,要加强工会企事业的管理,把工会企事业推向市场。凡经整改仍无起色的工会企事业,要实行关、停、并、转。经审会的意见得到省总领导和有关部门的高度重视,多数被采纳。2000 年,省总经审办对惠苑宾馆、井冈山工会宾馆、庐山工人休养院的效益审计。2001 年,省总经审会对江西工人报社、省总干部学校、青山湖疗养院、井冈山工会宾馆等下属单位效益情况进行审计。认为省总直属企事业单位的改革滞后于市场经济发展要求,要加大改革力度,加快把直属企事业单位推向市场的步伐,逐步减少省总的再投入;省总相关职能部门应加强调研工作,对每一个投资和基本建设项目的投入产出都要进行客观的分析研究,使工会资金的使用发挥最大经济效益和社会效益。2002 年,省总经审委员会议肯定省总直属事业单位在适应市场经济要求方面取得新成绩,大多数已走出困难时期。2006 年对惠苑宾馆、庐山工人休养院、宜春温泉工人疗养院、井冈山工会宾馆、省总保障部等单位经济效益和收支情况进行审计,提出审计意见和建议报告。2007—2010 年,认为省总资产监督管理部门加大对工会资产的监管力度,进一步完善资产经营管理目标责任制。

经济责任审计 1994 年,省总经审办参与几个企事业的经营机制转换,在实行经营承包过程中进行事前审计,使经审监督贯穿企事业承包的全过程。2003 年下半年至 2008 年上半年,各级工会经审组织结合本地实际,开展工会和直属企事业单位领导经济责任审计,累计项目 183 个。2006 年,受省总党组委托,省总经审办对 3 人任期内经济责任进行审计。2007 年,受省总党组委托,省总经审办对 2 个省总企事业单位负责人和 1 个设区市总工会负责人实施任期经济责任审计。审计情况表明,他们在抓工会经费收入、经营效益上下很大功夫,取得一定的成绩。2009 年,受省总党组委托,省总经审办对省总直属企事业单位的 1 位主要负责人进行任期经济责任审计。2010 年,根据有关规定和省总干部管理部门的委托，省总经审办对省总有关直属企事业单位负责人进行任期经济责任审计。

工会领导干部离任审计　1995 年，省总经审会对 2 个单位领导干部进行离任效益审计。1998 年下半年至 2003 年上半年，全省各级工会经审组织先后对 137 人实施离任审计。2001 年，省总经审办对井冈山市总原任主席肖冬才的离任实施相关审计，审计报告对其在任期间的井冈山市总有关财务、经济情况做全面真实反映，其中违规挪用“送温暖”基金问题，引起省总领导的高度重视，为了杜绝和警示今后不再发生类似的问题，省总对肖冬才的错误在全省工会系统进行通报批评。2002 年，对 1 个设区市总领导实施离任审计，对发现的问题提出改进意见。2003 年下半年至 2008 年上半年，先后对 7 个设区市总、省产业工会、省总直属企事业单位领导进行离任经济责任审计。2009 年，省总经审会对 16 位领导干部进行离任审计。

基本建设和维修改造项目审计　1995 年，省总经审办审计 3 个基建项目，核减基建资金 130 万元，占总造价的 13%。1996 年，省总经审会委托江西工会审计事务所审计 4 个基建项目，核减基建投资资金 198 万元，降低工程造价 14.8%。1997—1998 年，省总经审办实施 22 项基建审计，送审金额 3562.38 万元，核减金额 608.83 万元。1999 年，省总经审办实施基建审计 6 项，送审金额 912.27 万元，核减金额 202.95 万元。与此同时，省总经审会委托江西工会审计事务所审计 7 项基建项目，送审金额 717.34 万元，核减金额 281.08 万元，核减率达 39.18%。2000 年省总经审办进行 8 项工程竣工决算审计，共核减金额 137.1 万元，核减率为 20.25%。2001 年，省总经审办对 9 个单位的项目竣工决算审计，共核减金额 205.35 万元，核减率为 13.77%。2003 年全省工会系统基建工程竣工决算审计送审金额 1096.26 万元，经审计核减 98.63 万元，核减率 9%。2007 年，省总经审办委托会计事务所进行 2 个装修工程竣工决算项目审计。2008 年，省总经审办委托会计师事务所进行 2 个装修改造工程竣工决算项目审计，送审金额 2665 万元，核减金额 39 万元。2009 年，省总经审办委托审计 2 个竣工决算项目，送审金额 106.9 万元，核减金额 12.3 万元，核减率 11.5%。2010 年，省总经审会委托具有工程审核资质的中介机构对工程竣工决算等 10 个项目实施审计，送审金额 446 万元，审减金额 119 万元，审减率 26.78%。

工会经费计拨审计　1995 年，在全省经审工作座谈会上，针对形势的发展变化，工会经费收缴难度加大，提出各级工会经审会要监督同级行政和工会依法拨交工会经费。工会经费计拨审计就此在全省展开。与此同时，省总经审会出台《工会经费计拨审计补交入库奖励试行办法》。是年，省总、省审计厅开展工会经费拨交情况专项审计，重点查处拒交、拖欠、偷漏、截留、挪用应上解工会经费的问题，监督催缴应交的工会经费。是年 11 月，省总、省审计厅委托审计事务所、会计事务所对部分重点单位的工会经费拨交情况进行重点审计，审计期为 1993 年 1 月 1 日—1995 年 10 月 30 日。并要求各地、市、县（市、区）工会和审计局按工会隶属关系对重点单位之外的单位比照省审计厅和省总的做法安排其进行相应的审计。强调审计查出应补缴的工会经费，应按规定比例逐级上解，不得截留。省总按一定比例回拨所在地工会。1995 年上半年，省总经审会对省教育工会 63 个基层进行工会经费计拨审计，审查出行政欠交、漏交工会经费 84 万元。乐平矿务局经审会在全省经审工作座谈会以后，开展对行政计拨工会经费的审计，查出 3 年漏拨工会经费 52 万元。

1999年2月14日,省财政厅、省总下发《关于加强工会经费拨交与管理的通知》,对工会经费拨交和管理进行规范。

1999年,省总经审办组成2个审计组到九江市下属34个厂矿企业、医院、学校对其行政依法计拨工会经费进行审计,查出欠交、漏拨工会经费225.90万元。全省11个地、市总工会,10个产业工会相继开展计拨工会经费审计工作,查出1998年度行政少交、欠交、漏拨工会经费725.91万元。2000年,省总经审办开展一系列行政计拨工会经费审计,扭转一些企事业单位行政领导的错误认识,得到有关单位的支持、理解,取得工会经费计拨审计成绩。2001年,省总经审办重点对萍乡开展工会经费计拨审计,审出欠交、漏拨工会经费116.76万元。2002年,各级工会经审会加大对工会经费计拨审计的力度,派遣工会审计组或委托会计、审计事务所,对长期拖欠工会经费的单位进行工会经费拨缴的重点专项审计。根据省总年初下达的计拨审计工作目标要求,各设区市和大部分产业完成或超额完成任务。省总经审会对于重点、难点企业实施重点突破。全省共审计920个单位,追缴到设区市、产业及直属基层工会账的经费386万元,到县(市、区)总工会账的经费140万元,共计526万元。2003年,各级工会经审会对各企业、事业单位、机关工会经费计拨情况审计基本实现常规化。全省设区市以上工会共对400多家企业、事业单位、机关计提计拨上解工会经费的情况实施审计,全年追缴到设区市以上工会账的工会经费530余万元。2007年,全省设区市总和省产业工会开展工会经费计拨审计共查出欠交、漏拨经费903.2万元。2009年,省总经审办以审验证为载体,组织各级工会经审组织对基层工会应划拨工会经费情况实施计拨工会经费专项审计,查出欠交、漏拨40%部分的工会经费829.37万元,其中审计追缴行政欠交、漏拨工会经费到各级地方及产业(系统)工会账的经费560万元。

2000年,省总经审办根据省总《关于在评先中对不依法拨交工会经费的单位实行"一票否决"的通知》精神,首次组织实施对申报全国及省"五一劳动奖状"的单位和申报"五一劳动奖章"的负责人所在单位的工会经费计拨审计,共审出欠交、漏拨工会经费100余万元。2006年,对申报全国、全省"五一劳动奖状""五一劳动奖章"的4个单位工会经费进行专项审计,审计到行政漏拨工会经费118.1万元。2007年,对申报全国、全省"五一劳动奖状""五一劳动奖章"的11个单位工会经费计拨上解情况进行审计,审计追缴行政欠交、漏拨工会经费48.38万元。2008年,对申报全国、全省"五一劳动奖状""五一劳动奖章"的16个单位工会经费计拨、上解情况进行专项审计,查出欠交、漏拨2%工会经费489万元,其中审计追缴行政欠交、漏拨工会经费到各级地方及产业(系统)工会177万元。2010年,省总经审办对推荐为全国模范职工之家的候选单位上年度的工会经费计拨情况进行审计,对申报省劳动模范和先进工作者是单位领导的所在单位进行工会经费计拨审计,审计以防止行政欠交、漏拨工会经费。

工会企事业破产兼并审计 2000年,省总经审办对华天公司财务清算审计。1998年下半年至2003年上半年,随着企业改制、机构改革的不断深化,一些地方工会经审会介入对破产企业工会组织的财务清算审计工作。全省工会经审组织先后介入对40个破产企业工会资产的财务清算审计,为工会挽回经济损失37.114万元。

其他专项审计 省总经审会从2008年开始对劳模、困难帮扶、送温暖等专项资金的审计调查。

每年组织安排设区市总、省产业工会、省总直属基层工会经审会开展专项资金审计调查,形成总结分析报告,提出改进意见和建议。

2008 年,按照全总和省总关于加强对专项资金审计的要求。省总经审办组织设区市总和省产业、省总直属基层工会对全省工会系统抗震救灾资金、物资捐赠情况进行审计,涉及金额 4157. 15 万元。省总经审办与保障部、经济部联合对 693 万元送温暖资金和 650 万元帮扶资金以及 192 万元全国劳模“三金”和 320 万元省劳模慰问金进行专项审计。通过审计,没有发现帮扶资金、救灾资金物资贪污挪用、挤占截留等问题,对加强专项资金管理提出进一步规范管理的建议。2009 年,省总经审办组织对全省 2008 年度帮扶专项资金的审计工作,审计金额 7736. 67 万元。通过审计认定,全省各级帮扶机构普遍制定管理细则,资金拨付和使用比较规范,没有发现贪污挪用、挤占截留等问题。同时也对帮扶会计核算不明晰,财政资金使用范围不明确,困难职工人均获得帮扶资金偏少等情况提出意见。

第三节　资产监督管理

组织机构

1994—2010 年,省总资产监督管理体制经历分散管理(1994—2008 年底)和统一监督管理两个阶段。

1992 年 7 月 10 日,省总成立省总经济事业办公室(内设机构)。主任由省总职工技术协作办公室主任兼任。主要职责是负责筹建和管理省总直属的企事业,制定全省工会经济事业发展规划,研究制定有关政策规定,指导全省各地方、产业和基层工会兴办经济事业工作,搞好信息交流及咨询服务。1994 年底,省总在《江西省工会企事业三年发展规划(1995—1997 年)》提出理顺工会企事业管理体制,按“精简、统一、效能”的原则,建立适应工会企事业发展管理体系。改变职责不分、多头管理的现象,逐步实行工会企事业归口管理,分级管理,加强财务管理和审计监督,形成省、地(市)、县、基层四级管理网络。2002 年 3 月,省总将经济事业办公室更名为省总事业管理部(简称事业部),与机关部室平行,其职责不变。1994—2010 年省总本级工会企事业归省总不同部门分管。组织部分管企事业单位经营者的任免(1994—2010 年);财务部分管资产登记和处置(1994—2008 年);宣教部对文化宫、报刊业务工作进行指导(1994—2010 年);保障部对疗休养院所进行业务指导(1994—2006 年 2 月,之后,移交事业部管理);事业部对宾馆、疗休养院所、职工互助保险、职工消费合作社、职工住房合作社经营进行监管。

2006 年 3 月,全总办公厅下发《中华全国总工会关于成立中华全国总工会工会资产监督管理委员会的通知》,要求各级工会建立健全工会资产监督管理机构,明确监管职责。2008 年 11 月 3 日,省总决定将省总事业部更名为省总资产监督管理部(简称资产部),明确资产部对全省所有工会资产和企事业单位履行监管职能,对本级直属企事业单位履行出资人职责。其职责是:贯彻执行国家有关政策法规,研究制定工会企事业资产监督管理的方针、原则和规章制度组织实施。检查监督工会资产规章制度执行情况,依法认定资产损失并追究资产损失责任;组织清产核资、产权登记、资产评估、资产统计、资产处置等工会资产的基础管理和产权管理工作;审批下级工会资产转换、资产重组、产权变动、承包经营、委托租赁、兼并破产等处置事项;审批审核本级企事业重大事项;对企事业资产的保值增值进行监督;对企事业负责人监管;指导企事业发展与改革。

2009 年上半年,南昌、抚州、新余等 3 个设区市成立专门的资产监督管理部,全省县级以上工会落实专人管理,资产监管工作机构建设逐渐完善。

工会企事业

计划经济时期(1950—1992 年),全省工会企事业主要是文化宫、职工学校、疗休养院所和职工技协等。省总本级主要是传统性的工会企事业:省总干部学校(1950 年成立)、省总庐山工人休养院(1950 年成立)、江西工人报社(1950 年创刊,1966 年停刊,1991 年复刊)、省工人疗养院(1951 年成立)、赣州天竺山工人疗养院(1954 年成立)、省庐山温泉工人疗养院(1958 年成立)、省宜春温泉工人疗养院(1975 年成立)、中国职工旅行社江西分社(江西职工大厦)(1985 年成立)。

1992—2010 年,省总对工会企事业在两个层面上进行管理:对全省工会企事业履行归口管理职责,对本级企事业实行管理及资产监管。

1992 年,党的十四大确立了逐步建立社会主义市场经济体制的宏伟目标,全国的宏观经济形势发生着重大变化,加快发展第三产业作为实现国民经济现代化的重要标志提到战略地位上来,中共中央、国务院发出《关于加快发展第三产业的决定》,要求调动社会各方面力量,国家、集体、个人一起上,把第三产业提高到一个新水平。全总召开了第一次全国工会企事业会议,并与国家工商行政管理局、国家税务局联合印发《关于工会兴办企业若干问题的规定》。省总召开专门电话会议传达贯彻会议精神。是年 10 月 9 日,省总与省工商行政管理局、省税务局联合制定《关于贯彻〈工会兴办企业若干问题的规定〉具体规定》,《规定》明确工会兴办企事业的发展方向、政策、措施。《具体规定》强调:全省县级以上(含县)工会、产业工会、各基层工会依据国家产业政策和各地实际情况,可以兴办为职工服务的第三产业,也可以兴办国家政策允许、社会需要的其他企业。工会兴办的企业实行独立核算,自负盈亏,自主经营。工会兴办企业的资金,可用工会结余经费、事业发展基金、引进外资、也可采取集资入股等多种形式解决。工会兴办企业的从业人员主要来自企、事业单位的富余人员、职工的待业子女,困难职工的家属和有业务技术专长的离退休干部、职工以及经劳动部门批准的其他人员。县以上工会应设置管理机构,统一管理工会兴办的企业。主管工会除对企业的经营方向、领导班子选配外,日常经营管理,人员安排,劳动工资,内部机构设置等由企业自主决定。主管工会可按营业额的一定比例向所属企业提取行政管理费,纳入本级经费预算管理。工会兴办的企事业合法权益受法律保护,任何单位和个人不得随意平调挪用工会兴办的企业财产,不得干涉其从事日常生产经营活动。工会企业隶属关系不得随意改变。《规定》并对开办审批程序、免征企业所得税、营业税条件作出具体说明。全省各地、市及时转发 3 家文件,有的还结合当地的实际制定贯彻文件的具体办法。九江、赣州、萍乡、新余、上饶、萍乡、宜春、景德镇等地、市总工会在地方党政和上级工会支持下，职工活动场地大大改善，为工会企事业的发展打下良好的基础。

1993 年 4 月 14 日，省总对省总机关和直属单位下发《江西省总工会机关兴办企事业若干规定（试行稿）》，鼓励机关人员到工会兴办的企事业单位工作。并对机关人员到工会兴办的企事业的工资奖金津贴和福利待遇作具体规定。还对开办条件、税后利润分配、上交管理费、折旧与大修理基金提取作了说明。要求各直属单位应分工 1 名负责人分管经济事业工作。5 月 19—20 日，省总召开全省第一次工会企事业工作会议，会议总结交流全省工会兴办企事业的经验，讨论通过《全省工会企事业发展三年规划》和《全省工会企事业暂行管理办法》，部署今后工作任务。7 月 2 日，省总下发《关于印发〈江西省工会系统企事业管理办法〉的通知》《江西省总工会企事业发展三年规划（1993—1995 年）》。《办法》强调：工会兴办企事业，以社团集体所有制为主体。要坚持"三服务"宗旨（为改革开放、发展社会生产力服务，为职工群众服务，为推进工运事业服务），坚持经济效益与社会效益的统一，不断增强工会的经济实力。要建立主管工会，主办单位和企事业的三级管理网络。并对审批手续、用工制度、财务管理、财产管理、企事业性质和内部管理作具体规定。《规划》提出发展目标和总的要求，即：全省工会企事业至 1995 年底，争取"产值超亿元，利润实现二千万"。每年目标：1993 年，产值 6500 万元、利润 1250 万元。1994 年产值 8000 万元、利润 1560 万元。1995 年，产值超亿元、利润 2028 万元。发展速度：各级信用社存款额、工贸公司及消费合作社的营业额、利润年递增 30%，技协、旅行社、工交建筑、加工企业及饮食服务行业年递增 20%，力争 25%，疗（休）养院三年创收额分别为 250 万、300 万、400 万元；干校及职工学校三年创收数为 150 万、200 万、300 万元，文化宫 1993 年实现收支平衡，1994 年 2/3 实现盈利，1995 年实现盈利 300 万元以上。

随着中央大力发展第三产业的精神，省总本级成立的企事业有：南昌市裕民城市信用社（1992 年成立）、江西华天工贸公司（1993 年成立）、江西华艺音像总公司（1993 年成立）、江西教工旅行社（1993 年前成立）、江西教育科技开发服务部（1993 年前成立）、省音像发行总站（1993 年成立）、省职工房屋开发公司（1994 年 6 月撤消）、省职工服务中心（1994 年 6 月撤消）。

1994 年 4 月 29 日，省总下发《关于工会组织开办职业介绍所的通知》，要求地方工会利用自身优势，协助政府做好劳动就业工作，积极创办工会职业介绍所，开展职业介绍、职业技术培训。工会职业介绍所的主管部门是当地工会，业务上接受劳动部门指导。并对其工作范围和任务作具体规定。省总还专门制定了《江西省工会开办职业介绍所暂行实施办法》，对开办职业介绍所的目的作用、组织管理和工作机构、申报条件、业务范围、申报程序、服务的主要程序、经费来源和开支范围以及业务关系等作了明确。12 月 1—2 日，省总召开全省第二次工会企事业工作会议，会议传达全国第三次工会企事业工作会议精神，总结交流工会企事监经验，研究部署今后一个时期全省工会企事业任务，修订全省三年工会企事业发展规划。九江市总等 8 个单位在会上介绍经验。刘金标到会讲话，程受锭作工作报告。12 月 10 日，省总印发《江西省工会企事业三年发展规划（1995—1997 年）》，《规划》从指导思想、宗旨和原则、发展目标和重点、主要措施作阐述。明确到 1997 年底，争取用三年时间，使全省工会企事业赶上全国工会企事业的中等发展水平，工会企事业发展纳入江西省经济与社会发展总体规划。并分别对地方工会、基层工会、大中型企事业工会、职工技协、职工疗

(休)养、职工教育提出改革与发展的目标。强调:工会企事业要实行按级管理,一级抓一级,省总主要抓地、市、产业和直属基层,县(市)以上工会组织在抓好本级工会企事业的同时,对本地区工会系统兴办的企事业负有宏观指导,协调服务的职责,对工会企事业的发展进行统筹规划,疏通政策,提供服务,检查监督。并要求逐步实行工会企事业归口管理,分级管理,加强财务管理和审计监督,形成省、地(市)、县、基层四级管理网络。

至1994年6月底,全省工会企事业单位941个,从业人员9527人。县以上地方工会都办有经济实体,大中型企业工会都有自己的第三产业,全省初步形成以"三产"为主包括文化教育、医疗卫生、旅游服务、金融贸易、建筑安装、维修加工、职业介绍等多层次、多产业、多门类格局。

1995年2月28日,省总、省计划委员会联合下发《关于印发贯彻〈全国工会企事业发展规划思路通知〉几点意见的通知》,强调全省各类工会企事业及主管部门要积极争取政府各有关部门的支持、帮助,创造条件列入本地区国民经济和社会发展规划。争取用5年左右的时间,初步建立起以第三产业为主体,以职工社会化综合服务和职工福利保障为重点的具有中国工会特色的工会企事业。各级工会一齐上,重点在基层,是工会发展企事业的重要方针之一。工会要积极发展立足企业,面向社会,直接为企业生产经营和职工生活服务,提高职工生活质量,为企业排忧解难,拾遗补缺的企事业。工会企事业的资产属工会组织代表全体会员所有,是工会会员的共同财产,工会企事业财产受法律保护,任何单位和个人都不得随意侵占、挪用或任意调拨。主办单位可从企业税后利润中提取一定比例的资金,用于开展工会工作。

至1995年底,全省工会企事业单位828个,从业人员8905人。地市级工会都有以围墙经济为主体的各级工会企事业。越来越多的基层工会,特别是大中型企业工会,积极兴办企事业,经济效益、社会效益都取得明显成效。南昌飞机制造公司工会技协经济事业,立足厂内,面向社会,1995年创效益400多万元。

1996年11月5日,省总批复省职工消费合作社协会筹委会,同意成立省职工消费合作社协会。同意程受锭担任"省职工消费合作社协会"理事长。协会办公地点设在南昌市八一大道415号省总技协部。6日,省总向省民政厅申请社团法人。是年,省建筑工程总公司工会的全省首家职工消费合作社6家连锁店开张营业,1660名职工成为合作社会员。11月27—28日,省总召开第三次工会企事业工作会议暨省职工技协三届二次会议。会议学习中央领导对河南、天津职工消费合作社和职工互助保险事业的批示;研究发展全省职工消费合作社和职工互助保险事业的有关问题;交流兴办职工消费合作社和职工互助保险试点单位的经验,以及职工技协开展群众性科技活动、有偿服务和兴办实体的经验;制定新形势下职工技协工作的发展方向;表彰全省职工技协先进集体、先进个人。会议明确全省的奋斗目标:到2000年全省各地市初步建立起职工消费合作社配售中心,职工日常生活必需品基本上从消费合作社购买。1997年各地完成办事处职工互助保险事业的组建工作,全省应有15%的职工参加职工互助保险会。吸收各种保费2000余万元,以后每年以20%的速度增长,争取到2000年使职工互助保险事业成为全省工会企事业的支柱产业,成为工会影响社会的一项重要事业。会议强调两个机构运行一段时间后要严格独立核算,自负盈亏。

1996年,省总井冈山职工教育培训中心、省职工保险互助会成立。职工互助保险事业试点的南昌、赣州、九江、吉安等地市，至1996年10月底，已发展会员5万多人，受到广大职工群众和基层党政的欢迎。

1997年7月24日，省总、省民政厅、省工商局、省国家税务局、省地方税务局、省劳动厅、省商业厅7家联合下发《关于我省发展职工消费合作社事业的若干意见》，《意见》明确职工消费合作社是服务职工，解决困难职工基本生活需要，职工自己组织起来，自己管理，自我服务，不以营利为目的的群众性合作经济组织；是一项社会公益性、福利性的互助互济事业和社会活动。并就省总成立职工消费合作社协会和协会商品信息服务中心，地市总工会成立协会和消费合作社配售中心作出具体规定。明确配售中心为法人单位，下设连锁店不具法人资格。职工消费合作社配售中心面向连锁店服务，实行统一进货、统一价格、统一核算、统一纳税、统一管理。各连锁店不得私自进货，私自定价，切实维护职工群众利益和职工消费合作社声誉。7月，全省地市总工会开始建立职工消费合作社配售中心。是年11月，南昌职工消费合作社开业，采用现代商业连锁经营机制，建立具有法人资格的配送中心，在经营管理上实行统一采购、统一配送、统一定价、统一纳税、统一管理、连锁经营。

至1997年底，全省工会企事业单位782个，安置从业人员8415人，范围涉及金融、保险、交通、运输、宾馆、旅游、商业贸易、建筑装饰等多个领域。

1998年4月22—23日，省总召开第四次全省工会企事业工作会议，刘金标到会并讲话，程受锭作工作报告。会议传达贯彻全国第五次工会企事业工作会议精神，洪都工会等17个单位被授予全省工会企事业先进单位称号；九江市总陈萍凤等43人被授予全省工会企事业先进个人称号；省职工保险互助会赣州办事处等35个单位为1997年度发展职工互助保险事业先进单位；江铜工会徐国雄等68人为1997年度发展职工互助保险事业先进个人。洪都工会等单位作经验介绍发言。会议明确：1999—2003年工会企事业的主要任务和目标，即在不断提高经济效益和社会效益的前提下，经济总量和整体素质有一个较快的增长和较大的提高，初步建立起以第三产业为主体，以职工消费合作社、保险互助会、住宅合作社、劳动服务业为支柱，以基层工会企事业为基础，以职工文体教育事业、职工疗养旅游事业和职工技协事业为重点，以“送温暖工程”“再就业工程”为主要内容，以合作经济为主要形式，以建立社会化经济服务体系和互助经济补充保障体系为两大目标的具有社团特色的产业体系。到本世纪末，全省有相当数量职工的日常消费接受职工消费合作社的服务；职工大多数参加互助保险，通过消费合作社事业和职工互助保险事业，带动全省工会企事业全面发展。

1999年，工会企事业改称职工劳动福利事业（2005年恢复称为工会企事业）。

1999年5月18日，省总向省建设厅申请成立江西省职工住宅合作社。8月13日，省总技协事业办同意成立江西省职工住房合作社。决定：宗菊根兼任江西省职工住宅合作社总经理，黄伟勇任江西省职工住宅合作社副总经理。2000年，江西省职工住宅合作社与江西省天骥物业有限公司合作，共同开发“庐山花园”商住小区。9月11日，全国工会系统职工住宅合作社理论研讨会在南昌召开。来自全国15个省市总工会职工住宅合作社（公司）的主要负责人参加了会议，程受锭出席并讲话。这次会议的主要议题是如何加快建立适应社会主义市场经济体制的企业住房新制度，发挥工会优势，积极兴办职工住宅合作社，发展合作住宅，加快解决中低收入职工住房困难问题，积极参与企业住房制度与住宅建设工作。与会代表参观“庐山花园”商住小区。

1999年,省总把职工劳福事业的互助保险、消费合作社等工作列入考核地、市总工会工作竞赛的内容,以后又把各项主要经济指标作为考核县、市创十佳的内容。

至1999年,全省职工劳福事业单位734个,创造就业岗位6993个。职工互助保险事业1996年开始试点,1997年迅速发展,根据职工群众需要,推出覆盖职工群众生活需要的保险计划8个,至1999年9月末,全省职工互助保险事业收缴保险储金2.4亿元,发展会员32万人,全省有储金超千万元的地市10个,超百万元的县16个,过百万元的企业32个,过千万的企业2个。处理职工意外伤害理赔事件3545起,支付理赔金150万元,使30多万职工受益。

进入21世纪后,全省工会企事业中一些小型服务业基本歇业关停,县(区)职工学校、文化宫基本停办,大中型企业工会服务于母体的企业,通过资产重组等方式走上了更大发展的道路。

2000年11月7日,省总召开第五次全省职工劳福事业工作会议。会议明确:全省工会劳福事业今后5年发展的目标和主要任务,即:以加强基层工会劳福事业为基础,以“送温暖工程”为主要内容,以建立职工互助保障体系为主要目标。突出发展职工互助保险、职工消费合作社、职工住宅合作社、职工劳动就业服务业,带动职工技协、职工文体教育事业、职工疗休养事业、职工宾馆旅游业的建设。通过进一步加强职工劳福事业的改革和管理,推进工会劳福事业的快速健康发展。会议强调:要使过去主要依靠工会出资办企事业,转移到工会投资控股(入股)引入社会出资或职工群众出资办企事业为自己服务的轨道上来,逐步实现职工劳福事业产权多元化、社会化。

至2000年底,全省8个地市成立职工消费合作社,并建立企业及基层分社(连锁店)52个,近60万职工入社受益,同时安置一些下岗职工。2000年,全省建立基层职工技协组织571个,发展会员43659人,通过技术攻关推动技术创新工程的发展。工会报刊、杂志发行量创历史最好成绩。工会的文化宫、俱乐部、体育场(馆)、职工学校积极开展多种经营,扩大服务项目。工会职工疗休养事业实行改革和转换经营机制。省职工住宅合作社第一期与天骥物业有限公司合作开发的“庐山花园”销售一空。

2002年开始,省总按照以职工互助保险、职工消费合作社、职工住宅合作社、职工劳动就业服务业带动职工新闻事业、职工疗休养事业、职工宾馆旅游业的发展思路推进本级企事业发展。是年8月5日,省总更换李骥为省职工消费合作社协会法人代表,并任理事长;邓毅为常务理事;傅玉芳、车德云为理事;邹百吉为秘书长。

至2003年底,全省职工劳福事业单位620个,从业人数为4553人,其中安排下岗职工2310人。全省劳福事业继续保持由数量型向质量型发展,“有进有退、有所为有所不为”的原则,继续淘汰一些缺乏特点、没有优势、效益低下、素质不高,特别是缺乏竞争力的工会职工劳福事业,集中力量重点扶持有发展前途的、符合工会特色的劳福事业,突出加强集体和股份制为主的企业。2003年,全省工会系统股份制企业为182家,其中基层工会占有61家,基层以上工会121家;集体企业247家,基层工会占有12家,基层以上工会达235家;社会服务为主的第三产业仍占企业总数的50%以上。职工消费合作社、住宅合作社和职业介绍所在全省进行拓展。2003年储保金达13.8亿,团体会员数近100万。萍乡安源煤矿职工消费合作社的基层连锁店在为职工服务中发挥了很好后勤保障作用。但职工消费合社在市场中由于“价格战”而被淘汰(南昌市总工会承办的全市职消社配送中心已停滞整顿)。四大支柱产业,基本上分布全省,经营的范围和项目,文化、科技、旅游、服务等门类。

2004年,省总确定全省工会劳福事业的指导思想:更新观念,继续在“两个根本性转变”上和结构性调整上做好文章。5月24日,省总主席办公会议决定将省总购置的艾溪湖用地划拨给省职工住宅合作社开发。

至2004年底,全省职工劳福事业从业人数4465人,其中安排下岗职工2266人。全省劳福事业继续保持由数量型向质量型发展,工会的国有企业32家,集体企业245家,股份合作企业9家、股份有限公司180家。全省互保储保金额已达16.14亿,参保会员150多万人,全省工会互保成为职工抵御风险的第二道防线,受到职工群众的好评。全省劳福事业各大支柱产业仍分布全省,经营的范围、项目都比上年有所创新、扩大。职工消费合作社,全省除少量边远地段、江西安源等地开展活动外,基本处于休业、待命状态。职工住宅合作社因缺乏职工集资建房政策,处于择机待发状态。

至2005年底,职工劳福事业从业人数4964人,其中安排下岗职工2651人。工会职工互保储蓄型险种共收取储金达161620万,全年完成保费收入477.9万元。全省劳福事业继续保持由数量型向质量型发展,淘汰缺乏特色、在市场又无竞争力的企事业,集中力量重点扶持有发展前途、符合工会特色的劳福事业。南昌、赣州、宜春、九江等设区市总工会的劳福事业发展规模不断扩大,呈现出平稳、均衡、发展的态势。南昌市总建立的下岗职工再就业的服务机构,多年来吸纳和安置下岗职工近8万人次。九江市总注重盘活工会资产,多元化吸引资金,为县市总工会改建和扩建文化宫、俱乐部和体育场所。

2006年,省总明确全省工会劳福事业以盘活存量资产,开发增量资产,推动资产保值增值为指导思想。不断推进支柱产业健康发展,发现和树立自己的工作典型。制定和完善管理规章制度,理顺管理体制。在全省工会职工劳福事业范围内,开展“创新、创优”达标评比活动。

至2006年底,全省各级工会企事业单位55个,从业人员共计829人。其中:事业单位40个、社团法人14个、企业1家。

至2007年底,全省各级工会企事业单位48个,其中:事业单位46个、社会团体1个、企业1家。

至2008年底,全省拥有县级以上工会企事业单位49个,其中:省级工会10个,市级工会12个,县级工会27个;事业单位47个,企业1家,社会团体1个。

至2009年底,全省工会企事业单位64个,其中:企业1家,事业单位48个,社会团体15个。总资产1亿元以上的1家,500万元以上的16家。职工保险互助会发展会员105.3万人,

工会资产运营与监管

全省工会企事业产值 省总资产监督管理总体目标是维护工会资产合法权益,保护资产安全,提高资产利用效率,更好为履行工会的社会职能服务。全省经营性工会资产即经营性工会企事业,在运营中通过独资、股份制、集团化运营、委托经营、承包、租赁经营等多种形式,优化结构,实现资源有效配置,保值增值,提高经济效益和社会效益。对经营性工会资产的监管全省采取省总统一领

导,地市分级管理的形式运作。

1994年6月底,全省工会企事业实现产值6500万元,利税1200万元,分别是1992年的213.9%、129%、110%。

1995年末,全省工会企事业营业收入1.2亿元,利润1210万元,上缴税金560万元。工会企事业收入已成为补充工会经费不足的重要来源,有的县市已接近经费同期收缴水平,有的已超过经费同期收缴收入。

1997年末,全省工会企事业营业收入12189.6万元,利润1143.5万元,上缴国家税金436.6万元。

1999年末,全省职工劳福事业实现营业收入18439万元,实现利润1784万元。

2002年末,全省工会劳福事业实现营业收入1489.2万元。负债总额为1318.3万元。

2003年末,全省职工劳福事业实现营业收入3.48亿元,利润总额4401.8万元,上交各种税金3469.1万元,总资产6729.5万元,所有者权益4342万元。全省工会职工劳福事业总体经济效益与2002年相比,数量下降2.1%,从业人数也相应减少3%,资产负债率为29%,比去年减少0.9%,亏损面下降13%。

2004年末,全省职工劳福事业实现营业收入3.41亿元,利润总额4313.7万元,上交各种税金3399.7万元,总资产总额6594.8万元,所有者权益4255.1万元。负债总额为2339.7万元,资产负债率为24%,比去年减少1.2%,亏损面下降21%。

2005年末,全省职工劳福事业实现营业收入34143.7万元,利润总额4313.7万元,上交各种税金3399.7万元,总资产总额6594.8万元,所有者权益4255.1万元。

2006年末,全省企事业单位实现营业收入58136.79万元,上交工会收益895.45万元,实现利润总额8210.77万元。省总4家疗休养院2006年度的自给率达到96%,市、县乃至基层工会的事业性资产产生的效益不如省总本级事业单位。

2007年末,全省企事业单位实现营业收入1182.79万元,上交各种税收81.442万元,利润为-86.11万元。资产总额43222.66万元,负债总额为12582.18万元,所有者权益为30640.48万元。

2008年末,全省企事业单位实现营业收入3574.05万元。2008年,省总本级10个企事业单位全年总收入6150.62万元,其中:经营收入3233.82万元,事业收入2083.03万元,上级拨款804.77万元,总支出5182.19万元,结余968.43万元,其中:疗休养院结余506.82万元;宾馆(旅行社)、报社三家单位缴交税金37.86万元,上交省总63.6万元,实现利润36.44万元;职工保险互助会保费年收入首次突破1000万元,互保实现利润239万元。

2009年末,全省工会企事业64家拥有总资产47483.61万元,比上年增长35.54%。其中:按资产权属来分,省总本级35285.29万元,地市级11491.55万元。负债合计5354.56万元,资产负债率11.28%;所有者权益42129.05万元。

2009年,省总本级9个独立核算单位(其中职工保险互助会3个社团组织为1个独立核算单位)拥有总资产35285.29万元,比上年增长11.59%。其中:互保资产37196.49万元(含设区市办事处的9109.57万元),同比增长50.79%;疗休养院资产4071.01万元,同比增长7.91%;宾馆旅行社资产2881.43万元,同比减少1.92%;干校资产187.64万元,同比减少5.25%;工人报社资产58.29万元,同比增长29.19%。负债合计2809.66万元,同比增加12.21%,资产负债率7.96%。所有者权益合计32475.63万元,同比增加11.53%。总收入10468.57万元,比上年增长70.2%,总支出6491.3万元,同比增长22.1%,总结余3586.8万元,同比增长330%。职工保险互助会保费年收入突破2000万元。9家单位共实现经营收入7560.85万元,同比增长56%,经营利润(结余)3244.55万元,同比增长831.15%,上交省总174.13万元,同比增长17.24%。其中:疗休养院经营收入2136.7万元,同比增长28%;经营结余86.74万元,同比增长708.39%。宾馆(旅行社)营业收入1568万元,同比增长64%;实现利润81.24万元,同比增长10.23%。报社营业收入279.87万元,同比增长22%;实现利润33.86万元,同比增长28.40%。干校总收入142.52万元,同比增长48%,超支12.87万元。互保(含设区市办事处)完成总收入3433.76万元;同比增长82%实现利润3055.58万元,同比增长1178.49%。

2010年,省工人疗养院、省总庐山工休院、省总宜春温泉疗养院、惠苑宾馆总资产5383万元,净资产5114万元,总收入2828万元,实现利润83万元,净资产收益率1.6%,营业利润率2.9%,总资产报酬率1.5%,资本保值增值率107.6%。

本级企事业资产运营与监管　2006年之前,省总本级疗休养院由省总保障部管理。省总事业部对江西惠苑宾馆(江西省职工旅行社)、井冈山工会宾馆(井冈山职工教育培训中心、井冈山职工休养院)、省职工保险互助会进行管理。疗休养院有:南昌青山湖工人疗养院(1997年更名为江西省工人疗养院,简称南昌青山湖院、省工疗)、庐山工人休养院(简称庐山休养院)、宜春温泉工人疗养院(简称宜春温泉院)、庐山温泉工人疗养院(简称庐山温泉院)、赣州天竺山工人疗养院。2009年起,省总明确对2个宾馆、1个省职工保险互助会、4所疗休养院、1家江西工人报社、1所省总干部学校进行资产运营及监督管理。

1996—1998年,庐山休养院、南昌青山湖院、宜春温泉院自给有余。赣州天竺山院租给京九铁路赣州指挥部部分房屋,指挥部撤走后,赣州天竺山院基本没有收入。庐山温泉院自给率为48.76%、45%、42.57%。1997年5月,省总实行院长聘用制。9月,疗养院对经营部门分别实行全额承包和定额承包。1998年7月,省总调整院领导班子,重新聘用院长。疗养院对各疗区实行自主经营,自负盈亏的全额承包制。

1999年,庐山工休院在中央两办禁止在全国12个风景名胜点开会、办班的通知下发后,客源锐减。宜春温泉院所处的宜春温汤镇,疗养院发展到14家,床位2400张,争夺客源的竞争激烈,加之床位价格低,缺乏优势。庐山温泉院对经营部门全部实行自主经营、自收自支的全额承包制,收入比上年减少。宜春温泉院、庐山温泉院、赣州天竺山院不能自给。根据省总《关于职工疗休养事业深化改革的决定》精神,除赣州天竺山院外,4所疗休养院院长与省总签订聘用合同,明确2000年目标任务。

2000年,庐山温泉院5个承包部门承包240余张床位,事业经费收入达到149万元,经济效益创21世纪初前后几年最高水平。省总工会疗休养院(简称:省工疗)新建综合楼投入使用,增加120张中、高档床位用于休养接待,开会办班,休养收入比上年增加38.8万元,疗养也形成一定规模,主要治疗截瘫病患者,治疗效果比较明显,吸引了许多病人慕名就医,经济效益提高。省工疗、庐山工休院自给有余,宜春温泉院自给率78.2%。4所疗休养院全面实行全员合同聘用制,院长与省总主席签订聘用合同,院长与中层干部,职工签订聘用合同,明确了各自的权利和义务、目标和责任,实行个人收入与工效挂钩。

2001年,省总5所疗养院所事业经费收入(含其他收入)534.5万元,比上年增加51.5万元,增长10.7%,人均创收1.32万元,接待客员71526人次,比上年增长8.7%。庐山温泉院发展到8个承包部门承包400余张床位,事业经费收入240万元,比上年增长48%。庐山工休院、省工疗由于21世纪初旅游业竞争激烈,特别是个体和股份制旅游公司的兴起,与工会系统的疗休养院争夺客源竞争激烈,致使床位使用率不高,客房利润率低,效益不明显,两院收入比上年略有下降。省总决定从2001年7月将宜春温泉院给宜春市总管理,接管后的下半年,效益有所提高,全年事业费收入比上年度增加13.77万元,自给率达到84.45%。

2002年,省总4所疗养院所事业经费收入(含其他收入)568.9万元。比上年增长34.4万元,增长6.4%,职工人均创收1.66万元,每人平均年收入达到1.07万元,接待客员103097人次,比上年增长44%。

2002年,省总对江西惠苑宾馆实行目标管理。省总要求引进竞争机制,实行优胜劣汰,以竞争上岗的方式,充分调动全体员工的积极性,不断提高服务质量和管理水平。2003年,省总要求实行统一管理,内部核算,不搞个人承包,以确保职工旅行社的信誉。2004年,省总对江西惠苑宾馆进行改制。要求人员工资实行浮动制,按岗位、按贡献取报酬。同意餐饮部对外承包。2002—2007年经济目标为:2002—2003年上交省总利润各25万元;2004年经济目标151万元;2005年经济目标166万元;2006年175万元;2007年113万元。

2002年7月,省总针对庐山温泉工人疗养院现状,从2003年1月1日起将疗养院租赁给珠海百富辰投资有限公司开展疗休养、康复、医疗、休闲、娱乐、会议等经营。承租人对疗养院的经营享有完全的自主权。租赁期2003年1月1日起至2022年12月31日止,租赁期内固定资产投入达3000万,延长租赁期10年;再增长1000万,延长租赁期10年;再增长1000万,延长租赁期10年。租赁范围包括疗养院所有的土地及地上建筑、设施。地热水(温泉)资源由疗养院向承租人无偿提供。开采和使用地热水(温泉)费用(含交纳矿产资源补偿费)由承租人负担。承租人对疗养院固定资产投资改造范围包括建筑、设施、水、电、路、绿化。租赁期内疗养院的资产所有权仍属疗养院,承租人不得对疗养院进行整体或分块转租、转包和转让。承租人在租赁期间投资扩建、改造和新建的工程以及购置的设施、设备等,不得转租、转包、转让、出卖或作资产抵押。在租赁期满,承租人投入的全部资产不计价、不折旧归疗养院所有。承租人对租赁的财产享有完全的使用权,在租赁经营后,可以根据经营后需要对现有的房屋设施和设备进行更新和改造。也可以在租赁区域内新建、扩建新的经营服务房屋和设施。承租人负责整体接收和妥善安置疗养院在编的员工132名和离退休的员工44名,为接受的全体员工缴纳失业保险费、医疗保险费、住房公积金和为合同制员工交纳养老保险费以及将来按国家规定为全体员工缴纳“五险”费用,且确保80%在编员工聘用上岗,工资发放标准最低不得少于其档案工资的80%。疗养院70万元债务由省总和承租人各承担一半。已承包的待承包期满后交承租人租赁。租赁费1—3年每年10万元,4—10年每年20万元,11—20年每年50万元,21—30年每年80万元,31—40年每年90万元,41—50年每年110万元。疗养院成立5人小组负责疗养院员工人事、监督承租人科学地使用地热水(温泉)。发现承租人违规使用地热水,有权向省总申告。5人小组置于省总和承租人的管理之下。

2003年,井冈山开始实施建成传统教育和旅游观光新景区的计划。值此,井冈山上的行政机关搬迁下山,景点的居民全部撤离,国家部委、邻近的兄弟省、市纷纷来井冈山投资设点、营造基地,鉴于此,省总认为建立工会职工培训中心条件具备。2003年11月,省总向全总请示将井冈山工会宾馆改建为中国工会井冈山培训中心,提出中心的规模、资金来源和运作方式的设想,即充分利用现有可扩展的地理条件,建造四星级宾馆,100个客房和16套中高档客房,建筑面积9000平方米,每平方造价650元,基建工程造价585万,设备配套550万,购置土地10亩280万,其他费用385万,共需资金1800万元。资金来源由全总支持、省总、社会筹集。采取股份制管理。2004年10月,省总再次向全总请示,将原天竺山疗养院定编床位150张全部调整到井冈山职工教育培训中心(井冈山职工休养院),列入全国工会疗休养院管理系列。省总两次向全总的请示均未果。2003年4月至2009年4月中心对外承租。

2003年,省工疗达到自给,略有结余。宜春温泉院自给率97.4%。庐山工休院由于综合大楼改造和非典影响,自给率70%。2004年,庐山工休院、宜春温泉院达到自给略有结余。省工疗由于疗养大楼拆除疗养康复收入减少,自给率96.27%。2005年,庐山工休院、宜春温泉院达到自给,略有结余。省工疗由于基建停止经营。

2005年3月,针对庐山工休院现状,省总任命省工疗院长赵卫华兼庐山工休院院长,采取经营承包形式经营休养院。承包时间4年。承包者负责整体接收和妥善安置工休院在编员工28名和离退休人员35名。确保60%(16人)在编员工重新聘用上岗。负责在编员工的生活费、福利费和社会保险。每年向省总上交承包费22万元。承包经营期内,确保工休院资产保值增值,工休院所的资产所有权属省总。承包经营期满后,承包者投入的全部资产不计价、不折旧,归省总所有。承包经营的收入依法缴纳税费后利润的60%作为工休院的事业发展基金,40%由承包者自主支配。

表9-3-1　1996—2005年省总工会疗休养院收支决算表

年份	全总定额床位补助费(万元)	省总下拨经费(万元)	总收入/(事业经费收入)(万元)	总支出(万元)	自给率(%)
1996	158.200	188.585	439.000	454.000	
1997	199.700	207.795	439.900	452.200	
1998	198.570	197.255	343.500	380.200	
1999	186.600	196.450	268.040	382.080	
2000	181.400	150.500	478.800	472.500	102.200
2001	117.000	115.000	534.500	533.500	100.000

续表

年份	全总定额床位补助费(万元)	省总下拨经费(万元)	总收入/(事业经费收入)(万元)	总支出(万元)	自给率(%)
2002	116.000	181.220	568.900	564.200	100.800
2003	121.000	126.600	1161.900/787.400	1134.800	102.300
2004	104.000	117.730	1449.460/1050.540	1383.190	102.830
2005	95.000	243.780	1539.860/903.950	1462.010	96.560

2006 年 2 月 24 日,省总主席办公会议决定,将原由省总保障部管理的 4 所疗休养院转给省总事业管理部管理。

2007 年,省总事业部制定《江西省总工会本级企事业单位资产监督管理暂行规定》《工会企事业单位资产经营重大事项管理规定》《工会企事业单位经营业绩考核暂行办法》。从 2007 年起,省总本级企事业实行业绩目标考核制度,即将各疗养院、宾馆全部纳入考核范围。事业部从营业收入、利润(节余)、职工收入入手下达经营指标,完成的给予奖励,完不成的给予处罚。3 月,省总事业部提出摸索集团化经营思路,即:江西省工会企事业主要集中在餐饮、宾馆、疗休养行业,散布于全省各主要城市和景区。为了有效利用资源,扩大市场,实现全省旅游疗休养事业资源的有效配置,利用事业部成立的旅游疗休养服务协调中心,以资产股份形式形成一个紧密型集团化管理的大企业,外引内联,实现做大做强的目的。是年,全总、省总共下拨专项资金 800 多万元,先后对惠苑宾馆,宜春温泉院、庐山工休院、省工疗天泽楼进行装修改造,增加客房 30 多间。为了促进直属单位管好用好下拨的各项专项资金,事业部出台《关于装修改造资金使用办法的规定》,对资金使用的范围、程序、入账处理等提出要求。同时,参与事前、事后的检查,保证装修改造工程的质量。

2007 年,省总对宜春温泉院实行经济责任目标管理,在方案中明确经济目标:经营收入为 160 万(在上年 137 万的基础上按 19% 递增);结余 5.5 万元,修购基金按 4% 计提,职工年收入有所增长。要求充分运用好上级扶持资金,认真配合好省总对疗养院的改造和建设。要深化用工、工资制度的改革。2008 年 10 月,省总同意宜春温泉院对水疗设施设备进行改造,投资规模控制在 220 万元以内。资金来源:省总专拨 100 万元,自筹 20 万元,省总事业部向全总申请疗休养事业更新改造专项补助 100 万元。

2008 年 5 月,省总换届。至此,省总在本级企事业单位发展思路、管理模式、投资配套、出资监管、激励机制等方面改革与探索。

2008 年 9 月起,姚亚平率领有关领导深入井冈山、南昌、星子、庐山等地考察省总本级工会资产管理和工会企事业,研究省总各企事业单位的发展规划,指导改革与管理。11 月,省总将省总事业部更名为省总资产监督管理部。省总明确:省总资产部不仅承担对工会资产的监督管理,还承担着工会出资人的职责,对工会企事业资产运营承担履行监督职责。年底,省总确定“坚定发展信心、创新管理机制、激发内在动力、加大资金投入、明确发展目标、推动工会企事业发展”的发展思路。决定从 2009 年起省总每年安排 1000 万元预算,支持配套省总本级企事业发展。

2009年1月4日,省总决定省总本级企事业基建工作实行项目组、资产监督管理部、分管领导、主席办公会逐级负责和领导的体制。并成立由省总机关党委,省总财务、资产、经审、法工、后勤部门各抽1人组成省总基建工作监督小组,对省总的基建工作实行民主监督。1月13日,省总资产部下发《江西省总工会本级企事业单位经营管理考核暂行办法》,明确经营管理考核指标的内容,即经营指标考核内容:经营收入增长率、收支平衡率、应收账款回笼率、应付账款率、专项资金使用率、实现利润(结余)、上缴利润(资产占用费)、资产负债率、资产保值增值率(考核期末扣除客观因素后的所有者权益÷考核期初所有者权益×100%)、净资产收益率(净利润÷平均净资产×100%)、专项投资回报率、折旧共12项指标。综合指标考评内容:班子自身建设、职工队伍建设、创新创特、日常管理、经营绩效、功能发挥6个方面。采取日常动态管理与年度考核考评相结合的办法,通过经营指标的量化考核、综合指标的评价考核,根据各单项指标排名,再进行综合排名,最终得出总排名。3月,省总资产部向直属企事业单位下发《江西省总工会直属企事业单位奖励实施办法》,明确设立综合考评奖、经营业绩考核奖。综合考评奖按《江西省总工会本级企事业单位经营管理考核暂行办法》综合排名取前三名;经营业绩考核奖重点考核经营收入、计提折旧或修购基金后的利润(结余)、上交利润(资金占用费)、资产保值增值率(考核期末扣除客观因素后的所有者权益÷考核期初所有者权益×100%)、职工收入5项经济指标。按目标计提完成任务奖、超额完成目标奖。同月,省总资产部要求各设区市总、省总直属各单位对工会企事业基本状况、发展思路和发展措施等问题进行调研分析,总结各级工会企事业在实践中的好做法和典型经验,提出推进工会企事业发展改革、加强资产监督管理的建议和思路。4月7日,省总提出本级企事业单位必须全面实现电子化财务管理的要求。建立一年一考核、一季一交流、一月一通报的督查制度。11月6日,省总召开本级企事业工作会议,会议对《关于促进省总工会企事业发展的实施意见(讨论稿)》和《江西省总工会本级企事业单位财务管理办法(讨论稿)》进行了讨论。经营性单位就自身发展规划提出投资意向:宜春疗养院计划投资3000万元新建二期工程,自筹200万元,向银行贷款1500万元,希望省总扶持1300万元;庐山工休院计划投资2800万元打造“四星级”宾馆,自筹100万元,银行贷款1000万元,希望省总扶持1700万元;井冈山职工教育中心计划投资3000万元,努力建设成为全国工会干部培训中心。会议认为:加快发展步伐,是企事业单位“我要发展”的内在要求,在项目建设上要抛弃等、靠、要的旧观念,从自筹入手;在内部管理上要创新创特,破除行政化的旧框框,真抓实干提高社会效益和经济效益。并对今后的发展和管理提出建议。会议确定2010年为“项目年、效益年”。明确省总本级经营性企事业的所有日常开支和常规性的维修、维护及设备添置均由单位自行解决。新建、改造工程,单位必须自筹必要的资金,省总根据各单位项目自筹资金情况、单位收入中用于发展的资金占总收入的比重、项目的投入产出率给予配套扶持。会议决定从2010年1月1日起,事业单位全面实行绩效工资制。

2009年5月,省总收回井冈山干部教育中心自主经营权。12月,省总又一次向全总请示,建议在江西省总工会井冈山职工教育培训中心的基础上,建立中国工会井冈山干部教育中心,列入全总项目规划,将教育中心建设为集学习、疗休养功能为一体的综合性工会干部和职工教育、培训、疗休养基地。建设规模:规划占地面积10亩,建筑面积15000平方米;建设标准达到国家四星级酒店标准的现代化教学、接待阵地;功能达到具备一次能承担300人的教学、会议、疗休养、住宿、餐饮等能力。投资总预算为1.2亿元。省总第三次请求未果即全总未批准。

2009年12月29日,省总主席办公会决定:同意新建宜春温泉院疗养新区,总投资规模为3000万元,其中宜春温泉院自筹及融资1700万元,省总扶持1300万元,在2009年省总预算安排的事业发展资金结余中解决,不足部分列入2010年预算,省总投入的资金转入省总资产部账户,由省总资产部监督使用。要求请专家论证建设方案,力争迅速开工,同时要配好干部、规范操作、防止腐败。2010年4月,省总决定成立宜春温泉院新区建设项目领导小组,郭学勤为组长,陈文明为副组长,王翠华、吴继群、甘顽、李国平为成员;成立宜春温泉院新区建设项目工程实施小组,陈文明为组长,李国平为副组长;成立宜春温泉院新区建设项目工程监督小组,王翠华为副组长。新区建设项目的设计招标工作由项目领导小组研究决定。

之后,江西惠苑宾馆、省工疗、井冈山职工教育中心、庐山工休院、江西工人报社围绕自身发展规划开展了认真的认证,与多家科研、设计单位进行交流,组织召开了5次规划论证会,为满足规划和投资做一系列基础性工作。

2009年,庐山工休院收回1号楼自主经营。

企事业单位班子建设管理 2009年之前,省总本级企事业单位工作人员的年度考核由省总组织部负责。2009年开始,由省总资产部负责。同时省总资产部承担对省总本级企事业单位领导班子建设的管理职责。

省总针对省总直属单位发展状况,2009年开始对领导班子进行一些调整充实。采用省总直属单位之间干部流动和机关干部下派任职,并鼓励机关年轻干部下派任职。2010年4月23日,省总资产部根据省总主席办公会精神,对省总直属单位人员调动和机关下派任职人员工资问题作出规定,明确责权利相统一、就高不就低、基本工资与绩效考核相结合的原则,规定直属单位之间调动的,一般情况下,按新单位、新任职务核发工资;机关下派任职的仍按其在机关现任职务,在机关发放工资、津补贴和福利,不享受其下派所在单位的津补贴和福利,但可按单位绩效考核情况计发奖金。

2009年,省总健全庐山温泉院、井冈山职工教育中心领导班子。组织召开由分管领导,组织部、宣教部领导和单位全体班子成员参加省总本级企事业单位考评会,对单位和班子成员个人全部进行考评定档。2010年10月中下旬,由省总领导带队,重点就制度建设及执行情况、民主管理情况、经济效益情况等核心管理问题,对直属企事业单位班子建设进行全面检查考评,通过进行民主测评、召开民主生活会、与班子成员个别谈话,了解、剖析各单位班子的主要优势和存在的不足,一个单位、一副药方,对各单位提出整改意见。2010年,首次试行直属单位领导干部竞争上岗。通过笔试、面试、考察等环节,选拔聘任宾馆、疗休养院4名副职。

2010年10月30日,省总党组下发《关于加强省总工会直属单位班子建设和管理的若干意见》。《意见》从加强领导班子建设、加强干部职工队伍建设、加强民主管理、加强财务资产管理、加强考核考评5个方面提出意见。并在建立集体决策制度、加强理论学习、坚持双重组织生活制度、加强作风建设和廉政建设、建立良好的干部工作机制、严格干部管理权限、加强人事管理、建立竞争激励机制、坚持职代会制度、坚持事务公开、推进财务管理规范化、加强专项资金管理、加强资产管理、加强财务指导和监管、加强目标管理考核、加强领导班子考评16个关键点上提出要求。

工会资产基础管理

1994—2008年,全省工会资产基础管理工作按资产性质分两块。其中工会行政性资产由省总财务部负责,经营性资产由事业管理部负责。2009年起,工会资产监管工作统一归口省总资产部。

清产核资与资产产权管理　1997年5月,省总依据《关于各级工会进一步开展清产核资工作的通知》的要求,制发《江西省总工会关于开展清产核资工作的通知》,文件明确省总机关及所属事业单位为清产核资范围。主要的工作内容为清查资产和负债、界定资产所有权、核实资金财产、登记产权、建章建制。为此,省总成立资产核资领导小组,组长刘金标,副组长童水仙、吴继恒。清产核资办公室设在省总财务部。清产核资工作从1997年6月1日开始,9月30日结束。通过清产核资,达到产权清晰、总量清楚、债权债务明了的目的。

1998年7月,省总向省总各地区办事处、省辖市总工会,省产业(局)工会、省总直属基层工会、各县(市、区)工会下发《关于开展全省县以上工会财产清查登记工作的通知》,按照全总财务部关于对县以上工会在1998年一定要完成资产产权登记的工作要求,明确全省将从7月1日起对全省县以上工会财产进行清查和登记。并下发《江西省工会行政事业单位财产清查登记工作实施办法》。

1998年,省总此后每年开展全省设区市总工会、省产业(局、系统)工会、省总直属基层工会和直属单位的清产核资、产权登记工作,建立健全工会资产产权登记、资产年度统计、资产管理等方面的制度和办法。省总还组织进行全省县以上工会资产流失情况的专项调查,县以上工会资产管理工作机构逐步建立,各项资产管理逐步规范。通过各级工会的努力,基本摸清本级工会资产的分布状况、存量和结构,掌握有关情况。

2003年起,各级工会办理不动产产权登记工作,办好“房屋产权证”“土地使用证”,核发“工会资产产权登记证”,明晰工会资产产权。

2004年3月,根据全总要求,省总决定从2004年4月开始,在全省开展县以上工会资产普查工作。要求进一步摸清全省县以上工会资产的底数,真实、完整地反映资产的存量、分布和结构,掌握各级工会资产管理中存在的矛盾和问题。根据有关政策规定处理解决资产流失等问题,规范工会资产管理,提高资产效能。为全总建立中国工会资产数据库提供数据和资料,为实施工会财务和资产管理体制改革创造条件。为此,省总成立资产普查领导小组,组长吴铭,副组长:吴继群。成员:汤御奎、黄际元、叶晓钟、刘玉霞。

2006年,按照全总工财字〔2006〕46号文件要求,省总财务部对全省工会行政性资产近几年的变化情况和财务人员的基本情况进行调查、摸底及分析。调查从县级以上工会行政性资产变化情况、县级以上工会财务人员基本情况两个方面入手,弄清资产状况,为全省各级工会行政性资产的管理打下基础。是年下半年,事业部开展清产核算、产权界定和产权登记的试点工作,先后对本级疗休养院和宾馆进行了产权界定和产权登记的试点,通过实践摸索,为今年全省工会资产的全面评估监管提供数据支撑。是年4季度,省总事业部对除省总干校、江西工人报社外的其余7家单位进行资产清查、调研。通过记入盘点表和筛选的方式,对漏记入账的固定资产进行更新登记;通过查找原始发票记价入账,对不够固定资产标准的消耗物品予以剔除;聘请专业人员对有争议的资产进行价值估算;对于可“列”或“可不列”的资产,做到集思广益,按财务原则统一取舍;同时还对各单位的资产管理体系、规章制度进行调研清理。至年底,全省55家单位进行产权登记,占比为4.89%。

2006年以来,省总每年召开一次资产监督管理与资产统计工作专题会议,并举办资产统计与产权登记人员培训班。

2007年2月,省总根据鹰潭市总《关于工会资产界定与管理问题的请示》反映鹰潭市财政局多次催促上报市总工会文化宫、职工学校店面资产状况及租赁情况,批复(赣工批字〔2007〕5号)鹰潭市总:全总先后多次与国务院清查核资领导小组、国家财政部、国资委等相关部门进行协商,于1993年下发《关于工会资产界定与管理有关问题的通知》,对工会资产的管理明确指定为:不进行国有资产登记,由工会组织进行财产清查登记和管理。具体规定已在国务院清产核资领导小组办公室、财政部、中华全国总工会联合下发的《关于清产核资中全民所有制企业中工会资产清查登记有关问题的通知》中有详细说明。要求市总各级工会组织在遇到类似问题时,应向有关部门做好解释、宣传工作,并及时将有关情况上报省总事业管理部,不得将任何工会资产划拨给其他部门,坚决制止工会资产的流失。

2007年,省总为确保统计工作电子化报送,抓2006年未过关的统计人员和新上岗的业务员进行过关培训,确保统计质量;抓市总分管领导,确保分级管理。协助产业工会,确保资产保值增值。是年,省审计厅审计要求将南钢股份工会企事业划归企业行政,省总事业部据理力争,确保工会资产不流失。下半年,省总事业部全面开展资产清理、产权界定和产权登记工作,在对本级疗养院和宾馆进行产权界定和产权登记试点的基础上,摸索出经验后,在全省进行工会资产权登记,实行统一发证、统一管理,统一报批制度,摸清了工会资产的家底,建立健全工会资产档案。5月,省总下发《关于做好工会不动产产权登记工作的通知》,明确不动产产权登记的范围包括:各级地方工会、产业工会、基层工会及其所属企事业单位所有以及依法占有和使用的房屋和土地。产权登记工作的主要任务是:依法办理房屋产权证、土地使用证和中华全国总工会工会资产产权登记证(以下简称“三证”),做到“三证”齐全。在清查核实的基础上,对各级地方工会、产业工会和基层工会及其所属企事业单位所有以及依法占有和使用的房屋、土地资产,一律进行工会不动产产权登记,核发《中华全国总工会工会资产产权登记证》。要求各级工会及其所属企事业单位资料不全的要尽快补齐资料,于2007年底前,全部完成“三证”办理工作。并强调要加强与政府主管部门的沟通、保证办证费用、努力解决历史遗留问题、建立健全工会不动产情况的档案资料,实现产权的动态管理。

2008年4月,财政部、全总下发《关于各级总工会及所属事业单位资产产权界定问题的通知》明确:凡由工会会员缴纳的会费,建立工会组织的企业、事业单位、机关按每月全部职工工资总额的2%向工会拨缴的经费,工会所属企业、事业单位上缴的收入,及工会自筹资金等其他收入形成的资产,属于工会资产,应作为工会资产登记入账。凡由国家拨给各级总工会及所属事业单位使用的资产,属于国有资产,应作为国有资产登记入账。凡由国家拨付资金形成的资产,属于国有资产,应作为国有资产登记入账。2007 年 9 月 30 日以前,根据《关于工会资产界定与管理有关问题的通知》有关规定,由国家拨付资金形成的资产中,已经作为工会资产登记入账的部分,可以继续作为工会资产管理。2007 年 10 月 1 日以后,由国家拨付资金形成的资产,应全部作为国有资产登记入账和管理。由不同资金来源形成的资产,应根据不同资金来源所占份额,明确其产权性质,分别作为国有资产和工会资产登记入账。各级总工会及所属事业单位占有使用的国有资产和工会资产,任何组织和个人不得侵占、挪用和任意调拨。

2008 年初,省总事业部建议省总从 2008 年起,对工会资产的管理提出目标方案,并成立江西省工会资产监督管理委员会,同时督促各市、县相应成立机构,解决人员机构虚置问题,切实管好、用好工会资产。对外全面行使工会资产出资人权利,落实监管职责,初步形成权责明确、上下协调,快捷高效的工会资产监督管理组织体系。争取出台各项工会资产监督管理方面的规章制度。为了认真贯彻落实总工办发〔2008〕35 号文件精神,省总召开全省工会资产监督管理暨 2008 年度工会资产统计工作会议后,全省各级工会围绕会议要求,完成全省 2008 年度工会资产统计工作。

2009 年 11 月,省总下发文件向各设区市总工会,省产业(局、系统)工会,省总直属基层工会,省总直属各单位布置做好《2009 年度全国工会资产情况统计表》报送工作。同时,要求将资产统计与工会活动、办事、办公"三大场所"建设与管理调查结合起来,全面掌握各级工会"三大场所"建设与管理的情况。12 月,省总召开全省工会资产监督管理暨 2009 年工会资产统计工作会议,会议强调:全省各级工会要认真开展清产核资,全面掌握各级工会资产的数量、质量、结构、性质、使用等基本情况,按要求做好统计分析,及时报送工会资产统计报表,并将工会资产情况录入工会资产数据库,形成全省工会资产信息网络化管理系统。从严做好工会资产处置的审批管理,各级工会资产因城市规划需要搬迁、置换,工会企事业利用资产进行重组、抵押或招商引资、合资合作、租赁承包以及处置闲置资产等行为,必须坚决贯彻《中国工会章程》"统一所有、分级监管、单位使用"的原则,按照全总、省总的要求进行审批,未经批准的任何单位和个人一律不得拍卖、转让、调拨、侵占和挪用,确保工会资产不流失。2009 年,全省工会资产统计全部实行网上填报;省总本级企事业单位除井冈山工会宾馆以外,其他单位均全面告别手工记账办法,实现了电算化。针对基建、管理档案混乱,资料不全等问题,省总资产部组织专人对原基建、管理资料进行全面清理,重新分类建立档案。至 2009 年底,全省工会资产监管基本实现产权清晰、处置规范的工作目标。

2009 年起,省总为促进各级工会做大做强,盘活资产,存量换增量,确保工会资产保值增值,实行回拨经费向工会事业建设倾斜,推动"三大场所"建设。一些设区市总也向县(市、区)工会"三大场所"建设倾斜。2009 年,新余市投资 1.5 亿元、兴建占地 64 亩、建筑面积 4 万平方米的职工活动中心。抚州市总把 2009 年确定为"项目 · 场所建设年"。在市政府与市总联席会上,政府决定无偿划拨 50 亩土地,采取政府、工会、市场融资办法,三方筹资 4000 万元,新建一所现代化的工人文化宫。2010 年,市总把这年确定为"三大场所"建设"推进年"和"见效年"。全市 11 个县(区)有 3 座新楼落成,1 座在建,3 个县完成土地征用,4 个县对工会"三大场所"进行全面装修改造,全市县(区)工会已经扩大土地面积 53 亩,新增房屋建筑面积 9200 平方米,新增资产超过 3000 万元。

2006—2010年,全省工会“三大场所”新建25座,改造156座,新建改造面积75万平方米,在建面积13万平方米。至2010年,全省工会“三大场所”拥有建筑面积102万平方米。其中,瑞金市新建工人文化宫建筑面积达1.14万平方米。

2010年,按照省总下达2010年重点调研课题,结合全总提出的2010年工会企事业资产监管和发展改革情况调研任务,省总资产部组织开展全省工会资产处置、产权登记、资产统计自查,并深入上饶等地进行资产监管调研。通过自查、调研,了解资产监管的先进典型,发现资产监管中的薄弱点。12月,省总部署做好2010年度全国工会资产情况统计表报送工作。

2010年,全省工会资产总额达到18.6亿元,连续2年增幅超过30%,其中,2009年抚州市总工会总资产增加值超过2亿元,新余市增加值超过1亿元。2009—2010年,全省恢复和新增工会事业单位39家,增长79.59%;新增资产2.34亿元,增长66.82%。

表9-3-2 2006—2010年全省工会资产情况统计表

项目	2006年	2007年	2008年	2009年	2010年
行政性资产单位(个)	1117.00	321.00			
县级以上工会组织(个)			190.00		
统计单位(个)	734.00	238.00	186.00		
统计率(%)	65.71	74.14	97.90		
产权登记的单位(个)	76.00	113.00	150.00	190.00	
占比(%)	6.80	35.20	100.00	100.00	
工会资产总额(亿)		9.50	10.50	14.15	18.60
固定资产(万元)			25364.08	36061.64	
流动资产(万元)				105442.36	
土地面积(平方米)				584752.09	
房屋面积(平方米)				438891.84	
行政性资产(万元)	54732.03	52215.30	70912.07	94020.39	
负债总额(万元)	14451.71	14896.08	20461.10	31083.75	
净资产总额(万元)	40280.32	37319.26	50450.97	62936.64	
工会资产总额(万元)	51044.05	52124.90			
国有资产总额(万元)	6473.55	90.44	178.85		
行政性土地面积(平方米)	360097.40	338032.47	348765.48	314800.40	
土地办证率(%)				81.00	
行政性房屋面积(平方米)	359959.89	300750.63	312944.82	304541.40	
房产证办证率(%)			53.69	64.00	

续表

项目	2006 年	2007 年	2008 年	2009 年	2010 年
工会企事业单位(个)	55.00	48.00	49.00	64.00	
拥有资产(万元)	136158.55	43222.66	35032.98	47483.61	
负债总额(万元)	114140.92	12582.18	3147.98	5354.56	
所有者权益(万元)	22017.63	30640.18	31885.00	42129.05	
全年营业收入(万元)	58136.79	1182.79	8626.25		
上交各种税收(万元)		81.442			
上交工会收益(万元)	895.45				
实现利润总额(万元)	8210.77	-86.11			
固定资产(万元)			7059.74	6775.41	
流动资产(万元)			26148.28	38612.18	
企事业土地面积(平方米)	262868.69		246900.70	269951.69	
土地使用权办证率(%)				88.37	
企事业房屋面积(平方米)	117121.18		106703.81	134350.44	
房屋所有权办证率(%)				56.18	
非企业化管理的事业单位年总收入(万元)	60608.64	17346.75			
经营收入(万元)	51992.50	13885.20	3574.05		
事业收入(万元)	2167.18	1795.04	2989.15		
上级拨款(万元)	1628.79	1665.71	1446.37		

说明:2006 年,全省工会企事业有 55 个,其中:事业单位 40 个、社团法人 14 个、企业 1 家。2007 年,全省工会企事业 48 个,其中:事业单位 46 个、社团法人 1 个、企业 1 家。2008 年,全省工会企事业 49 个,其中:省级工会 10 个,市级工会 12 个,县级工会 27 个;事业单位 47 个,企业 1 家,社会团体 1 个。2009 年全省工会企事业 64 个,其中:企业 1 家,事业单位 48 个,社会团体 15 个。

2004 年 3 月 18 日,省总商湾里区人民政府拟在湾里区招贤镇官溪村建设"江西省职工疗养休闲中心",以期改善江西职工群众及劳动模范休养及养老条件;并作为接待全国工会系统劳模和先进个人的疗休养中心。经费来源自筹。经南昌市国土资源局湾里分局确认用地红线为 97.5 亩,主要为山坡地。12 月 28 日,经省政府及省国土资源厅批准转为建设用地。2005 年,经南昌市发改委正式批准的立项名称为"江西省职工康复基地建设工程"。2005 年 1 月,省总与湾里区招贤镇签订征地合同;缴交国家重点公益林补偿费、新增建设用地规范、测量费、防洪保安金、征地管理费、出让金业务费、土地补偿费等有关费用 280 余万元。2005 年 11 月南昌市发改委再次批准同意立项;2005 年 12 月南昌市政府提出因梅岭生态保护区总规未确定,要求暂缓办理划拨手续。搁置 3 年多后,省总于 2009 年 3 月,再次商请湾里区人民政府办理"江西省职工康复基地"土地划拨手续。直至2010年底,项目未有进展。

资产处置 1994—2010年,全省工会资产处置大致分为3种情形,企业破产时对工会资产的处置;地方政府开发城市,经营城市造成工会众多活动场所被规划和拆迁;工会企事业出现的种种原因形成的资产处置。

针对企业破产在处置资产时出现的问题,省总以及地区办事处依法依规先后出台文件,防止工会资产流失。1997年4月22日,省总财务部转发全总《关于转发〈国有企业试行破产有关财务问题的暂行规定〉的通知》,要求各地结合本地实际情况,处理好破产企业工会资产的问题。1997年12月30日,省总财务部转发全总《关于破产企业工会资产处置意见》,其中有关工会经费问题,《意见》要求:破产企业工会应在破产企业进入破产程序前,将工会资产界定清楚,并会同破产企业法人共同加以确认;上级主管工会要作好指导和协调工作,要参与本级破产企业清算的领导工作。破产企业工会应将界定后属于工会所有的工会资产,通过清算组取回。破产企业工会组织撤销时,工会资产应移交其上级工会。上级工会可根据职工分流安置情况,将破产企业工会资产按职工人数比例,分摊到有关分流安置的基层工会。破产企业未按《工会法》规定拨交经费的,应属负债,工会作为债权人应积极进行清偿,争取将破产企业拖欠的工会经费列入第一清偿顺序。2010年2月1日,省总下发《关于加强改制企业工会资产管理有关问题的通知》,对工会资产的界定依据;工会资产界定、清查登记、清产核资、资产处置和财务工作,由改制企业工会、经审会组成的清产核资小组负责;清偿欠缴的工会经费办法;处置工会资产程序和处置权限作出明确规定。

由于大部分县市总工会活动场所处于城区“黄金地段”,在地方政府改造发展城区时被重新规划和拆迁。省总坚持“统一所有、分级监管、单位使用”,终极产权归全总的规定;坚持严格把关、充分认证、规范操作、公开透明、等价有偿、保值增值、公正公平的原则;严格履行审批程序,坚持未经批准任何组织和个人不得擅自处置。

2009年,省总坚持审批原则,审批18件处置事项,确保工会资产不流失。在审批婺源县总原有工会大楼的搬迁处置时,省总发现补偿不到位,先后派人3次致函与县政府协商,政府将原工会大楼拍卖的资金全部划拨给工会,并无偿划拨5亩土地新建工人文化宫和办公楼。2010年,余江县原工会职工教育中心和办公楼易地重建时,县政府同意将原工会场所资产拍卖所得全部归县总,并划拨20亩土地新建“三大场所”。鹰潭市总还致函县政府要求增加2000平方米活动场所,并派人现场协商,在省、市总的努力下,余江县政府同意增加160万元增建2000平方米活动中心,由此县总新增固定资产377万元,增值96%。

1998—2009年,省总处置本级资产有7宗。

省古田工人疗养院是省总直属事业单位,建于1957年,1967年被迫停办,文化大革命期间被于都县塑化厂无偿占用。1998年6月18日,省总授权省总赣州地区办事处收回并办理产权登记。省总决定,疗养院收回后,资产所有权属于省总赣州地区办事处,有使用权。同时,征得省总同意后,可以开发利用,改作他用、租赁或有偿转让。

1998年3月,省总批准同意省工人疗养院出土地(即单位4幢家属宿舍部分用地),江西恒发建筑公司出资金,合作建房两栋,兴建职工住宅112套,建筑面积按50%分成,解决职工住房困难。

赣州天竺山工人疗养院是省总直属事业单位，建于1954年。2001年6月20日，省总决定无偿划转赣州天竺山工人疗养院给江西省赣州高级技工学校，是年7月10日，双方签订协议书。省总在学校安置天竺山疗养院全体在职职工和接收离退休人员的前提下，同意将天竺山疗养院现有的土地使用权、建筑物、水电设施、树木等无偿划转给学校。

2001年6月20日，为充分发挥宜春市总工会办事业的积极性，使宜春温泉工人疗养院在市委、市政府的支持下，更好地增强活力，省总决定：从2001年7月1日起宜春温泉工人疗养院下放给宜春市总管理。并于6月22日印发《关于宜春温泉工人疗养院下放给宜春市总工会管理的决定》，指出：宜春市总对疗养院负有领导和管理责任。疗养院的社团法人资产所有权属省总和宜春市总；疗养院的实体法人资产所有权属宜春温泉工人疗养院。疗养院下放给宜春市总管理后，仍享受省总对职工疗休养事业现有政策。疗养院改变性质、改变所有权以及关停、合并或整体拍卖、撤销时，宜春市总须报省总并经省总报全总批准后实施；疗养院合资、联办应报省总批准，并报全总备案。宜春市总接管后，疗养院县级职级不变。疗养院院长的聘任权归宜春市总，聘任后报省总备案。副院长由院长聘任，并报宜春市总审批。疗养院人事权仍归省总。全总下拨的疗休养事业补助经费，从2002年起省总按全总实拨数及时拨给宜春市总，用于疗养院更新改造和配套建设。2006年省总收回管理。

2004年5月，省总以820万元购得南京东路以南、京东大道以东、南昌市荣昌商品房开发公司以西、江西银新实业有限公司以北23.1亩的土地，土地性质为慈善用地，已取得省国土资源厅颁发的土地证。是年5月24日，省总主席办公会议研究，同意将省总购置的艾溪湖用地拨给省职工住宅合作社开发。是年11月，省总商南昌市政府，将土地慈善用地性质改变为商住用地，并适度增加主要技术经济指标。2005年6月30日，南昌市政府同意省职工养老中心项目的23.1亩土地用地性质调整为住宅公建用地，用地规划条件等指标根据城东控制性详规要求及省总干校教职工宿舍拆迁安置量确定。鉴于阳明路延伸工程拆迁对省总影响较大，同意由市国土部门将该宗用地进行挂牌出让，土地出让金按80%比例返还给省总。2006年，省总将土地使用权转让。

2005年，南昌市城市规划需要拆除省总干校土地面积11.91亩，建筑面积9183.28平方米，市政府给予房屋拆除补偿费640多万元；重新划拨土地50亩，10万元/亩；特批在剩余土地新建公建楼一栋，建筑面积6500平方米。省总先后与市政府、市规划局、东湖区政府进行30多次沟通，无果。至2010年底，土地仍然闲置。2009—2010年，省总3次致函南昌市人民政府，敦促政府召开3次协调会，1次新建县政府常务会，派出专人跑30多个单位、盖100多个公章，完成南昌市划拨给干校的新建县补偿土地55亩全部手续。

2009年4月，省总决定收回省总井冈山职工教育中心的经营权。同时成立交接工作小组，由王翠华、资产部1名副部长、吴丽云、汪海军、法工部1人等组成。与此同时，办理井冈山工会职工教育中心的土地、房产“两证”，经过多次协商，井冈山市政府同意以160万元将原划拨给井冈山市总的7.34亩土地，改拨到省总井冈山职工教育中心，折合每亩划拨价21.8万元。省总资产部与井冈山市总协商，省总以80万元收购井冈山市总在省总井冈山职工教育中心的22.2%股份。2010年8月5日，董事会议确认：因井冈山市总将其在省总井冈山职工教育培训中心（工会宾馆）拥有的

22.2%股份全部转让给省总;同时省总追加160万元投入办理土地证,吉安市总、省教育工会投资未变,因此对股东单位拥有的股份比例作出调整:省总占92.%,吉安市总占3.9%,省教育工会占3.6%。

2001年12月底,南昌市政府在未经市工人文化宫和市总同意的情况下决定将市工人文化宫卖给商家,用于开发国际购物广场和国际大酒店公寓。市总向市政府交涉,认为市政府应该依法办事,要卖掉市工人文化宫必须事先向社会公布,而且必须征得上级工会组织的同意。2002年1月8日,《工人日报》披露了这一消息,引起南昌市委、市政府的高度重视,成立由市委副书记为组长、副市长和市总主席为副组长的"市工人文化宫搬迁领导小组",市政府决定把象山宾馆整体划拨给市总,作为过渡时期的工人文化宫活动场所。与此同时,在南昌市红谷滩新区规划建设一座投资1亿多元的现代化工人文化宫。之后,市总与市政府签订《南昌市国有土地使用权出让合同》,支付新区全部土地出让金及契税后,按规定办理申报登记手续并领取《国有土地使用证》《建设用地规划许可证》《建设工程规划许可证》,规划建设工人文化宫"教育培训中心"和"体育中心"。"培训中心"工程于2002年9月底动工,2004年下半年封顶。红谷滩新区管委会及市规划部门在未征得市总和文化宫同意的情况下,决定收回红谷滩文化宫建设用地并重新规划和出让。2004年10月20日,市总向市委、市政府递交《关于不同意将红谷滩工人文化宫土地使用权收回并重新出让的报告》,申明不同意的理由。

第四节 省总直属事业单位

1994—2010年,省总本级事业立足服务职工,服务工运事业,工会传统性的事业随着国家成长的步伐逐步成长发展,一些工会传统性和非传统事业紧随着工运事业发展步伐应运而生。在市场经济条件下,省总本级事业发展历经平稳、波折和振兴。

省总工会干部学校

省总工会干部学校成立于1950年1月,是省总正处级直属事业单位,是全省工会干部教育培训和工运理论研究的主要阵地。1994年3月,经省政府批准在省总干校的基础上,成立省工会职工中等专业学校;2001年10月,经省总批准成立省总工会职工培训中心,2002年12月经省劳动和社会保障厅批准成立省总工会职业技能培训中心。实行三块牌子一套人马的管理体制。

省总干校的前身是1949年7月省总筹委会举办的江西八一革命大学职工班,1950年1月省总决定在职工班基础上成立省总工会工人干部学校,1950年7月改名为省总工会干部学校。校址在现南昌市苏圃路省委党校教工宿舍区。1961年,根据"精简机构"的精神,省委决定将工、青、妇三家干部学校合并,成立省工青妇干部学校,校址在叠山路。文化大革命期间学校停办,校舍被南昌供电局占用。1979年1月,经省委批准恢复省总干校。由于原校址无法收回,省总决定于1980年在南昌市洪都北大道择地新建校舍。

学校坐落在洪都北大道268—270号，占地27亩，由于修筑文教北路和洪都北大道，征用土地5亩。学校总建筑面积15400多平方米。2005年9月，由于南昌市政府新建阳明东路，学校除宿舍外全部被征用，市政府在新建县望城镇划地50亩作为学校重建用地。

1997年5月，学校领导班子由书记兼校长1名，副职3名组成。

学校党组织为总支委员会。2009年，经省直属机关工作委员会（赣直党组〔2009〕72号）批准，学校党组织升格为党委。2010年1月，省机构编制委员会办公室《关于江西省总工会干部学校配备领导职数的批复》同意配备校长1名、党委书记1名、副校长3名、纪委书记1名，正、副科级领导职数各5名。

学校恢复初期，机构设置为：办公室、教研室、行政科。随着学校的发展，1997年调整为办公室、行政科、教研室、教务科、学生科、保卫科、图书馆。2002年经省编办批准，机构设置调整为：办公室、教研室、行政科、培训科、膳宿科（为便于工作，对外称接待科）。

1989年，省编办核定学校编制为63人。至2010年，学校在编教工45人，教工中本科以上学历的23人，取得专业技术职称的23人，占教工总数的51.1%，其中副高职称的4人，中级职称9人，初级10人。其中高级讲师4人，讲师5人，占专职教师总数的75%。

学校按照省总制定的5年培训计划和年度培训要求负责工会干部的培训工作。1994年起，学校创办职工中专是省独立设置的成人中专，属国民教育系列。2002年停止招生。2003年经省新闻出版局批准创办《江西工会学坛》双月刊内部刊物，刊物由省总主管，省总干部学校主办。曾出版2期刊物，因经费等原因停办。

表9-4-1　1994—2010年学校领导班子成员及任期

姓名	职务	任职时间
李上珍	副校长	（1988.12—1999.03）
李运学	党总支副书记 副校长 党总支书记	（1991.10—1992.08） （1992.08—2005.12） （2006.01—2010.11）
李冬发	副校长兼党总支副书记，主持工作	（1992.08—1996　　）
万学华	副校长兼党总支副书记，主持工作 校长兼党总支书记	（1995.10—1997.05） （1997.05—2005.12）
曹　杰	党总支副书记	（1997.05—1998.07）
王翠华	助理调研员 调研员	（1999.11—2006.09） （2006.09—2008.04）
贾鲁营	副校长	（2000.09—2002.03）
范春松	副校长 校长	（2001.07—2006.08） （2006.08—2009.03）

续表

姓名	职务	任职时间
徐　洪	副校长	(2004.02—　　　)
欧阳华	副校长	(2007.06—　　　)
曲　清	校长	(2009.03—　　　)
颜　琴	副校长	(2009.11—　　　)

江西工人报社

《江西工人报》创刊于1950年3月,是省总直属事业单位。1966年停刊。1991年7月18日,省编委发文同意成立江西工人报社,属省总管辖,同意《工人天地》编辑部(现为《职工法律天地》杂志编辑部)从省总办公室划出,并与《江西工人报》社合署办公,为正处级事业单位机构,实行一个机构两块牌子。

1993年2月,报社办公地址从南昌市八一大道415号迁至洪都北大道268号(省总干校院内)。2002年1月,迁至广场北路192号。2007年5月,迁回八一大道415号。

1992年1月2日,《江西工人报》复刊。

1993年2月,机构设办公室、总编室、新闻部、经济部、《工人天地》编辑部。编制数20人。2010年5月经省编办批准,《工人天地》编辑部变更为《职工法律天地》编辑部,经济信息部变更为广告发行部。机构设办公室、总编室、新闻部、广告发行部、《职工法律天地》编辑部。编制数20人。配备正处领导职数1名、副处领导职数2名、正科领导职数5名、副科领导职数2名。有正高职称1人,副高职称3人,中级职称5人。

表9-4-2　1993—2010年社长、总编及任期

姓名	职务	任职时间
刘继生	副总编 总编 调研员	(1991.09—1993.07) (1993.07—1999.04) (1999.04—1999.06)
刘隆汉	副总编	(1992.08—2000.01)
曲　清	副总编,主持工作 总编	(1999.04—2000.05) (2000.05—2009.03)
傅淑芬	副总编	(1999.04—2003.11)
陈渊平	副总编	(2001.02—2002.03)
徐　洪	副总编	(2002.02—2004.02)
华光耀	副总编	(2004.07—　　　)

续表

姓名	职务	任职时间
应朝晖	副总编	(2006.11—2008.04)
范春松	总编	(2009.03—　　　)
魏德华	副总编	(2009.04—　　　)

省职工旅行社(江西省惠苑宾馆)

省职工旅行社(省惠苑宾馆)是省总直属事业单位。其前身是1980年10月成立的省总工人疗休养员接待站。1987年2月,经省政府同意成立中国职工旅行社江西分社,事业性质,企业管理,自负盈亏。1987年10月,省编办同意将工人疗休养员接待站改名为“江西职工大厦”与“中国职工旅行社江西分社”合署办公,实行“两块牌子,一套人马”管理。暂定事业编制60名。1989年12月,省编办核减后编制数57名。1995年4月,省编办同意将江西职工大厦更名为“江西惠苑宾馆”。1995年12月通过省旅游局星级评审,挂牌为二星级涉外酒店。2003年4月,省编办同意中国职工旅行社江西分社更名为“省职工旅行社”。更名后机构级别、内设机构、人员编制不变。2009年11月,省编办同意省职工旅行社(惠苑宾馆)配备正处级领导职数1名,副处级领导职数4名;正科级领导职数6名,副科级领导职数12名,总的职工编制数为57人。

中国职工旅行社江西分社(江西职工大厦)期间内设:办公室、财务科、餐馆科和接待科等四个科级机构。1989年,因工作需要内部增设公关部、保安部、工程部、商品部、旅游部。同时将原财务科更名为计财部。1997年3月,省总同意中国职工旅行社江西分社(惠苑宾馆)增设动力工程部和旅游部。宾馆内部增设部门为保安部。

省惠苑宾馆坐落在南昌市八一大道、福州路和广场北路交汇处。宾馆由主楼、附楼以及苑中楼组成,占地面积约为3.2亩,建筑面积8400多平方米。2007年12月,省总决定将江西工人报社原办公大楼2—7楼给宾馆经营使用(改造后称为宾馆附楼)。同时,宾馆部分办公室搬迁至省总原办公楼的二楼南面。

1988年元旦,江西职工大厦正式开张营业。主营业务为住宿、餐饮、旅游,同时肩负着全国和全省各地市总工会来南昌的公务及劳模疗休养的接待任务。

表9-4-3　1994—2010年领导班子成员及任期

姓名	职务	任职时间
童道文	经理兼党支部书记 党支部书记 调研员	(1991.05—1998.04) (1998.04—1999.04) (1998.04—1999.04)

续表

姓名	职务	任职时间
陈恒轩	党支部副书记 副经理	(1991.05—1998.10) (1993.07—1998.04)
贾　强	总经理(法人代表、聘任) 副经理	(1998.04—2000.02) (2000.02—　　　)
吴丽云	党支部副书记 党支部书记	(1999.04—2006.02) (2006.02—2009.11)
陈文明	经理兼党支部书记	(2000.02—2005.12)
张成露	副经理(享受正处级待遇) 党支部副书记(正处级) 经理 党支部书记	(2000.09—2002.06) (2002.06—2005.12) (2006.06—　　　) (2010.09—　　　)
应爱保	副经理	(2007.06—　　　)
黄伟勇	党支部书记(兼)	(2009.11—2010.03)
章文凯	副经理	(2010.09—　　　)

省工人疗养院

省工人疗养院始建于1951年,是省总直属事业单位。1968年停业。1979年恢复正常工作。1988年经南昌市卫生局批准成立省南昌青山湖康复医院,与省南昌青山湖工人疗养院实行两块牌子,一套人马管理。1989年定编制71人。1997年经省编办批准,同意院更名为省工人疗养院,并增挂省康复医院。

省工人疗养院坐落在南昌市青山湖旁现湖滨南路58号。1999年,自筹资金建成一栋面积约4700平方米休养楼,名为"清漪楼",主要用于休养接待。2004年省总投入资金对疗养院进行大规模改造(改造期间疗养院歇业),兴建"天惠楼",2006年完工,并对"清漪楼"进行装修改造,更名"天泽楼"。

2009年省编办同意省工人疗养院配备正处级领导职数1名、副处级领导职数4名;正科级领导职数6名、副科级领导职数12名。

1993年,疗养院设办公室、医务科、总务科、膳食科、一疗区、二疗区基础上,增加两个内设科室,休养接待科、康复科。

1988年,疗养院开展康复治疗业。1995年开始,疗养业务逐年萎缩,主要业务转为以休养接待、康复为主。1997年成立康复治疗中心,购置较为齐全的康复治疗器材,开展以脊髓损伤、颅脑外伤、小儿脑瘫为主的康复治疗，收治全省乃至全国各地的康复病人，是全省较早开展现代康复治疗的专科医院。2004 年始停止各项医疗业务。2008 年被评为“全国特色疗休养院”。

表 9－4－4　1994—2010 年领导班子成员及任期

姓名	职务	任职时间
王文炳	副院长	(1987.08—1999.03)
张昆照	院长兼书记	(1992.08—1999.08)
丁伦兴	副院长	(1992.08—1996.09)
苏成太	副书记	(1993.07—1995.05)
赵卫华	副院长兼副书记，主持工作 院长兼书记 院长	(1999.03—2003.02) (2003.02—2005.11) (2005.11—2007.12)
罗长生	副院长 书记	(1999.03—2005.12) (2005.11—2005.12)
温志华	副书记	(1999.03—2005.03)
张　猛	副院长 院长	(2003.02—　　) (2007.12—　　)
邹其运	副院长	(2010.04—　　)
帅　群	副院长(聘任)	(2010.06—　　)

省总工会庐山工人休养院

省总工会庐山工人休养院始建于 1950 年，是省总直属事业单位。“文化大革命”停业，1980 年恢复经营。

1988 年，省编办批复休养院为副处级事业单位，编制 25 名，内设接待科、总务膳食科、办公室。1989 年省编办核减编制数为 24 名，内设机构不变。

1995 年，新建综合楼(即现在 2 号楼，面积约 3000 平方)；2002 年，改造天庭别墅、综合楼。

休养院是全国工会系统驻庐山唯一的接待单位。2005 年，全总授予休养院“劳动模范疗休养基地”；2008 年，全总授予“全国特色疗休养院”；2009 年，挂牌“三星级”宾馆。

表9-4-5 1994—2010年领导班子成员及任期

姓名	职务	任职时间
黄绍泽	所长 院长、党支部书记 调研员	(1990.08—1995.06) (1995.06—2002.08) (2002.08—2003.12)
周光福	党支部副书记 副院长 院长(聘任) 党支部书记	(1990.08—2004.10) (1995.06—2004.04) (2004.04—2005.03) (2004.10—2005.03)
徐伯钧	院长(聘任)	(1998.07—2004.04)
赵卫华	党支部书记、院长(兼)	(2005.03—2007.12)
刘显元	院长 党支部书记	(2007.12—) (2010.09—)
朱　丹	副院长 党支部书记	(2004.09—) (2005.06—)
王卫国	副院长	(2004.09—2005.12)

宜春温泉工人疗养院

宜春温泉工人疗养院是省总直属事业单位。1959年,宜春专署卫生处与省总宜春专区办事处联合在温汤乡杨家坪筹建宜春专区疗养院,1961年停建。1975年9月,宜春地区革委会同意成立“宜春地区温汤疗养院”。开设病床50张,人员编制30名。隶属宜春地区卫生局管理,属地直医疗卫生事业单位。1984年9月,划拨给省总管理,更名为“省宜春温泉工人疗养院”。1988年3月,经省编办核准为正处级事业单位,人员编制57名,床位100张;同时,增设“宜春温泉康复医院”,一套人马,两块牌子。2001年7月,省总决定将宜春温泉工人疗养院委托给宜春市总工会管理;2006年省总收回管理。

疗养院地处宜春市明月山风景管理区温汤镇内。1984年划归省总之后,购买土地19亩,全院占地57亩。

2009年11月,省编办同意宜春温泉工人疗养院配备正处级领导职数1名、副处级领导职数4名;正科级领导职数6名、副科级领导职数12名。

1988年,疗养院设办公室、医务科、总务科、膳食科、一疗区、二疗区等6个内设科室,目前,疗养院床位达200张,设办公室、康复中心、物业部、业务部、餐饮部、客房部、财务部、游泳馆等8个内设部门。

疗养院以温泉治疗为主，结合中西医疗技术，开展针对运动系统、神经系统、心血管系统、消化系统等疾病的治疗，有效率稳定在98%左右。

表9－4－5　1994—2010年领导班子成员及任期

姓名	职务	任职时间
周桂清	党总支书记	（1987.12—1998.06）
彭全成	副院长、党总支副书记	（1993.12—1997.08）
邓经文	副院长 党总支副书记	（1995.03—1996.05） （1994.08—1996.05）
熊建军	副院长	（1995.03—2003.12）
聂伏根	副院长，主持工作 党总支副书记 党总支书记	（1998.06—2001.06） （1998.06—1999.04） （1999.04—2001.06）
易韶光	副院长	（2000.03—2005.05）
李顺友	副院长（聘任）	（2000.03—2003.12）
邹其运	副院长，主持工作 主持院党务工作 党总支书记	（2001.06—2002.01） （2001.06—2004.09） （2004.09—2008.04）
刘雨元	副院长	（2007.07—2008.01）
晏祖和	副院长	（2003.01—　　　）
李国平	副院长，主持工作	（2007.12—　　　）
程英勤	副院长	（2010.01—　　　）

省总工会井冈山职工教育培训中心

省总工会井冈山职工教育培训中心是省总直属事业单位。其前身为井冈山市职工教育中心，在全总领导关心下，拨款140万元，井冈山市总工会开始筹建，1992年8月破土动工，1995年8月建成投入运营。1995年6月经省总批准，同意增设“省井冈山职工休养院”，并在井冈山市工商局注册成立“省总工会井冈山宾馆”。1996年1月由省编办批准成立省总工会井冈山职工教育培训中心，为副处级自收自支事业单位，定编10人。

中心位于井冈山风景区茨坪镇红军北路19号，占地面积8434.4平方米，土地征用地面积为4896平方米。房屋建筑面积3300平方米，床位120张。

中心创建初期由省总和井冈山市总、省教育工会、吉安市总采取股份制模式管理,2003 年 4 月至 2009 年 4 月中心对外承租。2009 年 5 月,中心收回自主经营权。2010 年开始,省总收回井冈山市总股份,调整省教育工会、吉安市总工会在中心股份。

由于井冈山的独特政治地位,中心已成为全省工会干部及广大职工学习教育的重要基地和开展工会对外交流的重要窗口。

先后有辽宁省总工会、北京市总工会等单位挂牌把中心作为工会干部培训基地和革命传统教育基地,2010 年被全国女职工委员会授予"全国女子示范学校"。

表 9-4-6　1994—2010 年领导班子成员及任期

姓名	职务	任职时间
彭国富	经理(聘任)	(1996.04—1998.04)
陈文明	中心主任兼工会宾馆经理	(1999.07—2009.04)
吴丽云	党支部书记	(2009.04—2009.11)
刘晓敏	中心主任 党支部副书记 党支部书记	(2009.04—　) (2009.04—2009.11) (2009.11—　)
帅　群	宾馆经理(聘任)	(2009.04—2010.04)
罗小莉	中心副主任	(2010.06—　)

庐山温泉疗养院

庐山温泉工人疗养院是省总直属事业单位。

疗养院地处星子县温泉镇温泉村。至 2001 年,疗养院占地 114936 平方米(172.57 亩)。

1955 年 3 月 22 日,全总批准兴建,床位 250 张。全总、省总共同投资 450 万元,1956 年 8 月 15 日动工,1957 年初具规模。1958 年 3 月 15 日正式开院。1984 年,疗养院发展到床位 600 多张。全总劳动工资保障部工 1982 年核准编制床位为 500 张。

1969 年初,疗养院划给星子县"革命委员会"领导,卫生行政归属星子县卫生局管理,是年 4 月,疗养院与星子县人民医院合并。1970 年划归庐山卫生局管辖,称庐山疗养院第五分院。1971 年由九江地区卫生局接管,称干部疗养院。两年后,称江西省星子温泉工人疗养院。至 1978 年,疗养院法定代表人、领导班子成员由辖属单位人事组织任免。1979 年,省总收回疗养院。2002 年 7 月 18 日,省总将疗养院租赁给珠海百富辰投资有限公司 50 年经营管理权。

疗养院党总支的党建、党务工作,一直归中共九江市直属机关工作委员会辖管。

1988 年,疗养院经省编办同意定为相当于处级事业单位,事业编制定为 200 名,内设办公室、医务科、总务科、膳食科、疗养一区、疗养二区、疗养三区七个科级机构。2007 年,事业编制数变更为 190 名。2009 年,省编办同意配置正处级领导职数 1 名、副处级领导职数 4 名、正科级领导职数 7

名、副科级领导职数14名。

2002年7月18日，疗养院租赁给珠海百富辰投资有限公司20年经营管理权。租赁期内固定资产投入达3000万，延长租赁期10年；再增长1000万，延长租赁期10年；再增长1000万，延长租赁期10年。

疗养院卫生技术人员先后完成了多项科研课题，有50多篇论文参加过江西省科学大会、全国性与省级学术专业会议上交流，或是在国家级医学杂志上发表。参与中国职工疗养学会筹备组《常见慢性病疗养康复指南》编写。1985年，疗养院组织专业技术人员编撰《中国庐山温泉》一书由中国工人出版社出版。1992年疗养院收录到《江西知名医院志》。

1961年9月17日，国务院总理周恩来在江西省委书记杨尚奎陪同下，抵达疗养院，沐浴了温泉，在会议室午餐、休息时，总理同医护（工作）人员和疗养员进行了亲切交谈。先后还有班禅额尔德尼·却吉坚赞、康克清、叶飞、于立群、吴官正、张全景、李肇星、白立忱、张国宝、顾朝羲等领导人莅临疗养院视察。

表9－4－7　1994—2010年领导班子成员及任期

姓名	职务	任职时间
李明裕	副院长 副书记 副院长（聘任）	（1989.04—1998.07） （1993.04—2000.12） （1992.10—1993.09，主持工作） （1998.07—2000.12）
罗长生	副院长兼副书记（主持工作）	（1993.09—1999.03）
周晓夏	副院长	（1994　—1998　）
任光庆	院长（聘任）	（1997.04—1998.07）
吴礼明	副院长（聘任）	（1997　—1998.07）
刘江林	副院长（聘任） 副院长（聘任）	（1997　—1998.07） （2000.03—2000.05）
徐伯钧	院长（聘任） 副书记 书记	（1998.07—2004　） （2001.03—2003.11） （2003.11—2005.01）
熊志中	副院长	（1998.07—2000　）
莫少华	副院长（聘任） 副院长	（2000.05—2000.11） （2010.05—　）
黄　平	院长（聘任）	（2004　—2010.01）

续表

姓名	职务	任职时间
陈文明	书记	(2007.03—2009.03)
程英勤	副书记	(2007.03—)
黄伟勇	书记	(2009.03—2009.11)
吴丽云	书记 院长	(2009.11—) (2010.01—)

省职工对外交流中心

省职工对外交流中心成立于1993年6月10日,为省总下属实行企业化管理的相当于处级的事业单位。对应全总所属中国职工对外交流中心。主要工作职责是:负责同各国工会、区域性工会组织以官方、民间团体的联络,发展相互间的友好和合作关系。承办国内外友好团组接待,选派研修生出国研修,组团出国交流等。编制数为5名,领导职数为正、副处级各1名。

省职工对外交流中心领导由省总国际部部长兼任。

第十章　综合管理

1994—2010年，江西工会综合管理工作涵盖以下方面：信息工作即工作机制及运行、信息刊物及平台的设制、信息工作成果的评选及总结表彰；统计工作即工作机制的运行、活动的开展、数据的研究及利用；工运理论研究即适应工会改革与发展需要，坚持深入调研，理性应对，服务职工、服务工运事业；各项活动的开展即达标考核、工会纪念活动、对口支援小金县、救灾帮村等。

17年间江西工会信息工作、统计工作、工运理论研究及重大活动的开展，为党政工作提供各类信息、数据以及经验，利于重大决策的参考。

第一节　信息与统计

17年间，全省工会信息工作，注重完善机制、加强队伍建设、健全信息网络，贴近工作实际，服从服务工会工作，快速传递党政声音，客观反映基层的问题。统计工作，注重统计队伍巩固与扩大，注重数据研究及应用，注重统计效率与质量的提高。

信息工作

工作机制及运行　1994—2010年，江西工会信息工作形成年初与季首提供信息采集要点；逐月通报信息采用情况；不定期为信息员培训“充电”；年度竞赛评比，年中检查督导，年底总结表彰，一套较为完备的工作机制。

1994年1月20日，省总工会下发《工会信息工作竞赛方案》，明确竞赛条件和评分规则：组织领导：确定分管领导记5分，确定信息员记5分；建立信息网络并开展活动记10分；开展信息员培训活动记10分。数量：地、市总工会每月报送信息10件，产业（局）、直属基层工会每月报送信息5件（以实报件数为计量，对无定性、定量分析，无新内容或不具备典型意义的一般性活动不纳入计数范围），全年记50分，每超过一件加1分，每少一件扣1分，扣完为止。全年月月完成应报数的另加10分。质量：省总工会《江西工会信息》和本地、本系统领导部门采用1件记2分；省委、省政府、中华全国总工会采用1件记5分；省直部门采用1件记3分；省领导在报送信息上批示1件记5分；地、市领导在报送信息上批示1件记2分；中办、国办采用1件记10分；信息失实每件扣10分；重大信息漏报每件扣5分；突发性事件隐瞒不报扣20分。并规定：实行信息稿酬制度；每季度由各单位进行1次自查，省总办公室通报一次信息采用情况；年终分地市与产业和直属基层工会两组进行总评,一、二、三名给予奖励。同时,评选优秀信息员、优秀信息工作领导者、优秀信息工作组织者,并给予适当的精神与物质奖励。

1994 年 1 月 20 日,省总公布《1993 年工会信息采用情况》,全年共收各类信息 391 条,省总采用 34 条。从去年情况看,各类信息,特别是职工群众对涉及切身利益改革措施的反映和发生的突发性事件,一般都能反映上来,尤其是下半年信息数量、质量比上半年有较大提高,领导批示和采用率明显增长。但是,信息工作还不能适应形势的要求,信息渠道没有完全畅通,信息调研工作基本上没有开展,综合信息和高层次信息比较少,有的重要信息出现迟报,漏报现象,有的地区,产业的信息工作比较薄弱。

1994 年 1 月 20 日,省总下发《近期信息需求要点》,近期信息采用要点:党和国家及本省、本地区重大决策的贯彻落实情况和职工群众的反映,特别是涉及职工利益的政策和改革措施的贯彻执行情况,包括正反两方面的意见,要求和建议;中央领导同志视察本地区、本部门工作的有关重要讲话,对工会工作的重要指示,在有关文件材料上的批示,地方党政主要负责同志围绕当前工作所作的重要指示,对工会工作的要求,意见和建议;各地在建立社会主义市场经济体制过程中的新情况、新经验、新问题,政治体制改革的新情况,加强民主法制建设、精神文明建设的新成效,典型经验和突出问题;贯彻落实党的十四届三中全会、省委九届九次全委会、中国工会十二大,省总工会九大和省总九届二次全委会的情况、问题和建议,工会工作的新情况新问题以及贯彻党的工运方针、政策、创造性开展工作的情况,包括工作思路,大胆进行探索和形成的经验,各级工会自身改革和建设的新情况、新经验;重要的社情民意,如一个时期职工群众最关心,议论较多、意见较大的热点问题和思想、生活状况;突发性事件和重要社会动态,包括参与人数多、涉及面广、影响较大的上访、请愿、游行、罢工、罢教、罢市、械斗和非法集会非法组织的活动,各种重大事故,如爆炸、火灾、翻车、沉船等造成重大伤亡和影响较大的事故,重大的自然灾害等及其他须报送的重要情况。

1994 年 5 月 4 日,省总公布 1994 年第二季度信息要点:转换国有企业经营机制,建立现代企业制度的试点情况和企业工会工作情况、经验、问题和建议;各地区、各部门贯彻《中华人民共和国公司法》情况、反映;各地实施财税、投资、金融、外贸体制改革的做法、进程,粮油和副食品及消费品价格变化趋势及居民、职工的反映;职工尤其是双停亏损企业职工的思想动态,生活状况,影响职工队伍稳定的主要因素及对策;外商投资企业及其他所有制企业劳动关系和工会工作的情况、问题及建议;工会参与本地区、本产业重大决策和涉及职工切身利益改革措施的情况、问题;在建立社会主义市场经济体制过程中,工人运动和工会工作遇到的新情况、新问题;各地推进社会保障制度等改革的现状、问题及建议;有一定影响的突发性事件、突出问题及其他重要社会动态。

1994 年 10 月 21—22 日,省总在江西铜业公司召开各地市总工会、产业工会、直属基层工会办公室主任会议,传达全国总工会有关信息工作会议精神,讲授信息专题课;传达全总有关工会刊物发行会议精神,部署 1995 年工会有关刊物发行任务;总结交流工会办公室工作的经验,共同探讨在向社会主义市场经济过渡过程中的工会办公室工作。

1994 年 10 月 18 日,省总下发文件,通报 1994 年 2 至 3 季度江西工会信息采用情况。同时公布 1994 年第四季度信息要点:各地学习贯彻中共中央十四届四中全会和省委九届十次全会的情况、反映；各地工会、产业工会贯彻全总十二届三次主席团会议的情况、问题及建议；各地贯彻《江西省实施〈工会法〉办法》和实施《中华人民共和国公司法》《劳动法》的情况及建议；企业实行公司制后给工会工作带来的新情况，新问题及解决的意见和建议；各地社会保障制度改革的情况、问题及建议；各地区、各产业职工思想动态、生活状况；外商投资企业、乡镇企业、私营企业劳动关系和工会工作的情况、问题及建议；各地具有一定影响的突发事件及其他重要的社会动态；各地、各部门实施财税、投资、金融、外资体制改革的情况、经验及问题；在建立社会主义市场经济过程中，工人运动或工会工作遇到的新情况、新问题；本地、本产业的突出问题及其他须报送的情况。

1995 年 1 月 16 日，省总下发《工会信息工作竞赛总结评比事项》，规定评比原则，评比方法及注意事项。是日，省总下发《1994 年度第四季度江西工会信息采用情况》通报工会信息上报、采用情况。

1995 年 4 月 25 日，省总下发文件，修订竞赛方案。明确评分标准：省总《江西工会信息》采用 1 件记 10 分；省领导在《江西工会信息》上批示，省委、省政府采用《江西工会信息》，每件记 10 分；全总办公厅采用《江西工会信息》1 件记 10 分；《工会工作通讯》《工会信息》采用江西工会信息 1 件记 5 分；在上述基础上被中办、国办采用 1 件记 20 分；信息失实和重大信息漏报取消评比资格。今后省总仍按季度通报一次信息采用情况；年终进行评比，公布竞赛结果。年终对竞赛优胜单位、优秀信息员、优秀信息工作领导者和优秀信息工作组织者给予精神和物质奖励。

1995 年 4 月，省总下发《江西省总工会关于认真贯彻〈全国工会信息工作暂行条例〉进一步做好工会信息工作的意见》，要求各级工会切实把信息工作提到工会工作重要议事日程，列入工作计划，逐步加大依靠信息交流和指导工作的力度。结合实际，围绕大局，从工会代表和维护职工合法权益的职责出发，突出和强化工会信息反映职工要求和工会参政议政的优势及特色。要求进一步健全信息网络和制度，切实加强信息工作基础建设。各级工会要在原有基础上，对工会信息网络和信息员队伍进行调整充实，有针对性地选择信息联络点，选拔政治和业务素质较高、具有责任感的同志担任网络信息员。各地市县（市、区）工会、产业（局）工会、直属基层工会要有人主要从事信息工作，基层工会和省总部门要有兼职信息员。完善信息工作制度，信息员岗位培训制度和信息工作评比表彰制度。要把工会信息工作经费列入经费预算，不断改善信息工作条件，提高信息效率。继续发挥信息网络的整体优势，加强信息与调研的统筹协调，制定规划，确定课题，开发商质量信息；要对收集到的原始信息进行综合分析，加工整理，力求把握事物本质，准确全面深刻地反映情况，并提出针对性，操作性强的建议，提供更多有价值的信息；要强化信息意识，增强信息时效，要围绕工作重点，难点、职工关心的热点问题和重大改革措施的出台等，及时传报信息，对重大突发性事件必须在当天之内上报并及时续报事件的进展和处理情况；要定期组织以地区、系统、行业为单位信息调研协作活动，针对有关苗头性、倾向性、热点性问题及时收集传报综合性信息，不断提高信息工作的整体水平。

1996 年 4 月 10 日，省总下发《近期工会信息工作报送要点》，报送要点：动员和组织职工群众开展为实现“九五”计划和 2010 年远景目标建功立业活动的情况、经验、问题和建议；贯彻落实全总十二届三次执委会和十次主席团会议精神，省总九届四次委员（扩大）会议精神，明确今年工会工作指导思想,贯彻工会工作总体思路,抓好工会重点工作的情况、经验、问题和建议;贯彻落实党的全心全意依靠工人阶级根本指导方针,推动国有企业和非公有制经济企业实现两个"六个必须"的情况、经验、问题和建议;对涉及职工利益重大改革措施出台的反映;各地稳定职工队伍的情况、经验、问题和建议;具有一定影响的突发事件及重要的社会动态;职工思想、工作、生活状况,尤其是困难行业、困难企业、困难职工的突出问题和解决的建议;在实行"两个根本性转变"过程中职工和工会工作遇到的新情况、新问题,各地的做法、经验和建议;实施"送温暖工程",推动送温暖活动经常化、制度化、社会化的情况、经验、问题及建议;贯彻实施《劳动法》的情况、经验、问题及建议,尤其是工作中遇到的突出问题及对策建议。外商投资企业、私营企业、乡镇企业工会工作存在的突出问题及建议;深化改革中工会工作遇到的新情况、新问题,工会自身改革和建设的情况、经验、问题及建议。

1996年5月15—16日,省总在向塘铁路工人俱乐部召开全省工会信息工作会议。会议强调信息工作要突出政治性、加强政策性、加强全面性。获得1995年省工会信息工作优胜单位在会上交流工会信息工作经验。

1996年6月13日,省总下发《印发〈江西工会信息工作考核评比办法〉的通知》,考核评比办法:考核对象为各地、市总工会,省产业(局)工会,省总直属基层工会,省总机关各部门;以按时完成省总下达的信息上报任务和被下列信息刊物采用的信息为评分依据:省总编发的《江西工会信息》;省委、省政府、全总的有关信息刊物;中办、国办的有关信息刊物;考核任务:地、市总工会每月应报送信息3条,全年共36条,其中6月底前须完成18条;省产业、直属基层工会、省总机关各部门和省总聘请的专兼职信息员每月应报送信息1条,全年12条,其中6月底前须完成6条;多报不限。并明确了考核办法、稿费标准和奖惩办法。对工会信息必须报送的内容:党中央、国务院和省委、省政府重要决策出台后,职工群众的反映、意见、要求和建议,各地、各部门贯彻落实党中央、国务院和省委、省政府重要决策的思路、安排、部署和措施;取得的阶段性成效和具有典型、普遍意义的经验;出现的新情况、新问题以及遇到的突出困难和矛盾,进一步修正、完善有关决策的意见、建议。中央、省委领导视察本地区、本部门工作时发表的重要讲话在有关文件材料上所作的重要批示,对工会工作的重要指示和贯彻落实情况;地方党政主要负责同志围绕当前中心工作,对工会工作发表的重要意见和建议。全总、省总重要会议精神、决定、决议的贯彻落实情况,遇到的问题及对策建议;各地、各产业、直属基层工会的重要工作部署和进展情况;各级工会自身改革和建设的新情况、新经验;工人运动和工会工作遇到的新情况、新问题及对策建议。涉及职工权益的一些改革措施和政策的实施情况及职工的反映;职工群众新的思想动向,一个时期职工群众反映集中强烈的突出问题;职工工作和生活中存在的严重困难问题;职工队伍建设中存在的值得重视的某些倾向性、苗头性问题。各地、各部门落实党的全心全意依靠工人阶级根本指导方针的重要举措、重要情况;职工民主管理遇到的新情况、新问题及新的实现形式和途径;侵犯职工合法权益的突出事例及处理结果。发性事件(如集体上访、请愿、游行、罢工、罢市、罢教、械斗事件、非法组织活动和重大恶性事故、重大自然灾害、严重疫情)其他重要的社会动态和社情民意。对突发性事件以及重大事故和重大灾情,各地、各部门应在事件发生后的3小时以内向省总办公室报送有关情况,并及时续报事件进展和处理情况、原因和后果。职工群众对重要的国际动态和港澳台动态的反映。

1998年10月12日，省总召开全省工会信息工作会议。会议传达《工会工作通讯》《中国工运》《工会信息》近期召开的3个工作会议精神，布置工会刊物发行工作。

1999年9月，省总在南昌召开全省工会信息工作会议。省总主席程受锭在会议上讲话。会议探讨工会信息在新形势下的努力方向和做法，工会信息要有鲜明的主题，有参考、决策、推广、警示的价值，体现工会的特色。要做到四个紧扣：紧扣形势，反映职工思想脉搏。紧扣中心，调动职工积极性。紧扣职能，维护职工切身利益。紧扣重点，交流工会工作经验。做到四个结合：长期信息与短期信息相结合，动态性的信息要报，突发性事件要及时上报，但更要将一些重要的调查研究成果反映出来，有计划、有提纲、有目的地写一些深层次信息，以供领导决策；专职和兼职相结合，信息工作不能仅靠少数专职人员，而要延伸触角，形成网络畅通渠道，对信息员要加强培训，扩大队伍，从而适应新形势对信息工作的要求；情况反映和理论思考相结合，信息不仅要反映现象，而且要透过现象进行一些理论探讨；提供信息与用好信息相结合，用好信息也包括订好党报和工人报刊。

2000年9月27—28日，省总在江西铜业公司召开全省工会信息工作会议，会议传达《中国工运》《工会工作通讯》《工会信息》编辑部工作会议与省委信息工作会议精神，总结交流工会信息工作；研究布置2001年三个刊物的征订发行工作。

2001年9月18—19日，全省工会信息工作会议在赣州召开，会议传达做好《中国工运》《工会工作通讯》《工会信息》工作会议精神；研究布置2002年度刊物的发行工作；为获2000年度全省工会信息工作先进单位和优秀信息员颁奖。

2002年8月27日，省总召开全省工会信息工作会议，各设区市总工会、省产业（局、系统）工会、省总直属基层工会的有关同志60多人参加会议。会议总结一年来全省工会信息工作，研究新形势下工会信息工作面临的新情况、新问题，探讨加强工会信息工作的途径和办法，研究落实2003年工会信息刊物发行工作任务。会议对工会信息干部进行培训。李骥到会并讲话。会议强调，围绕大局，采集信息；精益求精，写好信息；与时俱进，用好信息；千方百计，抓好发行。省委办公厅信息处领导在会上就信息的采集和撰写给与会人员授课。

2006年9月22日，省总在南昌召开全省工会统计信息工作会议，王运昌出席会议并讲话。会议要求，以畅通信息渠道为重点，大力加强信息工作。加强重要紧急信息报送，提高信息质量，健全工会信息网络，完善工会信息的报送、奖励等制度，重视信息刊物的订阅工作。

2007年4月16日，省总下发《关于加强工会新闻信息快报制度及宣传报道通讯员、信息员队伍建设的意见》。建立工会新闻信息及时发现、真实反映、迅速上报制度；选拔、培训工会通讯员、信息员，加强队伍建设。

2007年9月18日，省总在南昌召开全省工会后勤统计信息工作会议。推动重要紧急信息报送，提高信息质量。紧紧围绕党委、政府和工会关注的重点、工会工作的难点、职工反映的热点问题，及时报送信息尤其是问题型、综合型、建议型的高质量信息，更好地为领导决策服务。各级工会尤其要高度重视紧急信息的报送，严格按照中央、省委和全总办公厅的有关规定，建立健全一级对一级负责的报送紧急信息的责任制。对重大情况、重大问题在规定的时限内上报，防止迟报、漏报、瞒报现象的发生。做到准确、及时、全面。把握信息采写挖掘规律，提高采用率。抓好四项建设：网络建设、制度建设、队伍建设、刊物建设。

2008年4月7—9日,省总在宜春温汤工人疗养院举办工会新闻通讯员(信息员)学习贯彻党的十七大精神宣传员培训班。培训班上,宜春市委讲师团副团长刘智安作十七大精神学习辅导;工人日报江西记者站站长赵翔讲授了《关于消息写作与工会报道的思考》;江西工人报副总编辑华光耀主讲《新闻导语写作》系列谈;江西日报经济部副主任江仲俞就《专题报道与采访技巧》进行授课。

2009年1月5日,全总办公厅通报2008年度工会信息工作,江西省获310分。《工会要情》46期刊出《江西省委主要负责人高度重视工会工作和国企改革问题》。采用各地工会信息条目,江西有《江西省总工会采取扎实有力措施全力推进学习实践科学发展观试点活动》等5条。

2009年6月30日,省总下发《印发〈江西工会网〉〈江西工会信息〉评分标准的通知》,省总办公室从2009年第三季度起,根据评分标准对各地市信息采用及得分情况进行季度通报。并明确《江西工会网》《江西工会信息》评分标准。

2009年9月9日,省总在宜春温泉工人疗养院召开全省工会信息统计后勤工作会议。会议中心是加强重点信息报送,树立精品意识,加强工会信息的调研与策划。报送信息要及时,群体性上访事件等社会影响大的紧急事件发生后,当地工会要快速按隶属关系向本地党政机关和上级工会报送信息并及时续报事件的进展情况。报送信息做到准确、精炼。

2010年9月10日,省总召开全省工会信息统计工作会议。研究工会要做好"第一知情人、第一报告人、第一维权人"工作;"工会在防止群体性事件中,同省信访局一样同等重要""工会要继续发挥好信息报送的作用""及时发现倾向性的苗头,将问题解决在发生的过程中"等问题。

2009年11月3日,省总下发《江西省总工会2009年度第四季度信息需求要点的通报》,注意做好以下信息的报送:国企改革中全省各级工会积极参与、配合的信息,特别是职工权益落实情况与职工利益诉求、改制中信访情况及企业安全生产信息;关注职工队伍稳定情况,及时报送职工群体性事件动态性信息;应对国际金融危机的影响推动实施更加积极的就业政策,全方位促进就业增长,稳定就业局势,开展"同舟共济保增长"竞赛活动、"共同约定行动"信息;"千万农民工援助活动"信息;做好农民工入会和会籍管理等工作的经验做法信息;认真开展2010年"两节"送温暖活动和农民工平安返乡活动的做法、经验及遇到的问题等信息。

2010年4月23日,鉴于《江西工会网》已进行改版,栏目发生了较大变动,旧的评分标准已不适合改版后的工作要求,省总办公室从2010年4月1日起,根据新的评分标准对各地市信息采用及得分情况进行季度通报。《江西工会网》采用信息评分标准规定:采用信息每条基础得分为2分,其中:正文不超过100字的信息减1分;公告公示栏目采用信息减1分;附图片信息加1分;被推荐至热点专题栏目加1分;被推荐至图片新闻栏目加2分;被理论研究栏目采用的论文加3分;被推荐至要闻快报栏目加3分。

信息刊物及平台 1994年后,省总继续出版《江西工会信息》内部刊物,由省总办公室负责不定期编辑发行。2006年,省总创办《工会要情》,由省总办公室负责不定期编辑发行。同时依托《中国工会年鉴》编纂《江西工会年鉴》,1995年起由省总办公室负责,2008年由省总研究室负责;1998

年3月,依托《江西工人报》刊登省总《大事记》,由省总办公室负责,2008年由省总研究室负责。《江西工会信息》发送省委、省政府、全总领导及办公厅、各设区市、县(区、市)总,省产业(局、系统)工会和省总直属基层工会。《工会要情》直送省委、省政府或全总领导及办公厅。

江西工会网由省总主办,赣ICP备09000312号备案,地址:南昌市湖滨南路58号。由省总办公室副主任兼信息化办公室主任贾鲁营负责筹办,2009年1月20日正式运营。后由省总宣传教育部负责管理。“江西工会网”是综合反映全省各级工会组织工作情况的网上阵地;是宣传贯彻党的路线、方针、政策,高效落实全总、省总重大部署、重点决策、重要会议、领导讲话及有关文件精神,快速传递工会工作信息,促进全省各级工会组织及广大干部职工交流思想、沟通感情和展示自我的重要窗口;是实行会务公开,服务广大职工、广大会员,代表和维护职工合法权益,增强工会组织在广大职工中的吸引力、凝聚力和影响力的平台。

2009年7月,省委要求工会组织对国有企业改制过程中职工的思想动态和利益诉求及时做好信息报送工作。省总会议决定由办公室牵头,组织专门人员专门编发《江西工会信息·国企改革专号》。随着有关国企改革推进以及涉及社会稳定等网络舆情频发,省总增发《江西工会信息·网络舆情》。及时将工会在国企改革中发现的问题,调查了解到的情况和应对措施,编撰报送省委书记、省长、副书记以及省国有企业改革领导小组各位成员、省信访突出问题及群体性事件联席会召集人,为领导提供决策参考。

2009年,省总经费审查委员会创办《江西经审工作信息》。

2000年,省总法律工作部创办《维权信息与动态》,反映全省各级工会维权工作和工会法律工作的工会内部简报,每年编写6至12期。

信息工作成果　1996年,《江西工会信息》发稿54条,被上级采用46条,省领导批示2条、省委办公厅《信息工作通讯》4条。

1997年,《江西工会信息》发稿67条,被上级采用82条(含多级采用)。其中:中办、国办4条;省委办、省府办6条;全总办17条;省领导批示2条;《工会信息》等55条。中央办公厅、国务院办公厅采用的即:江西省采取四条过硬措施扎扎实实开展向困难企业和下岗职工送温暖活动(中办1月份);江西省“送温暖”活动扎实有成效(中办3月份);江西省妥善解决西华山钨矿2700多名退休职工生活费问题(中办6月8日);中国第四冶建公司180名退休职工集体上访(国办2季度)。

1998年,《江西工会信息》发稿61条,被上级采用54条(含多级采用)。其中:中办、国办4条;中央领导批示1条;省委办、省府办4条;全总办6条;《工会信息》《中国工运》等39条。

1999年度:《江西工会信息》发稿60条,被上级刊物采用53条(含多级采用)。其中:中办、国办2条;省委办、省府办4条;全总办13条;《工会信息》《中国工会》《中国工人》等34条。

1999年9月至2000年9月,《江西工会信息》发稿59期,连同各地工会所投稿件被上级信息刊物采用共85条(含多级采用)。其中:中办9条;省委办、省政府办14条;全总办14条;《工会信息》《中国工运》《中国工人》等48条。

2001年度《江西工会信息》发稿68条,被上级刊物采用101条(含多级采用)。其中:中办9条;省委办、省府办9条;全总办9条;《中国工运》《工会信息》《工运研究》等74条。

2002年度《江西工会信息》发稿87条,被上级刊物采用135条(含多级采用)。其中:中办8条;省委办、省府办15条;全总办11条;《中国工运》《工会信息》《工运研究》等101条。中央,省委、省政府领导对信息作出批示16条。

2003年度《江西工会信息》发稿65篇,江西工会重要信息5篇,被上级刊物采用139篇(含多级采用)。其中:省委办、省政府办23篇;全总办6篇;《中国工运》《工会信息》《工运研究》110篇。

2004年《江西工会信息》和《江西工会重要信息》发稿58条;全省工会信息被上级信息刊物采用共92条(含多级采用)。其中:省委办采用9条;全总办、《工会工作通讯》采用11条;《中国工运》《工运研究》《工会信息》等采用72条。省总办公室报送的《江西乐平矿区非因公死亡职工亲属有关情况》荣获2004年度全总好信息奖。

2004年8月—2005年8月,《江西工会信息》和《江西工会重要信息》发稿49条;全省工会信息被上级信息刊物采用共90条。其中:省委办公厅采用10条;全总办、《工会工作通讯》采用7条;《中国工运》《工运研究》《工会信息》等采用73条。

2006年上半年,全省工会信息被上级信息刊物采用共54条。其中:省委办公厅采用7条、省领导批示10条;全总办、《工会工作通讯》采用4条;《中国工运》《工会信息》等采用33条。《江西工会信息》发稿27条。

2007年9月—2008年8月,《江西工会信息》发稿72篇。全省工会信息被上级信息刊物采用共186篇。其中:省委办公厅采用7篇;全总办、《工会工作通讯》采用16篇;《中国工运》《工运研究》《工会信息》等采用91篇。2009年,《江西工会网》全年报送稿件4284篇,采用3653篇。《江西工会信息》采用32篇。

2010年,《江西工会网》全年共收到稿件3007篇,采用2709篇。

信息工作先进 2000年,省总被省委评为信息工作先进单位。

1995年4月,省总下发赣工办〔1995〕5号文件,通报江西工会信息工作竞赛1994年度总评情况。地市组:九江市总获第一名,南昌市总获第二名,萍乡市总、抚州地区工会办事处获第三名;产业组:南昌铁路分局工会获第一名,省邮电工会获第二名,省地质工会获第三名。朱修其、吴福新、邬芬源、魏建华、郦渭尧、王凤翔、祝方应获优秀信息工作领导者称号;方志红、刘本昆、彭灿林、傅长庆、于春荣、傅伯塘、唐仕良获优秀信息工作组织者称号;王忠平、刘旭光、彭江河、熊南海、王金华、骆耀斌、谭震、谢毓春、李国俊、王志强、董闽、唐建民、白云、赖勤获优秀信息员称号。

1996年5月,省总发文通报1995年度全省工会信息工作竞赛评比结果,优胜单位:南昌市总、萍乡市总、吉安地区工会办事处、南昌铁路局分局工会、新余市总、景德镇市。

吴福新、邬芬源、王淑敏、沈长生、宋荣根、冯松林获优秀信息工作领导者称号,刘本昆、彭灿林、周承光、于春荣、卢锦秀、许启樟获优秀信息工作组织者称号,王永康、彭江河、王金华、董闽、彭洁、邹小平、王文坤、万强、吴青宜、骆耀斌、熊南海、张建平、宁满林、唐广根获优秀信息员称号。

1997年度全省工会信息工作优胜单位:省总抚州地区办事处、省总宜春地区办事处、省总赣州地区办事处、省邮电工会、江西铜业公司工会、南昌铁路局工会。优秀信息员:熊南海、王金华、汪维汉、唐广根、刘本昆、邵建胜、熊祖建。

2000年，江西工会信息工作评比优胜单位：南昌市总、省总吉安地区办事处、赣州市总、萍乡市总、江西铜业公司工会。先进个人：聂党生、王金华、郝希升、叶晓钟、熊员根、董立伟、周世林、邹小平、吴志明、李凤林。

2002年，省总获2002年度省直信息工作先进单位，陈渊平获2002年度省直先进信息工作者称号。2002年度全省工会信息工作优胜单位：上饶市总、萍乡市总、景德镇市总、南昌市总、南昌铁路局工会、省电力工会。优秀信息员：骆耀斌、邹小平、聂党生、范自恒、张志海、周光辉、曹思源、曾铁球。

2004年度全省工会信息先进工作者：赵军、周世林、刘志勇、徐如胜、乐锋华、张建平、丁建洪、张晓亮、魏金文、赵碧霞。

统计工作

工作机制及活动 17年间，全省统计工作逐步形成下达工作任务、统计保密、统计培训、统计报表报送通报、统计工作竞赛等工作机制。统计内容，形成工会组织、工会工作、企业情况、职工队伍状况等，一系列常态性的年度统计以及专项统计、重点数据统计的统计体系。形成月报、季报和年报统计模式。省总其他部门根据工作需要，也不间断地组织基层进行相关数据调查统计。

1996年初，省总政研室下发《关于征求建立江西省总工会统计普查工作指标体系的意见通知》，广泛征求地、市总工会、省产业（局）工会、省总各部门的意见，在此基础上，形成省总统计普查工作指标体系。

1996年6月25日，省总下发《关于印发〈1996年江西省工会统计普查工作实施方案〉的通知》，明确普查的内容：应建基层工会的单位数，建有工会组织的基层单位的职工基本情况，工会组织建设情况，职工就业情况；职工工作时间、休息和休假情况；职工劳动安全卫生管理和经营情况，劳动争议调解情况，各级工会兴办企事业情况。确定普查内容的时限为1998年上半年，截至日期为1996年6月30日。明确普查方法：由基层工会填报基层工会组织半年报表，县以上工会、省产业（局）工会逐级汇总。并明确普查实施步骤：各县（市、区）工会，省产业（局）工会组织所属基层工会填报《基层工会组织统计半年报表》，县（市、区）工会、省产业（局）工会是直接汇总《基层工会组织统计半年报表》的汇总单位，要边催报、边审核、边综合；核实统计报表的准确性；按照标准和原则分组，不混淆、不重复、不遗漏。明确各地、市总工会需要进行两次汇总，即汇总所属基层工会填报《基层工会组织半年统计报表》和汇总所属各县（市、区）工会组织的《基层工会组织综合统计半年报表》。要求1996年8月25日完成统计工作任务。同时，省总为了更好地调动工会统计人员的积极性，圆满地完成1996年工会统计普查、名录库修订工作，制定《全省各地市工会、省产业（局）工会统计普查、名录库修订工作竞赛方案》，分成省总地区办事处、省辖市总2个竞赛组和省产业工会2个竞赛组。按竞赛内容要求评定分数，实行百分赛。领导重视20分；普查报表填写准确、及时、完整、清晰的50分；按时完成名录库的修订工作30分。

1996年10月17日，省总下发《印发〈1996年全省工会统计调查实施方案〉的通知》，通过调查工会在平等协商、签订集体合同、协调劳动关系、劳动法律监督以及参与涉及职工切身利益的立法与决策等方面的工作,为突出反映工会的维护职能和了解工会履行建设、参与、教育等其他社会职能的情况提供数据资料。基层工会调查表包括:建有工会组织的基层单位的职工基本情况,工会组织建设状况;职工就业状况;职工工作时间和休息休假状况;职工取得劳动报酬状况,劳动安全卫生状况,女职工和未成年工特殊保护状况;职工职业培训状况,职工社会保险和福利状况,职工民主管理状况,职工经济技术活动状况;劳动争议调解状况等12个方面的内容。基层以上工会调查表包括:工会组织建设工作,工会经济技术工作;工会保障工作;工会参与劳动争议处理工作;工会民主参与工作;工会劳动保护工作,工会职工宣传教育工作,工会自身改革和建设工作工会信访和法律工作,工会财务及审计工作;工会国际及港澳台工作等11个方面的内容。调查内容的时限为1996年度,截至时间为1996年12月31日。要求落实调查任务及《统计数据质量控制办法》的各项规定,采取普查与抽样调查的方法进行。对基层以上工会(指各级地方和产业工会的领导机关)及3000人以上的基层单位实行全面普查对3000人以下的基层单位采取抽样调查。并明确调查的实施步骤。地、市总工会,省金融工会组织录入工作,录入时统计人员必须参与录入,避免重复和遗漏现象。录入工作完成后全部数据均应通过逻辑和检索检验,检验合格后上报。

1997年10月15日,省总下发《开展〈1997年全省工会统计普查工作〉的通知》,要求指定专人搞好此项工作,落实必要的工作经费,目前未购置微机的地、市总工会,必须尽快配备微机。统计人员应熟练掌握统一的微机统计方法、认真理解统计指标含意,提高组织填报、审核、数据录入、统计汇总等各个环节的工作质量。1997年度统计普查工作将围绕贯彻落实工会工作总思路的要求展开,在全面了解各级工会履行各项社会职能情况的同时,突出了解履行维护职能和实施全总各项重点工作情况。基层工会调查表增加了职工民主参与状况;建立集体协商和集体合同制度状况;劳动法律监督状况;职工文化、体育状况等内容;基层以上工会调查表增加职工文化、体育工作;干部教育培训工作等内容。并明确调查时限、实施步骤。

2000年5月19日,省总保障部下发《江西省国有企业和县及县以上集体企业有关情况报表》,要求根据省总统一部署,认真搞好调查统计工作。

2000年10月10日,省总召开全省工会组织基本状况调查工作会议,会议传达贯彻全国工会组织基本状况调查工作会议精神;研究和布置全省工会组织基本状况调查工作任务;表彰1999年度工会统计工作先进集体和先进个人。

2000年10月12日,省总印发《2000年全省工会组织基本状况调查方案》。调查目的为:通过认定统计局公布的全省各地的职工人数,调查已建工会基层单位的职工和会员人数,填报工会组织建设状况和重点工作进展情况,为开展工会各项工作,尤其是新建企业工会组建工作提供依据。调查内容为已建工会基层单位职工和会员人数;工会重点工作情况;工会组织建设状况和工作情况。采取普查方式进行,基层工会和基层以上工会分别填写和录入计算机,实现普查和建立新的名录库工作一次完成。并明确今后工会的组建工作和其他重点工作的调查,采用只对地、市级工会(含系统、产业)下发季度统计调查报表的办法进行,年度工会组织与工作情况要根据各地市级工会(含系统、产业)掌握的实际数据情况再定是否采取普查方式进行调查。全省各级工会务必结合这次调查，形成一级抓一级、一级对一级负责的报告制度，建立健全自身的统计调查网络和机制，以定期掌握有关工会组织建设和重点工作及其他工作的进展情况。调查的标准时点为2000年9月30日。各地市、系统（产业）工会务必于2000年11月20日前将填报、汇总好的数据报至省总政研室；基层组织调查表和基层以上组织调查表的调查时限为2000年12月31日，各地市总工会务必于2001年2月10日以前、系统（产业）工会务必于2001年1月底以前将录入、汇总好的数据报至省总政研室。省总将对调查情况进行抽查。要求各级工会在调查工作结束后，要对调查的方案设计、组织实施、数据处理、情况分析和开发应用等方面进行认真总结，向省总提交书面报告，为今后的工作积累经验。在调查工作结束后，应对调查工作先进单位和先进个人进行表彰。

2000年10月17日，省总办下发《核定全省职工人数的通知》，依据省统计局1999年统计的数据，核定目前全省职工总量为560.9人，并依据省统计局统计的各地职工数，分解到各地市。

2002年8月26日，省总在南昌惠苑宾馆召开全省工会组织基本状况普查暨统计工作会议，对即将开始的第5次全国职工队伍状况调查工作和5年一次的全国工会组织基本状况普查工作进行动员和部署。本次普查分两大块：职工队伍状况调查；全国工会组织基本状况普查。职工队伍状况调查主要有8个方面：全国职工队伍内部结构及相互关系的发展变化情况；职工劳动经济权益的实现，保障和发展变化情况；职工民主政治权利的实现、保障和发展变化情况；职工基层劳动关系调整机制建设和发展变化情况；职工队伍的思想状况；文化技术素质发展变化情况；职工在经济发展和社会进步中所作的贡献的发展变化；职工依法组织和参加工会权利的实现、保障和发展变化情况；职工队伍的稳定与发展变化情况。江西承担第六项工作调查……工会组织的调查对象为全国所有的工会基层组织和基层以上组织。全省实施步骤分为三个阶段：8月10日—9月10日为组织动员阶段；9月10日—10月25日为调查阶段；10月25日—11月20日为汇总阶段。文之周到会讲话。省总2002年全国职工队伍状况调查领导小组副组长王运昌、王运快分别在会上传达全国精神及全省实施意见，并部署2002年全省工会组织基本状况普查方案。全省各设区市总工会、省产业（局、系统）工会、省总直属基层工会的有关负责人170多人参加会议。

2004年9月23日，在南昌召开全省工会统计、信息工作会议，省总副主席李慈葆到会并作讲话。会上表彰2004年度全省工会统计先进工作者，他们是上饶市总纪力萍、宜春市总肖新、鹰潭市总孙盖群、萍乡市总彭朝霞、九江市总万继红、省直机关丁妙云、吉安市总胡满凤、电信工会张丹宏、赣州市总周丽兰、南铁工会熊芳，同时表彰2004年度全省工会信息先进工作者。

2006年9月28日，省总召开全省工会统计、信息、后勤工作等会议。会议以提高质量为重点，加强工会统计调查工作。按照全总、省总的要求做好全省统计工作，按时保质上报统计数据。

2007年9月18日，省总召开全省工会后勤统计信息工作会议，会议要求进一步完善统计调查工作制度，大力加强和改进统计调查工作，努力保证收集、上报的原始数据资料的客观真实；深入挖掘统计年报、季报等数据资源分析情况，提升数据资料的服务效能；努力提高利用政府统计数据的能力和水平，不断提高工会统计调查工作质量；上报数据前要做好部门间的协商沟通，及时发现问题、减少误差，严格把好年报数据的质量关，确保统计工作任务的圆满完成。

2008年6月2日，省总下发《印发〈2008年全省工会工作情况半年报调查方案〉的通知》，调查内容:工会组织建设;工会干部协管和教育培训工作;工会保障工作;工会劳动合同、集体合同和民主管理工作;工会劳动保护工作;工会法律工作;工会经济技术工作;工会财务和经审工作;工会宣传教育和职工文化体育工作;工会国际和对外交流工作等。由全总提供调查方案、调查表式、统计分类标准和数据处理标准。调查的标准时点为2008年6月30日。9月1日,省总下发《印发〈2008年度全省工会统计年报调查方案〉的通知》,调查的标准时点为2008年9月30日。其他均与2008年全省工会工作情况半年报调查相同。

2009年9月7日,省总下发《印发〈2009年度全省工会统计年报调查方案〉的通知》,统计年报内容在2008年的基础上增加1项,即工会开展创建劳动关系和谐企业与工业园区活动等。其他与2008年相同。

2009年9月9日,省总召开全省工会信息、统计、后勤工作会议。强调2009年工会统计年报调查的重要性。各级工会和统计工作人员要树立严谨细致的工作作风,严格遵守统计制度的规定,及时下发统计调查表,按时汇总、上报统计数据,严把统计数据质量关,保证统计数据的时效性和准确性,坚决杜绝迟报、漏报、瞒报统计数据的现象。各级工会要加强工会统计数据资料的管理工作,收集好、开发好工会统计数据资源,要在年报统计调查的基础上,逐步建立起适应本级工会工作发展要求、满足多层次需要、科学可靠的统计调查资料数据库。各级工会在保证数据时效性和准确性的基础上,要进一步加强统计分析研究,密切关注职工关心的热点、难点和重点问题,紧跟新形势,抓住新变化,发掘新问题,增加统计数据研究分析的频率和深度。

2010年9月7日,省总下发《印发〈2010年度全省工会统计年报调查方案〉的通知》,从2010年开始,全国各级工会组织均采用永久性统计编码,过去各级工会组织在填写工会统计年报调查表时使用的顺序编码方法不再沿用,具体编码方法依据《全国工会组织统计编码编制方案》执行。同时强调为提高工会组织建设和发展会员情况统计数据的准确性,避免重复统计,在农民工输出地组建的外出务工人员的工会组织,不列入基层工会调查表的调查范围。

数据研究及利用　1996年12月12日,省总政研室撰文《1996年工会统计分析》。将1996年与1993年的基层工会统计普查数据进行分析。分别从工会组织建设情况、职工基本情况、工会工作发展情况3个大类进行分析。工会组织建设情况从经济类别、规模、国民经济类型、工会经费审查情况、女职工委员会情况、工会专职干部情况、工会专职主席任职、文化程度、年龄情况进行比较分析;职工基本情况从就业情况、劳动报酬情况、工作时间休息、休假情况进行分析;工会工作发展情况从职工劳动安全卫生情况、职工民主管理情况、企业经营机制、职工代表进入董事会、监事会情况、劳动争议调解委员会组成情况、工会群众生产情况、评选劳模情况、职工技术协会情况进行分析。

专项核定职工人数。2000年10月17日,省总发出核定全省职工人数的通知,通知指出,随着社会主义市场经济体制的建立,工会工作对象的范围和构成发生很大变化,已由原国家计划管理体制下的企业、事业单位和机关团体的职工,扩展为在各种经济类型中从业的以工资收入为主要生活来源的全部劳动者,主要由省劳动统计口径的职工、城镇私营企业雇工和乡镇企业职工等几部分组成。这些劳动者的数量由统计部门、工商行政管理部门和乡镇企业管理部门分别统计,最后由省统计局公布。由于适合市场经济的统计调查制度还不健全,统计指标、统计口径和统计标准存在差异,省总在听取全总意见的基础上,依据省统计局1999年统计的数据,核定目前全省职工总量为560.9万人,并依据省统计局统计的各地职工数,现分解到各地市,请各地、市总工会接此通知后,到当地税务、统计、工商等部门核定,于今年底前将有关数据、省产业工会将本系统的职工人数,反馈给省总政策研究室。要求各级地方工会认定尚未建工会的基层单位并备案,作为开展工会组建工作的任务和目标。

重点工作数据统计。2009—2010年,省总对市、县和省产业(局、系统)工会以及省总直属基层工会实行重点工作考核,每年列出重点工作,并建立工会有关重点工作季报制度,年终汇总,通报全省。为了及时反映本全省工会重点工作的情况,对财务、互保等数据实施月报制度,对工会组建等重点工作实行季报制度,为领导决策和了解考核各级工会工作提供依据。2009年3月16日,省总《印发〈江西省工会重点工作数据统计制度〉的通知》,制度从数据统计周期和上报时间、数据统计指标、数据统计实施程序、对数据统计工作的要求等4个方面作出了规定。强调工会重点工作数据实行按季度统计上报制度。10月5日上报的为第三季度数据,必须与每年开展的全总年报统计数据相一致;1月5日上报的为上一年第四季度数据,即为上一年的全年数据。省总将根据工作需要,不定期调整数据统计指标。数据统计由省总统一部署实施,在省总各职能部门的指导和配合下,由各市总工会填报。市总必须按时报送统计表电子版,同时传真一份有主席签字并加盖单位公章的统计表到省总,作为备案。市总填报数据时,必须和省总相关部门联系沟通。省总汇总市总、省产业(局、系统)工会和省总直属基层工会报送的数据在省总全委(扩大)会议结束后组织市总、省产业和省总直属基层工会主席和省总各部门负责人对照2009年工作考核数据进行评分,省总将评分综合,分别排出市总、省产业在各项重点工作中的排序,并通报全省各设区市、省产业党委、政府(行政)。

2010年,省总开始进行网站数据平台的开发,利用省总网站,集成数据平台,开发统计软件,在数据收集、报送、应用开发等实现用软件来管理,进一步规范流程,达到质量控制。

第二节　工运研究和工会志编纂

1994—2010年,江西工会坚持深入职工、深入基层、深入一线调查研究;直面现实,直面问题,反映职工诉求,表明工会主张;建立和充实工会理论研究队伍,坚持理论联系实际,为职工服务,为工运服务。配合省政府、全总顺利完成《江西省工会志》《中国工会运动史料全书·江西卷》编纂工作。

工运研究

机构与队伍建设　1993年6月9日,省职工民主管理研究会筹备组呈文省民政厅《关于申请成立江西省职工民主管理研究会的报告》,为认真贯彻落实党的全心全意依靠工人阶级的指导方针,积极研究探索在社会主义市场经济条件下职工民主管理的理论和实践,推进民主政治建设,经研究,拟成立江西省职工民主管理研究会。主要任务是:以党的十四大精神和建设具有中国特色社会主义理论为指针,遵循党的十一届三中全会以来的路线、方针、政策、研究探索职工民主管理的理论和实践及新形势下职工民主管理的实现形式,组织经验交流和理论研讨,开展横向联系与信息交流,发现和推荐职工民主管理工作优秀理论研究成果和工作经验,表彰奖励先进集体和先进个人,为建设有中国特色的社会主义服务。在业务上接受省总的领导,民主选举理事会、常务理事会。常务理事会下设秘书处。秘书处设省总工会民主管理部,负责理事会闭会期间日常工作。7月25日,省总提出对江西省职工民主管理研究会成立的资格审查意见,认为情况属实、齐全、符合要求;拟任会长戴子钧担负起“研究会”领导职务;省内没有“相同”“相似”和重叠组织;已拨款5000元用作开办费,开展业务活动条件具备;具备社会团体法人条件。并抄送省民政厅。

1995年1月,南昌市民主管理研究会成立。有会员100余名,团体会员80多个。

1999年3月1日,省总下发《关于选聘工会理论政策研究员的通知》。省总研究决定在全省选聘一批“工会理论政策研究员”,选聘工会理论政策研究员的条件。坚持党的四项基本原则,坚持党的基本路线,在政治上思想上与党中央保持一致;热爱工会,工作、工运事业,进取心强,有高度的事业心、责任感;具有较高的理论政策水平和较强的写作能力。拟定了选聘办法:选聘对象:既可以是各级的工会干部,也可适当聘请关心重视工会工作的党政干部;选聘办法:采取个人自愿与组织推荐相结合;选聘人数:地、市总工会各选聘2至3人、省产业(局)工会和直属基层工会各选聘1人。选聘期限为两年,并与个人调研成果相结合,两年后再根据具体情况续聘。每位研究人员要有吃苦精神,做到刻苦学习,勤于思考,深入基层,求真务实,大胆探索,科学分析,开拓创新,卓有建树,为全局工作服务;每年至少应撰写1篇有较高质量即在地市级以上报刊发表的论文或调查报告。6月29日,省总决定聘任韦梓荣等44人为省总理论政策研究员。

2007年7月12日,省总下发《关于聘任省总工会理论研究员的通知》,决定聘任万先勇等67人为省总理论研究员。即:万先勇、李逢春、伍枝勤、易鲁宜、徐水花、卢绍增、张赣北、谢小忠、万学华、欧阳华、赵映、宋敬涌、胡立新、刘志勇、徐如胜、张瑶新、熊渭林、易敏、刘卫平、章林娜、袁金根、邓雪明、刘国华、乐锋华、张帆、赖桂昌、聂党生、李坪、冯传记、席文涛、祝火生、范爱军、杨丽明、段苏红、吴贱梓、余萍、张晓林、叶新明、胡青松、徐庆华、兰山、罗圣芳、范爱虎、马文君、陈文华、董立伟、王金龙、段添元、周顺平、付有松、、陈国荣、刘建华、黄晓东、肖孔仁、胡帆、万强、杨振明、朱甲贸、谢雯、谢诗联、饶水仔、张少翔、万年辉、李崎宇、莫晓祥、陈丽娟等。并公布了《江西省总工会理论研究员工作制度》,工作职责为:在省总工会的指导下,自觉开展理论研究工作,配合省总重点课题调研工作,完成交给的研究任务。主要任务为:积极完成省总委托的课题研究任务,按时向省总提交论文和研究成果;主动向省总研究室提供当地工会工作遇到的热点、难点问题、工作经验、调研动态信息等情况素材、典型案例;一年完成至少一个课题调研任务,并参加全省工会理论研究成果评选或在全总等有关刊物上发表作品。活动方式采取以个人理论研究为主。必要时,参加省总组织的专题研究,或组织研究员开展联合研究,或由省总研究室委托研究员开展有关课题研究;省总研究室为研究员提供有关理论研究文献资料、全总和省总的调研论文成果汇编、有关学术情报资料;积极参加省总组织开展的理论研讨活动；及时提出理论研究课题和有关研究工作的意见、建议。要求：加强理论和业务学习，不断提高理论政策水平；以科学的理论为指导，努力掌握调查与研究方法；深入基层、深入实践，积极探索创新工会理论；发挥研究骨干作用，指导当地工会干部开展理论研究工作。

工作要求与部署 2006 年 7 月 26 日，省总下发《江西省总工会关于加强工会理论研究工作的意见》，从充分认识加强工会理论研究的重要性和必要性、指导思想和原则、主要任务、制度和程序以及组织领导 5 个方面提出意见。主要任务：准确把握中国工会所处的历史方位，深入研究新世纪新阶段工会发展特点和规律；准确把握不同性质社会、不同历史时期劳动关系的区别，深入研究社会主义新型劳动关系的基本特征；准确把握工人阶级内部构成的变化，深化对工人阶级发展规律的研究；准确把握突出维护职工合法权益职能深刻内涵，加大对主动维权、依法维权、科学维权问题的研究力度；准确把握工会组织体制的特点，深入研究加强企业工会建设问题。工会理论研究的制度和程序：规范重点课题调研程序；完善工会统计调查制度；建立理论研究成果评选奖励制度。组织领导方面：建立领导机制、建设理论研究员队伍、创造工作条件。

2006 年 9 月 28 日，省总召开全省工会统计信息工作会议，会议要求：要明确由一名班子成员分管理论研究工作，有计划地提出理论研究的目标任务，采取有效措施抓好课题调研。要完善领导干部日常挂点调研制度，腾出精力，深入基层，带头开展调研工作，大兴调查研究之风，努力推动全省工会理论研究工作走上经常化、制度化、规范化轨道；从 2006 年开始，省总每年组织开展全省工会优秀理论研究成果评选奖励活动，并汇编年度获奖的优秀论文和调研报告专辑，供全省各级工会干部学习借鉴、交流探讨。各级工会要采取措施，调动热情，鼓励多出成果、出好成果；切实抓好“双千”调研。

2007 年 9 月 18 日，省总召开全省工会后勤统计信息工作会议。会议分析了当前工会工作面临的一系列需要大家回答的重大理论和实践问题。各级工会要围绕党政关注的重点、职工关心的热点和工会工作的难点，抓好选题，开展调研。特别要加强关于职工劳动就业、收入分配、社会保障、劳动安全卫生等问题的调查研究，切实抓好是年省总部署的“企业职工共建共享和工会发挥四个作用”委托课题调研，深入了解企业、职工在共建共享和谐社会中的状况、存在的问题和对策建议，深入研究在新形势下如何发挥工会在组织职工、引导职工、服务职工、维护职工合法权益四个方面作用，推动解决职工最关心、最直接、最现实的利益问题。省总是年部署一批委托课题，要继续开展全省工会优秀论文和调研报告评选活动，聘用一批理论研究员，制定奖励办法。

2007 年 10 月 9 日，省总关于印发《〈江西省工运理论研究成果评选表彰办法〉的通知》。规定了评选表彰与奖项设置：省总每年进行一次全省工运理论研究成果的评选表彰，设特等奖，一、二、三等奖和组织奖若干名，颁发证书和奖金，获得全省工会优秀论文和调研报告特等奖和一、二、三等奖的，分别奖励 1000 元、800 元、600 元、400 元；获得全国工会优秀论文和调研报告一、二、三等奖和优秀奖的，分别奖励 2000 元、1500 元、1000 元、500 元；表彰奖励所需经费列入省总经费预算。评选表彰的基本条件：参评论文和调研报告的基本条件是，围绕党政工作大局和工会工作重点、难点和热点，紧密联系职工群众和工会工作实际，有较高的学术价值和政策建议水平，对工会工作有重要指导作用，所推荐的工运理论研究成果的作者可以是工会干部，也可以是有关专家学者；优秀组织奖评选的基本条件是,领导重视,制度健全,有计划地部署理论研究课题任务,积极组织开展工会理论研究工作,定期组织论文评比或理论研讨活动,按时向省总推荐参评作品、上报工运理论研究工作情况和工作总结,并有较高质量的研究成果;评选表彰由省总研究室具体组织实施,负责对各地报送的参评论文和调研报告进行初评,再组织省总评审委员会对初评入选的论文和调研报告进行终评,最终评选确定获奖名次。

2009 年 9 月 9 日,省总召开全省工会信息统计后勤工作会议,会议要求,各级工会要加强对工会工作热点难点问题的研究和探索。要围绕着"保增长、保民生、保稳定"工作大局,以高度的政治责任感和使命感,进一步做好"两维、两和"的工作,就是维护权益,维护稳定,构建和谐的劳动关系,构建和谐的社会关系。要围绕党政关注的重点、职工关心的热点和工会工作的难点,抓好选题,开展调研。特别要加强关于职工劳动就业、收入分配、社会保障、劳动安全卫生等问题的调查研究。要围绕全省国企改革,抓好调查研究,对当地国企改革的情况做到心中有数,做第一知情人、第一报告人、第一维护人、第一责任人。发挥桥梁和纽带作用,上情下达、下情上达,向职工传达党委政府的政策和关怀,向党委、政府反映职工的诉求,维护合法权益。通过维护好职工合法权益、达到稳定和谐来支持改革。要以争创一流的精神开展调研,领导挂帅和带队,精心组织课题调研,形成调研的有效机制和整体合力,把今年的委托课题任务落到实处,抓出成果,力出精品。各地可与党校、高校及社会科学研究机构联系,聘请各方人才参与工会理论研究,提高工会理论研究的层次、质量和水平。

调研活动 1994—2010 年,省总立足于职工、基层,以开展调查研究为工作基本手段和方法,不间断地开展与中心工作相关的调研活动,针对获取的信息资料,分析研究,应对破解。据统计,1993 年至 2010 年,省总开展的调研活动达 28 次。

1994 年 1 月 29 日省总下发《关于开展职工民主管理情况调研的通知》,调研的主要内容:企事业单位坚持职工民主管理制度、落实职工代表大会各项职权的基本情况,改革开放以来职工民主管理工作的基本经验,存在的主要问题,未来发展趋势;在转换企业经营机制,建立现代企业领导体制和组织管理制度中,对职工民主管理、民主监督和民主参与制度带来哪些新变化,涉及哪些理论和政策问题,有什么经验和问题;国有企业进行公司制改组有什么举措,进展如何,都采取什么样的组织形式,不同组织形式的企业职工民主管理组织形式、职权有什么新变化,职工在参与国有资产监管和参加经营管理中有什么经验和问题;国有企业进行公司制改组后,如何理顺工会、职代会与股东大会、董事会、监事会的关系,有哪些不同做法和认识;职工代表参加董事会、监事会的情况怎样;适应建立现代企业制度和社会主义市场经济要求,怎样进一步推进和完善企业集体合同制度;如何强化职工依法对领导人员进行评议监督机制;外商投资企业职工民主管理或民主参与应当采取什么形式,目前都采用什么形式,有什么制度,效果如何,应当怎样进一步完善;城镇集体企业贯彻城镇集体企业《条例》的情况,经验和问题;实行股份合作制、股份制或集团公司的集体企业,职工民主管理有什么经验和问题;股份制企业职工民主管理需要进一步研究的理论和政策问题;科教文卫等事业和机关职工民主管理和民主参与情况、经验和问题,以及进一步加强这些单位职工民主管理或民主参与的意见或建议。要求各地市、产业、直属基层工会,从本地区、本产业、本企业实际出发,按照调研提纲内容,选择 1 ~ 2 个题目,组织一定人力,由领导带队,集中时间,采取多种形式进行深入调查研究,并于 4 月 10 日前,将调研报告和典型经验送省总民管部。在此基础上,省总再组织典型调查和情况汇总上报。各地市、产业、直属基层工会先后开展专项调查,并撰写调研报告。景德镇市总递交《充分发挥民主渠道作用确保职工民主管理权利——我市[景德镇市总工会]企业民主管理现状的调查》,反映存在职代会制度出现松动。职代会职权难以全面落实。职代会对企业生产经营的决策难以参进。《城镇集体企业条例》贯彻不力等问题,认为存在民主管理的舆论宣传缺乏力度和广度,转换经营机制与企业民主管理相脱节。民主管理有法难依,违法难究等原因,提出了要加强民主管理工作的舆论宣传。健全法律制约机制。重视民主管理工作经验交流,加强民主管理理论政策研究和宣传等应对措施。省总宜春地区工会办事处递交《宜春地区工会关于在企业改革新形势下职工民主管理企业的专题调查》,调查报告指出,当前面临的主要问题:一些企业实行一企多制,原有的职工民主管理方法、模式难以适应,二级民主管理亟待加强;企业放权后进入市场,市场风云变幻;国有企业进行公司制改组后工会、职代会与股东大会的关系没有理顺,职代会权利被削弱;国有企业进行公司制改组后,工会的地位下降。提出要按照国家有关法律、法规、分别行使职代会、股东大会和董事会的职权。企业董事会和监事会应有职工代表参加等建议。

省总决定 1994 年 6 月中旬对赣南 9 大国有钨矿企业进行一次“职工基本状况”调查。1994 年 6 月 6 日,下发《关于对赣南国有钨矿企业职工基本状况进行调查的通知》给省总赣州地区办事处和赣南九大钨矿企业,并附《赣南国有钨矿企业职工基本状况调查方案》《赣南国有钨矿企业职工基本状况调查提纲》。

1994 年 11 月 2 日,根据全总在全国 500 家企业进行一次“企业劳动关系状况调查”,全总随机抽样江西 15 家企业参与此次调查情况。为了保证按时完成任务,省总召开实施“全国企业劳动关系状况调查”工作会议,15 家企业的工会主席或分管“劳动关系”工作的负责人参加会议。

1995 年前后,针对当时存在的问题,南昌市总先后抽调 10 多名机关工作人员组成调查组,对全市困难职工群众状况进行了调查。该市有特困职工(低于南昌市低保线)19517 人,其中国有企业为 11173 人。解决这些特困职工生活困难,是摆在各级党组织面前的大问题,也是保持党同群众血肉联系的具体体现。为此,建议:对解决特困职工生活困难问题不能“急功近成”,而是要“细水长流”;要针对特困职工的实际需要和南昌市的民情市况,从思想上、经济上、物资上加大对解决特困职工生活困难问题的投入;在对待申办低保的工作中,建议拆除虚拟的“门槛”,不要一味地硬性规定家中有哪些高档商品不属于低保范围,应做到凡是困难职工家庭收入未达到最低标准的,都纳入城镇居民最低生活保障范围,实行最低生活保障;适度提高市区居民最低生活保障线标准。

1996 年 2 月 23 日,省总下发《关于围绕把工会工作总体思路落实到基层进行调查研究的通知》,结合提纲省总规定相关地市和省产业工会一道承担的调研任务。调查问题及调研提纲为:工会工作总体思路的精神实质、主要内容及工作要求,在工会基层工作中贯彻总体思路,突出维护职能的意义(萍乡、交通、地质、南飞工会承担);当前工会在维护职工合法权益方面的情况,以维护职工合法权益为基本职责,在工会干部、企业及社会有关方面的反映,对这些反映的分析、看法,以及提高认识取得共识的意见和建议(景德镇、鹰潭、电力、冶金工会承担);如何认识突出维护职能同其他各项职能的关系,在这方面存在什么实际问题,如何通过贯彻总体思路推动工会各项工作(宜春、抚州、邮电、省建总公司、煤矿工会承担);落实“六个必须”对于在工会基层工作中贯彻落实工会工作总体思路,履行维护职能的重要意义和作用,及如何按“六个必须”构建工会工作新格局(赣州、上饶、省直、南铁分局工会承担);根据贯彻工会工作总体思路,突出维护职能的要求,思想观念、组织制度、工作方式应如何转变、调整,怎样进行这些转变和调整(南昌、九江、铁路工程、铜业公司、有色公司工会承担);工会工作总体思路落实到基层的标准是什么,怎样才算落实到了基层(吉安、新余、国防、金融工会承担)。《通知》要求注意发掘、总结和推荐先进典型,在调查研究的基础上,结合本地区或本系统的实际,拟出贯彻落实工会工作总体思路的综合性意见。省总要求5月1日完成意见、报告和典型材料,并将此调研作为今年地市产业目标责任制考核内容之一。

1996年6月28日,省总下发《关于对贯彻工会工作总体思路、抓好推行平等协商和集体合同制度等重点工作进行调查研究和工作督查的通知》,省总于7月8至20日,由省总领导和省总常委带队,分7组赴各地进行调查研究和工作督查。了解各地工会1996年度工作目标责任制的完成情况;在贯彻落实工会工作总体思路、抓好推行平等协商和集团合同制度等重点工作方面的主要做法、经验和存在的问题;在深入基层、分类指导,抓好省总九届四次委员(扩大)会上提出的4项重点工作方面所总结出来的基层典型经验。采取听、看、访、谈的方法进行。

1997年3月31日,省总下发《关于对贯彻工会工作总体思路情况进行调查研究和工作检查的通知》,全总书记处决定在6月7日,采取各省、自治区、直辖市总工会自检和互检相结合的方法对全国贯彻工会工作总体思路的情况进行一次全面调查研究和工作检查。省总要求各地市先自行调查研究和工作检查。调查研究和工作检查的内容为:两年间各地区贯彻落实工会工作总体思路的基本情况和基本估价。重点内容:贯彻落实工会工作总体思路使工会领导机关和基层工会工作带来哪些变化(包括思想观念、运行机制、活动方式和组织机构);为了切实贯彻工会工作总体思路,工会领导机关和基层工会在自身改革和建设方面采取哪些措施,取得哪些成果,有什么经验;适应贯彻落实工会工作总体思路及企业改革和发展的需要,基层工会突出维护职能重点应建立哪些机制,抓好哪些工作;当前贯彻落实工会工作总体思路在思想认识和工作上还存在哪些突出问题,如何解决这些问题,有什么具体意见和建议。

1997年6—8月,省总通过统计调查、问卷调查和重点调查等形式,对全省11个地市、4个产业和2个直属基层的机械、纺织、石化、建筑、煤炭、电力、轻工、电子、交通,冶金、地质、商饮、医药、农林水等行业中的下岗、失业职工状况进行了调查。通过分析研究,形成并向全总保障工作部递送交《关于对我省下岗、失业职工状况调查的报告》。

1998年2月20日,省总下发《关于贯彻落实全总“开展百县工会工作调查”的有关事项的通知》,结合全省实际确定宜丰、余干、进贤3个县工会作为典型调查对象,其余作为面上了解研究的对象。这次调查主要围绕县级工会基本状况,县级工会在改革特别是放开搞活国有、集体小企业过程中,面临的新情况、新问题和新任务,创造的主要经验,存在的主要问题及原因,县级工会和职工对上级工会的意见和要求,以及加强县级工会工作应采取的对策等几个方面的内容来展开。省总要求南昌市总和宜春、上饶两地区工会各选派1~2人,配合省总对进贤、宜丰、余干3县工会工作的调查,时间是3月1日—10日。根据全总的要求,在全面调查的基础上,拟选4个先进县级工会报全总表彰。要求各地、市各推荐一名先进典型省总统一评选、上报。

1998年2月23日,省总下发《关于开展产业工会工作调查的通知》,要求省各产业(局)工会,南昌市、新余市、景德镇市、赣州市总工会对产业工会的现状进行一次专题调查。

1998年3月30日,省总下发《关于做好工会重点课题调查研究的通知》。重点课题主要有:贯彻党的"依靠"方针,落实职工主人翁地位,发挥职工主人翁作用的理论与现实问题研究;工会在社会主义初级阶段的地位、作用、特点与基本职责问题研究;改革开放、发展社会主义市场经济以来工会工作的新探索与新经验研究;国有企业产权变革中的经济关系、劳动关系变化及特点研究;实行结构调整、深化国企改革中加强国有大中型企业工会工作问题研究;国有、集体小企业改制中的工会组织、工会工作与职工权益保障问题研究;关于职工下岗及其切身利益维护的研究等16项专题。

1998年10月10日,省总下发《关于开展县级工会工作调查的通知》,省总决定是年10—12月,在全省开展县级工会工作调查。地(市)工会分别选择1~3个县(市、区)工会进行调查,通过调查,准确、客观地反映全省县级工会工作的现状,从而提出改进和加强县级工会工作的意见。省总将派出调查组到有关地(市)检查调查工作开展情况,并有针对性地到3~4个县(市、区)工会了解县级工会工作的情况,最后形成省总的专题调研报告。

1999年4月26日,省总在《关于1998年度工会论文评选情况的通报》中,公布1999年工会重点调研课题。即:关于全省国有企业厂务公开的情况调查;关于集体合同履行状况的调查;关于国有企业下岗职工基本生活保障和再就业状况的调查;关于行政事业单位工会经费收缴状况的调查;关于地方工会组织建设、机构设置、人员编制配备现状的调查;关于新经济组织组建工会状况的调查;送温暖工程经常化、制度化、社会化的体制、机制、制度、和方式研究;工会组织对特困职工履行"第一责任者"的职责问题研究;正确处理新形势下群体性突发事件、维护社会稳定问题研究;工会工作适应知识经济发展要求的对策研究。

1999年8月5日,省总下发《关于开展全省工会组织建设、机构编制、人员情况调查的通知》,调查对象为各地(市)工会、县(市、区)工会、乡镇工会、街道工会。各地(市)工会要根据调查情况写出调查报告,并有针对性地指定1~2个县(市、区)工会,1~2个乡镇、街道工会写出调查报告。省总将到部分地(市)工会和县(市、区)、乡镇、街道工会进行调查,形成全省专题调查报告。

1999年9月10日,省总下发《关于组织开展六项重点课题调查研究的通知》,省总决定,由领导带队分6个组,于9月10日—10月20日进行6个重点课题的调查研究。6个课题分别是:关于国有企业推进厂务公开的情况;关于新经济组织组建工会状况;关于集体合同履行兑现的情况;关于地方工会组织建设、机构设置、人员编制配备情况;关于行政事业单位工会经费收缴的情况;关于下岗职工基本生活保障和再就业情况。

1999年11月10日,省总在南昌召开"厂务公开"理论与实践研讨会。李慈葆参加会议。全省工会研究员在分析论述当前推行厂务公开的新形势和重大意义的基础上,对如何加快推进厂务公开提出了积极的建议和思考。一致认为厂务公开应加大宣传力度,进一步提高认识,要因企制宜,分类指导,切忌一阵风、一刀切。同时要建立和健全运行机制,使其制度化、法制化。要正确处理好五个关系:正确处理好厂务公开与职代会的关系;正确处理好职工利益与企业法人代表权益的关系;正确处理好厂务公开与建立现代企业制度的关系;正确处理好厂务公开与加强企业领导班子建设的关系;正确处理好积极探索与稳步推进的关系。

2000 年 4 月 20 日,省总下发《关于开展工会论文评选活动的通知》,要求省总理论研究员每人撰写 1 篇论文(或调查报告),各地、市总工会重点组写 1 至 3 篇论文;各省产业(局)工会和省总直属基层工会重点推荐 1 至 2 篇,10 月底截稿。省总组成优秀论文评委会,评选出一、二、三等奖及优秀论文奖各若干篇。届时省总下发评选结果通报,并按获奖等次给予奖励。省总政研室将参加两个地市的课题研讨,共同进行调研活动。强调:论文(含调查报告)要有一定的理论深度和新意;要从理论和实践的结合上阐明问题,对问题的分析,既要有定性分析,又要有定量分析,运用的数据要真实可靠;论文要主题突出、准确,论述的观点要鲜明、正确,论据充分,逻辑要清晰,情况要翔实,文笔要流畅;对工会工作具有一定的指导意义。2000 年重点调研课题为:关于实施群众性经济技术创新工程的情况、问题、经验及对策的调研;关于新形势下劳动模范评选及管理问题的专题调研;关于国有企业下岗职工基本生活保障和再就业问题(重点是劳动关系处理和三条保障线的衔接)的对策研究;关于工会组织对特困职工承担"第一责任人"职责的工作机制与组织网络的研究;关于全省城镇职工医疗保险制度改革状况的调研;关于建立平等协商机制、集体合同履约责任制和监督检查制度的专题研究;关于在企业建立工资协商谈判机制的专题研究;关于建立地方性劳动关系三方协调机制的专题研究;关于在国有独资和国有控股公司坚持和完善职代会制度的专题研究;关于增强厂务公开、民主评议企业领导人实效性的专题研究;关于国有独资和国有控股公司职工代表进董事会、监事会的现状、问题与对策研究;关于职工董事、监事制度的理论、政策与法律研究;关于个体、私营经济工会组建情况的调研;关于适应经济关系变化调整劳动关系问题的理论政策研究;关于发展社会主义市场经济新形势下工会若干基础理论问题的研究;关于新形势下职工思想政治工作的特点与规律研究;关于发展社会主义企业文化问题的理论研究;关于工会干部人事制度的现状、问题及对策研究;关于当前工会经费收缴与管理、使用的专题研究;关于工会领导机关机构改革与职能配置的理论研究;关于工会干部教育工作和干部院校建设与改革问题的专题研究。

2001 年 5 月 16 日,省总下发《关于开展重点工作调研的通知》,省总决定在 5、6 月份,程受锭、傅卓成、李骥、李慈葆分别带队在上饶和抚州、赣州和吉安、鹰潭和九江、宜春和新余就新建企业工会组建工作及开展工作状况;钨业企业困难职工群体基本状况;"两个置换"中企业工会的维权状况及置换后工会重建和工会工作状况;企业职代会制度坚持及作用发挥状况等 4 项课题进行调研,同时就如何加快发展江西工会工作广泛征求意见。

2001 年 10 月 12 日,为了确保完成全总部署中央交办的"保持党同群众血肉联系的研究"课题调研任务,并为省政府与省总第 3 次联席座谈会议作准备,省总决定在 9、10 月份,由省总正副主席带队赴各设区市总就保持党同群众血肉联系;特困职工进入城市低保;坚持和发展职代会制度;县以上工会办公、活动场所与设施情况等 4 项课题进行重点调研。省总下发《关于开展重点调研的通知》,要求 1 个课题组重点到 2 ~ 3 个市,深入基层、深入企业、深入职工,真正了解实际情况,解剖麻雀,直接听取职工群众和有关方面的意见和反映。强调在调研中要切实掌握第一手资料,各级工会提供的数据一定要真实、准确、及时，不能有水分；举的例子一定要核实，更不能道听途说。注意发现、总结基层和群众在实践中创造的新经验。

2003年7月，赣州市总决定7月为机关开展破解工会工作难题“百题”调研月。市总主席赖占华亲自带队，8个调研组分赴全市19个县（市、区）及基层工会，进行调研活动。内容涉及当前全市工会工作的热点、难点、疑点，如工会如何维护、参与，如何提高工会地位、充分发挥其作用；新建企业组建工会及工会经费收缴；树立工会新形象等。通过为期一个月的调查研究，掌握翔实的第一手资料，从而找到破解当前工会工作难题的钥匙，为政府决策提供科学依据及为做好工会工作提供有价值的参考依据。

2003年8月29日，省总在南昌召开深入学习“三个代表”重要思想、全面贯彻省总工会第十一次代表大会精神，深入基层进行调查研究动员大会，大会由李骥主持。文之周作动员讲话。他指出：调研是工会工作的长期任务；开展调研是全党的优良传统、传家宝；是领导和机关干部的基本功；是转变机关干部工作作风的重要措施；怎样搞好调查研究。会后由省总领导、省总有关部门主要负责人和省总有关直属单位领导带队，组成11个调查组分赴11个设区市就全心全意依靠工人阶级的方针等28个专题进行调查。。

2004年5月10日，省总下发《关于开展“建立和完善帮扶困难职工的手段、载体和机制，协助党政解决职工群众生产生活问题”的调研通知》，根据全总2004年重点工作调研方案，省总决定在全省开展此次调研。通过调查，了解全省困难职工的总体情况，各级工会组织在做好困难职工帮扶工作方面的典型经验和好的做法，分析工会帮扶困难职工存在的主要问题和困难，研究探讨如何进一步发展和创新工会帮扶工作的长效机制，并对完善原有帮扶措施和帮扶机制、建立困难职工帮扶体系提出思路和建议，以实现中国工会十四大提出的“在大力帮扶中搞好维权”的目标，协助党和政府更好地解决职工群众生产生活问题。调研范围为全省11个设区市、军工系统和地质系统。省国防工会、省地质工会应按调研提纲内容认真展开调研，并形成调研报告。省总调研组将深入南昌、九江、吉安、萍乡等市进行重点调研，市总配合协助。各设区市总、省产业（局、系统）工会、省总直属基层工会都完成《调查表》《困难职工问卷》《访谈记录》的填报工作。李慈葆负责，保障工作部牵头，朱秀根具体负责。汤御奎、贾鲁营、熊员根、熊志中、易青、赵映、李崎宇为调研组成员。调研方法为在全省范围内开展“千人问卷”“百人访谈”“百厂分析”工作。要求6月中旬形成调研报告初稿，邀请省有关部门专家进行课题论证，省总领导审定后，上报全总。

2005年11月24日，省总下发《关于开展调研督查工作的通知》，省总决定自11月28日起，省总领导分赴各设区市就各地贯彻落实全省工会工作会议精神情况和工会干部协管工作情况进行调研督查。张海如到九江、宜春、萍乡；文之周到上饶、鹰潭、景德镇、抚州市；李骥到南昌、吉安、新余市进行调研。

2006年3月15日，省总下发《关于印发〈江西省总工会2006年调研工作总体方案〉的通知》，《通知》指出：重点调研课题分别由省总领导负责，有关部门和设区市联合承担，其他课题由有关部门独立承担，研究室负责具体调研的组织协调工作。做到统筹规划、精心组织，集中力量、狠抓落实。2006年全省工会调研课题为：关于加强企业工会建设，包括非公有制企业工会规范工作、发挥作用问题的调研(文之周负责,组织部牵头承担);关于落实职代会、厂务公开制度的现状与问题、对策与建议的调研(李骥负责,民管部牵头承担);关于维护农民工合法权益问题的调研(李慈葆、王运昌负责,研究室牵头承担);关于女职工特殊权益维护的对策与建议的调研(郭学勤负责,女工部牵头承担);关于非公有制企业职工民主管理问题的调研(民管部承担);关于在新一轮国有企业改组改制中,维护职工合法权益和工会权益问题的调研(民管部承担);关于部分困难企业离退休人员缺乏医疗保障问题的调研(保障部承担);关于切实提高劳动合同签订率、履约率和推行工资集体协商制度的调研(法律工作部承担);关于加强产业工会建设问题的调研(产业办承担);关于工会经费收缴的问题与经验、对策与建议的调研(财务部、经审办承担);关于当前企业职工思想状况和加强职工思想政治工作的调研(宣教部承担);关于非公有制企业劳动保护现状与问题、对策与建议的调研(经济技术部承担)。要求1至4重点课题5月下旬完成,其他6月完成。所有课题形成调研报告,提出有针对性的对策建议。形成省总关于维护农民工合法权益的指导性文件、关于规范非公有制企业工会工作的指导性文件。并向省委、省政府提出工会的意见和建议。总结若干企业、工业园区工会工作的典型经验,为全总召开的有关会议、省总召开全省企业工会工作会议做好有关经验材料和典型的推荐工作。同时规定各设区市总工会、产业(局、系统)工会、省总直属基层工会的调研工作。通过调研对非公有制企业工会工作存在的问题,今后如何发挥作用;厂务公开存在的问题及对策;困难企业离退休人员医疗保障欠缺及如何保障合法权益等形成调查报告,并报送省政府及相关部门。

“双千”调查。2006年9月起,省总分成9个调研小组开展“双千”调查,即对全省范围内的1000名下岗职工和1000名享受低保职工开展一人一表式调查,调查内容主要有:职工年龄、文化、技能、培训和就业、收入、社保、健康等情况;家庭成员收入、享受低保补差、有无虚拟收入、是否应保尽保及生活状况。旨在通过调查,掌握全省下岗职工和享受低保职工的就业、经济、生活、社保等状况,积极促进党政有关政策的落实,维护职工合法权益。目的在于掌握全省下岗职工和享受低保职工的就业、经济、生活、社保等状况,积极促进党政有关政策的落实,维护职工的合法权益。张海如担任组长,每位副主席带领1个组,分赴全省11个设区市开展调查工作。张海如率调查小组到新余市调研,对30户下岗和低保职工进行入户调查。各调研组在各设区市总协助下,采取随机抽样、上门入户的方式,通过问卷调查、个案访谈和召开不同类型座谈会,对全省1000名下岗(失业)职工的生活与再就业状况进行调研,并形成《关于我省下岗(失业)职工生活与再就业情况的调研报告》《关于我省低保职工生活情况的调研报告》。2007年1月11日,省总总纂了《关于报送省总工会“双千调研”报告的报告》报省委省政府。

2007年,省总就农民工状况进行了调查,撰写《江西省农民工权益状况调研报告》。报告阐述了全省农民工流动就业的结构特点:农民工流动就业地域多元化;农民工流动就业主要分布在制造业;农民工劳动技能和择业能力有所增强;农民外出就业时间呈现延长的趋势;农民工流动就业的趋向开始发生变化;农民工流动就业形成一批劳务品牌。报告提出了农民工权益保障方面存在的突出问题:劳动合同签订率低;社会保障普遍缺乏;工资拖欠较为严重;超时工作非常普遍;劳动安全卫生缺乏有效保护;民主权利缺乏基本渠道;文化生活单调贫乏;生活环境极其简陋。影响农民工权益实现状况的主要原因:体制上的二元结构;法律制度上的缺陷;监察力量上的薄弱;思想认识上的偏差;自身素质上的制约;工会"组织起来、切实维权"的作用有待于充分发挥出来。对此,提出了维护农民工合法权益的8条意见和建议:改革制度安排,切实把农民工纳入公共服务的范围之内;改善务工环境,强化为农民工管理服务;加大劳动监察力度,强化政策穿透力度;完善社会保障制度,解除农民工的后顾之忧;加快建立农民工职业病防治体系;加强教育培训,着力提高农民工的整体素质;着力解决外资企业、非公企业工会组建、规范开展工作、发挥作用的难题;完善工会维权机制,提高工会维权专业水平。

2007年4月16日,省总下发《关于下发〈"企业职工共建共享状况"专题调研方案〉的通知》,要求以部门为单位,一个部门承担一个子课题,结合省总机关干部下派基层锻炼,认真开展本次专题调研。各地各单位可围绕省总的调研课题或自拟调研课题开展调研,调研报告8月底之前报省总研究室。9月底之前完成调研综合报告。

2007年7月23日,省总下发《关于江西省总工会2007年重点课题委托调研的通知》,要求设区市总、省产业工会10月30日之前将调研报告报送省总研究室。委托课题:企业开展多种形式的职工经济技术活动,职工技术素质、职业培训、劳模示范作用、职工建功立业情况调研,承担单位:省总经济技术部、新余市总工会、江铜工会、洪都工会;基层工会组织建设,非公有制企业建会和农民工入会情况调研,承担单位:省总组织部、南昌市总工会、九江市总工会、省建工集团工会;"促进企业发展、维护职工权益",创建劳动关系和谐企业活动情况调研,承担单位:省总干校、宜春市总工会、省交通工会;企业职工思想状况,职工最关心、最直接、最现实的利益问题情况调研,承担单位:省总女工部、省煤矿工会、南昌铁路局工会、省农垦工会;企业推行劳动合同、集体合同,落实最低工资制度、建立正常合理的工资增长机制和工资支付机制情况调研,承担单位:省总法工部、抚州市总工会、省冶金集团工会,职工的经济权益,劳动就业、收入分配、劳动时间、社会保障、劳动安全卫生情况调研,承担单位:省总法工部、吉安市总工会、景德镇市总工会、省地质工会;职工的民主权益,企业职代会、厂务公开制度建设情况调研,承担单位:省总民管部、上饶市总工会、省电力工会、省国防工会、稀有稀土公司工会;职工的精神文化权益,企业文化建设、开展职工文体活动情况调研,承担单位:省总宣教部、鹰潭市总工会、赣州市总工会、萍乡市总工会、省电信工会、省邮政工会、省移动工会;困难职工的生产生活,民生工程的落实、工会帮扶工作情况调研,承担单位:省总保障部、省教育工会、各设区市总工会;贯彻《企业工会工作条例》,企业工会发挥组织职工、引导职工、服务职工、维护职工四个作用情况调研,承担单位:各设区市总工会和产业工会。

2007年10月下旬至11月上旬,新余市总工会与市政协社会和法制委员会联合开展了"走百家企业,访千名职工"活动.市、县(区)工会机关干部和部分市、县(区)政协委员走进100家企业,了解职工的思想、工作和生活状况,并推动非公企业"工会组建月"活动深入开展。通过走访,工会干部和政协委员们收集到具有针对性和普遍性参考价值的意见和建议,为增强工会源头参与能力、探索解决新问题、实现新突破提供有力依据。

2008年8月25日,省总下发《关于开展重点工作调研的通知》,重点工作调研内容:关于工会组织贯彻落实科学发展观的调查研究,包括实践科学发展观对工会工作提出的新课题、新要求、新任务,职工队伍的结构、数量、分布和变化状况,企业劳动关系的现状等;关于“组织起来”和“发展会员”的调查研究,包括新经济组织工会组建,工业园区工会组建,改制企业工会建设,《企业工会工作条例》的实施情况,组织农民工、劳务派遣和非正规就业劳动者入会问题等;关于“收缴经费”的调查研究,包括工会经费地税代收情况,机关事业单位工会经费的财政划拨情况,工会自收经费状况,工业园区工会经费收缴情况,部分产业工会组织关系分离后经费收缴,大中型企业劳务派遣人员工会经费拨缴问题等;关于“开展活动”的调查研究,包括职工教育学习活动、劳动竞赛活动、文化体育活动的开展情况,职工文化阵地建设和职工素质工程等;关于“切实维权”的调查研究,包括国有企业改制过程中职工权益维护,职工代表大会制度、工资集体协商等工会维权机制建设与发挥作用情况,《劳动合同法》实施情况,职工权益尤其是劳动经济权益保障情况,农民工权益保障情况等;关于“大力帮扶”的调查研究,包括帮扶理念、帮扶对象、帮扶标准、帮扶方法、帮扶渠道,帮扶资金的筹措与管理,帮扶中心网络平台建设等;关于“劳模管理”的调查研究,包括劳模评选与表彰,劳模人物和精神的宣传,劳模档案建立与动态管理,劳模疗养与休养,劳模的困难帮扶等;关于“提高能力”的调查研究,包括新建企业工会规范运作与发挥作用,乡镇、街道、工业园区和社区工会建设与发挥作用,产业工会组织体系的现状与问题,工会经费审查和资产管理问题,工会信息化建设,工会干部教育培训和能力建设等。2008 年 11 月 30 日前将调研报告报省总研究室,所有调查报告将直接参加 2008 年全省工会优秀论文、调研报告评选活动。

2009 年 3 月 31 日,省总下发《关于深入基层企业走访调研的通知》,走访调研的内容为:企业积极应对国际金融危机影响,努力创建劳动关系和谐企业,同舟共济保增长、建功立业促发展,为推动江西经济平稳较快发展做出突出贡献的做法和经验;企业拖欠职工工资,欠缴职工养老、工伤、医疗、失业、生育保险和工会经费,违规裁员,违反国家计划生育政策,未组建工会和签订集体合同,能源消耗超标,环境污染严重,以及 2006 年以来发生重大安全生产事故、严重职业危害或群体性事件的情况;对保增长、保民生、保稳定以及工会工作的意见和建议。要求各走访调研组须写出 1 份调研报告。

2009 年 4 月 1 日,省总研究室撰文《对后金融危机影响下推动企业职工劳动经济权益实现的几点思考——以江西为例》报省总领导参考。

2010 年 6 月 10 日,省总下发《关于赴地市调研的通知》,省总决定,6 月底之前,由省总领导分别带队深入地市调研。内容为:各类企业特别是外资、港澳台资、民营等非公有制企业工会组织的建立、发挥作用和职工入会情况;企业劳动关系和谐状况,职工的主要诉求以及矛盾纠纷排查化解,劳动争议调解情况;职工民主管理、工资集体协商共决机制、正常增长机制和支付保障机制等职工权益维护、利益诉求表达机制建设情况;企业工会作用发挥存在的主要问题及原因,充分发挥企业工会作用的对策建议;七大系统国企工会组织建设、职代会建设情况、职工思想动态和利益诉求、职工队伍稳定情况;全省可不可能出现富士康等企业类似情况的分析,以及如何应对的预案;省总下发的 4 个文件的贯彻落实情况。6 月 13 日开始,省总分成 8 个组,分赴全省 11 个地市,就调研内容进行调研,统一制发了《全省七个系统国企改革统计表》,由设区市总工会印发了调查问卷。6 月底,省总召开调研情况分析汇报会。针对调查中发现的工会组织不健全、职代会不完善、干部接访能力有待加强等问题，省总针对性地举办一期非公企业工会组建、民主管理培训班和一期改制企业信访工作培训班，并派出督导检查组加强指导。

2010年9月8日，省总研究室下发《2010年职工劳动经济权益实现情况调研工作方案》，要配合填写调查问卷，问卷涉及劳动合同、集体合同、劳动争议、劳动报酬、休息休假、社会保险、职业培训等七个方面职工劳动经济权益状况。

理论研究及成果 1994—2010年是工会工作的发展期，为探索新路子，迎接新挑战，工会理论研究在各级工会组织普遍开展。全省工会系统撰写的论文、调查报告有记录的2000余篇，获奖文章300余篇，并完成了2项国家级研究课题。2000年，省总研究室收集全省优秀调研报告和工运论文汇编成册。2000年4月，省总规定凡省总机关工作人员和省总理论研究员在省级或省级以上各媒体发表的有关工会工作的论文、调查报告及宣传报道文章，省总均给予与作者所得稿费同等的奖励。

1994年3—9月，为配合联合国"国际家庭年"活动，迎接95世界妇女大会在北京胜利召开，发挥女职工在家庭文化建设中的特殊作用，省总女工部举办"家庭文化建设"论文征集评选活动。历时5个多月，于9月底圆满结束。全省各地共推荐和选送参评论文114篇，经过认真评选，共评出优秀论文21篇，向全总推荐优秀论文13篇。

1994年5月12日，省职工思想政治工作研讨会三届十次常务理事会议通过，评定1993年度优秀论文17篇，优秀调查报告7篇。

1995年6—12月，省总进行征求"在社会主义市场经济条件下如何做好工会工作"优秀论文的活动。上报参评论文共计60篇。省总优秀论文评选小组评议，评出优秀论文一等奖2名、二等奖3名、三等奖6名、优秀奖10名，共计获奖文章21篇。省总干校贾鲁营的《试论劳动关系的新特点及工会的调节作用》，宜春地区工会吴青宜的《对劳动争议的走势分析及对策思考》获一等奖。江西气体压缩机厂工会李小玉的《市场经济条件下强化工会维护职能的几点思考》，江西铜业公司永平铜矿工会赖岩涛的《刍议当前企业民主管理存在的问题及对策》，省总干校徐尊华的《试谈集体合同与其它制度的关系》获2等奖。省总宜春地区、抚州地区办事处，在此次征文活动中，经评选获"组织奖"。获奖论文中有5篇论文被推荐参加全总举办的优秀论文评选活动。

1997年2月4日，省总开展"全心全意依靠工人阶级理论与实践研讨会"征文，经评委会评选，刘祖三撰写的《全心全意依靠工人阶级与充分发挥工会的作用》等21篇文章被评选为优秀论文。

1998年1月24日，省总通报本机关干部撰写文章情况。1997年上半年，省总号召机关干部每人写1篇理论或调研文章。年底，共收到文章48篇。较好的有10篇，作者分别是：熊员根、李慈葆、吴铭、李保忠、胡长印、宗菊根、龚荣才、郝希升、许根生、张四旺。

1999年4月26日，省总通报1998年度工会论文评选情况。论文选送结果：新余4篇，吉安4篇，宜春2篇，抚州、鹰潭、上饶、萍乡、九江、省总干校、洪都航空工业集团有限责任公司工会各1篇。论文评选结果：《浅析县级工会工作》（作者：彭绍富）、《关于我市下岗职工基本生活保障和再就业工作的调查与分析》（作者：汪当时等）、《企业工会工作战略思考》（作者：张良金）、《现代企业劳动竞赛应注意"八新"》（作者：杨振明）、《思想观念的转换是实施下岗再就业工程的先导》（作者:肖生珍)、《论邓小平工人阶级与工会思想的基本特征》(作者:范春松)等6篇文章为优秀论文(调查报告)。是日,省总通报1998年度省总机关优秀论文评选情况,评选出优秀论文4篇,《国有企业人事制度改革“千人问卷”的调查与思考》(作者:龚荣才)、《搞好教代会评估工作,推进民主管理制度化建设》(作者:张源)、《试论社会主义道德建设与经济发展之关系》(作者:任春山)、《坚持加强领导,充分发动群众,推动创建文明单位活动扎实开展》(作者:许家桃)。

2000年12月19日,省总通报2000年工会论文评选结果:吉安县总工会副主席肖生珍撰写的《关于新经济组织建会工作的思考》等2篇论文评为一等奖;赣州市章贡区工会经济部部长谢万林撰写的《内强素质外塑形象——新形势下加强工会干部队伍建设之我见》等5篇论文评为二等奖;南昌市总工会宣教部部长唐树勋撰写的《国有企业发展需要一支高素质的职工队伍》等13篇论文评为三等奖。

2000年,南昌市总与市委党校联合成立了罗木水、金宏、蔡水珍、罗贤让参加的“工人阶级问题研究”组,经前后两年多的努力,完成《建立社会主义市场经济体制与全心全意依靠工人阶级问题研究》《现阶段工人阶级问题研究》两项国家级课题(中国社会科学院社科研究课题),并顺利通过专家组验收。金宏等人配合市委领导还编著出版《迈向辉煌的国有企业》和《原动力与经济发展》两书。

2001年1月21日,省总通报2000年工会论文评选结果。肖生珍撰写的《关于国有企业改制中工会工作的调查与思考》、杨振明撰写的《现代企业思想政治工作应把握“六度”》2篇论文评为一等奖;省委政策研究室韦梓荣撰写的《职工群体性上访的特点、成因与对策》等6篇论文评为二等奖;赣州市章贡区工会经济部部长谢万林撰写的《抓好经济技术创新活动推动全区经济跨越发展》等7篇论文评为优秀论文奖。

2003年,全总通报2002年度全国工会理论政策研究优秀论文评选结果,江西《“一横三纵”工会工作机制的实践与思考》《南昌市居民最低生活保障运行状况的调查与思考》获优秀奖。

2004年,全总通报省总《建立和完善帮扶困难职工手段载体和机制,协助党政解决职工群众生产生活问题的调查报告》获优秀奖。

2006年7月26日,省总下发《关于开展全省工会优秀论文、优秀调研报告评选活动的通知》,省总决定从2006年开始,每年组织开展全省工会优秀论文、优秀调研报告评选活动。省总组织评委会评选,设特等奖一名、一等奖5名、二等奖10名、三等奖15名,优秀奖若干名,颁发获奖证书和奖金。共报送141篇论文和调研报告参评。61篇入围。评选出一等奖5篇、二等奖10篇、三等奖15篇、优秀奖31篇(特等奖空缺)。同时评出组织奖10个。《关于农民工权益保护问题的调查与思考》(南昌市总工会)、《关于劳务派遣员工加入工会组织的探索和研究》(省邮电规划设计院)、《在企业改制中努力实现维护职工权益的最大化》(省国防工会)、《产业工会组织建设的几点思考》(省教育工会)、《构建和谐工会的理性思考》(省总干校)获一等奖。

2007年7月23日,省总下发《关于开展2007年度全省工会优秀论文、调研报告评选活动的通知》,全省选送134篇论文和调研报告参评。经省总初评和终评委员会评审,评选出特等奖1篇、一等奖5篇、二等奖10篇、三等奖20篇、优秀奖30篇,同时评出组织奖13个。《当前职工最关心、最直接、最现实的问题调研报告》(萍乡市总工会)获特等奖,《论权利制度视角下工会维权的实现途径》(省总干部学校)、《关于我市企业收入分配现状的调查与建议》(南昌市总)、《强化执行力——落实工会维权观的关键》(省总干部学校)、《创新维权机制拓展维权区域切实维护农民工合法权益》(宜春市总工会)、《构建"共建共享"的和谐产权关系》(省总干部学校)获一等奖。

2007 年,全总通报欧阳华撰写的《权利制度视觉下的工会维权研究》获一等奖,万学华撰写的《产业工会组织建设的几点思考》获三等奖。

2008 年 2 月,全总委托省总研究室开展工会组织贯彻落实科学发展观的课题研究。通过调研,撰写课题报告《实践科学发展观对工会组织提出的新要求新任务》。

2008 年,全总通报万学华撰写的《以法的精神完善职工代表大会制度》获二等奖,《实践科学发展观对工会组织提出的新要求新任务》获优秀奖。

2008 年 12 月 18 日,省总下发《关于报送 2008 年度优秀论文和调研报告的通知》,明确 2007 年以来,全省各级工会和工会干部、理论研究机构、高等院校的专家学者(含合作课题)所撰写的论文、调研报告均可参加评选。去年已受理过的参评作品一律不得再申报。

2009 年,全总通报全省选送的《转型时期职工心理健康问题》获二等奖,《农民工进城后的贫困经济学思考》获三等奖。

2009 年,省人大常委会副主任、省总党组书记、主席姚亚平撰写的《坚定不移走中国特色社会主义工会发展道路》载《工人日报》。

工会志编纂

机构 1988 年 6 月,《江西省工会志》编纂委员会成立,下设《江西省工会志》编辑室,地址:南昌市八一大道 146 号。1993 年 10 月,《江西省工会志》主编到位,编纂工作全面启动。

1988 年 6 月 3 日至 2000 年 10 月 12 日,由于人员变动,先后 5 次下文变更编纂委员会成员。

1988 年 6 月 3 日,李运德任《江西省工会志》编纂委员会主任;副主任:韩峰、李祖根、张全友、贾善来、潘宗周、李保忠;委员:石秀华、姚桂珍、吴继恒、雷华三、胡佑生、戴江华、帅之光、朱秀根、李骥、杨崇德。主编:潘宗周;副主编:李保忠。

1990 年 10 月 31 日,主任:刘金标;副主任:孟凡起、戴子钧、朱小梅、韩峰、潘宗周、李保忠;委员:程受锭、李祖根、姚桂珍、吴继恒、雷华三、应同祥、郭志川、叶晓钟、帅之光、朱秀根。主编:潘宗周;副主编:李保忠。

1993 年 4 月 22 日,主任:刘金标;副主任:戴子钧、朱小梅、韩峰、程受锭、潘宗周;委员:李祖根、李保忠、李骥、吴继恒、应同祥、郭志川、许家桃、李慈葆、滕自国、帅之光、胡佑生、朱秀根、卜光伟、彭蓉英、宗菊根、吴森林、支国华。主编:潘宗周;副主编:支国华、肖维华。

1996 年 11 月 1 日,主任:刘金标;副主任:程受锭、童水仙、文之周、李骥、朱秀根、潘宗周;委员:李祖根、吴继恒、王运昌、王运快、李保忠、卜光伟、应同祥、滕自国、彭蓉英、李慈葆、郭志川、胡佑生、宗菊根、许家桃、帅之光、叶晓钟、支国华、肖维华。主编:潘宗周,副主编:支国华、肖维华。

2000年10月12日,主任:程受锭;副主任:文之周、傅卓成、李骥、李慈葆、王运昌、潘宗周;委员:邓毅、王运快、支国华、叶晓钟、刘仲英、朱秀根、许家桃、吕金枝、吴铭、肖维华、宗菊根、张源、张才福、郝希升、郭志川、滕自国。主编:潘宗周;副主编:支国华、肖维华,专任编辑:梅彩玲。

《江西省工会志》编辑室主任:潘宗周;编辑:冯任中、顾建成、雷华三、蔡玉燕。

《中国工会运动史料全书·江西卷》1994年11月成立编委会,编辑室设省总内,地址南昌市八一大道146号。

《中国工会运动史料全书·江西卷》编辑委员会名誉主任:刘金标;主任:程受锭;副主任:童水仙、文之周、李骥、李慈葆、李祖根、吴继恒、潘宗周;委员:卜光伟、万学华,万根水、邓毅、王运快、王运昌、王振坤、王淑敏、支国华、甘学军、古育萍、叶晓钟、朱秀根、许斌、许家桃、吕金枝、江似火、江学鸿、刘泉根、安新民、汤华、曲清、吴铭、吴福新、汪当时、李穗、李道根、沈长生、邵铭军、肖维华、宗菊根、张源、张才福、张良金、张忠喜、张临鲜、赵登荣、钟宜生、胡佑生、郭华、郭志川、钱铜山、章鼎和、雷良骍、熊汉群、廖万军、滕自国、魏建华、戴小贺。主编:潘宗周;副主编:支国华、肖维华;编辑:蔡玉燕;责任校对:蔡玉燕、支国华、肖维华、潘宗周。

《江西省工会志》编纂。《江西省工会志》的编纂工作起步于1988年6月江西省工会志编纂委员会成立之时。1990年8月,聘请省总机关两名退休干部开始筹办,是年9月,部署全省工会系统修志工作。1992年4月,省总办公室在永修举办全省工会修志研讨班,有关地(市)县工会及产业工会派27名修志人员参加,第一次对工会修志人员进行了为时7天的业务培训。省总还先后派人赴上海、江苏、湖南、湖北、四川、福建等省学习工会志编纂的经验,并着手收集资料及草拟《江西省工会志》编目等项工作。1993年10月主编到位,《江西省工会志》的编纂工作全面启动。

为全面、系统、准确地记述江西工人斗争和工会运动的起源、发展历程及特征,达到"存史、教化、资治"的目的,从1995年初开始在原工人运动史研究工作达10年之久的基础上,广泛、深入地开展以新中国成立后史料为主要内容的资料收集、调查、整理、考核工作。是年5月,经省工会志编纂委员会研究决定,从省总各部(委)办抽调12名在职干部(包括聘请离退休干部),集中3天进行业务培训,6月进入省档案馆,有计划有目的地查阅省总1949—1967年的历史文献、文秘、人事任免等档案原始资料,前后历时2个多月。后又查阅本机关档案室及部门保留的1967至1993年的全部历史档案资料。1998年初,还派3名修志人员到省图书馆查阅1929至1949年4月的《江西民国日报》、1949—1993年的《江西日报》,以及查阅《江西工人报》《工人天地》等省总历年创办的刊物、报纸。1998年和1999年先后到全总档案室、南京中国第二历史档案馆查阅有关历史资料,包括国民党建立的工会资料。据统计:仅在省档案馆查阅的史料就有2980卷,约3亿字。在广泛收集资料的基础上,认真进行鉴别考证,深入调查核实,力求资料全面系统、翔实缜密、真实准确,数据可靠,尽力做到重要史料不错、不漏。

《江西省工会志》的编纂,经过省总3届委员会、5届编纂委员会和编撰者持续不断的努力,历时10载,四易其稿,有的章节还反复起草、多次修改。省总机关先后参加过收集资料和编写资料长篇的有:肖维华、冯任中、雷华三、顾建成、李贤富、潘宗周、支国华、蔡玉燕、吴风子、杨方甫、谢风谟、周家祥、彭国富、吴丽云、邬润秀、姚向东、熊志伟、丁妙云、吴建国、张少翔、涂立铭、吴海平等22人。

承担篇章节撰稿人有:潘宗周(概述;第一篇第一章建国后部分;第三篇第十章第一、二、四节;大事纪年;附录建国后部分);支国华(第一篇第一章建国前部分,第三章第二节;第二篇第一至七章;第三篇第七、八章及第十章第三节;附录建国前部分;编后记);肖维华(第一篇第二章,第三章第一、三、四、五节,第四章第一至五节;第三篇第五、六章;第四篇第一至五章);雷华三(第三篇第一、二章);冯任中(第三篇第三、九章);顾建成(第三篇第四章);蔡玉燕(第一篇第四章第六节;图片);全书由编委会副主任、主编潘宗周统稿。

为保证志书质量,把好史料准确关,提高学术品位,编纂人员从初稿到征求意见稿,逐篇逐章反复讨论修改,还向各地(市)县工会、省产业工会、省直属基层工会、省总各部门和各直属单位以及历届省总工会主要领导人征求意见,并于2000年11月28日召开省工会志编纂委员会会议对送审稿进行评审。应邀参加评审的有省地方志编纂委员会副主任刘斌,副处长俞红飞、梅彩玲。全总原工运史副主任、研究员唐玉良,中国社会科学院近代史研究所研究员刘明逵分别寄来书面评审意见。

《中国工会运动史料全书·江西卷》编辑。《中国工会运动史料全书·江西卷》(1862年—1993年),是根据全总《中国工会运动史料全书》(以下简称《全书》)编辑方案和《全书》总编辑委员会的统一部署和要求,在省总党组的领导和《全书》总编辑部的指导下,由《全书》江西卷编辑委员会编辑成书的。它全面、系统地汇集江西从产业工人的产生、壮大,工会组织的建立、发展,到1993年底这130多年间工会运动丰富、翔实的历史资料,展现了江西工人阶级和工会运动的战斗历程和光辉业绩。它的出版,对于研究总结江西乃至中国工会运动的历史经验,继承发扬工人阶级和工会运动的优良传统,发展、推进新时期的工运事业,具有重要的现实意义和深远的历史影响。

《全书》江西卷从1994年11月成立编委会和制定编辑计划起开始收集资料,1996年3月编出纲目草稿。1997年12月起,集中力量,采取收集资料、修改纲目和编写提纲、筛选和插入史料、征求意见进行修改、按版式要求打印,交叉和同步进行的方法编辑,提高编辑效率,加快成书进度。在1998年里,4月和6月两次修改纲目,6月底和9月中旬先后拟出编辑提纲的征求意见稿和送审稿。与此同时,初选的史料基本上按章、节、目对号入座,并于7月下旬开始陆续输入计算机。当10月底提纲审定时,10章史料已全部打印出初稿。此后,为了确保书稿质量,使之真正具有全面性和权威性,用了4个多月的时间,按编辑部审定的提纲进行4次精选精编(包括增补、删减、调整、校勘、注释等),于1999年3月印出送审稿,9月经本卷编委会讨论通过,并经《全书》总编辑部终审定稿成书出版。

本卷的具体编辑工作由《全书》江西卷编辑委员会领导的编辑组承担。纲目、提纲和选编史料的编辑分工是:支国华负责第一、二、三章和附录六;肖维华负责第四、五、六、七章和附录一、三、四;潘宗周负责第八、九、十章和附录二、五以及全卷的统稿;蔡玉燕负责全卷的资料、图片、版式编排和校稿工作。编委会领导人刘金标、程受锭、童水仙、文之周、李骥、李慈葆等对纲目、提纲和书稿进行过多次审阅。

《汶川特大地震中国工会抗震救灾志》(江西部分)

2009年9月,全总决定编纂《汶川特大地震中国工会抗震救灾志》,成立《汶川特大地震中国工会抗震救灾志》编委会。

2009年9—10月上旬,省总办公室、研究室承担编纂《汶川特大地震中国工会抗震救灾志》(江西部分)、《江西省工会抗震救灾大事记》《江西省工会抗震救灾资料长编》的任务,胡靓怡牵头与易磊(省总干校教师)、李明柯(省总干校教师)完成资料采集工作,万学华、胡靓怡完成初稿撰写,万学华负责统稿,郭学勤审稿并上报。《汶川特大地震中国工会抗震救灾志》(江西部分)20余万字。

第三节　重点活动

1994—2010年,省总围绕党政中心,开展了较多重大的活动。本节着重记述达标考核活动、工会纪念活动、对口支援小金县和救灾帮村活动。

达标考核活动

目标责任制和目标管理　1996—2003年,省总对地市总工会工作实行目标责任制管理。1996年初,省总下发《关于地市产业工会工作实行目标责任制的意见》。是年起,在全省11个地市总工会和省交通工会、省邮电工会、省电力工会、省地质工会中实行年度工作目标责任制。考评工作分四步进行:自查自评;省总有关部门对被考评单位的工作进行单项综合评分;检查核实;评定名次。奖励分两种。一种是完成目标任务奖,省总给予适当的奖金,一种是完成目标任务优胜奖,省总制发奖牌并给予一定的奖金。

是年,工作目标已完成的项目有:参加立功竞赛的企业有9442家,完成目标任务的110%;共帮助128家企业减亏或扭亏增盈,完成目标任务的112%;企业建立劳动争议调解委员会6923个,完成目标任务的114%;11个地、市总工会都成立了劳动法律监督委员会;签订集体合同的企业2820家,完成目标任务的136%,其中外商投资企业签订集体合同133个,完成目标任务的104%;外商投资企业组建工会479家,组建率占应建数的90%,乡镇企业组建工会1203家,完成目标任务的120%;送温暖基金到位997.3万元,完成目标任务的112%;6个省辖市工会成立职业介绍所;工会经费收缴共计1627.82万元,完成目标任务的102%。

是年,鹰潭市总、省总抚州地区办事处、省总上饶地区办事处、省邮电工会被评为1996年度全省工会工作目标管理优胜单位;景德镇市总,新余市总、省总宜春地区办事处、省总吉安地区办事处、南昌市总、省总赣州地区办事处、九江市总、省电力工会、省地质工会完成全年的目标任务。

1997年4月24日,省总下发《关于1997年度地、市、产业工会工作实行目标管理的意见》,规定目标管理的内容,实现目标管理的要求。

是年,全省地、市总工会经审会对56个县(市)工会经费收、管、用进行审计,超额完成目标任务的14%,其他工作目标进展较快的是:开展职代会民主评议和测评企业领导干部的企业数达3436家,完成目标任务的58.3%;签订集体合同3513个,完成目标任务的69.1%,其中:外商投资企业签订集体合同151个,完成目标任务的77.8%,私营企业签订集体合同69个,完成目标任务的

55.6%;送温暖基金到位1218万元,完成目标任务的88.9%;保险互助会组建已达11家,完成目标任务的73.3%;县(市、区)、产业建立劳动法律监督委员会57个,完成目标任务的55.3%;企业建立劳动争议调解委员会7341个,完成目标任务的85.3%;上报工会信息350条,完成目标任务的76.6%。

1998年4月7日,省总下发《关于1998年度地(市)、产业工会工作实行目标管理的意见》,明确了目标管理的意义与作用,实施目标管理的内容与重点,以及实现目标管理的要求。

1999年3月下旬,省总组成12个目标管理考评工作组对上年地(市)、产业工会目标管理进行考评。经过各地(市)、产业工会自查自评、业务部门考评和省总核查,评选出1998年度目标管理工作优胜单位和完成目标管理任务单位:目标管理优胜单位:省总吉安地区办事处、萍乡市总、鹰潭市总、省电力工会;完成目标管理任务单位:省总宜春地区办事处、省总上饶地区办事处、省总赣州地区办事处、南昌市总、新余市总、省邮电工会、省地质工会。

1999年继续开展目标管理活动,全省县(市、区)、国有企业工会推动同级党委和政府(行政)制发或转发贯彻依靠方针的实施意见400个,占目标任务的80%,全省有208家企业推行厂务公开,占目标任务的102%,有7511家企业开展九五双争立功竞赛活动,占目标任务的94%,签订集体合同9062个,占目标任务的95%,其中外商投资企业签订集体合同298个,占目标任务的83%,私营企业签订集体合同232个,占目标任务的82%,市、县、区签订区域性、行业性集体合同91个,占目标任务的88%,有5400个基层工会建立劳动法律监督委员会,占目标任务的68%,地(市)、省产业工会筹集本级送温暖基金1962.2万元,占目标任务的101%,有6个地(市)建立职工消费合作社,占目标任务的55%,收缴职工互助保险保费、储金9785.7万元,占目标任务的185%,培训下岗职工17948人,占目标任务的51%,帮助10064名下岗职工实现再就业,占目标任务的84%,外商投资企业组建工会702家,占目标任务的94%,乡镇企业组建工会1853家,占目标任务的99%,私营企业组建工会760家,占目标任务的138%,有349人参加省总举办的工会干部规范化岗位培训,占目标任务的125%。

2000年2月1日,省总评定1999年地市、产业目标考核优胜单位为:鹰潭、赣州、萍乡、吉安、南昌市总和省电力工会、省地质工会。1999年地市、产业目标考核达标单位为:新余、抚州、宜春、九江、上饶市总、省邮电工会、省交通工会。

2000年初,省总下发文件,部署2000年度省辖市、产业工会目标管理工作。对"实施送温暖工程,建立协调劳动关系机制,坚持和完善民主管理制度,加快新建企业组建工会,加强工会自身改革与建设"等重点工作下达目标任务。

是年,全省筹集送温暖基金1959.91万元,占目标任务的104%;培训下岗职工49428人,占目标任务的141%;帮助21809名下岗职工实现再就业,占目标任务的182%;帮助143名特困女工走出困境,占目标任务的125%;全省签订集体合同12625家、占目标任务的112%,其中外商投资企业签订集体合同635家、占目标任务的115%,私营企业签订集体合同981家、占目标任务的181%,签订行业性、区域性集体合同359家、占目标任务的136%;全省建立职工法律援助中心10家,占目标任务的91%;有5806家国有、集体(含控股)企业实行"厂务公开",并制发"厂务公开"实施细则;

有280家国有独资和国有控股公司工会主席或副主席、职工代表进入董事会、监事会,占目标任务的172%;有70家建功立业激励机制试点企业制订五项工作条例并开展工作,占目标任务的117%;11个设区市都开展“九五”双争立功竞赛并表彰;全省外商投资企业组建工会1045家、占目标任务的121%,乡镇企业组建工会3201家、占目标任务的114%,私营企业组建工会2496家、占目标任务的168%;有7个设区市总与政府召开联席座谈会,占目标任务的47%;上解工会经费占目标任务的98%;有488名工会干部参加规范化岗位培训,占目标任务的165%。省总布置的工作基本上得到较好的完成。

2001年2月1日,省总主席办公会决定,2000年地市、部分产业工会目标管理优胜奖获得者:新余、萍乡、南昌、赣州、鹰潭、吉安、九江市总和省邮电工会。达标奖获得者:省地质工会、省电力工会。

2001—2004年,在设区市总工会中继续开展重点工作实行目标管理活动。鹰潭、九江、萍乡、上饶、赣州、新余、吉安、抚州、景德镇、宜春、南昌市等11个市总工会分别获2001—2003年度全省设区市重点工作目标管理优胜单位,根据省总开展目标管理的奖励规定,每个优胜单位发给10000元奖金。2004年后,工会工作目标管理活动,走向正轨,实现常态化。

县区达标创佳活动 1999—2003年,省总在全省县级工会中开展达标和创县级工会工作十佳县(市、区)竞赛活动。

1999年3月10日,省总下发《关于开展1999年度全省县级工会工作达标和创十佳县(市、区)竞赛活动的通知》。是年12月6日,省总召开全省县级工会达标和创十佳工作会,研究1999年度全省县级工会达标和创十佳竞赛活动的考核评比办法。

是年,首次开展县级工会工作达标创十佳活动,全省99个县参加此项活动。全省98个县市(区)工会成立了达标创佳领导机构,有21个县(市、区)由党委或政府领导担任达标创十佳领导小组组长,17个县党委、政府或两办批转达标创十佳的文件。大多数县将工作目标任务具体量化,层层分解,落实到位到人。

1999年度全省十佳县县级工会是:大余县总、南昌市郊区总、临川市总、吉安市总、吉安县总、宁都总、永丰县总、贵溪市总、新建县总、靖安县总、广丰县总、宜丰县总。省总决定十佳县县级工会物质奖励4万(2万集体、2万个人)、通报全省,抄报省委,抄送地市、县委。

2000年度“江西省十佳县级工会”是:芦溪县总、安义县总、湾里区总、于都县总、南昌县总、余干县总、武宁县总、东湖区总、分宜县总、修水县总、新干县总、赣县总;崇仁县总、丰城市总、奉新县总。荣获“创佳先进县级工会”称号的有:南昌市郊区总、吉安县总、新建县总、临川区总、宜丰县总、大余县总、吉州区总、永丰县总、宁都县总、广丰县总、靖安县总;56个为达标的县(市、区)工会,19个县(市、区)工会未达标。

2001年度“省十佳县级工会”是:安远县总、上犹县总、上栗县总、石城县总、南昌市青云谱区工会、南康市总、星子县总、崇义县总、南昌市西湖区工会、萍乡市湘东区工会。“创佳先进县级工会”有:南昌市郊区总、南昌市湾里区总、南昌县总、武宁县总、芦溪县总、于都县总、宁都县总、宜丰县总、吉安县总、永丰县总、广丰县总、新建县总、安义县总、南昌市东湖区总、修水县总、分宜县总、大余县总、赣县总、抚州市临川区总、吉安市吉州区总、新干县总、余干县总。50个县(市、区)工会未达标。17个县(市、区)工会未达标。6个县(区)总连续3年未达标。

2002年度“江西省十佳县级工会”是:赣州市章贡区总、新余市渝水区工会、莲花县总、波阳县总、上饶县总、进贤县总、瑞金市总、横峰县总、萍乡市安源区总、万安县总、九江市浔阳区总、乐平市总;“江西省创佳先进县级工会”有:南昌市青山湖区总、南昌市湾里区总、安义县总、南昌县总、新建县总、南昌市东湖区工会、南昌市青云谱区工会、南昌市西湖区工会、武宁县总、修水县总、星子县总、芦溪县总、上栗县总、新余市湘东区工会、分宜县总、于都县总、宁都县总、赣县总、安远县总、石城县总、上犹县总、南康市总、崇义县总、抚州市临川区总、吉安县总、吉安市南昌市吉州区总、永丰县总、新干县总、广丰县总、余干县总。评定达标的县(市、区)工会43个;评定不达标县(市、区)工会14个,其中,3个县(区)工会连续4年未达标;3个县总连续3年未达标。省总决定:给予每个获2002年度全省“十佳”县级工会发放40000元奖励,其中:20000元用于发奖金,20000元用于改善办公条件。

2003年度“省十佳县级工会”是:泰和县总、丰城市总、东乡县总、寻乌县总、定南县总、乐安县总、金溪县总、余江县总、遂川县总、吉水县总。2003年度“省达标创佳先进县级工会”:崇仁县总、上饶市信州区总、安福县总、浮梁县总。2003年度“省创佳先进县级工会”称号有:南昌市青山湖区总、南昌市湾里区总、安义县总、南昌县总、新建县总、南昌市东湖区总、南昌市青云谱区总、南昌市西湖区总、进贤县总、武宁县总、修水县总、星子县总、浔阳区总、乐平市总、芦溪县总、上栗县总、萍乡市湘东区总、莲花县总、安源区总、分宜县总、新余市渝水区总、于都县总、宁都县总、赣县总、安远县总、石城县总、上犹县总、南康市总会、崇义县总、章贡区总、瑞金市总、抚州市临川区总、吉安县总、吉安市吉州区总、永丰县总、新干县总、万安县总、广丰县总、波阳县总、上饶县总、横峰县总。评定达标的县(市、区)工会39个。评定不达标的县(市、区)工会5个。

连续5年保持十佳县级工会称号的有:南昌市青山湖区、抚州市临川区、吉安市吉州区、吉安县、宁都县、永丰县、新建县、广丰县;连续4年保持十佳县级工会称号的有:芦溪县、安义县、南昌市湾里区、于都县、南昌县、武宁县、南昌市东湖区、分宜县、修水县、新干县、赣县;连续3年保持十佳县级工会称号的有:安远县、上犹县、上栗县、石城县、南昌市青云谱区、南康市、星子县、崇义县、南昌市西湖区、萍乡市湘东区。

2004年3月4日,省总主席办公会议研究决定:给予每个荣获2003年度全省“十佳”县级工会发给40000元,其中:20000元用于发放奖金,20000元用于改善办公条件;给予每个连续5年荣获“十佳”县级工会发给8000元奖金;给予每个连续4年荣获“十佳”县级工会发放6000元奖金;给予每个连续3年荣获“十佳”县级工会发放4000元奖金。

三创三看活动　2004—2007年,省总在全省工会系统开展“三创三看”活动,历时3年。

2004年7月15日,省总下发《关于在全省工会开展“三创三看”活动的通知》。活动围绕省总提出的“三个三”的工会工作新思路和工作重点,即“在突出维权、狠抓扩建、强化服务、提高自身、增强实力、扩大宣传”等六个方面展开。活动成效:看工会的形势,看工作的特色,看面貌的变化。2005年5月13日,省总下发《关于组织“三创三看”活动考核和工会工作调查研究的通知》。

2006 年省总组成工作组对“三创三看”活动进行检查考评。

2007 年 10 月 30 日,省总在萍乡市召开推进工会工作“三创”现场会。萍乡市总在会上交流经验,各设区市总主席在会上畅谈了推进工会“三创”工作的情况及体会。张海如在现场会总结几年来开展“三创三看”活动取得的成绩。

是年 6 月底以前,全省省、市、县三级地方工会主席全部按同级党政副职级干部配备,进入全国高配行列;服务全省经济社会发展的意识增强,建功立业活动取得较好成效;工会自身也发展,化解职工互保资金风险,填平 6 个多亿的资金缺口,并实现 1 个多亿的盈利。到 2007 年底,省总本级拨交经费收入突破 6000 万元,比 2002 年的 2802.2 万元翻了一番;2007 年上半年省财政给省总送温暖、帮扶资金 1205 万元,比 2002 年全年的 150 万元增长 8 倍;维权帮扶活动,工会组织在职工群众中的形象和影响进一步扩大。

重点工作考核 2009—2010 年,省总对市、县和省产业(局、系统)工会以及省总直属基层工会实行重点工作考核,每年列出重点工作,并建立工会有关重点工作季报制度,年终汇总,通报全省。

2009 年初,省总下发《关于我省 2009 年设区市总重点工作考核的通知》,明确设区市总是年重点工作考核内容:当年向党委常委会汇报次数、当年与政府召开联系会次数;基层工会总数、组建率及排名、县级工会按期换届数、占应换届的县(市、区)总数比率及排名;职工总数、会员总数、会员增幅及排名、会员入会率、农民工会员数、农民工会员增幅及排名;拨交经费总数、增幅及排名、上缴数、增幅、完成考核基数及排名;互助保险当期保费总量及排名、增幅及排名、营业费用率及排名;建会企业数、建立职代会企业数、增幅及排名、建制率及排名;签订集体合同份数、增幅及排名、签订率及排名;工资协商企业数、增幅及排名、建制率及排名;劳动竞赛参与职工人数、参与率及排名;职工培训人次、获证率及排名、资金投入、人均投入及排名;帮扶资金总额、帮扶金额增幅及排名、帮扶总人数、人均帮扶金额及排名、工会出资额、工会出资比例、政府出资额、政府出资比例、已审计县级工会数、审计率及排名。对省产业(局、系统)工会按类型进行比较考核,以地方领导为主的产业工会,以垂直领导为主的产业工会,不收经费的产业工会。考核内容:单位职工总数、会员总数、劳务派遣工人数、劳务派遣工会员数、劳务派遣工入会率、当期拨交经费总数、增幅、拨交率;互助保险当期保费总量、增幅、当期营业费用率;应建职代会单位数、建立职代会数、增幅、建制率;当期劳动竞赛参与人次、当期岗位练兵参与人次、当期技能大赛参与人次;当期职工培训人次、获证率、当期资金投入;当期提出合理化建议数、当期合理化建议参与人数、产生的经济效益数;当期帮扶资金总额、增幅、当期帮扶总人数、人均帮扶金额、当期工会出资额、工会出资比例。

2010 年 2 月 1 日,省总公布全省考核统计数据。2009 年,鹰潭、吉安市总当年向党委常委会汇报 6 次,9 个设区市总当年与政府召开联系会;工会组建率第一为赣州市总,换届的县(市、区)比率第一为九江市总;会员增幅第一为宜春市总,会员入会率第一为赣州市总,农民工会员增幅第一为南昌市总;拨交经费总量第一为南昌市总,增幅排名第一为九江市总,上缴增幅第一为鹰潭市总,完成考核基数排名第一为鹰潭市总;互助保险保费总量第一为南昌市总,增幅第一为抚州市总,营业费用率第一为抚州市总;职代会建制率第一为吉安市总,增幅第一为萍乡市总;签订集体合同增幅第一为萍乡市总,签订率第一为赣州市总;工资协商企业增幅第一为萍乡市总,建制率第一为赣州市总;劳动竞赛职工参与率第一为萍乡市总;职工培训获证率第一萍乡市总,资金投入人均第一为萍乡市总;帮扶金额增幅第一为鹰潭市总,人均帮扶金额第一为新余市总,工会出资比例最高是新余市总,政府出资比例最高是赣州市政府。2009 年度全省县(市、区)工会经费收入总量和增幅第 1 为瑞金市总,总量为 339 万元、增幅为 216.8%。全省县(市、区)工会互助保险保费总量第一为德兴市总,总量为 46.2 万元;同比增幅第一为南昌市高新技术开发区工会。

2010 年,省总继续对市、县和省产业(局、系统)工会以及省总直属基层工会实行重点工作考核,并对考核内容作出调整。

对设区市总工会有关重点工作的考核从 8 个方面进行。普遍建立工会:考核数据为已建会的 10 人以上非公企业数、10 人以上非公企业组建率、排名,职工入会率、排名;工会经费:考核数据为总量排名、增幅排名、三年平均增幅排名;民主管理:考核数据为建立职代会企业数及增幅排名、建制率及排名、实行厂务公开企业数及增幅排名、建制率及排名;普遍开展工资集体协商:考核数据为工资协商企业数及增幅排名、建制率及排名;签订集体合同:考核数据为集体合同份数及增幅排名、建制率及排名;职工培训:考核数据为培训人次、获证率及排名、资金投入及资金增幅排名;帮扶资金:考核数据为帮扶资金总额、帮扶金额增幅及排名、帮扶总人数、人均帮扶金额及排名、工会出资额及比例、政府出资额及比例;互助保障:考核数据为保费总量及排名、增幅及排名、营业费用率及排名。

对以地方领导为主和以垂直领导为主的产业工会有关重点工作的分别进行考核,考核从 8 个方面。普遍建会:考核数据为职工总数、会员总数、劳务派遣工人数、劳务派遣工会员数、劳务派遣工入会率;工会经费:考核数据为当期拨交经费总数、增幅、拨交率;职代会制度:考核数据为单位数、建立职代会数、增幅及建制率;普遍开展工资协商:考核数据为开展单位数、增幅及建制率;劳动竞赛:考核数据为当期劳动竞赛参与人次、当期岗位练兵参与人次、当期技能大赛参与人次;职工培训:考核数据为当期培训人次、获证率、当期资金投入;帮扶资金:考核数据为帮扶资金总额、增幅、帮扶总人数、人均帮扶金额、当期工会出资额、工会出资比例;互助保障:考核数据为当期保费总量、增幅、当期营业费用率。

据统计,项目排名第一:抚州 10 人以上非公企业组建率 86.4%;萍乡职工入会率 98.8%。南昌收缴经费 3736 万元;赣州增幅 46.9%;鹰潭三年平均增幅 30.4%。景德镇建立职代会企业增幅 142.7%;新余职代会建制率 98%;景德镇实行厂务公开企业增幅 142.7%;抚州厂务公开企业建制率 99.1%。景德镇工资协商企业增幅 186.5%;宜春工资协商企业建制率 98%。景德镇集体合同份数增幅 181.3%;宜春集体合同签订率 98.6%;抚州女职工专项集体合同签订率 98.6%。南昌职工培训获证率 100%;九江职工培训资金投入增幅 114.4%。南昌帮扶金额增幅 121%;抚州人均帮扶金额 1350 元;吉安帮扶资金工会出资比例 49.7%。南昌保费总量 640 万元;上饶保费总量增幅 104.1%;南昌营业费用率 16.2%。

工会纪念活动

省总成立 70 周年纪念活动　1997 年 1 月 27 日,省总下发《关于江西省总工会成立 70 周年纪念活动的通知》。开展3项纪念活动:一是省总定于2月20日上午在南昌召开纪念省总成立70周年大会;二是举办纪念省总成立70周年研讨会;三是开展纪念省总成立70周年的宣传教育活动。江西工人报从元月下旬开始开辟专栏、专访,组织刊登纪念文章和介绍历届工会代表大会情况。

是年2月21日上午,全省纪念省总工会成立70周年大会在江西宾馆3楼会议厅举行。钟起煌、黄名鑫、卢匡衡、省纪委副书记许苏卉、刘金标等出席纪念大会。钟起煌、刘金标发表讲话。全总、原省总副主席胡瑞英以及南昌市总、省总宜春地区办事处发来贺电。刘金标在会上回顾江西工人阶级和工会组织70年的战斗历程。他号召广大职工和工会工作者,进一步发扬工会和工人阶级的优良传统,齐心协力,奋发进取,为全省两个文明建设努力奋斗,再创辉煌!钟起煌高度评价江西工人运动和省总70年的伟大业绩。他希望全省各级工会和广大职工,进一步贯彻执行党的全心全意依靠工人阶级的根本方针,切实维护职工的合法权益,大力加强工会的自身建设,不断提高广大工会干部的素质和工作水平。省总历届老领导和老劳模李运德、赵志坚等出席纪念大会。

全总、省总成立80周年纪念活动 2005年2月4日,根据全总作出的决定,对全国各级工会组织中从事工会工作30年以上的工作人员,颁发工会工作者荣誉证书和纪念章。省总召开会议为全省174名工会工作者颁发工会工作者荣誉证书和纪念章。

2005年4月27日,为庆祝全总、省总成立80周年,省总在南昌举行大型文艺晚会。晚会由省总、南昌铁路局联合主办,南昌铁路局工会、南昌市总、省邮政工会、江西教育工会、南昌电信工会协办。省领导王君、陈达恒、彭崑生、张海如等与南昌铁路局党委书记吴伟,南昌铁路局局长黄桂章,省总领导文之周等一起观看晚会节目。

2005年7月19日,省人事厅、省总下发《关于表彰全省工会系统先进集体和先进工作者的决定》。省人事厅、省总决定,授予18个单位"全省工会系统先进集体"荣誉称号,授予21名"全省工会系统先进工作者"荣誉称号。被授予"全省工会系统先进工作者"荣誉称号的人员,享受市(厅)级劳动模范待遇。

2007年2月12日,省总召开庆祝省总工会成立80周年座谈会。张海如、刘金标、文之周等出席,设区市和产业工会的代表,劳模和职工代表以及省总机关干部和在昌直属单位的负责共100余人参加会议。文之周主持会议。省总研究室主任汤御奎,老工会工作者代表许家桃,劳模和职工代表、全国劳模、江铃集团公司模具班班长袁政海,区市和产业工会代表、洪都航空集团党委副书记、工会主席车德云,省总组织部部长张源,省总干校校长范春松等在会上发言。张海如讲话。

对口支援小金县

依据省政府下发的《江西省对口支援四川省小金县灾后恢复重建三年规划实施方案》,省总对口支援的对象是小金县总,重点帮助他们灾后重建工人文化宫等阵地建设项目和帮扶该县困难劳模及职工。

2009年5月31日,省总成立对口援建工作协调小组,郭学勤任组长,柯进水等任副组长,有关部门负责人为成员。研究和制订小金县灾后重建帮扶救助行动实施方案和支援小金县总灾后重建工作项目方案。

2009 年 6 月 3 日，省总在本级经费中划出 100 万元支援小金县困难职工帮扶和县总活动场所建设。

2009 年 7 月 4 日，姚亚平带领省总支援小金县灾区工作考察组赴四川小金县看望慰问灾区劳动模范、困难职工和援建职工，与小金县总一道考察和座谈，针对小金县在工会工作中面临的困难和问题进行积极磋商研究。考察组现场向小金县总现场赠送慰问金 20 万元，并向对口援建小金现场指挥部捐赠 6 万元慰问金；同时，看望和慰问受灾劳模（藏民）彭开慧、困难大学生吕靖，并向他们各自发放慰问金 3000 元，慰问看望援建工地的职工。江西援建小金建设现场指挥部管理着 3000 多职工和农民工，最多时达到 4500 多人，尚未组建工会组织，省总下拨 10 万元为建会启动经费。

2009 年 7 月 31 日，省总向小金县总发出《江西省总工会关于对口支援小金县总项目资金方案的函》，对口支援小金县总 187 万元资金及项目资金。项目主要为：援建小金县总办公楼 80 万元；援助购置越野吉普车（H 产 PRADO）40 万元；按小金县总上报的 700 家困难职工，按每家困难职工补助 400 元计算，拨补助金 28 万元；对 46 名困难大中专学生给予救助，计 11.1 万元；对 13 名劳模按每人 1000 元计算，拨补助金 1.3 万元。

此外，永新县总参与援建小金县“三湾希望小学”，2008 年 9 月 20 日小学在崇德乡崇德村破土动工，2009 年 5 月竣工，建筑面积 130 平方米、操场 1500 平方米，总投资 32 万元。

救灾、帮村

1994—2010 年，省总开展了救灾、帮村系列活动。

救　灾　1994 年 5 月 16 日，省总向全总报告灾情。江西省 4 月初以来，气候条件异常，多次受西南暖湿气流和地面静止峰影响，赣州、上饶、吉安、宜春、抚州、九江、景德镇等地市的 50 多个市县遭到历史上罕见的强降雨、龙卷风、冰雹、洪水反复严重袭击，职工家庭财产损失达 4.6 亿元。请求全总给予救灾支持。

全省各级工会把救灾工作作为一件大事来抓，深入灾区，深入基层协助政府和企业，开展生产自救，恢复生产，重建家园，妥善安排职工生活，稳定职工队伍，动员广大职工群众发扬团结互助精神，捐钱捐物，帮助受灾职工渡过难关。

是年 5 月 20 日，为应对遭受强降雨、龙卷风、冰雹、洪水等灾害袭击，省总决定拨出第一笔专款 10 万元，给受灾职工开展生产自救，恢复生产，重建家园。

省总动员广大职工赈灾捐款捐物“献爱心”，省总机关和在南昌直属单位干部、职工积极带头，共捐款 4006 元，捐衣 555 件。为帮助重灾职工渡难关，全总和省总拨出 31 万元救灾专款分拨给受灾地市，全总还送了 5 万元药品慰问灾区女职工。

1994 年 7 月 11 日，省总第二次下拨救灾款。

1995 年 7 月 4 日，省总下发《关于努力做好抗洪救灾的紧急通知》。江西部分地区自 4 月以来，特别是 6 月份，连降暴雨，范围广、持续时间长，造成严重的洪涝灾害，经济损失严重，生产生活出现很多困难。省总要求各级工会组织行动起来,积极协助政府和企业安排好受灾职工及其家属的吃、住和卫生防疫工作。

南昌铁路局、江西铜业公司等企业分别为九江、上饶捐款捐物。各级工会组织,下派人员到灾区帮助工作,指导救灾和恢复生产。

1998年夏天,长江流域继1931年和1954年两次洪水后发生的又一次全流域型的特大洪涝。

6月25日,省总下发《关于全力以赴搞好抗洪救灾工作的紧急通知》。要求各级工会组织,特别是受灾地方的工会组织的领导和干部,要深入到灾区,深入到受灾企业,做好宣传教育工作,动员和组织职工投入抗洪抢险救灾斗争,协助政府和企业采得力措施,把灾害减少到最低程度。

6月下旬,上饶地区工会从工会经费中拿出3万元紧急援助余干、波阳、弋阳、横峰4县。接着又动员机关干部职工向灾区捐款捐物,50元、100元、200元、500元,连退休多年已70多高龄的徐珍珠大姐也两次送来钱物。五都煤矿、余干电瓷厂职工含泪诉说,受灾后第一批来看望他们的就是地县工会的干部。到8月28日止,上饶地区工会已筹集33万元捐献给灾区。

7月14日,刘金标一行到九江慰问受灾企业和职工,为受灾职工和劳模送去慰问金,勉励他们振作精神,恢复生产,重整家园。

9月8日,省总下发《关于厉行节约制止浪费全力支援抗洪救灾工作的通知》。要求:一是要坚决压缩行政事业经费和一切非生产性开支。二是要坚决执行中央、省委关于廉政建设的规定,严禁用公款进行高消费。三是要严格控制新建和装修办公楼。四是要停止购置小汽车,禁止用公款购买移动电话。五是要大力精简各种会议和活动。六是要严格控制公费出国(境)考察和访问。

10月7日,程受锭带领省市总工会工作组一行90人进驻都昌,当天对3个月的工作提出总体思路,对每个月的工作重点作出具体安排。工作组人员分布到24个受灾乡镇,分片包村。

深入一线抗洪救灾的各级工会干部、企业员工多达30余万人次。省总在全总已下拨60万元,兄弟省市总工会捐赠11万元,本级工会挤出45万元,共116万元的基础上,再拿出15万元,连同向全总争取到的15万元共30万元支援受灾地区职工。省市总工会为都昌灾区捐赠人民币195.79万元,解决药品价值4万元、救灾大米7吨,其他食品价值11.75万元,捐献建房水泥120吨,衣被14卡车,为11家特困灾民购买仔猪14头。省总机关及驻昌单位干部职工继前段时间向灾区捐赠1800多件衣被、2万多元人民币。之后又捐赠衣被1877件,其中棉被205床,毛毯、棉衣、毛衣、皮衣、大衣418件,春秋衣服1200余件。第三次捐赠衣被1793件,其中棉被461床,超额完成省直工委下达省总捐赠棉被450床,衣服1000件的任务。

2005年11月26日上午8时49分,九江县至瑞昌市间发生5.7级地震后,张海如立即打电话询问了解九江地震灾情,要求省总办公室连夜收集地震灾情,向全总汇报。省总办公室、财务部、保障部、后勤服务中心等部门组成的省总抗震救灾工作组赶赴灾区,查看灾情,慰问受灾职工群众。11月28日下午,在九江市总主席周照华和九江县、瑞昌市总以及江西铜业集团公司武山铜矿工会负责的陪同下,省总工作组查看九江县港口镇港口村组和赛城湖农场重灾户的灾情,走访瑞昌市溢城街道镇、高信实业有限公司和武山铜矿等企业,听取九江市、瑞昌市、九江县和武山铜矿工会主席的抗震救灾情况汇报。省总在地震后,组织全省职工捐款捐物,同时拨出专款援助受困企业和职工。

11 月 26 日上午，周照华在地震事发第一时间赶赴震中第一现场，查看群众第一灾情，并把有关情况迅速向张海如报告。与此同时，成立市总抗震救灾小组，组织机关和下属单位全体干部职工向灾区群众捐款捐物活动，共捐款 5200 元，捐衣物 1000 多件。11 月 29 日，市总第一笔 10 万元救灾资金和大量食品衣物，及时送到受灾职工群众手中。12 月 8 日，九江灾区结束地震应急状态，市民生活秩序逐步恢复。为落实胡锦涛关于做好冬令期间灾区困难群众生活安排的重要批示精神，市总又拿出 10 万元，帮助 100 家困难职工进行灾后房屋维修。

2008 年 1 月下旬以来，上饶、萍乡等地市持续雨雪冰冻天气，造成大面积受灾，为此，省总及地市总采取了一系列的紧急应对措施和行动。

上饶市总及时召开主席办公会，并下发紧急通知，对抗灾救灾工作进行认真研究和部署。市总成立以主要领导为组长的防灾救灾领导小组，并积极筹集资金，市人大常委会副主任、市总主席徐水花携市总班子成员走访慰问一直坚守在抗灾救灾第一线的公安特警支队，走访慰问困难企业和受灾职工，并送上慰问金和救灾款。在抗灾救灾的过程中，市总号召全市职工积极行动起来，发扬“一方有难，八方支援”的优良传统，动员和组织职工踊跃捐款，市委、市政府领导带头，许多机关事业单位和企业纷纷慷慨解囊，三清山旅游集团公司一次性捐款 30 万元。两天时间，全市捐款 39.5 万元，市总全体干部职工半小时便捐赠了 2550 元。

2 月 14 日，萍乡市总组织捐赠救灾物资送往驻扎在上栗县东源乡的 500 千伏电力抢修指挥部，慰问正抢修电力设备的南京军区官兵。

2 月 21 日上午，柯进水一行在省电力公司工会领导的陪同下，来到江西抚州供电公司，对连日来参战抚州抗冰抢险工作的省水电工程局、南昌供电局、上饶供电局、鹰潭供电局、景德镇供电局、省火电建设公司、柘林水电厂等 8 个省内援抚兄弟单位进行亲切慰问，对坚守在抚州抗灾抢险一线的广大员工致以感谢和问候。为他们送去牛奶、巧克力、鸭子、饼干等共计 19 万余元的慰问物品。会后，慰问组一行还深入抚州金溪浒湾的省送变电公司所在的施工现场进行了慰问。是日，吉安市总向全市发出救灾募捐倡议书。号召全市各类企业、干部职工、在外的吉安籍各界人士，积极行动，动用一切可用力量，有钱出钱，有物出物。以“小灾救大灾，无灾救有灾”以及“一方有难，八方支援”的团结互助精神，组织了一场抗灾义演。截至 2 月底，募集款物共计 1184.3 万元。市总要求各级工会在受灾期间主动搜集企业和职工的受灾信息，掌握第一手数据，进一步完善受灾的困难职工档案，走访慰问困难职工，努力为因冰雪灾害造成困难的职工排忧解难送温暖。

2 月 25 日，省总下拨救灾资金 172 万元。

2010 年 6 月中下旬，鹰潭、抚州等出现持续时间长、强度大、降水集中的特大暴雨，遭遇百年一遇的特大洪灾。省总动员全省职工和工会干部捐款捐物，号召灾区职工群众团结起来生产自救。省总及地市产业工会纷纷下派干部深入一线慰问灾民，参与指挥抗洪救灾以及灾后重建。下发多批专款救助灾民，赈济企业和员工。

6 月 21 日，抚州市唱凯决堤，四镇受重灾，10 万职工群众受灾。面对灾情，抚州市总一方面带头拨出捐款，一方面动员群众捐款捐物。同时深入灾区发放灾后防疫宣传单数千份，消毒液 1 万余公斤。组织力量对1万多头死亡家畜,统一深度掩埋。对受损供电站、抽水机组织抢修。与有关方面调集2000多公斤晚稻种,用于灾后恢复生产。

6月下旬,鹰潭市遭遇百年少有的大洪灾,全市工业系统损失超10亿,数万职工受灾。面对灾情,鹰潭市总组织“党员先锋队”,赶赴一线抢险救灾。同时发动广大职工群众向受灾企业和职工筹措食品、饮用水合计10万余元,捐衣被数千件。

7月4日,省总要求各级工会要深入灾区、深入企业,全面摸清受灾困难职工受灾程度和受灾情况,做到底数清、情况明。要及时将受灾困难职工的家庭情况统计在全省工会帮扶管理系统中,建立临时困难职工档案,将受灾困难职工纳入工会帮扶救助对象和范围,做到依档帮扶、准确帮扶。各级工会要将了解和掌握的职工受灾情况,积极主动地向当地的党委和政府报告,争取将符合救助条件的受灾职工全部纳入政府救助和补助范围,做到“应保尽保”“应补尽补”。要根据发生的灾情和当地困难职工情况的变化,对下半年的帮扶工作计划作适当的调整,在做好对困难职工日常帮扶的前提下,重点对2010年受灾困难职工、7个系统非工业改制企业的困难职工,加大帮扶解困的力度。特别是在“夏季送清凉”“金秋助学”“技能培训促就业行动”中给予重点关注和帮扶。

8月25日,省总下拨22万元救灾款,对灾情特别严重的4个设区市进行紧急救助。接着,第二批募集资金150万元向受灾设区市陆续发放。

帮　村　1995年以来,省总先后对瑞金市大柏地乡隘前村、湖口县文桥乡特别是新塘村、宜丰县车上林场湖溪村等实行包村帮扶和新农村建设工作。

帮扶隘前村。1995—1997年,省总对口帮扶瑞金市大柏地乡隘前村。该村195家共有989人,耕地面积1098亩,地处山区,经济发展滞后。

1995年2月,省总下派工作组。工作组到村展开调查研究,抓住项目建设和为村民办实事好事等重点,是年为该村筹建一个砖瓦厂和养猪场,并着手为村民进行电网筹建和改造工作,使全村家家用上电灯,全村人均收入也由原来的820元增长到1120元。

1996年,工作组抓组织建设工作。选举村支书、村主任,配齐团、民、妇等组织,培养了6名后备干部,2名入党积极分子,发展了1名党员,健全了“三会一课”制度,党员议事、勤政廉政制度,制订了村干部工作目标制度。抓经济发展工作。筹集扶持、贷款和入股等形式发展养殖菜牛100头,扶持一批专业户养鸡4000只,养鸭2000羽,养鱼30000尾,养猪60头,带动全村各家平均养牛2头,养猪2头,养鸡30只,养鸭20羽,养鹅10只。开发种植脐橙90亩,板栗50亩,桃李20亩,改造毛竹林40亩,油茶林150亩,稻田养鱼10亩。1996年村集体经济、人均纯收入分别为上年的2.08万元、1120元,增长到5.8万元、1520元。工作组抓办实事好事。省总无偿扶持5000元,为村里安装一部程控电话;省总出资2000元为村小学铺水泥地面200平方米;争取《上海劳动报》为隘前村老红军后代和特困户捐赠羽绒衣10件(价值3000元);创办1所农民科技夜校;修路3公里;修渠60米。1年来为该村办实事好事共12件。刘金标和省总4位副主席及其他处级干部先后6次、12人到村建点,驻村现场办公12天。工作组全年驻村260多天,走访了90%的农家,召开各种会议20余次,各种宣传、动员讲话16次。

1997年,包村工作组继续抓村级经济建设,为村民办实事好事,完善各项制度,帮助农民科技致富,该村被赣州市老区建设办评为“脱贫先进村”。

帮扶文桥乡。1998 年 4 月,根据省委的统一部署,湖口县文桥乡定为省总 3 年联系挂点的贫困乡,同时文桥乡新塘村为包村扶贫点。新塘村是个自然资源匮乏、土地贫瘠、产业单一、人均耕地面积不足 1 亩的小山村,到 2000 年底,农民人均收入只有 860 元,村级集体经济也只有 1.8 万元。

省总召开会议专题会议研究帮扶挂点工作,精心选派年轻干部进驻贫困乡,制定 3 年规划和当年工作计划,落实扶贫专项资金。1998 年 5 月 5 日,主席办公会议研究:为文桥乡发展经济、发展乡镇企业,1998 年度重点扶持 2 个项目:一是投入 6 万元发展立体养殖业;二是投入 2 万元给果园买肥料。

2003 年 12 月 5 日,由省委组织部等部门组成的验收检查组对省总帮扶的湖口县文桥乡和马影镇新塘村进行包村扶贫工作专项检查。验收检查组分别来到省总帮扶的花卉苗圃、养猪等项目点进行实地检查,对省总包村扶贫工作给予充分肯定:3 年间,在有关方面的积极配合下,省总制定“立足本村、因地制宜、完善基础设施、增强造血机能、调整优化企业结构、引进技术、开拓市场”的开发式扶贫总体思路和三年扶贫规划,共投入 31 万元,兴建蚕桑业、果业、养殖业、花卉业、苗圃业、村办企业五大支柱产业,引资 60 万元建立玻璃丝布厂和苗圃基地,修建一条长 6 公里、宽 4 米的水泥马路,帮助村民打 15 口水井,全村实现“五通四有”,村经济纯收入增长至 10.6 万元,农民纯收入达 2350 元,超过全县平均水平。包村工作组从抓村级组织建设入手,抓村两级班子建设,认真开展“三个代表”学习教育活动,把农村党员培养成致富能手,把致富能手培养成党员,充分发挥党员的先锋模范作用。全村还积极破除迷信、消除治安隐患,实行计划生育。

3 年中,省总 5 位领导 16 次亲临包扶点,程受锭率领工作组成员深入文桥乡指导村建工作;先后有 6 名科级以上干部,在生活工作条件十分艰苦的情况下,驻进扶贫点,与村民同住、同吃、同劳动。

帮扶湖溪村。宜丰县车上林场湖溪村为省总 2007 年包村扶贫点。该村有 16 个村民小组,410 家,1515 人。大部分村民都处于贫困状态。

2007 年 5 月 22 日,文之周带领驻村工作组一行 4 人到省总挂点村宜丰县车上林场湖溪村调研,了解村情,指导部署包村扶贫和新农村建设工作。在抓包扶贫困村中,省总着重抓办实事。抓基础设施建设,累计投资 138 万元,扶助 7 个基础项目:投资 15 万元兴建洪挢大桥,解决 7 个村民小组群众行路难的问题;投资 10 万元从黄柏埚山口引入山泉水到村部,解决 3 个自然村吃水问题,受益家达 90 家,人口达 360 人;投资 90 万元硬化村部至九娘槽组 3000 米公路;针对村部破旧办公场所和办公条件差的现象,利用小学搬迁后留下的教学楼,投资 10 万元进行装修,内设会议室、党员活动室、阅览室等,添置办公设备,宣传长廊;针对 2008 年湖溪村冰雪灾害较为严重,拨出资金 5 万元,帮助村民恢复生产和生活;投资 4 万元,添置体育健身器材,兴建一个篮球场;投资 4 万元对村部配套设施进行改造。抓新农村示范点建设,2007 年,着重抓好石桥、蛇子嘴、枫树湾三个自然村的建设,对农家的庭院全部进行硬化。在石桥自然村建设 1 个 200 平方米的休闲广场,添置健身体育设备,建设 1 条 20 米宽 2000 米长的环村公路,硬化巷道,家家用上自来水,家家用上水冲厕所。抓农业结构调整,帮助湖溪村改造农田 1000 亩,建成 500 亩绿色食品基地,安装 30 盏防病灭虫灯,同时还培养一批种养大户。开展扶贫济困活动,2007 年春节期间工作组走访慰问老党员、老干部、老劳模、老军人和贫困家、特困家共 82 家,发放慰问金 4 万多元。结合全县开展的创三城活动,开展创建"文明村组""文明家庭"等活动。包村扶贫期间,湖溪村未出现一起刑事案件,无群众上访事件,无聚众赌博、打架斗殴等现象。

第十一章　对外交往

1994—2010 年,江西工会对外交往,坚持学习与借鉴原则,加强与各国工会、国际工会组织的友好交流与合作;坚持联系与交流原则,做好与港澳台工会和劳工界的交往工作。

江西工会对外交往,包括接待外国工会代表团来访、出国访问和培训、同港澳台工会友好交往、派送研修生等方面内容。具体工作由省总工会国际联络部和省职工对外交流中心承担。

1981 年 6 月,省编委同意设立省总工会国际联络部。1984 年机构改革时并入省总办公室。

1993 年 6 月 10 日,省机构编制委员会《关于成立江西省职工对外交流中心的通知》,同意成立省职工对外交流中心,为省总下属实行企业化管理的相当于处级的事业单位,是民间对外交流团体和中国职工对外交流中心在江西的分支机构,承担不便或不需省总名义的工会对外活动。主要职能为国内外团组接待、选派出国研修生、组团出国交流。省职工对外交流中心负责人由省总国际联络部部长兼任。

1995 年 10 月 26 日,省总向省编委《关于在省职工对外交流中心增挂江西省总工会国际联络部牌子的请示》,提出“拟在省职工对外交流中心增挂江西省总工会国际联络部的牌子,实行二块牌子,一套班子”。是年 12 月 28 日,省总《关于江西省总工会机关机构改革自查情况的报告》提出,“《关于在省职工对外交流中心增挂江西省总工会国际联络部牌子的请示》,如省编委认为这样设置不合适,省总意见:在省总内增挂国际联络部这块牌子,与省总办公室合署办公。”1996 年 1 月 19 日,省总向省委组织部《关于江西省总工会机关职位设置的请示》中仍是标明在办公室职位中设有国际国内接待工作岗。

据《中国工会年鉴(2001)》统计,2000 年,省总有国际工作机构 2 个,专职工作人员 3 人。2 个国际工作机构,即是指国际部联络部和江西职工对外交流中心,1999 年前后,国际部、职工对外交流等工作都归在经济事业部,由省总主席程受锭分管外事工作。

2005 年 6 月 2 日,省总《关于要求分设研究室、国际联络部的请示》向省编委提出分设国际联络部。是年 7 月 11 日,省编办《关于江西省总工会研究室、国际联络部单设的批复》,同意省总国际联络部单设,国际联络部的主要职责是:负责工会的对外交流,统一管理和协调工会国际联络工作;承担工会出访组团、来访接待和有关国际会议、国际合作项目的联系和组织协调工作;发展同各国工会的友好关系,加强同各省市总工会之间合作与交流。

第一节 接待来访

1994—2009年,省总接待来访的外国工会代表团21个。外国工会代表团与省总围绕双方共同关心的问题进行交流,促进江西在经济建设、企业管理、劳资关系、集体协商、工会建设等方面对国外的了解。

1994年9月12日,应中华全国总工会邀请,日本福岛中小企业团体中央代表团一行3人来华,并于9月18—19日在南昌举办中日企业经营管理研讨会,旨在进一步增进中日双方企业的相互了解,促进合作,并借鉴日本企业经营管理的经验,推进江西经济发展。这次研讨会日方演讲的主要内容是:日本经济发展的原因,企业经营管理、劳动与工资的关系、生产计划和成本计算等。参加这次研讨会的企业管理人员、工会干部、各地市产业工会、各直属基层工会人员195人。期间,日本福岛中小企业团体中央代表团一行参观南昌飞机制造公司。

1995年12月23日,应全国总工会的邀请,以苏丹工人工会总联合会主席塔吉・西尔・阿比杜为团长的苏丹工联代表团一行2人到江西友好访问。省总主席刘金标会见代表团一行。在赣期间,代表团一行考察共青企业集团,南昌飞机制造公司,南昌飞机制造公司向代表团介绍职代会情况,代表团还参观南昌八一起义纪念馆、滕王阁和南昌市容。

1996年10月22—24日,应全总的邀请,以主席德拉甘・拉杜络维奇为团长的南斯拉夫自治工会联合会代表团一行5人到江西友好访问。刘金标会见并宴请了代表团一行。在赣期间代表团一行考察南昌飞机制造公司、南昌市工人文化宫,参观南昌滕王阁和八一起义纪念馆。

1997年6月17—20日,应全总邀请,圭亚那农业和一般工人工会通讯书记西保罗・纳里内和执委杰珀塔普・鲍尔・曼博德对江西友好访问。参观南昌市第一粮食加工厂、共青企业集团等地。

1997年9月,应中国职工对外交流中心邀请,以日本技能者交流中心专务理事中川丰为团长的日中企业管理研讨会代表团到赣参加中日企业管理研讨会。

1997年9月20—24日,应中国机械冶金工会的邀请,以委员长姬野庄山为团长的全日本有色金属素材能源工会联合会代表团一行6人到江西友好访问。代表团在江西期间,参观江西铜业公司、冶炼厂,并与铜业公司领导进行交流座谈。

1997年10月23—26日,应全总的邀请,由美国劳联—产联下属的美国国际友好理事会执行主任,商店谈判委员会主席卡尔曼率领的美国工会代表团一行4人到江西访问,参观江西纸业有限公司、南昌化工原料厂、南昌市郊湖坊村、热心村、东方制药集团、江西绿色工业集团等。

1999年3月18—21日,应全总邀请,丹麦半熟练工人工会代表团一行3人来江西友好访问。省总为代表团举行欢迎座谈会,程受锭向客人介绍了江西省工会工作情况。省总副主席童水仙陪同客人参观了洪都航空集团和省建工集团工会,并同工会干部座谈。代表团还先后参观游览南昌滕王阁、南昌八一起义纪念馆、九江秀峰、玉帘泉、观音桥、东林寺等地。

1999年6月29日—7月4日,应全总邀请,巴西农村无地劳动者运动代表团一行3人来江西访问考察。考察南昌湖坊乡企业和农业、星子县农业局和农村,并与两地的乡村领导及有关人员进行交流座谈。

2000年4月16日，应全总邀请，以日本国际劳动财团理事长清水春树为团长的日本国际劳动财团讲学团一行3人，来江西进行为期3天的中日劳动关系研讨讲学，介绍日本工会在进行集体谈判、建立健全劳动法制方面的经验，并结合中国工会目前所面临的课题，就中日两国工会共同关心的问题进行交流。各地市总工会主要负责人和所在地区大中型企业领导或工会主席75人参加本次研讨讲学。程受锭陪同副省长王君会见讲学团一行。

2000年10月8—13日，应中国职工对外交流中心的邀请，以玛利爱伦·理查德女士（世界陶瓷绘画协会主席）为团长的美国、澳大利亚陶瓷丝绸艺术访华团一行38人，在景德镇和南昌进行友好访问和交流。此次访问的主要目的是了解中国改革开放和现代化建设的情况，了解中国在发展陶瓷及丝绸艺术方面的历史和现行的方针政策；与江西省陶瓷及丝绸艺术方面的专家，学者和艺术家们进行交流，切磋技艺，谋求建立长久的交流与合作关系。

2002年5月19—21日，应全总邀请，以雅库波夫·艾里耀尔副主席为团长的乌兹别克斯坦工会联合会代表团一行4人来江西友好访问。程受锭会见并宴请客人，代表团在赣期间考察江铃汽车生产流程，参观南昌滕王阁、天香园和梅岭。

2002年9月7—22日，应中国职工对外交流中心的邀请，美国陶瓷、音乐、版画艺术访问团一行14人访华。其中以琶逊·瓦若稀纳女士（华盛顿大学教授）为团长的陶瓷团5人，于9月19—20日到景德镇参观访问，交流陶瓷艺术、绘画技巧。

2002年9月20日，应全总的邀请，以总书记海依德尔·伊卜拉欣为团长的巴勒斯坦工人总联合会代表团一行3人对江西进行为期2天的友好访问。省总副主席文之周、李骥在江西宾馆会见并宴请代表团一行。在赣期间，代表团参观南昌八一起义纪念馆，游览南昌市夜景和庐山。

2004年10月9—11日，应全总邀请，以独联体总工联总书记谢尔巴科夫为团长的总工联代表团一行2人，来华出席全总主办的“经济全球化与工会工作论坛”，并于13至14日来江西进行友好访问。省委书记孟建柱会见代表团，省人大常委会副主任、省总主席张海如会见并宴请代表团。代表团与南昌市委、南昌市总以及南昌经济技术开发区的领导进行会谈，并参观开发区内的3家企业。

2005年4月14—18日，应全总的邀请，以布隆迪工会联合会主席哈贾杨迪为团长的代表团一行2人来江西友好访问。张海如会见并宴请代表团。南昌市、景德镇市和九江市总主席分别陪同参观访问。代表团参观洪都航空工业集团、国洪集团公司、泰豪科技有限公司、捷德公司和景德镇雕塑陶瓷厂、南昌市职业介绍所和庐山温泉工人疗养院等。

2005年6月16—19日，应全总的邀请，以副书记艾尔弗雷德·姆丹达为团长的赞比亚工会大会代表团一行2人来江西进行友好访问。张海如会见并宴请代表团。代表团参观南昌市职业介绍所、南昌钢铁有限责任公司、江西联创光电有限责任公司和庐山工人休养院等。

2005年8月20—24日，应全总的邀请，以主席托马司·威逊厅为团长的匈牙利工会联合会代表团一行5人来江西友好访问。代表团参观中国石化九江石油化工总厂，九江纺织厂和洪都飞机制造公司、九江市总困难职工帮扶中心等。

2005年11月27—29日,应全总的邀请,以印尼工会大会、尼泊尔民主工会总联合会、尼泊尔工会总联合会、菲律宾自由工人联合会、锡兰劳工联合会、斯里兰卡种植园工会、锡兰工会联合会等四国7家工会领导人共14人来华参加全总举办的“亚洲国家工会关于工会与社会保障”讨论会,并专程到江西访问考察。张海如会见并宴请代表团。代表团参观江铃汽车集团公司工会和汽车生产线,参观南昌市容等。

2007年5月10—11日,应全总的邀请,以冯佩·赛格亚宗多主席为团长的老挝工会联合会代表团一行6人来江西友好访问。张海如会见并宴请代表团。南昌市副市长凌学仁陪同,代表团参观南昌亚洲啤酒有限公司,并与该公司党、政、工负责人进行会谈。

2009年10月22—25日,应全总邀请,以韩国国际劳动协力院院长元正渊为团长,韩国职业培训大学校长严峻喆、韩国劳资发展财团雇佣部部长吕相泰、韩国每日劳动新闻代表理事/发行人朴成国、韩国国际劳动协力院干部朴佑宰为成员的韩国国际劳动协力院专家代表团一行5人莅临江西,就如何搞好职业培训工作,进一步推动工会在全球金融危机影响下开展更有效的维权活动进行沟通和交流。省总副主席王运昌、省总经审会主任王运快会见并宴请韩国代表团一行。在赣期间,代表团一行参观访问江铃集团公司和南昌市职工技能培训中心等地。

第二节　出国访问

1994—2010年,省总共组织安排工会系统干部出国访问(约)37批次。出访的主要任务是工会组织间的互访、交流、考察及培训。自1990年2月10日,全总办公厅下发《关于进一步控制全国总工会系统临时因公出国的规定》以来,干部临时因公出国的规定更为细致,审批手续也更为严格。至1995年10月,省总未组团出访,工会干部的出访活动(包括出国培训),基本是参加全总或其他单位组织的出访团组。1995年4月5日,省总向省委、省政府《关于要求省政府在组织对外交流或出访活动中适当考虑工会派员参加的请示》,提出全省的工会国际工作处于起步阶段,与外国城市工会缔结友好关系还为零,请求省政府在组织对外交流和出访活动中适当考虑工会派员参加,特别是在与国外城市缔结友好关系时和开展友好活动时,增加工会工作交流的内容,促使工会间缔结友好关系。之后,无实质性进展。这种状况到2000年后开始改变。

1994年,程受锭参加赴日研修生工作考察团,实地考察江西省选派的研修生工作、学习、生活情况。

1996年2月1—11日,全总应日本湘南地区教职员工会邀请,组团赴日本进行友好访问,文之周担任访问团团长。

1996年6月6—19日,童水仙前往瑞士、德国参加中国社会科学院与瑞士兰德学院在瑞士圣嘉仑市联合举办的“妇女与社会发展、社会福利”学术研讨会,并就“妇女参政、女领导干部的机遇与挑战”在会上作专题发言。

1996年10月22日,江西省政协主席朱治宏率江西省友好访问团到日本冈山县进行友好访问。省总工会主席刘金标参加。

2000年7月21日—8月1日，应突尼斯劳工总联合会的邀请，全总组成10人的“中国工会赴突尼斯劳动关系考察团”，省总副厅级调研员吴继恒参加。

2001年9月8—22日，应德国凯撒国际贸易展览有限公司的邀请，全总组成“中国工会赴德国集体合同培训团”赴德国执行集体合同培训任务，省总副主席傅卓成参加。

2001年11月9—23日，应几内亚比绍劳动者全国联合会、莫桑比克劳动组织中央工会的邀请，经中央外事工作领导小组批准，全总组成以倪豪梅副主席为团长的中国工会代表团，一行3人，赴几内亚比绍和莫桑比克执行公务访问，程受锭参加。

2002年6月26日—7月1日，应法国总工会国家雇员工会（国防工会）的邀请，全总组派中国国防工会代表团，一行4人，赴法国进行友好访问并在巴黎联合国科教文组织总部举行国际工会工作研讨。文之周和洪都航空集团公司工会主席车德云参加。

2002年12月1—12日，应国际劳工局曼谷局的邀请，全总组派“中国工会三方机制研讨交流代表团”一行21人，赴澳大利亚和新西兰，进行为期13天的工会业务学习交流，研讨交流工会参与建立和促进三方机制、协调劳动关系的做法和经验。李骥参加。

2002年，省总经济技术部部长汪鉥风赴欧洲8国访问。

2003年12月4—21日，应国际劳工组织都灵培训中心的邀请，全总组派20人的代表团，赴意大利和瑞士研讨考察关于就业政策等方面的课题，省总副主席郭学勤参加。

2003年12月17—29日，省总办公室主任王运昌率团赴德国、法国访问考察。宣传教育部部长张才福随行。

2004年8月23日—9月5日，省总机关党委副书记王小湖率民管部长滕自国、经审办主任叶晓钟及基层工会干部9人赴法国、德国访问交流。

2004年8月28日—9月13日，应联合国国际劳工组织的邀请，全总组成中国工会代表团，一行20人，前往意大利、奥地利参加经济全球化与工会工作研讨班，省总副主席李慈葆参加。

2004年7月29日，省总提名副主席吴铭参加由中国职工对外交流中心组成的中国工会劳动福利事业赴奥地利培训团，一行26人，赴奥地利培训21天。

2004年11月23日—12月5日，应突尼斯劳动者总联合会、阿尔及利亚劳动者总联合会、摩洛哥劳工联合会的邀请，全总组成以副主席苏立清为团长的中国工会代表团一行5人，赴北非进行友好访问，张海如参加。

2005年8月30日—9月5日，省教育工会常务副主席张源赴日本访问交流。

2005年10月18—25日，张海如应邀率傅玉芳（南昌市总工会主席）、郭浩（省总）、邓毅（省总）、胡发亮（江铜集团工会主席）、王翠华（省总）6人的“江西工会代表团”访问俄罗斯，就工会工作和工会组织的国际交往、建立友好互访关系等事宜进行磋商。在外停留6天。

2005年11月9日—21日，省总女职工部部长吕金枝、省教育工会副主席邓华、副处级干部万根妹及基层教育工会干部3人赴法国、德国访问交流。

2006年9月10—21日，省总财务部长吴继群赴西班牙、葡萄牙访问交流。

2006年9月13—24日，应法国塞西国际经济文化交流协会和德国埃迪国际发展咨询公司的邀请,省总法律工作部部长郝希升及基层工会干部4人组成江西工会代表团赴法国、德国考察访问公司制企业情况。

2006年10月28日—11月17日,应加拿大双桥培训中心的邀请,全总组派20人的学习培训团,赴加拿大执行保障系统工会干部培训任务。郭学勤参加。

2006年3月下旬,应巴西、阿根廷等国家文化部门的邀请,江西省文学艺术界联合会组成以省委宣传部副部长、省文联党组书记俞向党为团长的"江西省文化艺术考察团"赴巴西、阿根廷、智利考察访问,文之周参加。

2007年9月9—18日,应国际劳工组织都灵培训中心的邀请,全总组织中国工会代表团一行20人赴意大利、瑞典参加国际劳工组织的劳动立法和改革研讨考察,省总经审会主任王运快参加。

2007年11月,省教育工会常务副主席万学华,南昌市总副主席何庆华、刘本昆,安义县总主席黄振保,乐平市总主席黄传寿,南昌市鲜徕客食品公司总经理邹献仁一行6人赴西欧6国访问。

2007年11月13日—12月3日,根据全总的安排,省总纪检组长柯进水参加中国工会职业技能培训团,赴加拿大执行培训任务。

2008年5月,文之周赴南非、埃及、土耳其访问。

2008年12月,省总民主管理部副调研员应朝晖赴日本访问。

2009年1月,省总政研室主任汤御奎率省总经审办主任叶四保及基层工会处级以下干部一行6人赴德国、法国访问交流。

2009年2月,应加拿大百年理工学院的邀请,根据全总的安排,省总纪检领导以及省总干校校长范春松、组织部副部长吴建国参加全总培训团赴加拿大执行"中国工会劳动保护培训"任务。

2009年3月,应英国高德英中培训有限公司的邀请,根据全总的安排,省总副主席陈文明以及省总办公室主任陈渊平、法律工作部部长吴海平参加全总培训团赴英国执行"中国工会职工权益维护培训"任务。

2009年11月,省总后勤中心主任甘颀、省工人疗养院院长张猛2人参加全总赴英国培训团学习。

2009年12月6—16日,应美国蒙特利尔公园市议员DavidTLau和加拿大泛太平洋经济文化协会秘书长PaulLam的邀请,以王运昌为团长的工会工作者代表团,一行6人(含省总资产管理部部长王翠华及基层工会主席4人),赴美国、加拿大进行工作访问,与美国加利福尼亚城市交通工会、加拿大汽车协会工会等组织进行交流探讨。

2009年12月14—20日,经韩国国际劳动协力院邀请,以省总副主席柯进水为团长的江西工会工作者代表团一行6人,赴韩国进行交流访问。

2010年4月19日—6月16日,由中央组织部、外交部、国家外国专家局联合举办的第八期公共管理高级培训班,分别在北京清华大学和美国哈佛大学举行,省人大常委会副主任、省总主席姚亚平参加,并随培训班赴美国哈佛大学访问学习。

2010年9月11—25日,省总干校副校长欧阳华参加全总团组赴意大利都灵培训。

2010年10月15日—11月5日,省总民主管理部副部长熊志伟参加全总团组赴英国培训。

2010年12月27日—2011年1月5日,应美国圣马力诺市议会议员和加拿大泛太平洋经济文化协会邀请,郭学勤率省总民管部部长龚荣才、省总老干部处调研员周家强及萍乡市总主席卢绍增一行4人,赴美国、加拿大进行友好访问交流。

第三节　同港澳台友好往来

省总同港澳台的友好往来在2000年之前,大多是由全总或中国职工对外交流中心安排接待来访团组。2000年之后,随着两岸关系的发展变化,省总组团出访、与港澳台的互访逐渐多起来。

1990年6月20日,省总向省政府《关于省总、省台联合办"台湾会馆"的报告》提出,省台联、省总拟在江西职工旅行社(江西职工大厦)的基础上合办以接待岛内来赣探亲、经商、旅游观光的台湾同胞为主的营业性服务机构"台湾会馆"。8月6日,省政府办公厅复函,同意成立"江西台湾会馆",挂靠省台联,属民间群众性组织,办公地点设在省职工大厦,不另给编制、经费,办公用房等所需用品由省职工大厦解决,"江西台湾会馆"在省政府台湾事务办公室领导下进行工作。

接待来访

1994年,澳门工联总会会长唐星樵来赣观光旅游,参加陶瓷节,游览井冈山、滕王阁,交流工作。

1996年7月23—30日,应中国职工对外交流中心邀请,以香港新界社团联会副理事长罗楚平为团长的香港新界社团联会代表团一行6人来赣参观访问。参观江铃汽车集团、共青企业集团和八一起义纪念馆,游览滕王阁、井冈山和庐山。中国职工对外交流中心处长刘洪陪同。

1996年10月11—18日,应全总邀请,澳门工会代表团一行14人来赣参观访问。参观团参观南昌飞机制造公司、共青企业集团和南昌八一起义纪念馆、滕王阁,游览庐山、井冈山。

随着两岸关系的发展变化,民众之间的交流日益密切。两岸劳工之间的交流,早已在江苏、浙江、辽宁、山西、河南等省市进行。2001年,省总首次由江西职工对外交流中心与台湾省南投县总工会商谈,建立两岸劳工关系交流的邀约,根据双方商定2002年5月至6月间,先由省总方邀请,南投县总工会组织10人团来江西,省总方6月份组派10人团去台湾进行劳工事务交流。2001年12月12日,省总以《关于与台进行劳工事务交流的立项申请》向江西省台湾事务办公室申请立项。

2003年9月21—28日,应全总、中国职工交流中心邀请,台湾航空业工会联合会理事长李昭平为团长的交流团一行30人,来江西参观访问。李骥接见并宴请交流团一行。交流团在赣活动期间,分别到庐山、龙虎山、南昌滕王阁及江铃公司参观访问,并与民航江西管理局和东方航空公司工会进行工会工作交流。

2006年4月28日—5月2日,根据中央人民政府驻澳门特别行政区联络办公室的安排,以澳门工联总会监事长、水电工会会长阮毓明为团长的澳门水电工会代表团,一行21人来江西访问考察。省总党组副书记、副主席文之周,郭学勤以及省电力工会有关领导在南昌会见澳门水电工会代表团。随后,代表团参观南昌青云谱水厂并与南昌市自来水公司工会座谈交流。

2006年8月27日—9月1日,根据中央人民政府驻澳门特别行政区联络办公室的安排,以澳门交通运输业总工会理事长何桂兴为团长的一行20人,组团赴赣参观访问。省总领导会见代表团并介绍江西工会工作情况。随后,代表团参观江西国际集装箱码头,并与省交通工会座谈交流。

2007年12月18—25日,应全总台湾事务办公室和中国能源化学工会的邀请,以姚江临为团长的台湾电力工会代表团一行10人来江西访问考察。省总和省电力工会有关领导迎送并宴请。代表团参观电力企业并与省电力工会座谈交流。

2009年5月18—21日,中央人民政府驻香港特别行政区联络办公室社会工作部安排并派员陪同香港惩教署惩教助理总会“红色之旅”访问团(约10人)到井冈山市访问,参观革命根据地旧址和博物馆,并与当地工会进行交流。

2009年5月22—28日,由国台办交办,江西省台湾事务办公室和省总联合发起,在南昌举办赣台工会工作论坛会,加强两岸工会之间的交往与合作,交流工会工作的做法与经验,携手应对金融危机带来的挑战;宣传江西,扩大南昌在岛内的影响,增进岛内民众对大陆的了解与共识。论坛会邀请了台南市行业工会理事长等35人、台中台北、电力和航空业工会10人,及江西省设区市总工会、产业工会共计80人参会。国务院台湾事务办公室领导和全总台湾事务办公室领导,以及省领导参加开幕式。与会人员参观考察江西大型企业以及南昌滕王阁、秋水广场和九江庐山、景德镇等地。

2009年6月12—16日,中央人民政府驻香港特别行政区联络办公室社会工作部安排并派员陪同香港房屋事务经理协会访问团(约30人)到江西省参观访问,参观井冈山革命根据地旧址和博物馆等,并与省总及井冈山市总进行交流。

2009年8月,台湾产业工会常务理事、副秘书长丁作一等2人来江西访问考察。

2009年,邀请台湾高雄机械产业工会联合会代表团来赣,一行26人。

2010年6月24日,全总安排,台湾彰化县营造业职业工会理事长陈杰率劳工教育研习营访赣团一行32人来访,省总常务副主席郭学勤会见并宴请。

2010年12月2—9日,应省总邀请,台湾烟酒公司产业工会联合会赵铭圆理事长一行19人来赣交流访问。王运昌,王运快,南昌市人大常委会副主任、市总工会主席万先勇,省烟草公司副总经理罗年安等会见台湾客人,并介绍江西省及南昌市经济社会发展和工会建设情况。赵铭圆一行在赣期间,走访省总、南昌市总和省烟草公司,并参观了南昌卷烟厂、清华婺酒厂、省总庐山工人休养院和劳动模范休养基地等单位,游览了庐山、龙虎山、三清山。

赴港澳台交流访问

1994年,省总职工交流中心秘书长李慈葆参加全总访问香港、澳门代表团,考察香港工联会和澳门工联总会,为增进接触和交流以及今后接待港澳团奠定一定基础。

1996年4月,应香港工会联合会和澳门工会联合总会邀请,由全总组团,前往友好访问,省总副主席程受锭为团员随团出访。

2000年4月28日—5月3日，应澳门工会联合总会的邀请，全总组织12人代表团，赴澳门参加澳门工会联合总会成立50周年纪念日活动。鉴于该活动社会影响大，又逢澳门回归不久，全总代表团由徐锡澄副主席及董力书记任正副团长，省总副主席文之周参加。

2002年，应台湾省台南县产业总工会的邀请，程受锭率“江西职工交流中心代表团”一行11人，赴台湾进行工会工作交流。

2003年，郝希升、万学华、贾鲁营随全总团组赴香港、澳门考察。

2004年4月18—24日，黄伟勇、姚向东随全总团组赴香港、澳门考察。

2004年6月29日—7月5日，吴建国、周家强、彭国富、陈渊平、熊志中、文亦工、熊志伟、周晓夏、甘颀、李运学、胡长印、张成露一行12人赴香港、澳门考察。

2005年11月11—16日，华光耀赴香港考察。

2006年9月，许根生、汤御奎、龚荣才、叶四保、高照耀、曹树枚、徐洪、吴海平一行8人赴香港、澳门考察。

2008年7月21—31日，应台湾产业总工会的邀请，以李骥为团长的江西工会工作者代表团一行12人，赴台湾进行工会工作交流考察。

2009年6月8—17日，应台湾产业总工会的邀请，郭学勤率“江西职工互助保险工作”代表团一行10人，赴台湾进行职工互助保险业务工作的切磋交流。

2009年10月5—15日，应台湾产业总工会的邀请，以省总经审会主任王运快为团长的一行10人赴台湾进行访问考察。

2010年9月6—13日，应台湾产业工会的邀请，以王运昌为团长，由省企业文化促进会和部分市、县总工会主席组成的考察团一行16人赴台湾对其产业工会工作进行考察。在台期间，考察团先后拜会了台湾产业总工会理事长、常务理事、秘书长等工会干部，并进行了座谈交流，参观考察了台湾烟酒股份有限公司产业工会联合会、南投酒厂产业工会。省企业文化促进会会长文之周、省总经审办调研员周晓夏（女）、省总女职工部调研员姚向东（女）、省总经济部调研员文亦工及地市产业工会干部11人参加该团。

2010年11月，省教育工会常务副主席陈渊平随全总团组赴台考察交流。

第四节　派送研修生

“研修生”项目开始于1981年，是日本政府为解决人口老龄化、劳动力不足而采取的一种接收外国劳动者的制度。希望借此加强国际合作，将日本的先进技术向发展中国家转移，促进本国的经济发展，项目时间一般为一年。中国将研修生的派遣工作纳入外派劳务的范畴，由商务部和对外承包商会对口管理。1993年，日本在“研修生制度”的基础上推动建立“技能实习生”制度，即研修生在完成一年的工作学习后，可以继续以“技能实习生”的身份在日本再工作两年，以获得技术、技能或知识。但在实际操作中，不少企业把研修生当作了来自海外的廉价劳动力，进行剥削甚至奴役，侵犯了研修生的精神和身体权利，一些研修生的心态也发生变化，来到日本不再为了学习技术，只是单纯为了挣钱。2010 年 7 月后,日本政府开始实施与研修生和技能实习生相关的新规定,赴日研修生逐渐减少。

1992 年 5 月,省总首次通过中国职工对外交流中心向日本派遣技术研修生 5 人,同年 11 月再次选派 6 人。

1993 年 8 月,选派 11 人。

1994 年 5 月,经全总批准,全总国际部应日中技能者交流中心邀请,组成研修生团(组)赴日研修男服缝制技术一年。省总职工对外交流中心选派了方群花等 5 名服装专业研修生赴日研修。江西共青羽绒厂 2 人,江西共青羽毛厂 2 人,江西共青服装厂 1 人。

1994 年 10 月 18 日,省总在给省外办回函中记载:"近三年来,全总职工对外交流中心在全省共选派赴日研修生 4 批 27 人。到期应回国 22 人,已按期回国 21 人,滞留未归 1 人。其他 5 人还在研修,将于 1995 年 7 月回国。"

1995 年 1 月,全总国际部组成研修生团(组)赴日研修服装缝制技术 640 天。省总选派胡淑平等 4 人参加。

1995 年 9 月,全总组成研修团(组)赴日研修水产品加工技术 365 天,省总经审查摸底,从江西省渔业劳动服务公司选派刘庭凤等 12 人参加这一团(组)。

2005 年 5 月,根据全总中国职工对外交流中心(国家授权派遣单位之一)与日本技能者交流中心长期研修生派遣协定,经省总职工对外交流中心多方争取,确定从南昌玖玖电子总厂选派熊慧琴、聂玉莲、庹全芝、龚桂红、樊艳梅、邓小娟、殷雪梅、熊菊花、魏欢、吁琴等 10 名女性电子部件组装工赴日本国长野电子株式会社研修电子焊接和电子装配三年(一年研修,二年实习)。

2006 年,选派研修生 31 人。

2007 年,选派研修生 6 人。

2008 年,选派研修生 9 人。

第十二章　组织机构

20世纪90年代前，全省工会组织机构设有吉安、赣州、宜春、上饶和抚州5个省总派出机构即省总工会地区办事处，南昌、九江、景德镇、萍乡、新余和鹰潭6个设区市总工会，及大一统的国营企事业工会即产业、系统工会。21世纪初吉安、赣州、宜春、上饶和抚州撤地设市，这5个省总派出机构也撤销而设立为设区市总工会。1994—2010年，江西和全国一样，进入社会主义市场经济逐步建立时期，全省的经济体制改革，使占强势主导地位的公有制和集体所有制经济改变为私营经济、中外合资合作经济、外商独资经济同个体经济一起并存，1987年多种非公经济发展不再受到限制，1997年多种所有制经济共同发展的局面完全打开，即"国退民进"，绝大多数国营企业随着国家政策大改变而使地市以下国营企业除少数外，皆倒闭破产、改制，取而代之的是私营企业、改制股份制企业、民营企业、外商投资企业等非公有制企业。原工会组织主体之国营企业工会和集体企业工会，也随之解体、消失、或名存实亡。以至地市县工会也同时陷入"三断五难"（组织断层、工作断线、经费断流，活动难、收费难、维护难、发挥难、组建难）和管理无序、长期欠发工资的困境。至21世纪初起着力抓工会组建，逐步突破困境。至2010年，除省总和设区市总工会及行政事业机关工会组织机构外，绝大多数企事业工会已是多种所有制经济的工会组织机构。

第一节　省总工会

省总工会第九次代表大会

1993年8月24—27日在省军区礼堂召开。出席大会正式代表609人，特邀代表40名，代表全省326万职工、282万工会会员。大会的主要任务是：审议通过省总工会第八届委员会的工作报告；审议通过省总工会财务工作报告和经费审查委员会工作报告；选举产生省总第九届委员会和经费审查委员会；选举出席中国工会第十二次全国代表大会的代表。省委副书记卢秀珍代表省委讲话，黄建盛代表团省委、省妇联、省科协、省社联、省文联致祝词。省总主席刘金标作题为《动员和团结全省职工，为建立社会主义市场经济体制，加快江西改革开放和现代化建设步伐作出新贡献》的工作报告，吴继恒作财务工作报告，李祖根作经费审查工作报告。大会分别作出通过三个报告的决议。大会选举产生由95名委员组成的省总第九届委员会、由13名经审会员组成的省总第九届经费审查委员会，选出39名出席中国工会第十二次代表大会的代表。8月27日，九届一次委员会选举产生12名常委组成常务委员会,选举省总主席、副主席。同日,九届经审会第一次全体会议选举产生经审会主任。

省总第九届委员会委员:

王申恭	王贤俊	王　晓(女)	王德凑	尹佐英(女)	邓水文
卢玉金(女)	帅之光	朱秀根	邬芬源	刘　健(女)	刘传迅
刘亨远	刘许南	刘金标	刘绍荣	刘桂发	刘继生
安新民	许　斌	许守宽	许家桃	孙慧英(女)	李　骥
杜桂英(女)	李冬发	李保忠	李彦或	李继武	李道根
李雪玲(女)	杨克政	李慈葆(女)	吴继恒	吴福骝	余昌徐
邹元秀(女)	应同祥	汪当时(女)	沈爱成	张良金	张洪兴
张临鲜(女)	陈仲石	陈笑哉	陈焕新	林义根	欧本强
易发来	罗金保	罗美珍(女)	金　宏	周剑美(女)	郑丕炉
赵登荣(女)	胡元发	胡水泉	胡佑生	胡金孙	胡敦斌
胡森敬	钟国文	钟瑞芝(女)	饶仕忠	姜言伟	洪景来
祝方应	聂显华	徐录云	徐施龙	徐黄金	徐象贤
徐鑫权	郭牧耕	郭金珀	郭勉魁	涂水印	涂怀东
黄幼玲(女)	黄绍泽	梅新开	童水仙(女)	谌水莲(女)	赖吉生
蔡华添(女)	蔡厚仪(女)	裴安平	程受锭	廖兴华	廖松阳
廖家良	廖泰昌	黎家录	滕自国	戴子钧	

替补委员:

1993年12月省总九届二次委员会替补委员:廖兴国

1994年12月省总九届三次委员会替补委员:王云学　王风翔　冯松林　陈行洪

吴福新　翁延生　魏建华

1995年12月省总九届四次委员会替补委员:王淑敏(女)　甘学军　周文杰　桂明华

秦绍县　万根水　陈连仲　邓辉

增补委员:

1994年12月省总九届三次委员会增补委员:文之周　邓仁生　王锦章　彭蓉英(女)

1995年12月省总九届四次委员会增补委员:沈长生

常务委员:

刘金标	刘　健(女)	李　骥	李保忠	李道根	李慈葆(女)
应同祥	张良金	胡水泉	童水仙(女)	程受锭	戴子钧

增补常务委员:

1994年12月省总九届三次委员会增补常务委员:吴福新

1995年12月省总九届四次委员会增补常务委员:王风翔

省总主席、副主席及任期：
主　席　刘金标(1993.8—1998.8)
副主席　戴子钧(1993.8—1994.7)
副主席　程受锭(1993.8—1998.8)
副主席　童水仙(女)(1993.8—1998.8)
本届增补副主席及任期：
副主席　文之周(1994.6—1998.8)
副主席　李　骥(1996.7—1998.8)
第九届经费审查委员会委员：

王翠华(女)　龙成生　叶瑞才　刘世润　刘奏生　李建中
吴继恒　张龙英(女)　陈松柏　徐盛平　郭香玲(女)　揭仕钧
廖江流

1994年12月省总九届三次委员会经审委员会替补委员：苏浩生
1995年12月省总九届四次委员会经审委员会替补委员：李坪　肖金城　吴筱华
1995年12月省总九届四次委员会经审委员会增补委员：李静
经费审查委员会主任及任期：
主任　吴继恒(1993.8—1998.8)
届中全体委员会议和常委会会议：
1993年8月27日，省总九届一次委员会议在南昌召开。
1993年12月28—30日，省总九届二次委员(扩大)会议在南昌召开。
1994年7月30日至8月2日，省总九届三次常委会(扩大)会议在庐山召开。
1994年12月27—29日，省总九届三次委员(扩大)会议在南昌召开。
1995年8月8—10日，省总九届五次常委会(扩大)会议在井冈山市召开。
1995年12月25—28日，省总九届六次常委会会议在南昌召开。
1995年12月26—28日，省总九届四次委员(扩大)会议在南昌召开。
1996年8月20—22日，省总九届七次常委会(扩大)会议在上饶召开。
1996年11月6日，省总九届八次常委会会议在南昌召开。
1997年1月6日，省总九届九次常委会会议在南昌召开。
1997年1月7—8日，省总九届五次委员(扩大)会议在南昌召开。
1997年7月29—31日，省总九届十次常委会(扩大)会议在庐山召开。
1997年12月25日，省总九届十一次常委会会议在南昌召开。
1997年12月26—27日，省总九届六次委员(扩大)会议在南昌召开。
1997年7月23日，省总九届十二次常委会会议在南昌召开。

省总工会第十次代表大会

1998年8月18—20日在南昌滨江宾馆召开。出席大会正式代表580名,特邀代表34名,列席代表9名。大会的主要任务是:贯彻党的十五大精神,认真总结省总工会九大以来全省工人运动和工会工作的实践经验,确定将工运事业全面推向二十一世纪的指导思想和主要任务,选举产生新一届省总领导机构和出席全国工会十三大的代表。省委副书记、省长舒圣佑,省委常委、省委组织部部长刘德旺,省人大常委会副主任黄名鑫,副省长朱英培、省政协副主席厉志成,省军区副政委卢匡衡,省纪委副书记、监察厅厅长贾意安出席会议。会议由程受锭主持。舒圣佑代表省委、省政府作题为《团结动员广大职工为实现跨世纪宏伟目标的伟大历史使命而奋斗》的讲话,童水仙宣读中华全国总工会发来的贺电,团省委书记潘东军代表团省委、省妇联、省科协、省社联、省文联向大会致贺词。刘金标代表省总九届委员会向大会做题为《高举邓小平理论伟大旗帜,团结和动员全省职工为实现跨世纪宏伟目标而奋斗》的工作报告。会议审议通过省总九届委员会工作报告、财务工作报告和省总九届经审会工作报告。选举产生95名委员组成的省总第十届委员会和14名委员组成的十届经费审查委员会,选举产生出席中国工会十三大代表40名。8月20日,省总十届一次全委会议选举产生11名常委组成常务委员会,选举省总主席、副主席。同日,省总经审会十届一次会议选举产生经审会主任。

省总第十届委员会委员:

丁成芷(女)	卜光伟	万学华	万根水	王云学	王放文
王荣水	王晓岚(女)	王振坤	王淑敏(女)	文之周	古育萍
甘学军	龙雨粧(女)	叶晓钟(满族)	卢玉金(女)	包世芬	兰举贤(畲族)
朱秀根	朱焕明(女)	伍猷忠	刘生宜	刘纯广	刘亨远
江似火	汤　华	许　斌	许建华(女)	许家桃	孙仲生
孙炎林	杜桂英(女)	李　穗	李　骥	李永军	李年禄
李道根	李慈葆(女)	李燕玲(女)	李曙光	严　松	吴　涌
吴初湖	吴银才	吴福新	何进宝	邹瑞平	汪当时(女)
沈长生	宋燕(女)	张良金	张临鲜(女)	邵铭军	易玉珍(女)
罗爱香(女)	周文杰	周东军	周剑美(女)	周美珍(女)	宗菊根
柳春峰	胡佑生	赵登荣(女)	钟宜生	姚信福	夏新民
钱铜山	郭　华	郭志川	郭志文	郭裕华	高洁茹(女)
涂水印	涂怀东	涂慧玲(女)	陶春元	黄丽英(女)	黄绍泽
章寿生	彭绍富	彭济民	彭蓉英(女)	程庆槐	程受锭
童水仙(女)	雷良骅	蔡连训	廖万军	廖贵星	廖泰昌
熊汉群	熊征翔	滕自国	戴晓贺	魏建华	

替补委员：

2000年1月省总十届三次委员会替补委员：王凤翔　王忠奎　江学鸿　吕金枝　肖春华　林贤志　周其祥　温秋根

2000年12月省总十届四次委员会替补委员：傅卓成　汪鉥风　郝希升　柯进水　徐爱民　饶正国　李朝阳　陈勇　熊仕跃　黄雪梅　吴润生　刘斌

2001年12月省总十届五次委员会替补委员：廖先霞　杜明华　李国平　傅雅君　刘克保　邬琥钢　胡发亮

2003年1月省总十届六次委员会替补委员：傅玉芳　周照华　刘显元　车德云　王小湖等21人

增补委员：

2000年1月省总十届三次委员会增补委员：王运昌　王运快　吴铭　张源　曲清　张路敏　裴安平

2000年12月省总十届四次委员会增补委员：

张才福	石　南	刘江媛	施胜华	郦传根	张长生
胡光明	朱继泮	尚　燕	左武元		

2003年1月省总十届六次委员会增补委员：吕邵深　张菊根

常务委员：

文之周	朱秀根	江似火	李　骥	李道根	李慈葆(女)
吴福新	张良金	程受锭	童水仙(女)	滕自国	

增补常务委员：

2000年1月省总十届三次委员会增补常务委员：王运昌　王运快

2003年1月省总十届六次委员会增补常务委员：傅玉芳　柯进水　胡发亮

省总主席、副主席及任期：

主　席　程受锭(1998.8—2003.8)

副主席　童水仙(女)(1998.8—2000.12)

副主席　文之周(1998.8—2003.8)

副主席　李　骥(1998.8—2003.8)

副主席　李慈葆(女)(1998.8—2003.8)

本届增补副主席及任期：

副主席　傅卓成(2000.12—2003.8)

经费审查委员会委员：

王金华	王奎喜	刘本昆	刘吉根	刘雅洁(女)	李　静(女)
李建中	李俊卿	吴继恒	陈长兰(女)	徐国辉	郭香玲(女)

曾明坤　　　　曾建辉

2000年1月,省总十届三次委员会经审委员会替补委员:王江云

2000年12月,省总十届四次委员会经审委员会替补委员:傅长庆　叶新逑

2000年12月,省总十届四次委员会经审委员会替补委员:胡淼敬

2001年12月,省总十届五次委员会经审委员会替补委员:宗菊根

2001年12月27日至28日,第十届经费审查委员会召开第十一次全体会议选举宗菊根为省总第十届经费审查委员会主任。

经费审查委员会主任及任期:

主任　吴继恒(1998.8—2000.12)

主任　宗菊根(2001.8—2003.8)

届中全体委员会议和常委会会议:

1998年8月20日,省总十届一次委员会议在南昌召开。

1999年1月11日,省总十届一次常委会会议在南昌召开。

1999年8月7日,省总十届二次常委(扩大)会议在井冈山召开。

2000年1月4日,省总十届三次常委会会议在南昌召开。

2000年1月5—6日,省总十届三次委员(扩大)会议在南昌召开。

2000年7月27日,省总十届四次常委(扩大)会议在新余召开。

2000年12月24日,省总十届五次常委会会议在南昌召开。

2000年12月25日,省总十届四次委员(扩大)会议在南昌召开。

2001年7月25—26日,省总十届六次常委(扩大)会议在景德镇召开。

2001年12月28日,省总十届七次常委会会议在南昌召开。

2001年12月28—29日,省总十届五次委员(扩大)会议在南昌召开。

2002年8月10日,省总十届八次常委(扩大)会议在庐山召开。

2003年1月6—8日,省总十届六次委员(扩大)会议在南昌召开。

2003年8月11日,省总十届七次委员会议在南昌召开。

省总工会第十一次代表大会

2003年8月13—14日在南昌滨江宾馆召开,参加大会的正式代表有592名,特邀代表42名、列席代表6名。大会的主题是:以邓小平理论和“三个代表”重要思想为指导,深入学习贯彻党的十六大精神,围绕中心,服务大局,与时俱进,开拓创新,团结动员全省职工为江西在中部地区的崛起、全面建设小康社会而奋斗。省委书记孟建柱,全总副主席、书记处书记周玉清到会讲话。省委副书记黄智权、王君、傅克诚、吴新雄、彭宏松,省人大、省政府、省政协、省纪委、省军区及有关厅局的负责人出席会议。省人大常委会副主任、省总党组书记张海如主持开幕会。程受锭代表省总十届委员会作《围绕中心、服务大局,团结动员全省职工为江西在中部地区崛起、全面建设小康社会而奋

斗》的工作报告。团省委书记代表省群团组织致祝词。大会选举产生省总第十一届委员会委员114人、经费审查委员会委员15人和出席中国工会十四大的代表38人。通过《关于省总第十届委员会工作报告的决议》《关于省总第十届委员会财务工作报告的决议》《关于省总第十届经审会工作报告的决议》。表彰工会工作先进集体和个人。8月14日召开的省总十一届一次全委会议，选举产生14名常委组成常务委员会，选举省总主席、副主席。同日，十一届一次经审会议上选举产生经审会主任。

省总第十一届委员会委员：

丁成芷(女)	万早全	万学华	万根水	王　青	车德云
王小湖(女)	王凤翔	王运快	王运昌	王淑敏(女)	毛忠标
毛福斌	文之周	邓　毅	石　南	左武元	叶晓钟(满族)
冯绍宁	吕劭深	吕金枝	曲　清	朱秀根	朱赛男(女)
邬虓钢	刘　斌	刘　群	刘玉霞(女)	刘江媛	刘纯广
刘建城	刘显元	刘炳生	江似火	江学鸿	汤　华
孙炎林	杜明华	杨传立	李　穗	李　骥	李国平
李渡平	李朝阳	李筱华	李慈葆(女)	严丰厚	严春兴
肖　燕	肖春华	吴　涌	吴　铭	吴家华	邹喜明
邹瑞平	汪当时(女)	汪鉢风	沈长生	宋玉峰	张聆(女,满族)
张　源	张才福	张长生	张海如	张菊根	张舒萍(女)
张路敏	陈义华(女)	邵铭军	林贤志	罗丽屏(女)	罗宗炎
罗承祥	周毅(女)	周东军	周承光	周剑美(女)	周美珍(女)
周照华	单六生	宗菊根	柯进水	胡发亮	胡正根
璇　佳(女)	郝希升	钟宜生	信维克	段莉莉(女)	洪登鸿
饶正国	徐三毛	徐爱民	郭学勤(女)	郭裕华	黄小明
黄永尚	黄丽英(女)	黄振保	黄雪梅(女)	章鼎和	彭绍富
董振国	程祥宝	傅玉芳(女)	傅雅君(女)	温桂华(女)	谢云春
赖启华	谭海彪	熊仕跃	熊燕英(女)	滕自国	戴晓贺

替补委员：

2007年1月省总十一届三次委员会替补委员：赵登荣　卢绍增　李逢春　易鲁宜等17人为省总十一届委员会委员。

增补委员：

2007年1月省总十一届三次委员会增补委员：徐水花　张柒生　罗小勇

常务委员：

王运快	王运昌	文之周	朱秀根	江似火	李　骥
李慈葆(女)	吴　铭	张海如	柯进水	胡发亮	郭学勤(女)

傅玉芳(女)　滕自国

增补常务委员：

2006年1月省总十一届二次委员会增补常务委员:张源　柳杨　周照华

省总主席、副主席及任期：

主　席　张海如(2003.8—2008.5)

副主席　文之周(2003.8—2008.5,2005年12月为正厅级)

副主席　李　骥(2003.8—2008.5)

副主席　李慈葆(女)(2003.8—2008.5)

副主席　郭学勤(女)(2003.8—2008.5)

副主席　吴　铭(2003.8—2005.4)

本届增补副主席及任期：

副主席　王运昌(2007.3—2008.5)

经费审查委员会委员：

王金华	叶新逑	史述进	伍道荣	刘本昆	李建中
李俊卿	张翔云	张赣北	陈长兰(女)	周水胜	宗菊根
胡淼敬	徐华(女)	黄明亮			

2007年1月省总十一届三次委员会经审委员会替补委员:王强等2人

2007年1月省总十一届三次委员会经审委员会增补委员:叶四保

经费审查委员会主任及任期：

主任　宗菊根(2003.8—2006.1)

主任　王运快(2006.1—2008.5,2007年3月为副厅级)

届中全体委员会议和常委会会议：

2003年8月14日,省总十一届一次委员会议在南昌召开。

2004年3月9—10日,省总十一届一次常委会(扩大)会议在南昌召开。

2004年8月12—13日,省总十一届二次常委会(扩大)会议在南昌召开。

2006年1月12—13日,省总十一届二次委员(扩大)会议在南昌召开。

2006年8月1日,省总十一届四次常委会(扩大)会议在南昌召开。

2007年1月17日,省总十一届五次常委会会议在南昌召开。

2007年1月18日,省总十一届三次委员(扩大)会议在南昌召开。

2008年1月7日,省总十一届六次常委会会议在南昌召开。

2008年1月8—9日,省总十一届四次委员(扩大)会议在南昌召开。

江西省工会第十二次代表大会

2008年5月28—30日在南昌滨江宾馆召开。578名正式代表和40名特邀代表出席。大会的主题是:高举中国特色社会主义伟大旗帜,以邓小平理论和“三个代表”重要思想为指导,深入贯彻落实科学发展观,认真学习贯彻党的十七大、十七届二中全会和省委十二届四次全会精神,团结动员全省广大职工,充分发挥工人阶级主力军作用,为实现江西崛起新跨越、全面建设小康社会作出新的贡献,不断开创江西工会工作的新局面。省委主要负责人,省委副书记、省长吴新雄,全总副主席、书记处书记徐德明,省委副书记王宪魁,省政协党组书记、主席傅克诚,省委常委、秘书长陈达恒,省委常委、政法委书记舒晓琴,省委常委、南昌市委书记余欣荣,省委常委、组织部部长弘强,省委常委、省军区政委王清葆,省人大常委会副主任蒋如铭,十届省人大常委会副主任、省总主席张海如,省人大常委会副主任、省总党组书记姚亚平等省领导出席了开幕大会。省委主要负责人,全总副主席、书记处书记徐德明在会上讲话,张海如代表省总十一届委员会作《坚持以科学发展观统领工会工作全局,团结动员全省职工为实现江西崛起新跨越作出新的贡献》工作报告,姚亚平主持大会开幕式。会议审议并通过省总十一届委员会工作报告、财务工作报告和经费审查委员会工作报告,选举产生省总第十二届委员会委员118人、第十二届经费审查委员会委员25人和出席中国工会十五大代表42人。5月30日召开的省总十二届一次全委会议,选举产生15名常委组成常务省总委员会,选举省总主席、常务副主席、副主席。同日,十二届一次经审会议上选举产生经审会主任、常委。

第十二届委员会委员:

丁成芷(女)	万立新	万先勇	万学华	万根水	马文君
王云利	王凤翔	王江云	王运快	王运昌	王金燕(女)
王荣生	王翠华(女)	车德云	尹三生	邓　毅	邓安文
甘　颀	石　南	卢文星	卢绍增	卢彦达	叶四保
付玉芳(女)	成　敏(女)	曲　清	乔现东	伍枝勤	邬琥钢
刘玉霞(女)	刘正元	刘运富	刘纯广	刘振升	刘晓明
汤　华	汤御奎	许根生	李　骥	李玉平	李运学
李良逸	李国俊	李晓华	李逢春	李跃进(女)	李渡平
杨晓天	吴海平	吴继群	何青春	何建华	邹马鼓
汪鉢风	张　源	张才福	张义品	张友清	张成露
张柒生	张祖煌	张舒萍(女)	张德意	陈霞(女)	陈文明
陈作信	陈郁水	陈宜林	陈萍风	陈渊平	邵铭军
苗天林	范爱虎	易鲁宜	罗小勇	金　勇	周　光
周敏(女)	周作瑞	周美龙	周晓宏	赵卫华(女)	赵登荣(女)
郝希升	胡发亮	胡国华	胡新生	胡德海	柯进水
钟蔚东	姚亚平	袁水华	徐水花(女)	郭小莉(女)	郭云菊(女)
郭学勤(女)	郭裕华	黄亚莉(女)	黄传寿	黄兴志	黄建明
梅江林	龚荣才	常　健	彭佑军	傅林儒	傅晓林

舒玉光	曾庆斐	温桂华(女)	谢绍平	楼晓华	管华鞍
熊宜萍(女)	熊勇武				

替补委员：

2010年2月省总十二届三次委员会替补委员：朱忠玲　谭兆春　许伟　徐沁伟　徐集保　滕富连　单江洪　胡庆文　李桂生　王卓　何昌洪　赖昌萍

常务委员：

姚亚平	郭学勤(女)	王运昌	柯进水	陈文明	李　骥
王运快	张　源	陈渊平	胡发亮	万先勇	徐水花(女)
范爱虎					

增补常务委员：

2010年2月省总十二届三次委员会增补常务委员：万学华　胡庆文　滕富连

省总主席、副主席及任期：

主席　姚亚平(2008.5—)

常务副主席　郭学勤(女)(2008.5—)

副主席　王运昌(2008.5—)

副主席　柯进水(2008.5—)

副主席　陈文明(2008.5—)

本届增补副主席及任期：

副主席　吴海平(2010.2—)

经费审查委员会委员：

王　强	王运快	王金华	文红群(女)	石晓琴(女)	叶四保
叶新明	伍道荣	刘　伟	刘　宏	刘永东	刘盖群
汤冬莲(女)	陈萍风	陈靖华	郑　生	胡森林	徐向力(女)
彭　洁	董立伟	程仁甫	裘小勇	熊爱英(女)	魏金文

2010年2月省总十二届三次委员会经审委员会替补委员：吴荣富　魏洪雄　张学信　曹少宁　陈晓萍

经费审查委员会常委：

叶四保　裘小勇　文红群(女)

2010年2月省总十二届三次委员会增补经审委员会常委：甘颀　吴荣富

经费审查委员会主任、副主任及任期：

主任　王运快(2008.5—)

届中全体委员会议和常委会会议：

2008年5月30日，省总十二届一次委员会议在南昌召开。

2009年1月12—13日,省总十二届二次委员(扩大)会议在南昌召开。

2009年7月25日,省总十二届三次常委(扩大)会议在井冈山召开。

2010年2月1日,省总十二届三次委员(扩大)会议在南昌召开。

2010年8月6日,省总第十二届四次常委(扩大)会议在南昌召开。

中共省总党组组成

1993年9月—1998年8月

党组书　记　刘金标(1993.9—1998.8)

副书记　戴子钧(1993.9—1994.7)

成　员　程受锭(1993.8—1998.8)

童水仙(女)(1993.8—1998.8)

文之周(1994.6—1998.8)

李　骥(1996.7—1998.8)

1998年8月—2003年8月

党组书　记　程受锭(1998.8—2003.8)

副书记　童水仙(女)(1998.8—2000.12)

成　员　文之周(1998.8—2003.8)

李　骥(1998.8—2003.8)

李慈葆(女)(1998.8—2003.8)

傅卓成(2000.12—2003.8)

2003年8月—2008年5月

党组书　记　张海如(2003.8—2008.3)

书　记　姚亚平(2008.3—2008.5)

副书记　文之周(2004.8—2008.3)

成　员　文之周(2003.8—2004.8)

李　骥(2003.8—2008.5)

李慈葆(女)(2003.8—2008.5)

郭学勤(女)(2003.8—2008.5)

吴　铭(2003.8—2005.4)

柯进水(2006.8—2008.5)

王运昌(2007.3—2008.5)

王运快(2007.3—2008.5)

2008年5月—

党组书　记　姚亚平(2008.5—)

副书记　郭学勤(女)(2008.5—)

成　员　王运昌(2008.5—)

柯进水(2008. 5—)

王运快(2008. 5—)

陈文明(2008. 5—)

吴海平(2009. 11—)

中共省总党组纪检组

1993 年 4 月 15 日,经省总党组研究决定:马祖任任省总纪检员(享受正处级政治、生活待遇)。

2002 年 8 月 7 日,江西省机构编制委员会办公室发文《关于成立省总党组纪检组的通知》,经省编委批准,同意成立省总党组纪检组,核定行政编制 3 名(所需编制在省总机关行政编制总数内调剂解决),配备副厅级纪检组长职数 1 名。

2006 年 8 月 13 日,省委下发《关于柯进水同志任职的通知》,省委决定,柯进水任省总党组成员、纪检组长。

2010 年 1 月 5 日,省总党组研究决定:胡长印任省总副处级纪检员。

2010 年 5 月 17 日,省总党组决定:胡长印任省总正处级纪律检查员职务。

江西省出席中国工会十二至十五次代表大会代表

1993 年江西省出席中国工会第十二次全国代表大会代表,共 39 人

王申恭	王建中(女)	文达宾	方　芳(女)	邓水文	艾早红(女)
兰加鹏	伍平华	邬芬源	刘　健(女)	刘金标	孙中范
杜桂英(女)	李沛瑶	李道根	吴彦强	吴新沙	汪当时(女)
张良金	陈松柏	周源昌	赵勇坚(女)	赵登荣(女)	胡水泉
胡春林	胡淼敬	洪三国	祝方应	姚桂玉(女)	顾巧玲(女)
徐鑫权	涂翌利	郭　群(女)	梅瑞荣	童水仙(女)	曾光华
蓝水仙(女)	熊长路	戴子钧			

特邀代表

李运德　　孟凡起　　王忠宪　　芦仕斌

1998 年江西省出席中国工会第十三次全国代表大会代表,共 40 人

丁成芷(女)	万根水	王　斌	王振坤	王淑敏(女)	古育萍
甘学军	田新民	包世芬	刘纯广	刘亨远	孙中范
孙炎林	李　穗	李道根	吴　涌	吴兆章	吴继恒
吴彩云(女)	吴福新	汪当时(女)	宋燕(女)	张良金	陈义华(女)
陈耀秀(女)	赵登荣(女)	钟宜生	钱铜山	钱筱英(女)	郭　华
高木龙	陶春元	龚腊根	蒋永清	程受锭	童水仙(女)

曾广清	蓝月仙(女、畲族)	雷良骓	魏建华

2003年江西省出席中国工会第十四次全国代表大会代表,共38人

万根水	王淑敏(女)	车德云	文之周	兰庆秀(女畲族)	
任东山	刘　斌	刘纯广	江似火	孙炎林	杨灿龙
杨艳清(女)	李　穗	李燕玲(女)	肖志军	吴　涌	邹瑞平
汪当时(女)	张宏遵	张海如	尚江黎	周照华	宗菊根
柯进水	胡发亮	钟宜生	饶正国	晏竹兰(女)	徐三毛
徐爱民	郭荣英(女)	黄永尚	黄菊花(女)	龚腊根	傅玉芳(女)
温桂华(女)	谢云春	赖启华			

2008年江西省出席中国工会第十五次全国代表大会代表,共42人

丁志华	万先勇	万根水	万筱婷(女)	马小立(女)	王运快
车德云	卢绍增	兰长贵(畲族)	伍枝勤	刘　燕(女)	刘长安
刘玉明	刘运富	刘纯广	李良逸	李逢春	李跃进(女)
杨艳清(女)	肖四如	吴　涌	张柒生	陈荣书	范爱虎
易鲁宜	周　密(女)	赵　波(女)	赵登荣(女)	胡发亮	胡新生
姚亚平	徐水花(女)	郭学勤(女)	郭裕华	黄泽兰	彭佑军
曾加兴	雷　英(女、畲族)	管华鞍	熊文清	熊勇武	

机关部门设置

省总第九届委员会机关部门设置(1993.8—1998.8)

部门设置:办公室、政策研究室、组织部、宣传教育部、生产保护部、生活保险部、女工部、财务部、技协办、事业办、民主管理部、法律工作部、机关党委。1995年2月,省总决定成立“省总经费审查委员会办公室”(简称经审办)并启用印章。1996年5月起,原宣传教育部更名为宣教文体部,原生产保护部更名为经济工作部,原生活保险部更名为保障工作部,原民主管理部更名为基层工作部,原女工部更名为女职工部,原技协办公室与事业办公室合并为技协事业办公室。

省总第十届委员会机关部门设置(1998.8—2003.8)

部门设置:办公室、组织部、宣教文体部、经济工作部、保障工作部、基层工作部、女职工部、法律工作部、财务部、政策研究室、技协事业办公室、机关党委。2002年1月,省委办公厅印发《省总机关内设机构和人员编制规定》,省总机关职能部(室)设为:办公室(研究室、国际联络部)、组织部(基层组织建设部)、宣传教育部、民主管理部、保障工作部、经济技术部(劳动保护部、江西职工技术协会办公室)、法律工作部(集体合同部)、女职工部(省总女职工委员会办公室)、财务部、事业管理部、省总经费审查委员会办公室、机关党委、省总机关后勤服务中心。

省总第十一届委员会机关部门设置(2003.8—2008.5)

部门设置:办公室(研究室、国际联络部)、组织部(基层组织建设部)、宣传教育部、民主管理部、保障工作部、经济技术部(劳动保护部、江西职工技术协会办公室)、法律工作部(集体合同部)、女职工部(省总女职工委员会办公室)、财务部、事业管理部、省总经费审查委员会办公室、机关党委、省总机关后勤服务中心。2004 年 11 月,省编委赣编办文〔2004〕151 号批复,同意增设老干部处。2005 年 7 月,省编委赣编办文〔2005〕131 号批复,同意研究室、国际联络部单设。

省总第十二届委员会机关部门设置(2008.5—)

部门设置:办公室、组织部(基层组织建设部)、研究室、宣传教育部、民主管理部、保障工作部、经济技术部(劳动保护部、江西职工技术协会办公室)、法律工作部(集体合同部)、女职工部(省总女职工委员会办公室)、财务部、国际联络部(职工对外交流中心)、省总经费审查委员会办公室、机关党委、事业管理部、老干部处、省总机关后勤服务中心。2008 年 11 月,据省总党组会议纪要(13号),省总事业管理部更名为省总资产监督管理部。

第二节　地市级工会

省总工会地区办事处

省总工会地区办事处是省总派出机构,实行以地方党委领导为主,同时接受省总领导的双重领导体制。领导机构成员由地方党委管理任免。

省总吉安地区办事处　1973 年 8 月,更名省总吉安地区办事处。1983—1997 年部门设置有:办公室、宣教部、财务部、生产保护部、生活保险部、民管部、女工部。至 2002 年,部门设置调整为:办公室(内设经审会办公室)、组织宣传教育部(内设市教育工会)、财务部、民主管理法律工作部、经济技术事业管理部、保障工作女职工部(内设市女职工委员会办公室)。直属事业单位为江西省职工保险互助会吉安办事处。

1993 年,吉安地区办事处管辖吉安、井冈山 2 市和吉安、吉水、永丰、新干、峡江、泰和、遂川、万安、安福、永新、宁冈等 13 个县(市)总工会。全区有地区教育工会(设地区教委内)1 个,地区系统工会 1 个(吉安地直机关工会工委)。

吉安地区办事处班子成员和任期(1994 年 1 月—2000 年 11 月):

主任　王申恭(1991.11—1995.5)

　　　王淑敏(女)(1995.5—2001.6)

省总赣州地区办事处　属省总派出机构。其前身为赣州地区总工会。1979 年 3 月,更名为省总赣州地区办事处,1999 年 6 月,根据行政区划变化,省总赣工发〔1999〕60 号批复,同意撤销"省总赣州地区办事处",设立"赣州市总"。办公地址:赣州市南京路 63 号。机关部门设置:组织部、宣传部、女工部、生产生活部、办公室。

省总赣州地区办事处主任、副主任及任期：

主任　曾光华（1990.1—1994.7，1990年1月任主任，1990年2月任党组书记）

邓仁生（1994.7—1997.11）

雷良骍（1997.11—1999.7）

省总宜春地区办事处　属省总派出机构。前身为宜春地区总工会。1979年4月，更名为省总宜春地区办事处，2000年11月，根据行政区划变化，省总批复同意撤销省总宜春地区办事处，设立宜春市总。内设机构有办公室、组织部、宣传教育部、生产保护部、生活女工部、民主管理办公室（与组织部合署办公）、经济事业部。办公地点在宜春市环城西路87号。工作人员28人。办事处辖宜春、丰城、樟树、高安市和靖安、奉新、上高、宜丰、铜鼓、万载县等10个地方工会，有124个直属基层工会，会员275775人。

省总宜春地区办事处班子成员和任期：

主任　刘　健（女）（1986.10—1995.4）

甘学军（1995.4—1999.12）

饶正国（2000.6—2000.12）

省总上饶地区办事处　1979年4月，上饶地区总工会更名为省总上饶地区办事处。1995年6月办公地址由行署大院迁至上饶市带湖路36号新建工会办公大楼"饶工大厦"。2000年11月，上饶撤地设市后，成立上饶市总，原省总上饶地区办事处予以撤销。1994年1月至2000年10月间，机关内设机构有办公室、组织部、宣教部、经济工作部、生活女工部、财务部。下设科级事业单位饶工大厦；管辖上饶市、德兴市、上饶、广丰、玉山、婺源、铅山、弋阳、横峰、鄱阳、余干、万年等12个县（市）总工会。

省总上饶地区办事处班子成员和任期：

主任　李道根（1985.6—2000.11）

省总抚州地区办事处　1979年4月，抚州地区总工会更名为省总抚州地区办事处，为省总派出机构，其主要领导称主任；2000年10月，抚州撤地设市，撤销省总抚州地区办事处，设立地级抚州市总。省总抚州地区办事处1983年内设组织宣传部、生产保护部、生活女工部、办公室；1988年，增设抚州地区教育工会（副处级）；1996年内设组织宣传部、经济工作部（由原生产保护部改名）、生活女工部、办公室（财务部挂靠），地区教育工会。1983至1995年5月，省总抚州地区办事处管辖12个县（市）总工会：抚州市、临川县、崇仁县、宜黄县、乐安县、南城县、南丰县、广昌县、黎川县、金溪县、资溪县、东乡县；1995年5月，抚州市总与临川县总合并为临川市总，抚州地区工会管辖11个县（市）总工会。

省总抚州地区办事处班子成员和任期：

主任　邓水文（1988.3—1994.7）

魏建华（1994.7—2000.12）

设区市总工会

南昌市总工会 机关办公地点坐落在南昌市红谷滩中心区。辖4县5区总工会、3个开发区、1个新区和市直机关工会工作委员会以及310家直属基层工会。市总机关内设14个职能部门、4个直属单位。机关有干部职工96人。

1994年以来代表大会

南昌市工会第十一次代表大会 1997年1月12—15日召开,选举产生了由吴福新等49人组成的南昌市总第十一届委员会。2002年7月5日,市总召开十一届九次全委会,选举傅玉芳为市总主席。

南昌市总第十二次代表大会 2005年12月28—31日召开,选举产生了由万先勇等52人组成的南昌市工会第十二届委员会。2006年8月3日,市总召开十二届三次全委(扩大)会议,增选刘本昆为市总副主席。

1994—2010年南昌市总工会历任主席及任期:

第十届委员会(1991.6—1996.12)

主席 周启球(1991.6—1992.10)

胡水泉(1992.10—1994.3)

吴福新(1994.9—1996.12)

第十一届委员会(1997.1—2005.12)

主席 吴福新(1997.1—2002.6)

傅玉芳(女)(2002.6—2005.12)

第十二届委员会(2005.12—2012.1)

主席 万先勇(2005.12—)

常务副主席 傅玉芳(女)(2005.12—)

所辖县区总工会

2006年,南昌市总下属有南昌县、新建县、进贤县、安义县总;有东湖区、西湖区、青云谱区、青山湖区、湾里区总工会。

九江市总工会 1983年7月,九江地区撤销,地、市合并;8月,省总九江地区办事处和九江市总合并为"九江市总工会"。管辖瑞昌、德安、九江、永修、彭泽、湖口、星子、武宁、修水、都昌10个县和浔阳、庐山2个区及庐山管理局工会。1997年2月,共青城总工会成立。1999年1月,九江经济技术开发区总工会成立。1999年3月始设中共九江市总机关总支部。1999年4月,市总党总支下设3个支部(工会机关、文化宫、退管会)。2002年12月3日,九江市委办公室发文《九江市总机关内设机构和人员编制规定》:内设办公室(市总经费审查委员会办公室)、组宣部、民主管理部、保障工作部、经济技术部(劳动保护部、职工技术协会办公室)、女职工部(市总女职工委员会办公室)、财务部7个职能部(室)和市教育工会;机关行政编制25名,机关工勤人员事业编制3名(实有在编

52 人,含退休 21 人);机关领导职数:主席 1 名,副主席 3 名;正科级职数 9 名(含机关党总支专职副书记 1 名),副科职数 2 名。2007 年 4 月,设工会经费审查委员会办公室,为市总内设机构。1983 年 9 月九江地、市合并至 2007 年,市总机关办公地点设在九江市湓浦路 14 号。市总机关 1994—2007 年实有在编 28 人。2008—2009 年市总机关实有在编 29 人。2010 年 10 月 25 日,市委第 72 次常委会研究同意九江市总领导职数职位级明确为:主席 1 名(副厅)、常务副主席 1 名(正处级)、副主席 3 名、经费审查委员会主任 1 名(副处级)、纪检组长 1 名。副处级以上非领导职数 6 人。2010 年 12 月,市委决定成立市总纪律检查组,为市纪委派出机构。2010 年市总机关核定编 29 人、实有在编 31 人。2007 年后,市总机关设九江市浔阳路 160 号。

市总主管社会团体 3 个:九江市职工技术协作委员会、九江市职工文化学会、九江市劳动模范协会;常设委员会:市民主管理委员会、市女职工委员会、市劳动竞赛委员会与市合理化建议委员会(2003 年 4 月 18 日,“九江市‘双增双节’社会主义劳动竞赛委员会”更名为“九江市劳动竞赛委员会”。9 月,市政府调整组成成员,市劳动竞赛委员会与市合理化建议委员会两块牌子,一套人马。日常工作由市总负责,委员会办公室设在市总,方志红兼任办公室主任);直属事业单位 3 个:九江市工人文化宫、九江市职工学校、九江市困难职工帮扶中心;直属企业单位 2 个:江西省职工保障互助会九江办事处、九江市职工旅行社。九江市总共管辖 9 个县、2 个市辖区、2 个县级市总和 2 个管理单位:九江经济技术开发区(国家级)总工会、庐山管理局工会。

九江市工会第十三次代表大会　1998 年 12 月 9—12 日,在九江市人民影剧院召开。童水仙到会致词。共青团九江市委书记谢一平代表 5 家群众团体祝词。市委副书记史之汉在大会上讲话。出席大会代表 345 人,特邀代表 12 人。大会听取并审议赵登荣代表九江市总第十二届委员会作的《高举邓小平理论伟大旗帜团结依靠全市职工为实现九江跨世纪宏伟目标而奋斗》工作报告。大会听取并审议财务工作报告。大会选举产生九江市工会第十三届委员会和经费审查委员会,委员会委员 39 人,经审会委员 7 人。九江市总第十三届委员会第一次全体会议选举赵登荣(女)为主席。2002 年 7 月 17 日,九江市总第十三届五次全委会选举刘同颜为常委、主席。2003 年 1 月 2 日,九江市总第十三届六次全委会选举周照华为常委、主席。

九江市工会第十四次代表大会　2004 年 6 月 8—10 日在市人民影剧院召开。张海如到会致词。共青团九江市委书记黄先才代表 9 家群众团体祝词。大会代表 390 人,特邀代表 13 人。大会听取并审议周照华代表九江市总第十三届委员会作的《以“三个代表”重要思想为指导团结动员全市广大职工为实现九江率先崛起和全面建设小康社会而努力奋斗》的工作报告。大会听取并审议财务工作报告。大会选举产生九江市总第十四届委员会和经费审查委员会,委员会委员 43 人,经审会委员 7 人。九江市总第十四届委员会第一次全体会议选举周照华为主席。

2006 年 12 月 29 日,市总第十四届四次全委会免去周照华常委、主席职务;选举赵登荣为九江市总第十四届委员会常委、主席。

1994—2010 年九江市总工会历任主席及任期:

第十二届委员会(1993.9—1998.12)

主席　赵登荣(女)(1993.9—1998.12)

第十三届委员会(1998.12—2004.6)

主席　赵登荣(女)(1998.12—2002.7)

刘同颜(2002.7—2003.1)

周照华(2003.1—2004.6)

第十四届委员会(2004.6—2011.3)

主席　周照华(2004.6—2006.12)

赵登荣(女)(2006.12—2009.8)

朱忠玲(2009.8—)

常务副主席　陈萍风(2007.7—)

景德镇市总工会　成立于1950年6月,机关定编21人,实有在编干部职工21人,其中班子成员8人,即主席1人、常务副主席1人、副主席2人、经审会主任1人、纪检组长1人、女工委主任1人和副调研员1人;另有借用、聘用工作人员21人。内设办公室、经济技术部、生活女工保障部、财务资产管理部、民主管理部、法律工作部、组织宣传教育部、经审办和监察室等9个部室。下属单位有:市职工科技培训中心(市工人文化宫)、市职工互助保险办事处、市职工服务中心、市职工旅行社(挂靠单位)。全市有法人单位4062家,建会3680家,涵盖法人单位3915家、企业职工38万人,发展会员36.42万人,入会率95.9%。其中建有:4个县(市、区)总工会、2个园区总工会、1个乡镇总工会,51个街道乡镇工会。截至2010年12月底,市总下辖17个市属产业、系统(局、委、办)工会组织:乐平矿区工会委员会;市教育工会委员会;市直机关工会工作委员会;江西省陶瓷工业公司工会工作委员会;市建设局工会工作委员会;市卫生局工会工作委员会;市粮食局工会工作委员会;市房管局工会工作委员会;市交通局工会工作委员会;市供销社工会工作委员会;市物资局工会工作委员会;市文广局工会工作委员会;市商务局工会工作委员会;市公安局工会工作委员会;市工业国有管理公司工会委员会;市工信委工会工作委员会;市林业局工会工作委员会。

景德镇市工会第十次代表大会　1994年12月8—10日,在市工人影剧院召开。出席会议的正式代表355名。市委副书记周庭祥,省总副主席程受锭分别代表市委市政府、省总讲话;团市委、市妇联等群团组织向大会致贺词。大会审议并通过冯松林代表第九届委员会所作题为《充分发挥全市职工在发展社会主义市场经济中的主力军作用,为实现本世纪末瓷都经济发展目标而奋斗》的工作报告。选举出第十届委员会委员41人,经费审查委员会委员9人。第十届一次全委会选举常委7人,冯松林当选主席。

景德镇市工会第十一次代表大会　2001年11月14—15日,在市政府礼堂召开。出席会议的正式代表257名。市委副书记周萌,省总副主席傅卓成分别代表市委市政府、省总讲话。团市委、市妇联等群团组织向大会致贺词。大会听取审议并通过徐爱民代表第十届委员会所作题为《锐意创新,致力发展,团结和动员广大职工为实现振兴瓷都现代化建设新跨越而奋斗》的工作报告。选举出第十一届委员会委员37人。经费审查委员会委员7人。第十一届一次全委会选举常委13人,徐爱民当选主席。

景德镇市工会第十二次代表大会　2007年11月15—16日,在星空大剧院召开。出席会议的正式代表260名。市委主要负责人与省总副主席文之周在开幕会上讲话。市领导傅卓成、马博维、梁高潮、占勇、马玉玲、叶永强、黄康明等出席。团市委、市妇联等群团组织向大会致贺辞。大会听取审议并通过伍枝勤代表第十一届委员会所作题为《围绕中心，服务大局，团结动员广大职工为夺取瓷都全面建设小康社会新胜利而奋斗》的工作报告。选举出第十二届委员会委员37人，经费审查委员会委员9人。第十二届一次全委会选举常委13人，伍枝勤当选主席。

1994—2010年景德镇市总工会历任主席及任期：

第十届委员会（1994. 12—2001. 11）

主席　冯松林（1994. 8—1997. 11）

　　　钱铜山（1997. 11—2000. 7）

　　　徐爱民（2000. 7—2006. 12）

第十一届委员会（2001. 12—2007. 11）

主席　徐爱民（2000. 7—2006. 12）

第十二届委员会（2007. 11—2012. 12）

主席　伍枝勤（2007. 4—）

常务副主席　王荣生（2006. 12—2010. 12）

萍乡市总工会　1927年2月成立萍乡县总工会，是年6月5日国民党制造的“六五”事件，县总工会被迫停止活动，1951年11月恢复。1970年3月，萍乡为省辖市。萍乡市总下辖安源区总、湘东区总、芦溪县总、上栗县总、莲花县总、萍乡经济技术开发区总武功山风景名胜区总工会。市总机关内设8个职能部门、2个下属事业单位。机关有干部职工50人。市总机关办公地点：萍乡市跃进北路116号。

萍乡市工会第十四次代表大会　1998年6月25日召开，会期2天。大会主要任务是高举邓小平理论旗帜，总结六年来的工作，部署跨世纪的宏伟目标；选举产生萍乡市总工会第十四届委员会、经审委员会。市委副书记汪普生，省总副主席李骥分别讲话；古育萍作题为“高举邓小平理论伟大旗帜，把我市工会工作全面推向21世纪”的工作报告。

萍乡市工会第十五次代表大会　2003年6月26日召开，会期3天。大会的主要任务是总结五年来的工作，贯彻党的十六大精神，为全面建设小康社会，实现萍乡在江西率先崛起建功立业；选举产生萍乡市总工会第十五届委员会、经审委员会。市委分管领导与省总副主席傅卓成分别讲话；谢云春作题为“与时俱进团结实干，为开创我市工会工作新局面而努力奋斗”的工作报告。

萍乡市工会第十六次代表大会　2008年4月22日召开，会期3天。大会的主要任务是总结五年来的工作，讨论今年五年工作和主要任务，为创造属于全市职工民主、文明、和谐、幸福的美好未来作出新贡献；选举产生新一届工会委员会、经审委员会。市委书记刘和平，省总副主席郭学勤分别讲话；卢绍增作题为“坚持走中国特色社会主义工会发展道路，团结动员广大职工为建设更具活力、更加繁荣和谐的现代化萍乡而努力奋斗”的报告。

1994—2010年萍乡市总工会历任主席及任期：

第十三届委员会（1992. 1—1998. 6）

主席　刘人俊(1986.3—1992.7)

　　　邬芬源(1992.7—1997.9)

　　　古育萍(1997.9—1998.6)

第十四届委员会(1998.6—2003.6)

主席　古育萍(1998.6—2002.8)

　　　谢云春(2002.8—2003.6)

第十五届委员会(2003.6—2008.6)

主席　谢云春(2003.6—2006.12)

　　　卢绍增(2006.12—2008.6)

第十六届委员会(2008.6—2013.5)

主席　卢绍增(2008.6—2011.9)

新余市总工会　1960年9月30日,经国务院批准,江西省新余市撤县设市,为省辖市。1963年9月26日,撤销新余市改回新余县。1983年7月27日,又将新余县恢复为新余市,并将分宜县划归新余市管辖。新余市总工会随着新余市的恢复而恢复。

新余市总工会是全市各级工会的领导机关。至2010年,市总工会下辖一县四区工会、行业(产业)工会10个、基层工会组织2076个,其中,机关事业单位工会442个、企业工会1137个、乡镇工会32个、社区工会43个、村级工会54个。全市会员24.3万人;专职工会干部256人,兼职工会干部5164人。

新余市总工会机关内设办公室、组织宣传教育部、保障和女职工部、经济技术部、财务部和法律民主管理部。新余市总工会直属事业单位4个,即市工人文化宫、市职工活动中心、市职工学校和江西省职工保障互助会新余办事处。

新余市首次工会代表大会于1988年8月召开。之后,于1993年9月、1998年7月、2003年6月、2008年4月分别召开了第二次、第三次、第四次、第五次工会代表大会。

新余市工会第二次代表大会　1993年9月22—25日在燕子山宾馆召开,出席大会的正式代表256人,特邀代表45人,其中女代表69人。会议审议通过新余市工会第一届委员会工作报告、财务工作报告和经费审查委员会工作报告,选举产生市总第二届委员会和经费审查委员会。大会选举市总第二届委员会委员29人,常务委员10人,经审会员5人。选举廖兴国为主席。市委副书记甘自敏致开幕辞,省总领导戴子钧讲话。

市总工会第三次代表大会　1998年7月14—16日在玉紫山宾馆召开,出席大会的正式代表260人,特邀代表45人,其中女代表73人。会议审议通过市总第二届委员会的工作报告、财务工作报告和经费审查委员会工作报告;选举产生市总第三届委员会和经费审查委员会。大会选举市总第三届委员会委员28人,常务委员11人,经审会员5人。选举钟宜生为主席。大会选出出席省总工会第十次代表大会的代表25人。市委副书记钟宜彩讲话,省总领导李骥讲话。

市总工会第四次代表大会　2003年6月26—28日在北湖宾馆召开,出席大会的正式代表265人,特邀代表35人,其中女代表90人。会议审议通过市总第三届工会委员会工作报告、工会财务工作报告和经费审查委员会工作报告，选举产生市总第四届委员会和经费审查委员会。大会选举产生市总第四届委员会委员 28 人，常务委员 11 人，经审会员 5 人。选举钟宜生为主席。大会选出出席省总第十一次代表大会的代表 25 人。市委副书记杨晓宁讲话，省总领导李慈葆讲话。

市总工会第五次代表大会　2008 年 4 月 1—3 日在市会展中心召开，出席大会的正式代表 280 人，特邀代表 37 人，其中女代表 90 人。审议通过了市总工会第四届委员会工作报告、财务工作报告和经审会员会工作报告，选举产生了市总第五届委员会和经费审查委员会。大会选举产生市总第五届委员会委员 32 人，常务委员 16 人，经审会员 5 人。选举市人大常委会副主任李逢春为主席，李国俊为常务副主席。大会选出出席江西省工会第十二次代表大会的代表 22 人。市委书记汪德和讲话，省总领导柯进水讲话，市委副书记吴治云在五届一次全委会讲话。

1994—2010 年新余市总工会历任主席及任期：

第一届委员会(1988. 8—1993. 8)

主席　文达滨(1988. 8—1993. 7)

第二届委员会(1993. 9—1998. 6)

主席　廖兴国(1993. 7—1998. 7)

第三届委员会(1998. 7—2003. 5)

主席　钟宜生(1998. 7—2003. 6)

第四届委员会(2003. 6—2008. 3)

主席　钟宜生(2003. 6—2006. 12)

主席　李逢春(2006. 12—2008. 4)

党组副书记、常务副主席　李国俊(2007. 1—2008. 4)

第五届委员会(2008. 4—)

主席　李逢春(2008. 4—)

常务副主席　李国俊(2008. 4—)

鹰潭市总工会　鹰潭市辖余江区、月湖区、贵溪市、龙虎山风景名胜区、鹰潭高新技术产业开发区和信江新区，共 20 个镇、13 个乡和 9 个街道办事处。1957 年 1 月，鹰潭镇从贵溪县划出，升格为县级镇。1979 年 3 月，经国务院批准，撤镇设市。1983 年 7 月，鹰潭市升格为地级市。鹰潭市总工会于 1983 年 12 月在原县级鹰潭市总工会的基础组建成立。

鹰潭市总第三次代表大会　1998 年 7 月 16—17 日在市影剧院召开。出席大会代表 300 人，特邀 32 人。市委副书记胡应良，省总副主席童水仙分别讲话。团市委、市妇联致贺词，市总主席汪当时代表二届委员会作题为《高举伟大旗帜，肩负历史使命，为实现鹰潭跨世纪宏伟目标作出新的贡献》的工作报告。大会选举产生市总第三届委员会，选举产生市总第三届经审会。在市总三届一次委员会议上，选举汪当时(女)为主席，通过《关于在全市工会干部中开展“创导四种风气，争当模范职工之友”活动的决定》。

鹰潭市总第四次代表大会　2003 年 12 月 7—9 日在市影剧院召开。出席会议代表 242 人。市委副书记邵奇生，文之周分别讲话，市总主席汪当时作题为《与时俱时，开拓创新，团结动员全市职工为加速鹰潭崛起,全面建设小康社会而奋斗》的工作报告。大会选举产生市总第四届委员会,选举产生市总第四届经费审查委员会。在市总四届一次委员会议上,选举汪当时为主席。

鹰潭市总第五次代表大会 2008年12月7—9日在华侨饭店召开。出席会议代表265人。市委书记杨宪萍,省总副主席郭学勤在大会上分别讲话,市总主席管华鞍作题为《坚持科学发展,夯实和谐基础,团结动员全市职工为鹰潭经济社会又好又快发展而努力奋斗》的报告。大会选举产生市总第五届委员会,选举产生市总第五届经费审查委员会。市总五届一次委员会议上,选举管华鞍为主席。

1994—2010年鹰潭市总工会历任主席及任期:

鹰潭市总第二届委员会

主席 童水仙(1990.2—1998.7)

鹰潭市总第三届委员会

主席 汪当时(女)(1998.7—2003.12)

鹰潭市总第四届委员会

主席 汪当时(女)(2003.12—2008.12)

鹰潭市总第五届委员会

主席 管华鞍(2008.12—)

赣州市总工会 1998年国务院批准赣州地区于1999年7月1日撤地设市,改原县级赣州市为章贡区。同时省总批复同意撤销省总赣州地区办事处,设立赣州市总工会,实行代表大会制。原县级赣州市总工会更名章贡区总工会。2007年,赣州市总工会内设办公室、法律工作部(增挂赣州市工会援助中心牌子)、财务事业部、组织民主管理部、宣传教育部、保障工作部、女职工部(市总女职工委员会办公室)、经费审查委员会办公室、职工教育中心办公室、经济技术部(劳动保护部、职工技术协会办公室)和市教育工会;下设两个科级事业单位职工互助保险会赣州办事处、困难职工帮扶中心,计在职人员39人。下辖19个县市区工会:下辖章贡区、赣州经济技术开发区、赣县、南康市、大余县、上犹县、崇义县、信丰县、龙南县、定南县、全南县、安远县、宁都县、于都县、兴国县、会昌县、石城县、寻乌县、瑞金市等19个县市区工会;70个市直属企事业基层工会、3个市直属工委、25个驻市产业工会。是年,全市有基层工会7798个,工会基层组织(涵盖独立法人)10043人,拥有职工647646人、工会会员628217人。

第一次代表大会 2000年3月26—28日,赣州市工会第一次代表大会在赣州饭店召开,参加大会的正式代表300人,其中工会专职干部269名,一线工人19名,先进模范人物20名,女代表86名,非党群众和民主党派代表36名,少数民族代表7名。同时邀请了部分老工会工作者代表参会。这次大会的主要任务是:选举产生赣州市总第一届委员会,常务委员会和主席、副主席,以及经费审查委员会,经审会主任,讨论研究全市工会工作。市委副书记周英棠,省总副主席李骥代表市委、省总讲话。雷良骍作题为《增强使命感和责任感,努力开创我市工会工作新局面》的讲话。赣州市总第一届委员会机关部门设置:办公室、组织宣传部、经济技术部、基层工作部、法律工作部、财务部、保障工作部、女职工部、事业部。下设江西省职工保险互助会赣州办事处、职工教育活动中心。

第二次代表大会　2005 年 5 月 9—11 日，赣州市工会第二次代表大会在赣州召开，参加大会的代表 360 名，其中工会工作者 256 名，一线工人 22 名，先进模范人物 69 名，女代表 107 名，非党群众和民主党派代表 65 名，少数民族代表 11 名，还邀请了部分老工会工作者代表参会。省委常委、市委书记向大会致辞，李慈葆致祝词，市委副书记庞鸣在二届一次全委会上讲话，市总主席赖启华作《团结动员全市广大职工为"对接长珠闽，建设新赣州"构建和谐社会而努力奋斗》工作报告，大会选举产生了新一届市总委员会和经费审查委员会。赣州市总第二届委员会机关部门设置：综合科、组织民管部、经济技术部、财务事业部、保障女工部、法律工作部、经审办、宣教部、市教育工会。下设江西省职工保险互助会赣州办事处、职工教育活动中心、赣州市困难职工帮扶中心。

2000—2010 年赣州市总工会历任主席及任期：

第一届委员会

主席　雷良骍(2000. 3—2002. 11)

　　　赖启华(2002. 11—2005. 5)

第二届委员会

主席　赖启华(2005. 5—2006. 11)

常务副主席　张祖煌(2006. 11—2010. 1)

　　　　　　何昌洪(2010. 1—2011. 9)

宜春市总工会　2000 年 8 月，经国务院批准，撤消宜春地区，改设宜春市，改原县级宜春市为袁州区。是年 11 月，省总批复同意撤销省总宜春地区办事处，设立宜春市总工会，实行代表大会制。

12 月 18 日，宜春市总工会第一次代表大会召开。出席会议代表 242 人，特邀代表 39 人，列席人员 2 人。选举产生了市总工会第一届委员会，由 38 名委员组成，选举常委 14 人。饶正国为主席。春市总内设机构有组织宣传部、经济保障部、财务部、经济事业部、办公室、经审办，工作人员 25 人。2001 年 3 月，原宜春市总撤销，更名袁州区总工会。宜春市总下辖地方工会为樟树、丰城、高安市总和靖安、奉新、宜丰、上高、铜鼓、万载县及袁州区总工会，直属基层工会 106 个。办公地点迁至袁山西路 98 号。

宜春市工会第二次代表大会　2007 年 11 月召开。出席大会代表 240 人，特邀代表 47 人。大会选举产生市总工会第二届委员会委员 39 人，常委 15 人，主席易鲁宜。选举产生经费审查委员会委员 9 人。工作机构设办公室、组织宣传部、财务部、经济技术部、法律女工保障部、经济事业部、经审办和市职工互助保险办事处、困难职工帮扶中心，工作人员 27 人。下辖县市区 10 个总工会同前，直属基层工会 123 个。

2000—2010 年宜春市总工会历任主席及任期：

第一届委员会(2000. 12—2007. 11)

主席　饶正国(2000. 12—2005. 11)

第二届委员会(2007. 11—2012. 12)

主席　易鲁宜(2007. 11—)

上饶市总工会　2000 年 11 月，省总下发文件批复同意撤销省总上饶地区办事处，设立上饶市总,实行代表大会制度。原上饶市总更名信州区总工会。2003年1月,市委文件批复,机关内设办公室(增挂法律援助中心牌子)、财务部、组织部(增挂宣传教育部牌子)、生活女工部、经济技术部,下设两个科级事业单位饶工大厦、困难职工帮扶中心(2007年12月设立),管辖信州区、德兴市、上饶、广丰、玉山、婺源、铅山、弋阳、横峰、鄱阳、余干、万年等12个县(市、区)总工会。

上饶市工会第一届代表大会 2001年6月5—6日在上饶市影剧院召开。参加会议的代表359名,特邀代表116名。会上,市委书记陈达恒,省总领导程受锭分别代表市委、省总讲话,上饶市妇联主席汪霞代表市群团组织致贺词。上饶市总党组书记柯进水作题为《抢抓机遇、谋求发展、努力开创工会工作新局面》的工作报告。大会选举产生31名委员组成的上饶市总第一届委员会和7名委员组成的上饶市总第一届经费审查委员会。6月6日,召开上饶市总第一届委员会第一次全体会议,选举产生7名第一届委员会常委,选举产生主席、副主席,第一届经费审查委员会选举产生主任、副主任。

2000—2010年上饶市总工会历任主席及任期:

第一届委员会

主席 柯进水(2001.6—2006.9)

上饶市工会第二次代表大会 2007年9月26—27日,上饶市工会第二次代表大会在信州区国际会议中心召开。参加会议的代表360名,特邀代表30名。市委书记姚亚平,省总领导王运昌分别代表市委、省总讲话,团市委书记张志坚代表市群团组织致贺词,市人大常委会副主任、市总党组书记徐水花代表市总第一届委员会向大会作题为《团结动员全市广大职工为把上饶建设成为四省交界区域中心城市而努力奋斗》的工作报告。大会选举产生34名委员组成的上饶市总第二届委员会和9名委员组成的上饶市总第二届经费审查委员会。9月27日,召开上饶市总第二届委员会第一次全体会议,选举产生10名第二届委员会常委,选举产生主席、常务副主席、副主席;第二届经费审查委员会选举产生主任、副主任。

第二届委员会

主席 徐水花(2007.9—)

常务副主席 张德意(2007.9—)

吉安市总工会 2000年11月8日,经省总批复同意,撤销"省总吉安地区办事处",设立地级"吉安市总工会",下辖吉州区、青原区、井冈山市和吉安县、吉水县、永丰县、新干县、峡江县、泰和县、遂川县、万安县、安福县、永新县等13个县(市、区)总工会。下辖系统工会有市教育工会(设市总内)、市直机关工会工委、市国资委工会工委,2010年,新增井冈山经济技术开发区工会工委。

吉安市总工会第一次代表大会 2001年6月在吉安宾馆召开,市委书记王林森讲话,市长吕滨等市领导到会祝贺,大会选举产生了吉安市总第一届委员会领导班子,王淑敏任主席。

吉安市总工会第二次代表大会 2008年1月12—14日在吉安白鹭宾馆召开,会议正式代表259人,市人大常委会副主任张柒生主持开幕式。省总领导王运昌,新余市人大常委会副主任、市总主席李逢春,市领导周萌、蒋斌、胡龙生、刘育椿、刘义砑、刘宗华出席大会开幕式。王运昌、蒋斌分别讲话,李逢春致贺词。大会表彰优秀工会工作者30人,优秀工会积极分子40人。14日,市总二届一次全体委员会议选举产生二届市总领导机构，张柒生当选为主席。

2001—2010 年吉安市总工会历任主席及任期：

第一届委员会

主席　王淑敏（2001. 1—2007. 1）

第二届委员会

主席　张柒生（2007. 1—2010. 12）

常务副主席　王江云（2007. 5—）

抚州市总工会　2000 年 10 月，撤销省总抚州地区办事处，设立地级抚州市总工会，实行代表大会制度，其主要领导称主席。同时撤销临川市，设立临川区，临川市总更名为临川区总工会，抚州市总管辖 11 个县（区）总工会。1996 年 10 月地区工会机关内设 5 个机构：办公室（另挂财务部的牌子）、组织宣传部、经济工作部（由原生产部改名）、生活女工部和教育工会。2002 年 10 月市总内设 4 个职能部（室）：办公室、基层工作部（由原组织宣传部改名）、权益保障部（由原经济工作部改名）、生活女工部，保留教育工会。2007 年 12 月设立资产管理财务部、设立市总困难职工帮扶中心，为市总下属相当正科级全额拨款事业单位。

抚州市总工会第一次代表大会　2001 年 3 月 15—16 日在市委小礼堂召开。出席大会的正式代表 200 名，特邀代表 20 名。市委书记罗筱玉（女）等四套班子领导出席开幕式。市委副书记李品行代表市委、市政府讲话，省总领导程受锭代表省总讲话。兄弟市总代表吉安市总主席王淑敏、市兄弟群团组织代表市妇联主席辛建华分别致贺词。大会选举产生市总第一届委员会、经费审查委员会及第一届领导机构。魏建华当选为市总主席。

抚州市总工会第二次代表大会　2008 年 4 月 8—9 日在市行政中心三楼主会场召开。市委书记钟利贵、市委副书记、市长甘良淼、市人大常委会主任罗建华、市政协主席李品行等市四套班子领导出席开幕式。钟利贵、省总领导郭学勤分别讲话。团市委书记程新飞代表市群团组织致贺词。上海市静安区、广东省东莞市、浙江省金华市、衢州市、福建省南平市、安徽省黄山市和全省各设区市共 16 个兄弟工会发来贺信贺电。出席大会的正式代表共 300 人，特邀代表 60 人，代表着全市 30 多万职工。大会讨论通过了市总第一届委员会工作报告、市总第一届委员会经费收支情况报告和市总第一届经费审查委员会工作报告。选举产生市总第二届委员会。胡新生当选为市总主席，傅晓林当选为市总常务副主席。大会选举产生出席省总工会第十二次代表大会的代表。

2001—2010 年抚州市总工会历任主席及任期：

主席　魏建华（1994. 7—2002. 9，2002. 9—2006. 9 任调研员）

　　　徐三毛（2002. 9—2007. 3）

　　　胡新生（2007. 3—）

常务副主席　傅晓林（2007. 11—）

第三节 产业工会

省产业、局、系统工会与工作委员会

1997年8月22日,省总根据《中国工会章程》和全国总工会《关于进一步建立健全产业工会全国委员会若干问题的暂行规定》,下发《关于建立健全省产业工会委员会的意见》,提出:省级各产业工会应按联合制、代表制的组成原则,建立健全省产业工会委员会。省产业工会委员会委员的名额应根据本产业的基层单位数和实际需要确定,一般由基层工会主席和少量的党政干部、科技人员、先进模范人物组成。委员会组成和名额分配方案,由省产业工会提出,报省总审批后,通知本产业的基层工会,并抄送地、市总工会。省产业工会委员会设常务委员会,常务委员会由主席、副主席和常务委员组成。省产业工会委员会每届任期5年。委员会全体会议每年举行一次,由常务委员会召集委员会实行民主集中制。《意见》还明确产业工会委员会的主要职权。

2000年8月5日,省总转发全总组织部《关于在政府机构改革中合理调整和完善省级产业工会组织的意见》,提出在机构改革中省级产业工会机构设置,领导关系的变更,须经省总批准。任何单位和个人不得擅自将依法建立的工会及机构撤销,或者与非工会组织和机构合并,或者归属于非工会组织和机构。

2005年底,省总设立省总产业工会办公室。2009年7月3日,省总决定撤销原省总产业工会办公室,设立省总产业工会工作部。

1995年,省总下辖19家产业和直属基层工会,2001年增加到29家,2008年增加到52家。2010年,共51家,形成3种类型的产业工会(含省总直属基层工会):(1)19家以地方领导为主的产业工会:江西教育工会、江西交通工会、江西地质工会、江西电力工会、省建工集团工会、江西邮政工会、江西电信工会、江西移动通信工会、江西联通工会、省直机关工会、洪都集团工会、江铜集团工会、四冶公司工会、国盛证券江西公司工会、江西盐业集团工会、江西农村信用社工会、江西投资公司工会、兴业银行南昌分行工会、平安人寿保险江西公司工会。(2)26家以垂直领导为主的产业工会:人行江西分行工会、农行江西分行工会、中行江西分行工会、工行江西分行工会、农发行江西分行工会、建行江西分行工会、开发银行江西分行工会、交行江西分行工会、招行江西分行工会、江西银监局工会、人寿保险江西公司工会、人财保险江西公司工会、大地保险江西公司工会、省保监局工会、省证监局工会、华融资产江西公司工会、长城资产江西公司工会、东方资产江西公司工会、信达资产江西公司工会、机场集团工会、东航江西公司工会、民航空管中心江西工会、南昌铁路局工会、中铁二十四局工会、南昌铁路设计院工会、中国铁通江西公司工会。(3)6家不收经费的产业工会:江西冶金集团工会、江西国防工会、江西农垦工会、江西煤炭集团工会、江西稀土集团工会、江西钨业公司工会。

省总财贸、农林水工作委员会 1979年6月,省总恢复文教工作委员会、财贸工作委员会、农林

水工作委员会,办公地点在南昌市八一大道省总办公楼内。1984 年机构改革时,3 个工作委员会合并为省总文教、财贸、农林水工作委员会。1986 年 12 月,中国教育工会江西省委员会恢复后文教工委即自行撤销。

20 世纪 90 年代,农林水工委与财贸工委是由省总设置的驻会系统工作委员会,分署办公,两块牌子,一套人马,定编 4 人,正副主任,2 名干事,农林工作岗 1 名,财贸工作岗 1 名。至 2001 年 5 月后撤销。

省总财贸、农林水工作委员会主任及任期:

主任:朱秀根(1993.4—1995.11),叶晓钟(1996.5—2001.5)。

省教育工会　1984 年 11 月,省委批准恢复中国教育工会江西省委员会。是省总驻会的系统工会。1993 年 8 月,省总决定成立省科文卫体工会工作委员会(内设机构),挂靠省教育工会管理。2008 年 10 月,省总主席办公会议研究并同意中国教育工会江西省委员会更名为省教育工会。

省教育工会主席及任期:

第四届委员会(1993.6—1998.11)主席:戴子钧(兼)(1993.6—1994.7),文之周(兼)(1995.1—1998.11)。常务副主席(兼任科文卫体工会工作委员会主任):帅之光(1993.4—1998.12)。副主席(兼任科文卫体工会工作委员会副主任):李琰山(1993.9—)。

第五届委员会(1998.12—2003.12)主席:文之周(兼)(1998.12—2003.12)。常务副主席:张源(1998.12—2003.12)。副主席:刘仲英(2000.12—2006.)经审会主任:邓琚莲。

第六届委员会(2003.12—2008.10)主席:文之周(兼)(2003.12—2003.12)。常务副主席:张源(2003.12—2005.12),万学华(2005.12—2008.10)。副主席:邓华(2003.12—)。经费审查委员会主任:刘永东。副主任:邓琚莲。

第七届委员会(2008.10—)主席:李骥(兼)(2008.10—)。常务副主席:万学华(2008.10—2009.4),陈渊平(2009.4—)。副主席:陈伟芳(2008.10—)。经费审查委员会主任:刘永东(2008.10—)。

省交通工会委员会　1988 年 12 月成立,是交通全行业的产业工会,是全省交通系统工会组织的代表机关和领导机关,负责全交通系统 526 个基层工会和 6 万余职工工会工作。省交通工会保留中国海员工会江西省委员会、中国公路运输工会江西省委员会,3 块牌子一套人马。省交通工会委员会属于群众团体为正处级单位,定事业编制为 18 人。内设 3 部 1 室为正科级机构,即:海员部、公路运输部、综合部、办公室。

1991 年 11 月 20—23 日召开省交通工会首届会员代表大会,选举熊火根为省交通工会主席,罗金保、熊世俊为副主席,余盛平为经费审查委员会主任,文若忠为副主任。1997 年 1 月 7—9 日召开江西省交通工会第二届会员代表大会,选举廖贵星为省交通工会二届委员会主席,江学鸿、孙长庚、刘正元为副主席。1999 年 4 月,省交通工会二届五次委员(扩大)会补选江学鸿为省交通工会二届委员会主席。2004 年 3 月,省交通工会二届十一次全委会补选刘盖群为省交通工会二届委员会常委、副主席。2004 年 8 月,省交通工会二届十二次全委会补选刘正元为二届工会委员会主席。2010 年 3 月 8 日,省交通工会二届十三次全委会选举刘盖群为省交通工会主席、李坪为副主席。

省地质工会 省地质工会是隶属于省地矿局党委、省总双重领导,以省地矿局党委领导为主的产业工会。有职工20596人,其中在职职工10855人。1996年11月之前为工会工作委员会,1996年11月第一次会员代表大会之后为工会委员会,现有地质工会委员会、地质工会经费审查委员会和地质工会女职工委员会3个工作班子。地质工会机关编制8人,有主席、副主席在内的5名工作人员。

所辖单位:九〇一地质大队工会、九〇二地质大队工会、九一二大队工会、九一五地质大队工会、九一六大队工会、赣东北大队工会、赣西北大队工会、赣西地质调查大队工会、赣南地质调查大队工会、赣中地质大队工会、江西省地质调查研究院工会、水文地质工程地质大队工会、物化探大队工会、地矿测绘院工会、赣中南地质矿产勘查研究院工会、江矿开发研究中心工会、教育中心工会、工程学校工会、疗养院工会、工程质量监测中心工会、资产运营管理中心工会、机关工会。

1996年11月26日召开江西省地质工会第一届代表大会,万根水任工会主席,刘吉根任工会副主席和经费审查委员会主任,钮宝英任女职工委员会主任。2001年12月18日召开江西省地质工会第二次代表大会,万根水任主席,周水胜任副主席和经费审查委员会主任,范平英任女职工委员会主任。2008年11月21日召开江西省地质工会第三次代表大会,万根水任江西省地质工会第三届委员会主席。

省电力工会 前身系中国电业工会江西省委员会、省电力工会工作委员会。1990年8月31日,省总批准省电力工会工作委员会更名为省电力工会(简称省电力工会)。1991年5月22日,省电力工会在南昌召开第二次会员代表大会,会议选举产生省电力工会第二届工会委员会。2004年1月30日,中国能源化学工会下发《关于进一步明确电力工委和省级电力工会职责的通知》,明确规定各省市自治区电力工会继续履行省级电力产业工会职能,并与省市自治区电力公司工会合署办公。省电力工会现下辖国网省电力公司工会,长安保险、中电财江西分公司工会,中电投、国电和华能江西分公司工会。2005年2月1日,省电力公司工会召开一届一次全委会。

历届工会主席名单:

中国电业工会江西省委员会主席:刘业琛,(1956.11—1959.1),徐鑫权(1987.10—1995.12),田新民(1996.3—1996.7),支才华(1996.7—1998.1),江似火(1998.6—2003.12),柳杨(2003.12—2006.7),范爱虎(2006.9—2008.11),滕富连(2008.11—)。副主席:刘衍芳(1982.1—1984.8),高英熙(1984.8—1987.10)。副主席:崔保卫(主持工作,2006.7—2006.9)。

省建工集团有限责任公司工会 省建工集团公司是省国资委出资监管的省属国有企业,是1952年成立的老企业,下属六个全资子公司、一个参股份公司、一个建筑工业学校。集团公司现有在册职工10510人,农民工1142人,退休职工6000余人,工会会员9702人,专兼职工会干部90人,集团下属九个二级工会委员,三级(分公司)工会委员会39个。1993年5月,名称为江西省建筑工程总公司工会;1996年2月后,改称江西省建工集团总公司工会;1997年1月,称江西省建工集团总公司工会;2000年8月,称江西省建工集团公司工会。

工会领导及任期:

省建筑工程总公司工会副主席:杜述华(1993.1—1994.1)

省建工集团总公司工会副主席：许斌(1994.6—2000.7)

省建工集团公司工会副主席：许斌(2000.8—2001.12)，刘建城(2002.1—2008.3)，胡国华(2008.3—2008.11)

江西省建工集团公司工会主席：胡国华(2008.12—)

省邮政工会　1990年1月，中国邮电工会江西省第七次代表大会选举鲁敬任中国邮电工会江西省第七届委员会主席，吴奋兴任副主席。1992年12月，省邮电工会七届五次委员(扩大)会议增选吴福骝为省邮电工会副主席。1994年9月，省邮电工会七届七次委员会选举王凤翔为中国邮电工会江西省第七届委员会主席。1994年12月，中国邮电工会江西省第八次代表大会选举王凤翔为主席；王金香为经审会主任；傅柏塘为经审会副主任。

中国电信集团工会江西省委员会　自1994年12月江西省邮电工会召开第八次代表大会以来，经过寻呼剥离、邮电分营、电信重组、政企分开和主辅分离，中国电信集团工会江西省委员会于2001年3月1日成立，所辖基层组织102个。其中，设区市分公司和省公司直属单位工会组织19个，县分公司工会83个。全省电信工会会员10194人。省会下设“一室二部”，即办公室、经济工作部和权益保障部。全省电信工会专职工作人员68人，兼职工作人员160人。

2001年3月28—29日召开中国电信集团工会江西省第一次代表大会。大会选举产生中国电信集团工会江西省第一届委员会和经费审查委员会。2006年10月26日召开中国电信集团工会江西省第二次代表大会，大会选举产生中国电信集团工会江西省第二届委员会和经费审查委员会。2008年12月26日，省电信工会二届三次委员会议选举单江洪任江西省电信工会第二届委员会主席。2010年3月23—24日，江西省电信工会二届四次委员(扩大)会议在南昌召开。会议履行工会委员会、常委会、经审会员会、女职工委员会成员替补、增补的相关民主程序。

中国电信集团工会江西省第二届委员会主席：王凤翔。副主席：金辉。经费审查委员会主任：金辉；副主任：陈亨计。中国电信集团工会江西省第二届委员会主席：王凤翔。副主席：王强。经费审查委员会主任：王强。中国电信集团工会江西省第三届委员会主席：单江洪。副主席：张学信。经费审查委员会主任：王伟全。

江西联通工会　中国联通工会江西省委员会正式成立于2002年1月21日，中国联通江西省分公司各级工会实行以系统领导为主的工会工作领导体制，同时接受地方工会的领导。2004年9月25日成立江西华信公司工会联通用工联合会。2007年7月21日，中国联通江西分公司召开首届职工代表大会。2008年10月，中国联通与中国网通融合，2009年7月31日召开中国联通集团工会江西省第一次代表大会暨第一届职工代表大会。

建制及所辖单位　中国联通集团工会江西省委员会，设立了主席、副主席、经费审查委员会主任、女职工委员会主任各1名，全省联通所辖11个市分公司和省分公司机关12个单位以及机关10010分工会都建立基层工会组织，配备专职或兼职工会干部，83个县级分公司建立工会小组，形成了与江西联通管理体制相适应的工会工作组织体系。省、市分公司工会全称为：“中国联合网络通信集团工会+所在地行政区划+委员会”。简称为“联通+所在地行政区划+工会”。

2002年1月21—23日召开中国联通工会江西省第一届代表大会，选举中国联通工会江西省第一届委员会,吕劭深为工会主席、欧阳辉为工会副主席,王伟全为经费审查委员会主任;2005 年 1 月 9 日,改选黄文平为工会副主席。2006 年 7 月 28—29 日召开中国联通江西分公司工会第二届代表大会,选举中国联通江西分公司工会第二届委员会,孙兵为工会主席、黄文平为工会副主席,王伟全为经费审查委员会主任;2008 年 4 月 18 日增补李穗春为副主席。2009 年 7 月 31 日—8 月 1 日召开中国联通集团工会江西省第一届代表大会暨中国联通江西省分公司第一届一次职工代表大会,选举中国联通集团工会江西省第一届委员会(新工会),卢卫红为工会主席、黄文平为工会副主席,卢琼为经费审查委员会主任。2010 年 3 月 16 日改选刘年根为工会副主席,2010 年 6 月 10 日改选许明新为工会主席。

省金融机构工会 2000 年 5 月,省金融工会撤消,所辖人行南昌中心支行、省工商行、省农行、省中行、省建行、省农发行、省人民保险、省人寿保险等 8 个金融机构系统工会,在接受该金融机构上一级工会领导的同时,接受省总的领导,以该金融机构上一级工会领导为主,具体由省总农林财贸工委联系与协调。2001 年 8 月,经首次省各金融机构工会联席会议确定,在全省建立金融机构工会联席会议制度已互通情况、交流经验、加强联系、相互学习。至 2002 年底,已召开三次省金融机构工会负责人联席会议。

中国农业银行江西省分行工会 下辖 11 个二级分行、125 个一级支行、705 个营业网点,共有 13611 名在职员工。

中国农业银行江西省分行工会工作委员会机构的主要负责人:

1994 年—1998 年 11 月,工委主任:李广云(副行长兼)、龚浏浪任工委副主任。

1998 年 11 月—1999 年 12 月,工委主任:李广云(副行长兼)、施胜华任工委副主任。

1999 年 12 月—2004 年,工委主任:严丰厚(纪委书记兼)、施胜华任工委副主任。

2004 年—2006 年,工委主任:严丰厚(纪委书记兼)、赵纯明任工委副主任。

2006 年 1 月—2008 年 5 月,工委主任:严丰厚(纪委书记兼)、刘明火任工委副主任。

2007 年 12 月 11—12 日,中国农业银行江西省分行第一届职工(会员)代表大会选举产生了工会委员会和经费审查委员会。严丰厚当选工会主席,桂鹤诚当选工会经费审查委员会主任。任期为 2007 年—2012 年。

中国农业发展银行江西省分行工会 1996 年 4 月,成立中国农业发展银行江西省分行工会工作委员会。主任:周先哲(副行长)。副主任:杨传立,胡光明。2002 年 6 月 25 日,调整工会女职工委员会的委员,副主任:吴雪兰(负责工作)。

2004 年 10 月 19 日,调整江西省分行工会、工会经费审查委员会和女职工委员会,工会工作委员会主任:周良伟(副行长)。副主任:杨传立。经费审查委员会主任:徐贵龙。女职工委员会主任:曾小波。副主任:吴雪兰。

2008 年 5 月 4 日,江西省分行工会工作委员会、工会经费审查委员会、工会女职工委员会组成人员进行调整:工会工作委员会主任:叶润元(省分行党委委员、副行长)。副主任:刁哲斌。经费审查委员会主任:胡卓林。副主任:陈国英。女职工委员会主任:曾小波。副主任:杨海芳。

2010 年 11 月 3 日,省分行党委对江西省分行工会工作委员会、工会经费审查委员会、工会女职工委员会组成人员进行调整:工会工作委员会主任:叶润元(省分行党委委员、副行长)。副主任:刘贵彬。工会经费审查委员会主任:李思明。副主任:帅建华。女职工委员会主任:曾小波。副主任:杨海芳。

省国防工会工作委员会　省国防工会工作委员会于1984年经省总批准成立。负责领导全省军工企事业单位工会工作,在省国防科工办党组领导下工作,同时受省总和全国国防邮电工会的双重领导。核定人数13人。

1984年,省国防科工办党组任命杨元隆为江西省国防工会工作委员会主席。

1996年,省国防科工办党组任命聂显华为江西省国防工会工作委员会主席。

1999年,省国防科工办党组任命邵铭军为江西省国防工会工作委员会主席。

省农垦工会工作委员会　1991年8月8日,成立省国营垦殖场管理局工会工作委员会,负责并领导局直属企事业单位工会工作。省国营垦殖场管理局工会工作委员会在省国营垦殖场管理局党组领导下工作,同时受省总领导,业务上受省总农林财贸工作委员会的指导。1998年1月4日,经省总党组研究,同意章鼎和任省农垦集团总公司工会专职副主席;免去许康友的省农垦集团公司工会副主席职务。2004年8月23日,经省总同意,江西省农垦局工会工作委员会更名为江西省农垦工会工作委员会,隶属省总领导。

省煤炭集团公司工会委员会　2001年7月,随省煤炭工业管理体制改革,经省总批复,省煤矿工会委员会改组为省煤炭集团公司工会委员会(以下简称江煤集团工会),受省煤炭集团公司党委和省总领导。江煤集团工会采取联合制、代表制的原则组建委员会,委员会由属下萍乡矿业集团公司工会、丰城矿区工会、英岗岭矿务局工会、乐平矿区工会、花鼓山煤矿工会、天河煤矿工会、八景煤矿工会、大光山煤矿工会、棠浦煤矿工会、分宜电机厂工会、临江机械厂工会、矿建公司工会、进出口公司工会、供销公司工会、地方公司工会、黑天鹅宾馆工会、集团机关工会等17个基层工会的29人组成,每届委员会委员任期5年。是年底,江煤集团有矿务局、矿(厂、公司)基层工会111个,区队支会(分会)763个,工会小组3027个,专职干部292人,兼职干部423人。

东航江西分公司工会　公司有在职员工1085人,下设10个基层分会,会员总数854名,入会率为78%。2009年实行劳务制员工全员入会,入会率达到100%。工会专职干部10人,兼职干部(含女工干部)15人。工会主席由东航江西分公司党委副书记兼职。

工会主席:吴德宽。副主席:张忠。女工委主任:吴阳。

1994年6月16日,戴晓贺被任命为江西分公司工会临时负责人。

1995年3月28日,戴晓贺当选江西分公司工会主席。

2004年1月16日,东航江西分公司召开工作会议暨三届一次职代会。

2009年10月28日,江西分公司在昌北机场综合楼召开第四届工会代表大会,选举产生新一届工会委员和经审会员会,钱峰当选为工会主席,雷平当选为经审会主任。

南昌铁路局工会　1998年,南昌铁路局工会委员会有委员47人,常委11人。局工会设主席1人,副主席2人,设组织、宣教、生产、保障、女工、文体(含影视管理中心)、财务部和办公室、多经办。1998年局工会机关人员为51人(副局级1人,正处级2人,副处级7人,正科级8人,副科级10

人)。局属单位工会111个,专职工会干部222人。

2010年南昌铁路局局属单位工会79个,车间工会576个,工会小组4642个,工会会员93727人(其中劳务派遣工会员817人)。路局工会二届委员会委员30人、常务委员9人,经费审查委员会委员7人。设综合(财务)部、组织部、生产和文体部、保障和女工工作部、路局火车头体育协会(10月增设)、路局工会经费审查委员会办公室(12月增设)。路局工会机关工作人员26人(5月招聘6人),其中副局级1人,正处级2人,副处级7人,正科级7人,副科级3人。局属单位专职工会干部84人。

路局工会主席:沈长生(1998—2003.9),卢文星(2003.9—)。副主席:陈晓云(1998—2001),张孟渡(1998—2010.11),潘国珍(2003.9—2006.3),朱生垣(2004.5—2005.1),陈丽芳(2010.11—)。

江西冶金工会 2001年3月13日,经省总同意,将省冶金工业总公司工会委员会更名为省冶金集团公司工会委员会,隶属省总领导。2010年6月2日,省国有工业企业改革中,省委、省政府确定不再保留江西省冶金集团公司。经省总同意,撤销省冶金集团公司工会。

省直机关工会工作委员会 1986年12月25日,经省总、省直属机关委员会同意,建立和恢复省直机关工会委员会。1988年11月28日,更名为省直属机关工会工作委员会,是省直各基层工会组织的领导机关,受省直机关工委和省总的双重领导,以省直机关工委领导为主。1989年,工委会下设办公室,为科级机构,配备办公室主任。1991年3月25日,省直机关工会工作委员会人员设置:主席1人,副主席1人,经审会主任1人(副主席级),办公室主任1人,组织业务1人,宣教业务1人,财务业务1人(兼会计),女工业务1人。1994年10月,内设机构增为一室四部,即办公室、组织民管部、宣教文体部、财务事业部、女工生活部。2009年,省直机关共有基层工会457个,会员53409人。

省直机关工会工委主要负责人:临时筹备人:杨长文(1986.1—1988.1),郭牧耕(1988.1—1988.10)。工会工委主任:刘颐生(1988.11—1994.3),郭牧耕(1994.3—1996.3),李穗(1997.4—2005.3),李跃进(2005.4—2010.7)。工会工委常务副主任:郭牧耕(1988.11—1994.3)。副主任:杨长文(1988.11—1994.3),李跃进(1990.7—1994.3),丁文(1996.7—1999.3),聂时起(2004.1—2008.6),田晓宇(2008.7—)。

2010年10月19日,第15次省直机关工委委员会议调整省直机关工会工作委员会组成人员,主任:周运柏;副主任:田晓宇。

1991年2月25日,成立省直属机关工会经费审查委员会,王熙宣任主任,李静任副主任。1995年10月12日,李静为主任、杨文秀为副主任。2001年4月,胡森林任省直机关工会工委经审会主任(兼)。2010年10月19日,调整省直机关工会经费审查委员会,主任:陈品浪。

1990年,成立江西省直属机关工会女职工委员会。赵娜任专职副主任。

省盐业集团公司工会 2006年,省盐业集团公司工会成立,作为行业性的工会组织,下辖16个基层工会,工会关系直接隶属于集团工会的有5个,有11个下属单位的工会关系在属地,集团公司工会对这些单位的工会工作进行双重管理。

2006年1月10日—11日,省盐业集团公司工会第一届第一次会员代表大会,会议选举产生了第一届工会委员会，金勇当选主席，何好平、姚地沙、施明建当选为副主席，袁志华当选为工会经费审查委员会主任。

2009年6月8日，集团公司第一届第四次职工代表暨工会会员代表大会选举王卓为工会主席和职工董事。

兴业银行南昌分行工会　2006年12月经省总批准成立，下辖二级分行赣州分行及宜春分行，均已组建工会。同时分行各相关部门及同城支行相应成立工会小组。截至目前，分行工会共发展会员763名，其中女会员398名，入会率100%。

2006年12月30日，分行召开了分行工会第一届会员大会，选举产生分行工会第一届委员会和工会经费审查委员会（任期五年）。

工会主席：蒋少强。工会经费审查委员会主任：蔡娟。

平安人寿保险股份有限公司江西分公司工会　2007年1月，省总下文批复，中国平安人寿保险股份有限公司江西分公司工会隶属省总领导。张文宪任工会主席；范洪超任工会副主席；肖俐任工会经费审查委员会主任。

阳光人寿保险股份有限公司江西分公司工会委员会　2010年3月4日，第一次工会会员代表大会选举林军为工会委员会主席，王芳为工会经费审查委员会主任。

省总直属基层工会

江西稀有金属钨业控股集团有限公司工会　简称江钨控股集团，是具有百年钨矿开采历史的省属工业企业。前身为江西钨锡矿业有限公司，1983年成立中国华兴钨业公司、中国有色金属工业南昌公司。1986年经省总批准成立南昌有色公司工会工作委员会。2000年7月，组建江西稀有稀土金属钨业集团公司（简称江钨集团）。下属企业25户，在册职工31674人，离退休人员27890人。2001年3月，省总下发《关于同意成立江西稀有稀土金属钨业集团公司工会委员会的批复》，明确了集团公司工会隶属省总领导。2007年12月28日，江钨集团整体改制为国有独资有限公司。2008年9月25日，引进战略投资者，成为国有控股的股权多元化企业。2008年12月31日，经省人民政府批准，江西稀有金属钨业控股集团有限公司正式成立，替代改制前的江西稀有稀土金属钨业集团有限公司成为省国资委出资监管单位。由此，原江西稀有稀土金属钨业集团公司工会委员会，也随之更名为江西稀有金属钨业控股集团有限公司工会。

2006年11月9日，召开江西稀有稀土金属钨业集团公司工会委员会成立暨一届一次全会，选举罗小勇为工会主席、胡思建任副主席（正处级）、罗金英任办公室主任（副处级）。2008年12月，集团党委委员、副总经理李桂生兼任工会主席，2009年2月，罗金英任工会副主席（正处级），2010年11月，集团纪委书记王伟兼任工会主席。

江西钨业集团公司工会　2006年7月25日，省总同意成立江西钨业集团有限公司工会委员会，直接隶属省总领导，工会经费上解按原渠道不变。

洪都航空工业集团有限责任公司工会（简称洪都集团工会）　现有职工12000余人，二级（含直属)工会30个,专职工会干部61人。

1992年9月18—20日,洪都公司(南昌飞机制造公司)第十三次工会会员暨职工代表大会,选举产生第十三届工会委员会,主席:张良金,副主席:叶惠根、常蓉兰。

1996年9月22—24日,洪都公司(南昌飞机制造公司)第十四次工会会员暨职工代表大会,选举产生第十四届工会委员会,主席:张良金,副主席:乔东桂、刘玉莲。

2001年12月24—25日,洪都公司(江西洪都航空工业集团有限责任公司)第十五次工会会员暨职工代表大会,选举产生第十五届工会委员会。主席:车德云,副主席:刘玉莲、孟凡为。

2006年7月19—20日,洪都公司(江西洪都航空工业集团有限责任公司)第十六届工会会员暨职工代表大会,选举产生第十六届工会委员会。主席:车德云,副主席:孟凡为、王坚。

江西铜业集团公司工会 成立于1979年。工会设置办公室、生产保护部、宣教文体部、生活保险部、女工部等5个职能部门,现下辖20个基层工会,2000多个工会小组,有工会会员23000余人。2002年,"江西铜业公司工会委员会"经省总批复,更名为"江西铜业集团公司工会委员会"。2003年,集团公司机关新设机构"江西铜业集团公司职工休养旅游服务部",与集团公司工会女工部合署办公。2008年12月,江西铜业集团公司工会与江西铜业股份有限公司工会实行两块牌子一套人马,合署办公的管理体制。2009年7月,江铜机关机构调整,公司工会设生产保护部、生活保险部、宣教部、女工部和办公室等"四部一室"和工会组织建设与秘书服务、生产保护与互助保险、生活保险与女工工作、宣传教育与文化体育等四个职能板块。核定编制9人。至2010年,共有21个基层二级工会,分别是:德兴铜矿工会、永平铜矿工会、贵溪冶炼厂工会、武山铜矿工会、东同矿业公司工会、银山矿业公司工会、城门山铜矿工会、材料设备公司工会、教育培训中心工会、铜材公司工会、物流公司工会、南方总公司工会、铜箔公司工会、铜加工事业部工会、南昌物业公司工会、铜板带公司工会、铜铅锌公司工会、地勘工程有限公司工会、南昌办事处工会、上海联络处工会、公司机关工会。

1994年以来各届工会委员会主席副主席及任期,经费审查委员会主任副主任及任期:工会主席:王振坤(1998.7—2001.9),胡发亮(2001.11—2009.2),胡庆文(2009.2—)。副主席:胡淼敬(1989.12—2004.12,1998.6前主持工作),石晓琴(2004.12—)。经审会主任:杨贞桂(1997.1—1999.1),胡淼敬(1999.4—2002.1),曹道发(2002.1—2009.1),谢明(2009.1—)。副主任:刘今朝(1997.1—1999.1),蔡继华(1999.4—2001.1),熊真立(2004.1—2010.1)。

中国第四冶金建设有限责任公司工会 成立于1966年,第一任工会主席由甘肃省工交政治部任命,1968年在甘肃兰州召开第一次工代会。工会组织关系隶属甘肃省总。公司于1979年整建制搬迁江西,工会组织关系隶属省总直管,1987年、1990年分别在江西贵溪召开过第二、第三次会员代表大会,会员人数分别为9289人、11600人。公司2007年实施政策性破产,改制重组后于2011年1月15日在江西贵溪召开一届一次职代会和会员代表会,选举产生中国第四冶金建设有限责任公司工会委员会,委员会由7人组成,工会主席由公司党委副书记兼任。公司目前有三种类型的基层工会组织22个,会员3682人,建会、入会率做到了100%全覆盖。

1990年2月,第三届委员会第一次全体会议选举产生主席张丰学、副主席王淦生。1992年3月,三届三次会议补选贺德金为有色四建工会主席。

省人力资源有限公司工会　2006 年 9 月江西省人力资源有限公司工会委员会成立,隶属于南昌市总。2010 年 11 月 24 日,经省总批复,同意江西省人力资源有限公司工会委员会(以下简称“江西人力工会”)隶属省总。

省人力资源有限公司主要派遣至江铜、通信、铁路、电力、城建和交通等行业与系统的 400 多家国有大中型企业、上市公司、外资、民营企业。

人　物

人物传

张朝燮　(1902—1927),江西永修人。1919 年,张朝燮在南昌省立第二中学读书,5 月 7 日,被同学推举出席全市中等以上学校学生代表大会,讨论响应和声援五四运动问题。7 月,张朝燮利用回家度假机会,组织县立小学部分学生成立“反帝爱国讲演团”,宣传“抵制日货”“救心救国”。1920 年,又与王环心、王秋心等在南昌江南会馆成立“永修教育改造团”,开展新文化探讨与推广活动。1921 年,毕业回永修,与改造团成员创办“含英”“承德”小学和“云秀”女校。1921 年秋,张朝燮考入国立武昌师范大学国文史地部(后转历史社会学系)。翌年,于武昌加入江西改造社,在武汉三镇负责发行江西改造社机关刊物《新江西》。1923 年,张朝燮于武昌加入中国社会主义青年团;1924 年 6 月又由中国社会主义青年团团员转为中共党员。1925 年,张朝燮从武昌师大提前毕业,回江西担任中共南昌特支组织委员。不久,又受命于故乡创建中共永修小组,兼任组长。7 月,中国国民党江西省第一次代表大会召开,经党组织安排,张朝燮以个人名义加入中国国民党,并出任国民党江西省党部执行委员兼工人部长。12 月 17 日,赵醒侬、刘承休、陈灼华等共产党人和国民党左派被军阀当局以“过激派”罪名逮捕。张朝燮组织人营救,暴露身份,不得不暂离南昌返回永修。回县后,张便着手整顿“永修社会改造团”。1926 年,赵醒侬等被营救出狱,张返回省城。3 月,国民党江西省第二次代表大会召开,张留任国民党省党部执行委员兼工人部长。此时,南昌白色恐怖依然严重。7 月,张被迫返回永修,在国民党永修县党部指导工作。9 月 16 日,赵醒侬被军阀当局杀害,张朝燮无限悲痛,并吟诗明志,慨然发出:“剩好头颅酬死友,凭真面目见群魔”的誓言。11 月 8 日,北伐军攻克南昌,张立即返回省城,抓住有利时机,发动工人群众,组建工会组织。1927 年 2 月,张回永修担任中共永修地方委员会组织委员和国民党永修县党部宣传部部长。4 月中旬,永修潜逃在外的反革命头目彭立生被抓获。右派县长卢翰拖延审判,串通柘林大豪绅吴廷桂兄弟,邀集 80 余人,于 4 月 14 日深夜武装劫狱。凌晨又包围国民党永修县党部驻地艾城城隍庙,庙内除张朝燮和王环心等几人外,只有 8 名农民自卫军。为突围救援,张朝燮从侧门冲出,被乱枪击中,牺牲在艾城西北角小山旁,年仅 25 岁。

王汝霖　(?—1927),江苏江阴人,自幼学徒。1926 年春末夏初,应聘入九江久兴纱厂,不久加入中国共产党,在工人中开展革命活动。10 月,中共久兴纱厂地下支部成立,王汝霖任支部书记。12 月,经王汝霖积极发动,久兴纱厂工会随之成立,王又当选该厂工会委员会委员长。1927 年

1 月,英国水兵在租界殴打工人纠察队员吴宜三及数名工人成重伤,激起浔城民愤,引发九江各界民众“收回英租界”斗争。1 月 6 日,在九江总工会领导下,王汝霖率久兴纱厂工人,和全市工人群众一举冲进“洋街”,占领英租界。经过持续月余的斗争,迫使英国政府于 2 月 20 日与中国政府签订《九江英租界协定》,承诺“自 3 月 15 日起,将九江租界区域行政事宜无条件移交国民政府”。3 月初,久兴纱厂不少工人尤其外地工人因停工而断炊,王汝霖及工会便发动工人吃“大锅饭”,参加者达六七百人,每人每天还发给 40 文铜板作菜金。同时,又以工会名义与九江德隆花行签订“每件纱换老秤 350 斤棉花、60 元工缴费”合同,设法使工厂开工生产。3 月 17 日,为揭露由国民党右派把持的国民党九江县党部,煽动不明真相农民进城,冲击和捣毁市党部和革命团体阴谋,王汝霖组织数百名久兴纱厂男女工友,在纱厂门口悬挂“欢迎农民进城观光”横幔,摆放桌椅及茶具,向路过农民敬茶致意,邀请进城农友坐下歇息。同时,又派出刘子通、王华明等 15 名工人到市党部维持秩序。进城农民受到工人兄弟热情接待与欢迎,便意识到县党部所指责市党部“只要工人,不要农民”是个骗局,进抵市党部后便放弃过激行为。这时,由县党部操纵,混进农民队伍中的少数反革命分子便恼羞成怒,在市党部捣乱,并打死、打伤前去维持秩序的久兴纱厂工友各 1 人。王汝霖闻讯后,立即发动久兴纱厂工人全体出动前去制止,并于通往赛湖桥的小路上,抓获王若渊、陈文豪、翟非墨 3 名为首凶犯。7 月,“宁汉合流”,汪精卫在武汉公开背叛革命,白色恐怖顿时笼罩浔城。31 日,王汝霖在市区开会回厂,工友们闻讯国民党右派、九江警备司令金汉鼎要抓王汝霖,便劝其暂时躲避,王说:不行,我走了大家怎么办。便坚守于厂,以为民望。当日国民党军警荷枪实弹,前来封闭厂门,将王及另一中共党员工友徐亚福抓走。8 月 9 日,王汝霖等 26 名革命志士被国民党当局集体枪杀于九江东门大校场。

沈建华 (1904—1930),江西九江县人。1904 出生于贫苦农民家庭。1918 年,随伯父学习刻字、字画装帧等工艺 3 年后,到九江谋生。1923 年冬,到九江码头当“挑脚”(搬运工)和贩卖零星瓷器。1924 年,经朋友介绍到九江“夏宝记”瓷号“起彩”(绘画)。其同乡、共产党员吴九思、戴振球在九江读书从事秘密革命活动。在他们的帮助下,于 1925 年加入中共。先后担任九江瓷业工会和九江总工会委员长,领导九江工人运动。1926 年 6 月,组织发动九江市学生和郊区农民,配合工人烧毁了日本银行。1927 年 9 月下旬,协助中共九江县委书记林修杰,组织领导星子县农民秋收暴动。以白鹿洞为联络点,联系九江、星子两县共产党人,组成暴动指挥部,由林修杰任总指挥、沈建华任副总指挥。10 月 3 日晚,林修杰、沈建华率领九江、星子两县农民 300 余人,攻克星子县城,砸开监狱大门,救出江西省农协筹备委员会委员淦克鹤及无辜群众 100 余人。12 月下旬,根据江西省委关于组建赣东北红军的指示,以星子暴动的武装为基础,成立赣北红军游击队,沈任游击队副党代表,决定以岷山为根据地,开展武装斗争。年底,中共德安县委书记杨超牺牲,省委派他兼德安县委书记。1928 年 2 月 6 日(元宵节),组织德安农民,发动“元宵暴动”。暴动队没收喻家山地主刘修竹的财产,镇压鼓家湾 7 个民愤极大的土豪劣绅。后又领导赣北红军游击队,击退德安、九江反共靖卫团 200 余人及国民党正规军一个营对岷山根据地的进攻,毙、伤敌兵 70 余人,缴获枪支、弹药一批。1928 年 12 月 5 日,出席中共江西省委第二次党员代表大会。会上被选为省委执行委员。

不久调省农民运动委员会任书记。1929年2月,中共中央为加强江西工作,决定改组省委,任命他为省委书记。年冬,国民党加强对江西革命根据地的"围剿"。国民党十八师师长张辉瓒及南昌卫戍司令部镇压革命。11月,省委下辖的赣西党团特委被破坏,省委及南昌区委被捕近50人。12月中旬走九江,抵浔3天因叛徒出卖,在九江黄老门车站亦被逮捕。被捕后,军阀张辉瓒用高官厚禄引诱他,不为所动;又用酷刑拷打他,也毫不动摇。张辉瓒无可奈何,在给蒋介石的报告里说:沈建华等"皆迷信共产主义甚深,于审讯时态度倔强,大有以身殉主义,视死如归之感。"1930年1月,就义于南昌。

冯　任　(1905—1930),江西都昌人。1918年入广智高等小学从师李伯农。1919年6月,随李伯农、刘聘三等组织宣传队,进行演讲宣传。1921年夏,冯任考入江西省立第一师范十一班。1923年,加入袁玉冰等发起组织的"马克思学说研究会"。1924年5月,冯任在校加入中国社会主义青年团。6月,由社会主义青年团团员转为中共党员。1924年6月,在省、市学联领导下,南昌各校组织"仇货检查团",冯任被一师推举参加。因革命形势高涨,军阀当局加紧了对江西革命活动的防范和镇压,是年底,赵醒侬被捕,明星书社等革命团体相继被封,南昌团地委领导人或被捕或转移,党指定冯任代理团地委书记。1926年2月,团中央正式指令冯任担任第六届南昌团地委书记。3月,团地委改选,又当选为团地委组织部主任。1926年11月7日,中共江西地委扩大为区委,冯任调回南昌任区委技术秘书。1927年6月5日,朱培德公开背叛革命,宣布"礼送"共产党人出境,并查封工会、农会等、革命机构,在白色恐怖中,冯任受命在南昌坚持省委工作。1927年7月20日,中共江西省第一次代表大会在南昌召开,选举产生了中共江西省第一届委员会,冯任当选为省委委员,并继续担任省委秘书。8月1日,中共在南昌打响了武装反抗国民党反动派的第一枪。其间,冯任一直在南昌机关坚守自己的岗位。10月,省委改组,经中央批准,任省委常委兼秘书长,全面主持省委机关工作。1928年3月,冯任等2人代表省委去弋阳、横峰巡视。12月,中共江西省第二次代表大会召开,会上,冯任代表省委作工作报告,并当选省委委员、常委兼宣传部部长。1929年2月,调赣西任特委书记。10月底,派往赣南指导工作。在冯任去赣南期间,由于叛徒出卖,江西省委遭到最严重的一次破坏。冯任发现情况异常,遂从赣南赶回南昌,力图恢复省委,并亲自奔赴各地安排工作。12月20日由九江赶到上海,向中央写出了近万字的书面报告。1930年年初,受中央委派冯任任湖北省委常委兼宣传部部长,化名王亦吾。4月初,省委书记毛春芳被捕牺牲,冯任临危受命代省委书记主持省委工作。同月中旬,改任常委兼秘书长。6月16日去省总布置工作而不幸被捕。7月10日,冯任被枪杀于武汉。

詹锦坤　(1901—1932),江西都昌人,7岁就随师学裁缝,后随做桶匠的父亲流落在景德镇、屯溪一带做户工14载。1927年春,詹锦坤返乡度春节,适都昌农运兴,便积极投入,被选为区农民协会常委,并在斗争中加入中共。是年5月,为帮助全县农民度春荒,县农协通知各地农协为农民代售菜籽,平粜三麦(旧指官府在丰年按平价购粮储存,以备荒年出售,称"平粜"。三麦是小麦、大麦、元麦合称),以防豪绅从中盘剥。是时,"四一二"反革命政变消息正传入都昌,一些豪绅纠集地痞流氓借口“平粜不公”，武装进攻农民协会，制造流血事件。面对反革命的进攻，其毫不畏惧，搭台演说，号召农民协会会员与之斗争，并亲自掌称办理菜籽代售、三麦平粜事。大革命失败后，詹锦坤被县当局通缉，遂潜往景德镇等地寻找组织。1928年与中共组织接上关系后，受命于景德镇裤档弄、财神弄以开缝店为掩护建立地下联络机关，负责省委与赣东北特委间的人员接待、文件传递。1929年11月，该联络点升为交通分局，乃由其负责主持。其间，詹锦坤还与吕林松、余金德等一起，根据东北特委及浮梁县委布署，领导多次工人罢工斗争，仅1929年就组织罢工20余起，参加者达10万之众。是年端阳节罢工，持续一个月，迫使资本家答应复工条件。斗争中，显示出卓越的组织才干，成为当时景德镇8大工人领袖之一，被推选为市总工会负责人。同年12月，特委机关遭破坏，詹因领导工运亦被敌人注目，遂潜回故乡。1930年10月，红十军来都昌，驻蔡岭等地，其立即赶去报到，分配到地方工作部任交通委员；不久，因景德镇苏维埃运动中急需干部，遂调任景德镇市苏维埃政府非常委员会常委；后又接替洪泉水兼任市总工会委员长，并被增补为中共赣东北特委执行委员和赣东北革命委员会常委。同月20日，红十军撤出景德镇，随军去横峰。1931年3月，赣东北特区工农兵代表大会在横峰葛源召开，詹锦坤当选为特区苏维埃政府常委兼交通委员会主席。9月，中共赣东北省委成立，又当选为省委常委兼肃反委员会主席。11月，赣东北工农兵代表大会召开，成立赣东北省苏维埃政府，主席方志敏，他与余金德同为副主席。1932年春，肃反委员会易名政治保卫局，继任局长。同年底，赣东北省易名闽浙赣省，依然为省委常委、省苏副主席兼政治保卫局局长。詹锦坤于怀玉山前线染病，不治而以身殉职。

刘聘三　(1896—1933)，江西都昌人。1912年都昌县立高等小学毕业，考入南康府中学。月余，因家贫辍学，转省立图画手工学校教员养成所作工读生。结业后于县义务女学供职，未几，选入省国音讲习所培训，此后，历任县劝学所巡回国音教员、县教育局事务员。参加革命前，在县教育界谋职10余载，为都昌从事文字改革之第一人。1926年3月，经刘越、刘肩三介绍，加入中共和中国国民党，并先后任中共都昌支部、都昌地(县)委委员兼工委书记、国民党都昌县党部执委兼工人部长、常委。在第一次国内革命战争时期，致力于工人运动，先后领导成立县运输、店员、烟业、理发、船业等工会，发展会员400余人。大革命失败后，其作为都昌工运领袖被国民党当局通缉。为寻找组织，与向先鹏结伴去沪。1928年春，受中共中央和江西省委派遣，继林修杰之后任中共鄱阳县委书记，负责领导鄱阳、余干、弋阳、横峰等地的革命斗争(余干等县未建立县委之前，归鄱阳县委领导)。1927年11月中旬林修杰被捕牺牲和12月珠湖暴动失败，鄱阳白色恐怖十分严重。刘聘三化名老柳，秘密设县委机关于湖东。为便利工作，奔走于城乡之间，并常冒险住在县城都昌会馆旁的一幢小屋内撰写文件，接待同志，指挥各地党的活动。是年7月中旬，与共青团鄱阳县委书记向先鹏一道去鄱北出席党的会议，12日返回时于响水滩分水岭与该地靖卫队相遇，因被搜出所带的1支手枪，而遭各种酷刑，因无供，8月9日作为“共党嫌疑”脚镣手铐解往南昌，拘押于茅家桥监狱。12月被营救出狱后，便去上海寻找组织。1930年4月，中央委任刘聘三为交通员，去赣东北指导工作。途经景德镇，适逢该地发生抢米事件，当局竟将他作为“抢犯”抓去，严刑拷打，拟即处决，幸遇同乡以都昌会馆古南书院名义具保取释。出狱后，不顾遍体鳞伤，赶赴赣东北执行任务。10月，随红十军开到都湖鄱彭地区后便回沪复命。因屡受刑伤及忘我工作,刘聘三积劳成疾,染上严重肺病。中央曾将其安排到红十字会及各医院治疗,无效,遂于1933年批准返县休息,回家仅两月,便一病不起,溘然长逝。中华人民共和国建立后,追认为革命烈士,移葬都昌南山烈士陵园。

吕林松 (1898—1935),江西都昌人。家赤贫。1910年去景德镇学画坯,后在画坯行做工。1926年3月,由王环心介绍加入中共,积极参加组织行业工会,领导工人罢工,成为景德镇8大工人领袖之一。大革命失败后,于1927年8月被捕,在狱中不屈不挠,后经组织营救出狱,继续投入革命斗争。仅1929年,与詹锦坤、洪泉水、余金德等工人领袖一起,领导罢工20余起,参加人数达10万之众。1930年9月,红十军二进景德镇后,任景德镇总工会副委员长。并补选为中共赣东北特委执行委员、赣东北革命委员会常委。同年随红军去弋(阳)横(峰)根据地。1931年3月,任赣东北特区苏维埃政府常委。9月,特区改省,任中共赣东北省委员。11月成立赣东北省苏维埃政府,任省苏维埃执行委员会委员。1932年赣东北省改称闽浙赣省,乃任省委委员、省苏执委,兼省总工会联合会委员长。1934年闽浙赣革命根据地第五次反"围剿"失败后,奉命去德兴山区领导游击战争。1935年于德兴牺牲。

柳真吾 (1898—1935),湖北黄梅县人。1917—1919年就读于黄梅县立八角亭小学。1920年到武昌启黄中学读书。中学毕业后,曾一度从事教育。1922年冬至1923年春,参加李子芬、王一飞在黄梅成立的"青年读书会",创办平民夜校。1925年秋,加入中共。1926年,到九江从事工人运动,任九江总工会秘书。大革命失败后,回原籍开展党的地下工作,曾任中共黄梅小溪山支部书记、二区区委书记。1927年"八七"会议后,参与黄梅秋收暴动。1928年11月,奉命到江西景德镇等地进行革命活动,任中共赣东北特委委员。1930年春,参与领导鸣山煤矿武装暴动。8—9月,任中共乐平县委书记。1931年11月,在赣东北省第一次工农兵代表大会上,当选为赣东北省苏维埃政府主席团成员并先后任文化部部长、裁判部部长。1932年12月,赣东北省苏维埃政府改为闽浙赣省苏维埃政府时,继任。1933年元月至同年冬,任闽浙赣省苏维埃政府经济部部长。1933年11月,根据闽浙赣第三次工农兵代表大会精神和方志敏的指示,率红军四百余人,组成皖赣边挺进师和重新组建赣北特委(后改皖赣特委)。1934年3—7月,任中共赣北特委书记兼挺进师政委。7月,赣北特委改为皖赣分区委,继任书记,并兼任皖赣军分区政治委员。1934年10月,方志敏奉命率抗日先遣队离开闽浙赣根据地,中央主力红军撤出苏区东征北上后,先后于皖赣边景德镇(浮梁)与都昌、湖口、鄱阳、彭泽领导开辟游击根据地。1935年秋,在安徽秋浦(今属安徽东至县)率部转移突围作战中牺牲于祁门乌山。

罗梓铭 (1907—1939),湖南浏阳县人。罗梓铭9岁拜师学做裁缝,13岁开始缝衣谋生。1925年,罗梓铭秘密参加工人运动,加入了社会主义青年团。1927年春,罗梓铭从长沙回到浏阳,在县总工会从事工运工作。"马日事变"后,他响应中共湖南临时省委号召,领导工人武装攻打长沙。之后,跟随毛泽东参加江西文家市秋收起义,开创井冈山革命根据地。队伍经过万载时,罗梓铭因身染痢疾，只好潜回到浏阳家乡治病。这年冬天他在浏阳东乡加入中共，深入到湘赣边境工人密集的铜鼓一带做工运工作，把造纸工人组织起来成立纸业工会，向槽主开展增加工资、改善劳动条件的斗争，组织工人武装暴动。1932 年初，罗梓铭任湘鄂赣省委职工部长，负责湘鄂赣苏区的工会工作。1933 年 4 月，罗梓铭率领 20 多名湘鄂赣省的工人代表来到瑞金，出席在中央苏区 5 月 1 日召开的中国店员手艺工人代表大会。会上，他汇报了湘鄂赣的工人运动和工会工作，受到周恩来，刘少奇的赞扬。这次大会选举成立了中国店员手艺工人工会中央委员会，罗梓铭被选为副委员长、党团书记，1934 年 1 月至 4 月继任委员长。是年，罗梓铭自告奋勇到前线担任广昌占地委员会主任，在广昌动员了数千名工人组织担架队、运输队、救护队，投入第 5 次反“围剿”战争。第 5 次反“围剿”失利，罗梓铭于 1934 年 10 月随主力部队进行长征。途中，罗梓铭担任过二军团地方工作部长、中央纵队干部团军需主任、遵义县革命委员会主席、中央军委总供给部政治部主任。1935 年底，罗梓铭离开部队，任中央苏维埃政府西北办事处工农检察局局长、陕甘省委组织部部长、陕甘宁边区特委书记。1937 年 7 月，罗梓铭回到家乡协助湘鄂赣省委工作内行任湘鄂赣特委书记。翌年 2 月，新四军在湖南省平江设立留守处（后改通讯处），领导这一地区人民进行抗日救亡斗争。1939 年 4 月 11 日深夜，蒋介石密电指示国民党第二十七集团军总部，要尽快解决新四军平江留守处，一网打尽机关工作人员。第二天，罗梓铭等 4 位抗日战士惨遭国民党反动派杀害。中共中央在延安举行了 1 万多人参加的追悼“平江惨案”烈士大会，台上悬挂罗梓铭烈士遗像，毛泽东亲笔写了挽联：日寇凭陵，国难方殷，枪口应当向外；吾人主战，民气可用，意志必须集中。

高凌云　（1899—1966），江西九江人。全国先进生产者。1917 年，在江苏跟随马伯藩、丁甘仁两先生学习中医 3 年。1923 年，毕业于上海中医专门学校，返回故里，悬壶行医。曾任九江县中医师公会常务理事长、九江市人民医院中医科主任、江西中医实验院主任、江西省中医院院长等职。1952 年，他积极响应党的号召，带头成立九江市大公联合诊所。1956 年，加入中共。1959 年，获卫生部颁发的“继承发扬祖国医学遗产奖”银质奖章和奖状。他行医 40 余年，勤于实践，富于临床，擅长内科、妇科、儿科，尤其是杂病、慢性病的调理，对肝病研究有较深造诣。1956 年，在全国先进生产者代表会议上被授予全国先进生产者称号。1964 年 12 月至 1965 年 1 月，为第三届全国人大代表。

陈海如　（1919—1973），湖北襄樊人。全国先进生产者。1919 年 5 月生。1951 年参加工作，历任九江市油脂化工厂工人、市石油公司油库钳工。在当钳工时，积极开展技术革新，创造洗桶打锈机，提高工效 5 倍。不但保证清洗质量，而且减轻劳动强度。1956 年在全国先进生产者代表会议上被授予全国先进生产者称号。

舒代富　（1920—1976），湖南常宁人。全国先进生产者。1920 年 7 月生。1947 年起历任江西画眉坳钨矿江西金华山钨矿工人、江西大王山钨矿选矿厂选矿工、选矿工程师。1957 年加入中共。1957 年他改进“二次桶底冲洗法”，尾矿品位由 0.5% 下降到 0.4%。1958 年又试制水力鼓动跳汰机,提高工效8倍。是年又推广铋矿重选法,一年可多收回铋金属12吨;推广自动分级淘汰盘,一年可多收回钨金属3吨。1959年至1960年,他改进钨细泥流工程工艺,钨细泥回收率由原来23%提高到50%,钨尾矿品位由原来0.5%降低至0.2%,硫的含量降低到1.2%以下,每年还能多收回钨金属量3.6吨。1959年在全国"群英会"上被授予全国先进生产者称号。

邓金林 (1914—1977),江西九江市人。全国先进生产者。1927年,因孤儿无依靠外出谋生做工役,至1949年5月中华人民共和国江西省辖南昌市政府成立。1950年,由江西省公路处调南昌市公共汽车公司任司机。1958年,加入中共。自1950年始,安全行车创造几十年未发生大小责任事故的奇迹。总结出的安全行车经验,在全省交通部门进行推广与学习。1954—1966年,连续被授予南昌市劳动模范和省交通运输先进生产者。1959年,在全国"群英会"上被授予全国先进生产者称号。

马希贤 (1912—1981),江西九江人。全国先进工作者江西九江人。1936年,毕业于武汉大学生物学系。历任九江光华中学、吉安十三中学、宜春师范学校、南昌师范学校、江西师范学院、江西大学生物学教师、讲师、副教授、教研主任、系副主任。1954年,参加民主同盟会。1956年,加入中共。在教学方面,总结了丰富的经验,取得较好效果。在科研中进行关于鸟卵交换蛋白质无性杂交,甘薯与蕹菜无性杂交,创制显微扩映器。在进行动物无性杂交研究中,创造了既简单又易于推广的方法以及进行远缘动物无性杂交。1960年,在全国"文教群英会"上被授予全国先进工作者称号。

余祖茂 (1910—1983),江西都昌人。全国先进生产者。1949年前,任陶瓷烧窑工人;中华人民共和国建立后,在江西第一瓷厂当工人,身怀绝技。1956年,在任陶瓷烧炼技术指导组副组长期间,不辞辛苦、不分昼夜奋战在生产第一线,通过一年多的苦干,使原烧成质量60—70点提高至89—90点,并使原烧一窑瓷需耗木柴664担降到590担。1956年,在全国先进生产者代表会议上被授予全国先进生产者称号。

胡火印 (1925—1986),湖北黄梅人。全国先进生产者。1925年2月生。1947年起历任九江港务局码头工人、装卸二大队小队长、装卸一大队大队长。1953年加入中共。新中国成立初期,在进行装卸工艺改革中,他提出并实施了"循环起肩法"和"活扣抬杠法",后又采用"滑板装粮法",使装卸工效提高40%以上,船舶非生产性停泊吨天由原来的83.2%下降到37.5%。由他带领的装卸小队,出勤率、工班效率居全港最高,被誉为"小老虎"队。他在任装卸大队长期间,不断创造工班生产新纪录。1959年在全国"群英会"上被授予全国先进生产者称号。1960年3月,获全省先进生产(工作)者称号。1963年2月,获全省"职工先进生产者"称号。1966年3月,获全省"五好职工"称号。

林翠娥　(1928—1987)，江西九江人，全国先进生产者。女，1928年9月生。1953年进江西九江永生织布厂任织布挡车工。1959年加入中共。她为提高工作效率，从改进操作着手，创造双手投梭快速接头操作法，使每次投梭时间由原来的7秒降到3秒，织布投梭率达到全国水平，并且创造了台时产量5.5米的好成绩。1960年、1965年、1966年三次被江西省政府授予全省先进生产者和五好职工称号。1959年在全国“群英会”上被授予全国先进生产者称号。

黄承荫　(1917—1988)，江西九江人。全国先进生产者。1917年10月生。1930年进九江永安公司的轮船上当学徒，然后做苦工、小贩，并多次失业。1951年参加九江专署文工队。1953年加入中共。先后任永修县电影放映队队长，九江电影机械厂生产组组长等职。20世纪50年代初，交通不发达，他时常亲自带民工挑机器，深入农村为农民放映电影。他克服文化水平低的困难，刻苦钻研技术，自1959年起，承担电影机械修理工作，由于修理质量好，受到放映员的爱戴与尊敬。1956年在全国先进生产者代表会议上被授予全国先进生产者称号。

鲁赞先　(1906—1988)，安徽巢县人。全国先进生产者。1906年8月生。1949年参加工作。1953年进德安县商业局担任运输员工作。在他担任运输员的5年中，运出、调进、中转的物资达40250余吨，平均每月运输量1300余吨，5年的工作等于一般人7年的工作量。他采用“按吨位堆放，依次序发运”的先进办法，大大加快装运速度，每年为国家节约运输费8000余元，成为一名出色的运输员。1959年在全国“群英会”上被授予全国先进生产者称号。

梁　广　(1909—1990)，广东省新兴人。出身贫困家庭。1925年参加省港大罢工，1927年4月加入中共。大革命失败后，他受党的派遣，担任上海五金工会委员长，秘密从事工人运动。1930年冬，来到中央革命根据地组建全总中央苏区执行局，任执行局主任(1931—1932)，统一与加强赣西南与闽西工人运动的领导。之后，任中央福建省委职工部长(1932—1933)，全总苏区中央执行局组织部部长(1933—1934)，中国工农红军警卫师(工人师)政委(1933—1933)。1935年离开中央革命根据地，辗转到广东东江坚持革命斗争。

1931年初第一次反“围剿”战争胜利，红色政权不断诞生，基层工会日益增多。赣西南先后建立30多个县级工会，会员达7万多人。闽西也成立了总工会，会员有万余人。这时刻，梁广按照党的要求，适时地在富田建立起全国总工会的派出机关，把散布在各地基层工会统一起来，加强了领导，数十万工人团结在工会周围，援助红军夺取了二、三、四次反“围剿”战争的胜利。

1931年冬，中华苏维埃共和国临时中央政府在瑞金成立，梁广深感领导工人阶级的重担难以胜任，上书要求中共中央与全国总工会另派能人接替工作。中央根据他的请求，于1932年2月派陈寿昌接任梁广的工作，梁广调中共福建省委任职工部长(常委)，主管工运。梁广移交工作后，主动协助陈寿昌开好两省工人代表大会，大会结束后，他才奔向新的岗位。

1933年春夏期间，全总苏区中央执行局在瑞金召开的“四一”“五一”两次工人代表大会，决议创建工人师，为“八一”建军节献厚礼。当年8月1日，中国工农警卫师(工人师)瑞金成立，梁广代表全师指战员接过朱德授给的军旗,接受军委任命他为师政委的光荣职务,率领全师官兵投入第四次反“围剿”战争,保卫中央苏区。工人师改编为主力红军后,梁广调回全总原职工作。

1933年2月8日,中共中央发出“创建一百万铁的红军”的号召,苏区各地开展了猛烈扩红的运动。梁广从工人师调回全总执行局工作后,被任命为扩红突击队长,到赣闽边境去动员工人参军。

1938年1月,梁广被派回广东省工作,任中共广东省委常委兼职工部长,粤东南特委书记、粤南省委书记。解放战争时期,曾任中共中央香港分局(后改称华南局)委员,中国人民解放军粤桂纵队司令员兼政委。

新中国成立后,梁广任广州市副市长、广东省总工会主席、广东省人大常委会副主任等职。

戴征柔 (1938—1991),全国先进科技工作者。女,1938年3月生,江西奉新人。1954年参加工作。1987年毕业于中国科学院心理学函授大学医学心理专业。历任江西省九江市妇女儿童医院助产士,妇产、麻醉科医师、主治医师、麻醉科主任。1988年加入九三学社。1975—1978年在针麻临床研究中,创新采用单侧三阴交一根针不留针针麻方法用于腹式输卵管结扎术,取得成功。学术论文《不留针在针麻腹式输卵管结扎术的应用(698例临床分析与实验观察)》汇入1979年《全国针灸针麻学术讨论会》论文集,为国家中西医结合针灸针麻科学的发展作出一定的贡献。1978年在全国科学大会上被授予全国先进科技工作者称号。

江善讲 (1922—1992),安徽省无为县人。全国劳动模范。1922年9月生。1929定居棉船乡江心村,1949年4月彭泽解放,他带领全家9口,参加复堤堵缺。1950年11月,被评为县、专区和中南行政区农业水利劳动模范、全国农业水利劳动模范。1951年,投身土地改革运动,同年3月率先组织本村农民成立常年互助组。1952年,将土改中所分的15亩地全部种上改良棉,获得亩产皮棉31.5公斤的好收成,为彭泽县大面积推广改良棉作出表率。1953年3月28日加入中共。1954年春,被选为合作社社长。1955年冬,又倡导5个初级社联合起来,成立江心高级农业生产合作社,仍被推选为社长。1956年,领导江心高级社社员植棉4138亩,收获皮棉183727公斤,单产达40.4公斤,名列全省高级社之首。1957年,全社植棉4828亩,亩产皮棉53.65公斤,首创江西大面积棉花高产奇迹,先后被省人民政府、国务院授予省、全国植棉劳动模范,并获农业部颁发“爱国丰产奖章”。1958年,当选江北人民公社社长兼江心大队党支部书记。1959年9月,应邀参加国庆10周年庆典,受到毛泽东、周恩来等党和国家领导人接见。1960年秋,省长邵式平到江北公社视察,将江北公社改名为棉船公社,并批示江善讲从社长岗位回江心大队专职任党总支书记,领导生产,探索棉花高产途径,为全省发展棉花生产树立样板。同年11月返回大队后,便组织群众成立科研小组,使棉花产量逐年提升。1961年全大队皮棉亩产76公斤,1962年上升到82.5公斤。1963年,与技术员和老农“三结合”,种植1亩试验田,亩产籽棉528.85公斤,名震大江南北。江善讲还积极培育棉种,经过6年的观察,从“岱字15号”棉中,培育出一种棉桃大、纤维长、衣分高的“江心大桃棉”和“短果枝五瓣棉”,亩产籽棉350公斤以上,被全省广泛引种。江善讲本人被江西省科学技术协会聘为特约研究员。1963 年,江心大队荣获华东区植棉先进单位和全国农业战线红旗单位称号。2 月,江善讲赴上海参加华东区先进集体代表会议,在会上作了《多种爱国棉,多卖爱国棉》的书面发言。中央人民广播电视台全文播出其发言稿,新华社记者袁木为此在《人民日报》上发表题为《站在家门口,望到天安门》的通讯报道。中共十一届三中全会后,再次被评为全国劳动模范,获国务院颁发的全国劳动模范金质奖章和荣誉证书。1982 年,全大队植棉 5920 亩,亩产皮棉达 108 公斤。1992 年 3 月 2 日,逝世。

陈爱贞　(1897—1993),广东顺德人,女。全国先进工作者。1897 年 5 月生。1929 年毕业于上海伯特利高级护产学校。1930—1949 年先后在上海伯特利学校、大公医院、江西盱南医院。九江活水医院、但福德医院任护士、特别护士、护士长,1951 年起任九江专区医院妇幼保健院助产长和总护士长。1958 年加入中共。她一贯以医院为家,勤勤恳恳、踏踏实实地忘我工作,把方便让给别人,困难留给自己,视病人如亲人,态度和蔼,体贴入微,在平凡的岗位上,做出了不平凡的事迹。1960 年在全国"文教群英会"上被授予全国先进工作者称号。

吴懋仪　(1905—1973),江西九江人,女。全国先进工作者。1928 年,毕业于南京金陵女子文理学院。曾任金陵女大助教,武汉大学生物系讲师。1944 年 2 月,获美国麻省哈佛大学化学博士学位。1945 年 9 月,任南京私立金陵女子文理学院(南京师范学校)化学系教授、系主任。1948 年在美国化学会志上以《萘醌类抗症药物》为总题目,发表 9 篇论文,在国内外有较大影响。1956 年 12 月,加入中共。1956 年和 1960 年,在全国先进生产者代表会议和全国"文教群英会"上被分别授予全国先进生产(工作)者和全国先进工作者称号。

刘后村　(1926—1996),江西九江人。全国先进工作者。1926 年 3 月生。1949 年参加工作。1953 年调入九江市新港乡桃花中心小学,任校长;后任市庐山区新港食品站党支部书记等职。1956 年加入中共。1960 年媒体曾以"人面桃花相映红""旧社会的穷孩子,新社会的红秀才"为题,分别介绍桃花中心小学及他本人的先进事迹。1960 年在全国"文教群英会"上被授予全国先进工作者称号。

钟厚海　(1918—1996),江西九江市人。全国先进生产者。1918 年 4 月生。1947 年参加工作,先后任九江电厂锅炉分厂车间主任、科长等职。1952 年加入中共。对技术精益求精,掌握用手摸设备,用眼观烟尘,用耳听声音便能判断设备运行情况的经验;因陋就简,成功地将 3 台凝结水泵的进水管互串改成单机水泵的运行方式。1956 年在全国先进生产者代表会议上被授予全国先进生产者称号。

汪自克　(1917—1997),湖北鄂城人。全国先进科技工作者。1917 年 1 月生。1943 年毕业于上海交通大学土木工程系。1951 年起历任武汉工程公司、中南区建筑公司、中南工业建筑设计院工程师(三级)、主任工程师,九江水泥船试验厂主任工程师及江西省建材工业研究设计院高级工程师。1962 年曾为钢丝网水泥小农船的可行性及设计方法,在理论上进行研究,获国家建委成果奖。在土建设计上,曾创横梁应力传播法,代替国外的公式法及国内当时通行的等位移方程式法,使单层厂房的设计大为简化。在船舶设计方面,曾创最大位移法,改敞口驳船体的局部强度自平面解法为空间解法,使其强度的分配更为真实合理。1978 年在全国科学大会上被授予全国先进科技工作者称号。

唐厚炎 (1927—1998),江西九江人。全国先进工作者。九江县新港公社光荣大队(新港乡洪垅埂村)义务教师。他从小右脚残疾,从 1952 年起义务参加扫盲运动。他八年如一日坚持拖着病腿每晚到大队夜校义务教群众识字和做简单的算术,使当地群众脱盲率达到 95% 以上。1960 年被授予全国先进工作者称号。

彭光贤 (1917—1998),萍乡湘东人。全国劳动模范。曾任湘东镇革委会副主任。从 50 年代开始进行粮食高产试验。1951 年种的水稻亩产达 517. 5 公斤。1957 年 3 月出席全国首届农业劳动模范代表大会。1973 年开始摸索"稻稻麦"三熟制高产规律。1977 年"稻稻麦"亩产 1432 公斤。1978 年掌握"三熟三迟"规律,试验田亩产 1526. 5 公斤,1979 年达 1546. 5 公斤。积极推广研究成果,推动全公社平均亩达到产 852 公斤,1979 年平均亩产 895 公斤。他所在的生产队平均亩产 1220 公斤,指导的大队青年试验田平均亩产达 1554. 5 公斤。

陆孝彭 (1920—2000),江苏常州人。全国劳动模范。1941 年毕业于重庆国立中央大学。洪都航空工业集团研究员、飞机总设计师、科技委名誉主任。陆孝彭长期从事航空事业,主持参加设计国内第一架歼教 1 教练机、强 5 系列超音速强击机和世界上最轻的超音速歼击机歼 12。陆孝彭曾主持变后掠技术重大课题研究,在气动布局、机翼优化设计、驱动机构和飞控系统方面取得突破。获国家科技进步奖二等奖,还主持高超音速空天往返载人系统第一级总体方案课题研究等,并获得多项成果。陆孝彭 1978 年获全国劳模称号,1995 年当选为中国工程院院士。

徐京发 (1936—2000),浙江建德人。全国劳动模范。1936 年 1 月生。1960 年被招工入杭州石口电厂。1964 年精简下放,回原籍后,任建德县洋安大队党支部书记。1969 年 10 月,移民至江西永修县柘林公社河桥大队寒子岭生产队,任生产队长。1971 年任河桥大队党支部委员、副大队长。1981 年年 10 月,联合当地农民邵文顺、洪善从、许华常、许照根,承包开发 1156 亩荒山造林,成为中国承包荒山造林开发第一人。经几年努力,1000 余亩荒山披上绿装,5 户农民也获得可观经济收入。1983 年 6 月,当选九江市出席第六届全国人民代表大会代表。1984 年 8 月,江西省林业厅组织调研组,就其事迹提出《徐京发联合体的承包造林经验应当大力推广》的调研报告,《人民日报》、新华通讯社、《中国林业报》《农民日报》《江西日报》等新闻媒体亦相继报道。在其带动下,永修县大批农民积极投身荒山开发,承包山场,联合造林之风日盛,联合造林组织不断壮大。1986 年

12月,徐京发被全国绿化委员会授予全国绿化劳动模范称号。1987年3月,被中国科学技术协会授予1986年度全国农林科技致富能手称号。是年,该造林组织已发展成跨4个乡(镇、场)405户农户组成的联合体。1988年3月,当选九江市出席第七届全国人民代表大会代表。1989年4月,出席全国劳动模范表彰大会,被国务院授予全国劳动模范称号。1991年,正式成立京发林业合作社。同年10月,徐京发赴泰国出席联合国粮农组织会议,并被授予林木栽植杰出贡献奖,成为中国第一获此荣誉的林农。1993年3月,当选九江市出席第八届全国人民代表大会代表。1995年3月,江西省劳动模范称号。在徐京发的带领下,运用永续利用营林理念,合作社林区经济效益明显好于周围山林,吸引了更多农户加盟,到2000年底,合作社发展到817户,跨梅棠、柘林、白槎、三溪桥等6个乡(镇、场),总面积37000多亩。其"短中长"相结合的科学造林方法,获九江市科技成果一等奖。

冯诚金　(1915—2003),江西都昌人。全国先进生产者。1951年参加工作。1955年加入中共。历任九江湖口县粮油加工厂榨油工人、车间主任、党支部委员、副厂长。1955年,在推广"李川江单圈薄饼榨油"经验中,利用老式木制设备,改造挖潜,使菜籽出油率在34斤的基础上,提高到36.5斤,最高达到38.1斤,年加工量按160万斤计算约增加油脂4万余斤。冯诚金勇于革新,首开米糠榨油之路,拓宽了油脂原料来源;并发明全国著名的"冯诚金单圈薄饼榨油操作法",在国家举办的杭州、昆明现场会上作过重点经验介绍。经验被1956年7月出版的《国营合作商业工作先进经验》总结发表。1956年在全国先进生产者代表会议上被授予全国先进生产者称号。同年应邀出席北京的"五一"观礼活动,受到毛泽东、刘少奇、周恩来、朱德、彭真等党和国家领导人接见并合影留念。还由周恩来特邀到中山公园观看梅兰芳主演的京剧《杨八姐游春》。返县后,任湖口县榨油厂副厂长,次年任湖口县流芳榨油厂厂长。1958年调回湖口县城,在粮食局粮油加工厂任车间主任。1960年,全家人下放到湖口流芳公社,在公社油榨厂工作。"文化大革命"期间,遭到不公正批斗。1970年,公社突然通知冯诚金到彭泽县铸造厂工作并兼做会计。其感到难以胜任,要求组织改变决定。遭拒绝后便举家迁回都昌老家定居,从此与组织失去联系。直到21世纪初工会组织发现其尚在。2002年市总主席赵登荣,2003年省总主席程受锭先后受全国总工会委托,代表全国总工会前往其住所进行慰问。市委办公厅还专此下发落实其全国劳动模范待遇的文件,省内外新闻媒体对其进行了集中宣传报道。

仇业衡　(1923—2009),江苏南京市人。全国首届劳动模范(1950年)。自幼从江苏六合到江西泰和学艺,后参加革命工作。曾于农业机械部所属企业南昌柴油机厂、石家庄拖拉机配件厂,国家重点项目办等单位与部门任职。

1950年江西大面积受蝗虫侵害,急需一批煤气机。此机有个大件,普通机床无法加工,他想方设法垫高车床变速箱,抬高机头与工作台面间的距离,终于在小机床上加工出大零件,被媒体称为"革新能手"。1952年他响应党和国家的号召,积极参加"增产节约运动"以实际行动支援抗美援朝。他以全国劳模的身份,倡导全省职工向志愿军捐赠飞机活动,共捐款1589亿余元,折合战斗机

106架。1956年他任南昌柴油机厂生产技术副厂长兼总工程师,在他的主持下,克服设备简陋,技术落后等困难,攻克试制与生产柴油机曲轴、活舌、缸套等精密度达不到要求,伞齿轮易裂,铸造件砂眼过多等质量问题,使产品成为国优,远销国内外和军品需求。1957年2105柴油机获德国莱比锡国际博览会金奖,受国务院嘉奖。仇业衡被公认为“中国中小型柴油机制造之父”。他还曾用两年时间使一家亏损8年的大型企业扭亏为盈。1950年,被评为首届全国劳动模范。

2009年仇业衡逝世,中华全国总工会为他敬挽送花圈,数千工人和几十位与他战斗和工作过的离休老干部参加追悼会和送行。

李广才 (1924—2009),河南孟津人。全国先进工作者。1949年毕业于国防医学院。1954年起历任庐山工人疗养院、九江市传染病院医师、医务主任、主治医师、副主任医师。1957年加入中共。1956—1959年,开展肺导管治疗肺结核空洞,超声雾化吸入治疗支气管内膜结核,取得一定疗效。革新电钳、电光压舌板,绘制成多用自动溶药转盘;自制氧气箱、自动注射推进器等医疗器械。1960年在全国“文教群英会”上被国务院授予全国先进工作者称号。

说明:时段外人物,补上轮遗漏。

人物简介

陶琼芳 江西庐山人,女。全国先进工作者。1915年生,1949年参加工作。1956年起,历任南丰县卫生院妇产科医师,县人民医院妇产科主任、主治医师。1956年加入中共。她热爱本职,30多年如一日兢兢业业奋战在医务工作中,对病人如对亲人一样无微不至关心照顾,曾十多次用自己的鲜血挽救母亲和婴儿的生命;在技术上刻苦钻研、精益求精,在简陋的医疗条件下,靠自己精湛的技术和细心的治疗,多次创下救死扶伤的奇迹,被病人誉为妇女的“保护神”。1960年,在全国“文教群英会”上被授予全国先进工作者称号。

陈鸿声 浙江龙游人,女。全国先进工作者。1922年10月生。1936年从事越剧艺术。1951年起历任九江市越剧团团长、副书记等职。1956年加入中国戏剧家协会。同年加入中共。1954年参加江西省首届戏曲观摩大会演出,成功地扮演屈原,获优秀演员奖。数十年来,在舞台上塑造了文天祥、关汉卿、包公、林启容等几十个艺术形象。1956年剧团转国营建制,她领导剧团走自力更生的道路,艰苦创业,不向国家要一分钱,剧团多次被评为先进单位,艺术成就享誉长江中下游一带。1960年在全国“文教群英会”上被授予全国先进工作者称号。

曾广星 江西瑞昌人。全国先进生产者。1924年4月生。1952年参加工作。历任粮管所管理员、副所长。1954年加入中共。在担任粮食管理员期间,他负责容量200万斤、年吞吐量1000多万斤的粮食仓库,坚持一把扫帚、一把铲、一把竹竿、一只箩筐的工作精神,年翻晒倒仓粮食80万斤,扫地脚粮2.6万斤,补麻袋3400条,捕鼠670只。1959年调进库的粮食质量差,因为温差大,

200万斤的库中粮食表层结露，经他扒沟通风处理，一次避免损失30万斤。被誉为“精打细算，勤俭节约的好保管”，1959年在全国“群英会”上被授予全国先进生产者称号。

杨光锋 江西九江人。全国先进生产者。1925年生。1940年进江西省公路局测量队当工人，中华人民共和国建立后历任工区长、段长等职。他将工区所养护78公里长的公路组成38个群众养路小组，并订立养路公约。在“生产、养路”两不误的原则下，还组织45个经常负责养路的“养路工人”，做到农闲农忙有人养路，成为全省群众养路的先进旗帜。1952—1953年期间，积极发动群众就地取材，改建、修建62座桥涵，为国家节约开支3.9万元。1956年，在全国先进生产者代表会议上被授予全国先进生产者称号。

万绪保 江西南昌人。全国劳动模范。1930年生。他大搞科学种菜，投资15万元建起蔬菜大棚11座，保护地栽种面积达千亩，他种出的蔬菜不仅上市早、周期短，而且质量好、品种多，深受市民欢迎。16年来他种的蔬菜上市量累计达50多万公斤，获纯利20万元。他敢想敢干，1994年在海南租地320亩，搞杂交辣椒和豆角制种，制辣椒种子2000公斤，豆角种子1万多公斤，并且夏菜冬种，在海南种冬瓜、辣椒、茄子等品种，运回南昌销售。1994年他在海南种菜获纯收入2.1万余元。他把自己的经验传授给乡亲，帮他们共同致富。1995年被国务院授予全国劳模称号。

王冶帆 江西九江人。全国先进生产者。1932年2月生，1952年参加工作。1959年任市财政税务局副局长主管财政预算期间，正值国家经济困难时期，向全市财会工作者提出实现预算内企业无亏损，税利无漏欠，行政、事业单位无超支的“三无”倡议，并制定相应的有效措施，超额完成国家的财政税收任务，财政预算达到收支平衡并有节余的要求。1959年在全国“群英会”上被授予全国先进生产者称号。此后历任市财政税务局局长，市计委副主任，市委财贸政治部副主任，市文化工作团团长，市汽运公司革委会副主任，市房产管理局副局长，市液化石油气公司副经理等职。

邹保根 江西进贤人。全国先进生产者。1932年2月生。1950年起历任永修合作家具厂工人、农具厂厂长、环卫所副书记。1955年加入中共。在生产中，他以厂为家，勤俭节约，收集边角废料制成各式新型家具；为支援农业，他大胆革新，先后发明风力机，密封水车，棉花、油菜播种机，打谷、插秧、简易收割机、江西水田犁等多种农业生产机械，又发明木器刨床、自动刨光、打眼、梭榫、带锯机等生产设备。被九江行署聘为特约科技研究员。1959年在全国“群英会”上被授予全国先进生产者称号。1964年3月，获全省“先进生产者”称号。1965年4月和1966年3月，分别获全省“五好职工”称号。

张瑞祥 江西省兴国人。全国先进工作者。1934年11月出生，大专，中共党员，江西省赣州地区农业科学研究所工作。他从事农业技术工作35年来，在科研工作中成绩显著，多次评为先进工作者、优秀干部、优秀共产党员，1992年评为江西省农业科研兴赣先进工作者，1992年起享受国务院政府特殊津贴。在科研所20余年来,获省以上科研成果奖15项次。1979年以来他主持育成的杂交早稻威优测50(1986年)、协优49(1989年)、协优稻26(1994年)分别获江西省科技进步奖三、二、一等奖,三个品种累计种植面积2398万亩,增产稻谷11.99亿公斤,增值15.587亿元。主持完成的"十万亩吨粮田开发(1992年)"获江西省星火奖三等奖。两系杂交稻研究取得了重大进步,籼型两用不育系F131S1994年通过省科委鉴定,达国内同类研究先进水平,主持选育的两每当要交晚稻比园田块的三系杂交稻江优桂33增产17.25%,一旦应用于生产,将对我区粮食上新台阶发挥重大作用。在省级以上杂志发表论文30余篇,"水稻稻米垩白的研究"征入1986年国际杂交水稻学术讨论会论文集;"型两用核不育系F131S的选育"1999年发表在"江西农大学报"第二期。1995年获全国先进工作者称号。

张才东 江西九江人。全国先进科技工作者。1936年6月生。九江县永安公社幸福大队农民技术员(后任白桦乡人大主席团主席)。他刻苦钻研植棉技术,陆续培育出"4134""7229"等棉花新品种。其中"4134"品种,1976年经省农牧渔业厅鉴定命名,获得省科学大会成果奖,被农业部列为全国60个良种之一。1978年,被授予全国先进科技工作者称号,1984—1987年,研究彩色棉种植,培育的98-1号彩色棉,填补江西无彩色棉的空白。

张泗存 山东省泰安市人。全国劳动模范。1936年11月生。曾任职于大庆炼油厂等单位。1989年11月,调任九江炼油厂厂长。由于善于抓住机遇,深化改革,从严治厂,强化管理,实现原油加工量和经济效益大幅度提高,连续多年被评为江西省优秀企业家和九江市劳动模范、江西省劳动模范。1991年9月,任九江石油化工总厂厂长。1995年4月,任总厂党委书记。是月,出席全国劳动模范表彰大会,被国务院授予全国劳动模范称号。1996年12月,任总厂企业管理委员会主任。

石　屏 江西鄱阳人。全国劳动模,中国工程院院士。1936年生,江西洪都航空工业集团飞机总设计师。飞机设计专家、研究员级高级工程师。曾任K8、JL8教练机总设计师。1994年被聘为南京航空航天大学兼职教授,2003年被聘为南昌航空工业学院双聘教授,2004年被聘为江西理工大学兼职教授。2003年当选为中国工程院院士。主持K8教练机设计,通过修改机翼前缘翼型,使飞机获得了良好的升阻特性和失速特性;首次在方案设计时,进行全机各系统可靠性维修性设计,飞机出勤率高,开敞性好便于维护成为飞机突出特点之一;抗疲劳设计实现了8000飞行小时的机体结构寿命。该飞机综合性能优于同类飞机,已批量销售国外,是我国首次向国外输出整机生产线的机种,获国家科技进步一等奖。主持设计的JL8型教练机,填补了我国基础教练机空白,已批量交付。撰写了《借助国外经验发展我国新教练机》《世界军用教练机的状况及我国新一代喷气教练机的发展》等论文。1956年从南京航空航天大学毕业后一直在洪都航空工业集团飞机设计研究所从事飞机设计工作。他历任设计员、设计组长、副所长、副总设计师,现任K8、K8J飞机型号总设计师。他参加过初教6、强5、东风103等十几个型号飞机的研制,为初教六飞机1979年获国家质量金奖、强五飞机1985年获国家科技进步特等奖做出了突出贡献。1991年获国务院颁发的特殊津贴,1992 年被授予航空工业有突出贡献专家,先后荣获省、部、全国多项荣誉称号。2001 年获航空工业最高荣誉“航空金奖”,是 2001 年 K8 飞机研制国家科技进步一等奖的第一完成人。1986 年,石屏任 K8 飞机总设计师。K8 飞机是我国首次引进外资、技术研制的全新机种,填补了我国基础教练机的空白。石屏根据东欧、西欧、北美 70 年代以来相继发展的十多种成功的教练机的使用经验和不同国家教练机的飞行情况及飞行员的培养目标,提出了初教六、K8、歼教七的训练体制,在较短的时间内训练合格高级飞行驾驶员,提高了训练效率,降低了训练费用,解决了十项技术关键,形成了六项创新,并因此荣获国务院颁发的 2001 年国家科学技术进步一等奖。2000 年获全国劳动模范称号。

陈　杰　湖北广济人。全国先进工作者。1937 年 3 月生。1955 年进星子县隘口小学当教师。1959 年加入中共。1984 年任九江市海会师范学校党总支书记。1956 年他主动请求到隘口庐山垅山区去办小学,经过艰苦创业,办起一所只有 2 名教师,90 多名学生的小学。办学初期,每星期要步行几十里,买回一星期的生活和教学用品。为保障学生的安全,每天在山间小道上往返十多里,跨越 7 条山涧,接送学生;遇上下雨、发生山洪或下雪天气,他穿上草鞋,将学生一个个背过山涧,送到家长身边。被大家称为“热爱山区教育的好教师”。1960 年在全国“文教群英会”上被授予全国先进工作者称号。

颜龙安　江西萍乡人。全国先进工作。1937 年出生,曾任市科学技术委员会班主任,市政协副主席。第五、六、七届全国人民代表大会代表。1972 年他最早培育出具有国际先进水平的野败籼型不育系水稻——珍汕 97A 和二九矮 4 号 A。1973 年在国内最早完成杂交水稻三系配套,育出汕优二号和矮优二号等十几组合。据统计,1976—1980 年,推广杂交良种汕优二号,全国累计增产粮食 75 亿公斤。1978 年荣获“全国劳动模范”称号。1983 年任市科委主任后,坚持科技体制改革,调动科技人员积极性,共鉴定科技成果 71 项,75% 已在生产中应用,取得良好效益。他从未间断对杂交水稻的研究,经过 10 年努力,主持完成的“显性雄性核不育水稻研究”,1987 年通过国家级鉴定,属国内外首次发现,被命名为“中华人民共和国萍乡显性核不育水稻”。90 年代中期调任省农业科学院院长。1979 年被国务院评为全国农业财贸教育卫生科研战线劳动模范。1989 年出席全国劳动模范和先进工作者表彰大会,评为全国先进工作者。

沈杞生　江西萍乡人。全国劳动模范。1939 年出生,安源区高坑镇高坑村党总支书记,萍乡市曙光工业公司总经理、经济师。1979 年以来,团结党总支一班人,带领全村群众,全面振兴经济。1982 年领导村民建起煤石砖厂,年产值达 100 万元以上。此后,又陆续办起塑料厂、建筑队、旅馆、商店,扩建铸造厂和煤矿等 15 个村办企业,还有 81 个联体、个体企业。同时采用“以工补农”的办法,经营好 250 多亩土地,开发利用 7000 亩山林,使工农生产和群众生活逐年提高。1988 年全村工业总收入达 2250 余万元,利税突破 100 万元,人均年收入在 1300 元以上,比 1978 年翻了五番。全村实行免费教育、免费医疗、工资制、退休制、抚恤制、奖学制,95% 以上的村民建起新楼房。1989 年获全国劳动模范称号。

罗林妹 江西安远人。全国劳动模范。1940年出生,江西省安远县新园乡乌石村坪岗脑股份制果场工作。1981年坪岗脑有18户农户、95人,当时人均纯入只有40多元,身为组长的罗林妹目睹当时贫穷的现状,采用合股经营的方式种植柑橘,1982年至1985年,种植柑橘95亩,达到人平一亩柑橘。产值25万元,每股分红利2200元,上交税金2.5万元,该项村民人均纯收入达3300元。在罗林妹带领下18户农户现已全部住砖瓦楼房,他也多次受到省、地、县的表彰,1992年荣获省"优秀共产党员"和省劳动模范光荣称号,成了全区闻名的"小康路上带头人"。1995年获全国劳动模范称号。

方金旺 江西南昌人。全国劳动模范。1940年生,江西南昌市自来水公司经理、高级经济师。自担任经理以来,率领公司职工,为改变城市供水紧张状况,在地方财政困难情况下,他千方百计筹措资金,投资250万元,让水表进居民用户,撤销了368个供水站,兴建了2座水厂,扩改了5座水厂,城市供水率100%。他顾全大局,为市民办实事,配合市政建设和管道改造工程投资2000万元,受到市政府嘉奖和市民赞誉。他关心职工生活,热情为职工办实事、办好事,新建职工住房近5万平方米,企业工龄5年以上的职工90%住上了大套房。1995年被国务院授予全国劳模称号。

万里扬 江西吉水人。全国"五一劳动奖章"获得者。1941年4月生于江西省南昌县三江镇,1960年毕业于江西省卫生学校,就业于江西蚕桑场。曾当过检验师,后任南昌桑海制药厂副厂长、厂长。1988年2月任江西蚕桑场场长、党委副书记。1991年任江西桑海企业集团总经理、党委副书记。1992年任江西桑海经济技术开发区管委会主任。1993年当选为省政协委员。1994年任江西桑海有限责任集团公司董事长兼总经理、党委副书记,获高级经济师职称。1993年开始享受国务院颁发政府特殊津贴。万里扬出任江西蚕桑场场长以后,致力于发展经济。主持建立1平方公里的荣欣招商区,引进中外合资企业21个。万里扬在1985—1987年连续三年被评为江西省优秀厂长。1987年被评为南昌市十佳厂长、江西省直机关优秀共产党员称号,同年被全国总工会授予"全国优秀经营管理者"称号,并获"五一劳动奖章"。

甘大良 江西南昌人。全国先进工作者。1941年生,江西南昌市殡葬管理处火化组组长。他在殡葬服务岗位上,全心全意为丧家服务。在炉前温度高达摄氏50多度的情况下,每天火化尸体少则50具,多则80多具,无论什么时候,他都坚持随到随烧,从不留任务过夜。一位工人触电而死,在殡仪馆停放时间较长,尸体高度腐烂,臭味刺鼻,无法进行火化,他和同事用嘴吸酒喷在尸体上,以减轻臭味,再用绳子捆好四肢,这样才得以将尸体推进炉子火化。该单位同志和家属目睹全过程,连声称赞"殡葬工人平凡而又伟大"。1995年被国务院授予全国先进工作者称号。

余秉绶 湖北新洲人。全国劳动模范。1942年7月生。1967年毕业于中国矿业学院经济系。

1974年起历任江西制氧机厂厂办主任、副厂长、厂长。1980年加入中共。他调动各方面积极因素，由该厂制造的中国第一代冷藏集装箱获得成功，受到国家经委的好评。获“江西省一九八六年度优秀厂长（经理）”称号。他率先革故鼎新，引入竞争机制，9年时间工厂效益指标增长4倍，产值增长4.5倍，固定资产增长近3倍，1988年晋升为“国家二级企业”。1989年在全国劳动模范和全国先进工作者表彰大会上被授予全国劳动模范称号。

郭和根 江西南昌人，全国劳动模范。1943年生，江西南昌钢铁有限责任公司电炉分厂工人、高级工。他热爱祖国的炼钢事业，以高度的主人翁责任感，忘我的工作精神，扎根炉前29个春秋，团结全班职工在20世纪50年代的陈旧设备上奋力拼搏。他工作不怕苦、脏、累、险，不计时间报酬，甚至在17岁的亲生女儿患骨癌去世后，仍强忍悲痛，简单处理完后事随即投入炉前夺钢。自1984年以来，他连续11年创造出兄弟班组平均月增产量12.7%的优质高产成果，净增钢8400余吨，增创效益170多万元，主要经济技术指标超过全国平均水平，有的接近全国先进水平。1995年被国务院授予全国劳模称号。

张理高 江西萍乡人。全国劳动模范。1944年1月29日出生，他跟着父兄在泥里滚、地里爬，很快成为一名种田能手。19岁的他就被选为排上村石头陂生产队长，他热爱家乡的这片土地，对科学种田充满浓厚的兴趣，由于工作努力、成绩突出，1976年被当地政府聘任他为农技干部，负责指导全镇农民的科学种田。1974年秋末带领10多名农民技术员，来到海南，开始育种工作。35年来，张理高从一位普普通通的农民到制种大户，制种专家，走过了艰苦曲折的道路，繁殖出来的杂交水稻种子涉及全国8省100多个市、县，生产优质杂交水稻种子4000多万公斤，推广面积2000多万亩，直接为国家增产稻谷15亿多公斤，相当于增加国民经济收入近10亿元。在他的带领下，育种面积从开始的几十亩，发展到现在的近10万亩，育种队员从当时十几人发展到现在近万人。如今，萍乡的南繁面积占到全国南繁面积的80%以上，每年生产种子2000多万公斤，产值1亿多元，带领近万人脱贫致富，创造2000多万元的农民收入。1979年获海南杂交水稻制种高产奖，1981年冬至1982年春受聘为吉安地区海南繁种制种技术顾问，1991年10月获国家科委颁发“全国优秀星火企业家”，1994年分别获省、市劳动模范，1995年被评为全国劳动模范，1997年获省种子工作先进个人称号。2004年获全省粮食生产标兵，2006年，获“全国南繁工作先进个人”称号。他的先进事迹在中央、省、市、新闻媒体频频出现，以“风雨天涯路”为题在国务院改革出版社出版的报告文学集《世纪曙光》一书中入集出版，2000年录入“共和国农业专家名人录”。

林烈如 广东揭阳人。全国先进工作者。1944年12月出生，初中文化，中共党员，江西省崇义县看守所所长。他在看守战线上已度过了27个春秋。几十年如一日，他带领全所干警认真执行《看守所条例》，强化狱政管理，保证了监所23年安全无事故，排名全省同行业榜首。1983年以来共42次受到省、地、县的表彰、荣立一等功两次、三等功一次，被评为江西省十大杰出民警之一，1994年被评为全国优秀人民警察。几十年看守工作实践，他总结了一套对重刑犯、轻刑犯、老年犯、青少年犯、女犯等实行分别管理的行之有效的方法,他还十分重视狱内耳目建设,1983 年以来,通过耳目提供线索破获 5000 元以上大案 60 多起,追缴赃款赃物折人民币 110 多万元,追诉各类犯罪分子 585 人,制止事故苗头 314 起。他以所为家,1983 年以来,加班加点累计达 9500 多个小时。1989 年监所搬迁,他发现多处不安全隐患,本可以申请拨款修缮,可他考虑到国家财政也有困难,就亲自动手并带领服刑人员修建和修补 50 多处,为国家节约开支 15000 余元,据不完全统计他做好事 400 余件。他为警清廉,两袖清风,20 年多年来,他拒绝吃请 300 余人次,拒收礼品折款 6500 余元,拒绝说情达 700 余人次。他长期从事看守工作,全身心投入在看守事业上,由于经常加班加点,超负荷工作,积劳成疾,多次谢绝组织上的照顾,仍以顽强的毅力,坚守在看守工作岗位上。1995 年获全国先进工作者称号。

余荣炳 浙江淳安人。省劳动模范。1944 年 12 月生,毕业于浙江金华气象学校。高级工程师。1989 年 3 月至 2002 年 9 月先后任大茅山金山金矿矿长、党委副书记、金山金矿扩建工程项目负责人、党委书记、副矿长。2002 年 9 月 26 日,中共德兴市委任命,余荣炳为中共大茅山集团有限责任公司金山金矿委员会书记;德兴市人民政府任命,余荣炳为大茅山集团有限责任公司金山金矿矿长。1982 年,主持大茅山铜矿日采选 500 吨工程设计及安装,一次试车成功;1985 年,独立编制“金山金矿第一期日采选 100 吨工程可行性研究报告及设计”,因设计合理,流程通畅,受专家好评;1992 年,主持二期改扩建,将生产能力提高到日采选 300 吨;1993 年,编制“金精矿氰化直接电积黄金初步说明书”(一步电积提金),引进专利技术,建成湿法提金厂;1997 年,编制“池浸及重选高品位无毒工艺说明书”,设计了系统图纸;1998 年,主持三期改扩建,大胆采用新设备新技术,使日采选能力达到 600 吨,迈进大型黄金矿山行列。1996 年,任“块石胶结矿柱房柱法”采矿研究组组长,使矿山损失率从 18.9% 降至 8.36%,贫化率由 23.64 降至 7.15%,该项研究被冶金部黄金局评为 1996 年度科技进步三等奖。1990 年,获“全省农垦系统优秀企业家”称号;1994 年,荣获“江西省劳动模范”称号;1996 年,荣获“‘八五’期间全国黄金工业发展做出突出贡献先进个人”称号。

刘谟祥 江西南昌人。全国劳动模范。1944 年生,江西南昌热心实业有限公司总经理、高级经济师。他积极抓村办企业的发展,形成了一个包括工、贸、农、科技和第三产业在内的综合性经济实体。1990 年他所在的村进入了全国 10 大百强村行列。1994 年全村总产值达 3.7 亿元,实现利税 3320 万元,其中上交国家税金 324 万元,村民人均收入 4000 元。现在全村办起 5 家大中型中外合资企业,年创外汇可达 2000 万美元。他热心为群众谋福利,全村群众住上了小洋楼,人均住房面积 70 平方米。村里实行了粮油蔬菜、副食品供给制。他重视科技,引进培养各类专业技术人才 100 多名。1995 年被国务院授予全国劳模称号。

萧平华 江西省泰和人。全国劳动模范。1945 年 5 月出生,赣州市粮油商业公司三八粮油食品店主任。她年近半百,从事粮店工作 30 余载,倡导以“辛苦我一人,温暖万人心”的实际行动去服务人民,得到了上级和广大群众的称赞。随着市场经济的发展和粮食流通体制的改革,她一方面做好粮店职工的思想工作,另一方面以粮油为主实行跨行业综合经营。由于她善动脑子,商品质量好,花色品种达900余个,满足了不同层次消费者的需求。1990年至1993年实现利润20.5万元,超计划12.4万元的65%;1994年实现综合经营利润11.73万元,其中:粮油9.53万元,蛋1.5万元,副食品0.7万元。上缴利润4.81万,是年计划的170.75%,提前4个月完成年计划,取得了较好的经济效益。1995年获全国劳动模范称号。

邱安英 江西高安人,女。全国先进工作者。1945年12月生。1971年2月参加工作,成为九江市浔阳区环卫处湓浦环卫所清洁工。中共党员。邱安英干一行爱一行,不怕苦不怕脏,生活简朴,任劳任怨,能坚持原则,敢于同坏人坏事作斗争,深得同事和市民好评。连续多年评为九江市先进生产工作者,市"三八"红旗手。1990年4月,评为江西省劳动模范。1995年4月10日,授予全国先进工作者称号。

邱娥国 江西进贤人。全国先进工作者。1946年出生,南昌市公安局西湖分局副政委,一级警督,中共党员。在户警岗位上,他加班加点3万多小时,行程12万公里。在工作中,摸索总结出"一图二决三本四勤"工作方法,推广全省。1994年2月,丰城至南昌的105国道发生特大恶性杀人抢劫焚车案。他凭借扎实的工作,为专案组提供突破性线索,使案件得以告破。1995年8月,群众反映孺子路一带拦车的人常抢、盗外地商贩。他主动请战,经艰苦工作,摧毁了这个犯罪团伙,破获刑事案件40余起,5名案犯全部落网。1982年9月,他在检查工作时,遇到流氓团伙斗殴,在身中数刀的情况下,不畏凶暴,坚决制止了斗殴。为宣传党的十五大精神和全心全意为人民服务的思想,他奔走于18个省、市,共作报告156场,听众达5万人次,产生了极大的社会效应。2000年被国务院授予全国先进工作者称号。

曹长员 江西湖口人。全国劳动模范。1947年生。中共党员。1964年初中毕业后,在湖口县三里乡胜利村务农。1976年,从事水产养殖。1983年和1988年先后当选九江市第八、九届人民代表大会代表。1990年创办水产苗种繁育站,成功繁育各类鱼品种10余个,年产鱼苗1.5亿尾,交税50余万元,并免费为困难农民提供鱼苗。1990年,评为市劳动模范。1994年,评为全国农业技术推广先进工作者,同年当选市人大代表,1995年被评为江西省劳动模范,2000年被授予全国劳动模范称号。

叶为芬 江西遂川人。国家科委授予全国优秀星火企业家称号。1947年出生,1968年毕业于江西共产主义劳动大学井冈山分校,同年分配在井冈山垦殖场大井林场工作,先后任林业技术员、副场长、场长等职。1980年3月参加中共。1989年5月调任井冈山垦殖场茨坪林场场长兼任党委书记。1980年12月获林业助理工程师职称,1988年4月,被选为中国林业协会江西分会常务理事,是年10月份晋升为林业工程师。1993年10月,晋升为林业高级工程师。1992年开始享受国务院颁发政府特殊津贴。在大井林场工作的10多年,叶为芬主持营造黄洋界至双马石万亩高山绿化林带。同时,致力于竹林低产改造和竹类综合利用的科技攻关,经过8年的奋战,大井林场的万亩低产竹林得到了改造。大井林场被列为江西省竹类发展示范基地。1987年,叶为芬调任茨坪林场场长兼党委书记,一方面继续坚持科技兴林(农)、科技扶贫,担任“毛竹浆开发及其系列产品加工”国家“星火”计划课题负责人。该项课题通过国家级验收,并先后获省科技进步三等奖,省“星火”计划项目二等奖和国家科委“星火”计划项目三等奖。同时,对所属井冈山茶厂研制的“井冈翠绿”茶,叶为芬指导和支持茶厂职工不断改进制茶工艺,提高茶叶质量,使“井冈翠绿”进入全国名茶行列,先后获部优、省优称号,并于1990年7月,获国家质量评委会授予的国优银奖。1990年叶为芬被省农办、省劳动人事厅、省垦管局授予江西省优秀农垦企业家称号。1991年,国家科委授予全国优秀星火企业家称号。

郑义强 江西宜春人。全国劳动模范。1947年4月出生,原任宜春地区汽车运输总公司宜春客运站治安办主任,2007年4月退休。1994年11月15日郑义强在广东宝安出差途经广园路时,突遇歹徒抢劫项链,他迎面抓住逃窜的歹徒头发,将歹徒击倒在地,但遭歹徒同伙用刀棍在头部脸部力戳猛打。郑义强毫不畏惧,顽强与歹徒搏斗,最终倒在血泊之中。1995年被国务院评为“全国劳动模范”;1995年,被交通部、中华见义勇为基金会评为“全国交通系统见义勇为先进个人”。

陈来生 江西于都人。全国先进工作者。1947年出生,中师学历,江西省宁都县老区建设委员会办公室主任。1981年从部队转业到宁都县老建办工作,在扶贫战线上,曾先后三次受伤;他以身作则,身体力行。1997年全县机关开展机关干部“321”结对贫困户进行帮扶活动,他在本办村建点结对3户最苦的贫困户;他清正廉洁,正派做人。宁都每年上报老建扶助资金3000多万元,在县级申报立项中,他坚持原则,坚持扶贫资金到村到户,不立私情项目,不接受宴请,不收土特产,从未到项目单位报过一张发票,伸手要过一分钱。他曾先后6次获地区、省级先进个人,7次县级先进个人,1998年被评为江西省人民满意公务员。1999年区县“十佳公仆”等称号,近年省、市主管部门分别作出开展向陈来生学习的决定。2000年评为全国先进工作者。

龚腊根 江西南昌人。全国先进工作者。1947年出生,南昌市政工程管理处工人,中共党员。他在排水疏浚岗位上工作了整整30年,坚守在最艰苦的一线工作。他爱岗敬业,恪尽职守,具有高度的事业心和责任感。30年来,他没有歇过一个完整的节假日。无论是白天和黑夜,哪里有问题,他就出现在哪里,他利用休息时间,疏通下水道200多次,填补井盖300多块。他热情为民不收分文,拒绝吃请。他在工作中,冲锋在前,无私无畏,特别是在困难、危险面前能挺身而出,充分体现了一个共产党员的高风亮节。生活中艰苦朴素、清正廉洁、团结邻里、乐于助人,先后利用休息日义务为民做好事200多件。关心爱护下一代,手把手传授技术和做人的道理。他用实际行动表明自己毕生献身于下水道清掏事业。2000年被国务院授予全国劳模称号。

占学银 江西都昌人。全国劳动模范。江西省都昌县人,1948年7月生。1966年7月参加工作，中共党员，初中学历。1988年以来，先后收养3名遗弃女婴。1998—2000年，获江西省稽查征费局劳动模范。2000年获省交通厅劳动模范，是年获省劳动模范。2001年8月，资助2.3万元，让困难农民子女读完大学。2002年，先后三次向都昌县三小“特教”班20多名听障儿童送去1600元。2003年，主动承包荒山植树造林创办绿荫基地。2006年9月，创办太阳村，任太阳村鄱阳湖儿童求助中心主任。2007年6月1日，太阳村第一期工程竣工，107名弱势儿童住进了太阳村。为改善太阳村孩子生活，詹学银开挖荒地种蔬菜，利用鱼塘养鱼，用自家几亩水田给太阳村种水稻，山上种水果，圈栏养猪，山坡养鸡，艰苦地改善孩子们生活。2009年12月，获“新中国60年来江西60位最具影响力的劳动模范”称号。2010年获得全国劳动模范称号。

张文标　江苏无锡人。全国劳动模范。1948年9月生，中共党员。1976年9月大学毕业后，分配到林源炼油厂工作，先后任技术员，车间副主任、主任，副厂长、党委书记等职。1990年8月，调任九江炼油厂党委书记。1991年4月，任九江石油化工总厂党委书记、厂长。他大胆进行二次创业，使总厂由原来单一的炼油厂，发展成一个集炼油、化肥、化工于一体的特大型联合企业，固定资产和年销售额分别超过50亿元。企业连续多年位列全国工业企业500强。1996年被评为江西省职工信赖的好厂长和全省优秀思想政治工作者。2000年4月20日，被国务院授予全国劳动模范，出席全国劳动模范表彰大会。

王斗斌　江西樟树人。全国劳动模范。194810月生，中共党员，中专学历，农技员。1994年11月任樟树市鹿江街道西堡村党支部书记。1998年出席江西省第十届党代会；2001年8月出席宜春市第一届党代会；1994年1月任樟树市政协委员；2003年1月被选为樟树市人大代表。

1986年，他办起了西堡村第一个家庭养猪场。1990年，他与樟树市外贸局签订了出口瘦肉型猪的常年供货合同，并获得外贸部门和世界银行提供的专项贷款。2003年4月又组建江西绿环牧业有限公司，公司是一个融种猪生产、无公害肉猪生产、生猪运销、饲料生产和科研为一体，产、供、销一条龙的农业产业化省级龙头企业。公司现已发展为国家级种猪核心育种场、农业部生猪标准化养殖示范场、动物疫病净化创建场，年外销种猪2万余头，出栏商品猪10余万头的大中型生猪养殖企业。1995年获全国劳动模范称号。

李咸龙　江西都昌人。全国劳动模范。1948年10月生。1968年中学毕业后回乡务农。1976年3月，任万户乡塘美大队农科员。1979年11月，任万户乡塘美村委会副主任。1980年8月加入中共。1991年，所种4.3亩棉花，亩产皮棉204.5公斤，创全省棉花单产最高纪录。1992年1月，任万户乡棉花技术员。1994年，又创亩产入库皮棉206.1公斤纪录。把多年积累的技术编写成书，无私奉献给全省棉农，言传身教带出较多高产稳产植棉大户。是年当选九江市第十届人民代表大会代表。是年评为市劳动模范。1995年3月，被江西省人民政府授予劳动模范称号。是年4月10日，被国务院授予全国劳动模范称号，并出席全国劳模表彰大会。1996年1月，招聘为徐埠镇科技副镇长。1997年，被中华农业科教基金会授予中华农业农技推广奖。1998年当选江西省第九届人民代表大会代表。

邵伙军 江西都昌人。全国劳动模范。1948年12月生。1964年7月墩中学毕业。1965年7月,在都昌张岭粮管所参加工作。是年12月应征入伍,任中国人民解放军炮兵616团战士。1970年12月,任616团1营2连指挥排排长;1972年8月,任1连副指导员。1978年12月,任炮兵623团2营4连指导员;1979年6月,任2营副教导员。1980年2月,入中国人民解放军宣化炮兵学院政治系学习。1981年8月,任炮兵633团政治处副主任。1983年2月,任炮兵65师623团副政委;1983年10月,任团政委。1986年转业到地方,任江西九江玻璃纤维厂党委副书记。1987年6月,任党委副书记兼副厂长。1988—2006年,先后当选九江市第九至十三届人民代表大会代表。1990年6月,任厂长。1991年被评为全国模范军队转业干部。1993年4月,任厂长兼党委书记。1994年当选江西省第八届人民代表大会代表。2000年12月,任巨石集团九江工厂厂长、党委书记。连续10余年获江西省优秀厂长(经理)称号,被评为全国模范军队转业干部。2005年被国务院授予全国劳动模范称号。

曹罗生 湖南湘乡人。全国劳动模。1948年出生,原江西省萍乡市邮政局投递员,自1966年参加邮电工作以来,一直担任邮政投递员。在投递生涯中,共投递报刊4000多万份,信件、包裹、汇款单300多万件。在邮路上跑了60多万公里,相当于在万里长城上走了50多个来回,途中为群众做好事4000多件。为了满足用户的需要,40多年来,打破8点上班9点出班的常规,把投递时间提前到早上。每天凌晨3点多就起来,4点赶到局里分拣信报,5点准时出班,坚持8点以前把60至80公斤重的报刊、邮件送进千家万户。义务加班加点40000多小时,等于多干了13年的活。曹罗生是全国著名的明星投递员,老百姓都亲切地称他为:准时钟、铁脚板、活雷锋、老黄牛、流动邮局等。曹罗生身上常年挂着70多把钥匙,这些都是用户主动将家里或办公室的大门钥匙交给他,方便老曹清晨投递邮件时进门,曹罗生在老百姓心中、在社会上的信誉度以至于邮政局的信誉度可见不一般。曹罗生1995年获得全国"五一劳动奖章"、全国劳动模范、1998年被当选为第九届全国人大代表、全国总工会授予"全国十大杰出工人",全国"五一"表彰大会时,特邀在人民大会堂作了事迹报告。1999年10月1日被邀请到北京参加了"国庆五十周年观礼",受到江泽民总书记、李鹏总理等党和国家领导人的接见。

梁大森 江西南昌人。全国劳动模范。1948年生,中国航空工业总公司南昌飞机制造公司高级技工、工人技师。他几十年如一日埋头苦干,无私奉献,从1989年到1994年,完成工时44077小时,相当于6年完成了17.5年的工作量,平均一年干3年的活,现在他已经在干2006年的工作。几十年来,他加工的近10万件航空产品零件,没有出过废品、故障品、质差品,质量达到了常人难以达到的水平。他还积极动脑筋想办法,亲自动手搞革新提高工效,提高产品质量。近6年来有记录的小改小革就有54项,创经济价值达13970元。1995年被国务院授予全国劳模称号。

王运遂　江西南昌人。全国先进工作者。1948年生，江西南昌十九中教师，中学一级教师。17年来，为提高教学质量，创立中学语文“读写改整体教学模式”。在教学实践的同时，写下了30多万字的读书卡片和教学札记，发表论文近100篇，其中有6篇获省级以上奖励，3篇被中国人大报刊复印资料收录。他独立撰写和与人合作的专著有17本。在他教的实验班中30多人获全国、省、市优秀作文奖，5次被评为市优秀班集体，升学率一直名列前茅，连续几届在全省实验班的考查中获得第一名。1995年被国务院授予全国先进工作者称号。

陈雪峰　江西南康人。全国劳动模范。1949年3月出生，中专学历，中共党员，江西江铃齿轮股份有限公司工人。他自1970年进厂，24年来，热爱本职工作，在平凡的岗位上，做出了不平凡的事。他所带领的高频班先后10次被评为省、地、市企业先进班组。1978年、1993年两次被授予全国机械行业“质量信得过班组”。他本人连续11年被评为厂劳模，4次被省、地、市评为“质量管理先进个人”“双增双节先进个人”“创经济效益先进个人”，3次被评为赣州市“优秀共产党员”，1993年被江西省人民政府授予“江西省有突出贡献一线工人”，1994年被授予江西省“五一劳动奖章”和技术能手称号。1995年获全国劳动模范称号。

宋广伦　上海市人，女。全国“三八”红旗手。1949年出生月，1968年参加工作，大专文化程度，经济师、高级工艺美术师。1981年7月加入中共，先后任共青羽绒总厂副厂长、厂党委委员兼鸭鸭服装厂厂长、党委书记。1993年开始享受国务院颁发政府特殊津贴。宋广伦是共青羽绒厂自学成才的第一个女服装设计师。1972年设计的羽绒背心在广交会成交，开创了共青羽绒制品出口的先例。1986年宋广伦设计的男装A－199款，风靡市场，投放15万件，创产值2000万元。1991年设计的B－572款女式大衣，年销售量3万件，产值1000万元。在宋广伦的主持和直接参与下，共青羽绒厂每年都能向市场推出300个以上的服装新款式，产品多次获省优、部优称号和国内、国际的奖金。1989年宋广伦主持设计，制作的羽绒制品，作为国礼赠送给前苏联国家元首戈尔巴乔夫和代表团成员。为此，宋广伦受到了国家主席杨尚昆的亲切接见。宋广伦多次荣获共青垦殖场劳动模范、九江市女企业家、江西省女企业家、江西省“三八”红旗手、全国“三八”红旗手，江西省“巾帼英雄”等荣誉称号，曾作为中国妇女代表团成员访问俄罗斯。

邓宜星　江西兴国人。全国劳动模范。1949年出生。1983年与乡、村签订了30年承包小流域23.3公顷荒山荒坡，自筹资金20万元，15年治理水土流失共开挖竹节水平沟1.02万米，打树穴2万余只，种经济林4500余株，种水保树种1.1万株，修水平梯田3.5公顷，改造荒滩1公顷，沿河种植黄竹5500丛，累计造林21公顷，动土3.6万方，总投工1.5万余工。已治理的荒山如今植被覆盖度由原来的20%上升到80%。从1998年开始果树套种，每年产值超10万元，人均纯收入4300余元。至今开发工地新建砖瓦房10间，共计280平方米。近年投资3万元着手发展优特产品。为认购公债和兴办公益事业募捐赞助1.4万元，解决了7个村小组部分群众灌溉问题，帮助贫困户群众投资1.2万元。他多次被省、地、县授予“水土保持先进个人”“扶贫先进个人”“江西省劳动模范”等荣誉称号,当选县政协委员。2000 年评为全国劳动模范。

魏牛庚 江西南昌人。全国劳动模范。1949 出生,湖坊村党委书记、村主任。改革开放以来,他带领湖坊人拔穷根,迈富路,将一个远近闻名的贫困村建设成全国闻名的富裕村,中国十佳小康村。2019 年村拥有总资产超 10 亿元,年产值达 15 亿元,年创税 8000 万元。改革开放之初他在成功对村属企业进行改制的同时,投资 1.2 亿元兴建了湖坊工贸城,已向社会提供了 1 万多个就业岗位,引进企业 67 家,引资额超 4 亿元。成为全省村级规模最大、环境最美、服务最优、效益最高的四最品牌园区。接着又投资 4500 万元打造了上海路商贸休闲景观一条街,将湖坊村提升为工业强劲、商贸发达、村民生活优越的名村。魏牛庚十分注重提高自身素质和修养。著有《加强企业管理,提高经济效益》《浅论乡镇企业的名牌战略》《近城周边农村新农村建设的思考》《贯彻执行〈中小企业促进法〉应理顺的三个关系》等论文 10 余篇,其论文曾获国家级优秀论文三等奖、省级论文二等奖和优秀论文奖。2005 年获全国劳动模范称号。

徐桂芬 江西南昌人,女。全国劳动模范。1950 年 10 月生,大学本科文化,高级经济师,民建会员。现任煌上煌集团有限公司董事局主席。1993 年,徐桂芬从南昌市食品公司下岗后自主创业,自筹资金 1.2 万元,办起了“南昌煌上煌烤禽社”。经过 15 年的艰苦奋斗,将创业初期“四个一”(一个炉子,一口铁锅、一辆三轮车子、一个门店)的食品作坊,发展成拥有员工 3000 多名,年销售收入 6 个多亿的中式烤卤食品产业化经营的集团公司。15 年来,徐桂芬在企业不断发展壮大的同时,积极投入光彩事业、“春蕾计划”等社会公益事业,在抗洪救灾、抗击非典、资助失学儿童和其他困难群体、兴办希望小学等活动中,累计捐款捐物 1300 多万元;企业先后共解决 5000 余名下岗工人再上岗、4000 余名农村富余劳动力就业,煌上煌集团被江西省确定为“江西省劳动力转移培训基地”、江西省级“一村一品示范基地”“南昌市下岗职工再就业基地”“南昌市青年就业创业见习基地”。2008 年 1 月当选为十一届全国人大代表。同时担任全国工商联执委、全国工商联农业产业化商会副会长、全国工商联女企业家商会副会长、江西省工商联副主席、江西省工商联女企业家商会会长、江西省食品协会副会长等社会职务。先后荣获全国、省、市“五一劳动奖章”,全国省、市劳动模范,全国、省、市“三八红旗手”,全国、省、市“光彩事业奖章”和中国扶贫开发典型人物、全国巾帼建功标兵、全国巾帼创业带头人、中国优秀企业家、中国百名杰出女企业家、全国杰出企业女性、全国优秀中国特色社会主义事业建设者等荣誉称号,2009 年获“新中国 60 年来江西 60 位最具影响力的劳动模范”,2010 年荣获“全国劳动模范”称号。

万林生 江西南昌人。全国先进工作者。1950 年出生,大学本科学历,江西理工大学,教授,中共党员。万林生自主研发出国际先进水平的五大核心技术,在国内外首次实现了黑白钨矿高效、洁净制取超高性能钨粉体的工业化生产。实现销售 124 亿元,新增利润 7.35 亿元,使我国钨冶炼总体技术领先世界,作出了突出贡献。2006 年,荣获江西省科技进步一等奖,排名第一;2008 年,荣获赣州市科技进步一等奖,排名第一;国家科技进步二等奖(第一完成人)排名第一;江西省教育厅、教育工会授予“师德标兵”;2009年,被授予江西省“五一劳动奖章”、突出贡献人才等荣誉称号。2010年评为全国先进工作者。

吴　涌　江西南昌人。全国劳动模范。1951年生,大学学历,江铃汽车集团公司党委副书记兼工会主席,高级政工师。他经常深入基层,联系企业实际,不断推进党建、思想政治工作和工会工作的理论创新。1998年在他的带领下,江铃汽车集团公司工会被全国总工会授予全国模范职工之家荣誉称号。他先后被选为中国工会十三次、十四次、十五次全国代表大会代表,中国机械冶金建材工会全国委员会委员,南昌市总工会十一、十二届常委,南昌市政协九届委员等。2005年以来,他先后被评为全国优秀工会工作者、全国机械冶金建材系统优秀工会工作者,全省优秀工会主席等。2010年荣获全国劳动模范称号。

区建民　广东顺德人。全国劳动模范。1951年8月出生,工程师,曾任南昌铁路局景德镇工务段线路工、领工员、主任领工员、助理工程师、工程师、九江桥工段副段长、段长,南昌铁路局政法办主任等职。期间,曾荣获1998年铁道部火车头奖章、1998年全国抗洪劳模、南昌铁路局先进生产(工作)者、南昌铁路局优秀共产党员,2004年铁道部提速调图火车头奖章,两次获铁道部“火车头”奖章,多次获路局先进工作者、优秀共产党员称号。2005年被授予全国劳动模范。区建民善于运用和推广科学养路新工艺,新方法,是一名从工人岗位成长起来的专家型的管理干部,被职工誉为京九铁路线上的一颗“合金钢道钉”。区建明有着强烈的开拓创新精神,转战闽赣、浙赣、京九线,无私奉献,科技兴段,开创了铁路技术方面的六个第一:制定了全国第一个特大桥检查制度——《九江长江大桥三大拱检查制度》;全路首次采用“车载式曲线钢轨干式润滑涂覆技术”;全局最早推行“检养修分开”线路养护管理模式;全局最早使用无缝线路铝热焊技术;全局最早引进和铺设提速道岔;全局第一个采用夜间施工更换侧磨轨技术。他本人先后获1998全国抗洪模范,全国铁路劳动模范。

鲍恩如　江西彭泽人。全国劳动模范。1951年8月生。1968年12月,应征入伍,历任2708部队战士、班长、预报员。1973年退伍回乡,历任彭泽县棉船乡金星村团支部书记、党支部委员、民兵连连长。1979年9月,任中共彭泽县棉船乡金星村支部委员会书记。他带领村民实现皮棉年产量连续五年超万担,单产突破300斤,成为全国产棉第一村。他既是棉花种植能手,又是油菜营养钵移栽、管理带头人,为棉花、油菜的高产作出了突出贡献。1989年被国务院授予全国劳动模范称号。1992年11月,任县委委员兼金星村支部书记。1994年当选九江市第十届人民代表大会代表。1997年3月,任棉船镇委副书记。后在彭泽县水利局工作。1999年当选市第十一届人民代表大会代表。

陈维生　江西信丰人。全国劳动模范。1951年9月出生,初中文化,中共党员,江西省大余县食品厂总经理兼厂长。自1985年4月任大余县食品厂厂长以来,以市场为导向,深化企业改革,把一个濒临倒闭的小作坊式企业经营得红红火火,经济效益一年上一个新台阶,步入省级先进企业的行列,成为江西省食品工业的税利大户。1984 年,企业几项主要经济指标工业产值、销售收入、利税、人均利税和全员劳动生产率仅为 59.06 万元、63.27 万元、4.76 万元、0.065 万元和 0.809 万元,到 1990 年则分别达到了 998.68 万元、1570.23 万元、362.57 万元、1.77 万元和 4.87 万元。进入九十年代后,他团结厂党政工一班人,认真贯彻党的路线、方针、政策,坚持两个文明一起抓,带领全厂职工克服原材料涨价、生产成本上升、假冒产品冲击、同行业竞争激烈等诸多因素的影响,1994 年仍取得了建厂以来的最好成绩,工业产值、销售收入、利税、人均利税和全员劳动生产率等主要指标达到了 3001.87 万元、3462.95 万元、600.05 万元、2.13 万元和 10.64 万元。固定资产增值 1500 万元,居全省同行业先进水平。他在长期的生产经营实践中,始终注重把企业推向市场,为了适应市场的变化,亲自主持制定了一系列有利于企业特色的规章制度,运用现代化的手段管理企业,大胆地在企业推行各项改革措施,极大地调动了职工群众的积极性。为了树立企业形象,他十分注重抓好产品质量,实行质量一票否决制度,完善了质量管理体制,使质量管理贯穿于生产的全过程。他还十分重视推广新技术、新工艺,重视新产品的开发,近几年来,企业先后投入技改资金 1000 多万元,新开发了“牡丹亭”牌系列食品,使用权生产能力比 1985 年增长了 20 倍,为企业的进一步发展增添了后劲。1995 年获全国劳动模范称号。

杜文如 江西上高人。全国劳动模范。1951 年 11 月生。1972 年 12 月,加入中共。1977 年 10 月,天津大学化工系催化专业毕业后,分配到九江炼油厂,历任车间操作班班长、技术员、党支部书记、车间主任等职。1991 年 2 月,任九江石油化工总厂生产调度处处长。1997 年 2 月,任总厂运销处处长。同年 8 月,任副厂长、党委书记兼纪委书记。2000 年 9 月,任中国石油化工股份有限公司九江分公司经理、九江石油化工总厂厂长。多次获江西省企业联合会、企业协会优秀经理称号。2003 年 3 月,当选九江市出席第十届全国人民代表大会代表。2005 年 4 月,出席全国劳动模范表彰大会,被国务院授予全国劳动模范称号。2006 年 6 月,调中国石油化工股份有限公司广州分公司。

李有章 浙江永嘉人。全国劳动模范。1951 年 12 月出生,1970 年 9 月参加工作,1987 年 3 月加入中共,高中学历,电气高级技师。1970 年 9 月至 1976 年 9 月,在德兴铜矿采矿场机修车间当电工;1976 年 10 月至 1979 年 7 月,在德兴铜矿开办的 7·21 工人大学电气专业班学习;1979 年 8 月至 1989 年 7 月,在德兴铜矿采矿场电动轮维修工段从事电气维修工作;1989 年 8 月至 9 月,参加美国德来赛公司电动轮汽车厂电气培训;1989 年 10 月在德兴铜矿采矿场电动轮维修工段从事电气维修工作任电气工长。李有章参加工作以来始终工作在电动轮维修岗位上,1995 年成功研制一套电动轮接地保护装置,杜绝了轮马达拉弧事故的频繁发生。1997 年,他带领的团队使 630E 电动轮汽车完好率达 91%,向外商共索赔 9 项/次,索赔金额达 1.1 万美元;他研制出汽车前灯新一代使用光源,年节约生产开支 183 万余元;成功改装 154 吨电动轮汽车马达电枢,可提高使用寿命 40%—50%。在为企业创得巨大效益的同时,他本人也获得了诸多荣誉。1993 年,获得中国有色总公司科学技术进步三等奖;1994—1997 年评为江西铜业集团公司劳动模范;1995 年评为获全国劳动模范、江西省劳动模范;1996 年评为全国技术能手;2009 年评为江西铜业集团公司成立 30 周年“十大功勋员工”。

余修炎　江西奉新人。全国“五一劳动奖章”获得者。1951 年出生,大专文化程度。1968 年高中毕业后作为下放知识青年来到共青场参加建设,1978 年任场汽车队副队长。1980 年加入中共。次年,任共青羽绒厂副厂长。同年 7 月,任共青总场副场长。1988 年兼任中国鸭鸭羽绒集团副总经理。1989 年,任共青总场常务副场长。1992 年,任共青总场党委书记、场长,共青城开放开发区管理委员会主任、党委书记。1993 年当选为第八届全国人大代表,同年开始享受国务院颁发政府特殊津贴。余修炎在共青羽绒厂工作期间,亲自主持对市场销售的调查研究,坚持内、外二条腿走路的方针。提出强化国内市场,“挤进上海,面向三北”。当年产值比 1979 年增长 139%。1989 年,又倡导并主持实施“五厂、二公司、一研究所”的科学管理模式,使企业形成设计、生产、供销一条龙配套的轨道,成为全国规模最大的羽绒生产厂家。1990 年产值达 3.8 亿元。1984 年至 1990 年累计创汇达 5 亿元。共青羽绒厂先后获省人民政府授予“六好企业”“省级先进企业”称号和中华全国总工会颁发的“全国先进集体”称号。1988 年,共青羽绒厂评为全国 50 家经济效益最佳企业之一,余修炎荣获中华全国总工会颁发的“五一劳动奖章”。余修炎任共青垦殖场党委书记、场长后,更加奋发努力,1992 年完成工农业总产值 8 亿元,比上年净增 3 亿元;创综合效益 1 亿元,比上年净增 2000 万元;出口贸易额 2 亿元,比上年净增 2000 万元。1993 年,共青场实现企业总产值 12 亿元,利税达 8500 万元。党和国家领导人乔石、朱镕基、李瑞环、胡锦涛等到共青垦殖场视察时,对场里工作予以充分肯定。余修炎以其突出政绩,先后荣获省人民政府授予“全省优秀厂长”“企业管理能手”等光荣称号。

钟生针　江西南康人。全国劳动模范。1952 年 1 月出生,高中学历,中共党员,南康市龙华乡双江村党支部书记。他 1966 年起担任村干部以来,先后担任过副大队长、大队长、村党支部书记。30 多年来,他与村支部一班人,同甘共苦,艰苦创业,带领双江人民走出了一条强村富民的特色之路,使昔日贫穷落后的后进村发展成为闻名遐迩的先进村、文明村、经济强村。如今,双江村村级工业小区拥有民营企业 105 家,其中家具企业 65 家,年产值达 1 亿元,实现利润 600 多万元,仅此一项就增加农民收入 1000 多元;村集体经济年纯收入达 4000 多元,高出全市平均水平 1000 多元;在新农村建设中双江村走在全市前列,居民小区初具雏形,已建房 19 幢,正在建设的 36 幢;实现了组组通公路和村小学“六配套”;精神文明建设也得到了长足的发展。多年来,连续多次被地、市、乡评为“优秀共产党”和“先进党务工作者”,先后评为“全省农村党支部书记”“省劳动模范”;1998 年和 2004 年双江村分别被省委评为先进党支部、“三培两带”先进基层党组织。2005 年获全国劳动模范称号。

戴长春　江西泰和人。省先进工作者。1953 年 3 月出生,大专结业,泰和县桥头镇春和教学点退休教师,小学高级。他四十年如一日,坚守在偏远山区教育阵地。尤其是1998年,南车水库下闸蓄水后,春和村成两头陆路,中间水路,交通极为不便的山旮旯,没人愿在那任教。他主动要求到春和村小工作。2004年,春和村小成“一人一校”教学点,他既是校长又是老师,既当炊事员又当保育员,还是清洁工。他以校为家,爱生如子,任劳任怨,勤勤恳恳,一丝不苟,爱岗敬业。教学成绩位居同年级前茅,赢得大家的赞誉。本人2007年获评市农村边远山区教学点优秀教师,2009年获评全国优秀教师,2010年荣获江西省先进工作者称号。

曹新国 江西都昌人。全国劳动模范。1953年12月生。1968年中学毕业后回家乡周溪镇古塘村务农。1988年始,创办中兴珍珠核加工厂。从事珍珠核加工、有核珍珠养殖及贝壳工艺品加工。2001年6月,成立江西省鄱阳湖珍珠核工艺有限公司,任董事长。同年9月授予省劳动模范称号。2002年起创办精养鱼池,养殖面积达6000亩,安排劳动力312名,同时带动全县养殖事业,为打造中国淡水珍珠之乡品牌作出了贡献。2002年8月,获省委组织部、农工部和省人事厅授予“江西省农村科技致富典型”。2003年当选江西省第十届人民代表大会代表。2005年出席全国劳动模范表彰大会,被国务院授予全国劳动模范称号。2006年当选市第十三届人民代表大会代表。同年国家农业部门授予都昌县“淡水珍珠养殖之乡”称号。2007年6月,省委、省政府授予鄱阳湖珍珠核工艺有限公司“全省水产养殖标兵”。2010年,获农业产业化经营“省级龙头企业”称号。

陈幸惠 上海市人,女。全国三八红旗手。1953年出生。中共党员,大专学历。1970年响应“知识青年到农村”的号召下放到江西云山垦殖场凤凰山分场。历任凤凰山分场出纳、会计。1977任广山酒厂厂长、凤凰山分场副场长。1987年任凤凰山畜牧水产良种公司党总支书记、副经理。1990年任凤凰山畜牧水产良种公司经理。她带领群众发展水蜜桃产业,建立水蜜桃基地8600多亩。每年可为当地群众增收450多万元。2007年利用凤凰山园艺场5000多亩连片桃园,举办了首届桃花节和采桃节。提高了云山水蜜桃的知名度,每年吸引游客5万多人次。1992年又在凤凰山建立甲鱼养殖基地,年饲养商品甲鱼50万只。年增收500多万元。2001年获九江市劳动模范、2003年获江西省优秀共产党员称号、2004年获全国神农科技推广奖。2009年获全国三八红旗手、全省优秀共产党员等荣誉称号。

李燕玲 上海市人,女。全国先进工作者。1953年出生,江西省新建县大塘坪乡中心卫生院副院长,中共党员。1970年她由上海到江西插队,从事护理工作。20多年来,视病人如亲人,对工作高度负责,业务精益求精,1996年在江西省“九五双争立功竞赛”中获先进个人一等奖。多次放弃回上海工作的优越条件,扎根农村医疗卫生战线,一心扑在护理岗位上,她由于忙于工作未照顾好独生子使之留下终身残疾,她自己身患肠癌绝症仍忍受病痛的折磨坚持工作。她先后在赣沪两地进行10余场演讲,在当地卫生系统产生强烈共鸣,1998年被中宣部列为建党70周年五个宣传典型之一。2000年被国务院授予全国先进工作者称号。

罗小航　江西赣州人。全国先进工作者。1954年1月出生,大专学历,中共党员,赣州市群众艺术馆少儿文艺部主任。他努力工作,10多年来6次组织少儿艺术团参加全省演出,深入农村、工厂、企业、学校体验生活,指导群众文艺,扶植业余作者,为各类的音乐培训班讲课,从来都是尽心尽力,不计报酬。他勤奋创作,在省级以上报刊、电台、电视台发表作品1600多件,在全国和各省获奖136项,他热心为儿童创作,有21首作品选入中小学。幼儿园音乐教材,(其中国家统编教材3篇)。特别是享受政府津贴以来,出版了《童年的沙滩》《罗晓航歌曲选》《拂晓航船》等7部作品专集和6盘盒带歌曲辑,发表理论文章16篇,13首作品拍成音乐电视并在中央电视台播出。主编了《儿童歌曲系列》丛书由山西文艺出版社出版并发行全国,对我国音乐事业做出了重大贡献。2000年评为全国先进工作者。

黄德涛　河南光山人。全国劳动模范。1954年2月生。1961—1970年,在原籍河南省光山县南后店乡中学读书。1970年1月,移民至江西省德安县木环乡岳山垄村。1972年,毕业于河南省光山县向店乡中学。是年10月,到德安县木环乡山垅村落户务农。几年如一日,义务为村民传授特种养殖经验和技术,带领村民共同致富。1990年,当选为德安县木环乡人大代表。1991年12月,创办德涛特种水产合作社,进行甲鱼等特种水产养殖。1992年11月,加入中共。1994年当选为九江市第十届人大代表,同年当选江西省第八届人大代表,1995被授予全国劳动模范称号。

明接盛　江西武宁人。全国先进工作者。1954年5月生。1970年10月参加工作,任职于武宁县计划生育委员会。中共党员。在计划生育工作岗位上,不仅注重技术水平的提高,还热心做计划生育的宣传工作。1994年2月,评为全国计划生育万例手术无事故先进个人。1997年,获江西省计生科技先进工作者称号。2000年被授予全国先进工作者称号。

彭志祥　江西萍乡人。全国劳动模范。1954年5月出生,1970年2月参加工作,1978年5月入党,江西理工大学采矿专业本科学历,高级工程师。1970年2月至1975年8月,在萍乡矿务局水泥厂当钳工。1975年9月至1978年8月,在萍乡煤矿职工大学机电专业学习。1978年9月至1979年2月,在河南焦作矿院液压传动专业学习。1979年2月至1981年9月,在萍乡煤矿职工大学任教师。1981年9月至1982年12月,任萍乡矿务局汽修厂劳资科任定额员。1982年12月至1985年1月,任萍乡矿务局汽修厂一车间副主任。1985年1月至1991年3月,任萍乡矿务局汽修厂党委副书记、纪委书记、副厂长。1991年3月至1992年6月,萍乡电焊条厂副厂长(负责全面)、厂长。1992年6月至2000年4月,任萍乡客车厂厂长。2000年4月至2003年1月,任萍乡矿业集团公司副总经理。2003年1月至2007年12月,任萍乡矿业集团公司总经理。2005年获全国劳动模范称号。2007年12月至2009年10月,任萍乡矿业集团公司董事长、党委书记。2009年11月至2010年9月,任江煤集团党委委员、萍乡矿业集团公司董事长、党委书记。

陈淼洋　江西湖口人。全国先进工作者。1954年7月生。1972年10月,中学刚毕业后参加工作,成为武山农技站的一名种子员,从此开始农技推广。1980年,参加中国农业广播电视大学函授学习,两年后获农学中专学历,成为农业技术员。1982年任湖口县武山镇农技站站长。1983年,加入中共。1991—1992年获农业部全国农牧渔业丰收奖(油菜、棉花三等奖),1999年获农业部全国农业技术推广先进工作者,2002年获省农业厅江西省农业技术推广先进工作者,同年获中华科教基金会神内基金农业人才技术推广奖等31项荣誉。1999年,获农艺师资格,2004年晋升高级农艺师职称。2009年10月17日,所承担"百亩千斤籽棉"示范基地,经过国家棉花产业技术体系专家组现场测产,测得亩平均成铃92193个,实测亩产籽棉1014.12斤。是国内除新疆以外地区集中连片单产首次越过千斤棉区,创造长江、黄河流域内陆地区规模植棉籽棉单产跃过千斤历史新纪录。新华社、中央电视台、农民日报等新闻媒体进行现场采访报道。2010年获得全国先进工作者称号。

熊焕逊 江西新建人。全国劳动模范。1954年生,江西新建县象山乡永丰村党支部书记。1982年他弃工务农开始引进优良品种和先进耕作技术,1984年他承包132亩低洼湖脚田,改善排灌条件,充分运用科学知识精耕细作,当年就获得丰收,4年共收稻谷54.96万公斤。1988年他承包316亩湖脚田,一年产粮27.2万公斤。1998年他又承包415亩,产粮39.8万公斤,1992年他承包的荒地达602亩。他先后购置各种农业机械,使生产效率不断提高,粮食产量逐年增长。10年间共售给国家粮食368万公斤。并且一直在资金、科学技术上帮助乡亲共同致富。1995年被国务院授予全国劳模称号。

温国贤 江西寻乌人。全国劳动模范。1955年5月出生,高中文化,中共党员,果业大户。现种脐橙、橘果树等19000多株;并成立科普协会,积极推广柑橘、脐橙栽培技术,取得了良好的经济效益和社会效益;他在邻近的赣县、定南等县带动、组织群众发展果业致富,受到了当地政府、群众的好评;致富后,他以一颗火热的爱心,帮扶助教和资助公益事业,2005年被授予全国和省、市劳动模范。

黄泽兰 江西崇义人。全国劳动模范。1955年7月出生,初中文化,崇义章源钨制品有限公司董事长兼总经理。他创建的章源公司以"利用资源、依靠科技、以人为本、诚信至上"为经营理念,坚持科学发展观,坚持走产学研相结合的科技强企业之路,企业发展经历了一个升级的过程,资产由1994年的300万元发展到2004年的2.97亿元,上交税金由1994年的21万元发展到2004年的1568万元。"章源"牌钨系列产品远销国内外,在钨业界享有盛誉,企业实现了由资源型企业向高科技术深加工型企业的转变,取得了良好的经济效益和社会效益。连续10年被评为市(县)纳税大户、先进企业、明星企业、最佳企业、一级诚信企业、先进民营科技企业等称号。其本人也多次被评为县市省授予的先进个私企业、优秀厂长(经理)、光彩事业奖状等称号,1995年荣获"江西省劳动模范"、2004年荣获"中国优秀民营科技企业家""全国优秀乡镇企业家"称号,2003年该公司团组织被团中央授予"全国五四红旗团总支"荣誉称号,2005年荣获"全国劳模"称号。

段火香　江西九江人，女。全国先进工作者。1955年10月生。1977年考入师范学习，毕业后于1980年1月分配到九江市第五中学当老师，先后担任校团委书记、办公室主任、外事办主任、副校长。2001年被选拔为九江外国语学校校长兼党支部书记。中共党员，本科学历，中学英语高级教师，九江外国语学校校长、党支部书记。在教育教学上，先后指导数百名学生获奖，培养出优秀学生数千人，主编出版《中小学教师课堂英语日常用语》《九江市交通警察培训教材》《双色教材》（丛书）等专著，发表论文20余篇，共计100余万字。2004年9月被省教育厅评为"模范教师"。2005年授予九江市劳动模范，学校被省教育厅列为省重点建设中学。同年被省妇女"巾帼建功活动协调小组"评为省第六届"巾帼建功标兵"。2006年获省首届中小学优秀校长。2007年获全国优秀教育工作者称号。同年学校被国家汉办批准为国家汉语国际推广中学基地。2008年获全国巾帼文明岗。2009年被省教育厅批准为江西省重点中学，获省教育系统"巾帼建功标兵"。2010年获"全国绿化模范单位"。2001—2010年，学校中考年年名列九江市第一，高考始终位居全市前列，中高考升学率在全市遥遥领先。学校还先后评为全国外语实验学校、江西省德育示范校、现代教育技术示范校、师德师风先进单位。短短几年实现从普通中学、省重点建设中学、省重点中学、全国知名外语学校的四级跳。2010年获得全国先进工作者称号。

赖启华　江西石城人。全国先进工作者。1955年出生，大学本科学历，赣州市国土资源局局长，中共党员。赖启华深信"空谈误国，实干兴邦"的道理，要求全局每一位都应做到，一要干净，二要干事，靠干净树立形象，靠干事赢得民心；同时要担当起责任，树立正确的政绩观，为国家，为当地的经济社会发展建功立业。几年来，他带领全局一起，不停地思考、不停地决策、不停地推进。为支持好、保障好、服务好赣州的经济发展，特别是响应市委、市政府中心城区的开发建设，运用政策法规知识，提出了既依据法规又促进发展的"三持三减"建议，有效地解决了工作中存在的各种问题。他勤于学习，坚持原则；工作扎实，开拓创新，不少经验在全国得到推广，为赣州的经济社会发展做出了积极贡献。2010年被评为全国先进工作者。

黄荣智　江西全南人。全国"五一劳动奖章"获得者。1956年6月出生，1976年2月在赣州军区分区服役，1978年11月加入中共，1980年2月从部队转业到全南县茅山林场工作，历任技术员、分场副场长、党支部书记、场长。30年的平凡岗位上，他与大山为伍，与林木相伴，以共产党员的先进性，谱写了不平凡的事迹。先后被省政府评为"全省抗冰救灾模范"，荣获全省"五一劳动奖章"、全国"五一劳动奖章"，荣获赣州市"优秀共产党员"和全南县"优秀共产党员"称号，并被评选为赣州市"十大新闻人物"、赣州市首届道德模范、全南县"十佳爱心人物"，2009年6月被评为江西省优秀共产党员。

钱茶花　江西星子人，女。全国先进工作者。江西省星子县人，女，1956年5月生。1974年9月中师毕业后，到星子县隘口上垅小学半山教学点任教。1985年9月，调任星子隘口观口小学教师。1995 年复返上垅小学半山教学点执教。让深山里的孩子摆脱睁眼瞎的困扰,主动到山区小学任教的他,校长教师一人兼,硬是挑起三个班的全部课程,三十年如一日,把青春奉献给山区的孩子。2001 年获全国模范教师称号,2002 获江西省师德标兵称号,2003 年加入中共。2004 年评为全国十佳师德标兵,2005 年被国务院授予全国先进工作者称号,2007 年当选中共十七大代表。

丁友生 江西新余人。全国劳动模范。1956 年 9 月生,肢残人,中共党员,高中文化。新余市渝水区人和乡三山卫生所乡村医生,新余市蒙山实业有限公司党支部书记、总经理。1975 年 8 月进入三山大队合作医疗站工作至今,每年为残疾人和贫困患者减免医药费 5000 元以上,在风湿病、肝炎的中草药治疗和外用烧(烫)伤药方面有独特的疗效。2005 年 6 月创办新余市蒙山实业有限公司,2009 年组建新余市蒙山果业农民专业合作社。探索出一条新余蜜橘优质高产的新路子,通过"公司 + 合作社 + 农户"的运作方式,带动和帮助了周边 1000 多农户共同致富。热衷公益事业,积极参与新农村建设,捐款捐物 20 多万元。2007 年当选为中共十七大代表。被授予 2005 年全国劳动模范、全国自强模范、全国优秀乡村医生、全国助残先进个人、全国残疾人工作先进个人、江西省突出贡献人才、江西省十大创业先锋、江西省自强创业先进个人、新余市果业生产标兵、新余市成绩突出政协委员、新余市十佳最美残疾人等荣誉称号。公司被授予为江西省省级农业产业化龙头企业、江西省省级农业科技园、江西省省级扶贫龙头企业等荣誉称号。"蒙山峰"牌商标被认定为江西省著名商标。合作社被授予全国农民专业合作社示范社荣誉称号。

蔡吾吉 江西龙南人。全国劳动模范。1956 年 9 月出生,1996 年 9 月加入中共党员,大专学历。1974 年至 1979 年知青下乡到江西省全南县社迳公社务农,1979 年至 1980 年在江西九江城门山技工学校学习露采四大件,1980 年至 1981 年在永平铜矿教练队学习大车驾驶,1981 年至 1982 年担任永平铜矿采矿场矿用大车驾驶员,1982 年至 1985 年在江铜技校电大机械专业学习,1985 年 8 月起在永平铜矿运输中心工作,先后担任修理工、技术员、机械工程师。

30 多年来,他从一名普通的技校生成长为工程机械修理的"土专家",先后完成了装载机、挖掘机、推土机、吊车等工程机械技改等 100 多项技术革新工作,创造经济效益 800 多万元。2000 年 9 月,"蔡吾吉科技攻关小组"成立,他努力跟踪国内最新的机械、液压方面的研究成果,由理论到实践,催生出一系列的改造、革新、发明之花。滚压刀具、多用活动扳手等机具和装置共 21 项实用新型专利成果获得国家专利局授权,创造了可观的经济效益。他先后多次被评为江西铜业集团公司优秀共产党员、先进工作者、优秀科技工作者、劳动模范;2000 年评为江西省劳动模范、2005 年评为全国劳动模范。

刘向东 江西吉安人。全国劳动模范。1956 年 10 月出生,吉安市公路局吉水分局工作,从 1972 年 9 月参加工作,至 2009 年 11 月退休期间一直从事公路养护工作。刘向东在 37 年的公路养护工作中,以共产党员标准严格要求自己,把路放在心上,把身扑在路上,在平凡的工作岗位上做出了不平凡的业绩。严于律己,吃苦耐劳,勇挑重担。以务实的精神开拓创新,顾大家,舍小家。多次受到省市以及上级单位表彰。刘向东于2000年10月获得江西省劳动模范称号;2005年4月获得全国劳动模范称号。

张亲春 江西吉安人。省劳动模范。1956年11月出生,吉水县兴华天然香料有限公司总经理。他1997年创办吉水县兴华天然香料有限公司,主要从事以松节油为原料生产系统香精香料,现已成为县里唯一一家林业产业化省级龙头企业;2001年公司通过环境影响评估和IS09001:2000质量体系认证;2003年公司通过GMP论证,并建立湿地松基地,带动当地农户531户,户均增收1000元以上;2004年公司获得自营出口权;2009年完成出口创汇4000万美元,在同行中位于全国第九位,全县第一位。2000年,任吉水县林化香料行业协会会长。他是县政协委员,并先后获市科技先进工作者、吉水县"十佳"优秀厂长经理、市劳动模范等称号,2010年荣获江西省劳动模范称号。

胡新华 江西会昌人。全国劳动模范。1957年3月出生,初中文化,江西省会昌县湘江牛蛙发展总公司副总经理(聘请)。1990年投资1000元从福建补进牛蛙种9只,当年孵化蝌蚪1万多尾,收回全部成本.以后逐步扩大养殖规模,至1994年养殖面积达到10亩,产值40万元,获纯利20万元。几年来,以最低价格向全县供售蛙100多对,蝌蚪12万尾,幼蛙2万只,接待来访技术咨询500多人次,为本县各乡镇以及本地区于都、赣县、瑞金、石城、信丰和福建长汀等12个县市前来求教的人员进行技术培训、赠送资料,为全县乃至全区特种养殖业的发展做出了贡献。1995年获全国劳动模范称号。

王兴城 江西会昌人。全国劳动模范。1957年9月出生,高中,中共党员,盘古山钨矿三坑口董存瑞青年采矿队队长。自参加工作以来,一直在矿山生产第一线,带领全体队员年年月月超额完成生产任务,曾多次评为矿先进工作者、劳动模范、优秀共产党员、赣州地区新长征突击手标兵。1986年随中国青年代表团出访朝鲜。董存瑞青年采矿队建队38年来,先后48次荣获全国、省、地先进集体称号。在钨矿山面临困难时期,王兴城出任队长。在企业经济形势严峻的情况下,积极为企业分忧解难。他带领全队职工,提前完成采掘生产任务后,在京九铁路隧道掘进等工程建设,年净创经济效益16万余元。在贯彻党的十四届三中、四中全会精神中,发挥党团员和班组骨干作用、老队员的传帮带作用、青年队员的突击手作用,抓住机遇,掀起"单位创先进、台班创高效、个人创效益"双增双节劳动竞赛热潮,并采取有力措施提高队员素质,使队员的整体素质有明显提高,80%的队员掌握了两门操作技术、20%的队员掌握了三门操作技术。全队生产效率一月好于一月,仅用7个月完成了全年采掘总量44045吨,为国家计划的151.2%,创经济效益53.5万元。1991年至1994年,采矿贫化率比计划降低12.7%,缩小采幅5公分,少采废石5004吨,仅此项节约运选费用6.8万元,为发展企业经济做出了贡献。1995年获全国劳动模范称号。

任东红 籍贯不详,女。全国先进工作者。1958年1月出生,大学文化,中共党员,现任省公路管理局局长。任东红于1981年7月进入交通行业后,30多年来勤奋工作,特别是2000年担任省公丫路管理局县乡处处长及担任江西乐温高速公路项目办主任期间,长期工作在一线。这些年来,她以实现交通跨越式发展为己任,以科学发展观统领公路建设,善谋实干,施工、监理、质量、环保等项工作样样到位,在出色完成各项任务的同时,构建生态高速,打造绿色文明,建好绿色防护,把乐温高速公路建成了“畅通、舒适、安全、美化、绿化”公路,赢得了各级组织和人民群众的普遍赞誉。曾多次被评为全省交通系统先进工作者、优秀党员。2005年,任东红被江西省人民政府评为全省先进工作者。同年,被国务院授予“全国劳动模范”光荣称号。

黄兴中　江西彭泽人。全国劳动模范。1958年5月生。1970年12月—1977年,在赣州军分区服役;1977年,退役后回家乡先后任生产队长;村团支部书记、会计;村党总支副书记、民兵连长。1994年,获得江西农大植保系专科文凭。1995—2005年,任棉船镇复排村党支部书记。1995年担任村支书以来,带领村民创办8个企业,年利税实现40余万元。在棉花生产和油菜营养钵移栽及田间管理工作中作出了突出贡献,为棉花生产和油菜高产栽培作出了表率。1998年被评为九江市新长征突击手。1998年被评为九江市抗洪先进个人。1999年被评为九江市优秀党员。2000年先后被评为市劳动模范、省劳动模范称号。2000年被授予全国劳动模范称号。2005—2006年,任棉船镇党委委员。2006年4月,调县财政局工作。

张京生　江苏泗阳人。省劳动模范。1981年毕业于江西农学院,研究生学历,高级工程师。先后任江西桑海集团有限责任公司副董事长兼副总经、党委副书记、党委书记、董事长兼总经理(副厅级)。1987年7月张京生被任命为南昌济生制药厂厂长,在他的领导下,该厂当年就扭亏为盈。经过20年的发展,南昌济生制药厂已经赚回了相当于当时投资的40个南昌济生制药厂。20世纪90年代中期,江西桑海集团的经济发展滑入低谷。1996年9月张京生上任后,内抓管理深化改革,外拓市场招商引资,依靠产品、科技、销售、机制、管理、和文化“六大创新”,实施科技兴药,品牌兴企等战略,使集团的制药企业集群率先崛起。后又依托强大的制药集群,实行纵向一体化战略,打造集产、学、研、加工、营销、贸易于一体的现代药业集团,同时带动了集团印刷、塑料包装等配套产业的发展,使桑海集团重获生机,率先在全省农垦实现整体扭亏为盈。张京生本人也先后多次荣获各种荣誉称号:从1989年起多次获“江西省优秀厂长”“优秀企业家”称号;1990年获江西省农垦优秀企业家称号;1991年获江西省首届十大杰出青年称号且名列榜首;1994年10月获江西省政府特殊贡献津贴;1994年获江西省、南昌市“五一劳动奖章”;1995年获全国中药行业优秀企业家称号;2000年被评为南昌市劳动模范;2004年被评为江西省科技领军人物。2009年,荣获“江西省优秀党务工作者”称号,2010年,荣获“江西省劳动模范”称号。

刘忠明　江西吉水人。省劳动模范。1958年10月出生,大专学历,泰和县刘梁乌鸡养殖场技术员,畜牧兽医师。为了发展泰和乌鸡事业,他辞职下海,当起了畜牧兽医师。为了攻克泰和乌鸡“娇鸡难养”关,他刻苦学习、潜心钻研乌鸡饲养技术,大搞乌鸡饲养、繁育、提纯、复壮等试验,研制出乌鸡专用颗粒饲料,使乌鸡出笼由原来的120天缩短至70天。先后在南溪、澄江、塘洲等乡镇,为饲养乌鸡2000羽以上的大户300户免费担任技术指导。几年来,共免费为群众讲课87次,传技1860余人次,编发简报150期,带领1200多户农户脱贫致富,为泰和乌鸡产业发展作出了突出贡献。本人2010年荣获吉安市劳动模范称号,2010年11月荣获江西省劳动模范称号。

施华山 江西贵溪人。全国公安系统一级英模。1958年12月出生,江西省贵溪市公安局流口派出所政治教导员兼打拐中队中队长,十七大代表。1991年8月至今,施华山行程100余万公里,历经艰辛,走遍了全国10多个省、100多个县市和几百个乡村,先后从福建、广东、山东、江苏、浙江、新疆等地成功解救出218名被拐卖的妇女儿童,抓获拐卖妇女儿童的违法犯罪人员43名。他先后荣获"江西省十大杰出青年""江西省政法标兵""江西十大年度人物"、江西省首届"构建和谐江西十大贡献人物";"全国优秀人民警察""全国公安系统二级英模""全国公安系统一级英模"全国"我最喜爱的十大人民警察""中国十大杰出青年卫士""全国保护妇女儿童合法权益先进工作者"、全国维护妇女儿童权益突出贡献奖、首届"全国十佳时代男性";第十三届"宋庆龄樟树奖"获得者;2006年"中国十大法制人物";"全国先进工作者"、全国优秀共产党员、十七大代表等多项荣誉称号。他的事迹先后被中央电视台、《人民日报》《人民公安报》《中国青年报》《中国妇女报》等多家媒体宣传报道过,美国第三大新闻周刊《美国新闻与世界报道》的2名记者也专程到贵溪采访了他的事迹。施华山是一位被群众誉为"打拐英雄"的基层公安民警。他智勇双全、英勇顽强,为保护妇女儿童合法权益、维护社会稳定作出了突出贡献。他摸索出"以我为主,便衣侦察,随机应变,智取为上"的解救方法,每次解救,从未落空;为解救被拐卖妇女儿童,他不仅扮过卖猫的小贩,也扮过收山货的老板,扮过女孩子的娘舅,还扮过别人的"孝子",披麻戴孝给人送葬。施华山扎根基层、爱岗敬业,20多年如一日工作在基层派出所,并坚持深入辖区,深入群众,积极做好基层基础工作,掌握情况最多,反映信息最快。并多次把立功奖金捐给希望工程,还多次为辖区孤寡老人、特困户送钱送物,至今仍有5名特困户和2名失学儿童是他的帮扶对象,在百姓眼里的施华山不仅仅是"打拐神探",更是他们的"守护神""贴心人"。

涂赞珠 江西安义人。全国先进工作者。1958年出生,大学本科,江西省安义县教育委员会体育运动委员会主任,中共党员。涂赞珠率领一班人吃苦耐劳,踏实工作。近7年,引进外资1700多万元,使全县教育迈入良性发展轨道。1996年实现了"两基"达标;教委筹资1500万多元,建了全省一流的新安义中学;投资1200多万元,建起了全省一流的教育村,现已有186户教师喜迁新居;投资4500多万元,建起了78幢"一校一貌、一楼一样"的中小学教学楼及配套设施,全县办学条件已成为全省典范。他采取行之有效的措施,使全县教育质量短期内跃入全市先进行列,1995年以来,全县中考成绩跃为南昌市第一名,喜获"五连冠",高考平均分连续3年超全市20多分,全县教育质量已跃居全省先进行列。他关心教师疾苦,热情资助困难学生,使许多困苦学生得以完成学业,升学深造。2000年被国务院授予全国先进工作者称号。

曹国洪 江西南昌人。全国劳动模范。1958年出生,大学专科,南昌县蒋巷镇高梧村农民,中共党员。10年前他凭借拼凑的38头小猪起步,走上养猪道路,经过10年艰苦创业,现在猪场本部占地面积19万平方米,拥有固定资产3868万元,年出栏销售生猪3.6万头,其中出口香港2.8万头,存栏和出栏生猪数量在10年间翻了9番,1997—1999年,年产值由1986万元增至4628万元,创汇额也由105.3万美元增至520万美元。他致富不忘乡亲,从1996年起,把猪场作为龙头,走"公司加农户"产业化发展养猪道路,对662户农户实行包提供仔猪、包供应饲料、包防疫猪病、包销售肉猪、包最低利润和统一规划、统一管理的"五包""两统",平均每户增加收入5100元。关心生活困难的孤寡老人,赡养8户"五保户",让这些老人们老有所养,安度晚年。多年来省吃俭用,每年捐款十几万元举办教育和公益事业。2000年被国务院授予全国劳模称号。

张华荣 江西赣州人。全国劳动模范。1958年出生,大学专科学历,赣州华坚国际鞋城有限公司董事长。张华荣从20世纪80年代初,开始自主创业,由当初的几个人、几千元创业,发展到现在,已拥有在职员工达2.1万人,成为国内著名的女鞋生产企业,在女鞋生产制造行业中,享有广泛的影响。期间,他积极应对国际金融危机的冲击,2009年实现税收4406万元,解决劳动就业10256人,曾获2009年度全国"五一劳动奖章"。2010年被评为全国劳动模范。

罗玉英 江西南昌人,女。全国劳动模范。1958年出生,大专学历,南昌鄱阳湖大酒店集团有限公司董事长,中共党员。她十几年如一日,带领村民坚定不移地走改革开放的道路,以发展第三产业为龙头,带动工业、农业、牧业多项产业的发展,使集体经济不断发展壮大。鄱阳湖大酒店是从只有几十人的小餐馆发展成为优秀星级宾馆,如今成为鄱阳湖大酒店集团有限公司。现集团公司已有紧密层企业5家,松散层企业7家,是一个以宾馆、饭店、旅游等为龙头的多门类、多品种、全方位的跨地区、跨行业、跨所有制的企业集团公司。1999年实现产值1.68亿元,纯利润1370万元,上交国家税金539万元,年人均收入7200元,取得了良好的社会效益和经济效益,她以共产党员的标准严格要求自己,清明廉政、克己奉公,把自己的一切都无私地奉献给了集体事业,为现代化经济建设作出了突出贡献。2000年被国务院授予全国劳模称号。

甘公荣 江西莲花人,女。全国劳动模范。1959年1月出生,中共党员,萍乡工商银行莲花支行退休职工。曾经在农村作为知识青年上山下乡锻炼,在县电影院工作。1983年1月至2000年12月在莲花工行工作。甘公荣出生于高干家庭,父亲甘祖昌"将军当农民"事迹闻名于世,母亲龚全珍"全国道德模范"受到全国人民的崇敬和颂扬,他们自己克勤克俭,以身作则,对子女也要求十分严格,要求子女"不要躺在父辈的功劳簿上过日子,要学好本领,老老实实为人民服务",正是在这样特殊家庭教育下,甘公荣从70年代末参加工作至今将父亲生前家训作为自己坚守本职、努力工作、帮助他人的原动力。她的事迹得到领导的认可,客户的称赞,多次获得殊荣。她退休后担任"龚全珍工作室"志愿服务队长,一边协助母亲处理基金会日常工作,一边组织开展志愿服务活动,另外,作为工行退休的她仍时刻关注工行发展,义务服务离退休职工,受到员工的尊敬和爱戴。甘公荣曾经获得全国工行优质文明服务先进个人、全国金融系统劳动模范、2005 年被授予全国劳动模范、“全国三八红旗手”等荣誉。

蔡印生 江西永修人。全国劳动模范。1959 年 4 月生。1975 年 8 月,高中毕业后回乡参加农业生产。中共党员。1986 年 10 月后,任永修县柘林湖风景区管理局易家河村村委会主任、支部书记。他既是支部好书记,又是农民致富带头人,带领村民种植柑橘,通过改良品种,推广绿色无公害种植技术,创品牌,建立易家河果业公司,使村民共同致富。2001 年,易家河柑橘在全省无公害绿色农产品评比中获两项金奖、一项银奖。2003 年,在全国第八届名优果品展销会上被评为“中华名果”。2004 年全村人均收入达到 4000 元,村集体收入达到 100 万元。同年他被评为江西省优秀农村基层干部。2005 年被授予全国劳动模范称号。现任柘林镇政府工会主席。

罗义华 江西于都人。全国劳动模范。1959 年 5 月出生,江西省于都齿轮箱厂。自 1986 年调入厂工作以来,坚持自学、认真钻研、结合工作实际,在开展技术革新活动中,攻克了一道道难关,解决了许多实际问题,13 年来,罗义华累计为企业提合理化建议 145 条,革新成果 32 项,其中 10 项成果获国家专利,为企业累计多创效益 406 万元,从一名普通工人成长为技能高超的工人技师,为企业的发展振兴做出了突出贡献。2000 年获全国劳动模范称号。

郭荣英 江西赣州人,女。全国劳动模范。1959 年 10 月出生,初中文化,中共党员,江西省赣州市市政工程管理养护处下水道班班长。一名普通的下水道女工,在 14 年下水道疏通岗位上,不怕脏臭,努力工作,经常加班加点,下窑井 1000 余次,疏通下水道近 230 公里。先后评为“市公用事业先进个人”,先进女职工,省劳模、全国、全省“五一劳动奖章”等称号,2000 年评为全国先进工作者。

高兴泽 湖北鄂州人。全国劳动模范。1959 年 10 月生。1981 年 8 月,从武汉桥梁学校毕业参加工作,就参加新中国桥梁第三座里程碑——九江长江大桥的建设。1997 年,任铁道部大桥局五处副处长、处长。1998 年 9 月,任九景高速公路鄱阳湖大桥项目经理。同年被国家防总、人事部和解放军总政治部授予“全国抗洪模范”称号。2000 年被评为江西省劳动模范。2001 年起任中铁大桥局集团第五工程有限公司总经理、高级工程师。中共党员。工作中以“铸造精品、追求卓越”企业精神,抓管理、抓质量,紧盯目标,任劳任怨,仅用三年时间,完成五年管理目标,向国家上缴利税一亿多元。先后获国家 2003 年度“公路工程优秀项目经理”,中华全国铁路总工会“火车头奖章”,中国铁路工程总公司“优秀企业家”等称号。2005 年 4 月,被授予全国劳动模范称号。2005 年,调任中铁大桥局股份公司副总经理。2008 年,任中铁大桥局向莆铁路指挥部指挥长。

高喜凤 江西鄱阳人,女。全国劳动模范。1978 年 3 月加入中共。20 世纪 80 年代后期,许多农民放弃了土地,外出打工,荒废了大片的土地。1989 年,她痛下决心,要求承包村前所有零散的荒田。并与分场签订了承包289亩抛荒地的协议。“一分耕耘一分收获”,一年下来,高喜凤收获粮食20万公斤。除了留下部分当作口粮外,其余全部卖给国家,纯收入2万元。1995年和1998年连续两度发生大洪灾,289亩承包田几乎绝收,投入的6万元农资全部泡了汤。受到重创的她并没有一蹶不振,相反却抱定“哪里跌倒就在哪里爬起来”的信念,一分不减地续订承包合同。从1989年承包杂草丛生的289亩荒田至今,整整20个春秋,20年来,她平均每年包田250余亩。先后向国家交售优质粮食500余万公斤,成为鄱阳响当当的“女粮王”。高喜凤还时时将父老乡亲的冷暖记在心,并尽其所能提供帮助。20多年来,用于捐资助学、扶贫济困的款额近10万元;累计投工投劳出资,用于修桥修路的钱也不下10万元。2007年,高喜凤却做出了让人感到意外的决定——主动把70亩承包田让给了别人。之后又连续两年减少承包面积,到2009年,她实际经营的田地缩减至150亩。她说:“现在国家对粮食生产很重视,每亩每年的粮补就有一百多元,加上农业机械化得到了普及,种田的劳动强度大为降低,一些外出务工人士都盘算着回乡重操旧业,为维护一方稳定,作为老共产党员,我只好忍痛割爱啦!”高喜凤凭着不屈不挠、敢闯敢干的精神,成就了她的事业与梦想,也赢得了一系列闪光的荣誉,她先后获得江西省“十大女杰”提名奖、“巾帼英豪”、全国电视专题片《今日农家》主人公奖、全国先进女能手、全国“三八”红旗手、全国劳动模范、中国改革功勋等一系列荣誉称号,并先后担任县政协委员、省市人大代表、省十一届党代表等。

谢金水 江西兴国人。全国先进工作者。1960年出生,大学文化,中共党员,江西省赣州农业科学研究所副所长兼市烟草所所长。他从事农业科研和管理工作18年来,共获国家、省、地科研成果奖17项次,其中国家四等奖一项、省二等奖两项、省三等奖一项;发表论文17篇,累计社会效益7.49亿元。2000年评为全国先进工作者。

杨红兰 江西樟树人,女。全国劳动模范。1960年出生,南昌柴油机有限责任公司工人,技师,中共党员。她20年来在平凡的岗位上踏实地工作,年年超额完成任务,自1991年到1999年完成18年的工作量,提前9年跨入21世纪。她以主人翁精神严把质量关,牢记为用户服务的思想,经常走访下道工序,自觉接受下道工序的监督,自1987年起被检验部门公认为“免检工人”。10多年来她操作的设备一直保持着“红旗设备”称号。她以主人翁精神对待本职工作,实干加巧干,动脑筋小改小革。“校调法”就是她摸索用两头打表校对法加工量规的方法,用梅花快换顶取代用分度头三爪卡盘夹紧四刃阶梯钻头,提高了效率,确保了产品质量。她主动帮助别人,班组谁有困难她都抽空探望,带头关心帮助。2000年被国务院授予全国劳模称号。

胡怀松 江西永丰人。省劳动模范。1960年出生,高中学历,永丰县三坊乡罗坊村农民。他在2007年领办注册了永丰县高山红果业专业合作社,当时只有8户社员,由于运作、制度、章程规范,现在已经发展社员86户,服务社会外成员360余户,成功组建了跨区域的合作社。种植面积由原来的不足300亩发展到7500余亩,实现了农民增收翻两番。每年组织社内外社员两次培训,在培训业务的同时还学习法律常识,多次聘请司法专职人员授课,使农民专业知识、法律意识不断提高。种植生态有机脐橙、早熟诗文蜜橘、大棚柚桃等多个品种,取得成功,现已在大山村建造果业100亩示范园。本人2010年荣获江西省劳动模范称号。

彭振华 江西宜丰人。省劳动模范。1961年4月出生,高中毕业后在家种田务农,1986年12月至1998年4月先后任黄岗山垦殖场五里分场炎岭村村委会副主任、主任、村党支部书记;1998年4月起,先后任江西鑫龙企业集团化工建材实业公司副经理、黄岗山垦殖场五里分场场长、党总支部书记;该同志在黄岗山垦殖场五里分场炎岭村工作期间,带领村组干部开拓进取,通过组织兴办村办企业、扩大种养规模,使本村落后面貌得到一定程度的改观。1995年荣获江西省人民政府授予“江西省劳动模范”称号。

李洪应 江西省九江人。全国劳动模范。1962年1月生,研究生学历,高级经济师,高级技工师。1973年,一场意外使李洪应失去了左手和左腿,成为残疾人。1991年至2004年,李洪应先后在3家濒临倒闭的省电力公司企业任厂长,先后解决了700多名职工的就业,被誉为电力系统的“119”和新时代的保尔。2004年,他接任连续20多年亏损的江西省电力设备总厂党委书记、厂长。该厂负债率达119%。他带领企业领导班子,通过3年努力,实现了企业扭亏为盈。2006年产值过亿元,首次实现扭亏为盈,企业因此荣获省五一劳动奖状,摘掉了22年的亏损帽子。在全球金融危机爆发,企业举步维艰时,李洪应认为困难和机会总是并存的,紧紧瞄准市场,寻找机遇,抓住机会,转“危”为“机”,实现企业战略转移,把一个旧电力设备总厂整体搬迁至新建区望城工业园,企业产值也逐年递增。10多年来,李洪应凭着常人难以想象的毅力,戴着沉重的假肢,先后多次临危受命,以“单腿独臂闯市场”的拼搏精神,挽救濒临倒闭的企业,被人们誉为“身残志坚钢铁汉”。1996年,他被评为全国劳动就业企业先进个人。1999年,被评为国家电力公司系统劳动模范。2000年,被评为江西省劳动模范、全国劳动模范。2001年,被评为江西省职工职业道德十佳标兵;江西省优秀共产党员;省直优秀共产党员;第七届全国职工职业道德十佳标兵。2002年,被评为国家电力公司首届青年管理创新奖称号;江西省第十一届“江西十大杰出青年”。2003年,被评为“全国自强模范”。2004年,省委宣传部、省委组织部、省总工会、团省委、省妇联5部门下发赣宣字〔2004〕50号文件,号召向李洪应学习。2006年,他被评为“中国企业改革发展与创新十大风云人物”称号。2007年,获得“全国首届道德楷模提名奖”,并受到时任中共中央总书记、国家主席胡锦涛的亲切接见。2008年,他被评为江西省抗灾救灾先进个人。2009年,被评为感动国家电网十大风云人物。2010年,被授予新中国60年来江西60位最具影响力的劳动模范。2013年被评为全国卓越职业经理人称号;南昌市优秀企业家。2014年被评为江西省直机关优秀共产党员。2015年被授予中国最具价值的职业经理人称号。截至2017年,李洪应共获得各类荣誉称号多达93项,其中省部级以上荣誉32项。

余立生 江西安义人,全国先进工作者。1962年1月生,研究生学历,中学高级教师,南昌市中学物理学科带头人。2002年被授予南昌市职业道德“十佳”标兵、第一届南昌市青年科技奖,2004

年被授予全国“五一”劳动奖章、2005年被评为全国先进工作者,2006年被评为全市宣传文教系统“四个一批”拔尖人才,2007年被评为南昌市全民创业“干部创事业十大标兵”,2008年荣获南昌市政府特殊津贴,2009年被评为江西省第二届优秀中学校长和新中国60周年江西60位最具影响力的劳动模范。任校长期间,始终把教学质量作为学校生命线,形成了办学特色,先后使4所薄弱学校逐步成为省市闻名的窗口学校。任鼎湖中学校长8年,学校连续8年获全县中考质量综合评比第一名。担任安义二中校长14年,学校规模和校园建设快速发展。1999年仅有28个教学班,学生1600人,2004年发展到108个教学班,学生5000余人,3个校区。学校先后被评为江西省现代教育技术示范学校、江西省校务公开先进单位和江西省先进集体等。兼任4年职校校长,采取职校与二中“联姻”,实行资源共享,优势互补,探索了一条与省市先进职业院校联合办学的新路子。2003年安义职校被评为江西省示范性职业高中。

杨文龙 江西丰城人。全国劳动模范。1962年2月生,工商管理硕士,中药师,高级经济师,仁和(集团)发展有限公司董事长,现任全国政协委员,民建中央人口医药卫生委副主任,中国非处方药药物协会会长,民建江西省委副主委,江西省工商联(总商会)常委、江西省赣商联合会常务副会长,宜春市工商联(总商会)主席、宜春市赣商联合会会长,樟树市政协副主席。1998年11月,杨文龙创办江西康美医药保健品有限公司,2001年7月,组建仁和(集团)发展有限公司。仁和集团现已发展成为一家集药品、保健品生产销售于一体的现代医药企业集团。目前,旗下拥有1家上市公司,1个高科技工业园,3家医药科研机构,14家药品、保健品生产企业,15家销售物流企业,员工3万余人。自创业以来,仁和集团在销售收入、贡献税收等主要经济指标方面,实现了连续6年翻番增长,10年增长70倍的优异业绩。杨文龙先后获“优秀中国特色社会主义事业建设者”“江西省第二届十大井冈之子”“改革开放三十年江西省十大杰出建设者”“江西省突出贡献人才”“江西省优秀企业家”“江西省十大爱心政协委员”等称号。2005年被评为全国劳动模范。

杨耀防 湖北黄梅人。全国先进工作者。1962年2月生。1983年10月参加工作,九江医学专科学校教授。研究生学历。1987年5月,加入中共。先后在国内外学术刊物发表论文60余篇,获论文奖4篇,主编或参编著作、教材10余部。1995年被评为全国优秀教师,1997年获国家级优秀教学成果二等奖。1999年获江西省“五一劳动奖章”。2000年被授予全国先进工作者称号。获2004年度国务院政府特殊津贴(从2002年起享受国务院政府特殊津贴)。2004年任九江学院医学院院长、副书记。2007年任九江学院院长助理兼医学院院长、副书记。

王治卿 河南原阳人。全国劳动模范。1962年3月生。1983年7月从华东石油学院炼制系炼油工程专业毕业取得工学学士学位后,分配至洛阳炼油厂催化车间,历任操作工、班长。1986年6月,任洛阳炼油厂“500万”工程开工办公室技术员。1987年9月后,历任洛阳炼油厂二联合车间副主任、主任。1992年11月,任洛阳石油化工总厂化纤工程筹建综合技术部副主任。1995年4月,任化纤工程筹建组副组长。1996年9月,任总厂副总工程师。1997年8月,兼任总厂化纤厂厂长。1999 年 6 月,任总厂总工程师。2000 年 1 月,任中国石油化工股份有限公司洛阳分公司副经理兼洛阳石油化工总厂总工程师。2001 年 7 月,任洛阳分公司经理。2001—2003 年,获中石化集团公司科学技术进步奖。2005 年 7 月,兼任广西炼油项目筹备组组长。2005 年,获中石化集团公司科学技术进步奖,第三届全国优秀设备工作者称号。2006 年 11 月,调任中国石油化工股份有限公司九江分公司、中国石化集团公司资产公司九江分公司经理。2006 年毕业于中国石油大学(华东)化学工程与技术专业,取得工学博士学位,教授级高级工程师。2007 年获江西省优秀厂长(经理)称号。2009 年克服金融危机蔓延不利影响,完成炼油加工量 454 万吨,生产尿素 46.7 万吨、聚丙烯 10.3 万吨,实现主营业务收入 183 亿元、税费 48 亿元,炼油盈利 4.7 亿元,炼油加工量和税费均创历史新高,实现税费增加额居江西工业企业榜首。企业管理、改革发展、和谐稳定等各项工作发生了根本性的变化,连续 5 年被评为江西省优秀企业。2009 年获江西省优秀企业家称号(享受省级劳模待遇)。2010 年 4 月,出席全国劳动模范表彰大会,被国务院授予全国劳动模范称号。

黄正瑞 江西全南人。全国劳动模范。1962 年 7 月出生,农业函大毕业,农民。1992 年黄正瑞开始种植商品蔬菜,亩产创收 2800 多元。1993 年开始带动周围农民种植蔬菜,并积极引导农民到果园、荒山上套种。1994 年开始在全乡范围内发展蔬菜种植面积 12000 亩,直接带动 5000 余户农民走上致富路,仅 1999 年该县农民人均从中获得收入 610 元,占全年农民人均收入的 26%。2000 年评为全国劳动模范。

黄 平 江西宁都人。全国劳动模范。1962 年 8 月出生,研究生学历,中共党员,现任赣南卷烟厂厂长、党委书记。1999 年自新任领导班子以来,赣南卷烟厂以平均 30% 的经济增长速度迅猛发展,至今已发展成为年创税利 5 亿元、年销售额 10 万亿元、年生产能力 20 万箱的江西十强工业企业和赣州市龙头支柱企业。其“赣”牌卷烟已列入全国卷烟百牌号,成为江西知名品牌和江西著名商标,已形成了具有特色的品牌文化和企业文化。现赣南卷烟厂已获得“全国五一劳动奖状”、“全国精神文明建设先进单位”等荣誉,他被评为“首届江西省十大经济人物”。2005 年获全国劳动模范称号。

陈少平 江西宜春人。全国先进工作者。1962 年 9 月生,中共党员,中学物理特级教师,江西省宜春中学校长兼党总支书记,省人民政府特殊津贴获得者。宜春市首届名校长,江西省物理学科带头人;兼任宜春市专家委员会委员,江西省教育学会物理教学专业委员会理事,江西省教育学会教育管理专业委员会理事,江西省中小学教学指导委员会委员,中国西部教育顾问;在全国首倡“多元发展,创新育人”教育理念,带领宜春中学驶入了发展快车道。1995 年被评为全国先进工作者。

孙燕明 江西景德镇人。全国“五一劳动奖章”获得者。1962 年出生。1984 年景德镇陶瓷职工大学陶瓷美术专业毕业。2005 年被中国美术家协会吸收为会员。2006 年被评为江西省工艺美术大师。2007 年被评为“新世纪百千万人才工程”国家级人选,2008 年荣获全国“五一劳动奖章”,

2009年当选景德镇市美术家协会副主席;获正高级研究员职称,享受江西省人民政府特殊津贴,2010年享受国务院特殊贡献津贴。现供职于景德镇市雕塑瓷厂(省级陶瓷文化创意产业基地)孙燕明陶瓷工作室,中国瓷画、高温窑变釉彩、陶瓷雕塑三项技艺精湛。其经典作品包括:陶艺雕塑《海韵》《水乡风情》《采茶姑娘》《梦里水乡》;陶艺组器《江流天地外》、陶艺作品《丝绸之路》等。200多件作品被《中国现代美术全集》《中国工艺美术大展作品集》《第十届全国美术作品展览》等国家级、省级重要画册收录;发表论文10余篇,主要被《中国工艺美术》《上海工艺美术》《当代陶瓷艺术》等杂志收录。

陈勇琦 江西鄱阳人。全国先进工作者。1963年1月生,南昌市公安局青山湖分局副政委。陈勇琦2004年4月起在青山湖公安分局湖坊派出所担任永人村的社区民警。湖坊镇永人村辖区地处城乡接合部,人口流动性大,案件频频发生,治安隐患无处不在。陈勇琦充分发挥人熟、地熟、情况熟的优势,通过大量深入细致的基础工作,掌握辖区的人口、地形、场所、单位情况,为各种侦察、排查、协查工作及时提供情况、协助破案、抓捕逃犯。几年来他调解纠纷200余起,实现"无积压、无上访"两项零纪录。永人村毗邻繁华地段,过去游戏室赌博机多,录像室多,按摩店多,这些场所中发生的社会丑恶现象,老百姓是看在眼里,恨在心头。他专门对20多家游戏机室进行集中整治,不合格的不准开;对录像室、美容美发店中发生的丑恶现象,查处一家,关闭一家,辖区内彻底扫除了这些丑恶现象。他先后荣立个人三等功六次、二等功一次、一等功二次;先后被评为江西省劳动模范、江西省青年五四奖章标兵、江西省人民满意政法干警、江西省十大亲民警察、全国特级优秀人民警察、全国优秀军转干部等荣誉称号;被授予江西省"五一劳动奖章"、全国"五一劳动奖章";2008年被公安部授予一级英模称号;2009年获"新中国60年来江西60位最具影响力的劳动模范"荣誉称号;2010年荣获"全国先进工作者"荣誉称号。

周桃英 江苏兴化人,女。全国劳动模范。1963年3月生。1984年入共青鸭鸭集团工作,曾任学徒、缝纫工、班长。2005年任鸭鸭集团有限公司第6车间副主任,负责产品质量监察管理工作。2009年11月所在车间一班长因事离岗,又主动兼任班长之职。是月,鸭鸭集团接到一订单,要求10天内制作服装7000余件,他带领全车间各班组员工加班加点,圆满完成任务,为鸭鸭品牌争得荣誉。2010年被国务院授予全国劳动模范称号。

赵会安 籍贯不详。全国先进工作者。1963年4月生,1985年毕业于江西医学院医疗系医学专业,同年分配至江西省公安厅从事法医工作。30多年来致力于利用法医学技术在侦查破案、打击犯罪和处理社会矛盾中的应用,为我省法医学技术的发展及维护社会稳定发挥了重要作用,做出了突出贡献,被公安部聘为"法医病理特长专家""爆炸、投放危险物质、放火案件专家"和"全国刑事技术标准化委员会"DNA专家工作组专家。由于其突出的成绩,先后获得"全国先进工作者""公安部二级英雄模范"全国"五一劳动奖章""全省优秀共产党员""江西省先进工作者"、江西省"五一劳动奖章"等荣誉称号。

胡赣萍 江西赣州人，女。全国劳动模范。1963 年出生，高中学历，赣州市公共交通总公司，点钞中心主任。胡赣萍几十年如一日，从实际出发，实事求是。她用心对待工作，用热情服务车队，用温暖善待同事，团结带领点钞中心全体人员，尽心尽责作好工作，全年清点票款达 5000 万，无一差错，她以自己的辛勤汗水和突出的工作业绩，赢得了广大员工的广泛赞誉。2010 年被评为全国劳动模范。

喻春梅 江西南昌人，女。全国劳动模范。1964 年 3 月出生，南昌市公共交通总公司电车公司 2 路驾驶员。2 路担负着南昌市最繁华路段的客运任务，穿行在人流密集的市区中心，是全市公交开班时间最早、收班时间最晚、班次发放最多的线路。而喻春梅从售票员到驾驶员，一干就是 28 个春秋。工作中，她把乘客当亲人，在她的车上，感受到的是舒适温馨，体会到的是细致关爱，享受到的是宾至如归。她从未接到一起投诉，受到乘客赞扬数不胜数。她把安全驾驶作为自己的座右铭，在驾驶员岗位上安全行驶 72 万公里，月月超额完成生产任务，从未发生一起交通事故。出色的工作表现和规范的服务态度使她连年被评为市政公用事业管理局特级劳模、安全质量标兵、规范化服务先进个人等，2006 年荣获江西省“五一劳动奖章”，2008 年被选为“北京奥运火炬手”，2009 年获全国“五一劳动奖章”。2010 年获“全国劳动模范”称号。

刘巧云 江西彭泽人，女。全国先进工作者。1964 年 7 月生。1986 年毕业于九江卫校妇幼医士班。是年 7 月参加工作，先后在彭泽县乐观乡、太平乡、杨梓乡三个卫生院工作。中共党员，本科学历。1997 年 6 月，调到县计划生育服务站，成为一名“计生医师”。历任服务站主治医师、妇产科主任、站长。做技术业务的“带头人”，通过多种途径学习提高业务水平。先后获得临床医学的专科和本科文凭，在省级刊物上发表论文 8 篇。自从事计划生育技术服务工作以来，施行各项计划生育手术达 2 万余例，无一例手术事故。率先改良“小切口吊钩法”微创结扎手术。带领医疗小分队跑遍了全县每一个乡村，为群众送医送药，免费为农村育龄群众查病、治病，随访落实计生手术的对象，并为全县已婚育龄妇女建立详细的生殖健康档案。为困难群众垫付手术费、药费达 5 万余元，从家中为育龄妇女拿衣被 300 多件次。2005 年，她实现“计划生育万例手术无事故”，获江西省人口计生委嘉奖。2006 年获省计划生育先进个人。2009 年获省优秀共产党员。2010 年获全国先进工作者称号。

胡开颜 安徽枞阳人。全国劳动模范。1964 年 10 月生。1983 年 12 月在铁四局五处参加新线铁路建设，自此一直从事起重架梁工作，后任中铁四局集团第五工程有限公司架桥队队长、高级技师，转战公司 10 余个项目。1983—2010 年，胡开颜发现并排除安全隐患上百次，架设大小桥梁 50 多座、近 30 公里，累计架梁 1900 余片，座座安全优质，创造价值 14000 多万元；拼装架桥机 10 余台；技术革新 20 多项，解决上百个架梁难题，节约成本上千万元。1995 年获铁道部“京九铁路建设先进个人”称号。1996 年获中华全国铁路总工会火车头奖章。1996 年获铁道部“全路青年技术能手”称号。1997 年,入华东交通大学学习,大专学历。同年加入中共。2005 年获江西省劳动模范。2006 年,获“全国知识型员工先进个人”。2008 年获“江西省优秀高技能人才”称号。2010 年获全国劳动模范称号。

钟思能 江西赣州人。全国劳动模范。1964 年出生,大吉山钨业有限公司,装矿工,中共党员。1981 年 7 月参加工作至今,一直在大吉山钨矿四坑口,从事装矿机工作。在工作中,他对工作和事业用一流的成绩为企业的经济技术发展作出了贡献。“既然选择了矿山,我就要把心交给了这片土地,干好本职工作”。他是这么说的,也是这么做的。29 年来,他年年超额完成生产任务,赢得了广大员工的广泛赞誉和公司领导的赞扬。先后获得 2007 年、2008 年江西省“五一劳动奖章”、全国“五一劳动奖章”、全国有色行业劳动模范、江西省劳动模范等荣誉称号,2010 年评为全国劳动模范。

马玉霞 河南南阳人,女。全国劳动模范。1965 年 6 月生,1982 年进九江国棉一厂当细纱挡车工。她热爱本职工作,苦练操作技术。在较短的时间内练就过硬的操作本领,接头、换纱速度快、质量好、动作标准,接头 28 秒无白点,换粗纱 34 秒无白点,均达全优水平。5 年里,她用“滚雪球”的方式带学员 134 人,操作技术均达优一级水平。1989 年在全国劳动模范和全国先进工作者表彰大会上被授予全国劳动模范称号。

林伟清 广东梅县人。全国劳动模范。1965 年 12 月出生,大学学历,中共党员,江西赣州虔东实业集团公司副总经理。他主持和参与了国家级项目 2 个(星火计划《镧钕金属的研制》、火炬计划《高纯金属铽的研制》),省级项目 2 个(星火计划《钕铁合金的研制》、火炬计划《高纯金属镝的研制》,市级及集团自主开发的项目 23 个。这些项目累计实现产值超过 10 亿元,极大地促进了稀土产业科技化的发展,集团所属的骨干企业“赣州科力稀土新材料有限公司”成为国内最大的稀土金属生产和出口企业。他于 1996 年度被团中央、国家科技部评为“全国星火带头人标兵”,2003 年被授予江西省“五一劳动奖章”,2005 年被授予全国劳动模范称号。

冷文金 江西修水人。省劳动模范。1966 年 2 月出生,现任江西南昌济生制药厂中心化验室主任、高级工程师、执业药师。1989 年 6 月毕业于江西中医学院药学本科专业、理学学士,是年分配至江西南昌济生制药厂参加工作至今。1989 至 1993 年,冷文金从事片剂车间工艺技术工作。成功解决了清凉喉片薄荷脑析出、感冒通裂片、肺宝三效片裂片等系列问题。1993 年,冷文金调入由济生药厂控股的江西南昌济顺制药有限公司,负责化验室的组建和产品检验规程起草工作。1997 年底,冷文金任济生药厂中心化验室主任。冷文金当化验室主任做的第一件事就是维修一台价值十几万元的高效液相色谱仪。经过近一个月的艰苦工作,仪器终于修好了,并且立即在新产品金果含片的开发中发挥了很大的作用。他根据企业的需要,开始了一个个课题的研究。1998 年,他的第一篇学术论文《土温 - 80 与淀粉的联合运用》发表在省级刊物《江西中医学院学报》。他的论文

《HPLC 法鉴别五味子和北五味子》被国家课题“五味子指纹图谱研究”的研究者引用，并在企业实际检验工作中成功运用，杜绝了五味子掺杂情况发生；他发表在国家核心刊物《中成药》杂志上的论文《施肥种类对家种丹参成分丹参酮ⅡA 含量的影响》对指导药材丹参的 GAP 种植有着重要指导意义，被江西省科协评为江西省一等优秀学术论文；论文《辛芳鼻炎胶囊质量标准研究》在全国药物分析学术交流会上被评为优秀论文，《金果含片质量标准研究》被国家药典委员会采用，在 2005 版《中国药典》收载。连钱草是济生药厂主导品种“排石颗粒”处方中主要原料之一，种植连钱草最大的难题是有效成分含量不稳定，为解决这一难题，冷文金顶着烈日奔走在田间地头，与农户沟通；远赴大别山进行调查研究，采集野生连钱草，收集全国各地连钱草样本进行分析。通过大量实验、数据分析，冷文金最终确定了连钱草种苗产地、施肥、采收、储藏条件等基本要素，制定了连钱草质量内控标准，并成功指导连钱草的科学种植。冷文金还通过深入实践调查研究，解决了济生药厂新药“双橘颗粒”原料“化橘红”药材质量问题，提高了经济效益。冷文金多次被评为厂“优秀共产党员”“先进工作者”，江西桑海集团“优秀共产党员”。2005 年，他被评为“南昌市劳动模范”“江西省劳动模范”。

李友礼　江西吉安人。全国劳动模范。1966 年 4 月出生，大学肄业，青原区天玉镇主任科员。他 1998 年从事花卉苗木种植，带动周边村民共同发展花木业，种植面积达四千余亩，带动农户上千户。2000 年成立吉安市景天实业发展有限公司以来，先后获得中国科学林业研究所颁发的“ATP 与 GGR 生根粉推广”一等奖，市政府授予的“农产品流通先进单位”，并获省级龙头企业称号及省级“一村一品”示范点称号。任流坊村村支书后，通过多方争取和自筹资金 200 余万元，修通了长达 7.5 公里的水泥路及 2 公里的人畜饮水渠道，并新建了村务大楼和科技楼，对村子进行绿化美化，开通了有线电视、村级文化书舍、社区娱乐中心和健身场所等设施。2005 年以来，他本人也先后获“全市优秀农村基层干部”“2004 年度种植业标兵”“吉安市杰出人才奖”“吉安市百名农民创业标兵”“吉安市十大农民创业之星”“全国绿化奖章”“全市优秀（社区、居）党支部（党总支、党委）书记”等荣誉称号，并被评为 2005、2007、2008 年度“优秀市人大代表”。2000 年荣获江西省劳动模范称号，2010 年 4 月荣获全国劳动模范称号。

何海花　江西瑞昌人，女。全国劳动模范。1966 年 6 月生。1982 年 11 月，参加工作，中共党员，高中学历，任瑞昌市鸿达纺织有限公司党支部书记、车间主任。自 1983 年进厂一直在麻纺行业工作，作为一名长期在纺织一线的普通职工，多年来，在平凡的岗位上作出不平凡贡献。2004 年评为九江市“创新能手”，所在车间评为市“十大巾帼文明车间”。2005 年获江西省劳动模范称号。2006 年 11 月，出席省十二次党代会。2009 年获省“三八红旗手”。2010 年获得全国劳动模范称号。

吴国林　江西彭泽人。全国先进工作者。1966 年 8 月生。1984 年考入江西师范大学数学系。1988 年 7 月，任教于彭泽县第二中学。中共党员。1989 年获全国优秀教师称号。自 1991 年起，担任高三年级班主任和数学教学工作,在教学工作中注重教学方法,大量业余时间放在研究和提高教学质量上,所带高中毕业班在学校一直名列前茅。当校园安全受到犯罪分子威胁时,临危不惧,挺身而出,即使身负重伤,仍与歹徒英勇搏斗。1995年被评为江西省劳动模范。1995年4月10日,被授予全国先进工作者称号。

刘继红 江西吉水人。省劳动模范。1966年12月出生,高中学历,江西杰克机床有限公司退休职工。作为一名普通职工,始终工作在一线,在平凡的岗位上结合工作实际,钻研技术。自参加工作以来,在她直接带领和推动下,累计完成新产品研制30款,其中国际先进水平两款,国内空白20款,创造经济效益达600多万元,为企业的快速发展作出了贡献。本人2010年荣获吉安市劳动模范称号,是年11月荣获江西省劳动模范称号。

胡乐辉 江西宜丰人。省先进工作者。1966年12月出生,本科学历,中共党员。1987年8月至2003年9月,先后任宜丰县车上乡武装干事、党委委员、武装部长,天宝乡党委委员、武装部长,新庄镇党委副书记,芳溪镇党委副书记、镇长,敖桥乡党委副书记、乡长、党委书记、人大主席;2003年9月任中共宜丰县委办公室正科级干部、鑫龙企业集团党委书记,其中2003年9月至2005年4月兼任鑫龙企业集团副总经理;2005年4月任中共宜丰县委办公室正科级干部、黄岗山垦殖场党委书记,其中2006年6月至2007年1月兼任黄岗山垦殖场场长。该同志在黄岗山垦殖场工作期间,坚持抓好"三个好的经营"(经营好资源资产、经营好财政收入、经营好黄垦品牌),实现"三个转变"(场长负责制向党委领导制转变、经营管理职能向政府职能转变、国有职工向社会自由人转变),实施"四大工程"(国有农垦企业改制、危旧房改造工程、"一河两岸"建设工程、九天生态旅游工程),并成立"三助"(助困、助残、助学)救济基金会,使全场工农业总产值、财政收入逐年较快增长,社会事业长足发展,场区面貌日新月异。2009年获江西省"五一劳动奖章";2010年获江西省人民政府授予的"江西省先进工作者"称号。

刘志捷 江西瑞金人。全国先进工作者。1966年出生,大学专科学历。瑞金市环境卫生管理局,局长,中共党员。刘志捷2005年7月被任命环卫局局长时,面对"装备不足,资金不够,士气不高,人心不齐"的局面,团结带领全体干部职工,克服困难,扎实工作,很快就改变了落后的面貌。在2008年,一场百年不遇的雨雪冰冻灾害袭击了红都瑞金,特别是临近春节,垃圾中转站因停电陷入了瘫痪状态,腥臭的垃圾堆积如山,不能及时清运出城,市民怨声载道,投诉电话、信访件不断。他顶着社会各方面的压力,一边与局领导班子商讨对策,一边亲临现场,组织人员清理积压的垃圾,为保证市民平安、祥和地过好春节做出了突出贡献。2010年评为全国先进工作者。

吴希明 福建邵武人。全国劳动模范。1966年生,中国直升机设计研究所总设计师。吴希明1984年毕业于南京航空航天大学(前南京航空学院)直升机专业,在所工作26年来,他无论身为普通设计员还是位居总设计师岗位,始终怀抱航空报国信念,为发展我国的直升机技术做出了重要贡献。1984 年，吴希明大学毕业，怀着航空报国的理想，来到位于三线的中国直升机设计研究所。他从普通设计员到研究室主任、副总设计师直至总设计师，一步一个脚印，一干就是 20 年。他先后参与了“八五”“九五”“十五”课题的预研工作，主持了诸多我国自主研制的直升机型号的研制工作。他独立完成的计算机辅助设计系统，首次应用于某型号的数字化全机理论外形设计，填补了我国直升机领域的 CAD/CAM 空白。作为国家重点型号的第一副总设计师、总设计师，为该型号顺利实现重大节点作出了贡献。他带领同事一起开创了中国直升机研制“探索一代、预研一代、设计一代、生产一代”多型号并驾齐驱的新局面，为实现中国直升机由仿制到自行设计的飞跃作出了突出贡献。吴希明曾参与直 8、直 9 武、直 11 等型号的研制并取得突出成绩，先后担任直 10、直 19 等重点型号的总设计师。荣立一等功 2 次。4 次获省部级以上科技成果奖。首批“新世纪百千万人才工程国家级人选”“国防科工委 511 人才”“江西省突出贡献人才”。当选第 15 届“中国十大杰出青年”“2004 年度中国十大科技新闻人物”。2010 年获“全国劳动模范”称号。

何 奇 江西安远人。全国劳动模范。1967 年 4 月出生，1989 年 7 月参加工作，1997 年加入中共。昆明工学院计算机及应用专业毕业，本科学历，高级工程师。1985 年 9 月至 1989 年 6 月，在昆明工学院计算机及应用专业学习；1989 年 7 月至 1991 年 1 月，在德兴铜矿大山选矿厂电仪科任技术员；1991 年 2 月至 1999 年 5 月，任德兴铜矿电仪工段技术员、仪表工程师；1999 年 6 月至 2006 年先后任德兴铜矿大山选矿厂电仪科仪表工程师；1999 计算机室主任、仪表高级工程师；2006 年 5 月起，任江西铜业集团公司德兴铜矿大山选矿厂厂长助理、仪表高级工程师。参加工作以来一直在生产一线从事计算机控制系统的引进、消化、吸收、设备改造和日常维护等技术管理工作，在德兴铜矿三期工程、7500 吨/日改扩建、新增 2. 25 万吨/日半自磨系统等各个项目建设、投产和日常维护中，主持、参与完成了几十项科研技改项目，为矿山建设作出了突出贡献。其中《大型选矿厂生产过程实时监控与信息管理系统》获湖南省科技进步二等奖；《大型选矿厂磨浮控制系统的集成与开发》获中国有色金属工业科学技术二等奖、江西省科学技术三等奖。曾获省青年岗位能手、省优秀师徒等荣誉称号，连续多年评为江西铜业集团公司劳动模范，2000 年评为江西省劳动模范、全国劳动模范，2006 年享受省政府特殊津贴，北京 2008 年奥运会火炬接力江西瑞金站火炬手，2009 年评为江西铜业集团公司成立 30 周年“十大功勋员工”。

向含光 湖南双峰人。全国劳动模范。1967 年 5 月出生，永新县林业公司工会主席，技师。他在条件最艰苦的林场工区从事一线生产 20 多年，每逢林场火险高发季节，不分昼夜巡逻在林区内，甚至在巡防途中被毒蛇咬伤，也自觉坚守岗位。2005 年以来，主动与林场的年轻同志结对子，进行技术传帮带，使林场的许多年轻同志成为了技术骨干。他注重工作创新，在打枝、加大间伐强度、施肥、斩杂、打穴等林木抚育关键技术上探索出了比较科学的技术要领，在林业系统得到了推广应用，解决了以往林木生产的技术瓶颈。特别是在杉木速生丰产培育技术项目上进行技术创新，收到了明显成效，据抽样对比调查，三湾林场近 2 万亩幼林中，每亩蓄积量增长 2. 8m^3，且材质优良。他本人也先后获得“湘粤赣三省联防先进个人”、吉安市第三届“十大杰出人才”“江西省劳动模范”等荣誉称号。2010 年 4 月荣获全国劳动模范称号。

顾井红 江苏东台人,女。全国劳动模范。1968 年 7 月生。1985 年 8 月,参加工作。1992 年从九江化纤厂下岗。1998 年任琪雅化装品九江分公司经理。1999 年自筹资金成立九江琪雅职业技能培训中心,发展分店 20 余家,解决就业岗位 300 多个。2001 年被评为九江市三八红旗手。2002 年被共青团中央及劳动和社会保障部授予“全国优秀青年兴业领头人”。2003 年获全国城镇妇女“巾帼建功”标兵和“全国财贸轻纺系统扶持再就业带头人先进个人”称号。2004 年 8 月,获全国再就业先进个人称号。所创办实业被全国总工会命名为“下岗职工自主创业或集体创业示范点”。2005 年 4 月被授予全国劳动模范称号。

刘卫红 江西吉安人。全国劳动模范。1968 年 11 月出生,中共党员,大学本科学历,江西吉安供电公司输电线路分公司副经理,技师。他 1991 年毕业分配到江西吉安供电公司,一直从事线路运行和检修工作。18 年来,他在技术创新、劳动竞赛以及合理化建议中成绩显著,并荣获多项荣誉。2005 年以来先后获公司“创一流供电企业工作先进个人”“十佳生产服务人员”“劳动模范”等荣誉称号;2007 年被评为“省电力公司第二批优秀技能人才”,并被省公司聘为输电线路专业培训师;2008 年获“国家电网公司生产技能专家”荣誉称号,被省公司聘为输电线路专业首席技师;2008 年获省委、省政府授予的“抗冰救灾先进个人”荣誉称号;2010 年 1 月获省政府授予的“优秀技能人才”荣誉称号。是年荣获全国劳动模范称号。2012 年当选党的十八大代表。

王尽忠 江西永新人。省劳动模范。1968 年 12 月出生,大专学历,工程师,中共党员。1988 年 9 月至 1990 年 7 月在江西医药学校药学专业脱产学习;1990 年 7 月至 2001 年在江西黄岗山制药厂任技术员、制剂车间副主任、生产副厂长、工会主席。2002 年至今任江西华太药业有限公司生产副总经理、生产部长、党总支书记。在从事药品生产、开发、研制工作中,曾多次获得上级授予先进工作者称号。他参加研制的右旋糖酐铁片获省经委颁发的 1993 年省优秀新产品三等奖;1999 年,绞股蓝皂甙提取新工艺及胶囊产品开发获省医药科学技术进步二等奖;右旋糖酐铁原料药的开发与生产获 2004—2005 年度宜丰县科学技术进步一等奖,右旋糖酐铁分散片开发与生产获三等奖;参加中药新药金丹妇康颗粒的研制与生产创新项目,2006 年 2 月获国家科技部科技型中小企业技术创新基金颁发的立项证书。2005 年获江西省人民政府授予的“江西省劳动模范”称号。

陈义华 湖北黄梅人,女。全国劳动模范。1968 年生。1984 年 6 月,参加工作,任九江国棉一厂细纱车间挡车工。虚心学习,吃苦耐劳,被推荐为该厂“八闯将小组”第四代组长。1994 年 3 月,被九江市人民政府授予劳动模范称号。是年 6 月加入中共。1995 年 3 月,被江西省人民政府授予劳动模范称号。是年 4 月,被国务院授予全国劳动模范称号,出席全国劳动模范表彰大会。1998 年参加中国工会第十三次代表大会,受到中共中央总书记、国家主席江泽民邀请,到中南海参加全总新一任领导班子和 8 位职工代表座谈会。1999 年 1 月,当选九江市第十一届人民代表大会常务委员会委员。同年,选送中国工运学院社会工作专业劳模本科班学习。2003 年 7 月,中国工运学院毕业。是年 10 月,任九江市纺织集团公司党办副主任。同年,当选江西省总工会第十一届委员会委员。

龚德凌　江西芦溪人。全国先进工作者。1969 年 6 月出生,现任芦溪县源南学校党总支书记,他在山区学校扎根了 30 余年、担任书记校长 20 余年,有着 24 年党龄的龚德凌,始终牢记宗旨,不忘初心,他不管做普通教师,还是当校长,当支部书记,都始终保持一个共产党员的本色,做到廉洁自律,率先垂范,以校为家,从不搞特殊化。他从未离开过三尺讲台,成绩一直是名列所任学科前茅,是教学的排头兵。由于龚德凌成绩突出,他先后被评为省先进工作者、优秀党务工作者、全国先进工作者、全国第三批科学发展观先进典型、全国最美家庭等 40 多项荣誉,受到了胡锦涛、习近平等党中央和国家领导人的亲切接见,他的先进事迹先后被中央电视台,新华社、人民日报、光明日报等中央和省级媒体集中报道。

吴晓华　江西石城人。全国劳动模范。1969 年 12 月出生,大学,中共党员,江铃齿轮公司下属于都江铃齿轮公司技术副总经理。1993 年南昌大学机械制造毕业后分配至江西江铃齿轮股份有限公司。他工作上严谨高效,技术上精益求精,凭着爱岗敬业、刻苦钻研的精神,成功主持设计开发了"全顺""奇瑞""吉利"等变速器 190 多项,其中 JC824 系列产品属全国首创,荣获江西省优秀新产品称号和江西省合理化建议和技术改进重大成果二等奖;"奇瑞""吉利"变速器产品实现销售收入达 3 亿多元。2002 年江铃齿轮公司下属于都江铃齿轮公司技术副总经理。积极推广应用新技术、新工艺,大力拓展国外市场,开发新产品 43 种,20 种已实现批量生产和销售,使于都江铃公司由原只生产摩托车齿轮转为生产轻卡车和轿车齿轮,并在上年亏损 250 万元情况下,2003 年实现盈利 70 万元。他先后被授予赣州市革新能手、技术拔尖人才、技术明星、优秀共产党员、明星职工称号;荣获江西省和赣州市劳动模范、江西省十大杰出青年岗位能手、江西省企业青年职工创新工作先进个人、全国"五一劳动奖章"、江西省"五一劳动奖章"、全国青年岗位能手等荣誉称号。2005 年获全国劳动模范称号。

周　洁　江西都昌人,女。全国劳动模范。1969 年生,周洁对工作兢兢业业,从不分份内份外,从不计较个人得失,哪里需要,她就出现在哪里;她虚心学习、刻苦钻研、对技术精益求精,善于动脑,灵活运用专业理论知识和实践经验,指导分厂的技术工作,解决技术难题,开发许多高新产品。公司进行的设备技术改造项目时,她成为引进设备技术资料的义务英语翻译,遇上攻关难题,她总是主动请缨,忙碌在生产第一线,进行周密的调查、研究,直攻克难关为止。为企业创造经济效益作出了突出贡献,受到同事们的称赞和上级部门的多次嘉奖。

向　东　江西德兴人。全国劳动模范。1970 年 2 月生。1992 年从部队退伍后参加邮电工作。在电话、宽带维护与营销工作中,主动放弃节假日加班加点近 400 天,装机移机 2 万多部,维修障碍

4000多处,收到用户表扬信近百封。成为群众心中的服务品牌,在平凡的工作岗位上做出了不平凡的业绩。“九八抗洪”期间,带领同事不分昼夜穿梭于机房与大堤之间,保证了300多部防汛电话畅通无阻。在平凡的工作中,视用户为亲人,随时上门为用户服务。1998年被评为江西省抗洪先进个人。2001年获全国“五一劳动奖章”,为省劳动模范。还先后获江西省新形象楷模、全国邮电服务标兵和中央企业优秀共产党员等荣誉。2003年受聘兼任江西省电信有限公司九江市分公司公众客户部经理助理。2004年7月“向东班”成立,任“向东班”班长。2004年9月28日至10月1日,应邀在京参加国庆55周年系列庆祝活动。2005年4月被授予全国劳动模范称号。是年,“向东班”被选树为中国电信争创学习型班组的典型。2006年3月,向东班和九江职业大学学生合作创办向东班爱心家教协会。2007年5月14日,被省党代表会议选举为中共第十七次全国代表大会代表。2009年12月,获“新中国60年来江西60位最具影响力的劳动模范”称号。2010年7月,中央文明办、民政部、中国残联联合授予向东班爱心家教协会2010年度“全国志愿助残示范基地”称号。

江满凤 江西遂川人,女。省劳动模范。1970年8月出生,井冈山旅游发展总公司龙潭景区管理处保洁员。她是红军烈士的后代,1997年到龙潭景区一直从事卫生保洁工作。经她传唱的《红军阿哥你慢慢走》已成为电视剧《井冈山》的插曲,并应邀参加中央电视台《心连心》《星光大道》等节目的录制。无论到哪里,她都要献上《红军阿哥你慢慢走》。她不仅为来到龙潭的党和国家领导人唱过红歌,且十余年坚持为游客义务献歌。本人连续5年获总公司先进工作者,2005年获市旅游局、旅游协会十佳服务员,2007年获井冈山管理局先进个人,2010年荣获吉安市劳动模范称号,2010年11月荣获江西省劳动模范称号。

夏唐辉 江西兴国人。全国劳动模范。1970年出生,大学专科学历。中共兴国县高兴镇长迳村支部书记。夏唐辉在新农村建设当中,他带领村委会一班人,坚持用企业精神来培养新型农民,提高农民素质、增强致富能力;坚持用企业经营理念打造农业生产品牌,实现高产高效增加农民收入;坚持以人为本改善村民生活环境;坚持科学发展,充分实施新农村标准人;坚持民主管理,从树制度、抓公开、多协商入手,让群众决断,让群众监督。按照社会主义新农村建设的“生产发展、生活富裕、乡风文明、村容整洁、管理民主”的目标,努力探索贫困地区新农村建设的新路子、创造了经验、树立了典型,成为全省新农村建设的典范。2010年被评为全国劳动模范。

颜　琴 江西南昌人,女。全国劳动模范。1970年生,中共党员,江西棉纺织印染厂二后纺车间挡车工。后任江西省工会干部学校副校长。她进厂10年来,吃苦耐劳,勤奋工作,每天坚持提早30分钟进车间做清整工作,在做好自己本职工作的同时,总是协助小组或班里工作,帮助处理“开花”机台,经常是下班红灯亮了,还在弄档里帮忙。1994年她怀孕几个月了仍坚持上机台,在产后假期还有40余天时,又到车间工作。她苦练操作技术、精益求精,操作技术日益精湛。1992年,她在全省青工技术大会比武中夺得总分第一,荣获桂冠。她带的40余名学员,多人获得操作能手称号。1995年被国务院授予全国劳模称号。

肖章瑛 江西吉安人。全国劳动模范。1971年6月出生,高中学历,吉安县横江镇副镇长。他现任横江葡萄合作社理事长。在他的带动下,横江葡萄产业实现了从无到有、从小到大、从大到优的发展,成为吉安县的一大富民产业,种植面积达3万余亩,种植户人均增收超过2000元,并带动了吉水、泰和、新干、井冈山等相邻县市20多个乡镇发展葡萄产业,成为吉安市农业产业化的一个榜样。今年,吉安县又借横江葡萄产业化的有利条件,推出横江葡萄生态休闲观光旅游圈,这将大大提升横江葡萄的附加值,预计可使葡萄种植户人均再增收300元。吉安县横江葡萄合作社先后获得"吉安市示范合作社""吉安市标兵合作社""江西省示范合作社""江西省标兵合作社"等荣誉称号。他本人也先后获得"吉安市杰出人才奖""江西省优秀共产党员""吉安市优秀共产党员""江西省十大创业先锋""吉安市优秀村党支部书记""江西省突出贡献人才""江西省劳动模范"等荣誉称号。2010年荣获全国劳动模范称号。

邹 毅 江西赣州人。全国劳动模范。1971年12月生,大专文化,1989年3月参加工作,1999年6月加入中共,现任江西新世纪汽运集团有限公司客运一分公司驾驶员。邹毅能够自觉加强政治理论学习,刻苦钻研技术,在旅客运输工作中他积极走联合经营、组大组强的道路,为企业的两个文明建设做出了突出贡献。2001年投入营运车辆5台,营运线路扩展到赣州至长沙、长乐、泉州、福州等地,全年上缴各项规费896000元,为企业的生存和发展做出了贡献。于1999年荣获江西省"五一劳动奖章",2000年荣获全国、江西省、赣州市劳动模范称号,并出席了全国劳动模范和先进工作者表彰大会。2001年,他又光荣地评为江西省优秀党员、并选为赣州市党代会代表,成为公司在市场经济形势下的杰出代表。

刘 燕 江西南昌人,女。全国先进工作者。1971年生,刘燕自1989年毕业分配到医院后一直从事临床护理工作,20年的护士生涯,她一直遵循着:一切为了患者,一切服务患者的宗旨,以勤勉、敬业、爱岗、任劳任怨,维护了白衣天使的圣洁形象。其本人及所带领的科室从未发生过任何医疗差错,受到病人、家属和医院工作人员的一致好评。2005年4月获"全国先进工作者"光荣称号,2007年10月光荣地出席了党的第十七次全国代表大会。

袁政海 江西南昌人。全国劳动模范。1971年生,他从一个普通工人到一位精通模具制造、有6项操作技能的蓝领技师,再到一位熟悉车间管理、精通模具设计、了解数控编程、掌握计算机技术的复合型高技能人才;从享受国务院政府特殊津贴的工人专家到国家级袁政海技能大师工作室的挂牌,他干一行爱一行,爱一行精一行,书写着蓝领的骄傲。他获得了"全国中华技能大奖","全国技术能手",全国、省、市、公司劳动模范、省、市"五一劳动奖章"等20多项荣誉;他23岁取得了技师资格证书,27岁就成为时年最年轻的、"全国中华技能大师""全国技术能手"、高级技师;他不仅精通钳工,还同时持有6项操作技能的上岗证;他直接参与的技术改进项目41项,其中5项荣获公司技术进步奖;他所在的班组被授予"全国五一劳动奖状""全国工人先锋号"等荣誉称号。

马小立 天津市人,女。全国劳动模范。1972年9月生,1987年1月参加工作,九江针织总厂制衣车间(九江针织服装集团有限公司制衣三公司)挡车工。工作中认真钻研技术,成为制衣拷克车操作能手,熟练掌握双针车、三针车、打眼、钉扣车等多车种操作技能。1995年团结本车间工人承担省外贸服装订货任务,高质量、高水平完成,使外贸出口上升20.5%。1997年被评为全省劳动竞赛先进个人。1998年获江西省"五一劳动奖章",评为九江市劳动模范。1999年全车间服装制成品产量达399.9万件,同比增长38.4%。同年获全国"五一劳动奖章"。2000年4月20日,被授予全国劳动模范称号。同年9月,选送中国劳动关系学院劳模本科班学习。

谢　瑶 江西赣州人,女。全国先进工作者。1973年3月出生、大专学历,中共党员、赣州市市容环境卫生管理处文清路清扫班班长。她从事环卫工作以来,严格要求自己,善于管理。要求全班做到的,她总是首先做好。她每天清扫保洁时拣难的、挑重的。她针对文清路地处繁华的商业闹市区门店多、摊点多、人流量大的特点,改进清扫方式,调整工作时间,率先实行了全天保洁制,确保了文清路始终保持一流的市容环境卫生水平。她在1999年被国家建设部评为全国建设系统先进工作者;2000年获江西省"五一劳动奖章";2002年获全国"五一劳动奖章";2004年获全国三八红旗手;2005年获全国先进工作者称号。

王桂英 江西吉安人。全国劳动模范。1973年7月出生,大专学历,中国电信股份有限公司吉安分公司响应服务中心高级技术经理,助理工程师。她15年如一日,带领一帮年轻人,为全市党、政、军、金融保险等重要客户提供强有力的通信网络保障,赢得了社会各界和广大客户的称赞。2005年以来,她先后荣获"江西省劳动模范""江西省电信公司非大客户渠道优秀服务人员""吉安市青年岗位能手""江西电信先进女员工""江西省女职工建功立业标兵""中国电信集团维护骨干"吉安市"十大杰出青年"等荣誉称号。2010年4月荣获全国劳动模范称号。

陆永兰 江西永修人,女。全国劳动模范。1974年4月生。1990年4月,入九江国棉一厂当细纱挡车学徒工。她坚持理论与实践相结合,总结了一套"细纱挡车工操作巡回法",全面提高挡车工接头效率。1992年,任全国先进班组"八闯将小组"副组长。1994年在九江市首届青工操作运动会上获第三名。1996年考入江西省纺织技校。1998年毕业后,任"八闯将小组"组长。是年,被评为九江市优秀共青团员、全国纺织巾帼建功标兵。1999年,加入中共。2000年后,又先后被评为市"九五"双争立功生产操作能手、市劳动模范、省劳动模范、全国纺织行业劳动模范。2001年7月,随企业改制重组,入江西海扬纺织集团友兴公司,任公司共产党员先锋机台责任人,并连年被评为公司标兵最佳操作能手。2005年4月,出席全国劳动模范表彰大会,被国务院授予全国劳动模范称号。2008年2月,当选九江市出席全国第十一届人民代表大会代表。同年3月,选送中国劳动关系学院劳模本科班学习。2010年调入市总工会职工学校。

熊志红 江西南昌人,女。全国劳动模范。1975 年出生,大学专科,江西化学纤维厂细纱车间工人。她乐于助人,吃苦耐劳,在平凡的工作岗位上干出了不平凡的业绩,1995 年评为厂高产能手。她刻苦学习技术,创新了一种更快、更准、更轻松、更优美的操作接头法,她的操作技能在企业连续两年排名榜首。1998 年操运会比赛,全面操作测评成绩 99.12 分,单项接头成绩 31'42/10 根,得分 100.86 分,在优一级行列仍排名第一。多年来,她坚持每班提前半小时接班,一年累计比别人要多干 132 小时,7 年来为企业多创造财富 120 多万元,重视产品质量,坚持把"质量第一"的意识融化在行动上,做到连续两年纱质量一等一级以上率达到 100%。2000 年被国务院授予全国劳模称号。

张 波 籍贯不详。全国劳动模范。1976 年生,洪都航空工业集团公司 660 所所长、研究员级高工。张波主持完成了东海、南海、北海舰队多型现役导弹的动力系统改装延寿工作,使产品恢复了作战值班能力;在"9910"工程中,圆满完成了某检阅装备的研制工作任务;作为国家某重要型号的总设计师,他带领设计师系统,解决了多项关键技术,出色完成了该型号从方案设计到试验各阶段的研制任务,顺利进入型号设计定型研制阶段,创造了空军新型武器装备研制史上多个第一。"十五"期间,张波还率领全所职工开展多个国家背景预研项目的研制工作,攻克了许多技术难关,使预研项目研制取得长足发展,为"十一五"国防武器装备的发展做出了贡献。张波先后获中航第二集团公司科技奖励 2 项、中航第二集团公司劳模称号 2 次、国资委中央企业劳模称号 1 次、全国劳模称号 1 次、国防科工委个人一等功 1 次、中航第二集团公司一等功多次等多项嘉奖。

徐红建 浙江建德人,全国劳动模范。1977 年 12 月生。1995 年高中毕业,为武宁县甫田乡茶棋村农民。中专学历。甫田乡茶棋村 13 组,是 20 世纪 60 年代末从浙江迁来的移民组。1999 年徐红(鸿)建经营的果园被评为"九江市十大农村青年示范基地"。2000 年起,在他的示范带动下,开山种果,使昔日荒山荒坡变成花果山。2001 年加入中共。他自费订购数十种农业科技报刊,办起家庭资料室,供村民们免费传阅;以果园当课堂、果树当教材,无偿传授果树栽培技术;对困难户,低价或无偿赠送果苗,及时上门指导并做到包栽包活。果树苗先后送到全县 19 个乡镇,支持、扶助、指导全县 5000 多农户发展果业生产。并领头成立武宁县甫田平尧水果购销专业合作社,实行"五统一"经营,有序发展。他还多方努力改善村民生产生活环境。在他的带领下,村民们思想更加开放,科技致富意识更强,开展"果—蔬—粮—鱼—猪—沼气"等立体经营,村民收入逐年提高,2003 年全村共发展果园 3670 亩,库湾养鱼 300 亩,人均出栏生猪 4.5 头,人均年纯收入达 4700 元。同年 12 月,获团中央和农业部授予 2003 年度全国农村青年创业致富带头人、青年农业产业化带头人 2005 年评为江西省劳动模范。2006 年被江西省委组织部授予江西省"三培两带标兵"称号,2009 年,全组建果园、办农家乐,观光农业、生态旅游业日益兴旺,共接待游客 3 万多人,人均年纯收入达到 8000 多元。2010 年获得全国劳动模范称号。

刘发根 江西九江人。全国劳动模范。1981 年 7 月出生,2001 年 7 月南昌铁路机械学校铁道车辆专业学习。全国首批高技能人才,被国家人力资源和社会保障部批准为 2008 年享受政府特殊津贴人员,2010年被评为全国劳动模范。2001年8月至今,任南昌南车辆段九江西运用车间任检车员。2005年全国铁道行业职业技能竞赛货车检车员全能第一名,并曾先后荣获全国铁路技术能手、全国铁路刻苦学习岗位成才优秀青工奖,中国青年五四奖章、中国优秀青年技师、江西省优秀高技能人才奖等殊荣,是全国最年轻的货车检车状元。在平时的列检工作中,刘发根干一行,爱一行,钻一行,参加工作9年多时间,累计发现车辆典型故障100余件,取得了安全检车10万多辆、个人安全3000多天的好成绩。他牵头创造的更换K2、K6型转向架L-A、L-B型制动梁的方法,缩减作业时间达20%,所改进的分解组装13A、17号车钩的方法和程序提高作业效率达25%以上。

杨文军 江西丰城人。全国劳动模范。1983年12月生,是中国皮划艇项目运动员,2002年夺得釜山亚运会男子双人划艇500米、1000米冠军。2004年8月在雅典奥运会上与孟关良合作夺得男子双人划艇500米金牌,这是中国选手在皮划艇项目上夺得的首枚奥运金牌。2005年被评为全国劳动模范。2005年,杨文军在第十届全国运动会上为江西赢得男子单人皮划艇100米及500米两块金牌;2006年多哈亚运会男子单人划艇500米冠军;2008年在北京奥运会上与孟关良合作获男子500米双人划艇冠军;2009年,第十一届全国运动会男子500米单人划艇冠军。现任江西省体育局机关后勤服务中心主任。

省总领导简介

潘宗周 1934年1月出生,江西婺源人。中共党员,大专学历。原省总工会副厅级干部。1994年2月退休。

刘金标 1938年10月出生,江西南昌人,大学学历,中共党员。原省总工会主席。2004年6月退休。

吴继恒 1940年6月出生,江西赣县人,中共党员,大专学历。1993年任省总工会经费审查委员会主任、副厅级助理巡视员,中国注册审计师,注册会计师职称。2000年2月退休。

张海如 1946年4月出生,江西宜丰人。中共党员,中央党校大专学历。2003年8月任省人大常委会副主任,省总工会主席、党组书记。2003年11月任省人大常委会副主任、党组成员,省总工会主席、党组书记。2009年12月退休。

宗菊根 1946年1月出生,江西南昌人,中共党员,在职大专学历。2001年10月任省总工会助理巡视员、经费审查委员会主任。2007年3月退休。

李慈葆(女) 1948年5月出生,江西泰和人。中共党员,在职大专学历。1998年8月任省总工会副主席、党组成员。2009 年 1 月退休。

文之周　1948 年 7 月出生，江西永新人，中共党员，大专学历。1994 年 6 月任省总工会党组成员、副主席。2004 年 8 月任省总工会副主席、党组副书记。2012 年 3 月正厅退休。

王运昌　1951 年 1 月出生，中共党员，大专学历。2004 年 8 月任省总工会助理巡视员，2007 年 3 月任省总工会党组成员、副主席。2011 年 9 月退休。

程受锭　1952 年 3 月出生，江西都昌人，中共党员，大学学历，1989 年 10 月起历任省总工会党组成员、组织部部长，副主席，党组书记、主席。2003 年 8 月调离省总工会。政协江西省第十届委员会常务委员。

李　骥　1953 年 4 月出生，江西南昌人，中共党员，大专学历。1996 年 5 月任省总工会党组成员、组织部部长。1997 年 1 月任省总工会副主席、党组成员。2008 年 5 月任省总工会巡视员。2008 年 11 月任省总工会巡视员，省教育工会主席。第十届江西省政协常委、社会和法制委员会副主任。2013 年 10 月退休。

王运快　1955 年 9 月出生，江西鄱阳人，中共党员，中央党校大学学历。2007 年 3 月任省总工会党组成员、经费审查委员会主任（副厅），2012 年 2 月任省总工会党组成员、经费审查委员会主任，2012 年 4 月任省总工会党组成员、副主席。2015 年 11 月退休。

姚亚平　1955 年 11 月出生，江西南昌人，研究生学历（博士后），中共党员。2008 年 5 月任省人大常委会副主任，省总工会主席；2012 年 2 月任省人大常委会副主任，江西省委宣传部部长，省总工会主席；2012 年 3 月任省委常委、宣传部部长，省总工会主席。2012 年 4 月调离省总工会。

柯进水　1956 年 5 月出生，江西玉山人，中共党员，在职研究生学历。2006 年 8 月任省总工会党组成员、纪检组长，2008 年 5 月任省总工会党组成员、副主席，2016 年 4 月任省总工会巡视员，省教育工会主席。2016 年 8 月退休。

傅卓成　1957 年 12 月出生，江西进贤人，1974 年 11 月参加工作，中共党员，中央党校大学学历。2000 年 9 月至 2003 年 9 月任省总工会党组成员、副主席。2013 年 4 月至 2015 年 4 月任省总工会党组副书记、副主席（正厅级）。2015 年 4 月至 2017 年 1 月任省总工会党组书记、常务副主席。2017 年 1 月至 2018 年 1 月任省政协社会和法制委员会副主任。2018 年 1 月任省政协社会和法制委员会主任。

郭学勤(女) 1959年1月出生,湖南南县人,中共党员,在职研究生学历,管理学博士,研究员级政工师。2003年8月任省总工会党组成员、副主席。2008年5月任省总工会党组副书记、常务副主席(正厅)。2013年4月调离省总工会。

陈文明 1960年2月出生,江西永新人,中共党员,在职大专学历,政工师。2008年5月任省总工会党组成员、副主席。2018年6月任省总工会巡视员。2019年6月任省总工会一级巡视员。2020年5月退休。

吴海平 1965年4月出生,江西余干人,1987年7月参加工作,中共党员,大学学历,工学学士。2009年11月起任省总工会党组成员、副主席。

荣誉名录

（含全国、全省“五一劳动奖状”名单）

全国劳动模范

1995 年全国劳动模范名单

张泗存	梅继友（女）	陈义华（女）	白　洁	彭世行	彭桂林
陈维生	陈雪峰	肖平华（女）	王兴城	汤水源	马福茂
黄美红（女）	姜细英（女）	陈友太	范春生	章九根	郑义强
许正国	唐爱新	刘学日	李有章	张果喜	吴彩云（女）
袁耀辉	谢元藻	王继承	魏长福	胡达寿	郭和根
梁大森	熊林根	方金旺	颜　琴（女）	何恒心	曹罗生
邵玉琴（女）	于龙江	凌敬刚	陈嘉珍	李咸龙	黄德涛
罗林妹	胡新华	刘金林	项勤星	方水生	万河保
张仁泉	邹菊花（女）	王斗斌	郑森林	熊焕逊	刘谟祥
潘旺发	朱义财	张理高	莫尚信	万绪保	

2000 年全国劳动模范名单

石　屏	何　奇	朱照友	左小星	熊林根	杨红兰（女）
熊志红（女）	张文标	马小立（女）	杨金槐	艾早红（女）	王湘萍
涂建民	甘公荣（女）	李全红	何云招	孔春妹（女）	罗义华
邹　毅	周兰华（女）	高建平	李洪应	杨石根	周　慧
倪风华	王熙晏	金回香（女）	肖文金	雷亮福	杨灿龙
谢柏华	曹国洪	曹长员	黄兴中	华福寿	熊启东
敖思祥	徐等福	邓宜星	黄正瑞	罗玉英（女）	聂自根
皮桂娣（女）	高喜风（女）	费成益	吕小云	高志俊	韩光海
吴木根	郭荣英（女）				

2005 年全国劳动模范名单

袁政海	何长生	向　东	陆永兰（女）	戴朝党	胡小梅（女）
徐林生	乐细娇（女）	王建立	刘韶红（女）	苏光滕	潘　皓
刘吉祥	刘向东	徐全龙	蔡吾吉	周　洁（女）	吴　跃
杨跃进	唐勤根	徐建生	区建民	张　波	乐东农
顾井红（女）	邵伙军	高兴泽	吴晓华	林伟清	刘　斌
杜文如	彭志祥	郝来春	施嘉良	黄　平	周　强

邓庆茂	黄泽兰	杨文龙	林锦聪	孙雪亮	魏牛庚
卢国平	曹新国	蔡印生	柳堂新	王步梅	丁友生
杨茂林	钟生针	温国贤	黎友钦	金林生	林远泉
梁仁俊	彭永照	乐细娇(女)			

2010 年全国劳动模范名单

涂仁辉	徐根明	喻春梅(女)	胡开颜	何海花(女)	周桃英(女)
曾茂发	吴希明	彭军明	李　珍(女)	钟思能	谢传杰
管运江	邹　峰	叶军平	杨玉梁	刘卫红	王桂英(女)
卜臣民	刘发根	章美兰(女)	徐桂芬(女)	王治卿	邹　勇
余　枫	彭小峰	张华荣	吴　涌	占学银	吴方辉
胡赣萍(女)	王　勤(女)	温丽娜(女)	徐志群	向含光	黄　燚
魏云龙	徐红建	邹敦福	谢冬生	刘仓成	夏唐辉
潘国然	姚小平	谢木兰(女)	肖章瑛	刘应龙	李友礼
陈国顺	朱晓华	邓水根			

全国先进工作者

1995 年全国先进工作者名单

邱安英(女)	甘大良	曾美玲	吴国林	左福士	林烈如
张瑞祥	李盛光	杨思齐	刘浩元	钱怀璞	童报春(女)
王运遂	杜桂英(女)	彭宣宪	卢春龙	陈少平	

2000 年全国先进工作者名单

邱娥国	龚腊根	李燕玲(女)	周　伟	涂赞珠	胡福兵
杨耀防	明接盛	高木龙	李小菊(女)	武智理	施华山
陈来生	罗小航	谢金水	陈拱菊(女)	雷亦仲	黄雪刚
江顺德	郭世铁	范华平	覃兆松	江风益	曾昭智(女)
姚忠林	王　跃				

2005 年全国先进工作者名单

柯进水	王建云	张国文	彭　勃	余立生	谢　瑶(女)
刘　燕(女)	任东红(女)	钱茶花(女)	赖德全	罗剑宇(女)	李木生
杨文军	陈清华	饶祥明	于　果	谢国刚	易为民
冯县保					

2010 年全国先进工作者名单

陈勇琦	储符平	熊周勇	陈淼洋	段火香(女)	刘巧云(女)
龚德凌	周健儿	胡　芸(女)	徐宁建	刘志捷	万林生
雷启珍(女)	廖　辉	万良山	程盛旺	徐晤明(女)	王银玉(女)
邱小林	赵会安	朱文保	赖启华	黄正逊	夏文川
毛　敏					

全国“五一劳动奖章”获得者

1996 年全国“五一劳动奖章”名单

王龙雨	李　研	周荣花(女)	朱　炎	张炳耀	薛国华
陈妹妹(女)	吴洋才	刘培才	刘　新	徐宝根	谢世平
邓先滨	陈长明	宋增源	董明坤	封昌玉	曾祥星
江文藻	陈好货	左小星	周盛良	简荣兰(女)	江云龙
潘际銮	刘兴旺	李庆亮			

1997 年全国“五一劳动奖章”名单

邱娥国	龚腊根	蔡　超	成生祥	梅美华(女)	郭金铂
蒋利国	曹罗生	吴太白	王跃明	黄贵纲	蒋　盛
邹永华	陈耀秀(女)	陈建国	刘吉义	杨国良	涂绪珍
饶小平	高木龙	任德清	张德安	乐永红	刘三秋(女)

1998 年全国“五一劳动奖章”名单

李燕玲(女)	孙德柏	郭荣英(女)	喻慧英(女)	范玉昆	郭成贵
胡国清	陈桂香(女)	程元智	陈列君	舒普荣	何爱国
万景球	程子贤	汪畅焰	万建春	马永江	舒建明
何昌明	王英兴	吕忠岳	胡亦忠	李道根	黄路生

1999 年全国“五一劳动奖章”名单

聂水兰(女)	涂永辉	张安平	马小立(女)	袁国伟	杨金槐
鲁建明	汪当时(女)	胡淑华(女)	罗义华	蒋仁光	罗　庆
张荣烈	俞玉泉	李宗顺	聂晓云(女)	王江英(女)	徐建生
王学龙	杨柏云	叶建群	蒋文兰(女)		

2001 年全国“五一劳动奖章”名单

傅荣发	王　伟	徐保根	向　东	黄建明	毛明烈
李元曦	尚江黎	吴晓华	张礼银	张文海	李正亮

陈武金	饶德留	唐勤根	桂顺志	柯黎明	曾宪铤
刘镇芳(女)	熊　捷	邱俊海	王晓岚(女)	杨秀珍(女)	

2002 年全国"五一劳动奖章"名单

周　洁(女)	魏祥荣	陈年代	何　亮	张　勇	魏智素
张　敏	古育萍	严桂兰(女)	林　云	谢　瑶(女)	吴钦蔚
熊旭华	刘海生	周荣华	刘吉祥	陈国荣	徐立新
许全金	肖建伟	邓德海	程晓曙	黄日高	

2003 年全国"五一劳动奖章"名单

袁政海	李凤员	魏牛庚	罗林平	王士南	甘茂盛
王朝东	蔡　炜	杨跃进	谭永香	何茶清	刘芳红(女)
张建生	毛秉华	陈正英(女)	陈国顺	余　健	黎　晴(女)
谢锡云	李木生	吴吉孟	高国兰(女)	韩宏春	

获 2004 年全国"五一劳动奖章"名单

余立生	罗兴达	熊周勇	刘纯广	屈　勇	钟小平
杨翠钿(女)	刘韶红(女)	鲍洪昌	黄东巨	周绍良	柯进水
彭佑相	徐建新	曾加兴	赖德全	罗剑宇(女)	黎　勇
饶伟生	孔　耿	常庆华	李文峰	杨国华	温铁成

授予 2005 年度全国产业技能比赛八工种第一名选手全国"五一劳动奖章"

刘发根

2006 年全国"五一劳动奖章"名单

邓武明	涂仁辉	李书学	熊才卫	刘玲玲(女)	肖建军
曹启敏	徐绪林	朱德强	卜臣民	蔡尔萍	吴谋勇
罗道生	姜桂平	丁孝松	曾吾德	何晓晖	程盛旺
易美华(女)	邱小林	蔡耀辉	艾　波	赖启华	魏丽(女)

2007 年全国"五一劳动奖章"名单

熊文清	王启桂	车向阳	李　平	朱文保	雷辕生
江期绪	孙伟民(女)	谢传杰	廖　辉	杨丽明(女)	刘友爱
杨国香(女)	黄永久	邓玉梅(女)	陈济庭	黄晓云(女)	王安维
黄卫星	赵会安	王锡高	黄桂章	刘发根	龙建军

2008 年全国“五一劳动奖章”名单

陈勇琦	邓水根	曾光辉	骆　霞(女)	谢建国	曾康华(女)
钟思能	万　琳(女)	巫绍武	张日雄	齐成农	刘海霞(女)
王见生	郡素芬(女)	张当威	张佰花	孙燕明	李文华
何雄斌	汤赛南	徐桂芬(女)	王少锋	邓必清	万志群
黎　军	徐朝晖	陈小杰	毛日峰	管运江	喻家凯
王　奎	江玉新	朱　平	黄快生	黄荣智	

抗震救灾重建家园先进职工全国“五一劳动奖章”获得者名单

邓志锋	张　剑

2009 年全国“五一劳动奖章”名单

刘　辉	喻春梅(女)	刘东庚	程春如	周泽甫	周俊军
涂翼报	王公兴	胡运生	邹　勇	汪田有	王大明
周全保	龚爱罩	廖小平	严建平	毛日标	龚玉秀(女)
贡建平	林垂都	甘言明	李德平	何华堂	张华荣
简　勤	魏祥朝	陈国林	罗细英(女)	单津辉	谢建辉
朱　青	余忠珍	刘铁林	张士明	唐联圣	顾伍根

江西省劳动模范

1995 年江西省劳动模范名单

南昌市

李国清	秦正根	梁未森	石　屏	范伟烈	邵庐南
谢寒梅	曾庆光	顾久闫	杨长水	李名俊	王松青
赵吉成	彭志勇	郑荷花	李　研	孙　敏	程振立
蔡铁德	袁荷花	张炳耀	韩荣圃	唐三湘	熊红武
宗义全	彭小英	曾报恩	孔沛根	万惠芳	刘秋仙
周荣花	郑小刚	李新莲	魏　建	李新华	曹吉清
刘宗荣	方金旺	王和平	樊树军	龚腊根	曹文锋
贾发顺	熊林根	李树华	熊菊花	喻七妹	郭吉安
饶桂花	衷春华	甘大良	祝接英	王　艺	彭贤诗
刘水英	徐彩花	范顺保	吴忠民	唐月珍	刘士新
吴安禄	曹国洪	杨小标	姚象根	黄香妹	黄建国
熊焕逊	朱玉仿	朱祖银	熊教定	黎大国	谢抚州

邵庆茂	张顺水	顾焕和	刘际高	李锦文	刘成军
徐新思	符炳生	曾荣苟	刘模祥	魏牛庚	罗玉英
邓国平	张德林	赵细光山	陈运授	刘仁新	万绪保
孟　枋					

九江市

周筱华	谭勇福	单金发	梅汉发	聂金富	丁恒美
彭长明	吕庆胜	汪昌炽	唐　军	朱贞元	万仁瑞
曹文恒	李菊华	李能琴	李良炳	张淑芳	刘芝发
郭剑锋	高木龙	屈小红	黄爱英	陈义华	张　进
朱宗明	王福华	陈　元	王进妹	姜瑞明	李承茂
张玉成	倪国树	冯训亚	周光洁	张贱友	李良泉
邹学文	张泗存	顾崇先	刘　强	李成龙	胡梅生
易本彪	杨万根	王先华	吴松源	赵万咬	吴火焰
潘运水	黄水华	汪山林	何泽祥	黄德涛	曹长员
李庆海	邵北山	胡建凡	徐京发	陈荣进	李青山
董柏良	周恩次	夏小华	曹贵匀	李振有	肖茂元
麻莲姣	余传夏	张南生			

萍乡市

谢元藻	周彩萍	黄鲁华	张和平	张木生	王继承
刘梅生	易正云	王建荣	曹罗生	郭水生	伍志萍
朱建华	贺发灿	沈杞生	刘培才	邓正云	李中元
袁书远	糜大萍	何长树	王定敏	张理高	方国强

景德镇市

吴彩云	程金令	蒋利国	胡如岭	聂小才	余忠辉
朱有泉	王忠胜	徐仲华	李红梅	朱开茂	吴田金
刘义责	袁耀辉	许其韩	吴样才	郝来春	余为光
方水生	彭天河	张金水	吴文圣	黄赛英	

新余市

李连牙	施嘉良	卢国林	邹腊生	王荣定	刘学日
赵清章	唐爱新	钟　荣	胡水英	张蠢仔	付富兴
缪全根	夏月莲	陈寿星	胡园根	胡梅芳	喻康瑞
肖志贤	付晓云	杨金根	黄荣华		

鹰潭市

付　芳	许卫东	周盛良	沈华成	陈广生	章星火
彭延辉	苏家璜	江有旺	万河保	王堂发	陶少华
邓叫发	林积新	董顺才			

赣州地区

熊文祥	陈子光	范群鹤	陈雪峰	聂晓珍	郭京平
叶庭富	李均绵	谢增进	曹小清	钟社福	谢达彬
周玄发	谢世平	李寿堂	陈义坤	何英华	黄国贵
刘财发	潘恩树	赖裕彬	訾玉泉	肖平华	王兴城
刘祖清	钟家棚	李仲良	童仕富	吕亚友	庄立嗣
刘德跃	谭洪已	汪小程	赖日添	冯显林	吴玉平
罗林妹	温新根	任　伟	丁克昌	陈扬盛	雷泽德
邓宜煜	王太元	朱秀英	刘立禄	程长发	胡新华
欧寿发	刘元舜	张万洲	谢绍恢	赖荣茂	胡良玲
刘宗祯	廖忠华	黄泽兰	许毓惠	林万缯	王华丽
陈孝荣	袁家财	黄德锦	邹　洁	施崇友	夏海光
蒋立群	谢志明	郑桃芳	黄云彪	廖方红	邹良明
王启明	温勋琦	李桂林	江列牙	夏栋祥	

宜春地区

罗兴生	吴能丰	陈焕辉	吴　勇	吕忠岳	张加根
何礼高	王德定	刘洪财	谢毛生	姜细英	周兰华
罗来兴	卢国华	黄定中	熊守邦	黄远清	辛少参
郭时安	张珍玉	徐席林	揭新亮	王泉龙	陈友太
游飘扬	涂少平	蔡衍金	许东风	郑义强	易烈华
蔡长凡	刘　青	邹荣贵	裴桂保	邬国强	陈康如
漆小生	万细林	范新发	徐海明	王斗斌	陈正生
张云仔	聂小兰	肖忠清	周怀远	邱传兴	罗　斌
邓小洪	龙成保	杨大俭	赖文善	孙有根	刘贤继
晏水根	郑森林	郑新明	鲍六英	郑牛枯	晏共和
张申穗	谢忠仁	刘胜国	吴祥玉	杨泉永	吴绍群
罗乐群	欧阳农生	苏雅国	熊　凌	郑春根	熊大明
左有志	幸友贤	陈桂芳	彭振华	戴欣华	杨仕林
蔡小平					

上饶地区

黎樟才	彭强保	邬世明	罗秋平	魏长福	黄国山
黄守芳	饶绍信	李有章	陈春庆	周光喜	史雨象
彭日良	刘祥厚	周晓云	陈松意	胡少棠	曾美玲
郑柳英	余荣水	胡达寿	乐胜良	杨学霖	彭明安
刘红英	聂玉卿	林建华	王雪明	张继泉	李长财
陈文腾	汪德和	张荣烈	高宏久	杨学钱	刘步金
余新水	杨金标	郑辉其	张国寅	乐显街	何　平
郑国炉	潘旺发	叶清发	徐炳星	李贤柱	廖先龙
金林生	陈连生	余荣炳	胡新华	潘回根	柏　霞
周荣仙	徐有照	卢明满	阮恩江	孙桶庭	钟七级
汪世群	王金保	曾凑明	柴秀林	管中东	郑汉文
刘诗水	张少华	齐余发	邹龙昌	蔡金水	刘国兴
余先胜	程正文	张雨财	程浩山	江炳荣	朱义财

抚州地区

马福茂	黄美红	支龙圣	周善勇	刘小光	龚国龙
赵德福	丁林瑞	吴方勇	齐树根	应冠群	柳跃刚
罗素明	朱佐贤	尧东风	艾银花	潘爱娇	黄元兴
乐国旺	毛金生	魏胜璋	涂绪珍	李信生	刘普华
周洪泉	张仁泉	吴建平	章辉廷	邱友生	刘平安
高年新	吴德胜	鄢其祥	曾水根	方良进	韩光海
余华正	艾银旺	李家骅	潘毓虹	孙苍涛	朱新华
金耀梅	邹菊花	李晓龙	周旺孙		

吉安地区

刘义初	张举松	陈菊庚	胡跃国	罗科发	黄昌彬
王塘香	罗端贤	王家富	张柱平	刘义雄	彭桂林
彭世行	吴新发	李金贤	万华隆	罗文季	罗太珠
欧阳智才	王松生	刘小平	汤有达	曾三芽	罗忠华
陈太发	黄海晶	彭敏之	谢达昆	刘金林	张七芽
李国星	武水根	刘招财	项勤星	刘龙生	刘佐文
何能强	黄长枝	唐丛开	刘斌章	刘任俊	赵福林
胡春苟	高支俊	王细苟	王发苟	曾继华	肖雪仔
姚发宝	邹日根	黄銈泰	李希白	叶为芬	何华球

孙正祥

省　直

张爱平	王龙雨	黄美华	魏瑞池	张克和	刘发根
毛胜飞	胡骏水	孙传道	郑淑芬	姜菊娣	何孝平
韩南炉	秦保珍	刘万国	朱佩文	张善政	

1996 年江西省劳动模范名单

李　研	宋增源	周荣花(女)	刘兴旺	朱　炎	董明坤
张炳耀	封昌玉	薛国华	曾祥星	陈妹妹(女)	江文藻
吴样才	陈好货	刘培才	左小星	刘　新	周盛良
简荣兰(女)	徐宝根	谢世平	江云龙	邓先滨	王龙雨
潘际銮	陈长明	李庆亮			

1997 年江西省劳动模范名单

邱娥国	龚腊根	蔡超	成生祥	梅美华(女)	郭金珀
蒋利国	曹罗生	吴太白	工跃明	黄贵纲	蒋盛
邹永华	陈耀秀(女)	刘吉义	陈建国	杨国良	涂绪珍
饶小平	张德安	高木龙	任德清	乐永红	刘三秋(女)

1998 年江西省劳动模范名单

李燕玲(女)	孙德柏	郭荣英(女)	喻慧英(女)	范玉昆	郭成贵
胡国清	陈桂香(女)	程元智	陈列君	舒普荣	何爱国
万景球	程子贤	汪畅焰	万建春	马永江	舒建明
何昌明	王英兴	吕忠岳	胡亦忠	李道根	黄路生

1999 年江西省劳动模范名单

陈纪如	聂水兰(女)	涂永辉	张安平	马小立(女)	袁国伟
杨金槐	鲁建明	汪当时(女)	胡淑华(女)	罗义华	蒋仁光
罗　庆	张荣烈	俞玉泉	李宗顺	聂晓云(女)	王江英(女)
徐建生	王学龙	杨柏云	叶建群	蒋文兰(女)	

2000 年全省劳动模范名单

南昌市

熊林根	杨红兰(女)	熊志红(女)	余三保	熊和平	张　平
唐三湘	彭小英(女)	陈景雷	熊贤祥	王金珍	周结和
何文林	周南镜	何长生	孙健	张嘉谋	舒跃波
陈文俊	李　强	刘　鹂(女)	杨运良	傅荣发	袁政海

钟建强	余慧萍(女)	张忠华	蔡国林	张　量	施宏梁
徐秋平	丁成芷(女)	邹冬元	陈美兰(女)	崔兆波(女)	蔡厚望
余卓林(女)	张耀民	李星云	李国保	熊细蝉	熊哲民
舒更新	彭严明	龚炳辉	熊　冰	李志民	熊　平
熊　群	李爱玲(女)	曾玉玲(女)	丁　江(女)	徐晓春	郑国许
杜建强	罗玉英(女)	曹国洪	胡细眼	李和祥	公来根
陈运德	张文明	刘冬得	熊中考	胡霄云	李国洪
周天文	晏平德(女)	邓灵机	周　建	高建文	万修林
杨封莹	魏牛庚	魏云龙	万发勇	陈年代	揭保如

九江市

张文标	卢洪万	胡开坪	韩同庆	杨志明	马德福
吴自强	刘彦展	肖　平	夏桂平	沈清元	胡锁柱
曾为民	刘凤姣(女)	周桃英(女)	聂忠华	陈昌万	杨小勇
黄　艳(女)	高兴泽	桂顺志	尚　林	谭丽娜(女)	余培群
陆永兰(女)	赖永才	杨保林	唐小平	陈官民	苗振汉
易红华(女)	曹长员	黄兴中	方裕堂	陈杏华	王忠厚
温景祥	徐　信	洪有女(女)	葛江明	吴和福	曹继安
程华山	李光前	罗宿彭	时腊初	张友凤(女)	郑　平
曹新国	邵国助	陈修厚	涂长水	闵保林	沈德建
孔凡良	饶锡文				

景德镇市

艾早红(女)	万世杰	曾名胜	吴　全	朱文峰	王云华(女)
胡优柱	汪如付	洪青云(女)	洪厚来	叶健敏	符念平
付海华	余小珍(女)	郭水英	杨　明	李小荣	刘火生
华福寿	吴春柳	黄兴宽	王步梅	叶　青	程日龙
徐中元	童月香(女)	汪长河	王之勇	李泉水	

萍乡市

王湘萍	刘天佑	朱忠良	邓春喜	纪洪江	黎爱萍(女)
张忠萍	钟圣谱	戴朝党	刘　智	易祥发	罗　专
李群芳	熊启东	黄成云	郭继生	严天明	陈兴惠
童卫昌	柳堂新	曾纪帆	邓正云	张慈华(女)	吴接富
丁成生	文古庭	刘洪建			

新余市

李全红	何云招	夏罗秀(女)	张永峰	胡海荣	钟崇武
谢水根	胡志勇	郑兴贵	刘启生	邓学云	邹伟清
胡小梅(女)	郑德筛	李小兰(女)	谭自新	张春明	敖思祥
黄天雄	邱新海	钟长凤	周晚牙	丁友生	胡生芽
温连发	罗忠道	周世中	李忠平		

鹰潭市

章星火	孔春妹(女)	李建林	张社喜	高洪建	徐林生
黄放芳(女)	陈羽年	饶品斌	郭天金	吴　鹰	徐等福
杨茂林	童云平	陈花保	曾泽生	陈小青	付雨样
徐辉良					

赣州市

邹　毅	熊文祥	冯幸平	黄　平	姜家坤	李寿堂
胡庭贞(女)	邹光庆(女)	刘世金	方永珑	庄彩云(女)	骆赣英(女)
郭先贵	吴光珠	赵少俊	刘达荃	罗为纲	肖芳麟
李天翘(女)	王加楷	容财华	潘恩树	钟同荣	骆传辉
邓宜煌	黄正瑞	杨赋斌	张先德	谢朗明	兰远顺
朱清能	康遇庆	吴啟茂	钟全钰	刘春生	胡瑞平
周日高	彭志坚	李启全	钟书纯	涂礼淦	周新民
谢善生	谭诗鸿	温永有	张天云	黄清波	丁二秀(女)
袁石发	罗冬发	刘延松	刘林祥	刘小林	龚先洪
吴小华	胡庭芳	陈　伟	谢隆兴	古石明	刘事芳
卢和通	钟生针	黎明福	张会昌	廖行彬	胡水生
温国贤	刘文娥	曾　杰	龚　斌		

宜春市

周兰华(女)	高建平	况冬生	马焕军	时德田	李惕安
龙晓波	施清东	袁　勇	丁雪娇(女)	左春华(女)	黄卫标
陈志坚	邹翠华(女)	罗二仁	余训吉	陈建华	汪汇谋
袁力勤	黄　旭	吴建国	黎传平	赵嘉勇	朱炎新
曹迎锋(女)	易邦平	聂自根	皮桂娣(女)	周桂平	胡德和
许根裕	冯萍兰(女)	周九来	何三牛	袁菊英(女)	徐美苟
丁永红	龚胜安	聂菊华	裴小保	皮建华	邹跃进
漆友朋	胡毅恒	付金莲(女)	谢小良	张国云	蒋秋根

孙霞林	熊墨江	龙高猛	卢家惠	王　辉	许国兰(女)
熊发牯	郑友林	晏员牯	蔡阳春	金阿陆	黎友钦
林彦良					

上饶市

周　慧	倪风华	彭保强	王熙晏	梅志亮	吴信江
郑高清	孙苗根	王贵旺	孙　平	蔡吾吉	周传喜
卢远亮	邹清海	魏志明	刘孝强	周道高	杨民国
胡　翔	周　强	张荣成	金秋荣	刘　斌	张惠高
潘行兴	陈团发	乐东农	高喜凤(女)	费成益	鄢杰民
邓家应	黄克锋	何铁伟	张政红	阮孟德	蒋木生
邓兴生	江南锦	徐赛娥(女)	余先胜	胡敏群	黄欣泉
程长福	洪盛良	雷桂梅(女)	彭志寅	黄定发	阮海棠
王平荣(女)	叶春发	李亲武	郑晓红	杨荣财	章木旺
孙洁民	吴仓新	林远泉	桑高良	姚长庚	张和忠
杨国香(女)	朱秀云(女)	程子正	杨石根		

吉安市

肖文金	陈志军	刘育瑞	张有晏	文定秋	陈小清
肖兆仁	刘海军	段仁芳	邱承德	唐勤根	习文兴
周载夙	王运祥	江文林	肖章铭	王明生	朱贞炳
徐　玲(女)	吕小云	高志俊	李友礼	张有梅(女)	王平球
肖桂善	龚建华(女)	宋冬保	黄贱根	刘秋保	高德俊
刘娅娜(女)	邓乐生	聂秀兰(女)	曾振庆	黄　勇	许炎莲(女)
王佑任	钟隆炳	叶运生	王桃英(女)	彭永照	鄢春华(女)
刘金德	杨初雁	肖远龙	贺生龙	谢吉祥	

抚州市

雷亮福	杨灿龙	谢柏华	熊梦翼	陈荣森	黄夫高
王庭财	万银良	潘军刚	谢和平	宁兴旺	邓宝珍
郭国荣	杨爱平	张　平	谢东亮	方仉生	黄　亮
胥志强	韩光海	吴木根	陈秋辉	熊义堂	周茂荣
方金山	胡国才	吴松林	卢树生	张芳富	肖国平
周国文	邱澄辉	吴立贵	李祥林	朱小明	乐细娇(女)
邓志华	兰念瑛(女)	吴桃根	陈泉龙	艾光明	曾根明
朱　青(女)	邱京望				

产业、省直

石 屏	何 奇	李洪应	杨秀珍(女)	段桂元	杨光勇
杨永富	陈水齐	王 征	周南通	邹日华	黄伯健
戚怀英(女)	谢明文	刘丽军	张力生	王槐桢	吴桂泉
吕凌云	杨文光	张秀昌	江兴道	陈文静	

2001年江西省劳动模范名单

傅荣发	王 伟	徐保根	向 东	黄建明	毛明烈
李元曦	尚江黎	吴晓华	张礼银	李正亮	张文海
陈武金	饶德留	唐勤根	曾宪铤	熊 捷	刘镇芳(女)
邱俊海	桂顺志	柯黎明	王晓岚(女)		

2003年江西省劳动模范名单

袁政海	李凤员	魏牛庚	罗林平	王士南	甘茂盛
王朝东	蔡 炜	杨跃进	谭永香	刘芳红(女)	张建生
毛秉华	陈正英(女)	陈国顺	余 建	黎 晴(女)	谢锡云
李木生	吴吉孟	高国兰(女)	韩宏春		

2005年江西省劳动模范名单

南 昌

黄昌生	吴世红	裘细金(女)	王 辉	艾相玉(女)	吴 江
刘仲平	史小琴(女)	刘永青	陈 俊	李 辉	冷文金
刘为民	万济辉	徐建仁	万志群	付哲林	刘 敏
杨建林	熊 强	张建国	刘伟东	熊招红(女)	陈仲秀(女)
熊润泉	李国华	张 莹(女)	刘晓玫(女)	颜志刚	余秋平
王子达	蒋北泉	翁代洪	罗淑兰(女)	蔡尔萍	曾春平
李 明	胡中华	陈肖强	吴祖讲	涂 华	熊义明
王锡高	胡国光	王 立	丁 杰	邓作龙	黄代放
秦忠彪	卢国平	罗冬平	杨月标	陶雪莲	涂序新
黎国水	涂 敏	马 兰(女)	刘金水	熊良吉	王海水
周晓斌	熊菊根	李章作	罗来昌	吴国友	梁金福
李满水	涂润水	桂华亮	唐其辉	涂晋华	余玉良

九 江

顾井红(女)	杜文如	朱武森	熊雪姣(女)	杨秀芬(女)	叶 斌
杨小明	胡毕生	胡华林	易玉珍(女)	梅仕锦	何海花(女)
郑 重	胡德生	胡开颜	曹明先	严茂汉	肖赛赛

刘　健(女)	郑世秦	王梅芳(女)	秦厚军	刘凤林	罗和华
毛定明	柯盛锦	王新祥	胡世金	田洪年	肖　雯(女)
李成彬	丁大林	刘荣梅(女)	方志信	许建军	陈骏飞
蔡印生	罗时来	余云健	谭寿林	高继明	徐鸿建
潘雪林	熊烈才	孙法育	邱耀君(女)	余志忠	田爱华
邹祖庚	朱其斌	陈祥兴	徐为秀	潘新华	李志为
李映沧					

景德镇

吴　跃	欧阳琦	万秀英(女)	程冬云(女)	乐　华	吴小平
汪国清	周小军	谢应煌	董　军	马　琴(女)	邹小琴(女)
胡春生	周国顺	万时高	刘　坚	李冬莲(女)	余望龙
叶豪友	石凌华	王曼丽(女)	徐松泉	曹桂喜	胡益青
马长根	胡志强	李建章			

萍　乡

彭志祥	王敬辉	颜晓明	吴俊根	陈建萍	蔡发文
张婉玲(女)	黄传仁	程绍辉	彭承发	熊建华	黎诗义
丁建刚	温　菲	荣友光	万伍娥(女)	何春明	李祖荣
王文灏	李云桃	陈传福	刘光怀	崔文和(女)	

新　余

李绍清	部　宏	张锁根	李小峰	夏建国	张　健
席腊如	江　珍(女)	晏胜松	刘蓬勃	徐梅根	熊福平
江华平	张　灵(女)	邹泉珠	钟根牙	谢冬生	郭禾生
胡早根	邹笋根	简小明			

鹰　潭

乐绿英(女)	杨安福	潘小平	吴康彪	黄光明	杨春茂
林　群	杨春燕	童保华	孙港样	李开福	凌有信
刘仓成	何金清	杨泽良			

赣　州

王建立	林伟清	单江洪	曾水生	尹建明	刘柏禄
伍攀明	张俐珍(女)	谢传杰	谢基燕(女)	董显林	刘敬发
许先达	刘耿亮	王于民	杨光珲	谢大录	张小健
奚丽英(女)	彭良春	吴世珠	叶小安	韩　缨(女)	方宣平

康卫东	李安山	徐越新（女）	黄昆水	肖大年	李虞财
陈桥生	郑起平	刘海庆	杨道员	郭永红（女）	余著珍
钟昌林	廖太安	李兴福	马祖良	严新华	戴伟涛
李伟忠	朱世瑞	王三英（女）	郭耀升	王水龙	朱　壹
谢祚珍	李根铭	刘开春	梁　凯	何乘福	曾春梅（女）
廖献春	范德文	张国宝	曾阳福	李振东	赖扬道
曾庆寿	叶彩义	杨海燕	刘林平	罗庆兴	肖大久
廖建章	赖明生	涂波涛	欧阳芳亮		

宜　春

苏光滕	伍宜川	刘礼福	鄢红根	徐震群	樊　梅（女）
万　琳（女）	万建雄	熊银泉	李大明	陈日新	涂平安
舒德光	刘书庆	胡国华	敖　敏	曾宪忠	卢雪飞（女）
王尽忠	何瑞强	李海东	陈美珍（女）	吴伟华	李逢时
陈树林	吴惠海	聂春华	柳关兴	卢卫东	易刚谋
谢玉才	夏静弟	谈让也	丁重明	廖　昶	朱　军
韦福安	廖肖民	张强金	杨文龙	孙雪亮	刘　艳（女）
刘　平	彭志安	李水生	王冬新	王金财	袁龙如
熊大力	宋建华	张小平	邓向辉	潘国然	江建新
蔡忠明	姚小平	李光华	高发根	张田根	李义海
熊春林	黄华根	熊　健	钟润洪		

上　饶

刘　斌	吕振荣	毛小英（女）	程华炉	季荣华	徐绪林
邵大旺	陈繁华	刘焕荣（女）	林倪仔	饶家兴	吴假妹
胡林元	齐成农	姚伍令	何少平	谢泳慧（女）	杨学春
江易基	彭香安	刘柒灵	程小清	赵维平	汪国桢
邵培军	董少勇	黄禄金	余小斌	汤方辉	徐仕华
胡显坤	彭宗高	夏勤俭	谢资生	戴宁忠	吴成水
陈希银	李云生	肖信木	叶劲松	宋剑春	胡锡海
叶卫海	邱华丰	黄望水	臧定华	熊新安	谢木兰（女）
李敬彪	姚妹兴	程永勤	王盛海	邓高华	邓作善
叶如煌	黄长林	兰少春			

吉　安

任鑫苟	刘建华	袁　辉	刁毛毛	王小英（女）	蔡卫平

韩仙琴(女)	龚文树	麻可久	王立明	管文萍(女)	何家良
向含光	李国岸	王光灿	舒继胜	赖遂瑞	郭建萍(女)
李林根	宋芳英(女)	李　希	黄晓云	戴　俊	王桂英(女)
汤裕民	刘一华	杨光糯	宋祖滨	梁仁俊	康九根
廖慧香(女)	李超群	肖章瑛	欧阳海涛	左　雄	郭海明
康海令	梁崇松	彭小安	彭初生	项曙红	杨新如
李新华	廖　秀	曾庆高	汤中华	李小平	黄炎生

抚　州

范泗生	黄友平	林恩赐	吴可生	李跃进	陈贮春
尧书福	彭贞红(女)	谢克强	刘雪兰(女)	王清和	冯绍峰
胡二和	娄建平	张建荣	易光明	黄平辉	郭欧平
杨定康	李易东	李春花(女)	王迪卿	章步云	钟建华
李　燕(女)	熊　华	林锦聪	苏信先	傅宁波	徐学平
周志斌	余小平	曾木荣	刘应龙	徐毛仔	邹炳锦
江书胜	曾自兴	汪社泉	熊事文	倪于平	周振华
张国良					

省　直

邓必清	黄桂章	章　萍(女)	郑湘义	李雪忠	谢文镱(女)
李北春	唐联圣	白福生	罗来文	乐雪云	龚仲斌
张　弘	乔东明	唐　建	李国元	康为群	何孝平
刘印根	余　华(女)	叶建青	余恕保	彭丽萍(女)	

2010年江西省劳动模范名单

南昌市

蔡绍耀	魏朝华	朱忠林	张　洁	王海银	黄云亮
武振刚	熊　茜	刘岳兰(女)	瞿江红(女)	万小龙	彭易奎
夏志英(女)	祝　明	黄国飞	鲍文戬	郑建东	胡国华
章小兵	刘　刚	喻　琳(女)	陈　军	刘建国	舒　喆(女)
李剑洪	童小心	李　红(女)	曹志东	曾书明	安文星
雷振国	肖黎春	卢耀辉	陈赣洪	张京生	段超良
梅仕灿	朱星河	蔡正平	王　敏	喻建新	傅晓明
徐文彬	江淑静(女)	万飞鹏	孙火根	胡　鸽(女)	龚友良
张远来	嵇武华	曹建荣	于　勤(女)	张仁忠	熊勇武
黄桂林	严长城	徐春发	程建新	李堂群	王水福

张小兰(女)	彭佑军	章美兰(女)	燕荷花(女)	付登海	刘金水
杨 林	曾国华	熊汗议	况方平	夏乐友	裘宗金
胡世尧	操良根	胡广辉	洪伟华	张小凤(女)	张国勇
张英国	刘厚仕	李文华	万保水	胡叔秋	刘西顺

九江市

张吉富	柯 咏	向瑛瑛(女)	丁小平	熊 坚	黄月华(女)
虞成斌	邹员生	徐勋乔	兰晓平	付敏冬	王 华
陶文斌	朱东明	汪石林	陈 健	武 晓	周洪波
沈祥中	陈维英(女)	陈 昉	胡绪光	车 红(女)	易本兴
万 涛	兰 平	骆 鸿	胡经国	楼柏木	刘羡庭
蔡小平	邹方中	张远球	蔡朋发	胡久红	陈万波
吴海芬(女)	唐进波	何雪平(女)	李 兰(女)	袁厚松	刘应远
陈善华	付南京	胡克明	黎丽威(女)	屈乾勇	王加付
王友臣	徐臣志	徐万年	秦小鹏	傅园清	王顺德
吴明锋	袁青松	万兴桥			

景德镇市

孙燕明	徐朝梁	占迎春	孙滨生	汪 洋	朱正荣
徐道远	王虹宇	黄春生	宁勤征	刘相争	罗 军
余柳宾	魏 敏	揭才立	刘庆华	叶质量	林浩飞
查春霞(女)	徐长生	汪长勇	陈延周	曹义双	徐双牛
李思红	汪龙发	柴正海	江钎芳	倪金根	

萍乡市

陈良年	张小霞(女)	彭方燕(女)	刘东方	胡国萍	姚利清(女)
钟鑑成	李海强	肖 鹏	曾 琤	魏建明	童昌文
杨建萍	邬树其	周金荣	叶建海	王存贵	张国君
张少虎	金绪宜	叶贤桂	彭桂凤	张友旺	周理国
冯建芳	陈诗海	谭昔林	姚培荣		

新余市

肖永兵	罗招龙	聂绍昌	吴晓华	陈如华(女)	唐修昌
胡盛华	刘振棋	袁云生	张秋生	李 政	张 亢
付德林	黄学武	喻建生	沈勇生	彭雪峰	陈小红
钟昌平	宋四芽	钱带妹	林春光	习陆根	

鹰潭市

徐金港	潘陆平	李文斌	潘有水	刘凤龙	刘宏泰
姜成茂	丁　力	韦哲峰	陈接龙	侯生萍	刘　敏
肖冬祥	王　俊	雷相贵	黄仕武	刘加春	

赣州市

陈赣飞	叶筱敏(女)	朱建华	李明亮	刁永平	邹海涛
唐水保	黄忠东	王　源	钟敬元	郭家松	廖　伟
刘卫民	阳裕华	张发勤	黄运强	刘秋林	江诗新
陈金镨	廖志雄	童庆湖	宋庆云	何水标	龚享金
张声亮	叶晶福	刘湖南	胡德平	谢瑞鸿	游九香(女)
杨　清	林　钦(女)	张秉檐	胡义强	张　军	刘泽权
肖明华	廖泽方	王　乐	鄢　菱	王世炜	邹小鹏
李志强	杨香生	黄文明	林小冬	刘维平	廖太祺
钟礼明	叶春元	杨桂林	邱桂兰(女)	张步青	曾维荣
谢忠明	曾宪林	陈福生	陈有良	黄沅新	谢传金
李满娥(女)	谢立忠	杨明生	王南方	陈月生	黄解放
严罗贵	杨树庆	蓝少璋	王　雄	黄景添	

宜春市

王文广	邹文生	刘　茜(女)	饶会玲(女)	张志平	胡振民
刘文琼(女)	王春生	冷连生	刘　敏(女)	彭细萍	李锋平
郭勇辉	黄忠秀(女)	袁清华	王至高	王　华	刘　敏
周朝坚	潘其辉	刘　军	王斯学	何友根	熊秀萍(女)
张小轲	林海兵	李义保	汤忠科	谢徐洲	罗　群
罗有根	郑国煌	邹荣锦	郭利民	晏小保	苏焕堤
施少刚	易大发	李明生	熊曙雄	罗亚中	金华根
罗立新	何梅元	钟志浪	王建国	聂海林	陈小金
雷应国	雷本江	余昌达	吕德润	谢林花(女)	况余刚
易广平	龚据和	郑向生	张包春		

上饶市

吕晓梅(女)	熊正跃	周义水	程得洺	程跃宏	刘仙德
万海龙	王　屹	吴军民	周　伟	袁振勇	周　云
舒桂秀(女)	江静波	宋金水	黄伟庆	郑　丽(女)	徐晓青(女)
肖德华	兰师明	敖华文	万良华	李仙德	祝铂渝

程　伟	熊也农	祝寿龙	潘明华	谢洪华	张龙胜
唐庆丰	程雄鸣	胡森茂	王仁富	曹华良	张荣建
孙标武	张先烽	汪世彪	余良森	余学林	彭少剑
王家明	赵瑞良	徐阳平(女)	肖寿良	周菊彩(女)	谢联文
徐信意	曹珠仔	徐承林	汪田山	曹福泉	叶秋生
吴剑根	邱五权	徐　君	兰长贵	毛根发	

吉安市

刘继红(女)	朱检生	旷文炳	董素芸(女)	廖小平	郭　峰
陈九生	邓菊宁	邱　彬	宋水苟	肖菊香(女)	罗建华
刘永江	黄春贵	戴富贵	龙玉环(女)	刘忠明	王晓冬
甘雪梅(女)	肖丽军	梁明云	左碧泠	贺卫忠	张丽华(女)
王开文	赖家明	杨名全	丁文彬	王来胜	吴燕友
李春根	卢新平	张亲春	江满凤(女)	陈虞禄	黄见民
黄永开	王克华	肖光明	王　飞	龙清林	肖章垣
郭八生	聂小春	宋希岩	胡怀松	袁小华	

抚州市

吴龙玉(女)	熊学文	胡　敏(女)	黄敬泉	王臣忠	揭平真
乐振宇	周利生	朱杰强	饶　玲(女)	卢宗材	俞翔文
王海塔	张建明	宗　强	曾志强	胡学发	孙建辉
陈国彬	张从俊	戢瑜安	徐　伟	胡国胜	胡启元
黄国平	傅厚明	蔡建华	梁小明	戴永妹(女)	李云龙
黄冬彪	高淑玲(女)	吴木云	杨食刚	杨龙和	戴金桂(女)
胡财德	程雪鸣	许木根	廖根仁	白国森	俞样德
曾中华					

有关单位

杨爱平	朱会娟(女)	刘国平	刘卫国	李　建	艾小勇
苏贤达	吴昌进	王晋彪	肖小军	雷　寅	刘方云
陈矿平	王卫华	李志宝	杨艳清(女)	马　言	缪国新
彭　伟	李章荣	章晓波	白碧辉	郑　春	阳国华
欧阳海泉	辛龙辉	汪海旺	何国群		

授予省“劳动模范”荣誉称号的2010年全国劳动模范

吴　涌	余　枫	吴希明	曾茂发	邹敦福	李　珍(女)
胡赣萍(女)	章美兰(女)				

江西省先进工作者

1995 年江西省先进工作者名单

南　昌

方　正	彭宣宪	边子虎	刘桂斌	彭华珍	谢　弘
来敏倩	陆文虎	邓小兰	闵嗣强	邱娥国	曾宪斌
方正伟	章根香	陈拱秀	曾汉民	徐　杰	胡德广

九　江

吴国林	吴汉魁	邹　俊	雷在新	熊学明	陈建树
曾瑞林	杨翠娥	汪汉庆	郛培德		

萍　乡

叶学勤	刘德卿	黄　文	颜龙安	曾广辉	赖建泉
张水国	韩福兰	李招文	赖梅香	钱怀璞	

景德镇

蔡建秀	胡强华	罗多夫	吴乃兴	吴钟山	肖爱莲
刘浩元	汪清彬				

新　余

祝荣华	胡　涌	龚秀英	潘张水

鹰　潭

张建华	杨思齐	李友余	龙晓勇

赣　州

胡法生	刘毓球	邱琼华	廖云输	肖贵禄	张曼君
林烈如	袁　征	张定国	张瑞祥		

宜　春

何顺华	张俊海	兰昌喜	郑美容	袁祥林	黄　磊
陈少平	彭汉梅	杨　红	黄良生	赖占钧	

上　饶

王修智	童报春	胡晓康	江忠龙	李星清	何文奎
章祝华					

抚　州

熊宝福	李盛光	邱　维	万书秀	刘光亮	陈丽华

吉　安

曾宪柱	郭兴仕	左福士	邓遂昌	刘新春	汪昌树

省　直

黄平中

2000年江西省先进工作者名单

南　昌

涂赞珠	李福良	马荣璋	樊小彬	熊金梅(女)	徐自军
董依群(女)	胡建华	陈圣谋	李克庸	姚建国	赵　凌
刘剑秋	王泽涛	万立新	张红英(女)	熊周勇	涂跃珍(女)
刘　娟(女)	陈水发	朱龙英(女)	周作柱	成　满(女)	龚伟建
刘　燕(女)	陈惠根	熊　强	巫诚红(女)	黄柏松	谢小毛
涂慧玲(女)	王荣蓉(女)				

九　江

胡福兵	杨耀防	明接盛	黄绍忠	廖文德	石培贵
王荣龙	代宝国	邵伦君	尹　瑜(女)	刘烈根	占学银
徐尤金	陈爱民	于传璘	桑昌祥	肖焕君	江声选
曹达贵	孙仁贵	刘　松			

景德镇

武智理	余剑华	刘福令	武顺理	余秋凤(女)	谭久生
宁武忠	郑伯南	吴宗华			

萍　乡

刘信华	粟茶秀(女)	李雪梅(女)	熊建兰(女)	段福萍	朱文琼(女)
赵一青(女)	王　东	宁秋云	陈向新		

新　余

李小菊(女)	陈淑艳(女)	张小江	李敏华	曲树清	陈木根
黄余平					

鹰　潭

施华山	傅绍玲(女)	周少华	章金华	李惠芒	曾志强

赣　州

陈来生	谢金水	刘智天	殷小霞(女)	王根生	蔡启辉
王建中(女)	黄玉中	王隽彦(女)	肖日鹏	邱瑞兰(女)	李日胜
廖月莲(女)	赖燕萍(女)	陈国瑞	刘联娣(女)	赖　峰	赖继东
黄圣勇	李仲锴	张静兰(女)	李作夫	阮皇金(女)	林万英(女)
万桂莲(女)	罗礼生	方世才			

宜　春

陈拱菊(女)	雷亦仲	黄雪刚	姚忠林	王于华	黎　萍(女)
舒静爱(女)	李春慧(女)	廖　辉	徐水根	陈德晶	龚云斌
陈长文	单爱平	丁民良	邹木生	周小荣	刘清云
胡辛会	晏润高	宋卫民	刘尊文		

上　饶

江顺德	郑有海	童凤春(女)	胡松柏	张　嶂	胡民英(女)
周孝和	谢冠峰	鲍颂平	魏　翔	姚子敏	陈武金
吴天顺	蒋丽华(女)	康旭生	程平德	李桂英(女)	周玉云(女)
陈宝钦(女)	孟维俊(女)	李　瑛(女)			

吉　安

郭世铁	易玉珍(女)	王军平	肖成林	刘光昀	汤安太
陈身华	梁文谓	罗桂香(女)	张晓林	周艳军	古文才
李建香(女)	刘向东	宁财文	肖　凤(女)	左家斌	

抚　州

冯建昌	卢国兴	石建国	张国平	过华清(女)	夏国平
高兰花(女)	张世伟	陈国荣	揭演仁	王凤华	万月兰(女)
万珍秀(女)	尚江黎	汪晓娟(女)			

产业、省直

覃兆松	江风益	曾昭智(女)	丁红梅(女)	古金海	曾志光
杨桂芳	邹志森	廖维林	席维花(女)	黄先兴	王一凡
孙牯昌	刘全生	毕　忠	周燕华	廖进球	熊秀秀(女)

2000 年江西省先进工作者名单

南　昌

任东红(女)	冯县保	胡金金	黄　元	黄志清	熊全尧
雷辕生	吴国庄	罗文华	刘祈虎	袁昆华	储符平

徐金秀(女)	欧阳雅静(女)	艾太平	罗时林	陶红红(女)	符师勇
叶　方	郭爱香(女)	徐根保	许海霞(女)	崇福林	邱　阳(女)
邱　明	陈泓朴	朱文保	曾光辉	张根水	孙景红
胡水云	熊建刚	曾晓建	詹龙和	周小平	徐根明
符宝根	彭发根				

九　江

刘余印	徐　斌	周慧香(女)	杨水林	邹银水	李　俊
刘晓红(女)	刘诗平	万治君(女)	胡云兴	黄忠福	张　力
刘士豪	何水桥	丁芳华	李腾勇	刘少华	吴火记
彭晓兰(女)					

景德镇

章义来	洪济华	张华勐	梁宪平	邬书荣	曹铭华(女)
万筱华(女)	王志青	张功芬(女)			

萍　乡

颜艳辉(女)	刘　姿(女)	曾萍辉	李季能	胡自苗	李小青(女)
文飞翔	彭青兰(女)	文　珊	王其扬	李爱红(女)	曾令桂

新　余

胡贤慧(女)	张荣生	黄火生	宋全根	夏良放	敖小鹏
幸宜春(女)	黄小菊(女)				

鹰　潭

王继红(女)	陈特明	徐宁建	傅建辉	陈荣军(女)	刘更生
杨丽峰(女)					

赣　州

李书恺	朱祥培	林　锋(女)	郭吉生	田克仁	蒋海清
程金山	王　嫩(女)	朱秀英(女)	黄文发	黄晓东	沈君兰(女)
邓龙炳	刘文蛟	刘德周	钟辉阳	钟承平	李石昌
刘陆锋	丁晓春	胡礼坤	黄景伟	赖大全	

宜　春

王庆祝	龚德芽	甄晓军(女)	刘勤刚	黄瑞华	孙国如
凌冬元	管细宁	李新发	涂学远	朱建设	肖松林
严振国	曾学庆	钟文林			

上　饶

高　铁	曾建芳(女)	徐兰坤	袁玉秀(女)	程盛旺	叶玉文(女)
姚南杰	聂新民	汪树富	胡顺杨	刘友爱	钟福宝
廖其志	郑大贵	丁金火	许炳南	黄中根	张宁才
祝立人	方福民	俞云祥			

吉　安

王建云	李庆兰(女)	何　文	马泉先	吴页山	宋红月(女)
曾广权	肖志军	曾日升	胡金根	徐康保	黄小平
贺姓芳	钟油子				

抚　州

张国文	喻尧生	曾定邦	夏日新	李　辉	黄振藩
胡青野	于　涛	刘金保	罗明标	戴凯旗	肖勇昌

省　直

谢国刚	魏　丽(女)	万江麟	时　军	洪惠民	于　果
易为民	张　华	侯豪情	雷晓燕	杨世林	张小毛
刘晓金	宗家文	赫　昕	吕端胜	刘鸿斌	钟文凤(女)
秦文远	冯上豹				

2010年江西省先进工作者名单

南　昌

张正新	樊三宝	陈以荻	姜玉林	邓建新	熊晓武
何新跃	王国荣	陈　军	刘　杭	谢祥忠	李良清
彭亚东	杨金平	罗文浩	张会芳	李子美	谢金林
熊水斌	熊　颖(女)	熊　伟	刘东辉	彭正蓉(女)	徐小平
喻宝狮	刘　勇	游　华	吴　勤(女)	邵　飞	李国利
赖继红	邬国和	涂宗勤(女)			

九　江

李竹柏	余小英(女)	汪秋平	王汝标	李洪新	雷美珍(女)
陈　玲(女)	李林香(女)	张子斌	钱　慧(女)	张绪干	李从容(女)
王荣莉(女)	冯桂生	彭晓玲	毛振北	刘国栋	唐振华
熊建华	曾　凡				

景德镇

陈国英	方玉兰	沈国荣(女)	龚筱红(女)	陈福成	江志军(女)
黄　莺(女)	汪松发	刘春玲(女)			

萍　乡

文剑波	朱景萍	练颂民	秦康萍	贺四深	徐京萍
钟杰兰(女)	欧阳斌	朱树森	杨斌圣		

新　余

张智程	黄梅生	廖志斌	刘小梅(女)	简金云	杨先明
邹国荣	王喜忠				

鹰　潭

熊春金(女)	杨荣明	周早生	严国安	刘元玲(女)	张秀萍(女)
姜亚民	谢春生				

赣　州

梁丁盛	乐跃进	张建华	彭业明	刘源彬	钟八莲(女)
朱祥兴	许小春	严由南	刘焕莘	张芳芳	赖玉香(女)
陈昌远	陈彩金	魏明芳	杨逢春	陈兴华	李嘉铭
何国雨	曾渊平	钟亚江	李　光	刘得青	林佛招(女)
卢永基	陈成发	谢勤英(女)	叶军蓉(女)		

宜　春

刘　密	徐云辉	蔡佩兰(女)	汤　辉(女)	李　新	谢启珊
刘　波(女)	黄自华	李晓萍(女)	何林仔	熊志斌	涂根火
郭建城	胡　俊	冷建华	付秀秀(女)	刘金龙	王永春
胡乐辉	熊小宁	卢　琪	周庆富	万　勇	

上　饶

刘书宗	邱爱华	徐志刚	占梦来	王莉娜(女)	石通真
邱永生	杨发先	方素君(女)	王华安	王建华	颜蓉芳(女)
李卫东	丁芳水	俞志堂	吴建平	李方枚	江希照
余建军	彭木善	张　伟(女)	徐红旗	罗时平	徐建平

吉　安

刘　琼(女)	胡文海	周建民	刘锡锋	徐盛忠	尹小彪
刘承达	黄朝晖	钟渊南	彭佐旭	戴长春	涂　力
肖运生	陈　琳	陈志忠	张辉耀	王黎平	李富欢

抚　州

周付德	杨洁员	张员娇(女)	章文慧(女)	王晓琴(女)	唐赛琴(女)
温良发	祝有鸿	李有华	王琴凤(女)	任文华(女)	李琼媚(女)
黄晓云(女)	徐资勇	乐长高			

有关单位

韦星林	刘　平	胡　智	周志成	苏建安	洪浪
严　成	朱春华	章国顺	朱传喜	陈梦成	张　蕊(女)
黄玉林	曾宪明	顾丽霞(女)	倪艳芬(女)	赵晓东	龚文泰
魏云秀(女)	许　丽(女)				

授予省“先进工作”荣誉称号的2010年全国先进工作者

陈淼洋	段火香(女)	刘巧云(女)	周健儿	龚德凌	胡　芸(女)
黄正逊	雷启珍(女)	万良山	夏文川	徐晤明(女)	王银玉(女)
刘志捷	万林生	毛　敏			

江西省“五一劳动奖章”获得者

1994年江西省“五一劳动奖章”名单

王松青	邱信望(女)	谭金根	虞华来	范顺保	姚华玉
党国寻	李树华	傅林洪	刘秋仙(女)	朱腊香(女)	殷忠恕
蔡铁德	马永江	赵国平	魏牛庚	李东生	陈　忠
周从干	郭金珀	王富生	朱国民	张学云(女)	倪国树
朱　波	黄问初	冯训亚	罗毅渊	段戊子	陆卫华(女)
郭楚寿	徐长河	徐石源	顾林发	陶江宜(女)	周海飞
荆治文	姚小明	樊桂云	王忠宪	唐爱新	刘平耀
苏家璜	姚良花(女)	张欢荣	方有德	钟宏林	黄学峰
杨木生	吕立才	周玄发	陈雪峰	聂晓珍	宋方宾
王地宝	易祥伦	曾广生	黄定中	章初健	潘翊富
周莲香(女)	王金龙	熊小芳(女)	张福香(女)	宋增源	罗兴生
宋国光	胡子奉	汪德和	郑祥云	刘汉民	叶端阳
段凌国	汪爱新(女)	陈建国	高宏久	林建华	李品森
周小勇	郑根伟	郭建新	张　卫	彭桂林	郭科火
刘晓林	刘小光	杨泉大	吴林华	毛金生	黄元兴
胡领高	孙　涛	舒建明	游飘扬	陈耀铭	王新桂

谢　琴(女)　于龙江　余国华　陈桃仙(女)　卢松涛　万　光
夏发洪　陈申利　张京生　冀殿英　孙传道

1995 年江西省"五一劳动奖章"的十名优秀工人技师名单

吴太白　吴万发　吴断沙　陈赛盛　刘元珠(女)　黄正晖
朱文波　肖兴明　江正鸿　孙冬喜

1995 年江西省"五一劳动奖章"名单

薛国华　邓云龙　余厚良　陈之贵　刘火生　谭礼仁

1996 年江西省"五一劳动奖章"名单

南　昌

缪黎琴(女)　刘思康　熊吉梯　陈贵宝　刘建明　史纪国
万锦琪(女)　熊　征(女)　胡毅德　余俭贵　黎　俊　涂金兰(女)
万生祥　吴明魁　桂　萍(女)

九　江

李木发　杨辉敬　黄锤子　陈光军　朱运峰　余家端
陈妹妹(女)　洪许泉

景德镇

谢　华　孙文泉　余美华(女)　徐金仕　邹开河

萍　乡

陈汉坤　王俊人　雍开全　吴孝亲　邓正云

新　余

胡国芳(女)　皮泉根　胡友德　夏罗秀　刘　新　孙　凯

鹰　潭

陈水木　艾建兵　徐宝根

赣　州

胡淑华(女)　谭蓉江　黄会川　彭友春　钱书标　鲍洪星
黄晓红(女)　邓先滨

宜　春

关雪明　曾国发　袁运生　况冬生　蒋仁光　周剑美(女)
邓思明　熊冬娥(女)　易月秀　涂绍宗　涂以燕

上　饶

刘兴旺	魏　翔	陶光河	李建明	张素珍	吴显保
黎樟财	郑和平	邱秀英(女)			

吉　安

曾祥星	管淑静	郭夏生	李建香	黄淑娟	傅建华
李圣坤	刘传迅				

抚　州

江文藻	吴长安	陈兰香(女)	陈桂香(女)	陈好货	方　琪(女)
王晓岚(女)	张太改	詹建明	刘民强	何善亮	胡亦忠

省　直

胡宜显	帅金华	韩风贵	焦中宁(女)	毛荣根	李诚信
王道仁	赵玉刚	谭友平	郑喜和	龚天如	叶清富
罗秀珍(女)	朱勇民	陈　由	李庆亮	邓兴民	

12 名“江西省城市美容师”获江西省“五一劳动奖章”名单

章桂珍(女)	李银凤(女)	梅美华(女)	袁国平	叶国富	张素贞(女)
王素娥(女)	蔡启辉	舒静爱(女)	叶爱琴(女)	陈宪珍(女)	宋金泉

1997 年江西省“五一劳动奖章”获得者全省“九五双争立功竞赛”先进个人(一等奖)名单(共50 人)

杨红兰(女)	姜和平	万建春	李承江	吴伟红(女)	孙刘根
韩长福	李燕玲(女)	张玉琴(女)	单红红(女)	郭成贵	熊小梅(女)
赵祖惠	熊家森	曾小娟(女)	朱剑明	叶枝香(女)	邓文清
王跃明	陈建红(女)	蒋　盛	沈东汉	张永娟(女)	彭卫东
罗爱香(女)	钟干学	陈耀秀(女)	邹永华	潘春生	徐林芳(女)
黄禄金	夏洪学	杨其敏	梁路石	杨国良	陈志军
饶小平	吴真发	张细龙	张德安	任德清	陈列君
胡清文	罗燕华(女)	袁则平	胡和平	万晋亮	郭基琬
易为民	杨建兴				

1997 年江西省“五一劳动奖章”获得者　全省“九五双争立功竞赛”先进个人(二等奖)名单(共53 人)

袁　俊	黎文彬	陈桂林	刘水根	龚细元	罗方承
李银华	周清棍	唐小平	周会全	李一新	范玉昆
喻慧英(女)	符念平	吴夏西	黄才招	黄茂成	张国林

王勇春(女)	廖小菊(女)	王　奎	董伟民	周银莲(女)	廖美全
张龙泳	赖兆添	张丰彬	李贵生	魏金林	汪汇谋
杜小红(女)	聂金根	邱元华	王聚广	刘宜先	黄贤柱
杨寿根	徐辉广	张筱洪(女)	胡国清	刘建明	肖炳英(女)
谢顺金	付银龙	黄夫高	许文明	支德根	杨平根
刘　波	胡宜显	许韵铮(女)	白小根	唐小波	

1998 年江西省"五一劳动奖章"获得者(1997 年全省"九五双争立功竞赛"先进个人)名单

熊志红(女)	马永江	张树生	万水连	王淑华(女)	聂水兰(女)
龚炳辉	杨　青	刘志华	万宏亮	张莉容(女)	张安平
陈景雷	江似火	马小立(女)	张晓英(女)	聂　华(女)	柯桂芳(女)
罗绍茂	曾　健	徐礼平	徐保根	刘礼强	陈　思
王湘萍	李海峰	彭艳萍(女)	李群劳	杨金槐	周西华
王云龙	徐伟哲	冯上金	简志宏	胡小平	王英兴
李明德	虞林耀	夏桂花(女)	李晓明	张树云	舒普荣
周义勇	叶树炉	雷挺辉	徐信国	李宗顺	龚金花(女)
聂广东	贺姓劳	袁桂生	李德光	孙德柏	雷亮福
乐和喜	杨灿龙	杨定康	陈国林	曹长恩	江华平
熊瑞旺	李继民	阮先创	万景球	潘　皓	黄孝辉
陈晓云(女)					

1999 年江西省"五一劳动奖章"获得者(97 名)(1998 年度全省"九五双争立功竞赛"先进个人)名单

李凤员	尚文礼	罗兴达	熊贤祥	何小丽(女)	万立新
李毛毛	毛祖逖	彭严明	陈小云(女)	罗玉英(女)	杨轼琴(女)
徐桂芬(女)	袁政海	蔡孝华	朱守权	袁国伟	项红玲(女)
杨耀防	陈沛和	阳建国	余慧霞(女)	徐步康	徐爱琴(女)
洪厚来	廉教传	袁春荣	万世杰	涂建民	黄　文
黎爱萍(女)	易跃明	鲁建明	胡志勇	雷海洋	李小菊(女)
袁小平	吴晓丽(女)	杜立朝	童保华	黄光明	冯幸平
曾小华	何辉辉(女)	谢　瑶(女)	罗为钢	郭　军(女)	邹　毅
肖日鹏	徐为芳(女)	赵余华	占发兴	袁金华	皮家柒
吴吉林	蔡秀兰(女)	罗　庆	李　薇(女)	胡元古	杨　林
杨　斌	王定虎	潘德年	徐金蓉(女)	程子正	杨秋珍(女)
徐远兴	姚信福	聂晓云(女)	张有晏	朱贞炳	邱承德

李新生	周芝兰(女)	刁文兴	章寿生	马春才	叶继春
周国建	吴建国	徐建生	雷　鸣	王学龙	孙苗根
丁世民	陈建中	刘伯康	邵玉泉	杨秀珍(女)	倪利平
戴云祥	蒋伯良	曾志鹏	蒋文兰(女)	俞会根	方蒂蒂(女)

肖德军等3人江西省"五一劳动奖章"

肖德军	吕凌云	曾燕林

11名"江西省城市美容师"获江西省"五一劳动奖章"名单

余绍华	石道梅(女)	刘信华	李细古	黄春华	邓群珍(女)
林荣华	施年生	陈国新	王桂芳(女)	杨翠钿(女)	

2001年江西省"五一劳动奖章"金融系统获得者名单

许蒙英(女)	欧阳佑

2001年江西省"五一劳动奖章"者名单(共112人)

一、2000年全省"九五双争立功竞赛"先进个人(103人)

陈金毅	吴义彬	朱成临	余执春	刘明明(女)	熊狄华
唐风秀(女)	史世任	邓水根	张曾穗	吴晓清	王淑琴(女)
龚永华	熊时平	黄元群	聂　斌	汪立显	杨小明
程金林	张绍年	程　赣	鲍大启	李秋香(女)	冯有根
毛明烈	余建国	罗多夫	万秀英(女)	黄建明	袁贤华
罗安来	秦斌武	龙小萍(女)	李元曦	陈　媛(女)	邓春生
江雪峰	沈勇生	陈选书	戴光明	邵素萍(女)	许先达
吴晓华	张礼银	谢基燕(女)	李广生	陈桥生	童红英(女)
殷剑敏	李　红(女)	冷安芝	刘池桃	林太溪	柳仕通
胡烈光	穆健书	戴小兰(女)	何霞光	叶海水	李文根
刘吉祥	郑宜寿	余永林	黄浩淮	陈丽黔(女)	林庶亮
盛红伟	卢正生	戴荣珍	肖志军	胡模教	曾宪铤
王金川	邵永乾	夏国安	刘胜红(女)	熊　捷	帅临昌
徐建新	汪中海	刘双龙	鄢春根	饶春荣	胡大信
刘小洲(女)	刘学斌	邓德海	洪文忠	李汝鸠	廖　钢
张林平	李富荣	魏俊峰	吴方辉	许蒙英(女)	欧阳佑
赵晓洪	陈佰华	邱俊海	张文海	温燕霞(女)	柯黎明
李满苗					

二、江西省职工计算机应用技术能手(9 人)

欧海波	马 良	章鸿泉	蒋昌保	范蕴琦(女)	谢建辉
邱 琳(女)	杨 政(女)	金殷俊			

涂爱春等 3 人获江西省“五一劳动奖章”

涂爱春	唐联圣	王亚斌

2002 年江西省“五一劳动奖章”获得者名单(共 107 人)

一、2001 年度全省群众性经济技术创新能手(共 102 人)

喻冬明	刘渭清	钟 虹(女)	邓武明	孙景红	李萍华(女)
胡庆霞(女)	朱 军	贺 波	黄振保	车向阳	万兆欣
余立生	魏祥荣	何 亮	张 勇	陈晓光	沈海龙
裘小萍(女)	黄丹桂(女)	魏仁平	李德坤	汪会柏	张永利
彭力辉	刘耿亮	廖信全	卢冬初	何国涛	钟小平
王朝东	吴钦蔚	王水发	何茶清	蔡安平	李亦方
谢弥慧(女)	陈守泉	周博文	叶晓茵(女)	姚光荣	熊旭华
崔远光	胡国龙	杨爱明	周彦如	孙国如	刘汉朝
刘海生	谭永香	许全金	王海康	肖建伟	尹归园
刘万能	罗 飚	罗序正	李圣平	陈国荣	徐立新
陈 明(女)	罗小玲(女)	何吉祥	陈 跃	梁小明	林 云
何小强	彭伟程	刘蓬勃	罗夫泉	张 敏	黄爱民
童尔清	兰辉云	刘明才	洪明友	占喜龙	魏智素
倪先平	吴才有	史 可	李木生	饶伟生	黄式鹏
叶川敏	张登富	张建生	邹国平	涂嗣铁	王志伏
邹 剑	何忠焕	程晓曙	于 果	谢国刚	张小平
陆 潆(女)	叶益炳	张淑茎(女)	刘国华	谢远忠	韩宏春

二、江西省职工计算机应用技术能手(共 5 人)

傅春平	万旺金	夏 天	万文霞(女)	杨卫平

2003 年江西省“五一劳动奖章”获得者名单(共 101 人)

一、2002 年度全省群众性经济技术创新能手(共 97 人)

李国强	付国文	夏向东	毛 勇	方 悦	黄 元
何金秋	万秀兰(女)	朱建国	何景良	胡文强	王 立
朱春华	胡毕生	曾 歆	郑世秦	陈骏飞	涂菊花(女)
杨复煦	刘少华	钟礼雨	刘荣梅(女)	甘茂盛	王义富
谢传杰	许形宾	蓝光跃	胡本燕	廖晓东	王法长

李重贵	杨志鸿	漆海平	鲍洪昌	刘　平	刘梦麟
葛小平	李新福	单金根	陈炳根	王晓峰	江传宝
毛小英(女)	吴俊民	方能才	蓝少春	余爱军	余小斌
毛秉华	陈正英(女)	肖国生	钟枧勇	李蓉芳	汤方辉
陈国顺	王昌平	许自淡	饶祥明	刘海英(女)	陈强强
黄平辉	邱京望	夏福保	欧阳琦	夏跃中	李丽华(女)
贺艳花(女)	邓绍和	孙爱莲(女)	张竹生	王明桂	黎　晴(女)
刘娇秀(女)	杨洪生	兰志明	许金炳	陈接龙	陈明和
徐发红(女)	乐秋君(女)	范全胜	李新中	赵疆林	黎荣福
王观长	章　萍(女)	吴吉孟	余恕保	钟金健	姚松芬(女)
李国华	张　立(女)	高国兰(女)	陈　武	邱小林	邵登祥

二、2002 年度全省职工计算机技术应用能手(共 4 人)

屈　勇　　孙柱梁　　余莉娟(女)　　李　剑

唐大祥等 3 人江西省“五一劳动奖章”

唐大祥　　姜勇才　　李北春

2004 年江西省“五一劳动奖章”获得者名单(共 106 人)

一、2003 年度全省群众性经济技术创新能手(共 101 人)

刘伟东	肖　虹(女)	唐　健	熊　强	聂顺金	刘　军
丁志华	朱其建	张　俐(女)	龚政良	高泽光	罗淑兰(女)
许建军	郭在赤	王员根	黄建国	吴晓明	龚建国
张　力	柯瑞新	胡云兴	倪　志	孙伟民(女)	徐志刚
林伟清	李兴福	雷承文	程金山	蒋叔凯	赖大全
陈宗炫	赖叶青(女)	刘韶红(女)	廖　昶	邓　斌	戴国良
朱　宇(女)	赵洪友	朱　军	钟润洪	刘勤刚	黄东巨
柯进水	夏勤俭	叶传林	刘友爱	潜金林	齐成农
叶应兵	华慧安	彭佑相	王淑敏(女)	王　道	赵新招(女)
黄赣攸	廖振房	龚如苟	吴贵岚	张建荣	谢克贵
曾加兴	周顺平	花惠萍(女)	连　峰	全跃龙	王光辉
余海波	吴　跃	赵赛菊(女)	程绍辉	夏洪娇(女)	李奭萍
姚　波	张婉玲(女)	罗剑宇(女)	刘文生	李小峰	钟菊兰(女)
彭小峥	吴世军	刘正风	黄玲香(女)	罗曼如(女)	吕华忠
张海琴(女)	徐贻赣	陈国祥	高维生	朱少波	吴　飞

毛卫民	宋国雄	杨　波(女)	邹喜明	邓耀平	左长清
孔　耿	梁　喜	范　静(女)	江伟辉	郭福生	

二、2003年全省职工职业技能大赛一等奖人员(共5人)

李新星	易志萍(女)	马跃辉	黄　群

向全省城市美容师颁发江西省“五一劳动奖章”

吴青云(女)	应林妹(女)	曾小英(女)	林南生	严秋昌	丁汉云
毛水生	李梅香(女)	杨辉勇(女)	万　琳(女)	彭根祥	毛丽华(女)

向第九届江西省职工职业道德建设十佳标兵颁发江西省“五一劳动奖章”

姜春芽	江期绪	桑名昌	曾水生	漆黎明	李慧萍(女)
沈一帆	陈明汉	刘为民			

2006年江西省“五一劳动奖章”获得者名单(共99名)

雷秋模	喻春梅(女)	张仁忠	程　钢	杨秋贵	邹献仁
万　辉	胡伟平(女)	杨晓琴(女)	梁齐家	熊水斌	滕富连
刘东庚	夏柳青	杨守明	李贵斌	胡济贫	程春如
谭志成	吴雄辉	骆　霞(女)	高　华	曹晓勤	朱又新
黄水泉	朱建华	洪招弟(女)	胡孝连	肖　鹏	何全任
肖善香(女)	谢国华	练颂民	周全保	彭军明	陈如华(女)
孔　兴	李　平	王江议	黄君仲	周　宏	伍复女(女)
徐祖涛	曹岗龙	杨伦华	曾剑峰	李赣茂	曾康华(女)
刘小鹿	张华荣	周武旺	龚爱罩	乐小榆	熊小军
万仁龙	邹　峰	李金元	甘树林	梁建国	刘建明
艾志峰	吴新华	王定水	夏良俊	杨发先	刘光爱
张帅貌(女)	项　英(女)	黄永久	李其煜	杨建军	赖明远
王见生	尹　翼	邓玉梅(女)	梁明云	刘省龙	姜国亮
孔云生	谢国发	章　卫	游贵颖(女)	魏　庐	周卫平
邹晓毛	江祥林	肖志坚	周石南	高志强	王文杰
姜桂平	宋　涛	钟丽群(女)	赵会安	龚洪翰	汤赛南
毛德根	刘合春(女)	陶四元(女)			

向在浙赣线电化提速改造工程建设中做出突出贡献的个人授予江西省“五一劳动奖章”

王秋荣	袁胜文

向全省学习型组织、知识型职工、创业型人才标兵个人颁发省“五一劳动奖章”

黄淑娥(女)	曾小刚

2007 年江西省“五一劳动奖章”获得者名单(共 99 名)

雷振国	陈慧荣	刘菊英(女)	罗捩平	晏仲汏	朱志翔
曾多根	李文华	魏　斌	万　勋	胡火英(女)	刘羡庭
周洪波	曹　理(女)	李端超	殷　勇	谢建国	王显和
周泽甫	王　虹(女)	张雪华(女)	孙燕明	余　敏	金健民
项学云	郑小兰(女)	程学文	钟海明	李秋林	谢茹冰(女)
石金力	李德晓	张晓华	陈晓红(女)	胥敏锋	姜金友
何雄斌	叶天明	许样金(女)	刘金茂	余秀泉	林阿龙
赵　静	钟思能	万　伟	许扬波	陈孔寿	吴　健
容开志	张爱萍	王和生	喻继臣	李　里	董武荣
莫绍林	黄渭国	巫绍武	廖小平	徐彩焱	余康生
陈水松	江卫民	俞志堂	郑雪兰(女)	毛日标	韩礼华
何新忠	杨润祥	廖书伟	甘言明	郭光辉	王新根
李富欢	廖学林	陈建国	林荣东	陈共孙	黄永华
徐爱植	华青地	汪荣贵	罗淑媛(女)	徐文根	李金发
李勇民	熊文清	陈锡岳	徐庆有	范钦爱	姚　雄
朱　青	吴智勇	吴小柏	喻家凯	邓志锋	涂文华

2008 年江西省“五一劳动奖章”名单(共 118 名)

徐明华	樊绍锋	万小龙	林延敏(女)	刘南生	徐根保
翁喜香(女)	张代表	陈永华	彭亚东	邓万健	余晓寒
刘建国	张金林	凌君霞(女)	桂少龙	魏炎峰	周新生
李洪新	尹爱国	方玉华(女)	谢季军	柯遐谨	高修林
涂翼报	张君琦	蔡济庆	唐　鹰	刘洪亮	邓卫东
文翰林	袁文胜	袁茂豪	魏祥朝	周连军	傅林儒
邱精敏	彭文锋	余小琴(女)	刘元玲(女)	董国珍	涂小广
黄荣智	曾玉明	刘　志	邓九生	钟成生	朱启华
张红林	孙秋央	刘铭路	彭良海	朱　鹏	袁光平
张志平	李佳春	管运江	左爱莲(女)	周庆富	熊志斌
黄正逊	湛水生	许春辉	郑国煌	程一红(女)	程振宇
祝菊芬(女)	徐　明	毛根发	谢志惠	熊正跃	夏文川
毛继红	饶德美	徐明晓	梁细兰(女)	戴小兰(女)	贺利中
卢海如	周有明	李德平	王武军	李　波	孙建辉
龚玉秀(女)	陈国福	杨洁员	林　宏	詹谢池	戴永妹(女)
张景饶	涂继招	李　红(女)	余忠珍	杨惠红(女)	汪志敏

兰师明	尚国信	丁凌云	钱小彤	范小林	刘　涛
孙　坚	章国顺	赵学军	唐凯赣	朱建威	胡　宏
舒　军	熊友明	邱水祥	黄利民	史湖滨	简　勤
郑迅雷	方红光	龚志恒			

2008 年江西省第三届文明行风创建先进个人授予江西省“五一劳动奖章”

徐晤明(女)	张舒萍(女)	王宝军	王臣忠	熊安平	李　伟
万寿林					

江西省第二届“创业杯”职业技能大赛中，优胜选手授予江西省“五一劳动奖章”

万华航	陈诗童	胡业发	曹　勇	程少慧	彭晓玲

向全省创先争优活动标兵个人颁发江西省“五一劳动奖章”

成荣泉	邱志红	吴志斌

2009 年江西省“五一劳动奖章”获得者名单(共 122 名)

孙火根	万飞鹏	涂永红(女)	罗　鸣	李小花(女)	王　蕾(女)
黄国飞	曹建荣	徐小平	涂万斌	王亚辉	王细中
武　晓	王　琨	郑自元	花广云	杨　云(女)	高崇茂
余　平	冷淑娟(女)	王　勇	宁勤征	徐建建	朱正荣
邵毓飞	易军萍	何秀华(女)	袁继发	张　燕(女)	欧阳锦聪
张晚生	简燕辉	夏小安	陈小红	廖春芳(女)	黄伟军
严国安	吴永忠	徐荣花(女)	苏　剑(女)	万良山	汪　洋
周义水	张荣霖	祝发显	王迁生	刘焕莘	胡赣萍(女)
刘卫民	赖华旗	段小芸(女)	谢勤英(女)	胥金平	周龙生
王洪生	彭锦秀(女)	胡乐辉	刘绍云	杜根发	余志勤
周桂华	郑光水	陈虞禄	曾绍锋	龙艳丽(女)	潘书尧
谢诗联	朱军平	刘　琼(女)	蔡建华	章耀武	李胜台
谢国龙	陈胜德	曹瑞林(女)	涂国卿	辛建波	朱润元
肖瑞云	罗群英(女)	郁日明	杨翔龙	赵赛兰(女)	陈明汉
谢　斌	李国泉	单辉平	梁正宏	戴书华	王　辉(女)
夏　冰	章丽莎(女)	黄菊花(女)	万林生	袁红彪	陈为民
刘庆华	胡国胜	程　伟	周爱平	刘　勃	陈小平
刘智武	廖建平	余唯理	刘方云	王宝根	罗桂林
吴祖发	蒋树瑛	肖四如	周文明	舒四红	蔡美华
张朝晖	张　亮	王斯学	黄　军	潘勇飞	林小红(女)
肖冬样	聂继昌				

向在昌九城际铁路重点工程建设中做出突出贡献的个人授予“五一劳动奖章”

李德明　　王立功　　王　英

向在南昌枢纽西环线、昌九城际开展立功竞赛活动中做出突出贡献的个人授予“五一劳动奖章”

叶修水　　朱　赤　　席国富　　魏立发

向在第七届南昌铁路职业技能竞赛中取得优异成绩的个人授予江西省“五一劳动奖章”

李　建　　李　斌　　邬伟亮

向在“建功立业杯”重点工程立功竞赛中作出突出贡献的个人授予“五一劳动奖章”

陈志宜　　李华军　　汪　德

向第二届全省天气预报技能竞赛中获得个人全能第一名的郑劲光授予江西省“五一劳动奖章”

向江西省机场集团公司2009年“安康杯”安全检查职业技能大赛优胜个人蔡雯授予江西省“五一劳动奖章”

向第三届全省粮食行业职业技能竞赛优胜个人罗细根、何应深授予江西省“五一劳动奖章”

追授曾庆香江西省“五一劳动奖章”

向江西省环境监测专业技术人员大比武活动获得个人总分第1名的江西省环境监测中心站康长安授予江西省“五一劳动奖章”

向江西省城市美容师颁发江西省“五一劳动奖章”

黄乌英　　陈幼红　　江贵荣　　陈　岚　　姚利清　　詹建坤

廖兵梅　　王礼平　　郑松林　　黄　平

江西省“五一劳动奖状”获得单位

1997年江西省“五一劳动奖状”获得单位全省“九五双争立功竞赛”先进集体(一等奖)名单(共23个)

昌河飞机工业公司

南昌亨得利钟表眼镜公司

江西省国际信托投资公司

江西五十铃汽车股份集团公司

九江市赤湖啤酒厂

江西青峰水泥有限责任公司

新余市百货商场

贵溪火力发电厂

赣州市创业工业集团公司

宜春工程机械有限责任公司

广丰卷烟厂

核工业华东地勘局263大队

江西富奇汽车厂

江西省邮电建设工程局

赣西供电局

江西长运股份有限公司

樟树富达制盐实业公司

中国人民银行万载县支行

洪都钢厂

江西第二建筑工程公司九江分公司

南昌铁路局南昌机务段

江西民星企业集团公司

江西铜业公司德兴铜矿

1998年江西省“五一劳动奖状”获得单位1997年全省“九五双争立功竞赛”先进集体(一等奖)

江西乳品厂

江西锅炉化工石油机械联合有限责任公司

南昌齐洛瓦电器集团总公司

九江市啤酒厂

景德镇发电厂

萍乡矿务局安源煤矿

新余纺织厂

贵溪化肥厂

赣州酒厂

上饶全良液酒厂

江西七宝山酒业(集团)有限公司

江西井冈山卷烟厂

江西利群机械厂

南昌电信局

赣东北供电局

景德镇市第一汽车运输公司

江西省地质工程总公司基础工程公司

南昌铁路局鹰潭车站

中国银行南昌市分行

1999 年江西省"五一劳动奖状"获得单位(21 个)(1998 年度"九五双争立功竞赛"先进集体)

江西萍乡钢铁厂

南昌市化工原料厂

江西省送变电建设公司

江西东津水力发电厂

江西胜利器材厂

萍乡矿务局客车厂

江西新钢机械制造有限责任公司

鹰潭市三川有限公司

江西江铃齿轮股份有限公司

江西七宝山酒业(集团)有限公司

江西丰华彩印有限公司

井冈山纸业有限公司

抚州地区建筑工程公司

上饶地区邮政局

江西九江发电厂

赣州地区汽运总公司

江西地勘局赣西北大队

南昌铁路局

中国建设银行江西铜业基地专业支行

江西省农业生产资料集团公司

中国工商银行上饶地区分行信州支行

2001 年江西省"五一劳动奖状"金融系统获得单位名单

中国人寿保险公司赣州分公司

人民银行南昌中心支行

2001 年江西省"五一劳动奖状"获得单位(2000 年全省"九五双争立功竞赛"先进集体)名单(共 19 个)

南昌钢铁有限责任公司

江西新华印刷厂

江西柘林水电开发有限责任公司

江西景德镇发电有限责任公司

萍乡浮法玻璃厂

新余钢铁有限责任公司烧结厂

江西省核工业地质局261大队

赣南卷烟厂

江西盐矿有限责任公司

江西凤凰光学仪器集团有限公司

江西永丰萤石精选厂

江西东亚药业有限责任公司

江西省火电建设公司

江西省赣州汽车运输总公司

江西省地勘局九一五探矿工程大队

南昌铁路局上饶机务段

中国人寿保险公司赣州分公司

人民银行南昌中心支行

江西省电信公司南昌分公司

2002年江西省“五一劳动奖状”获得单位名单(共20个)

江西月兔企业集团有限公司

江西印刷集团公司

江西长运集团有限公司

中铁大桥局集团第五工程有限公司

江西赣南制药厂

瑞景陶瓷(集团)有限公司

江西四特集团

江西金顶药业有限公司

江西江铃底盘股份有限公司

新余钢铁有限责任公司第三炼钢厂

江西赣能股份有限公司萍乡发电厂

江西电化有限责任公司

鹰潭市人民医院

江西省浮梁县公路段

赣州供电局

南昌铁路局九江工务段

江西地质工程勘察院

新余市邮政局

中国人民保险公司南昌市西湖区支公司

中国东方航空股份有限公司江西分公司

2003年省“五一劳动奖状”获得单位名单(共20个)

中国核工业总公司七二〇厂

江西南昌供电局

江西省修水县供电有限责任公司

赣州发电设备成套制造有限公司

江西省宜春汽车运输总公司二〇五车队

江西万年青塑胶包装制品厂

江西联创光电科技股份有限公司线缆分公司

江西天施康中药股份有限公司珍视明药业分公司

江西化纤化工有限责任公司

江西省安源工业陶瓷有限公司

新余钢铁有限责任公司中板厂

江西省鹰潭市三川有限公司

江西电力调度通信中心

江西省交通稽查征费局

江西省地质矿产勘查开发局赣东北大队

南昌铁路局客运公司北京一车队

中国农业发展银行高安市支行

中国人民银行万年县支行

江西省电信公司九江市分公司

中国航空油料江西分公司

2004年江西省“五一劳动奖状”获得单位名单(共20个)

南昌市城市规划设计研究总院

南昌市地方税务局

中铁四局集团第五工程有限公司

江西气体压缩机有限公司

江西宜春供电公司

中国人民银行上饶市中心支行

江西机械化工厂

江西添光化工有限责任公司

江西景德镇供电公司

江西武冠实业集团
江西移动通信有限责任公司新余分公司
海利贵溪化工农药有限公司
江西鹰潭供电公司
江西吉安供电公司
江西省交通设计院
江西省地质工程总公司
南昌铁路局客运公司
中国建设银行南昌市洪都支行
江西铜业集团江西铜业股份有限公司
中国民航南昌空中交通管理中心区域管制室

2006 年江西省“五一劳动奖状”获得单位名单（共 30 名）

南昌市公共交通总公司
南昌市国家税务局
南昌市东湖区教育体育局
九江市地方税务局
九江长江大桥公路桥管理局
景德镇高等专科学校
萍乡益民动力有限责任公司
新余华源远东纺织有限公司
余江县血吸虫病地方病防治站
赣州市人民医院
江西移动通信有限责任公司赣州分公司
宜丰县供电有限责任公司
江西上饶供电公司
江西省德兴市百勤异 VC 钠有限公司
江西移动通信有限责任公司吉安分公司
江西抚州供电公司
江西萍乡供电公司
江西省电力设备总厂
江西交通职业技术学院
江西省地矿局赣南地质调查大队
南昌铁路局鹰潭机务段上饶运用车间
江铜集团（德兴）矿山新技术开发有限公司

江西洪都航空工业集团有限责任公司
江西省电信有限公司上饶市分公司
江西移动通信有限责任公司上饶分公司
中国人民银行南昌中心支行
江西省电力设计院
民航南昌空管中心上饶导航台
鹰潭市地方税务局办税服务厅
江铜集团永平铜矿选矿厂精矿工段抓斗岗

向在浙赣线电化提速改造工程建设中做出突出贡献的集体授予江西省“五一劳动奖状”

南昌铁路局工务段

向全省学习型组织、知识型职工、创业型人才标兵单位颁发江西省“五一劳动奖状”

江西洪都航空工业集团公司洪都小学

2007 年江西省“五一劳动奖状”获得单位名单(共 29 个)

南昌水业集团有限责任公司
南昌市工商行政管理局
南昌市商业银行
中国移动通信集团江西有限公司九江分公司
江西湖口蓝天药用玻璃厂
景德镇市地方税务局
萍乡市公共交通总公司
新余市地方税务局
鹰潭市第一中学
江西大吉山钨业有限公司
赣州市市容环境卫生管理处
坪湖煤业有限责任公司
上饶市邮政局
中国国电集团公司万安水力发电厂
中国移动通信集团江西有限公司抚州分公司
赣东北供电公司
九江市公路管理局
江西省地质调查研究院
南昌车辆段检修车间
江西铜业集团公司德兴矿铜厂采矿场

江西洪都航空工业股份有限公司

中国工商银行股份有限公司宜春分行

江西省邮政公司

江西移动客户服务呼叫中心

江西省水电工程局

省“民声通道”办公室

江西机电学校

南昌市经济技术开发区国家税务局

九江供电公司

2008 年江西省“五一劳动奖状”获得单位名单（共 35 个）

南昌市印钞厂

南昌市第三中学

南昌市国土资源局青山湖分局

中国国电集团九江发电厂

中铁大桥局集团第七工程有限公司

新余市公交公司

萍乡市农村信用社

浮梁县供电有限责任公司

余江县地方税务局

赣州市电信分公司

赣州虔东实业（集团）有限公司

江西丰城发电有限责任公司

江西三清山旅游集团有限公司

华能国际电力股份有限公司井冈山电厂

抚州市供水公司

南昌供电公司

江西新世纪汽运集团有限公司高客分公司

江西地矿局九〇一地质大队

南昌铁路局南昌车辆段

江西铜业集团公司武山铜矿

洪都航空工业集团公司钳焊液压附件厂

赣州市邮政局

中国移动通信集团江西省分公司网络管理中心

兴国县供电有限责任公司

赣南日报社
江西省电力科学研究院
江西耀升工贸发展有限公司
中国电信鹰潭分公司
民航江西空管分局塔台管制室
江西电力职业技术学院
中国网络通信集团公司江西省分公司
中国移动通信集团江西省有限公司抚州分公司
中国农业银行新余市分行
中国工商银行股份有限公司萍乡市分行安源支行
南昌市洪都农村信用合作联社

2008 年江西省第三届文明行风创建先进单位授予江西省“五一劳动奖状”

九江市国家税务局稽查局
吉安市青原区市政公用事业管护处
江西洪都航空工业集团公司试飞站四大队胶缝组

向全省创先争优活动标兵单位人颁发江西省“五一劳动奖状”

南昌邮区中心局(创争活动标兵单位)

2009 年江西省“五一劳动奖状”获得单位名单(共 30 个)

中国移动通信集团江西有限公司南昌分公司
江西泰耐克置业有限公司
南昌市东湖区地方税务局
江西省九江第一中学
江西庐山龙湾温泉开发有限公司
华意压缩机股份有限公司
萍乡经济开发区地方税务局
中国人民银行新余市中心支行
江西保太有色金属集团有限公司
赣州市地方税务局
南康市市容环境卫生管理处
中国人民银行宜春市中心支行
上饶市商业银行股份有限公司
吉安市邮政局
抚州市地方税务局

江西省电力公司超高压分公司

江西景德镇长运有限公司

江西省勘察设计研究院

南昌铁路局向塘西车站

江西洪都航空工业集团有限责任公司机械加工厂

新余市邮政局

中国电信股份有限公司南昌县分公司

中国移动通讯集团江西有限公司业务支撑系统部

中国联合网络通信有限公司江西省分公司

中国工商银行股份有限公司丰城支行

江西省财政厅

江西玉泉岛大酒店

江西稀有金属钨业控股集团有限公司

中国电信股份有限公司宜春分公司

江西铜业股份有限公司城门山铜矿

向在昌九城际铁路重点工程建设中做出突出贡献的集体授予江西省“五一劳动奖状”

中铁四局昌九城际铁路项目经理部第三项目队

向在南昌枢纽西环线、昌九城际开展立功竞赛活动中做出突出贡献的集体授予江西省“五一劳动奖状”

中铁二十四局南昌枢纽西环线工程指挥部

中铁二十四局昌九城际铁路 CJQ—2 标项目部

向在“建功立业杯”重点工程立功竞赛中作出突出贡献的集体授予江西省“五一劳动奖状”

中铁大桥局向莆铁路 JX—2A 标指挥部

说　明:以上几年材料缺失原因:逢评选劳模之年不重复评选“五一劳动奖章”和“五一劳动奖状”;因特殊原因有些年份未进行评选工作。

附　录

江西省人民政府关于印发江西省劳动模范管理办法的通知

各市、县(区)人民政府,省政府各部门:

现将《江西省劳动模范管理办法》印发给你们,请认真贯彻执行。

江西省人民政府

二○○三年十一月二十五日

江西省劳动模范管理办法

第一章　总　则

第一条　为了规范劳动模范的评选和管理工作,充分发挥先进模范人物在社会主义物质文明、政治文明、精神文明建设中的带头、骨干和桥梁作用,根据国家有关规定,结合本省实际,制定本办法。

第二条　本办法所称劳动模范,包括本省各类企事业单位、机关、团体和农村中的全国劳动模范、先进工作者和省劳动模范、先进工作者(以下简称劳动模范)。

第三条　省劳动模范评选表彰管理工作委员会(以下简称评委会)是省人民政府领导下的劳动模范管理机构,由省委组织部、省总工会、省人事厅、省劳动保障厅等部门作为成员共同组成。其主要职责是:

(一)审定每届劳动模范命名表彰大会的总体工作方案;

(二)审核授予或者取消的省劳动模范名单;

(三)审核全国劳动模范推荐人选;

(四)研究制定全省劳动模范管理工作的有关政策,指导和协调劳动模范管理工作有关事宜。

省评委会下设办公室,为其日常工作机构,办公地点设在省总工会。其主要职责是:

(一)组织全省劳动模范评选工作;

(二)筹备召开全省劳动模范命名表彰大会;

（三）指导、协调和处理全省劳动模范日常管理工作，建立健全劳动模范档案，建立劳动模范的动态管理制度，接待和处理有关劳动模范问题的来信、来访；

（四）检查有关劳动模范政策的落实情况，提出调整劳动模范政策的建议方案；

（五）省评委会交办的其他工作。

第二章　评选和命名表彰

第四条　省劳动模范的评选活动及命名表彰大会每五年举行一次。遇特殊情况，经省评委会研究并报省人民政府决定，可以提前或者推迟举行。

在省劳动模范命名表彰大会间隔期间，对在社会主义物质文明、政治文明、精神文明建设中作出特殊贡献的先进人物，省人民政府可以随时命名表彰。

第五条　省劳动模范命名表彰大会命名表彰的劳动模范名额，由省评委会提出意见报省政府审定。

第六条　劳动模范应当具备下列基本条件：

（一）热爱祖国，坚持邓小平理论，全面贯彻“三个代表”重要思想和党的基本路线，认真执行党的方针政策；

（二）模范遵守法律、法规、规章和职业道德；

（三）诚信实干，锐意进取，与时俱进，在改革开放、经济建设和社会各项事业中业绩突出，在本地区或者本行业处于领先水平。

省劳动模范的具体评选条件由省评委会确定。

第七条　评选劳动模范应当坚持下列原则：

（一）面向基层，面向经济建设和社会各项事业第一线；

（二）公开、公平、公正，按照民主程序，自下而上推荐，接受群众监督；

（三）地方与行业相结合，以地方为主。

第八条　评选省劳动模范应当按照下列程序进行：

（一）基层单位推荐。被推荐的劳动模范，须由所在单位民主推选，并经本单位职工代表大会或者职工大会（农民经村民委员会、其他劳动者经居民委员会）讨论通过。

（二）各级工会和人事、劳动保障等部门对推荐人选的先进事迹认真审核，经同级党委、政府同意后逐级上报；劳动模范评选实行条管的产业，应当经本系统上级单位审核后上报。

（三）省评委会办公室对各设区市、条管产业的省直单位上报人选的基本情况，应当向社会公示，接受群众监督，并提出审查意见，报省评委会审核。

（四）省评委会审核后确定的省劳动模范名单，按程序报经省人民政府审定后命名，其中涉及地厅级干部劳动模范的评选，按干部管理权限报省委审定后再命名。

第九条　省劳动模范命名表彰大会间隔期间拟授予的劳动模范，由有关单位提出，报省评委会办公室审查，经省评委会审核后报省人民政府按有关程序审定命名。

第十条　省劳动模范由省人民政府召开命名表彰大会予以命名表彰，其中来自企业和农村的人员授予“江西省劳动模范”荣誉称号,来自机关、团体、事业单位的人员授予“江西省先进工作者”荣誉称号。

第十一条　全国劳动模范的评选和命名表彰,按国家有关规定执行。

第三章　奖励和优待

第十二条　对劳动模范的奖励实行精神鼓励和物质奖励相结合,以精神鼓励为主的原则。对省劳动模范命名表彰大会命名表彰的劳动模范,由省人民政府颁发荣誉证书和奖章,并给予一次性物质奖励;对省劳动模范命名表彰大会间隔期间命名表彰的劳动模范,由省人民政府颁发荣誉证书和奖章,并由所在单位给予一次性物质奖励。

第十三条　劳动模范享受下列优待:

(一)提高退休金待遇。

凡1995年9月30日(含)以前命名的劳动模范,退休时仍保持荣誉称号,已参加养老保险社会统筹的,在计发养老金待遇时,仍按《国务院关于颁发〈国务院关于安置老弱病残干部的暂行办法〉和〈国务院关于工人退休、退职的暂行办法〉的通知》(国发〔1978〕104号)、《江西省人民政府关于印发江西省城镇企业职工养老保险制度改革实施方案的通知》(赣府发〔1995〕50号)、《江西省人民政府关于印发〈江西省统一企业职工基本养老保险制度实施办法〉的通知》(赣府发〔1999〕14号)规定保留其优惠待遇,列入统筹支付;未参加养老保险社会统筹的以及机关、事业单位的劳动模范按国发〔1978〕104号文件规定执行。

(二)补充养老保险待遇。

凡1995年10月1日(含)以后命名的劳动模范,所在单位应当为其办理一次性补充养老保险,保险收益从退休之日起发放。标准为全国劳动模范6000元/人,省劳动模范4000元/人。

(三)医疗优惠待遇。

劳动模范每2年由所在单位安排一次体检,体检费用由单位承担,并建立劳动模范健康档案。劳动模范因病或者非因工负伤在停止工作进行医疗期间,六个月以内工资照发,六个月以上按本人现行工资标准75%发给。对患癌症、精神病、瘫痪等疾病的劳动模范,经企业和劳动保障部门批准,享受工资照发待遇的期限可以适当延长。

(四)劳动就业和上岗优先待遇。

生产经营正常的企事业单位不得安排劳动模范下岗,特殊情况需安排劳动模范下岗的,必须报省评委会办公室批准。因改制等原因下岗或者自然失业的劳动模范,当地政府必须保障其基本生活,并尽快采取措施优先安置其上岗就业。

(五)疗(休)养待遇。

劳动模范每年可享有疗(休)养或者休假15天的待遇,疗(休)养、休假期间,工资照发,福利待遇不变。

(六)优先接受培养教育和选拔任用待遇。

符合条件的劳动模范报考高等院校时,按国家有关规定优先录取;在干部任用上优先考察使用。

(七)在窗口行业享受优先服务待遇。

劳动模范凭荣誉证书在本省行政区域内的窗口行业享受优先看病、购票、乘车船等待遇。

第四章 日常管理

第十四条 劳动模范日常管理工作实行属地管理和分口管理相结合的原则。实行条管的行业归行业管理,其他归地方统一管理。日常管理工作以基层为主。

第十五条 省评委会办公室应当做好省级以上劳动模范的管理、服务工作,为所有省级以上劳动模范建立专门档案,实行动态管理。

省评委会办公室负责对省劳动模范资格的确认、证明。

第十六条 建立劳动模范重要情况报告制度。省级以上劳动模范工作变动、录用晋升、辞职、下岗、离退休、死亡或者严重违法违纪等重要情况,由工会组织逐级上报省评委会办公室备案。

第十七条 各有关部门应当与工会、劳动模范所在单位密切配合,定期了解劳动模范的思想、学习、工作和生活情况,倾听其意见、建议和要求,及时解决劳动模范在工作、生活等方面的困难,依法维护其合法权益。不得歧视、刁难、打击、压制劳动模范。

第五章 荣誉称号的取消

第十八条 劳动模范有下列情形之一的,取消其荣誉称号:

(一)用虚假事迹骗取劳动模范荣誉称号的;

(二)因触犯刑律受刑事处罚的;

(三)受到开除、留用察看处分的;

(四)丧失中华人民共和国国籍的。

第十九条 取消省劳动模范荣誉称号的程序:由所在单位写出书面报告,按评选审批程序逐级上报,经省评委会办公室审查,省评委会审核,报省人民政府批准。

全国劳动模范荣誉称号的取消按国家有关规定执行。

第二十条 劳动模范被取消荣誉称号的,授予机关应当收回其荣誉证书和奖章,并终止其享有的劳动模范的各种优待。

第六章 附 则

第二十一条 本办法自颁布之日起实施。

关于在建立社会主义市场经济体制中加强职工民主管理工作的意见

赣工〔1994〕145号

为了贯彻党的十四届三中全会、四中全会决定和工会十二大精神,在推动国有企业深化改革,转换经营机制,建立现代企业制度中,充分发挥广大职工主人翁积极性、创造性,进一步解放和发展生产力,我们必须在邓小平建设有中国特色社会主义理论和党的基本路线指导下,抓住有利时机,努力开拓职工民主管理的新局面,并注意把握好以下几点:

——坚持解放思想,实事求是,正确处理继承和发展的关系。既要继承以往成功的做法和经验,坚持和完善职工代表大会制度,又要勇于创新,积极探索职工民主管理新的实现形式和途径,包括借鉴国外工人参与管理的经验。

——坚持以经济建设为中心,把改革开放,发展经济和社会稳定有机地统一起来。以"三个有利于"作为衡量是非得失的标准,使职工民主管理工作自觉地服从和服务于改革开放,发展经济和社会稳定这个大局。

——坚持"两个维护"的统一。要在维护全国人民总体利益的同时,更好地表达和维护职工群众的具体利益,把发展社会生产力和维护职工利益统一起来。对涉及职工切身利益的重大改革方案和措施,要坚持科学民主决策,职工总体受益,充分考虑职工综合承受能力,保障职工基本生活的原则。

——坚持在党的领导下,党、政、工齐心合力,使职工民主管理,成为党、政、工的共同责任。各级工会组织要把搞好职工民主管理作为推动工会全局工作的重点具体意见如下:

一、坚持和完善职工代表大会制度,积极探索不同所有制、不同经营方式的企业以及事业和机关单位职工民主管理新的实现形式和途径

1. 国有企业要坚持和完善职工代表大会制度。

目前尚未进行现代企业制度试点的国有企业,要继续贯彻《全民所有制工业企业法》《全民所有制工业企业转换经营机制条例》和《全民所有制工业企业职工代表大会条例》。

要在依法落实企业的各项权利和责任,继续深入进行各项改革的同时,切实把职工代表的各项职权落到实处,充分发挥职工代表团组长联席会议和各专门委员会作用。加强车间、班组民主管理,进一步健全职工民主管理网络,实现职工民主管理经常化、网络化、制度化。

从各方面为国有企业稳步地向现代企业制度转变创造条件。

2. 国有独资公司和两个以上国有企业或者其他两个以上国有投资主体投资设立的有限责任公司,应依法坚持和完善以职工代表大会为基本形式的职工民主管理制度。为适应变化了的情况,职工代表大会的职权可作适当调整。其职权应包括:

(1)听取和讨论公司发展和生产经营重大决策方案的报告(包括制定和修改公司章程草案,公司长远发展规划,年度生产经营计划,利润分配方案,弥补亏损方案,公司合并、分立、变更形式、解

散等)提出意见和建议;

(2)审议同意或者否决有关职工工资、奖金分配方案,安全生产、劳动保护措施方案和公司重要规章制度等重大问题;

(3)讨论决定公司公益金和福利基金使用方案,职工集体生活福利重大事项的计划和实施方案;

(4)评议监督董事长、经理等高级管理人员,并按规定的民主程序提出奖惩和任免(聘用和解聘)的建议;

(5)依法选举和更换参加董事会和监事会的职工代表。听取和讨论董事会、监事会中职工代表的工作和述职报告。

3. 其他有限责任公司和股份有限公司,可以由职工代表大会,也可以由工会代表职工实行民主管理。以国有资产为主体的有限责任公司和股份有限公司,应继续坚持和完善职工代表大会制度,职工代表大会职权原则上按第〔2〕项内容执行。由工会代表职工实行民主管理的,要建立相应的制度予以保证。包括:工会召开会员代表大会时,企业行政负责人应向大会通报企业生产经营管理情况,工会应组织代表认真讨论,并提出改进生产、经营、管理的建议,行政方面应负责地处理职工提出的建议;工会代表职工与行政方面进行平等协商,签订集体合同;建立工会与企业行政负责人协商会议制度,及时沟通情况,协商解决有关问题;工会各专门委员会可就职工迫切要求解决的问题专题调查,拟定意见或方案,与企业行政有关部门随时进行协商,也可以提交协商会议解决;由工会组织职工对行政管理负责人进行评议监督,提出奖惩和任免建议等。

4. 小型国有企业实行国有民营或承包、租赁经营的,其公有制性质不变,要依法保障职工在企业的主人翁地位和民主权利。通过职工(代表)大会或基层工会、班组民主管理会等形式,坚持职工民主管理。在实行国有民营或承包、租赁经营同时,基层工会应依法代表职工与企业行政方面签订集体合同,以维护职工的合法权益,共同促进企业发展。

5. 外商投资企业要依法组建工会,建立职工民主参与制度。可以通过工会会员(代表)大会或劳资协商会议等多种形式实行职工民主参与。已建立职工代表大,会制度的,应继续坚持并逐步完善。工会主席应参加或列席董事会、总经理办公会等有关会议,反映职工对企业管理和发展的意见与要求。

6. 城镇集体企业要继续认真贯彻《城镇集体企业条例》,坚持职工(代表)大会制度,落实《条例》规定的职权,保障职工依法选举和罢免管理人员,决定经营管理重大问题的权利。

股份合作制企业,参照《城镇集体企业条例》,可实行职工(代表)大会和股东大会合一的制度,把两会的任务兼容起来。职工(股东)大会是企业最高权力机构。企业工会要依法组织职工参加民主管理和民主监督,承担职工(代表)大会及其常设机构的工作任务。

7. 乡村集体所有制企业要依照《中华人民共和国乡村集体企业条例》逐步建立和健全职工参加企业民主管理的制度。职工民主管理基本形式是职工大会或职工代表大会。职工大会或职工代表大会有权对企业经营管理的问题提出意见和建议、评议、监督厂长(经理)和其他管理人员,维护职工的合法权益。

8. 私营企业工会应与企业行政方面建立平等协商谈判,签订集体合同制度,实行职工民主参与,依法代表和维护职工的政治权利和物质利益,维护国家和社会利益,支持企业的生产经营活动,尊重投资者的合法权益,共谋企业发展。

9. 各类学校要认真贯彻《中华人民共和国教师法》,坚持教职工,代表大会制度。保障教职工在参与学校重要决策,维护教职工合法权益,监督学校工作等方面发挥作用。

10. 科研、文化、卫生等事业单位的民主管理,要从知识分子比较集中的特点出发,结合本单位实际,建立健全职工代表大会制度和其他民主管理形式,在落实党的知识分子政策,改善职工物质、文化生活,完成本单位各项任务和维护职工合法权益方面充分发挥作用。

11. 机关应定期召开职工(代表)大会,就涉及职工切身利益问题,民主评议干部和机关内部事务管理等问题,积极探索职工民主参与、民主管理、民主监督的有效途径和方式。省直机关单位按《江西省省直党政机关职工民主参与和民主管理试行办法》执行。

二、建立职工董事、监事制度,组织职工持股会

12. 国有独资公司和两个以上国有企业或者其他两个以上国有投资主体投资设立的有限责任公司,要有一定数量的职工代表(含工会主席,下同)参加董事会、监事会。其他有限责任公司和股、份有限公司也可以选举职工代表参加董事会。工会是职工利益的代表,在目前90%以上的职工都加入工会的情况下,企业工会主席应经过职工民主选举依法进入董事会。

13. 参加董事会、监事会的职工代表,由公司工会组织职工(经职工代表大会、职工大会或会员代表大会)民主选举进入董事会、监事会。职工董事、监事应向职工代表大会汇报工作,接受职工代表大会监督。董事会中的职工代表以占三分之一为宜:监事会中的职工代表以占二分之一,不少于三分之一为宜,具体比例由公司章程规定。董事会中的职工代表不包括党委书记、正副经理、"三总师"等在内的高级管理人员。公司要为参加董事会、监事会的职工代表创造工作条件,建立相应制度,保障职工董事、监事在董事会、监事会中的地位和作用发挥。

14. 经职工民主选举的职工董事、监事,在任职期间和离任后,公司不得因其履行董事、监事职务的原因予以辞退。

15. 组建职工持股会。凡有职工持股的公司,工会可以组织持股职工建立"职工持股会"。职工持股会享受股东权利,履行股东义务,选举代表参加股东大会。职工认股必须坚持自愿原则,并按有关行政法规加以规范。

三、建立平等协商,签订集体合同制度

16. 企业要依照《劳动法》的规定,建立由工会代表职工与企业平等协商,签订集体合同制度,以建立协调和稳定的企业劳动关系,维护职工合法权益,以契约的方式规范双方的行为,推动双方的合作,共同为企业发展努力,以不断增强企业的凝聚力和市场的竞争力。

17. 平等协商的方式,由工会代表职工与企业行政进行平等协商,每年至少举行一次。遇有重大问题,有一方提议,并征得双方同意后可随时进行协商。工会应事先将需要协商的各项内容在职工中进行充分的酝酿讨论,取得大多数职工的赞同和支持,有职代会的企业要经职代会审议同意。协商结果以书面形式签订集体合同。集体合同签订后报送当地劳动行政部门备案。劳动部门15

日内未提出异议的，集体合同即行生效。

18. 集体合同的内容应包括劳动报酬、工作时间、休息休假、劳动安全卫生、保险福利、职业技术培训、女职工特殊利益和双方共同目标、基本权利、义务，职工必须遵守的本企业重要规章制度，以及合同的有效期和违约责任等。合同应根据实际情况，每年签订或修订一次。

19. 在签订集体合同协商过程中不能取得一致意见时，工会或企业可申请当地政府组织有关各方协调处理。因执行集体合同引起的争议为集体劳动争议，企业内部协商解决无效时，工会或企业可按法定程序向当地劳动争议仲裁委员会申请仲裁或依法提起诉讼。

20. 企业与职工个人签订的劳动合同中有关职工待遇的标准和劳动保护、劳动保险的条件不能低于集体合同的规定。个人劳动合同执行中的争议，由企业劳动争议调解委员会处理。工会代表作为企业劳动争议调解委员会的主任，要切实负起责任，努力做好工作。

四、加强职工民主管理工作的领导和指导，把职工民主管理作为推动工会全局工作的重点来认真抓好

21. 加强和完善职工民主管理是一项艰巨的社会工程，需要在党的领导下，取得行政的支持与密切合作，以及社会各方面的共同努力。党的领导是加强职工民主管理的重要保证。因此，职工民主管理工作中的重大问题，工会组织要及时向党组织请示汇报并主动与行政沟通，以取得党的领导和行政的重视和支持，做到党政工齐心合力推动职工民主管理工作健康发展。

为了推动工作，由党委和政府发文，或者由工会与党委、人大、政协、政府有关部门共同组织调查组，联合召开会议，检查推动工作的做法，应当提倡。

22. 当前职工民主管理工作面临的任务十分繁重搞好职工民主管理工作，对于全面落实工会四项社会职能，充分发挥工会组织在改革、发展和稳定中的作用至关重要。各级工会要切实把职工民主管理工作摆到重要议事日程，指定主要领导负责，经常进行研究地市、产业、省总直属基层工会要有专门机构，要有专人从事这项工作，做到组织、思想、工作三落实，使职工民主管理工作真正成为各级工会推动全局工作的重点。要加强外商投资企业和乡镇企业比较集中的开发区、工业园区和县（市）、乡（镇）工会的建设，加强对外资和乡镇企业职工民主参与、民主管理工作的指导。

23. 国有企业进行现代企业制度试点，事关全局，工会责无旁贷。各级地方工会、各产业工会和试点企业工会，都应参加同级政府和企业的试点工作领导机构，从源头参与做起，做到全方位，全过程参与。要积极协同有关方面，精心处理试点中出现的各种问题，尽职尽责地做好群众工作，推动试点工作顺利进行。

24. 工会领导机关要重视参与有关职工民主管理法律、法规的制定，为推动基层民主管理工作创造条件。各级地方工会、各产业工会要进一步建立健全与同级政府或政府有关产业部门的联席会议制度和市长与职工代表的联系制度，及时研究解决基层民主管理需要解决的问题。

25. 加强理论政策研究和舆论宣传工作。要在深入调查研究和总结以往成功经验的基础上，采取多种形式进一步把职工民主管理的理论政策研究和宣传工作推向社会，以扩大影响，取得共识。

江西省总工会

一九九四年十月

《关于加快外商投资企业工会组建步伐和加强工会工作的意见》

1. 改革开放以来,我国经济体制发生了重大变化。外商投资企业作为社会主义经济的有益补充,对我国引进资金、引进技术、引进管理、扩大对外贸易、活跃国内市场、增加就业岗位、加速四化建设,都具有重要战略意义。它的产生和发展,符合我省经济发展、社会进步的总目标,各级党政和工会组织要认清形势,为加快我省外商投资企业工会组建步伐和加强外商投资企业工会工作而努力。

2. 外商投资企业是指中外合资企业、中外合作企业和外商独资企业。加快外商投资企业工会组建步伐,是依靠工人阶级贯彻党的开放政策,办好外商投资企业的需要,是建立稳定,协调的企业劳动关系,为扩大开放创造良好投资环境的需要,是提高职工队伍素质,加强职工队伍建设的需要,是加强党在外商投资企业的工作,实现党的工作意图,保证党的方针政策贯彻落实的需要,是加强思想政治工作,保持工人阶级队伍团结和统一的需要。同时,这也是符合国际惯例的。

3. 工人阶级是我国的领导阶级,是推动社会进步、经济发展的基本社会动力。外商投资企业中方职工和全民、集体所有制企业职工一样,是国家的主人,他们的政治地位和合法权益为我国宪法和法律所确认,所保护,他们的劳动是为社会主义现代化建设作贡献,这与资本主义条件下的雇佣劳动者有着根本的区别。各级党政和工会组织应当理直气壮直地维护外商投资企业职工的合法权益。

4. 近几年,外商投资企业在我省经济建设中所占的比重越来越大,职工人数越来越多,加快外商投资企业工会组建步伐是一项紧迫任务,各级党政要重视和支持这项工作。目前,我省外商投资企业工会组建率比较低,落后于我省经济形势发展的需要。在一些未建工会的外商投资企业,劳动关系问题、职工合法权益被侵犯等问题还比较突出,严重挫伤职工的积极性,影响企业的健康发展,不少职工纷纷要求建立自己的组织,以维护自己合法权益。

5. 工会是职工群众自愿结合的群众组织,是党联系工人群众的纽带和桥。《工会法》规定,在中国境内的企业事业、机关单位的职工都有依法参加和组织工会的权利。所有在我省开业的外商投资企业都必须依法建立工会,开展工会工作。我们的工作指导思想是:以邓小平建设有中国特色的社会主义理论为指导,以《工会法》和《工会章程》为依据,尽快把已开业的外商投资企业工会组建起来,加强外商投资企业工会工作,贯彻党的全心全意依靠工人阶级的方针,努力维护职工的合法权益,与外商合作共事,共谋企业发展,为职工群众服务,为改革开放服务,为江西经济建设和社会进步作贡献。

6. 在外商投资企业组建工会要坚持"三同时"原则,即新开办的外商投资企业在谈判签约的同时提出建工会的问题,并写入企业章程,在企业筹建的同时筹建工会,在企业投资开业的同时成立工会。各级党委在布置、检查党建工作时,应同时布量、检查工会工作,外经贸、工商和劳动等有关部门在批准合同和章程、注册登记和执行劳动监察时，应严格把关，督促企业建立工会组织，对没有建立工会组织的企业，各级党政组织和企业要积极支持、配合工会组织，指导职工建立工会。对干扰和阻挠组建工会的违法行为，必须依法予以纠正，维护法律严肃性。

7. 外商投资企业职工在35人以上的，建立工会基层委员会（女职工在25人以上的，建立女职工委员会），不满25人，选举兼职的工会组织员一人，200人以上的，应设专职主席，车间设分会，班组设小组。

8. 外商合资合作企业的工会主席人选由上级工会与有关方面协商推荐，外商独资企业工会主席由上级工会推荐。工会主席均应按规定的民主程序选举产生。外商投资企业职工，凡承认《工会章程》自愿申请加入工会，经工会批准，均可成为会员。外商投资企业工会组织具备《民法通则》规定法人条件的，由上一级工会组织确认，依法取得社会团体法人资格，工会主席是工会组织的法定代表人。

9. 要坚决保护《宪法》《工会法》《劳动法》赋予的职工权利，凡企业侵犯职工公民权利和人身权利的行为，工会应依法交涉处理。对企业方面克扣拖欠职工工资，扣留职工身份证、居住证、就业证等违法行为，工会应积极与企业行政交涉，争取协商解决、对坚持不改的企业，工会应积极协助政府有关部门对其依法查处。要特别保护职工的劳动权利，工会有权代表职工签订集体合同，有权指导、帮助职工与企业签订劳动合同并监督合同的履行。

10. 工会协助政府劳动部门督促企业依法为职工交纳待业、工伤、医疗和养老保险等用于职工社会保障的费用，检查、督促对企业执行我国关于工资、工时、劳动保险、劳动保护、安全生产等法规的贯彻落实。对企业辞退、处分职工，工会认为不合法、不合理的，有权提出意见。要加强对外商投资企业遵守劳动法律、法规情况的监督，开展由政府有关部门、工会、人大代表、政协委员参加的对外商投资企业进行巡视和检查等监督活动，依法维护职工合法权益。

11. 工会要充分发挥职工在生产经营中的积极性、创造性，协助企业搞好生产经营，共谋企业发展。要根据企业不同情况开展群众性劳动竞赛、管理化建议、技术革新、发明创造等活动，发动职工为提高企业劳动生产率、降低成本、保证质量、实现企业目标而努力工作。要注意和企业一道运用精神和物质手段来激励职工，制定奖励优秀职工和先进生产者的制度和办法，确保奖励办法公开，奖励制度落实。

12. 工会要依法参与企业管理。不是董事会成员的工会主要负责人作为工会和职工群众的代表有权列席企业董事会，企业研究决定有关职工工资、报酬、安全生产、劳动保险等涉及职工切身利益的问题时，应邀请工会代表列席会议，企业研究决定生产经营制度、重要规章制度等重大问题时，应当征询工会的意见和建议。要建立和完善集体协商谈判制度，由工会代表职工与企业就劳动报酬、工作时间、安全生产、劳动保护等涉及职工切身利益的问题进行协商谈判，签订集体合同。作为企业内部监督机构参与企业管理的组织，可以是职工代表大会，也可以是会员大会。

13. 要努力提高企业职工素质，建设“四有”职工队伍。要采用多种形式，多种渠道广泛进行爱国主义、集体主义、社会主义和职业道德教育，帮助职工了解党和国家的开放政策，培养工人阶级意识，树立忠于职守、勤奋劳动的企业精神；支持和推动企业加强职业培训、开展技术练兵、岗位练兵活动,办好技术培训和业余学校,组织好自学成才活动;企业应为职工提供一定文化娱乐体育设施和经费。工会要组织职工开展丰富多彩、健康有益的文体活动,增强团结,陶冶情操,增进身心健康。

14. 要做好外商投资企业劳动保护工作。对企业安全生产条件和劳动保护设施要定期进行检查验收。发现问题,应协助劳动安全卫生部门令其限期改正;发现违章指挥,强令工人冒险作业或发现明显重大事故隐患和职业危害,有权向企业提出解决意见,企业必须及时作出处理。工会监督企业执行国家现行工时制度和休假制度,职工因健康原因或其他正当理由不能加班的,企业不得强制;企业确因生产需要加班时,应在得到工会的许可下,按《劳动法》规定的标准支付加班费。

15. 要保护女职工的特殊权益。要督促企业落实我国法律法规对女职工的特殊规定,坚决纠正和制止女职工在经期、孕期、产期、哺乳期不能享受法律规定,让女职工从事禁忌劳动或因女职工结婚、生育而被辞退等不合法的企业规定。对歧视、虐待、残害女职工的违法犯罪行为,工会要挺身而出,和党政有关部门一道追究有关人员的责任。

16. 要重视调处劳动争议,稳定企业劳动关系。企业应设立劳动争议调解委员会,调解委员会主任由工会代表担任,其办事机构设在企业工会。工会要认真负责地接受和处理职工的投诉,做到有投诉,有调查处理,有答复。企业工会在处理问题有困难时,上级工会要出面交涉,有关党政部门要积极支持。在处理问题时要注意方法,讲求策略,做到有理、有利、有节,尽量把问题解决在基层,解决在萌芽状态。

17. 要依法维护工会组织和工会干部合法权益。职工自愿组建工会和工会依法开展活动是受法律保护的,任何阻挠妨碍行为都是错误的,严重的要追究其法律责任。企业工会主席、副主席任期未满时,不得随意调动其工作,确因工作需要调动时,应征得上级工会的同意。工会干部因履行职责受到不公正待遇时,上级工会应出面交涉,必要时可与政府有关部门一起出面干预,坚决保护工会干部合法权益,企业应按《工会法》规定,每月按职工(含外籍员工)实际工资总额的百分之二拨交工会经费并接受工会的审议和上级工会的指导监督,企业应依照《工会法》的规定为工会开展工作和活动提供必要的活动场所和物质条件。

18. 工会和各级组织人事部门,应选拔一批能联系群众,乐于为职工群众办事和有一定政策水平、善于与外商合作共事的干部到外商投资企业从事工会工作。在物色企业中方管理人员的同时,应同时物色工会主席人选。要加大培训外商投资企业工会干部的力度,充分发挥省地市各级工会干部学校的作用,提高他们的素质,帮助他们在学习和实践中不断增长才干,在工会专职干部少的情况下,要注意培养、依靠工会积极分子开展工作。

19. 要做好宣传舆论工作,争取社会各方面对外商投资企业工会工作的支持。宣传外商投资企业组建工会的重要性和必要性,宣传中国工会的性质和作用,消除外商对中国工会的误解和疑虑,是各级党政和工会组织的共同任务。外商投资企业工会的组建工作任务重、难度大,党政有关部门更要给予积极的支持和配合。全省各级工会要积极向外商投资企业的中方管理人员宣传党的全心全意依靠工人阶级的根本方针,向外商介绍中国工会的性质,任务和工作方针,取得他们的合作,向广大职工宣传《工会法》,启发他们参加工会的愿望,激发广大会员和工会积极分子的积极性,共同把外商投资企业工会工作做好。

20. 各级党组织要把加强外商投资企业工会工作摆上重要议事日程，制定工作目标，加强监督检查，及时研究解决工会提请党组织讨论的重要问题。经委、外经贸、劳动、工商等政府部门要积极支持工会工作，与工会密切配合，通过建立联席会议等形式，定期召开会议，及时通报情况，协调工作，共同推进外商投资企业工会组织的建立和工会工作的开展。各级工会要把外商投资企业工会工作摆上重要议事日程，一级抓一级，争取今明两年把已开业的外商投资企业工会组建起来，省总建立外商投资企业工会工作联席会议制度，研究协调有关问题，由组织部、民管部、政研室、法律部、生产部、生活部、女工部、财务部派员组成，组织部负责日常工作。省总将实行外商投资企业组建工会工作通报制度，每季度通报各地市外商投资企业工会工作进展，经验总结，推广典型，介绍劳动关系新情况、新问题、各级党政和工会组织要认真落实中办，国办转发的全总《关于外商投资企业劳动关系和组建工会情况的报告》和中华全国总工会，中共中央组织部、国家经济贸易委员会、对外贸易经济合作部，劳动部、国家工商行政管理局《关于加强外商投资企业工会工作几个问题的通知》的要求，切实加强对这项工作的领导，认真调查研究，制定规划，抓好典型，推广经验，加快工作步伐，为开创我省外商投资企业工会工作的新局面而努力奋斗。

江西省总工会

1994 年 12 月 16 日

关于颁发《江西省职工自学成才奖励条例》的通知

赣工〔1995〕27 号

省总各地区办事处、各省辖市总工会、省级产业工会、直属基层工会，各地、市教委、科委、人事局、劳动局：

为了鼓励职工立足本职岗位自学成才，促进人才的培养和开发，提高职工队伍素质，根据《中华人民共和国宪法》第十九条中“鼓励自学成才”的规定，1991 年省总工会、省人事厅、省劳动厅、省教委、省科委发出了《关于自学成才人员的使用、待遇等问题的意见》的文件，从政策上调动了广大职工自学的积极性。1993 年由省总工会、省教委、省科委、省人事厅、省劳动厅发文成立了江西省职工自学成才奖评审委员会，对加强全省职工自学成才奖的评审工作，提高科学性、权威性起到了重要作用。为了使我省职工自学成才奖评审工作进一步规范化、制度化，以适应形势发展的需要，对 1990 年省总工会制定的《江西省总工会职工自学成才奖励条例》进行了修改。现将《江西省职工自学成才奖励条例》予以颁发。

江西省总工会江西省教育委员会

江西省科学技术委员会江西省人事厅

江西省劳动厅

一九九五年三月七日

江西省职工自学成才奖励条例

(一九九五年五月二十五日)

一、总　则

第一条　为鼓励我省广大职工自学成才、岗位成才,促进人才的培养和开发,提高职工队伍素质,加速社会主义现代化建设,根据《中华人民共和国宪法》第十九条中"鼓励自学成才"的规定,以及中华全国总工会1994年2月颁发的《全国职工自学成才奖励条例》,结合我省实际情况,特制定本条例。

第二条　江西省总工会、省教委、省科委、省人事厅、省劳动厅共同组成江西省职工自学成才奖评审委员会,负责全省职工自学成才奖的评审。

二、奖励条例

第三条　凡属我省在职职工,拥护党的基本路线和方针政策,努力做好本职工作,未经普通和成人高等院校(包括职工大学、职工业余大学、电视大学及普通高等院校举办的夜大学等)系统学习,通过自学理论专业知识达到大学专科或相当于大学专科以上文化水平,并具备下列条件之一者,可以申请江西省职工自学成才奖:

(一)在科学技术方面有创造发明,取得的科技成果达到或超过省级先进水平的;

(二)在学术研究方面取得重要成果,已在省级以上专业性刊物或全省性学术会议上发表,有重要价值的论文并获奖,或经省级以上出版部门出版过专著或译著的;

(三)在推广、应用科学技术成果中,做出突出贡献并取得显著经济效益和社会效益的;

(四)有重大技术改进或合理化建议,经试验研究和实际应用,使某一单位的生产或工作取得显著成效,并具有较大社会效益的;

(五)创立了一套科学管理办法,并已应用于企业管理之中,使生产经营活动取得较大效益,有重要推广价值的;

(六)总结出本职工作或本行业系统性的有推广价值的经验,并作出较大贡献的;

(七)在生产中具有较高技能和理论水平,作出突出贡献,在全省性专业技术比赛中获得突出成绩的;

(八)在其他方面有较高造诣,作出突出贡献,并在全省有较大影响的。

三、申报程序

第四条　全省职工自学成才奖;由职工本人向所在单位工会组织申请,由所在单位工会组织按奖励条例核实同意、签署意见后,逐级向上一级工会申报,最后由地、市总工会审核后向省职工自学成才奖评审委员会办公室推荐。

第五条　申报全省职工自学成才奖,应附送以下材料:

1.《江西省职工自学成才奖申报表》;

2. 申请人自学事迹材料；

3. 申请人主要成果的证明材料和政治思想表现证明材料；

4. 地、市总工会对申请人的全面审核意见。

四、评审奖励办法

第六条 江西省职工自学成才奖每年评定、表彰一次，奖励名额根据评审委员会评审结果确定。

第七条 江西省职工自学成才奖评审委员会办公室设在江西省总工会宣教部，负责全省职工自学成才奖的初评及日常工作。

第八条 江西省职工自学成才奖获得者，由省职工自学成才奖评审委员会颁发证书、江西省总工会颁发奖章、奖金或奖品，进行表彰。

五、获奖者的使用、待遇

第九条 江西省职工自学成才奖获得者是有真才实学，成绩显著，贡献突出的专门人才，对获得江西省职工自学成才奖的职工的使用、待遇，应按照国务院和省政府及有关部门的规定执行。对获得全省职工自学成才奖的工人，凡符合实行技师聘任制工种范围和任职条件的，可优先申报评聘技师或高级技师；对获得全省职工自学成才奖的专业技术人员，按国务院和省政府关于专业技术职务聘任的有关规定，可聘任相应的专业技术职务，享受相应的待遇。

六、附 则

第十条 职工获江西省职工自学成才奖后，发现弄虚作假或剽窃他人成果者，经查明属实，撤销其奖励。

第十一条 本条例解释权属江西省总工会。

第十二条 本条例自公布之日起施行。1990 年公布的《江西省总工会职工自学成才奖励条例》同时废止。

关于印发《江西省基层工会社团法人资格登记管理试行办法》的通知

赣工发〔1997〕37 号

省总各地区办事处、各省辖市总工会、省产业(局)工会、省总直属基层工会：

为建立和完善工会法律制度，依法确立和保障我省基层工会的法律地位及其在民事活动中的权利和义务，根据《中华人民共和国工会法》《江西省实施〈中华人民共和国工会法〉办法》及民政部关于《社会团体登记管理条例》有关问题的通知(民社发〔1989〕59 号)规定，省总制定并于今日公布《江西省基层工会社团法人资格登记管理试行办法》。现将《试行办法》印发给你们。请认真组织学习和宣传贯彻，严格按《试行办法》规定的条件于今年五月底前完成对所辖基层工会的摸底调查工作。全省拟定于自今年六月至明年上半年有计划有步骤地开展基层工会社团法人资格的核准登记工作。各地在摸底调查和宣传贯彻过程中遇到的情况、问题和经验,请及时报送省总法律工作部。

附:《江西省基层工会社团法人资格登记管理试行办法》

江西省总工会

一九九七年三月二十六日

江西省基层工会社团法人资格登记管理试行办法

第一条　为确认全省基层工会社团法人资格,保障其在民事活动中的法律地位,根据《中华人民共和国工会法》和《江西省实施〈中华人民共和国工会法〉办法》,制定本办法。

第二条　在本省境内依法成立的基层工会组织,均可依照本办法的规定申请社团法人资格。

第三条　依照《民法通则》第三十七条规定并结合我省实际情况,我省基层工会取得社会团体法人资格,必须具备下列条件:

(一)依照《中华人民共和国工会法》和《中国工会章程》成立;

(二)基层工会委员会及其工作机构健全,有经过民主程序选举产生的专职或兼职工会主席或副主席;

(三)有必要的经费和财产,按年度计算,基层工会自有经费(包括留用工会会费、留成工会经费、所属企事业上缴收入、所在单位行政方面及其他方面的补助援助、上年度经费结余等)和其他财产价值合计人民币5000元以上;

(四)根据工会经费独立原则,建立了财务管理制度、有权自由支配、使用自有经费和其他财产,并在银行或其他金融机构单独设立了账户;

(五)有固定的办公和活动场所;

(六)能够独立承担民事责任。

第四条　基层工会社会团体法人资格核准登记的管理,按基层工会的工会组织领导关系和工会财务管理关系的主要隶属情况来划分:

(一)其工会组织领导关系和工会财务管理关系主要隶属于县(市、区)工会的,由县(市、区)工会初审,再报地、市总工会核准登记;

(二)其工会组织领导关系和工会财务管理关系主要隶属于地、市总工会的,由地、市总工会直接核准登记;主要隶属于地、市产业(含局、公司)工会的,由地、市产业(含局、公司)工会初审,再报地、市总工会核准登记;

(三)其工会组织领导关系和工会财务管理关系主要隶属于省直机关工会的,由省直机关工会直接核准登记;

(四)其工会组织领导关系和工会财务管理关系主要隶属于省产业工会的,由省产业工会直接核准登记;

(五)其工会组织领导关系和工会财务管理关系隶属于省总工会的,由省总工会直接核准登记;工会之间因管辖权发生争议,由争议双方协商解决;协商解决不了的,报请他们的共同上级工会指定管辖。

第五条 基层工会申请取得社会团体法人资格,应向负责核准登记的上级工会组织报送以下材料:

(一)基层工会社会团体法人资格核准登记申请书;

(二)基层工会社会团体法人资格登记表;

(三)基层工会法定代表人登记表;

(四)基层工会自有经费和财产登记表。

第六条 具备社会团体法人条件的基层工会,经地、市总工会、省产业工会或省直机关工会审查核准登记,并报省总工会备案,即取得社会团体法人资格。

负责核准登记的工会组织,自收到申请登记书之日起30日内,作出核准登记或者不予登记决定。

第七条 依法取得社会团体法人资格的基层工会,由核准登记的上级工会组织颁发《江西省基层工会社团法人资格证书》正副本、《江西省基层工会社团法人法定代表人证书》,并向社会公告。

《江西省基层工会社团法人资格证书》和《江西省基层工会法人法定代表人证书》不得涂改、转让或出借。若遗失,应当及时声明作废,并向原核准登记的上级工会申请补发。

第八条 依法取得社会团体法人资格的基层工会,改变名称、法定代表人或者办公地址,应当在变更后15天内向原核准登记的上级工会申报办理变更登记。

第九条 依法取得社会团体法人资格的基层工会组织所在企业、事业单位、机关被撤销,该工会组织依法撤销的,应向原核准登记的上级工会申请注销登记。办理注销登记时,须提交其法定代表人签署的注销申请书和上一级工会组织关于该基层工会经费、财产清理与债权债务清偿完结的证明,经原核准登记的上级工会组织审查核准后,收缴《江西省基层工会社团法人资格证书》和《江西省基层工会社团法人法定代表人证书》,并报省总工会备案和向社会公告。

第十条 为保证全省基层工会社会团体法人资格核准登记工作的严肃性以及有关法律文书、表册的规范化,本办法中所指的申请书、各类登记表、证书、备案表等。由省总工会统一印制。

第十一条 根据基层工会法人资格登记管理工作的需要,须向申请核准登记的基层工会收取一定登记管理费。此项收费的标准,比照民政局、国家物价局、财政部一九八九年三月八日《关于社会团体登记管理收费的通知》规定的收费标准执行。

所收费用,由负责核准登记的工会组织收取,用于登记管理工作中购置证书、表格、簿册、卡片、建立档案和举办法人资格登记培训等,实行专款专用,接受同级工会经费审查委员会的审查监督。

第十二条 从本办法公布试行之日起,全省具备社会团体法人条件的基层工会,即可依照本条件的规定办理申请登记。尚不符合条件的,要积极创造条件,待条件具备时,再办理申请登记。

对工会主席由党委、行政领导兼任或上一个年度未按期定额拨交工会经费的基层工会,其法人资格暂缓确认。

第十三条　全省基层工会社会团体法人资格核准登记工作,在省总工会统一领导下进行。其具体工作,由省总工会法律工作部归口管理,并进行业务指导。

第十四条　本办法自公布之日起执行。

关于印发《江西省工会劳动法律监督暂行规则》的通知

赣工发〔1997〕79号

省总各地区办事处、各省辖市总工会、省产业(局)工会,省总直属基层工会:

为切实履行工会对劳动法律法规执行情况进行监督的职责,维护劳动者的合法权益,依据《中华人民共和国劳动法》和全国总工会制定的《工会劳动法律监督试行办法》的规定,省总工会劳动法律监督委员会制定了《江西省工会劳动法律监督暂行规则》,现印发给你们,请认真贯彻执行。

工会劳动法律监督是我国劳动法制建设的重要组成部分,是工会代表广大职工参与管理国家和社会事务的重要体现,是职工群众对劳动法律、法规进行有效监督的主要形式和重要手段,它对于工会在新的条件下更好地协调劳动关系,维护职工合法权益,都将产生积极的影响,发挥重要的作用。

各级工会组织和监督委员会,要进一步突出工会的维护职能,切实履行起对劳动法律法规执行情况进行监督的职责,维护劳动者的合法权益,协调劳动关系,促进企业发展。

各地在对劳动法律法规执行情况进行监督过程中遇到的情况和问题,请及时报告省总工会劳动法律监督委员会办公室。

附:《江西省工会劳动法律监督暂行规则》

江西省总工会

一九九七年五月十八日

江西省工会劳动法律监督暂行规则

第一章　总　则

第一条　为贯彻实施《工会劳动法律监督试行办法》,履行工会对劳动法律法规的执行情况进行监督的职责,维护劳动者的合法权益,协调劳动关系,促进企业发展,根据国家有关法律法规,结合本省实际,制定本规则。

第二条　工会劳动法律监督,是各级工会依法对劳动法律法规执行情况进行的有组织的群众监督,是我国劳动法律监督体系的重要组成部分,是市场经济条件下强化工会维护职能的重要方法和手段。

第三条　本省境内的各级工会劳动法律监督组织(机构)开展的法律法规监督工作均适用本

规则。

第四条　工会劳动法律监督应当遵循下列原则：

1. 依法监督；

2. 实事求是；

3. 依靠群众；

4. 与有关部门密切合作。

第五条　工会劳动法律监督的对象：

1. 与职工建立劳动关系的用人单位；

2. 各级劳动行政主管部门及劳动执法部门。

第六条　工会劳动法律监督组织（机构）在进行劳动法律监督方面依法享有以下权利：

1. 对用人单位执行劳动法律法规的情况进行监督；

2. 参与调查处理；

3. 对违反劳动法律法规的行为提出意见或建议；

4. 要求政府劳动监察部门依法处理；

5. 支持职工依法举报、控告和申诉；

6. 参加同级人大、政协、劳动行政部门及其他职能部门联合组织的执法检查；

7. 对严重违反劳动法律法规的行为又拒不改正的进行披露，实施舆论监督。

第七条　各级工会劳动法律监督组织（机构）对用人单位监督的内容是：

1. 执行国家有关就业规定的情况；

2. 执行国家有关订立、履行、变更、解除劳动合同的情况；

3. 履行集体合同的情况；

4. 执行国家有关工资报酬规定的情况；

5. 执行国家有关工作时间、休息、休假规定的情况；

6. 执行国家有关各项劳动安全卫生及伤亡事故和职业病处理规定的情况；

7. 执行国家有关职业培训和职业技能考核规定的情况。

8. 执行国家有关女职工和未成年工特殊保护规定的情况；

9. 执行国家有关职工保险、福利待遇规定的情况；

10. 其他执行劳动法律法规规定的情况。

第二章　监督机构

第八条　地方各级总工会和成立工会的乡镇、街道及直管基层的产业工会应当设立工会劳动法律监督委员会，由法律、女工、民主管理、社会保障、生产保护、宣传教育等有关部门的人员组成，也可吸收同级人大、政协、政府劳动部门、司法机关的人士及社会法学专家参加。委员会主任由同级工会的主席（主任）或分管领导担任，委员会下设办公室负责日常工作，办公室可与工会法律工作部合署办公。

第九条　凡成立工会组织的用人单位,必须在工会或职工代表大会设立劳动法律监督委员会(小组),由工会和企业行政有关部门的人员组成,主任(组长)由工会主席担任,并配备专兼职人员负责日常工作。

职代会设立的劳动法律监督委员会或监督小组对职工代表大会负责。

第十条　各级工会劳动法律监督委员会受同级工会委员会领导,并接受上级工会劳动法律监督委员会的业务指导。

第十一条　工会劳动法律监督委员会成员为本级工会劳动法律监督员。

地方各级工会劳动法律监督委员会可以从工会内外聘请有关人士担任兼职劳动法律监督员。

第十二条　工会劳动法律监督员应当具备以下条件:

1. 熟悉劳动法律法规,熟悉工会工作;

2. 具有一定的政策水平和工作能力;

3. 热心为职工群众说话办事;

4. 奉公守法,清正廉洁。

第十三条　工会劳动法律监督员须经上级工会劳动法律监督委员培训考核合格,颁发由全国总工会统一印制的《劳动法律监督员证》。

第十四条　对工作成绩显著的工会劳动法律监督员,经推荐、评审,由工会或有关部门给予表彰奖励;对不称职者由工会取消其劳动法律监督员资格。

第十五条　各级工会要保证劳动法律监督委员会的活动经费并单列年度经费预算。

第十六条　工会劳动法律监督委员会应建立必要的工作制度,做好登记、档案管理和分析统计工作。

第三章　监督程序

第十七条　工会劳动法律监督采取视察、检查、调查、听取汇报,查阅文件资料、接受职工举报控告等方式进行。

第十八条　工会劳动法律监督委员会应当建立和健全举报制度,可以设立并公布举报电话。对举报应当进行登记,对违法行为应当及时查处,对举报者应当予以保密和保护。

第十九条　工会劳动法律监督员开展监督活动时,应当遵守下列规则:

1. 应有两名以上劳动法律监督员参加,并出示劳动法律监督员证,说明身份;

2. 告知用人单位检查的目的、内容、要求、方法;

3. 了解用人单位遵守劳动法律法规情况,查阅有关资料,并检查劳动现场;

4. 现场检查情况应有笔录、照片或录像,经用人单位核阅后,由调查人员和用人单位有关人员共同签名或盖章,用人单位拒不签名或盖章的,应在记录上注明。

第二十条　工会劳动法律监督应当遵循下列程序:

1. 立案。受理职工申诉举报用人单位有违法行为,经过审查,认为有违法事实的,应予立案。

2. 查询。对立案的案件,应当及时派人进行全面、客观、公正地调查、收集有关证据;县以上工会劳动法律监督委员会经主任同意,可以向用人单位发出《工会劳动法律监督询问通知书》,用人单位收到通知书后,应按规定的时间和地点向工会劳动法律监督委员会说明有关情况。

3. 处理。经调查核实,确有违反劳动法律法规行为的,应当向用人单位指出并提出整改意见。对一般违法行为由监督员直接签发《工会劳动法律监督整改意见书》,对有严重违法行为的,由工会劳动法律监督委员会主任或副主任签发《工会劳动法律监督整改意见书》,3 日内送达用人单位。整改结束后,用人单位应在 7 日内写出书面报告,报送工会劳动法律监督委员会。对超过《工会劳动法律监督整改意见书》的整改期限,用人单位既不改正又不说明情况的,经工会劳动法律监督委员会主任批准,应向有管辖权的劳动监察机关递交《工会劳动法律监督处罚建议书》,提请劳动监察机关依法进行处罚。

4. 督促。向用人单位发出《工会劳动法律监督整改意见书》以及向劳动监察部门送交《工会劳动法律监督处罚建议书》后,工会劳动法律监督委员会应及时了解有关进展情况,督促其尽快整改或处罚。

5. 移送。下级工会劳动法律监督委员会认为案件复杂,需要上级工会劳动法律监督委员会参与的,可以报请上一级工会劳动法律监督委员会参与联合查处;上级工会劳动法律监督委员会认为必要时,也可以将其受理的案件交下级工会劳动法律监督委员会查处。

6. 结案。对整改到期的案件,应及时派员复查,用人单位确已改正的,由监督员写出结案报告,经工会劳动法律监督委员会办公室主任批准,可以结案。对确有客观原因不能如期整改的,经工会劳动法律监督委员会批准,可以延长整改期限,但最长不得超过 30 天。

第二十一条　各级工会劳动法律监督委员会发出的《劳动法律监督建议书》应抄报本级党委和政府办公厅(室)及上一级工会劳动法律监督委员会,同时抄送本级人民检察院和涉案企业的上一级行政管理机关。

第二十二条　对违反劳动法律法规和规章,严重侵犯职工合法权益,情节恶劣又拒不改正的,可以通过新闻媒介进行披露,公开表明工会的态度,实行舆论监督。

第二十三条　基层工会劳动法律监督委员会(监督小组)对本单位遵守劳动法律法规的情况实行监督,对劳动过程中发生的违反劳动法律法规的问题,应当及时向生产管理人员提出改进意见,对于严重损害劳动者合法权益的行为,在向企业行政提出意见的同时可以向上级工会劳动法律监督委员会和当地劳动监察部门报告,要求其迅速查处。

第二十四条　职代会设立的劳动法律监督委员会或监督小组,对本单位执行劳动法律法规的情况进行监督检查,定期向职工代表大会报告,针对存在的问题提出意见或议案,经职工代表大会作出决议,督促行政方面执行。

第四章　监督责任

第二十五条　工会劳动纪律监督员执行任务时,用人单位及有关人员有下列行为之一的,工会劳动法律监督委员会有权向上级工会反映,上级工会应当给予支持和帮助;同时可以建议当地劳动行政监察部门予以行政处罚,构成犯罪的,建议司法机关依法追究刑事责任。

1. 有意阻挠监督检查人员正常工作的;

2. 提供虚假情况的;

3. 拒不提供有关文件、资料和其他证明材料的;

4. 拒绝在规定的时间和地点就工会劳动法律监督机构所提问题作出解释和说明的;

5. 对举报人员、监督人员、证人进行诬陷打击报复的。

第二十六条　工会劳动法律监督员在监督活动中,有徇私舞弊、收受贿赂、滥用职权、泄露商业秘密行为的,一经查实,由所在单位或者上级机关给予行政处分,解聘监督员资格,构成犯罪的,由司法机关依法追究刑事责任。

第五章　附　则

第二十七条　江西省工会劳动法律监督委员会是省级工会劳动法律监督机构,负责组织、协调和指导全省的工会劳动法律监督工作,参与查处本省范围内的重大劳动违法案件,并负责对驻昌的中央、省属、部队、外商投资企业、私营企业、乡镇企业等用人单位遵守和执行劳动法律法规的情况进行监督。

第二十八条　市(地)、县(市、区)工会劳动法律监督委员会依法开展对本级工会组织所在地区的劳动法律监督,参与查处本行政区域内有重大影响的违法案件。

第二十九条　各级工会劳动法律监督委员会应将工作情况,查处违法案件的结果及统计资料,每半年向上级工会劳动法律监督委员会报告一次。重大案件应当及时向上级工会劳动法律监督委员会及劳动行政机关的劳动监察部门报告。

第三十条　产业工会劳动法律监督工作比照地方工会劳动法律监督工作有关规定执行。

第三十一条　基层单位的劳动法律监督工作和劳动争议调解机构可以合署办公,但不应相互取代。

第三十二条　本规则执行中的问题由江西省工会劳动法律监督委员会负责解释。

第三十三条　本规则自发布之日起执行。

关于工会协管下一级工会领导干部有关问题的通知

赣组通〔1997〕97号赣工发〔1997〕126号

各地市委组织部,各地市总工会(办事处),省产业(局)工会,省总直属基层工会:

《党政领导干部选拔任用工作暂行条例》和中央组织部《关于干部双重管理工作若干问题的通知》(组通字〔1991〕35号)两个文件,对干部双重管理工作中主管方与协管方职责权限和任免程序都作了明确规定。从各地工会干部管理的情况看,总的来说是好的,但也存在一些问题,如调动、任免工会干部事先通气、征求意见不够,没有按照规定的程序办事;有的工会领导班子结构不够合理,素质有待进一步提高等。为了进一步加强工会干部管理工作,充分发挥工会作为党联系职工群众的桥梁纽带作用，结合我省实际，现就工会协管下一级工会领导干部工作的有关问题重申如下：

一、工会协管干部的范围和任务

各级工会受同级党委和上级工会的双重领导，以同级党委领导为主。工会协助党委管理下一级工会领导干部。工会协管干部的范围是：地、市、县地方工会正副主席（主任）；省、地、市、县产业（局）工会正副主席（主任）；企事业、行政单位的基层工会正副主席。

工会协管干部的任务：主要是对党委任免的工会正副主席（主任），配合党委组织部门进行考察、考核，对其工会领导班子的配备、调整、交流，向党委提出建议；协助党委做好工会领导班子的思想政治建设和岗位培训教育工作；协助党委做好工会后备干部的选拔培养工作。

二、严格按照规定的程序，做好工会干部任免工作

选拔任用干部必须严格按照规定的程序办事。凡工会正副主席（主任）的任免、调动，应事先征求上级工会意见。征求意见时要正式行文，并附干部任免审批表，属于提拔任用的应附考察材料。上级工会接到征求意见函后，要及时研究，尽快答复，一个月内未予答复的视为同意。对工会正副主席（主任）的任免，双方意见不一致时，正职的任免报上级党委组织部门协调，上级党委组织部门应当在一个月内提出意见；副职的任免由主管方决定。干部任免后，应将任免通知及时抄送协管方的工会组织。

三、保持工会领导干部任期届内相对稳定

根据《工会法》有关"工会主席、副主席任期未满时，不得随意调动其工作"的规定，经选举产生的工会主席、副主席，在任期内没有特殊情况，一般不要调整。确因工作需要调动任期未满的工会领导干部时，应当事先征得上级工会组织的同意。工会领导干部调离后的职位缺额，应及时补充。按照《中国工会章程》的规定，工会领导干部职务的变动，要经过民主程序，党委确定任免名单后，工会要及时履行民主程序。在履行民主选举程序时，要把实现党委的主张和尊重职工群众的意愿统一起来，保证党组织的意图得以贯彻。在没有履行民主程序前，不得对外公布。

四、积极做好工会干部的培养选拔工作

各级党委组织部和工会党组，要认真按照中央和省委的要求，坚持干部队伍"四化"方针和德才兼备的原则，选拔思想政治素质好，密切联系群众，有企业工作经验，有开拓创新精神，勤政廉洁守纪，热爱工会工作的干部担任工会领导人，尤其要注意选拔能够跨世纪担当重任的优秀年轻干部进入工会领导班子。要着眼于提高素质，完善结构，增强活力，把工会领导班子配好。

中共江西省委组织部　江西省总工会

1997 年 10 月 23 日

关于职工代表大会民主评议企业领导干部的意见

赣工发〔1997〕149号

各地、市工会、组织部、经贸委,省直有关厅(局)党委(党组),省产业(局)工会,省总直属基层工会:

为认真贯彻党的十五大精神,落实《中共中央关于进一步加强和改进国有企业党的建设工作的通知》和中共中央组织部、国家经贸委、人事部、全国总工会《关于做好国有企业领导班子考核建设工作的通知》精神,依据《宪法》《企业法》《工会法》《城镇集体所有制企业条例》的规定,现就我省国有企业、集体企业、国有资产控股的公司职工代表大会民主评议企业领导干部工作提出如下意见:

一、评议的目的、意义、指导思想和原则

随着社会主义市场经济的发展和企业改革的深化,加强职工代表大会对领导干部的评议,是发扬社会主义民主,坚持党的群众路线,贯彻落实党的全心全意依靠工人阶级指导方针的重要措施,是现代企业制度建设的题中应有之义,是职工依法行使民主管理、民主监督权利的有效形式。搞好职工代表大会对企业领导干部的民主评议,有利于建立有效的企业内部监督和自我约束机制,有利于加强企业的党风和廉政建设,密切党群和干群关系,有利于实现企业的民主决策和科学管理,促进企业改革和发展。

民主评议企业领导干部要以邓小平理论,党的十五大精神和党的基本路线为指导,认真贯彻江泽民同志关于国有企业改革和国有企业领导班子建设的一系列重要讲话精神,坚持党的全心全意依靠工人阶级的指导方针,按照党的有关政策和国家有关法律法规有组织有领导有准备地进行,以促进企业领导班子建设,调动职工的主人翁积极性和创造性,推动企业的改革和发展。评议要遵循党管干部;实事求是,一分为二;全面考核,注重实绩;相信群众,发扬民主,保障参加评议的职工代表合法权益不受侵犯的原则。

二、评议的范围和对象

职工代表大会民主评议企业领导干部的范围包括国有企业,集体企业,国有独资、国有资产控股的有限责任公司和股份有限公司。

职工代表大会民主评议的对象指上述范围内企业领导班子成员,主要是企业厂长(经理)、副厂长(副经理),党委书记、副书记、董事长、副董事长,纪委书记、工会主席,企业其他领导人员是否列入民主评议范围,由各地、各部门根据实际情况确定。

职工代表大会对企业领导干部每年必须评议和测评一次,形成制度。

三、评议的主要内容

职工代表大会民主评议企业领导干部要以企业领导干部的任期目标和岗位责任制为依据,对他们的德、能、勤、绩进行全面评议。评议的主要内容是:

1. 能否自觉坚持邓小平理论,有坚定的理想和信念,认真贯彻执行党的路线、方针、政策和国家法律、法规;

2. 是否具有履行岗位职责所要求的市场经济知识，必要的科技知识和岗位职责所要求的管理能力；

3. 能否坚定地依靠党组织和广大职工办企业，坚持走群众路线，自觉接受各方面的监督；

4. 是否勤奋敬业，勇于奉献，清正廉洁，艰苦奋斗，开拓进取，扎实工作；

5. 是否谦虚谨慎，努力学习，善于同领导班子成员合作共事；

6. 能否坚持“两手抓”，重视思想政治工作和企业精神文明建设。

职工代表大会民主评议企业领导干部，既要评议领导班子的整体情况，又要评议领导成员个人表现。对企业行政领导人员，要着重评议民主决策，管理能力，经济效益和工作实绩，以及企业技术更新、设备改造、新产品开发和国内外市场开拓情况。对企业党组织负责人，要着重评议企业党的建设，精神文明建设方面的成效和工作实绩。对企业工会组织负责人，要着重评议工会在把工会工作总体思路贯彻到基层，抓好职工代表大会，集体协商和集体合同，职工董事、职工监事几项制度建设，维护职工合法权益，组织动员职工共同搞好企业的情况和工作实绩。

四、评议的方法和步骤

1、企业召开职工代表大会评议领导干部，所在单位的组织人事部门和工会应分别向上级干部主管部门和上级工会组织进行报告。如遇上级干部管理部门考察企业领导班子，则民主评议企业领导干部结合考核工作进行，评议工作作为考核的程序之一。

2. 成立职工代表大会民主评议企业领导干部专门小组（或专门委员会），其组成人员名单由企业工会提名，经职工代表大会主席团审议后，提交职工代表大会表决通过。专门小组或专门委员会的成员一般应由职工代表和企业组织人事部门，经委监察部门，企业工会等方面人员组成。

3. 向广大干部和职工群众宣传民主评议企业领导干部的目的、意义和要求，做好思想动员工作。同时，被评议的领导干部要做好述职准备。

4. 召开职工代表大会，听取民主评议对象的述职。述职的内容除按本《意见》规定评议的内容外，还要就领导干部在年度内住房，用车、出国考察、招待费等经费的使用，在经营、管理活动中收取的折扣、中介费、礼金及个人收入等情况向职代会报告。

5. 组织职工代表对述职的企业领导干部进行民主评议和测评。评议可以采取分团、组评议或其他形式，具体形式由职工代表大会主席团确定。在民主评议的基础上，组织职工代表民主测评企业领导班子成员。测评采取无记名方式，一人一票制进行。测评分优秀、称职、基本称职、不称职四个等级。参加测评的人数必须有本企业规定的三分之二以上职工代表出席方为有效。测评可在职工代表大会上进行，也可以分团、组进行。

6. 整理职工代表的评议意见，统计测评结果。依据评议和测评结果，提出对领导干部奖惩任免建议，并形成书面材料报送职工代表大会主席团。

7. 评议结果经大会主席团同意后，报送上级有关干部主管部门，作为对企业领导干部任免和奖惩的重要依据，同时向职工代表大会和被评议的领导干部反馈。

五、评议的组织领导

职工代表大会民主评议企业领导干部工作要在企业党委统一领导下，由职工代表大会主席团组织实施。企业工会作为职工代表大会的工作机构,负责领导干部评议的具体事宜。

六、加强对民主评议企业领导干部工作的指导

各地、市委组织部、经贸委、工会和企业主管厅局党委(党组)、产业工会要结合本地市、本产业的实际情况,将企业职工代表大会民主评议领导干部工作纳入企业领导班子考核和建设的内容并制定实施细则或办法,加强对这项工作的指导和协调,督促和检查民主评议干部工作的进行情况,帮助基层工会做好评议组织和制度建设工作。注意了解和掌握情况,总结经验,推广典型,扎扎实实地推动这项工作广泛深入持久地进行。

事业单位可参照本意见执行。

江西省总工会　中共江西省委组织部　江西省经贸委

一九九七年十二月十五日

关于全心全意依靠职工群众搞好企业的若干意见

省委、省政府:

全心全意依靠工人阶级是我党一贯坚持的方针。江泽民同志在党的十五大的报告中指出:搞好国有企业改革,要建设好企业领导班子,发挥企业党组织的政治核心作用,坚持全心全意依靠工人阶级的方针。中共中央《关于进一步加强和改进国有企业党的建设工作的通知》中强调:全心全意依靠工人阶级,要在政治上保证,制度上落实,素质上提高,权益上维护四个方面狠下功夫。为了认真贯彻落实党的十五大精神,高举邓小平理论伟大旗帜,坚持全心全意依靠工人阶级的方针,充分发挥工人阶级在改革和建设中的主力军作用,加快我省的经济发展步伐,实现党的十五大确定的战略目标和各项任务。现就国有、集体企业和国家、集体控股的企业如何全心全意依靠职工群众搞好企业提出以下意见:

一、企业领导班子必须牢固树立全心全意依靠工人阶级的思想,坚定地依靠职工群众搞好企业

1. 依靠职工群众搞好企业的关键在于企业党政领导。有了一个好的领导班子,才能把全心全意依靠工人阶级的方针落到实处,调动一切可以调动的积极因素搞好企业。企业的领导班子要牢固树立马克思主义的群众观点,自觉坚持党的群众路线,认真贯彻依靠职工群众办企业的方针。要从党和国家的性质以及工人阶级历史地位和作用,从讲政治的高度,充分认识全心全意依靠职工群众办企业的重要性和必要性。职工群众作为国家和企业的主人,他们的积极性、智慧和创造力,是企业活力的源泉。在深化改革,建立现代企业制度中,必须充分调动包括工人、知识分子和经营管理人员在内的企业全体职工的积极性,形成充满生机活力的新型企业劳动关系。

2. 要积极探索符合市场经济规律和我国国情的企业领导体制和组织管理制度,建立决策、执行和监督体系,形成有效的激励和制约机制。按照建设好企业领导班子,发挥企业党组织的政治核心作用,坚持全心全意依靠工人阶级的方针,建立企业党组织领导和支持职工当家作主,厂长(经理)尊重和保证职工当家作主,工会维护和组织职工当家作主的工作格局。要结合本企业的特点,制定依靠职工办企业的制度和措施。把党的全心全意依靠工人阶级方针的要求具体化,明确企业党政工及各方面在贯彻这一方针的各自责任。要树立“以人为本”的思想,充分尊重职工的主人翁地位,保证职工的民主权利,保护职工的合法权益,把全心全意依靠工人阶级的方针贯穿于企业生产经营和企业党的建设的各项工作之中。

3. 企业领导干部要自觉接受职工群众的监督。要把是否依靠职工群众搞好企业作为考核企业领导班子政治素质、领导能力的重要依据。企业要建立和完善职工群众对企业领导干部的民主评议和民主监督制度,按中共中央《关于进一步加强和改进国有企业党的建设工作的通知》、中共中央组织部等四部委联合下发的《关于做好国有企业领导班子考核建设工作的通知》和中华全国总工会《关于职工代表大会民主评议企业领导干部的实施意见》的要求,每年评议一次企业领导干部。有关部门考核、任免、奖惩企业经营管理者时,应充分听取职工群众的意见,把职工代表大会民主评议、民主测评领导干部的结果作为重要依据。把坚持党管干部原则同坚持群众路线、发扬民主结合起来,对多数职工群众不拥护的干部,不能提拔重用;对侵犯职工合法权益,违法乱纪的干部要坚决查处。

二、企业必须坚持和完善以职工代表大会为基本形式的职工民主管理和民主监督制度

4. 坚持和完善职工代表大会制度,进一步加强企业民主管理和民主监督,组织职工参与改革和管理,维护职工合法权益,是依靠职工群众搞好企业的重要方面。国有企业、集体企业必须依法坚持和完善职工代表大会制度。国有企业要保障和落实《企业法》规定的职工代表大会的职权;城镇集体企业,股份合作企业要贯彻执行《城镇集体所有制企业条例》和《江西省股份合作企业条例》,使职工(股东)代表大会真正成为企业的权力机构。

5. 国家和集体控股的企业,应建立健全以职工代表大会为基本形式的职工民主管理制度。公司职工代表大会的职权应包括:(1)听取和讨论本公司发展规划和生产经营重大决策方案的报告(涉及商业秘密的除外),提出意见和建议,对涉及职工切身利益的重要改革方案,重要规章制度提出意见和建议;(2)讨论通过本公司集体合同草案;(3)审议决定公司公益金使用方案和其他有关职工生活福利的重大事项;(4)评议、监督公司董事、经理等高级管理人员,提出奖惩的建议;(5)选举和更换公司董事会和监事会中的职工代表;(6)听取关于公司业务招待费使用情况的报告;(7)其他法律法规规定的须经职工代表大会讨论、审议或决定的事项。

6. 加快企业人事制度改革,积极探索在国有中小企业中民主选聘、罢免企业经营者的途径和方法。企业经营者的产生和变更要坚持党的群众路线,充分征求和尊重多数职工的意见。经营管理不善的国有企业职工代表大会可以对经营者提出罢免的建议。城镇集体企业、股份合作企业要按《城镇集体所有制企业条例》和《江西省股份合作企业条例》的规定,由职工(股东)民主选举和罢免企业经营者。经民主选举的企业领导干部任职期间不经职工(股东)大会同意,上级主管部门不得随意调动,企业领导干部本人提出辞职申请的需经职工(股东)大会同意,接受审计后方可离任,并按国家法律、法规承担相应的法律责任。

7. 在深化企业改革、“抓大放小”过程中,国有、集体企业的重大改革方案(联合、兼并、租赁、承包、出售和裁减人员等措施)应充分听取职工代表大会的意见。对原有企业改制为股份合作制的,应当经职工代表大会、企业原资产所有者同意,并在自愿的基础上,鼓励企业职工投资入股,允许少数职工暂时不入股,企业不能以不入股为由解除同职工的劳动关系。企业转机建制必须坚持职工总体受益,使改革建立在坚实的群众基础之上,成为广大职工群众的共同意志和自觉行为。

8. 企业工会是职工代表大会的日常工作机构,要认真负责地担当起职工代表大会的日常工作任务,检查、督促职工代表大会决议的贯彻落实。

9. 企业党组织要加强对职工代表大会的领导,保证职工代表大会依法行使职权。厂长(经理)要支持职工代表大会工作,执行职工代表大会的决议,支持、接受职工代表大会对领导干部的评议。对无故不按规定召开职工代表大会,不落实职工代表大会决议的企业及其经营管理者,要取消评先评模资格;上级党委和企业主管部门应给予批评教育,对侵犯职工民主权利的要追究法律责任;要把职工民主管理纳入企业经营目标责任制,作为考核企业领导班子的重要内容。

三、企业必须切实保障《劳动法》赋予劳动者的合法权益,建立平等协商和集体合同制度

10. 依靠职工群众办企业,必须依法保障职工的合法权益。依据《劳动法》的有关规定,企业应当依法建立和完善规章制度,保障劳动者享有劳动权力和履行劳动义务,取得劳动报酬的权利,休息休假的权利,享受社会保障和福利待遇的权利,提请劳动争议处理的权利以及法律规定的其他劳动权利。要加强政府劳动部门的劳动监察工作和群众性的劳动法律监督工作,监督企业落实国家规定的劳动标准,改善劳动条件,保障职工安全、健康。要建立健全劳动争议调解和仲裁组织,使调整劳动关系的工作走上法制化。

11. 工会代表职工同企业进行平等协商、签订集体合同,是《劳动法》赋予工会和职工的权利,是维护职工合法权益、建立稳定协调劳动关系的有效机制。所有企业都要依据《劳动法》和劳动部、全国总工会及我省有关规定,建立平等协商、集体合同制度。集体合同草案必须提交职工代表大会讨论通过;集体合同签订后应当报送劳动行政部门;职工与企业签订劳动合同中的劳动条件和劳动报酬等标准,不得低于集体合同的规定。

12. 建立和完善社会保障体系,保障职工基本生活。所有企业都要依法为职工办理社会保险,缴纳保险金,要严格执行江西省最低工资标准。各级政府要按照国务院《关于在全国建立城市居民最低生活保障制度的通知》(国发〔1997〕29 号)规定,建立职工最低生活保障制度。各级党政机关和群众团体要搞好"送温暖工程""再就业工程",通过扶贫解困、扭亏为盈、重新安置就业、社会救助等途径,帮助停产、半停产及亏损企业职工和离退休职工解决基本生活问题。

13. 建立合理的企业内部分配制度。国有、集体企业内部工资调整方案、奖金分配方案、工资分配形式等应在国家调控的工资总量内,依法由企业行政与企业工会协商确定,并提交职工代表大会审议通过,做到公正、公开。国有企业职工工资增长水平要与企业经济效益增长相适应,处理好国家、企业、职工三者利益关系。职工劳动报酬要与劳动贡献挂钩,打破平均主义,经营者的经营收入要与经营效益挂钩、与资产保值增值挂钩、与职工工资增长挂钩。

四、公司制企业必须实行职工董事和监事制度

14. 国家控股的公司制企业,设董事会机构的,其董事会成员中应有一定数量的公司职工代表。所有公司的监事会,都应有适当比例的职工代表,具体比例,应在公司章程中做出规定。

15. 董事会和监事会中的职工代表由公司工会组织职工提名并选举产生。工会是职工利益的代表者，工会主席或副主席可作为职工代表的候选人参加选举，按法定程序进入董事会或监事会。

16. 职工董事和职工监事在任期内享有与其他董事和监事同等权利和义务。职工董事、监事在参与公司决策时，应充分表达职工群众的意见，并建立向职工代表大会报告制度，接受职工代表大会监督。对不称职或者有严重过失的职工董事、职工监事，职工代表大会有权罢免和更换。

17. 公司应为职工董事、职工监事行使职权提供条件。职工董事、职工监事依法行使职权时，任何组织和个人不得压制、阻挠和打击报复。职工董事、职工监事任职期间和离职后两年内，除个人严重过失外，公司不得因其履行职责的原因与其解除劳动合同，或作不利其就业条件的岗位变动。

五、重视和加强职工队伍建设，不断提高整体素质

18. 依靠职工群众搞好企业，必须加强职工队伍建设，提高职工的思想素质。要用邓小平理论和社会主义市场经济的基本知识武装职工，加强对职工的爱国主义、集体主义教育、民主法制教育和社会主义职业道德教育。要充分调动职工群众的积极性，激发他们的主人翁精神，增强主人翁意识，尽好主人的职责，鼓励职工群众参与管理。组织职工积极开展劳动竞赛、合理化建议、技术协作、技术革新、发明创造等群众性生产技术活动，促进两个根本转变，不断提高企业的经济效益。

19. 搞好职工的岗位培训、技术培训、技术练兵等工作，努力提高职工科学文化技术素质。企业要认真贯彻实施《职业教育法》，保障职工受教育的权利，建立健全培训机构，制订规划，建立促进职工学习科学文化技术的激励机制，使职工的工资水平与劳动岗位挂钩。调动职工学习科学文化技术的积极性，走自学成才，岗位成才之路。建立和完善工人技师制度，定期做好职业技能鉴定，技术等级考核和技术职称评聘工作，落实相应待遇。

20. 大力弘扬工人阶级的先进思想和先进事迹。各级党政机关、工会组织、新闻单位要广泛宣传工人阶级的领导地位，宣传劳动模范和先进人物的先进思想和先进事迹，展示工人阶级的优秀品质和光辉形象，创造有利于发挥工人阶级主力军作用的舆论氛围。

六、加强和改善党对工会的领导，支持工会依法独立自主地开展工作

21. 工会是工人阶级的群众组织，依靠职工群众搞好事业，必须高度重视和充分发挥工会组织的作用。工会要自觉接受党组织的领导，这是做好工会工作的根本保证。工会组织要自觉坚持党的基本理论、基本路线和基本方针、工会工作中的重大问题，以及涉及职工切身利益的重大问题，要及时向党组织报告，听取党组织的意见，努力使党的路线、方针、政策成为职工群众的自觉行动。企业党组织要加强对工会工作的领导，建立健全必要的工作制度，定期听取工会组织的工作报告，及时讨论研究工会工作中的重大问题，指导工会按照党的方针、政策开展工作，协调好其与企业经营管理者之间的关系，支持帮助他们按照法律和章程创造性地开展工作。

22. 支持工人以职工利益代表的身份依法维护职工的合法权益，指导工会把维护职工合法权益作为基本职责和服务于党的中心任务的主要内容，依法协调劳动关系和参与调解社会矛盾。在深化企业改革中，工会组织要加强调查研究，工会主席应为同级改革领导机构成员，工会对改革方案的制定，经营者的招标、聘任，职工的转岗、下岗、再就业等方案的确定要全过程参与。

23. 要按照《工会法》建立健全工会组织。企业以资产为纽带进行重组过程中，工会组织要同步进行相应的重组和建立。其合法地位必须给予保证。任何组织和个人不得随意撤销工会或把工会与其他机构合并或归属其他工作部门。

24. 工会干部因维护职工合法权益而受到不公正对待甚至打击报复时,党组织要坚决予以纠正,对打击报复者给予严肃处理。企业工会主席应由会员(代表)大会民主选举产生,任期未满不得随意调动。企业工会主席应与党政负责人一样,与企业的上级主管部门签订劳动合同。要按照党管干部的原则,加强工会干部的管理、交流和培训工作,落实好工会协管干部的制度。上级工会要定期对下级工会主要负责人进行工作实绩考核,并将考核情况及使用建议向党委主管部门汇报,协助党委管好、用好工会干部。

25. 企业应依法为工会提供办公用房、办公设施、活动场所和其他必要的物质条件。建立工会的企业应依法及时足额拨缴工会经费。工会的财产、经费和国家拨给工会使用的不动产,任何单位和个人不得侵占、挪用和任意调拨。企业在改制过程中,要根据中华全国总工会《关于工会财产管理暂行办法》,做好工会财产的界定和管理工作,防止工会财产流失。企业工会组织调整合并,其经费、财产归合并后的工会所有。企业工会组织撤销,其经费财产由上一级工会依法处置。

26. 加强工会的自身改革和建设,把工会建成"职工之家"。工会要适应发展社会主义市场经济的要求,改革组织体制、运行机制和活动方式,把工作重点放在基层。基层工会要按照上级工会的部署和职工群众的意愿确定工作内容,加强群众化、民主化、制度化建设,不断增强活力、在企业中充分发挥作用。

27. 外商投资企业、私营企业和非国家、集体控股的企业,应依照本意见的有关规定和国家的法律法规,建立健全工会组织,通过平等协商签订集体合同,保障企业员工的各项政治权利和物质利益,依靠全体员工促进企业的发展。

以上意见如无不妥,请予转发。

江西省总工会

一九九七年八月二十二日

关于印发《江西省总工会女职工委员会工作条例》的通知

赣工发〔1999〕14号

省总各地区办事处、各省辖市总工会、省产业(局)工会、省总直属基层工会:

现将《江西省总工会女职工委员会工作条例》印发给你们。请根据《条例》的规定,加强对女职工工作的领导,帮助搞好女职工委员会的建设,切实发挥女职工委员会的作用,为开展女职工工作创造必要的条件。工会机关的各职能部门要积极配合、协助女职工工作部门共同做好女职工工作。

附件:江西省总工会女职工工作委员会条例

江西省总工会

一九九九年二月一日

江西省总工会女职工委员会工作条例

（1999年1月14日）

第一章 总 则

第一条 为了加强工会女职工委员会组织建设和女职工工作，根据《中国工会章程》的有关规定，特制定本条例。

第二条 各级工会建立女职工委员会，代表和维护女职工的合法权益和特殊利益。

第三条 女职工委员会是在同级工会委员会领导下的具有民主性、代表性的女职工组织，根据女职工的特点和意愿开展工作。

第二章 基本任务

第四条 女职工委员会团结、带领女职工发扬工人阶级主人翁精神，在改革开放和（建立）社会主义（市场经济）现代化建设中建功立业。

第五条 女职工委员会维护女职工在政治、经济、文化、社会和家庭等方面的合法权益和特殊利益，向一切歧视、虐待、侮辱、迫害女职工的行为作斗争。

第六条 女职工委员会参与有关保护女职工权益的法律、法规、政策的制定，并监督、协助有关部门贯彻实施。组织女职工参与企、事业的民主管理。企业工会女职工委员会作为一方面的代表参加企业管理委员会。有关方面在研究决定涉及女职工利益的问题时，必须听取女职工组织的意见。

第七条 女职工委员会对女职工进行爱国主义、集体主义、社会主义思想教育，引导女职工树立自尊、自信、自立、自强精神，努力提高自身的思想道德和科学文化技术素质。

第八条 女职工委员会要积极发现、培养女干部，并向有关部门推荐女干部。

第九条 女职工委员会要会同工会有关部门和社会各个方面共同做好女职工工作。

第三章 组织制度

第十条 县和县以上各级工会建立女职工委员会。

企业、事业、机关单位工会中有女会员25名以上的应建立女职工委员会，不是25名的可以设女职工小组。

在工会代表大会、职代会、教代会中，女职工代表的比例应与单位女职工所占比例相适应。

第十一条 女职工委员会由主任委员一人、副主任委员若干人、委员若干人组成，县以上工会女职工委员会根据需要可聘请顾问若干人。

第十二条 女职工委员会由同级工会提名，在充分协商的基础上，经同级工会委员会或常委会通过组成,也可召开女职工或女职工代表大会选举产生。女职工委员会委员应报上级工会女职工委员会备案。

第十三条　女职工委员会实行民主集中制。凡属重大问题要由委员会或常委会进行充分的民主讨论后作出决定。

第十四条　女职工委员会主任由同级工会女主席、女副主席或专职女职工工作干部担任,并设专兼职副主任若干人。(已建女职工委员会的产业工会应配备女副主席。)没有女主席或女副主席的基层工会,经民主协商,推选符合条件的女职工担任主任,享受同级工会副主席待遇。

女职工委员会主任应进入同级工会委员会、常委会。

第十五条　女职工委员会接受同级工会的领导,同时接受上级工会女职工委员会指导。地(市)、大型企事业工会女职工委员会的工作机构是女职工部,县级工会和中、小企事业工会女职工委员会应设专职或兼职的工作人员,有条件的可以设立女职工部负责处理女职工委员会的日常工作。

第十六条　县和县以上各级地方工会女职工委员会是同级妇联的团体会员。(企业)基层工会女职工委员会通过县以上工会女职工委员会接受妇联的业务指导。

第十七条　女职工委员会委员任期与同级工会委员会委员相同。在任期内,(当)由于委员的工作变动或离、退休需要调整(其委员职务)时,由同级工会提出相应的增补、替补人选,经同级工会委员会或常委会审议通过予以增补、替补。

第四章　工作制度

第十八条　女职工委员会根据工作需要制定有关制度,检查、总结工作,定期召开常委会或委员会议。遇有重大问题,由主任或副主任临时召集会议。

第十九条　各级工会女职工委员会要定期向同级工会委员会报告工作。

第二十条　县以上各级工会女职工委员会要把工作重点放在基层,增强基层女职工组织的活动,为广大女职工服务。

第二十一条　各级工会要给女职工委员会开展工作与活动提供经费。女职工委员会要积极主动地争取政府(行政)和社会各界的支持。

江西省人民政府办公厅关于实行政府与工会联席座谈会议制度的通知

赣府厅发〔2000〕13 号

各行政公署,各省辖市人民政府,各县(市、区)人民政府,省政府各部门,各地(市)、县(市、区)工会,省产业(局)工会,省总工会直属基层工会:

政府与工会联席座谈会议制度是贯彻落实党的全心全意依靠工人阶级根本指导方针和党的十

五届四中全会精神,充分发挥工会在各级政府工作中民主参与、民主监督和社会调节作用,更好地代表和维护职工合法权益,调动广大职工积极投身改革开放和社会主义现代化建设的重要渠道,也是密切政府与职工群众联系,增强各级政府决策的民主性和科学性的有效方式。全省县以上各级人民政府要进一步密切政府与工会的联系,尽快建立健全政府与工会的联席座谈会议制度。现就有关事项通知如下:

一、联席座谈会议的目的是围绕党和政府工作的中心,政府和工会互通情况,共商企业、职工普遍关心、迫切希望解决的难点、热点问题,以调动广大职工推进改革、促进发展、维护稳定的主人翁积极性、主动性和创造性。

二、联席座谈会议的主要内容是通报政府有关政策、法规和重要部署,研究解决工会反映的涉及职工权益的一些重要问题。

三、联席座谈会议原则上一年举行一次,如遇特殊情况和重大问题,经政府与工会商议同意,可视情增开联席座谈会议。

四、联席座谈会议筹备工作由工会和政府共同承担。工会负责联席座谈会议的议题准备工作。在广泛深入调查研究的基础上,就政府主要工作、社会发展规划、贯彻落实党的全心全意依靠工人阶级根本指导方针、推进企业改革与发展、维护职工合法权益以及发挥工会组织作用等方面的问题,提出建议和对策,及时提交联席座谈会议主要内容等有关材料,包括需要提请以政府或政府办公厅(室)名义下发或转发的有关文件的代拟稿,并与政府办公厅(室)共同商定会议议题。政府办公厅(室)要及时将会议所要研究的事项征求有关部门的意见,认真做好有关协调工作。

五、联席座谈会议决定的事项要形成会议纪要。每次联席座谈会议要对上次会议议定事项的落实情况进行检查、通报。政府办公厅(室)要建立责任制,根据会议议定的事项,督促政府有关部门抓好落实。工会要加强与政府有关部门的联系和沟通,协助做好督促落实工作。

六、各行政公署、省辖市人民政府要在与工会建立健全联席座谈会议制度的同时,对各县(市、区)建立和健全联席座谈会议制度工作要及时给予指导、帮助。

七、各地实行联席座谈会议制度的情况,请及时报告省政府办公厅和省总工会。

二〇〇〇年二月十二日

江西省人民政府办公厅江西省总工会
关于加强工会组织建设的通知

赣府厅发〔2000〕18 号

各行政公署,各省辖市人民政府,各县(市、区)人民政府,省政府各部门,各地(市)、县(市、区)工会,省产业(局)工会,省总工会直属基层工会:

为进一步贯彻落实党的全心全意依靠工人阶级的方针,按照省政府与省总工会第 1 次联席座谈会议精神,现就加强工会组织建设的有关问题通知如下:

一、牢固树立全心全意依靠工人阶级的思想,充分认识加强工会组织建设的重要性和紧迫性。一段时间以来,少数地方发生了擅自撤并工会组织的错误做法,一些改制企业将工会及其机构撤销,或者与非工会组织机构合并,或归属于非工会组织和机构;一些外商投资企业、私营企业、乡镇企业开业多年,至今仍未依法建立工会组织。这些做法既违背了《中华人民共和国工会法》(以下简称《工会法》)等法律、法规的规定,也不利于职工队伍和社会的稳定。各级政府和有关部门务必从巩固和加强党的阶级基础高度,从推进改革、发展、稳定大局的高度,从维护职工群众根本利益的高度,充分认识加强工会组织建设、加快基层工会组建步伐、扩大工会组织覆盖面的重要性和紧迫性,严格依法行政,积极支持和协助工会加强组织建设。各级工会组织要在党委的领导下,进一步加强与政府有关部门的合作,切实搞好工会组织建设。对一些地方和企业发生的擅自撤并工会组织等错误做法必须立即予以纠正。

二、依法建立健全地方、产业(系统)工会组织。《工会法》明确规定"机关和企事业单位应自开办或者设立之日起一年内依法建立工会""任何单位和个人不得擅自将依法建立的工会及其机构撤销,或者与非工会组织和机构合并,或归属于非工会组织和机构"。对目前已被擅自撤销或与非工会组织合并的地方产业(系统)工会组织,各级政府和有关部门要督促其主管部门尽快恢复。在新一轮机构改革中,机关进行重组、合并、精简人员编制,地方产业(系统)工会应该进行相应的重组和建立,有关部门下达机关、事业单位编制时,应注明包括工会组织的编制在内。要按照省委组织部下发的《江西省各级工会机关参照〈国家公务员暂行条例〉管理的实施办法》的规定,将地方产业(系统)工会列入本地、本单位的机构编制序列,工会专职干部的待遇要与本单位的人事管理制度相一致。

三、改制企业必须建立健全工会组织。企业在改制过程中,不论改制后企业规模大小,人数多少,何种性质,都应做到工会组织建立或重组与企业改制同步进行。不得以任何理由擅自将工会及其机构撤销,或者与非工会组织和机构合并,或归属于非工会组织和机构。企业行政管理人员一般不宜兼任工会主席。

四、加快外商投资企业、私营企业、乡镇企业依法建立工会组织的步伐。随着产业和所有制结构的调整,非公有制经济迅速发展、职工队伍不断壮大,已成为我省国民经济发展新的经济增长点和一支重要生力军。各级政府和有关部门要高度重视、大力支持外商投资企业、私营企业、乡镇企业的工会组建工作。凡依法登记注册,取得营业执照并已投产开业的外商投资企业、私营企业、乡镇企业都应按《工会法》《中国工会章程》和《江西省实施〈工会法〉办法》等法律和法规,本着"哪里有职工,哪里就必须建立工会组织"的原则,依法建立工会组织,最大限度地把职工组织起来。新建企业应在投产开业的同时组建工会,对在投产开业后一年之内仍未完成工会组建的企业,应按《江西省实施〈工会法〉办法》规定依法收缴工会筹备金。企业应支持工会组建工作,并为本企业工会依法拨交工会经费和提供必要的活动条件。

二〇〇〇年三月十二日

关于进一步加强新建企业工会组织建设的意见

赣工建发〔2000〕01号

各地、市新经济组织工会组建工作领导小组：

改革开放以来，我省外商投资企业、私营企业、乡镇企业等新建企业迅猛发展，已成为我省国民经济的重要组成部分。在新建企业建立工会，把这些企业的职工最大限度地组织到工会中来是我国法律、法规的规定和中央的要求；是贯彻党的十五大精神，团结动员职工群众共同推进多种所有制经济健康发展的迫切需要；是巩固和加强党的阶级基础的组织保证；是建立协调、稳定的劳动关系，维护职工合法权益，保持政治稳定和社会安定的重要措施。

根据中华人民共和国《工会法》《劳动法》《公司法》和《江西省实施〈工会法〉办法》等法律、法规及中央要求，结合我省实际情况，现对我省进一步加强新建企业工会组建工作提出如下意见。

一、指导思想和应遵循的原则

1. 指导思想

以邓小平理论和党的十五大精神为指导，以促进新建企业健康发展为日的，坚持党的基本路线，认真贯彻党的全心全意依靠工人阶级的指导方针，解放思想，振奋精神，拓展思路，依法维护职工合法权益，协调企业劳动关系，促进劳动者与企业经营者合作共事，共谋企业健康发展。

2. 新建企业建会应遵循的原则

坚持党的领导的原则。新建企业建会是党建工作的重要组成部分，要自始至终坚持党的领导，把广大职工群众紧密地团结在党组织周围，牢牢把握新建企业工会组建工作的政治方向。

坚持依法推进的原则。要依照《工会法》《劳动法》等法律法规，积极稳妥地推进新建企业工会组建工作，做到"哪里有职工，哪里有企业，就在哪里建立工会组织"。

坚持实事求是的原则。新建企业建会要实事求是，建会工作不搞一刀切，不定固定模式。可根据工会组建工作中出现的新情况、新问题，依照"哪里有职工，哪里就必须建立工会组织"的原则，灵活性、创造性地开展工作。

二、建会目标

3. 全省新建企业总体目标是：力争用二到三年的时间(从2000年到2002年)，使全省绝大多数新建企业建立工会组织，大多数职工加入工会。即2000年末全省新建企业工会组建率和职工入会率分别达到35%；2001年末要分别达到85%；2002年要实现新建企业建到哪里，企业改制到哪里，工会组织就要同步新建、重建到哪里。

三、采取多种形式推进工会组建工作

4. 凡依法登记注册，取得营业执照并已投产开业的新建企业，都必须按照《工会法》《江西省实施〈工会法〉办法》和《中国工会章程》的规定依法建立工会组织。职工在25人以上或虽不足25人但具有独立自主开展工会工作能力的企业应建立基层工会；企业规模小，职工人数少的应建立基层分会(或小组),选举主席(组长)主持工作,并组建或参加基层工会联合会或联合基层工会;女职工在25人以上的建立女职工委员会,不足25人的设女职工委员。

5.新建企业在筹建的同时,要同时筹建工会。所有企业必须在投产开业一年以内建立工会组织。对未建立工会的企业,上级工会有权深入企业,宣传有关法律、法规、党和政府的有关政策、工会知识等,督促并指导企业组建工会,发展会员,开展有关工作,企业应当支持和协助,不得阻挠,对阻挠职工组建工会和阻挠工会依法开展活动的,必须依法予以纠正,严重的要追究其法律责任,维护法律的严肃性。

6.新建企业工会组建工作,要抓住重点,突破难点,全面推进。建会的重点是外商投资企业,具有一定规模的私营企业、乡镇企业和改制的国有中小企业;建会的难点是小型分散的私营企业。各地要根据这一情况,切实加强对这些企业建会工作的领导和指导,要针对我省新建企业规模小且分散的特点,采取“先搭台,后充实,再完善,逐步规范”的建会方法加以突破。把自下而上建会与自上而下建会结合起来,确保在较短的时间内完成预定的建会任务。要在继续推进具有一定规模的新建企业建立工会组织的同时,把建会的重点转移到中小企业、街道、乡镇、工业开发区。首先要把联合工会建立起来。联合工会是在同级党组织和上级工会组织领导下,由所辖区域或行业内新建企业联合在一起建立的工会组织,是所辖企业工会和职工利益的代表者和维护者,具有工会领导机关和基层工会组织的双重职能。街道、乡镇或有一定规模的经济技术开发区和新技术产业开发区,目前尚未建立工会组织的,应在半年内建立街道(乡镇)工会组织,并按“双重领导、属地管理”的原则,积极组建工会联合会或联合工会。各总公司也要积极推进行业性工会联合会的建立。建立工会联合会的方法可以多种多样,可以以骨干企业为主,经民主选举产生,也可按地域、行业、规模协商组建,还可以由上级和有关方面推荐协商组成。

工会联合会建立后,要指导和帮助新建企业建立工会,发展工会会员;要依法代表并维护新建企业工会和职工的合法权益,协调企业劳动关系;要教育并引导职工提高自身素质,与企业合作共事,共同推进企业健康发展。对各类新建企业工会,可采取分片、分行业或按企业不同规模分层次的方法加强管理。

7.做好发展会员及会员的管理工作。凡是以工资收入为主要生活来源,承认《中国工会章程》,在企业连续工作三个月以上的新建企业职工,均可自愿加入工会组织,任何单位和个人不得干涉和阻挠。工会联合会和企业工会要帮助和指导职工参加工会组织。要针对新建企业职工流动性大的特点,采取先入会后建会,或先建会后入会的办法,简化建会程序和入会手续,提高职工入会率。对新建企业工会会员要实行“流动会员制度”,加强会员管理,即会员关系随劳动关系流动,其劳动关系在哪里确定,会员关系同时跟到哪里。劳动关系变化后可凭有关证件在新就业单位工会登记,企业工会要及时做好注销会员关系或接收新会员的登记工作;新建企业建会情况要以街道、乡镇、开发区工会或行业工会联合会为单位按月进行统计。

四、新建企业工会要依法独立自主地开展工作,努力维护职工的合法权益

8.引导和组织职工依法参与企业管理。已建立职代会制度的要继续坚持并逐步完善;未建立职代会制度的可通过工会会员(代表)大会的形式参与企业管理。公司制企业的工会代表应列席本公司董事会;企业在讨论发展规划、生产经营和规章制度等重大事项时,工会代表应参加或列席会议,反映职工的意见和建议。在研究决定有关职工奖惩、工资分配、生活福利、劳动保护、社会保险等涉及职工切身利益问题时,必须充分听取工会意见。

9. 工会应指导和帮助职工与企业签订劳动合同,应按《劳动法》等有关政策规定,建立平等协商和签订集体合同制度,并监督合同的履行兑现。

10. 积极参与协调劳动关系和调解劳动争议。企业要设立劳动争议调解委员会,主任由工会代表担任;要建立劳动保护监督检查委员会,维护职工在劳动中的安全和健康,依法对企业遵守劳动法律、法规的情况进行监督。

11. 组织开展"双爱双评"(职工爱企业,企业爱职工;评爱职工的优秀厂长、经理,评爱企业的优秀职工)活动。教育和引导职工学习党和国家的有关法律、政策,以国家主人翁精神对待劳动,遵纪守法,爱岗敬业,努力完成生产任务;教育激励企业经营者模范地遵守国家的各项法律、法规,尊重职工的主人翁地位及合法权益,为保障工会组织依法独立自主地开展工作提供必要的活动条件。"双爱双评"活动一般1~2年评选表彰一次。

12. 依法拨交工会经费。凡是建立工会的企业,都必须按照《工会法》和《江西省实施〈工会法〉办法》的规定,向工会拨交经费。工会经费必须按中华全国总工会统一制定的财务管理办法上解、支配和使用,并接受工会会员、工会经费审查委员会和上级工会的监督与指导。为使新建企业工会更好地开展工作,建会初期经上级工会批准,对其上交的经费可以部分或全部回拨给企业工会,作为开展工会工作的费用。

《江西省实施〈工会法〉办法》第四条规定:对到期仍未依法建立工会组织的企业、事业单位和机关,其所在的地方或产业工会可以自期满后的第一个月起,依照工会经费收缴规定向企业收缴工会筹备金。工会建立后,筹备金按工会经费收缴规定返还给企业工会。

五、加强领导,形成合力,不断提高新建企业工会工作水平

13. 加强新建企业工会工作,是建立协调稳定的劳动关系,促进非公有制企业健康发展的需要,是事关党的阶级基础的巩固和团结,社会的稳定和保证党对群众工作领导权的一项重要而紧迫的任务。省委已成立江西省新经济组织工会组建工作领导小组,负责对全省新建企业工会组建工作进行全面部署和总体安排,研究解决工作中的重大问题,协调有关方面做好建会工作。各地、市、县(区)要成立由地、市、县(区)负责人牵头组成的领导小组。

各级工会组织要把新建企业工会工作摆上重要议事日程,成立专门工作机构,配备专门工作人员,落实责任,主动承担起组建工会的主要任务,在党的领导下,与各有关部门通力合作,密切配合,逐步形成"党委领导,政府支持,工会运作,各方配合"的领导体制和工作格局。

14. 各级党委要加强领导。要把新建企业工会组建工作列入重要议事日程和工作目标,及时研究解决工作中的重要问题;要统一各级领导干部的思想认识,协调各方力量,明确责任,督促落实;要把工会组建工作与基层党的建设紧密结合,把工会组建率、职工入会率纳入各级党委的党建目标考核体系,在布置、检查党建工作的同时,布置、检查建会工作;上级党组织在向新建企业委派干部时要同时考虑工会主席人选,明确其支持组建工会的职责,要督促企业章程中有关工会条款的落实。

15. 各级政府部门要依法行政,重视并积极支持新建企业工会组建工作,采取行政、法律、经济手段,把所有对新建企业有联系、有影响、有制约力的部门组织起来,研究制定相关的政策规定,加大推进新建企业建会的力度。各级党委的组织、宣传、统战、对台部门和政府的外经贸、劳动、工商、乡镇等部门要在各自职责范围内积极支持新建企业建会工作。在批准新建企业开办合同、注册登记、企业年检和劳动监察时,应把建立工会作为条件之一,督促新建企业建立工会;要会同有关方面做好组建工会的宣传教育工作;要支持工会与企业依法签订集体合同并提供法律咨询与服务。

16. 搞好调查摸底,制定组建规划。各级工会要组织人力,在工商、统计、外经贸、乡镇等有关职能部门的支持下,及时摸清掌握新建企业底数、职工底数,建立企业和工会档案,实行动态管理。从实际出发,制订出新建企业组建工作规划,提出工作目标和措施,有计划、有步骤地认真组织实施;要深入企业搞好调查研究,认真分析和研究新建企业组建工会和开展工会工作中出现的新情况、新问题,选准工作重点和突破口,抓好典型,实行分类排队,分类指导,以推动新建企业工会工作的开展。

17. 各级地方党委、政府和有关部门,要根据本《意见》,结合自己的实际,制定具体的实施方案,加大工作力度,把我省新建企业工会工作提高到一个新水平。

江西省新经济组织工会组建工作领导小组

二〇〇〇年八月十日

江西省财政厅江西省总工会
关于省级行政事业单位实行财政统发工资
后拨交工会经费有关问题的通知

赣财建〔2001〕36 号

省级各行政事业单位:

为进一步贯彻落实《中华人民共和国工会法》和《江西省实施〈中华人民共和国工会法〉办法》,根据省政府与省总工会第 2 次联席座谈会议确定,现就省级行政事业单位实行由财政统一发放工资后,有关工会经费拨交问题通知如下:

一、省级各财政统发工资的单位,自统发工资开始,其统发工资部分的工会经费,由各单位按统发工资总额的 2% 计提,并将应计提的工会经费数填入工资信息表中的“应交工会经费”栏,在每月 5 日前将工资信息表提交省财政。

二、对经审核认定应计提的工会经费,省财政委托统发工资代发银行在当月拨付各单位工资的同时,及时足额划拨至省总工会。

三、省总工会在收到财政统一划拨的工会经费后,应严格按照《工会法》和《关于工会财务管理体制和经费分成的暂行规定》的要求,于当月底以前向单位开具相应的收据并及时将所收工会经费的60%部分下拨至省级各行政事业单位工会。

四、省级各行政事业单位(包括目前尚未实行财政统发工资的单位),在财政统发工资之外发放的所有人员的工资、各种津贴、补贴和奖金等工资性开支,其工会经费的计拨,仍应按照国家统计局1990年1号令公布的《关于工资总额组成的规定》和国统字〔1994〕37号文等有关规定,由各单位按所发职工工资总额的2%计提工会经费,并按规定比例和原拨交办法,及时足额拨交至本单位工会和上解上级工会。

二○○一年四月十三日

关于印发《江西省“五一劳动奖状”、“五一劳动奖章”评选工作若干规定》的通知

各设区市、省产业(局、系统)、省总工会直属基层工会:

为了加强我省“五一劳动奖状”和“五一劳动奖章”的评选和管理工作,规范评选程序,提高评选质量,更好地服务于我省改革开放和经济建设事业,现将《江西省“五一劳动奖状”、“五一劳动奖章”评选工作若干规定》印发给你们,请遵照执行。

江西省总工会

二○○一年十二月二十七日

江西省“五一劳动奖状”、“五一劳动奖章”评选工作若干规定

总 则

第一条:为了规范江西省“五一劳动奖状”、“五一劳动奖章”(以下统一称“五一”奖)评选工作,根据中华全国总工会、江西省人民政府有关规定和《江西省总工会关于颁发江西省“五一劳动奖章”和“五一劳动奖状”的决定的通知》(赣工〔1991〕136号),制定本规定。

第二条:江西省“五一”奖每年评选一次,遇召开全省劳模大会年份,当年停评。

第三条:本规定适用于江西省境内所有企业、事业、机关单位和职工“五一”奖的评选或取消工作。

名额分配

第四条:“五一”奖名额分配的方式,实行地方和行业相结合,以地方为主的原则。

第五条:“五一”奖名额分配的确定,贯彻奖励为主,兼顾公平的原则,根据对国家的贡献程度、职工人数等,由省一次性下达给设区市和省级产业。

第六条:分配各市区市、省级产业的总名额中,已明确规定一线职工、企业负责人、科技教育人

员的比例(具体比例由省总根据当年情况确定)。评选申报必须符合比例的要求,省总有权按照比例的规定调整各地和产业申报人员。

企业负责人:指企业的正副厂长、经理、董事长、党委书记;

企业一线职工:指企业负责人之外的其他从事企业生产经营工作的人员;

科技教育人员:指专业从事科技教育工作且不担任单位党政领导职务的人员。

第七条:当年未分配名额的行业、部门或中央驻赣单位,可将符合评选条件的集体和个人向所在地工会推荐,由设区市统一平衡,向省申报。

评选原则

第八条:评选工作贯彻党的全心全意依靠工人阶级的方针,重点评选国有大中型企业和经济建设一线的工人、知识分子。重视对时代典型的选树和评选;女职工应占一定的比例。

第九条:评选申报工作,实行民主集中的原则,以确保评选对象的质量为目的和标准,坚持自下而上、民主推荐和组织考核、逐级审查相结合。

第十条:对领导干部和企业负责人的评选,实行严格控制的原则、国家机关、事业单位和群众团体中厅(局)级及其以上领导干部,原则上不参加"五一"奖的评选,处级干部从严掌握。

第十一条:五年内已获得全国、省劳动模范和先进工作者称号者,原则上不参加评选。

第十二条:二年内获得过省"五一"奖称号者,除有特殊贡献外,一般不重复参加评选。

第十三条:五年内违反计划生育政策或负有人身伤亡、交通、火灾、设备、经济等重大事故的责任者,不参加评选。

第十四条:未组建工会、未召开职工代表大会、未签订集体合同、拖欠职工养老保险、医疗保险、工会经费的企业及其负责人不参加评选。

第十五条:全国"五一劳动奖状"、"五一劳动奖章"的申报,原则上必须具备江西省"五一"奖获得者或设区市劳动模范、先进工作者以及其他相应规格表彰的资格。

申报和取消程序

第十六条:"五一"奖的申报单位是设区市、省级产业工会。

第十七条:"五一"奖申报必须经过以下程序:

(1)"奖状"由被推荐单位的上级主管部门以书面形式向申报单位申请,"奖章"由被推荐对象所在的基层工会以书面形式向上级工会申请;

(2)评选对象的产生:民主推荐,基层单位职工代表大会或职工大会讨论同意,基层单位党政审核签署意见,上级主管部门、工会审查同意,报申报单位;

推荐上报的评选对象在上报之前的三天内必须在本单位或系统采取适当的形式进行公示;

(3)申报单位接推荐材料后,按有关先进评选管理的规定和程序进行审核、考察、研究,确定无误后,向省总工会申报;申报单位必须在向省总工会申报前的五天内对申报"五一"奖的单位和个人在本地区或行业的新闻媒体进行公示;

(4)省总工会职能部门根据各申报单位的申报,进行复核、考察,征求省劳动竞赛委员会成员单位意见,综合提出审核意见,报省总主席办公会议研究决定;

(5)省总工会向申报单位行文批复;

(6)省总工会下发表彰决定。

“五一”奖的申报材料:登记表(一式两份)、先进事迹材料(一份、不超过2000字)。未按规定时间、规定程序报送材料的视为弃权。

第十九条:经营管理者或领导干部申报“五一”奖评选对象,实行预先报告制度,待省总书面同意后,正式填表上报。

第二十条:推荐上报“五一”奖的单位或经营管理者、领导干部,均须在按期报送《登记表》、先进事迹材料的同时,出具工商、税务(国税、地税)、审计、纪检(监察)、劳动(安全、社保)等部门和上一级主管机关的证明以及上级工会对其上年度足额划拨工会经费的审计认定材料等。

第二十一条:授予“五一”奖荣誉称号者,有下列情况之一的取消荣誉称号:

(1)主要事迹失实;

(2)已被判处刑事处罚;

(3)作出开除或开除留用察看行政处分。

第二十二条:取消“五一”奖必须按以下程序上报和审批:

(1)基层单位向上级主管部门和工会书面提出撤销称号的报告;

(2)上级主管部门、工会复查、核实,签署意见,向设区市和省级产业工会上报,并附基层单位撤销报告原件;

(3)设区市、省级产业工会复查,签署意见向省总工会上报,并随同上报全部材料原件;

(4)省总工会接到报告后,进行复查,并在一个月之内行文批复;

(5)设区市、产业接省总批复文件后,迅速通知所在单位并代省总收回其奖章、证书等。

附　则

第二十三条:本规定由江西省总工会负责解释。

第二十四条:本规定自2002年元月1日起实施。

江西省财政厅江西省总工会关于财政统发工资单位工会经费由财政直接统一划拨的通知

赣财建〔2002〕23号

省级各机关事业单位,各设区市、各县(市、区)财政局、总工会:

为进一步贯彻落实《中华人民共和国工会法》和《江西省实施〈中华人民共和国工会法〉办法》,切实保证各级工会组织正常工作的开展和职工队伍的稳定,根据省政府主要领导的指示精神,现就

省直机关事业单位工会经费由地方财政直接统一划拨的问题通知如下:

一、省级各财政统发工资单位的工会经费,由省财政厅按各单位职工工资总额的2%按月直接划拨给省总工会。

二、省总工会在收到省财政统一划拨的工会经费后,应严格按照中华全国总工会《关于工会财务管理体制和经费分成的暂行规定》的要求,及时将所收到的工会经费按规定比例足额上解上级工会和下拨至各机关事业单位工会,并向有关单位开具工会经费专用收据。

三、省级各单位(包括目前尚未实行财政统发工资的单位),在财政统发工资之外发放的所有人员的工资、各种津贴、补贴和奖金等工资性开支,其工会经费的计拨,仍应按照国家统计局1990年1号令公布的《关于工资总额组成的规定》和国统字〔1994〕37号文等有关规定,由各单位按所发职工工资总额的2%计提工会经费,并按规定比例和原拨缴办法,及时足额拨缴至本单位工会和上解上级工会。

四、各设区市、各县(市、区)机关事业单位的工会经费,参照上述规定执行。

五、本通知自2002年1月1日起执行。

二〇〇二年三月十八日

江西省总工会关于在非公有制企业建立职工(代表)大会制度的意见

随着我省非公有制经济发展壮大,在非公有制企业建立健全以职工(代表)大会为基本形式的民主管理制度,势在必行。依据《工会法》《劳动法》《公司法》《江西省实施〈中华人民共和国工会法〉办法》等有关规定,结合我省实际情况提出如下意见:

一、非公有制企业实行职工(代表)大会制度的意义

非公有制经济是社会主义市场经济的重要组成部分,非公有制企业(包括外商独资企业,非国有控股的中外合作、合资企业,个人独资或几个自然人出资的合伙企业或有限责任公司等)职工和国有企业职工一样是我国工人阶级的组成部分,是国家和社会的主人,他们的政治地位和合法权益同样受到国家法律的保护。

在非公有制企业建立职工(代表)大会制度是贯彻“三个代表”重要思想,推动生产力发展,促进社会主义民主政治建设,更好地代表广大职工群众根本利益的需要;是服务经济建设,创造和谐劳动关系,优化投资环境,促进非公有制企业发展的需要;是探索非公有制企业贯彻党的“依靠”方针,巩固党的阶级基础和扩大党的群众基础的需要;是工会组织在新的历史条件下,充分发挥党联系职工群众桥梁纽带作用,增强非公有制企业工会组织活力和战斗力的需要;是引导职工民主参与,促进职工队伍全面发展和整体素质提高的需要。我们一定要加强学习,加深认识,与时俱进,增强工作自觉性和主动性,切实把非公有制企业实行职工(代表)大会制度的工作抓紧抓好。

二、非公有制企业职工(代表)大会的职责

非公有制企业职工(代表)大会制度是企业实行民主管理的基本形式,是协调企业劳动关系的重要机制,是依靠职工办好企业的重要途径,是职工行使民主权利的机构,是我国基层企业民主政治建设的基本制度。

其主要职责是:

1. 动员和组织职工参与企业民主管理;

2. 监督有关法律法规在企业的贯彻实施;

3. 依法维护职工的经济利益、政治权利和精神文化需求;

4. 理顺企业内部的劳动关系、建立协商谈判制度;

5. 组织职工开展合理化建议和技术创新活动;

6. 调动职工的生产劳动和工作积极性;

7. 尊重企业所有者的合法权益,与企业所有者合作共事、共谋企业健康发展。

三、非公有制企业职工(代表)大会的职权

定期听取企业经营者的工作报告,讨论企业的经营方针、中长远期规划和年度计划,讨论重大技术改造、技术创新和技术引进计划,讨论职工培训计划、企业生产经营状况和与职工切身利益有关的如福利基金、公益金使用方案,改进职工生活福利设施等重要问题,向经营者提出意见和建议。

审议通过企业经营者提出的企业改革方案、劳动保护措施方案、工资调整方案、奖金分配方案、职工养老社会保障金缴纳情况、工作时间和休假制度以及其他奖惩办法和重要的企业规章制度。

审议讨论有关职工生活福利、文化娱乐设施等事项,向经营者提出意见建议。

民主评议企业经营者和中层管理人员。对业绩突出,建议给予奖励表彰;对其存在问题提出整改建议;向所有者提出对中层管理人员的奖惩任免建议。

签订集体合同。集体合同草案经职代会讨论通过后,由工会主席代表职工在职工(代表)大会上同企业所有者签订集体合同,指导职工与企业签订劳动合同。

民主选举进入公司董事会、监事会的职工代表。讨论推荐劳动模范;选举参加企业平等协商的职工代表。

围绕企业加强管理、提高效益,组织职工代表开展技术改造、技术革新和合理化建议活动。

监督企业执行国家的有关法律法规。

四、非公有制企业职工代表

按照法律规定享有政治权利的企业职工,均可当选职工代表。

职工代表的人数,应占职工总数的5%到30%。

职工代表的产生,中小企业应当以班组为单位由职工直接选举;大型企业的职工代表,可由二级单位或以分厂车间为单位进行直接选举产生。

职工代表中应当有工人、技术人员、管理人员、企业经营者、党组织负责人和其他方面的职工。其中企业的车间、科室等中层管理人员一般为职工代表总数的五分之一。青年职工和女职工应当占适当比例。

职工代表按分厂、车间、科室组成代表团(组),并推选团(组)长。

职工代表实行常任制、替补制,三至五年改选一次,可连选连任。职工代表对选举单位的职工负责。选举单位的职工有权监督或撤换本单位的职工代表。

职工代表的权利是:在职工(代表)大会上有选举权、被选举权和表决权;参加职工(代表)大会及其工作机构组织的职工(代表)大会决议和提案落实情况的检查,对企业经营管理等方面的问题提出质询;保障和维护职工的民主权利,任何单位和个人对职工代表行使民主权利不得进行阻挠、压制和打击报复。因出席职工(代表)大会和因参加职工(代表)大会组织的各项活动而占用生产或工作时间,按正常出勤享受应得的待遇。

职工代表的义务是:努力学习党和国家的方针、政策、法律、法规,不断提高政治觉悟、技术业务水平和参加企业管理的能力;密切联系群众,代表职工的合法权利,切实反映职工群众的意见和要求,认真执行职工(代表)大会的决议,做好职工(代表)大会交办的各项工作,工会联合会的企业可实行联合职工(代表)大会制度;模范遵守国家的法律、法规和企业的规章制度、劳动纪律;做好本职工作,积极参与企业民主管理,为企业发展作贡献。

五、非公有制企业职工(代表)大会的组织工作制度

职工(代表)大会的组织工作制度应遵循民主集中制原则。

职工100人以下的企业实行职工大会制度。100人以上的企业实行职工代表大会制度,职工代表设置不应少于25人。

职工(代表)大会一般每三年一届,每年应召开两次会议,每年至少要召开一次会议。

提前一周将会议内容、议题以书面或其他形式向职工公布,职工代表应认真听取和收集职工意见。

凡是要职工(代表)大会审议通过的议案应实行举手表决或无记名投票表决,有关企业或职工重大问题的议案应采取无记名投票表决方式。表决实行一人一票制。

职工(代表)大会形成的决议要向职工公布,并定期督办和检查执行情况。

职工(代表)大会闭会期间遇有重大事项要召开代表团(组)长联系会议,联系会议成员由工会委员会和专门工作小组组长组成。讨论的问题要由下一次职代会确认。

职工(代表)大会通过的决议、决定和方案,如需修改,必需提请职工(代表)大会按程序重新审议表决。

召开职工(代表)大会事前要成立筹备组。广泛在职工群众中征集议题,学习有关资料,提出有关方案报上级工会并征求职工的意见。

召开职工(代表)大会有三分之二以上代表参加方为有效;经全体职工代表的半数以上同意方可形成决议。

六、非公有制企业工会

非公有制企业工会是非公有制企业职工(代表)大会的工作机构并对其负责,主要承担以下工作:

1. 组织职工代表的选举工作;

2. 提出职工(代表)大会议题的建议,主持职工(代表)大会的筹备工作和会议的具体组织工作;

3. 主持职工代表团(组)长、专门工作委员会负责人联系会议的组织工作;

4. 检查督促职工(代表)大会决议执行情况,发动和组织职工落实职工(代表)大会决议;

5. 通过多种方式培训职工代表,不断增强职工代表的政治理论、技术业务素质和参与企业管理的能力;

6. 接受和处理职工代表的申诉和建议、维护职工代表的合法权利;

7. 协调职工(代表)大会与企业业主和经营者的关系,争取各方对职工(代表)大会的支持;

8. 动员和组织职工积极开展企业民主管理活动,做好企业职工民主管理工作。上级工会应及时指导、支持非公有制企业建立健全职工(代表)大会制度,为职工(代表)大会正确行使职权做好协调工作。具有一定人员和规模的企业车间、分厂可采取职工大会或职工代表大会的形式、对本单位权限范围内的事务行使民主管理权力;班组可由职工直接参加民主管理,在工会小组长和职工代表主持下开展活动。

七、其　他

非公有制企业不同于国有和集体企业,其建立职工(代表)大会的形式、职工(代表)大会职权不能完全套用国有和集体企业的做法,而有其自身的特点。工作中要注意把握以下几点:

1. 大力宣传积极引导。要广泛宣传在非公有制企业建立职工(代表)大会制度的重要意义,争取业主和经营者的理解和支持,特别是先行试点的企业,上级工会要及时给予指导和帮助。

2. 抓好试点,大力推进。各设区市总工会要先在部分职工人数较多、具有一定规模、生产经营正常的非公有制企业中进行试点,积极探索,精心指导,认真帮助总结出具有借鉴意义经验大力推广。要通过典型的作用,真正体现职工(代表)大会有利于企业发展的作用,以得到更多企业业主、经营管理人员以至全社会的理解和支持。

3. 非公有制企业职工(代表)大会的形式要因企制宜,不强求一个模式;对职工(代表)大会召开的时间、程序也不作硬性规定;有关职工(代表)大会职权问题也要注意循序渐进,从实际出发,注重实际效果,重点是通过职工(代表)大会行使民主管理和民主监督权力,维护职工合法权益,促进企业发展。

4. 上级工会应根据企业的不同特点,搞好调研指导,做好法律、政策及具体操作上的服务工作。

二〇〇二年十二月一日

关于进一步建立健全政府与工会联席座谈会议制度的通知

赣府厅发〔2003〕21 号

各市、县(区)人民政府、工会,省政府各部门,省产业(局、系统)工会,省总工会. 直属基层工会:

自 1999 年我省建立省政府与省总工会联席座谈会议制度以来,各地认真贯彻落实《江西省人民政府办公厅、江西省总工会关于实行政府与工会联席座谈会议制度的通知》(赣府厅发〔2000〕13号)精神,使政府与工会联席座谈会议制度由省一级迅速向市、县(区)拓展,由政府与工会召开联席座谈会议向政府部门、产业行政与工会召开联席座谈会议拓展。目前,全省10个设区市、86%以上的县(市、区)都建立了政府与工会的联席座谈会议制度。联席座谈会议制度的建立,加强了政府与工会的沟通,密切了政府与职工群众的联系,促进了我省改革开放和现代化建设。为了进一步建立健全政府与工会联席座谈会议制度,现就有关事项通知如下:

一、提高认识,进一步建立健全联席座谈会议制度。建立政府与工会联席座谈会议制度,是贯彻落实"三个代表"重要思想和党的十六大精神,充分发挥工会在各级政府工作中民主参与、民主监督和社会调节作用,从源头上维护职工合法权益,进行参政议政的重要渠道和有效机制,也是各级政府广泛听取职工意见,改进政府工作的有效措施。各级人民政府要高度重视,尽快建立健全政府与工会的联席座谈会议制度,完善工会民主参与的工作机制,进一步加强政府与职工群众的沟通和联系,扩大政府工作的群众基础,推进政府决策的科学化和民主化。

二、总结经验,充分发挥联席座谈会议制度的作用。几年来,全省大多数市、县(区)政府与工会联席座谈会议制度坚持较好,质量不断提高,形成了许多好的做法,各地要认真总结经验,使联席座谈会议制度取得实实在在的成效。一是政府领导要高度重视。政府主要领导要亲自主持会议,认真倾听工会的意见和建议,千方百计为职工群众和工会解决实际困难和问题。二是各级工会要精心准备好联席座谈会的议题。要围绕党和政府的中心工作,围绕职工群众关注的热点难点问题,进行深入细致的调查研究,提出意见和建议,并积极会同政府办公室(厅)做好联席座谈会议的筹备、召开和落实等工作。三是政府有关部门要密切配合。各有关部门要以维护改革发展稳定的大局为己任,虚心听取工会意见,认真履行工作职责,满腔热情地为职工群众和工会排忧解难,认真落实联席座谈会议的各项决议。四是要坚持提高质量,完善制度。各地要认真贯彻上级政府与工会联席座谈会议和下发的有关文件精神,在抓落实、创造性地开展工作上狠下功夫。坚持一年至少召开一次联席座谈会议,并对会议所确定事项的落实情况进行检查、通报,妥善解决工会提出的涉及职工切身利益的突出问题和工会组织自身无法解决的实际困难,维护职工队伍和社会政治的稳定。

三、加强督查,使联席座谈会议制度落到实处。目前全省仍有1个设区市和14个县(市、区)尚未建立政府与工会联席座谈会议制度,少数地方虽然有制度,但坚持不够好。要进一步加大督促检查力度,在2003年底前所有市、县(区)都必须把这项制度建立起来。为此,尚未建立联席座谈会议制度的市、县(区)政府要主动与工会联系和沟通,研究确定建立联席座谈会议制度的具体时间,确保这一制度在今年年底前建立;已建立联席座谈会议制度的市、县(区)政府和工会要对制度落实情况进行认真的总结,进一步完善,使联席座谈会议真正形成制度,并取得实效。同时,各设区市人民政府要进一步建立健全责任制和检查通报等制度,既要根据联席座谈会议确定的立项,督促政府有关部门抓好落实,又要对各县(市、区)建立健全联席座谈会议制度工作进行督查,及时给予指导和帮助,确保本市各县(市、区)不出现空白点。各市、县(区)工会要加强与政府办公室(厅)和有关部门的联系和沟通,协助做好督促落实工作。各地实行联席座谈会议制度的情况,请及时报告省政府办公厅和省总工会。

二○○三年七月一日

关于由地方税务机关代征工会经费和工会筹备金的通知

赣工发〔2006〕2号

各市、县(市、区)总工会、地方税务局,省地方税务局直属分局:

为进一步认真贯彻《中华人民共和国工会法》《江西省实施〈中华人民共和国工会法〉办法》,落实好《中共江西省委关于进一步加强和改进新时期工会工作的意见》,根据江西省人民政府与江西省总工会第六次联席会议纪要精神,为确保工会经费和工会筹备金依法及时足额上解,使全省各级工会组织更好地贯彻落实"组织起来,切实维权"的工作方针,在构建和谐社会和推进我省稳定持续发展中发挥更大的作用,经省人民政府批准,决定自2006年1月1日起,全省范围内企业、事业单位的工会经费和工会筹备金,由地方税务部门统一代征。现将有关具体事项通知如下:

一、代征范围

全省已建立工会组织和自开办或设立之日起1年内尚未建立工会组织的各类所有制企业、事业单位(工会经费列入财政统一划拨单位除外),都属于工会经费和筹备金代征的范围。

二、计提依据

企事业单位应按全部职工工资总额的2%提拔缴工会经费(工会筹备金)。全部职工工资总额,按照国家统计局《关于工资总额组成的规定》(1990年第1号令)颁布的标准和有关劳动统计新增标准的解释等规定执行。

(一)全部职工的认定

全部职工是指在企业、事业单位中工作,取得工资或其他形式的劳动报酬的全部人员,包括正式职工、合同制职工、聘用工、季节工、劳务工以及离开本单位仍保留劳动关系的职工和内部退养职工等。

(二)工资总额的确定

工资总额是各单位在一定的时间内直接支付给本单位全部职工的劳动报酬的总额。包括计时工资、计件工资、奖金、津贴和补贴、加班加点工资、特殊情况下支付的工资等,均应按规定计算在内。不得按照"计税工资总额"计算。

(三)征收的比例

已建立工会组织的单位,按单位全部职工工资总额的2%代征工会经费。基层工会留用经费,由地方总工会按规定的比例拨给。

未建立工会组织的单位,自期满后的第一个月起,按单位全部职工工资总额的2%代征工会筹备金。

由全国总工会和省总工会批准自管经费的产业、直属基层工会所属基层单位,按规定比例应上缴所在地方总工会的经费,由地方税务部门代征,其余上解部分按原渠道不变。

三、缴费期限

凡由地方税务部门代征工会经费(工会筹备金)的单位,按月上缴,并于每月终了后15日内,按上月全部职工工资总额的2%申报应缴纳的工会经费(工会筹备金)。

四、征收办法

(一)各地方总工会应积极做好工会经费(工会筹备金)征收的宣传解释、调查摸底工作,并通知企事业单位到地方税务部门缴纳工会经费。

(二)企事业单位应按规定计算应缴纳的工会经费(工会筹备金),填写《江西省企业、事业单位上缴工会经费(工会筹备金)申报表》(附件),向主管地方税务部门申报缴纳。

(三)各级地方税务部门对企事业单位申报金额进行审核后,开具《工会经费拨缴款专用收据》,由缴款单位缴入地方工会经费集中户(缴费表格统一制发)。

五、代征手续费

委托地税部门代征工会经费(工会筹备金)的手续费按全总工财字〔2005〕81号文件规定,以实际代征工会经费(工会筹备金)总额5%的比例提取,由地方总工会按半年统计并拨付给同级地税部门,作为代征管理费用。

六、有关要求

(一)各地方总工会、地方税务部门要加强联系,紧密配合,共同做好宣传解释工作,定期召开工会经费(工会筹备金)收缴情况分析会,研究解决代征中出现的问题,制定相应措施,完善工作机制,促进代征工作健康、规范发展。

(二)各地方总工会要做好催报催缴工作,对逾期未缴或少缴工会经费(工会筹备金)的企事业单位下发催缴通知书,并抄送同级地税部门,依照《江西省实施〈中华人民共和国工会法〉办法》第四十一条规定,按欠交金额每日5‰加收滞纳金;对经催缴无效,长期拖欠或拒缴工会经费或筹备金的,依照《工会法》规定,由工会组织向当地人民法院申请支付令和强制执行。

(三)各地方总工会要继续做好拨缴经费收入台账,随时掌握所属基层单位的职工人数,工资总额和拨缴工会经费(工会筹备金)进度,以保证基层工会工作的顺利开展。

(四)企事业单位每年年度终了后90日内应当分别向当地总工会和地方税务部门申报《上缴工会经费自查情况表》,各地方总工会按照省总工会《关于实行拨缴工会经费审验证制度的通知》的规定,进行工会经费汇算清缴。地方税务部门要协助工会,督促各单位依法列支,确保按工资总额2%的工会经费(工会筹备金)拨缴到位。

(五)各级地方税务部门要加大对工会经费税前扣除的检查力度,将其纳入日常和专项检查工作。对没有取得《工会经费拨缴款专用收据》的单位,其提取的工会经费除不允许在企业所得税税前扣除外,并应及时告知当地工会组织按规定处理,不得擅自减免企事业单位应上解的工会经费(工会筹备金)。

(六)各级地方税务机关要定期向当地总工会办理票据领用和核销手续,加强对《工会经费拨缴款专用收据》的领、用、存管理。

(七)已建立工会组织的各类企业、事业单位,凡没有设立独立账户的,其上解的经费中基层工会留用的经费,待账户建立后再由地方总工会按规定比例拨付。对至今尚未成立工会组织的企事业单位,其上解的工会筹备金中基层工会留用的经费待其建立工会组织后,由地方总工会按规定的比例返还。

(八)各地方总工会、地税部门要按通知要求,本着方便收缴的、原则,协商、签订委托协议书或便于操作的具体实施细则。

(九)本通知自二〇〇六年一月一日起实行。未实行和已实行委托地税部门代征工会经费的地区,一律按照本通知精神执行。

江西省总工会　江西省地方税务局

二〇〇六年三月二十日

江西省建立健全职工董事、职工监事制度的若干规定

赣工通字〔2007〕56号

为了贯彻落实党的全心全意依靠工人阶级的指导方针,推动建立和完善中国特色的现代企业制度,充分发挥职工董事、职工监事的作用,保障职工民主决策、民主管理、民土监督的权利,建立和谐稳定的劳动关系,促进企业健康发展,根据《中华人民共和国公司法》(以下简称《公司法》)、《江西省职工代表大会条例》等有关规定,现就进一步规范我省职工董事、职工监事制度,提出如下意见:

一、建立职工董事、职工监事制度的意义

1. 职工董事、职工监事制度,是依照法律规定,通过职工代表大会(或职工大会)民主选举一定数量的职工代表,进入董事会、监事会,代表职工行使参与企业决策权利、发挥监督作用的制度。

2. 建立职工董事、职工监事制度,是贯彻落实党的十六大和十六届三中、四中、五中、六中全会精神,牢固树立和落实科学发展观,加强社会主义民主政治建设,构建社会主义和谐社会的重要举措;是建立现代企业制度,完善公司法人治理结构的重要内容;是维护职工合法权益,调动和发挥职工的积极性和创造性,建立和谐稳定的劳动关系,促进企业改革、发展、稳定的内在需要。建立职工董事、职工监事制度也是许多市场经济国家现代企业管理的成功经验。

3. 职工代表参加董事会,使董事会议事时能够直接听到职工意见,并通过职工代表把决策尽快地传达到职工中去,发挥职工代表的骨干、带头作用和监督作用,对实现正确决策具有重要作用。建立职工董事、职工监事制度,既是完善企业管理制度和实现民主、科学决策的途径。也是建立企业内部关系自我调节机制的需要,具有普遍的适应性。

二、建立职工董事、职工监事制度的范围

4. 凡依法设立董事会、监事会的公司都应建立职工董事、职工监事制度。职工代表未进入董事会、监事会的,要按本《规定》的要求完善和补进。

三、职工董事、职工监事人选的条件和人数比例

5. 职工董事、职工监事人选的基本条件是:本公司职工;遵纪守法,办事公道,能够代表和反映

职工的意见和要求,为职工群众信赖和拥护;熟悉企业经营管理或具有相关的工作经验,有一定的参与经营决策和协调沟通的能力。

6. 未担(兼)任工会主席的公司高级管理人员,《公司法》中规定的不能担任或兼任董事、监事的人员,不得担任职工董事、职工监事。

7. 董事会中职工董事与监事会中职工监事的人数比例应在公司章程中作出明确规定。董事会成员人数较少的,其职工董事至少有1人。职工监事的人数不得少于监事会成员总数的

四、职工董事、职工监事的产生程序

8. 职工董事、职工监事的候选人由公司工会提名,公司党组织审核,并报告上级工会;没有党组织的公司可由上一级工会组织审核。工会主席应作为职工董事的首选候选人,工会一名副主席应作为职工监事的首选候选人。

9. 职工董事、职工监事由本公司职工代表大会(或职工大会)以无记名投票方式选举产生。职工董事、职工监事候选人必须获得全体会议代表过半数选票方可当选。

10. 国有独资、国有控股公司职工董事、职工监事选举产生后,应报上级工会、国有资产监督管理部门备案,其他性质的公司职工董事、职工监事选举产生后,应报上级工会备案,并与其他内部董事、监事一同履行有关手续。

五、职工董事、职工监事的权力和义务

职工董事、职工监事享有与其他董事、监事同等的权利,承担相应的义务。

11. 职工董事、职工监事的权利:

(1)职工董事、职工监事在董事会、监事会研究决定公司重大问题时,应认真履行职责,代表职工行使权利,充分发表意见。

(2)职工董事在董事会讨论涉及职工切身利益的重要决策时,应如实反映职工要求,表达和维护职工的合法权益;在董事会研究确定公司高级管理人员时,要如实反映职工代表大会民主评议公司管理人员的情况。

(3)职工董事有提出要求董事会不做出决定或暂缓做出决定以及要求复议的权利;凡涉及侵害大多数职工切身利益的方案,职工董事有权反对。

(4)职工监事有权依照法律法规和公司章程赋予的职权,参与对公司的财务检查,参与对公司董事会、经理层人员履行职责的监督。

(5)职工监事要定期监督检查职工各项保险基金的提取、缴纳,以及职工工资、劳动保护、社会保险、福利等制度的执行情况。

(6)职工董事、职工监事有权向上级工会、有关部门和机构反映有关情况。有参加学习培训的权利。

12. 职工董事、职工监事的义务:

(1)模范遵守国家法律法规和公司的规章制度。努力学习党的方针政策和国家的法律法规,不断提高政治觉悟和参加决策、监督的能力。

(2)密切联系群众,深入职工群众听取意见和建议,充分反映职工群众的意见和要求,在代表和

维护职工合法权益的同时维护公司的利益。

(3)认真执行董事会、监事会的决议和职工代表大会决议。遇到重大事项,应及时向职工代表大会报告。

(4)职工董事、职工监事执行职务时违反了法律、行政法规或公司章程,给公司和职工造成损失的,应当承担责任。

六、职工董事、职工监事的任期、补选、罢免

13. 职工董事、职工监事的任期与其他董事和监事的任期相同,任期届满,可连选连任。

14. 职工董事、职工监事在任期内,其劳动合同期限自动延长至任期届满;任职期间以及任期届满后,公司不得因其履行职责的原因与其解除劳动合同,或采取其他形式进行打击报复。

15. 职工董事、职工监事离职的,其任职资格自行终止。职工董事、职工监事出缺应及时进行补选,空缺时间一般不得超过3个月。

16. 职工代表大会有权罢免职工董事、职工监事。罢免职工董事、职工监事,须由三分之一以上的职工代表联名提出罢免议案。

七、职工董事、职工监事的工作制度

17. 建立职工董事、职工监事定期向职工代表大会报告制度。职工董事、监事在召开董事会、监事会之前,对董事会所要审议的重大事项,通过公司工会、职代会专门机构了解有关情况,听取专题讨论意见,广泛收集职工群众的意见、建议。并根据职代会民主表决结果,在董事会和监事会上充分表达职工代表大会和职工的意见。如与董事会和监事会会议有关议题产生重大分歧,应当保留意见,并及时向职工代表大会报告。如职工董事、职工监事在董事会、监事会上发表与职代会决议不同的意见,职代会应向其提出警告,或由职代会依照民主程序罢免其董事职务,并重新选举职工董事。

18. 建立职工董事、职工监事考核与奖惩制度。职工董事、职工监事接受职工代表大会和职工群众的监督,职代会要定期对职工董事、职工监事的工作进行民主评议,并提出奖惩建议。

19. 建立职工董事、职工监事与公司工会的日常联系制度。明确对职工董事、职工监事参与重大决策前的咨询、论证、征求意见的工作程序。

20. 职工董事、职工监事因故不能出席董事会、监事会会议时,可以书面委托其他董事、监事代为出席,并在委托书中明确授权范围。同时可建议董事会、监事会请工会派员列席会议,反映职工的意见。

21. 职工董事、职工监事可以列席职工代表大会主席团会议和职工代表大会团(组)长联席会议。

22. 职工董事、职工监事与职工代表大会的关系应当在公司职工代表大会实施细则中做出明确的规定。

八、其　他

23. 职工董事、职工监事依法行使职权,任何组织或个人不得压制、阻挠或打击报复。职工董事和职工监事在任期内和离任三年以内,除因个人严重过失外,公司不得与其解除劳动合同或者作不利其就业条件的岗位变动;在任期内劳动合同到期的应当续签劳动合同至其任期满后三年。

24. 公司要定期组织职工董事、职工监事学习党的方针政策、国家有关法律知识及企业管理知识;加强业务培训,提高职工董事、职工监事的业务知识水平和参政议政、参与决策、监督的能力。凡新当选的职工董事、职工监事都要接受上一级工会负责的岗位适应性培训。

25. 公司工会要积极支持职工董事、职工监事的工作,维护他们的合法权益,关心他们的思想、工作和生活,及时帮助他们解决工作和生活中的实际问题。

26. 加强对职工董事、职工监事制度工作的领导,是各级党委、政府和工会共同的责任,各级经贸委、国资委、工会等有关部门要密切配合共同指导企业建立健全职工董事、职工监事制度。

江西省国有资产监督管理委员会　江西省经济贸易委员会　江西省总工会

关于印发《江西省总工会关于加强工会工作者队伍建设的指导意见》的通知

赣工发〔2009〕9号

各设区市、县(区)总工会,省产业(局、系统)工会,省总直属基层工会,省总各部门、各直属单位:

现将《江西省总工会关于加强工会工作者队伍建设的指导意见》印发给你们,请结合本地区、本单位实际,认真贯彻落实。

各地、各单位贯彻落实情况,请及时报告省总办公室。

江西省总工会

2009年9月1日

江西省总工会关于加强工会工作者队伍建设的指导意见

江西省总工会就加强工会工作、协调劳动关系、维护职工队伍和社会稳定、劳动保护方面的工会工作协理员、工会法律援助志愿者、劳动争议调解仲裁员、工会劳动法律监督员、集体协商指导员、企业改制指导员和工会劳动保护监督检查员等七大员队伍建设提出如下意见。

一、指导思想

以“充实队伍、整合力量、提升素质、加强建设”为原则,积极探索工会工作者职业化、社会化路子;以服务职工、服务会员、夯实基础、夯实基层工会为宗旨,提升工会作用力、增强工会凝聚力、扩大工会影响力;努力把我省工会工作者打造成为组织动员职工的能手、协调劳动关系的行家、关心服务职工的模范。

二、工会工作者队伍目标、要求

(一)工会工作协理员

2009年各县(区)总工会招聘工会工作协理员2~4名,实现300名目标。

职责:抓好辖区或所属企事业单位和其他社会组织组建工会,发展工会会员;指导基层工会建立健全民主管理制度、劳动争议调解组织、职工之家建设和集体协商;受工会委托依法催收基层工会经费工作。

要求:一年内实现全县的工业园区工会组建率达100%,小型非公有制企业工会联合会组建率达80%。劳动争议调解委员会、职工代表大会、集体协商建制率达80%,"职工之家"建制率达70%。

(二)工会法律援助志愿者

2009年建立省、市、县三级工会法律援助志愿团,分别不少于160人、40人、20人建制,实现2600名目标。

职责:参与劳动争议案件的调解、仲裁和诉讼活动;接待职工来访,为困难职工、工会干部和工会组织提供法律政策咨询、代书等法律服务;参加工会组织的法律宣传、培训和法制教育活动。

要求:志愿者一年不少于3次的志愿服务或承办不少于2件职工法律援助案件。

(三)劳动争议调解、仲裁员

1.2009年不低于70%的企、事业单位和其他社会组织工会配备1名劳动争议调解员,实现6万名目标。

职责:了解掌握职工劳动权益、经济权利诉求;宣传劳动法律法规;依法调解本单位或本区域的劳动争议。

要求:建立调解员持证上岗、专业培训考核和调解程序性规则等制度,为调解工作提供政策法规和物质上的保障。

2.2009年省、市、县总工会配备专兼职劳动争议仲裁员,分别不少于5名、3名和2名,实现240名目标。

职责:参与仲裁委员会各项工作和仲裁庭办案工作,参加仲裁委员会会议和重大劳动争议案件研究处理。

要求:推动各级劳动争议仲裁委员会在工会设立派出庭或仲裁分庭并独立办案,推动工会仲裁员担任首席仲裁员承办案件。配合人力资源和社会保障部门对工会兼职劳动仲裁员资格培训。工会兼职劳动仲裁员年办案量原则上不低于仲裁案件总量10%。

(四)工会劳动法律监督员

2009年不低于70%的企、事业单位和其他社会组织工会配备1名劳动法律监督员;各市、县总工会、省产业(局、系统)工会、省总直属基层工会(以下简称省产业工会)配备2名以上,实现6万名目标。

职责:对用人单位执行劳动法律法规的情况进行监督。

要求:建立健全工会劳动法律监督员制度,与人力资源和社会保障部门建立完善联席会议或工作例会、案件处理及反馈等制度。上一级工会劳动法律监督委员会要加强对基层工会劳动法律监督委员会的工作指导并建立培训考核制度。

(五)集体协商指导员

2009年县及县以上工业园区、企业较多的乡镇(街道)至少配备1名,省、市、县总工会、省产业工会从事民主管理和法律工作工作人员均为集体协商指导员,实现750名目标。

职责:指导基层工会收集职工意见和企业相关资料,指导草拟协商方案、集体合同或专项集体合同草案;对集体合同履行等提供咨询服务,参加对企业职工方集体协商代表的培训,宣传劳动法律法规、政策和集体协商相关专业知识。

要求:建立地方总工会和产业工会指导机构,乡镇(街道)、工业园区工会可建立指导站。推动企业建立工资协商共决机制,促进建立企业职工工资正常增长机制和支付保障机制。

对企业职工方集体协商代表进行培训。

(六)企业改制指导员

2009年进入改制的企业工会主席和省、市、县总工会、省产业工会从事民主管理的工作人员均为企业改制指导员,实现800名目标。

职责:督促各项政策落实到位;督促企业落实职工安置、补偿资金;督促各项工作规范操作,严格履行民主程序;做好困难职工的帮扶工作;协助党组织、政府和企业做好改制或关闭破产企业职工的思想政治工作;依法保障改制企业工会组织健全;改制后督促企业保障职工的经济权利和民主管理权利,督促解决改制后的遗留问题;及时将企业改制和关闭破产工作情况报上级工会。

要求:上级工会要确保企业工会主要领导进入同级企业改制工作领导小组;确保工会企业改制指导员进入改制企业指导工作;确保企业在改制和关闭、破产运行中职工权益不受侵犯;确保企业改制后按照法律、法规和政策履行程序;确保职工权益落实到位。

(七)工会劳动保护监督检查员

2009年省、市、县总工会、省产业工会从事劳动保护工作的工作人员为工会劳动保护监督检查员;不低于70%的企、事业单位和其他社会组织工会配齐工会小组劳动保护检查员,实现20万名目标。

职责:代表工会组织依法实施劳动保护监督检查,查出的重大隐患,督促本级工会用书面形式向企业行政和相关部门反映报告。

要求:建立工会劳动保护工作责任制。加强工会劳动保护监督检查队伍建设,要制定突发事故、事件的紧急预案,发生重大特大事故、事件必须在2小时内报告省总工会。工会小组劳动保护检查工作建立定期检查制度,检查汇报制度,确保本责任范围不留死角。

三、工会工作者队伍管理

(一)加强领导,强化管理

各设区市总工会、省产业工会要加强领导,把工会工作者队伍建设提到重要的议事日程抓紧抓好,加强调查研究,制定目标规划,搞好分类指导,提供政策服务。

要建立工会工作者队伍管理制度,结合七大员规模、职责和工作目标,制定相关管理制度。建立七大员上报备案制度,各地方工会和产业工会需向省总上报工会工作协理员、工会法律援助志愿者、劳动争议仲裁员、企业改制指导员名册。建立工会工作者工作考核机制,建立工作责任制和评估方案，实行奖惩，建立人员进入和退出制度，提高工会工作者履行职责的责任与能力。

建立工作经费预算制度。工会工作协理员工资和社会保险费用由市、县(区)总工会共同承担。省总工会对选聘的35周岁以下本科以上学历且纳入市、县工会干部后备人才库的协理员给予每年每人3600元的经费补助。各设区市总工会应对县(区)总工会选聘协理员给予经费补助。县(区)总工会应制定协理员工资待遇，35周岁以下本科以上学历且纳入后备人才库的协理员工资待遇应参照当地公务员同类人员工资标准。各设区市总工会、省产业工会要划拨经费用于工会法律援助团志愿者补助(符合工会法律援助条件的案件按法律援助办法给予补贴)、兼职集体协商指导员工资补助。

(二)拓宽渠道，改善结构

要面向社会，广揽专业人才，聘请专家学者和工会专业老工作者，改善工会工作者队伍结构，形成外援力量，探索建立工会工作者职业化、社会化的途径。要加强与人力资源和社会保障部门以及国资委的联系，争取他们为扩大工会工作者队伍建设提供政策支持。

(三)强化培训，形成体系

建立省、市、县及产业工会分层级实施的培养体系，以提高履行岗位职责能力为核心，强化新知识、新技能的学习和实践，有计划地分期分批加以实施。省总干校要着重对专业岗位师资人员的培训。

附：省总工会工会工作者队伍规模目标表

2009年9月1日

关于进一步加强新时期经审工作的意见

加强新时期工会经审工作，目的是促进收好、管好、用好工会经费，促进工会资产管理，促进工会经济活动规范运作，促进工会系统党风廉政建设。全省各级工会组织，一定要加强对工会经审组织的领导，认真贯彻中国工会十五大确定的各项工作任务，从机构设置、人员落实、经费保障等各方面把经审工作纳入工会的整体工作之中。现结合我省工会工作的实际，提出如下意见：

一、提高认识，进一步加强对工会经审工作的领导

1.各级工会要站在贯彻落实科学发展观的政治高度，充分认识加强工会经审工作的重要性和紧迫性，进一步坚持工会经济活动都要接受经审会审查监督的原则；要着力解决好经审会在审查监督体制、职权落实以及组织建设等方面存在的问题，切实在思想和行动上重视工会经审工作，在组织和制度上保证工会经审工作的落实。

2.各级工会党组织要加强对经审会的领导，每年至少二次以上听取经审会或经审会办公室的工作汇报，及时研究和解决经审工作中的困难和问题。

3.各级工会经审会要依法独立实施审查审计，有关单位和个人必须予以配合，不得拒绝和阻碍。对审查审计中发现的问题和提出的意见，同级工会领导班子要及时认真研究处理，并督促有关部门整改落实,按审计意见书规定的时间及时将整改落实情况报工会经审会办公室。对拒绝或阻碍审查审计的要批评教育,对情节恶劣、造成严重后果的要严肃处理。

4. 各级工会组织要在政治上关心和培养经审干部,重视经审干部的锻炼和任用。在经审工作人员因依法履行职责而受到不公平待遇或打击报复时,所在工会和上级经审会有义务维护其合法权益。

二、强化审计,进一步推动工会经费和工会资产管理的监督力度

5. 要坚持把工会全部经济活动置于工会经审组织的有效监督之下,坚持工会工作开展到哪里,经审工作就延伸到哪里;工会经济活动运行到哪里,经审工作就监督到哪里。

6. 要健全工会经费预算、预算执行情况(决算)的审查监督制度。不断深化对预算管理的审查监督,促进预算编制的预见性、科学性,杜绝预算执行的随意性。

7. 要进一步强化本级审计工作,大力开展对本级工会直管单位的财务收支、资产管理和经济效益实施年度审计。加强对工会投资项目及资产运营的监督审计,促进工会资产的保值增值及经济、社会效益的提高。

8. 要不断健全完善专项资金审计制度,加强对各类专项资金的监督,防止专项资金被挤占、挪用,提高专项资金的使用效益;建立健全对纳入工会账户的救灾款和救灾物资的审计监督机制,确保救灾资金物资及时拨付、有效使用。

9. 要切实加强对工会领导干部特别是工会企事业单位主要负责人的经济责任审计,认真做好工会主席离任的经济责任审计。

10. 要加强对基建工程等项目的审计。根据全国总工会工审会字〔2003〕2 号《关于工会基本建设维修改造工程竣工决算审计暂行办法》的规定:工会机关及直管单位的基本建设工程(含新建、改建、扩建)和单项金额在 5 万元以上(含 5 万元)的维修改造工程,必须在审计后,才能办理工程决算和产权登记。

三、健全制度,进一步完善工会经审监督体制

11. 各级工会依据《工会法》和《中国工会章程》的规定,建立健全工会预算、决算和经费审查监督制度,并实行统一领导、分级管理、分级负责的体制。坚持工会经费和财产相关的经济活动接受经审会审查监督的原则;坚持上审一年,下审一级的原则。

12. 各级工会经审组织要建立健全并严格执行同级年度经费预算执行情况审计、经费计拨审计、工程预决算审计、经济实体效益审计、专项基金审计、工会主席离任经济责任审计等实务审计的专项制度和有关审计操作规程,完善工会重大投资、财产管理审计制度。

13. 各级工会经审组织要按照全总关于上级工会经审会有权对下一级工会经费的收缴、管理、使用情况进行审计,必要时,对下一级工会有投资、拨款补助的直属企事业单位的财务收支、财产管理的情况进行审计;对经费计拨以及撤并工会组织的财务清算等进行审计的有关规定,上级工会经审会在任期内至少对所属工会审计二至三次。

14. 要建立工会经审风险防范机制和责任追究制度,健全审计责任承诺制度、审计整改通知书制度、审计情况通报制度。要健全经审工作考核、激励制度,对坚持原则,勤政廉洁,依法审计,业绩突出的经审组织和个人进行表彰；对玩忽职守、徇私舞弊，造成严重后果的，应予以严肃处理。

四、提升能力，进一步加强工会经审组织建设

15. 全省凡为一级财务管理工会经费的各级工会组织，在组建工会或换届选举时，工会经审会与同级工会委员会同时考察、同时报批、同时选举产生。

16. 各级工会要推荐政治素质高、办事能力强、有专业知识的工会干部作为经审委员候选人。县级以上工会经审会委员数不少于同级工会委员人数的20%，县级工会经审会委员人数应不少于5人。

17. 县（市、区）地方工会经审会应配驻会经审会主任。经审会主任按同级工会副职级配备，纳入同级工会领导干部序列。提出工会经审会主任候选人选或报批经审会主任人事变动，按同级副职级领导干部协管程序办理。

18. 市、县（市、区）地方工会经审会办公室应列入同级工会机关部门的正式机构编制。

经审会办公室主任、副主任列入同级工会机关部门正、副职级领导职位，各设区市总工会经审会办公室根据工作需要配齐专职经审干部，县（市、区）总工会经审会应设专职或兼职经审干部1人以上，独立管理经费的省级产业（系统）工会经审会应设立经审会办公室，配备专职或兼职的经审干部。

19. 各级工会要重视搞好工会经审干部的学习和培训，县级以上总工会经审会可采用多种形式每年对经审干部进行至少1次培训，不断更新知识，努力提高经审干部的思想政治素质、业务素质和职业胜任能力。

20. 各级工会要建立经审会办公室负责人参加或列席同级工会涉及工会经济活动有关内容会议制度；研究制定工会预算编制、工会经费、财产管理和所属企事业单位财务、经营管理办法等有关制度时，应征求同级经审会或经审会办公室的意见。

21. 各级工会要利用工会报刊和各种宣传工具，加强对工会经审工作的宣传。各级工会组织部门要将工会经审工作课程列入工会干部上岗培训的必修内容。

各单位可结合本单位实际，参照本意见制定具体的实施办法，报省总经审办备案。

江西省总工会

2009年10月10日

关于印发《江西省工会经费和工会筹备金实行国库汇缴清算管理办法（试行）》的通知

赣工通字〔2010〕98号

各设区市、县（市、区）总工会、财政局、地税局，省地税局直属分局，人民银行省内各市中心支行、县（市）支行、各商业银行代理支库：

根据《中华人民共和国工会法》《江西省实施〈中华人民共和国工会法〉办法》《关于由地方税务

机关代征工会经费和工会筹备金的通知》(赣工发〔2006〕2号)及相关规定,为进一步做好全省企、事业单位的工会经费和工会筹备金委托地方税务机关代征工作,规范工会经费的申报、缴款、归集,经省总工会、省财政厅、省地税局、中国人民银行南昌中心支行决定,从2011年3月1日起,由全省地税部门代征的工会经费和工会筹备金实行国库汇缴清算管理。现将《江西省工会经费和工会筹备金实行国库汇缴清算管理办法(试行)》印发给你们,请遵照执行。

附件:《江西省工会经费和工会筹备金实行国库汇缴清算管理办法(试行)》

江西省总工会　江西省财政厅

江西省地税局　中国人民银行南昌中心支行

2010年12月31日

江西省工会经费和工会筹备金实行国库汇缴清算管理办法(试行)

第一章　总　则

第一条　根据《中华人民共和国工会法》《江西省实施〈中华人民共和国工会法〉办法》《关于由地方税务机关代征工会经费和工会筹备金的通知》(赣工发〔2006〕2号)及相关规定,为进一步做好全省企、事业单位的工会经费和工会筹备金委托地方税务部门代征工作,规范工会经费的申报、缴款、归集,特制定本办法。

第二条　本办法适用于江西省境内地税部门代征的工会经费和工会筹备金,包括通过纸质凭证缴款和通过横向联网实行电子缴款的业务管理。全省由地税部门代征的工会经费和工会筹备金(以下简称:工会经费),统一纳入国库会计业务处理范围,全部通过各级国库代收划转。

第二章　账户和预算科目管理

第三条　各级国库为市、县(市、区)地税机关在"国库待清算款项"科目下设立"工会经费汇缴专户"。在当地国库开设的"工会经费汇缴专户"用于核算工会经费的收缴和划转业务,其账户性质为库款户,账户余额在贷方,不计付利息,不允许透支。年末账户不得留有余额。

第四条　各设区市总工会在商业银行开设"工会经费集中户",该账户属专用存款账户,用于本级及所属县级的工会经费从国库"工会经费汇缴专户"的转入、汇集及结算,以及办理工会经费误收退付业务,不得提取现金和列支费用。该项账户开设、变更、撤销需书面报省总工会、地方税务部门和当地人民银行国库部门备案,并书面告知所属县(市、区)总工会、县(市、区)地方税务部门和县(市、区)国库。

第五条　各县(市、区)总工会在商业银行开立"工会经费集中户",该账户属专用存款账户,用于上级工会将代征的工会经费及时返还拨付,不得提取现金和列支费用。该项账户需报各设区市总工会备案。

第六条　涉及上述账户的开设、变更、撤销按现行预算单位银行账户管理办法，报同级财政部门审批。

第七条　各级国库应在国库会计数据集中系统和国库会计核算系统中维护规定的预算外代征收支分类科目专门用于工会经费的收支核算。收入科目：195－预算外代征收入、19501－地税预算外代征收入、1950102－工会经费收入。支出科目：295－预算外代征支出、29501－地税预算外代征支出、2950102－工会经费支出。

第三章　收付凭据

第八条　地税部门代征的工会经费统一使用地税部门印制的税收票证进行征收和缴库，按照《税收票证管理办法》管理。采用转账方式缴费的，由地税部门填开《中华人民共和国税收通用缴款书》（见附件1）办理缴库，该项缴款书一式六联，其中：第一联为收据，由国库（银行）收款盖章后退缴款单位（人）作完税凭证；第二联为付款凭证，由缴款单位（人）的支付凭证、开户行作借方传票；第三联为收款凭证，收款国库作贷方传票；第四联为回执，国库收款盖章后退税务机关作税收会计凭证；第五联为报查，国库（银行）收款盖章后退基层税务机关作税收会计凭证；第六联为存根，基层税务机关留存。

采用现金缴费的，地税部门开具《税收通用完税证》进行征收，按照税款入库有关规定办理汇总缴库。

实行财税库银横向联网系统缴费的，使用电子凭证。由地税部门首先生成工会经费的电子缴款书，该电子缴款书与纸质缴款书具有同等效力且基本要素要求相同；缴费人开户银行扣款后根据电子缴款书打印一式两联的《电子缴税付款凭证》作专用结算凭证，第一联作缴费人开户银行记账凭证，第二联交缴费人作付款回单。国库部门根据电子缴款书生成电子缴税入库清单，作为国库记账的依据。

第九条　收缴到国库的工会经费定时划拨到各设区市总工会在商业银行开设的“工会经费集中户”，在人民银行国库办理款项划转使用“中国人民银行电汇凭证”（见附件2），在商业银行代理支库办理款项划转使用“基金（费）划款凭证”（见附件3）。电汇凭证一式三联，一联为付款凭证，人行国库作借方传票，一联为划款依据，一联为回执，由人行国库盖章后退地税机关，“基金（费）划款凭证”一式三联，一联作代理支库付款凭证，一联由代理支库加盖转讫章后交地税部门，作为会计核算的原始凭证；一联作地税部门与代征单位的备查联。划拨凭证由人民银行南昌中心支行负责印制，地税机关基层核算部门到同级国库领取。

第四章　申报和缴费

第十条　凡是符合申报条件的缴费单位在纳税申报（可网上申报）的同时，一并申报工会经费。缴费单位在申报后，根据事先约定，采用自行缴费和电子缴款两种方式之一缴纳工会经费。自行缴款，各级地税部门代征工会经费时，填开《中华人民共和国税收通用缴款书》，其中：“缴款单位”一栏,“全称”按企、事业单位全称填写;“科目代码”一栏,填写“1950102”;“级次”一栏,填写“所属总工会级次预算外”;“收款国库”一栏,填写“当地国库”。

财税库银横向联网电子扣款通过国库信息处理系统完成。

工会经费收缴年度自每年1月1日起至12月31日止。原则上,缴费单位缴纳工会经费应和缴纳税款采用同一种方式并同时申报。

第五章 报表和对账

第十一条 各级国库部门在每日账务处理完毕后,打印工会经费收入日报表,一式两份,一份给地税部门用于核对当日工会经费收缴情况,一份国库留存。

第十二条 每月20日和月末(含年末)日国库部门打印工会经费收入对账报表一式三份,一份给地税部门对账,一份由地税部门签章后国库留存,一份给同级总工会;每月国库部门打印相关库存日报表及工会经费汇缴专户对账单各一式两份,一份给地税部门对账,一份由地税部门签章后国库留存。

第十三条 年末对账截止日期为当年12月31日。总工会、地税部门统计当年工会经费收入数额,以总工会“工会经费集中户”实际入账数额为准。

第十四条 地税部门在每月月初5日内,向同级总工会提供上月《工会经费和工会筹备金收缴情况状态表》。

各级总工会凭地税部门与国库核对无误的缴费明细与“工会经费集中户”核对,并根据核对结果核算入账、上缴与下拨。

第六章 资金划拨

第十五条 工会经费定时划拨。每月20日和月末(含年末)日地税部门与国库核对无误后,由主管地税机关向同级国库开具划款凭证,其中付(汇)款人“全称”一栏,应填写“XX地税局”;付款人“账号”一栏,应填写“地税机关在当地国库开立的账户账号”;“开户行(汇出行)”一栏,应填写“当地国库名称”;收款人“全称”一栏,应填写“XX市总工会”;收款人“账号”“开户行(汇入行)名称”“开户行行号”一栏,应填写各级总工会在商业银行开设的账户账号、商业银行行名与行号。加盖地税部门预留印鉴,送同级国库。

第十六条 国库部门依据工会经费收入对账报表,对地税部门开具的划款凭证进行审核,并核对预留印鉴、账号、户名、开户行等要素,还应核对指定时间段的划款金额是否与国库内部账户上的金额一致,审核无误后,通过大额支付系统或同城清算系统实时将款项转至各设区市总工会在商业银行的“工会经费集中户”。

第七章 更正与退付

第十七条 在办理工会经费收缴时,如有差错,按照“谁的差错谁更正”的原则,由出错方填制更正通知书,送国库办理更正。工会经费的更正手续比照预算收入的更正手续办理。

跨年度出现工会经费误缴入财政国库存款账户，更正手续办理需同时报同级财政部门批准。

第十八条 地方税务机关和国库部门不办理工会经费退付业务。因特殊原因，确需退付，地方税务机关签署意见后，由缴费单位向同级地方总工会提出申请。经缴费单位同意的，多缴的经费可抵顶以后应缴的工会经费。

第八章 其 他

第十九条 各级地方总工会负责做好工会经费收缴的宣传解释、调查摸底工作，积极协助地方税务机关和人民银行做好工会经费的代征工作。

第二十条 各级总工会、地税局对重点单位工会经费的申报、缴纳情况进行定期或不定期的专项联合检查。

第二十一条 各级地方总工会应与同级地方税务机关、人民银行国库建立工会经费代征工作管理机制，明确各自职责与分工，相互协作、积极配合，共同推进代征工作顺利开展。总工会要牵头定期召开联席会议，及时解决代征工作过程中遇到的情况问题，确保代征工作有条不紊地开展。

第九章 附 则

第二十二条 本办法从 2011 年 3 月 1 日起试行，由江西省总工会、江西省财政厅、江西省地税局和中国人民银行南昌中心支行共同负责解释。

编纂始末

前期编纂情况

2012 年 4 月 19 日,省总制定《江西省工会第二轮〈工会志〉编纂工作方案》。初步确定由省总干部学校承担《江西省工会志(1994—2013)》《江西省工会志(1994—2013)资料长编》编纂任务。

2013 年 1 月 24 日,省总下发《关于印发〈江西省工会第二轮工会志编纂工作方案〉的通知》(赣工办发〔2013〕5 号),通知明确:(1)任务;(2)成立编纂委员会;(3)成立编纂委办公室;(4)对编纂工作提出工作要求和基本要求;(5)明确《工会志》工作所需经费列入省总年度预算。

2013 年 4 月 9 日,省总举办第二轮《江西省志・工会志》编纂工作培训班,各设区市总工会、省产业(局、系统)工会、省总直属基层工会及省总各部门工会志编纂人员 50 多人参加,郭学勤作动员报告,并聘请省地方志办专家讲授方志编纂常识、编纂技巧等内容。同时,针对工会志在编纂工作中遇到的难点和热点问题,开展有关研讨。

2013 年底,省总干校副校长欧阳华完成《江西省志・工会志》篇目(初稿)任务。

接续《江西省志・工会志》编纂工作

2013 年 11 月,省总调整常务副主任、主编和副主编,省总常务副主席傅卓成担任编纂委员会常务副主任、主编,万学华担任副主编。

2013 年 11 月,万学华重新起草《江西省志・工会志(1994—2013)》篇目,至 12 月 10 日完成。2014 年 3 月 11 日,省地方志编纂办审核反馈意见,要求不设上下篇。省总再行修改,报省地方志编纂办审核。2014 年 6 月 30 日,省地方志编纂办发送《关于调整〈江西省志・工会志〉断限的复函》,同意《江西省志・工会志》篇目,要求调整时限,即 1994 至 2010 年。

2014 年 2 月 19 日,省总下发《第二轮江西省工会志编纂工作调整意见》(赣工办〔2014〕10 号),调整《江西省志・工会志》编纂委员会组成人员,改省总干校负责编纂为调聘编纂人员组成省总工会志编纂办公室负责编纂。调整编纂委员会办公室,主任:万学华(省总原副巡视员),副主任:吴建国、贾鲁营(省总原国际部部长)、欧阳华,办公室成员:省总各部门选派一人,以及抽调和聘用的编纂人员。同时,相应调整了工作进度。

2014 年 3 月中旬,省总聘用省总退休人员 2 人,借用机关干部和省总干校教师各 1 人,对外招聘 2 人,招聘打字员 2 人。

2014 年 3 月 20 日,《江西省志・工会志》编纂办召开第一次会议,借调人员欧阳滋生、张少翔,聘用人员万学华、贾鲁营、王楠、王玲、殷琴、黄艳华参加,万学华组织大家学习文件,传达省总工作思路,要求大家集中精力学习省地方志编纂办培训教材,筹备省总第二轮《江西省志・工会志》编纂工作会议。

2014 年 3 月 25 日，省总召开第二轮《江西省志・工会志》编纂工作会议，傅卓成作动员报告，部署《江西省志・工会志（1994—2013）》《〈江西省志・工会志〉长编（1994—2013）》编纂工作，布置各级工会任务。万学华作《江西省志・工会志》篇目讲解及编纂业务指导。

全省工会系统配合完成《江西省志・工会志》资料搜集工作

2014 年 3 月 26 日，《江西省志・工会志》编纂办召开会议，商讨收集资料工作路径及分工，明确：(1) 编纂办按照省总档案室、江西工人报（含《职工法律天地》）、省档案馆、省图书馆以及省总老同志路径收集资料。(2) 通过省总组织体系向省总各部门、设区市、省产业（局、系统）工会和省总直属基层工会收集工会志资料长编。(3) 编纂办复印、扫描《中国工会年鉴》《工人日报》《工运研究》《江西年鉴》《江西统计年鉴》。(4) 万学华、贾鲁营选择收集省总档案室资料，欧阳滋生选择收集江西工人报资料，张少翔、王楠、王玲负责照像扫描，殷琴、黄艳华负责复印打字。

2014 年 3 月 31 日，省总下发《关于做好第二轮〈江西省工会志〉编纂工作的通知》（赣工办发〔2014〕26 号），要求各设区市总工会、产业工会和省总直属基层工会要成立第二轮江西省工会志本级编纂领导小组，主要领导要亲自挂帅，常务副主席负责日常工作，抽调适应修志或文字能力较强的同志承担编纂工作。明确各设区市总工会、产业工会和省总直属基层工会要成立第二轮江西省工会志本级编纂领导小组，主要领导要亲自挂帅，常务副主席负责日常工作，抽调适应修志或文字能力较强的同志承担编纂工作。各单位、各部门务必要在 2014 年 6 月底前完成概述、并附《〈江西省志・工会志〉（1994—2013）篇目》，要求按照篇目内容报送资料、长编。

2014 年 5 月 5 日，编纂办召开调度会，调整分工，贾鲁营、欧阳滋生、张少翔、王楠、王玲、殷琴、黄艳华负责复印、照像扫描省档案馆 1994 至 2001 年省总存档资料和《江西工人报》《工人天地》（《职工法律天地》），《工人日报》《工运研究》在省图书馆馆藏资料。万学华、贾鲁营开始按篇目分类，编纂人员制作资料卡片。

2014 年 11 月，11 个设区市总工会交齐资料和长编，其中，九江、赣州、鹰潭、宜春市总还报送了本市工会志。至 2015 年 5 月，22 个产业工会和省总直属基层工会交来资料。9 个省总机关部室交来资料长编（按交稿时间顺序：法工部、资产部、互保、办公室、经济部、女工部、国际部、组织部、研究室），5 个部门（保障部、经审办、财务部、民管部、宣教部）交来资料目录和原始资料。3 个省总直属单位（庐山温泉疗养院、省工人疗养院、宜春温汤疗养院）交来概述稿，截至 2016 年 12 月，其他省总直属单位递交概述稿。

2017 年 8 月底，全省 11 个设区市总，13 个省产业（局、系统）工会和省总直属基层工会递交《江西省志・工会志》人物章节推荐材料。

编纂办收集、整理资料

2014 年 4 月，编纂工作开始进入搜集资料阶段。

参加资料收集和整理工作的人员有：万学华、贾鲁营、张少翔、欧阳滋生、胡传荣（2014 年 4 月底退出）、王玲、王楠（2015 年 8 月退出）、金宏（2015 年 9 月进入）、黄艳华、殷琴。

编纂人员广泛、深入地开展工会史料收集、考证、整理工作，先后查阅了省档案馆和省图书馆 17

年来省总的历史文献、文秘、人事任免等档案原始资料,查阅了省总档案室及部门保留的全部纸质和电子历史档案资料;查阅了《中国工会年鉴》《工人日报》《工运研究》《江西年鉴》《江西统计年鉴》《江西日报》《江西工人报》《工人天地》《江西工会信息》等报刊书籍;6月,召开机关老同志座谈会;深入地市、产业工会征集资料与核实材料等。据统计,查阅的资料,达千卷超亿字。

2015年1月起,在广泛收集资料的基础上,对材料进行了甄别、考证、筛选等项整理工作。按篇目予以分类,对每一事件制作电子资料卡片,电子资料卡片达12000余张。

编撰《江西省志·工会志(1994—2010)》

2017年1月20日,开始撰写《江西省志·工会志(1994—2010)》。

《江西省志·工会志(1994—2010)》架构为:《江西省志·工会志》编纂委员会名单:图片;《江西省志》凡例;《江西省志·工会志(1994—2010)》编纂说明;目录;序言;概述;大事纪年;第一章职工队伍;第二章组织;第三章重要活动;第四章劳动、技术;第五章民主参与和职工民主管理;第六章保障;第七章宣传教育工作;第八章女职工;第九章法律工作;第十章财务、经费审查和资产监管工作;第十一章信息、工运研究;第十二章对外交往;第十三章组织机构;十四章人物;附录;编纂纪事本末、后记。

2017年1月,志书编撰及其他工作分工,万学华负责志书统稿,编撰志书第一、十章、十四章第三节、概述、大事纪年、编纂说明、编纂始末;贾鲁营编撰志书第八、十二、十三章;张少翔编撰志书第九章;欧阳滋生(2017年12月初退休)编撰志书第五、七章;金宏编撰志书第三、十一章、后记;周红兵(2017年4月起)编撰第二、六章;聂党生(2017年4月起)编撰第四章。2017年11月,万学华增加第八、十二、十三章修改和附录选编任务。2017年12月,万学华增加志书第五、七章修改任务;张少翔增加图片整理任务;金宏增加人物中人物传、人物简介编纂任务。黄艳华负责长编第一、二、五、七、十一章完善工作。

2017年9月18日,编纂办召开调度会,会议对志书初审会前志书编撰工作作出安排。

2017年11月20至24日,省总在南昌召开《江西省志·工会志(1994—2010)》省总初审会议,设区市总分管领导和市总工会志长编撰写人,部分省产业工会长编撰写人参加,副主编讲话,向与会人员提出审稿要求。

2017年11月25日至12月10日,根据省总初审会议意见,编撰人员各自对《江西省志·工会志(1994—2010)》(省总初审稿)进行修改。

2017年12月11日,副主编对初审修改稿进行统稿修改。

2017年12月20日,形成《江西省志·工会志(1994—2010)》省总复审会送审稿,复审会由《江西省志·工会志》编纂委员会委员参加。12月27日,向《江西省志·工会志》编纂委员会委员分发《江西省志·工会志(1994—2010)》(省总复审会送审稿)。

2017年12月28日,省总向省保密局递交《江西省志·工会志(1994—2010)》省总复审稿,进行保密审查。

2018年1月17日,省总召开《江西省志·工会志》编纂委员会审稿会。

2018年1月17日,编纂办召开调度会,会议对编纂委审稿会提出的意见和建议进行了讨论,统一了修改思路,明确了工作进度。

2018 年 1 月 27 日至 2 月 12 日,副主编对《江西省志 · 工会志(1994—2010)》省总复审修改稿进行统稿修改,形成省地方志办初审会送审稿。送印刷厂排版,校对、付印。2 月 20 日起,副主编对《〈江西省志 · 工会志〉长编(1994—2010)》进行统稿,2 月 25 日,送印刷厂排版,校对、付印。2 月 28 日,向省地方志办送《江西省志 · 工会志(1994—2010)》(初审稿)、《〈江西省志 · 工会志〉长编(1994—2010)》纸质稿(1047 万字)。初审稿内容包括《江西省志 · 工会志》编纂委员会名单、照片、《江西省志》凡例、《江西省志 · 工会志》编纂说明、目录、概述(2.5 万字)、大事纪年(7.1 万字)、志书正文(共 13 章,93 万字)、人物(14.1 万字)、附录(15.9 万字)、编纂始末(0.97 万字)、后记(0.37 万字)),全书共 134 万字。

修改《江西省志 · 工会志(1994—2010)》

2018 年 9 月 26 日下午,省总召开《江西省志 · 工会志(1994—2010)》初审会议,省地方志编纂办反馈初审意见。省地方志办主任梅宏、省总巡视员陈文明到会,并作讲话。省地方志办熊军、毛珏珺、符思念分别对《江西省志 · 工会志(1994—2010)》提出了初审意见。省总办公室主任、省工会志编纂办副主任应朝晖,以及刘晓敏、程英勤、丁琦玲、郭漩,胡靓怡,省工会志编纂办金宏、欧阳滋生、聂党生、周红兵到会听取意见。应朝晖代表省工会志编纂办对修改意见予以表态发言。会后作修改分工。

周红兵负责第一、二、六、十、十三章的调整与修改;金宏对第三章进行部分内容的拆分、调整与修改,后记与《江西省志 · 工会志(1994—2010)》编纂始末的合并,十一、十二、人物的删减、修改;聂党生负责图片、凡例、编纂说明、第四、八、九章的删减与修改;欧阳滋生负责概述、大事纪、第五,七章、附录的删减、调整与修改。

2019 年年初,报省地方志办复审。

2019 年 9 月 6 日上午,省总召开《江西省志 · 工会志(1994—2010)》复审会议,省地方志编纂办反馈复审意见。省地方志办党组书记、主任甘根华、省总工会党组书记、常务副主席饶剑明到会,并作讲话。省地方志办胡瑞云、毛珏珺、赵岩、符思念分别对《江西省志 · 工会志(1994—2010)》提出了复审意见。省总办公室主任、省工会志编纂办副主任应朝晖,以及刘华东、程英勤、郭漩,省工会志编纂办金宏、欧阳滋生、聂党生、周红兵到会听取意见。应朝晖代表省工会志编纂办对修改意见予以表态发言。

按复审意见修改后,《江西省志 · 工会志(1994—2010)》计 130 万字。

2020 年 7 月 9 日下午,江西省地方志办,召开《江西省志 · 工会志(1994—2010)》终审即验收会议,省地方志编纂委员会副主任、省地方志办主任甘根华主持会议,省总工会副主席饶冬梅讲话,省总工会办公室主任万年辉介绍编纂修改情况。省委信访局原副局长、《信访志》常务副主编刘建伟,省委党校二级教授黄世贤,南昌市总工会原副主席、(《南昌市工会志》编委会副主任、副主编)金宏、南昌市总工会原主任科员、(《南昌市工会志》撰写人)聂党生,省职工对外交流中心主任程英勤,省地方志办年鉴处副处长毛珏珺,省地方志办方志处三级主任科员符思念到会,发表并提交评审意见。

与会同志认为:本书观点正确,材料充分,行文严谨,符合体例要求,一致同意验收合格。

会后按评审意见,修改完善。省总工会副主席任春山作指导。聂党生协助万年辉、程英勤对修改稿做协调、印刷等后续工作。

《江西省志·工会志(1994—2010)》终审计135万字。

省总抽调、聘用人员情况

抽调编纂人员:张少翔(2014年3月至2018年1月);欧阳滋生(2014年3月至2017年11月);胡传荣((2014年3月至2014年4月底)。

聘用编纂人员:万学华(2014年3月至2018年2月)、贾鲁营(2014年3月至2017年10月)、王楠(2014年3月至2015年8月)、王玲(2014年3月至2017年2月)、金宏(2015年9月至2018年1月)。

外包编撰人员(志书编撰):周红兵(志书2章)、聂党生(志书1章)。

聘用打字员:殷琴(2014年3月至2015年8月)、黄艳华(2014年3月至2015年2月,2015年9月至2018年1月)。

修改人员(以姓氏笔画为序);万年辉、应朝晖、金宏、周红兵、聂党生、程英勤、欧阳滋生。

编　者

2020年7月

图书在版编目（CIP）数据

江西省志. 工会志：1994—2010 / 江西省地方志编纂委员会编. --南昌:江西人民出版社,2021.12
ISBN 978-7-210-13625-5

Ⅰ.①江… Ⅱ.①江… Ⅲ.①江西-地方志 ②工会工作-概况-江西-1994 -2010 Ⅳ.①K295.6②D412.856

中国版本图书馆 CIP 数据核字(2021)第 279709 号

江西省志·工会志：1994—2010
江西省地方志编纂委员会 编
出版总监：梁 菁
常务编辑：张芝雄 涂如兰
责任编辑：涂如兰
责任印制：潘 璐
特约编辑：曹国庆
书籍设计：同异文化传媒
出版发行：江西人民出版社
经 销：各地新华书店
地 址：江西省南昌市三经路 47 号附 1 号
编辑部电话：0791-86893196
发行部电话：0791-86898815
邮 编：330006
网 址：www.jxpph.com
E-mail：jxpph@tom.com
2021 年 12 月第 1 版 2021 年 12 月第 1 次印刷
开 本：889 毫米×1194 毫米 1/16
印 张：54.25 插页:16
字 数：1347 千字
书 号：ISBN 978-7-210-13625-5
定 价：1088.00 元
承 印 厂：深圳市精彩印联合印务有限公司
赣版权登字-01-2021-869